D1747864

Entscheidungen in Kirchensachen

seit 1946

Begründet von

Prof. Dr. Dr. Carl Joseph Hering †   Dr. Hubert Lentz

Herausgegeben von

Dr. Hubert Lentz
Stadtdirektor a. D. in Düren

Prof. Dr. Wolfgang Rüfner
Universitätsprofessor
an der Universität zu Köln

Prof. Dr. Manfred Baldus
Vorsitzender Richter
am Landgericht Köln

in Verbindung mit dem
Institut für Kirchenrecht
und rheinische Kirchenrechtsgeschichte
der Universität zu Köln

1998
Walter de Gruyter · Berlin · New York

Entscheidungen in Kirchensachen

seit 1946

33. Band
1. 1.–31. 12. 1995

W DE G

1998
Walter de Gruyter · Berlin · New York

Zitierweise
Für die Zitierung dieser Sammlung wird die Abkürzung KirchE empfohlen,
z. B. KirchE 1,70 (= Band 1 Seite 70).

ISBN 3-11-016317-9

©

Copyright 1998 by Walter de Gruyter GmbH & Co., D-10785 Berlin.

Alle Rechte, insbesondere das Recht der Vervielfältigung und Verbreitung sowie der Übersetzung, vorbehalten. Kein Teil des Werkes darf in irgendeiner Form (durch Fotokopie, Mikrofilm oder ein andere Verfahren) ohne schriftliche Genehmigung des Verlages reproduziert oder unter Verwendung elektronischer Systeme verarbeitet, vervielfältigt oder verbreitet werden.
Printed in Germany.

Satz und Druck: Arthur Collignon GmbH, Berlin
Buchbinderarbeiten: Lüderitz & Bauer Buchgewerbe GmbH, Berlin

Vorwort und Benutzungshinweise

Die Sammlung „Entscheidungen in Kirchensachen seit 1946" (KirchE) veröffentlicht Judikatur staatlicher Gerichte in der Bundesrepublik Deutschland zum Verhältnis von Kirche und Staat und zu weiteren Problemkreisen, die durch die Relevanz religiöser Belange gekennzeichnet sind. Angesichts dieses breiten Themenkatalogs, der alle Zweige der Rechtsprechung berührt, kann eine Vollständigkeit der Übersicht nur angestrebt werden, wenn man eine gewisse zeitliche Distanz in Kauf nimmt. Um jedoch den Gebrauchswert der Sammlung zu erhöhen, ist im Quellennachweis unter Fußnote 1 der jeweiligen Entscheidung auf weitere Rechtsprechung verwiesen, die nach dem Publikationszeitraum anderenorts (nicht nur im Leitsatz) veröffentlicht worden ist und ähnliche Rechtsprobleme behandelt. Diese und weitere Entscheidungen werden in späteren Bänden der Sammlung abgedruckt. Über die aus den Bänden 1–25 ersichtliche Judikatur informiert ein im Jahr 1993 erschienener Registerband.

In Fußnote 1 finden sich ferner neben Quellenangaben Hinweise auf den Fortgang des Verfahrens (Rechtsmittel, Rechtskraft). Die Herausgeber halten es für angebracht, evtl. auch solche Entscheidungen aufzunehmen, die noch nicht rechtskräftig sind oder im weiteren Verlauf des Verfahrens keinen Bestand hatten; anderenfalls würde erfahrungsgemäß wertvolles religionsrechtliches Material für eine Auswertung in Wissenschaft und Praxis verlorengehen.

Soweit die als amtlich gekennzeichneten Leitsätze der Gerichte verwendet wurden, ist dies vermerkt. Im übrigen wurden die Leitsätze möglichst auf den religionsrechtlich relevanten Inhalt der Entscheidung beschränkt. Dasselbe gilt für die von den Herausgebern gefaßte Sachverhaltsschilderung, für die Prozeßgeschichte und die Entscheidungsgründe. Der z. T. unterschiedliche Zitier- und Abkürzungsmodus wurde nur angeglichen, wo Verwechslungen in Betracht kamen. Soweit in den Urteilen etc. auf andere Entscheidungen, die auch in KirchE abgedruckt sind, Bezug genommen wird, ist die Fundstelle in einer weiteren Fußnote – jeweils beim erstmaligen Zitat – nachgewiesen.

Zugänge zur Judikatur kirchlicher Gerichte, die in dieser Sammlung schon aus Raumgründen nicht berücksichtigt werden kann, eröffnen die Rechtsprechungsbeilage zum Amtsblatt der VELKD, das Amtsblatt der EKD (jeweils Beilage zu Heft 4 eines Jahrganges, ab 1982) und die kirchenrechtlichen Fachzeitschriften, insbesondere das „Archiv für katholisches Kirchenrecht" und die „Zeitschrift für evangelisches Kirchenrecht". Die Spruchpraxis arbeitsrechtlicher Schiedsstellen im Bereich der katholischen Kirche ist u. a. aus der Zeitschrift „Die Mitarbeitervertretung" ersichtlich.

Da im Asylrecht und Feiertagsrecht religionsrechtliche Bezüge nur ausnahmsweise eingehend behandelt werden, haben sich die Herausgeber hier auf den Abdruck von exemplarischen Entscheidungen beschränkt. Weitere Judikatur aus dem Veröffentlichungszeitraum ist jeweils in Fußnote 1 nachgewiesen. Entsprechend wurde verfahren für den Bereich des kirchlichen Arbeitsrechts, soweit die tarifliche Eingruppierung kirchlicher Arbeitnehmer in die Arbeits- u. Vergütungsordnung und ähnliche Probleme ohne unmittelbaren religionsrechtlichen Bezug Gegenstand der Entscheidung sind.

Seit seiner Gründung (1963) erscheint das Werk in Zusammenarbeit mit dem Institut für Kirchenrecht und Rheinische Kirchenrechtsgeschichte der Universität zu Köln und wird dort auch redaktionell betreut.

Den Benutzern der Sammlung, den Gerichten und kirchlichen Stellen, insbesondere dem Kirchenamt der EKD in Hannover und dem Institut für Staatskirchenrecht der Diözesen Deutschlands in Bonn, danken die Herausgeber für Hinweise und die Zusendung bisher unveröffentlichter Entscheidungen; sie werden diese Mithilfe auch weiterhin zu schätzen wissen.

Köln, im Januar 1998   *Hubert Lentz*   *Wolfang Rüfner*
                                         Manfred Baldus

Inhaltsverzeichnis

Nr.		Seite
1	Revisibilität von Kirchensteuerrecht. BVerwG, Beschluß vom 17. 1. 1995 (8 B 213.94)	1
2	Kirchenmitgliedschaft bei Zuzug aus dem Ausland. BFH, Urteil vom 18. 1. 1995 (I R 89/94)	5
3	Anhörung der Mitarbeitervertretung bei Kündigungen. LAG Köln, Urteil vom 18. 1. 1995 (8 Sa 1167/94)	8
4	Relig. Gruppenverfolgung der Ahmadis in Pakistan. BVerwG, Urteil vom 25. 1. 1995 (9 C 279.94)	12
5	Führungsgenehmigung für ausländischen kirchl. Hochschulgrad. VG Braunschweig, Urteil vom 26. 1. 1995 (6 A 61310/94)	25
6	sog. modifizierte Kirchenaustrittserklärung. LG Saarbrücken, Beschluß vom 27. 1. 1995 (5 T 796/94)	29
7	Beeinträchtigt die Zugehörigkeit der Kindesmutter zu den Zeugen Jehovas das Kindeswohl? OLG Düsseldorf, Beschluß vom 1. 2. 1995 (3 UF 1/95)	32
8	Erlaß von Kirchensteuer auf Veräußerungsgewinn. FG Nürnberg, Urteil vom 2. 2. 1995 (VI 41/91)	37
9	Konfirmationskosten als sonstiger Bedarf i. S. von § 1610 Abs. 2 BGB. OLG Karlsruhe, Beschluß vom 8. 2. 1995 (5 WF 35/94)	42
10	gewerbliche Betätigung (Scientology Kirche) u. Religionsfreiheit. BVerwG, Beschluß vom 16. 2. 1995 (1 B 205/93)	43
11	Eintrag der Religionsbezeichnung „yezidisch" im Heiratsregister. AG Gießen, Beschluß vom 24. 2. 1995 (22 III 133/94)	53
12	Zu den Voraussetzungen eines Klageerzwingungsverfahrens gemäß § 172 StPO. OLG München, Beschluß vom 6. 3. 1995 (2 Ws 1369/93)	54
13	Ethikunterricht als obligatorisches Ersatzfach für Religionsunterricht. VG Freiburg, Urteil vom 8. 3. 1995 (2 K 1125/94)	59
14	Steuerrechtl. Halbteilungsgrundsatz für konfessionsverschiedene Ehegatten. BFH, Urteil vom 15. 3. 1995 (I R 85/94)	80
15	Kirchenmitgliedschaft, Nachweisanforderungen. FG Mecklenburg-Vorpommern, Urteil vom 21. 3. 1995 (1 K 58/94)	84
16	Kirchenmitgliedschaft bei Zuzug aus dem Ausland. FG München, Urteil vom 21. 3. 1995 (13 K 2958/94)	87
17	Scientology ist keine Religions- oder Weltanschauungsgemeinschaft. BAG, Beschluß vom 22. 3. 1995 (5 AZB 21/94)	92

Nr.		Seite
18	Kirchl. Friedhof, besondere Gestaltungsvorschriften. Nieders. OVG, Urteil vom 24. 3. 1995 (8 L 316/95)	122
19	Informationsrecht staatl. Stellen über Religions- u. Weltanschauungsgemeinschaften, Grenzen im Einzelfall. VG Berlin, Beschluß vom 24. 3. 1995 (VG 27 A 320.94)	128
20	Rechtsweg für Unterlassungsanspruch wegen kritischer Äußerungen über eine Religionsgemeinschaft. OVG Bremen, Beschluß vom 28. 3. 1995 (1 B 75/94)	138
21	Billigkeitserlaß von Kirchensteuer auf Einkünfte nach Kirchenaustritt. FG Baden-Württemberg, Urteil vom 31. 3. 1995 (9 K 164/94)	140
22	Warnung vor neureligiösen Bewegungen. BayVGH, Beschluß vom 4. 4. 1995 (7 CE 95.462)	144
23	Erstattung von Kirchensteuer. BFH, Urteil vom 5. 4. 1995 (I R 81/94)	162
24	Beseitigung der sog. Klagemauer vor dem Kölner Dom. OLG Köln, Urteil vom 10. 4. 1995 (8 U 62/94)	164
25	Meinungsäußerung u. gewerbliche Werbung durch Scientology. VG Hamburg, Urteil vom 11. 4. 1995 (13 VG 751/93)	173
26	Verkehrssicherungspflicht, Kirchendach. LG Ansbach, Urteil vom 12. 5. 1995 (1 S 250/95)	185
27	Nichtteilnahme am nachmittäglichen Ethikunterricht. AG Aichach, Urteil vom 12. 5. 1995 (OWi 203 Jo 107945/95)	188
28	Unzulässigkeit von Wandkreuzen in bayer. Volksschulen. BVerfG, Beschluß vom 16. 5. 1995 (1 BvR 1087/91)	191
29	Kirchensteuerpflicht eines ins Ausland versetzten Arbeitnehmers. BFH, Urteil vom 17. 5. 1995 (I R 8/94)	212
30	Anfechtung eines Seminarvertrages wegen Scientology-Lehren. AG Schwetzingen, Urteil vom 9. 6. 1995 (4 C 359/94)	214
31	Auflösung des Treueverhältnisses eines Pastors, Rechtsweg. Hess.VGH, Urteil vom 13. 6. 1995 (11 UE 438/94)	216
32	Ausnahme vom Verbot des Schächtens. BVerwG, Beschluß vom 15. 6. 1995 (3 C 31.93)	222
33	Kirchensteuerrechtlicher Halbteilungsgrundsatz bei Vorauszahlungsverfahren. FG München, Urteil vom 19. 6. 1995 (13 K 934/95)	229
34	Übertragung der elterlichen Sorge an ein Mitglied der Zeugen Jehovas. OLG Hamburg, Beschluß vom 21. 6. 1995 (15 UF 215/94)	231
35	Israelreise eines Religionslehrers, Werbungskosten. Nieders. FG, Urteil vom 21. 6. 1995 (X 401/92)	232
36	Asylrecht f. Zeugen Jehovas aus der Türkei. OVG Rheinland-Pfalz, Urteil vom 30. 6. 1995 (10 A 19923/94 OVG)	235

Inhaltsverzeichnis IX

Nr.		Seite
37	Ethikunterricht am Nachmittag. BayVGH, Beschluß vom 6. 7. 1995 (7 CE 95.1686)	241
38	Eintragungsfähigkeit des Vornamens „Frieden Allein Durch Jesus Christus". LG Bremen, Beschluß vom 6. 7. 1995 (2 T 359/95)	245
39	Verteilung v. Flugblättern für Scientology in einer Fußgängerzone. OLG Stuttgart, Beschluß vom 7. 7. 1995 (1 Ss 218/95)	248
40	Kündigung eines Betriebsratsmitglieds wegen Werbung für Scientology. LAG Rheinland-Pfalz, Urteil vom 12. 7. 1995 (9 Sa 890/93)	250
41	Kirchgeld nach rheinland-pfälzischem Kirchensteuerrecht. VG Koblenz, Urteil vom 13. 7. 1995 (2 K 3197/94 KO)	254
42	Kritische Äußerung über Religionsgemeinschaft, Verfassungsbeschwerde. BayVerfGH, Entscheidung vom 19. 7. 1995 (Vf. 144-VI-94)	261
43	Tarifrechtl. Eingruppierung eines kirchl. Mitarbeiters im Grenzbereich von Erziehung und Sozialarbeit. BAG, Urteil vom 26. 7. 1995 (4 AZR 318/94)	263
44	MAVO, Exemtion eines leitenden Mitarbeiters. BAG, Urteil vom 26. 7. 1995 (2 AZR 578/94)	275
45	Wirtschaftl. Geschäftsbetrieb eines Scientology-Vereins. VGH Baden-Württemberg, Urteil vom 2. 8. 1995 (1 S 438/94)	283
46	Spende an Athos-Kloster ist nicht abzugsfähig. FG Berlin, Urteil vom 4. 8. 1995 (III 318/94)	301
47	Allgemeiner Hannoverscher Klosterfonds, Verpflichtungsgeschäfte, Rechtsscheinvollmacht. LG Osnabrück, Urteil vom 11. 8. 1995 (3 C 145/95)	304
48	Streichung des Buß- und Bettages als allgemeiner Feiertag in Berlin. VerfGH Berlin, Beschluß vom 16. 8. 1995 (VerfGH 1/95)	307
49	Warnung vor sog. Jugendsekten und Psychogruppen. OVG Nordrhein-Westfalen, Beschluß vom 22. 8. 1996 (5 B 3304/94)	310
50	Warnung vor sog. Jugendsekten und Psychogruppen. OVG Nordrhein-Westfalen, Beschluß vom 25. 8. 1996 (5 B 167/94)	313
51	Asylrecht. Innerstaatliche Fluchtalternative, religiöses Existenzminimum. BVerwG, Urteil vom 29. 8. 1995 (9 C 1.95)	318
52	Aufnahme in kirchl. Kindergarten, Rechtsweg. VG Düsseldorf, Beschluß vom 29. 8. 1995 (24 L 2734/95)	324
53	Erlaß von Kirchensteuer wegen Exkommunikation. BFH, Urteil vom 30. 8. 1995 (I R 147/94)	327
54	Kommunalrechtliches Vertretungsverbot für ein Gemeinderatsmitglied in seiner Eigenschaft als Kirchengemeinderat. VGH Baden-Württemberg, Beschluß vom 1. 9. 1995 (1 S 967/95)	329
55	Gebietsbezogener Artzuschlag für Kirchengrundstück. OVG Rheinland-Pfalz, Urteil vom 12. 9. 1995 (6 A 11051/95)	332

Nr. Seite

56 Streichung des Buß- und Bettages als staatlich anerkannter Feiertag in Niedersachsen. BVerfG, Beschluß vom 18. 9. 1995 (1 BvR 1456/95) . . . 337

57 Kein Zulassungsanspruch gegenüber einer kirchlichen Fachhochschule. OVG des Saarlandes, Beschluß vom 18. 9. 1995 (1 W 6/95) 340

58 Einstweilige Anordnung betr. die Entfernung von Wandkreuzen aus Schulräumen. BayVGH, Beschluß vom 19. 9. 1995 (7 AE 95.2683) 343

59 Kirchl. Friedhof, Gestaltungsvorschriften. OVG Nordrhein-Westfalen, Beschluß vom 26. 9. 1995 (19 A 2145/95). 347

60 Kirchl. Friedhof, Gestaltungsvorschriften. Nieders. OVG, Urteil vom 27. 9. 1995 (8 L 1219/93) 349

61 Abberufung eines Arztes aus dem Vorstand eines kirchl. Krankenhausträgers, Rechtsweg. BAG, Urteil vom 28. 9. 1995 (5 AZB 4/95). 354

62 Nachversicherung für ausgeschiedene Ordensangehörige. BayVGH, Urteil vom 4. 10. 1995 (7 B 94.593) 358

63 Aufwand für Scientology-Kurs als Werbungskosten. FG Hamburg, Urteil vom 4. 10. 1995 (V 186/93) 366

64 Kirchenaustritt in der DDR. FG München, Urteil vom 16. 10. 1993 (13 K 2055/95) 371

65 Ablehnung der Bluttransfusion durch Zeugen Jehovas. AG Nettetal, Beschluß vom 19. 10. 1995 (9 X 119/95) 374

66 Gebrauch christl. Symbole beim sog. Großen Zapfenstreich. VG Köln, Beschluß vom 25. 10. 1995 (19 L 2128/95). 375

67 Herausgabe der im Staatseigentum stehenden St. Salvatorkirche in München wegen Verfehlung des Subventionszwecks. BayVGH, Urteil vom 25. 10. 1995 (7 B 90.3798) 376

68 Nichtteilnahme am nachmittäglichen Ethikunterricht. BayObLG, Beschluß vom 26. 10. 1995 (3 ObOWi 98/95) 431

69 Begründung der Kirchenmitgliedschaft als Grundlage der Kirchensteuerpflicht. BFH, Beschluß vom 26. 10. 1995 (I B 49/95) 432

70 Verletzung des Persönlichkeitsrechts eines kath. Priesters durch falsche Presseberichterstattung über sexuelle Verfehlungen. LG Trier, Urteil vom 26. 10. 1995 (6 O 57/95). 434

71 Sog. Kirchenasyl. AG Wolfratshausen, Beschluß vom 30. 10. 1995 (B XIV 17/95) 442

72 Reisekosten eines Mitglieds der Bistums-KODA. ArbG Trier, Urteil vom 7. 11. 1995 (2 Ca 777/94) 443

73 Zulassung zum Weltanschauungsunterricht an Berliner Schulen. OVG Berlin, Urteil vom 8. 11. 1995 (7 B 34.93) 448

Inhaltsverzeichnis XI

Nr.		Seite
74	Entziehung der Rechtsfähigkeit eines Scientology-Vereins. VG Hamburg, Urteil vom 8. 11. 1995 (12 VG 3068/94)	454
75	Grundstücksbezogener Artzuschlag für Kirchengrundstück. VG Koblenz, Urteil vom 8. 11. 1995 (8 K 3250/93 KO)	470
76	Kirchensteuerpflicht, Wirksamkeitsvoraussetzungen eines Kirchenaustritts in der ehemaligen DDR. FG Mecklenburg-Vorpommern, Urteil vom 8. 11. 1995 (1 K 61/95)	473
77	Personensorge in medizinischen Angelegenheiten, Zeugen Jehovas. Saarl. OLG, Beschluß vom 10. 11. 1995 (6 WF 72/95)	479
78	Kirchenbeamtenverhältnis, Rechtsweg u. Bewerbungsverfahrensanspruch. VG Wiesbaden, Beschluß vom 10. 11. 1995 (8/V G 853/95)	482
79	Presserechtl. Unterlassungsanspruch u. Schmerzensgeldanspruch wegen kritischer Äußerung über Scientology. LG München I, Urteil vom 13. 11. 1995 (9 O 13582/95)	491
80	Werbung einer Religionsgemeinschaft im öffentlichen Straßenraum. Nieders. OVG, Urteil vom 13. 11. 1995 (12 L 1856/93)	496
81	Info-Stand von Scientology in Fußgängerzone. Nieders. OVG, Urteil vom 13. 11. 1995 (12 L 2141/93)	502
82	Eigentumsrechte an Immobilien sog. sächsischer Schullehn. LG Leipzig, Beschluß vom 14. 11. 1995 (1 T 7730/95)	514
83	Kirchensteuerpflicht eines Angehörigen der ungarischen griechisch-katholischen Kirche. FG München, Urteil vom 14. 11. 1996 (13 K 2682/94)	517
84	Aufnahme in kirchl. Kindergarten, Rechtsweg. OVG Nordrhein-Westfalen, Beschluß vom 15. 11. 1995 (16 B 2652/95)	518
85	Zivildienstverweigerung eines Zeugen Jehovas. OLG Düsseldorf, Beschluß vom 22. 11. 1995 (5 Ss 315/95 – 96/95 I)	520
86	Umschreibung des Nutzungsrechts an Wahlgräbern. Nieders. LVG, Urteil vom 24. 11. 1995 (8 L 216/94)	522
87	Bezuschussung kirchl. Beratungsstellen, Gleichbehandlungsgrundsatz. OVG Nordrhein-Westfalen, Urteil vom 5. 12. 1995 (1 b A 5462/94)	526
88	Kirchenbaulast in den ehem. Fürstentümern Waldeck u. Pyrmont. Hess. VGH, Urteil vom 7. 12. 1995 (6 UE 1322/93)	531
89	Private Arbeitsvermittlung durch ein Mitglied der Scientology Church. LSG Rheinland-Pfalz, Beschluß vom 11. 12. 1995 (L 6 EA-AR 30/95)	543
90	Zeugen Jehovas als Körperschaft des öff. Rechts. OVG Berlin, Urteil vom 14. 12. 1995 (OVG 5 B 20.94)	549
91	Verkauf relig. Schriften auf öffentl. Wegen. OVG Hamburg, Urteil vom 14. 12. 1995 (Bf II 1/93)	564

Nr.		Seite

92 Kirchgeld in glaubensverschiedener Ehe nach hamburgischem Kirchensteuerrecht. FG Hamburg, Urteil vom 15. 12. 1995 (II 15/93) 569

93 Kirchensteuerbescheid, Beschwer des nicht der Kirche angehörenden Ehegatten. FG Hamburg, Urteil vom 15. 12. 1995 (II 81/94) 575

94 Erhebung von Kirchgeld durch die kath. Kirche in Hamburg. FG Hamburg, Urteil vom 15. 12. 1995 (II 116/94) 578

95 Kostenbeteiligung einer Zivilgemeinde am Unterhaltungsaufwand für Kirchturm und Uhr gesetzliche u. vertragliche Grundlagen. VGH Baden-Württemberg, Urteil vom 19. 12. 1995 (10 S 191/94) 582

96 Beteiligung einer Zivilgemeinde am Unterhaltsaufwand von Kirchturm und Uhr, Wegfall. VGH Baden-Württemberg, Urteil vom 19. 12. 1995 (10 S 1140/94) 590

Abkürzungsverzeichnis

a.A.	andere Ansicht
a.E.	am Ende
a.F.	alte Fassung
aaO	am angegebenen Ort
ABl.	Amtsblatt
Abl.EG	Amtsblatt der Europäischen Gemeinschaft
Abs.	Absatz
AFG	Arbeitsförderungsgesetz
AfP	Archiv für Presserecht
AG	Amtsgericht
AGBG.BW	Baden-Württemberg. Ausführungsgesetz zum Bürgerlichen Gesetzbuch
AGFGO.NW	Nordrhein-Westfalen. Gesetz zur Ausführung der Finanzgerichtsordnung
AkGradVO	Verordnung über die Führung ausländischer akademischer Grade
AkKR	Archiv für katholisches Kirchenrecht
Anm.	Anmerkung
AO	Abgabenordnung
AP	Arbeitsrechtliche Praxis
ArbG	Arbeitsgericht
ArbGG	Arbeitsgerichtsgesetz
Art.	Artikel
AStG	Außensteuergesetz
AsylVfG	Asylverfahrensgesetz
AÜG	Arbeitnehmerüberlassungsgesetz
AuR	Arbeit und Recht
AuslG	Ausländergesetz
AVG	Angestelltenversicherungsgesetz
AVR	Arbeitsvertragsrichtlinien
Az.	Aktenzeichen
BAG	Bundesarbeitsgericht
BAGE	Entscheidungen des Bundesarbeitsgerichts
BAGUV	Bundesverband der Unfallversicherungsträger der öffentlichen Hand
BAT	Bundesangestelltentarif
BayEUG	Bayerisches Gesetz über das Erziehungs- und Unterrichtswesen
BayGVBl.	Bayerisches Gesetz- und Verordnungsblatt
BayKiStG	Bayern. Kirchensteuergesetz
BayObLG	Bayerisches Oberstes Landesgericht
BayObLGSt.	Entscheidungen des Bayerischen Obersten Landesgerichts in Strafsachen
BayRS	Bayerische Rechtssammlung

BayVBl.	Bayerische Verwaltungsblätter
BayVerfGH	Bayerischer Verfassungsgerichtshof
BayVerfGHE, BayVGHE	Sammlung von Entscheidungen des Bayerischen Verwaltungsgerichtshofs mit Entscheidungen des Bayerischen Verfassungsgerichtshofs
BayVerfGHG	Bayern. Gesetz über den Verfassungsgerichtshof
BayVGH	Bayerischer Verwaltungsgerichtshof
BB	Der Betriebsberater
Bd.	Band
BDSG	Bundesdatenschutzgesetz
Berl.FTG	Berlin. Gesetz über den Schutz der Sonn- und Feiertage
BerlSchulG	Berlin. Schulgesetz
BetrAVG	Gesetz zur Verbesserung der betrieblichen Altersversorgung
BetrVG	Betriebsverfassungsgesetz
BFH	Bundesfinanzhof
BFH/NV	Sammlung amtlich nicht veröffentlicher Entscheidungen des Bundesfinanzhofs
BFHE	Sammlung der Entscheidungen des Bundesfinanzhofs
BFHEntlG	Gesetz über die Entlastung des Bundesfinanzhofs
BG	Die Berufsgenossenschaft in Deutschland
BGB	Bürgerliches Gesetzbuch
BGBl.	Bundesgesetzblatt
BGH	Bundesgerichtshof
BGHZ	Entscheidungen des Bundesgerichtshofs in Zivilsachen
BK-GG	Bonner Kommentar zum Grundgesetz
BMA	Bundesminister für Arbeit und Sozialordnung
BPatGE	Entscheidungen des Bundespatentgerichts
BRKG	Bundesreisekostengesetz
BRRG	Beamtenrechtsrahmengesetz
BS	Sammlung des Bereinigten Landesrechts von Rheinland-Pfalz
BSG	Bundessozialgericht
BStBl.	Bundessteuerblatt
BT-Drucks.	Drucksachen des Bundestages
BV	Verfassung des Freistaates Bayern
BVerfG	Bundesverfassungsgericht
BVerfGE	Entscheidungen des Bundesverfassungsgerichts
BVerfGG	Gesetz über das Bundesverfassungsgericht
BVerwG	Bundesverwaltungsgericht
BVerwGE	Entscheidungen des Bundesverwaltungsgerichts
BW	Baden-Württemberg
BW.KiStG	Baden-Württemberg. Kirchensteuergesetz
BW.LV	Verfassung des Landes Baden-Württemberg
BW.LVwVfG	Baden-Württemberg. Landesverwaltungsverfahrensgesetz
BW.StrG	Baden-Württemberg. Straßengesetz
c.; can.; cc.	canon, canones
CIC; CJC	Codex Iuris Canonici
DB	Der Betrieb
DIN	Deutsches Institut für Normung

Abkürzungsverzeichnis XV

Diss.	Dissertation
DÖV	Die öffentliche Verwaltung
DStR	Deutsches Steuerrecht
DVBl.	Deutsches Verwaltungsblatt
eAO	einstweilige Anordnung
EFG	Entscheidungen der Finanzgerichte
EGBGB	Einführungsgesetz zum Bürgerlichen Gesetzbuch
EGV	Vertrag über die Gründung der Europäischen Gemeinschaft
EkA	Entscheidungssammlung zum kirchlichen Arbeitsrecht
EKD	Evangelische Kirche in Deutschland
EKHN	Ev. Kirche in Hessen und Nassau
EStDV	Einkommensteuer-Durchführungsverordnung
EStG	Einkommensteuergesetz
ESVGH	Entscheidungssammlung des Hessischen Verwaltungsgerichtshofs und des Verwaltungsgerichtshofes Baden-Württemberg
EuGRZ	Europäische Grundrechte-Zeitschrift
ev.-luth.	evangelisch-lutherisch
EvSt	Evangelisches Staatslexikon
EWG	Europäische Wirtschaftsgemeinschaft
EzA	Entscheidungen zum Arbeitsrecht
FamRZ	Zeitschrift für das gesamte Familienrecht
FEG	Freiheitsentziehungsgesetz
FG	Finanzgericht
FGG	Gesetz über Angelegenheiten der freiwilligen Gerichtsbarkeit
FGO	Finanzgerichtsordnung
FhG	Fachhochschulgesetz
FuR	Familie und Recht
GBl.	Gesetzblatt
GBl.DDR	Gesetzblatt der Deutschen Demokratischen Republik
GBO	Grundbuchordnung
GewArch	Gewerbearchiv
GewO	Gewerbeordnung
GFaG	Gesetz über die Führung akademischer Grade
GFZ	Grundflächenzahl
GG	Grundgesetz
GO	Gemeindeordnung
GS	Großer Senat
GTK	Gesetz über Tageseinrichtungen für Kinder
GVBl./GVOBl.	Gesetz- und Verordnungsblatt
GVG	Gerichtsverfassungsgesetz
GVOBl.M-V	Gesetz- und Verordnungsblatt für Mecklenburg-Vorpommern
HBG	Hessisches Beamtengesetz
Hdb.BayStKirchR	Handbuch des Bayerischen Staatskirchenrechts
Hdb.StKirchR	Handbuch des Staatskirchenrechts
Hess.VGH	Hessischer Verwaltungsgerichtshof

Abkürzungsverzeichnis

Hmb.VwfG	Hamburg. Verwaltungsverfahrensgesetz
Hmb.WG	Hamburg. Wegegesetz
Hrsg.	Herausgeber
InfAuslR	Informationsbrief Ausländerrecht
IPRax	Praxis des Internationalen Privat- und Verfahrensrechts
IPRspr.	Die deutsche Rechtsprechung auf dem Gebiete des Internationalen Privatrechts
JMBl.NW	Justizministerialblatt für das Land Nordrhein-Westfalen
JURIS	Juristisches Informationssystem
JuS	Juristische Schulung
JWG	Gesetz für Jugendwohlfahrt
JZ	Juristenzeitung
KABl.	Kirchliches Amtsblatt
KAG	Kommunalabgabengesetz
KG	Kirchengesetz
KGliedG	Evangelisch-Lutherische Kirche in Bayern. Kirchengliedschaftsgesetz
KiAustrG	Kirchenaustrittsgesetz
KirchStG.DDR	DDR. Kirchensteuergesetz
KiStG	Kirchensteuergesetz
KJHG	Kinder- und Jugendhilfegesetz
KMR	Müller/Sachs/Paulus, Loseblattkommentar zur StPO
KR	Kommentar zum gesamten Kündigungsrecht
KSchG	Kündigungsschutzgesetz
KuR	Kirche und Recht
LAG	Landesarbeitsgericht
LG	Landgericht
LK	Leipziger Kommentar
LKV	Landes- und Kommunalverwaltung
LohnFG	Lohnfortzahlungsgesetz
LS	Leitsatz
LSG	Landessozialgericht
LSt	Lohnsteuer
LThK	Lexikon für Theologie und Kirche
LV	Landesverfassung
m.w.N.	mit weiteren Nachweisen
MAVO	Ordnung der Mitarbeitervertretung
MDR	Monatsschrift für Deutsches Recht
MfS	Ministerium für Staatssicherheit der DDR
MGV	Milch-Garantiemengen-Verordnung
MünchKomm	Münchener Kommentar zum BGB
n.F.	neue Fassung
Nds.	Niedersachsen, niedersächsisch
Nds.GVBl	Gesetz- und Verordnungsblatt für Niedersachsen
Nds.MBl	Niedersächsisches Ministerialblatt

Nds.RPfl.	Niedersächsische Rechtspflege
Nds.SOG	Niedersachsen. Gesetz über die öffentliche Sicherheit und Ordnung
Nds.StrG	Niedersachsen. Straßengesetz
Nds.VBl.	Niedersächsische Verwaltungsblätter
Nds.Verf.	Niedersächsische Verfassung
NHG	Niedersachsen. Hochschulgesetz
Nieders.OVG	Niedersächsisches Oberverwaltungsgericht
NJW	Neue Juristische Wochenschrift
NJWE-FER	Neue Juristische Wochenschrift-Entscheidungsdienst Familien- und Erbrecht
NJW-RR	Neue Juristische Wochenschrift-Rechtsprechungsreport
NST-N	Niedersächsischer Städteverband-Nachrichten
NStZ	Neue Zeitschrift für Strafrecht
NVwZ	Neue Zeitschrift für Verwaltungsrecht
NVwZ-RR	Neue Zeitschrift für Verwaltungsrecht-Rechtsprechungsreport
NW	Nordrhein-Westfalen, nordrhein-westfälisch
NW.GTK	Nordrhein-Westfalen. Gesetz über Tageseinrichtungen für Kinder
NW.KiStG	Nordrhein-Westfalen. Kirchensteuergesetz
NWB	Neue Wirtschafts-Briefe für Steuer- und Wirtschaftsrecht
NWVBl.	Nordrhein-Westfälische Verwaltungsblätter
NZA	Neue Zeitschrift für Arbeits- und Sozialrecht
NZA-RR	Neue Zeitschrift für Arbeits- und Sozialrecht-Rechtsprechungsreport
NZS	Neue Zeitschrift für Sozialrecht
ÖAKR	Österreichisches Archiv für Kirchenrecht
OLG	Oberlandesgericht
OLGZ	Entscheidungen der Oberlandesgerichte in Zivilsachen einschließlich der freiwilligen Gerichtsbarkeit
OVG	Oberverwaltungsgericht
OVGE	Entscheidungen der Oberverwaltungsgerichte für das Land Nordrhein-Westfalen in Münster und für das Land Niedersachsen in Lüneburg
OWiG	Ordnungswidrigkeitengesetz
PStG	Personenstandsgesetz
RABl.	Reichsarbeitsblatt
RdA	Recht der Arbeit
Rdnr.	Randnummer
RegBl	Regierungsblatt
RFH	Reichsfinanzhof
RGBl.	Reichsgesetzblatt
RGRK	Reichsgerichtsrätekommentar
RGZ	Entscheidungen des Reichsgerichts in Zivilsachen
RhldPf.KiStG	Rheinland-Pfalz. Kirchensteuergesetz
RhPf.KAG	Rheinland-Pfalz. Kommunalabgabengesetz
RiA	Das Recht im Amt
RK	Reichskonkordat

Abkürzungsverzeichnis

RPfl./RPfleger	Der Rechtspfleger
RPflG	Rechtspflegergesetz
RStBl	Reichssteuerblatt
RuStAG	Reichs- und Staatsangehörigengesetz
RVO	Reichsversicherungsordnung
Rz.	Randziffer
Saarl.OLG	Oberlandesgericht Saarbrücken
SchG	Schulgesetz
SchlH.OVG	Schleswig-Holsteinisches Oberverwaltungsgericht
SchlHA	Schleswig-Holsteinische Anzeigen
SchwbG	Schwerbehindertengesetz
SGB	Sozialgesetzbuch
SozR	Sozialrecht. Rechtsprechung und Schrifttum
StAZ	Zeitschrift für Standesamtswesen
std.Rspr.	ständige Rechtsprechung
StGB	Strafgesetzbuch
StGH	Staatsgerichtshof
StGHG	Entscheidungen des Staatsgerichtshofs
StPO	Strafprozeßordnung
StraßenR	Straßenrecht
StrWG	Straßen- u. Wegegesetz
StV	Strafverteidiger
StVO	Straßenverkehrsordnung
TierSchG	Tierschutzgesetz
Tz	Textzahl
unv.	unveröffentlicht
Urt.	Urteil
UWG	Gesetz gegen den unlauteren Wettbewerb
VBlBW	Verwaltungsblätter für Baden-Württemberg
VerfGH	Verfassungsgerichtshof
VerfGHE	Entscheidungen des Verfassungsgerichtshofs
VerfGHG	Gesetz über den Verfassungsgerichtshof
VergGr.	Vergütungsgruppe
VG	Verwaltungsgericht
VGH	Verwaltungsgerichtshof
VO	Verordnung
VOBl	Verordnungsblatt
Vorbem.	Vorbemerkungen
VR	Verkehrs-Rundschau
VvB	Verfassung von Berlin
VwGO	Verwaltungsgerichtsordnung
VwVfG	Verwaltungsverfahrensgesetz
WHG	Wasserhaushaltsgesetz
WissR	Wissenschaftsrecht, Wissenschaftsverwaltung, Wissenschaftsförderung

WiVerw	Wirtschaft und Verwaltung
WRV	Weimarer Reichsverfassung
ZBR	Zeitschrift für Beamtenrecht
ZDG	Zivildienstgesetz
ZevKR	Zeitschrift für evangelisches Kirchenrecht
ZGB	Zivilgesetzbuch der Deutschen Demokratischen Republik
ZIP	Zeitschrift für Wirtschaftsrecht
ZMV	Zeitschrift für Mitarbeitervertretung
ZPO	Zivilprozeßordnung
ZTR	Zeitschrift für Tarifrecht
ZUM	Zeitschrift für Urheber- und Medienrecht

1

Die Frage der Rechtsnatur der Kirchensteuer betrifft irrevisibles Landesrecht. Dies gilt auch im Hinblick auf ein Zurückbehaltungsrecht, das der Steuerpflichtige wegen der Verwendung von Kirchensteuermitteln geltend macht.

BVerwG, Beschluß vom 17. Januar 1995 — 8 B 213.94 —

Der Kläger bekämpft seine Heranziehung zur ev. Kirchensteuer in dem streitbefangenen Zeitraum bis zu seinem Kirchenaustritt u. a. mit dem Vorbringen, die Kirchensteuer sei in rechtlicher Hinsicht als Mitgliedsbeitrag aufzufassen. Wegen der Verwendung von Kirchensteuermitteln für von ihm nicht gebilligte Programme in der Dritten Welt macht er ein Zurückbehaltungsrecht an den von ihm geschuldeten Kirchensteuerbeträgen geltend. Die Klage blieb in erster und zweiter Instanz[1] ohne Erfolg. Auch die Nichtzulassungsbeschwerde wurde zurückgewiesen.

Aus den Gründen:

Die Beschwerde des Klägers ist unbegründet. Der Rechtssache kommt weder grundsätzliche Bedeutung zu (§ 132 Abs. 2 Nr. 1 VwGO) noch leidet das Berufungsurteil an den geltend gemachten Verfahrensmängeln (§ 132 Abs. 2 Nr. 3 VwGO).

Grundsätzlich bedeutsam i. S. des § 132 Abs. 2 Nr. 1 VwGO ist eine Rechtssache nur dann, wenn in dem angestrebten Revisionsverfahren die Klärung einer bisher höchstrichterlich ungeklärten, in ihrer Bedeutung über den der Beschwerde zugrundeliegenden Einzelfall hinausgehenden klärungsbedürftigen Rechtsfrage des revisiblen Rechts (vgl. § 137 Abs. 1 VwGO) zu erwarten ist. In der Beschwerdebegründung muß daher dargelegt, d. h. näher ausgeführt werden (vgl. § 133 Abs. 3 Satz 3 VwGO), daß und inwieweit eine bestimmte Rechtsfrage des Bundesrechts im allgemeinen Interesse klärungsbedürftig und warum ihre Klärung in dem beabsichtigten Revisionsverfahren zu erwarten ist (vgl. u. a. Beschluß vom 2. 10. 1961 — BVerwG VIII B 78.61 — BVerwGE 13, 90 [91]).

Daran fehlt es hier. Denn die aufgeworfene Frage nach der Rechtsnatur der streitigen Abgaben als Kirchensteuern oder — wie die Beschwerde meint

---

[1] Hess.VGH KirchE 32, 235.

– als Mitgliedsbeiträge betrifft im Ausgangspunkt irrevisibles Landesrecht und ist deshalb in dem beabsichtigten Revisionsverfahren nicht klärungsfähig. Gemäß § 1 des hessischen Kirchensteuergesetzes i. d. F. der Bekanntmachung vom 12. 2. 1986 (GVBl. I S. 90) – KiStG – können die Kirchen, die Körperschaften des öffentlichen Rechts sind, von ihren Angehörigen ... aufgrund von Kirchensteuerordnungen „Kirchensteuern" als öffentliche Abgaben erheben. Der hessische Landesgesetzgeber bedient sich durchgängig dieses Begriffs (vgl. u. a. § 2 Abs. 1, § 6 Abs. 1 KiStG); § 15 Abs. 1 KiStG schließlich ordnet die subsidiäre entsprechende Anordnung der Abgabenordnung – bis auf wenige, in Abs. 2 aufgeführte Ausnahmen – an. Vor dem Hintergrund dieser, der Ermächtigungsgrundlage in Art. 140 GG i. V. m. Art. 137 Abs. 6 WRV zur Erhebung von „Steuern" entsprechenden ausdrücklichen Regelung kann kaum bezweifelt werden, daß der hessische Landesgesetzgeber die Kirchensteuer als eine Steuer im Rechtssinne ausgestaltet hat. Von der Zulässigkeit einer derartigen Qualifizierung der durch die Kirchen erhobenen Abgaben als „Steuer" ist die ständige höchstrichterliche Rechtsprechung ohne weiteres ausgegangen (vgl. u. a. Urteil vom 16. 8. 1985[2] – BVerwG 8 C 62.84 – Buchholz 401.70 Kirchensteuer Nr. 19 S. 1 [5]; BVerfG, Beschluß vom 23. 10. 1986[3] – 2 BvL 7, 8/84 – BVerfGE 73, 388 [398 ff.]; Urteil vom 14. 12. 1965[4] – 1 BvR 413, 416/60 – BVerfGE 19, 206 [217], wo ausdrücklich das Kirchensteuererhebungsrecht „im Gegensatz zur Beitragserhebung" erörtert wird; Urteil vom 14. 12. 1965[5] – 1 BvR 571/60 – BVerfGE 19, 253 [258, 262 ff.]). Art. 140 GG i. V. m. Art. 137 Abs. 6 WRV würden den Staat sogar daran hindern, das „überkommene Besteuerungsrecht" abzuschaffen oder auszuhöhlen (BVerfG, Urteil vom 14. 12. 1965, aaO, S. 218). Die Beschwerdeschrift zeigt in keinem ihrer sieben Punkte zur Darlegung der geltend gemachten grundsätzlichen Bedeutung auf, daß und aus welchem Grunde die entsprechende landesrechtliche Regelung mit höherrangigem Recht unvereinbar wäre und weshalb angesichts der vom Berufungsgericht auszugsweise zitierten höchstrichterlichen Rechtsprechung unter diesem Aspekt Klärungsbedarf bestünde.

Die grundsätzliche Bedeutung der aufgeworfenen Frage scheitert aber auch daran, daß das Berufungsurteil auf der Annahme der Rechtsnatur als Steuer gar nicht beruht, sondern die Geltendmachung des Zurückbehaltungsrechts durch den Kläger auch dann für ausgeschlossen hält, „wenn es sich bei diesen Abgaben wirklich nur um Mitgliedsbeiträge handelte". Weshalb diese tragende Begründung falsch sein sollte und worin ggf. insoweit die grundsätzliche Be-

---

[2] KirchE 23, 156.
[3] KirchE 24, 267.
[4] KirchE 7, 338.
[5] KirchE 7, 327.

deutung der Rechtssache liegen sollte, führt die Beschwerde nicht aus. Dies wäre jedoch nach dem Darlegungsgebot des § 133 Abs. 3 Satz 3 VwGO erforderlich, weil die Entscheidungserheblichkeit der angeblich klärungsbedürftigen Rechtsfrage Voraussetzung für die Bejahung der grundsätzlichen Bedeutung ist.

Die Beschwerde verkennt überdies, daß sich nach ihrem Vortrag die aufgeworfene Frage nur im Zusammenhang mit dem von dem Kläger geltend gemachten Zurückbehaltungsrecht aus § 273 BGB stellen würde und damit auch unter diesem Blickwinkel nur die Anwendung irrevisiblem Rechts beträfe. Denn die Einrede aus § 273 BGB findet in dem streitigen Zusammenhang als allgemeiner Grundsatz zur Ergänzung des hessischen Kirchensteuergesetzes und der von ihm als Landesrecht in Bezug genommenen (§ 15 Abs. 1 KiStG) Abgabenordnung Anwendung; die Vorschrift teilt daher nach ständiger Rechtsprechung die Rechtsnatur der Regelung, deren Ergänzung sie dient (vgl. Urteil vom 28. 10. 1983 – BVerwG 4 C 25.79 – Buchholz 310 § 137 VwGO Nr. 113; Beschluß vom 3. 1. 1992 – BVerwG 6 B 20.91 – Buchholz 310 § 113 VwGO Nr. 240 S. 78 [79]). Die Heranziehung einer bundesrechtlichen Norm zu einer das Landesrecht ergänzenden Analogie ist als Auslegung von Landesrecht – hier des hessischen Kirchensteuergesetzes – nicht revisibel (Beschluß vom 8. 9. 1987 – BVerwG 4 B 184.87 – Buchholz 445.4 § 15 WHG Nr. 7 S. 1). Der Klärungsbedarf ergibt sich insoweit auch nicht aus der sinngemäß (...) aufgeworfenen Frage, ob die Auffassung des Berufungsgerichts mit höherrangigem Recht vereinbar ist, die geltend gemachte Einrede wegen des seiner Ansicht nach damit verbundenen unzulässigen Hineinwirkens in den innerkirchlichen Bereich inhaltlich nicht zu prüfen. Daß staatliche Gerichte ohne Verstoß gegen die Verfassung gehindert sind, innerkirchliche Angelegenheiten inhaltlich zu kontrollieren, entspricht gefestigter Rechtsprechung und bedarf keiner erneuten Vertiefung in einem Revisionsverfahren. Daß dadurch ein – im Sinne staatlicher gerichtlicher Kontrolle – „rechtsfreier innerkirchlicher Raum" verbleibt, widerspricht nicht der Verfassung, sondern ist Ausdruck des gerichtlicher Überprüfung entzogenen innerkirchlichen Selbstverwaltungs- und Selbstbestimmungsrechts (vgl. Art. 140 GG i. V. m. Art. 137 Abs. 3 WRV). Denn rein innerkirchliche Maßnahmen werden von dem Begriff der öffentlichen Gewalt in Art. 19 Abs. 4 GG, § 90 Abs. 1 BVerfGG nicht umfaßt; Religionsgesellschaften verwalten ihre Angelegenheiten vielmehr selbständig innerhalb der Schranken des für alle geltenden Gesetzes. Durch die Regelung des Art. 140 GG i. V. m. Art. 137 Abs. 1 und Abs. 3 WRV erkennt der Staat das kirchliche Selbstbestimmungsrecht mit der Folge an, daß er in ihre inneren Verhältnisse nicht eingreifen darf (BVerfG, Beschluß vom 17. 2. 1965[6] – 1 BvR 732/64 – BVerfGE 18, 385 [386]). Das gilt auch

---

[6] KirchE 7, 172.

für die gerichtliche Kontrolle. Die von der Verfassung anerkannte Eigenständigkeit und Unabhängigkeit der kirchlichen Gewalt würde geschmälert werden, wenn der Staat seinen Gerichten Kontrollrechte gegenüber innerkirchlichen Maßnahmen einräumen würde (BVerfG, Beschluß vom 17. 2. 1965, aaO, S. 387; BVerwG, Urteil vom 25. 11. 1982[7] – BVerwG 2 C 21.78 – BVerwGE 66, 241 [243]). Daß die Verwendung des Kirchensteueraufkommens – auf die sich der mit dem Zurückbehaltungsrecht geltend gemachte Unterlassungsanspruch des Klägers bezieht – eine in diesem Sinne innerkirchliche Angelegenheit betrifft, hat das Berufungsgericht – ohne daß es in diesem Zusammenhang auf die im einzelnen streitige Abgrenzung ankäme – zu Recht angenommen. Denn das verfassungsrechtlich garantierte Selbstverwaltungs- und Selbstbestimmungsrecht umfaßt alle Maßnahmen, die zur Verfolgung des kirchlichen Grundauftrags getroffen werden, und die gesamte damit untrennbar verbundene Vorsorge zur Sicherstellung der religiösen Dimension des Wirkens im Sinne des kirchlichen Selbstverständnisses (Urteil vom 25. 11. 1982, aaO; BVerfG, Beschluß vom 21. 9. 1976[8] – 2 BvR 350/75 – BVerfGE 42, 312 [334]). Die Beschwerde legt nicht dar, daß insoweit ein Bedürfnis nach weiterer Vertiefung bestünde.

Das übrige Vorbringen der Beschwerde zur Begründung der grundsätzlichen Bedeutung betrifft unerhebliche, weil rein tatsächliche oder rechtspolitische Erwägungen.

Die Revision kann auch nicht wegen eines Verfahrensmangels zugelassen werden (§ 132 Abs. 2 Nr. 3 VwGO). Insoweit genügt die Beschwerde schon nicht dem Bezeichnungsgebot des § 133 Abs. 3 Satz 3 VwGO.

Die in diesem Zusammenhang beanstandete Unterlassung einer abschließenden Entscheidung des Berufungsgerichts über die Rechtsnatur der Kirchensteuer bezeichnet in Wahrheit keinen Verfahrensfehler, sondern eine nach Ansicht der Beschwerde falsche Anwendung des materiellen Rechts. Im übrigen ist nicht ersichtlich, weshalb das Berufungsgericht zu einem anderen Ergebnis in der Sache gekommen wäre, wenn es abschließend über die Rechtsnatur der Kirchensteuer entschieden hätte. Denn es hat diese Festlegung gerade deshalb für unerheblich gehalten, weil „auch" bei Zugrundelegung der Auffassung des Klägers zur Rechtsnatur der Kirchensteuer als Mitgliedsbeiträge die streitentscheidende Geltendmachung des Zurückbehaltungsrechts „ausgeschlossen" sei. Die – aus der insoweit maßgeblichen Sicht des Berufungsgerichts – vom materiellen Recht vorgegebene Beschränkung der Justitiabilität innerkirchlicher Entscheidungen verletzt auch nicht in verfahrensrelevanter Weise den Grundsatz des rechtlichen Gehörs (§ 108 Abs. 2 VwGO, Art. 103

---

[7] KirchE 20, 208.   [8] KirchE 15, 320.

Abs. 1 GG), sondern ergibt sich aus der verfassungsrechtlichen Anerkennung der Eigenständigkeit und Unabhängigkeit der Kirchen im Bereich innerkirchlicher Angelegenheiten (BVerfG, Beschluß vom 17. 2. 1965, aaO, S. 387; BVerwG, Urteil vom 25. 11, 1982, aaO, S. 243 f.). Das Berufungsgericht hat den entsprechenden Sachvortrag des Klägers nicht etwa übergangen, sondern ihn aus Gründen des materiellen Rechts – zutreffend – für unerheblich gehalten.

2

1. Der Erwerb der Mitgliedschaft in der Evangelischen Kirche Deutschlands bei einem Zuzug im Jahre 1982 aus der Schweiz beurteilt sich nach dem Kirchengesetz über die Kirchenmitgliedschaft – KMG – (Abl. EKD 1976, 389).
2. Nach § 1 Abs. 1 KMG wird die Mitgliedschaft zu einer Gliedkirche vor allem durch die Taufe als ev. Christ und durch den Wohnsitz bzw. den gewöhnlichen Aufenthalt im Bereich der Gliedkirche begründet.
3. Die Erklärung nach § 9 Abs. 3 KMG ist als eine solche über die Bekenntniszugehörigkeit zu verstehen. Sie setzt nicht den Willen des Erklärenden zum Erwerb der Mitgliedschaft voraus.

§ 3 Abs. 1 NW.KiStG
BFH, Urteil vom 18. Januar 1995 – I R 89/94[1] –

Der Kläger besaß im Streitjahr 1986 die schweizerische Staatsangehörigkeit. Er hatte 1982 seinen Wohnsitz von B. im Kanton Aargau/Schweiz nach D. verlegt. Vor seinem Zuzug in die Bundesrepublik Deutschland war er Mitglied der reformierten Kirche in der Schweiz. Auf dem Meldebogen der Stadt D. trug er unter der Rubrik Religionszugehörigkeit „reformiert" ein. In einer im März 1988 abgegebenen Einkommensteuererklärung 1984 hat der Kläger seine Religionszugehörigkeit mit „ev." angegeben. Entsprechendes gilt für die Einkommensteuererklärungen 1985 und 1986.

Das Finanzamt hat den Kläger am 8. 1. 1990 zur Einkommensteuer 1986 veranlagt und gleichzeitig die ev. Kirchensteuer festgesetzt. Hiergegen legte der Kläger Einspruch beim Finanzamt ein, das den Einspruch an den Beklagten (Gesamtverband) weiterleitete. Der Kläger bestreitet seine Mitgliedschaft

---

[1] Amtl. Leitsätze. BFHE 177, 194; BStBl. II 1995, 475; NVwZ 1996, 517; HFR 1995, 464; ZevKR 40 (1995), 354. Nur LS: BB 1995, 1282; DB 1995, 1316; DStR 1995, 1958; NJW 1996, 2120; AkKR 164 (1995), 232.

in der ev. Kirche. Vorsorglich trat er am 18. 4. 1990 aus der ev. Kirche aus. Der Gesamtverband hat den Einspruch als unbegründet zurückgewiesen. Das Finanzgericht hat der Klage stattgegeben. Mit der Revision rügt der Gesamtverband die Verletzung des Art. 140 GG i. V. m. Art. 137 Abs. 5 WRV. Die Revision führt zur Klageabweisung.

Aus den Gründen:

Die Revision ist begründet. Sie führt zur Aufhebung der Vorentscheidung und zur Abweisung der Klage (§ 126 Abs. 3 Nr. 1 FGO).

1. Die von dem Gesamtverband erhobene Verfahrensrüge greift nicht durch. Dies bedarf keiner weiteren Begründung (Art. 1 Nr. 8 BFHEntlG).

2. Nach § 3 Abs. 1 NW. KiStG sind u. a. alle Angehörigen der ev. Kirche kirchensteuerpflichtig, wenn sie ihren Wohnsitz oder gewöhnlichen Aufenthalt i. S. der §§ 8 und 9 AO 1977 im Lande Nordrhein-Westfalen haben. Dabei bestimmt sich nach innerkirchlichem Recht, wann eine Person Mitglied einer Religionsgemeinschaft ist (vgl. Urteil des BFH vom 6. 10. 1993[2] – I R 28/93 – BFHE 172, 570, BStBl. II 1994, 253). Die Evangelische Kirche in Deutschland hat dazu eine Regelung im Kirchengesetz über die Kirchenmitgliedschaft, das kirchliche Meldewesen und den Schutz der Daten der Kirchenmitglieder vom 10. 11. 1976 – KMG – (Abl. EKD 1976, 389) getroffen. Einschlägig ist § 9 Abs. 1 KMG. Danach erwerben zuziehende Evangelische, die keiner Gliedkirche angehören, die Mitgliedschaft durch Erklärung gegenüber der nach kirchlichem Recht zuständigen Stelle, wenn sie bisher Mitglied einer ev. Kirche oder Religionsgemeinschaft im Ausland waren. Nach § 9 Abs. 3 KMG gelten Angaben gegenüber der staatlichen Meldebehörde als Erklärung i. S. des § 9 Abs. 1 KMG. Nach den tatsächlichen Feststellungen des Finanzgerichts, an die der erkennende Senat gemäß § 118 Abs. 2 FGO gebunden ist, erfüllte der Kläger bei seinem Zuzug nach D. im Jahre 1982 alle Voraussetzungen des § 9 Abs. 1 und 3 KMG. Er war vor dem 28. 10. 1982 Mitglied der reformierten Kirche der Schweiz. Er gab auf dem Meldebogen des Einwohnermeldeamtes der Stadt D. unter der Rubrik Religionszugehörigkeit „reformiert" an. Damit gab er eine Erklärung i. S. des § 9 Abs. 3 KMG ab, die gemäß § 9 Abs. 1 KMG die Mitgliedschaft in der ev. Kirche in der Bundesrepublik begründete. Da der Kläger nicht vor Ablauf des Streitjahres 1986 aus der ev. Kirche austrat, war er im Streitjahr kirchensteuerpflichtig.

---

[2] KirchE 31, 420.

3. Der erkennende Senat folgt nicht der Auffassung des Finanzgerichts, wonach § 9 Abs. 3 KMG teleologisch reduziert auszulegen ist. Die Vorschrift ist ihrem Wortlaut nach eindeutig. Ihre teleologisch reduzierte Auslegung bedeutet einen Eingriff in das Recht der ev. Kirche, die Voraussetzungen der Mitgliedschaft in eigener Zuständigkeit bestimmen zu können. Sie wird auch nicht dem Regelungsinhalt des KMG gerecht. Nach § 1 Abs. 1 KMG wird die Mitgliedschaft zu einer Kirchengemeinde sowie zu der Gliedkirche vor allem durch die Taufe als ev. Christ und durch den Wohnsitz bzw. den gewöhnlichen Aufenthalt im Bereich der Gliedkirche begründet. Die wesentlichen Merkmale der Kirchenmitgliedschaft sind deshalb die konfessionelle Beziehung einerseits und die räumliche andererseits. Die konfessionelle Beziehung besteht aus der durch die Taufe begründeten Bekenntniszugehörigkeit. Sie ist schon dann gegeben, wenn die in Betracht kommende Person Mitglied einer Kirche ist oder war, die mit der steuererhebenden Kirche bekenntnisverwandt ist (vgl. Campenhausen, Staatskirchenrecht, 2. Aufl., S. 156). Dazu hat das Finanzgericht in tatsächlicher Hinsicht festgestellt (§ 118 Abs. 2 FGO), daß der Kläger als evangelisch getaufter Christ Mitglied der reformierten Kirche in der Schweiz war. Dies reicht aus, um eine konfessionelle Beziehung zwischen ihm und der Evangelischen Kirchengemeinde in D. anzunehmen. Die räumliche Beziehung des Klägers zur Evangelischen Kirchengemeinde in D. wurde durch die Wohnsitznahme in D. hergestellt. Zwar ist der Kläger aus dem Ausland zugezogen. Auch verlangt § 9 Abs. 1 und 3 KMG für diesen Fall eine besondere „Erklärung" des Steuerpflichtigen. Die Erklärung betrifft jedoch nur die Bekenntniszugehörigkeit. Sie ist an sich nicht begriffsnotwendige Voraussetzung für den Erwerb der Mitgliedschaft. Die Evangelische Kirche hätte den Erwerb der Mitgliedschaft auch in anderer Weise regeln können. So hat das Bundesverfassungsgericht es genügen lassen, daß das innerkirchliche Recht die Kirchensteuerpflicht nur an die Taufe einerseits und den Wohnsitz andererseits anknüpft (Beschluß vom 31. 3. 1971[3] – 1 BvR 744/67 – BVerfGE 30, 415 [423]). Die Erklärung setzt deshalb keinen Willen des Erklärenden zum Erwerb der Mitgliedschaft voraus. Sie kann nicht mit der Beitrittserklärung zu anderen Vereinigungen verglichen werden. § 9 Abs. 3 KMG enthält weder eine Fiktion, noch begründet die Vorschrift eine Zwangsmitgliedschaft. Der Funktion des § 9 Abs. 1 KMG, die Bekenntniszugehörigkeit festzustellen, genügt es, wenn die nach Kirchenrecht erforderliche Erklärung gegenüber den staatlichen Meldebehörden abgegeben wird. § 9 Abs. 3 KMG ist deshalb entsprechend seinem Wortlaut auszulegen. Nach den tatsächlichen Feststellungen des Finanzgerichts gab der Kläger eine Erklärung

---

[3] KirchE 12, 101.

i. S. des § 9 Abs. 3 KMG ab. Diese begründete deshalb seine Mitgliedschaft in einer Gliedkirche der Evangelischen Kirche in Deutschland.

4. Zu Unrecht folgert das Finanzgericht aus der Religionsfreiheit, daß der Eintritt des Klägers in eine Gliedkirche der Evangelischen Kirche in Deutschland dessen auf den Erwerb der Mitgliedschaft gerichteten Willen voraussetze. Bestehen deren wesentliche Merkmale in der konfessionellen und räumlichen Beziehung einer Person zu einer bestimmten Kirche und ist die räumliche Beziehung – wie im Streitfall – unstreitig gegeben, so ist letztlich allein entscheidend, daß der Kläger sich in der Schweiz durch die Taufe zur reformierten Kirche bekannte und daß zwischen der reformierten Kirche in der Schweiz und der Evangelischen Kirche in Deutschland Bekenntnisidentität besteht. Die Rechtfertigung für die Mitgliedschaft zuziehender ausländischer Bekenntnisverwandter ohne deren „förmliche" Beitrittserklärung ist in den Beziehungen der Kirchen untereinander zu suchen. Dies ist nicht gleichbedeutend mit einer Zwangsmitgliedschaft des Klägers in der Evangelischen Kirche in Deutschland. Tatsächlich behielt der Kläger sein Bekenntnis trotz seines Zuzuges nach Deutschland bei. Auch nahm er die Möglichkeit nicht wahr, aus der Kirche auszutreten bzw. beim Einwohnermeldeamt in D. zu erklären, daß er trotz seines evangelischen Bekenntnisses nicht Mitglied der Evangelischen Kirche in Deutschland werden wolle.

5. Entgegen der Auffassung des Finanzgerichts bestand gegenüber dem Kläger auch keine besondere Aufklärungspflicht bezüglich der kirchensteuerrechtlichen Folgen seines Bekenntnisses zur Evangelischen Kirche in Deutschland. Der Kläger unterlag auch in seinem schweizerischen Heimatkanton einer ev. Kirchensteuer. Gerade deshalb mußte er mit einer entsprechenden Steuererhebung auch bei seinem Zuzug nach Deutschland rechnen (vgl. BVerwG, Urteil vom 12. 4. 1991[4] – 8 C 62.88 – NVwZ 1992, 66).

6. Die Vorentscheidung entspricht nicht den hier wiedergegebenen Rechtsgrundsätzen. Sie kann deshalb keinen Bestand haben. Die Sache ist entscheidungsreif. Der Kläger war im Streitjahr 1986 Mitglied der Evangelischen Kirche. Die Festsetzung ev. Kirchensteuer ihm gegenüber ist deshalb rechtmäßig.

3

Sowohl aus dem in § 34 MVG-EKiR dem Dienstherrn auferlegten Gebot, die Mitarbeitervertretung zur Durchführung ihrer Aufgaben rechtzeitig und umfassend zu unterrichten, als auch aus dem Sinn und Zweck des in den §§ 38, 41 MVG-EKiR geregelten Mitwirkungsverfah-

---

[4] KirchE 29, 90.

ren folgt die Verpflichtung des Dienstherrn, der Mitarbeitervertretung die Gründe für die beabsichtigte Kündigung so genau und so umfassend darzulegen, daß die Mitarbeitervertretung ohne zusätzliche eigene Nachforschungen in der Lage ist, die Stichhaltigkeit der Kündigungsgründe zu prüfen und sich über ihre Stellungnahme schlüssig zu werden.

LAG Köln, Urteil vom 18. Januar 1995 — 8 Sa 1167/94[1] —

Die Parteien streiten um eine von dem Beklagten (Trägerverein eines Altenheims) ausgesprochene Änderungskündigung.

Die Klägerin ist als Altenpflegehelferin bei dem Beklagten beschäftigt, bei dem entsprechend dem Kirchengesetz über die Bildung von Mitarbeitervertretungen in kirchlichen Dienststellen in der Ev. Kirche im Rheinland (MVG-EKiR) vom 12. 1. 1994 eine Mitarbeitervertretung eingerichtet ist. Für das Altenheim gilt wegen der Anzahl der pflegebedürftigen Bewohner die zum 1. 10. 1993 in Kraft getretene Heimpersonalverordnung.

Mit Schreiben vom 26. 10. 1993 teilte die Stadt A. als Heimaufsicht dem Beklagten mit, daß die Anzahl der beschäftigten Fachkräfte entsprechend der Heimpersonalvertretungsordnung anzupassen sei. Sie wies ferner darauf hin, daß im Rahmen des § 10 der Heimpersonalverordnung eine Angleichungsfrist beantragt werden könne. Auf einen entsprechenden Antrag des Beklagten wurde diesem eine Angleichungsfrist von drei Jahren eingeräumt. — Bereits vorher hatte der Beklagte unter Hinweis auf die gesetzlichen Auflagen der Heimpersonalverordnung gegenüber der Klägerin mit Schreiben vom 12. 4. 1994 eine ordentliche Änderungskündigung zum 30. 6. 1994 ausgesprochen und der Klägerin ein bis zum 31. 8. 1995 befristetes Arbeitsverhältnis angeboten. Die Klägerin hat diese Kündigung am 3. 5. 1994 angefochten und das Angebot unter dem Vorbehalt angenommen, daß die Änderung der Arbeitsbedingungen nicht sozial ungerechtfertigt sei.

Die Klägerin hat die ordnungsgemäße Anhörung der Mitarbeitervertretung bestritten und die Auffassung vertreten, daß betriebsbedingte Gründe für die Kündigung nicht vorlägen und die Sozialauswahl fehlerhaft sei.

Das Arbeitsgericht hat mit dem angefochtenen Urteil u. a. festgestellt, daß die Änderung der Arbeitsbedingungen im Zusammenhang mit und durch die Änderungskündigung des Beklagten zum 30. 6. 1995 unwirksam ist und das Arbeitsverhältnis über den 30. 6. 1995 hinaus zu unveränderten Bedingungen unbefristet fortbesteht. Eine wirksame Zustimmung der Mitarbeitervertretung gemäß § 38 Abs. 1 MVG-EKiR liege nicht vor.

Die Berufung des Beklagten blieb erfolglos.

---

[1] Das Urteil ist rechtskräftig.

Aus den Gründen:

Die Berufung hat keinen Erfolg.

Die gegenüber der Klägerin ausgesprochene Änderungskündigung ist schon deshalb gemäß § 38 Abs. 1 MVG-EKiR unwirksam, weil die bei dem Beklagten bestehende Mitarbeitervertretung nicht ordnungsgemäß beteiligt worden ist.

Der Mitarbeitervertretung steht gemäß § 42 b MVG-EKiR bei Ausspruch einer ordentlichen Kündigung nach Ablauf der Probezeit ein eingeschränktes Mitbestimmungsrecht zu. Gemäß § 41 Abs. 3 MVG-EKiR gilt § 38 MVG-EKiR für das Verfahren bei der eingeschränkten Mitbestimmung entsprechend. Nach § 38 Abs. 2 MVG-EKiR hat die Dienststellenleitung die Mitarbeitervertretung von der beabsichtigten Maßnahme zu unterrichten und deren Zustimmung zu beantragen.

Eine ausreichende Unterrichtung liegt nur vor, wenn die Dienststellenleitung der Mitarbeitervertretung die Person des für die Entlassung vorgesehenen Arbeitnehmers, die Art der Kündigung, den Kündigungstermin sowie die Kündigungsgründe mitteilt. Dabei ist der Sachverhalt so genau und umfassend darzulegen, daß die Mitarbeitervertretung ohne zusätzliche eigene Nachforschungen in der Lage ist, die Stichhaltigkeit der Kündigungsgründe zu prüfen und sich über ihre Stellungnahme schlüssig zu werden. Deshalb genügt der Arbeitgeber mit einer nur pauschalen, schlagwort- oder stichwortartigen Bezeichnung des Kündigungsgrundes seiner Begründungspflicht in der Regel nicht. Auch reicht es nicht aus, wenn er der Mitarbeitervertretung gegenüber ein Werturteil abgibt, ohne die für seine Bewertung maßgeblichen Tatsachen mitzuteilen. Das gilt auch für die Begründung der Sozialauswahl, die bei einer mit betriebsbedingten Gründen begründeten Kündigung als wesentliches Element mit zur Kündigungsbegründung gehört. Bei einer beabsichtigten Änderungskündigung ist der Mitarbeitervertretung neben den Gründen zur Kündigung auch das Änderungsangebot mitzuteilen, da nur bei Kenntnis dieses Angebots die Tragweite der Kündigung beurteilt und geprüft werden kann. Es gelten insoweit dieselben Grundsätze, wie sie das Bundesarbeitsgericht für die in den Verantwortungsbereich des Arbeitgebers fallende Einleitung des Anhörungsverfahrens nach § 102 BetrVG entwickelt hat. Zwar ist im MVG-EKiR im Unterschied zu § 102 Abs. 1 Satz 2 BetrVG keine ausdrückliche Verpflichtung des Dienstherrn zur Mitteilung der Kündigungsgründe festgelegt. Eine dahingehende Verpflichtung ergibt sich aber nicht nur im Hinblick auf das Gebot zur vertrauensvollen Zusammenarbeit, sondern auch aus dem in § 34 MVG-EKiR dem Dienstherrn auferlegten Gebot, die Mitarbeitervertretung zur Durchführung ihrer Aufgaben rechtzeitig und umfassend zu unterrichten. Auch aus dem Sinn und Zweck des in §§ 38, 41 MVG-EKiR geregelten Mitwirkungsverfahrens folgt eine entsprechende Verpflichtung des Dienstherrn, der Mitarbeitervertretung die Gründe für die beabsichtigte Kündigung genau und umfassend darzulegen. Diese Begründungspflicht ist deshalb notwendig, weil die Mitarbeitervertretung nur dann in die Lage versetzt wird, Einwendungen nach § 41 Abs. 2 MVG-EKiR ordnungsgemäß zu erheben (vgl. auch Grote/Krah/Kruska/Olechnowitz/Schwarz, Mitarbeitervertretungsgesetz für den Bereich der Evangelischen Kirchen und Diakonischen Werke in Rheinland, Westfalen und Lippe, 2. Aufl. zu § 32 Rz. 4.5 und BAG in AP Nr. 1 zu § 77 LPVG Baden-Württemberg und AP Nr. 1 zu § 72 LPVG NW zur entsprechenden Rechtslage nach den im Wortlaut ähnlichen Vorschriften der Landespersonalvertretungsgesetze).

Ausgehend von diesen Grundsätzen hat der Beklagte weder im erstinstanzlichen Verfahren noch in der Berufungsinstanz ausreichend dargelegt, daß die Mitarbeitervertretung ordnungsgemäß unterrichtet worden ist. Er hat lediglich unter Hinweis auf ein Schreiben vom 9. 5. 1994 vorgetragen, daß die Mitarbeitervertretung gehört worden sei und ihre Zustimmung erteilt habe. Im Schriftsatz vom 30. 8. 1994 ist „für die ordnungsgemäße Anhörung der Mitarbeitervertretung" Beweis angetreten worden durch Zeugnis der Vorsitzenden. Daß dieser Vortrag den Voraussetzungen einer ordnungsgemäßen Unterrichtung nicht entspricht, hat das Arbeitsgericht zutreffend ausgeführt.

Auch im Berufungsverfahren fehlt es an einer substantiierten und nachvollziehbaren Darlegung der Kündigungsgründe. Der Beklagte hat nicht vorgetragen, welche genauen Informationen der Mitarbeitervertretung z. B. hinsichtlich des Schreibens der Stadt A., hinsichtlich des darin enthaltenen Hinweises über die Beantragung einer Angleichungsfrist, hinsichtlich des Pflegeschlüssels und der Kostendeckung, hinsichtlich der Einzeldaten über die soziale Auswahl und hinsichtlich des von dem Beklagten in der Änderungskündigung genannten Änderungsangebots gegeben worden sind. Es sind lediglich schlagwort- und stichwortartige Bezeichnungen wie „Notwendigkeit gemäß Heimpersonalverordnung, soziale Auswahl, betrieblich bedingte Notwendigkeit wie Kostendeckung, Pflegeschlüssel usw." vorgetragen worden, die einer ordnungsgemäßen Begründungspflicht nicht genügen. Die Vernehmung der Zeugen G. und H. kam deshalb nicht in Betracht. Ihre Vernehmung hätte sich als unzulässiger Ausforschungsbeweis erwiesen.

Unerheblich ist, ob die Mitarbeitervertretung der Kündigung zugestimmt hat. Selbst wenn eine Zustimmung vor Ausspruch der Kündigung erfolgt wäre, was der Beklagte in Abänderung seines erstinstanzlichen Vortrages offensichtlich im Berufungsverfahren behaupten will, indem er vorträgt, bei dem Schreiben vom 9. 5. 1994 handele es sich um eine Bestätigung, wäre die Kündigung unwirksam. Da nicht substantiiert dargelegt worden ist, daß die Einleitung des Mitbestimmungsverfahrens ordnungsgemäß erfolgt ist, ist die Kündigung auch dann unwirksam, wenn vor ihrem Ausspruch eine Zustimmung der Mitarbeitervertretung vorgelegen hätte. Dies entspricht der herrschenden Meinung und Rechtsprechung zu den Rechtsfolgen bei Fehlern in dem ebenfalls nach dem positiven Konsensprinzip ausgestalteten Zustimmungsverfahren nach § 103 Abs. 1 BetrVG. Danach ist die Kündigung eines zu dem nach dieser Vorschrift geschützten Personenkreis gehörenden Arbeitnehmers trotz Zustimmung des Betriebsrats unwirksam, wenn der Arbeitgeber den Betriebsrat von der beabsichtigten Kündigung unzureichend unterrichtet und dadurch das Zustimmungsverfahren nicht wirksam eingeleitet hat (BAG AP Nr. 1 zu § 72 LPVG NW).

Da die mit Schreiben vom 12. 4. 1994 ausgesprochene Kündigung bereits aus den vorgenannten Gründen unwirksam ist, brauchte auf die Frage, ob eine Kündigung mit dem Angebot zur befristeten Weiterbeschäftigung überhaupt eine Änderungskündigung ist und welche Maßstäbe für die Überprüfung einer entsprechenden Maßnahme des Arbeitgebers gelten (vgl. dazu BAG AP Nr. 21 zu § 1 KSchG 1969 [Betriebsbedingte Kündigung mit Anmerkung von Hoeyningen-Huene]) nicht mehr eingegangen zu werden.

4

Zur Frage einer religiösen Gruppenverfolgung der Ahmadis in Pakistan.

Art. 16 Abs. 1 GG
BVerwG, Urteil vom 25. Januar 1995 − 9 C 279.94[1] −

Die Kläger sind pakistanische Staatsangehörige aus der Provinz Punjab und gehören der Glaubensgemeinschaft der Ahmadiyya an. Sie verließen ihren Heimatstaat mit gültigen Reisepässen in den Jahren 1987 bis 1990 und stellten nach ihrer Einreise in die Bundesrepublik Deutschland Asylanträge, mit denen sie sich jeweils unter Schilderung ihrer persönlichen Erlebnisse darauf beriefen, in Pakistan religiöser Verfolgung ausgesetzt zu sein.

Die gegen die Ablehnung der Asylanträge erhobenen Klagen hatten − mit Ausnahme der des Klägers zu 6) − vor den Verwaltungsgerichten Erfolg. Die

---

[1] NVwZ 1996, 82. Im Veröffentlichungszeitraum (1995) sind noch folgende Entscheidungen bekannt geworden, die u. a. die asylrechtl. Relevanz religiöser Tatbestände erörtern: BVerwG v. 16. 1. 95 − 9 B 441.94 − NVwZ 1995, 498 (Pakistan); BVerwG v. 24. 3. 95 − 9 B 747.94 − DVBl. 1995, 868 [LS] (Türkei); OVG.NW v. 26. 5. 95 − 25 A 2751/93 A − NVwZ 1996, Beil. zu H. 1 [LS] (Bosnien-Herzegowina); BVerwG v. 29. 8. 95 − 9 C 1.95 u. a. − DVBl. 1996, 202 (Türkei).

gegen die stattgebenden erstinstanzlichen Entscheidungen vom Bundesbeauftragten für Asylangelegenheiten erhobenen Berufungen hat das Nieders. Oberwaltungsgericht zurückgewiesen, der Berufung des Klägers zu 6) hat es stattgegeben. Außer zur Anerkennung der Kläger als Asylberechtigte ist die Beklagte jeweils zusätzlich zu der Feststellung verpflichtet worden, daß die Kläger auch die Voraussetzungen des § 51 Abs. 1 AuslG erfüllen. Zur Begründung hat das Berufungsgericht in den angefochtenen Urteilen übereinstimmend ausgeführt:

Den Klägern drohe bei einer Rückkehr nach Pakistan politische Verfolgung in Gestalt von Strafverfolgungsmaßnahmen nach Sec 298 B, 298 C und 295 C des pakistanischen Strafgesetzbuches (PPC). Insoweit bestehe die Gefahr einer Gruppenverfolgung aller Ahmadis in Pakistan. Hingegen seien die Kläger nicht als individuell Vorverfolgte ausgereist, weil ihrem Verfolgungsvortrag entweder nicht geglaubt werden könne oder die Nachteile die Schwelle des asylrechtlich Erheblichen nicht überschritten hätten. Die mit der Ordinance XX vom 26. 4. 1984 eingeführten Strafbestimmungen, die ihrem Wortlaut nach auch Verhaltensweisen im häuslich-privaten Bereich beträfen, dürften nur dann als asylrechtlich unbeachtlich angesehen werden, wenn die Rechtsauslegung oder Rechtsanwendung diese Strafvorschriften gegenüber der privaten Religionsausübung ausdrücklich zurücknähmen und so gezielt für die Praxis „unschädlich" machten. Fehle es hieran, so drohe einem Asylbewerber mit beachtlicher Wahrscheinlichkeit politische Verfolgung aufgrund seines religiösen Verhaltens im privat-internen Bereich. Eine Verfolgungsgefahr sei zu bejahen, wenn der Asylbewerber jederzeit damit rechnen müsse, wegen seines religiösen Verhaltens im häuslich-internen Bereich belangt und nachhaltig bestraft oder – auch ohne förmliche Verurteilung – mit asylerheblichen Repressalien überzogen zu werden. Mit dem Bundesverwaltungsgericht sei des weiteren davon auszugehen, daß nicht allein auf den Wortlaut einer Strafvorschrift, sondern auf deren Handhabung in der Rechtspraxis abzustellen sei.

Die genannten Vorschriften würden nach ihrem Normbefehl, nach der Praxis des Supreme Court, der Obergerichte und der anderen Gerichte sowie der Strafverfolgungs- und Polizeibehörden in Pakistan tatsächlich auch auf religiöses Verhalten von Angehörigen der Ahmadiyya-Gemeinschaft im häuslich-internen Bereich (forum internum) angewendet. Das ergebe sich aus den Entscheidungen des Supreme Court vom 3. 7. 1993 und vom 4. 11. 1992, des Lahore High Court vom 17. 9. 1991, des High Court of Baluchistan in Quetta vom 22. 12. 1987 und des Federal Shariat Court vom 28. 10. 1984. Hinter den Gesetzesbestimmungen stehe der Wille des Staates Pakistan, nach ihnen zu verfahren und sie durchzusetzen. Das ergebe sich auch aus den – vom Berufungsgericht im einzelnen angeführten – Fällen von Strafverfolgungsmaßnahmen gegen Ahmadis in der Zeit seit dem Inkrafttreten der Ordinance XX vom 26. 4. 1984. Darüber hinaus sei zu bedenken, daß die pakistanischen Gerichte nur über eine begrenzte Unabhängigkeit verfügten und es bei den Untergerichten keine Trennung zwischen Judikative und Exekutive gebe. Auch seien diese Gerichte politischen Einflüssen zugänglich und dem Druck radikaler religiöser moslemischer Gruppen ausgesetzt. Allerdings stelle sich die Praxis der pakistanischen Untergerichte und Behörden regional unterschiedlich dar. Insoweit sei Pakistan als ein Staat einzuordnen, der zwei- oder mehrgesichtig auftrete. Das erkläre mit den vom Bundesverwaltungsgericht im Urteil vom 26. 10. 1993 (NVwZ 1994, 500–504) berichteten Unterschiede.

Verfolgt werde auch derjenige, der mit einem Ermittlungs- oder Strafverfahren überzogen werde und deshalb längere Zeit in Untersuchungshaft gerate. Eine Vielzahl von Angehörigen der Ahmadiyya-Gemeinschaft sei mit solchen Maßnahmen überzogen worden, die nicht mit einer förmlichen Verurteilung geendet hätten. So sei gegen zwei Ahmadis, die den Koran übersetzt hätten, nach Sec. 295 PPC Untersuchungshaft angeordnet worden, in einem anderen Fall ferner deshalb, weil ein Ahmadi in einem Gespräch mit einem Arbeitskollegen beleidigende Äußerungen über den Propheten

Mohammed gemacht haben solle. Daraus sei der Schluß zu ziehen, daß kein Ahmadi sicher sein könne, wegen Handlungen und Äußerungen im nachbarschaftlich-kommunikativen Bereich nicht zumindest in Untersuchungshaft genommen zu werden. Es lasse sich nicht feststellen, daß die Vielzahl der Fälle von Untersuchungshaft die Reaktion auf im wesentlichen öffentliches Verhalten sei. Träfe man eine solche Feststellung, dann würde die Asylgewährung vor staatlichen Übergriffen auf die private Religionsausübung weitgehend leerlaufen; denn beim Vergleich mit Maßnahmen, die sich gegen öffentliches Verhalten richteten, würden Maßnahmen gegen privates Glaubensverhalten immer nur einen unerheblichen Anteil bilden, weil die Wahrscheinlichkeit, daß Verhaltensweisen im privaten Bereich überhaupt von staatlichen Stellen wahrgenommen werden, immer gering sei. Eine solche Wahrscheinlichkeit liege – nach dem hier anzuwendenden Maßstab der beachtlichen Wahrscheinlichkeit – vor, wenn es allein aufgrund von Anzeigen böswilliger Nachbarn zu Strafverfolgungsmaßnahmen komme und die Intensität der Strafverfolgung wiederum davon abhänge, inwieweit es dem persönlichen Gegner eines Angehörigen der Ahmadiyya-Gemeinschaft oder radikal-religiösen Gruppen gelinge, auf die mit der Sache befaßten Behörden und Gerichte Druck auszuüben. Deshalb und wegen der vom Auswärtigen Amt berichteten erheblichen Anzahl von Strafanzeigen wegen angeblicher religiöser Vergehen lasse sich nur der Schluß ziehen, daß ein gläubiger Ahmadi in Pakistan jederzeit mit Strafverfolgung, jedenfalls mit Untersuchungshaft rechnen müsse, auch wenn diese Maßnahmen durch Anzeigen mißgünstiger Nachbarn oder anderer orthodoxer Muslime ausgelöst würden. Kein Angehöriger der Ahmadiyya-Gemeinschaft könne daher vor schweren Eingriffen sicher sein.

Dem stehe nicht entgegen, daß angesichts der Zahl von Ahmadis in Pakistan eine größere Zahl von Strafverfolgungsmaßnahmen hätte bekannt werden müssen. Die Zahl der in Pakistan lebenden Angehörigen der Gemeinschaft stehe nicht fest. Die Angaben schwankten zwischen 103 000 und 4 Millionen. Auch wenn die Zahl nicht verläßlich ermittelt werden könne, so sei es doch nach den Angaben in einem Gutachten und unter Einbeziehung der Berichte des Auswärtigen Amtes in hohem Grade unwahrscheinlich, daß die Zahl der Ahmadis in Pakistan die Millionengrenze überschreite. Vor diesem Hintergrund aber gewinne die Zahl der dargestellten Referenzfälle erhöhtes Gewicht. Angesichts der Mehrgesichtigkeit des pakistanischen Staates bestehe allerdings nicht in allen Teilen Pakistans ein staatliches Interesse, die bezeichneten Strafvorschriften auch in der Absicht anzuwenden, die Religionsausübung der Ahmadis schlechthin zu untersagen. Deshalb sei es möglich, daß sie ihre Religion – auch – unbehelligt in ihren Gebetsstätten und im häuslichen und gemeinschaftsinternen Bereich ausübten; zugleich drohe ihnen aber nach dem Gesagten jederzeit und an jedem Ort deswegen staatliche Verfolgung.

Aus dem Gesamtgeschehen lasse sich nicht der Schluß ziehen, die Glaubensbetätigung im „forum internum" werde von den pakistanischen Behörden und Gerichten bewußt geduldet oder diese seien nicht gewillt, gegen private Glaubensbetätigungen vorzugehen. Vielmehr hänge es allein vom Zufall ab, ob religiöse Äußerungen im „forum internum" belangt würden, eben auch davon, ob böswillige Nachbarn Behörden von dem Verhalten eines Ahmadis unterrichteten. Eine Änderung der Verhältnisse sei nach dem Wahlsieg von Benazir Bhutto am 6. 10. 1993 und ihrer späteren Wahl zur Ministerpräsidentin nicht zu erwarten. Auch lasse sich nicht feststellen, daß der in Art. 3 Abs. 2 Shariah-Gesetz enthaltene Vorbehalt der Wahrung der verfassungsmäßigen Rechte der Nichtmuslime die Rechtsstellung der Angehörigen der Ahmadiyya-Gemeinschaft sichere. Da die Ahmadis ihre Religion nach eigenem Verständnis als Islam auffaßten und lebten, gehe es nicht darum, die verfassungsmäßigen Rechte der Nichtmuslime zu untersuchen, sondern darum, daß nach der Rechtsordnung des Staates Pakistan den Ahmadis das Recht genommen werde, sich als Muslime zu bezeichnen und zu bekennen, womit ihnen ein tragender Grundsatz ihrer religiösen Auffassung und ihres religiösen Lebens entzogen werde. Von Bedeutung sei die unmittelbare Betroffenheit der Ahmadis als Gruppenangehörige, obwohl die Referenzfälle politischer Verfolgung es möglicherweise noch nicht rechtfertigten, vom Typus einer gruppengerichteten Verfolgung auszugehen. Die Ahmadis lebten aber als Minderheit in einem Klima allgemeiner moralischer, religiöser und gesellschaftlicher Verachtung. Deswegen sei es ihnen nicht zuzumuten, in ihrem Heimatstaat zu bleiben oder dorthin zurückzukehren. Die gesellschaftliche und religiöse Verachtung habe in den bekannten Pogromen des Jahres 1974 gegipfelt. Auch in der Zeit danach sei es zu Ausschreitungen gegen Ahmadis gekommen. Diese Ausschreitungen rechtfertigten nicht schon ihretwegen die Annahme einer gegenwärtigen politischen Verfolgung, prägten aber das Klima allgemeiner moralischer und gesellschaftlicher Verachtung. Damit seien die für eine Verfolgung sprechenden Umstände nach ihrer Intensität und Häufigkeit von einem solchen Gewicht, daß sich daraus bei objektiver Betrachtung für jeden gläubigen Ahmadi die begründete Furcht ableiten lasse, selbst ein Opfer von Verfolgungsmaßnahmen zu werden.

Den Klägern drohe daher bei einer Rückkehr nach Pakistan heute in in absehbarer Zukunft mit beachtlicher Wahrscheinlichkeit politische Verfolgung. Der Senat sei aufgrund der vorgelegten Bescheinigungen der Ahmadiyya-Muslim-Jamaat sowie der Anhörungen davon überzeugt, daß sie religiös geprägte Ahmadis und deshalb auch persönlich betroffen seien.

Da die Strafvorschriften in ganz Pakistan gälten, lasse sich ihre Anwendung im Einzelfall auf den häuslich-privaten oder nachbarschaftlich-kommunikativen Bereich landesweit nicht (mit dem für die inländische Fluchtalternative geltenden Maßstab der hinreichenden Sicherheit) ausschließen. Auch wenn das Auswärtige Amt in seinem Lagebericht vom 20. 9. 1993 berichtet, in großen Städten könnten Ahmadis „unbehelligt leben", ändere dies nichts daran, daß jedem Ahmadi eine asylrechtlich relevante Bestrafung nach den genannten Vorschriften im ganzen Land drohe, weil der Geltungsbereich dieser Strafvorschriften alle Gebiete Pakistans erfasse und sich eine rechtlich ausgeformte Praxis im Sinne der Rechtsprechung des Bundesverfassungsgerichts auch für diese Gebiete nicht feststellen lasse.

Mit den gegen diese Entscheidungen vom Senat zugelassenen Revisionen, denen die Kläger entgegentreten, rügt der Bundesbeauftragte die Verletzung materiellen Rechts. Die Revisionen führten zur Aufhebung der in den verbundenen Verwaltungsstreitsachen ergangenen Urteile und zur Zurückverweisung der Sachen an die Berufungsinstanz.

Aus den Gründen:

Die Revisionen des Bundesbeauftragten für Asylangelegenheiten, über die im Einverständnis der Beteiligten ohne mündliche Verhandlung entschieden werden kann (§ 101 Abs. 2 VwGO), sind begründet. Die angefochtenen Urteile stehen mit Bundesrecht nicht in vollem Umfang in Einklang. Das führt zu ihrer Aufhebung und zur Zurückverweisung der Sachen an das Berufungsgericht (§ 144 Abs. 3 Satz 1 Nr. 2 VwGO).

Allerdings hat die Vorinstanz im Einklang mit der Rechtsprechung des Bundesverfassungsgerichts und des Bundesverwaltungsgerichts im rechtlichn Ansatz zutreffend darauf abgehoben, ob die in die Religionsfreiheit der Ahmadis eingreifenden Strafvorschriften der Sec. 298 B, 298 C und 295 C des pakistanischen Strafgesetzbuchs (PPC) nach der Rechtspraxis in Pakistan lediglich auf religiöse Verhaltensweisen in der Öffentlichkeit oder auch auf den asylrechtlich allein geschützten Kernbereich der privaten und gemeinschaftsinternen Glaubensausübung angewandt werden. Ebenso hat das Berufungsgericht in seinem rechtlichen Ausgangspunkt berücksichtigt, daß bei der Prüfung des objektiven Nachfluchtgrundes der religiösen Verfolgung bei einer Rückkehr in den Heimatstaat für solche Ahmadis, die vor dem Verlassen Pakistans dort bereits einer Verfolgung wegen ihrer Religionszugehörigkeit ausgesetzt waren, der sogenannte herabgestufte Wahrscheinlichkeitsmaßstab anzulegen ist, während bei Ahmadis, die vor ihrer Ausreise nicht von religiöser Verfolgung betroffen waren, die beachtliche Wahrscheinlichkeit künftiger Verfolgung festgestellt werden muß (vgl. im einzelnen die zu früheren Entscheidungen des Berufungsgerichts ergangenen Urteile des erkennenden Senats vom 5. 4. 1994 – BVerwG 9 C 465.93 –, vom 11. 10. 1994 – BVerwG 9 C 41.94 – und vom 2. 12. 1994 – BVerwG 9 C 66.94 – jeweils m. w. N.). Hiernach könnten die angefochtenen Urteile nicht beanstandet werden, wenn das Berufungsgericht jeweils festgestellt hätte, daß die Kläger vorverfolgt ausgereist sind. Einerseits ergibt sich nämlich aus den Feststellungen des Berufungsgerichts, daß es in Pakistan keine ausgeformte Rechtspraxis gibt, durch die der weitgefaßte, auch die private Glaubensausübung erfassende Wortlaut der Strafvorschriften ausdrücklich zurückgenommen und so für die Praxis im Sinne der vom Berufungsgericht zitierten Rechtsprechung des Bundesverfassungsgerichts „unschädlich" gemacht wird. Zum andern hat das Berufungsgericht einige Fälle festgestellt, in denen sich nicht ausschließen läßt, daß tatsächlich Strafverfolgungsmaßnahmen gegen Ahmadis wegen religiöser Verhaltensweisen im asylrechtlich geschützten Kernbereich der privaten Glaubensausübung ergriffen worden sind, weil sie in einem Privathaus oder in einer ihrer Moscheen gebetet und den Koran gelesen hätten.

Soweit das Berufungsgericht den von ihm verwerteten Erkenntnismitteln allerdings entnehmen will, daß „das Schwergewicht des bestraften Verhaltens im nachbarschaftlich-kommunikativen Bereich" gelegen und somit das asylrechtlich geschützte „forum internum" betroffen habe, liegt dieser Einschätzung offensichtlich eine rechtlich fehlerhafte Abgrenzung des asylrechtlich geschützten Innenbereichs privater Glaubensausübung gegenüber der zwar ebenfalls zur Religionsfreiheit gehörenden, asylrechtlich aber nicht geschützten Außensphäre öffentlicher Glaubensbetätigung zugrunde. So hat etwa das Tragen des Kalima-Abzeichens und das Anbringen der Kalima in einem – jedermann zugänglichen – Geschäft entgegen der Auffassung des Oberverwaltungsgerichts Öffentlichkeitsbezug. Das gleiche gilt für religiöse Diskussionen am Arbeitsplatz, für die Versendung von Hochzeitskarten – ebenso wie beispielsweise von Geschäftseröffnungsanzeigen – oder für die geschäftliche Benutzung eines Quittungsblocks mit islamischen Aufschriften sowie für die Benutzung des Friedensgrußes, soweit diese Verhaltensweisen – wozu Feststellungen fehlen – nicht ausnahmsweise ausschließlich unter Glaubensgenossen erfolgen. Der in der Rechtsprechung des Bundesverfassungsgerichts ange-

Asylrecht 17

sprochene „nachbarschaftlich-kommunikative Bereich" (vgl. BVerfGE 76, 143 [158 f.][2]) und die insoweit geschützte „Möglichkeit zum Reden über den eigenen Glauben und zum religiösen Bekenntnis" greift nicht über den – mit den Worten des Bundesverfassungsgerichts (aaO, S. 160) – „internen Bereich der Glaubensgemeinschaft und ihrer Angehörigen" hinaus; er umfaßt also nur „das Haben- und Bekennenkönnen" des Glaubens „im privaten Bereich und dort, wo sie sich abseits der Öffentlichkeit in persönlicher Gemeinschaft mit Gleichgesinnten nach Treu und Glauben unter sich wissen dürfen" (zu der für weitere Einzelfälle unklaren oder unklärbaren Abgrenzung zwischen Handlungen mit oder ohne Öffentlichkeitsbezug aus der pakistanischen Rechtspraxis vgl. im übrigen etwa OVG Nordrhein-Westfalen, Beschluß vom 30. 3. 1994 – 19 A 10021/85 – UA S. 29 ff.; VGH Baden-Württemberg, Urteil vom 18. 3. 1994 – A 16 S 888/93 – UA S. 18 ff., 32 ff., 44 ff.; Schleswig-Holsteinisches OVG, Urteil vom 8. 12. 1993 – 5 L 375/91 – UA S. 45 ff.; zur Abgrenzung bei Ausspähung oder zufälliger Wahrnehmung durch Dritte vgl. den Beschluß des Senats v. 16. Januar 1995 – BVerwG 9 B 441.94 –).

Die – auch nach der Rechtsprechung anderer Oberverwaltungsgerichte – verbleibenden verhältnismäßig wenigen Fälle, in denen ein öffentlichkeitswirksames Verhalten nach den vorliegenden Erkenntnissen nicht vorlag oder jedenfalls nicht ausgeschlossen werden kann, daß sich die Religionsausübung auf den Privatbereich beschränkte, und demgemäß von einer Strafverfolgung wegen privater Glaubensausübung ausgegangen werden muß, reichen im Zusammenhang mit der letztlich noch ungeklärten Rechtslage zu der Annahme aus, daß ein gläubiger Ahmadi, der bereits religiöser Verfolgung ausgesetzt war, bei einer Rückkehr nach Pakistan durch die Vorschriften der Sec. 298 B, 298 C und 295 C PPC hinsichtlich seiner Religionsausübung im privaten Kernbereich in eine unzumutbare Zwangslage gerät, weil er vor Verfolgung nicht hinreichend sicher ist. Das Berufungsgericht hat indessen in den Ausgangsverfahren für alle Kläger mit revisionsgerichtlich nicht zu beanstandenden Begründungen eine Vorverfolgung verneint. Deshalb kommt es darauf an, ob die Kläger bei einer Rückkehr nach Pakistan in eine ebensolche Zwangslage geraten würden. Das wäre nur der Fall, wenn sie religiöse Verfolgung wegen Religionsausübung im Privatbereich mit beachtlicher Wahrscheinlichkeit befürchten müßten.

Obwohl das Berufungsgericht in seinem rechtlichen Ansatz einerseits zutreffend den Maßstab der beachtlichen Wahrscheinlichkeit zugrunde legt, hat es andererseits – in sich widersprüchlich – versucht, diesen Maßstab für die hier entscheidende Frage der Auswirkungen einer Verbotsnorm auf das

---

[2] KirchE 25, 217.

Schutzgut der privaten Glaubensausübung dadurch zu konkretisieren, daß es die vom Bundesverfassungsgericht in Kammerbeschlüssen (vom 12. 8. 1992 – 2 BvR 293/90 –; vom 21. 9. 1992 – 2 BvR 1814/89 u. a. –; vom 21. 12. 1992 – 2 BvR 1263 und 1265/92 –; vom 2. 2. 1993 – 2 BvR 1890/91 u. a. –; vom 25. 5. 1993 – 2 BvR 1550/92 u. a. – DVBl. 1993, 833; vom 20. 9. 1993 – 2 BvR 645/93 u. a. –; vom 17. 1. 1994 – 2 BvR 1346/93 u. a. –; vgl. ferner ebenso die Beschlüsse vom 25. 11. 1993 – 2 BvR 83/93 u. a. – und – 2 BvR 224 und 571/93 – sowie vom 22. 12. 1993 – 2 BvR 2354/93 –) für verfolgt ausgereiste Ahmadis entwickelten Anforderungen übernommen und daraus gefolgert hat, einem Asylbewerber drohe „mit beachtlicher Wahrscheinlichkeit politische Verfolgung aufgrund seines religiösen Verhaltens im privat-internen Bereich" schon dann, wenn die Rechtsauslegung oder Rechtsanwendung die genannten Strafvorschriften gegenüber der privaten Religionsausübung nicht „ausdrücklich zurücknimmt und so gezielt für die Praxis ‚unschädlich' macht". Damit hat das Berufungsgericht der Sache nach den bereits hinsichtlich früherer Urteile beanstandeten Rechtsfehler (vgl. die zitierten Urteile des Senats vom 5. 4. 1994 aaO, vom 11. 10. 1994 aaO, und vom 2. 12. 1994, aaO) wiederholt. Das ergibt sich im übrigen auch aus weiteren Stellen der Entscheidungsgründe, wo lediglich von einem Nicht-Sicher-Sein oder davon die Rede ist, daß die festgestellten „Referenzfälle politischer Verfolgung es möglicherweise noch nicht rechtfertigen mögen, vom Typus einer gruppengerichteten Verfolgung auszugehen". Auch die Wendung, es hänge „allein vom Zufall ab, ob religiöse Äußerungen im ‚forum internum' belangt werden", füllt den Maßstab der beachtlichen Wahrscheinlichkeit nicht aus.

Die angefochtenen Urteile erweisen sich auch nicht bei richtiger Anwendung des allgemeinen Maßstabs der beachtlichen Wahrscheinlichkeit als im Ergebnis richtig. Wie der erkennende Senat bereits in seinem Urteil vom 26. 10. 1993 – BVerwG 9 C 50.92 u. a. – (Buchholz 402.25 § 1 AsylVfG Nr. 165 = InfAuslR 1994, 119) ausgeführt hat, läßt sich den auch vom Berufungsgericht angeführten Entscheidungen des Federal Shariat Court vom 28. 10. 1984, des High Court of Baluchistan in Quetta vom 22. 12. 1987 sowie des Lahore High Court vom 17. 9. 1991 nur entnehmen, daß bei der Auslegung der Verbotstatbestände der Sec. 298 B, 298 C und 295 C PPC nicht zwischen Innenbereich und Außenbereich der Religionsausübung unterschieden wird. Sie enthalten aber keinen obergerichtlichen Leitsatz des Inhalts, daß auch die asylrechtlich geschützte private Religionsausübung der Ahmadis nach diesen Bestimmungen bestraft werden muß. Das entspricht der vom Berufungsgericht nicht erwähnten Beurteilung durch andere Oberverwaltungsgerichte (vgl. etwa OVG NW, Beschluß vom 30. 3. 1994 aaO, und Urteile vom 17. 12. 1993 – 19 A 10360/89 – und vom 3. 2. 1993 – 19 A 10010/90 –;

Asylrecht 19

VGH BW, Urteil vom 18. 3. 1994 – A 16 S 888/93 – und vom 24. 9. 1993 – A 16 S 858/93 –; SchlH.OVG, Urteile vom 8. 12. 1993 – 5 L 132/91 und 5 L 375/91 –; BayVGH, Urteil vom 26. 11. 1992 – 21 B 88.31024 –). Soweit das Berufungsgericht zu entgegengesetzten Bewertungen der angeführten pakistanischen Gerichtsentscheidungen gelangt, liegen dem die gleichen tatsächlichen Feststellungen zum Inhalt dieser Entscheidungen zugrunde wie der vom Bundesverwaltungsgericht mit Urteil vom 26. 10. 1993 aaO, aufgehobenen Entscheidung des Hessischen Verwaltungsgerichtshofs, auf die sich das Berufungsgericht früher maßgeblich gestützt hat. Das Berufungsgericht verkennt die Anforderungen an eine zur Bestimmung der ausländischen Rechtspraxis heranziehbare obergerichtliche „Leitsatzentscheidung", wenn es nicht entscheidungserheblichen Ausführungen, die sich „nach deutschem Rechtsverständnis" als ein „obiter dictum" darstellen, gleichwohl einen bindenden Rechtsgrundsatz entnehmen will.

Unter asylrechtlichen Gesichtspunkten rechtlich fehlerhaft ist ferner seine Ansicht, daß das der Entscheidung des High Court of Baluchistan vom 22. 12. 1987 zugrundeliegende Verhalten (Tragen eines Stirnbandes mit der Kalima) trotz des eindeutigen Öffentlichkeitsbezugs nur deshalb das „forum internum" betreffen soll, weil „der Umstand der Tatbegehung auf öffentlicher Straße" im Urteil zwar erwähnt sei, ihm aber keine Bedeutung zukomme, weil das Gericht nur darauf abhebe, „ob ein anderer – ein Muslim – dadurch getäuscht werde". Selbst wenn danach, was allerdings eher fernliegend erscheint, bei der Auslegung der pakistanischen Straftatbestände lediglich abstrakt auf die Täuschungswirkung gegenüber anderen Muslimen, die nicht der Ahmadiyya-Glaubensgemeinschaft angehören, abzustellen wäre, entfiele hierdurch noch nicht die für die Abgrenzung von Innen- und Außensphäre der Religionsausübung maßgebliche Öffentlichkeitswirksamkeit des abgeurteilten Verhaltens. Daraus folgt aber, daß dieser Entscheidung nicht der Rechtssatz entnommen werden kann, einem Ahmadi sei das Tragen oder Sprechen der Kalima auch im gemeinschaftsinternen und häuslichen Bereich untersagt.

Aus asylrechtlicher Sicht ebenfalls fehlerhaft ist ferner die Bewertungsgrundlage des Berufungsgerichts für die Einordnung der Entscheidungen des Lahore High Court vom 17. 9. 1991 und des Federal Shariat Court vom 28. 10. 1984 als Leitsatzentscheidungen des Inhalts, daß die genannten Strafvorschriften auch religiöse Betätigungen im Innenbereich erfaßten. Das Berufungsgericht meint, nach diesen Entscheidungen dürften die Ahmadis ihren Glauben nicht als Islam leben und verstehen, obwohl dies ebenso zum Kernbereich ihrer religiösen Existenz zähle wie die Kundgabe ihrer Religion „in einer äußerlich unterscheidbaren religiösen Reglementierung der Lebensführung", wodurch „eine Trennung der Bereiche Öffentlichkeit und Privatsphäre grundsätzlich übersprungen" werde. Die hieran anknüpfende Konstruktion des Berufungsgerichts läßt außer acht, daß die Selbstidentifizierung der Ahmadis mit dem Islam und ihre fehlende Unterscheidung zwischen Innen- und Außensphäre der Religionsausübung weder für die Bestimmung des Schutzbereichs des Asylgrundrechts noch für die Frage heranzuziehen ist, ob die Rechtspraxis der Gerichte in Pakistan das grundrechtlich geschützte „religiöse Existenzminimum" verletzt.

Soweit das Berufungsgericht diese Sichtweise auch auf die in den angefochtenen Urteile erstmals von ihm untersuchte Entscheidung des Supreme Court of Pakistan vom 3. 7. 1993 überträgt, ist dies ebenfalls zu beanstanden. Ob diese Entscheidung – wie das Berufungsgericht meint – den Angehörigen der Ahmadiyya-Gemeinschaft „nur eine Freiheit für die Ausübung einer Religion einräumt, die nicht die ihre ist, nämlich das Leben als Nicht-Muslime und des Nichtbekenntnisses zum Islam", ist für die asylrechtliche Beurteilung der Rechtspraxis in Pakistan nicht entscheidend. Nicht nachvollziehbar ist die Ansicht des Berufungsgerichts, aus dem Abstellen des Supreme Court auf das „Predigen und Verbreiten des Glaubens" (S. 64 der deutschen Urteilsübersetzung) folge, daß jede religiöse Betätigung eines Ahmadis, sei es in der Öffentlichkeit oder im häuslichen und gemeinschaftsinternen Bereich, von den genannten Strafvorschriften erfaßt sei. Schon aus sich heraus läßt das Zitat eine unterschiedslose Anwendung des Strafrechts auf öffentliche und private Glaubensausübung nicht erkennen. Aus dem Textzusammenhang ergibt sich sogar eher das Gegenteil (vgl. S. 63/64 der deutschen Urteilsübersetzung):

„Wie oben festgestellt, wollten die Ahmadis nach ihrer eigenen Entscheidung auch stets eine in religiöser und sozialer Hinsicht selbständige Einheit sein. Eigentlich hätten sie darüber erfreut sein müssen, daß ihr Wunsch erfüllt wurde, besonders da dies durch die Verfassung selbst geschah. Daß sie enttäuscht sind, liegt daran, daß sie die übrigen Moslems als Ungläubige ausstoßen und die Bezeichnung ‚Moslems' für sich haben wollten. Sie beklagen sich also darüber, daß sie ungerechterweise exkommuniziert und als Nicht-Moslems gebrandmarkt wurden. Der Grund für ihre Frustration und Enttäuschung liegt wahrscheinlich darin, daß sie jetzt nicht mehr erfolgreich ihre Bekehrungsversuche der Unaufmerksamen und der Nicht-Moslems weiterführen können. Vielleicht ist das der Grund dafür, daß sie die moslemischen Beinamen, Bezeichnungen usw. an sich reißen, ‚Kalima' zur Schau stellen und ‚Azan' rufen wollen, um sich dadurch als Moslems auszugeben und im Gewand von Moslems und mit attraktiven Glaubenssätzen des Islam ihren Glauben zu predigen und zu verbreiten."

Das Berufungsgericht vermeidet es allerdings, dem Urteil des Supreme Court of Pakistan – anders als den zuvor zitierten Entscheidungen – ausdrücklich eine Leitsatzentscheidung zur Strafbarkeit der privaten Glaubensausübung der Ahmadis zu entnehmen. Der Senat bemerkt hierzu, daß dies ohne Verstoß gegen die aus § 108 Abs. 1 Satz 1 VwGO folgende Pflicht zur unbefangenen und vollständigen Auswertung von Erkenntnismitteln (vgl. dazu im einzelnen das Urteil vom 5. 7. 1994 – BVerwG 9 C 158.94 – Dok.Ber. A 1994, 348; BVerwGE 96, 200) auch nicht möglich sein dürfte.

Der Entscheidung des Supreme Court vom 3. 7. 1993 läßt sich bei einer Gesamtbetrachtung der umfangreichen Urteilsgründe – und unter Berücksichtigung der zugrundeliegenden Sachverhalte – allenfalls entnehmen, daß die pakistanischen Strafvorschriften eine Auslegung und Anwendung auf die asylrechtlich geschützte Privatsphäre der Glaubensbetätigung entsprechend ihrem weitgefaßten Wortlaut nicht eindeutig ausschließen. Die Entscheidungsgründe enthalten aber zahlreiche Passagen, welche eher auf eine den Anwendungsbereich auf öffentliche Glaubensausübung zurücknehmende Interpretation durch das oberste Gericht des Staates Pakistan hindeuten. So ist beispielsweise zu Sec. 298 C PPC – wenn auch im Rahmen einer Mindermeinung, die jedoch insoweit von der Mehrheit ersichtlich nicht angegriffen wird – ausgeführt (S. 27 der deutschen Übersetzung), daß ein Gesetz nicht gegen die Grundrechte der Religions- und Redefreiheit verstoße, „das Handlungen unter Strafe stellt, die dazu geeignet sind, die religiösen Gefühle einer bestimmten Gruppe oder der Öffentlichkeit an sich zu verletzen ... Niemand hat ein Grundrecht darauf, durch die Verbreitung seiner eigenen Religion oder seines eigenen Glaubens die religiösen Gefühle anderer zu verletzen".

Bei der Bestimmung des Umfangs der Religionsfreiheit beschäftigt sich das Gericht ferner mit ausländischer Rechtsprechung und führt zusammenfassend aus (aaO, S. 56), dort überwiege die Meinung, daß der Genuß der Religionsfreiheit Recht und Ordnung oder den öffentlichen Frieden und die öffentliche Sicherheit nicht beeinträchtigen dürfe. Dies beruhe auf dem Grundsatz, daß der Staat niemandem erlaube, bei der Ausübung seiner eigenen Rechte gegen die Grundrechte einer anderen Person zu verstoßen oder sie ihr zu nehmen, und daß es niemandem gestattet sei, die Religion anderer zu beleidigen, ihr zu schaden oder sie zu schmähen oder die religiösen Gefühle anderer zu verletzen und dadurch Unruhen zu verursachen. Sobald also der Staat Grund zu der Annahme habe, daß Frieden und Ordnung gestört oder die religiösen Gefühle anderer mit der Folge von Unruhen verletzt werden könnten, könne er die zur Aufrechterhaltung von Recht und Ordnung unbedingt nötigen Vorbeugungsmaßnahmen treffen. Zur Berufung gegen die oben erwähnte Entscheidung des Lahore High Court vom 17. 9. 1991 zum Verbot bestimmter Handlungen aus Anlaß des hundertjährigen Bestehens der Ahmadiyya-Glaubensgemeinschaft wird schließlich ausgeführt (aaO, S. 77): „Die Berufungskläger haben vorgebracht, daß sie das hundertjährige Bestehen der Ahmadiyya-Bewegung in einer harmlosen und friedlichen Weise feiern wollten, unter anderem durch das Verrichten von Dankgebeten, Verteilen von Süßigkeiten an Kinder und die Ausgabe von Speisen an Arme. Uns ist von keinem Beschluß bekannt, der diese Aktivitäten, soweit sie nicht in der Öffentlichkeit stattfinden, verböte. Wie anderen Minderheiten wird den Ahmadis in diesem Lande die Freiheit der Religionsausübung gewährt, und niemand kann ihnen dieses

Recht nehmen, weder durch Gesetze noch Anordnungen der Exekutive. Sie müssen jedoch die Verfassung und das Gesetz respektieren und sollten weder die von anderen Religionen verehrten Personen schmähen oder entweihen noch die ausschließlich diesen vorbehaltenen Beinamen, Bezeichnungen und Titel sowie Namen wie ‚Moschee' und Praktiken wie ‚Azan' verwenden, so daß die Gefühle der Gemeinschaft der Moslems nicht verletzt und die Menschen nicht in bezug auf ihren Glauben getäuscht werden."

Auch unter Berücksichtigung der vom Berufungsgericht ferner verwerteten Zitate und der im Zeitpunkt der Berufungsentscheidung vorliegenden Einschätzung des Auswärtigen Amts läßt sich der Entscheidung des Supreme Court vom 3. 7. 1993 im Ergebnis jedenfalls eindeutig keine Leitsatzentscheidung dahin entnehmen, daß auch die private Glaubensausübung nach den genannten Bestimmungen des pakistanischen Strafgesetzbuches bestraft werden muß. Bei vorsichtiger Bewertung läßt die Entscheidung, da sie in allen Ausgangsverfahren ausschließlich Verhalten von Ahmadis in der Öffentlichkeit betraf, allerdings letztlich offen, wie entsprechende Verhaltensweisen abseits der Öffentlichkeit beurteilt worden wären (so etwa OVG NW, Entscheidungen vom 17. 12. 1993 und vom 30. 3. 1994 aaO unter Hinweis auf VGH BW, Urteil vom 24. 9. 1993, aaO; SchlH.OVG, Urteil vom 8. 12. 1993, aaO, UA S. 58).

Auch die weiteren Ausführungen in den angefochtenen Urteilen dazu, daß die pakistanischen Gerichte nur über eine begrenzte Unabhängigkeit verfügten und politischem Druck ausgesetzt seien, daß der pakistanische Staat den Ahmadis gegenüber „mehrgesichtig" auftrete, daß eine „Vielzahl" von Ahmadis auch ohne förmliche Verurteilung mit Strafverfolgungsmaßnahmen (Untersuchungshaft) überzogen würden und daß sie als Minderheit in einem Klima allgemeiner moralischer, religiöser und gesellschaftlicher Verachtung lebten, rechtfertigen bei zutreffender Anlegung des Maßstabs der beachtlichen Wahrscheinlichkeit nicht die Annahme, alle Ahmadis müßten bei einer Rückkehr mit religiöser Verfolgung durch ihren Heimatstaat rechnen. Das Berufungsgericht teilt keine konkreten Einzelfälle mit, in denen die begrenzte Unabhängigkeit der pakistanischen Untergerichte und der Druck fundamentalistischer Muslime oder örtlicher Machthaber dazu geführt hätten, daß Ahmadis allein wegen einer religiösen Betätigung abseits der Öffentlichkeit in länger andauernde Untersuchungshaft genommen oder zu Strafhaft verurteilt worden wären. Der Hinweis auf die in Lageberichten des Auswärtigen Amtes enthaltene Mitteilung „einer erheblichen Anzahl von Strafanzeigen wegen angeblicher religiöser Vergehen" ist ebensowenig wie ein Pressebericht darüber, daß die Gerichte „als Werkzeug privater Rache" genutzt würden, dazu geeignet, eine beachtliche Verfolgungswahrscheinlichkeit darzutun, solange nicht festgestellt und belegt ist, daß die genannten Versuche Erfolg haben, d. h. die Gerichte auf derartige Anzeigen hin Untersuchungs- oder Strafhaft verhängen, und daß Gegenstand der Anzeigen böswilliger Nachbarn und deshalb ergriffener Strafverfolgungsmaßnahmen überhaupt nichtöffentliche religiöse Verhaltensweisen gewesen sind. Ferner bedarf es näherer Feststellungen dazu, woraus sich ergeben soll, daß die Intensität der Strafverfolgung gegen eine private Glaubensausübung davon abhängen soll, „inwieweit es dem persönlichen Gegner eines Angehörigen der Ahmadiyya-Gemeinschaft oder radikal-religiösen Gruppen gelingt, auf die mit der Sache befaßten Behörden und Gerichte Druck auszuüben". Die pauschalen Schlußfolgerungen des Berufungsgerichts, „daß jeder Angehörige der Ahmadiyya-Gemeinschaft jederzeit damit rechnen muß, aufgrund einer Strafanzeige für einige Monate inhaftiert zu werden", und „daß kein Ahmadi sicher sein kann, wegen Handlungen und Äußerungen im nachbarschaftlich-kommunikativen Bereich nicht zumindest in Untersuchungshaft genommen zu werden", reichen jedenfalls nicht aus, um eine beachtliche Verfolgungswahrscheinlichkeit zu begründen. Dies gilt außerdem auch deshalb, weil das Berufungsgericht bei den von ihm für seine Wertung herangezogenen Vergleichsfällen den asylrechtlich geschützten Innenbereich der Glaubensausübung nicht zutreffend abgegrenzt und in den „nachbarschaftlich-kommunikativen Bereich", wie oben bereits erwähnt, auch Verhaltensweisen einbezogen hat, die der asylrechtlich nicht geschützten öffentlichkeitswirksamen Außensphäre zuzuordnen sind.

Bei der Untersuchung der „Verfolgungsdichte" (vgl. zuletzt Urteil des Senats vom 5. 7. 1994, aaO, UA S. 13 f., 15 f.) hat das Berufungsgericht zwar erstmals ausgeführt, daß die Zahl der Ahmadis in Pakistan nach seiner Einschätzung die Millionengrenze nicht überschreite, obwohl das Auswärtige Amt in neuesten Lageberichten von einer bis zwei Millionen Mitgliedern der Ahmadiyya-Gemeinschaft ausgeht und diese selbst eine noch erheblich höhere Zahl angibt (vgl. dazu auch die bereits zitierten Entscheidungen des OVG.NW vom 17. 12. 1993, aaO, und vom 30. 3. 1994, aaO: vier Millionen; VGH.BW, Urteil vom 18. 3. 1994, aaO: „jedenfalls noch ein bis zwei Millionen"). Es hat aber versäumt, die festgestellten Verfolgungsfälle nach Intensität und Häufigkeit zur Größe der Gruppe aller Ahmadis in Pakistan in Beziehung zu setzen. Wie der Senat zuletzt in seinem Urteil vom 5. 7. 1994, aaO (UA S. 15) ausgeführt hat, reicht nicht einmal die Feststellung „zahlreicher" oder „häufiger" Eingriffe aus; denn eine bestimmte Anzahl von Eingriffen, die sich für eine kleine Gruppe von Verfolgten bereits als bedrohlich erweist, kann gegenüber einer großen Gruppe vergleichsweise geringfügig erscheinen, weil sie – gemessen an der Zahl der Gruppenmitglieder – nicht ins Gewicht fällt und sich deshalb nicht als Bedrohung der Gruppe darstellt. Erst recht reicht es nicht aus, wenn das Berufungsgericht in den angefochtenen Urteilen ausführt, vor dem Hintergrund der niedriger anzunehmenden Gesamtzahl der in Pakistan lebenden Ahmadis unter einer Million gewinne die Zahl der dargestellten Referenzfälle „erhöhtes Gewicht". Statt dessen hätte es einer nachvollziehbaren Würdigung und Begründung dafür bedurft, daß die festgestellte Gesamtzahl aller den Bereich der internen Glaubensausübung betreffenden Verfolgungsfälle aus einem Zeitraum von fast zehn Jahren seit dem Inkrafttreten der Strafvorschriften im Jahre 1984 im Verhältnis zur Zahl aller Angehörigen der Glaubensgemeinschaft die nötige Verfolgungsdichte ergibt. Der Hinweis auf die Untauglichkeit einer rein statistisch ermittelten Wahrscheinlichkeit aus einem Vergleich von staatlichen Übergriffen gegen öffentliche Religionsausübung einerseits und privates Glaubensverhalten andererseits reicht hierfür nicht aus, zumal die damit in Bezug genommene Rechtsprechung des Bundesverfassungsgerichts (vgl. Kammerbeschluß vom 12. 8. 1992 – 2 BvR 293/ 90 –) den herabgestuften Wahrscheinlichkeitsmaßstab im Auge hat und das Berufungsgericht selbst von zahlreichen Eingriffen in den privaten Bereich der Glaubensbetätigung ausgeht. Das Berufungsgericht hätte außerdem zusätzlich in Rechnung stellen müssen, daß – wie der Senat bereits in seinem Urteil vom 26. 10. 1993 aaO UA S. 20 f. ausgeführt hat – in der Vergangenheit weder massenhafte Verhaftungen und Massenverurteilungen noch Schließungen von Gebetsstätten und Gemeindezentren der Ahmadis bekanntgeworden sind, obwohl diese ihre Religion in Pakistan, wie allgemein bekannt, weiterhin ausüben (vgl. hierzu auch die zitierten neueren Entscheidungen des OVG.NW und des VGH.BW). Belege dafür, weshalb sich dies und die Tatsache, daß auch nach den Feststellungen des Berufungsgerichts religiöse Großveranstaltungen von Ahmadis unbeanstandet stattfinden, aus einer regional unterschiedlichen Praxis der pakistanischen Untergerichte und Behörden erklären soll, werden nicht angeführt. Darüber hinaus ist es in sich widersprüchlich, wenn das Berufungsgericht einerseits eine regional unbehelligte Religionsausübunge nicht in Abrede stellt, andererseits aber meint, „zugleich" drohe jedem Ahmadi „jederzeit und an jedem Ort staatliche Verfolgung wegen der Religionsausübung im gemeinschaftsinternen und häuslichen Bereich". Auch soweit es in diesem Zusammenhang Strafanzeigen böswilliger Nachbarn berücksichtigen will, fehlt es – wie bereits ausgeführt – an hinreichenden Tatsachenfeststellungen dazu, daß solche Anzeigen in bezug auf den internen Glaubensbereich jederzeit und überall Strafverfolgungsmaßnahmen auslösen.

Die fehlende Feststellung einer ausreichenden Zahl von Vergleichsfällen, welche eine aktuelle Gruppenverfolgungsgefahr jedes Ahmadis in Pakistan wegen einer ins Private zurückgezogenen Glaubensausübung ergeben, können schließlich auch nicht dadurch ersetzt werden, daß das Berufungsgericht feststellt, die Ahmadis lebten als Minderheit in einem Klima allgemeiner moralischer, religiöser und gesellschaftlicher Verachtung. Abgesehen davon, daß allein der Hinweis auf die Pogrome des Jahres 1974 sowie vereinzelte Ausschreitungen in den Jahren 1984, 1986 und 1989 für eine solche Feststellung schwerlich eine tragfähige Tatsachengrundlage abgeben, wird damit keine beachtlich wahrscheinliche Verfolgungsgefahr für jeden Ahmadi aufgezeigt (vgl. zuletzt Urteil des Senats vom 5. 7. 1994, aaO, unter Hinweis auf BVerfGE 83, 216 [233] und BVerwGE 88, 367 [376 ff.]). Auch bei einer „Gesamtschau" der asylerheblichen Gefährdungslage für alle Ahmadis in Pakistan läßt sich das Ergebnis des Berufungsgerichts auf der Grundlage seiner Tatsachenfeststellungen mithin nicht rechtfertigen. Das Berufungsgericht hat außerdem – in Übereinstimmung mit anderen Oberverwaltungsgerichten – angenommen, daß eine Verschlechterung der Verhältnisse nach dem Wahlsieg und Regierungsantritt von Benazir Bhutto im Herbst 1993 nicht zu erwarten ist. Die Gefahr einer Verschärfung hat das Berufungsgericht auch nicht (mehr) aus dem Shariah-Gesetz vom 5. 6. 1991 entnommen; die von ihm hierzu hervorgehobene Bedeutung dieses Gesetzes, daß den Ahmadis ihr Selbstverständnis als Muslime untersagt werde, ist – wie bereits dargelegt – nicht asylrelevant.

Der Senat macht von der ihm durch § 144 Abs. 3 Satz 1 Nr. 1 VwGO eingeräumten Möglichkeiten, auf der Grundlage der Feststellungen des Berufungsgerichts in der Sache selbst – hier zu Lasten der Kläger – durchzuentscheiden, keinen Gebrauch. Es ist in erster Linie Aufgabe der Berufungsgerichte, auf der Grundlage einer umfassenden Würdigung und Gesamtschau des entscheidungserheblichen Sachverhalts die asylrechtliche Gefahrenprognose zu erarbeiten und unter Auseinandersetzung mit der Rechtsprechung anderer Oberverwaltungsgerichte zu erstellen. Die angefochtenen Urteile werden daher aufgehoben und die Sachen zur anderweitigen Verhandlung und Entscheidung zurückverwiesen (§ 144 Abs. 3 Satz 1 Nr. 2 VwGO). Bei der erneuten Entscheidung wird das Berufungsgericht auch Gelegenheit haben, die inzwischen vorliegenden neueren Erkenntnisse zu religiösen Verfolgungsgefahren der Ahmadis in Pakistan zu berücksichtigen.

5

Die von der Universal Life Church in Modesto (USA) verliehene Bezeichnung „Doctor of Philosophy in Religion" (abgekürzte Form: „Dr. phil Rel.") kann weder als kirchlicher Hochschulgrad noch als kirchlicher Lehramtstitel zur Führung genehmigt werden.

Art. 4, 12 GG; § 26 NHG
VG Braunschweig, Urteil vom 26. Januar 1995 – 6 A 61310/94[1] –

Der Kläger erhielt nach einem zehnjährigen allgemeinbildenden Schulbesuch im Jahre 1972 den Hauptschulabschluß. Von Februar 1985 bis Februar

---

[1] Nds.Rpfl. 1995, 174. Das Urteil ist rechtskräftig.

1987 unterzog er sich an einer Schule für Naturheilkunde in Hannover einer Ausbildung zum Heilpraktiker. Am 10. 8. 1988 wurde ihm vom Bezirksamt Wilmersdorf von Berlin die Erlaubnis zur berufsmäßigen Ausübung der Heilkunde ohne Bestallung erteilt. Seitdem ist der Kläger heilpraktisch berufstätig.

Im Jahre 1994 suchte der Kläger bei dem Beklagten unter Vorlage einer von der Universal Life Church (ULC) in Modesto (Kalifornien) ausgestellten Urkunde um die Genehmigung zum Führen eines akademischen Grades nach. In der auf den 6. 6. 1994 datierten Verleihungsurkunde war dem Kläger der Grad eines „Doktor of Philosophy in Religion" zuerkannt worden.

Mit dem angefochtenen Bescheid lehnte der Beklagte den Antrag auf Genehmigung zum Führen dieser Bezeichnung ab, weil die verleihende Institution keine den Hochschulen in der Bundesrepublik Deutschland vergleichbare Hochschule sei. Eine Vergleichbarkeit sei nur gegeben, wenn die betreffende Institution von dem jeweils zuständigen regionalen Hochschulverband anerkannt worden sei. Die ULC habe eine solche Anerkennung nicht erhalten.

Zur Begründung seiner Anfechtungs- und Verpflichtungsklage trägt der Kläger im wesentlichen vor: Die ULC sei eine in den USA anerkannte kirchliche Fakultät, die berechtigt sei, Titel und Lehramtstitel zu verleihen. Bei dem von ihm erworbenen Titel handele es sich nicht um einen akademischen Grad, sondern um einen kirchlichen Lehramtstitel. Eine Verwechslung mit einem deutschen Hochschulgrad sei nicht zu befürchten. Die voll ausgeschriebene Titelbezeichnung und der Herkunftsort ließen keinen Irrtum entstehen. Außerdem sei nicht jede Fakultät, die nicht einer deutschen Hochschule gleichgesetzt werden könne, automatisch minderwertig. Unzutreffend sei, daß er keine Qualifikation nachgewiesen habe. Er habe ein fünfjähriges Studium an einer Schule für Naturheilkunde in Hannover mit abschließender Prüfung absolviert. Seit fünf Jahren betreibe er eine Naturheilkundepraxis. Diese Vorkenntnisse seien denen ähnlich, die bei deutschen Hochschulen üblich seien. Das Studium an der ULC habe er als Fernstudium betrieben und mit einer achtzigseitigen Arbeit abgeschlossen. Schließlich sei noch darauf hingewiesen, daß selbst von deutschen Hochschulen Ehrendoktortitel vergeben würden, ohne daß die zuständigen Ministerien besondere Studiennachweise forderten. Der Kläger beantragt, den Beklagten unter Aufhebung des angefochtenen Bescheides zu verpflichten, ihm die Genehmigung zum Führen des von der Universal Life Church in Kalifornien verliehenen Titels eines „Doctors of Philosophy in Religion" in der abgekürzten Form „Dr. phil Rel." zu erteilen.

Der Beklagte entgegnet: Die Genehmigung zum Führen eines ausländischen Hochschulgrades setze voraus, daß die verleihende Hochschule zum Zeitpunkt der Verleihung eine staatliche Einrichtung oder staatlich anerkannt sei und zudem eine den deutschen Hochschulen vergleichbare Qualifikation habe, die durch gesetzliche Bestimmungen oder durch die Mitgliedschaft in einer anerkannten Hochschulorganisation nachgewiesen werde. Die ULC habe eine solche Anerkennung nicht erfahren, so daß schon aus diesem Grunde die von ihr vergebenen Bezeichnungen keine genehmigungsfähigen akademischen Grade, Titel oder Bezeichnungen seien. Die Auffassung des Klägers, daß die hier maßgeblichen Vorschriften des Nds. Hochschulgesetzes auf kirchliche Titel keine Anwendung fänden, treffe nicht zu. Nach den Vorschriften des Nds. Hochschulgesetzes ergebe sich, daß ein deutscher akademischer Grad durch die Benutzung gleicher oder ähnlicher Bezeichnungen, deren Erwerb aber nicht mit einer gleichwertigen wissenschaftlichen Qualifikation verbunden sei, entwertet werde. Der Genehmigungspflicht unterlägen deshalb auch Bezeichnungen und Grade, die wie akademische Grade lauteten, jedoch keine seien. Der vom Kläger erworbene Grad „Doctor of Philosophy in Religion" erwecke eindeutig den Anschein eines akademischen Grades, da solche Grade im angelsächsischen Sprachraum von anerkannten Hochschulen verliehen würden. Die ULC sei darüber hinaus eine sogenannte „degree-mill", die gegen ein Entgelt Bezeichnungen vermittle, die akademischen Graden zum Verwechseln ähnelten. Dies sei offensichtlich auch beim Kläger der Fall, der weder über die Qualifikation für ein Studium noch für einen Doktorgrad verfüge.

Die Klage blieb erfolglos.

Aus den Gründen:

Die zulässige Klage ist nicht begründet. Der Kläger hat keinen Anspruch auf die Genehmigung zum Führen des von der ULC verliehenen Grades „Doctor of Philosophy in Religion".

Nach § 26 Abs. 2 Satz 1 NHG in der hier anzuwendenden Fassung der Bekanntmachung vom 21. 1. 1994 (Nds.GVBl. S. 13) dürfen ausländische Hochschulgrade, Hochschulbezeichnungen und Hochschultitel sowie entsprechende staatliche Grade, Bezeichnungen und Titel geführt werden, wenn sie von einer den deutschen Hochschulen vergleichbaren ausländischen Hochschule oder von einer entsprechenden staatlichen Stelle verliehen worden sind. Die Führung bedarf nach Satz 2 dieser Vorschrift einer Genehmigung, deren Voraussetzungen in der Verordnung über die Führung ausländischer akademischer Grade – AkGradVO – vom 29. 5. 1991 (Nds.GVBl. S. 200) geregelt sind.

Bei dem dem Kläger verliehenen Titel mit der im Herkunftsland gebräuchlichen abgekürzten Schreibweise „Dr. phil Rel." handelt es sich um eine Bezeichnung (doctor-degree), die in der Bundesrepublik Deutschland als akademischer Grad nur von einer wissenschaftlichen Hochschule verliehen werden darf (Maurer, Handbuch des WissR 1982, 838). Die Gestattung zum Führen eines solchen ausländischen Hochschulgrades ist zudem gemäß § 3 AkGradVO davon abhängig, daß eine Vergleichbarkeit der verleihenden ausländischen Institution mit den deutschen wissenschaftlichen Hochschulen gegeben ist. Diese Regelung trägt dem Schutzzweck der gesetzlichen Bestimmungen über die Führung akademischer Grade Rechnung, der darauf gerichtet ist, deutsche akademische Grade vor der unkontrollierten Führung nicht vergleichbarer ausländischer Grade zu schützen, einer Entwertung der an deutschen Hochschulen erworbenen Grade vorzubeugen und eine Irreführung der Allgemeinheit durch nicht vergleichbare ausländische Titel zu verhindern (BVerwG, Urteil vom 25. 8. 1993 – Buchholz 421.11 § 2 GFaG Nr. 14; VGH München, Urteil vom 9. 4. 1984 – Bay.VBl. 1984, 750 m. w. N.). Dürften ausländische Bezeichnungen, die wie akademische Grade lauten, aber nicht von einer den deutschen wissenschaftlichen Hochschulen adäquaten Einrichtung des ausländischen Bildungswesens verliehen werden, gleichwohl im Inland uneingeschränkt geführt werden, so würde damit die den deutschen akademischen Graden immanente wissenschaftliche Qualifikation unterlaufen.

Bei der ULC als der den Titel „Doctor of Philosophy in Religion" verleihenden Institution handelt es sich um eine ausländische kirchliche Einrichtung, die unzweifelhaft nicht eine den deutschen wissenschaftlichen Hochschulen gleichwertige Qualifikation besitzt (vgl. hierzu: BVerwG, Beschluß vom 8. 1. 1992 – Buchholz, aaO, § 2 GFaG Nr. 13; OVG Münster, Urteil vom 16. 11. 1993 – 19 A 1482/93 –). Diese Einrichtung kann nach den dem Gericht vorliegenden Unterlagen der Zentralstelle für ausländisches Bildungswesen, die zum Gegenstand der mündlichen Verhandlung gemacht worden sind, schon nicht als Hochschule im weitesten Sinne angesehen werden, die – übertragen auf die Verhältnisse im Ausland – sinngemäß dem Begriffsverständnis einer Hochschule im Sinne des Hochschulrahmengesetzes entspricht (vgl. hierzu: VGH München, Urteil vom 3. 4. 1985 – Bay.VBl. 1985, 752; OVG Lüneburg, Urteil vom 18. 9. 1984 – 10 OVG A 3/84 – m. w. N.). Dieser Einrichtung würde außerdem die für eine den deutschen Hochschulen in der Bundesrepublik wissenschaftliche Vergleichbarkeit fehlen, die bei einer Hochschule nur dann gegeben wäre, wenn sie nach kalifornischem Recht eine Akkreditierung, d. h. eine Anerkennung nach Sec. 94310 a oder 94310 b des kalifornischen Ausbildungsgesetzes (California Education Code) erfahren hätte (vgl. zu diesen Bestimmungen: OVG Lüneburg, Urteil vom 18. 9. 1984, aaO; VG Braunschweig, Urteil vom 23. 1. 1985 – 6 VG A 2/83 –). Schon aus diesen Gründen kann dem Kläger die beantragte Genehmigung zur Titelführung nicht erteilt werden.

Soweit der Kläger geltend macht, daß es sich bei dem ihm verliehenen Grad um einen kirchlichen Lehramtstitel handelt, führt dieser Umstand zu keinem anderen Ergebnis. Auch derartige Bezeichnungen unterfallen, wenn sie — wie dies hier der Fall ist — wie akademische Grade lauten, den landesrechtlichen Vorschriften über die Führung akademischer Grade (BVerwG, Beschluß vom 18. 6. 1987, Buchholz, aaO, § 2 GFaG Nr. 9; OVG Lüneburg, Urteil vom 18. 9. 1984, aaO). Weder aus dem Recht auf Bildung (Art. 12 GG) noch aus Art. 4 GG läßt sich die vom Kläger erstrebte Genehmigung zum Führen des ihm verliehenen Titels noch ein Recht auf ein genehmigungsfreien Führen eines ausländischen kirchlichen Grades herleiten. Das Recht auf Bildung wird durch die Vorschriften des § 26 Abs. 2 NHG und der Verordnung über die Führung ausländischer akademischer Grade vom 29. 5. 1991 in zulässiger Weise eingeschränkt; ein Eingriff in das Recht des Klägers auf ungestörte Religionsausübung liegt ebenfalls nicht vor, weil der Kläger nicht daran gehindert wird, die mit der kirchlichen Würde verbundenen Rechte im innerkirchlichen Bereich wahrzunehmen (BVerwG, Beschluß vom 8. 1. 1992, aaO).

6

Nach saarländischem Recht berührt der einer Kirchenaustrittserklärung beigegebene Zusatz, der Kirche als Glaubensgemeinschaft weiterhin angehören zu wollen, nicht die Rechtswirksamkeit der Erklärung für den staatlichen Bereich. Dieser Zusatz darf jedoch nicht in die Kirchenaustrittsbescheinigung aufgenommen werden.

LG Saarbrücken, Beschluß vom 27. Januar 1995 — 5 T 796/94 —

Der Beteiligte zu 1) erklärte am 21. 9. 1994 vor dem Amtsgericht W. den Austritt aus der röm.-kath. Kirche. Seine Austrittserklärung wurde wie folgt protokolliert:

„Ich erkläre den Austritt aus der römisch-katholischen Religionsgemeinschaft in ihrer Eigenschaft als kirchensteuerberechtigte öffentlich-rechtliche Körperschaft. Dieser Austritt bezieht sich nicht auf meine Zugehörigkeit zur römisch-katholischen Kirche als Glaubensgemeinschaft."

Eine entsprechende Austrittsbescheinigung wurde dem Beteiligten zu 1) erteilt. Der Beteiligte zu 2), die Diözese N., erhielt eine Mitteilung über den Kirchenaustritt des Beteiligten zu 1) mit den genannten Zusätzen.

Hiergegen hat der Beteiligte zu 2) Erinnerung mit dem Antrag erhoben, die erteilte Bescheinigung einzuziehen und dem Antragsteller eine neue Bescheinigung ohne Zusätze zu erteilen.

Rechtspfleger und Richter haben der Erinnerung nicht abgeholfen; der Richter hat die Sache dem Landgericht zur Entscheidung vorgelegt.

Die Beschwerde hatte Erfolg. Das Landgericht weist das Amtsgericht an, die erteilte Bescheinigung einzuziehen und dem Beteiligten zu 1) eine neue Kirchenaustrittsbescheinigung ohne Zusätze zu erteilen.

Aus den Gründen:

Die Beschwerde, als die die Erinnerung gemäß § 11 Abs. 2 S. 5 RPflG gilt, ist zulässig. Gegen die Erteilung der Austrittsbescheinigung mit dem Ziel der Einziehung ist die unbefristete Beschwerde statthaft (vgl. Jansen, FGG, Band 3, 2. Aufl. 1971, § 61 Beurkundungsgesetz, Rdnr. 22 m. w. N.). Die Kirchenbehörde ist auch beschwerdeberechtigt (vgl. Jansen, aaO).

Die Beschwerde ist auch begründet.

Die dem Beteiligten zu 1) erteilte Bescheinigung ist inhaltlich unrichtig und daher einzuziehen. Dem Beteiligten zu 1) ist stattdessen eine Austrittsbescheinigung zu erteilen, die seinen Kirchenaustritt ohne Zusätze bescheinigt.

Die Zuständigkeit und das Verfahren beim Kirchenaustritt sind durch landesrechtliche Bestimmungen geregelt. Für das Saarland ist maßgebend das preußische Gesetz betreffend den Austritt aus den Religionsgesellschaften des öffentlichen Rechts vom 30. 11. 1920 in der Fassung des Saarländischen Kirchensteuergesetzes vom 25. 11. 1970 – ABl. S. 950 –, geändert durch Gesetz vom 1. 6. 1977 – ABl. S. 598 –. Danach ist der Austritt aus der Religionsgesellschaft bei dem Amtsgericht des Wohnsitzes zu erklären, wobei die Erklärung zu Protokoll der Geschäftsstelle dieses Amtsgerichts zu erfolgen hat (vgl. Jansen, aaO, Rdnr. 21).

Über den vollzogenen Austritt ist dem Austretenden eine Bescheinigung zu erteilen.

Die Erteilung einer Bescheinigung setzt demgemäß grundsätzlich voraus, daß eine wirksame Kirchenaustrittserklärung abgegeben worden ist. Für die Austrittserklärung ist nach dem genannten Gesetz ein bestimmter Wortlaut nicht vorgeschrieben.

Nach allgemeinen Rechtsgrundsätzen aber müssen einseitig gestaltende Willenserklärungen klar und eindeutig sein, sie dürfen nicht an Bedingungen und Vorbehalte geknüpft sein (vgl. OLG Hamm NJW 1971, 149[1]).

Der Zusatz des Beteiligten zu 1), sein Austritt beziehe sich nicht auf seine Zugehörigkeit zur röm.-kath. Kirche als Glaubensgemeinschaft, nötigt daher zur Prüfung, ob die Austrittserklärung nicht unter eine unzulässige Bedingung gestellt ist. Das Ergebnis dieser Prüfung hängt davon ab, ob mit hinreichender Sicherheit angenommen werden kann, daß der Erklärende die Wirkungen des Austritts für den staatlichen Bereich nicht vom Nichteintritt innerkirchlicher Wirkungen abhängig machen will.

Vorliegend ist der Wille des Beteiligten zu 1) zum Austritt aus der röm.-kath. Kirche mit Wirkung für den gesamten Bereich des staatlichen Rechts klar genug erklärt. Der Zusatz mit dem Inhalt, weiterhin der röm.-kath. Kirche

---

[1] KirchE 11, 317.

sog. modifizierte Kirchenaustrittserklärung   31

als Glaubensgemeinschaft angehören zu wollen, enthält weder eine Bedingung noch wird dadurch die Austrittserklärung unklar. Es wird für den gesamten Bereich des staatlichen Rechts die Beendigung der Zugehörigkeit zur Kirche angestrebt, zumal für den innerkirchlichen Bereich dem Staat ohnehin die Regelungskompetenz fehlt (vgl. OLG Frankfurt NJW 1977, 1732[2]). Der fragliche Zusatz hat lediglich die Bedeutung einer Absichtserklärung und ist Ausdruck einer religiösen Bekenntnishaltung, ändert aber für sich genommen nichts daran, daß ein nach staatlichem Recht vollwirksamer Kirchenaustritt gewollt und erklärt ist.

Nach weitaus überwiegender Auffassung in Rechtsprechung und Literatur wird ein Zusatz der vorliegenden Art als unschädlich oder unbeachtlich angesehen (vgl. OLG Hamm NJW 1977, 1299 [1300 m. w. N.][3]; Pfälz.Oberlandesgericht Zweibrücken RPfl. 1993, 438[4]).

Allerdings haben mehrere Bundesländer auf die steigende Zahl der sogenannten modifizierten Austrittserklärungen und den sich daran anschließenden Meinungsstreit damit reagiert, daß sie gesetzliche Regelungen geschaffen haben, die jeglichen Zusatz untersagen; was vom Bundesverwaltungsgericht für zulässig erachtet worden ist (vgl. BVerwG DÖV 1980, 450). Entsprechende gesetzliche Beschränkungen bestehen jedoch hier, wie bereits erwähnt, nicht.

Anders als bei der Bestätigung des vollzogenen Austritts vermag die Kammer allerdings nicht der Auffassung zu folgen, die eine Verletzung des Neutralitätsgebotes darin erkennt, daß der Urkundsbeamte der Geschäftsstelle modifizierte Austrittserklärungen protokolliert oder öffentlich beglaubigte Erklärungen mit − unmaßgeblichen, weil die innerkirchliche Mitgliedschaft betreffenden − Zusätzen entgegennimmt (so VGH München, DVBl. 1976, 908). Mit der Entgegennahme bzw. Protokollierung von Kirchenaustrittserklärungen, die Zusätze enthalten, wirkt der Staat nicht in den innerkirchlichen Bereich hinein; er nimmt insoweit die Erklärung des Betroffenen entgegen ohne jede eigene Wertung; dies verletzt das Neutralitätsgebot nicht. Welche Konsequenzen die Kirche für ihren Rechtsbereich aus der Austrittserklärung zieht, bleibt ihr überlassen (vgl. BVerwG DÖV 1980, 451).

Es handelt sich immer nur um Erklärungen der Austrittswilligen, bei denen nicht deshalb, weil sie kraft Gesetzes in einer bestimmten Form abzugeben sind, durch die Wahrung dieser Formvorschriften der Anschein erweckt wird, als werde nun auch kraft staatlicher Autorität beurkundet oder bestätigt, der Austritt sei innerkirchlich ohne Bedeutung (vgl. OLG Frankfurt, aaO, S. 1733).

---

[2] KirchE 16, 143.   [3] KirchE 16, 64.   [4] KirchE 31, 228.

Dieser Anschein kann erst durch eine Bescheinigung hervorgerufen werden, die sich auf die modifizierenden Zusätze erstreckt. Dem entspricht es, daß nach nahezu einhelliger Meinung der den Kirchenaustritt Erklärende keinen Anspruch darauf hat, daß Zusätze der vorliegenden Art in die Bescheinigung über die Austrittserklärung aufgenommen werden (vgl. BVerwG, aaO, S. 453).

Davon zu unterscheiden ist indes, ob solche Zusätze in die Bescheinigung aufgenommen werden dürfen. Diese Frage wird ebenfalls, und zwar überwiegend, verneint (vgl. OLG Hamm NJW 1977, 1300 m. w. N.[5]; neuerdings auch Pfälz.Oberlandesgericht Zweibrücken RPfl. 1993, 439).

In der erwähnten obergerichtlichen Rechtsprechung, der sich die Kammer anschließt, wird zutreffend betont, daß auch Zusätze, die für die Wirksamkeit der Austrittserklärung unschädlich sind, deshalb nicht in die Austrittsbescheinigung gehören, weil sie den Eindruck erwecken können, als werde mit staatlicher Autorität bestätigt, der Austritt sei innerkirchlich ohne Bedeutung; für eine solche Bestätigung oder auch nur für die Beurteilung der damit zusammenhängenden innerkirchlichen, vom staatlichen Recht unabhängigen Fragen fehlt dem Amtsgericht aber die Kompetenz. Wenn der Beteiligte zu 1) seinen Willen, der Glaubensgemeinschaft weiter angehören zu wollen, der Kirche gegenüber zur Geltung bringen will, kann das nicht über den Weg einer Austrittsbescheinigung geschehen. Denn dann würde der Zweck der Bescheinigung, Klarheit für den Rechtsverkehr herzustellen, verfehlt und Mißdeutungen Tür und Tor geöffnet.

Die vom Amtsgericht gewählte Form der Bescheinigung entspricht deshalb nicht dem hier maßgeblichen Kirchenaustrittsgesetz und kann daher kein Bestand haben. Die auszustellende Bescheinigung darf nur den Inhalt haben, daß der Betroffene aus der – hier: römisch-katholischen – Kirche ausgetreten ist; sie darf weder auf die Austrittserklärung selbst gesetzt werden, noch auf deren Inhalt Bezug nehmen. Die Bescheinigung des Rechtspflegers ist daher unzulässig und muß vom Amtsgericht eingezogen werden und in der allein zulässigen Form neu erteilt werden.

7

Zur Frage, ob die Zugehörigkeit der Kindesmutter zur Glaubensgemeinschaft der Zeugen Jehovas das Kindeswohl beeinträchtigen kann und sich aus diesem Grunde die Übertragung der elterlichen Sorge auf die Kindesmutter verbietet.

---

[5] KirchE 16, 64.

§§ 1672, 1671 Abs. 2 BGB
OLG Düsseldorf, Beschluß vom 1. Februar 1995 – 3 UF 1/95[1] –

Die Parteien streiten um das Sorgerecht für ihre Tochter C. während der Dauer des Getrenntlebens. Die Antragstellerin (Mutter) gehört der Glaubensgemeinschaft der Zeugen Jehovas an und ist intensiv bei den und für die Zeugen Jehovas tätig. Der Antragsgegner (Vater) lehnt eine Zugehörigkeit zu dieser Glaubensrichtung ab. Er ist aus der Kirche ausgetreten und gehört aus Überzeugung keiner Kirche an.

Der Antragsgegner beansprucht das Sorgerecht für sich und hat u. a. vorgetragen, die Zugehörigkeit und die intensive Tätigkeit der Antragsgegnerin bei den Zeugen Jehovas beeinträchtige deren Betreuungsmöglichkeiten und gefährde das Kindeswohl.

Das Amtsgericht – Familiengericht – hat mit Beschluß vom 14. 12. 1994 das Sorgerecht für die Dauer des Getrenntlebens der Parteien auf den Antragsgegner übertragen.

Mit der Beschwerde verfolgt die Antragstellerin ihren Antrag weiter, ihr die elterliche Sorge zu übertragen.

Die Beschwerde war erfolgreich.

Aus den Gründen:

Die Beschwerde der Antragstellerin hat Erfolg. Es entspricht dem Wohle des Kindes am besten, die elterliche Sorge während der Dauer des Getrenntlebens der Parteien auf die Kindesmutter zu übertragen (§§ 1672, 1671 Abs. 2 BGB).

Die Entscheidung darüber, was dem Kindeswohl im Trennungsfalle der Eltern am besten entspricht, setzt bereits gedanklich voraus, daß es nicht darum geht, danach zu forschen, was aus objektiver Sicht für die weitere Entwicklung des Kindes am Wünschenswertesten wäre. Ginge es darum, wäre es in vielen Fällen aus der Sicht des Kindes die beste Lösung, wenn es wie gewohnt beide Elternteile bei sich hätte. Es kann demnach nur um die für das Kind relativ beste Lösung gehen, der notwendigerweise alle die Mängel anhaften, die sich aus der dauerhaften Trennung der Eltern, der damit verbundenen Auflösung des Familienverbandes und den stets daraus entstehenden Defiziten (zumeist auf emotionaler Ebene) und Belastungen (zumeist die Streitigkeiten der Eltern) für das Kind ergeben. Aufgabe des Gerichtes ist es

---

[1] Der Beschluß ist rechtskräftig. FamRZ 1995, 1511. Nur LS: AkKR 164 (1995), 233; FuR 1–96, 151. Vgl. zu diesem Fragenkreis auch OLG Hamm NJWE-FER 1997, 54; OLG Oldenburg NJW 1997, 2962; AG Meschede NJW 1997, 2962.

deshalb in erster Linie, die auf das Kind einwirkenden Beeinträchtigungen und Belastungen so gering wie möglich zu halten. Dabei ist demjenigen Elternteil der Vorzug zu geben, bei dem das Kind infolge der dort gegebenen Möglichkeiten der persönlichen Betreuung, der erzieherischen Fähigkeiten sowie sonstiger äußerer, seelischer und geistiger Gegebenheiten am besten gefördert werden kann, und zwar unter Berücksichtigung bestehender Bindungen und insbesondere unter Wahrung der Einheitlichkeit und Gleichförmigkeit der Erziehung (Kontinuitätsgrundsatz).

Ausgehend von diesen Grundsätzen ist vorliegend die elterliche Sorge zum besten Wohle des Kindes auf die Mutter zu übertragen.

1. Für die Übertragung der elterlichen Sorge, die dem Kindeswohl am besten entsprechen soll, ist von erheblicher Bedeutung, von wem das Kind die meiste Unterstützung erwarten kann. Ein häufiger Wechsel in den Beziehungspersonen und eine Trennung von der Hauptbezugsperson während des Tages ist der Entwicklung des Kindes eher abträglich.

a) Beide Parteien sind in etwa gleicher Weise bereit und in der Lage, das Kind zu fördern und zu versorgen. *(wird ausgeführt)*

Soweit der Vater darauf abstellt, die Mutter gehöre den Zeugen Jehovas an, diese müßten nicht nur häufig Versammlungen besuchen, sondern auch werbend tätig werden (von Haus zu Haus oder auf der Straße), beeinträchtigt dies die Betreuungsmöglichkeiten der Antragstellerin nicht in wesentlicher Weise. Wie sich aus dem Vorbringen der Mutter ergibt, das sich auch durch die Anhörung der Tochter C. bestätigt hat, nimmt die Mutter insgesamt an drei Versammlungen der Zeugen Jehovas in der Woche teil, zweimal je zwei Stunden und einmal eine Stunde. Bei diesen Veranstaltungen, die sich in der Woche also lediglich auf fünf Stunden beschränken, ist C. häufig zugegen, so daß Mängel in der Betreuung nicht auftreten. Dies bezieht sich auch auf den übrigen „Dienst" der Antragstellerin, der ersichtlich einen erheblichen Umfang nicht annimmt und bei dem die Betreuung von C. nicht beeinträchtigt ist. Daß Betreuungsdefizite auftreten, ist jedenfalls dem Sachverhalt, insbesondere auch dem Sachvortrag des Vaters nicht zu entnehmen.

b) Es kann auch nicht festgestellt werden, die Zugehörigkeit der Mutter zu den Zeugen Jehovas verbiete die Übertragung der elterlichen Sorge. Mit dem Grundrecht der Glaubens- und Bekenntnisfreiheit ist es unvereinbar, einem Elternteil allein wegen seiner Glaubenszugehörigkeit die Eignung zur Ausübung der elterlichen Sorge abzusprechen (BayObLG NJW 1976, 2017[2]). Soweit die Religionslehre der Zeugen Jehovas (notwendig) Einfluß auf die Entwicklung der Persönlichkeit des Kindes nimmt (vgl. dazu OLG Frankfurt FamRZ 1994, 920 [92][3]), muß es dem Einzelfall überlassen bleiben, ob da-

---

[2] KirchE 15, 48.   [3] KirchE 31, 517.

durch das Kindeswohl konkret beeinträchtigt ist. Für C. kann das nicht festgestellt werden. Zwar mag es sein, daß die Zeugen Jehovas politische Tätigkeiten und ein entsprechendes Engagement generell ablehnen und sich politisch völlig neutrag verhalten; auch mag es sein, daß die Freiheit, an Geburtstagsfeiern teilzunehmen, Märchen zu lesen, fernzusehen und das Telefon zu benutzen eingeschränkt wird und daß dadurch allgemein die Gefahr besteht, daß ein Kind in eine Außenseiterrolle gedrängt wird. Allein diese allgemeine Gefahr reicht jedoch nicht aus, um eine Beeinträchtigung – für den Streitfall – annehmen zu müssen. Wie der 4. Senat für Familiensachen bereits in seinem Beschluß zum Aufenthaltsbestimmungsrecht vom 9. 9. 1993 – 4 WF 94/93 – zutreffend ausgeführt hat, ist eine konkrete Gefährdung weder vorgetragen, noch aus den Akten ersichtlich. Hierfür reicht insbesondere nicht aus, daß die Mutter nach ihrem eigenen Vorbringen „eine überzeugte Anhängerin der Zeugen Jehovas ist". Der Glaubensgemeinschaft der Zeugen Jehovas gehört die Antragstellerin schon seit Jahren an, ohne daß hieraus eine ernsthafte Gefährdung für das Kindeswohl erwachsen ist. Sie kann nach dem Verhalten der Antragstellerin in der Vergangenheit auch für die Zukunft nicht angenommen werden, wobei die Entwicklung der Gesamtpersönlichkeit des Kindes und nicht entscheidend ist, ob C. an einzelnen Veranstaltungen/Festen aus religiöser Überzeugung teilnehmen kann oder nicht.

Wie sich aus dem Bericht der Schule in R. zur schulischen Situation ergibt, hat sich C. zum damaligen Zeitpunkt nach dem kurzfristig zuvor durchgeführten Schulwechsel in den Klassenverband sehr schnell und unproblematisch eingelebt und weitestgehend integriert. Weiter ist ausgeführt, sie habe bereits feste Bezüge zu einer neuen Schulfreundin aufbauen können; ihr Kontakt, sowohl zum Lehrer wie auch zu den meisten Mitschülern, sei, nach nur wenigen Tagen einer verständlichen und begrenzten Zurückhaltung, unkompliziert, freundlich-offen und von gutem Selbstbewußtsein geprägt; das Verhältnis zu ihrer Mutter erscheine beidseitig verständnisvoll, von Zuneigung und im Umgang miteinander harmonisch geprägt; Zuverlässigkeit und Verantwortlichkeit in bezug auf den Unterrichtsbesuch und die Erledigung von Arbeiten (Hausaufgaben) hätten vermerkt werden können; C. mache den Eindruck eines „fröhlichen, ausgeglichenen und selbstbewußt agierenden Kindes". Ebenso vermerkt der Bericht des Jugendamtes der Stadt R. nach einem Gespräch mit C.'s Klassenlehrer ergebe sich, daß C. ein „sensibles, in sich harmonisches, freundliches Mädchen" sei, das den Eindruck vermittle, „eine glückliche Kindheit zu leben". Weiter heißt es: „C. zeigt ein sehr gutes Sozialverhalten. Sie mache nicht den Eindruck, unter gewissen Einschränkungen betreffend die Teilnahme an Geburtstagsfeiern, St.-Martin-, Nikolaus- und Weihnachtsfeiern oder den Besuch der Kirmes zu leiden. Darüber hinaus stelle sich der Mutter-Tochter-Kontakt als gut dar." Daraus ergibt sich, daß die durch die Lehre der Zeugen Jehovas motivierten Einschränkungen auf die Gesamtpersönlichkeitsentwicklung C.'s ohne feststellbaren nachteiligen Einfluß geblieben ist. Bei der Anhörung vor dem Senat hat sich ferner feststellen lassen, daß C. an den meisten Schulveranstaltungen (teils zusammen mit der Mutter) teilnimmt (Sportfeste, Fahrradtraining, Sternwanderung, ja selbst an der letzten schulischen Nikolaus- und Weihnachtsfeier hat sie, wenn auch nicht aktiv, teilgenommen). Dies macht deutlich, daß C. nicht in die Rolle einer Außenseiterin gedrängt worden ist. Im übrigen ist dabei auch von Bedeutung, daß die Mutter Veranstaltungen, die vom Vater angeboten werden (Weihnachts-, Ostern- und Geburtstagsfeiern etc.) nicht behindert.

Daß keine Bedenken gegen die Betreuung durch die Mutter bestehen, daß diese sich vielmehr mit liebevoller Zuwendung dem Kinde widmet, wird auch daraus deutlich, daß C. die Schule mit großem Erfolg besucht. *(wird ausgeführt)*

c) Soweit das Sachverständigengutachten zu dem Ergebnis gekommen ist, der Kindesvater sei im Gegensatz zur Kindesmutter eher in der Lage, den konkreten Erziehungsanforderungen (…) gerecht zu werden, (…), kann dies zum gegenwärtigen Zeitpunkt jedenfalls nicht mehr festgestellt werden. Da C. nach den Feststellungen seiner Lehrer, des Jugendamtes, des Amtsgerichtes und ausweislich der mitgeteilten Feststellungen des Berichterstatters von der Anhörung des Kindes einen offenen und zugänglichen Eindruck gemacht hat, sich der Umwelt öffnet, insbesondere auch den Belangen der Schule annehmend gegenübersteht, kann nicht festgestellt werden, sie sei mit den Problemen der Mutter befrachtet, diese binde die Tochter zu sehr an sich. Daß die Mutter mit Problemen der Trennung nach wie vor zu kämpfen hat, beeinträchtigt ihre Erziehungs- und Betreuungsfähigkeit nicht. Es mag zwar sein, daß die Mutter in der Vergangenheit das Kind heftig an sich zu binden versucht hat. Auch der Vater hat sein Zusammensein mit C. aber dazu genutzt, seinen Einfluß auf das Kind zu vergrößern. Soweit die Mutter dem neuen „Verhältnis" des Vaters ablehnend gegenübersteht, ist dieser andererseits nicht bereit, die Entscheidung der Mutter zugunsten der Zeugen Jehovas zu akzeptieren. Er weist insoweit darauf hin, die religiöse Freiheit des Kindes werde dadurch eingeschränkt, daß es nachhaltig den Zeugen Jehovas zugeführt werde. Andererseits ist aber zu bedenken, daß der Vater selbst aus der Kirche – mit Überzeugung – ausgetreten ist und sein Angebot zur religiösen Erziehung des Kindes daher kaum von einer aktiven Mitwirkung geprägt sein wird. Im übrigen wird der Vater durch die regelmäßigen Besuche der Tochter ein – wenn auch geringeres – Gegengewicht gegen die bevorzugte Religion der Mutter setzen können.

2. Kommt damit den Betreuungs- und Fördermöglichkeiten beider Eltern in etwa gleiches Gewicht zu, ist der Mutter im Verhältnis zum Vater deshalb der Vorzug zu geben, weil sie die Kontinuität der Erziehung gewährleistet.

Da Erziehen Aufbauen von Verhaltenskonstanten bedeutet, ist für die Entwicklung des Kindes in der Regel die Lösung am Vorteilhaftesten, welche die Einheitlichkeit und Gleichmäßigkeit der Erziehung am wenigsten stört. Diese Kontinuität ist bei der Mutter am besten gewährleistet. *(wird ausgeführt)*

8

Im Falle von Veräußerungsgewinnen besteht ein Anspruch auf Teilerlaß von Kirchensteuer aus sachlichen Billigkeitsgründen auch dann nicht, wenn eine dahingehende Praxis bei den kirchlichen Steuerbehörden verbreitet ist.

Art. 3 Abs. 1 GG, 18 BayKiStG; §§ 163 AO, 34 EStG
FG Nürnberg, Urteil vom 2. Februar 1995 – VI 41/91[1] –

Schon vor Ergehen des Kirchensteuerbescheids – unmittelbar nach Erhalt des Einkommensteuerbescheids – stellten die Kläger den Antrag, bei der Kirchensteuer-Veranlagung einen bezifferten Teilbetrag aus sachlichen Billigkeitsgründen zu erlassen. Zur Begründung verwiesen sie auf den in ihrer Einkommensteuerveranlagung enthaltenen einmaligen Veräußerungsgewinn nach § 34 EStG. Sie erstreben den Erlaß von 50% der hierauf entfallenden Kirchensteuer.

In zwei Stellungnahmen zu dem vom Beklagten, dem kath. Kirchensteueramt, zugesandten Erlaßfragebogen führten die Kläger aus, daß nach Rückfrage sowohl beim kath. wie beim ev. Kirchensteueramt in X. der Hinweis auf § 34 EStG zur Begründung des Erlasses ausreichend sei. Die Feststellung der Unbilligkeit nach § 227 AO erfordere keine Offenlegung der wirtschaftlichen Verhältnisse in Form eines Erlaßfragebogens, da die Unbilligkeit in der Sache selbst begründet sei.

Das Kirchensteueramt setzte die Kirchensteuer entsprechend den vom Finanzamt übermittelten Daten (Einkommensteuerschuld, Kinderentlastungsbetrag) fest.

Die Kläger verfolgen ihr Begehren im Klagewege weiter.

Aufgrund der gerichtsbekannten Tatsache, daß es bei Veräußerungsgewinnen nach § 34 EStG eine von den Kirchen weitgehend geübte Kirchensteuer-Erlaßpraxis ohne Prüfung der einschlägigen Vorschriften der AO gibt (vgl. die Darstellung von Meyer, Kirchensteuer-Übersicht 1994, NWB Fach 12,

---

[1] BB 1995, 1223; EFG 1995, 691. Das Urteil ist rechtskräftig. In den Entscheidungsgründen gleichlautend FG Nürnberg, Urteil vom 2. 2. 1995 – VI 42/91 – unv.

S. 1383 [1404] „Besondere Fälle"), hat sich das Finanzgericht durch Umfrage bei den kath. Diözesen und ev. Landeskirchen bemüht, diese Kirchensteuer-Erlaßpraxis bei Veräußerungsgewinnen nach § 34 EStG zu erkunden. Die in allen Anschreiben vorgegebene Aussage:

> *Weist der Steuerpflichtige anhand seines Einkommensteuerbescheides einen Veräußerungsgewinn (Fälle des § 34 Abs. 1 und 2 EStG) nach, gewährt die Kirche auf Antrag hinsichtlich der auf diesen Veräußerungsgewinn anteilig entfallenden Kirchensteuer — ohne Prüfung der Voraussetzungen des § 227 AO — einen zusätzlichen Erlaß in Höhe von 50 v. H.*

wurde zusammengefaßt wie folgt beantwortet:

von den angeschriebenen	haben konkret geantwortet	danach gewähren einen Erlaß bei Veräußerungsgewinnen ohne Prüfung des § 227 AO	nur nach Prüfung des § 227 AO
7 katholischen KiSt-Ämtern in Bayern	7 (= 100,0 v. H.)	3 (= 42,9 v. H.)	4 (= 57,1 v. H.)
5 angrenzenden katholischen Diözesen	3 (= 60,0 v. H.)	2 (= 66,7 v. H.)	1 (= 33,3 v. H.)
23 evangelischen Landeskirchen	10 (= 43,5 v. H.)	9 (= 90,0 v. H.)	1 (= 10,0 v. H.)
zusammen	20 (= 57,1 v. H.)	14 (= 70,0 v. H.)	6 (= 30,0 v. H.)

In einem allgemein gehaltenen Schreiben der Evangelischen Kirche in Deutschland (EKD Kirchenamt) wurde sinngemäß ausgeführt, daß die vorgegebene Aussage die gegenüber den Landeskirchen — seit den sechziger Jahren — empfohlene Erlaßpraxis darstellt. Das Gericht interpretiert diese Stellungnahme dahingehend, daß die Evangelische Kirche weitgehend im Sinne der vorgegebenen Empfehlung verfährt.

Aus den ergänzenden Informationsunterlagen, welche die angeschriebenen Kirchensteuerämter ihren Antwortschreiben zum Teil beigefügt hatten, ergab sich für das Gericht, daß evangelische Landeskirchen und katholische Diözesen zu dem Thema „Erlaß von Kirchensteuer bei außerordentlichen Einkünften (§ 34 EStG)" wohl erstmals in Schwerte am 31. 1./1. 2. 1972 folgenden gemeinsamen Beschluß gefaßt haben:

> *„Beide Kommissionen stimmen darin überein, daß bei einmaligen Veräußerungserlösen und Einkünften in besonders gelagerten Einzelfällen nach der Festsetzung eines ermäßigten Steuersatzes nach § 34 EStG auf Antrag noch eine besondere Ermäßigung der Kirchensteuer in Höhe von bis zu 50 v. H. der Kirchensteuer-Schuld gewährt werden kann, falls in entsprechender Anwendung des § 131 (jetzt 227) AO Billigkeitsgründe zu berücksichtigen sind. Im Einzelfall sei es auch möglich, daß § 131 (jetzt 227) AO einen weitergehenden Erlaß über 50 v. H. der Kirchensteuer hinaus gestatte. Beide Kommissionen halten es für wünschenswert, daß in konfessionsverschiedenen Ehen eine möglichst gleiche Behandlung von Erlaßanträgen erfolge."*

Unter Bezugnahme auf diesen Beschluß von Schwerte heißt es in dem offensichtlich letztgültigen „Papier" zum Thema „Erlaß von Kirchensteuer bei außerordentlichen Einkünften (§ 34 EStG)", nämlich in dem Protokoll der 38. gemeinsamen Sitzung der Steuerkommissionen des Verbandes der Diözesen Deutschlands und der EKD in Marienheide am 6./7. 5. 1992 unter TOP 13:

„Dieser bereits im Jahre 1972 gefaßte Beschluß ist mittlerweile weitgehend durch die Praxis überholt. Die Ermessensentscheidung ‚bis zu' hat sich für den Normalfall auf eine 50 v. H.- Entscheidung reduziert.
Billigkeitsgründe des § 227 AO werden von der Finanzverwaltung geprüft und wirken sich über eine Reduzierung der Maßstabsteuer auf die Zuschlagsteuer aus. Es wird darauf hingewiesen, daß darüber hinausgehende kirchenspezifische Billigkeitsgründe im Gesetz vorgesehen sind (z. B. § 18 Abs. 1 Hess KiStVO). Die Sitzungsteilnehmer sprechen sich dafür aus, eine verbleibende Kirchensteuer um 50 v. H. zu reduzieren."

Der Senat weist die Klage ab.

Aus den Gründen:

Die zulässige Klage ist nicht begründet.

Zu Recht verfolgen die Kläger im Rahmen des hier zweigleisigen Rechtsbehelfsverfahrens mit der vorliegenden (Verpflichtungs-)Klage vorrangig das Ziel, das kath. Kirchensteueramt zum Ausspruch des begehrten (Teil-)Erlasses zu verpflichten. Auch wenn der gegen den Kirchensteuerbescheid eingelegte – noch nicht entschiedene – Einspruch nicht nötig gewesen wäre, da eine positive Entscheidung über den vor der Steuerfestsetzung gestellten Antrag auf niedrigere Steuerfestsetzung als Grundlagenbescheid i. S. des § 171 Abs. 10 AO wirkt und damit die Änderung oder Aufhebung nach einer bereits bestandskräftigen Steuerfestsetzung zur Folge hat, so ist dieser Einspruch doch nicht hinderlich für das mit Beschwerde und Klage verfolgte Erlaßbegehren. Sinnvollerweise ist über den Einspruch erst nach rechtskräftigem Abschluß der Erlaßstreitigkeit zu befinden (Tipke/Kruse, AO, 15. Aufl., § 163 Tz. 7 und 7 a).

Die Ablehnung der begehrten Billigkeitsmaßnahme durch das Kirchensteueramt und die vorgesetzte Kirchenbehörde läßt keinen Ermessensfehler erkennen. Der im Streitfall bereits vor der Steuerfestsetzung gestellte Antrag auf abweichende (niedrigere) Steuerfestsetzung nach § 163 AO verlangt als tatbestandliche Voraussetzung gleichermaßen wie ein Erlaßantrag nach § 227 AO, daß die Erhebung der Steuer nach Lage des einzelnen Falles unbillig wäre (§§ 163 Abs. 1 Satz 1, 227 Abs. 1 Satz 1 AO); es handelt sich ebenso wie bei einem Erlaßantrag nach § 227 AO um eine Ermessensentscheidung, die vom Gericht nach § 102 FGO nur daraufhin überprüft werden kann, ob die Kirchenbehörde die gesetzlichen Grenzen des Ermessens überschritten oder von dem Ermessen in einer dem Zweck der Ermächtigung nicht entsprechenden Weise Gebrauch gemacht hat (BFH-Urteil vom 9. 9. 1993 – V R 45/91 – BFHE 172, 237, BStBl. II 1994, 131, unter Hinweis auf den Beschluß des Gemeinsamen Senats der Obersten Gerichtshöfe des Bundes vom 19. 10. 1971 – GmS-OGB 3/70 – BFHE 105, 101, BStBl. II 1972, 603). Maßgebend für die gerichtliche Kontrolle sind die tatsächlichen Verhältnisse, die der Behörde im Zeitpunkt der letzten Verwaltungsentscheidung – hier der Beschwerdeentscheidung der vorgesetzten Kirchenbehörde – bekannt waren oder hätten bekannt sein müssen (BFH-Urteil vom 26. 3. 1991 – VII R 66/90 – BFHE 164, 7, BStBl. II 1991, 545). Nicht zu entscheiden hat der Senat die Frage, ob auch eine andere, für die Kläger günstigere Entscheidung rechtlich vertretbar gewesen wäre.

Die Kläger haben den vom Kirchensteueramt zugesandten Erlaßfragebogen zur Prüfung ihrer wirtschaftlichen Verhältnisse unbeantwortet gelassen und ihren Erlaßantrag ausschließlich auf den Gesichtspunkt der sachlichen Unbilligkeit gestützt. Insofern hat der Beklagte seine Prüfung des begehrten (Teil-)Erlasses von Kirchensteuer – mangels Anhaltspunkten für einen Erlaß aus persönlichen (wirtschaftlichen) Gründen – zu Recht auf die geltend gemachte sachliche Unbilligkeit beschränkt und diese im Ergebnis zutreffend verneint.

Ein Erlaß aus sachlichen Billigkeitsgründen nach §§ 163, 227 AO ist geboten, wenn der Sachverhalt zwar den gesetzlichen Tatbestand erfüllt, die Besteuerung aber dem Gesetzeszweck zuwiderläuft. Einen solchen Überhang des Gesetzes über die Wertungen des Gesetzgebers hat der BFH beispielsweise in seinem Urteil vom 29. 8. 1991 – V R 78/86 – (BFHE 165, 178, BStBl. II 1991, 906) festgestellt und im konkreten Fall die Erhebung der vollen Säumniszuschläge nach § 240 Abs. 1 Satz 4 AO als unbillige Härte angesehen. Im vorliegenden Streitfall ist hingegen für die Anwendung der §§ 163, 227 AO kein Raum. Denn der Gesetzgeber hat die bei Veräußerungsgewinnen von ihm gewollte steuerliche Vergünstigung in § 34 EStG in Form des ermäßigten Steuersatzes verankert, und das BayKiStG verweist in Art. 18 allgemein auf die Vorschriften der AO, ohne selbst zusätzliche kirchenspezifische Billigkeitsgründe zu nennen. Nach der ständigen Rechtsprechung (BFH, BFHE 172, 237, BStBl. II 1994, 131) ist es nicht der Sinn der §§ 163, 227 AO, auf dem Wege der sachlichen Härte eine über den Willen des Gesetzgebers hinausgehende Steuerbefreiung oder -vergünstigung zu gewähren.

Auch die Frage, ob nicht der von den Klägern begehrte Erlaß – unabhängig von den Vorschriften der §§ 163 und 227 AO – aufgrund übergeordneter allgemeiner Rechtsgrundsätze gewährt werden muß, ist nach Ansicht des Senats mit Nein zu beantworten. Zwar zeigt das Ergebnis der vorgenommenen gerichtlichen Umfrage über die von den Kirchen geübte Kirchensteuer-Erlaßpraxis bei Veräußerungsgewinnen, daß das von Klägerseite als „Kronzeuge" benannte kath. Kirchensteueramt X ebenso wie andere kath. Kirchensteuerämter und auch die ganz überwiegende Mehrheit der ev. Landeskirchen in den Fällen des § 34 EStG einen zusätzlichen 50%igen Erlaß der Kirchensteuer – ohne Prüfung des § 227 AO – gewähren, es ergibt sich hieraus aber keine rechtliche Verpflichtung zu einer gleichen Verfahrensweise für den Beklagten. Die Diözese ... ist innerhalb ihrer regionalen Grenzen im Rahmen des BayKiStG und der für alle geltenden Gesetze (Art. 140 GG i. V. m. Art. 137 Abs. 3 WRV) autonomer Gesetzgeber, der aufgrund seiner gesetzgeberischen Gestaltungsfreiheit eigenständig über einen Erlaß bestimmen kann. Beschlüsse der Steuerkommissionen der beiden Kirchen sind Empfehlungen auf kirchenpolitischer Ebene, keine rechtlich verbindlichen Vorgaben, vergleichbar den Richtlinien, beispielsweise im Einkommen- oder Vermögensteuerrecht. Jede kath. Diözese (in Bayern verbirgt sich hinter jeder kath. Diözese ein kath. Kirchensteueramt) und jede ev. Landeskirche (die in Bayern – seit 1. 2. 1995 – für neun nachgeordnete und damit weisungsgebundene ev. Kirchensteuerämter spricht) entscheidet in eigener Zuständigkeit, ob sie einer solchen gemeinsamen Empfehlung folgt oder nicht. Zwar führen unterschiedliche Erlaßregelungen zwischen verschiedenen Diözesen oder zwischen der kath. Diözese einerseits und der ev. Landeskirche andererseits – besonders kraß in einer konfessionsverschiedenen Ehe – zu für den (betroffenen) Bürger unbefriedigenden, ja unverständlichen Ergebnissen, eine Verletzung des Grundrechtes auf Gleichbehandlung nach Art. 3 Abs. 1 GG ist hierin jedoch nicht zu sehen. Denn nach der ständigen Rechtsprechung des BVerfG kann die Verfassungsmäßigkeit eines Landesgesetzes grundsätzlich nicht deshalb in Zweifel gezogen werden, weil es von verwandten Regelungen anderer Länder oder des Bundes abweicht; das gleiche müsse für das Fehlen eines Landesgesetzes gelten. Nur in seinem eigenen Herrschaftsbereich sei der Landesgesetzgeber – und dies gilt nach Auffassung des Schutzes für jeden autonomen Gesetz- und Verordnungsgeber – gehalten, den Gleichheitsgrundsatz zu wahren (BVerfG-Beschluß vom 29. 10. 1969 – 1 BvR 65/68 – BVerfGE 27, 175).

Schließlich läßt sich nach Ansicht des Senats aus der – zum Teil seit Jahrzehnten – geübten Erlaßpraxis anderer kath. Diözesen und ev. Landeskirchen auch kein Gewohnheitsrecht herleiten, welches die beklagte Diözese zwingen könnte, eine entsprechende Handhabung des Erlasses bei Veräußerungsgewinnen im Billigkeitswege einzuführen. Denn wie das Umfrageergebnis zeigt, gibt es zwar eine mehrheitliche Erlaßpraxis der Kirchen in Deutschland, keineswegs aber eine einheitliche Erlaßpraxis, aus der allein der Beklagte ausscheren würde.

9

Kosten für eine Konfirmationsfeier sind unterhaltsrechtlich nicht als Sonderbedarf (§ 1613 Abs. 2 Satz 1 BGB), sondern als sonstiger Bedarf (§ 1610 Abs. 2 BGB) anzusehen.

OLG Karlsruhe, Beschluß vom 8. Februar 1995 – 5 WF 35/94[1] –

Aus den Gründen:

Der Antragsteller hat gemäß §§ 1601 ff., 1610 Abs. 2 BGB Anspruch auf Zahlung der Konfirmationskosten in der geltend gemachten Höhe. Der dem minderjährigen Antragsteller gegenüber gesteigert barunterhaltspflichtige Antragsgegner hat zumindest die Hälfte der anläßlich der Konfirmation entstandenen Baraufwendungen zu erstatten. Nach § 1610 Abs. 2 BGB umfaßt der Unterhalt den gesamten Lebensbedarf des Berechtigten, somit auch die Aufwendungen, die anläßlich einer derartigen Familienfeier entstehen. Insbesondere handelt es sich entgegen der Ansicht des Familiengerichts nicht um eine Feierlichkeit, die nur in den Verantwortungsbereich der Mutter des Antragstellers fällt. Kommunions-, Konfirmations- und sonstige Familienfeste betreffen unmittelbar die Person, die im Mittelpunkt der Feierlichkeit steht. Das ist hier der Konfirmand, so daß die angefallenen Baraufwendungen ihm selbst zuzurechnen sind. Allerdings geht auch der Senat davon aus, daß es sich deswegen um keinen Sonderbedarf handelt, weil die Feierlichkeit schon längere Zeit zuvor den Beteiligten bekannt war und der Bedarf weder überraschend noch der Höhe nach unabschätzbar aufgetreten ist. Daß es sich um keinen Sonderbedarf handelt, ändert nichts daran, daß es ein sonstiger Barbedarf i. S. des § 1610 Abs. 2 BGB ist. Die Kosten derartiger Familienfeste gehören zum laufenden Unterhalt, der grundsätzlich so zu bemessen ist, daß sämtliche voraussehbaren Ausgaben abgedeckt werden und bei größeren voraussehbaren Ausgaben genügend Spielraum für eine vernünftige Planung verbleibt (so OLG Hamm, FamRZ 1991, 110[2]; Heiß/Heiß, Unterhaltsrecht, S. 3.80). Es handelt sich somit um vorhersehbare Baraufwendungen, die der Unterhaltspflichtige rechtzeitig durch Rücklagen abzudecken hat. Dies gilt im vorliegenden Fall um so mehr, als die Mutter des Antragstellers bereits Ende 1991 den barunterhaltspflichtigen Vater auf die alsbald entstehenden Kosten hingewiesen, sie der Höhe nach konkret umrissen und den Antragsteller auf seine unterhaltsrechtliche Einstandspflicht verwiesen hat. Der Antragsgegner

---

[1] FamRZ 1995, 1009. Nur LS: Der Amtsvormund 1995, 1168; AkKR 164 (1995), 233.
[2] KirchE 28, 219.

hätte daher vom Zeitpunkt seiner Unterrichtung an monatliche Rücklagen bilden können und müssen, um die geltend gemachten hälftigen Kosten erstatten zu können. Hierzu war der Antragsgegner auch wirtschaftlich in der Lage. *(wird ausgeführt)*

Der Antragsgegner kann auch nicht einwenden, die Mutter des Antragstellers hätte entsprechende Rücklagen bilden müssen. Er verkennt, daß diese nicht barunterhaltspflichtig ist, sondern ihre Unterhaltsverpflichtung gegenüber dem minderjährigen unverheirateten Kind durch die Pflege und Erziehung des Kindes erfüllt. Die Naturalunterhaltsleistung ist der Barunterhaltspflicht gegenüber gleichwertig (§ 1606 Abs. 3 S. 2 BGB). Im übrigen belief sich das Einkommen der Mutter auf monatlich 2162 DM, wie sich aus ihrem amtlichen Prozeßkostenhilfe-Vordruck ergibt. Beteiligt sie sich trotzdem zur Hälfte an den Konfirmationskosten, so kommt sie dem Antragsgegner sehr entgegen.

Der Antragsgegner kann sich auch nicht darauf berufen, entsprechende Rücklagen wären aus seinem monatlich gezahlten Barunterhalt von 335 DM zu entnehmen. Der nach der Düsseldorfer Tabelle ermittelte Unterhaltsbetrag enthält derartige Rücklagen nicht. Vielmehr dient er der aktuellen Deckung der monatlich anfallenden primären Lebensbedürfnisse (Essen, Wohnen etc.) und enthält keine Bestandteile für etwaige Familienfeste, zumal diese bei allen Unterhaltsberechtigten auch in ganz unterschiedlichem Maße anfallen und damit im Rahmen der Tabellensätze nicht vorausplanend einbezogen werden können. Deshalb muß der barunterhaltspflichtige Vater zusätzliche Rücklagen schaffen, wenn er – wie hier – auf die in absehbarer Zeit entstehenden Kosten hingewiesen und zu ihrer Zahlung aufgefordert wird. Dem Antragsteller steht daher der geltend gemachte Baranspruch zu, so daß ihm hierfür Prozeßkostenhilfe zu bewilligen ist.

10

1. Für die Frage, ob mit der Abgabe von Waren oder der Erbringung von Dienstleistungen der Betrieb eines stehenden Gewerbes angefangen wird (§ 14 GewO), kommt es nicht auf den damit verfolgten Zweck an; dies gilt auch dann, wenn nach dem Selbstverständnis des Handelnden religiöse oder weltanschauliche Ziele verfolgt werden.
2. Tritt eine Religions- oder Weltanschauungsgemeinschaft nach außen wirtschaftlich werbend auf und verfolgt sie damit eine religiöse oder weltanschauliche Zielsetzung, muß das Grundrecht des Art. 4 GG mit unter Umständen gegenläufigen Rechtsgütern anderer, insbesondere Grundrechten Dritter, in Einklang gebracht werden. Eine solche

Betätigung einer Religions- oder Weltanschauungsgemeinschaft darf bezüglich der Verpflichtung zur – wertneutralen und die religiöse Betätigung nicht oder doch nicht nennenswert beeinträchtigenden – Gewerbeanmeldung in den gewerberechtlichen Ordnungsrahmen eingebunden werden.

3. Beteiligte eines Verwaltungsprozesses sind grundsätzlich verpflichtet, bei der Erforschung des Sachverhalts mitzuwirken. Eine Verweigerung darf nicht zu Lasten des Beteiligten gewertet werden, wenn die Mitwirkung unzumutbar ist. Grenzen der Zumutbarkeit können für Religions- oder Weltanschauungsgemeinschaften aus Art. 4 GG und Art. 140 GG i. V. m. Art. 137 WRV folgen. Es ist nicht unzumutbar, in einem Verfahren, das die Anfechtung einer Aufforderung zur Gewerbeanmeldung betrifft, Zahlenwerke über die wirtschaftlichen Ergebnisse einer nach außen gerichteten, werbenden Tätigkeit zu offenbaren, auch wenn diese nach dem Selbstverständnis des Handelnden Religionsausübung ist.

Art. 1, 2, 4, 14 GG; §§ 1, 14 GewO, 86 VwGO
BVerwG, Beschluß vom 16. Februar 1995 – 1 B 205.93[1] –

Der Kläger, die Scientology Kirche Hamburg e. V., wendet sich gegen die mit dem angefochtenen Bescheid ergangene Aufforderung der Beklagten, den Verkauf von Büchern, Broschüren und sog. Elektrometern sowie die entgeltliche Durchführung von Kursen und Seminaren als Gewerbe im Sinne von § 14 GewO anzuzeigen. Der Kläger bestreitet die Anzeigepflicht im wesentlichen mit der Begründung, daß es sich bei der vorgenannten Betätigung um Religionsausübung handele. Das Verwaltungsgericht und das Oberverwaltungsgericht Hamburg (KirchE 31, 235) haben die gegen den Bescheid des Beklagten gerichtete Klage abgewiesen. Die Nichtzulassungsbeschwerde wurde ebenfalls zurückgewiesen.

Aus den Gründen:

Die Beschwerde des Klägers gegen die Nichtzulassung der Revision blieb erfolglos.

1. Nach § 132 Abs. 2 VwGO kann die Revision nur zugelassen werden, wenn die Rechtssache grundsätzliche Bedeutung hat oder das Berufungsurteil

---

[1] Amtl. Leitsätze. JZ 1995, 949; JuS 1995, 843; DVBl. 1995, 804; NVwZ 1995, 473; Buchholz 451.20 § 14 Nr. 6; GewArch. 1995, 152; ZIP 1995, 563; AkKR 164 (1995), 212; ZevKR 40 (1995), 368. Nur LS: NJW 1995, 1850. In Tenor und Entscheidungsgründen inhaltlich identisch BVerwG, Beschluß vom 16. 2. 1995 – 1 B 206.93 – unv. – zu OVG Hamburg, Urteil vom 6. 7. 1993 – Bf 2/92 –; vgl. OVG Hamburg KirchE 31, 236 Anm. 1. Vgl. zu diesem Fragenkreis auch OVG Bremen NVwZ-RR 1997, 408.

von einer Entscheidung des Bundesverwaltungsgerichts, des Gemeinsamen Senats der obersten Gerichtshöfe des Bundes oder des Bundesverfassungsgerichts abweicht und auf dieser Abweichung beruht oder ein Verfahrensmangel geltend gemacht wird und vorliegt, auf dem das Berufungsurteil beruhen kann. Wird wie hier die Nichtzulassung der Revision mit der Beschwerde angegriffen, muß in der Beschwerdebegründung die grundsätzliche Bedeutung der Rechtssache dargelegt oder die Entscheidung, von der das Urteil des Berufungsgerichts abweicht, oder der Verfahrensmangel bezeichnet werden (§ 133 Abs. 3 Satz 3 VwGO). Die Prüfung des beschließenden Senats ist demgemäß auf fristgerecht vorgetragene Beschwerdegründe beschränkt. Diese können durch nachfolgende Schriftsätze oder Rechtsgutachten nur erläutert oder verdeutlicht werden.

Die geltend gemachten Revisionszulassungsgründe liegen nicht vor.

2. Die Rüge, es lägen Verfahrensmängel i. S. des § 132 Abs. 2 Nr. 3 VwGO vor, greift nicht durch. Der Kläger ist der Auffassung, das Berufungsgericht habe seine Aufklärungs- und Hinweispflicht verletzt, „indem es die Frage einer eventuellen Verwendung des Gewinns nicht näher aufgeklärt und auch aus der Nichtvorlage der Bilanzen ohne weiteres negative Schlüsse gezogen hat, ohne zumindest den Kläger auf die von ihm in Erwägung gezogenen negativen Schlüsse hinreichend deutlich hinzuweisen".

Auf die Frage der eventuellen Verwendung des Gewinns kam es für das Berufungsgericht nicht an. Ihm kann deshalb nicht der Vorwurf gemacht werden, hierzu keine Aufklärung betrieben zu haben. Für das Berufungsgericht war allein entscheidungserheblich, ob die Aktivitäten des Klägers mit Gewinnerzielungsabsicht vorgenommen werden. Die nach seiner materiellrechtlichen Rechtsauffassung gebotene Aufklärung des Sachverhalts hat das Berufungsgericht eingehend vorgenommen.

Ein Verfahrensmangel liegt auch nicht darin, daß das Gericht aus der Nichtvorlage der Bilanzen „negative Schlüsse" hinsichtlich der Gewinnerzielungsabsicht gezogen hat. Das Berufungsgericht hatte dem Kläger aufgegeben, Bilanzen sowie Gewinn- und Verlustrechnungen für die Jahre 1985 bis 1992 vorzulegen. Die Gewinnsituation war Gegenstand des Beweisbeschlusses vom 23. 3. 1993. Daß es unter diesen Umständen für das Berufungsgericht hinsichtlich der Gewinnerzielungsabsicht auf die Bilanzen ankommen könnte, mußte sich dem anwaltlich vertretenen Kläger aufdrängen. *(wird ausgeführt)* Überdies hat das Berufungsgericht seine Überzeugung von dem Vorliegen der Gewinnerzielungsabsicht nicht allein aus der Nichtvorlage der genannten Unterlagen gewonnen, sondern auch darauf abgehoben, daß bereits die dem Gericht bekanntgewordenen Tatsachen die Annahme einer auf Gewinnerzielung ausgerichteten gewerblichen Betätigung rechtfertigen. Insoweit wird ein Revisionszulassungsgrund nicht geltend gemacht. Wenn das Gericht wie im vorliegenden Falle seine Entscheidung auf mehrere je selbständig tragende Gründe stützt, genügt die Beschwerde nur dann den Darlegungsanforderungen i. S. des § 133 Abs. 3 Satz 3 VwGO, wenn in bezug auf jeden dieser Gründe ein Zulassungsgrund geltend gemacht wird (Beschluß vom 15. 6. 1990 – BVerwG 1 B 92.90 – Buchholz 11 Art. 116 GG Nr. 20). Daran fehlt es hier.

Der mit der Verfahrensrüge zugleich geltend gemachte Revisionszulassungsgrund der grundsätzlichen Bedeutung der Rechtssache liegt nicht vor, wie sich aus den nachfolgenden Erwägungen ergibt (vgl. nachstehend unter 4 f.).

3. Mit der Beschwerde wird ferner eine Abweichung von der Rechtsprechung i. S. des § 132 Abs. 2 Nr. 2 VwGO gerügt. Eine solche Abweichung liegt nur vor, wenn das Berufungsgericht in Anwendung derselben Rechtsvorschrift mit einem seine Entscheidung tragenden (abstrakten) Rechtssatz von einem ebensolchen Rechtssatz einer Entscheidung des Bundesverwaltungsgerichts, des Gemeinsamen Senats der obersten Gerichtshöfe des Bundes oder des Bundesverfassungsgerichts abgerückt ist. Dies legt die Beschwerde nicht in einer den Anforderungen des § 133 Abs. 3 Satz 3 VwGO genügenden Weise dar.

Der Kläger macht geltend, das Berufungsurteil weiche hinsichtlich der Beurteilung seiner Betätigung „als Religionsgemeinschaft" von den Urteilen des Bundesverwaltungsgerichts vom 14. 8. 1992[2] – BVerwG 8 C 67.91 – (BVerwGE 90, 320 [325]) und vom 27. 3. 1992[3] – BVerwG 7 C 21.90 – (BVerwGE 90, 112) insoweit ab, „als es allein auf die (vom OVG angenommene) Gewinnabsicht abstellt, den religiösen Gehalt der in Frage stehenden Leistungen aber völlig unberücksichtigt läßt und nicht einmal die Frage stellt, ob eine etwaige wirtschaftliche Betätigung nicht eher unbedeutend ist im Verhältnis zur spezifisch religiösen Betätigung." Damit wird kein die Entscheidung des Berufungsgerichts tragender abstrakter Rechtssatz wiedergegeben und einem ebensolchen Rechtssatz einer der angeführten Entscheidungen des Bundesverwaltungsgerichts gegenübergestellt, sondern nur die Rechtsanwendung des Berufungsgerichts kritisiert. Zudem befassen sich die angeführten Entscheidungen des Bundesverwaltungsgerichts nicht mit der Anwendung des § 14 GewO auf Religionsgemeinschaften. Sie sind insoweit nicht in Anwendung hier maßgebender Rechtsnormen ergangen. Unter diesen Umständen ist für eine Divergenz nichts vorgetragen oder sonst ersichtlich.

Soweit der Kläger der Ansicht ist, die gerügte Abweichung von der Rechtsprechung des Bundesverwaltungsgerichts verleihe der Rechtssache zugleich

---

[2] KirchE 30, 329.
[3] KirchE 30, 151.

grundsätzliche Bedeutung, führt sein Vorbringen ebenfalls nicht auf einen Revisionszulassungsgrund; dies ergeben die nachfolgenden Ausführungen.

4. Die Rechtssache hat nicht die ihr vom Kläger beigemessene grundsätzliche Bedeutung (§ 132 Abs. 2 Nr. 1 VwGO). Grundsätzliche Bedeutung kommt einer Rechtssache nur zu, wenn sie eine für die erstrebte Revisionsentscheidung erhebliche Rechtsfrage aufwirft, die im Interesse der Einheit oder der Fortbildung des Rechts revisionsgerichtlicher Klärung bedarf. Das Darlegungserfordernis des § 133 Abs. 3 Satz 3 VwGO verlangt in diesem Zusammenhang die Bezeichnung einer konkreten Rechtsfrage, die für die Revisionsentscheidung erheblich sein wird, und einen Hinweis auf den Grund, der ihre Anerkennung als grundsätzlich bedeutsam rechtfertigen soll. Die Beschwerde muß daher erläutern, daß und inwiefern die Revisionsentscheidung zur Klärung einer bisher revisionsgerichtlich nicht beantworteten fallübergreifenden Rechtsfrage führen kann.

Die von dem Kläger geltend gemachten Gründe rechtfertigen die Annahme einer grundsätzlichen Bedeutung nicht.

a) Der Kläger hält zunächst die Frage für grundsätzlich klärungsbedürftig, ob „bereits der Umstand, daß Güter oder Leistungen gegen Entgelt, das möglicherweise die Selbstkosten übersteigt, an Mitglieder einer Vereinigung oder allenfalls auch an Dritte abgegeben werden, eine Tätigkeit zur gewerblichen im Sinne von § 1 und § 14 GewO macht, oder ob insoweit auch auf den Zweck der Abgabe bzw. der Leistungen abgestellt werden muß, dergestalt, wenn der Zweck ausschließlich unmittelbar oder jedenfalls primär der Religionsausübung dient, nämlich der Erreichung ‚höherer Bewußtseins- oder Erlösungsstufen' ... im Sinn des Selbstverständnisses einer Religionsgemeinschaft, eine gewerbliche Betätigung im Sinne der GewO nicht mehr als gegeben anzusehen ist".

Diese Frage kann bereits auf der Grundlage der bisherigen Rechtsprechung dahin beantwortet werden, daß der mit der Abgabe von Waren oder mit Dienstleistungen verbundene Zweck als solcher für die gewerberechtliche Beurteilung im Rahmen der hier allein in Rede stehenden Anwendung des § 14 GewO unerheblich ist.

Nach der ständigen Rechtsprechung des Bundesverwaltungsgerichts ist Gewerbe im Sinne des Gewerberechts jede nicht sozial unwertige, auf Gewinnerzielung gerichtete und auf Dauer angelegte selbständige Tätigkeit, ausgenommen Urproduktion, freie Berufe (freie wissenschaftliche, künstlerische und schriftstellerische Tätigkeit höherer Art sowie persönliche Dienstleistungen, die eine höhere Bildung erfordern) und bloße Verwaltung und Nutzung eigenen Vermögens (Urteil vom 26. 1. 1993 – BVerwG 1 C 25.91 – Buchholz 451.20 § 14 GewO Nr. 5 = GewArch. 1993, 196). Die gewerberechtliche Einbindung einer Tätigkeit bezweckt den Schutz der Allgemeinheit oder einzelner gegen Gefahren, erhebliche Nachteile und erhebliche Belästigungen, die erfahrungsgemäß durch bestimmte wirtschaftliche Betätigungen herbeigeführt werden können. Auf die mit diesen unter Umständen verbundene weitergehende Zweckverfolgung kann es hinsichtlich der gewerberechtlichen Einordnung grundsätzlich nicht ankommen, weil diese für die Verfolgung der Schutzzwecke ohne Erheblichkeit ist. Namentlich verliert eine im dargelegten Sinne gewerbliche Betätigung ihre diesbezügliche Eigenschaft nicht dadurch, daß sie nach dem Selbstverständnis des Betreibers eine religiöse oder weltanschauliche Zielsetzung verfolgt. Liegt eine solche Zielsetzung vor, was im Streitfall die staatlichen Organe festzustellen haben (vgl. BVerfGE 83, 341 [353] [4]), unterfällt allerdings auch eine wirtschaftliche Betätigung, die der Beschaffung der Mittel für eine Religions- oder Weltanschauungsgemeinschaft dienen soll, grundsätzlich dem Schutz des Art. 4 GG. Dieser kann indessen nicht isoliert gesehen werden. Soweit eine Religions- oder Weltanschauungsgemeinschaft nach außen im wirtschaftlichen Sinne werbend in Erscheinung tritt, muß vielmehr das Grundrecht des Art. 4 GG mit den unter Umständen in der Zielsetzung gegenläufigen Rechtsgütern anderer, insbesondere den Grundrechten Dritter, etwa aus Art. 1, 2 und 14 GG, in Einklang gebracht werden. Die Berufung auf Art. 4 GG rechtfertigt keine Beeinträchtigung gleichwertiger Rechtsgüter. Da die Grundrechte aller, also sowohl der Religions- oder Weltanschauungsgemeinschaften als auch der von diesen angesprochenen Personen zu schützen sind, muß ein dem Grundsatz der Verhältnismäßigkeit genügender Ausgleich hergestellt werden. Auch Religions- und Weltanschauungsgemeinschaften sind insoweit an die verfassungsmäßige Ordnung gebunden. Dies schließt es ein, daß die jeweils einschlägigen allgemeinen Gesetze – in einer die Grundrechte des Art. 4 GG möglichst schonenden Weise – anzuwenden sind, wie das Bundesverwaltungsgericht bereits klargestellt hat (vgl. BVerwGE 90, 112 [117 f.] [5]). Einen weitergehenden Klärungsbedarf zeigt die Beschwerde hierzu nicht auf; Besonderheiten des Einzelfalles rechtfertigen ohnehin nicht die Zulassung der Grundsatzrevision.

b) Die vom Kläger gestellte Frage, ob die von ihm „angebotenen Kurse und Seminare, wie sie in ähnlicher, zum Teil sogar religionsfernerer Weise ... von allen Religionsgemeinschaften angeboten werden, und zwar grundsätzlich gegen Entgelt, gewerbliche Tätigkeit i. S. von §§ 1, 14 GewO sein können", obwohl es sich „um höhere Tätigkeiten handelt, die nach allgemeiner Auffassung sonst nicht als Gewerbe im Sinne der Gewerbeordnung angesehen werden", führt ebenfalls nicht auf eine fallübergreifende Problematik, die noch

---

[4] KirchE 29, 9.
[5] KirchE 30, 151.

grundsätzlicher Klärung bedürfte. Es ist vielmehr bereits rechtsgrundsätzlich entschieden, daß freie Berufe (freie wissenschaftliche, künstlerische und schriftstellerische Tätigkeit höherer Art sowie persönliche Dienstleistungen, die eine höhere Bildung erfordern) nicht unter den Gewerbebegriff fallen (Urteil vom 26. 1. 1993, aaO). Ob der Kläger eine solche Tätigkeit ausübt, ist keine grundsätzliche Rechtsfrage, sondern eine solche der Würdigung des konkreten Sachverhalts. Das Berufungsgericht hat nicht festgestellt, daß der Kläger in dem dargelegten Sinn einen „freien Beruf" ausübt, insbesondere auch nicht, daß er mit seinen Kursen Dienstleistungen höherer Art erbringt, die grundsätzlich ein abgeschlossenes Hochschul- und Fachhochschulstudium voraussetzen (Urteil vom 1. 7. 1987 – BVerwG 1 C 25.85 – Buchholz 451.20 § 14 GewO Nr. 4). Der Umstand, daß in den Kursen möglicherweise „Unterricht" stattfindet, könnte die Anwendung des § 14 GewO nur ausschließen, wenn es sich dabei um eine Betätigung im Unterrichtswesen i. S. des § 6 Satz 1 GewO handelte. Insoweit ist grundsätzlich geklärt, daß damit Unterrichtsveranstaltungen aller Art gemeint sind, soweit sie landesgesetzlich geregelt sind (Urteil vom 1. 7. 1987, aaO). Dies hat das Berufungsgericht nicht festgestellt. Weitergehenden Klärungsbedarf macht die Beschwerde hierzu nicht ersichtlich.

c) In einem künftigen Revisionsverfahren könnte auch nicht die von dem Kläger gestellte Frage, „ob die Erzielung von Gewinnen (Überschüssen) in einzelnen Jahren allgemein und speziell bei einer Religionsgesellschaft schon die Gewerbsmäßigkeit der jeweiligen Tätigkeiten, bei denen die Überschüsse sich ergeben, zwingend belegt", beantwortet werden. Diese Frage war für das Berufungsgericht nicht entscheidungserheblich. Das Oberverwaltungsgericht ist nämlich in Einklang mit der Rechtsprechung des beschließenden Senats von der Rechtsansicht ausgegangen, daß zum Gewerbebegriff eine „auf Gewinnerzielung gerichtete" Tätigkeit gehört. Ein tatsächlich erzielter Gewinn ist dafür nicht Voraussetzung, auch nicht ein Gewinn in einzelnen Jahren. Das Berufungsgericht hat aus dem Ergebnis seiner Ermittlungen den Schluß gezogen, daß es dem Kläger über die Absicht, „Seelen zu fangen" hinaus darauf ankommt, „Gewinn zu erzielen". Dafür hat es – neben anderen Momenten – als Indiz die nach den Bilanzen zum 31. 12. 1980 und zum 31. 12. 1981 erzielten Gewinne angeführt. Es hat diese dabei auch unter Berücksichtigung des Vortrags des Klägers, er habe „insgesamt keine Gewinne" erzielt, in einen Gesamtzusammenhang gestellt und dabei die Überzeugung gewonnen, daß eine Gewinnerzielungsabsicht vorliegt. Das ist eine Frage der Würdigung des Sachverhalts im Einzelfall, die keine übergreifende Problematik erkennen läßt.

d) Nicht klärungsbedürftig ist auch die weitere von dem Kläger aufgeworfene Frage, „ob bei einer Religionsgemeinschaft selbst die Absicht – diese einmal unterstellt – in einigen Bereichen Überschüsse zu erzielen, damit die allgemeinen Unkosten der notwendigen Organisation, für die andere nennenswerte Finanzquellen nicht zur Verfügung stehen ..., zu decken, als Gewinnerzielungsabsicht im Sinne der Gewerbeordnung angesehen werden kann". Diese Fragestellung geht von einem durch das Berufungsgericht nicht festgestellten Sachverhalt aus. Das Berufungsgericht hat nach den mit begründeten Verfahrensrügen nicht angegriffenen Feststellungen angenommen, daß es dem Kläger nicht nur um die Deckung seiner Ausgaben geht, sondern auch um die Erzielung von Gewinnen. Schon deshalb kann sich die von dem Kläger außerdem angeschnittene Problematik, ob Gewinne und Verluste saldiert werden können, nicht stellen, weil selbst die Zulässigkeit einer solchen internen Aufrechnung von Gewinnen und Verlusten nach den Feststellungen des Berufungsgerichts die Gewinnerzielungsabsicht des Klägers unberührt ließe. Bereits danach ermöglichen die aufgeworfenen Fragen nicht die Zulassung der Grundsatzrevision.

Davon abgesehen hat sich das Berufungsgericht, ohne daß dies in einem Revisionsverfahren erst geklärt werden müßte, zu Recht auf den Standpunkt gestellt, daß bei Prüfung des Vorliegens einer gewerblichen Tätigkeit eine Saldierung im Sinne der klägerischen Fragestellung nicht erfolgen kann. Für eine gewerbliche Tätigkeit ist die Gewinnverwendung irrelevant. Daraus folgt, daß bei verbundenen Tätigkeiten die jeweils in Betracht kommende auf ihre gewerberechtliche Zuordnung zu prüfen ist, eine Saldierung von Gewinn und Verlust in verschiedenen Bereichen wäre bereits eine Berücksichtigung der Gewinnverwendung (so zutreffend Friauf, GewO, Stand Februar 1989, § 1 Rdnr. 45 ff.). Dies gilt auch bei einem eingetragenen Verein, der nach seinem Selbstverständnis eine Religionsgemeinschaft ist. Unbeschadet des Umstandes, daß die Eintragung des Klägers in das Vereinsregister gem. § 21 BGB voraussetzt, daß sein Zweck nicht auf einen wirtschaftlichen Geschäftsbetrieb gerichtet ist, kann auch ein eingetragener Verein je nach den Umständen gewerbsmäßig tätig sein. Stellt der eingetragene Verein eine Religions- oder Weltanschauungsgemeinschaft dar, muß dieser Umstand unter Berücksichtigung des Art. 4 GG in die Beurteilung des Gesamtbildes der Betätigung einfließen. Allein die Verwendung der durch wirtschaftliche Betätigung erzielten Mittel für religiöse oder weltanschauliche Zwecke ändert aber an dem Charakter dieser Betätigung als solcher nichts. Der Hinweis darauf, daß bei Religionsgemeinschaften „Entgelte immer und notwendig auch Kirchenbeitrag" seien, mag zwar in einem sehr weiten Verständnis zutreffend sein, führt aber in dem gegebenen Zusammenhang nicht weiter, der ausschließlich die Art der Beschaffung der finanziellen Mittel betrifft. Die Entscheidungsfreiheit des Klägers über die Art der Beschaffung seiner Mittel wird durch die wertneutrale Pflicht zur Anzeige nach § 14 Abs. 1 GewO, um die es hier allein geht, nicht in Frage gestellt.

e) Der Kläger möchte des weiteren grundsätzlich geklärt wissen, „ob es mit dem verfassungsrechtlichen Schutz der Religionsgemeinschaften ... vereinbar ist, wenn das Gericht annimmt, daß Tätigkeiten, die der Religionsausübung dienen, zugleich auch als gewerbliche Tätigkeiten im Sinn (von) § 1 und § 14 GewO angesehen werden könnten". Die Bewertung des Verkaufs von Büchern, Broschüren sowie der sog. Elektrometer und die Durchführung von Kursen und Seminaren durch den Kläger als gewerbliche Tätigkeiten selbst dann, wenn sie der Religionsausübung dienen sollten, wirft keine grundsätzlich klärungsbedürftige Frage auf. Das Verhältnis des Schutzes des Grundrechts aus Art. 4 GG zu den die wirtschaftliche Betätigung regelnden allgemeinen Gesetzen ist nämlich dahin geklärt, daß der Schutz des Art. 4 GG im Prinzip erhalten bleibt, jedoch insoweit zurückgedrängt wird, als dies zum Schutz kollidierender Rechtsgüter anderer erforderlich ist (BVerwGE 90, 112 [118][6]). Auch nach Auffassung des beschließenden Senats entscheidet eine Religions- oder Weltanschauungsgemeinschaft grundsätzlich selbst darüber, in welcher Weise sie ihre Finanzverhältnisse gestaltet. Selbst wenn die geschäftlichen Interessen die sonstigen Aktivitäten überwiegen, rechtfertigt dies nicht die Versagung des Grundrechtsschutzes aus Art. 4 GG. Gefahren, die mit einer (auch) wirtschaftlichen Betätigung solcher Gemeinschaften verbunden sein können, sind nicht mit einer einschränkenden Definition des Grundrechtstatbestandes, sondern in der Weise zu bewältigen, daß die für die betreffende Betätigung einschlägigen allgemeinen Gesetze in der bereits oben erwähnten Weise angewendet werden. Nach diesen Maßstäben unterliegt es keinen grundsätzlichen Bedenken, daß die wirtschaftliche Betätigung des Klägers jedenfalls bezüglich der Verpflichtung zur – wertneutralen und die religiöse Betätigung des Klägers übrigens nicht oder doch nicht nennenswert beeinträchtigenden – Gewerbeanmeldung in den gewerberechtlichen Ordnungsrahmen eingebunden werden kann, auch wenn sie zugleich nach dem Selbstverständnis des Klägers Ausübung einer Religion ist. Eine solche Einbindung ermöglicht es den Gewerbeaufsichtsbehörden, ihren Aufgaben namentlich zum Schutz von Arbeitnehmern und Dritten im Wirtschaftsleben – freilich in der durch das Grundrecht des Art. 4 GG gebotenen Weise – nachzukommen.

f) Der Kläger wirft schließlich das Problem der Zumutbarkeit der Mitwirkungspflichten Beteiligter im gerichtlichen Verfahren auf und stellt insbesondere die Frage, „wann und in welchen Fällen das Gericht aus der Nichtoffen-

---

[6] KirchE 30, 151.

barung gemeinschaftsinterner Fakten, wie der Bilanzen, negative Schlüsse bei der Beweiswürdigung ziehen darf'. Auch diese Fragestellung rechtfertigt nicht die Zulassung der Grundsatzrevision. Es ist geklärt, daß die Beteiligten grundsätzlich verpflichtet sind, bei der Erforschung des Sachverhalts (§ 86 VwGO) mitzuwirken. Dies gilt in besonderem Maße für Tatsachen, die nur dem jeweiligen Beteiligten bekannt sind (BVerwGE 19, 87 [94]; Urteil vom 22. 3. 1983 – BVerwG 9 C 68.81 – Buchholz 402.24 § 28 AuslG Nr. 44). Kommen die Beteiligten dieser Pflicht nicht nach, obwohl ihnen ihre Erfüllung ohne weiteres möglich und zumutbar ist, kann dies zu einer Reduzierung der Anforderungen an die Aufklärungspflicht des Gerichts führen und negative Schlüsse zulassen (BVerwGE 74, 222 [223 f.]). Darüber muß der nicht anwaltlich vertretene Beteiligte (nur) belehrt werden, wenn er aufgrund besonderer Umstände des Falles ausnahmsweise nicht mit der Möglichkeit einer für ihn negativen Schlußfolgerung zu rechnen braucht (Urteil vom 26. 8. 1983 – BVerwG 8 C 76.80 – Buchholz 310 § 86 Abs. 1 VwGO Nr. 147). Das Gericht darf eine verweigerte Mitwirkung nicht zu Lasten eines Beteiligten werten, wenn die Mitwirkung nicht zumutbar war. Wann die Erfüllung einer Mitwirkungslast unzumutbar ist, läßt sich nicht in fallübergreifender Weise beantworten. Daß das Berufungsgericht im vorliegenden Fall die Mitwirkung des Klägers bei der Ermittlung des Sachverhalts durch Vorlage von Daten über die finanzielle Situation nicht für zumutbar erachtet hat, begegnet keinen bundesrechtlichen Bedenken. Zur Bestimmung der Grenzen der Zumutbarkeit ist bei dem Kläger als eingetragenem Verein nicht auf die Vorschriften des Bundesdatenschutzgesetzes abzustellen, das den Umgang mit personenbezogenen Daten betrifft, worunter Einzelangaben über persönliche oder sachliche Verhältnisse einer bestimmten oder bestimmbaren natürlichen Person zu verstehen sind, wie sich aus § 3 Abs. 1 BDSG ergibt. Grenzen der Zumutbarkeit könnten sich für den Kläger aus Art. 4 GG und Art. 140 GG i. V. m. Art. 137 WRV ergeben. Dabei ist auch hier zu unterstellen, daß dem Kläger diese Rechte zugute kommen können. Sie lassen es aber nicht als unzumutbar erscheinen, in einem Verfahren, das die Anfechtung einer Aufforderung zur Gewerbeanmeldung betrifft, die wirtschaftliche Betätigung betreffende Zahlenwerke zu offenbaren. Bilanzen sowie Gewinn- und Verlustrechnungen haben nicht unmittelbar die Religionsausübung zum Gegenstand, sondern betreffen die Finanzierung; sie dienen der Religionsausübung allenfalls mittelbar (vgl. dazu BVerfGE 19, 129 [133]). Ihre Offenbarung berührt auch nicht die verfassungsrechtlich gewährleistete Autonomie innerhalb der für alle geltenden Gesetze. Angesichts dessen greift die gerichtliche Aufforderung zur Vorlage der darüber bestehenden Unterlagen nicht in den Kern der Religionsausübung und die Religionsgesellschaften gewährleistete Autonomie ein. Die genannten Zahlenwerke spiegeln das Ergebnis einer nach außen gerichteten Betätigung des Klägers wider. Nach den Feststellungen des Berufungsgerichts wendet sich der Kläger auch an Nichtmitglieder und erzielt dadurch Einnahmen. Damit tritt er nach außen werbend in Erscheinung. Eine sich nach außen entfaltende Betätigung kann auf wirtschaftlichen Gewinn ausgerichtet sein. Darüber Feststellungen zu treffen, war nach der materiellrechtlichen Auffassung des Berufungsgerichts zur Gewährung des von dem Kläger nachgesuchten Rechtsschutzes notwendig. Besteht wegen einer sich nach außen entfaltenden entgeltlichen Betätigung Grund zu der Annahme, es könne ein Gewerbe ausgeübt werden, ist es nicht unzumutbar, daß das Ergebnis dieser Betätigung erforderlichenfalls vor Gericht dargelegt wird. So wenig die erwähnten Rechte, namentlich Art. 4 GG, davor schützen, daß staatliche Einrichtungen prüfen, ob eine Gemeinschaft eine Religions- oder Weltanschauungsgemeinschaft ist (BVerfGE 83, 341 [353]), so wenig stehen sie der Vorlage solcher Unterlagen in einem gerichtlichen Verfahren entgegen, die zur Beurteilung einer nach außen gerichteten, werbenden Tätigkeit einer solchen Organisation dienen.

11

Die Religionsbezeichnung „yezidisch" kann im Personenstandsregister eingetragen werden.

AG Gießen, Beschluß vom 24. Februar 1995 – 22 III 133/94[1] –

Aus den Gründen:

Das Ordnungsamt in G. als Standesamtsaufsicht hat beantragt, den (...) Heiratseintrag zu berichtigen. Es vertritt die Auffassung, die hier eingetragene yezidische Religionsbezeichnung der Eheleute sei unzulässig, da eine solche Religionsgemeinschaft (rechtlich) nicht bestehe. Dem sind die Eheleute E. entgegengetreten.

Der Antrag war zurückzuweisen. Daran, daß eine yezidische Religionsgemeinschaft als religiöse Minderheit besteht und eintragungsfähig ist, kann kein Zweifel bestehen. Angehörige dieser Glaubensgemeinschaft erhalten in der Bundesrepublik Deutschland wegen ihrer Zugehörigkeit zu dieser Religion Asyl. Selbst das Hessische Innenministerium hat in einem Runderlaß vom 1. 12. 1994 einen Abschiebestop türkischer Staatsangehöriger „yezidischen Glaubens" angeordnet. Zudem muß in konformer Anwendung des Art. 4 GG der Begriff der Religionsgemeinschaften weit ausgelegt werden.

---

[1] StAZ 1995, 240.

12

Zur Verletzteneigenschaft eines Fördervereins und von Angehörigen einer rechtlich nicht verfaßten Glaubensgemeinschaft i. S. des § 172 StPO sowie zu den inhaltlichen Anforderungen des Antrags auf gerichtliche Entscheidung gemäß § 172 Abs. 3 Satz 1 StPO.

§§ 130, 166, 187 StGB
OLG München, Beschluß vom 6. März 1995 – 2 Ws 1369/93 –

Die Antragsteller (Angehörige der Glaubensgemeinschaft N. N.) begehren die Strafverfolgung der Beschuldigten (Sektenbeauftragter der Ev.-Luth. Kirche in Bayern und Landeskirchenrat) wegen Volksverhetzung, Beschimpfung von Bekenntnissen und Verleumdung. Sie werfen dem beschuldigten Sektenbeauftragten vor, seit Dezember 1991 in Vorträgen, Zeitungsartikeln, Rundfunkgesprächen usw. schwerwiegende ehrenrührige und nicht durch konkrete Tatsachen belegte Angriffe gegen die Glaubensgemeinschaft N. N. geführt zu haben. Dieser Diffamierungskampagne gegen die Glaubensgemeinschaft sei der beschuldigte Landeskirchenrat nicht entgegengetreten, obwohl er als Vorgesetzter des Sektenbeauftragten dazu verpflichtet gewesen wäre. Er habe dadurch die mit den Äußerungen des Sektenbeauftragten verbundenen Folgen gebilligt.

Die Staatsanwaltschaft hat das Verfahren eingestellt. Der Beschwerde gegen die Einstellungsverfügung hat der Generalstaatsanwalt nicht entsprochen.

Der Klageerzwingungsantrag wurde als unzulässig verworfen.

Aus den Gründen:

Der Antrag (...) erweist sich aus der Reihe von Gründen als unzulässig.
1. Die Antragsteller zu 2–4 sind nicht Verletzte im Sinne des § 172 StPO. Verletzter im Sinne der genannten Vorschrift ist nur derjenige, der durch die behauptete Tat – ihre tatsächliche Begehung unterstellt – unmittelbar in einem Rechtsgut verletzt ist (Kleinknecht/Meyer/Goßner, StPO, 41. Aufl., § 172 Rdnr. 9 m. w. N.). Geschütztes Rechtsgut ist beim Vergehen der Volksverhetzung (§ 130 StGB) nach der ständigen Rechtsprechung des Senats (vgl. die Entscheidung vom 25. 3. 1985 – 2 Ws 242/85 – = NJW 1985, 2430) ausschließlich der öffentliche Frieden und nicht etwa die Menschenwürde des einzelnen, so daß Mitglieder einer Religions- oder Glaubensgemeinschaft oder eines sonstigen Bevölkerungsteils durch Tathandlungen der in § 130 StGB genannten Art nicht unmittelbar verletzt und somit auch nicht befugt sind, das Klageerzwingungsverfahren zu betreiben. Von dieser Rechtsprechung abzugehen, sieht der Senat auch im Hinblick auf die umfangreichen gegenteili-

gen Ausführungen (...) der Antragsschrift keine Veranlassung. Es kommt hinzu, daß auch in der Kommentarliteratur weitgehend lediglich eine allenfalls mittelbare Verletzung des einzelnen angenommen wird (vgl. LK-von Bubnoff, StGB, 10. Aufl., Rdnr. 1; Schönke/Schröder/Lenckner, StGB, 24. Aufl., Rdnr. 1; Dreher/Tröndle, StGB, 47. Aufl., Rdnr. 1 b je zu § 130; Kleinknecht/Meyer/Goßner, aaO, § 172 Rdnr. 12).

Auch hinsichtlich des Tatbestandes der Beschimpfung von Bekenntnissen (§ 166 StGB) ist der Senat angesichts des insoweit mit der Bestimmung des § 130 StGB übereinstimmenden Wortlauts („... in einer Weise ..., die geeignet ist, den öffentlichen Frieden zu stören") der Auffassung, daß alleiniges Schutzgut der öffentliche Frieden ist (ebenso LK-Dippel, Rdnr. 3 und 4; Schönke/Schröder/Lenckner, Rdnr. 1; Dreher/Tröndle, Rdnr. 1 je zu § 166) und daß demzufolge auch insoweit mangels Verletzteneigenschaft keiner der Antragsteller zu 2−4 befugt ist, das Klageerzwingungsverfahren zu betreiben.

2. Die mangelnde Verletzteneigenschaft des Antragstellers zu 1 ergibt sich daraus, daß der Verein dem Antrag zufolge „der Träger des Namens und gemeinnützige Förderer der rechtlich nicht verfaßten Glaubensgemeinschaft N. N." ist, somit lediglich die Interessen der Angehörigen dieser Glaubensgemeinschaft wahrnimmt und demzufolge allenfalls mittelbar betroffen ist (vgl. dazu OLG Karlsruhe, NJW 1986, 1276, [1277]).

3. Das den Beschuldigten zur Last gelegte Vergehen der Verleumdung (§ 187 StGB) ist ein Privatklagedelikt (§ 374 Abs. 1 Nr. 2 StPO), bei dem das Klageerzwingungsverfahren nach der ausdrücklichen Vorschrift des § 172 Abs. 2 Satz 3 StPO nicht stattfindet. Der Ausnahmefall, daß die angezeigte Tat im Sinne des § 264 StPO zugleich ein Offizialdelikt darstellt, durch das der Antragsteller *ebenfalls* verletzt ist, ist vorliegend − wie ausgeführt − nicht gegeben (vgl. dazu Kleinknecht/Meyer/Goßner, § 172 Rdnr. 2 a. E.).

4. Der Antrag entspricht nicht den sich aus § 172 Abs. 3 Satz 1 StPO ergebenden inhaltlichen Anforderungen. Nach dieser Bestimmung muß der Antrag auf gerichtliche Entscheidung die Tatsachen, welche die Erhebung der öffentlichen Klage begründen sollen, sowie die Beweismittel angeben. Das bedeutet, daß der Antragsteller eine in sich geschlossene und aus sich heraus verständliche Sachverhaltsdarstellung zu geben hat, die alle objektiven und subjektiven Tatbestandsmerkmale der Straftat enthält, derentwegen das Klageerzwingungsverfahren durchgeführt werden soll (vgl. KMR-Müller, StPO, 8. Aufl., § 172 Rdnr. 48), und zugleich angeben muß, wodurch der Beschuldigte der ihm angelasteten Straftaten überführt werden kann. Diesen Anforderungen wird die Antragsschrift vom 18. 11. 1993 nicht gerecht.

a) Die Tathandlungen des Beschuldigten A.

aa) Die Antragsteller legen dem Beschuldigten A. zur Last, in der Zeit ab Dezember 1991 als Sektenbeauftragter der evangelisch-lutherischen Landeskirche in Bayern in Vorträgen, Interviews, Zeitungsartikeln, Pressemitteilungen und Rundfunkgesprächen schwerwiegende ehrenrührige und nicht durch konkrete Tatsachen belegte Angriffe gegen N. N. geführt zu haben, die eine regelrechte Fernseh- und Rundfunkkampagne und Diffamierungswelle gegen die Glaubensgemeinschaft und ein ausgesprochenes Kesseltreiben gegen deren Angehörige ausgelöst haben mit anonymen Beleidigungen, Drohungen, Sachbeschädigungen, schikanösen behördlichen Maßnahmen, diskriminierenden Gerichtsentscheidungen und dergleichen mehr. Ausführungen darüber, inwieweit die Äußerungen des Beschuldigten objektiv geeignet sind, den öffentlichen Frieden konkret zu stören, läßt die Antragsschrift vermissen. Auf Seite 44 heißt es lediglich „Daß dies alles geeignet ist, den öffentlichen Frieden zu stören, bedarf kaum noch der Erwähnung." Vorhergeht eine Aufzählung verschiedener mehr oder weniger gewaltsamer Aktionen, denen die Angehörigen seit geraumer Zeit ausgesetzt sind, und die lapidare Feststellung, daß „all dies auf die unverantwortliche ... Kampagne des Beschuldigten zurückzuführen ist", wobei die Umstände, unter denen die beanstandeten Äußerungen des Beschuldigten erfolgten, ebenso unerwähnt bleiben wie der Adressatenkreis, an den sich der Beschuldigte gewandt hat, und die übrigen kritischen Äußerungen, die von dritter Seite gegen N. N. erfolgten. Den Beweis für den behaupteten ursächlichen Zusammenhang mit dem die Eignung zur Friedensstörung begründet wird, bleiben die Antragsteller somit schuldig.

bb) Auch Ausführungen zur subjektiven Tatseite enthält die Antragsschrift nicht. Die Tathandlung des § 130 Nr. 1 StGB muß nicht nur objektiv geeignet, sondern auch subjektiv bestimmt sein, eine gesteigerte, über die bloße Ablehnung und Verachtung hinausgehende feindselige Haltung gegen die betreffenden Teile der Bevölkerung zu erzeugen oder zu steigern (vgl. Schönke/Schröder/Lenckner, § 130 Rdnr. 5 a; BGH NJW 1994, 1422). Feststellungen dazu, inwieweit und aufgrund welcher konkreten Umstände davon auszugehen ist, daß es dem Beschuldigten mit seinen beanstandeten Äußerungen gerade auf diese gesetzlich mißbilligten Folgen ankam oder daß er zumindest das Klima oder den Nährboden für gefährliche Angriffe gegen die Angehörigen von N. N. zu schaffen gedachte, enthält der Antrag nicht. Es lassen sich ihm auch keine Angaben darüber entnehmen, welche tatsächlichen Umstände die Annahme rechtfertigen, daß der Beschuldigte gewußt und zumindest billigend in Kauf genommen hat, daß seine Äußerungen einen Angriff auf die Menschenwürde anderer beinhalten und geeignet sind, den öffentlichen Frieden zu stören (vgl. Dreher/Tröndle, § 130 Rdnr. 9; LK-Dippel, § 166 Rdnr. 56 jeweils m. w. N.). Hierzu hätte es zumindest einer Darstellung des vom Beschuldigten nach dessen eigenen Angaben mit seinen Äußerungen verfolgten Zwecks, deren Kontext und des von ihm angesprochenen Adressatenkreises bedurft. Auch für die weitere dem Beschuldigten zur Last gelegte Begehungsform des

Beschimpfens, böswillig Verächtlichmachens und Verleumdens (§ 130 Nr. 3 Alt. 1 – 3 StGB) sowie für das Vergehen nach § 166 StGB fehlt es an Angaben zum subjektiven Tatbestand. Nachdem sich der Vorsatz des Täters auch auf den beschimpfenden Charakter der Äußerungen als Ausdruck der Mißachtung sowie darauf zu erstrecken hat, daß Teile der Bevölkerung als der Achtung der Staatsbürger unwürdig hingestellt werden, hätte es nicht nur der Wiedergabe der beanstandeten Äußerungen selbst, sondern auch des Zusammenhangs bedurft, innerhalb dessen diese Äußerungen erfolgt sind, sowie der Angabe, in welcher Weise sich der Beschuldigte zu den gegen ihn erhobenen Beschuldigungen eingelassen hat. All dies läßt die Antragsschrift vermissen. Davon abgesehen läßt die Antragsschrift auch nur zum Teil erkennen, welche Begehungsform des § 130 StGB durch welche Äußerungen des Beschuldigten A. erfüllt sein soll.

b) Die Tathandlungen des Beschuldigten B.

aa) Dem Beschuldigten B. wird in der Antragsschrift zur Last gelegt, die Hetztiraden seiner Sektenbeauftragten C. (bis Frühjahr 1991) und A. (ab Dezember 1991), deren Art von Öffentlichkeitsarbeit ihm über den Pressedienst der ev.-luth. Landeskirche nicht habe entgehen können, und die damit einhergehenden Folgen gebilligt zu haben und nicht dagegen eingeschritten zu sein, obwohl er als deren Vorgesetzter dazu nicht verpflichtet gewesen wäre. Beweise für diese Tatsachenbehauptungen werden in dem Antrag – von den noch zu erörternden Ausnahmen abgesehen – nicht angeboten. Es bleibt z. B. offen, ob und gegebenenfalls wie der Beschuldigte B. Kenntnis von den beanstandeten Äußerungen seiner Sektenbeauftragten erlangt hat, soweit diese nach Angaben der Antragsteller in Interviews, Rundfunkgesprächen, Vorträgen, Zeitungsartikeln, Briefen, Pressemitteilungen und Buchveröffentlichungen erfolgt sind. Daß alle diese Äußerungen Aufnahme in den Pressedienst der ev.-luth. Landeskirche gefunden haben, ist weder vorgetragen worden noch wahrscheinlich.

bb) Daß der Beschuldigte B. – seine Kenntnis von den „Hetztiraden" und deren Strafbarkeit unterstellt – diese gebilligt hat, wird in dem Antrag zunächst ohne nähere Erklärung in nicht nachvollziehbarer Weise mit dem „Verhalten der örtlichen evangelischen Kirchengemeinde" und sodann mit dem Inhalt von Briefen begründet, die im Auftrag des Landeskirchenrats bzw. des Landesbischofs selbst auf Beschwerden gegen das angeblich „rüde" Vorgehen der Sektenbeauftragten verfaßt wurden. Beispielhaft erwähnt werden dabei (nur) zwei Schreiben. Bei dem ersten handelt es sich um einen von Oberkirchenrat D. unterschriebenen Brief des Landeskirchenrats vom 2. 5. 1986, in dem dem Adressaten unter dem Betreff „Beschwerde über Herrn Pfarrer A." mitgeteilt wird, daß der Landeskirchenrat „keineswegs beabsichtigt, Herrn Pfarrer A. von seinen Aufgaben zu entbinden, sondern sehr dankbar für seinen Dienst ist." Welches der konkrete Anlaß für dieses Schreiben gewesen ist, wird in dem Antrag nicht mitgeteilt. Es ist in dem Brief lediglich von einem offenbar eine Rechtfertigung darstellenden Schreiben von Pfarrer A. vom 24. 3. 1986 sowie von dessen neuen Buch mit dem Titel „Heimholungswerk" die Rede. Nachdem diesbezüglich keine Einzelheiten angegeben werden, kann auch nicht festgestellt werden, welche konkreten Äußerungen von Pfarrer A. Gegenstand der Beschwerde gewesen und letztlich ohne Beanstandung geblieben sind. Eines Eingehens auf die Frage, ob das Schreiben vom 2. 5. 1986 und der diesem zugrundeliegenden Vorgang zur Kenntnis des Beschuldigten B. gelangt sind, bedarf es bei dieser Sachlage nicht.

Der zweite Brief vom 26. 5. 1993 ist vom persönlichen Referenten des Landesbischofs unterzeichnet. Ihm ist zunächst zu entnehmen, daß der Beschuldigte B. von dem eingangs erwähnten Beschwerdeschreiben vom 18. 5. 1993 Kenntnis genommen hat. Über den Beschuldigten A. heißt es in dem Brief sodann wie folgt:

„Herr Pfarrer A. befleißigt sich einer deutlichen, zuweilen holzschnittartig prägnanten Sprache. Damit mag mancher seine Schwierigkeiten haben; das Umfeld, in dem Herr Pfarrer A. arbeiten muß, legt solche Rede allerdings nahe."

In welchem Zusammenhang diese Äußerung erfolgte, ist nicht ersichtlich, da über den Inhalt des Beschwerdeschreibens im Antrag nichts mitgeteilt wird. Der Brief wird zwar als Beweis dafür angeführt, daß der Beschuldigte B. sich „auch *nach* den ungeheuerlichen Angriffen seines jetzigen Sektenbeauftragten in Zusammenhang mit dem Massenselbstmord von Waco" noch mit diesem identifiziere; es wird jedoch nicht behauptet, daß das Beschwerdeschreiben vom 18. 5. 1993 die im Antrag an anderer Stelle auszugsweise wiedergegebenen Äußerungen des Beschuldigten A. im Zusammenhang mit dem Massenselbstmord von Waco zum Gegenstand hatte. Aus dem Brief vom 26. 5. 1993 auf eine allgemeine Billigung sämtlicher vom Beschuldigten A. im Rahmen des ihm übertragenen Amtes erfolgten Äußerungen schließen zu wollen, erscheint abwegig.

cc) Auch für die von den Antragstellern behauptete Tatsache, daß der Beschuldigte B. pflichtwidrig nicht gegen die beanstandeten Äußerungen seiner beiden Sektenbeauftragten eingeschritten sei, wird in dem Antrag kein Beweis angeboten. Daß keine dieser Äußerungen zu einer Beanstandung durch den Beschuldigten B. geführt haben, wird lediglich im Wege des Rückschlusses daraus gefolgert, daß derartige Beanstandungen nicht öffentlich bekannt geworden sind. Diesem Umstand kommt jedoch im Rahmen des Klageerzwingungsverfahrens, dessen erfolgreicher Abschluß durch Anordnung der beantragten Klageerhebung das Bestehen hinreichenden Verdachts voraussetzt, keinerlei Beweiswert zu.

13

Die Einführung eines obligatorischen Ethik-Unterrichts als Ersatzfach für Religionsunterricht ist verfassungskonform.

Art. 3 Abs. 3, 4 Abs. 1 u. 2, 6 Abs. 2, 7 Abs. 2 u. 3, 33 Abs. 3 GG
VG Freiburg, Urteil vom 8. März 1995 − 2 K 1125/94[1] −

Der Kläger zu 1, Sohn der Kläger zu 2 und 3, ist 15 Jahre alt und besucht zur Zeit die Klasse 10 a des H.-F.-Gymnasiums in O. Er gehört keiner Religionsgemeinschaft an und nimmt aus diesem Grund auch nicht am Religions-Unterricht teil. In der zweiten Hälfte des Schuljahres 1993/94 wurde für die 9. Klassen des H.-F.-Gymnasiums für die Schüler, die nicht am Religions-Unterricht teilnahmen, das Fach Ethik als ordentliches Unterrichtsfach eingerichtet. Damals befand sich der Kläger in der Klasse 9 a. Das Fach Ethik wird auch in der 10. Klasse mit zwei Wochenstunden unterrichtet.

Mit einem als Widerspruch bezeichneten Schreiben vom 1. 3. 1994 wandten sich die Kläger gemeinsam gegen die Verpflichtung des Klägers zu 1 zur Teilnahme an diesem Ethik-Unterricht. Zur Begründung führten sie aus, die Deklarierung des Ethik-Unterrichts als ordentliches Unterrichtsfach sei ein Etikettenschwindel. Schon der Religions-Unterricht, dem sich die Schüler entziehen könnten, sei kein ordentliches Unterrichtsfach. Dies müsse dann auch für das Ersatzfach Ethik gelten. Als Unterrichtsfach könne es Ethik nur dann geben, wenn es für alle unterrichtet würde. Die Verpflichtung zur Teilnahme am Ethik-Unterricht komme einer Strafmaßnahme gleich. Dies sei nach dem Grundgesetz unzulässig. Darüber hinaus sei es dem Staat nach dem Grundgesetz verwehrt, ein eigenes Ethos zu propagieren. Die Vermittlung der Wertordnung des Grundgesetzes könne Aufgabe eines ordentlichen und allgemeinen Unterrichts in allen Schulen und allen Jahrgängen sein. Ein Ethik-Unterricht aber, zu dessen Teilnahme nur die Schüler verpflichtet seien, die den konfessionellen Religions-Unterricht nicht besuchten, sei damit nicht zu vergleichen. Darüber hinaus gebe es keinen Studien- und Ausbildungsgang für Ethik- und Religionskundelehrer. Auch deshalb könnten diese Fächer nicht als ordentliche Lehrfächer bezeichnet werden. Dementsprechend sei das Fach Ethik auch das einzige, in dem keine Leistungskurse belegt werden könnten. Dies diene dem Zweck, die Schüler ganz offensichtlich einzuschüchtern und zum Verbleib im abiturrelevanten Religions-Unterricht zu veranlassen.

---

[1] NVwZ 1995, 441; VBlBW 1995, 441; AkKR 165 (1996), 250. Nur LS: KuR 1996, 131. Die Berufung des Klägers blieb erfolglos; VGH Baden-Württemberg, Urteil vom 1. 7. 1997 − 9 S 1126/95 − DVBl. 1997, 1186. Über die Revision der Kläger (6 C 11.97 BVerwG) war bei Redaktionsschluß (1. 1. 98) noch nicht entschieden.

Schließlich werde der Strafcharakter des Ethik-Unterrichtes auch daran deutlich, daß er außerhalb der üblichen Schulzeiten stattfinde. Zumindest werde der Kläger zu 1 an dem Teil des Ethik-Unterrichts nicht teilnehmen, der außerhalb der ordentlichen Schulzeiten stattfinde.

Mit den angefochtenen Bescheiden teilte der Schulleiter des H.-F.-Gymnasiums den Klägern mit, daß der Kläger zu 1 verpflichtet sei, am Unterrichtsfach Ethik teilzunehmen. Nur in besonders begründeten Ausnahmefällen, die hier nicht vorlägen, sei eine Befreiung vom Unterricht möglich. Am Gymnasium fände Unterricht sowohl an Vor- als auch an Nachmittagen statt. Dieser Unterricht sei deshalb zu diesen Zeiten verbindlich zu besuchen. Es sei nicht möglich gewesen, die beiden Ethikstunden am Vormittag unterzubringen. Lediglich bei einer der beiden Ethikstunden sei das gelungen. Werde der Kläger zu 1 dem Ethik-Unterricht unentschuldigt fernbleiben, so könne das zu pädagogischen Maßnahmen bzw. Erziehungs- und Ordnungsmaßnahmen führen.

Hiergegen legten die Kläger Widerspruch ein. Diesen Widerspruch haben sie im wesentlichen damit begründet, daß Ethik-Unterricht Ersatzunterricht für den Religions-Unterricht sei, dieser Religions-Unterricht aber eine Glaubensunterweisung darstelle. Hierzu könne niemand verpflichtet werden. Die Schüler müßten sich von diesem Unterricht ebenso abmelden können, wie es der Entscheidung der Lehrer vorbehalten sei, dieses Fach zu unterrichten. Fehle die Pflicht zur Teilnahme am Religions-Unterricht, könne es auch keine Pflicht zur Teilnahme an einem Ersatzunterricht geben. Ethik sei seiner Natur nach unabdingbar Ausdruck einer Weltanschauung. Ethik-Unterricht sei ohne weltanschauliche Grundlegung nicht möglich. Der Lehrplan im Land Baden-Württemberg zeige, daß der Ethik-Unterricht an den Inhalten des konfessionellen Religions-Unterrichts ausgerichtet sei. Teilnehmer dieses Unterrichts würden teilweise ausdrücklich als „moralisch" diskreditiert. Dem Staat sei es jedoch von Verfassungs wegen untersagt, religiöse oder weltanschauliche Positionen zu bewerten. Weil der Ethik-Unterricht unabdingbar Weltanschauungsunterricht sei, müsse sich jeder Schüler von ihm abmelden können. Durch die Pflicht zur Teilnahme am Ethik-Unterricht verstoße der Staat gegen die ihm auferlegte Pflicht zur religiösen und weltanschaulichen Neutralität. Als Ersatzfach sei der Ethik-Unterricht bewußt gerade im Hinblick auf seine Bedeutung für das Abitur schlechter gestellt als der Religions-Unterricht. Auch dies verstoße gegen die Verpflichtung des Staates zur religiösen Neutralität sowie gegen das Gebot der Gleichbehandlung. Außer im Fach Ethik würden die Unterrichtsfächer nur von Lehrern unterrichtet, die eine wissenschaftliche Ausbildung mit Abschlußprüfung genossen hätten. Daß das im Fach Ethik nicht so sei, zeige, daß dieses Fach eigentlich nicht an staatlichen Schulen unterrichtet werden dürfe. Die Verpflichtung des Klägers zu 1 zur Teilnahme am Ethik-Unterricht stelle einen massiven Eingriff des Staates sowohl in das

natürliche Erziehungsrecht der Eltern als auch in das Recht des Schülers dar, sein weltanschauliches Bekenntnis selbst zu bestimmen.
Der Schulleiter des H.-F.-Gymnasiums hat diesem Widerspruch nicht abgeholfen und ihn dem Oberschulamt F. zur Entscheidung vorgelegt. Ein Widerspruchsbescheid ist bis heute nicht ergangen.
Mit ihrer Klage tragen die Kläger im wesentlichen die Gründe ihres Widerspruchs vor. Ferner ergänzen sie zusammengefaßt, § 100 a SchulG, der die Verpflichtung der nicht am Religions-Unterricht teilnehmenden Schüler zum Besuch des Ethik-Unterrichts enthalte, sei verfassungswidrig. Er verstoße gegen die Art. 3 Abs. 3 Satz 1, 4 Abs. 1, 6 Abs. 2 Satz 1, 7 Abs. 2, 33 Abs. 3 Satz 2 sowie 140 GG i. V. m. Art. 136, 137 Abs. 1 bis 3 WRV. Dies folge daraus, daß in Baden-Württemberg ein Ethik-Unterricht als Ersatzfach vorgeschrieben sei, dessen Aufgabe es sei, ethisches Verhalten verbindlich zu vermitteln. Zu diesen allgemeinen ethischen Grundsätzen werde nach der Landesverfassung und dem Schulgesetz u. a. die Erziehung in der Ehrfurcht und Verantwortung vor Gott sowie im Geiste der christlichen Nächstenliebe gerechnet. Dies verdeutliche, daß der Ethik-Unterricht in Baden-Württemberg nicht weltanschauungsneutral, sondern aus einer bestimmten weltanschaulichen (christlichen) Perspektive erteilt werde. Der Lehrplan für den Ethik-Unterricht an Gymnasien, der unter maßgeblicher Mitwirkung der Kirchen zustande gekommen sei, bestätige dies. Eine weltanschaulich orientierte Ethik dürfe in einem weltanschauungsneutralen Staat aber niemandem gegen seinen Willen durch Schulzwang aufgezwungen werden. Deshalb müßten der Schüler und die Erziehungsberechtigten über die Teilnahme am Ethik-Unterricht bestimmen können. Es könne hier nichts anderes gelten als für den Religions-Unterricht. Der im Ethik-Unterricht zum Ausdruck kommende staatliche Erziehungsauftrag schränke das natürliche Recht der Eltern auf Erziehung der Kinder unzulässigerweise ein. Aus diesen Gründen verstoße der Zwang zur Teilnahme am Ethik-Unterricht sowohl gegen Art. 4 Abs. 1 GG als auch gegen Art. 6 Abs. 2 GG. Selbst wenn man davon absehe, daß im Ethik-Unterricht keine weltanschauungsneutrale Ethik vermittelt werden könne, wäre die Ausgestaltung des Ethik-Unterrichts als Religionsersatzunterricht verfassungswidrig. Etwas anderes würde nur dann gelten, wenn dieses Unterrichtsfach wie die anderen Lehrfächer für alle Schüler verbindlich wäre und nicht nur für diejenigen, die nicht am Religions-Unterricht teilnähmen. Da jede Grundrechtseinschränkung einer verfassungsrechtlichen Rechtfertigung bedürfe, könne die Nichtteilnahme am Religions-Unterricht nicht mit der Verpflichtung zur Teilnahme an einem Ersatzunterricht gekoppelt werden. Aus diesem Grunde stelle § 100 a SchulG eine verfassungsrechtlich nicht gerechtfertigte Einschränkung der Glaubens- und Gewissensfreiheit dar, da die Ausübung eines Grundrechts von einer Bedingung, nämlich der ersatzweisen Teilnahme

am Ethik-Unterricht, abhängig gemacht werde. Da die Teilnahme oder Nichtteilnahme eines Schülers an religiösen Handlungen wie dem Religions-Unterricht den Staat nicht zu interessieren habe und der Staat eine solche Handlung nicht sanktionieren dürfe, verstoße die Einrichtung des Ethik-Unterrichts als Pflichtersatzunterricht gegen das Recht auf Bekenntnis- und Weltanschauungsfreiheit. Darüber hinaus gehe aus Art. 3 Abs. 3 Satz 1 GG hervor, daß niemand wegen seines Glaubens, seiner religiösen oder politischen Anschauung benachteiligt oder bevorzugt werden dürfe. Dadurch, daß die Einrichtung des Ethik-Unterrichts final an einen religiösen Tatbestand anknüpfe, werde gegen dieses Differenzierungsverbot verstoßen. Schon die Zulassung eines Religions-Unterrichts an staatlichen Schulen, der eine religiöse Handlung bzw. eine Glaubensunterweisung sei, stelle ein systemfremdes Privileg für Religionsgemeinschaften in Art. 7 Abs. 3 GG dar. Diese Vorschrift bedeute somit keine Hervorhebung des Religions-Unterrichts gegenüber anderen Unterrichtsfächern, sondern nur durch sie sei Religions-Unterricht an staatlichen Schulen als Ausnahme von der Bekenntnisneutralität staatlichen Handelns überhaupt zulässig. Für eine solche Ausnahme könne es aber nicht auch noch einen Ersatz geben. Ebenso wie Art. 3 Abs. 3 Satz 1 GG postuliere auch Art. 33 Abs. 3 Satz 2 GG, daß niemandem aus seiner Zugehörigkeit oder Nichtzugehörigkeit zu einem Bekenntnis oder Weltanschauung ein Nachteil erwachsen dürfe. Auch dagegen verstoße somit der Ethik-Unterricht als Religionsersatzunterricht. Die Diskriminierung von Schülern, die nicht am Religions-Unterricht teilnähmen, zeige sich auch darin, daß im Unterschied zum Religions-Unterricht für den Ethik-Unterricht in der Oberstufe kein Leistungskurs angebote werde und die Bedeutung dieses Faches damit im Hinblick auf die Abiturnoten gegenüber dem Religions-Unterricht gemindert sei. Die Tatsache, daß sich der Staat durch die Einrichtung des Unterrichtsfachs Ethik auf das Gebiet weltanschaulicher Indoktrination, die verfassungsrechtlich unzulässig sei, begebe, werde auch daran deutlich, daß im Rahmen einer Lernziel- und Leistungskontrolle auch abfragbares Wissen vermittelt werde, welches mit den Attributen „richtig" oder „falsch" versehen werden könne. Werde andererseits ein solches Wissen nicht vermittelt, sei auch eine Lernzielkontrolle nicht möglich; in diesem Fall erschöpfe sich der Ethik-Unterricht in der Vermittlung unverbindlicher Leerformeln, und der Ethik-Unterricht habe *nur* noch Strafcharakter. Mit der Einrichtung des Ethik-Unterrichts mache sich die Schule zum Sachwalter kirchlicher Interessen, indem der Ethik-Unterricht allein dem Zweck diene, die Schüler von der Abmeldung vom Religions-Unterricht abzuhalten. Denn ginge es der Schulverwaltung auch um eine allgemeine sittliche Unterweisung der Schüler, müßte Ethik-Unterricht auch dann gegeben werden, wenn Religions-Unterricht – aus welchen Gründen auch immer – nicht erteilt werde. Das beklagte Land handle auch gleichheitswidrig, wenn es Religionsgemeinschaften wie der Neuapostolischen Kirche oder der Kirche Jesu Christi zugestehe, ihren Kindern einen eigenen außerschulischen Religions-Unterricht – verbunden mit der Möglichkeit einer Befreiung vom Religions-Unterricht und damit auch vom Ersatzfach Ethik – zu erteilen, den Anhängern nichtreligiöser, humanistischer Wertvorstellungen dies jedoch versage. Diese Differenzierungen bekämen nur dann einen Sinn, wenn es der Schulverwaltung letztlich doch nur darum gehe, den Schülern eine religiöse Unterweisung zuteil werden zu lassen. Damit werde jedoch belegt, daß auch im Ethik-Unterricht nicht wertneutrales Wissen vermittelt werden solle. Die Praxis der Befreiungen religiöser Gruppierungen vom Ethik-Unterricht belege auch den Strafcharakter für nicht religiös organisierte Menschen. Wenn das beklagte Land schließlich gegen den Vorwurf, das Fach Ethik sei das einzige, das nicht von speziell ausgebildeten Lehrern unterrichtet werde, einwende, dies sei Folge des Umstandes, daß Ethik kein Studienfach an den Universitäten sei, so verdrehe es die Tatsachen. Denn das beklagte Land selbst habe den Bemühungen z. B. der Universität Tübingen um Einrichtung eines Studiengangs „Ethik/Religionswissenschaft" aus Kostengründen den Erfolg versagt.

Das beklagte Land macht im wesentlichen folgendes geltend: Die Einrichtung des Ethik-Unterrichts am H.-F.-Gymnasium verstoße nicht gegen Grundrechte der Kläger aus den Art. 3 Abs. 3, 4 Abs. 1 und 6 Abs. 2 GG. Durch diesen Ethik-Unterricht werde der Kläger zu 1 nicht aus weltanschaulichen Gründen benachteiligt. Schon der Religions-Unterricht sei keine religiöse Handlung, sondern ordentliches Lehrfach, da auch in ihm in erster Linie Wissen vermittelt werde. Er informiere und rege zur Auseinandersetzung mit Wertvorstellungen auf der Grundlage einer der christlichen Konfessionen an. Er stelle den christlichen Glauben als eine Identifikationsmöglichkeit dar. Es bleibe dem Schüler aber überlassen, ob er sich mit diesem Glauben tatsächlich identifiziere. Auch die Leistungsbewertung im Religions-Unterricht beziehe sich nur auf den Kenntnisstand des Schülers und nicht auf den Glauben oder das religiöse Verhalten. Auch Schüler, die keiner Konfession angehörten, seien berechtigt, am Religions-Unterricht teilzunehmen. Aufgrund dessen ergebe sich für den Staat, daß er zur Verwirklichung seines Bildungs- und Erziehungsauftrags für Schüler, die sich vom Religions-Unterricht abmeldeten, einen Ersatzunterricht vorsehen könne. Diese Verpflichtung zur Teilnahme am Ersatzunterricht stelle keine ungerechtfertigte Benachteiligung dar. Soweit die Kläger rügten, die den Ethik-Unterricht erteilenden Lehrer seien hierfür nur unzulänglich ausgebildet, sei darauf hinzuweisen, daß kein Schüler einen Anspruch auf eine bestimmte Ausbildung seiner Lehrer habe. Es liege in der Verantwortung des Staates, dafür zu sorgen, daß die Lehrkräfte zur Erziehung und zum Unterricht ausreichend befähigt seien. Welche Ausbildung der Staat dabei für erforderlich und ausreichend halte, obliege allein dem Staat. Darüber hinaus werde das Fach Ethik ausschließlich von Lehrern mit wissenschaftlicher Ausbildung unterrichtet. Es fänden auch spezielle Fortbildungsmaßnahmen für diese Lehrkräfte statt. Auch in anderen Fächern komme es vor, daß sie von Lehrkräften erteilt würden, die speziell für dieses Fach keine wissenschaftliche Ausbildung hätten. Der Einwand der Kläger, die Teilnehmer am Ethik-Unterricht seien benachteiligt, weil dieses Fach nicht von besonders ausgebildeten Lehrern unterrichtet werde, werde auch dadurch entkräftet, daß Ethik kein Studienfach an der Universität, sondern lediglich ein Fach sei, das inhaltlich verschiedene historische, soziale, philosophische, sittliche sowie lebenskundliche Elemente enthalte. Dadurch, daß der Ethik-Unterricht nicht als Leistungskurs angeboten werde, könne der Kläger zu 1 nicht in seinen Rechten verletzt sein, weil der Kläger zu 1 zur Zeit die 10. Klasse besuche, in der ein Leistungskurs ohnehin nicht angeboten werde. Da bislang völlig offen sei, welche Leistungs- und Grundkurse der Kläger zu 1 in der gymnasialen Oberstufe belegen werde, sei die Frage der Bedeutung des Fachs Ethik dort jetzt gar nicht zu beurteilen und deshalb in diesem Verfahren unerheblich. Insgesamt gehe die von den Klägern behauptete Benachteiligung von Schülern, die am Ethik-Unterricht teilnähmen, nicht über die Benachteiligung anderer Schüler hinaus, die – aus welchen Gründen auch immer – ein von ihnen gewünschtes Fach als Leistungskurs nicht wählen könnten. Die Verpflichtung zur Teilnahme am Ethik-Unterricht verletze auch den Kläger zu 1 nicht in seinem Recht, sein weltanschauliches Bekenntnis selbst zu bestimmen. Die Kläger gingen hier schon insofern von falschen Voraussetzungen aus, als sie den Begriff weltanschauungsneutral mit weltanschauungsfrei gleichsetzten. Der Staat sei jedoch nicht zur Weltanschauungsfreiheit im Sinne einer Indifferenz gegenüber jeglicher Weltanschuung, sondern zum Weltanschauungspluralismus und zur Toleranz verpflichtet. Vollkommen weltanschauungsfreien Unterricht nach dem Verständnis der Kläger könne es nicht geben. Es würde insbesondere dem Bildungs- und Erziehungsauftrag der Schule widersprechen. Ethik-Unterricht könne durchaus so erteilt werden, daß er verfassungsrechtlich unbedenklich sei. Zum Beispiel könne er auf die reine Darstellung historisch überkommener normativer Systeme oder Konzepte bezogen sein. Für den Bereich der normativen Ethik gelte, daß hier in der Tat nicht bestimmte moralische Konzeptionen oder moralische Aussagen empfohlen oder herabgewürdigt werden dürften. Das sei jedoch mit der Erteilung von Ethik-Unterricht nicht zwingend verbunden, und auch der Lehrplan für den Ethik-Unterricht an Gymnasien in Baden-Württemberg entspreche den Anforderungen an einen weltanschauungsneutralen Unterricht. Aus den gleichen Gründen, aus denen keine Verletzung von Rechten des Klägers zu 1 gegeben sei, folge auch, daß die Kläger zu 2 und 3 nicht in ihrem Erziehungsrecht aus Art. 6 Abs. 2 GG verletzt seien.

Die Klage, mit der die Kläger die Aufhebung der angefochtenen Bescheide sowie die Verpflichtung des beklagten Landes, den Kläger zu 1 von der Teilnahme am Ethikunterricht zu befreien, erstreben, blieb ohne Erfolg.

Aus den Gründen:

Die Klagen sind als Verpflichtungsklagen, ohne daß die Widerspruchsverfahren ordnungsgemäß abgeschlossen worden sind, gemäß § 75 Satz 1 und 2 VwGO zulässig. Denn über die rechtzeitigen Widersprüche der Kläger gegen die Schreiben des Schulleiters des H.-F.-Gymnasiums vom 3. 3. und 28. 4. 1994, die als Verwaltungsakte zu qualifizieren sind, mit denen die Anträge der Kläger auf Befreiung des Klägers zu 1 vom Ethik-Unterricht vom 1. 3. 1994 abgelehnt worden sind, ist ohne zureichenden Grund nicht entschieden worden, obwohl bis zur mündlichen Verhandlung inzwischen über zehn Monate seit Erhebung der Widersprüche verstrichen sind. Der zwar minderjährige, aber doch über 14 Jahre alte Kläger zu 1 ist nach § 61 Abs. 1 Nr. 2 VwGO i. V. m. einer entsprechenden Anwendung von § 5 Satz 1 des Gesetzes über die religiöse Kindererziehung vom 15. 7. 1921 (RGBl., S. 939) in der Fassung des Gesetzes vom 12. 9. 1990 (BGBl. I, S. 2002, 2023) prozeßfähig. Die Klagebefugnis für den Kläger zu 1 ergibt sich aus dem ihn unmittelbar verpflichtenden Inhalt der angefochtenen Bescheide, für die Kläger zu 2 und 3 aus Art. 6 Abs. 2 Satz 1 GG.

Die Klagen sind jedoch nicht begründet. Die Bescheide des Schulleiters des H.-F.-Gymnasiums vom 3. 3. und vom 28. 4. 1994 sind rechtmäßig und verletzen die Kläger nicht in ihren Rechten; sie haben keinen Anspruch darauf, daß der Kläger zu 1 von der Pflicht zur Teilnahme am Ethik-Unterricht befreit wird (§ 113 Abs. 5 Satz 1 VwGO).

Die Verpflichtung des Klägers zu 1 zur Teilnahme am Ethik-Unterricht ergibt sich aus § 100a Abs. 1 SchulG, der i. V. m. § 100a Abs. 3 SchulG und der Verordnung des Kultusministeriums über die Stundentafeln der Klasse 5 bis 11 der Gymnasien der Normalform und der Klassen 8 bis 11 der Gymnasien in Aufbauform mit Heim vom 28. 4. 1994 (K. u. U., S. 414; GEW-Jahrbuch 1995, S. 571) so auszulegen ist, daß der Ethik-Unterricht obligatorisches Unterrichtsfach ist (ebenso Holfelder/Bosse, Schulgesetz für Baden-Württemberg, 10. Auflage 1991, § 100a Anm. 1 und 3). Die allgemeine Pflicht zur Teilnahme am Unterricht schlechthin ergibt sich aus der auf § 89 Abs. 1 und 2 Nr. 3 SchulG beruhenden Verordnung des Kultusministeriums über die Pflicht zur Teilnahme am Unterricht und den sonstigen Schulveranstaltungen vom 21. 3. 1982 (K. u. U., S. 387; in der aktuellen Fassung abgedruckt in: GEW-Jahrbuch 1995, S. 492) – SchulbesVO –. Diese gesetzliche Verpflichtung zur Teilnahme am Ethik-Unterricht verstößt nicht gegen höherrangiges

Recht, insbesondere nicht gegen die Art. 3 Abs. 3 Satz 1, 4 Abs. 1, 6 Abs. 2 Satz 1, 7 Abs. 2, 33 Abs. 3 Satz 2 und 140 GG i. V. m. den Art. 136 und 137 Abs. 1 bis 3 WRV, so daß die Kläger hieraus keinen Anspruch auf Befreiung des Klägers zu 1 vom Ethik-Unterricht ableiten können. Ein solcher Befreiungsanspruch ergibt sich auch nicht aus § 3 Abs. 1 Satz 2 SchulbesVO.

1. Die Verpflichtung zur Teilnahme am Ethik-Unterricht verletzt den Kläger zu 1 nicht in seinem Grundrecht auf Freiheit des Glaubens, des Gewissens sowie des religiösen und weltanschaulichen Bekenntnisses (Art. 4 Abs. 1 GG), und auch die Kläger zu 2 und 3 werden nicht in ihren Grundrechten auf Erziehung (Art. 6 Abs. 2 Satz 1 GG) und auf Weitergabe der von ihnen als Eltern für richtig gehaltenen religiösen oder weltanschaulichen Überzeugung an ihren Sohn (Art. 4 Abs. 1 und 2 GG) verletzt.

a) Diese Grundrechte unterliegen zwar keinem Gesetzesvorbehalt. Doch hat das Bundesverfassungsgericht bereits vor geraumer Zeit festgestellt, daß der staatliche Bildungs- und Erziehungsauftrag gemäß Art. 7 Abs. 1 GG eigenständig und gleichgeordnet neben diesen Grundrechten aus Art. 4 Abs. 1 und 2 und Art. 6 Abs. 2 Satz 1 GG steht und daß keiner dieser Bestimmungen von vornherein ein Vorrang gegenüber der anderen zukommt. Vielmehr seien diese Vorschriften in der Interpretation aufeinander abzustimmen, weil erst die Konkordanz der in ihnen geschützten Rechtsgüter der Entscheidung des Grundgesetzes gerecht wird (BVerfG, Senatsbeschluß vom 17. 12. 1975[2], BVerfGE 41, 29 [51] [zur christlichen Gemeinschaftsschule badischer Prägung]; so auch speziell in bezug auf das Verhältnis zwischen Art. 6 Abs. 2 Satz 1 und 7 Abs. 1 GG BVerfG, Senatsurteil vom 6. 12. 1972, BVerfGE 34, 165 [183] [zur obligatorischen Förderstufe in Hessen]; fortan ständige Rspr. vgl. Senatsbeschlüsse vom 21. 12. 1977, BVerfGE 47, 46 [72] [zum Sexualkunde-Unterricht], vom 16. 10. 1979[3], BVerfGE 52, 223 [236] [zum gemeinsamen überkonfessionellen Schulgebet] und vom 9. 2. 1982, BVerfGE 59, 360 [379] [zur Schweigepflicht von Schülerberatern gegenüber den Erziehungsberechtigten] sowie die Beschlüsse der 2. Kammer des 1. Senats vom 15. 9. 1987 – 1 BvR 967/87 und 1 BvR 1102/87 – [zum Ethik-Unterricht in Bayern] und vom 9. 2. 1989, NVwZ 1990, S. 54 [zur Zulässigkeit eines Schulbuchs]).

Zu dem Gestaltungsbereich, der dem Staat durch Art. 7 Abs. 1 GG zugewiesen ist, gehört nicht nur die schulische Organisationshoheit, sondern auch die inhaltliche Festlegung der Ausbildungsgänge und der Unterrichtsziele. Der Staat kann daher in der Schule grundsätzlich unabhängig von den Eltern eigene Erziehungsziele verfolgen. Der Lehr- und Erziehungsauftrag der Schule ist hiernach nicht darauf beschränkt, nur Wissensstoff zu vermitteln. Der

---

[2] KirchE 15, 128.   [3] KirchE 17, 325.

Auftrag der Staates, den Art. 7 Abs. 1 GG voraussetzt, hat vielmehr auch zum Inhalt, das einzelne Kind zu einem selbstverantwortlichen Mitglied der Gesellschaft heranzubilden (so BVerfG, Senatsbeschlüsse vom 21. 12. 1977, BVerfGE 47, 46 [71 f.], und vom 16. 10. 1979, BVerfGE 52, 223 [236]). Aus diesem Bildungs- und Erziehungsauftrag der Schule ergibt sich auch, daß dem Landesgesetzgeber die Einführung christlicher Bezüge in den Schulunterricht selbst dann nicht verboten ist, wenn einige der Erziehungsberechtigten, die bei der Erziehung ihrer Kinder dieser Schule nicht ausweichen können, keine religiöse Erziehung wünschen (BVerfG, Senatsbeschlüsse vom 17. 12. 1975, BVerfGE 41, 29 [51], vom 17. 12. 1975[4], BVerfGE 41, 65 [78] [zur christlichen Gemeinschaftsschule in Bayern] und vom 16. 10. 1979, BVerfGE 52, 223 [236 f.]).

Was für christliche Bezüge im Schulunterricht gilt, gilt gleichermaßen für andere geistig-ethische Grundanschauungen bzw. Grundanforderungen des sozialen und politischen Gemeinschaftslebens (ebenso Pieroth, DVBl. 1994, S. 949 [951], unter Hinweis auf Böckenförde, Essener Gespräche zum Thema Staat und Kirche, Heft 14, 1980, S. 54 [60]). Staatliche Schulerziehung bedeutet vielmehr allgemein staatlich verantwortete Vermittlung von Werten und Handlungsanweisungen, Haltungen, Einstellungen und Charakteren (Huber, BayVBl. 1994, S. 545 f. [552]). Dem Grundgesetz ist insoweit keine Differenzierung zwischen christlichen und anderen Wertvorstellungen zu entnehmen; sie unterscheiden sich nur dadurch, daß religiöse Bekenntnisse durch eine Gottbezogenheit der Weltsicht geprägt sind, die bei sonstigen Weltanschauungen fehlt (vgl. BVerwG, Urteil vom 19. 2. 1992, NVwZ 192, S. 1187).

Es spielt im vorliegenden Verfahren keine Rolle und kann deshalb hier dahinstehen, ob dem aus Art. 7 Abs. 1 GG folgenden Bildungs- und Erziehungsauftrag des Staates sogar zu entnehmen ist, daß der Staat nicht nur berechtigt, sondern sogar verpflichtet ist, bestimmte Grundanforderungen bei der Vermittlung von geistig-ethischen Grundauffassungen zu erfüllen (so aber Huber, aaO, S. 552 f.; vgl. auch Pieroth, aaO, und BVerwG, Urteil vom 19. 2. 1992, aaO zum Mindestmaß der Verwirklichung staatlicher Erziehungsziele für private Bekenntnisschulen im Sinne von Art. 7 Abs. 5 GG). Jedenfalls haben Eltern und Schüler hinzunehmen, daß der Staat seinen verfassungsrechtlichen Erziehungsauftrag auch nach seinen bildungspolitischen Vorstellungen zu verwirklichen sucht.

Die staatliche Schulverwaltung ist dabei ihrerseits nicht ungebunden. Im Sinne eines Ausgleichs im Wege praktischer Konkordanz ist im Schulunterricht auch den Grundrechten der Schüler und Eltern aus Art. 4 Abs. 1 und 2

---

[4] KirchE 15, 158.

sowie Art. 6 Abs. 2 GG Rechnung zu tragen. Die Schule darf daher keine missionarische Schule sein und keine Verbindlichkeit christlicher und weltanschaulicher Glaubensinhalte beanspruchen. Die Schule darf sich nicht anmaßen, die Kinder in allem und jedem unterrichten zu wollen. Vielmehr muß sie den möglicherweise gegenläufigen Gesamterziehungsplan der Eltern berücksichtigen und darf ihn nicht unterlaufen. Dieser Gesamtplan der Erziehung ihrer Kinder durch die Eltern ist zu achten. Dementsprechend muß die Schule für die Vielfalt der Anschauungen in Erziehungsfragen offen sein. Zu diesem Faktor gehört nicht zuletzt der Gedanke der Toleranz für Andersdenkende. Deren Konfrontation mit einem Weltbild, in dem z. B. die prägende Kraft christlichen Denkens aber auch die Bedeutung anderer ethischer Grundauffassungen bejaht wird, führt so lange nicht zu einer diskriminierenden Abwertung der mit diesen Geisteshaltungen nicht verbundenen Minderheiten und ihrer Weltanschauung, als es hierbei nicht um den Absolutheitsanspruch von Glaubenswahrheiten, sondern um das Bestreben nach Verwirklichung einer autonomen Persönlichkeit (der Schüler) im weltanschaulich-religiösen Bereich gemäß der Grundentscheidung des Art. 4 GG geht. Eine solche Schule, die Raum für eine sachliche Auseinandersetzung mit allen weltanschaulich-religiösen Auffassungen bietet, führt Eltern und Kinder nicht in einen verfassungsrechtlich unzumutbaren Glaubens- und Gewissenskonflikt. Dies gilt selbst dann, wenn die Schule von einer bestimmten weltanschaulichen Orientierungsbasis ausgeht. Für die elterliche Erziehung bleibt hiernach in jeder weltanschaulich-religiösen Hinsicht genügend Raum, dem Kind den individuell für richtig erkannten Weg zu Glaubens- und Gewissensbindungen oder auch zu deren Verneinung zu vermitteln (BVerfG, Senatsbeschlüsse vom 17. 12. 1975, BVerfGE 41, 29 [52], BVerfGE 41, 65 [78 f.] und vom 16. 10. 1979, BVerfGE 52, 223 [237]; vgl. auch BVerfG, Beschlüsse der 2. Kammer des 1. Senats vom 15. 9. 1987 – 1 BvR 967/87 und 1 BvR 1102/87 – und vom 9. 2. 1989, NVwZ 1990, S. 54). Die Grenze zu einem unzulässigen Eingriff in die grundrechtlich geschützten Positionen der Schüler und ihrer Eltern liegt dort, wo der Staat in der schulischen Erziehung die gebotene Neutralität und Toleranz vermissen läßt, indem er die Schüler zu einem bestimmten Verhalten indoktriniert und dadurch seine Erziehungsgewalt mißbraucht. Verboten ist insbesondere eine über die verfassungsrechtlich zulässige Vermittlung von Wertungen und Haltungen hinausgehende gezielte Beeinflussung oder gar Agitation im Dienste einer bestimmten politischen, ideologischen oder weltanschaulichen Richtung. Eine solche Indoktrination verletzt die verfassungsrechtlich gebotene Rücksichtnahme gegenüber dem Recht der Schüler und der Eltern aus Art. 4 Abs. 1 und 2, 6 Abs. 2 Satz 1 GG und ggf. anderen grundrechtlichen Positionen (BVerfG, Senatsbeschlüsse vom 17. 12. 1975,

BVerfGE 41, 29 [52] und BVerfGE 41, 65 [78], Beschluß der 2. Kammer des 1. Senats vom 9. 2. 1989, NVwZ 1990, S. 54 [55]).

b) Unter Berücksichtigung dieser Grundsätze, die, soweit sie auf Senatsentscheidungen des Bundesverfassungsgerichts beruhen, gemäß § 31 Abs. 1 BVerfGG für alle staatlichen Institutionen und somit auch für das erkennende Gericht verbindlich und insoweit dem allgemeinen rechtswissenschaftlichen Diskurs entzogen sind, verstößt die Einrichtung von obligatorischem Ethik-Unterricht an sich nicht schon gegen die Grundrechte der Kläger aus Art. 4 Abs. 1 und 2 sowie 6 Abs. 2 Satz 1 GG. Allein der Umstand, daß der Kläger zu 1 im Ethik-Unterricht mehr oder weniger zwangsläufig mit anderen Wertvorstellungen als den von ihm und seinen Eltern für richtig gehaltenen konfrontiert und zur Auseinandersetzung mit ihnen gezwungen wird, überschreitet noch nicht die Grenze der verfassungsrechtlich unzulässigen Indoktrination. Der Ethik-Unterricht erhält auch nicht dadurch einen doktrinären Inhalt, als § 100 a Abs. 2 SchulG i. V. m. § 1 SchulG und Art. 12 Abs. 1 LV eine Orientierung der Lehrinhalte u. a. an christlichen Glaubensgrundsätzen (Verantwortung vor Gott und christliche Nächstenliebe) gebietet. Denn auch diese Inhalte verstoßen nicht gegen das dem Grundgesetz innewohnende Gebot der religiösen und weltanschaulichen Neutralität, wenn sie verfassungskonform dahingehend ausgelegt werden, daß sie sich nicht auf die Verbindlichkeit christlicher Glaubensinhalte beziehen, sondern in erster Linie auf die Anerkennung des prägenden Kultur- und Bildungsfaktors des Christentums, wie er sich in der abendländischen Geschichte herausgebildet hat (vgl. hierzu BVerfG, Senatsbeschlüsse vom 17. 12. 1975, BVerfGE 41, 29 [64], BVerfGE 41, 65 [84 f.], vom 16. 10. 1979, BVerfGE 52, 223 [237]; Böckenförde, DÖV 1980, S. 323).

Daß der Ethik-Unterricht in Baden-Württemberg eine stärkere Identifizierung mit diesen Glaubensinhalten fordert, als dies nach diesem Verständnis zulässig wäre, ist nicht feststellbar. Die nach dem Schulgesetz und der Landesverfassung vorgegebenen Erziehungsziele stellen gerade keine Festlegung auf spezifisch christliche Glaubensinhalte dar. Vielmehr spricht die in § 1 SchulG genannte Vielzahl von Erziehungszielen eher für eine den Schulunterricht (und somit auch den Ethik-Unterricht) verpflichtende Beachtung der Pluralität von Bekenntnissen, Weltanschauungen und sonstigen Wertvorstellungen. Insbesondere ist die Achtung der Würde und Überzeugung anderer als ein ausdrückliches Erziehungsziel genannt (siehe unten), und auf diese Weise ist das vom Bundesverfassungsgericht aus den Grundrechten entwickelte Toleranzgebot (siehe oben) gewahrt. Insofern unterscheiden sich die dem Ethik-Unterricht zugrundeliegenden Erziehungsziele in Baden-Württemberg im Kern nicht von denen in Bayern, die in einem Kammerbeschluß des Bundesverfassungsgerichts – unter konsequenter Anwendung der in der Senatsrechtsprechung entwickelten Grundsätze – als verfassungskonform angesehen worden sind (vgl. BVerfG, Beschluß der 2. Kammer des 1. Senats vom 15. 9. 1987 – 1 BvR 967/87 und 1 BvR 1102/87 –).

Selbst wenn bei entsprechenden Konstellationen der Fall eintreten sollte, daß der Unterricht im Geiste eines in der Schulklasse überwiegend vertretenen Bekenntnisses erteilt wird, ist dies dann verfassungsrechtlich noch unbedenklich, wenn auf die Empfindung Andersdenkender Rücksicht genommen wird und die andere Meinungen vertretene Minderheit nicht in eine Isolierung gedrängt wird. Das Miteinander von Andersgesinnten bedeutet nicht Verleugnung der eigenen Überzeugung. Es bietet vielmehr die Chance zur Erkenntnis und Festigung des eigenen Standpunkts und zur Toleranz, die sich nicht als nivellierender Ausgleich, sondern als Anerkennung der Freiheit der Persönlichkeit versteht (BVerfG, Senatsbeschlüsse vom 17. 12. 1975, BVerfGE 41, 29 [64] und BVerfGE 41, 65 [85 f.]).

Der Lehrplan des Landes Baden-Württemberg für das Fach Ethik entspricht diesen verfassungsrechtlichen Vorgaben, wenn dort ausgeführt wird, Ziel des Ethik-Unterrichts sei es u. a., den Schülern Entscheidungshilfen im Hinblick auf Wertvorstellungen und Normen in der freiheitlich demokratischen Grundordnung zu geben, die Einsicht zu vermitteln, Freiheit und Würde des Menschen könnten nur durch die Anerkennung eines Grundbestandes von Werten gesichert werden, wesentliche Beiträge zur Persönlichkeits- und Charakterbildung der Schüler sowie zur Förderung sozialer Verhaltensweisen zu leisten, einfache Lebenshilfe auf ethischer Grundlage zu geben, vorhandene ethische Wertvorstellungen zu ergänzen und zu stärken, Einsichten in Sinn- und Wertfragen des Lebens aufzuzeigen und zu lernen, sich mit Religionen und fremden Kulturen auseinanderzusetzen, Standpunkte anderer zu respektieren und sich mit ihnen unter Wahrung der Rechte und in Achtung der Würde anderer auseinanderzusetzen, die Kompetenz der Schüler zum moralischen Argumentieren und die Anwendung ethischer Prinzipien in konkreten Handlungssituationen zu fördern, Tugenden wie Toleranz, Zivilcourage und Solidarität sowie die Erkenntnis zu vermitteln, daß Selbstverwirklichung an Verantwortung geknüpft ist sowie die Schüler in die Lage zu versetzen, die moderne technisierte Welt anhand ethischer Prinzipien beurteilen zu lernen (vgl. hierzu K. u. U., Lehrplanheft 4/1994, S. 37 f.). Auch die auf den Seiten 297 ff., 401 ff., 500 ff., 586 ff. und 808 ff. in diesem Lehrplanheft konkret genannten Themen (z. B. für die Klasse 10, in der sich der Kläger zu 1 zur Zeit befindet: Liebe, Ehe, Familie; Altern, Sterben, Tod – die Erfahrung von Endlichkeit; Soziale Gerechtigkeit: Armut und Reichtum; Christentum; Arbeitswelt und Berufsleben) sind im Hinblick auf eine eventuell unzulässige Indoktrinierung der Schüler a priori unverdächtig und ohne Hinzutreten wei-

Ethikunterricht 71

terer Unterrichtsinhalte nicht geeignet, darin eine Verletzung von Grundrechten der Kläger aus Art. 4 Abs. 1 und 2 und Art. 6 Abs. 2 Satz 1 GG zu sehen.

c) Solche Elemente, die zu einer anderen Beurteilung der Verfassungsmäßigkeit des Ethik-Unterrichts führen könnten, können nach Lage der Dinge nur in der konkreten Gestaltung des Ethik-Unterrichts durch den Fachlehrer des Klägers zu 1 begründet sein. Hier ist es aber von Bedeutung, daß die Kläger mehrfach, zuletzt in der mündlichen Verhandlung, ausdrücklich betont haben, daß sie dem Fachlehrer sowie dem Gymnasium an sich kein persönliches Fehlverhalten oder eine doktrinäre Handhabung des Lehrplans vorwerfen, daß sie vielmehr der Meinung sind, Ethik-Unterricht sei *grundsätzlich* nicht verfassungskonform zu unterrichten, weil er niemals wertneutral sein könne. Auch die Kammer hat nach einer Befragung des Fachlehrers für Ethik in der mündlichen Verhandlung den Eindruck gewonnen, daß dieser Fachlehrer die Themen im Ethik-Unterricht mit großer Sorgfalt behandelt und darauf bedacht ist, den Schülern keine absolut gültigen Wahrheiten vorzusetzen und seine Stellung als Lehrer (z. B. mit den Mitteln der Notengebung) nicht dazu zu benutzen, die Schüler im Sinne religiöser oder weltanschaulicher Bekenntnisse zu beeinflussen. Am Beispiel des Themas „Alters, Sterben, Tod" hat der Fachlehrer der Kammer sein Vorgehen im Unterricht erläutert und zu ihrer Überzeugung dargelegt, daß in seinem Unterricht unter weitestgehender Achtung verschiedenster Lebens- und Todesvorstellungen in der Gesellschaft eine Auseinandersetzung mit Grundfragen der menschlichen Existenz stattfindet, ohne daß er den Schülern die eine oder andere Ansicht als absolut richtig oder falsch dargestellt hat und ohne daß er den Eltern die Möglichkeit nimmt, auf ihre Kinder im Sinne der von ihnen für richtig gehaltenen Auffassungen einzuwirken und die von ihren Kindern im Unterricht gewonnenen Erkenntnisse zu hinterfragen und letztlich sogar zu widerrufen. Abgesehen vom Religions-Unterricht bietet die Stundentafel an den Schulen sonst keine Gelegenheit, diese für die Persönlichkeitsentwicklung eines Jugendlichen bedeutsamen Themen zu behandeln. Es stellt sich vielmehr die Frage, die im vorliegenden Rechtsstreit jedoch keiner abschließenden Beantwortung bedarf, ob die Schule ihrem Erziehungs- und Bildungsauftrag aus Art. 7 Abs. 1 GG gerecht würde, wenn sie einen solchen Unterricht nicht anböte.

d) Die Kammer sieht im vorliegenden Rechtsstreit keine Notwendigkeit, der Behauptung der Kläger, Ethik sei seiner Natur nach unabdingbar mit weltanschaulichen und/oder religiösen Festlegungen verbunden, auf den Grund zu gehen. Dies sei dem außergerichtlichen Diskurs vorbehalten (vgl. hierzu u. a. Schockenhoff, BayVBl. 1993, S. 737, sowie Renck, BayVBl. 1994, S. 432). Jedenfalls verstößt der Ethik-Unterricht selbst dann nicht gegen die Art. 4 Abs. 1 und 2 sowie Art. 6 Abs. 2 Satz 1 GG, wenn ein gewisser Einfluß auf die Schüler nicht ausgeschlossen ist. Denn der Schule ist es von Verfassungs wegen nicht verwehrt, insofern einen eigenen Erziehungs- und Bildungsauftrag wahrzunehmen (siehe oben). Die Kläger verkennen die verfassungsrechtlichen Anforderungen, wenn sie einen völlig wertneutralen Unterricht verlangen, abgesehen davon, ob es das überhaupt geben kann (vgl. hierzu BVerwG, Urteil vom 3. 5. 1988, BVerwGE 79, 298 [302]). Verfassungsrechtlich kommt es nur darauf an, ob die Schule die Grenze der Indoktrination im oben beschriebenen Sinne überschreitet, indem den elterlichen Erziehungsintentionen und den eigenen Standpunkten der Schüler kein angemessener Raum gegeben, ihnen also mit einem Absolutheitsanspruch entgegengetreten wird (vgl. zuletzt BVerfG, Beschluß der 2. Kammer des 1. Senats vom 9. 2. 1989, NVwZ 1990, S. 54).

Den schulischen Erziehungs- und Bildungsauftrag ganz auf reine Vermittlung von Wissen zurückzunehmen, ließe auch die gesellschaftlichen Realitäten außer acht. Die Schule selbst ist nicht frei von außerschulischen Einflüssen, die auch moralische oder gar weltanschauliche Fragen betreffen. So können z. B. Chauvinismus, Nationalismus sowie (sonstige) gewaltverherrlichende Einstellungen den schulischen Alltag bestimmen. Dem kann eine Schule nicht tatenlos zusehen, ohne nicht gerade faktisch einseitig Partei für diejenigen zu ergreifen, die sich des schulischen Umfelds im Sinne einer Indoktrination bedienen. Die Schule ist hier zur Abwehr solcher Indoktrinationen nicht auf rein ordnungsrechtliche Maßnahmen beschränkt, sie kann und muß sich vielmehr aktiv ihrem staatlichen Erziehungsauftrag aus Art. 7 Abs. 1 GG stellen und auf verschiedenen Ebenen, auch durch verbindliche Unterrichtsangebote, zu einem Diskurs über moralische und weltanschauliche Fragen anregen. Das kann für diejenigen, die daran teilnehmen, im Religions-Unterricht, aber auch im Ethik-Unterricht geschehen.

Im Rahmen eines solchen Unterrichts darf die Schule – selbstverständlich – nicht einseitig Partei ergreifen oder selbst indoktrinieren. Aber es ist ihr erlaubt, mit den Schülern moralische Verhaltensweisen zu diskutieren und dabei (u. a. auch Techniken) einzuüben, sich mit moralischen Auffassungen *rational* und *argumentativ* auseinanderzusetzen und dadurch den gerade bei Kindern, Jugendlichen und Heranwachsenden naturgemäß gegebenen Gefahren, Meinungen, Lebensweisen und -ziele unreflektiert zu übernehmen und als für sich bindend anzusehen, entgegenzuwirken. Auf diese Weise trägt die Schule auch dem Anliegen der Kläger, die Schüler in einem Umfeld von Weltanschauungspluralismus und Toleranz aufwachsen zu lassen, eher Rechnung, als wenn die Schule das Feld des Kennenlernens, Einübens und der Rezeption moralischer Prinzipien allein den gesellschaftlichen Kräften überlassen würde. Es ist der Schule auch erlaubt, von den Schülern eine Begründung für oder gegen die Einnahme bestimmter mehr oder weniger offen geäußerter Standpunkte zu fordern, so z. B. offen nationalistisch und/oder gewaltbereit auftretende

Schüler aufzufordern, ihre Einstellung argumentativ zu begründen und sich auf kritische Gegenvorstellungen einzulassen.

Die Fähigkeit eines Schülers zur Begründung seines Standpunkts und zur Auseinandersetzung mit Kritik ist auch bewertbar, ohne daß damit gleichzeitig und zwangsläufig Einfluß im Sinne einer bestimmten Weltanschauung genommen wird. In gleicher Weise ist es z. B. im Fach Deutsch bewertbar, ob ein Schüler seine Auffassung, ein bestimmtes Werk eines Schriftstellers gefalle ihm nicht, rational begründen kann oder nicht. Dabei kann eine Begründung für oder gegen dieses Werk gleichermaßen „gut" wie „schlecht" sein. Im Ethik-Unterricht gilt grundsätzlich nichts anderes.

e) Den Klägern zu 2 und 3 ist allerdings einzuräumen, daß sich die Schule gerade im Bereich des Ethik-Unterrichts, aber auch im Religions-Unterricht, durch die Auseinandersetzung mit moralischen Auffassungen auf einem Gebiet bewegt, in dem sie sehr stark in Konkurrenz zu dem Erziehungsrecht der Eltern tritt. Insoweit ist der Ethik-Unterricht mit dem Sexualkunde-Unterricht vergleichbar. Deshalb haben die Eltern aus Art. 6 Abs. 2 Satz 1 GG auch im Hinblick auf den Ethik-Unterricht einen Anspruch auf rechtzeitige und umfassende Information über den Inhalt und den methodisch-didaktischen Weg des Ethik-Unterrichts in der Schule und auf Unterrichtung über Vorgänge in der Schule, deren Verschweigen die Ausübung des elterlichen Erziehungsrechts beeinträchtigen könnte (vgl. zum Sexualkunde-Unterricht BVerfG, Senatsbeschluß vom 21. 12. 1977, BVerfGE 47, 46 [75 ff.]; allgemeiner: BVerfG, Senatsurteil vom 9. 2. 1982, BVerfGE 59, 360 [380 f.]; ebenso Pieroth, DVBl. 1994, S. 949 [956]). Diese Informationspflicht der Schule geht im Ethik-Unterricht ähnlich wie im Sexualkunde-Unterricht über das hinaus, was für die (meisten) anderen Fächer gilt. Der Staat ist hier in gesteigerter Weise verpflichtet, in der Schule die Verantwortung der Eltern für den Gesamtplan der Erziehung ihrer Kinder zu achten und für die Vielfalt der Anschauungen in Erziehungsfragen offen zu sein. Allerdings ist es nicht allein eine Aufgabe der Schule, hier auf die Eltern zuzugehen, sondern es ist ebenso eine Obliegenheit der Eltern, diese Informationspflicht von der Schule einzufordern.

Die Kläger haben jedoch nichts dafür vorgetragen, daß das H.-F.-Gymnasium oder im konkreten Fall der Fachlehrer für den Ethik-Unterricht des Klägers zu 1 einem von ihnen geltend gemachten Anspruch auf Information nicht gerecht würde. Im Gegenteil, die Vertreter der Schule haben in der mündlichen Verhandlung deutlich gemacht, daß sie von sich aus zu Beginn eines jeden Schuljahres in einer Veranstaltung den Eltern Gelegenheit geben, Fragen auch zur Unterrichtsgestaltung und auch zum Ethik-Unterricht zu stellen. Das Gericht hatte auch den deutlichen Eindruck, daß sowohl der

Vertreter der Schule als auch der Fachlehrer auf Wunsch zu weiteren Informationen und Gesprächen mit den Eltern bereit sind.

2. Werden die Kläger hiernach durch die Pflicht des Klägers zu 1 zur Teilnahme am Ethik-Unterricht nicht in ihren Grundrechten aus Art. 4 Abs. 1 und Art. 6 Abs. 2 Satz 1 GG verletzt und können sie daraus keinen Befreiungsanspruch ableiten, so ergibt sich auch aus einer entsprechenden Anwendung von Art. 7 Abs. 2 GG nichts anderes. Denn Art. 7 Abs. 2 GG regelt unmittelbar nur die Teilnahme am Religions-Unterricht, der nach Art. 7 Abs. 3 Satz 2 in der Tat ein christlicher Bekenntnisunterricht ist. Eine entsprechende Anwendung von Art. 7 Abs. 2 GG käme hier nur dann in Betracht, wenn der Ethik-Unterricht in einer Art. 4 Abs. 1 GG verletzenden Weise ebenfalls religiös oder weltanschaulich geprägt wäre. Das ist jedoch nach den vorhergehenden Ausführungen nicht der Fall.

3. Die Teilnahme des Klägers zu 1 am Ethik-Unterricht verstößt auch nicht gegen andere verfassungsrechtliche Grundsätze, insbesondere auch nicht gegen die in Art. 3 Abs. 3 Satz 1 und 33 Abs. 3 Satz 2 GG niedergelegten (absoluten) Differenzierungsverbote.

a) Die Kammer vermag der Behauptung der Kläger, der Ethik-Unterricht diene keinem anderen Zweck als der Abschreckung der Schüler vor einer Abmeldung vom Religions-Unterricht, er habe somit reinen Strafcharakter, was sie (die Kläger) gegenüber den Teilnehmern am Religions-Unterricht unter Verstoß gegen die ausdrücklichen Differenzierungsverbote in den Art. 3 Abs. 3 Satz 1 und 33 Abs. 3 Satz 2 GG benachteilige, im Ergebnis nicht zu folgen. Soweit gewisse Unterschiede in der Behandlung der Anhänger christlicher und anderer Glaubensgemeinschaften einerseits und den Anhängern weltlicher (z. B. humanistischer) Wertvorstellungen, wie den Klägern, bestehen, haben diese nicht das Gewicht eines Verstoßes gegen Verfassungsrecht.

Dem beklagten Land ist es ersichtlich ein vom Grundgesetz (Art. 7 Abs. 1 GG) gebilligtes bildungspolitisches Anliegen (siehe oben), den Schülern im Unterricht auch ein Forum zu bieten, in dem sie zur Auseinandersetzung mit geistig-ethischen Grundanschauungen und Grundanforderungen des sozialen und politischen Gemeinschaftslebens angehalten werden. Es ist nicht von Verfassungs wegen gehalten, diese für die Persönlichkeitsbildung junger Menschen notwendige und bedeutsame pädagogische Aufgabe völlig dem gesellschaftlichen Bereich und den Elternhäusern zu überlassen. Vielmehr darf der Staat die Schüler hier in den oben beschriebenen Grenzen mit eigenen auch verbindlichen Unterrichtsinhalten konfrontieren. Wenn das beklagte Land diese Aufgabe bildungspolitisch so wahrnimmt, daß es dieses Forum in Form eines Religions-Unterrichts und für diejenigen, die aus weltanschaulichen Gründen daran nicht teilnehmen wollen, in Form eines religiös unverbindlichen Ethik-Unterrichts schafft, so ist dies auch unter dem Gesichtspunkt von

Art. 3 Abs. 3 Satz 1 und 33 Abs. 3 Satz 2 GG verfassungsrechtlich unbedenklich.

Auch wenn der Religions-Unterricht, wie die Kläger zu Recht meinen, Bekenntnisunterricht und religiöse Unterweisung ist oder – besser, je nach dem Konzept des jeweiligen Religionslehrers – sein kann, so haben der Religions-Unterricht und der Ethik-Unterricht doch gemein, daß in beiden Fächern moralische Fragen in erster Linie Gegenstand des Unterrichts sind, in dem einen Fach mit religiöser Prägung, in dem anderen ohne. In dieser Gemeinsamkeit unterscheiden sie sich auch von anderen Fächern. Wenn der Staat sicherstellen will, daß ein Unterricht mit diesen Inhalten stattfindet, so muß er aufgrund des ihm von Verfassungs wegen vorgegebenen Freistellungsanspruchs in Art. 7 Abs. 2 GG ein verbindliches Unterrichtsangebot schaffen, das diese Lücke in dem (auf bildungspolitischen Entscheidungen beruhenden) Erziehungs- und Bildungsauftrag schließt. Diesem Zweck dient der Ethik-Unterricht gemäß § 100 a SchulG.

Der Ethik-Unterricht ist somit eher Komplementärunterricht als Ersatzunterricht – auch wenn ihm das Etikett des Ersatzes von vielen Seiten gegeben wird, um mit unterschiedlichen Intentionen daraus begrifflich eine Nachrangigkeit abzuleiten –, und er ist hiernach zumeist in seiner gesetzlichen Ausformung durchaus nicht Strafmaßnahme für diejenigen, die von ihrem Recht aus Art. 7 Abs. 2 GG Gebrauch machen wollen. Vor dem Hintergrund dieser Intentionen ist es auch verfassungsrechtlich nicht zu beanstanden, daß der Ethik-Unterricht nicht für alle Schüler verbindlich ist, sondern nur für diejenigen, die sich vom Religions-Unterricht abgemeldet haben. Denn den übrigen Schülern wird die Beschäftigung mit ethischen Grundfragen, wenn auch abgewandelt und vielleicht mit akzentuierter christlicher Prägung, im Religions-Unterricht geboten.

Es kann hier dahinstehen, ob kirchliche Interessen Auslöser für die Einrichtung des Ethik-Unterrichts in Baden-Württemberg waren oder ob Vertreter der Kirchen und auch (vereinzelte) Politiker des Landes den Zweck des Ethik-Unterrichts allein als Mittel gegen die Abwanderung aus dem Religions-Unterricht betrachten. Denn darauf kommt es bei der Auslegung, Anwendung und verfassungsrechtlichen Bewertung von Rechtsnormen, hier von § 100 a SchulG, nicht an. Bei der gebotenen objektiven Auslegung von § 100 a SchulG kommt ihm durchaus die oben beschriebene und verfassungsrechtlich unbedenkliche Komplementärfunktion und nicht nur, wie die Kläger meinen, eine verfassungsrechtlich in der Tat unzulässige Funktion einer Strafe für die Berufung auf ein Grundrecht (Art. 7 Abs. 2 GG) zu.

b) An dieser verfassungsrechtlichen Beurteilung ändert auch nichts die Tatsache, daß der Ethik-Unterricht, der in Baden-Württemberg zwar schon gut seit einem Jahrzehnt existiert, aber gleichwohl noch vergleichsweise „jung" ist, unbestreitbar gegenüber anderen Fächern einige Besonderheiten und Nachteile aufweist. Denn es handelt sich dabei um Fragen der Gestaltung der Schulpraxis, denen das für den Befund einer Verfassungswidrigkeit des Ethik-Unterrichts erforderliche Gewicht grundsätzlich nicht zukommt (vgl. hierzu auch BVerfG, Senatsbeschluß vom 17. 12. 1975, BVerfGE 41, 29 [64] und Beschluß der 2. Kammer des 1. Senats vom 15. 9. 1987 – 1 BvR 967/87 und 1 BvR 1102/87 –; ebenso BayVGH, Beschluß vom 21. 12. 1989[5], BayVBl. 1990, S. 244).

aa) Zu diesem verfassungsrechtlich wenig bedeutsamen Bereich der Gestaltung der Schulpraxis gehört der Umstand, daß das Fach Ethik als einziges Unterrichtsfach nicht von wissenschaftlich speziell dafür ausgebildeten Lehrern unterrichtet wird. Dies mag unbefriedigend sein, benachteiligt die Schüler des Ethik-Unterrichts aber nicht *aufgrund* ihrer politischen oder religiösen bzw. nichtreligiösen Anschauung im Sinne von Art. 3 Abs. 3 Satz 1 und Art. 33 Abs. 3 Satz 2 GG. Es ergibt sich daraus auch deshalb keine (Grund-)Rechtsverletzung, weil weder Schüler noch Eltern einen Anspruch gegen den Staat darauf haben, daß die Lehrer – in welchen Fächern auch immer – eine bestimmte Ausbildung haben. Es stellt sich deshalb in diesem Verfahren auch nicht die Rechtsfrage, ob es ausreichend oder gar sinnvoller ist, das Fach Ethik von Lehrern unterrichten zu lassen, die eine – aus ethischer Sicht übergreifende – geistes- oder sozialwissenschaftliche Ausbildung absolviert haben, und ob es aus wissenschaftlicher Sicht Sinn macht, ein spezielles Ethik-Studium an den Universitäten anzubieten, was es in Zukunft ja durchaus einmal geben kann. Im besonderen Fall der Kläger kommt hinzu, daß der Ethiklehrer des Klägers zu 1 aufgrund eines persönlichen (außerdienstlichen) Engagements besonders befähigt ist, das Fach Ethik zu unterrichten, da er an einem Funk-Kolleg „Praktische Philosophie, Ethik" teilgenommen und dieses sogar qualifiziert abgeschlossen hat.

bb) Im Grundsatz gilt das gleiche für den Einwand der Kläger, das Fach Ethik könne anders als z. B. Religion in der Oberstufe nicht als Leistungskurs gewählt werden und sei deshalb im Hinblick auf das Abitur von minderer Bedeutung, was den Sanktionscharakter des Ethik-Unterrichts bestätige. Auch dies gehört zu den die Grundrechte nicht verletzenden Gestaltungen der Schulpraxix (siehe oben). Das Grundgesetz verpflichtet die Schulverwaltung nicht zur Anbietung bestimmter Leistungskurse. Unterhalb der Schwelle der verfassungsrechtlichen Relevanz ist die sich hierin äußernde Herabsetzung des Ethik-Unterrichts gegenüber dem Religions-Unterricht in der Tat nicht ganz gereimt, und es könnte, um Mißverständnisse zu vermeiden, auf längere Sicht

---

[5] KirchE 27, 359.

geboten erscheinen, hier Abhilfe zu schaffen, gerade um dem Ethik-Unterricht die ihm zugedachte Komplementärfunktion (siehe oben) vollständig zu verschaffen. Doch hat diese Inkonsequenz nicht zur Folge, daß die Kläger daraus unter Berufung auf die Verfassung eine Befreiung vom Ethik-Unterricht für den Kläger zu 1 ableiten könnten. Auch diese Besonderheit des Ethik-Unterrichts dürfte eine Folge davon sein, daß der Ethik-Unterricht didaktisch noch nicht so ausgereift ist, daß die Schule hier dem Anspruch eines Leistungskurses gerecht wird. Die Vertreter des Gymnasiums und des Oberschulamts F. haben in der mündlichen Verhandlung die Möglichkeit eines Leistungskurses für Ethik in der Zukunft durchaus eingeräumt und mitgeteilt, daß dem – anders als die Kläger argwöhnen – keine grundsätzlichen bildungspolitischen Hindernisse entgegenstehen. Die Kammer vermag jedenfalls dem Verdacht der Kläger, es sei allein Absicht des beklagten Landes, daß Ethik-Unterricht deshalb nicht als Leistungskurs gewählt werden könne, damit es seinen Charakter als Mittel der Abschreckung gegenüber der Abmeldung vom Religions-Unterricht nicht verliere, nicht zu folgen. Nur dieser finale Ansatz könnte aber im Hinblick auf Art. 3 Abs. 3 Satz 1 und Art. 33 Abs. 3 Satz 2 GG verfassungsrechtlich erheblich und allenfalls geeignet sein, eine Verfassungswidrigkeit anzunehmen.

cc) Auch der Umstand, daß Ethik-Unterricht nur in Abhängigkeit zum Religions-Unterricht erteilt wird, d. h., daß er und damit das mit diesem Unterricht verbundene Bildungs- und Erziehungsziel entfällt bzw. aufgegeben wird, wenn Religions-Unterricht ausfällt oder die Zahl der Abmelder vom Religions-Unterricht eine bestimmte Anzahl unterschreitet, setzt ihn in der Tat in gewisser Weise gegenüber dem Religions-Unterricht zurück. Auch darin ist jedoch noch kein Verfassungsverstoß, insbesondere in der Form eines Verstoßes gegen den Grundsatz der Gleichbehandlung, zu sehen. Daß insbesondere dann keine Ungleichbehandlung gegeben ist, wenn gleichermaßen Religions-Unterricht *und* (somit) Ethik-Unterricht ausfallen, liegt auf der Hand. Doch ist es verständlich, wenn die Kläger diesen Fall als Beispiel dafür nennen, daß Ethik-Unterricht eben keine vollwertige Komplementärfunktion besitzt, sondern eher Strafcharakter hat, weil in diesem Fall der Staat überraschenderweise kein Interesse an einer sittlichen Unterweisung mehr habe. Auch hier kann das beklagte Land seine Praxis gegenwärtig noch damit rechtfertigen, daß der Ethik-Unterricht noch nicht voll entwickelt ist und seine volle Gleichwertigkeit neben dem seit Jahren praktizierten Religions-Unterricht erst angestrebt wird. Doch wird man das dem beklagten Land letztlich nur dann abnehmen können, wenn es weitere Anstrengungen zur Fortentwicklung des Ethik-Unterrichts unternimmt. In jedem Fall folgt daraus keine verfassungswidrige Ungleichbehandlung. Man wird auch nicht so weit gehen können, den Schülern hier aus der Verfassung – in Betracht käme hier nur Art. 7 Abs. 1 GG –

einen Anspruch auf Durchführung von Ethik-Unterricht zu geben, was die Kläger ja gerade nicht erstreben. Rechtlich weit unbedenklicher ist der Fall zu beurteilen, wenn Ethik-Unterricht nur wegen des Nichterreichens der Mindestteilnehmerzahl ausfällt. Dies ist aus Gründen der Gestaltungsfreiheit der Schule bei der Organisation ihres Unterrichts hinzunehmen. Es kann in der Tat einen unverhältnismäßigen Aufwand erfordern, Ethik-Unterricht lediglich für eine Handvoll Schüler zu erteilen. Auch in anderen Fächern ist es nicht ausgeschlossen, daß Unterricht wegen des Unterschreitens einer Mindestteilnehmerzahl ausfällt oder zumindest nicht in der Form eines Leistungskurses angeboten wird.

dd) Ob die Kläger ferner weiterhin an der Rüge festhalten, daß der Sanktionscharakter des Ethik-Unterrichts im konkreten Fall auch daran deutlich werde, daß er im Schuljahr 1993/94 u. a. am Nachmittag stattgefunden hat, ist bereits fraglich, da diese Unannehmlichkeit für den Kläger zu 1 im laufenden Schuljahr 1994/95 abgestellt worden ist und die Kläger auf diese Rüge nicht mehr zurückgekommen sind. In jedem Fall hat dies die Kläger nicht in ihren Rechten verletzt. Maßnahmen der Schulorganisation, zu denen diese schulische Maßnahme zu rechnen ist, verletzen regelmäßig nicht Grundrechte der Schüler und ihrer Eltern (BayVGH, Beschluß vom 21. 12. 1989, BayVBl. 1990, S. 244 m. w. N.). Darüber hinaus haben die Vertreter des Gymnasiums in der mündlichen Verhandlung überzeugend dargelegt, daß die Verlegung einer Unterrichtsstunde des Ethik-Unterrichts auf einen Nachmittag im Schuljahr 1993/94 allein darauf beruht habe, daß dieser Unterricht erstmals im 2. Halbjahr dieses Schuljahres für die Klasse 9 angeboten worden sei und aufgrund des bereits bestehenden Stundenplanes keine Möglichkeit (mehr) bestanden habe, diese Stunde am Vormittag unterzubringen.

4. Schließlich kann auch die Praxis des beklagten Landes, in bestimmten Fällen Schülern, die einer anderen als der katholischen oder evangelischen Kirche angehören, eine Befreiung sowohl vom Religions-Unterricht als auch vom Ethik-Unterricht zu erteilen, nicht zur Grundlage für einen Anspruch der Kläger auf Befreiung des Klägers zu 1 vom Ethik-Unterricht genommen werden. In der mündlichen Verhandlung haben die Vertreter des beklagten Landes eingeräumt, solche Befreiungen in den Fällen von Mitgliedern der Neuapostolischen Kirche, der Kirche Jesu Christi (der Mormonen) und jüdischer Gemeinden erteilt zu haben. Diese Befreiungen sind ersichtlich an die Bedingung geknüpft, daß diese Schüler an einem organisierten religionsähnlichen Unterricht ihrer Religionsgemeinschaft teilnehmen. Ob dies bildungspolitisch sinnvoll ist, kann hier dahinstehen. Jedenfalls können die Kläger nicht unter Berufung auf die Art. 3 Abs. 3 Satz 1 und 33 Abs. 3 Satz 2 GG eine Gleichbehandlung mit diesen Religionszugehörigen verlangen und/oder behaupten, an dieser Praxis werde offenkundig, daß der Ethik-Unterricht sie

als Anhänger nichtreligiöser Wertvorstellungen diskriminiere und für die Wahrnehmung ihres Rechts aus Art. 7 Abs. 2 GG bestrafe. Denn in gewisser Hinsicht stellt es sogar ein konsequentes Vorgehen des beklagten Landes bei dem Bestreben dar, mit dem Ethik-Unterricht sicherzustellen, daß Schülern überhaupt – sei es im Ethik-Unterricht, sei es im Religions-Unterricht – ein Ort der Auseinandersetzung mit religiösen und/oder geistig-ethischen Fragestellungen gewährleistet ist. Das beklagte Land sieht diese Gewährleistung im Fall der drei genannten Glaubensgemeinschaften als gegeben an. Das ist rechtlich, vor allem verfassungsrechtlich, nicht zu beanstanden. Ob der Erziehungs- und Bildungsanspruch des Staates in diesen Veranstaltungen der Glaubensgemeinschaften in jeder Hinsicht gewährleistet ist, ist jedenfalls hier insoweit ohne rechtliche Bedeutung, als die Kläger die Einhaltung bestimmter Mindestanforderungen in diesen Veranstaltungen – wegen insofern fehlender eigener Rechtsbetroffenheit – nicht beanspruchen können. Immerhin fällt es auf, daß es sich bei diesen drei Religionsgemeinschaften um altüberlieferte Gemeinschaften handelt, die – anders als bestimmte Sekten – auf eine gewisse Glaubenstradition und fest verwurzelte Glaubensgrundsätze und (religiös bestimmte) ethische Prinzipien verweisen können. Dem Gericht steht es nicht an, hier Bewertungen vorzunehmen. Jedenfalls erscheint es nicht unberechtigt, von diesen Glaubensgemeinschaften zu erwarten, daß sie ihren Kindern eine Auseinandersetzung mit religiösen und/oder ethischen Fragestellungen mit einem bestimmten Anspruch ermöglichen. Gerade die Beispiele dieser drei Religionsgemeinschaften sprechen auch gegen den Verdacht der Kläger, die Einrichtung des Ethik-Unterrichts diene allein den Interessen der katholischen oder evangelischen Kirche. Denn gerade mit dieser Befreiungspraxis kommt das beklagte Land diesen beiden Kirchen nicht entgegen.

Es mag durchaus sein und es spricht einiges dafür, daß dem Kläger zu 1 in seinem Elternhaus ebenfalls ein geeigneter Rahmen zur Entwicklung eigener, für sich als richtig erkannter Handlungsmaxime geboten wird. Dies ist jedoch sicher nicht bei jedem Schüler ebenso der Fall. Hier zwischen den verschiedenen Elternhäusern zu differenzieren, kann von der Schule nicht gefordert werden. Des weiteren darf nicht unberücksichtigt bleiben, daß es einen entscheidenden Unterschied macht, ob ein Kind bzw. ein Jugendlicher wie der Kläger zu 1 weltanschauliche Fragen ausschließlich im Elternhaus im Kreise Erwachsener erörtert oder ob er (auch) auf dem Niveau von Gleichaltrigen und in einer Gruppe mit diesen moralisch-ethische Fragestellungen diskutiert und so ein (weiteres) Übungsfeld zur Herausbildung seiner Persönlichkeit erhält. Auch hier gibt es Unterschiede zwischen Religions- und Ethik-Unterricht in der Schule sowie außerschulischem Religions-Unterricht in den genannten drei Religionsgemeinschaften einerseits und dem Elternhaus der Kläger andererseits, die gerade im Hinblick auf die Art. 3 Abs. 3 Satz 1 und

33 Abs. 3 Satz 2 GG nicht unberücksichtigt bleiben können und durchaus einen sachlichen Differenzierungsgrund darstellen.

5. Ein Verstoß gegen Art. 140 GG i. V. m. den Art. 136 ff. WRV kommt von vornherein nicht in Betracht.

Die Kläger haben keinen Anspruch auf Befreiung des Klägers zu 1 vom Ethik-Unterricht aufgrund von § 3 Abs. 1 Satz 2 SchulbesVO. Nach dieser Vorschrift können Schüler von der Teilnahme am Unterricht in einzelnen anderen Fächern (als dem Sportunterricht) oder von sonstigen verbindlichen Schulveranstaltungen nur in besonders begründeten Ausnahmefällen vorübergehend oder dauernd ganz oder teilweise befreit werden. Ein besonders begründeter Ausnahmefall im Sinne dieser Vorschrift ist im Falle des Klägers zu 1 nicht zu erkennen. Er könnte hier allein in einer Verfassungswidrigkeit der Teilnahmepflicht am Ethik-Unterricht gesehen werden. Das ist jedoch nach den vorhergehenden Ausführungen nicht der Fall.

14

Der für konfessionsverschiedene Eheleute gemäß § 6 Abs. 1 Satz 1 Nr. 1 NW.KiStG geltende Halbteilungsgrundsatz ist verfassungsrechtlich unbedenklich.

Art. 3, 6 GG, §§ 3 Abs. 1 Nr. 1, 6 Abs. 1 Satz 1 Nr. 1 NW.KiStG
BFH, Urteil vom 15. März 1995 − I R 85/94[1] −

Die Klägerin und Revisionsklägerin war im Streitjahr 1990 Mitglied der röm.-kath. Kirche. Sie war verheiratet und wurde mit ihrem Ehemann zusammen zur Einkommensteuer 1990 veranlagt. Der Ehemann war damals Mitglied der ev. Kirche. Das Einkommen 1990 der Eheleute betrug 331 412 DM. Es bestand nur aus vom Ehemann der Klägerin erzielten Einkünften. Die festgesetzte Einkommensteuerschuld 1990 betrug 129 928 DM. Das zuständige Finanzamt setzte durch Bescheid vom 12. 3. 1992 gegenüber der Klägerin die röm.-kath. Kirchensteuer 1990 mit 5833,26 DM fest. Dieser Betrag ergibt sich, wenn man die Einkommensteuerschuld gemäß § 51a Abs. 2 Satz 1 Nr. 2 EStG um 300 DM mindert und von dem halbierten Saldo 9 v. H. berechnet (129 928 DM ./. 300 DM = 129 628 DM; 129 628 DM : 2 = 64 814 DM; 9 v. H. von 64 814 DM = 5833,26 DM).

---

[1] Amtl. Leitsatz. BFHE 177, 303; NJW 1995, 2807; BStBl. II 1995, 547; HFR 1995, 656; ZevKR 41 (1996), 89. Nur LS: NVwZ 1996, 100; BB 1995, 1577; DStZ 1995, 733; AkKR 164 (1995), 233.

Gegen den Bescheid legte zunächst nur der Ehemann der Klägerin mit Schreiben vom 15. 4. 1992 gegenüber dem Beklagten und Revisionsbeklagten, dem Bischöflichen Generalvikariat, Einspruch ein. Er machte u. a. geltend, gegenüber der Klägerin dürfe keine röm.-kath. Kirchensteuer festgesetzt werden, weil sie kein eigenes Einkommen erzielt habe. Der Beklagte richtete am 5. 5. 1992 ein Schreiben an beide Eheleute, in dem er beide als Einspruchsführer bezeichnete. Beide Eheleute beantworteten das Schreiben am 11. 5. 1992. Der Beklagte erließ deshalb gegenüber beiden Eheleuten am 19. 5. 1992 eine zusammengefaßte Einspruchsentscheidung.

Beide Eheleute erhoben Klage, die das Finanzgericht als unbegründet zurückwies, nachdem das Finanzamt am 23. 7. 1992 einen geänderten röm.-kath. Kirchensteuerbescheid 1990 erlassen und die Eheleute denselben in das Klageverfahren übergeleitet hatten.

Beide Eheleute hatten Nichtzulassungsbeschwerde eingelegt, jedoch hat der BFH nur die Revision der Klägerin zugelassen. Sie rügt die Verletzung der §§ 3 und 6 NW.KiStG und beantragt, unter Aufhebung des angefochtenen Urteils der Anfechtungsklage stattzugeben.

Die Revision der Klägerin blieb ohne Erfolg.

Aus den Gründen:

Die Revision ist unbegründet. Sie war deshalb zurückzuweisen (§ 126 Abs. 2 FGO).

1. Nach § 3 Abs. 1 NW.KiStG sind – vorbehaltlich des im Streitfall nicht einschlägigen § 15 Abs. 1 NW.KiStG – nur alle Angehörigen der Katholischen Kirche und der Evangelischen Kirche kirchensteuerpflichtig, wenn sie ihren Wohnsitz oder gewöhnlichen Aufenthalt i. S. der §§ 8 und 9 der AO 1977 im Land Nordrhein-Westfalen haben. § 3 Abs. 1 NW.KiStG ist dahin zu verstehen, daß keiner der beiden Kirchen ein Besteuerungsrecht gegenüber Nichtmitgliedern zusteht (Urteil des BFH vom 29. 6. 1994[2] – I R 132/93 – BFHE 175, 189; Beschlüsse des BVerfG vom 14. 12. 1965[3] – 1 BvR 606/60 u. a. – BVerfGE 19, 268, BStBl. I 1966, 196; vom 8. 2. 1977[4] – 1 BvR 329/71 u. a. – BVerfGE 44, 37, v. Mangold/Klein/v. Campenhausen, Das Bonner Grundgesetz, 3. Aufl., Art. 140, Rdnr. 201; Leibholz/Rinck/Hesselsberger u. a., Grundgesetz, Art. 140, Rdnr. 336). Aus der Pflicht zu weltanschaulich-religiöser Neutralität des Staates folgt, daß einer Religionsgesellschaft Hoheitsbefugnisse nur über Personen verliehen werden dürfen, die ihr mitgliedschaftlich angehören. In diesem Sinne ist auch Art. 140 GG auszule-

---

[2] KirchE 32, 229.   [3] KirchE 7, 352.   [4] KirchE 16, 47.

gen. Der Grundsatz gilt für alle Arten der Kirchensteuererhebung. Nach den tatsächlichen Feststellungen des FG, an die der erkennende Senat in Ermangelung durchgreifender Verfahrensrügen gemäß § 118 Abs. 2 FGO gebunden ist, war die Klägerin im Streitjahr 1990 Mitglied der röm.-kath. Kirche. Sie hatte ihren Wohnsitz in Nordrhein-Westfalen im Zuständigkeitsbereich des Beklagten. Damit war sie gemäß § 3 NW.KiStG kirchensteuerpflichtig.

2. a) Nach § 4 Abs. 1 Nr. 1 NW.KiStG ist es der röm.-kath. Kirche freigestellt, die röm.-kath. Kirchensteuer nach Maßgabe des Einkommens als Zuschlag zur Einkommen- bzw. Lohnsteuer oder nach einem kircheneigenen Tarif zu erheben. In Nordrhein-Westfalen hat die röm.-kath. Kirche von ersterer Möglichkeit Gebrauch gemacht. Dies bedeutet, daß die röm.-kath. Kirchensteuer jedenfalls im Verhältnis zu solchen Personen als Zuschlag zur Einkommen- oder Lohnsteuer erhoben werden darf, die Mitglied der röm.-kath. Kirche sind. Die Klägerin schuldete für 1990 Einkommensteuer. Sie wurde nämlich mit ihrem Ehemann zusammen zur Einkommensteuer 1990 veranlagt. Ihre Einkommensteuerschuld betrug 129 928 DM. Dabei handelt es sich allerdings um die Gesamtschuld beider Eheleute. Deshalb sieht § 6 Abs. 1 Satz 1 Nr. 1 NW.KiStG die Reduzierung der Bemessungsgrundlage für die Erhebung der röm.-kath. Kirchensteuer in einer konfessionsverschiedenen Ehe auf die Hälfte der Einkommensteuer nach Abzug der in § 51 a Abs. 2 Satz 1 Nr. 2 EStG genannten Beträge vor. Im Streitfall bemißt sich deshalb die röm.-kath. Kirchensteuer von 50 v. H. von 129 928 DM ./. 300 DM = 50 v. H. von 129 628 DM = 64 814 DM. Sie beträgt 9 v. H. der Bemessungsgrundlage. Der Beklagte ist in der Einspruchsentscheidung von diesen Zahlen ausgegangen. Der angefochtene Kirchensteuerbescheid ist deshalb rechtmäßig.

b) Der Senat folgt nicht der Klägerin in deren Auffassung, daß ihre Zusammenveranlagung mit dem Ehemann keine eigene Einkommensteuerschuld der Klägerin entstehen lasse. Das Gegenteil ist der Fall. Die Zusammenveranlagung von Ehegatten gemäß §§ 26, 26 b EStG begründet auch für den Ehegatten eine Einkommensteuerschuld, der selbst keine Einkünfte erzielt hat. Dies entspricht ständiger höchstrichterlicher Rechtsprechung und der ganz herrschenden Meinung (vgl. Schmidt/Seeger, Einkommensteuergesetz, 13. Aufl., § 26 b Anm. 3 m. w. N.).

3. Der Senat hat auch keine verfassungsrechtlichen Bedenken gegen den angefochtenen Kirchensteuerbescheid.

a) Zwar hat das BVerfG in seinem Urteil in BVerfGE 19, 268, BStBl. I 1966, 196 für zusammenveranlagte Eheleute, die in einer glaubensverschiedenen Ehe leben, entschieden, daß es mit dem Grundrecht aus Art. 2 Abs. 1 GG unvereinbar sei, wenn die Kirchensteuer des einer steuerberechtigten Religionsgesellschaft angehörenden Ehegatten nach der Hälfte der zusammengerechneten Einkommensteuer beider Ehegatten erhoben werde. Diese Entscheidung ist jedoch zur Kirchensteuerordnung der Ev.-luth. Kirche im Hamburgischen Staate vom 18. 3. 1947 i. d. F. vom 12. 3. 1959 (Gesetze, Verordnungen und Mitteilungen der Ev.-luth. Kirche im Hamburgischen Staate 1959, 28) ergangen, die im Streitfall nicht anzuwenden ist. Der Senat hält eine Übertragung der Entscheidung auf § 6 Abs. 1 Satz 1 NW.KiStG nicht für richtig, weil sie auf einem die Ehegatten isolierenden Verständnis der Ehe beruht und das BVerfG inzwischen diese Rechtsprechung – wenn auch nur bezogen auf das staatliche Einkommensteuerrecht – zugunsten einer Interpretation der Ehe als Leistungsfähigkeitsgemeinschaft aufgegeben hat (vgl. BVerfG-Urteil vom 3. 11. 1982 – 1 BvR 620/78 u. a. – BVerfGE 61, 319 [345], BStBl. II 1982, 717; vgl. auch BVerfG-Beschluß vom 20. 4. 1966[5] – 1 BvR 16/66 – BStBl. I 1966, 694; ebenso: Kirchhof, Der Schutz von Ehe und Familie, in: Essener Gespräche zum Thema Staat und Kirche, Heft 21 S. 33 [42]). Nach der neueren Rechtsprechung des BVerfG beruht der Splittingtarif auf der Vorstellung, daß zusammenlebende Ehegatten eine Gemeinschaft des Erwerbs und des Verbrauchs bilden, in der jeder Ehegatte an dem Einkommen des anderen zur Hälfte teilhat, auch wenn die Einkünfte als solche von dem anderen Ehegatten i. S. des § 2 Abs. 1 EStG erzielt werden (vgl. BT-Drucks. III/260 S. 34). Dieser Grundgedanke des Splittingtarifs steht nicht nur im Einklang mit den Grundwertungen des Familienrechts, sondern er respektiert zugleich die Aufgabe der Ehefrau als Hausfrau, die Gleichwertigkeit der Arbeit von Mann und Frau sowie die freie Entscheidung der Eheleute über die Aufgabenverteilung innerhalb der Ehe. Zusätzlich begegnet er der Gefahr, daß Eheleute nur durch Übertragung von Einkunftsquellen oder durch die Begründung wechselseitiger Dienstleistungspflichten ihr jeweiliges Einkommen untereinander willkürlich verlagern. In diesem Sinne ist der Splittingtarif nicht nur verfassungsrechtlich unbedenklich, sondern er orientiert sich ausgesprochen an dem Schutzgebot des Art. 6 Abs. 1 GG und an der wirtschaftlichen Leistungsfähigkeit zusammenlebender Eheleute als einer Gemeinschaft des Erwerbs und des Verbrauchs (Art. 3 Abs. 1 GG).

b) Verfassungsrechtlich unbedenklich ist es, wenn § 4 Abs. 1 Nr. 1 Buchst. a und § 6 Abs. 1 Satz 1 Nr. 1 NW.KiStG an die Vorgaben des Splittingtarifs anknüpfen. Der röm.-kath. Kirche ist in Art. 140 GG i. V. m. Art. 137 Abs. 6 WRV das Recht eingeräumt, Kirchensteuer von den eigenen Mitgliedern zu erheben. § 4 Abs. 1 Nr. 1 Buchst. a und § 6 Abs. 1 Satz 1 Nr. 1 NW.KiStG knüpfen die Bemessungsgrundlage der röm.-kath. Kirchensteuer an die Einkommensteuerschuld, wobei für zusammenveranlagte Eheleute je-

---

[5] KirchE 8, 67.

weils nur die Hälfte der Einkommensteuerschuld angesetzt wird. Dies ist ein persönliches Merkmal, das das einzelne Kirchemitglied in eigener Person verwirklicht. Mag der persönlichen Einkommensteuerschuld nicht immer das persönliche Erzielen von Einkünften zugrunde liegen, so steht dies der Verfassungsmäßigkeit der Kirchensteuererhebung nicht entgegen. Es gibt keinen verfassungsrechtlichen Grundsatz, wonach eine Ertragsteuer stets nur von den persönlich erzielten Einkünften erhoben werden dürfte. Die §§ 26, 26 b EStG, 39 und 42 AO 1977, 7 ff. des Außensteuergesetzes belegen das Gegenteil. Die Steuererhebung muß sich lediglich an der Leistungsfähigkeit des einzelnen orientieren. Ihr dürfen deshalb nur solche Tatbestände zugrunde gelegt werden, die Ausdruck einer Steigerung von Leistungsfähigkeit sind. Die Leistungsfähigkeit jedes der zusammenlebenden Ehegatten wird aber durch das gemeinsam erzielte Einkommen gesteigert. Dies ist kein willkürlicher Ansatz, zumal die Klägerin die Möglichkeit hatte, durch einen Antrag auf getrennte Einkommensteuerveranlagung 1990 ihre Heranziehung zur röm.-kath. Kirchensteuer zu vermeiden. Dann hätte allerdings der Ehemann der Klägerin eine um so höhere ev. Kirchensteuer geschuldet. Es darf deshalb angenommen werden, daß beide Ehegatten die für sie insgesamt finanziell günstigere Entscheidung getroffen haben. Dies ist verfassungsrechtlich unbedenklich.

15

Zur Frage, welche tatsächlichen Anforderungen an die Feststellung einer durch Taufe begründeten kirchlichen Mitgliedschaft zu stellen sind.
Zum Nachweis des Kirchenaustritts insbesondere nach dem Recht der ehemaligen DDR.

§§ 4, 9 Abs. 2 M.-V.KiStG, 4 Abs. 1 M.-V.KiStGErhG
FG Mecklenburg-Vorpommern, Urteil vom 21. März 1995 − 1 K 58/94[1] −

Die Beteiligten streiten um die Festsetzung von Kirchensteuer für 1992.
In ihrer Einkommensteuererklärung 1992 trugen die Kläger handschriftlich unter Religion „ev." ein. Gegen den mit dem Einkommensteuerbescheid verbundenen Kirchensteuerbescheid haben die Kläger Einspruch eingelegt und vorgetragen, sie hätten niemals einer Religion angehört. Bei der Eintragung „ev." müsse ihnen ein Fehler unterlaufen sein. Da sie nicht wüßten, welcher Religion sie angehören sollten, könnten sie auch keine Austrittserklärung ab-

---

[1] EFG 1995, 1115. Das Urteil ist rechtskräftig.

geben. Sie seien beide 1961 bereits aus der Kirche ausgetreten und seien seitdem konfessionslos.
Einspruch und Klage hatten keinen Erfolg.

Aus den Gründen:

Die Klage ist unbegründet. Die Kläger waren kirchensteuerpflichtig gemäß § 4 des Gesetzes zur Regelung des Kirchensteuerwesens — KiStG — vom 31. 8. 1990 (BGBl. II 1990, S. 1194; GBl. der DDR 1990, S. 1934).
1. Nach Art. 140 GG i. V. m. Art. 134 Abs. 6 WRV ist den Religionsgesellschaften, welche Körperschaften des öffentlichen Rechts sind, mit Verfassungskraft das Recht gewährleistet, aufgrund der bürgerlichen Steuerlisten nach Maßgabe der landesrechtlichen Bestimmungen Steuern zu erheben. Die Verpflichtung zur landesrechtlichen Regelung der Kirchensteuererhebung ist in Mecklenburg-Vorpommern durch das KiStG erfüllt worden. Dieses von der ehemaligen DDR im Rahmen des Einigungsvertrages erlassene Gesetz (Anlage II Kapitel IV Abschn. I Einigungsvertrag) gilt nach Art. 9 Abs. 5 Einigungsvertrag als Landesrecht fort. Durch § 2 Nr. 1 Buchstabe e) KiStG ist die Beigeladene als Körperschaft des öffentlichen Rechts anerkannt worden.

Nach § 4 dieses Gesetzes sind die Angehörigen der in § 2 Nr. 1 und 2 KiStG genannten Kirchen verpflichtet, öffentlich-rechtliche Abgaben (Kirchensteuern) nach Maßgabe der von den Kirchen erlassenen eigenen Steuerordnungen zu entrichten. Die Beigeladene hat die in § 4 eingeräumte Ermächtigung durch Erlaß des Kirchensteuererhebungsgesetzes vom 4. 11. 1990 (GVOBl. M.-V. 1991, S. 259) wahrgenommen. Dieses originäre Kirchengesetz regelt in seinem § 4 Abs. 1, daß alle Kirchenmitglieder der ev.-luth. Landeskirche Mecklenburgs nach Maßgabe dieses Gesetzes kirchensteuerpflichtig sind. Die Regelung des Mitgliedschaftsrechts ist Angelegenheit der Religionsgesellschaften, die sie selbst ordnen. Vor allem die Regelung des Mitgliedschaftserwerbs überläßt der Staat herkömmlich und verfassungsrechtlich verpflichtet dem kirchlichen Recht. Die Religionsgesellschaften sind hierbei aber an die Schranken des für alle geltenden Gesetzes gebunden (Art. 140 GG i. V. m. Art. 137 Abs. 3 WRV). Das bedeutet vor allem, daß die Religionsgesellschaften nicht mit Wirkung für den staatlichen Bereich in die Religionsfreiheit, insbesondere die negative religiöse Vereinigungsfreiheit von Personen eingreifen können, die ihrer innerkirchlichen Rechtsordnung nicht bereits unterworfen sind (vgl. Engelhardt, Die Kirchensteuern in den neuen Bundesländern, Köln 1991, S. 29). Die Kirchenmitgliedschaft der Beigeladenen begründet sich auf die Kriterien Taufe, Bekenntnis und Wohnsitz (vgl. Urteil des Finanzgerichts Düsseldorf vom 14. 4. 1994 — I K 292/90 Ki — EFG 1994, 1071).

2. Der Senat ist aufgrund der Einlassungen der Kläger im außergerichtlichen und gerichtlichen Verfahren sowie den ausweichenden Antworten auf die konkrete Frage nach dem Getauftsein überzeugt, daß die Kläger getauft sind. Sie haben ihren Wohnsitz im Gebiet der Beigeladenen, sie haben sich zum evangelischen Glauben bekannt und ihre Mitgliedschaft nicht bis zum Ende des Veranlagungszeitraumes 1992 wirksam beendet.

2.1 Zur Taufe als einem tatsächlichen Vorgang, der zu seiner Wirksamkeit keiner Dokumentation bedarf, haben sich die Kläger im Laufe des Verfahrens nicht eindeutig geäußert. In der Einspruchsentscheidung wird behauptet, daß die Kläger „unstrittig getauft" seien. Dieser Behauptung sind die Kläger nicht entgegengetreten. Das klägerische Vorbringen, im ganzen Leben noch nie Kirchensteuer bezahlt zu haben, sagt nichts darüber, ob sie getauft wurden. In ihrem Schreiben vom 3. 3. 1994 gaben die Kläger an, bereits 1961 aus der Kirche ausgetreten und seit 1961 konfessionslos zu sein, was für eine durch Taufe erworbene vorherige Mitgliedschaft spricht. Auf die eindeutige und wiederholte Bitte des Gerichts, anzugeben, ob sie getauft seien und ob sie hierüber Unterlagen in ihrem Besitz hätten, antworteten die Kläger lediglich: „in unserem Besitz befinden sich keine Unterlagen, daß wir getauft worden sind." Die Taufe als tatsächlicher Vorgang wird hierdurch nicht in Abrede gestellt. Für eine vollzogene Taufe spricht die Bemerkung der Kläger im Schreiben vom 15. 9. 1994, daß ihnen die verstorbenen Eltern geraten hätten, falls mal etwas mit der „Kirche" komme, dann evangelisch einzutragen. Berücksichtigt man, daß die Taufe sowohl in den 30er Jahren als auch heute häufig im Säuglingsalter vollzogen wird, sich der Täufling selbst im Regelfall nicht an dieses Ereignis erinnern kann, so ist kein Grund ersichtlich, warum Eltern ihren Kindern raten sollten, als Religionszugehörigkeit evangelisch anzugeben, wenn die Betroffenen nicht getauft worden sind. Diese Umstände sprechen für eine Taufe der Kläger.

2.2 Die Kläger haben sich auch zur evangelischen Religion bekannt. Nach § 9 Abs. 2 KiStG hat derjenige, der mit Kirchensteuer in Anspruch genommen werden soll, der mit der Verwaltung dieser Steuer beauftragten Stelle Auskunft über alle Tatsachen zu geben, von denen die Feststellung der Zugehörigkeit zu einer steuerberechtigten Kirche abhängt. Die Eintragungen im Mantelbogen zur Einkommensteuererklärung und die eigenhändigen Unterschriften der Kläger unter diese persönlichen Angaben lassen keinen Zweifel am Bekenntniswillen zu. Sofern die Kläger in ihrem Einspruch entgegen den klaren, schriftlichen Angaben einen Fehler geltend machen und vortragen, sie wüßten nicht, was für einer Religion sie angehören sollen, so sind diese Einlassungen nicht glaubhaft. Vielmehr ist den Klägern die mit der Mitgliedschaft der Kirche gesetzlich verbundene Kirchensteuerpflicht bewußt geworden, die sie durch nachträgliches Leugnen der Mitgliedschaft vermeiden wollen.

2.3 Die Mitgliedschaft in der evangelischen Kirche ist bis zum Veranlagungszeitraum 1992 nicht beendet gewesen. Die Mitgliedschaft endet durch Tod, Wegzug oder Kirchenaustritt (vgl. § 5 Abs. 2 KiStG). Das Austrittsrecht ist in Ermangelung kirchenrechtlicher Vorschriften durch staatliche Regelungen geprägt.

Die Kläger sind zu Zeiten der ehemaligen DDR nicht wirksam aus der Kirche ausgetreten. Nach Art. 47 der Verfassung der DDR (GBl. der DDR 1949, S. 4, 9) hatte, wer aus einer Religionsgesellschaft öffentlichen Rechts mit bürgerlicher Wirkung austreten wollte, den Austritt bei Gericht zu erklären oder als Einzelerklärung in öffentlich beglaubigter Form einzureichen. Mit der Verordnung über den Austritt aus Religionsgemeinschaften öffentlichen Rechts vom 13. 7. 1950 (GBl. der DDR 1950, S. 660) wurden die Amtsgerichte statt der Standesämter für zuständig erklärt und die Standesbeamten ermächtigt, Einzelerklärungen über den Austritt öffentlich zu beglaubigen. Mit der Verordnung über die Übertragung der Angelegenheiten der freiwilligen Gerichtsbarkeit vom 15. 10. 1952 (GBl. der DDR 1952, S. 1057) wurden die Staatlichen Notariate für die Entgegennahme und Behandlung von Erklärungen über den Austritt aus einer Religionsgemeinschaft gemäß der Verordnung vom 13. 7. 1950 zuständig. Die Kläger haben nicht vorgetragen, eine Austrittserklärung gegenüber einer der vorgenannten Stellen in der dafür vorgeschriebenen Form abgegeben zu haben. Sofern die Kläger 1961 mit einem Schreiben an die Kirche u. a. im Falle weiterer Kirchensteuerforderungen ihren Austritt erklärt haben wollen, erfüllt dieses Schreibem, sofern es tatsächlich verfaßt wurde, nicht die rechtlichen Anforderungen einer wirksamen Austrittserklärung.

Auch nach Inkrafttreten des KiStG haben die Kläger bis zum Veranlagungszeitraum 1992 keine wirksame Austrittserklärung nachgewiesen. Gemäß § 5 Abs. 2 KiStG ist der Kirchenaustritt durch eine Bescheinigung der für die Entgegennahme der Kirchenaustrittserklärung gesetzlich zuständigen Stelle nachzuweisen. Nach der Kirchenaustrittszuständigkeitsverordnung – KiAustrZustVO – vom 9. 7. 1991 (GVOBl. M.-V. 1991, S. 226) sind die Standesämter als zuständige Stellen bestimmt worden.

16

Eine zwischenkirchliche Vereinbarung, wonach finnische Staatsangehörige evangelischer Konfession bei einem Zuzug nach Deutschland Mitglied der EKD-Gliedkirche an ihrem neuen Wohnsitz werden, begegnet keinen verfassungsrechtlichen Bedenken.

Art. 4 Abs. 1, 140 GG, 137 Abs. 3 WRV
FG München, Urteil vom 21. März 1995 – 13 K 2958/94[1] –

Die Klägerin ist finnische Staatsangehörige und gehörte der Ev.-Luth. Kirche Finnlands an. Sie zog im Jahre 1986 nach Deutschland (Bayern). Ein Kirchenaustritt durch die Klägerin ist nicht erfolgt. Ihr Ehemann, der Prozeßbevollmächtigte, ist römisch-katholisch.

Nach Tz. 1 einer bisher nicht gekündigten „Vereinbarung zwischen der Evangelisch-Lutherischen Kirche Finnlands und der Evangelischen Kirche in Deutschland (EKD) über die kirchliche Arbeit an evangelischen Finnen in der Bundesrepublik Deutschland" vom 20. 5. 1977 (ABl. EKD S. 373) werden evangelische Finnen mit Begründung ihres Wohnsitzes im Bereich der EKD Kirchenmitglieder derjenigen Gliedkirche in der EKD, in deren Bereich ihr Wohnsitz liegt. In Tz. 4 und 6 ist vorgesehen, daß die Ev.-Luth. Kirche Finnlands u. a. finnische Pfarrer zur kirchlichen Versorgung der ev. Finnen in ihrer Muttersprache entsenden kann, die von der jeweiligen Gliedkirche in der Bundesrepublik Deutschland besoldet werden. Im Bereich der Ev.-Luth. Kirche in Bayern ist entsprechend diesen Bestimmungen ein finnischer Pfarrer beschäftigt, der von dieser Kirche auch besoldet wird. Die Klägerin wird von diesem Pfarrer betreut.

Die Klägerin wurde zusammen mit dem Prozeßbevollmächtigten vom Kirchensteueramt seit ihrem Zuzug (1986) zur Kirchensteuer veranlagt. Die Kirchensteuerbescheide 1986–1989 wurden bestandskräftig. Im Rahmen des Schriftverkehrs über einen Erlaßantrag betr. rückständige Kirchensteuer warf der Prozeßbevollmächtigte die Frage auf, ob die Klägerin überhaupt der Kirchensteuerpflicht unterliege.

Gegen den Kirchensteuerbescheid 1992, gerichtet gegen die Klägerin und den Prozeßbevollmächtigten, legte dieser Einspruch mit der Begründung ein, daß er römisch-katholisch sei und die Klägerin zwar der ev. Kirche Finnlands, nicht aber der deutschen bzw. bayerischen ev. Kirche angehöre. Gegen den geänderten Kirchensteuerbescheid 1992 legte der Prozeßbevollmächtigte wiederum Einspruch ein, diesmal ausdrücklich „zugleich im Namen meiner Frau".

Die Einsprüche hatten nur teilweise Erfolg: Das Kirchensteueramt hob die Kirchensteuerbescheide 1992 insoweit auf, als sie sich gegen den Prozeßbevollmächtigten richteten. Dabei vertrat das Kirchensteueramt die Auffassung, daß der ursprüngliche Kirchensteuerbescheid 1992 gegenüber der Klägerin

---

[1] NVwZ 1998, 106; EFG 1995, 1073; ZevKR 41 (1996), 85. Nur LS: KuR 1996, 130. Das Urteil ist rechtskräftig.

Bestandskraft erlangt habe, weil nur der Prozeßbevollmächtigte gegen diesen Einspruch eingelegt habe.

Mit ihrer Klage, mit der sie die Aufhebung des geänderten Kirchensteuerbescheides 1992 in Gestalt der Einspruchsentscheidung erstrebt, hatte die Klägerin keinen Erfolg.

Aus den Gründen:

Die Klage ist unbegründet.

1. Mit der Klägerin ist davon auszugehen, daß der Prozeßbevollmächtigte gegen den ursprünglichen Bescheid auch in ihrem Namen Einspruch eingelegt hat, wie sich aus einer Auslegung des Einspruchsschreibens vom ... 1994 ergibt. Denn wenn der Kläger einerseits seine (Mit-)Schuldnerschaft unter Hinweis auf seine Konfessionsverschiedenheit bestreitet und andererseits die Mitgliedschaft der Klägerin in der ev. Kirche Bayerns verneint, hat letzteres nur Sinn, wenn die Einspruchseinlegung auch im Namen der Klägerin hat erfolgen sollen. Diese Auslegung ist auch deswegen geboten, weil der Prozeßbevollmächtigte die Kirchensteuerpflicht der Klägerin schon seit August 1992 angezweifelt hatte. Der Hinweis des Kirchensteueramtes auf die anders gelagerte Problematik in Tz. 6 der Kommentierung von Tipke/Kruse (Abgabenordnung-Finanzgerichtsordnung, 15. Aufl.) zu § 357 AO geht daher fehl.

2. Die Klägerin ist durch ihren 1986 erfolgten Zuzug Mitglied der Ev.-Luth. Kirche in Bayern geworden und war dies mangels Kirchenaustritts auch noch im Streitjahr.

a) Schuldner der Kirchensteuer sind (in Bayern) gem. Art. 2 Abs. 1 i. V. m. Art. 1 des Gesetzes über die Erhebung von Steuern durch Kirchen, Religions- und weltanschauliche Gemeinschaften (Kirchensteuergesetz – KiStG –) i. d. F. der Bekanntmachung vom 15. 3. 1967 (GVBl. S. 317) Angehörige von Kirchen- und Religionsgemeinschaften sowie weltanschaulichen Gemeinschaften, die Körperschaften des öffentlichen Rechts sind. Die Klägerin ist Angehörige der Ev.-Luth. Kirche in Bayern in diesem Sinn (vgl. Bekanntmachung des Bayer. Staatsministeriums für Unterricht und Kultus über Kirchen, Religions- und weltanschauliche Gemeinschaften vom 13. 4. 1951 i. d. F. vom 12. 1. 1983, KMBl. I S. 17).

Die Frage nach der Zugehörigkeit zu einer Kirche richtet sich nach innerkirchlichem Recht. Entsprechend dem Grundsatz der Neutralität des Staates ist das den Kirchen gem. Art. 140 GG i. V. m. Art. 137 Abs. 3 Satz 1 WRV zustehende Organisationsrecht bei Beurteilung der Mitgliedschaft der Klägerin in der Ev.-Luth. Kirche in Bayern zugrundezulegen (s. Beschluß des BVerfG vom 31. 3. 1971[2] – 1 BvR 744/67 – BVerfGE 30, 415 [422]; Urteil

---

[2] KirchE 12, 101.

des BFH vom 18. 11. 1977[3] – VI R 16/75 – BVerfGE 124, 287, BStBl. II 1978, 273; Engelhardt, Die Kirchensteuer in der Bundesrepublik Deutschland, S. 63; Voll, HdbBayStKirchR, S. 244).

Gem. § 2 Nr. 2 i. V. m. § 1 Abs. 1 des KGliedG vom 10. 11. 1965 (KABl. S. 179) sind Angehörige der Ev.-Luth. Kirche in Bayern die getauften ev.-luth. Christen, die in einer Kirchengemeinde der Ev.-Luth. Kirche in Bayern den Wohnsitz oder gewöhnlichen Aufenthalt begründen.

Entscheidend sind somit die Merkmale der Taufe, der Wohnsitznahme und der Bekenntnisidentität, die hier allesamt unstreitig erfüllt sind.

Darüber hinaus trifft auf den Streitfall auch die Regelung in § 9 Abs. 2 des KG über die Kirchenmitgliedschaft, das kirchliche Meldewesen und den Schutz der Daten der Kirchenmitglieder (EKDKMitgliedG) vom 10. 11. 1976 (ABl. EKD S. 389) zu: Hiernach erwerben zuziehende Evangelische, die einer ev. Kirche angehört haben, mit der eine Vereinbarung über die Kirchenmitgliedschaft abgeschlossen worden ist, die Kirchenmitgliedschaft nach den Bestimmungen dieser Vereinbarung.

Zwischen der EKD und der Ev.-Luth. Kirche Finnlands wurde eine derartige Vereinbarung geschlossen; nach deren Tz. 1 ist die Klägerin Mitglied der Ev.-Luth. Kirche in Bayern geworden.

Entgegen der Rechtsansicht der Klägerin besteht eine Kirchensteuerpflicht gegenüber der Ev.-Luth. Kirche Finnlands somit nicht mehr. Daß sie in der BRD von einem finnischen Pfarrer betreut wird, vermag an ihrem Status – Zugehörigkeit zur Ev.-Luth. Kirche in Bayern – nichts zu ändern.

Entgegen der Rechtsansicht der Klägerin und des FG Düsseldorf (Urteil vom 14. 4. 1994 – 1 K 292/90 Ki – EFG 1994, 1071) ist ein auf den Erwerb der Mitgliedschaft gerichteter Wille des Betroffenen kein entscheidungserhebliches Kriterium. Diese dem klaren Wortlaut und Wortsinn der einschlägigen kirchenrechtlichen Bestimmungen (auch der bayerischen) widersprechende Voraussetzung bedeutet eine Verletzung des den Kirchen garantierten Selbstbestimmungsrechts, das – wie ausgeführt – auch die Regelungen über die Kirchenmitgliedschaft beinhaltet (hierzu überzeugend Rausch, Die mitgliedschaftliche Erfassung Zuziehender, ZevKR 36 [1991] S. 337, insbes. S. 349 ff., 351 ff.).

b) Die o. g. Regelungen über den Erwerb der ev. Kirchenmitgliedschaft in Bayern stehen mit dem GG, insbesondere mit der durch Art. 4 Abs. 1 GG gewährleisteten Religions- und Bekenntnisfreiheit, in Einklang. Dies hat der Senat in ständiger Rechtsprechung klargestellt (z. B. im Beschluß vom 19. 5. 1988[4] – XIII 317/87 AusKi – EFG 1988, 529). Diese Rechtsprechung, die

---

[3] KirchE 16, 239.   [4] KirchE 26, 138.

sich auf Zuzüge von in der BRD lebenden ev. Christen nach Bayern bezog, ist durch das Urteil des BVerwG vom 12. 4. 1991[5] – 8 C 62.88 – (ZevKR 36 [1991] S. 403) für Fälle des Zuzugs von Ausländern in ein Land der BRD bestätigt worden; und zwar betraf das Urteil den mit vorliegender Streitsache sehr ähnlichen Fall des Zuzugs einer ev.-luth. Dänin. Insbesondere verneint das BVerwG eine mit Art. 4 Abs. 1 GG unvereinbare Zwangsmitgliedschaft, da der Betroffene jederzeit die Möglichkeit habe, aus der Kirche auszutreten. Der immer wieder hiergegen erhobene Einwand, der Austritt wirke nicht zurück, ist schon deswegen irrelevant, weil Art. 18 Abs. 1 KiStG i. V. m. § 227 AO in etwaigen sich daraus ergebenden Härtefällen die Möglichkeit eines Erlasses aus persönlichen oder sachlichen Billigkeitsgründen vorsehen. Nicht stichhaltig ist auch das Argument der Klägerin, daß den Austrittswilligen Form der Austrittserklärung und zuständige Behörde möglicherweise unbekannt seien; denn es kann den Betroffenen ohne weiteres zugemutet werden, sich hierüber beim Kirchensteueramt oder ihrer Gemeinde zu informieren. Im übrigen dürfte inzwischen allgemein bekannt sein, daß die Austrittserklärung u. a. mündlich gegenüber dem örtlich zuständigen Standesbeamten erfolgen kann (Art. 2 Abs. 3 KiStG i. V. m. der Bekanntmachung über den Austritt aus einer Kirche, Religions- oder weltanschaulichen Gemeinschaft, die Körperschaft des öffentlichen Rechts ist, vom 6. 8. 1992).

Der von Engelhardt am BVerwG geübten Kritik (NVwZ 1992, 239 [240]) kann der Einzelrichter nicht folgen: Sie berücksichtigt insbesondere in zu geringem Maße das den Kirchen verfassungsrechtlich (Art. 137 Abs. 3 WRV) gewährleistete Selbstbestimmungsrecht, das auch gegenüber Kirchenangehörigen verbindliche Regelungen der Mitgliedschaft beinhaltet. Der Einzelrichter schließt sich auch insoweit den grundlegenden Ausführungen von Rausch in ZevKR (aaO, passim) an. Anzumerken ist noch, daß die von Engelhardt (aaO, Abschn. V S. 241) aufgestellte Voraussetzung für den Erwerb der Kirchenmitgliedschaft aus dem Ausland Zuziehender – nämlich eine zwischenkirchliche Vereinbarung – im Streitfall sogar vorliegt: die o. g. Vereinbarung zwischen der Ev.-Luth. Kirche Finnlands und der EKD vom Jahre 1977.

Zu Unrecht beruft sich das o. g. Urteil des FG Düsseldorf in EFG 1994, 1071 auf die Entscheidung des BVerfG vom 14. 12. 1965[6] – 1 BvR 413, 416/60 – (BVerfGE 19, 209); denn diese erging zu einem wesentlich anders gelagerten Sachverhalt (Kirchensteuerpflicht einer juristischen Person), wie der erkennende Senat im o. g. Beschluß (EFG 1988, 529 [530]) ausgeführt hat. Auch das FG-Urteil betrifft einen mit dem vorliegenden nicht vergleichbaren Fall: den Zugang eines ev. reformierten Schweizers, der somit einer *bekenntnis-*

---

[5] KirchE 29, 90.   [6] KirchE 7, 338.

verwandten, nicht aber *bekenntnisidentischen* Kirche angehörte; auch eine zwischenkirchliche Vereinbarung im oben dargestellten Sinn lag nicht vor (jedenfalls erwähnt das FG Düsseldorf eine solche nicht).

Der Hinweis der Klägerin darauf, daß private Vereine eine vergleichbare Regelung der Mitgliedschaft mit Wirkung für ihre Mitglieder nicht treffen könnten, mag richtig sein, geht aber an der fundamentalen Tatsache vorbei, daß Kirchen Körperschaften des öffentlichen Rechts und daher die Grundsätze des privaten Vereinsrechts auf sie nicht anwendbar sind.

Schließlich führt das Kirchensteueramt noch zu Recht aus, daß die Klägerin ihren Willen, der Ev.-Luth. Kirche in Bayern anzugehören, zumindest konkludent kundgetan hat: durch die Angaben in den Einkommensteuererklärungen seit 1986 und durch die widerspruchslose Hinnahme der Kirchensteuerveranlagungen seit 1986 und entsprechende Kirchensteuerzahlungen. Hinzu kommt noch, daß die Klägerin von einem finnischen Pfarrer geistlich betreut wird, der gem. Tz. 4 und 6 der o. g. Vereinbarung bei der Ev.-Luth. Kirche Bayerns angestellt und besoldet ist.

17

1. „Scientology Kirche Hamburg e. V." ist keine Religions- oder Weltanschauungsgemeinschaft im Sinne der Art. 4, 140 GG, Art. 137 WRV.

2. Hauptamtliche (aktiv tätige) außerordentliche Mitglieder von Scientology sind Arbeitnehmer im Sinne von § 5 Abs. 1 Satz 1 ArbGG.

3. Die Begründung vereinsrechtlicher Arbeitspflichten darf nicht zur Umgehung zwingender arbeitsrechtlicher Schutzbestimmungen führen.

BAG, Beschluß vom 22. März 1995 – 5 AZB 21/94[1] –

Der Kläger war Mitarbeiter des Beklagten. Mit seiner Klage macht er ihm vorenthaltene Vergütung geltend.

Der Beklagte wurde am 25. 2. 1974 unter dem Namen „College für Angewandte Philosophie, Hamburg e. V." in das Vereinsregister eingetragen. In § 3 der ursprünglichen Satzung vom 29. 10. 1973 war der Vereinszweck wie folgt beschrieben:

---

[1] Amtliche Leitsätze. BAGE 79, 312; NJW 1996, 143; JZ 1995, 951; MDR 1996, 77; JuS 1996, 550; NZA 1995, 823; AP § 5 ArbGG 1279, Nr. 21. Nur LS: FamRZ 1995, 1142; RdA 1995, 319; NVwZ 1996, 517; BB 1995, 1492; AkKR 164 (1995), 234; ZevKR 41 (1996), 352.

„Der Verein verfolgt ausschließlich und unmittelbar gemeinnützige Zwecke im Sinne der Gemeinnützigkeitsverordnung vom 24. 12. 1953, und zwar insbesondere durch: Die Führung von Kursen und Trainings zur freien Persönlichkeitsentfaltung unter praktischer Anwendung der Philosophie von L. Ron Hubbard, gemäß den Kodizes und Richtlinien, die von L. Ron Hubbard entwickelt worden sind, um die Anwendung der standardisierten Verfahren zu gewährleisten und die Ausbreitung von Scientology und Dianetics zu garantieren. Der Verein setzt sich die Verbreitung des einschlägigen Schrifttums, das eine Voraussetzung für die Durchführung von Kursen und Trainings zur freien Persönlichkeitsentfaltung ist, weiterhin zum Ziel. Außerdem fördert der Verein die Ausbildung von Lehrkräften für seine Kurse und Trainings."

§ 8 der Satzung lautete zunächst:

„Die Kosten des Vereins werden durch die Beiträge der Kursteilnehmer, die Mitgliedsbeiträge sowie durch Spenden getragen. Von den Bruttoeinnahmen sind 10% Lizenzen an L. Ron Hubbard abzuführen."

Am 27. 4. 1974 erhielt § 8 der Satzung folgende Fassung:

„Die Kosten des Vereins werden durch die Beiträge der Kursteilnehmer, die Mitgliedsbeiträge sowie durch Spenden getragen. Von den Bruttoeinnahmen aus Beiträgen für Kurse und Trainings entsprechend § 3 sollen 10% zur Unterstützung der mildtätigen, humanitären und religiösen Arbeit einer Kirche oder Religionsgemeinschaft verwendet werden."

Am 23. 3. 1985 änderte der Beklagte seinen Namen in den seither geführten Vereinsnamen „Scientology Kirche Hamburg e. V.". Unter dem 22. 12. 1985 änderte der Beklagte seine Satzung und beschrieb seinen Vereinszweck nunmehr in § 2 wie folgt:

„1. Der Verein ist eine Religionsgemeinschaft (Kirche). Der Zweck der Kirche ist die Pflege und Verbreitung der Scientology-Religion und ihrer Lehre. Die Scientology Kirche sieht es als ihre Mission und Aufgabe an, den Menschen Befreiung und Erlösung im geistig-seelischen Sinn zu vermitteln, wodurch sie eine Verbesserung möglichst vieler und zahlreicher Mitglieder in sittlicher, ethischer und spiritueller Hinsicht bewirken will, so daß wieder gegenseitiges Verstehen und Vertrauen unter den Menschen herrscht und eine Gesellschaft ohne Krieg, ohne Wahnsinn und ohne Kriminalität geschaffen wird; eine Gesellschaft, in der sich der Mensch gemäß seinen Fähigkeiten und seiner Rechtschaffenheit entwickeln kann; eine Gesellschaft, in der der Mensch die Möglichkeit hat, sich zu höheren Ebenen des Seins zu entwickeln.
...
3. Die Scientology Kirche soll die Scientology-Religion vorstellen, bekannt machen, verbreiten, ausüben sowie ihre Reinheit und Unversehrtheit erhalten und bewahren, mit dem Ziel, daß jede Person, die die Mitgliedschaft oder Teilnahme in ihr wünscht, den von L. Ron Hubbard aufgezeigten Weg der Erlösung gehen kann, so wie er es in seinen Schriften und anderen aufgezeichneten Werken bezüglich der Scientology-Religion oder Scientology-Organisationen – allgemein als „die Schriften" bezeichnet – beschrieben hat. Die Grundgedanken dieser Schriften werden in den folgenden Paragraphen zusammengefaßt."

Weiter heißt es in der Satzung u. a.:

„§ 3 Wesen der Scientology-Religion
1. Die Scientology-Religion versteht sich in der Tradition der ostasiatischen Religionen, insbesondere des Buddhismus, Taoismus, Hinduismus, der Veden. Ihre historischen Bindungen sieht sie vor allem im Früh-Buddhismus (Hinayana). Sie ist eine direkte Fortsetzung des Werkes von Gautama Siddharta Buddha.

2. *In dieser Tradition versteht sich die Scientology-Lehre als Erlösungsreligion. Sie will dem Menschen den Zustand vollständiger geistiger Freiheit von dem endlosen Kreislauf von Geburt und Tod vermitteln und ihn von seinen Banden im physischen Universum befreien.*
3. *Die Scientology-Religion will dem Menschen Weisheit vermitteln, im Sinne von Wahrheit, die Erlösung bringt. Denn diese Weisheit benötigt er, um nicht erneut seelisch unfrei zu werden. In diesem Sinne versteht sie sich auch als Weisheitslehre.*
4. *Die Scientology-Religion ist ein überkonfessionelles Bekenntnis im Sinne eines allumfassenden Bekenntnisses. Gemäß ihrer buddhistischen Tradition toleriert sie die Mitgliedschaft in anderen Religionen und macht keinen Unterschied nach Klasse, Rasse oder Konfessionszugehörigkeit. Ihr Anliegen ist die Erlösung aller Menschen, gleich welcher Rasse oder Herkunft.*
5. *Nach der Scientology-Lehre vollzieht sich das geistige Leben nach definierbaren exakten Gesetzmäßigkeiten, welche Ausdruck einer höheren Ordnung sind, die die physikalischen Gesetzmäßigkeiten erst bedingen. Diese axiomatischen Wahrheiten liegen allem Leben zugrunde und bieten dem Menschen die Antwort auf die immerwährenden Fragen nach seinem „Woher" und „Wohin". Sie bilden die Grundlage der Scientology-Seelsorge.*
6. *Der Erlösungsweg ist ein schrittweiser Weg des einzelnen zurück zu einem Zustand totaler Göttlichkeit, vom endlichen Universum weg in Richtung auf das unendliche Universum, die Ewigkeit. Der einzelne findet die Erlösung seiner selbst durch eigene Anstrengung und Finden der in ihm selbst wohnenden Wahrheiten ohne Intervention eines anderen.*
7. *Jeder Mensch ist als Geistseele zum Verständnis des Kosmos und seines Schöpfers, zur Erlösung von seinen Beschränkungen, zur Unsterblichkeit und zur Göttlichkeit berufen. Der Weg zu diesem Verständnis liegt in ihm selbst.*
8. *Die Erlösung des Menschen ist untrennbar verknüpft mit einer Vervollkommnung des Menschen in ethischer und sittlicher Hinsicht und geht einher mit seiner Selbstfindung bezüglich der acht grundlegenden Überlebensvektoren („Dynamiken" genannt), d. h. bezüglich seiner selbst, bezüglich seiner Familie, seiner Gruppe oder Gemeinschaft und der Gesellschaft im allgemeinen, bezüglich der Menschheit als ganzes, der Pflanzen- und Tierwelt, bezüglich alles Materiellen (physikalisches Universum), alles seelischen und geistigen Lebens und letztlich bezüglich des Ewigen, Unsterblichen und höchsten Inbegriffs aller Göttlichkeit.*

§ 4 Glaubensbekenntnis und Kernaussagen
Der Glaube der Scientology Kirche beinhaltet zusammengefaßt folgende zentrale Aussagen:
– *Jedes menschliche Wesen ist eine unsterbliche Geistseele – Thetan –, die den Körper bewohnt.*
– *Diese Geistseele lebt ewig und kann sich nach jedem körperlichen Tode wiederverkörpern.*
– *Von einem Zustand absoluter Vollkommenheit und Wahrheit ist die Seele des Menschen im Lauf ihrer langen Existenz im Universum aufgrund mangelnder Weisheit und mangelnder Ethik degradiert (versklavt) zu einem Punkt, wo sie sich für Materie selbst hält und sich ihrer geistigen Existenz kaum noch bewußt ist.*
– *In jedem menschlichen Wesen schlummern göttliche Qualitäten, die zu wecken es bestimmt ist. Das Göttliche wird als Verwirklichungsmöglichkeit und -aufgabe des Menschen angesehen, das er hier und jetzt erstreben kann. Die Geistseele ist von Grund auf gut und erst durch Verwirrungen wird sie unvernünftig.*
– *Die Geistseele ist grundsätzlich ursächlich bezüglich aller Bereiche des Lebens. Das Maß ihres ethischen Lebenswandels in der Vergangenheit und der Gegenwart bestimmt sowohl ihr körperliches als auch in geistiger Hinsicht ihr jetziges und zukünftiges Überleben und Dasein.*
– *Die Geistseele kann durch Erkenntnis der eigenen Ursächlichkeit aller ihrer Verstrickungen erlöst und gerettet werden.*
– *Die Geistseele ist mit allen Wesen und Dingen durch ihr Streben nach Überleben unlösbar verbunden. Die Erreichung völliger Freiheit und Erlösung ist unabdingbar ebenso mit dem Bewußtsein des Verbundenseins mit allen acht Bereichen des Überlebens (acht Dynamiken) verknüpft, was die Familie, die Umwelt, alle Lebewesen und das Universum mit umfaßt.*

- *Die Frage nach Gott, dem höchsten Wesen, der höchsten Wirklichkeit, ist eine Frage der Erreichung des angestrebten Heils. Durch die jedem Wesen innewohnende ewige Natur und grundlegende Güte ist jeder Mensch in Gott und Gott in ihm verbunden.*

Aus diesen grundlegenden Überzeugungen resultiert das Glaubensbekenntnis der Scientology Kirche:

DAS GLAUBENSBEKENNTNIS DER SCIENTOLOGY KIRCHE

Wir von der Kirche glauben:
Daß alle Menschen, welcher Rasse, Farbe oder welchen Bekenntnisses sie auch sein mögen, mit gleichen Rechten geschaffen wurden.
Daß alle Menschen unveräußerliche Rechte auf ihre eigenen religiösen Praktiken und deren Ausübung haben.
Daß alle Menschen unveräußerliche Rechte auf ihr eigenes Leben haben.
Daß alle Menschen unveräußerliche Rechte auf ihre geistige Gesundheit haben.
Daß alle Menschen unveräußerliche Rechte auf ihre eigene Verteidigung haben.
Daß alle Menschen unveräußerliche Rechte haben, ihre eigenen Organisationen, Kirchen und Regierungen zu ersinnen, zu wählen und zu unterstützen.
Daß alle Menschen unveräußerliche Rechte haben, frei zu denken, frei zu sprechen, ihre eigenen Meinungen frei zu schreiben und den Meinungen anderer zu entgegnen oder sich darüber zu äußern oder darüber zu schreiben.
Daß alle Menschen unveräußerliche Rechte haben, ihre eigene Art zu schaffen.
Daß die Seelen der Menschen die Rechte der Menschen haben.
Daß das Studium des Verstandes und die Heilung der mental verursachten Krankheiten von Religion nicht entfremdet oder an nichtreligiöse Gebiete vergeben werden sollte.
Daß keine Instanz außer Gott die Macht hat, diese Rechte aufzuheben oder außer Acht zu lassen, sei es öffentlich oder verborgen.
Und wir von der Kirche glauben:
Daß der Mensch grundsätzlich gut ist.
Daß er danach trachtet, zu überleben.
Daß sein Überleben von ihm selbst und von seinen Mitmenschen und von seinem Erreichen der Bruderschaft mit dem Universum abhängt.
Daß die Gesetze Gottes dem Menschen verbieten, seine eigene Art zu zerstören, die Gesundheit des anderen zu zerstören, die Seele eines anderen zu zerstören oder zu versklaven und das Überleben seines Kameraden oder seiner Gruppe zu zerstören oder zu reduzieren.
Und wir von der Kirche glauben:
Daß der Geist gerettet werden kann und daß der Geist allein den Körper retten oder heilen kann.

§ 5 Verwirklichung der Zwecke der Kirche
Der in § 2 dieser Satzung festgelegte Zweck wird verwirklicht insbesondere durch:
1. *Gründung, Aufbau und Unterhalt einer Gemeinde und seiner Kirchenverwaltung für die Unterrichtung und für die Ausübung der Scientology-Religion sowie für die Verbreitung der religiösen Lehre der Scientology Kirche durch Wort, Schrift, Bild und Beispiel.*
2. *Missionierung durch Werbung und Gewinnung von Mitgliedern, Werbung für die religiösen Dienste der Kirche und ihrer religiösen Schriften in der Gesellschaft.*
3. *Verbreitung von einschlägigen Schriften der Scientology-Religion. Unter Schriften sind die schriftlichen, auf Tonband oder anderen Kommunikationsträgern aufgezeichneten Werke des Religionsgründers L. Ron Hubbard in Bezug auf die Scientology-Lehre und Scientology Kirchen gemeint.*
4. *Abgabe und Überlassung von Schriften und religionsspezifischen Materialien, wie Büchern, Seminarmaterialien, Insignien und auf Tonband und anderen Kommunikationsträgern aufgezeichneten Werken, zur Durchführung des Studiums der Religion und für die Anwendung der Religion in der Seelsorge.*

5. *Praktische Seelsorge; damit ist gemeint die geistliche Beratung (Auditing) durch die Anwendung der religiösen Übungen der Scientology-Religion sowie die Beratung und Unterstützung auf ethischem Gebiet.*
...
6. *Abhaltung von einführenden und grundlegenden Seminaren und Kursen zur Förderung und Unterstützung des Mitglieds in seinem Bestreben, die religiösen Ziele zu erreichen.*
7. *Ausbildung und Studium in der Scientology-Religion bezüglich ihrer Lehren und Übungen. Ausbildung von Geistlichen, ehrenamtlichen Geistlichen und ehren- und hauptamtlich tätigen Mitgliedern zum Zwecke der Verbreitung der religiösen Lehre und ihrer Anwendung.*
8. *Gründung, Aufbau und Unterhalt geeigneter Kirchenstätten für die Unterrichtung in der Scientology-Religion und ihrer Anwendung ...*
9. *Gründung, Aufbau und Unterhalt geeigneter Kirchenstätten für die religiösen Übungen der Scientology-Religion, die die folgenden Betätigungen umfassen:*
   a) geistliche Beratung (auch Auditing genannt), andere geistliche Übungen zum Zwecke der Seelsorge und der Erreichung der angestrebten religiösen Ziele;
   b) Beichten;
   c) Beratung, Anleitung und Übung in ethischem Verhalten;
   d) Sonntagsandachten und Gebetstage;
   e) Durchführung von Namensgebungs-, Trauungs- und Bestattungsfeiern;
   f) Ordination von Geistlichen (Ministers) zur Wahrnehmung der seelsorgerischen Aufgaben, soweit der Verein nach innerkirchlichem Recht autorisiert ist, diese durchzuführen. Dieses Recht besitzt der Verein nur, wenn er nach innerkirchlichem Recht als Kirche gilt, nicht aber, wenn er als Kirche gilt.
10. *Durchführung von Veranstaltungen für Mitglieder und Nichtmitglieder, um über die Scientology-Religion und ihre religiösen Praktiken zu informieren, und die Unterhaltung von hierfür geeigneten Informationszentren ...*
13. *Gründung, Aufbau und Unterhalt von Ordensgemeinschaften zum Zwecke der Weiterverbreitung der Glaubensinhalte und zur Betreuung der Kirchenstätten.*
...

§ 7 Gemeinnützigkeit
1. *Die Kirche verfolgt ausschließlich und unmittelbar gemeinnützige Zwecke im Sinne des Abschnittes „Steuerbegünstigte Zwecke" der Abgabenordnung 1977.*
2. *Die Kirche ist selbstlos tätig und verfolgt nicht in erster Linie eigenwirtschaftliche Zwecke.*
...

§ 8 Verhältnis zu anderen Scientology-Gemeinschaften
1. *Diese Scientology Kirche ist eine von zahlreichen international verbreiteten Scientology Kirchen. Sie soll dies auch für die Zukunft sein. Sie ist wie alle Kirchen Bestandteil einer international verbreiteten und hierarchisch aufgebauten Kirchengemeinschaft, die international von der Mutterkirche geleitet und vertreten wird.*
   Mit dem Begriff „Mutterkirche" oder „Hierarchie der Kirche" ist die hierarchische Gliederung verstanden, die unter der Schirmherrschaft der Mutterkirchen für Kirchen Church of Scientology International (USA) — einer dort als gemeinnützig organisierten Körperschaft — derzeit aufgebaut und tätig ist.
   Alle Kirchen sind Bestandteil einer international verbreiteten und hierarchisch gegliederten Kirche ...

§ 10 Mitgliedschaft
1. *Allgemeines:*
   Mitglied der Kirche kann jede unbescholtene Person werden.
   ...

Voraussetzung jeder Mitgliedschaft ist, daß die Person in gutem Ansehen bei der Scientology Kirche steht, d. h. daß der Bewerber weder die Ziele, die tatsächliche Ausübung der Scientology-Religion noch kirchliche Institutionen der Scientology-Religion aktiv angreift, derartige Angriffe unterstützt oder gutheißt.
Hierüber hat sich das Mitglied bei der Beitrittserklärung entsprechend zu erklären. Nach erfolgter Aufnahme wird vom Mitglied erwartet, daß es aus seiner jeweiligen Position als Mitglied zu den kirchlichen Zielen und Aufgaben positiv beiträgt, um weiterhin in gutem Ansehen zu stehen.
Ehemalige ausgeschlossene oder ausgetretene Mitglieder können ungeachtet ihrer vergangenen schädlichen Handlungen gegen die Kirche aufgrund ihres schriftlichen Antrags wieder aufgenommen werden, wenn sie ihr vergangenes schädliches Tun offen und ehrlich bereuen und jeglichen angerichteten Schaden wieder gutgemacht haben ...
2. *Die Kirche besteht aus:*
a) *Ordentlichen Mitgliedern*
Ordentliche Mitglieder werden aufgrund ihrer besonderen Verdienste um die Scientology-Religion/Kirche auf Antrag vom Vorstand aufgenommen. Die Mitgliederversammlung kann die Entscheidung über die Aufnahme allgemein oder im Einzelfall an sich ziehen. Es sind solche Mitglieder als ordentliche Mitglieder aufzunehmen, die sich tatkräftig und mit Erfolg für die gemeinnützigen Vereinszwecke in hauptamtlicher Funktion einsetzen und die sich im Dienste der Gemeinde besonders bewähren. Der Antrag auf ordentliche Mitgliedschaft bedarf der Annahme durch den Vorstand.
b) *Außerordentlichen Mitgliedern*
Außerordentliches Mitglied kann jeder volljährige durch schriftliche Beitrittserklärung werden. ... Außerordentliche Mitglieder unterstützen die Ziele der Kirche durch Teilnahme am Vereinsleben, durch Spendenbeiträge oder in sonstiger Weise. Außerordentliche Mitglieder können die Aufgaben der Kirche durch aktive Mitarbeit in der Kirchenverwaltung und Seelsorge fördern (siehe § 11, Ziff. 4 der Satzung). ...

§ 11 Rechte und Pflichten der Mitglieder
1. *Alle Mitglieder, ordentliche wie außerordentliche, haben das Recht und die Pflicht, an der Verwirklichung der Aufgaben und Ziele der Kirche im Rahmen der von ihnen übernommenen Aufgabenbereiche tatkräftig mitzuwirken. Die Verpflichtung der Mitglieder zur aktiven Mitarbeit, zur Förderung durch Spendenbeiträge oder in sonstiger Weise ergibt sich direkt aus der vorliegenden Satzung.*
2. *Alle Mitglieder haben die Pflicht, Ehrenämter, die sie in der Kirche übernehmen, gewissenhaft zu verwalten, Mitgliedsbeiträge und Spendenbeiträge ordnungsgemäß zu leisten und durch ihre Lebensführung nach außen davon Zeugnis zu geben, daß sie mit den Grundsätzen und Zielen der Scientology Kirche übereinstimmen.*
...
4. *Aktiv tätige Mitglieder sind diejenigen außerordentlichen und ordentlichen Mitglieder, die die Ziele der Scientology Kirche im Sinne von § 5, Ziff. 13 der Satzung intensiv unterstützen und sich durch ein schriftliches Versprechen dazu verpflichtet haben. Das schriftliche Versprechen soll zum Ausdruck bringen, daß die Person sich ganz den kirchlichen Zielen widmet und daß sie bereit ist, sich an die Schriften und die Satzung zu halten.*
Die aktiven Mitglieder haben sich um die täglichen Kirchenaufgaben und Tätigkeiten gewissenhaft zu bemühen und sich dafür einzusetzen, daß die satzungsmäßigen Zwecke erreicht werden. Aktive Mitglieder sind verpflichtet, die zugewiesenen Aufgaben, Ämter und Funktionen sorgfältig und zum Besten der Gemeinde und Kirche zu erfüllen. Ihre Verpflichtung ergibt sich allein aufgrund ihrer satzungsmäßigen Mitgliedschaft.

5. *Hauptamtliche (aktiv tätige) Mitglieder erhalten für ihre Tätigkeit für die Kirche unter Beachtung von § 7 dieser Satzung eine angemessene finanzielle Zuwendung entsprechend den finanziellen Möglichkeiten der Kirche.*
...

§ 13 Der Kirchenvorstand
1. Der Vorstand der Kirche besteht aus
dem Präsidenten,
dem stellvertretenden Präsidenten,
dem Schatzmeister
und bis zu zwei weiteren Vorstandsmitgliedern gemäß § 13 Ziff. 5 als Beistand.
2. Der Präsident vertritt die Kirche allein, die anderen Mitglieder des Vorstandes vertreten die Kirche jeweils zu zweit. Die Vertretung der Kirche gilt gerichtlich und außergerichtlich im Sinne des § 26 BGB.
...
6. Ein Vorstandsmitglied kann jederzeit von der Mitgliederversammlung abgewählt werden. Dieser Beschluß kann mit einfacher Mehrheit der anwesenden Stimmen gefaßt werden.
7. Die Vorstandsmitglieder werden von der Mitgliederversammlung mit einfacher Mehrheit der Stimmen gewählt. Die Kandidaten können nur durch ordentliche Mitglieder vorgeschlagen werden. Aktiv wahlberechtigt sind nur die ordentlichen Mitglieder.
...

§ 15 Die Mitgliederversammlung
...
4. In der Mitgliederversammlung haben die ordentlichen Mitglieder volles Stimmrecht. Die außerordentlichen Mitglieder haben ein Beratungsrecht. Die außerordentlichen Mitglieder können Anträge stellen, die der Mitgliederversammlung zur Beschlußfassung vorgelegt werden können, wenn sie von einem ordentlichen Mitglied übernommen werden ...
7. Außerordentliche Mitgliederversammlungen sind schriftlich oder telefonisch mit 2-Wochenfrist einzuberufen, wenn das Interesse der Kirche es erfordert und der Vorstand die Einberufung beschließt.
Eine außerordentliche Mitgliederversammlung ist vom Vorstand einzuberufen, wenn wenigstens ein Viertel der ordentlichen Mitglieder die Einberufung dem Vorstand gegenüber verlangt. In diesem Falle ist die außerordentliche Mitgliederversammlung innerhalb von 2 Wochen einzuberufen.
..."

Der Kläger war zunächst nur einfaches außerordentliches Mitglied des Beklagten. Am 19. 1. 1990 beantragte er die Verleihung des Status eines hauptamtlich tätigen außerordentlichen Mitgliedes. Der vorformulierte Antrag lautete auszugsweise:

„Ich möchte mich noch mehr für die Ziele der Scientology Kirche einsetzen und
beantrage
daher den Status eines hauptamtlich aktiv tätigen Mitgliedes in der ordensähnlichen Gemeinschaft der Kirche, deren Mitglieder sich um Seelsorge und die Verwaltung der Kirchen sorgen.
Ich verpflichte mich, diese aktive Tätigkeit mindestens 5 Jahre und ../.. Monate auszuüben. Diese Tätigkeit beruht allein auf meiner religiösen Überzeugung, die Ziele der Kirche entsprechend der Satzung zu fördern. Ich weiß, daß mir die Kirche für diese Tätigkeit kein Entgelt sondern nur eine Unterstützung gewährt. Ich will in erster Linie meine religiösen Ziele und solche der Kirche intensiver fördern und betrachte meinen selbstlosen Einsatz nicht als Erwerbstätigkeit.

...
Ich erkenne die Satzung, die allgemeinen Richtlinien der Kirche sowie die „Regelungen der religiösen Gemeinschaft der Scientology Kirche" (Anlage 2) an."

Die vom Kläger unterschriebene Anlage 2 lautet auszugsweise wie folgt:

„1. Hauptamtliche Mitglieder unterstützen nach besten Kräften die Kirche. Art und Umfang der Tätigkeit werden durch die jeweiligen Bedürfnisse der Kirche bestimmt. Der Kirchenvorstand und die von ihm beauftragten Personen werden hierzu die erforderlichen Anweisungen treffen. 12 ½ Stunden Studierzeit (religiöser Unterricht und Ausbildung in den religiösen Aufgaben) pro Woche sind obligatorisch. Individuell abgestimmte Stundenpläne können mit der Übereinstimmung des kirchlichen Vorgesetzten und dem Aufgabenbereich für die Betreuung der hauptamtlichen Mitglieder in Abt. 1 (HCO) vereinbart werden.
2. Die hauptamtlichen Mitglieder sollen kranken-, renten- und unfallversichert sein.
3. Mitglieder der religiösen Gemeinschaft helfen gemäß den religiösen Verpflichtungen und Überzeugungen und nicht, um Geld zu verdienen oder wegen anderer kommerzieller und materieller Interessen, Geldmotivationen oder Anreize. Trotzdem gibt die Kirche gemäß ihrer kircheninternen Richtlinien eine wöchentliche Unterstützung, die jedoch nicht fest ist, sondern sich nach den Möglichkeiten der Kirche und der individuellen Leistung, Ausbildung und nach dem Kirchenamt richtet.
4. Alle Mitglieder der religiösen Gemeinschaft unterliegen den bestehenden Richtlinien der Kirche (diese sind Gegenstand von Änderungen und Zusätzen). Die Mitglieder der religiösen Gemeinschaft werden diejenigen Richtlinien und Direktiven studieren und überprüft bekommen, die sich auf die innerhalb der Kirche bekleidete Funktion beziehen; dasselbe trifft für die religiöse Lehre der Scientology Kirche hinsichtlich der ausgeübten Funktionen des Mitgliedes zu, ebenso gilt dies für die geistlichen Beratungsverfahren der Kirchengeistlichen. Mitglieder der religiösen Gemeinschaft werden von Zeit zu Zeit auch andere Richtlinien studieren und überprüft bekommen, soweit dies erforderlich ist.
5. Mitglieder der religiösen Gemeinschaft sollen grundsätzlich jegliche ihnen zugewiesene Funktionen und Aufgaben akzeptieren, die mit den bestehenden kircheninternen Richtlinien übereinstimmen.
..."

Der Beklagte nahm diesen Antrag an und setzte den Kläger in der Folgezeit in der Unterabteilung 1 – Abteilung für Weiterleitung und Personal des „Hubbard Communication Office" oder „HCO"-Bereich ein. Zu dem HCO-Bereich gehören noch die Poststelle und die sog. „Ethik"-Abteilung. Nach der „Flag-Abteilungsdirektive" vom 13. 3. 1991 ist die Unterabteilung 1 „die wichtigste Unterabteilung der ganzen Organisation". „Eine der wichtigsten Verantwortungen der Unterabteilung 1 ist, sicherzustellen, daß neue qualifizierte Mitarbeiter eingestellt werden, und daß dies mit einer enormen Geschwindigkeit geschieht". Zu diesem Zweck nimmt sie Kontakt zu Mitgliedern auf, die für eine Mitarbeit geeignet erscheinen. Weiter heißt es in der „Flag-Abteilungsdirektive" vom 13. 3. 1991:

„Unterabteilung 1 kontaktiert die Studenten und PCs in der Org und in den Zentralakten, sowie auch frühere Mitarbeiter, die ihre Verträge beendet haben. Durch Briefe und Werbung und direktem Kontakt und die Technologie des Buches Die erfolgreichen Verkaufsabschluß-Techniken, bekommt sie all diese Leute, die qualifizieren, abgezeichnet und als Mitarbeiter gestartet. ...

Mitarbeiter der Unterabteilung 1 behandeln jede Auseinandersetzung wie eine Schlacht. Sobald sie von einem upstaten Scientologen wissen, der Mitarbeiter sein sollte, planen sie aus, wie die ausgearbeitete Handhabung durchgeführt werden soll, und sie bestehen darauf, bis er einen Vertrag unterschrieben hat und gestartet ist. ...
Mitarbeiter der Unterabteilung 1 sind Fachleute. Sie sorgen dafür, daß sie selbst auf die Personal-Serie und die Technologie Die erfolgreichen Verkaufsabschluß-Techniken gehattet sind. Sie habe upstate Ringmappen, die LRH-Referenzen über die Wichtigkeit Mitarbeiter zu werden enthalten, die sie bei Besprechungen mit Leuten aus der Öffentlichkeit verwenden. Während sie eine upstate persönliche Erscheinung haben, haben sie auch upstate Büroräume. Sie haben den Gesichtspunkt, daß sie die Repräsentanten LRHs für ihre Organisation sind und sie übermitteln den Gesichtspunkt, daß es eine Ehre ist, ein Mitarbeiter einer Scientology-Organisation zu sein, und daß es ein Kreuzzug ist und keine Arbeitstätigkeit von 9 Uhr morgens bis 5 Uhr abends.
..."

Weiterhin hängt die Unterabteilung 1 nach der genannten Direktive die sog. Organisierungstafel auf und hält sie auf dem neuesten Stand. Darüber hinaus werden die Aufgaben der Unterabteilung 1 und ihrer Mitarbeiter dort u. a. folgendermaßen beschrieben:

„Unterabteilung 1 leitet alle neuen Mitarbeiter, die HCO-Aushilfskräfte sind. ...
Mitarbeiter der Unterabteilung 1 kümmern sich um die neueingestellten Mitarbeiter und stellen sicher, daß ihnen Arbeit gegeben wird, und daß sie nützliche Arbeiten machen, während sie aushelfen und ihre grundlegende Ausbildung fertig machen. ... Personalakten und Dienst-Aufzeichnungen sind ein wichtiges Werkzeug der Unterabteilung 1, die sie auf dem neuesten Stand und in perfekter Ordnung für alle Mitarbeiter der Organisation hält. ... Zusammenfassend gesagt, Unterabteilung 1 bildet die Organisation. Sie ist ein aufregender Ort, und ein Arbeitsplatz mit einem schnellen Rhythmus, der die grundlegendsten Ressourcen schafft, die notwendig sind, um den Planeten zu klären − EFFEKTIVE PERSONALMITGLIEDER AUF DEN POSTEN GESETZT UND GEHATTET − was das Produkt dieser Unterabteilung ist."

Der Kläger, der bis Ende März 1990 einer Aushilfstätigkeit bei der Deutschen Bundespost nachging, war bis März 1990 jeweils 20 bzw. 30 Stunden, danach zumindest bis zum 17. 7. 1991 mindestens 40 Stunden pro Woche und anschließend bis zur Beendigung seiner Mitarbeit am 28. 9. 1991 noch in geringerem Umfang in den Räumen der Beklagten anwesend. Darüber wurden EDV-Abrechnungen erstellt. Überwiegend befindet sich darin für die Zeit ab Ende März 1990 der Vermerk, daß der Kläger „full time" beschäftigt war. Am 25. 2. 1990 erwarb er das Zertifikat „Mini Hatted Personell Control Officer" und am 11. 6. 1990 erhielt er das Zertifikat „Mini Hatted Director of Personnel".

Zu seinen Aufgaben gehörte die Durchführung von Tests, denen sich Bewerber vor der Aufnahme als hauptamtliche Mitarbeiter unterziehen mußten. Der Kläger wertete die Testergebnisse jeweils nach den vom Beklagten aufgestellten Richtlinien und Anweisungen aus.

Im einzelnen führte er die sog. „Oxford Capacity Analysis" durch, einen Persönlichkeitstest mit 200 Fragen, deren Beantwortung er am Computer auswertete. Des weiteren führte er mit potentiellen Mitarbeitern den Intelligenztest „Novis" durch, bei dem die Bewerber 80 Fragen in 30 Minuten beantworten mußten. Der Kläger erläuterte den Bewerbern den Test, überwachte das Ausfüllen und wertete die Ergebnisse aus. Bei der dritten Art von psychologischen Tests handelt es sich um das „Gutachten für Führungskräfte", mit dessen Hilfe festgestellt werden sollte, ob die getestete Person als scientologische Führungspersönlichkeit geeignet war. Dieser Test umfaßt 30 Fragen. Der sog. „Eignungstest" prüft mit etwa acht Aufgaben die Fähigkeit des Bewerbers, gegebene Anweisungen richtig auszuführen.

Zu den weiteren Aufgaben des Klägers gehörte es, die „Organisierungstafel" zu führen und Arbeitspläne aufzustellen. Er führte neue Mitarbeiter in das Haus ein und stand ihnen als Ansprechpartner zur Verfügung. Des weiteren meldete er die von den einzelnen Mitarbeitern geleisteten Stunden an die Finanzabteilung und erstattete über Veränderungen Bericht.

Der Kläger hatte feste Arbeitszeiten und mußte dreimal täglich an Mitarbeiterbesprechungen, sog. „roll calls", teilnehmen, die jeweils um 9.45, 12.30, und 18.45 Uhr stattfanden. Alle Mitarbeiter mußten ihre Anwesenheit in Computerausdrucke eintragen, die statistisch ausgewertet wurden. Bei Verspätungen oder Unpünktlichkeiten führte die „Ethikabteilung" mit dem Mitarbeiter ein persönliches Gespräch, in dem nach Gründen für die „Verfehlung" gesucht wurde. Dabei wurden alle Persönlichkeitsbereiche durchgesprochen. Das Fehlverhalten mußte entweder durch eine Art Schuldbekenntnis oder die Übernahme einer zusätzlichen Verpflichtung wie Staubsaugen oder Aktentragen ausgeglichen werden. Zwischen den Parteien ist streitig, ob diese „Wiedergutmachung" jeweils freiwillig erfolgte.

Im letzten Drittel des Jahres 1990 nahm der Kläger donnerstags an den Besprechungen der „Basic Crew" teil, einem inneren Führungszirkel. Die Mitarbeiter wurden um 23.00 Uhr einbestellt, die Besprechungen begannen jedoch oft erst um 24.00 Uhr und endeten selten vor 2.00 Uhr morgens. Alle Mitarbeiter, auch der Kläger, mußten an den geplanten Aktionen teilnehmen, etwa der Verteilung von Werbematerial an Samstagvormittagen. Zu diesen Aktionen gehörte auch die Versendung von Videos und Material an deutsche Politiker, die der Beklagte einmal durchführte, was bis 4.00 Uhr morgens dauerte.

Neben seiner Tätigkeit für den Beklagten montierte der Kläger in Heimarbeit Industriewagen und Teile für Industriewagen.

Unter dem 17. 7. 1991 teilte der Kläger dem Beklagten mit, er habe die Möglichkeit, zwei Wochen kostenlos in Italien Urlaub zu machen, und er wolle dies nutzen, weil es ihm zum einen schwerfalle zurechtzukommen, und zum anderen, um sich zu erholen. Er reiste am selben Tag ab, ohne die erforderliche Abwesenheitsgenehmigung („leave of absent") beantragt und einen „security check" durchgeführt zu haben. Daraufhin erteilte der Beklagte mit Schreiben vom selben Tag eine „Ethik Order", eine schwere Verwarnung, weil er einen „blow" begangen hätte, und ordnete an, daß nur noch der „Ethik-Officer" der Hamburger Organisation mit ihm Kontakt haben dürfe. Nach seiner Rückkehr war der Kläger noch bis zu seinem Ausscheiden am 28. 9. 1991 für den Beklagten tätig.

Der Beklagte zahlte dem Kläger im Jahr 1990 insgesamt 4030,- DM und im Jahr 1991 5325,50 DM, sowie wöchentlich seit August 1990 23,62 DM bzw. 23,90 DM für die Krankenkasse. Für das Jahr 1991 führte er 33,32 DM Lohnsteuer ab. Der Kläger hatte zu Beginn seiner Mitgliedschaft 17 449,- DM im voraus für „seelsorgerische Dienste" des Beklagten gezahlt. Ende 1992 erhielt er 6483,- DM zurück.

Der Kläger hat die Auffassung vertreten, daß er Arbeitnehmer des Beklagten gewesen sei. Er hat vorgetragen: Der Beklagte sei ein Wirtschaftsunternehmen. Er habe während seiner gesamten Anwesenheitszeiten in den Räumen des Beklagten für diesen als Arbeitnehmer gearbeitet. Er sei zu gewerblichen Zwecken eingesetzt gewesen, und zwar in der zentralen Personalabteilung.

Er sei nach dem Erwerb des Zertifikats „Mini Hatted Personell Controll Officer" zunächst als Personalkontrollofficer und nach dem Erwerb des zweiten Zertifikats als „Director of Personnel" tätig gewesen. Dies entspreche der Tätigkeit eines qualifizierten Personalsachbearbeiters. Die Durchführung und Auswertung der Oxford Capacity Analysis sei eine im wissenschaftlich-psychologischen Bereich angesiedelte Tätigkeit gewesen, weil der Beklagte die Auffassung vertrete, daß dieser Test wissenschaftlich fundiert sei. Überstunden habe er auf erste Anforderung hin leisten müssen. Für seine Tätigkeit sei ein monatliches Bruttoentgelt in Höhe von 3500,- DM angemessen.

Der Kläger hat seine Gehaltsansprüche einschließlich Überstundenvergütung für das Jahr 1990 auf 71 947,58 DM und für das Jahr 1991 auf insgesamt 52 832,83 DM beziffert und entsprechende Zahlungsanträge gestellt.

Der Beklagte hat beantragt, die Klage abzuweisen. Er hat vorab die Unzulässigkeit des beschrittenen Rechtsweges gerügt, weil zwischen ihm und dem Kläger kein Arbeitsverhältnis bestanden habe. Er sei eine Religionsgemeinschaft i. S. von Art. 4, 140 GG in Verbindung mit Art. 137 WRV. Kernbereich seiner religiösen Tätigkeit sei das „Auditing". Der Kläger sei als Vereinsmitglied ausschließlich auf vereinsrechtlicher Basis tätig geworden. Seine Tätigkeit sei nur durch seine religiöse Überzeugung motiviert worden. Bei den Zahlungen habe es sich nicht um Entgelt, sondern um Unterstützungszahlungen gehandelt.

Der Kläger habe in der Personalabteilung keine qualifizierte Tätigkeit ausgeübt. Dem Erwerb der Zertifikate seien Minikurse vorausgegangen, die aus einem Anlernen für die Tätigkeit bestünden. Die angesprochenen Tests habe der Kläger nur gelegentlich durchgeführt. Die Auswertung der Testergebnisse sei standardisiert und nach kurzer Einarbeitung ohne Vorkenntnisse möglich. Mit der „Oxford Capacity Analysis" würden Bewerber um das Amt eines hauptamtlich tätigen Mitglieds auf das Vorliegen formaler Kriterien überprüft. Die Durchführung und Auswertung erfordere keine besondere Qualifikation. Der Kläger habe an der Besprechung der „Basic Crew" freiwillig teilgenommen und dies als Auszeichnung angesehen. Das Versenden des Materials an Politiker habe der Kläger ebenfalls freiwillig unterstützt.

Der „Security check" vor einer längeren Abwesenheit eines hauptamtlich tätigen Mitgliedes gebe diesem die Möglichkeit, sich alle Probleme von der Seele zu reden. Die Erfahrung habe gezeigt, daß sehr häufig hauptamtlich tätige Mitglieder ihr Amt nach längerer Abwesenheit niederlegten. Die Lehre von Scientology gehe davon aus, daß diese Personen Handlungen begangen hätten, die Probleme verursacht hätten, die nach Auffassung der betreffenden Mitglieder nur durch Niederlegung des Amtes bereinigt werden könnten.

Das Arbeitsgericht Hamburg hat den Rechtsweg zu den Gerichten für Arbeitssachen für unzulässig erklärt und den Rechtsstreit an das Landgericht Hamburg verwiesen. Auf die sofortige Beschwerde des Klägers hat das Landesarbeitsgericht den Beschluß des Arbeitsgerichts abgeändert und den Rechtsweg zu den Arbeitsgerichten für zulässig erklärt. Mit seiner vom Landesarbeitsgericht zugelassenen weiteren sofortigen Beschwerde erstrebt der Beklagte die Wiederherstellung des erstinstanzlichen Beschlusses.

Aus den Gründen:

Die weitere sofortige Beschwerde des Beklagten ist nicht begründet. Es handelt sich um eine bürgerliche Rechtsstreitigkeit zwischen Arbeitnehmern und Arbeitgebern aus dem Arbeitsverhältnis, für die nach § 2 Abs. 1 Nr. 3 a ArbGG der Rechtsweg zu den Gerichten für Arbeitssachen gegeben ist. Der Kläger war seit Januar 1990 — Annahme seines Antrags auf Verleihung des Status eines hauptamtlich tätigen außerordentlichen Mitglieds — Arbeitnehmer des Beklagten im Sinne von § 5 Abs. 1 Satz 1 ArbGG. Der Senat geht davon aus, daß sich die Klageforderung nur auf den Zeitraum ab Annahme des Antrags bezieht und für die Zeit davor Arbeitsentgelt nicht beansprucht wird.

In dem streitbefangenen Zeitraum beruhte die Mitarbeit des Klägers nicht auf vereinsrechtlicher, sondern auf arbeitsrechtlicher Grundlage. Die allgemeinen Grundsätze zur Abgrenzung von Mitarbeit auf vereinsrechtlicher und Mitarbeit auf arbeitsrechtlicher Grundlage sind auch hier anzuwenden. Sie erfahren im Streitfall keine Änderung dadurch, daß sich der Beklagte als Religionsgemeinschaft bezeichnet. (...)

I. Der Beklagte ist keine Religions- oder Weltanschauungsgemeinschaft i. S. der Art. 4, 140 GG, Art. 137 WRV.

1. Nach der Rechtsprechung des Bundesverfassungsgerichts können allein die Behauptung und das Selbstverständnis, eine Gemeinschaft bekenne sich zu einer Religion und sei eine Religionsgemeinschaft, für diese und ihre Mitglieder die Berufung auf die Freiheitsgewährleistung des Art. 4 Abs. 1 und 2 GG nicht rechtfertigen. Vielmehr muß es sich auch tatsächlich, nach geistigem Gehalt und äußerem Erscheinungsbild, um eine Religion und Religionsgemeinschaft handeln (BVerfG, Beschluß v. 5. 2. 1991[2] – 2 BvR 263/86 – BVerfGE 83, 341). Das Bundesverfassungsgericht hat diese Grundsätze in seinem den im vorliegenden Rechtsstreit Beklagten betreffenden Beschluß v. 28. 8. 1992 (– 1 BvR 632/92 – NVwZ 1993, 357) noch einmal bekräftigt.

a) Ob es sich um eine Religion und eine Religionsgemeinschaft handelt, haben die Gerichte zu entscheiden. Sie üben dabei allerdings keine freie Bestimmungsmacht aus, sondern haben den von der Verfassung gemeinten oder vorausgesetzten, dem Sinn und Zweck der grundrechtlichen Verbürgung entsprechenden Begriff der Religion zugrunde zu legen. Maßgebend dafür können sein die aktuelle Lebenswirklichkeit, Kulturtradition und allgemeines wie auch religionswissenschaftliches Verständnis (BVerfGE 83, 341 [353]).

b) Unter Religion oder Weltanschauung versteht die Rechtsprechung eine mit der Person des Menschen verbundene Gewißheit über bestimmte Aussagen zum Weltganzen sowie zur Herkunft und zum Ziel des menschlichen Lebens. Die Religion legt eine den Menschen überschreitende und umgreifende („transzendente") Wirklichkeit zugrunde, während sich die Weltanschauung auf innerweltliche („immanente") Bezüge beschränkt (BVerfGE 32, 98 [107][3]; BVerwGE 37, 344 [363][4]; 61, 152 [156][5]; 90, 112 [115][6]). Eine Vereinigung ist dann als Religions- oder Weltanschauungsgemeinschaft i. S. des Grundgesetzes anzusehen, wenn ihre Mitglieder oder Anhänger auf der Grundlage gemeinsamer religiöser oder weltanschaulicher Überzeugungen eine unter ihnen bestehende Übereinstimmung über Sinn und Bewältigung des menschlichen Lebens bezeugen (Rainer Scholz, NVwZ 1992, 1152).

c) Nach ständiger Rechtsprechung des Bundesverwaltungsgerichts verliert eine Vereinigung ihre Eigenschaft als Religions- oder Weltanschauungsgemeinschaft i. S. der Art. 4, 140 GG, 137 WRV nicht allein dadurch, daß sie überwiegend politisch oder erwerbswirtschaftlich tätig ist (BVerwGE 37, 345; 90, 112 [116]). In welcher Weise eine Religions- oder Weltanschauungsgemeinschaft ihre Finanzverhältnisse gestaltet, hat sie kraft ihrer verfassungsrechtlich

---

[2] KirchE 29, 9.
[3] KirchE 12, 294.
[4] KirchE 12, 64.
[5] KirchE 18, 311.
[6] KirchE 30, 151.

gewährleisteten Autonomie (Art. 140 GG, 137 WRV) grundsätzlich selbst zu entscheiden. Sie kann — je nach Rechtsform — Steuern oder Mitgliedsbeiträge erheben. Sie hat auch das Recht, für Güter oder Dienstleistungen mit einem unmittelbar religiösen oder weltanschaulichen Bezug, wie z. B. für die Unterrichtung in den Lehren der Gemeinschaft, Entgelte zu verlangen. Dienen aber die religiösen oder weltanschaulichen Lehren nur als Vorwand für die Verfolgung wirtschaftlicher Ziele, kann von einer Religions- oder Weltanschauungsgemeinschaft i. S. der Art. 4, 140 GG, 137 WRV nicht mehr gesprochen werden (BVerwGE 90, 112 [116]).

2. Um einen solchen Fall handelt es sich hier.

a) Es waren und sind eine Fülle von Rechtsstreitigkeiten anhängig, in denen der Beklagte oder „Schwester-Kirchen" und -Organisationen beteiligt waren. Einige Entscheidungen haben die Gliederungen von Scientology — überwiegend ohne nähere Begründung — als Religionsgemeinschaften im Sinne des Grundgesetzes angesehen (BGHZ 78, 274 [278]; LG Hamburg, Beschluß v. 17. 2. 1988[7] — 71 T 79/85 — NJW 1988, 2617). Andere Entscheidungen lassen dies ausdrücklich offen (BVerwGE 61, 152 [162 f.]; OVG Hamburg, Urteil v. 6. 7. 1993[8] — Bf VI 12/91 — DVBl. 1994, 413). Wieder andere verneinen die Eigenschaft von Scientology als Religions- oder Weltanschauungsgemeinschaft (OLG Düsseldorf, NJW 1983, 2574[9]; VG Darmstadt, NJW 1983, 2595[10]; vgl. auch FG Münster, Urteil v. 25. 5. 1994[11] — 15 K 5247/87 U — EFG 1994, 810).

Der Senat schließt sich der letztgenannten Ansicht an. Der Beklagte ist keine Religions- oder Weltanschauungsgemeinschaft im Sinne der Art. 4, 140 GG, 137 WRV. Die geschäftlichen Aktivitäten machen nicht nur einen erheblichen Anteil an den gesamten Aktivitäten des Beklagten aus. Geschäftliche und andere Aktivitäten des Beklagten sind vielmehr untrennbar miteinander verknüpft. Der Beklagte ist eine Institution zur Vermarktung bestimmter Erzeugnisse. Die religiösen oder weltanschaulichen Lehren dienen als Vorwand für die Verfolgung wirtschaftlicher Ziele.

aa) Der Beklagte und andere Scientology-Organisationen bezeichnen sich zwar nunmehr durchgängig als Kirchen, nachdem der Beklagte sich ursprünglich den Namen „College für Angewandte Philosophie, Hamburg e. V." gegeben hatte. Die §§ 2 bis 5 seiner Satzung vom 22. 12. 1985 lassen den Beklagten zwar als Religionsgemeinschaft erscheinen. Dies reicht aber — auch unter Berücksichtigung einer entsprechenden Überzeugung der Mitglieder des Beklagten — nicht aus. Es muß sich auch tatsächlich um eine Religion und

---

[7] KirchE 26, 23.
[8] KirchE 31, 235.
[9] KirchE 21, 217.
[10] KirchE 20, 120.
[11] KirchE 32, 177.

Religionsgemeinschaft handeln (BVerfGE 83, 341). Das ist beim Beklagten nicht der Fall.

bb) Maßgebend für diese Beurteilung waren die vollständige Satzung des Beklagten, die zur Akte gereichten Verlautbarungen von Hubbard und Scientology-Organisationen, die im Protokoll namentlich aufgeführten Werke von Hubbard, der sonstige unstreitige Vortrag der Parteien sowie die zur Akte gereichten und in JURIS dokumentierten veröffentlichen Gerichtsentscheidungen, in denen der Beklagte oder andere Scientology-Organisationen Partei waren. Dies alles war Gegenstand der mündlichen Verhandlung. Da für den Beklagten „die Schriften" von Hubbard grundlegende Bedeutung haben (§ 2 Nr. 3 der Satzung) und sich der Beklagte als „Bestandteil einer international verbreiteten und hierarchisch aufgebauten Kirchengemeinschaft" versteht (§ 8 Nr. 1 der Satzung), muß er sich diese Äußerungen und Verlautbarungen zurechnen lassen.

Der Beklagte hat beantragt, die in der Anlage 1 zum Protokoll der mündlichen Verhandlung aufgeführten zwölf Werke von Scientology beizuziehen. Dazu hat er erklärt, in der Satzung seien die Aussagen dieser Werke extrahiert; es handele sich um deren praktische Umsetzung. Die zwölf Werke wichen von der Satzung und den vom Senat verwerteten Äußerungen von Hubbard und Verlautbarungen von Scientology nicht ab. Daher bedurfte es der Beiziehung der zwölf weiteren genannten Werke oder gar aller Schriften von Hubbard oder von Scientology nicht.

Dem Beweisantritt des Beklagten zu seiner Behauptung, den benannten Zeugen gegenüber habe der Kläger während der Zeit seiner Mitgliedschaft ausdrücklich erklärt, daß er seiner hauptamtlichen Mitgliedschaft nicht zum Zwecke des Lebenserwerbs nachgehe, sondern um seine religiöse Überzeugung zum Ausdruck zu bringen und die Verbreitung der Scientology-Religion zu fördern, brauchte schon deswegen nicht nachgegangen zu werden, weil sie zugunsten des Beklagten als wahr unterstellt werden kann. Diese Behauptung stimmt inhaltlich mit der Beitrittserklärung des Klägers überein.

Der Beklagte hat einen Auszug aus dem Bericht des Sonderberichterstatters Abdelfattah Amor an die Menschenrechtskommission der Vereinten Nationen vom 20. 12. 1994 vorgelegt. Darin heißt es unter Anführung von Beispielen, daß die „Scientology Kirche verschiedenen Formen an Diskriminierung ausgesetzt" ist (aaO, S. 11). Dieser Bericht kann schon deshalb nicht zu einer anderen Beurteilung führen, da der Berichterstatter die vom Senat für maßgeblich erachteten Umstände in seiner schriftlichen Vorlage nicht gewürdigt hat. Im übrigen handelt es sich um eine persönliche Meinungsäußerung des Berichterstatters.

Soweit die vom Beklagten und anderen Scientology-Organisationen beauftragten Gutachter Kopp (Gutachten vom 12. 6. 1984; vgl. auch derselbe NJW

1989, 2497; 1990, 2669), Friauf (Rechtsgutachten vom August 1994) und Canaris (Gutachten vom 5. 8. 1985) zu dem Ergebnis kommen, Scientology sei eine Religion oder eine Religionsgemeinschaft, beruht dies darauf, daß sie ihren Ausführungen allein das Selbstverständnis von Scientology zugrunde gelegt haben.

b) Der Beklagte betreibt ein Gewerbe im Sinne von § 14 GewO.

aa) Der Bescheid der zuständigen Behörde vom 31. 10. 1984, mit der der Beklagte aufgefordert wurde, den Beginn eines selbständigen Gewerbebetriebes im Sinne des § 14 GewO anzuzeigen, ist bestandskräftig. Die dagegen gerichtete Klage blieb erfolglos. Das Urteil des Hamburgischen Oberverwaltungsgerichts vom 6. 7. 1993[12] − Bf VI 12/91 − DVBl. 1994, 413; NVwZ 1994, 192) ist rechtskräftig. Die Nichtzulassungsbeschwerde des Beklagten hat das Bundesverwaltungsgericht durch Beschluß vom 16. 2. 1995[13] (− I B 205.93 − ZIP 1995, 563) zurückgewiesen.

Nach den im vorliegenden Verfahren nicht angegriffenen Feststellungen des Oberverwaltungsgerichts Hamburg verkauft der Beklagte an Mitglieder und Nichtmitglieder Bücher, Broschüren und sog. E-Meter und führt entgeltlich Kurse und Seminare durch. Er verkauft z. B. das vom Gründer L. Ron Hubbard (LRH) verfaßte Buch „Dianetik" und führt „Dianetik"-Seminare und -Heimkurse durch. Dafür nimmt er Preise, die sich im Rahmen der üblichen Buchpreise halten; die Entgelte für die Kurse und Seminare halten sich ebenfalls in dem Rahmen, in dem vergleichbare Dienstleistungen, etwa Kurse für Lebenshilfe, von gewerblichen Unternehmen angeboten werden.

Es handelt sich hierbei um eine auf Dauer angelegte Tätigkeit, bei der der Beklagte in gewerberechtlicher Gewinnerzielungsabsicht handelt. Das Oberverwaltungsgericht Hamburg ist zu dem Schluß gelangt, daß der Beklagte durch den Verkauf von Büchern, Broschüren und den sog. E-Metern sowie durch die Durchführung von Kursen Gewinne erzielt.

bb) Nach dem zur Akte gereichten Organisationshandbuch des Beklagten („Zusammenfassungen der Abteilungen") sind „SCIENTOLOGY, DIANETICS, DIANETIK, OT, THE BRIDGE, HUBBARD, NEW ERA DIANETICS, PURIFICATION RUNDOWN, HAPPINESS RUNDOWN, FALSE PURPOSE RUNDOWN, STUDENT HAT, L. RON HUBBARD, die Unterschrift L. Ron Hubbards und das SCIENTOLOGY-Symbol … Zeichen im Besitz des Religious Technology Center und werden mit dessen Genehmigung benutzt". Wie sich aus dem Beschluß des Bundespatentgerichts vom 20. 12. 1989 (BPatGE 31, 103) ergibt, ist das Wort „Scientology" für Druckschriften und Dienstleistungen auf dem Gebiet von Ausbildung und Unterricht etc.

---

[12] KirchE 31, 235.   [13] KirchE 33, 43.

eintragbar. Nach dieser Entscheidung handelt es sich bei „Scientology" um ein von Hubbard frei kreiertes Kunstwort. Gemäß § 1 des bis zum 31. 12. 1994 gültigen Warenzeichengesetzes (aufgehoben durch §§ 48, 50 Abs. 3 Markenrechtsreformgesetz vom 25. 10. 1994, BGBl. I S. 3082) konnte Zeichen zur Eintragung in die Zeichenrolle anmelden, wer sich „in seinem Geschäftsbetrieb" zur Unterscheidung seiner Waren oder Dienstleistungen eines Zeichens bedienen wollte.

Zahlreiche vom Beklagten verwendeten Unterlagen tragen den Copyright-Vermerk (by L. Ron Hubbard), z. B. der „Standard Oxford Persönlichkeitsauswertungstest", der „HCO-Policy-Brief" vom 8. 2. 1972 R., revidiert am 21. 10. 1980" und auch „der berühmte LRH-Telex vom 20. 2. 1979", betrifft: „Einführungsdienste". Ursprünglich war die Abführung von Lizenzgebühren sogar in § 8 der ersten Vereinssatzung des Beklagten verankert.

Daß die Erzielung von Gewinn ein Hauptzweck des Beklagten ist, ergibt sich u. a. aus den „Ethik-Kodizes" von Scientology (Hubbard, Einführung in die Ethik der Scientology, S. 78 ff.), einem „Disziplinar-Kodex", der den Charakter „einer festen und ausdrücklichen Richtlinie" hat. Diese unterscheiden „vier allgemeine Kategorien von Verbrechen und Verstößen: FEHLER, VERGEHEN, VERBRECHEN UND SCHWERVERBRECHEN". Unter Verbrechen werden verstanden „Verstöße, die normalerweise als kriminell angesehen werden". Dazu zählen u. a. „Nachlässigkeit oder Unterlassungen im Hinblick auf den Schutz der Urheberrechte, Schutzmarken, Warenzeichen oder eingetragene Namen von Scientology" (Hubbard, aaO, S. 88, 90).

cc) Eine solche Kommerzialisierung, die auch interne „Kirchen"-Anordnungen betrifft, ist für Religions- und Weltanschauungsgemeinschaften höchst ungewöhnlich. Schon dies rechtfertigt die vom Bundespatentgericht getroffene Beurteilung, nach der Scientology hinsichtlich der Herausgabe und des Vertriebs von Druckschriften, der Abhaltung von Kursen, Seminaren und Auditing mit Instituten und Vereinigungen vergleichbar ist, „die gegen ein oft nicht geringes Entgelt auf meist kommerzieller Basis dem Interessenten größere Effektivität im persönlichen und geschäftlichen Leben, geistigen und seelischen Aufbau oder Erfolg, Lebenshilfe, Beseitigung, psychologischer Hemmnisse, Vermittlung besonderer Kenntnisse und Fähigkeiten durch spezielle Programme usw. versprechen" (BPatGE 31, 103 [108]).

c) Die Mitgliedschaft und die „religiösen" Dienste sind kommerzialisiert.

aa) Der Beklagte und seine Schwesterorganisationen lassen sich von ihren Mitgliedern erhebliche Geldbeträge zahlen. Der Kläger hat zu Beginn seiner Mitgliedschaft insgesamt 17 449,00 DM für „seelsorgerische Dienste" gezahlt. Er erhielt für die in der Zeit von Januar 1990 bis September 1991 geleistete Arbeit vom Beklagten insgesamt ca. 10 000,00 DM an „wöchentlichen Unterstützungen". Wenn man die Ende 1992 geleistete Rückzahlung von

6483,00 DM berücksichtigt, hat der Kläger im Ergebnis überhaupt kein Entgelt für seine in erheblichem Umfang geleistete Arbeit erhalten.

Auch andere Mitglieder des Beklagten und seiner Schwesterorganisationen zahlen erhebliche Beträge. So ergibt sich aus dem Tatbestand des Urteils des LG Frankfurt vom 10. 5. 1989 (2/4 O 471/88), daß der Kläger jenes Rechtsstreits trotz eines monatlichen Nettoeinkommens von nur 1600,00 DM für 33 Stunden „Auditing" insgesamt 13 728,00 DM zahlte, wofür er einen Kredit in Anspruch nahm.

Aus dem Urteil des LG Frankfurt vom 24. 2. 1993 (2/4 O 235/92) ergibt sich, daß die Klägerin am 31. 12. 1991 bei Unterzeichnung des Mitgliedschaftsantrags und eines Formulars, in welchem sie sich für ein Einführungsseminar einschrieb, einen „Spendenbeitrag" in Höhe von 500,00 DM leistete, und daß sie sich am 2. 1. 1992 für weitere vier Stunden geistliche Beratung und Ausbildung anmeldete, wofür sie einen „Spendenbeitrag" in Höhe von 1200,00 DM an die Beklagte zahlte. Zusätzlich zahlte die Klägerin in der Zeit vom 2. 1. 1992 bis zum 18. 2. 1992 noch insgesamt 5068,50 DM.

Daß es sich dabei nicht um Einzelfälle handelt, ergibt sich aus den vom Beklagten zur Akte gereichten „Informationen, Definitionen und Regeln für Studenten und Preclears", in denen es wie folgt heißt:

„Es ist in der Scientology Kirche üblich, für geistliche Beratung und das Ausbildungswesen von Mitgliedern, die sich entschlossen haben, auch Preclears und Studenten zu werden, Beiträge zu erbitten und anzunehmen, um damit die Aufwendungen zu decken, da Scientology Kirche keine Kirchensteuer erhebt."

bb) Der Beklagte und seiner Schwesterorganisationen erschweren in finanzieller Hinsicht den Austritt aus Scientology-Organisationen.

Nach den Feststellungen des Landgerichts München I im Urteil vom 4. 3. 1986[14] (– 6 O 22072/84 – NJW 1987, 847) waren dem dortigen Kläger bei seinem Ausscheiden aus der „religiösen Bruderschaft der Mission der Scientology-Kirche" für bislang kostenlos erhaltene Beratung 12 428,00 DM abzüglich 20% Minderung für ein Jahr Mitarbeit (häufig bis zu 60 Wochenstunden), insgesamt also 9942,40 DM in Rechnung gestellt worden, und zwar aufgrund einer Satzungsbestimmung. Nachdem der Kläger diesen Betrag zunächst bezahlt und dafür eine Quittung mit der Bemerkung „Beitrag für vorzeitige Vertragsauflösung" erhalten hatte, forderte er diesen Betrag drei Jahre später mit seiner Klage zurück. Das LG München gab ihm Recht, weil es der Auffassung war, daß eine Religionsgemeinschaft, die den Austritt aus ihrer Gemeinschaft mit Zahlungspflichten für während der Mitgliedschaft erhaltene Leistungen erschwert, damit sowohl gegen das Recht der Glaubensfreiheit (Art. 4

---

[14] KirchE 24, 68.

GG) als auch gegen das Recht auf freien Austritt aus einem Verein (§ 39 BGB) verstößt.

Der Beklagte ist zwar im Falle des Klägers nicht so vorgegangen. Aus den von ihm selbst überreichten „Informationen, Definitionen und Regeln für Studenten und Preclears" ergibt sich aber, daß auch bei ihm das Bestreben, den Austritt finanziell zu erschweren, vorhanden ist. Es heißt dort:

„Jedes Mitglied bestimmt das Erreichen vollkommener geistiger Freiheit selbst. Die Kirche kann ihm nur den Weg aufzeigen, der ihn zur Wahrheit geleitet. Keine Spende, kein Betrag, und mag er noch so groß sein, kann diese religiöse Erfahrung „erkaufen". Die Entrichtung von Beiträgen ist deshalb nur eine Möglichkeit der Unterstützung der gesamten kirchlichen Tätigkeiten. Ein solcher Betrag kann grundsätzlich nicht zurückverlangt werden. In begründeten Einzelfällen gibt die Kirche einem Antrag auf Rückzahlung geleisteter Beträge gemäß ihrer Richtlinien statt. Gemäß dieser Richtlinien wird eine solche Rückerstattung der Beiträge einem Preclear oder Studenten gewährt, der

1. nicht länger mit dem Glaubensbekenntnis und den Zielen der Scientology Kirche übereinstimmt;
2. einen schriftlichen Antrag auf Rückerstattung nicht später als 90 Tage nach dem Ende seiner letzten Auditingsitzung bzw. des letzten Seminarbesuches eingereicht hat. Dies gilt für die bereits in Anspruch genommenen kirchlichen Dienste. Ausgenommen von dieser 90-Tage-Frist sind solche Beiträge für kirchliche Dienste, die noch nicht in Anspruch genommen wurden;
3. eine verbindliche Erklärung abgibt, die die Kirche und ihre Mitarbeiter von weiteren Ansprüchen freistellt;
4. zustimmt, sich an die Verwaltungsverfahrensweise des Anspruchsüberprüfungsausschusses zu halten;
5. anerkennt, daß maximal bis zu 12% des gezahlten Beitrages als Bearbeitungsgebühr abgerechnet werden können.

DAS RÜCKZAHLUNGSVERFAHREN ERFORDERT DAS PERSÖNLICHE DURCHLAUFEN EINES MEHRERE SCHRITTE UMFASSENDEN LAUFZETTELS IN DEN KIRCHENRÄUMLICHKEITEN. DIE RÜCKERSTATTUNG HAT DEN AUSSCHLUSS AUS DER KIRCHE ZUR FOLGE."

Wer also „das persönliche Durchlaufen … in den Kirchenräumlichkeiten" scheut, soll danach keinen Anspruch auf Rückerstattung haben, und zwar unabhängig davon, ob es sich um Beiträge für bereits in Anspruch genommene oder noch nicht in Anspruch genomene „kirchliche Dienste" handelt. Daß im Streitfall dem anwaltlich vertretenen Kläger ohne ein solches weiteres Verfahren etwa ein Drittel seiner Beiträge zurückerstattet wurde, ändert daran nichts.

cc) Die Kommerzialisierung der Mitgliedschaft ergibt sich schließlich aus den Bedingungen für den Wiedereintritt in den Verein. Unter Nr. 10 der Anlage 2 zum Antrag des Klägers vom 19. 1. 1990 heißt es:

„Eine weitere Bedingung für die Wiedererlangung des guten Ansehens und für den Wiedereintritt in die religiöse Gemeinschaft für jemand, der zum „Freeloader" erklärt wurde, ist die Zahlung einer Summe an die Kirche, die den Beiträgen der Dienste entsprechen soll, die es während seiner Zeit als Mitglied der Gemeinschaft erhalten hat."

d) Scientology betreibt eine intensive geschäftliche Werbung.

aa) In zahlreichen Veröffentlichungen von Hubbard heißt es, daß derjenige, der „dem Leiter des Mitgliedschafts-Ressorts" der nächsten Organisation schreibt, „eine kostenlose Mitgliedschaft für sechs Monate" erhält, die zu einer „Ermäßigung beim Kauf von Büchern, Tonbandverträgen und vielen anderen Artikeln" führt und die Gratis-Überlassung von Zeitschriften, wichtigen Informationen, „Scientology-Neuigkeiten" und technischen Daten ermöglicht (Hubbard, Dianetik, Die Entwicklung einer Wissenschaft, 1972, S. 138; ders., Die Probleme der Arbeit, 1973, S. 110; ders., Einführung in die Ethik der Scientology, 1981, S. 132; ders., Dianetik, Die ursprüngliche These, 1983, S. 153 ...). Dies entspricht einer aggressiven Werbung für Buch- und andere Clubs. Wie sehr es dabei um kommerzielle Interessen geht, zeigt auch der von Scientology selbst so bezeichnete „berühmte LRH-Telex vom 20. 2. 1979, betrifft: Einführungsdienste". Darin heißt es wörtlich:

„*C) Verstärkt diese kostenlose Einführungsdienste.*
D) Setzt auch bezahlte kleinere Dienste fort und erweitert sie. ...
E) Die korrekte Weiterleitung für neue Leute aus der Öffentlichkeit ist von kostenlosen Einführungsdiensten zu einem bezahlten wie in D) angeführt, und zusätzlich jeglicher größere Dienst. ..."

bb) Die an Nichtmitglieder gerichtete Werbung für Bücher und Kurse läßt überwiegend einen religiösen Bezug nicht erkennen. So heißt es in einer 1989 vom Beklagten verwendeten Werbebroschüre, die auf der Titelseite das Wort „Test", das Bild Albert Einsteins und den Satz „Wir nutzen nur 10% unseres geistigen Potentials" trägt und in der 200 Testfragen für einen sogenannten Persönlichkeitstest enthalten sind, unter der Abbildung des Buches „Dianetik" wie folgt (zitiert nach dem Urteil des OVG Hamburg, aaO S. 40):

„*Die großen Männer der Geschichte wußten es auszuschöpfen. Gemäß Albert Einstein nützen wir Alltagsmenschen aber nur 10% unseres wahren Potentials. In seinem Buch DIANETIK zeigt L. Ron Hubbard erstmals, warum wir bisher auf 90% unseres kostbarsten Gutes verzichten mußten. Er präsentiert aber auch eine Methode, mit der wir mehr und mehr unsere enormen geistigen Reserven freisetzen können. Fachleute waren von seinen Entdeckungen so beeindruckt, daß die amerikanische Regierung versuchte, sein Wissen unter ihr Monopol zu bekommen. Hubbards Antwort war die Veröffentlichung des Buches DIANETIK, mit dem er seine Erkenntnisse uns allen zugänglich macht. Ihr wahres geistiges Potential ist zu wertvoll, um ungenutzt zu bleiben.*"

Eine Werbung für eine Religionsgemeinschaft ohne Hinweis darauf, daß es sich um eine Religionsgemeinschaft handelt, ist ungewöhnlich. Man kann sie in Anlehnung an eine Gesetzesbezeichnung (Gesetz gegen den unlauteren Wettbewerb) als unlauter bezeichnen.

cc) Scientology beschäftigt Mitarbeiter im Außendienst, die Provisionen erhalten. In dem „Policy-Brief des Hubbard-Kommunikationsbüros" vom

9. 5. 1965 (abgedruckt in: Das Handbuch für den ehrenamtlichen Geistlichen, 2. Aufl., Kopenhagen, 1983, S. 649 ff., ebenfalls zum Gegenstand der mündlichen Verhandlung gemacht) heißt es:

> *„Alle Feld-Auditoren der Stufe eines Hubbard-Buchauditors (jemand, der Bücher über Scientology studiert hat und anderen zuhört, um bei ihnen Verbesserungen hervorzurufen) und darüber werden hiermit zu FSMs (= FIELD STAFF MEMBERS = AUSSENMITARBEITER) ihrer jeweils nächstgelegenen Scientologykirche ernannt.*
> ...
> *Der Zweck des FSMs ist:*
> *MIR ZU HELFEN; MIT DER EINZELPERSON KONTAKT AUFZUNEHMEN, SIE ZU HANDHABEN, ZU RETTEN UND SIE UND DAMIT DIE VÖLKER DER ERDE ZUM VERSTEHEN HINZUFÜHREN.*
> *Ihre Bezahlung erfolgt in Form von Provisionen und dürfte daher der Bezahlung der festen Mitarbeiter in den Kirchen entsprechen; sie ist allein von der Aktivität des FSMs abhängig.*
> ...
> *Die offizielle Scientologykirche, zu der der FSM gehört, wird ihm einen Prozentsatz aller Ausbildungs- und Auditing-Gebühren zahlen, die diese Organisation durch ihre FSMs erhält.*
> ...
> *Wenn die selektierte Person in der Kirche erscheint, ihren SELEKTIERUNGSSCHEIN dem Kassierer vorlegt, sich für Ausbildung und Auditing einschreibt und bezahlt, überweist die Kirche sofort eine Provision von 10% auf die gesamte Barzahlung. Mit dem Überweisen der Provision wird nicht gewartet. Die Kirche überweist den Betrag sofort. 10% werden auch für Mitgliedschaften gezahlt, die die selektierte Person gekauft hat, wenn sie dazu ebenfalls einen Selektierungsschein vorlegt, der mit „Mitgliedschaft" bezeichnet und ebenfalls von dem FSM ausgestellt wurde.*
> ...
> *Der FSM darf für Mitgliedschaften kein Bargeld annehmen, da Mitgliedschaften nur bei dem Kassierer des Rechnungsbüros der Kirche bezahlt werden dürfen.*
> *Der Preclear oder Student kann so oft selektiert werden, wie es dem FSM möglich ist. Wenn die Person jedoch nach der Ausbildung oder dem Auditing nicht wieder von dem FSM selektiert wird, kann die Kirche die Person erneut selektieren, und dann wird keine Provision gezahlt. Die Kirche braucht keinen Selektierungsschein, um eine Person auszubilden oder zu auditieren.*
> ...
> *Der FSM kann Bücher von der Scientologykirche kaufen und sie für eigenen Gewinn verkaufen. Etwaige Rabatte sind mit der Kirche zu vereinbaren.*
> *Provisionen werden auf professionelle Sätze[4] gezahlt, aber nicht in den Auditor selbst oder einen „Freund", der diesem die Provision zurückerstattet. Der professionelle Satz gilt nur für Auditing. Für Ausbildung oder Kurse gibt es keinen professionellen Satz.*
> *4) professionelle (Gebühren-)Sätze: Unter gewissen Umständen erhalten ausgebildete aktive Auditoren 50% Ermäßigung, wenn sie selbst Auditing bei einer Scientologykirche kaufen (Anm. d. Übers.).*
> ...
> *FSMs können vom Rechnungsbüro der Scientologykirche gebeten werden, überfällige Rechnungen einzuziehen, wobei für jeden eingezogenen Betrag von der Kirche 10% Provision gezahlt wird."*

Bereits in seinem Beschluß vom 8. 11. 1960[15] (– 1 BvR 59/56 – BVerfGE 12, 1 [4 f.]) hat es das Bundesverfassungsgericht als einen Miß-

---

[15] KirchE 5, 256.

brauch des Grundrechts aus Art. 4 Abs. 1 und 2 GG bezeichnet, „wenn jemand unmittelbar oder mittelbar den Versuch macht, mit Hilfe unlauterer Methoden oder sittlich verwerflicher Mittel andere ihrem Glauben abspenstig zu machen oder zum Austritt aus der Kirche zu bewegen". Es hat demjenigen, der unter Ausnutzung der besonderen Verhältnisse des Strafvollzuges für einen Kirchenaustritt Genußmittel verspricht und gewährt, den Schutz des Art. 4 Abs. 1 GG abgesprochen.

Handelte es sich dort um ein einzelnes Mitglied einer Weltanschauungsgemeinschaft, das auf eigene Faust und ohne Rücksprache mit Verantwortlichen der Gemeinschaft unlautere Methoden bei der Abwerbung angewandt hatte, so sind unlautere Werbemethoden von Scientology zum Prinzip erhoben worden. Eine Institution, die – wie Scientology – für die Mitgliederwerbung und für die Werbung zur Teilnahme an bestimmten entgeltpflichtigen Kursen Provisionen zahlt, kann keine Religions- oder Weltanschauungsgemeinschaft im Sinne der Art. 4, 140 GG, Art. 137 WRV sein.

e) Daß es sich bei Scientology um keine Religions- oder Weltanschauungsgemeinschaft, sondern um ein kommerzielles Unternehmen handelt, wird auch von anderen Äußerungen des Gründers Hubbard belegt. So heißt es in dem „Policy-Brief" des Hubbard-Kommunikationsbüros vom 9. 5. 1965 (abgedruckt in: Das Handbuch für den ehrenamtlichen Geistlichen, S. 649, 656):

„Viele haben mich bestürmt, sie zu auditieren, und ich wurde ein ziemlich überarbeiteter Mann. Ich wurde nur durch die Gründung der Kirche gerettet, der ich meine Kunden übergeben konnte."

In einem Brief von Hubbard (HCO-policy-letter of 9 March 1972 R Issue I, revised 4 August 1983, zitiert nach OVG Hamburg, aaO, S. 56) heißt es u. a.:

„MAKE MONEY.
MAKE MORE MONEY.
MAKE OTHER PEOPLE PRODUCE SO AS TO MAKE MONEY."

3. In engem Zusammenhang mit dem kommerziellen Charakter des Beklagten stehen menschenverachtende Anschauungen von Scientology-Organisationen.

a) So heißt es in der „FLAG-Abteilungsdirektive" vom 13. 3. 1991 bei der Beschreibung der „Unterabteilung 1 – Abteilung für Weiterleitung und Personal":

„Es wurde eine Org gefunden, die eine große Anzahl an Mitarbeitern hatte, aber zur selben Zeit ständig unterhalb des alles entscheidenden Punktes kämpfte ... Die Org hat nicht Leute von den richtliniengemäßen Fundgruben eingestellt. Als ein Ergebnis davon war die Org mit Jugendlichen, die die Schule schwänzten, Kunden der nächstgelegenen Armenküchen, Landstreichern und anderen widerwärtigen Burschen bemannt. ..."

Eine derart abwertende „offizielle" Stellungnahme einer Religions- oder Weltanschauungsgemeinschaft über sozial Schwache, die noch dazu ihre Mitglieder sind, ist dem Senat bislang nicht bekannt geworden. Das bedeutet, daß sich Scientology zu seinem etwa in § 4 der Satzung des Beklagten enthaltenen „Glaubensbekenntnis" und den „Kernaussagen" in nachhaltigen Widerspruch begibt.

b) Menschenverachtend ist auch, daß und wie der Beklagte seine Mitarbeiter zu immer neuen Höchstleistungen treiben will. Dies ergibt sich z. B. aus dem „HCO-Policy-Brief vom 8. 2. 1972 R, revidiert am 21. 10. 1980", in dem es u. a. heißt:

„Zur Steigerung der Quote kann täglich und wöchentlich ein neues Target gegeben werden. Der Director of Training kann z. B. eine Quote von 5 Briefen mehr als am Tag vorher festsetzen. Das würde bedeuten, daß er an einem Tag 45 Briefe schreibt, am nächsten Tag 50, am Tag danach 55 und so weiter."

Wer eine solche – an ein „Schneeball-System" erinnernde – Methode auf sich anwendet oder anwenden läßt, läuft Gefahr, erhebliche gesundheitliche Schäden davonzutragen.

c) Schließlich ist auf totalitäre Tendenzen hinzuweisen, die sich in wichtigen Schriftstücken und Praktiken von Scientology zeigen.

aa) So werden in den „Ethik-Kodizes" (Hubbard, Einführung in die Ethik der Scientology, aaO, S. 78, 88 ff.) als „Verbrechen" angesehen:

„A. NICHTBEFOLGUNG UND NACHLÄSSIGKEIT
  1. Nichtbefolgung dringender und sehr wichtiger Anordnungen, wenn dies einen Ansehensverlust in der Öffentlichkeit zur Folge hat.
  2. Scientology oder Scientologen einer Gefahr auszusetzen.
  ...
  11. Sich zu weigern, Strafen zu akzeptieren, die in einem Berufungsverfahren auferlegt worden sind.
  ...

C. TECHNISCHE VERBRECHEN
  1. PTS zu sein oder zu werden, ohne es zu berichten oder Maßnahmen zu ergreifen. (PTS, von engl. Potential Trouble Source = potentielle Schwierigkeitsquelle: eine Person, die mit einer unterdrückerischen Person in Verbindung steht. Alle kranken Personen sind PTS. Alle Preclears, die regelmäßig ihren Gewinn verlieren, sind PTS. Unterdrückerische Personen sind PTS zu sich selbst.) ...
  4. Es zu versäumen, jemanden, der PTS ist, an das lokale HCO zu berichten. (HCO: die Abteilung einer Scientology-Organisation, die folgende Aufgabenbereiche umfaßt: Personal, Kommunikation, Inspektionen und Ethik. Von engl. Hubbard Communications Office = Hubbard-Kommunikationsbüro.)
  ...
  13. Als Überwacher irgendeine Methode zu lehren oder zu empfehlen, die nicht in HCO-Bulletins oder auf Tonbändern enthalten ist, oder existierende HCOBs, HCO PLs oder Tonbänder geringschätzig oder als unwichtig zu behandeln.

D. ALLGEMEINE VERBRECHEN

...
8. Die Aufrechterhaltung der Disziplin zu verweigern.
...
17. Einen Kursüberwacher oder Vortragsredner der Scientology mit Unterbrechungen, Provokationen oder Fangfragen zu belästigen.
..."

Schwerverbrechen werden als unterdrückerische Handlungen bezeichnet (aaO, S. 96 ff.). Diese werden wiederum definiert als „Handlungen, die darauf berechnet sind, Scientology zu behindern oder zu zerstören oder einen Scientologen in seinen Studien oder seiner geistigen Beratung zu behindern oder zugrunde zu richten oder sein Wohlergehen negativ zu beeinflussen".

Ein Potential Trouble Source (PTS) ist als eine Person definiert, „die, während sie als Scientologe aktiv zu bleiben wünscht, dennoch mit einer Person oder Gruppe in Verbindung bleibt, welche für die Person oder gegenüber den religiösen Glaubensanschauungen und Praktiken der Scientology unterdrückerisch ist. Bis diese Verbindung durch spezielles Auditing bereinigt ist, können keine Gewinne auftreten".

Unter die Schwerverbrechen werden u. a. gerechnet:

„*A. ANGRIFFE GEGEN SCIENTOLOGY UND SCIENTOLOGEN*
1. Gesetzgebung oder Verordnungen, Vorschriften oder Gesetze, welche auf die Unterdrückung der Scientology ausgerichtet sind, vorzuschlagen, zu empfehlen oder dafür zu stimmen.
...
4. Das Berichten von Scientology oder Scientologen an zivile Behörden oder die Androhung einer solchen Berichterstattung, in der Bemühung, Scientology oder Scientologen darin zu unterdrücken, standardgemäß Scientology zu praktizieren oder zu empfangen.
5. Einen Zivilprozeß gegen irgendeine Scientology-Organisation oder irgendeinen Scientologen einzuleiten, einschließlich wegen der Nichtzahlung von Rechnungen oder des Versäumnisses der Rückerstattung, wenn man nicht zuerst den Ethik-Officer auf die Angelegenheit aufmerksam gemacht hat, der höhere und rechtliche Berater der Scientology-Kirche informieren würde ...
9. Aus Protest oder mit unterdrückerischer Absicht öffentlich vom Person oder aus einer leitenden Position zurückzutreten.

B. VERLEUGNUNG, ABSPALTUNG, ABWEICHUNG
...
3. Danach zu streben, Kurse oder Sessions (Session: eine genaue Zeitspanne, während der ein Auditor einen Preclear auditiert) aufzugeben oder zu verlassen, und sich trotz normaler Anstrengung zu weigern, zurückzukehren.
4. Aufgabe aller Zertifikate, Klassifizierungen und Auszeichnungen (aber nicht Aufgabe von Posten, Positionen oder Orten).
5. Von einer Kirche oder Mission eine Rückerstattung von Spenden zu verlangen, ohne sich an die Richtlinien und die Verfahrensweise des Anspruchsprüfungsausschusses (Claims Verification Board) zu halten (Informationen darüber sind für alle Mitglieder der Kirche frei erhältlich), oder, während man den Antrag stellt, danach zu streben, für andere eine Verstimmung zu erzeugen oder zu verursachen.

> *6. Fortgesetzt einer Person oder Gruppe anzuhängen, welche in korrekter und präziser Weise vom Hubbard-Kommunikationsbüro zu einer unterdrückerischen Person oder unterdrückerischen Gruppe erklärt worden ist.*
>
> ...
>
> *8. Abhängigkeit von anderen geistigen oder philosophischen Verfahrensweisen als Scientology, abgesehen von medizinischer oder operativer Behandlung, nachdem man eine Zertifizierung, Klassifizierung oder Auszeichnung in der Scientology erhalten hat."*

Weiter heißt es in der „Einführung in die Ethik der Scientology" von Hubbard (S. 103 f.) unter der Überschrift „Petition":

> *„Das Recht auf Petition darf nicht versagt werden.*
>
> ...
>
> *3. Zwei oder mehr Personen dürfen nicht gleichzeitig wegen der gleichen Sache eine Petition einreichen, und wenn das der Fall sein sollte, muß die Petition von der Person, an die sie gerichtet war, sofort zurückgewiesen werden. Eine Kollektiv-Petition ist gemäß der Ethik ein Verbrechen, da sie eine Bemühung ist, den wirklichen Bittsteller zu verbergen; ..."*

Unter „Schutz der Technologie" heißt es dort (S. 115 f.):

> *„Die Scientology ist ein funktionierendes System.*
>
> ...
>
> *Im Verlauf von fünfzigtausend Jahren der Geschichte allein auf diesem Planeten hat der Mensch niemals zuvor ein funktionierendes System hervorgebracht. Es ist zweifelhaft, ob er in absehbarer Zukunft jemals ein anderes hervorbringen wird.*
> *Der Mensch ist in einem riesigen und komplexen Labyrinth gefangen. Um da herauszukommen, muß er dem exakt markierten Weg der Scientology folgen.*
> *Die Scientology wird ihn aus dem Labyrinth herausführen; aber nur, wenn er den exakten Markierungen in den Tunneln folgt.*
>
> ...
>
> *Die Scientology ist ein funktionierendes System. Sie hat den Weg markiert. Die Suche ist vorbei. Jetzt muß man den Weg nur noch gehen.*
> *Setzen Sie daher die Füße der Studenten und Preclears auf diesen Weg. Lassen Sie sie nicht vom Weg abweichen, wie faszinierend ihnen die Straßenseiten auch immer erscheinen mögen. Und bringen Sie sie voran, nach oben und hinaus.*
> *Lassen Sie ihre Gruppe nicht im Stich. Mit welchen Mitteln auch immer, halten Sie sie auf dem Weg. Und Sie werden frei sein – aber nur, wenn Sie das Obige tun."*

bb) Schließlich ist in diesem Zusammenhang zu berücksichtigen, daß der Beklagte von seinen Mitarbeitern fordert, vor jeder Reise einen „Security-Check" durchzuführen und eine Abwesenheitsgenehmigung („leave of Absent") einzuholen. Darin heißt es wörtlich:

> *„1. Hast Du irgendein anderes Ziel, auf Urlaub zu gehen, als das, was Du angegeben hast?*
>
> ...
>
> *4. Hast Du auf Deinem Posten irgendeinen Overt begangen? (Overt ist nach der Definition von Hubbard – Einführung in die Ethik der Scientology, aaO, S. 126, „eine schädliche oder gegen das Überleben gerichtete Handlung").*
> *5. In Bezug auf Deinen Posten, wurde ein Withhold beinahe herausgefunden? (Withold: eine nicht enthüllte schädliche oder gegen das Überleben gerichtete Handlung", Hubbard, aaO, S. 129).*
>
> ...

8. *Auf Deinem Posten, gibt es etwas, was Du getan hast, worüber andere nichts wissen?*
9. *Gibt es irgendetwas über Deinen Posten, was Du verheimlichst?*
10. *Gibt es irgendetwas, von dem Du hoffst, das es niemand herausfindet, bevor Du weggehst?*
11. *Wurde eine Stat verfälscht?*
...
13. *Warst Du verwickelt in irgendeine Art von finanzieller Unvorschriftmäßigkeit?*
14. *Hast Du irgendeine Absicht, abzuhauen? (Wenn dies Anzeigt, bekomme alle W/H e/s zur F/N und der C/S muß sicherstellen, das HCO informiert und das der Staffmember für umfangreiche HCO Confessionals programmiert wird.)*
15. *Beabsichtigst Du, vom Urlaub nicht zurückzukommen? (Handhabung wie 14.)*
16. *Beabsichtigst Du, einen längeren Urlaub zu nehmen, als den der CSWt oder genehmigt wurde?*
17. *Auf Deinem Urlaub, wirst Du mit jemanden in Kontakt kommen, der in Bezug auf Dich oder Scientology antagonistisch ist?*
...
19. *Planst Du, in Deinem Urlaub irgendeine unterdrückerische Person oder Gruppe zu kontaktieren?*
...
23. *Planst Du, irgendwelche vertraulichen Materialien mitzunehmen?*
24. *Beabsichtigst Du, in Deinem Urlaub irgendeine vertrauliche Information zu enthüllen?*
25. *Beabsichtigst Du, in Deinem Urlaub irgendetwas zu tun, das ein schlechtes Licht auf Scio., Scientologen oder eine Scio.-Organisation werfen könnte?*
...
27. *Gibt es irgendetwas über Deinen Urlaub, von dem Du hoffst, daß es nicht herausgefunden wird?"*

Am Ende dieses Fragebogens werden noch einmal gesondert folgende Fragen gestellt:

„*in diesem Confessional ...*
a. Hast Du eine Halbwahrheit erzählt?
b. hast Du eine Unwahrheit erzählt?
c. hast Du etwas gesagt, nur um mich zu beeindrucken?
...
e. hast Du absichtlich versucht, das E-Meter zu beeinflussen?
f. hast Du erfolgreich etwas zurückgehalten?
...*"*

Mit dem Erfordernis der Abwesenheitsgenehmigung will der Beklagte verhindern, daß ihm „hauptamtlich aktiv tätige" Mitglieder, die er nur in ganz geringem Umfang finanziell unterstützt, verloren gehen. Er versucht dies mit Methoden, die mit der Menschenwürde (Art. 1 Abs. 1 GG) und dem Menschenbild des Grundgesetzes nicht vereinbar sind. Der Umstand, daß sich die Mitglieder dieser Befragung meist „freiwillig" unterziehen, ändert daran nichts.

4. Aus alledem ergibt sich, daß der Beklagte keine Religions- oder Weltanschauungsgemeinschaft im Sinne der Art. 4, 140 GG, Art. 137 WRV ist.

II. Der Kläger war Arbeitnehmer i. S. des § 5 Abs. 1 Satz 1 ArbGG.

1. Arbeitnehmer ist, wer aufgrund eines privatrechtlichen Vertrages im Dienste eines anderen zu fremdbestimmter Arbeit in persönlicher Abhängig-

keit verpflichtet ist (BAG, Beschluß v. 3. 6. 1975 – 1 ABR 98/74 – BAGE 27, 163 = AP Nr. 1 zu § 5 BetrVG 1972 Rotes Kreuz).

a) Dabei kommt es nicht darauf an, wie die Parteien das Rechtsverhältnis bezeichnen. Der Status des Beschäftigten richtet sich nicht nach den Wünschen und Vorstellungen der Beteiligten, sondern danach, wie die Rechtsbeziehung nach ihrem Geschäftsinhalt objektiv einzuordnen ist. Denn durch Parteivereinbarung kann die Bewertung einer Rechtsbeziehung als Arbeitsverhältnis nicht abbedungen und der Geltungsbereich des Arbeitnehmerschutzrechts nicht eingeschränkt werden. Der wirkliche Geschäftsinhalt ist den ausdrücklich getroffenen Vereinbarungen und der praktischen Durchführung des Vertrags zu entnehmen. Wird der Vertrag abweichend von den ausdrücklichen Vereinbarungen vollzogen, ist die tatsächliche Durchführung maßgebend. Denn die praktische Handhabung läßt Schlüsse darauf zu, von welchen Rechten und Pflichten die Parteien in Wirklichkeit ausgegangen sind (BAGE 41, 247 [258 f.] = AP Nr. 42 zu § 611 Abhängigkeit, zu B II 3 der Gründe; BAG, Urteil v. 24. 6. 1992 – 5 AZR 384/91 – AP Nr. 61 zu § 611 BGB Abhängigkeit).

b) Aus diesem Grund scheidet die Qualifikation des zwischen den Parteien bestehenden Rechtsverhältnisses als Arbeitsverhältnis nicht schon deshalb aus, weil es in § 11 Nr. 4 der Satzung heißt, die Verpflichtung der aktiv tätigen Mitglieder ergebe sich allein aufgrund ihrer satzungsgemäßen Mitgliedschaft (BAGE 27, 163 = AP Nr. 1 zu § 5 BetrVG 1972 Rotes Kreuz, zu III 3 der Gründe). Ebensowenig kann die Arbeitnehmereigenschaft allein mit der Begründung verneint werden, die Beweggründe des Klägers für seine Arbeit seien in erster Linie religiöser Art gewesen. Nach § 5 Abs. 2 Nr. 3 BetrVG sind Personen, deren Beschäftigung nicht in erster Linie ihrem Erwerb dient, sondern vorwiegend durch Beweggründe karitativer oder religiöser Art bestimmt ist, keine Arbeitnehmer i. S. dieses Gesetzes. Diese Abgrenzung des Arbeitnehmerbegriffs gilt jedoch nur für das Betriebsverfassungsgesetz. Sie ist kein Ausdruck eines allgemeinen Rechtsgedankens (Staudinger/Richardi, BGB, 12. Aufl., Vorbem. zu §§ 611 ff. Rdnr. 218; Mayer-Maly, Erwerbsabsicht und Arbeitnehmerbegriff, 1965, S. 47 f.).

Im übrigen ist davon auszugehen, daß eine Beschäftigung wie die des Klägers auch dem Erwerb dient. Der Beklagte hat sich durch die Annahme des Antrags des Klägers vom 19. 1. 1990 sehr wohl verpflichtet, dem Kläger „angemessene finanzielle Zuwendungen" für seine Mitarbeit zukommen zu lassen. Nach Nr. 3 der Anlage 2 zu dem Antrag des Klägers vom 19. 1. 1990 gibt der Beklagte gem. „kircheninternen Richtlinien eine wöchentliche Unterstützung, die jedoch nicht fest ist, sondern sich nach den Möglichkeiten der Kirche und der individuellen Leistung, Ausbildung und nach dem Kirchenamt richtet". Diese vom Beklagten formulierte Bestimmung ist satzungskonform auszulegen. Nach § 11 Nr. 5 der Satzung erhalten „hauptamtliche (aktiv tätige) Mitglieder ... für ihre Tätigkeit für die Kirche unter Beachtung von § 7 dieser Satzung eine angemessene finanzielle Zuwendung entsprechend den finanziellen Möglichkeiten der Kirche". Anhaltspunkte dafür, daß der Beklagte mit der Formulierung von Nr. 3 der Anlage 2 zum Antrag des Klägers von § 11 Nr. 5 der Satzung hat abweichen wollen, sind weder vorgetragen noch ersichtlich.

2. Der Kläger war im Dienste des Beklagten zu fremdbestimmter Arbeit in persönlicher Abhängigkeit verpflichtet. Die Verpflichtung zur aktiven Tätigkeit ergibt sich bereits aus dem Wortlaut des Antrags vom 19. 1. 1990. Der Vortrag des Beklagten, sie bestehe gegenüber ausscheidenden Mitgliedern nicht auf der Erfüllung dieser Verpflichtung, ändert daran nichts.

Die persönliche Abhängigkeit ergibt sich aus der Anlage 2 zum Antrag vom 19. 1. 1990. Dort ist von Anweisungen des Kirchenvorstands und der von ihm beauftragten Person die Rede. Weiter heißt es in Nr. 5 der Anlage 2, daß die Mitglieder „grundsätzlich jegliche ihnen zugewiesene Funktion und Aufgaben akzeptieren" sollen. Das Rechtsverhältnis mit dem Kläger ist entsprechend durchgeführt worden. Die persönliche Abhängigkeit des Klägers wird vom Beklagten nicht in Abrede gestellt.

3. Das Rechtsverhältnis der Parteien, aufgrund dessen der Kläger zur Leistung von Arbeit verpflichtet war, ist auch nicht als vereinsrechtlich zu qualifizieren. Vielmehr handelte es sich um ein Arbeitsverhältnis.

a) Es ist allerdings anerkannt, daß als Rechtsgrundlage für die Leistung von Diensten auch die Mitgliedschaft in einem Verein in Betracht kommt. Der Mitgliedsbeitrag (§ 58 Nr. 2 BGB) kann auch in der Leistung von Diensten bestehen (K. Schmidt, Gesellschaftsrecht, 2. Aufl., § 20 II b, bb; RGRK-Steffen, BGB, 12. Aufl., § 58 Rdnr. 2). Dabei kann es sich auch um die Leistung von Diensten in persönlicher Abhängigkeit handeln (BAGE 2, 289 = AP Nr. 1 zu § 5 ArbGG 1953; BAGE 27, 163 = AP Nr. 1 zu § 5 BetrVG 1972 Rotes Kreuz; Urteil v. 10. 5. 1990 – 2 AZR 607/89 – AP Nr. 51 zu § 611 BGB Abhängigkeit). Körperschaftliche und arbeitsrechtliche Pflichten können nebeneinander bestehen.

Feste Grundsätze zur Abgrenzung haben sich bislang nicht herausgebildet. In seinen beiden Entscheidungen, in denen das Bundesarbeitsgericht die Arbeitnehmereigenschaft von Rote-Kreuz-Schwestern verneint hat, hat es auch darauf abgestellt, daß arbeitsrechtliche Schutzbestimmungen nicht umgangen werden und die Schwestern als Vereinsmitglieder satzungsgemäß Einfluß auf die Arbeitsorganisation nehmen können. Weiter hat es ausgeführt, daß der Anspruch der Schwestern auf Zahlung einer monatlichen Barvergütung nicht gegen die Annahme einer Mitarbeit auf vereinsrechtlicher Grundlage spricht (BAGE 2, 289; 27, 163 = AP, aaO). Dem ist zu folgen.

Auch die Begründung vereinsrechtlicher Arbeitspflichten darf nicht zur Umgehung zwingender arbeitsrechtlicher Schutzbestimmungen führen. Nach ständiger Rechtsprechung des Bundesarbeitsgerichts (grundlegend: BAGE [GS] 10, 65 = AP Nr. 16 zu § 620 BGB Befristeter Arbeitsvertrag; ferner BAGE 50, 292 = AP Nr. 65 zu § 1 LohnFG; Urteil v. 28. 4. 1987 – 3 AZR 75/86 – AP Nr. 5 zu § 1 BetrAVG Betriebsveräußerung); Urteil v. 7. 5. 1987 – 2 AZR 271/86 – AP Nr. 19 zu § 9 KSchG 1969; BAGE 57, 1 = AP Nr. 2 zu § 53 BAT) kann ein Rechtsgeschäft die mit ihm beabsichtigte Wirkung nicht entfalten, wenn es sich als objektive Umgehung zwingender Rechtsnormen darstellt. Das ist der Fall, wenn der Zweck einer zwingenden Rechtsnorm dadurch vereitelt wird, daß andere rechtliche Gestaltungsmöglichkeiten mißbräuchlich, d. h. ohne einen im Gefüge der einschlägigen Rechtsnorm sachlich gerechtfertigten Grund, verwendet werden. Dabei kommt es nicht auf eine Umgehungsabsicht oder eine bewußte Mißachtung der zwingenden Rechtsnormen an; entscheidend ist die objektive Funktionswidrigkeit des Rechtsgeschäfts (BAGE [GS] 10, 65 [70 ff.] = AP Nr. 16 zu § 620 BGB Befristeter Arbeitsvertrag; BAGE 57, 1 = AP Nr. 2 zu § 53 BAT, zu III 2 a der Gründe).

Eine solche Umgehung arbeitsrechtlicher Schutzbestimmungen liegt vor, wenn dem zur Leistung abhängiger Arbeit verpflichteten Vereinsmitglied keine Mitgliedschaftsrechte zustehen, die ihm eine Einflußnahme ermöglichen. Eine solche Umgehung kann ferner vorliegen, wenn der Verein seinen in erheblichem Umfang zur Arbeit in persönlicher Abhängigkeit verpflichteten Mitgliedern weder einen Anspruch auf angemessene Vergütung noch einen Anspruch auf Versorgung einräumt. Weiter kann hier der Vereinszweck eine Rolle spielen. Bei Vereinen mit wirtschaftlicher Zwecksetzung kommt die Begründung einer vereinsrechtlichen Verpflichtung zur Leistung von Arbeit in persönlicher Abhängigkeit in aller Regel nicht in Betracht.

Werden arbeitsrechtliche Schutzbestimmungen objektiv umgangen, so ist das Rechtsverhältnis, aufgrund dessen die Verpflichtung besteht, als Arbeitsverhältnis zu qualifizieren.

b) Bei Anwendung dieser Grundsätze erweist sich der Kläger als Arbeitnehmer. Denn zum einen ist der Beklagte ein wirtschaftlicher Verein. Zum anderen war der Kläger als Vereinsmitglied praktisch rechtlos.

aa) Wie ausgeführt, betreibt der Beklagte ein Gewerbe. Die religiösen und weltanschaulichen Lehren dienen nur als Vorwand für die Verfolgung wirtschaftlicher Zwecke. Daraus ergibt sich zugleich, daß der Beklagte ein Verein mit wirtschaftlicher Zwecksetzung ist.

bb) Der Kläger war „außerordentliches Mitglied" gem. § 10 Nr. 2 b der Satzung. Als solcher hatte er zwar nach § 15 Nr. 4 Satz 2 der Satzung ein „Beratungsrecht". Er hatte also ein Teilnahmerecht. In § 15 Nr. 4 Satz 3 der Satzung heißt es zwar, daß außerordentliche Mitglieder Anträge stellen können. Dies trifft aber im Ergebnis nicht zu. Denn es heißt dort weiter, daß dies nur dann gilt, wenn die Anträge „von einem ordentlichen Mitglied übernommen wurden". In § 12 Nr. 7 der Satzung ist ausdrücklich erwähnt, daß bei den Vorstandswahlen nur ordentliche Mitglieder vorschlags- und aktiv wahlberechtigt sind.

Der Kläger hatte auch keine gesicherte Aussicht, nach einer bestimmten Zeit der Mitarbeit oder der außerordentlichen Mitgliedschaft ordentliches Mitglied zu werden. Nach § 10 Nr. 2 a der Satzung werden „ordentliche Mitglieder ... aufgrund ihrer besonderen Verdienste um die Scientology-Religion/Kirche auf Antrag vom Vorstand aufgenommen". Zwar kann nach Satz 2 dieser Vorschrift „die Mitgliederversammlung ... die Entscheidung über die Aufnahme allgemein oder im Einzelfall an sich ziehen". In dieser haben aber die außerordentlichen Mitglieder – wie dargelegt – kein Stimmrecht. Eine Anwartschaft auf die Vollmitgliedschaft ergibt sich auch nicht aus Satz 3 der genannten Satzungsbestimmung. Danach „sind solche Mitglieder als ordentliche Mitglieder aufzunehmen, die sich tatkräftig und mit Erfolg für die gemeinnützigen Vereinszwecke in hauptamtlicher Funktion einsetzen und die sich im Dienste der Gemeinde besonders bewähren". Da eine besondere Bewährung Voraussetzung der Aufnahme als ordentliches Mitglied ist, reicht eine beanstandungsfrei zurückgelegte Zeit in einer hauptamtlichen Funktion dazu nicht aus. Im übrigen besteht nach der Satzung auch in diesem Fall kein Anspruch auf Aufnahme. Denn wie es in Satz 4 der Bestimmung heißt, bedarf der Antrag auf ordentliche Mitgliedschaft jeweils der „Annahme durch den Vorstand".

Nach Vereinsrecht kann die Satzung abgestufte Mitgliedschaften vorsehen, die mit unterschiedlichen Rechten und Pflichten verbunden sind (Sauter/Schweyer, Der eingetragene Verein, 14. Aufl., Rdnr. 333; Reichert/Dannecker, Handbuch des Vereins- und Verbandsrechts, 5. Aufl., Rdnr. 497 ff.). Im Regelfall sind mit der außerordentlichen Mitgliedschaft nicht nur weniger Rechte, sondern auch weniger Pflichten verbunden. Von diesem Regelfall weicht die Satzung des Beklagten in erheblichem Umfang ab. Außerordentliche aktiv tätige (hauptamtliche) Mitglieder – wie es der Kläger war – haben nach der Satzung nicht weniger Pflichten, aber erheblich weniger Rechte als ordentliche Mitglieder.

Die Satzung des Beklagten gewährt den außerordentlichen Mitgliedern nicht einmal die Mindestrechte, die allen Mitgliedern, auch den außerordentlichen, unentziehbar zustehen. Nach § 37 Abs. 1 BGB ist „die Mitgliederversammlung ... zu berufen, wenn der durch die Satzung bestimmte Teil oder in Ermangelung einer Bestimmung der zehnte Teil der Mitglieder die Berufung schriftlich unter Angabe des Zweckes und der Gründe verlangt". Diese Rechte können auch außerordentlichen Mitgliedern nicht entzogen werden

(Reichert/Dannecker, aaO, Rdnr. 499, 531; Sauter/Schweyer, aaO, Rdnr. 196; LG Bremen, RPfl. 1990, 262). Nach § 15 Nr. 4, 7 der Satzung steht aber den außerordentlichen Mitgliedern überhaupt kein Recht zu, eine Mitgliederversammlung einzuberufen. Es ist nach alledem sogar fraglich, ob der Kläger überhaupt Vereinsmitglied im vereinsrechtlichen Sinne war.

Da er – wenn überhaupt – nur Mitglied mit erheblich geminderten Rechten war, beruhte seine Mitarbeit nicht auf vereinsrechtlicher, sondern auf arbeitsrechtlicher Grundlage. Der Kläger war Arbeitnehmer des Beklagten.

18

Kirchengemeindliche Friedhofs-, Grabmal- und Bepflanzungsordnungen bedürfen einer friedhofsrechtlichen Ermächtigungsgrundlage in Gestalt einer Friedhofsverordnung.

Nieders. OVG, Urteil vom 24. März 1995 – 8 L 316/95[1] –

Die Beklagte (ev.-luth. Kirchengemeinde) ist Trägerin und Betreiberin eines Friedhofes an der N.-Straße in A. Am 1. 1. 1987 erließ sie eine Friedhofsordnung sowie – gemäß § 4 dieser Friedhofsordnung – eine Grabmal- und Bepflanzungsordnung nebst beigefügtem „Friedhofs- und Gestaltungsplan". Diese Ordnungen beschloß der Kirchenvorstand der Beklagten am 30. 7. 1987; die kirchenaufsichtlichen Genehmigungen erteilte das zuständige Landeskirchenamt am 1. 8. 1987. Die öffentliche Bekanntmachung erfolgte durch Aushang im Gemeindebüro der Beklagten und im Rathaus der Stadt A. sowie durch Hinweisbekanntmachung im Amtsblatt für den Regierungsbezirk Hannover vom 26. 8. 1987 (Nr. 22, S. 677) und durch Bekanntgabe in der örtlichen Presse. Die Ordnungen sind am 29. 8. 1987 in Kraft getreten.

Der 1917 geborene und 1992 verstorbene Vater des Klägers erwarb am 12. 7. 1988 auf dem Friedhof der Beklagten das Nutzungsrecht für eine Wahlgrabstätte mit zwei Grabstellen. Zunächst die Mutter und später der Vater des Klägers wurden in dieser Grabstätte beigesetzt.

Der Vater des Klägers beantragte am 2. 7. 1988 über die Beigeladene (Steinmetz-Betrieb) bei der Beklagten die Genehmigung zur Errichtung eines Grabmals aus Granit in der Form eines Breitsteines. Die Vorderseite des Steines und die beiden Seitenflächen sollten poliert, die Rückseite gesägt sein. Für den Sockel und für die Grabeinfassung war jeweils roter geschliffener Kunststein

---

[1] Das Urteil ist rechtskräftig.

vorgesehen. Die Beschriftung des Grabmals sollte mit Bronzebuchstaben erfolgen. Mit Schreiben vom 9. 8. 1988 teilte die Beklagte der Beigeladenen mit, daß der Antrag nicht genehmigt werden könne, weil „offene Fragen noch nicht geklärt" seien. Zugrunde lagen insoweit Meinungsverschiedenheiten zwischen der Beklagten und der Beigeladenen über die Berechtigung der Beigeladenen zur Aufstellung von Grabmalen auf dem Friedhof der Beklagten.

Am 20. 9. 1988 wurde das Grabmal auf dem Erbbegräbnis des Vaters des Klägers durch den Geschäftsführer der Beigeladenen aufgestellt, ohne daß die Beklagte die erforderliche Genehmigung erteilt hatte. Daraufhin forderte die Beklagte mit dem angefochtenen Bescheid den Vater des Klägers unter Fristsetzung auf, das Grabmal zu entfernen. Hiergegen legte der Vater des Klägers Widerspruch ein, den das Landeskirchenamt zurückwies. Zur Begründung führte es aus, daß das Grabmal widerrechtlich aufgestellt worden sei, weil die nach der Friedhofsordnung erforderliche vorherige Genehmigung nicht eingeholt worden sei. Die nachträgliche Erteilung einer Genehmigung komme nicht in Betracht, weil das aufgestellte Grabmal in seiner Gestaltung der Friedhofsordnung nicht entspreche. Das Erbbegräbnis befinde sich auf einem Grabfeld, für das nach der Grabmal- und Bepflanzungsordnung der Beklagten besondere Gestaltungsvorschriften zu beachten seien. Diese seien, wie näher ausgeführt wurde, nicht beachtet worden.

Gegen den Ausgangsbescheid und den Widerspruchsbescheid hat der Vater des Klägers Klage erhoben und zur Begründung vorgetragen, daß er die nachträgliche Genehmigung des errichteten Grabmals verlangen könne. Das Erbbegräbnis liege auf dem alten Teil des Friedhofs der Beklagten, für den besondere Gestaltungsvorschriften nach der Friedhofsordnung nicht bestünden. Die unmittelbar an das Erbbegräbnis angrenzenden Grabstätten seien mit nahezu identischen oder zumindest sehr ähnlichen Grabsteinen ausgestattet. Die von der Beklagten geforderten Grabsteine seien in dem hier betroffenen Friedhofsteil überhaupt nicht bzw. nur vereinzelt zu finden. Nach dem Ableben des Vaters des Klägers ist der Kläger in den Rechtsstreit eingetreten, in welchem er u. a. die Aufhebung der Beseitigungsverfügung und die Verpflichtung der Beklagten erstrebt, das Grabmal nebst Steineinfassung nachträglich zu genehmigen.

Die Beklagte hat geltend gemacht, daß der ihrer Grabmal- und Bepflanzungsordnung beigefügte „Friedhofs- und Gestaltungsplan", der die Abgrenzung der Friedhofsteile hinsichtlich der Geltung besonderer oder nur allgemeiner Gestaltungsvorschriften enthalte, mit den beiden Ordnungen ordnungsgemäß bekanntgemacht worden sei. Im übrigen sei der Vater des Klägers bei der Auswahl des Erbbegräbnisses von den Mitarbeitern der Beklagten ausdrücklich darauf hingewiesen worden, daß in dem alten Teil des Friedhofs auf dem Gebiet des sogenannten Waldfriedhofes sowie des Bezirks um die

Kriegsgräberstätte besondere Gestaltungsvorschriften nach der Grabmalordnung einzuhalten seien.

Das Verwaltungsgericht hat der Klage stattgegeben.

Die Berufung des Beklagten wurde mit der Maßgabe zurückgewiesen, daß die Beklagte lediglich verpflichtet wurde, über den Antrag des Klägers auf Genehmigung des Grabmals nebst Steineinfassung unter Beachtung der Rechtsauffassung des Gerichts neu zu entscheiden.

Aus den Gründen:

Die Berufung der Beklagten ist zulässig, jedoch – abgesehen von der aus dem Tenor ersichtlichen Maßgabe – nicht begründet.

Das Verwaltungsgericht hat mit im Ergebnis zutreffenden Erwägungen die angefochtenen Bescheide der Beklagten und des Landeskirchenamtes aufgehoben. Die Beseitigungsanordnung hinsichtlich des streitbefangenen Grabmals ist rechtswidrig und verletzt den Kläger als den Rechtsnachfolger seines ursprünglich nutzungsberechtigten Vaters (§ 173 VwGO i. V. m. §§ 239 ff., 250 ZPO) in eigenen Rechten. Die Beklagte geht zu Unrecht davon aus, daß eine nachträgliche Genehmigung des Grabmals rechtlich ausgeschlossen und deshalb seine Beseitigung zwingend notwendig sei. Der Rechtsstreit ist indessen bezüglich der möglichen Genehmigung des Grabmals mangels abschließender Ermittlungen der Beklagten noch nicht spruchreif; die Beklagte ist deshalb zu verpflichten, den Antrag des Klägers unter Beachtung der Rechtsauffassung des Senats neu zu bescheiden. Im übrigen ist die Klage abzuweisen.

1. Die Friedhofsordnung und die Grabmal- und Bepflanzungsordnung der Beklagten sind formell ordnungsgemäß zustande gekommen; auch der der Grabmalordnung beigefügte „Friedhofs- und Gestaltungsplan", aus dem sich die zeichnerische Abgrenzung der Friedhofsteile ergibt, die nicht besonderen Gestaltungsvorschriften unterliegen, ist ausweislich der Bestätigung der Stadt A. vom 1. 10. 1987 und des Inhalts des Amtsblatts für den Regierungsbezirk Hannover vom 26. 8. 1987 ordnungsgemäß bekanntgemacht worden.

Allerdings fehlte für die Friedhofsordnung und für die Grabmal- und Bepflanzungsordnung der Beklagten im Zeitpunkt ihres Inkrafttretens 1987 die – über die allgemeine Ermächtigung in Art. 140 GG i. V. m. Art. 137 Abs. 3 WRV hinausgehende – erforderliche konkrete friedhofsrechtliche Ermächtigungsgrundlage in Gestalt einer Friedhofsrechtsverordnung. Diese hat die Ev.-luth. Landeskirche erst durch Erlaß ihrer Rechtsverordnung über die Verwaltung kirchlicher Friedhöfe (Friedhofsrechtsverordnung) vom 9. 9. 1991 geschaffen, die in § 4 Abs. 1 die Ermächtigungsgrundlage für die beiden streitmaßgeblichen Ordnungen der Beklagten aufweist.

Aus dieser Sachlage folgt, daß die Beseitigungsanordnung der Beklagten in dem angefochtenen Ausgangsbescheid schon deshalb aufzuheben ist, weil im Zeitpunkt ihres Erlasses, auf den angesichts der Anfechtungsklage des Klägers abzustellen ist, der Vorschrift in § 20 Abs. 3 der Friedhofsordnung der Beklagten über die Beseitigung ungenehmigter Grabmale eine hinreichende Ermächtigungsgrundlage fehlte.

Soweit der auf nachträgliche Genehmigung gerichtete Verpflichtungsantrag des Klägers betroffen ist, hat der Senat auf den Zeitpunkt der gerichtlichen mündlichen Verhandlung abzustellen und kann deshalb – jetzt – von der wirksamen friedhofsrechtlichen Ermächtigungsnorm in § 4 Abs. 1 Friedhofsrechtsverordnung ausgehen.

Die in der Friedhofsordnung und in der Grabmal- und Bepflanzungsordnung der Beklagten vorgesehenen und hier umstrittenen besonderen Gestaltungsanordnungen für Grabstätten sind mit höherrangigem Recht vereinbar.

Das Recht eines Verstorbenen und seiner Angehörigen, über Bestattungsart, Gestaltung und Pflege der Grabstätte zu entscheiden, stellt eine Ausprägung der allgemeinen Handlungsfreiheit im Sinne des Art. 2 Abs. 1 GG dar (BVerwG, Urteil v. 8. 11. 1963, BVerwGE 17, 119 [121]; VGH Kassel, Urteil v. 22. 11. 1988, NVwZ-RR 1989, 505; VGH Mannheim, Urteil v. 26. 9. 1989, NVwZ-RR 1990, 308). Die Angehörigen, denen die Ehrung des Toten obliegt, sind grundsätzlich darin frei, die Grabstätte nach ihren Anschauungen von Pietät, Ästhetik und Zweckmäßigkeit zu gestalten. Begrenzt ist dieses Recht durch den Vorbehalt der verfassungsmäßigen Ordnung, d. h. durch jede Rechtsnorm, die formell und materiell mit der Verfassung in Einklang steht. Hierzu gehören Gestaltungsvorschriften durch Gesetz oder aufgrund eines Gesetzes, die erforderlich sind, um eine der Würde des Ortes entsprechende Gestaltung der Grabstätten sicherzustellen und den Friedhofsbenutzern die ungestörte Totenandacht zu ermöglichen. Regelungen dieser Art, die in sämtlichen Teilen eines oder mehrerer Friedhöfe zu beachten sind und deshalb üblicherweise als *allgemeine* Gestaltungsvorschriften bezeichnet werden, muß der Verfügungsberechtigte eines Reihengrabes ebenso wie der Nutzungsberechtigte eines Wahlgrabes hinnehmen, weil sie durch den Friedhofszweck geboten sind (VGH Mannheim, Urteil v. 26. 9. 1989, aaO; Gaedke, Handbuch des Friedhofs- und Bestattungsrechts, 6. Aufl., S. 201).

Darüber hinaus ist der Friedhofsträger befugt, im Rahmen des ihm zustehenden normativen Ermessens strengere Gestaltungsvorschriften zu erlassen, um bestimmte ästhetische Vorstellungen zu verwirklichen und um eine mehr oder weniger einheitliche Gesamtanlage, z. B. einen Waldfriedhof oder einen Parkfriedhof, zu schaffen oder – wie im vorliegenden Fall – die zurückhaltende Gestaltung der Umgebung einer Kriegsgräberstätte zu widmen. Derartige *besondere* Gestaltungsvorschriften darf der Friedhofsträger, weil anderenfalls die allgemeine Handlungsfreiheit der Inhaber oder Erwerber von Nutzungsrechten an Grabstätten unverhältnismäßig beschränkt wäre, nur erlassen, wenn rechtlich und tatsächlich gewährleistet ist, daß auf anderen Friedhöfen oder auf anderen Friedhofsteilen in seinem Zuständigkeitsbereich Grabfelder zur Verfügung stehen, für die allein die allgemeinen Gestaltungsvorschriften gelten (BVerwG aaO; VGH Kassel, aaO; VGH Mannheim, aaO; Gaedke, aaO, S. 205). Diese Voraussetzung ist hier erfüllt. Die Beklagte hat in Abschnitt C Abs. 1 ihrer Grabmalordnung ausdrücklich festgelegt, daß für Nutzungsberechtigte, die ihre Grabstätten – abweichend von der Regelung dieser Grabmal- und Gestaltungsordnung über besondere Gestaltungsvorschriften unter B – nach eigenem Belieben zu gestalten wünschen, an geeigneter Stelle auf dem Friedhof Grabstätten zur Verfügung gestellt werden. Die Beklagte hat insoweit auch geregelt, daß bei diesen Grabstätten die Friedhofsverwaltung nur auf die Einhaltung der Vorschriften der Friedhofsordnung sowie der Bestimmungen des allgemeinen Teils (Abschnitt A der Grabmalordnung) achtet. Die danach rechtlich vorgesehene Zurverfügungstellung von Ausweichflächen geschieht auch tatsächlich auf dem sogenannten neuen Friedhof der Beklagten, auf dem keine besonderen Gestaltungsvorschriften zu beachten sind und der nach Aussage des Zeugen zur Zeit der Antragstellung des Vaters des Klägers angelegt wurde.

2. Die formelle Illegalität des auf dem Erbbegräbnis des Klägers errichteten Grabmals kann jedoch beseitigt werden.

a) Entgegen seiner Auffassung kann dem Kläger allerdings eine Genehmigung nach den besonderen Gestaltungsvorschriften in Abschnitt B der Grabmalordnung der Beklagten nicht nachträglich erteilt werden.

Nach dem Ergebnis der Beweisaufnahme durch das Verwaltungsgericht steht fest, daß das Erbbegräbnis des Klägers in dem räumlichen Bereich liegt, der dem Abschnitt B der Grabmalordnung der Beklagten unterliegt. Insoweit bestimmt die Grabmalordnung der Beklagten in Abschnitt B Ziffer IV, daß die besonderen Gestaltungsordnungen für den Waldfriedhof sowie unter anderem für die Grabfelder Form 1 bis 11 gelten sollen. Die Erbbegräbnisstätte des Klägers liegt in der sogenannten 1. Form des alten Friedhofs der Beklagten. Die Bezeichnung der Grabfelder dieser sog. 1. Form ist im Rahmen der Bekanntmachung der Grabmal- und Gestaltungsordnung ordnungsgemäß veröffentlicht worden.

Das Grabmal des Klägers widerspricht materiell-rechtlich den besonderen Gestaltungsvorschriften in Abschnitt B Ziffer II, 2 a Nr. 3 sowie 2 b Nr. 1 und 2 c Nr. 3. Nach diesen Bestimmungen ist Kunststein als Werkstoff für ein Grabmal aus Stein nicht zugelassen. Darüber hinaus muß das Grabmal an allen Seiten gleichmäßig bearbeitet sein. Glanz- und Spiegelwirkung dürfen nicht erzielt werden. Politur, Schliff sowie bossierte grob gespitzte, gesprengte

Friedhofsrecht 127

oder gesägte Oberflächen sind bei keiner Gesteinsart zugelassen. Darüber hinaus ist die Aufstellung eines Breitsteines unzulässig. Allen diesen einschränkenden Bedingungen entspricht das Grabmal des Klägers nicht. Dies hat das Landeskirchenamt im angefochtenen Widerspruchsbescheid im einzelnen zutreffend ausgeführt. (...)
b) Die mangelnde Genehmigungsfähigkeit des Grabmals aufgrund der besonderen Gestaltungsvorschriften der Beklagten kann dem Kläger jedoch nicht entgegengehalten werden. Denn die Beklagte hat seinem Rechtsvorgänger insoweit nicht die erforderliche Belehrung bei der Auswahl der Grabstätte erteilt.

Zwar hat es das Bundesverwaltungsgericht im Beschluß vom 23. 1. 1984 (Buchholz 408.2 Friedhofsbenutzung Nr. 8) grundsätzlich nicht für erforderlich gehalten, daß einem Hinterbliebenen bei der Auswahl einer Grabstätte in jedem Fall im einzelnen von den Friedhofsträgern die Bedingungen für die Verleihung der Grabstätten und die Auswahl der Grabstätten unter dem Aspekt besonderer oder nur allgemeiner Gestaltungsvorschriften mitgeteilt werden. Nach Auffassung des Bundesverwaltungsgerichts muß sich der Erwerber einer Grabstelle dann, wenn für verschiedene Friedhofsteile unterschiedliche Gestaltungsregelungen getroffen sind, die Grundlagen für seine Entscheidung darüber, in welchem Teil des Friedhofs er eine Grabstelle erwerben will, selbst verschaffen. Daher bestehe keine allgemeine und umfassende Belehrungspflicht der Behörden; maßgeblich dafür, inwieweit der Friedhofsträger einen Hinterbliebenen zu belehren habe, seien aber die besonderen Umstände des jeweiligen Einzelfalles und der Gesichtspunkt, ob sich der Hinterbliebene über die rechtlichen Gegebenheiten unschwer orientieren könne.

Ausgehend von diesen höchstrichterlichen Maßgaben traf die Beklagte im vorliegenden Fall eine besondere und umfassende Belehrungspflicht. Denn der Vater des Klägers war im Zeitpunkt der Auswahl der Grabstätte bereits 71 Jahre alt und stand unter dem Eindruck des Todes seiner Ehefrau. Darüber hinaus hatte die Beklagte gerade zu dieser Zeit Ausweichflächen begonnen herzustellen, die den potentiellen Nutzungsberechtigten eine Wahlmöglichkeit zwischen Grabstätten mit besonderen Gestaltungsvorschriften und solchen ohne derartige Gestaltungsvorschriften eröffnen sollten (vgl. zu derartigen die Belehrung erforderlich machenden Gesichtspunkten: BayVGH, Urteil v. 11. 5. 1983, BayVBl. 1983, 627 [628]; BayVGH, Urteil v. 12. 2. 1980, BayVBl. 1980, 689 [691]; Anm. Gaedke z. Urteil d. BayVGH v. 11. 5. 1983, BayVBl. 1985, 631 [632]). Nach dem Ergebnis der Beweisaufnahme vor dem Verwaltungsgericht steht fest, daß der Vater des Klägers weder darauf hingewiesen worden ist, daß und welche besonderen Gestaltungsvorschriften auf der von ihm ausgewählten Bgräbnisstätte einzuhalten waren, noch über die Möglichkeit einer Ausweichfläche informiert worden ist. *(wird ausgeführt)*

c) Da die Beklagte den Vater des Klägers nicht über die besonderen Gestaltungsanforderungen für das Erbbegräbnis unterrichtet hat und ihm auch nicht – entgegen Abschnitt C ihrer Grabmalordnung – an geeigneter Stelle eine andere Grabstätte angeboten hat, ist der Kläger hinsichtlich seines Genehmigungsbegehrens zu stellen wie ein Nutzungsberechtigter, der mit seiner Grabstätte nicht den besonderen, sondern nur den allgemeinen Gestaltungsvorschriften der Grabmalordnung unterliegt.

Auch im Bereich der Geltung nur allgemeiner Gestaltungsanforderungen ist die Errichtung eines Grabmals aber genehmigungsbedürftig. Unter diesem Blickwinkel hat die Beklagte bisher keine Entscheidung über den Antrag des Klägers getroffen. Es bedarf vor der Erteilung der Genehmigung noch spezifischer Ermittlungen der Beklagten über die optische Vereinbarkeit des Grabmals des Klägers mit dem Gesamtcharakter des alten Teils des Friedhofes sowie mit den benachbarten Gräberfeldern. *(wird ausgeführt)*

Die Beklagte ist deshalb gemäß § 113 Abs. 5 Satz 2 VwGO zur Neubescheidung des Klägers über eine Genehmigung des Grabmals nach den allgemeinen Gestaltungsvorschriften der Grabmal- und Bepflanzungsordnung zu verpflichten. Die über die Neubescheidung hinausgehende Verpflichtungsklage des Klägers ist abzuweisen.

19

Zur Frage, ob die Inanspruchnahme der einer staatlichen Stelle zustehende Befugnis, zur Religions- und Weltanschauungsgemeinschaften kritisch Stellung zu nehmen, im Einzelfall die vorgegebenen verfassungsrechtlichen Schranken wahrt.

Art. 4 Abs. 1 GG
VG Berlin, Beschluß vom 24. März 1995 – VG 27 A 320.94[1] –

Der Antragsteller begehrt mit seinem Antrag die Untersagung der Verbreitung der Schrift „Information über neue religiöse und weltanschauliche Bewegungen und sogenannte Psychogruppen" durch den Berliner Senat, solange darin auch die Glaubensgemeinschaft N. behandelt wird, sowie die Rückforderung bereits ausgelieferter Exemplare dieser Broschüre.

---

[1] Die Beschwerde des Antragstellers blieb erfolglos; OVG Berlin, Beschluß vom 31. 5. 1995 – OVG 5 S 89.95 – unv. Der Senat ist der Auffassung, daß die Voraussetzungen der Gewährung vorläufigen Rechtsschutzes nicht vorliegen. Vgl. zu diesem Fragenkreis auch OVG.NW NJW 1996, 3355.

Der Antragsteller, ein eingetragener Verein, rechnet sich zum Spektrum der Pfingstlichen und Charismatischen Protestanten. Aufgrund einer Initiative des Abgeordnetenhauses des Landes Berlin ließ die Senatsverwaltung für Jugend und Familie eine Broschüre mit dem Titel „Informationen über neue religiöse und weltanschauliche Bewegungen und sogenannte Psychogruppen" verfassen, deren Ziel es ist, in Berlin besonders aktive Gruppen, Strömungen und Bewegungen zu beschreiben, ihre weltanschaulich-ideologischen Hintergründe darzustellen, auf sich für den einzelnen möglicherweise ergebende Probleme durch deren Praktiken hinzuweisen und gegebenenfalls vor konkreten Gefahren zu warnen. Nach Einleitungsworten des Fachsenators werden in der Einleitung der Informationsbroschüre (S. 6 ff.) ferner in der Fachliteratur beschriebene Merkmale für die Gruppen zusammengefaßt, von denen angenommen wird, daß sie bei gemeinsamem Auftreten auf eine konfliktträchtige Gruppe hinweisen, hierzu gehören u. a. Ausschließlichkeitsanspruch, rigide Organisationsstruktur, Reglementierung des Alltags und Elitementalität. Zugleich wird darauf hingewiesen, daß nicht alle Merkmale, Strukturen und Voraussetzungen für die dargestellten Gruppen gleichermaßen zutreffen. Ein Abschnitt der Broschüre ist überschrieben mit „Christlicher ‚Fundamentalismus' und neue christliche Sekten"; in der Einleitung hierzu werden gemeinsame Merkmale insbesondere für den protestantisch geprägten Fundamentalismus beschrieben (wörtlich-buchstäbliche, irrtumslose Unfehlbarkeit der Heiligen Schrift, Ablehnung der diesem Bibelglauben widersprechenden Ergebnisse der modernen Wissenschaft, Ausschluß aller Personen, die solchen „Fundamentalismus" nicht teilen, aus dem Status eines wahren Christen; Überzeugung, daß die Politik in diesem „fundamentalistischen" Sinne christlich sein müsse). Weiter heißt es, daß darüber hinaus auch die Praxis der Erwachsenentaufe, die Entwicklung eines besonderen Frömmigkeitsstils sowie eines christlich bestimmten Elitarismus, starke Gruppenkontrollen, die Dämonisierung der Welt und apokalyptisch geprägte Endzeiterwartungen kennzeichnend für fundamentalistisch geprägte christliche Gruppen sein könnten. Pfingstgemeinden verstünden sich generell als endzeitliche Erweckungsbewegungen mit „urchristlichen" biblischen Zügen; die Pfingstbewegung sei eine „Frömmigkeitsbewegung", deren „Hervorheben einer enthusiastischen Frömmigkeit sich insbesondere im Gottesdienst zeige; kennzeichnend für Pfingstgemeinden seien weiterhin die Glaubenstaufe sowie die Bekundung von Geistesgaben (z. B. Zungenreden, Heilung und Prophetie)". Abschließend heißt es in dieser Einleitung, die kurzen Ausführungen hätten das Ziel, die (ursprünglichen) religiös-inhaltlichen Bezüge der nachfolgenden Gruppen zu verdeutlichen; es gehe nicht darum, Freikirchen oder andere christliche Erneuerungsbewegungen als „Sekte" zu stigmatisieren. Im Kontext der Informationsschrift würden nachfolgend lediglich die christlich-orientierten Gruppen beschrieben, auf die

die in der Einleitung aufgeführten Merkmale und Gefahrenaspekte zuträfen. Unter diesem Abschnitt befinden sich dann Ausführungen zur N.

Der Antragsteller führt zur Begründung seines Antrags im wesentlichen aus: Die Befugnis zur öffentlichen Stellungnahme auch unabhängig von einer zu einer Warnung berechtigenden Gefahrenlage und die Befugnis öffentlicher Regierungsstellen zur kritischen Auseinandersetzung mit Religionsgemeinschaften bestehe nur dann, wenn und soweit deren Lehre der Werteordnung des Grundgesetzes widerspräche. Bereits diese Voraussetzungen lägen in bezug auf die N. nicht vor. In der Informationsbroschüre würden falsche Tatsachenbehauptungen aufgestellt, unsachliche und aggressive Wertungen getroffen. Die charismatische Bewegung, deren Teil er sei, könne – auch unter einem besonders böswilligen Blickwinkel – nicht in den Bereich von Jugendreligion, Jugendsekten, Psychokulten und pseudotherapeutischen Gruppen eingeordnet werden. Daher trage der Berichtsauftrag des Abgeordnetenhauses die Einbeziehung des Antragstellers in die Informationsbroschüre von vornherein nicht. Darüber hinaus stünden Lehre und Praxis des Antragstellers im Einklang mit dem geltenden Verfassungsrecht, er stelle weder für die Demokratie eine Gefahr dar noch für einzelne Personen. Die Broschüre des Antragsgegners biete eine völlig einseitige Auswahl vorsätzlich sinnwidrig zusammengestellter Zitate und Wertungen insbesondere die Lehre betreffend, gerade nicht die Praxis. Lehre und Praxis stimmten im wesentlichen überein mit der der weltweit verbreiteten charismatischen Bewegung. Die Grundlage des Antragsgegners seien offensichtlich nur Aussagen Betroffener vom Hörensagen. Hierzu gehörten Eltern, Verwandte usw., die selbst jedoch nicht in der Gemeinde oder bei Veranstaltungen des Antragstellers anwesend gewesen seien. „Betroffene" seien nicht namentlich benannt, der Wahrheitsgehalt ihrer Einlassungen, ihre Motivation und der Zusammenhang mit dem Verhalten des Antragstellers sei deshalb nicht belegt.

Bezüglich des Anordnungsgrundes verweist der Antragsteller darauf, daß er erst Ende des Jahres 1994 über ein Gemeindemitglied Kenntnis vom vollständigen Inhalt „der Anwürfe" aus der Broschüre erhalten habe. Angesichts der Nachfrage nach der Informationsbroschüre bestehe die Gefahr des Nachdrucks. Die bereits eingetretenen Rechtsnachteile rechtfertigen das Verlangen auf Rückruf der bereits ausgelieferten Exemplare.

Der Antragsteller beantragt, im Wege einstweiliger Anordnung
1. dem Antragsgegner zu untersagen, die Broschüre „Informationen über neue religiöse und weltanschauliche Bewegungen und sogenannte Psychogruppen" (Stand: Oktober 1994) bis zum Abschluß des Hauptsacheverfahrens unter Einbeziehung des Antragstellers zu verbreiten, zu versenden, weiterzugeben, auszuliefern oder darin enthaltene Äußerungen über den Antragsteller zu verbreiten,

staatl. Aufklärungsschrift über Religionsgemeinschaften

2. bereits verbreitete Broschüren zurückzufordern und/oder wieder einzuziehen,
hilfweise, dem Antragsgegner im Wege einstweiliger Anordnung bis zum Abschluß des Hauptsacheverfahrens zu untersagen, die in den Beschlußgründen näher bezeichneten Äußerungen über den Antragsteller zu verbreiten.
Die Kammer weist den Antrag zurück.

Aus den Gründen:

Der Antrag auf Erlaß einer einstweiligen Anordnung hat weder mit den Hauptanträgen noch mit dem Hilfsantrag Erfolg.
A) Soweit der Antragsteller im Wege der einstweiligen Anordnung die Rückforderung bzw. Einziehung der bereits verbreiteten Broschüren fordert (Hauptantrag zu 2), überschreitet er die Grenzen des nach § 123 Abs. 1 Satz 2 VwGO möglichen vorläufigen Rechtsschutzes. Die geltend gemachte Beseitigung der nach Auffassung des Antragstellers rechtswidrigen Folgen behördlichen schlicht-hoheitlichen Handelns nimmt die Hauptsache vorweg. Eine Vorwegnahme der Hauptsache im Verfahren vorläufigen Rechtsschutzes ist nur ganz ausnahmsweise möglich, nämlich dann, wenn so besonders schwerwiegende Nachteile drohen, daß dem jeweiligen Antragsteller deshalb ein Abwarten des Hauptsacheverfahrens nicht zumutbar ist, insbesondere weil der vom Gesetz als grundsätzlich ausreichend erachtete Rechtsschutz im Klageverfahren unter den besonderen Umständen des Einzelfalls ineffektiv wäre und bereits bei der im Eilverfahren nur möglichen summarischen Prüfung die Erfolgsaussichten im Klageverfahren offensichtlich gegeben sind (vgl. Finkelnburg/Jank, Vorläufiger Rechtsschutz im Verwaltungsstreitverfahren, 3. Aufl., Rdnr. 244 ff.). Diese Voraussetzungen sind nicht gegeben. Dabei kommt es nicht einmal darauf an, daß – bei der hier nur möglichen summarischen Prüfung – nach Auffassung der Kammer die Einbeziehung des Antragstellers in die Informationsbroschüre und der dazugehörige Text nicht zu beanstanden ist (vgl. im folgenden B). Denn selbst wenn der Antrag im übrigen Erfolg gehabt hätte, wären die vom Antragsteller bezeichneten Nachteile – Verletzung der kollektiven Ehre, Benachteiligungen der Mitglieder des Antragstellers bei Offenbarung ihrer Mitgliedschaft usw. – durch die Rückforderung der Informationsbroschüre nicht beseitigt; die Einbeziehung des Antragstellers in die von der Broschüre genannten Gruppen und die behördlichen Aussagen wären für diejenigen, die die Broschüre bereits gelesen haben, weiter präsent. Die genannten Nachteile sind im übrigen auch bei Abwarten des Hauptsacheverfahrens reversibel, z. B. durch eine öffentliche „Ehrenerklä-

rung" der Senatsverwaltung. Hinzu kommt, daß ein materieller Anspruch auf Folgenbeseitigung schon deshalb – offensichtlich – nicht besteht, weil dieser der Behörde weitgehend tatsächlich nicht möglich ist, weil sie keine Liste der bisherigen Bezieher der Informationsbroschüre geführt hat.

B) Der Hauptantrag zu 1), im Wege der einstweiligen Anordnung die weitere Verbreitung der Informationsbroschüre zu unterbinden, ist jedenfalls unbegründet.

Dabei kann offenbleiben, ob ein Anordnungsgrund für die begehrte einstweilige Anordnung vorliegt, d. h. daß ohne Gewährung vorläufigen Rechtsschutzes dem Antragsteller schwere und unzumutbare Nachteile entstünden, zu deren nachträglicher Beseitigung eine Hauptsacheentscheidung nicht mehr in der Lage wäre (vgl. BVerfG, Beschluß vom 25. 10. 1988 – 2 BvR 745.88 –, NJW 1989, 827). Ob solche gravierenden Nachteile bereits deshalb fehlen, weil der Antragsteller durch die Verbreitung der Informationsbroschüre an der Weiterführung der gemeindlichen Tätigkeit nicht gehindert ist, den Aussagen in der Broschüre eigene Darstellungen entgegensetzen kann und die Verbreitung der Broschüre in der bisherigen Auflage bereits weitestgehend abgeschlossen ist (so OVG Berlin, Beschluß vom 6. 2. 1995 – OVG 5 S 54.94 – für einen vergleichbaren Fall), ist nicht zweifelsfrei. Hinzu kommt, daß dem Antragsgegner nach eigenen Angaben Bestellungen in einem Umfang vorliegen, die die Anzahl der noch bei ihm vorhandenen Informationsbroschüren bei weitem übersteigen und der Antragsgegner eine ihm günstige Entscheidung in dieser Sache zum Anlaß nehmen könnte, weitere Exemplare der Broschüre herzustellen, so daß eine materielle Auseinandersetzung mit dem Begehren des Antragstellers schon deswegen angezeigt ist, um weitere Streitigkeiten im Rahmen eines vorbeugenden vorläufigen Rechtsschutzes zwischen den Beteiligten zu verhindern.

Die Senatsverwaltung für Jugend und Familie ist befugt, die Glaubensgemeinschaft N. in die Informationsbroschüre aufzunehmen und hat die ihr hierbei gezogenen verfassungsrechtlichen Grenzen nicht überschritten.

Es ist in der höchstrichterlichen Rechtsprechung hinreichend geklärt, daß staatliche Stellen auf Bundes- wie auf Landesebene aufgrund und im Rahmen ihres Äußerungs- und Informationsrechts bei hinreichendem Anlaß berechtigt, unter Umständen sogar verpflichtet sind, zu Religions- oder Weltanschauungsgemeinschaften nicht nur berichtend, sondern auch kritisch wertend Stellung zu nehmen, solange sie sich bei der Wahrnehmung ihrer Befugnisse innerhalb der ihnen vorgegebenen verfassungsrechtlichen Schranken halten (vgl. BVerwGE 82, 76 = NJW 1989, S. 2276 ff.[2], bestätigt durch BVerfG

---

[2] KirchE 27, 145.

NJW 1989, S. 3269[3]). Hinreichender Anlaß zu „Warnungen" sind Gefahren, die von dem Wirken der Gemeinschaften ausgehen (vgl. BVerwG NJW 1991, S. 770 ff.[4]), mit der Lehre einer Religionsgemeinschaft kann sich der Staat offensichtlich kritisch auseinandersetzen, wenn und soweit diese Lehre der Werteordnung des Grundgesetzes widerspricht (BVerwG NVwZ 1994, S. 162 ff.[5]). Grenzen des Äußerungsrechts ergeben sich aus dem Grundsatz der Verhältnismäßigkeit und dem Willkürverbot: Öffentlichkeitsbezogene staatliche Stellungnahmen müssen sich daher innerhalb der Grenzen der Erforderlichkeit und der Zumutbarkeit halten, mitgeteilte Tatsachen müssen zutreffend wiedergegeben werden, Werturteile dürfen nicht auf sachfremden Erwägungen beruhen und den sachlich gebotenen Rahmen nicht überschreiten (vgl. zusammenfassend BVerwG NVwZ 1994, aaO).

Anlaß zur Aufnahme der N. in die Informationsbroschüre war der vom Antragsgegner durch eidesstattliche Versicherung glaubhaft gemachte Umstand, daß bezüglich des Antragstellers in der Senatsverwaltung „nach Scientology die höchste Frequenz von Anfragen und Beratungsbedarf" besteht. Bestätigt wird dies durch den Brief des Leiters der Berliner Außenstelle der Evangelischen Zentralstelle für Weltanschauungsfragen vom 9. 1. 1995, der u. a. ausführt: „... Diese Gemeinde erzeugt einen erheblichen Informations- und Beratungsbedarf; wir erhalten hier mit großer Regelmäßigkeit Anfragen von Menschen, die mit dieser Gemeinde in Berührung gekommen sind. ..." Vor diesem Hintergrund besteht ein erhebliches öffentliches Interesse an Informationen über den Antragsteller, dem die Senatsverwaltung entsprechend den Beschlüssen des Abgeordnetenhauses vom 10. 12. 1987/6. 10. 1994 durch Bericht gegenüber dem Parlament und der Öffentlichkeit nachzukommen hatte. Dabei ist unerheblich, ob sich aus den Beratungsgesprächen Anhaltspunkte dafür ergeben haben, daß das Verhalten der Gemeinde im Sinne des Berichtsauftrags „gefährlich" ist, denn insoweit muß schon der aufgrund der vom Antragsgegner gewonnenen Erkenntnisse begründete Verdacht einer solchen Gefahr genügen (vgl. dazu auch BVerwG NJW 1989, S. 2273 [2274]). Die Selbsteinschätzung des Antragstellers, der sich in seiner Lehre und Praxis in Übereinstimmung mit der weltweit verbreiteten charismatischen Bewegung sieht, ändert hieran nichts. Es geht dem Antragsgegner mit der Informationsbroschüre nicht darum, Gemeindemitglieder des Antragstellers abzuwerben oder zu beeinflussen. Ziel der Informationsbroschüre ist vielmehr, die Allgemeinheit über solche Gesichtspunkte der Tätigkeit des Antragstellers zu informieren, die im Sinne des hauptsächlich auf Analyse und Prävention persönlichkeitsgefährdender Abhängigkeiten gerichteten Berichtsauftrags relevant

---

[3] KirchE 27, 211.   [4] KirchE 29, 59.   [5] KirchE 31, 145.

sind. Nur im Sinne einer solchen Information stellt die Informationsbroschüre im übrigen eine „Warnung" dar; der Antragsgegner hat sich ansonsten jeglichen Ratschlages zum Umgang mit der N. enthalten. Auch inhaltlich sind die Darstellungen in der Informationsbroschüre bezüglich der Religionsgemeinschaft N. nicht zu beanstanden.

Der Antragsteller wird von den Ausführungen in der Einleitung der Informationsbroschüre einschließlich des Vorworts des Senators (S. 5 bis 12) nicht unmittelbar betroffen, gleiches gilt hinsichtlich der Einleitung zum Abschnitt 2.4 „Christlicher ‚Fundamentalismus' und neue christliche Sekten". Diese Abschnitte fassen lediglich die wesentlichen, an neuen religiösen und weltanschaulichen Gruppen in der Öffentlichkeit und der Literatur geäußerten Kritikpunkte zusammen und weisen auf gefahrenträchtige Aspekte hin. Nach ihrem eigenen Selbstverständnis – bereits nach dem Vorwort des Senators – will die Informationsbroschüre eine Orientierungshilfe für die von diesem Phänomen betroffenen Bevölkerungsgruppen darstellen. In diesem Zusammenhang wird ausdrücklich darauf hingewiesen, daß eine differenzierte Beurteilung der in der Informationsbroschüre aufgeführten – nur einen kleinen, allerdings für Berlin besonders bedeutsamen Teil der Gesamtzahl der einschlägigen Gemeinschaften umfassenden – Gruppen erforderlich ist und vor einer undifferenzierten Übertragung von negativen Erfahrungen mit einer Gruppe auf eine andere gewarnt. Die vom Antragsteller beklagte Folge, daß durch die Benennung der N. in Zusammenhang mit der Informationsbroschüre diese für die Öffentlichkeit als gefährliche Sekte erscheine, ergibt sich nicht aus den Einleitungsteilen, sondern allein aus dem sich mit dieser Religionsgemeinschaft ausdrücklich befassenden Teil der Informationsbroschüre, in dem der allgemeine Ansatz der Einleitung für diese Religionsgemeinschaft konkretisiert wird.

Auch die Darstellung der N. enthält keine unsachlichen Abwertungen oder offensichtlich falsche Darstellungen im Sinne der Rechtsprechung des Bundesverwaltungsgerichts. Insoweit beanstandet der Antragsteller aus der die Gemeinde auf dem Weg betreffenden Darstellung folgende von ihm so aufgeführte Punkte:

> „... 6. *Die Gottesdienste seien geprägt vom Gebet, Heilung und Berichten von Glaubenserlebnissen.*
> 7. *Alle Bereiche des Lebens bis hin zu Einzelheiten des familiären Lebens sollen aus der Botschaft des Wortes Gottes neu bestimmt werden.*
> 8. *Die dauernde und umfassende Einbindung des einzelnen in die Gemeinde (Versammlung der Gläubigen) sei zwingend, die Forderung nach „Transparenz" eines jeden einzelnen Gemeindemitgliedes ständige Forderung.*
> 9. *Werte wie Freiheit und Emanzipation, Engagement in Beruf und Gesellschaft seien insgesamt heillos.*
> 10. *Durch eine Lebensübergabe, einem unbedingten Neubeginn, klärten sich alle Probleme und Heilung werde erfahren.*

11. Es liege ein ausgeprägter Dämonenglaube vor.
12. Es seien mehr Ratschläge gegeben worden, die zu einem Erziehungsverhalten führten, das „immer wieder zu kritischen Betrachtungen Anlaß gegeben" habe.
13. Die psychische Atmosphäre und der Stil der Gottesdienste führe immer wieder „zu kritischen Bemerkungen".
14. Es werde ein manipulativer Einfluß der Prediger auf die Gemeinde ausgeübt, insbesondere im Hinblick auf Bekenntnis, Wunderheilung, umfassende Anbindung an Gemeindebereiche bezüglich des Erziehungskonzeptes.
15. Der Antragsteller verfolge eine massive Missionierungstätigkeit, die sich auch im jeweiligen beruflichen Zusammenhang ausdrücke.
16. Problematische Akzente und Praktiken seien weiterhin neben dem Dämonenglauben das bereits erwähnte simple, dualistisch geprägte Verständnis von Gut und Böse, das weitgehende Heilungsversprechen sowie die starke hierarchische Struktur.
17. Die schuldhafte Verstrickung des Menschen trete zurück zugunsten eines Beherrschtwerdens von dämonischen Mächten, Befreiung geschehe weniger durch Vergebung von Sünden als vielmehr durch die Austreibung der Dämonen. Dämonen müßten niedergerungen werden.
18. Das Gebet des Antragstellers sei ein Ausdruck eines Machtbewußtseins, das auf Weltbeherrschung ziele; in diesem Zusammenhang auch der Satz „für solche Praktiken und Lehren gibt es keinen biblischen Auftrag".
19. Eine Gefahr, daß man sich nicht in die Freiheit des Glaubens, sondern in die Abhängigkeit von Menschen und Gruppennormen begebe, werde groß."

Die Einwendungen des Antragsgegners gegen den Inhalt dieser Aussagen bzw. die Authentizität der Quellen gehen – jedenfalls bei der hier nur summarischen Prüfung aufgrund der im Verfahren vorläufigen Rechtsschutzes zulässigen Beweismittel – fehl. Zu Recht rügt der Antragsgegner, daß die zu 10 und 16 angeführten Aussagen den aus dem Kontext ersichtlichen tatsächlichen Sinngehalt verfehlen, denn bezüglich des „Neubeginns" wird im Folgesatz auf den – auch in der Theologie des Antragstellers für erforderlich gehaltenen – Nachvollzug der Stufen der theologischen Erkenntnis hingewiesen, andererseits werden die – vom Antragsgegner durch Bezugnahme auf Schriften des Gemeindeleiters und Betroffenenberichte belegten Aspekte – Dämonenglaube, Heilungsversprechen und starke hierarchische Struktur nur dahin gewertet, daß sie „problematische Akzente und Praktiken kennzeichnen". Weshalb der Hinweis auf Missionierungstätigkeit (Nr. 15) und die vom Antragsteller veranstalteten, öffentlich angekündigten Weiterbildungsveranstaltungen beanstandet wird, erschließt sich nicht, zumal die Missionierung nach der Satzung des Antragstellers ein Vereinszweck ist.

Ein Teil der oben dargestellten Äußerungen erschließt sich aus Schriften des Leiters der Gemeinde (Nr. 7, 11, 12), wobei aus den vorgelegten Quellen (Stellungnahme des Leiters und Pastors der Evangelischen Freikirche Wilmersdorf e. V. – Philadelphia-Gemeinde – zur Frage der biblischen Erziehungsweise und der Handhabung von körperlicher Züchtigung als Erziehungsmittel vom 3. 12. 1987; Margies, Heilung durch sein Wort, Bd. 2) nicht ersichtlich ist, daß diese Originalzitate inhaltlich unzutreffend oder mißverständlich wiedergegeben sind. Daß der Antragsteller diese Zitate anders interpretiert wissen will oder sie – wie hinsichtlich der als Beleg für die unter Nr. 9 genannte Aussage benannten, vom Antragsteller jetzt als „nur intern" und zwischenzeitlich „überholt" bezeichneten Schrift des Gemeindeältesten S. Fritsch „Beten für Deutschland" – nicht mehr für die jetzige Praxis der Gemeinde gelten lassen will, ist unerheblich. Maßstab für die Interpretation ist allein der objektive Erklärungswert dieser – jedenfalls nicht offensichtlich überholten – Aussagen für Dritte, auch wenn diese nicht den Kenntnis- und Bewußtseinsstand der Amtsträger und Repräsentanten der Gemeinschaft haben, weil die Informationsschrift Gefahren abwenden will, die durch eine zwar möglicherweise nicht beabsichtigte, aber objektiv naheliegende Interpretation von Thesen der Glaubensgemeinschaft entstehen können (vgl. BVerwG NJW 1991, S. 1770 [1771]).

Daß der Antragsgegner neben namentlich zitierten Quellen hinsichtlich weiterer Punkte auch „Betroffenenberichte" herangezogen hat und dabei – überwiegend – die Anonymität der jeweiligen Auskunftspersonen gewahrt hat, ist weder hinsichtlich der Informationsgewinnung noch hinsichtlich der Verwertbarkeit im gerichtlichen Verfahren rechtlich bedenklich. Die Notwendigkeit der Anonymitätswahrung folgt aus der Vertraulichkeit des jeweiligen Gesprächs. Die Behörde kann sich angesichts des dem Antragsteller zustehenden Freiheitsrechts aus Art. 4 GG in rechtlich zulässiger Weise neben der Eigendarstellung der Gemeinde in zugänglichen Schriften nur durch Nutzung fremder Quellen das zur Erfüllung der ihr durch Parlamentsbeschluß auferlegten Informationspflicht notwendige Bild über die Tätigkeit einer Religionsgemeinschaft machen, denn Überwachungsrechte stehen ihr nicht zu. Das Problem für die inhaltliche Richtigkeit dieser „Betroffenenberichte", weil naheliegenderweise nicht überzeugte Anhänger der jeweiligen Glaubensgemeinschaft, sondern (gerade) solche Personen, die mit der Glaubensgemeinschaft Konflikte haben, Beratungsgespräche führen wollen und deshalb Auskunftspersonen zur Informationsgewinnung darstellen, steht einer Nutzung dieser Informationen jedenfalls dann nicht entgegen, wenn deren Glaubwürdigkeit durch Übereinstimmung mit weiteren Quellen plausibel ist. Eine solche Plausibilität – die angesichts des unbestritten „hohen Beratungsbedarfs" in Zusammenhang mit der N. aus einer Anzahl von Beratungsgesprächen folgt – hat der Antragsteller nicht widerlegt. Psychische Veränderungen Einzelner durch die praktische Betätigung des Antragstellers können nicht nur unmittelbar Betroffene, sondern auch deren Angehörige oder Freunde bemerken und darüber berichten. Hinsichtlich der Glaubwürdigkeit der Berichte über „Einbindung" der Gemeindemitglieder und deren „Transparenz" (oben Nr. 8) ist es unerheblich, ob solche Abhängigkeiten von der Gemeindeleitung bzw. den „Hauskreisleitern" gewollt sind; entscheidend ist vielmehr, daß Betroffene Abhängigkeit tatsächlich erfahren haben und es somit im Sinne des Berichtsauftrags des Abgeordnetenhauses zu Persönlichkeitsgefährdungen gekommen ist. Gleiches gilt für die Berichte über die psychische Atmosphäre und den als manipulativ empfundenen Stil der Gottesdienste (vgl. dazu die vom Antragsgegner vorgelegten Berichte über die Gottesdienste am 26. 6. 1994 und 22. 1. 1995). Daß solche psychischen Beeinträchtigungen von praktizierenden Gemeindemitgliedern oder anderen Personen – wie etwa dem vom Antragsteller eingeführten X. nicht bemerkt werden, spricht weder gegen die Glaubwürdigkeit der Informanten des Antragsgegners noch gegen das tatsächliche Vorhandensein von gruppenmanipulativen Elementen in den Gottesdiensten bzw. die Entstehung von – so empfundenen – Abhängigkeiten.

Auch die Verwendung eines ausdrücklich als „Kritik an einer anderen Gemeinde" unter Angabe der Fundstelle gekennzeichneten Zitats zur Darstellung der N. ist nicht zu beanstanden, wenn – wie vom Antragsgegner (...) unter Hinweis auf die zugrundeliegenden Quellen näher dargelegt – die darin getroffenen Aussagen inhaltlich „im wesentlichen" tatsächlich auf den Antragsteller zutreffen, die in dem Zitat enthaltene theologische Wertung mußte im Hinblick auf dessen Vollständigkeit nicht gestrichen werden, weil der Antragsgegner in Vorwort und Einleitung der Broschüre klargestellt hat, daß er selbst sich derartigen Wertungen enthalte.

C) Auch der Hilfsantrag hat keinen Erfolg. Abgesehen davon, daß – wie bereits dargestellt – die beanstandeten Äußerungen bei summarischer Prüfung die dem staatlichen Informationsrecht gezogenen Grenzen nicht überschreiten, ist der Hilfsantrag schon deswegen nicht statthaft, weil das Gericht bei Erlaß einer einstweiligen Anordnung im Rahmen des jeweiligen Antragsbegehrens selbständig über den zur vorläufigen Rechtsschutzgewährung „notwendigen" Inhalt der zu treffenden Regelung zu entscheiden hat. Damit obliegt dem Gericht bereits bei der Prüfung des Hauptantrages die Entscheidung darüber, ob die Weiterverbreitung der den Antragsteller betreffenden Aussagen in der Informationsbroschüre insgesamt oder nur teilweise zu untersagen ist. Der Gegenstand des als „hilfsweise" gekennzeichneten Begehrens ist ein Teil des Hauptantrages – zumal keine Anhaltspunkte dafür bestehen, daß der Antragsgegner außerhalb der Darstellung in der Informationsbroschüre derartige Äußerungen abgeben will, so daß es insoweit keiner „hilfsweisen" Entscheidung bedarf. Schließlich sei auch darauf hingewiesen, daß grundlegende Zweifel daran bestehen, ob es rechtlich möglich ist, die Verbreitung einzelner Aussagen zu untersagen, die ihrerseits wesentlicher Teil einer Gesamtdarstellung sind, weil die Authentizität des Textes und der von dessen Verfasser gewollte Sinngehalt beeinträchtigt würde.

20

Es erscheint zweifelhaft, ob für einen Anspruch auf Unterlassung kritischer Äußerungen einer als Körperschaft des öffentl. Rechts organisierten Kirche über eine andere Religionsgemeinschaft der Verwaltungsrechtsweg gegeben ist.

Art. 5 Abs. 1, 140 GG, 137 Abs. 5 WRV; § 40 Abs. 1 VwGO
OVG Bremen, Beschluß vom 28. März 1995 − 1 B 75/94[1] −

Der Antragsteller ist ein Verein, der die Interessen der Glaubensgemeinschaft „Universelles Leben" vertritt. Er begehrt im Wege einer einstweiligen Anordnung vorbeugenden Rechtsschutz gegenüber seiner Ansicht nach ehrenrührige Behauptungen in einer Broschüre, die die Antragsgegnerin (Ev. Landeskirche) herauszugeben beabsichtigt.

Das Verwaltungsgericht[2] hat den Antrag abgelehnt. Auch die Beschwerde des Antragstellers blieb erfolglos.

Aus den Gründen:

1. Das Oberverwaltungsgericht hat erhebliche Zweifel, ob hinsichtlich des geltend gemachten Unterlassungsanspruchs der Verwaltungsrechtsweg (§ 40 Abs. 1 Satz 1 VwGO) gegeben ist. Es ist insoweit aber an die eine öffentlichrechtliche Streitigkeit bejahende Rechtswegentscheidung des Verwaltungsgerichts gebunden (§ 17 a Abs. 5 GVG).

a) Bei der Antragsgegnerin handelt es sich um eine Körperschaft des öffentlichen Rechts. Das bedeutet jedoch nicht, daß sämtliche Handlungen der Antragsgegnerin dem öffentlichen Recht zuzuordnen wären. Das Grundgesetz hat den Religionsgesellschaften vor allem deshalb gestattet, sich als Körperschaften des öffentlichen Rechts zu organisieren, um ihnen hinsichtlich bestimmter Sachbereiche eine Anknüpfung an den überkommenen Rechtszustand zu ermöglichen (Art. 140 GG i. V. m. Art. 137 Abs. 5 WRV). Ihr öffentlichrechtlicher Status umfaßt nur einen beschränkten Kreis von öffentlichrechtlichen Befugnissen, zu denen etwa die Dienstherrenfähigkeit, die Satzungsgewalt und das Besteuerungsrecht zählen (vgl. von Campenhausen, in: Mangoldt/Klein, GG, 3. Aufl., Art. 140 Rdnrn. 146, 154 ff.). Aus dem Status der öffentlichrechtlichen Körperschaft folgt keineswegs eine Eingliederung in den Staat; trotz ihrer öffentlichrechtlichen Organisationsform sind die Reli-

---

[1] NVwZ 1995, 793.
Vgl. zu diesem Fragenkreis auch VGH.BW DÖV 1996, 752, OVG.NW NVwZ 1997, 302.
[2] VG Bremen KirchE 32, 222.

kritische Äußerungen über Religionsgemeinschaften 139

gionsgesellschaften als gesellschaftliche Einrichtungen und nicht als staatliche anzusehen (Jarass/Pieroth, GG, 3. Aufl., Art. 4 Rdnr. 35). Nehmen die Religionsgesellschaften an der öffentlichen Meinungsbildung teil, steht ihnen wie anderen gesellschaftlichen Kräften das Grundrecht auf Meinungsfreiheit zu (Art. 5 Abs. 1 GG), sie haben andererseits aber auch die zivilrechtlichen Vorschriften über den Persönlichkeitsschutz Dritter zu beachten. Es besteht kein Anlaß, ihre Meinungsäußerungen einem öffentlichen Sonderrecht zu unterwerfen. Vielmehr kommen die für den Ausgleich einer möglichen Grundrechtskollission bereitstehenden und durch die zivilgerichtliche Rechtsprechung im einzelnen näher ausgeformten Normen der Privatrechtsordnung zur Anwendung (vgl. BVerwG, DVBl. 1994, 1245). Die Teilnahme der öffentlichrechtlich organisierten Religionsgesellschaften an der öffentlichen Meinungsbildung beurteilt sich nicht nach demselben rechtlichen Maßstab, dem Meinungsäußerungen der staatlichen Exekutive unterliegen. Während etwa regierungsamtliche Äußerungen zu einzelnen Glaubensgemeinschaften im Hinblick auf das Neutralitätsgebot des Staats jeweils einer besonderen Rechtfertigung bedürfen (BVerfG, NJW 1989, 3269[3]; BVerwG, NJW 1989, 2272), findet die Meinungsäußerungsfreiheit der als öffentlichrechtliche Körperschaft organisierten Religionsgesellschaften ihre Grenze erst in den Rechten Dritter. Der Spielraum der Religionsgesellschaften in der Auseinandersetzung mit anderen Glaubensgemeinschaften ist insofern erheblich weiter gesteckt (BVerfG, NVwZ 1994, 159[4]). Für Klagen und Anträge auf Widerruf und Unterlassung entsprechender kritischer Äußerungen ist der Verwaltungsrechtsweg nicht gegeben (a. A. VGH München, NVwZ 1994, 787[5]).

b) Das Gericht, das über ein Rechtsmittel gegen eine Entscheidung in der Hauptsache entscheidet, ist an die Rechtswegentscheidung der Vorinstanz gebunden (§ 17a Abs. 5 GVG). Diese Regelung gilt für alle selbständigen Verfahren, in denen eine Sachentscheidung mit einem Rechtsmittel angegriffen wird, also auch für Verfahren auf Gewährung einstweiligen Rechtsschutzes (Baumbach/Lauterbach, ZPO, 53. Aufl., GVG § 17a Rdnr. 5). Im vorliegenden Fall hat das Verwaltungsgericht eine Sachentscheidung getroffen. Es hat den Erlaß der beantragten einstweiligen Anordnung abgelehnt, weil der Antragsteller weder Anordnungsanspruch noch Anordnungsgrund glaubhaft gemacht habe. Dagegen richtet sich die Beschwerde. Das Oberverwaltungsgericht ist aus diesem Grund an die eine öffentlichrechtliche Streitigkeit bejahende Rechtswegentscheidung des Verwaltungsgerichts gebunden. Etwas anderes würde nur dann gelten, wenn die Antragsgegnerin gegenüber dem Verwaltungsgericht dessen Zuständigkeit gerügt hätte (Baumbach/Lauterbach, GVG § 17a Rdnr. 16). Eine solche Rüge ist aber nicht erhoben worden.

---

[3] KirchE 27, 211.   [4] KirchE 31, 275.   [5] KirchE 32, 107.

2. Die beantragte einstweilige Anordnung kann nicht ergehen, weil dem Antragsteller für den erstrebten vorbeugenden Rechtsschutz ein ausreichendes Rechtsschutzbedürfnis fehlt.

Der Antragsteller möchte verhindern, daß in einer von der Antragstellerin demnächst herausgegebenen Broschüre bestimmte Äußerungen gemacht werden. Ob die vom Antragsteller im einzelnen aufgeführten Äußerungen tatsächlich in der Broschüre enthalten sein werden, steht indes nicht fest. Die Antragstellerin hat mit Schriftsatz vom 17. 1. 1995 mitgeteilt, daß das Manuskript der Broschüre noch nicht fertiggestellt sei, so daß noch keine Aussage über deren endgültige Fassung erfolgen könne. Zwar wird sich besagte Broschüre offenbar in ihrem wesentlichen Inhalt und ihrer Tendenz an ein Buch anlehnen, das ein Mitarbeiter der Antragsgegnerin im Mai letzten Jahres veröffentlicht hat. Ob aber gerade jene vom Antragsteller beanstandeten Äußerungen aus diesem Buch übernommen werden, ist nach der Mitteilung der Antragsgegnerin fraglich. Die Antragsgegnerin hat hierzu erklärt, es könne nicht davon ausgegangen werden, daß die Ausführungen in der Broschüre in diesen Punkten dem Buch entsprechen werden. Die Erklärung der Antragsgegnerin erscheint unter anderem deshalb nachvollziehbar, weil der Antragsteller hinsichtlich der Äußerungen, deren Wiederholung er befürchtet, vor dem Landgericht Hamburg gegen den Verleger des Buchs ein Verbreitungsverbot erwirkt hat. Der Antragsgegnerin dürfte bewußt sein, daß eine Wiederholung das Risiko in sich bergen würde, daß die entsprechenden Passagen der Broschüre ebenfalls von solch einem Verbot betroffen werden würden.

Das Erscheinen der Broschüre abzuwarten, ist für den Antragsteller überdies auch deshalb zumutbar, weil keine Gefahr besteht, daß ohne die begehrte einstweilige Anordnung vollendete, nicht mehr rückgängig zu machende Tatsachen geschaffen würden oder ein nicht wieder gutzumachender Schaden entstünde. Dem Antragsteller ist es unbenommen, nach Erscheinen der Broschüre unverzüglich ein einstweiliges Rechtsschutzverfahren anzustrengen, sofern er durch einzelne Passagen Persönlichkeitsrechte verletzt sieht.

21

Dem BW.KiStG ist kein Rechtsgrundsatz des Inhalts zu entnehmen, daß Kirchensteuer auf laufende oder einmalige Einkünfte, die nach Kirchenaustritt zugeflossen sind, unter Durchbrechung des sog. Zwölftelungsgrundsatzes im Billigkeitswege ganz oder teilweise zu erlassen ist.

Art. 3 Abs. 3 GG; §§ 227 Abs. 1 AO, 102 FGO
FG Baden-Württemberg, Urteil vom 31. März 1995 – 9 K 164/94[1] –

---

[1] Das Urteil ist rechtskräftig.

Die Klägerin ist mit Wirkung vom 31. 8. 1989 aus der kath. Kirche ausgetreten. Nach ihrem Kirchenaustritt erzielte sie einen Veräußerungsgewinn aus Gewerbebetrieb. Diesen Veräußerungsgewinn hat das Finanzamt sowohl bei der Festsetzung der Einkommensteuer 1989 als auch der Kirchensteuer, umgerechnet auf 8 Monate, berücksichtigt. Nachdem die Klägerin beim Beklagten Antrag auf Billigkeitserlaß gestellt hat, mit dem sie begehrte, ihr die auf den Veräußerungsgewinn entfallende Kirchensteuer in vollem Umfange zu erlassen, erließ ihr der Beklagte einen Teilbetrag, lehnte aber einen weitergehenden Erlaß von Kirchensteuer ab.

Gegen diesen Ablehnungsbescheid richtet sich die Klage, mit der die Klägerin einen Billigkeitserlaß des gesamten, aus dem Veräußerungsgewinn errechneten Kirchensteuer-Betrages erreichen möchte.

Die Klage hatte keinen Erfolg.

Aus den Gründen:

Die zulässige Klage ist unbegründet.

1. Der Senat bleibt bei seiner im Urteil vom 16. 9. 1994[2] – 9 K 227/92 – (EFG 1995, 138) bestätigten Rechtsprechung, daß für Rechtsstreitigkeiten gegen die Ablehnung eines Billigkeitserlasses von Kirchensteuern durch die Religionsgemeinschaft nach § 33 Abs. 1 Nr. 4 FGO i. V. m. § 4 AGFGO.BW vom 26. 3. 1966 der Finanzrechtsweg gegeben ist. (...)

2. Die Ablehnung des von der Klägerin begehrten Teilerlasses von Kirchensteuern für den Veranlagungszeitraum 1989 in Höhe des begehrten Betrages wegen Fehlens sachlicher Billigkeitsgründe (§ 227 AO) ist frei von Rechtsfehlern. Die Ermessensausübung (§ 5 AO) der Kirchenverwaltungsbehörde in der Gestalt ihrer Ablehnungsverfügung läßt keinen Ermessensfehlgebrauch erkennen (§ 102 FGO). Nach der dem Streitfall zugrunde zu legenden Vorschrift des § 227 Abs. 1 AO können Steuern erlassen werden, wenn ihre Einziehung nach Lage des einzelnen Falles unbillig wäre. Die Entscheidung über einen Erlaßantrag aus Billigkeitsgründen ist eine Ermessensentscheidung, die im finanzgerichtlichen Verfahren nur dahingehend überprüft werden kann, ob der auf den Antrag eines Steuerpflichtigen ergangene Verwaltungsakt oder, wie im Streitfall, die teilweise Ablehnung eines solchen, rechtswidrig ist, weil die gesetzlichen Voraussetzungen des Ermessens überschritten sind oder von dem Ermessen in einer dem Zweck der Ermächtigung nicht entsprechenden Weise Gebrauch gemacht ist (§ 102 FGO).

Der Senat folgt insoweit der herrschenden Meinung in der Rechtsprechung und der überwiegenden Literaturauffassung, die im Anschluß an den zu § 163

---

[2] KirchE 32, 337.

RAO ergangenen Beschluß des Gemeinsamen Senats der Obersten Gerichtshöfe des Bundes vom 19. 10. 1971 – GmS-OGB 3/70 – (BFHE 105, 101, BStBl. II 1972, 603) auch die Gesetzesnorm des § 227 Abs. 1 AO als eine Ermessensvorschrift bzw. als sog. Koppelungsvorschrift begreifen, d. h. als Rechtsnorm, die auf der Tatbestandsseite einen unbestimmten Rechtsbegriff und auf der Rechtsfolgeseite eine Ermächtigung der Exekutive zur Ermessensausübung enthält (BFH-Urteile vom 7. 5. 1981 – VII R 64/79, BFHE 133, 262, BStBl. II 1981, 608; vom 8. 3. 1990 – IV R 34/89, BFHE 160, 296, BStBl. II 1990, 673; vom 15. 5. 1990 – VII R 7/88, BFHE 161, 395, BStBl. II 1990, 1007; vom 22. 6. 1990 – III R 150/85, BFHE 161, 4, BStBl. II 1991, 864; vom 29. 8. 1991 – V R 78/86, BFHE 165, 178, BStBl. II 1991, 906; von Groll in: Hübschmann/Hepp/Spitaler, AO und FGO, 9. Auflage, § 227 AO Rdnr. 114 f.; ebenso in: Gräber, FGO, 3. Auflage, § 102 FGO Rdnr. 9; entgegen Tipke/Kruse, AO, 14. Aufl., § 227 Rdnr. 8 f.).

Schon aus diesem Grunde konnte die Klägerin mit ihrem umfassenden Antrag keinen Erfolg haben, die Beklagte unter Aufhebung der Ablehnungsverfügung zu einem Billigkeitserlaß in der begehrten Höhe zu verpflichten.

Eine solche Verurteilung käme allenfalls dann in Betracht, wenn die obersten Kirchenverwaltungsbehörden eine allgemein anzuwendende sachliche Billigkeitsregelung, die sie generell getroffen hat, auf die Klägerin unter Verstoß gegen den Gleichbehandlungsgrundsatz nicht angewendet hätte (Art. 3 Abs. 3 GG).

In einem solchen Falle wäre durch die sog. Selbstbindung der Verwaltung der Ermessensspielraum auf nur eine, die Grenze der fehlerfreien Ermessensausübung wahrende Entscheidung beschränkt gewesen (Tipke/Kruse, aaO, § 227 Tz. 2 f.).

Die Beklagte hat laut ihrer, in die Form einer Aktennotiz vom 28. 2. 1995 gekleideten Erklärung dem erkennenden Senat mitgeteilt, daß sie ebenso wie die anderen steuerberechtigten Kirchen des Landes Baden-Württemberg durch Beschluß des Diözesanverwaltungsrats vom 20./22. 4. 1990 sowie des bischöflichen Ordinariats vom 12. 6. 1990 entschieden hat, daß auf Antrag eines Kirchensteuerpflichtigen die Kirchensteuerschuld insoweit erlassen wird, als sie 3,5 v. H. des zu versteuernden Einkommens übersteigt. Zugleich hat sie aber laut dieser Kirchenmitteilung beschlossen, daß ein solcher Antrag möglich sei „für die Veranlagungszeiträume ab 1990".

Da der Rechtsstreit den Erlaß von Kirchensteuern aus dem Veranlagungszeitraum 1989 betrifft, kann sich die Klägerin schon aus diesem Grunde nicht mit Erfolg auf eine Gleichbehandlung mit anderen Erlaßfällen berufen.

Wie der erkennende Senat in seinem oben angeführten Urteil 9 K 227/92 weiter dargelegt hat, läßt sich auch aus dem Urteil des Bundesverwaltungsgerichts vom 12. 2. 1988[3] – 8 C 16/86 – (NJW 1988, 1804), auf das sich die Klägerin beruft, kein ihr zustehender Rechtsanspruch herleiten, die Kirchensteuer im begehrten Umfang zu erlassen. Wie bereits in dieser Senatsentscheidung dargelegt, geht das Bundesverwaltungsgericht (aaO) davon aus, daß das Ermessen der Kirchenverwaltungsbehörde zumindest der Höhe nach nicht in einer den Klageantrag der Klägerin rechtfertigenden Weise eingeschränkt ist; auch insoweit wird auf das Urteil 9 K 227/92 verwiesen.

Aber auch soweit der Klageantrag den Erlaß eines Bescheidungsurteils im Sinne des § 102 FGO mitumfaßt, war der Klage kein Erfolg beschieden. Rechtsfehler der Beklagten in deren Entscheidung vom 12. 7. 1994 liegen nicht vor.

Dabei blieb der erkennende Senat auch für den Streitfall bei seiner Rechtsauffassung, daß dem BW.KiStG kein Rechtsgrundsatz des Inhalts zu entnehmen ist, daß auf nach dem Kirchenaustritt zugeflossene laufende oder einmalige Einkünfte entfallende Kirchensteuern unter Durchbrechung des sog. Zwölftelungsgrundsatzes im Billigkeitswege ganz oder teilweise zu erlassen wären. Auch insoweit wird auf die veröffentlichten Entscheidungsgründe in EFG 1995, 138 Bezug genommen. Sie gelten auch für Fälle, in denen Kirchensteuer-Ansprüche auf Veräußerungsgewinnen beruhen, die nach einem Kirchenaustritt, aber im gleichen Veranlagungszeitraum angefallen sind, wie im Streitfall.

Aber selbst wenn man ungeachtet der Rechtslage, die für das Landeskirchensteuerrecht in Baden-Württemberg gilt, von den Rechtsgrundsätzen ausgehen würde, die das Bundesverwaltungsgericht seiner zum Landesrecht von Schleswig-Holstein ergangenen Entscheidung zugrunde gelegt hat, ist ein Ermessensfehlgebrauch des Beklagten nicht zu erkennen. Wie bereits dargetan, hat das Bundesverwaltungsgericht aufgrund der in seinem Streitfall anders gearteten Rechtslage der Kirche als Erlaßbehörde einen Ermessensspielraum zumindest der Höhe des zu erlassenden Kirchensteuerbetrages nach eingeräumt. Im vorliegenden Streitfall, in dem die Kirchensteuerfestsetzung über einen Betrag von ... DM ergangen war, hat der Beklagte mit Verfügung vom 19. 2. 1992 einen Teilbetrag von ... DM, mithin ca. 51,3 v.H. der für 1989 geschuldeten Kirchensteuer erlassen.

Damit sind auch die weiteren rechtlichen Gesichtspunkte, die die Klägerin zu ihren Gunsten geltend gemacht hat, insbesondere der Umstand, daß in ca. 10 Bundesländern wegen Fehlens einer gesetzlichen Zwölftelungsregelung für die Frage eines Billigkeitserlasses andere Maßstäbe anzulegen seien als in Baden-Württemberg, obsolet, ungeachtet der sich aus den Art. 70, 140 GG

---

[3] KirchE 26, 17.

i. V. m. Art. 137 WRV, Art. 5 BW.Verf. ergebenden Gesetzgebungshoheit des Landes, die andersartige Regelungen als in anderen Bundesländern rechtfertigt.

22

Zur Frage, unter welchen Voraussetzungen eine Landeszentrale für politische Bildungsarbeit in einer von ihr herausgegebenen Schrift über neureligiöse Bewegungen vor einer bestimmten Glaubensgemeinschaft warnen darf.

Art. 4 Abs. 1 u. 2 GG, 107 Abs. 1 u. 2 BV
BayVGH, Beschluß vom 4. April 1995 − 7 CE 95.462[1] −

Der Antragsteller ist ein eingetragener Verein, dessen Aufgabe es nach § 2 Abs. 3 seiner Vereinssatzung ist, die Interessen der Glaubensgemeinschaft „Universelles Leben" und ihrer Angehörigen im Hinblick auf ihre Zugehörigkeit zur Glaubensgemeinschaft „Universelles Leben" im Rechtsverkehr zu vertreten. Die Glaubensgemeinschaft „Universelles Leben" selbst ist rechtlich nicht organisiert.

Im Jahre 1994 gab die Bayerische Landeszentrale für politische Bildungsarbeit (Landeszentrale) im Rahmen ihrer Reihe „Zur Diskussion gestellt" die 2. Auflage einer Schrift „Neureligiöse Bewegungen" heraus. Diese insgesamt 243 Seiten umfassende Schrift befaßt sich auf den S. 34−60 kritisch mit der Bewegung „Universelles Leben".

In den Abschnitten „Analyse und Diskussion" (S. 187−212) und „Kritik und Ausblick" (S. 213−238) geht die Schrift zusammenfassend auf neureligiöse Bewegungen ein. Die Broschüre wurde von der Landeszentrale in einer Auflage von 10 000 Stück hergestellt und u. a. an alle Schulen in Bayern (4000 Stück) versandt. Die Hälfte der Auflage wurde noch nicht ausgeliefert.

Der Antragsteller beantragte beim Verwaltungsgericht, den Erlaß einer einstweiligen Anordnung gegen den Antragsgegner mit dem Ziel, die Verbreitung der genannten Schrift − insbesondere an Schulen − zu unterbinden, solange darin das „Heimholungswerk/Universelles Leben" behandelt werde, weil sie bezüglich dieser Glaubensgemeinschaft eine Reihe unsachlicher, diskriminierender Aussagen enthalte.

Das Verwaltungsgericht wies den Antrag ab. Der Verwaltungsrechtsweg sei ebenso gegeben wie die Aktivlegitimation des Antragstellers. Der Antrag

---

[1] BayVGHE 48, 52; NVwZ 1995, 793. Nur LS: NJW 1995, 2941; AkKR 164 (1995), 231.

scheitere aber daran, daß seitens des Antragsgegners nicht ohne Rechtfertigung in das Grundrecht der Glaubensfreiheit und der ungestörten Religionsausübung des Antragstellers eingegriffen werde. Dem Antragsgegner stehe das Recht zu, in der Öffentlichkeit diskutierte Probleme aufzugreifen und hierzu öffentlich Stellung zu nehmen. Die sich aus dem Grundsatz der Verhältnismäßigkeit, dem Willkürverbot und der staatlichen Neutralitätspflicht ergebenden Grenzen dieses Äußerungsrechts seien nicht überschritten. Einzelne Aussagen und Wertungen bedürften zwar möglicherweise der Aufklärung im Hauptsacheverfahren. Diese seien jedoch nur von untergeordneter Bedeutung, so daß es unverhältnismäßig wäre, bereits im Eilverfahren eine endgültige Entscheidung über die Verwendung der Broschüre zu treffen.

Mit der Beschwerde verfolgt der Antragsteller folgende Anträge:

I. Dem Antragsgegner wird bei Meidung von Ordnungsgeld für jeden Fall der Zuwiderhandlung untersagt, die Schrift „Neureligiöse Bewegungen", herausgegeben durch die Bayerische Landeszentrale für politische Bildungsarbeit, 2. Auflage 1994, zu verbreiten oder verbreiten zu lassen, solange darin die Glaubensgemeinschaft „Universelles Leben" behandelt wird.

II. Dem Antragsgegner wird bei Meidung von Ordnungsgeld aufgegeben, die an Behörden und Schulen des Freistaates Bayern bereits ausgelieferten Exemplare zurückzurufen, hilfsweise, den Behörden und Schulen zu untersagen, die Broschüre für Informations- und Unterrichtszwecke zu verwenden bzw. weiterzugeben.

Hilfsweise zu Ziff. II. und III.: Die Verbreitung der Broschüre zu untersagen und deren Rückruf zu gebieten.

Weiter hilfsweise beantragt der Antragsteller, die Verwendung der Broschüre zu untersagen, solange nicht im einzelnen aufgeführte Passagen über die Glaubensgemeinschaft „Universelles Leben" unkenntlich gemacht sind.

Die Beschwerde hatte insoweit Erfolg, als dem Antragsgegner aufgegeben wurde, die bei der Landeszentrale für politische Bildungsarbeit verbliebenen Exemplare der Broschüre „Neureligiöse Bewegungen" nur noch dann abzugeben, wenn die in den nachfolgend abgedruckten Beschlußgründen aufgeführten Aussagen unkenntlich gemacht sind.

Aus den Gründen:

1. Der Antragsteller ist berechtigt, den behaupteten Unterlassungsanspruch vor Gericht geltend zu machen. Allerdings ist der Antragsteller rechtlich nicht identisch mit der Glaubensgemeinschaft „Universelles Leben". Diese Glaubensgemeinschaft, der mehrere tausend Menschen anhängen, ist rechtlich nicht verfaßt und damit nicht in der Lage, sich gerichtlich gegen negative Äußerungen zur Wehr zu setzen. Beim Antragsteller handelt es sich um einen eingetragenen Verein, dessen Aufgabe es nach § 2 Abs. 3 der Vereinssatzung u. a. ist, die Interessen der Glaubensgemeinschaft „Universelles Leben" im Rechtsverkehr zu vertreten. Damit steht dem Antragsteller als Förderverein

auch das Recht zu, alle religionsbezogenen Verhaltensweisen, die kollektiver Ausübung zugänglich sind, als eigene Angelegenheiten wahrzunehmen und dafür die Schutzrechte auszuüben, die der Religionsgemeinschaft selbst, wenn sie rechtlich verfaßt wäre, zur Verfügung stünden (vgl. BayVGH, NVwZ 1994, 787 [789])[2]. Die kritischen Äußerungen in der hier gegenständlichen Broschüre richten sich allerdings nicht gegen den Antragsteller und auch nicht gegen einzelne seiner Mitglieder. Die nicht rechtsfähige Glaubensgemeinschaft kann den Antragsteller nicht ermächtigen, in ihrem Namen vorzugehen; auch kann eine Vollmacht, die sich der Vertreter selbst gibt (§ 2 Abs. 3 der Vereinssatzung), nicht die erforderliche Vollmacht des Vertretenen (§ 167 Abs. 1 BGB) ersetzen (vgl. OLG Frankfurt a. M. v. 3. 3. 1994[3] − 16 U 245/93, NJW 1995, 876; OLG Bamberg v. 12. 12. 1994 − 4 U 205/94; VG Berlin v. 4. 11. 1994 − 27 A 258.94).

Hieraus kann jedoch nicht gefolgert werden, die Glaubensgemeinschaft habe den Nachteil, sich gegen Angriffe nicht zur Wehr setzen zu können, hinzunehmen, weil sie rechtlich nicht verfaßt sei. Es entspricht dem religiösen Selbstverständnis der Glaubensgemeinschaft und ihrer Anhänger, daß sie eine Institutionalisierung ablehnen. Würde im vorliegenden Fall dem Antragsteller, dessen Mitglieder überzeugte Anhänger des „Universellen Lebens" sind, die Aktivlegitimation versagt, wäre entweder die Glaubensgemeinschaft schutzlos Angriffen seitens des Staates ausgesetzt, oder ihre Anhänger wären gegen ihre religiöse Überzeugung gezwungen, eine rechtlich verfaßte „Kirche" zu gründen; ein Ergebnis, das einerseits im Hinblick auf die Rechtsschutzgarantie in Art. 19 Abs. 4 Satz 1 GG und andererseits in bezug auf das Grundrecht der Religionsfreiheit in Art. 4 Abs. 1 GG bedenklich erschiene. Die Bejahung der Aktivlegitimation des Antragstellers ist geeignet, diese Konfliktsituation zu vermeiden. Es ist auch nicht ersichtlich, daß seitens einzelner Anhänger der Glaubensgemeinschaft oder anderer mit dieser in Verbindung stehender Organisationen die Berechtigung des Antragstellers, die Interessen der Glaubensgemeinschaft vor Gericht wahrzunehmen, jemals in Abrede gestellt worden wäre. Einzelnen Anhängern der Glaubensgemeinschaft, die nicht selbst durch kritische Äußerungen betroffen sind, hat der erkennende Senat Unterlassungs- und Widerrufsansprüche versagt (vgl. BayVGH NVwZ 1994, 787 [789] und v. 14. 4. 1994 − 7 CE 93.3071).

2. Zutreffend nimmt der Antragsteller mit seinem Begehren den Antragsgegner in Anspruch. Die Bayerische Landeszentrale für politische Bildungsarbeit ist eine Einrichtung des Antragsgegners, deren Tätigkeit in der Verord-

---

[2] KirchE 32, 107.
[3] KirchE 32, 73.

nung über die Bayerische Landeszentrale für politische Bildungsarbeit vom 9. 4. 1964 (GVBl. S. 82, BayRS 200-4-5) geregelt ist. Ihre Handlungen, und damit auch die Herausgabe der streitgegenständlichen Schrift, sind unmittelbar dem Antragsgegner zuzurechnen. Die Passivlegitimation des Antragsgegners folgt damit allein schon aus der Herausgabe der Schrift (vgl. Wenzel, Das Recht der Wort- und Bildberichterstattung, 4. Aufl. 1994, Rdnr. 12.52; Thomas, in: Palandt, Bürgerliches Gesetzbuch, 53. Aufl. 1994, Rdnr. 19 Einf. v. § 823 BGB).

3. Voraussetzung für eine Stattgabe des Antrages ist gemäß § 123 Abs. 3 VwGO in Verbindung mit § 920 Abs. 2 ZPO, daß der Antragsteller glaubhaft machen kann, daß der Glaubensgemeinschaft „Universelles Leben" die im Hauptantrag bzw. hilfsweise geltend gemachten Ansprüche zustehen (Anordnungsanspruch) und weiter glaubhaft gemacht werden kann, daß mit der Verwirklichung dieser Ansprüche nicht bis zum Abschluß eines Hauptsacheverfahrens zugewartet werden kann (Anordnungsgrund).

Die für die Annahme eines Anordnungsgrundes erforderliche Eilbedürftigkeit einer gerichtlichen Entscheidung ist hier jedenfalls hinsichtlich des Unterlassungsanspruches zu bejahen. Ergingen die begehrte einstweilige Anordnung insoweit nicht, wäre die Landeszentrale nicht gehindert, die restlichen 5000 Exemplare der beanstandeten Schrift in unveränderter Form in Verkehr zu bringen und so die Glaubensgemeinschaft „Universelles Leben" möglicherweise weiter in ihren Rechten zu verletzen. Ob auch hinsichtlich der übrigen geltend gemachten (Beseitigungs-)Ansprüche eine Eilbedürftigkeit gegeben ist, kann dahinstehen, da es insoweit jedenfalls am Anordnungsanspruch fehlt. Denn der Anordnungsanspruch ist nur hinsichtlich des weiteren Hilfsantrages – Herausgabe der Broschüre nur, wenn beanstandete Passagen unkenntlich gemacht werden – und auch hier nur bezüglich einzelner Aussagen glaubhaft gemacht.

Der Antragsteller macht, soweit er dem Antragsgegner die Herausgabe der Broschüre generell oder in bestimmter Form untersagt haben will, einen vorbeugenden Unterlassungsanspruch geltend. Dieser dient dem Schutz von Rechten vor drohenden rechtswidrigen Beeinträchtigungen. Insoweit kann, ohne daß dem der Grundsatz der Unzulässigkeit der Vorwegnahme der Hauptsache entgegenstünde, in dem ausgesprochenen Umfang eine einstweilige Anordnung ergehen.

Soweit der Antragsteller den Rückruf der Broschüre oder die Untersagung von deren Verwendung begehrt, handelt es sich um einen öffentlich-rechtlichen Beseitigungsanspruch, mit der eine behauptete fortdauernde rechtswidrige Beeinträchtigung eines Rechts beseitigt werden soll. Insoweit steht dem Anordnungsantrag grundsätzlich schon entgegen, daß damit die Hauptsache vorweggenommen würde. Darüber hinaus ist dem Bedürfnis nach vorläufigem Rechtsschutz dadurch ausreichend Rechnung getragen, daß dem letzten Hilfsantrag des Antragsteller – mit Einschränkungen – entsprochen wird.

Die Rechtsinstitute des vorbeugenden Unterlassungsanspruchs und des Beseitigungsanspruchs sind von der Rechtsprechung auf der Grundlage der §§ 823, 1004 BGB entwickelt worden (vgl. BVerwGE 82, 76 [77 f.]; Thomas, in: Palandt, aaO, Rdnrn. 15 ff. Einf. v. § 823 BGB m. w. N.). In vorliegendem Fall ist zwar eine Beeinträchtigung des Grundrechts der Glaubensgemeinschaft auf ungestörte Religionsausübung in Art. 4 Abs. 2 GG, Art. 107 Abs. 2 BV zu bejahen. Die Herausgabe und Verbreitung der beanstandeten Schrift einschließlich der kritischen Ausführungen über das „Universelle Leben" ist aber als solche grundsätzlich nicht rechtswidrig. Einzelne Passagen, auf die im folgenden näher einzugehen ist, überschreiten zwar den Rahmen des rechtlich Zulässigen. Dem Rechtsschutzinteresse der Glaubensgemeinschaft ist aber Genüge getan, wenn dem Antragsgegner aufgegeben wird, diese Passagen vor einer Herausgabe der Restauflage unkenntlich zu machen, sie also – wie im Entscheidungsausspruch geschehen – nicht zu verbreiten.

4. Der Antragsteller kann glaubhaft machen, daß durch die Herausgabe der Schrift „Neureligiöse Bewegungen" in das Grundrecht der Glaubensgemeinschaft „Universelles Leben" auf ungestörte Religionsausübung (Art. 4 Abs. 1 und 2 GG, Art. 107 Abs. 1 und 2 BV) eingegriffen wird. Die Anhänger des „Universellen Lebens" verbindet die Gewißheit über bestimmte Aussagen zum Weltganzen sowie zur Herkunft und zum Ziel des menschlichen Lebens, wobei eine den Menschen überschreitende, also transzendentale Wirklichkeit zugrunde gelegt wird (zum Charakter des „Universellen Lebens" als Religionsgemeinschaft vgl. BayVGHE n. F. 44, 137 = BayVBl. 1992, 239[4]). Der Charakter als Religionsgemeinschaft ist dem „Universellen Leben" auch nicht deshalb abzusprechen, weil in seinem Umfeld vielfache wirtschaftliche Aktivitäten stattfinden (vgl. BVerwG NJW 1992, 2496).

Der Antragsgegner handelt hier allerdings nicht in der klassischen Form eines Grundrechtseingriffs, worunter ein unmittelbar an die Gemeinschaft gerichtetes und mit Verwaltungszwang durchsetzbares Gebot oder Verbot zu verstehen wäre. Sein Handeln ist aber dennoch, wenn auch nur mittelbar, gezielt gegen das „Universelle Leben" gerichtet. Der strittige Beitrag in der Schrift über neureligiöse Bewegungen übernimmt nicht das Selbstverständnis der Glaubensgemeinschaft und stellt deren Glaubenslehre und Aktivitäten nicht wertungsfrei dar. Er ist vielmehr darauf angelegt, dem Leser das aus der Sicht des Autors und zitierter Dritter wahre und durchaus negative Bild des „Universellen Lebens" zu zeigen. Der Beitrag will informieren, aber auch

---

[4] KirchE 29, 261.

warnen. Er wirkt damit dem vom Grundrecht der ungestörten Religionsausübung umfaßten Bestreben des „Universelles Leben", sich auszubreiten und neue Anhänger zu gewinnen, entgegen. Allein aus diesem Grundrechtseingriff folgt aber nicht schon die Rechtswidrigkeit der Herausgabe der Broschüre durch die Landeszentrale. Das Grundrecht aus Art. 4 Abs. 1 und 2 GG bzw. Art. 107 Abs. 1 und 2 BV ist nicht schrankenlos gewährleistet. Auch den dort gewährleisteten Freiheiten sind nach dem Grundsatz der Einheit der Verfassung Grenzen gezogen, die dem Schutz von Grundrechten Dritter oder verfassungsrechtlich herausgehobener Gemeinschaftsgüter dienen (vgl. BVerfG NJW 1989, 3269). Will der Staat jedoch den Grundrechtsträger in der Ausübung seiner Freiheitsrechte einschränken, bedarf er hierzu einer ausreichenden Ermächtigung (vgl. BVerfG NJW 1989, 3269[5]; BVerwG NJW 1991, 1770[6]; NVwZ 1994, 162[7]).

5. Die Bayerische Landeszentrale für politische Bildungsarbeit hat grundsätzlich die Aufgabe und die Befugnis, Schriften herauszugeben, die sich kritisch mit neureligiösen Bewegungen befassen. Dies ergibt sich zum einen daraus, daß die Landeszentrale unmittelbar dem Ministerpräsidenten unterstellt ist und zum anderen aus einem verfassungsrechtlich begründeten Bildungsauftrag, dem die Landeszentrale nachzukommen hat.

a) Gemäß § 1 Abs. 1 Satz 2 Verordnung über die Bayerische Landeszentrale für politische Bildungsarbeit untersteht die Landeszentrale der Aufsicht des Ministerpräsidenten. Sie ist gemäß § 1 Satz 2 Nr. 16 der Verordnung über die Geschäftsverteilung der Bayerischen Staatsregierung (StRGVV) in der Fassung der Bekanntmachung vom 1. 12. 1993 (GVBl. S. 874), geändert durch Verordnung vom 7. 11. 1994 (GVBl. S. 986), der Staatskanzlei zugeordnet. Diese hat nach Art. 52 Satz 1 BV und § 1 Satz 1 StRGVV den Ministerpräsidenten und die Staatsregierung in ihren verfassungsmäßigen Aufgaben zu unterstützen. Die Staatsregierung ist nach Art. 43 Abs. 1 BV die oberste leitende und vollziehende Behörde des Staates. Der Ministerpräsident leitet nach Art. 47 Abs. 1 BV die Geschäfte der Staatsregierung und bestimmt gemäß Art. 47 Abs. 2 BV die Richtlinien der Politik. Diese staatsleitende Funktion der Staatsregierung und insbesondere des Ministerpräsidenten umfaßt den Auftrag aus Art. 99 Satz 1 BV, die Einwohner des Staates zu schützen und für ihr geistiges und leibliches Wohl Sorge zu tragen. Dieser Auftrag enthält auch die Verpflichtung zur Beobachtung, Vorsorge und Lenkung in besonderen gesellschaftlichen Teilbereichen. Die Staatsregierung ist ferner, nicht anders als die Bundesregierung (vgl. BVerfGE 44, 125/147), befugt und gehalten, diese Tätigkeit gegenüber dem Parlament und der Öffentlichkeit zu ver-

---

[5] KirchE 27, 211.   [6] KirchE 29, 59.   [7] KirchE 31, 145.

treten. Daraus folgt aber auch die Befugnis der Staatsregierung bzw. des Ministerpräsidenten, in den Grenzen einer ordnungsgemäßen Wahrnehmung der verfassungsrechtlich eingeräumten Kompetenzen gegenüber der Öffentlichkeit Stellung zu nehmen sowie Empfehlungen und Warnungen auszusprechen. Dafür bedarf es keiner weiteren gesetzlichen Grundlage, die sich ohnehin in einer einfachgesetzlichen Ausformung des Verhältnismäßigkeitsprinzips erschöpfen müßte, da eine detailliertere gesetzliche Regelung praktisch kaum möglich sein dürfte (vgl. BVerfG NJW 1989, 3269).

Kritische Äußerungen der Staatsregierung über neureligiöse Bewegungen sind in diesem Zusammenhang grundsätzlich nicht erst dann zulässig, wenn eine Gefahrenlage oder zumindest ein Gefahrverdacht besteht, sondern auch, wenn und soweit Lehren einer neureligiösen Bewegung der Wertordnung des Grundgesetzes widersprechen (vgl. BVerwG NVwZ 1994, 162). Ist somit, bei Vorliegen eines hinreichenden Anlasses und unter Beachtung des Grundsatzes der Verhältnismäßigkeit, die Staatsregierung befugt, sich kritisch mit neureligiösen Bewegungen zu befassen, so kann sie sich hierzu auch der dem Ministerpräsidenten unmittelbar unterstellten Landeszentrale in der Form bedienen, daß diese Informationsmaterial über derartige Bewegungen herausgibt. Die Anbindung der Landeszentrale an die Staatskanzlei ist mit dem Ressortprinzip in Art. 53 Satz 3 BV vereinbar, da eine gesamtgouvernementale Verantwortung gegeben ist und so eine einseitig ressortpolitische Einfärbung der Tätigkeit und Ausstrahlung vermieden werden kann (vgl. Kruis, Die Verwaltung 1987, 163 [165]).

b) Nach § 2 Abs. 1 Verordnung über die Bayerische Landeszentrale für politische Bildungsarbeit hat die Landeszentrale die Aufgabe, auf überparteilicher Grundlage das Gedankengut der freiheitlich-demokratischen Staatsordnung im Bewußtsein der Bevölkerung zu fördern und zu festigen. Diese Aufgabe findet ihre unmittelbare Grundlage in der Verfassung. Im schulischen Bereich bestimmt Art. 131 Abs. 3 BV u. a. das Erziehungsziel, die Schüler im Geiste der Demokratie zu erziehen. Gemäß Art. 139 BV ist die Erwachsenenbildung durch Volkshochschulen und sonstige mit öffentlichen Mitteln unterstützte Einrichtungen zu fördern. Der Begriff und die Aufgaben der Erwachsenenbildung werden in Art. 1 Gesetz zur Förderung der Erwachsenenbildung vom 24. 7. 1974 (GVBl. S. 368) näher und verfassungskonform definiert. Danach erstreckt sich das Bildungsangebot auch auf politische Bereiche. Die Erwachsenenbildung verfolgt das Ziel, zur Selbstverantwortung und Selbstbestimmung des Menschen beizutragen. Dieser, von der Verfassung umfassend vorgegebenen Aufgabe der politischen Bildung kommt der Antragsgegner u. a. durch die Tätigkeit der Landeszentrale nach. Diese Aufgabe, die nicht wertfrei, sondern im Sinne verfassungsrechtlich vorgegebener positiver Bildungsziele zu verstehen ist, berechtigt die Landeszentrale, auf aktuelle gesellschaftliche

Strömungen kritisch einzugehen und kontrovers diskutierte Themen aufzugreifen. Dies schließt gleichzeitig auch die Befugnis ein, Schriften zu diesen Themen herauszugeben und sie vor allem den im Bildungsbereich Tätigen zur Verfügung zu stellen. Es ist offenkundig, daß die Tätigkeit der neureligiösen Bewegungen bedeutsame gesellschaftspolitische Bezüge aufweist und Probleme mit sich bringt.

6. Auch wenn somit die Landeszentrale befugt ist, Schriften herauszugeben, die sich kritisch mit neureligiösen Bewegungen befassen, ist sie in dieser Tätigkeit nicht frei von rechtlichen, insbesondere verfassungsrechtlichen Bindungen.

a) Ungeachtet dessen, daß sich die Landeszentrale vorliegend freier Autoren bedient hat, bleibt die Herausgabe der strittigen Schrift staatliches Handeln. Die Landeszentrale bestimmt die Themen und die Autoren, und kann auf den Inhalt der Beiträge maßgebend Einfluß nehmen. Sie hat sich dabei im Rahmen ihrer Aufgaben und Befugnisse zu halten und die – nachfolgend darzulegenden – Grenzen staatlicher Kritik an religiösen Bewegungen zu beachten. Sie kann sich daher nicht hinter das Recht auf Meinungsfreiheit (Art. 110 Abs. 1 BV) der Autoren zurückziehen, sondern trägt die volle Verantwortung für den Inhalt der Schrift.

b) Ob die Landeszentrale gehalten war, den Antragsgegner vor Herausgabe der hier gegenständlichen Broschüre anzuhören, kann dahinstehen. Auch wenn das Handeln der Landeszentrale im Rahmen der Staatsverwaltung zu sehen wäre, handelte es sich bei der Herausgabe der Broschüre nicht um den Erlaß eines Verwaltungsaktes. Eine vorherige Anhörung war damit gesetzlich nicht vorgeschrieben (vgl. Art. 28 Abs. 1 BayVwVfG). Ob sich aus dem berührten Grundrecht in Verbindung mit dem Rechtsstaatsprinzip ein Anspruch des Antragstellers auf vorherige Anhörung ergab, kann offenbleiben. Es läge dann allenfalls ein, durch die Entwicklung überholter und jedenfalls heilbarer, formeller Rechtsfehler vor. Der Antragsteller verlangt, daß der Antragsgegner kritische Äußerungen über ihn generell unterläßt oder aber zumindest von einzelnen Aussagen abrückt. Dies kann er nur auf der Grundlage einer materiellrechtlichen Beanstandung erreichen (vgl. BVerwGE 82, 76 [96][8]; NJW 1991, 1770).

Wenn der Staat – wie hier – zur öffentlichen Darstellung der Lehre einer Religionsgemeinschaft berechtigt ist, so folgt daraus ohne weiteres, daß er hierzu jedenfalls des Einverständnisses der betroffenen Gemeinschaft nicht bedarf (vgl. BVerwG NVwZ 1994, 162).

c) Als wesentlich hatte die Landeszentrale bei der Herausgabe der Broschüre den Grundsatz der Verhältnismäßigkeit zu beachten, wonach Eingriffe

---

[8] KirchE 27, 145.

in die Freiheitssphäre des Bürgers nur dann und insoweit zulässig sind, als der Schutz öffentlicher Interessen sie erfordert. Sie mußte sich innerhalb der Grenzen der Erforderlichkeit und der Angemessenheit und Zumutbarkeit halten. Das Willkürverbot fordert weiter, daß mitgeteilte Tatsachen zutreffend wiedergegeben werden und Werturteile nicht auf sachfremden Erwägungen beruhen und den sachlich gebotenen Rahmen nicht überschreiten dürfen (Gebot der Zurückhaltung und Sachlichkeit, vgl. BVerfG NJW 1989, 3269 [3270 f.]). Bei Eingriffen in das Grundrecht auf ungestörte Religionsausübung hat der Staat darüber hinaus auch das Gebot weltanschaulicher Neutralität gemäß Art. 142 Abs. 1 i. V. m. Art. 107, 118 Abs. 1 BV zu beachten (vgl. BVerwG NJW 1992, 2496 [2499][9]).

d) Ob eine kritische Wertung der Betätigung einer Religionsgemeinschaft durch staatliche Einrichtungen den Rahmen des sachlich Gebotenen überschreitet, kann nicht allgemein festgelegt werden.

Dies hängt zunächst von der Intensität des Grundrechtseingriffs ab. Die Landeszentrale hat in ihrem Begleitschreiben zur Broschüre darauf hingewiesen, daß die Publikation keine regierungsamtliche Stellungnahme, sondern Darstellungen der Autoren wiedergebe. Damit kann sie sich zwar – wie dargelegt – der rechtlichen Verantwortung für den Inhalt der Publikation nicht entziehen; jedoch wird das Gewicht der Veröffentlichung durch diese Einschränkung relativiert. Der Staat macht sich damit die Äußerungen der Autoren jedenfalls nicht endgültig zu eigen. Die Schrift bedeutet mehr einen Anstoß zur Diskussion. Die Landeszentrale begab sich damit auf eine Ebene, auf der es dem Antragsteller möglich ist, durch eigene Veröffentlichungen dem gezeichneten negativen Erscheinungsbild entgegenzuwirken. Die Publikation ist auch nicht zur Verteilung an die Schüler bestimmt, sondern soll insbesondere Lehrern zugänglich gemacht werden. Sie beansprucht weder die volle Autorität des Staates, noch ist die Verwendung der Broschüre (und nur dieser) im Unterricht verbindlich. Die Schrift stellt eine Handreichung für einen Adressatenkreis dar, der keinesfalls gehindert ist, auch auf andere Quellen zurückzugreifen, und von dem eine solche weitere Befassung erwartet werden kann. Da sich die Broschüre nicht an Fachwissenschaftler, sondern an einen breiten Adressatenkreis wendet, konnten auch plakative Formulierungen verwendet werden (vgl. VGH Baden-Württemberg v. 22. 6. 1992[10] – Az. 1 S 182/91 – S. 25 der Ausf.). Vorliegend ist schließlich zu berücksichtigen, daß das „Universelle Leben" die öffentliche Auseinandersetzung in zum Teil sehr aggressiver Wortwahl führt (vgl. BayVGH NVwZ 1994, 787 [793]) und damit den Stil der Diskussion mitgeprägt hat. Soll das Ziel der Publikation der

---

[9] KirchE 30, 151.   [10] KirchE 30, 270.

Landeszentrale, dem Werben des „Universellen Lebens" entgegenzuwirken, erreicht werden, überschreiten unter diesen Umständen auch zugespitzte Formulierungen nicht den Rahmen des Sachlichen.

7. Der Antragsteller nennt zahlreiche Textpassagen, durch die nach seiner Ansicht das „Universellen Leben" in seinen Rechten verletzt wird. Inwieweit dies die gestellten Anträge rechtfertigt, hängt von der Häufung und der Schwere der einzelnen Äußerungen ab. Diese sind jeweils im Satzzusammenhang, aber auch in Bezug auf den Text, in den die einzelnen Sätze eingefügt sind, zu sehen. Die vom Antragsteller gerügten Textpassagen sind jedenfalls im Eilverfahren überwiegend nicht zu beanstanden. Im einzelnen ist hierzu folgendes auszuführen:

a) „Überdies verfolgt das ‚Heimholungswerk/Universelles Leben' in aggressiver Weise ökonomische und politische Interessen" (S. 34).

Bei dieser Aussage handelt es sich um eine zulässige Wertung, die auf einer ausreichenden tatsächlichen Grundlage beruht. Der Antragsteller beruft sich ausdrücklich auf die Stellungnahme des Bayer. Staatsministers für Unterricht, Kultus, Wissenschaft und Kunst gegenüber dem Bayer. Landtag vom 30. 1. 1995. Darin ist ausgeführt, mit dem „Universellen Leben" stünden zwischen 100 bis 200 Betriebe in den unterschiedlichsten Wirtschaftszweigen in Verbindung. Mit dem „Universellen Leben" steht auch eine Gruppierung in Verbindung, die sich mit einer Liste an der Gemeinderatswahl in H. beteiligte. Die von Anhängern des „Universellen Lebens" herausgegebene Zeitschrift „Christusstaat" beschäftigt sich im Extrablatt Nr. 14 unter der Schlagzeile „Herr Waigel, bitte sparen! Aber am rechten Ort!" in äußerst kritischer Weise mit den finanziellen Leistungen des Staates an die „Großkirchen". Am Ende des Blattes heißt es: „Bald sind Wahlen. Wählen Sie gut; wir wählen nicht schwarz, sondern weiß."

b) „Die Gruppe ist streng hierarchisch gegliedert und schottet sich systematisch von der Außenwelt ab. Vorliegende interne Papiere lassen die Schlußfolgerung zu, daß das ‚Heimholungswerk/Universelles Leben' stark totalitäre Züge trägt" (S. 34).

Zu Unrecht greift der Antragsteller diese Äußerungen mit dem Argument an, daß die Gemeindeordnung „Der Hirte und seine Herde" lediglich für knapp 800 der Angehörigen des „Universellen Lebens", nämlich die Mitglieder der „Bundgemeinde Neues Jerusalem" maßgebend sei. Es gehe nicht an, aus einer „straffen" Organisation der Bundgemeinde Bewertungen bezüglich der Gesamtgemeinschaft abzuleiten.

In der Präambel der Gemeindeordnung (S. 14) ist ausgeführt: „Aus der Gemeinde Jerusalem wächst der Christusstaat, das Friedensreich Jesu Christi mit seinen vielen Gemeinden in vielen Orten und Ländern dieser Erde". Auf S. 27 der Gemeindeordnung heißt es: „Wer sich nicht in das Gemeindeleben einordnen möchte, der soll dort bleiben, wo er bisher gelebt hat, und die Gesetze der Gemeinde, die ihm ausgehändigt werden sollen, lesen und verwirklichen. Ihm ist es nach dem Gesetz erlaubt, von außerhalb die Schulung der Gemeinde zu besuchen, bis er sich gereinigt hat und die Gesetze des Lebens anerkennt und verwirklicht". Schließlich ist auf S. 95 ausgeführt: „Die Gemeindeordnung für den Kern des gesamten Friedensreiches, für Jerusalem auf dieser Erde und für alle Gemeinden gilt für die gegenwärtigen und zukünftigen Menschen, also für alle jene, die sich um die Einhaltung der Gesetze Gottes bemühen". Diese drei Zitate zeigen exemplarisch den umfassenden Geltungsanspruch, den die Gemeindeordnung für alle Anhänger der Gemeinschaft erhebt. Die Mitgliedschaft in der Bundgemeinde ist demnach nicht vergleichbar mit der Zugehörigkeit zu einer religiösen Ordensgemeinschaft etwa innerhalb der katholischen Kirche. Sie ist vielmehr anzustrebendes Ziel für alle Anhänger des „Universellen Lebens". Deshalb kann die Gemeindeordnung auch als verbindlicher Maßstab für die innere Ordnung der gesamten Glaubensgemeinschaft herangezogen werden.

Die Vorwürfe in dem beanstandeten Zitat beruhen auf Tatsachen und halten sich im Rahmen des sachlich Gebotenen. Das „Universelle Leben" ist streng hierarchisch gegliedert (S. 83 der Gemeindeordnung). Die Gemeindeordnung kennt Glieder der Gemeinde, Älteste für verschiedene Aufgabenbereiche und schließlich Engel, deren „Seele weitgehend zum Gesetz geworden ist" und die die Ältesten zur Absolutheit führen. Im Abschnitt „Eigene Energiequellen" (S. 79) zeigen sich ausgeprägte Autarkiebestrebungen. Auf Seite 75 wird von den Gemeindemitgliedern verlangt, die Gründe zeitweiser Abwesenheit offenzulegen. Bereits diese beiden Beispiele lassen die Aussage als gerechtfertigt erscheinen, die Gemeinschaft schotte sich systematisch von der Außenwelt ab. Die Aussage, daß „Universelle Leben" trage stark totalitäre Züge, läßt sich nicht ohne Rückgriff auf die Definition der totalitären Neureligionen auf Seiten 229 f. der Schrift der Landeszentrale werten. Danach erfüllt das „Universelle Leben" die Merkmale einer Neureligion, da es sich als Neuformulierung einer bestehenden Weltreligion (Urchristen) versteht, als religiöse Neuentwicklung betrachtet und leugnet, „Religion" zu sein. Das „Universelle Leben" weist auch die Merkmale einer totalitären Neureligion auf, da es über eine Heilslehre verfügt, eine strenge Hierarchie besitzt, massive Feindbilder aufbaut (Gleichsetzung der Kritik am Universellen Leben mit der Judenverfolgung), in der Gruppe eine Kommunikationskontrolle ausgeübt wird und die Gruppe schließlich auffallend merkantile Züge zeigt. Weder die Definition der totalitären Neureligion noch die Unterordnung des „Universellen Lebens" unter diesen Begriff gehen über den Rahmen einer sachlich gerechtfertigten kritischen Auseinandersetzung hinaus.

c) „Der Grad der Unwahrscheinlichkeit und Absurdität läßt lediglich Schlüsse auf den immensen Grad kritiklosen Führerkultus zu" (S. 35). Diese Aussage, die ersichtlich auch auf die „Prophetin" des „Universellen Lebens" bezogen ist, stellt eine polemische Wertung dar, die bei aller zulässiger Kritik den Rahmen des Sachlichen überschreitet und demzufolge zu beanstanden ist.

d) „Sobald Du aber Meinungen hast ..., ein Satz, in dem sich der totalitäre Anspruch des ‚Heimholungswerks/Universelles Leben' und seiner selbsternannten Prophetin Gabriele W. dokumentiert" (S. 40). „Die Namensgeschichte des ‚Heimholungswerks/Universelles Leben' reflektiert den dynamischen Charakter dieser Bewegung. Die Ansprüche bzw. Anmaßungen des ‚Heimholungswerks/Universelles Leben' haben sich im Laufe der Jahre stetig gesteigert. Von der kleinen ‚urchristlichen' Gemeinschaft entwickelte sich die Gruppe zu einem esoterisch ökonomischen Glaubenskonzern mit totalitärem Anspruch, der sich ‚universell' für das Leben seiner Mitglieder zuständig erklärt" (S. 40).

Die Broschüre der Landeszentrale zitiert eine Schrift des „Universellen Lebens", in der ausgeführt ist: „Er (der Geist Gottes) wird immer wieder Werkzeuge erwecken, deren Seelen für das Wort des Geistes vorbereitet wurden, um der Menschheit Aufklärung und Führung zu bringen" und kommentiert dies mit der Bemerkung: „Deutlicher läßt sich der totalitäre Anspruch des ‚Heimholungswerks/Universelles Leben' nicht dokumentieren" (S. 39).

Der Antragsteller rügt nur einzelne Worte und Wortverbindungen der zitierten Textpassagen. Im Zusammenhang gesehen sind diese jedoch nicht zu beanstanden. Zur Verwendung des Begriffs „totalitär" kann auf die vorstehenden Ausführungen unter II. 7.b) verwiesen werden. Es ist auch (noch) gerechtfertigt, angesichts der wechselnden Bezeichnungen der Gemeinschaft von sich steigernden Anmaßungen zu sprechen, da der Anspruch der Lehre des „Universellen Lebens" nunmehr alle Bereiche menschlichen Lebens „universell" erfaßt. Angesichts der vielfältigen wirtschaftlichen Aktivitäten mittels sog. Christusbetriebe kann auch die Bezeichnung als „Glaubenskonzern" nicht untersagt werden.

e) „Dieser Hang zum Totalitarismus läßt Gruppen wie das ‚Heimholungswerk/Universelles Leben' oder auch ‚Fiat lux' für eine pluralistische Demokratie zu einer Belastung werden" (S. 42).

Auch diese Textpassage ist nicht zu beanstanden. Das Grundgesetz und die Bayerische Verfassung gehen von einem Demokratiebegriff aus, der jedes Glied der Gemeinschaft der Bürger als freien Mitgestalter bei den Gemeinschaftsentscheidungen ansieht. Demokratie fordert die ständige Auseinandersetzung aller an der Gestaltung des sozialen Lebens Beteiligten. Die Tendenz geht hin zur Schonung und zum Ausgleich der Einzelinteressen und zum sozialen Kompromiß. Die Demokratie geht von Mehrheiten aus, die auch wechseln können. So hat auch die Minderheitsmeinung die reelle Chance, zur Geltung zu kommen (vgl. BVerfGE 5, 85 [197 f.]).

Glaubensgemeinschaften, wie das „Universelle Leben", dem seitens der beanstandeten Schrift zu Recht ein „Hang zum Totalitarismus" attestiert werden darf, erheben einen Absolutheitsanspruch in allen geistigen und weltlichen Fragen nach innen und außen. Das Anwachsen von Gruppierungen, die sich derart zum Ausgleich und dem Kompromiß entziehen, kann durchaus als Belastung für die pluralistische Demokratie bezeichnet werden. Bezeichnend ist in diesem Zusammenhang das auf Seite 48 der Broschüre der Landeszentrale wiedergegebene Zitat der Gabriele W.: „Ich bin in meinem Innern geworden, was ich war und in seinen Augen ewig bin: das absolute Gesetz selbst."

f) „Mit dem Christentum hat das ‚Heimholungswerk/Universelles Leben' nichts zu tun, wie die Kirchen immer wieder betonen" (S. 43).

Diese beanstandete Äußerung ist sinnvollerweise so zu interpretieren, daß das „Universelle Leben" mit dem Christentum, wie es von der katholischen und evangelischen Kirche verstanden wird, nichts zu tun hat. Dies ist eine offenkundige Tatsache und die Textpassage deshalb nicht zu beanstanden.

g) Auf S. 43 werden Vertreter der katholischen und der evangelischen Kirche mit folgender Aussage zitiert: „Die Lehre des H. ist abzulehnen, weil ihre Konsequenzen gefährlich sind, besonders hinsichtlich der Sexualität, der Ehe und der Familie".

Die Landeszentrale muß sich dieses Zitat wie eine eigene Äußerung zurechnen lassen. Eine Distanzierung hiervon erfolgt in der Broschüre nicht. Das Zitat ist vielmehr so in dem Beitrag über das „Universelle Leben" eingebunden, daß es sozusagen als mit verteilten Rollen gesprochene eigene Kritik erscheint (vgl. BGH NJW 1976, 1198; OLG München ZuM 1985, 632).

Die Textpassage ist jedoch nicht zu beanstanden. In den beiden Kapiteln „Eheschließung" und „Zeugung und Erziehung des Kindes" der Gemeindeordnung des „Universellen Lebens" wird die Sexualität des Menschen nicht unmittelbar angesprochen. Das ideale Paar wird dargestellt als Mann und Frau, die sich in selbstloser Liebe und Zuneigung zugetan sind und in selbstloser Liebe zum anderen Kinder zeugen und gebären. Wer einsam ist und nicht geliebt wird, hat gegen das Gesetz der Liebe verstoßen. Er wird allein leben oder sich mit Menschen verbinden, die ebenfalls nicht liebesfähig sind. Solche Menschen sind sodann aneinander gebunden durch weltliche Wünsche, Ideen und Körperbezogenheit. Die dem Menschen eigene Sexualität wird somit nicht als positiv angesehen, sondern die Körperbezogenheit als wesentliches und negatives Merkmal der Verbindung nicht wirklich liebesfähiger Partner. Ehe und freie Partnerschaft werden innerhalb der Gemeinschaft gleichgestellt. Sie werden ohne Zeremoniell geschlossen. Verletzt einer der Partner den anderen, weil keine Übereinstimmung im Denken und Leben beider mehr vorhanden ist und keine Brücke mehr geschlagen werden kann, und kommen sie beide überein, die geschwisterlichen Bande zu halten, dann können sie beide eine neue Ehe oder Partnerschaft eingehen. Eine dritte Ehe oder Partnerschaft ist nur zulässig, wenn die Verbindung nicht mehr körperbezogen ist (Der Hirte und seine Herde, S. 35 f.).

Die Angehörigen des „Universellen Lebens" leben in Wohngemeinschaften zusammen. Ihr Leben ist ein offenes Buch, in das jedermann hineinblicken kann (Der Hirte und seine Herde, S. 76). Diejenigen, die Kinder gezeugt haben, werden ihre Kinder nicht vernachlässigen, sondern sie einem Vater-Mutter-Haus anvertrauen, in welchem sie in rechter Weise nach den Gesetzen der selbstlosen Liebe erzogen werden. Wer sich und seine Kinder Gott anvertraut, wird sich nicht an sein Kind binden und es nicht als sein Eigentum betrachten (Der Hirte und seine Herde, S. 39/40). Die Lehre des „Universellen Lebens" ist damit nach ihren eigenen Aussagen angelegt auf eine Entprivatisierung des Lebens; die Ehe wird ersetzt durch eine rechtlich unverbindliche Partnerschaft und die Kinder werden gemeinschaftseigenen Erziehungsrichtungen anvertraut. Die Familie ist nicht existent und wird in der Gemeindeordnung nicht angesprochen. Diese Lehre steht im Widerspruch zur Wertordnung des Grundgesetzes und der Bayerischen Verfassung (Art. 6 Abs. 1 und 2 GG, Art. 124 Abs. 1 und 126 Abs. 1 Satz 1 BV). Es hält sich demnach im Rahmen sachlicher Wertung, die Konsequenzen der Lehre des „Universellen Lebens" im Hinblick auf ihre möglichen sozialen und psychischen Folgen als gefährlich hinsichtlich der Sexualität, der Ehe und der Familie zu bezeichnen.

h) „Der Gott des H., und das gilt im Großen und Ganzen für den gesamten Bereich der Neuoffenbarungen, ist ein ins Überdimensionale gesteigerter, mit absoluter Berechenbarkeit Recht einhaltender Reichskammergerichtspräsident" (S. 45). Es handelt sich hier um die Wiedergabe eines Teils eines Zitats von Pfarrer H. Sieht man das Zitat im Zusammenhang, so wird dort ein auch bei Anhängern der christlichen Kirchen weit verbreitetes Gottesbild gezeichnet, das grundsätzlich nicht herabsetzend ist. Die Verwendung des Wortes „Reichskammergerichtspräsident" ist zwar plakativ, aber als Schlagwort durchaus angemessen, um dieses Gottesbild zu charakterisieren. Die beanstandete Äußerung kann deshalb nicht untersagt werden.

i) „Der Gedanke, daß ein einsichtig gewordener Jesus Christus 2000 Jahre nach seinem Kreuzestod zu der Erkenntnis kommt, sein Leiden und Sterben sei sinnlos gewesen, ist von einer derartigen Absurdität, daß sich ein Kommentar erübrigt" (S. 48).

Diese Aussage des „Universellen Lebens" mag in der Tat befremden, jedoch geht die Bezeichnung als „Absurdität" über das hinaus, was in einer vom Staat herausgegebenen Schrift über eine religiöse Bewegung noch als sachliche Wertung angesehen werden kann.

j) „Zum zweiten wird ausdrücklich darauf hingewiesen, daß die Gemeindeordnung nicht von der Einhaltung der weltlichen Gesetze entbindet – ein wichtiger formaljuristischer Zusatz, der dazu dienen soll, die Organisation vor den Folgen des Handelns einzelner Mitglieder zu schützen" (S. 49). Diese Textpassage ist zu beanstanden, da zwischen den Zeilen der Eindruck erweckt wird, die Lehre des „Universellen Lebens" veranlasse die Anhänger zum Verstoß gegen weltliche Gesetze, die Glaubensgemeinschaft akzeptiere dies und versuche sich lediglich formal abzusichern. Es ist zwar davon auszugehen, daß die Lehre des „Universellen Lebens" teilweise mit der Wertordnung des Grundgesetzes nicht in Einklang steht. Jedoch ist nicht ersichtlich, daß die Ausrichtung der Lebensführung nach der Lehre des „Universellen Lebens" nur durch Verstoß gegen weltliche Gesetze möglich wäre.

k) „In der Praxis ist es jedoch so, daß die tiefgläubigen Menschen in der Regel an die Heilung durch die Methode des ‚Universellen Lebens' glauben und vielfach auf ärztliche Hilfe verzichten" (S. 50).

Diese Textpassage kann nicht beanstandet werden. Ihre Aussagekraft ist durch die Verwendung der Worte „tiefgläubige", „in der Regel" und „vielfach" eingeschränkt und trägt damit dem Umstand Rechnung, daß es den Anhängern des „Universellen Lebens" weder untersagt ist, ärztliche Hilfe in Anspruch zu nehmen, noch daß diese von den Anhängern stets abgelehnt wird. Die grundsätzlich ablehnende Haltung des „Universellen Lebens" zur Schulmedizin kommt aber in dem Kapitel „Glaubensheilung" (Der Hirte und seine Herde, S. 50/51) deutlich zum Ausdruck. Auch führt die Schrift „Mit Gott lebt sich's leichter" auf Seite 56 aus: „Die Methode, einer körperlichen Disharmonie mit Medikamenten zu begegnen, ist letztlich unwirksam".

l) „Deutlicher kann der umfassende Anspruch auf sämtliche Vermögenswerte ihrer Mitglieder kaum formuliert werden" (S. 51).

Diese Textpassage ist nicht zu beanstanden. Sie bezieht sich auf folgende wörtliche Zitate aus der Gemeindeordnung des „Universellen Lebens" und findet dort ihre sachliche Grundlage: „Für das Gemeindeleben ist es nicht gut, wenn ein Glied der Gemeinde größeres finanzielles Einkommen aus der Welt hat, das er nach seinem Ermessen oder einzig für sich verwendet ... Ein Glied der Gemeinde wird sich an seinem noch vorhandenen Vermögen nicht bereichern. Er wird dieses dem Gemeinwohl zur Verfügung stellen, eventuell für soziale Zwecke wie Kliniken, Altenheime, Schulen, Vater-Mutter-Häuser usw.".

m) „Was hier beschrieben wird, ist in der Konsequenz ein System totaler gegenseitiger Kontrolle, Überwachung und Bespitzelung, das der Organisation jederzeit die Möglichkeit gibt, alles über jedes einzelne Mitglied zu wissen". „Die vorliegende Gemeindeordnung ist ein Instrument totalitären Machtanspruchs" (S. 52).

Diese Wertungen sind zulässig. Sie finden ihre sachliche Grundlage, wie vorstehend unter II. 7.b) und g) dargestellt, in den Aussagen der Gemeindeordnung selbst.

n) „Nach den heute vorliegenden Schriften zu urteilen, muß man dem ‚Universellen Leben' Rassismus und dabei insbesondere Antisemitismus vorwerfen". „Es existieren bereits Anzeichen für eine Kooperation zwischen dem ‚Universellen Leben' und rechtsextremen Organisationen" (S. 52).

Diese Textpassagen sind zu beanstanden. Der Vorwurf des Antisemitismus gründet sich auf (lediglich) einen Zeitschriftenartikel, von dem sich der Verfasser und das „Universelle Leben" später distanziert haben. In der bereits genannten ministeriellen Stellungnahme gegenüber dem Bayer. Landtag vom 30. 1. 1995 ist ausdrücklich festgestellt, daß für eine Verbindung der Glaubensgemeinschaft zu rechtsextremen Organisationen keine Anzeichen bestünden.

o) „Eine Aussteigerin berichtet, daß die Mitarbeiter dieser Betriebe mit einem Hungerlohn abgespeist würden" (S. 55). Diese Aussage ist zwar zugespitzt, aber noch vertretbar. Die Gemeindeordnung des „Universellen Lebens" geht durchgehend davon aus, daß die Gemeindemitglieder uneigennützig leben und kein Vermögen anhäufen sollen. Für alle Bedürfnisse des Lebens sorgt die Gemeinschaft, wobei die Lebensführung auf Bescheidenheit und Mäßigung angelegt ist. Für die Außenstehenden erscheint das, was einem Mitarbeiter der Christusbetriebe letztlich für seine Arbeit zur freien Verfügung bleibt, in der Tat damit als „Hungerlohn". Der Antragsteller muß sich auch anlasten lassen, daß er offensichtlich bestrebt ist, über die Höhe der Entlohnungen in den „Christusbetrieben" möglichst nichts an die Öffentlichkeit dringen zu lassen. Möglichkeiten zu entsprechender Darlegung wurden auch im vorliegenden Verfahren nicht genutzt.

p) Die strittige Broschüre zitiert auf S. 56 zwei Bestimmungen aus einem Gesellschaftsvertrag und führt weiter aus: „Diese beiden knappen Absätze im Gesellschaftsvertrag bedeuten nichts anderes, als daß die Aufteilung sämtlicher Gelder, die durch die Christusbetriebe und die anderen angegliederten Wirtschaftseinheiten erwirtschaftet werden, in das Privateigentum zweier Männer übergehen" (S. 56). Diese Aussage ist so nicht (mehr) haltbar. Zwar ließ der zitierte Gesellschaftsvertrag diese Aussage grundsätzlich zu. Der Antragsteller hat aber durch Vorlage einer eidesstattlichen Versicherung und einer Erklärung des beurkundenden Notars (...) glaubhaft gemacht, daß zum Zeitpunkt des Erscheinens der Broschüre der Landeszentrale die Gesellschafteranteile auf einen Verein der Mitarbeiter in Christusbetrieben e. V. übergegangen waren.

q) „Wie sehr all diese Geschäfte bereits in den Bereich der organisierten Wirtschaftskriminalität hineinreichen können, zeigt der Fall des führenden

Sektenmitglieds Richard S., dem von der Staatsanwaltschaft vorgeworfen wurde, rund 50 000 Anleger um insgesamt rund 612 Millionen DM geprellt zu haben" (S. 56).

Diese Passage ist zu beanstanden. Sie unterstellt, daß die Geschäfte des „Universellen Lebens" selbst in der Nähe zur Wirtschaftskriminalität stehen. Hierfür bietet auch der eine zitierte Fall, daß ein der Wirtschaftskriminalität Verdächtiger Teilhaber an verschiedenen „Christusbetrieben" war, keine hinreichende Grundlage. Es ist nicht ersichtlich, daß die betreffenden „Christusbetriebe" selbst in kriminelle Machenschaften verwickelt gewesen wären.

r) „Betrachtet man die vorliegenden Materialien des ,Heimholungswerks/ Universelles Leben' in ihrer Gesamtheit, so drängt sich die Schlußfolgerung auf, daß es beim ,Universellen Leben', ähnlich wie bei der S.− und der früheren B.-Bewegung, zunehmend um die wirtschaftlichen Interessen der Führungsspitze denn um das Seelenheil der Mitglieder geht". „− Manchester Kapitalismus im religiösen Gewand" (S. 58).

Auch diese Aussagen sind zu beanstanden. Zwar werden die Anhänger des „Universellen Lebens" zu Bedürfnislosigkeit und Vermögenslosigkeit angehalten, während die mit der Glaubensgemeinschaft in Verbindung stehenden Betriebe umfangreiche wirtschaftliche Aktivitäten entwickeln. Daraus aber den Schluß zu ziehen, es handle sich beim „Universellen Leben" in Wirklichkeit um ein Ausbeutungssystem, dem die Religion gleichsam nur als Tarnmantel dient, ist nach dem Erkenntnisstand, den die Broschüre vermittelt, nicht gerechtfertigt. Eine staatliche Einrichtung, wie die Landeszentrale, kann diesen rechtlich äußerst gravierenden Vorwurf, der u. U. sogar steuer-, straf- und arbeitsrechtliche Konsequenzen herausfordert, nur erheben, wenn hierfür stichhaltige Belege vorliegen. Dies ist aber − soweit es im Eilverfahren nach § 123 VwGO beurteilt werden kann − nicht der Fall.

s) „Seit einigen Jahren ist festzustellen, daß das ,Universelle Leben' zunehmend versucht, ganze Kommunen zu unterwandern, um auf diese Weise seine Einflußsphäre, gezielt im unterfränkischen Raum, auszuweiten" (S. 58).

Diese Aussage ist zwar zugespitzt, kann aber, da auf einer sachlichen Grundlage beruhend, der Landeszentrale nicht untersagt werden. Die Broschüre führt die Beispiele der Gemeinden H. und M. an, in denen das „Universelle Leben" umfangreiche Aktivitäten entwickelte. Es ist, in Verbindung mit den Abschottungs- und Autarkiebestrebungen der Gemeinschaft, unverkennbar, daß die Tendenz besteht, innerhalb bestehender Gemeinden eigene Gemeinwesen zu etablieren und auszuweiten.

t) „Kritiker des ,Universellen Lebens' werden terrorisiert und schikaniert, um ihren Widerstand zu brechen" (S. 58). Auch diese Textpassage bleibt unbeanstandet. Die Broschüre führt hier das willkürliche Verklagen mißliebiger Personen, das Fotografieren von Kritikern und das Besetzen eines Ministerbüros an. Das aggressive Vorgehen des „Universellen Lebens" zeigt sich auch daran, daß Kritiker in der Zeitschrift „Christusstaat" mit Personen gleichgesetzt werden, die während der nationalsozialistischen Diktatur Juden verfolgten und vernichteten.

u) „Kritiker befürchten dort eine Manipulation von Kindern im Sinne der Lehre des ‚Universellen Lebens', genehmigt von deutschen Gerichten" (S. 60). Diese Aussage ist zu beanstanden. Sie bezieht sich auf eine dem „Universellen Leben" zuzuordnende Schule. In der bereits genannten Stellungnahme des Staatsministers gegenüber dem Bayer. Landtag vom 30. 1. 1995 ist ausgeführt, die Schule unterliege der Schulaufsicht, die sehr sorgsam darüber wache, daß der Unterricht den gesetzlichen Vorgaben entsprechend erteilt werde. Auffälligkeiten hätten sich bisher nicht ergeben. Aus dieser amtlichen Stellungnahme ergeben sich keine Befürchtungen der Manipulation. Wenn die Landeszentrale derartige Behauptungen in den Raum stellt, so kann sie das nur, wenn sie die Kritiker und die Art der unzulässigen Manipulation konkret benennt. Ohne eine solche sachliche Grundlage ist die beanstandete Aussage willkürlich.

v) „Aggressive Methoden bei der Kritikerabwehr und eine stark antisemitische Ausrichtung von Inhalten der Organisation weisen das ‚Universelle Leben' zudem als militant rechte Organisation aus" (S. 60).

Auch diese Äußerung ist der Landeszentrale jedenfalls vorläufig zu untersagen. Es läßt sich, wie ausgeführt, weder der Vorwurf des Antisemitismus noch der Verbindung zu Rechtsradikalen belegen. Die negative Aussage ist von sehr starkem Gewicht. Sie dürfte nur getroffen werden, wenn sie eine ausreichende sachliche Grundlage hätte, die sich aber der Broschüre der Landeszentrale nicht entnehmen läßt.

8. Festzuhalten ist somit, daß elf der vom Antragsteller konkret gerügten Textpassagen zu beanstanden sind. Hieraus ergibt sich jedoch kein Anspruch des Antragstellers gegen den Antragsgegner, daß dieser die Schrift „Neureligiöse Bewegungen" mit einem Abschnitt über das „Universelle Leben" nicht weiter verbreitet. Die Schrift hat insgesamt 243 Seiten und befaßt sich mit elf sog. neureligiösen Bewegungen. Darüber hinaus enthält sie umfangreiche allgemeine Ausführungen. Die beanstandeten Textpassagen im Abschnitt über das „Universelle Leben" umfassen zusammen etwa eine halbe Seite. Der Antragsteller hat es grundsätzlich hinzunehmen, daß sich die Schrift mit der Glaubensgemeinschaft des „Universellen Lebens" kritisch auseinandersetzt. Im ganzen – abgesehen von den zu beanstandeten Textpassagen – hält sich der Beitrag über das „Universelle Leben" auch noch im Rahmen des Zulässigen.

Der Antragsteller kann nur das verlangen, was notwendig und ausreichend ist, um eine zu befürchtende Rechtsverletzung abzuwenden. Ein völliges Verbreitungsverbot für die Restauflage von 5000 Stück geht darüber hinaus. Andererseits reicht es nicht aus, der Broschüre künftig etwa ein Blatt beizufügen, in dem auf die Unzulässigkeit einzelner Aussagen hingewiesen wird. Denn damit wurde eher ein den Interessen des Antragstellers zuwiderlaufender Zweck erreicht, und der Empfänger erst recht auf die beanstandeten Äußerungen aufmerksam gemacht. Ein angemessener Ausgleich zwischen den öffentlichen Interessen an der Herausgabe der Broschüre und dem Rechtsschutzinteresse des „Universellen Lebens" ist hingegen das Verbot der Verbreitung der beanstandeten Äußerungen. Die Landeszentrale kann diesem Verbot durch Schwärzung der Textpassagen nachkommen. Dies ist technisch möglich und zumutbar, da die Herausgabe der Broschüre nicht termingebunden ist.

Keinen Erfolg hat auch das Begehren des Antragstellers, den Antragsgegner zu verpflichten, die an Behörden und Schulen bereits ausgelieferten Exemplare zurückzurufen, bzw. hilfsweise, den Behörden und Schulen zu untersagen, die Broschüre zu verwenden oder weiterzugeben. Dieses Verlangen geht über das zur Sicherung der Rechte des Antragstellers Notwendige hinaus, nimmt das Ergebnis einer Beseitigungsklage zum Teil voraus und ist insoweit unverhältnismäßig, als die beanstandeten Äußerungen nur einen sehr kleinen Teil des gesamten Inhalts der Broschüre ausmachen, die Kosten einer Rückrufaktion aber erheblich wären. Für den Antragsteller hat der Kampf gegen kritische Äußerungen über das „Universelle Leben" ersichtlich hohe Bedeutung. Betrachtet man jedoch den Umfang der Stoffpläne an Schulen und die Vielzahl von neureligiösen Bewegungen, so ergibt eine realitätsnahe Einschätzung, daß die Ausführungen in der beanstandeten Broschüre über das „Universelle Leben" in der Unterrichtspraxis allenfalls eine sehr untergeordnete Rolle spielen werden. Jedenfalls im Verfahren auf Erlaß einer einstweiligen Anordnung ist dem Antragsteller daher der Verbleib der Broschüre bei Schulen und Behörden zuzumuten.

Das Verfahren auf Erlaß einer einstweiligen Anordnung dient dem vorläufigen Schutz vor unberechtigten Rechtsbeeinträchtigungen. Es hat weder den Zweck, dem Angegriffenen öffentliche Genugtuung zu verschaffen noch das Ziel, Kritiker öffentlichkeitswirksam zu „strafen".

23

Zu erstattende Kirchensteuer darf nicht mit anderen Steuerarten verrechnet werden. Über sie muß ein gesonderter Erstattungsbescheid ergehen.

BFH, Urteil vom 5. April 1995 – I R 81/94[1] –

---

[1] HFR 1995, 626. Nur LS: BB 1995, 1838.

Die Kläger waren Eheleute, die für die Streitjahre 1973, 1975 und 1977 sowie für die Jahre 1978 bis 1982 zusammen zur Einkommensteuer veranlagt wurden. Beide Kläger waren in den genannten Jahren an der inländischen F-GmbH & Co. KG beteiligt, in deren Sonderbetriebsvermögen sie eigene Anteile an der F-GmbH, einer schweizerischen Kapitalgesellschaft mit Sitz und Geschäftsleitung in der Schweiz, hielten. Die F-GmbH war Zwischengesellschaft i. S. der §§ 7 ff. AStG. Das zuständige Finanzamt F. stellte gegenüber den Klägern positive und hinzuzurechnende Zwischeneinkünfte und ausländische Steuern der F-GmbH für deren Wirtschaftsjahre 1978 bis 1981 fest. In 1982 schüttete die F-GmbH ihre thesaurierten Gewinne an die Kläger aus. Die Ausschüttung überstieg die Zwischeneinkünfte 1982. Die Kläger begehrten deshalb bei ihrem Wohnsitz-Finanzamt L. die Erstattung der Einkommensteuer 1973, 1975, 1977 bis 1981, soweit sie in den genannten Jahren auf festgestellte Hinzurechnungsbeträge entfallen war. Das Finanzamt L. erstattete innerhalb des Einkommensteuerbescheides 1982 nur die Einkommensteuer und Kirchensteuer für die Jahre 1978 bis 1981.

Die Klage, die im wesentlichen mit verfassungsrechtlichen Erwägungen begründet wurde, blieb ohne Erfolg. Der BFH weist die Revision der Kläger als unbegründet zurück, äußerte jedoch Bedenken bezüglich des für die Erstattung von Kirchensteuer eingeschlagenen Verfahrens. Hierauf beschränkt sich der nachfolgende Auszug.

Aus den Gründen:

1. Die Klage war zulässig. Sie ist auf die Verpflichtung zum Erlaß eines Verwaltungsaktes i. S. des § 40 Abs. 1 FGO gerichtet.

a) Zwar hat der Senat Bedenken, die verschiedenen vom Finanzamt erlassenen Einkommensteuerbescheide 1982 als Verwaltungsakte zu behandeln, in denen Erstattungsbeträge gem. § 11 Abs. 2 AStG festgesetzt werden bzw. die Festsetzung von Erstattungsbeträgen abgelehnt wird. Die Bedenken ergeben sich aus den Verfügungssätzen zu den einzelnen Bescheiden. Danach werden die Steuern, die Arbeitnehmer-Sparzulagen, der Verspätungszuschlag und die Vorauszahlungen in Höhe der in Abschnitt A ermittelten Beträge unter Berücksichtigung der getroffenen Nebenbestimmungen festgesetzt. Die Verfügungssätze umfassen nicht die Festsetzung von Erstattungsbeträgen gem. § 11 Abs. 2 AStG oder eine entsprechende Ablehnung. Es kommt hinzu, daß ein Erstattungsbetrag gem. § 11 Abs. 2 AStG nur von der festzusetzenden Einkommensteuer abgesetzt wird. Abgesehen davon, daß weder das EStG noch das AStG eine derartige Absetzung vorsehen, kann in dem Absetzen als solchem keine Festsetzung eines Erstattungsbetrages gesehen werden. Trotz der anders lautenden Rechtsbehelfsbelehrung kann das Absetzen des Erstattungsbetrages auch als ein Vorgang der Aufrechnung verstanden werden, der sich wie die Anrechnung von Einkommensteuer, Körperschaftssteuer oder Kapitalsteuer im Erhebungsverfahren vollzieht. Dies gilt um so mehr, als der abgesetzte Erstattungsbetrag sowohl Einkommensteuer als auch ev. Kirchensteuer umfaßt. Beide Erstattungsbeträge sind an sich getrennt festzusetzen. Es muß ein eigenständiger Erstattungsbescheid ergehen. In ihm müssen die zu erstattenden Jahreseinkommensteuern 1978, 1979, 1980 und 1981 gesondert festgesetzt werden. Gegen den Bescheid ist als Rechtsbehelf der Einspruch gegeben (§ 348 Abs. 1 Nr. 1 AO 1977 analog). Wird die Erstattung von Einkommensteuer für einen bestimmten Veranlagungszeitraum abgelehnt, so muß ein entsprechender negativer Erstattungsbescheid ergehen. Die Erstattung von ev. Kirchensteuer muß gesondert festgesetzt werden. Sie darf nicht – wie geschehen – mit der festgesetzten Einkommensteuer verrechnet werden. Gegen die Festsetzung der Erstattung ev. Kirchensteuer ist der Einspruch bei der zuständigen Kirchensteuerbehörde gegeben.

b) Der Senat geht jedoch davon aus, daß zumindest die Einspruchsentscheidung vom 28. 2. 1986 eine Festsetzung der Erstattungsbeträge 1978 bis 1981 gem. § 11 Abs. 2 AStG enthält. *(wird ausgeführt)*

24

Entfernung der sog. Klagemauer vor dem Kölner Dom und Räumung der im Eigentum der Hohen Domkirche stehenden Grundstücke.

Art. 4 Abs. 2, 5 Abs. 1, 8 Abs. 1 GG; §§ 985, 1004 Abs. 1 BGB
OLG Köln, Urteil vom 10. April 1995 – 8 U 62/94[1] –

Die Klägerin ist Eigentümerin des Kölner Doms und der an das Domgrundstück unmittelbar angrenzenden Grundstücke. Im Januar 1991 errichtete der Beklagte im Zusammenhang mit dem Beginn des Golfkriegs vor dem Kölner Dom die sog. Klagemauer. Diese Mauer besteht aus an Schnüren befestigten beschrifteten Papptafeln, die mit Folie überzogen sind.

Der Beklagte und diejenigen, die gemeinsam mit ihm die Klagemauer unterhalten, umschreiben Sinn und Zweck der Klagemauer folgendermaßen:

„*Die Klagemauer ist Teil eines nationalen und internationalen kommunikativen Zusammenhangs, in dem sich kulturelle, soziale und religiöse Bestrebungen zur Geltung bringen und sich aufeinander*

---

[1] NJW 1995, 3319; JMBl. NW 1995, 140; AkKR 164(1995), 221. Das Urteil ist rechtskräftig.

beziehen. Ihren thematischen Schwerpunkt hat sie im Bemühen um Frieden, soziale Gerechtigkeit, Freiheit von Unterdrückung und Gewalt. Form und Ausdruck findet sie in der Begegnung von Menschen aller Länder an der Klagemauer vor dem Kölner Dom und ähnlichen Institutionen in anderen Ländern, auf die sie sich bezieht und für deren Einrichtung und Gestaltung sie zum Teil anregend und beispielgebend wirkt. Die während der kurzen Zeit ihres Bestehens gewachsenen Beziehungen zu Institutionen in anderen Ländern und die weltweite Resonanz belegen, daß die Menschen in aller Welt über Länder und nationale Grenzen hinweg den Wunsch haben, ihre Vorstellungen von einer gerechten, friedlichen und gewaltfreien Welt zur Geltung zu bringen."

Die Klagemauer stand zunächst an der Bahnhofsseite des Doms. Später wurde sie vor den Südturm des Doms gebracht. Dort steht sie seitdem teilweise auf dem Grundbesitz der Klägerin, teilweise auf dem Teil der Domplatte, der sich im Eigentum der Stadt Köln befindet. In einer Nische der Außenwand des Doms schlug der Beklagte ein Zelt auf als Schutzraum für die Wächter der Klagemauer und zur Aufbewahrung von Gegenständen, die für die Klagemauer von Bedeutung sind. Im Sommer 1993 kamen zwei Unterstände aus Holz, Planen und Folien hinzu für zwei weitere Mitglieder der sog. Mahnwache. In dem Zelt und den Unterständen halten der Beklagte und weitere Mitglieder der sog. Mahnwache sich tagsüber auf und übernachten auch dort. Das Landgericht[2] hat der Klage auf Entfernung der Klagemauer, der Zelte und Verschläge, auf Räumung der Grundstücke der Klägerin und Unterlassung einer erneuten Inbesitznahme in vollem Umfange stattgegeben. Die Berufung des Beklagten blieb ohne Erfolg.

Aus den Gründen:

A. Entgegen der Rechtsansicht des Beklagten ist die Klage zulässig.

1. Ohne Erfolg macht der Beklagte geltend, der Rechtsweg vor das Zivilgericht sei nicht eröffnet. *(wird ausgeführt)*

2. Die Klägerin ist als juristische Person rechtsfähig und somit entgegen der Rechtsansicht des Beklagten auch im Prozeß vor einem weltlichen Gericht parteifähig.

Maßgebend für die Frage, ob eine organisatorische Einheit einer Religionsgemeinschaft rechtsfähig ist, ist – zumindest in erster Linie – das Kirchenrecht. Nur das Kirchenrecht selbst kann bestimmen, welche Institutionen Subjekte des Kirchenvermögens sein sollen (vgl. Friesenhahn, in: Friesenhahn/Scheuner (Hrsg.), HdbStKirchR, Bd. 1, S. 567).

Nach Kirchenrecht ist die Hohe Domkirche juristische Person (vgl. Friesenhahn, aaO, S. 567, Fn. 65). Die Rechtspersönlichkeit der Domkirchen wird aus der päpstlichen Bulle „De salute animarum" vom 16. 7. 1821 hergeleitet

---

[2] LG Köln KirchE 32, 193.

(vgl. Rey, Gottfried, Die rechtliche Stellung des Domes, in: Der Kölner Dom – Festschrift des Zentraldombauvereins zur Siebenhundertjahrfeier 1248–1948, 1948, S. 308; Schulte, Die juristische Persönlichkeit der katholischen Kirche, ihrer Institute und Stiftungen, Gießen 1869, S. 91). Mit dieser Bulle wurde die zuvor in der napoleonischen Zeit zu einer bloßen Hauptpfarrkirche degradierte Domkirche zu Köln (vgl. S. 4 der Bulle in: Restitutae Ecclesiae Metropolitanae Coloniensis, Köln, 1853) erneut in den Rang einer Metropolitankirche erhoben. Sie erscheint in der Bulle wie die übrigen Domkirchen als Trägerin von Vermögensrechten mit eigenen Einkünften und Gütern (vgl. den Abschnitt über den Unterhalt der Domkirchen, S. 37 der Bulle, aaO). Von der Zuerkennung eigener Vermögensrechte läßt sich auf die gleichzeitig zuerkannte Rechtsfähigkeit schließen (so Rey, aaO, S. 308; Schulte, aaO, S. 91). Die Rechtsfähigkeit der Hohen Domkirche gilt gemäß cc. 3, 4 CIC fort (vgl. dazu Heimerl/Pree, Handbuch des Vermögensrechts der katholischen Kirche, Regensburg 1993, S. 598, Rdnr. 5/1115). Danach bleibt die Rechtspersönlichkeit von juristischen Personen, die vor Inkrafttreten des CIC entstanden sind, erhalten.

Die Rechtsfähigkeit der Hohen Domkirche besteht über den kirchlichen Bereich hinaus auch für den staatlichen Rechtskreis (vgl. Rey, aaO, S. 308 f.). Soweit in der Literatur teilweise für die Entstehung einer kirchlichen juristischen Person mit Rechtspersönlichkeit auch für den staatlichen Bereich eine staatliche Mitwirkung oder Anerkennung gefordert wird (so Friesenhahn/ Scheuner, aaO, S. 567, 569), kann offen bleiben, ob es einer solchen Mitwirkung oder Anerkennung bedarf. Denn die Rechtsfähigkeit der Klägerin ist staatlich anerkannt. Dies ergibt sich aus der Billigung der Bulle „De salute animarum" durch die königliche Kabinettsordre vom 23. 8. 1821 und ihrer Aufnahme in die Preußische Gesetzessammlung (siehe Schulte, aaO, S. 91). Die damit unter preußischem Recht eingeräumte Rechtsfähigkeit der Hohen Domkirche wurde durch Art. 13 des Reichskonkordats von 1933 aufrechterhalten, in dem es heißt:

„Die katholischen Kirchengemeinden, Kirchengemeindeverbände und Diözesanverbände, die Bischöflichen Stühle, Bistümer und Kapitel, die Orden und religiösen Genossenschaften sowie die unter Verwaltung kirchlicher Organe gestellten Anstalten, Stiftungen und Vermögensstücke der katholischen Kirche behalten bzw. erlangen die Rechtsfähigkeit für den staatlichen Bereich nach den allgemeinen Vorschriften des staatlichen Rechts. Sie bleiben Körperschaften des öffentlichen Rechts, soweit sie solche bisher waren; den anderen können die gleichen Rechte nach Maßgabe des für alle geltenden Gesetzes gewährt werden."

Es ist anerkannt, daß damit bis heute die Rechtsfähigkeit auch der Domkirche gegeben ist (vgl. Heimerl/Pree, aaO, Rdnr. 5/2).

3. Entgegen der Rechtsansicht des Beklagten ist das Metropolitankapitel gesetzlicher Vertreter der juristischen Person Hohe Domkirche und als solcher auch befugt, für diese vor einem weltlichen Gericht zu klagen.

Auch insoweit ist zunächst das Kirchenrecht maßgeblich. Aus Nr. 34 der Wiederherstellungsurkunde des Kölner Metropolitankapitels von 1825 ergibt sich, daß dem Metropolitankapitel die Verwaltung derjenigen Vermögensmasse obliegt, die zur Bestreitung der sachlichen Ausgaben für das Domkirchengebäude bestimmt ist (Diploma quo sanctae Metropolitanae Coloniensis Ecclesiae Capitulum restituitur, in: Restituta Ecclesiae Metropolitanae Coloniensis, 1853, S. 66; Rey, aaO, S. 315). Auf der Diözesansynode von 1954 wurde unter der Geltung des CIC von 1917 durch das Dekret 192 klargestellt, daß die Hohe Domkirche durch das Metropolitankapitel gesetzlich vertreten wird. Diese Regelung gilt unter dem CIC von 1983 fort. Gemäß can. 118 wird eine öffentliche juristische Person nämlich von denjenigen vertreten, denen diese Kompetenz durch allgemeines oder partikulares Recht oder durch die eigenen Statuten zuerkannt wird. Nach can. 1288 dürfen die Verwalter ohne schriftliche Erlaubnis des eigenen Ordinarius einen Prozeß nicht vor einem weltlichen Gericht anhängig machen. Ob diese Einschränkung, die in einem besonderen Abschnitt über die Vermögensverwaltung steht, auch für die gesetzlichen Vertreter gemäß can. 118 gilt (vgl. Heimerl/Pree, S. 98, Rdnr. 1/182, 1/185), kann dahinstehen, weil ein Verstoß gegen can. 1288 gemäß can. 10 die Wirksamkeit der Rechtshandlung im Außenverhältnis jedenfalls nicht berührt.

Auch im Hinblick auf die Vertretungsbefugnis ist eine staatliche Anerkennung erfolgt. Die Wiederherstellungsurkunde des Kölner Metropolitankapitels wurde am 6. 5. 1825 vom zuständigen Minister im besonderen Auftrag des Königs genehmigt (Placitum Regium, in: Restituta Ecclesiae Metropolitanae Coloniensis) und erlangte damit auch für den staatlichen Bereich Geltung. In einem Rechtsstreit des Kölner Domkapitels als Vertreter der Domkirche gegen den hessischen Zentralfiskus im Jahre 1838 brachten der Staat Preußen und das hessische Hofgericht der Provinz Starkenburg zum Ausdruck, daß das Domkapitel zur Vertretung der Hohen Domkirche in dem Rechtsstreit befugt sei (vgl. Rey, aaO, S. 315). Im Jahre 1924 wurde ein Gesetz über die Verwaltung des katholischen Kirchenvermögens verabschiedet. In der Fassung vom 13. 7. 1982 wird darin in § 1 der Kirchenvorstand als Verwalter und Vertreter des Vermögens der Kirchengemeinde bestimmt. Die Dompfarre hat keinen Kirchenvorstand. Seine Aufgaben nimmt das Domkapitel wahr (Rey, aaO, S. 312; vgl. auch § 28 des Gesetzes über die Verwaltung des katholischen Kirchenvermögens).

4. Die Klägerin hat auch ein Rechtsschutzbedürfnis für ihre Klage.

Die außergerichtliche Äußerung des Dompropstes, wonach es der Klägerin nicht um den Kernbestand der Klagemauer, sondern lediglich um die Beseitigung der Zelte und Hütten gehe, steht dem nicht entgegen, nachdem inzwischen durch die übereinstimmende erläuternde Sachdarstellung der Parteien in der Berufungsinstanz feststeht, daß der Kernbestand der Klagemauer gar nicht auf dem Grundstück der Klägerin steht und es ihr im anhängigen Verfahren tatsächlich in erster Linie darum geht, die Aufbauten, Materiallagerungen und Schlafstellen im unmittelbaren Bereich der Domfront zu beseitigen.

Im übrigen hat stets schon derjenige ein Rechtsschutzbedürfnis, der geltend macht, daß ihm selbst ein bestimmter Anspruch zustehe, und diesen angeblichen Anspruch einklagt. Ob er einmal gesagt hat, er wolle diesen Anspruch nicht in vollem Umfang durchsetzen, ist hierfür ohne Belang.

5. Der Klageantrag zu 1. hat entgegen der Auffassung des Beklagten auch einen vollstreckungsfähigen Inhalt. Ein Titel auf Räumung eines Grundstücks ist bereits dann hinreichend bestimmt, wenn zur Identifizierung des Grundstücks die grundbuchmäßige Bezeichnung verwendet wird und sich die genauen Grenzen ermitteln lassen. Davon ist hier auszugehen. Der Gerichtsvollzieher wird im Falle des Notwendigwerdens einer zwangsweisen Räumung unter Zuhilfenahme der einschlägigen im Grundbuch niedergelegten Angaben, auf die der Antrag inhaltlich Bezug nimmt, ohne weiteres in der Lage sein, die im Eigentum der Klägerin stehenden Grundstücksflächen zu ermitteln. Nachdem im übrigen inzwischen feststeht, daß die Klagemauer entgegen der Mutmaßung des Beklagten in der Berufungsbegründung nicht an der Grenze zu städtischem Grundbesitz „durchgeschnitten" werden müßte, sondern daß sich neben den Aufbauten nur ein kleinerer Teil dieser Klagemauer isoliert auf Grundstücksflächen der Klägerin befindet, kann die Vollstreckung auch durchgeführt werden, ohne daß Bereiche der Klagemauer, die nicht Gegenstand dieses Verfahrens sind, in Mitleidenschaft gezogen werden.

B. Die Klage ist auch in vollem Umfang begründet.

Die Klägerin hat gemäß §§ 985 i. V. m. 1004 Abs. 1 BGB einen Anspruch auf Räumung der in ihrem Eigentum stehenden Grundstücke, insbesondere auch auf Entfernung des darauf stehenden Teils der Klagemauer und der Zelte, Hütten usw.

Die Eigentümerrechte der Klägerin werden nicht durch eine Duldungspflicht beeinträchtigt, aufgrund derer der Beklagte berechtigt sein könnte, sich weiterhin auf dem klägerischen Grundstück aufzuhalten.

1. Eine Duldungspflicht besteht nicht unter dem vom Beklagten herangezogenen Gesichtspunkt einer res sacra. Die Widmung einer Sache zur res sacra obliegt nämlich allein der jeweiligen Religionsgemeinschaft. Diese bestimmt auch allein, welche Aktivitäten von einer derartigen Zweckbestimmung umfaßt werden (vgl. Soergel/Mühl, 12. Aufl. 1988, Rdnr. 36 vor § 90; BayObLG in JZ 1981, 190 f.[3]). Innerhalb der Religionsgemeinschaft ist der

---

[3] KirchE 18, 358.

Wille des verfügungsberechtigten Verwalters maßgeblich (vgl. Heimerl/Pree, aaO, S. 595, Rdnr. 5/109). Das ist gemäß can. 1279 § 1 derjenige, der die Rechtsperson, der dieses Vermögen gehört, unmittelbar leitet, hier das Metropolitankapitel. Indem dieses der profanen Nutzung der in Rede stehenden Grundstücksparzellen als Fußgängerbereich nicht widersprochen hat, hat es hierdurch eindeutig zu erkennen gegeben, daß dieser Bereich gerade keine res sacra sein sollte.

2. Auch eine Duldungspflicht der Klägerin unter verfassungsrechtlichen Gesichtspunkten besteht nicht.

Die Freiheit der Religionsausübung gemäß Art. 4 Abs. 2 GG findet wie alle Freiheitsrechte ihre Schranken in den Rechten anderer. Dies ist Art. 2 Abs. 1 GG zu entnehmen, wonach jeder das Recht auf die freie Entfaltung seiner Persönlichkeit hat, soweit er nicht die Rechte anderer verletzt und nicht gegen die verfassungsmäßige Ordnung oder das Sittengesetz verstößt. Zu den Rechten anderer gehören auch die Eigentumsrechte, die durch Art. 14 GG geschützt sind.

Auch das Recht der freien Meinungsäußerung gemäß Art. 5 Abs. 1 GG findet seine Schranken in den Vorschriften der allgemeinen Gesetze, also auch in den Eigentumsschutzvorschriften.

Dies gilt ebenso für das Recht der Versammlungsfreiheit gemäß Art. 8 Abs. 1 GG. Aus diesem Grundrecht kann kein so weitgehender Eingriff in das Eigentumsrecht eines Dritten hergeleitet werden, wie ihn die Klagemauer darstellt, bei der es sich um eine dauerhafte Einrichtung auf fremdem Grund und Boden handelt.

Soweit der Beklagte in der Berufungsverhandlung darauf abgehoben hat, daß der überkommene Eigentumsbegriff in Zeiten sozialen Umbruchs eine Einschränkung der damit verbundenen Rechte in Form verstärkter Pflichten zur Duldung verschiedener Formen des Gemeingebrauchs erfahren müsse, handelt es sich um ein rechtspolitisches Anliegen, dem nicht die Gerichte, sondern allenfalls der Gesetzgeber entsprechen könnte. Fest installierte Einrichtungen wie die sogenannte Klagemauer werden von dem Recht auf Gemeingebrauch nicht gedeckt. Insoweit wird auf die zutreffenden Ausführungen des Landgerichts Bezug genommen. Für die seitens des Beklagten angeregte Ausweitung des Gemeingebrauchs im Wege richterlicher Rechtsfortbildung ist in Anbetracht der klaren Rechtslage kein Raum. Die Frage, ob sich der Beklagte überhaupt auf ein Recht zum Gemeingebrauch berufen kann, weil die Domplatte – wie noch darzulegen sein wird – nicht wirksam dem öffentlichen Verkehr gewidmet ist, kann somit offen bleiben.

3. Die Eigentumsrechte der Klägerin sind auch nicht kraft öffentlichen Rechts in der Weise eingeschränkt, daß die unerlaubte Überschreitung des

Gemeingebrauchs ausschließlich von der zuständigen Straßenbaubehörde geltend gemacht werden könnte. Die Frage, ob eine den Gemeingebrauch überschreitende unerlaubte Sondernutzung eines dem öffentlichen Verkehr gewidmeten Grundstücks auch die Geltendmachung bürgerlich-rechtlicher Abwehransprüche des Eigentümers zuläßt, oder ob es in diesen Fällen allein Aufgabe der Straßenbaubehörde ist, über die Rechtmäßigkeit der Nutzung einer dem öffentlichen Verkehr gewidmeten Straße zu entscheiden, ist in Rechtsprechung und Literatur umstritten und unter der aktuellen gesetzlichen Regelung der Erteilung von Sondernutzungserlaubnissen gemäß §§ 18, 23 StrWG bislang noch nicht höchstrichterlich entschieden worden (zum Meinungsstreit vgl. etwa Soergel/Mühl, 12. Aufl. 1990, Rdnr. 73 zu § 1004; Papier, Recht der öffentlichen Sachen, 2. Aufl. 1984, S. 75 f.).

Einer Entscheidung dieser Frage bedarf es indes im vorliegenden Rechtsstreit nicht. Denn es fehlt an einer förmlichen Widmung der Grundstücksfläche für den öffentlichen Verkehr. Nach dem Straßen- und Wegegesetz NW setzt eine rechtswirksame Widmung die Einhaltung eines förmlichen Verfahrens voraus. Eine öffentliche Straße im straßenrechtlichen Sinn entsteht danach grundsätzlich nur durch förmlichen Widmungsakt, dessen öffentliche Bekanntmachung Wirksamkeitsvoraussetzung ist (§ 6 StrWG; vgl. Fickert, Straßenrecht in NRW, 3. Aufl. 1989, Rdnr. 9 zu § 6; Kodal/Krämer, Straßenrecht, 4. Aufl. 1985, S. 191). Ein derartiger förmlicher Widmungsakt in Gestalt eines bekanntzumachenden Verwaltungsakts ist nach Inkrafttreten der einschlägigen straßenrechtlichen Regelungen im Jahre 1962 nicht erfolgt. Aufgrund der hierzu vom Senat eingeholten amtlichen Auskunft des Tiefbauverwaltungsamts der Stadt Köln steht fest, daß im Anschluß an die umfassende Neugestaltung der Umgebung des Domes (Errichtung der Domplatte) im Jahre 1971 bis heute keine straßenrechtliche Widmung der in Rede stehenden Flurstücke nach dem Straßen- und Wegegesetz NW erfolgt ist.

Die förmliche Widmung als Grundlage etwaiger straßenrechtlicher Sondernutzungsmöglichkeiten ist entgegen der Rechtsansicht des Beklagten auch nicht entbehrlich. Eine Ausnahme von der Notwendigkeit eines förmlichen Widmungsakts ist nur denkbar, wenn alte Wege seit unvordenklicher Zeit dem öffentlichen Verkehr gedient haben oder wenn sie zu einer Zeit gewidmet worden sind, als die Einhaltung der heute vorgeschriebenen Förmlichkeiten noch nicht erforderlich war. Soweit der Beklagte hierzu einen Vertrag aus dem Jahre 1863 vorgelegt hat, mag dieser eine wirksame Widmung enthalten. Nachdem nicht feststeht, ob die heutige Domplatte, soweit sie auf dem Grund und Boden der Klägerin liegt, mit dem in jenem Vertrag beschriebenen Umgang identisch ist, kann aber nicht davon ausgegangen werden, daß eine etwa damals erfolgte Widmung bis heute fortdauert.

Die Darlegungs- und Beweislast hinsichtlich einer wirksamen Widmung als Grundlage einer möglichen Duldungspflicht liegt beim Beklagten. Er muß deshalb den Nachweis dafür erbringen, daß die streitbefangenen Grundstücksflächen vor Inkrafttreten der nordrhein-westfälischen Straßengesetze schon dem öffentlichen Verkehr gewidmet waren. Diesen Nachweis hat er nicht zu führen vermocht. Selbst wenn man aus dem vorgelegten Vertrag aus dem Jahre 1863 auf das Vorliegen einer Widmung kraft unvordenklicher Verjährung schließen könnte, fehlt es am Nachweis der Identität zwischen dem heutigen Weg mit dem früher vorhandenen. Diese Identität ist für die Fortdauer der Widmung erforderlich (vgl. Kodal/Krämer, aaO, S. 108; Fickert, aaO, Rdnrn. 11 ff. zu § 2 StrWG). Nach der von der Klägerin mit der Berufungserwiderung vorgelegten Fotografie, die die Westfassade des Domes vor Durchführung der Umbaumaßnahmen des Jahres 1971 wiedergibt, dürfte gerade der vom Beklagten heute für seine Zwecke genutzte Grundstücksteil der Klägerin damals bepflanzt und mit einer Mauer bzw. einem Geländer umgeben gewesen sein mit der Folge, daß eine Nutzung durch Fußgänger seinerzeit gar nicht möglich und eine zuvor erfolgte entsprechende Widmung jedenfalls zwischenzeitlich gegenstandslos geworden war. Aus der vorgelegten Fotografie ergibt sich im übrigen, daß der in dem Vertrag aus dem Jahre 1863 erwähnte Umgang um den Dom jedenfalls in der dort beschriebenen Form nicht mehr vorhanden war.

4. Der Klägerin obliegt auch nicht deshalb eine Duldungspflicht, weil sie sich ausweislich der Beschreibung im Grundbuch und der geduldeten baulichen Maßnahmen der Stadt Köln auf der Domplatte jedenfalls aufgrund schlüssigen Verhaltens mit der Nutzung ihrer Grundstücksflächen als Fußgängerzone einverstanden erklärt hat. Eine Duldungspflicht in bezug auf die Sondernutzung durch den Beklagten könnte daraus nur hergeleitet werden, wenn ihr Verhalten aus der Sicht eines objektiven Dritten gemäß § 133 BGB ohne weiteres so verstanden werden müßte, daß sie auch mit einer über den Gemeingebrauch und besonders zugelassene Sondernutzungen hinausgehenden Nutzung der vom Beklagten vorgenommenen Art einverstanden sei. Für eine derartige Auslegung bestehen aber keine Anhaltspunkte. Die privatrechtliche Genehmigung der Nutzung als Fußgängerzone umfaßt ersichtlich nur solche Nutzungen, wie sie regelmäßig in der Fußgängerzone vorkommen, also im Wege des Gemeingebrauchs und vielleicht im Wege der erlaubten Sondernutzung, jedoch nicht darüber hinaus. Für jeden objektiven Erklärungsempfänger ist ohne weiteres erkennbar, daß sich die Klägerin möglichst wenigen Beschränkungen unterwerfen wollte und anläßlich der durchgeführten Umbaumaßnahme lediglich bereit war, den in einer Fußgängerzone üblichen Fußgängerverkehr hinzunehmen.

5. Schließlich kann eine Duldungspflicht der Klägerin auch nicht damit begründet werden, daß sie bis zur Klageerhebung fast zwei Jahre lang keine gerichtlichen Schritte gegen die Klagemauer unternommen hat. Unter dem Gesichtspunkt der Verwirkung als Unterfall des widersprüchlichen Verhaltens kann der Eigentumsstörungsanspruch nur dann ausgeschlossen sein, wenn zu dem bloßen Gewährenlassen über längere Zeit hinweg weitere Umstände hinzutreten, die das Vertrauen in eine Einwilligung begründen (vgl. OLG Hamburg, MDR 1969, 576). Derartige Umstände liegen hier nicht vor. Im übrigen kommt die Annahme einer Einwilligung der Klägerin in die Klagemauer auch insofern nicht in Betracht, als diese und die übrigen auf den Grundstücken der Klägerin lagernden Gegenstände nicht während des gesamten Zeitraums die aktuelle Form und das heutige Ausmaß hatten. Anfangs handelte es sich nicht um eine feste Einrichtung. Vielmehr wurden die Papptafeln abends abgehängt und morgens wieder neu aufgehängt. Die Klägerin konnte deshalb zunächst davon ausgehen, daß die Errichtung – zumal im Hinblick auf den aktuellen Anlaß des Golfkriegs – nur vorübergehend erfolgte. Erst später hat der Beklagte dann immer weiter eine fest installierte Einrichtung aufgebaut, und schließlich sogar Zelte und Verschläge aus Holz und Planen errichtet.

6. Sonstige Umstände, die eine Duldungspflicht der Klägerin begründen könnten, sind nicht ersichtlich. Weder die vom Beklagten vorgetragene Bekanntheit der Klagemauer weit über die Grenzen Deutschlands hinaus noch etwaige positive Auswirkungen der dauerhaften Anwesenheit der Mitglieder der „Mahnwache" auf die Kriminalitätsrate im Bereich der Domplatte, wie von dem Beklagten geltend gemacht, sind hierbei rechtlich von Bedeutung.

Die Klägerin braucht deshalb im Ergebnis die Anwesenheit des Beklagten in der dargelegten Weise auf ihrem Grundstück nicht zu dulden mit der Folge, daß ihr Räumungsbegehren in der angefochtenen Entscheidung zu Recht für begründet erachtet worden ist.

Entgegen der Rechtsansicht des Beklagten ist der Tenor der angefochtenen Entscheidung auch nicht deshalb unrichtig geworden, weil der Beklagte Teile der dort genannten Parzellen nicht in Besitz genommen oder zwischenzeitlich nicht mehr in Besitz hat. Die Klägerin hat in der Berufungsverhandlung ausdrücklich klargestellt, daß ihr Klageantrag zu 1., dem das Landgericht in der angefochtenen Entscheidung gefolgt ist, dahin zu verstehen sei, daß er sich nicht auf jede einzelne Parzelle beziehe, sondern auf die unmittelbar vor dem Südturm und der südwestlichen Ecke des Kölner Domes gelegene im Eigentum der Klägerin stehende zusammenhängende Grundstücksfläche, wobei die Benennung der im Klageantrag aufgeführten Parzellen nur der genauen Bezeichnung dieser Grundstücksfläche diene.

Geht man folglich von einer einheitlichen durch die angegebenen Parzellen näher spezifizierten Grundstücksfläche aus, deren Räumung die Klägerin begehrt, spielt es keine Rolle, ob der Beklagte einzelne Teilbereiche dieser als Einheit zu wertenden Grundstücksfläche überhaupt nicht in Besitz genommen oder ob er zwischenzeitlich den Besitz daran aufgegeben hat. Da der Beklagte frei bewegliche, nach und nach beigebrachte Gegenstände, die unschwer örtlich verlagert, mengenmäßig eingeschränkt oder ausgedehnt werden können, aufgebaut hat, ergibt sich durch die örtlich vorgegebene Zusammengehörigkeit der Grundstücksteile eine räumliche Beeinträchtigung der Grundstücksfläche insgesamt, ohne daß es darauf ankommt, ob einzelne Teilbereiche nicht oder nicht mehr betroffen sind. Der Beklagte ist deshalb aufgrund des Beseitigungsanspruchs der Klägerin gemäß §§ 985, 1004 Abs. 1 Satz 1 BGB antragsgemäß verpflichtet, die Störungsquelle, also sämtliche auf die der Klägerin gehörende Grundstücksfläche verbrachten Gegenstände zu entfernen, unabhängig von deren genauer Lokalisierung innerhalb dieser einheitlich zu sehenden Fläche.

Der auf Unterlassung gerichtete Klageantrag zu 2. ist gemäß § 1004 Abs. 1 Satz 2 BGB begründet. Der Senat ist ebenso wie das Landgericht in der angefochtenen Entscheidung der Auffassung, daß die für einen Unterlassungsanspruch als materielle Anspruchsvoraussetzung erforderliche Wiederholungsgefahr gegeben ist. Aufgrund der veröffentlichten Äußerung des Beklagten in dem von der Klägerin in Auszügen zitierten Artikel im Kölner Stadt-Anzeiger, deren richtige Wiedergabe er nicht bestritten hat, ist davon auszugehen, daß der Beklagte nach einer Räumung der Grundstücksflächen dort entsprechende Gegenstände alsbald wieder aufbauen wird. Entsprechende Absichten hat der Beklagte persönlich auch in der Berufungsverhandlung zum Ausdruck gebracht.

Darüber hinaus besteht auch die ernsthafte Besorgnis, daß der Beklagte nach einer Räumung des gegenwärtigen Standortes andere der im Grundbuchblatt des Amtsgerichts Köln aufgeführten Grundstücke der Klägerin, die sich ebenfalls in exponierter Lage befinden, als Standort für seinen Unterstand und die zugehörigen Gegenstände wählen wird. Insoweit ist zu berücksichtigen, daß die Aufbauten des Beklagten schon einmal an einer anderen Stelle vor dem Dom, nämlich an der Domfront in Richtung Hauptbahnhof, errichtet worden waren.

25

Eine Meinungsäußerung genießt auch dann den Schutz des Art. 5 Abs. 1 GG, wenn sie mit einer gewerblichen Werbung vermischt ist (hier: Angebot von Druckerzeugnissen etc. der sog. Scientology Kirche auf öffentlichen Wegeflächen).

VG Hamburg, Urteil vom 11. April 1995 − 13 VG 751/93[1] −

Der Kläger wendet sich gegen zwei wegerechtliche Untersagungsverfügungen.

Der Kläger ist ein seit dem 25. 2. 1974 eingetragener Verein der international verbreiteten Scientology Kirche mit Sitz in Hamburg. Sein Vereinsnahme lautete zunächst „College für angewandte Philosophie Hamburg e. V.". Im Jahre 1985 änderte der Kläger seinen Vereinsnamen in den seitdem geführten Namen „Scientology Kirche Hamburg e. V.". Nach § 2 Ziff. 1 der Vereinssatzung hat der Kläger die Pflege und Verbreitung der Scientology Religion und ihrer Lehre zum Zweck. Der Kläger bietet entsprechend dem von ihm verfolgten Ziel entgeltlich zahlreiche Bücher und Schriften, die sich beispielsweise mit der Lehre vom geistigen Wesen in seiner Beziehung zum Körper (sog. „Dianetik"), mit dem „Weg zum Glücklichsein" etc. befassen, an. Außerdem werden entgeltlich Kurse, Seminare, Sitzungen und eine Drogentherapie und Rehabilitation unter dem Namen „Narconon" angeboten.

Die Beklagte hatte den Kläger bereits durch Bescheid vom 31. 10. 1984 aufgefordert, den Verkauf von Kursen und Seminaren sowie Büchern, Broschüren und sog. Elektro-Metern als Gewerbe anzumelden. Die dagegen nach erfolgloser Durchführung des Widerspruchsverfahrens erhobene Klage war in allen Instanzen erfolglos (vgl. VG Hamburg, Urteil v. 11. 12. 1990, KirchE 28, 388; OVG Hamburg, Urteil v. 6. 7. 1993, KirchE 31, 235; BVerwG, Beschluß v. 16. 2. 1995, KirchE 33, 43).

Außerdem entzog der Senat der Beklagten dem Kläger aufgrund von § 43 Abs. 2 BGB die Rechtsfähigkeit. Den dagegen eingelegten Widerspruch wies die Beklagte zurück. Die daraufhin vom Kläger erhobene Klage war im Zeitpunkt der vorliegenden Entscheidung bei diesem Gericht noch anhängig (Az.: 12 VG 3068/94).

Nachdem der Kläger 1984 auf öffentlichem Wegegrund in der Hamburger Innenstadt dadurch für sich geworben hatte, daß seine Mitglieder Straßenpassanten ansprachen, um diese zum Besuch seiner Geschäftsräume zu veranlassen und um dort den Besuchern nach Durchführung und Auswertung eines Persönlichkeitstests Therapien in Form des Kaufes von Büchern oder entgeltlicher Teilnahme an Kursen anzubieten, hatte die Beklagte unter dem 13. 9. 1984 eine wegerechtliche Untersagungsverfügung erlassen, die dem Kläger diese Art der Werbung auf öffentlichen Wegeflächen untersagte. Ein gegen die sofortige Vollziehbarkeit dieser Verfügung gerichteter Eilantrag blieb ebenso erfolglos wie später die gegen die Verfügung erhobene Klage.

---

[1] Über die Berufung der Beklagten (OVG Hamburg, Az.: Bf. II 30/95) war bei Redaktionsschluß (1. 1. 1998) noch nicht entschieden.

In den Jahren seit 1984 verstießen Mitarbeiter und Mitglieder des Klägers des öfteren gegen diese Untersagungsverfügung, so daß die Beklagte zahlreiche Zwangsgelder gegenüber dem Kläger festsetzte.

Am 26. 4. 1991 verteilten Mitarbeiter des Klägers nach den Feststellungen der Beklagten auf der Straße Steindamm in Hamburg-Mitte an Passanten die März-Ausgabe des „Freiheitsspiegel". Dabei handelt es sich um ein monatlich erscheinendes, im Stile einer Zeitung aufgemachtes Faltblatt, das vom Kläger herausgegeben wird. Als „Leitartikel" enthielt die März-Ausgabe einen Beitrag mit dem Titel „Methadon − verordnete Hoffnungslosigkeit ... −". Daneben fanden sich Artikel mit u. a. folgenden Titeln: „Mehr Steuergelder für Drogenaufklärung"; „Ein offenes Wort an alle Eppendorfer" und „Die Katzen der SPD-Abgeordneten N.". Darüber hinaus befand sich auf der Rückseite des Faltblatts eine Bildanzeige, in der der Kläger auf ein durch ihn entgeltlich angebotenes Buch hinwies.

Daraufhin erließ die Beklagte ohne vorherige Anhörung des Klägers am 29. 4. 1991 einen für sofort vollziehbar erklärten im vorliegenden Verfahren angefochtenen Bescheid, in dem sie dem Kläger in Ergänzung ihrer wegerechtlichen Untersagungsverfügung vom 13. 9. 1984 nach § 61 Hamburgisches Wegegesetz (HWG) untersagte, auf öffentlichen Wegeflächen im Bezirk Hamburg-Mitte Handzettel, Broschüren, Prospekte oder sonstige Druckerzeugnisse zu verteilen bzw. dies zu veranlassen oder zu dulden. Zur Begründung führte die Beklagte aus, der Kläger habe es veranlaßt oder geduldet, daß am 26. 4. 1991 gegen 18.30 Uhr auf der öffentlichen Wegefläche Steindamm Druckerzeugnisse verteilt worden seien, mit denen für Scientology geworben worden sei. Damit habe er öffentlichen Wegegrund über die Teilnahme am allgemeinen öffentlichen Verkehr hinaus unerlaubt in Anspruch genommen.

Am 8. 6. 1991 verteilten Mitarbeiter des Klägers gegen 11.30 Uhr in Hamburg-Mitte auf der Spitalerstraße an Passanten kostenfrei Schallplatten. Die verteilten Schallplatten enthielten Text und Musik von L. Ron Hubbard und trugen den Titel „Der Weg zum Glücklichsein". Auf der Rückseite der Schallplattenumhüllung befand sich folgender Hinweis: „Um Informationen oder Exemplare des Büchleins ‚Der Weg zum Glücklichsein' zu erhalten, rufen Sie bitte die Nr. ... an − oder schreiben Sie an den Verband ‚Verantwortungsbewußter Geschäftsleute' ...".

Daraufhin untersagte die Beklagte dem Kläger ohne vorherige Anhörung durch den im vorliegenden Verfahren ebenfalls angefochtenen Bescheid vom 13. 6. 1991 in Ergänzung der wegerechtlichen Untersagungsverfügung vom 13. 9. 1984 gemäß § 61 HWG, auf öffentlichen Wegeflächen im Bezirk Hamburg-Mitte Bild- und Tonträger in den Verkehr zu bringen bzw. dies zu veranlassen oder zu dulden. Zur Begründung wies die Beklagte darauf hin, daß der Kläger durch diese Verteilungsaktion wiederum öffentlichen Wegegrund über die Teilnahme am allgemeinen Verkehr hinaus unerlaubt in Anspruch genommen habe. Auch diese Verfügung erklärte die Beklagte für sofort vollziehbar.

Gegen beide Bescheide legte der Kläger Widerspruch ein und beantragte bezüglich des Bescheides vom 29. 4. 1991 die Wiederherstellung der aufschiebenden Wirkung des Widerspruchs. Diesen Antrag lehnte das VG Hamburg mit Beschluß vom 6. 6. 1991 – 19 VG 1475/91 – ab; die gegen diesen Beschluß eingelegte Beschwerde nahm der Kläger später zurück.

Im März 1991 hatte die Beklagte gegen den vom Kläger gegründeten und mit diesem verbundenen Verein „Kommission für Verstöße der Psychiatrie gegen Menschenrechte e. V." eine Verfügung ähnlichen Inhalts erlassen. In jenem Falle hatte das gerichtliche Eilverfahren zunächst vor dem Verwaltungsgericht Hamburg Erfolg (Beschluß des Verwaltungsgerichts v. 24. 4. 1991 – 3 VG 1014/91 –). Das Hamburgische OVG allerdings hob die stattgebende Entscheidung des Verwaltungsgerichts durch Beschluß vom 23. 7. 1991 – OVG Bs II 47/91 – wieder auf und wies den Eilantrag ab, weil es die Verteilung von Handzetteln als unerlaubte Sondernutzung einstufte.

Die gegen diesen Beschluß von der „Kommission für Verstöße in der Psychiatrie gegen Menschenrechte e. V." erhobene Verfassungsbeschwerde hatte jedoch Erfolg. Die 3. Kammer des 1. Senats des Bundesverfassungsgerichts hob den Beschluß des Hamburgischen Oberverwaltungsgerichts durch Beschluß vom 18. 10. 1991 – 1 BvR 1377/91 – auf. Zur Begründung führte das Bundesverfassungsgericht im wesentlichen aus, die Informationsbriefe der „Kommission" unterfielen dem Schutz des Art. 5 Abs. 1 Satz 1 GG. Eine Einschränkung dieses Grundrechts durch das Erfordernis einer Sondernutzungserlaubnis sei nur in Abwägung der Meinungsfreiheit mit dem Rechtsgut „Sicherheit und Leichtigkeit des Verkehrs" unter Berücksichtigung der konkreten Umstände zulässig. Bei der gebotenen differenzierten Betrachtungsweise könne es als nahezu ausgeschlossen gelten, daß die Sicherheit des Verkehrs in Fußgängerzonen und verkehrsberuhigten Zonen durch einzelne oder mehrere Flugblattverteiler überhaupt beeinträchtigt oder gar gefährdet werden könnte. Demgegenüber seien Beeinträchtigungen der Leichtigkeit des Fußgängerverkehrs zwar in Betracht zu ziehen, in aller Regel aber minimal. Jedenfalls stehe die Behinderung der Ausübung der Meinungsäußerungs- und Meinungsverbreitungsfreiheit durch das Erfordernis, vor Beginn der Grundrechtsausübung eine Genehmigung einholen zu müssen, außer Verhältnis zu dem mit dem Erlaubnisvorbehalt erstrebten Erfolg, die Leichtigkeit des Verkehrs in Fußgängerzonen und verkehrsberuhigten Bereichen zu gewährleisten.

Bei einer Auslegung und Anwendung des Hamburgischen Wegegesetzes, die das Verteilen von Flugblättern und Broschüren meinungsbildenden Inhalts als erlaubnispflichtige Sondernutzung bewerte, sei zusätzlich die Besonderheit zu beachten, daß nach § 19 Abs. 1 Satz 3 HWG kein Anspruch auf Erteilung der Erlaubnis bestehe. Wenn der Ausübung grundrechtlicher Befugnisse aber durch Gesetz ein Genehmigungsverfahren vorgeschaltet werde, müsse sich aus der Rechtsvorschrift selbst ergeben, von welchen Voraussetzungen die Erteilung der Genehmigung abhänge oder aus welchen Gründen die Genehmigung versagt werden dürfe. Diesen Anforderungen werde § 19 HWG nicht gerecht, zumal der Senat der Beklagten auch nicht von der Ermächtigung in § 19 Abs. 7 HWG Gebrauch gemacht habe, die erlaubnisfreie Sondernutzung zu regeln. Eine Auslegung und Anwendung des Hamburgischen Wegegesetzes, die die Gestattung von Betätigungen der Freiheit, Meinungen frei zu äußern und zu verbreiten, in das freie Ermessen der Exekutive stelle, wäre jedenfalls mit Art. 5 Abs. 1 GG unvereinbar. Das Gesetz bedürfe insoweit der verfassungskonformen Interpretation, wobei allerdings von Verfassungs wegen keine bestimmte Auslegung des einfachen Rechts geboten sei. Das Verteilen von Flugblättern und Broschüren in Fußgängerzonen, verkehrsberuhigten Zonen und auf innerörtlichen Gehwegen könne als Gemeingebrauch im Sinn des § 16 HWG bewertet werden; der Senat der Beklagten könne auch von der Ermächtigung in § 19 Abs. 7 HWG Gebrauch machen und in dem durch Art. 5 Abs. 1 GG gebotenen Umfang die erlaubnisfreie Sondernutzung regeln. Solange dies nicht erfolgt sei, könne der Bedeutung des Art. 5 Abs. 1 GG auch dadurch Rechnung getragen werden, daß für einzelne Flugblattverteiler eine grundsätzliche Pflicht der zuständigen Behörde zur Duldung von nicht genehmigter Flugblattverteilung bestehe.

Diese Entscheidung nahm auch der Kläger zum Anlaß, eine erneute Überprüfung der sofortigen Vollziehbarkeit des gegen ihn ausgesprochenen Verbots der Verteilung von Druckerzeugnissen zu verlangen und stellte beim Verwaltungsgericht Hamburg einen Antrag nach § 80 Abs. 6 VwGO a. F. (= § 80 Abs. 7 der heute geltenden Fassung) auf Abänderung des ablehnenden Beschlusses des Verwaltungsgerichts vom 6. 6. 1991. Diesem Antrag gab das VG Hamburg statt und stellte durch Beschluß vom 16. 1. 1992 – 19 VG 4105/91 – die aufschiebende Wirkung des gegen den Bescheid der Beklagten vom 29. 4. 1991 erhobenen Widerspruchs wieder her. Zur Begründung dieses Beschlusses führte das Verwaltungsgericht u. a. aus, daß zwar von einer schwerpunktmäßigen gewerblichen Tätigkeit des Klägers auszugehen sei, gleichwohl eine Handzettelverteilung aber als erlaubnisfrei angesehen werden müsse.

Die hiergegen von der Beklagten erhobene Beschwerde blieb vor dem OVG Hamburg ohne Erfolg (vgl. Beschluß v. 22. 10. 1992 – OVG Bs II 13/92 –). In der Begründung des Beschlusses vom 22. 10. 1991 heißt es u. a., daß es angesichts der im Beschluß des Bundesverfassungsgerichts zum Ausdruck kommenden Rechtslage in der Tat zweifelhaft sei, ob die angefochtene Untersagungsverfügung im Widerspruchsverfahren und in einem eventuell sich anschließenden Verwaltungsstreitverfahren Bestand haben werde. Allerdings erstrecke sich die vom Bundesverfassungsgericht angenommene behördliche Duldungspflicht nicht auf das Verteilen von Druckerzeugnissen, die keine Meinung im Sinne des Art. 5 Abs. 1 GG kundtäten, sondern lediglich Werbung enthielten. Insoweit wäre eine Untersagungsverfügung voraussichtlich rechtmäßig. Die angefochtene Verfügung vom 29. 4. 1991 enthalte jedoch keine derartige Differenzierung. Wenn eine praktikable Beschränkung auf nicht unter Art. 5 Abs. 1 GG fallende Druckerzeugnisse möglich sei, könne die Behörde sie in dem künftigen Widerspruchsbescheid präzise aussprechen.

Daraufhin gab die Beklagte dem Kläger Gelegenheit zu ergänzendem Vorbringen im Widerspruchsverfahren und änderte sodann durch Widerspruchsbescheid vom 27. 1. 1993 die die Untersagungsverfügung vom 13. 9. 1984 ergänzenden Bescheide vom 29. 4. 1991 und 13. 6. 1991 ab. Sie untersagte dem Kläger unter Anordnung der sofortigen Vollziehung nunmehr, zu veranlassen oder zu dulden, daß auf den öffentlichen Wegeflächen im Bezirk Hamburg-Mitte Handzettel, Broschüren, Prospekte oder sonstige Druckerzeugnisse sowie Bild- und Tonträger verteilt werden, die a) Angebote zum Kauf von Gegenständen, b) Angebote zur Teilnahme an Dienstleistungen (z. B. Kursen), c) Preislisten, d) Angebote zur Teilnahme an einem Persönlichkeitstest, e) Aufforderungen zum Beitritt beim Kläger, f) Einladungen zum Besuch seiner Geschäftsräume enthalten.

Zur Begründung ihres Widerspruchsbescheides führte die Beklagte im wesentlichen aus: Die Widersprüche seien zum Teil begründet. Im Hinblick auf die Rechtsprechung des Bundesverfassungsgerichts und des Hamburgischen Oberverwaltungsgerichts könnten die Verfügungen nicht vollen Umfangs aufrechterhalten bleiben, sondern seien unter Berücksichtigung des Art. 5 Abs. 1 GG auf den gewerblichen Tätigkeitsbereich des Klägers zu beschränken.

Daß der Kläger schwerpunktmäßig gewerblich und nur untergeordnet als Religions- und Weltanschauungsgemeinschaft tätig sei, ergebe sich aufgrund mehrerer Indizien; seine Werbung sei wirtschaftlich orientiert und auf eine Maximierung des Buch- und Kursverkaufs ausgerichtet. Seine Mitarbeiter würden leistungsbezogen nach einer Erfolgsstatistik bezahlt. Die Preise der von ihm angebotenen Bücher, Kurse und sonstigen Leistungen seien erheblich. Aus den Bilanzen des Klägers seien im übrigen erhebliche Gewinnspannen und Umsatzzahlungen an die sog. „Mutterkirche" ersichtlich. Darüber hinaus habe sie – die Beklagte – schon in mehreren Widerspruchsbescheiden die gewerbliche Tätigkeit des Klägers festgestellt.

Hinsichtlich der gewerblichen Tätigkeit des Klägers sei zwar zu konzedieren, daß auch Gewerbebetrieben das Grundrecht aus Art. 5 Abs. 1 Satz 1 GG zur Seite stehe. Allerdings gehe dieser Schutz nur soweit, als eine Verteilungsaktion auf öffentlichen Wegen als Meinungsäußerung zu qualifizieren sei. Abzugrenzen davon seien die gewerblichen Werbemaßnahmen des Klägers, die nicht unter den Schutzbereich des Art. 5 Abs. 1 Satz 1 GG zu subsumieren seien, sondern als Sondernutzung erlaubnispflichtig blieben. Die damit festzulegende Grenze, wann Druckerzeugnisse usw. nicht (mehr) Meinungsäußerung, sondern (schon) gewerbliche Werbung seien, sei nach Auffassung des Widerspruchsausschusses nicht erst dann überschritten, wenn eine Druckschrift eine Meinungsäußerung enthalte, die dem gewerblichen Inhalt gleichsam als „Mäntelchen" umgehängt werde; vielmehr dürfe der Kläger eine grundrechtlich geschützte Meinungsäußerung überhaupt nicht – auch nicht in untergeordnetem Umfang – mit gewerblicher Werbung vermischen.

Im einzelnen sei es erforderlich und geboten, dem Kläger die Verteilung solcher Medien zu untersagen, die Angebote zum Kauf von Gegenständen, zur Teilnahme an Dienstleistungen oder Preislisten enthielten. Denn da der Kläger gewerblich tätig sei und seine Produkte mit Gewinnerzielungsabsicht vertreibe, seien auch diese Angebote als gewerblich einzustufen. Dasselbe gelte für Angebote zur Teilnahme an einem Persönlichkeitstest, da der Kläger an die in der Regel negative Auswertung des Tests „nahtlos" das Verkaufsgespräch bezüglich seiner Produkte zum Ausgleich der „Persönlichkeitsdefizite" der Testteilnehmer beginne. Weiterhin sei es geboten, Angebote zu untersagen, die zum Beitritt beim Kläger führen sollten, da der Beitritt aufgrund der gewerblichen Tätigkeit des Klägers gewissermaßen eine Beteiligung an einem Gewerbeunternehmen darstelle und die Mitgliedschaft dem Kläger zugleich dazu diene, seine Produkte – die er Mitgliedern günstiger gewähre – besser zu vermarkten. Schließlich sei es auch erforderlich, Einladungen zum Besuch der Geschäftsräume des Klägers generell auszuschließen. Denn es sei davon auszugehen, daß solche Einladungen nicht irgendwelchen Informationszwecken dienten, sondern ausschließlich oder ganz überwiegend der Vorbereitung des Verkaufs von Kursen oder Büchern.

Die Gegenstände der Untersagung stellten sich nicht mehr als Gemeingebrauch dar, sondern seien als gewerbliche Maßnahmen Sondernutzung im Sinne von § 19 HWG. Da derartige gewerbliche Werbung nicht erlaubnisfähig sei, sei sie in Anwendung von § 61 HWG zu untersagen gewesen. Die Untersagung sei in dem gewählten Umfang ausgesprochen worden, obgleich nicht in jeder Hinsicht Vorgänge aktenkundig seien, die den einzelnen Verbotstatbeständen entsprächen. Da der Kläger gewerblich tätig sei und bereits zahlreiche Anläufe unternommen habe, seine Produkte auch auf den öffentlichen Wegen anzupreisen, erscheine es geboten, diejenigen Tatbestände zusammenzufassen, die naheliegend seien und dem Tätigkeitsfeld des Klägers am besten entsprächen. Anders könne der Tätigkeit des Klägers nicht wirksam begegnet werden, insbesondere wäre es nicht sachgerecht, auf jede neue Werbemethode reagieren zu müssen.

Gegen den Widerspruchsbescheid richtet sich die vorliegende Klage. Zu ihrer Begründung trägt der Kläger im wesentlichen vor:
Die Scientology Kirche sei eine von Art. 4, 140 GG i. V. m. Art. 137 WRV geschützte Religionsgemeinschaft. Dies sei durch zahlreiche rechtswissenschaftliche Gutachten als auch durch die zu dieser Rechtsfrage ergangenen neueren gerichtlichen Entscheidungen belegt. Hinzuweisen sei u. a. auch auf einen Beschluß des Hamburgischen Oberverwaltungsgerichts vom 24. 8. 1994 – OVG Bs III 326/93 – KirchE 32, 307, in dem positiv festgestellt werde, daß es sich bei der Scientology Kirche jedenfalls um eine Weltanschauungsgemeinschaft im Sinne des Grundgesetzes handele. Auch seien z. B. sämtliche Scientology-Organisationen in den USA als Religionsgemeinschaften anerkannt.

Die von der Beklagten aufgeführten Gründe zum Nachweis seiner gewerblichen Tätigkeit seien nicht stichhaltig. Die von ihm angebotene Literatur und die Kurse, überhaupt insgesamt seine „Werbetätigkeit" sei als Missionstätigkeit zur Erreichung des religiösen „Endziels" notwendig und daher auch vom Schutzbereich des Art. 4 GG umfaßt. Die Beklagte betreibe Religionsverfolgung; durch die straßenrechtlichen Untersagungsverfügungen solle er „mundtot" gemacht werden. Dies werde auch durch die negative Presseberichterstattung gestützt, die nichts anderes als aus der Luft gegriffenen einseitigen Sensationsjournalismus darstelle. Auch gingen zahlreiche neuere Gerichtsentscheidungen davon aus, daß z. B. der Verkauf des Buches „Dianetik" zum Selbstkostenpreis von 14,80 DM nicht gewerblich, da nicht auf Gewinnerzielung gerichtet sei. Das Verwaltungsgericht Hamburg habe in seiner Entscheidung v. 11. 12. 1990 (KirchE 28, 388) nur für ganz bestimmte Tätigkeiten die Pflicht zur Gewerbeanmeldung bejaht. Das Bundesverwaltungsgericht gehe in seiner in dieser Sache ergangenen Entscheidung vom 16. 2. 1995 (KirchE 33, 43) davon aus, daß es sich bei ihm – dem Kläger – um eine Religionsgemeinschaft handele. In der Entscheidung werde unterstellt, daß die als gewerblich angesehenen Tätigkeiten gleichzeitig Tätigkeiten der Religionsausübung seien.

Darüber hinaus lägen dem Widerspruchsbescheid keine ausreichenden Tatsachenfeststellungen zugrunde; als „sicherheitsrechtliche" Verfügung setze er voraus, daß die „Gefahrenschwelle" überschritten sei, was aber aufgrund der beiden Vorfälle vom 26. 4. 1991 und vom 8. 6. 1991 nicht angenommen werden könne. Was die unentgeltliche Verteilung des „Freiheitsspiegel" am 26. 4. 1991 angehe, so sei dies spontan als Gegenreaktion auf eine Flugblattverteilung der SPD vor seinem Missionsgebäude erfolgt. Straßenrechtliche Beeinträchtigungen seien damit nicht verbunden gewesen; der „Freiheitsspiegel" enthalte auch keine Eigenwerbung, die Verteilung sei darüber hinaus durch das grundrechtlich geschützte Recht auf freie Meinungsäußerung und das Recht auf ungestörte Religionsausübung gedeckt. Gleiches gelte für die unentgeltliche Verteilung der Schallplatten am 8. 6. 1991. Da somit weder der „Freiheitsspiegel" noch die verteilte Schallplatten irgendeine Werbung enthielten, sei der Beklagten die von Hamburgischen Oberverwaltungsgericht in seinem Beschluß vom 22. 10. 1992 angesprochene Abgrenzung nicht gelungen. Der Widerspruchsbescheid sei ohne irgendwelche tatsächlichen Feststellungen ergangen, die seinen Erlaß notwendig machten.

Schließlich sei der angegriffene Widerspruchsbescheid grob ermessensfehlerhaft. Das in § 61 HWG eingeräumte Ermessen sei nicht dem straßenrechtlichen Zweck entsprechend, sondern aufgrund sachfremder Erwägungen ausgeübt worden. Diese sachfremden Erwägungen der Beklagten gingen dahin, daß sie die weitere Verbreitung der Scientology Religion mit allen ihr zu Gebote stehenden Mitteln verhindern wolle. Dies ergebe sich zunächst aus dem Widerspruchsbescheid selbst, in dem ausgeführt werde, daß die Beklagte beabsichtige, seiner (des Klägers) Tätigkeit insgesamt wirksam zu begegnen, worunter zu verstehen sei, daß sie die Tätigkeit insgesamt verhindern wolle. Aus parlamentarischen Anfragen und den Antworten des Senats ergebe sich auch, daß die Beklagte beabsichtige, jedwede Werbung für Scientology auf öffentlichem Grund zu untersagen bzw. zu verhindern. Dementsprechend würden konsequenterweise auch sämtliche von der Scientology Kirche gestellten Anträge auf Erteilung von Sondernutzungserlaubnissen für Informationsveranstaltungen abgelehnt. Dies erfolge in der Regel nach Rücksprache mit der „Arbeitsgruppe Scientology", die mittlerweile zur Koordinierung des Vernichtungsfeldzuges bei der Behörde für Inneres der Beklagten eingerichtet worden sei.

Die Beklagte stützt sich im wesentlichen auf die Begründung des Widerspruchsbescheids und macht im übrigen geltend: Es könne dahinstehen, ob der Kläger als eine Religionsgemeinschaft im Sinne der Art. 4, 140 GG i. V. m. Art. 137 WRV anzusehen sei, da das im Tenor des Widerspruchsbescheids angesprochene Tun und Unterlassen darauf ausgerichtet sei, eine nicht genehmigungsfähige gewerbliche Betätigung des Klägers auf öffentlichen Wegen als Sondernutzung zu verhindern. Was der Kläger als „Missionierung" beschreibe, sei in Wahrheit nichts anderes als eine umfangreiche gewerbliche Betätigung.

Die Klage hatte Erfolg und führte zur Aufhebung der angefochtenen Bescheide.

Aus den Gründen:

Die zulässige Klage hat auch in der Sache Erfolg. Die angefochtenen Bescheide vom 29. 4. 1991 und vom 13. 6. 1991 in der Gestalt des Widerspruchsbescheides vom 27. 1. 1993 sind rechtswidrig und verletzen den Kläger in seinen Rechten (vgl. § 113 Abs. 1 Satz 1 VwGO).

Die angefochtenen Bescheide lassen sich nicht auf die allein als Ermächtigungsgrundlage in Betracht kommende Bestimmung des § 61 Satz 1 HWG stützen. Danach kann die Wegeaufsichtsbehörde die zur Durchführung des hamburgischen Wegegesetzes erforderlichen Verfügungen gegen den Pflichtigen erlassen. Zu diesen Verfügungen gehören — wie die ausdrückliche Erwähnung der „Beseitigungspflicht nach § 60" zeigt — auch Verwaltungsakte, die auf die Beseitigung und Rückgängigmachung von bereits eingetretenen Verstößen gegen das Hamburgische Wegegesetz sowie auf die vorbeugende Verhinderung weiterer Gesetzesverletzungen gerichtet sind (vgl. hierzu den aus anderen Gründen vom Bundesverfassungsgericht aufgehobenen Beschluß des Hamb.OVG vom 23. 7. 1991, DÖV 1992, 37).

Diese Voraussetzungen sind hier aber nicht erfüllt. Die angefochtenen Bescheide erfassen zwar möglicherweise auch Verhaltensweisen, die einen Verstoß gegen wegerechtliche Vorschriften darstellen und die die Beklagte nicht dulden muß, sie gehen jedoch darüber hinaus und erfassen auch Handlungen, die nicht als Verstoß gegen wegerechtliche Vorschriften anzusehen sind oder die die Beklagte jedenfalls im Hinblick auf den Schutz der Meinungsfreiheit (Art. 5 Abs. 1 GG) zu dulden verpflichtet ist.

Hierzu gilt im einzelnen folgendes:

1. Das dem Kläger untersagte Verhalten verstößt nicht gegen § 23 Abs. 3 Nr. 1 HWG, wonach u. a. das Verteilen von Handzetteln zu gewerblichen Zwecken unzulässig ist. Zwar erfassen die Bescheide in der Gestalt des Widerspruchsbescheides z. B. die Verteilung von Handzetteln, die Werbung für den Kauf von Gegenständen enthalten, deren Verkauf der Kläger als Gewerbe anmelden muß, doch erfaßt die Bestimmung des § 23 Abs. 3 Nr. 1 HWG das hier in Rede stehende Werbeverhalten des Klägers dennoch nicht. Denn diese Bestimmung ist einschränkend dahin auszulegen, daß sie nur eine umsatz- und gewinnorientierte Straßenwerbung (Passantenwerbung) verbietet, mit der ein industrielles oder handwerkliches Produkt oder seine Verarbeitung, eine Ware des Groß- oder Einzelhandels oder eine wirtschaftliche Dienstleistung angepriesen wird.

2. Die Beklagte konnte das Verteilen von Handzetteln und sonstigen Druckerzeugnissen sowie von Bild- und Tonträgern auch nicht deshalb untersagen, weil es sich dabei um eine unerlaubte Sondernutzung im Sinne des § 19 Abs. 1 Satz 1 HWG handeln würde. Dabei mag offenbleiben, ob das Verteilen von Handzetteln etc., die Meinungsäußerungen enthalten, im Hinblick auf Art. 5 Abs. 1 GG als zum Gemeingebrauch im Sinne von § 16 Abs. 1 HWG gehörend anzusehen ist. Jedenfalls ist die Beklagte verpflichtet, das Verteilen von Handzetteln etc., die dem Schutz des Art. 5 Abs. 1 GG unterfallen, zu-

mindest in verkehrsberuhigten Zonen oder in Fußgängerzonen zu dulden (vgl. hierzu den im Tatbestand ausführlich wiedergegebenen Beschluß der 3. Kammer des 1. Senats des Bundesverfassungsgerichts v. 18. 10. 1991, NVwZ 1992, 53 f.). Diese vom Bundesverfassungsgericht angenommene behördliche Duldungspflicht erstreckt sich nach Auffassung des Hamburgischen Oberverwaltungsgerichts, der die Kammer folgt (vgl. dessen – ebenfalls oben wiedergegebenen – Beschluß v. 22. 10. 1992 – OVG Bs II 13/92 –), allerdings nicht auf das Verteilen von Druckerzeugnissen etc., die keine Meinung im Sinne des Art. 5 Abs. 1 GG kundtun, sondern lediglich Werbung enthalten. Die Beklagte hat ihre Verfügungen im Widerspruchsbescheid vom 27. 1. 1993 jedoch nicht dahingehend beschränkt, daß davon lediglich werbende Flugblätter etc. erfaßt werden, sondern hat bereits ein Verbot des Verteilens der Druckerzeugnisse bzw. Bild- und Tonträger ausgesprochen, die bestimmte Werbemaßnahmen *enthalten.*

Dieses weitgehende Verbot des Verteilens von Druckerzeugnissen sowie Bild- und Tonträgern beruht – wie die Begründung des Widerspruchsbescheides zeigt – auf der Auffassung der Beklagten, daß dem Kläger zwar zugebilligt werden müsse, seine grundrechtlich geschützte Meinung zu äußern, daß er die Meinungsäußerung aber nicht – auch nicht in untergeordnetem Umfang – mit gewerblicher Werbung vermischen dürfe. Diese Auffassung trägt jedoch dem Schutz der Meinungsfreiheit durch Art. 5 Abs. 1 GG nicht hinreichend Rechnung:

Der Begriff der – durch Art. 5 Abs. 1 GG geschützten – Meinung ist grundsätzlich weit zu verstehen (vgl. nur BVerfG, Beschluß v. 22. 6. 1982, BVerfGE 61, 1 [9]). Sofern eine Äußerung durch die Elemente der Stellungnahme, des Dafürhaltens oder Meinens geprägt ist, fällt sie in den Schutzbereich des Art. 5 Abs. 1 Satz 1 GG (vgl. BVerfG, aaO, S. 8 f.), und zwar auch dann, wenn es sich um eine scharfe oder übersteigerte Äußerung handelt (vgl. BVerfG, aaO, S. 7 f.). Es kommt auch nicht darauf an, ob mit ihr öffentliche, insbesondere politische, oder private Zwecke verfolgt werden (vgl. Jarass, in: Jarass/Pieroth, Grundgesetz für die Bundesrepublik Deutschland, Kommentar, 3. Aufl. 1995, Art. 5 Rdnr. 2 m. w. N.). Deshalb bleibt die Kundgabe einer Meinung auch dann eine durch Art. 5 Abs. 1 GG geschützte Meinungsäußerung, wenn sie wirtschaftliche Vorteile bringen soll (so schon BVerfG, Beschluß v. 23. 3. 1971, BVerfGE 30, 336 [352]; vgl. auch den Beschluß der Kammer 19 dieses Gerichts vom 16. 1. 1992 in der Sache 19 VG 4105/91, S. 10 oben der Beslchlußausfertigung). Ob Art. 5 Abs. 1 Satz 1 GG damit generell die kommerzielle Werbung erfaßt (so die Kammer 19 dieses Gerichts in dem soeben erwähnten Beschluß, S. 9 der Beschlußausfertigung; ebenso Jarass, aaO, sowie Wendt, in: v. Münch/Kunig [Hrsg.], Grundgesetz-Kommentar, Band I, 4. Aufl. 1992, Art. 5 Rdnr. 11 m. w. N.; nicht davon ausgehend aber z. B. BVerfG, Beschluß v. 20. 4. 1982, BVerfGE 60, 215, 229 ff.), mag dahinstehen. Wirtschaftswerbung unterfällt in jedem Falle dann dem Schutz des Art. 5 Abs. 1 Satz 1 GG, wenn eine werbende Ankündigung einen wertenden, meinungsbildenden Inhalt hat oder Angaben enthält, die der Meinungsbildung dienen (so BVerfG, Beschluß v. 19. 11. 1985, BVerfGE 71, 162 [175]). Deshalb genießt eine Meinungsäußerung auch dann, wenn sie mit gewerblicher Werbung vermischt ist, den Schutz des Art. 5 Abs. 1 GG. Dieser mag allenfalls dann entfallen, wenn und soweit eine Äußerung nur noch werbenden und keinen meinungsbildenden Charakter hat. Auch das Bundesverfassungsgericht hat in seinem erwähnten Beschluß vom 18. 10. 1991 den Schutz der Meinungsfreiheit und die daraus abgeleitete Verpflichtung der Behörde, das Verteilen meinungsbildender Flugblätter zu dulden, ersichtlich nicht auf solche Produkte beschränken wollen, die neben der Meinungsäußerung keinerlei Werbung enthalten bzw. bei denen mit der Meinungsäußerung auch keine unterschwellige Werbung für ein bestimmtes Produkt oder etwa eine bestimmte Therapie verbunden ist. So enthielten auch die sog. Informationsbriefe der Kommission für Verstöße der Psychiatrie gegen Menschenrechte e. V., die Gegenstand jenes Verfahrens waren, insofern (unterschwellige) Werbung, als darin die Aufforderung enthalten war, sich wegen weiterer Informationen mit der Kommission (auf deren Gründung durch die Scientology Kirche im „Informationsbrief Nr. 2" ausdrücklich hingewiesen wurde) selbst in Verbindung zu setzen.

Grundsätzlich nichts anderes kann aber für die Ausgabe März 1991 des „Freiheitsspiegel" gelten, deren Verteilung Anlaß für den Erlaß des Bescheides vom 29. 4. 1991 war. Diese enthält überwiegend – z. T. polemische – Meinungsäußerungen (die wiederum möglicherweise versteckte Werbung z. B. für eine vom Kläger angebotene Drogentherapie enthalten) sowie daneben Werbung für ein vom Kläger vertriebenes Buch. Entsprechendes gilt für die Schallplatte, deren Verteilung Anlaß für den Erlaß des Bescheides vom 13. 6. 1991 war; hier enthielt die Umhüllung neben dem Abdruck eines Liedes (in dem eine bestimmte Auffassung über den „Weg zum Glücklichsein" zum Ausdruck kommt) einen werbenden Hinweis auf den „Verband Verantwortungsbewußter Geschäftsleute". Diese Produkte, in denen Meinungsäußerung und Werbung z. T. in untrennbarer Weise miteinander verbunden ist, genießen nach dem oben Gesagten insgesamt den Schutz des Art. 5 Abs. 1 Satz 1 GG; dies gilt auch, soweit darin Meinungen in polemischer Art und Weise zum Ausdruck gebracht werden. Diesem Schutz durch Art. 5 Abs. 1 Satz 1 GG haben die angefochtenen Bescheide nicht hinreichend Rechnung getragen. Denn das Verteilen der erwähnten Produkte wäre auch nach der Neufassung der Bescheide durch den Widerspruchsbescheid vom 27. 1. 1993 allein deswegen untersagt, weil sie – wenn auch nicht überwiegend – Werbung enthalten.

Es ist auch nicht möglich, die angefochtenen Bescheide in der Gestalt des Widerspruchsbescheides jedenfalls insoweit aufrechtzuerhalten, als sie reine Werbemaßnahmen erfassen. Denn es ist bereits sehr zweifelhaft, ob in Fällen wie dem vorliegenden eine sinnvolle Abgrenzung zwischen Produkten, die dem Schutz der Meinungsfreiheit unterfallen, und solchen, die diesen Schutz als reine Werbeprodukte nicht genießen, möglich ist. Jedenfalls ist es nicht Aufgabe des Gerichts, anstelle der Behörde geeignete Abgrenzungskriterien zu ermitteln und festzulegen. Vielmehr ist es Aufgabe der Beklagten, praktikable Abgrenzungskriterien zu entwickeln, die dem Schutz des Art. 5 Abs. 1 GG Rechnung tragen, und sodann im Rahmen der Ausübung ihres Ermessens darüber zu entscheiden, ob sie gegen das Verteilen von z. B. Flugblättern, die nicht dem Schutz des Art. 5 Abs. 1 GG unterfallen, vorgehen will.

26

Die Steilheit eines Kirchendachs, sein Alter und seine exponierte Lage können es gebieten, daß sich die Kirchengemeinde durch regelmäßige Kontrollen von der Gefahrlosigkeit des Bauzustands überzeugt.
Ist ihr aufgrund mehrerer, in kurzem Zeitabstand auftretender Reparaturfälle bekannt, daß sich trotz der von einer Fachfirma für ausreichend erachteten Mörtelung immer wieder Dachziegel aus dem Kirchendach lösen, dann erfordert die Verkehrssicherungspflicht weiterreichende Maßnahmen (z. B. Untersuchung des Daches durch einen Sachverständigen und unverzügliche Generalsanierung).

§ 836 Abs. 1 BGB
LG Ansbach, Urteil vom 12. Mai 1995 – 1 S 250/95[1] –

Die beklagte Kirchenstiftung ist Eigentümerin der kath. Kirche in N. Am 21. 7. 1992 gab es in N. und Umgebung einen Sturm der Windstärke 8 und 9 Beaufort. Vom Turmdach der Kirche lösten sich Ziegel, fielen herab und richteten u. a. am Hause des Klägers und dem Anhänger seines PKWs Schäden an, für die mit der Klage Ersatz begehrt wird.
Die Beklagte verteidigt sich hiergegen im wesentlichen wie folgt:
Der Schaden sei ausschließlich auf höhere Gewalt zurückzuführen. Sie habe das Turmdach ordnungsgemäß unterhalten. So sei das Dach drei Monate vor dem Schadensereignis von der Firma E. Bedachungen GmbH überprüft und instand gesetzt worden. 1990 sei das Dach eingerüstet und renoviert worden.

---

[1] NJW-RR 1996, 278. Nur LS: KuR 2 (1996), 129.

Des weiteren sei das Dach auch 1991 einmal repariert und überprüft worden. Eine Verdrahtung der Dachziegel sei nicht erforderlich.

Das Amtsgericht hat der Klage dem Grunde nach ganz und der Höhe nach teilweise stattgegeben.

Die Berufung der Beklagten blieb ohne Erfolg.

Aus den Gründen:

I. Die zulässige Klage ist zum Teil begründet.

1. Dem Kläger steht der geltend gemachte Schadensersatzanspruch gegen die Beklagte gemäß § 836 I 1 BGB in Höhe von 2.707,75 DM zu. Die Haftung nach § 836 BGB beruht auf vermutetem Verschulden des Grundstücksbesitzers und vermutetem ursächlichen Zusammenhang zwischen dem Verschulden des Besitzers und dem Schaden (Palandt, BGB, 53. Aufl., Rdnr. 1 § 836).

a) Die Dachziegel stellen einen Gebäudeteil dar (vgl. Palandt, BGB, 53. Aufl., Rdnr. 5 § 836).

b) Das Herunterfallen der Dachziegel verwirtklicht die Tatbestandsalternative „Ablösung von Teilen eines Gebäudes" i. S. v. § 836 I 1 BGB.

c) Eine mangelhafte Unterhaltung des Kirchturmdaches, die die Ablösung verursachte, ist gegeben.

aa) Die Beklagte genügte ihrer Unterhaltspflicht im vorliegenden Fall nicht. Zur Unterhaltspflicht gehört die Überprüfung des baulichen und technischen Zustandes, deren Verletzung für den Einsturz des Gebäudes oder die Ablösung von Gebäudeteilen ursächlich geworden sein muß und deren Erfüllung den Schaden typischerweise hätte verhindern können (Palandt, BGB, 53. Aufl., Rdnr. 8 § 836).

Des weiteren muß der Gebäudeunterhaltspflichtige wegen der erheblichen Gefahren, die von herabfallenden Dachteilen für die Gesundheit und das Eigentum unbeteiligter Dritter drohen, alle zumutbaren Maßnahmen treffen, die aus technischer Sicht geboten und geeignet sind, die Gefahr einer Ablösung der Dachteile zu verhindern; dies gilt umso mehr, je älter das Gebäude und seine Dachkonstruktion ist (BGH NJW 1993, 1782 [1783]).

Nach der Beweisaufnahme ist das Gericht davon überzeugt, daß die Beklagte nicht alle zumutbaren Maßnahmen getroffen hat, die aus technischer Sicht geboten waren.

Insbesondere liegt eine unzureichende mechanische Befestigung der Gratziegel vor. Der Sachverständige D. stellte in seinem Gutachten vom 8. 3. 1994 fest, daß die Art des aufgetretenen Schadens hauptsächlich auf eine unzureichende mechanische Befestigung der Gratziegel zurückzuführen sei. Zur ordnungsgemäßen Sicherung haben zusätzliche Maßnahmen (Erneuerung der Grateindeckung) ergriffen werden müssen. Eine vorschriftsmäßige (nach VOB/C DIN 18338) und fachgerecht ausgeführte Verklammerung aus nichtrostendem Material sei die sicherste Befestigungsmethode. Eine Vermörtelung der Dachziegel mit geeignetem Mörtel sei nur für die ersten ca. 10 Jahre als gleichwertig zu bezeichnen. An der Zuverlässigkeit des Sachverständigen bestehen für das erkennende Gericht keine Zweifel. Danach steht zur Überzeugung des Gerichts fest, daß die Beklagte entgegen dem technischen Stand die Dachziegel des Kirchturmdaches unzureichend mechanisch befestigte.

bb) Hieran ändert im vorliegenden Fall auch der Umstand nichts, daß am Schadenstag ein Sturm der Windstärke 8 und 9 Beaufort herrschte, da dies noch kein außergewöhnliches Naturereignis darstellt. Ein Gebäudebesitzer muß auch solche ungewöhnlichen, aber möglichen Sturmstärken in seine Betrachtung einbeziehen und entsprechende Vorsorge für die Festigkeit der Gebäudeteile treffen (BGH VersR 1976, 66). Selbst bei einem Sturm mit Windstärken von 12–13 kann noch nicht von außergewöhnlichen Witterungseinflüssen gesprochen werden, mit denen erfahrungsgemäß nicht zu rechnen ist (BGH NJW 1993, 1782).

cc) Der Entlastungsbeweis nach § 836 I 2 BGB ist der Beklagten nicht gelungen.

Der Zeuge E. sagte zwar aus, daß die letzten Reparaturen am Kirchturmdach am 17. 3. 1990 und vom 22. 4.–28. 4. 1992 stattgefunden haben und hierbei auch der Rest des Daches kontrolliert worden sei. Der Zeuge E. bekundete aber auch glaubhaft, daß ihm nur jeweils dann Aufträge erteilt worden seien, wenn Schäden am Dach vorlagen. Auftrag zu einer turnusmäßigen Überprüfung des Daches habe er nie bekommen. An der Glaubwürdigkeit des Zeugen zweifelt das Gericht nicht.

Es kann dahinstehen, ob schon die fehlende regelmäßige Untersuchung des Kirchturmdaches eine nicht ordnungsgemäße Unterhaltung begründet, da jedenfalls – wie bereits ausgeführt – weitere Maßnahmen (Verklammerung) hätten ergriffen werden müssen. Gerade bei einem älteren Gebäude mit entsprechend alter Dachkonstruktion ist für eine ordnungsgemäße Befestigung zu sorgen. Wie der Sachverständige D. ausführte, entsprach die Vermörtelung der Dachziegel und die Sicherung mit Sturmhaken nicht mehr dem heutigen Stand der Technik.

dd) Der eingetretene Schaden beruht auch auf der unzureichenden mechanischen Befestigung der Gratziegel. Dies hält das Gericht nach der Beweisaufnahme durch das Gutachten des Sachverständigen D. für erwiesen. *(wird ausgeführt)*

d) Zwischen dem Schaden und der Ablösung besteht auch ein ursächlicher Zusammenhang, da der Schaden durch die typischen Gefahren der Ablösung, also durch die wirkende Kraft der Ablösung verursacht wurde (vgl. Palandt, BGB, 53. Aufl., Rdnr. 10 § 836).

e) Dem Kläger ist ein Schaden in Höhe von insgesamt 2.707,75 DM entstanden. *(wird ausgeführt)*

27

Die Einführung von Ethikunterricht als Ersatzfach für Religionsunterricht ist verfassungskonform.
Zur Frage der Sach- und Rechtskriterien für die Verlegung von Ethikunterricht auf den Nachmittag.
Zumessungserwägungen für die Verhängung von Bußgeld wegen Verletzung der Schulpflicht als Erziehungsberechtigter durch Fernhalten eines Kindes vom Ethikunterricht.

Art. 3 Abs. 1, 6 Abs. 2, 7 Abs. 2 GG, 118 Abs. 1 BV, 47 Abs. 1 BayEUG
AG Aichach, Urteil vom 12. Mai 1995 – OWi 203 Jo 107945/95[1] –

Die Betroffene hielt ihren schulpflichtigen Sohn während des ganzen Schuljahres 1994/95 vom Ethikunterricht fern. Sie meint, die Einführung dieses Pflichtfachs für Schüler, die nicht am Religionsunterricht teilnehmen, sei verfassungswidrig. Ferner beanstandet sie die Verlegung dieses Unterrichts auf den Nachmittag.

Das Amtsgericht hat gegen die Betroffene wegen fortgesetzter vorsätzlicher Ordnungswidrigkeit nach Art. 119 Abs. 1 Nr. 2 i. V. m. Art. 46 Satz 1, 47 Abs. 1 BayEUG, 17 OWiG auf ein Bußgeld von 300,– DM erkannt.

Aus den Gründen:

IV. Durch ihr Verhalten hat sich die Betroffene einer fortgesetzten, vorsätzlichen Ordnungswidrigkeit der Verletzung der Schulpflicht als Erziehungsberechtigte nach Art. 119 Abs. 1 Nr. 2 i. V. m. Art. 46 Satz 1, Art. 47 Abs. 1 BayEUG schuldig gemacht.

Gemäß Art. 47 Abs. 1 BayEUG ist der Ethikunterricht für diejenigen Schüler Pflichtfach, die nicht am Religionsunterricht teilnehmen. Dies stellt eine Konkretisierung des in Art. 137 Abs. 2 BV festgelegten Auftrags an den Gesetzgeber, einen Unterricht über die allgemein anerkannten Grundsätze der Sittlichkeit einzurichten, dar. Gemäß Art. 76 Satz 1 BayEUG haben die Erziehungsberechtigten dafür zu sorgen, daß minderjährige Schulpflichtige am Unterricht regelmäßig teilnehmen und die sonstigen verbindlichen Schulveranstaltungen besuchen.

Die Festlegung des Bayerischen Erziehungs- und Unterrichtsgesetzes durch den Landesgesetzgeber verstoßen auch nicht gegen Grundrechte. Insbeson-

---

[1] BayVBl. 1996, 412. Nur LS: MDR 1996, 844; KuR 1996, 193. Die Rechtsbeschwerde blieb erfolglos; BayObLG Beschluß vom 26. 10. 1995 – 3 ObOWi 98/95 – KirchE 33, 431. Vgl. zu diesem Fragenkreis auch VG Hannover NVwZ 1998, 316.

dere ist die Freiheit der Religionsausübung nicht beeinträchtigt. Zwar umfaßt die Freiheit der Religionsausübung auch die negative Religionsfreiheit. Niemand kann gezwungen werden, einer bestimmten Religion anzugehören oder an deren Veranstaltungen teilzunehmen (vgl. auch BVerfGE 24, 236 [245 f.][2] = BayVBl. 1969, 59). Wie jedes, auch unbeschränkt garantierte Grundrecht, kann der Gesetzgeber ein solches aber einschränken. Durch den Ethikunterricht hat der Landesgesetzgeber nicht nur seiner Verpflichtung aus der Bayerischen Verfassung Genüge getan. Er hat vielmehr in zulässiger Weise geregelt, in welchen Fällen Ethikunterricht als religionsneutraler Unterricht zu besuchen ist.

Ein solcher Eingriff mußte auch durch den Gesetzgeber erfolgen. Die Grenzen zwischen dem staatlichen Erziehungsauftrag und dem Elternrecht, sowie dem Persönlichkeitsrecht des Kindes sind oft fließend und nur schwer auszumachen. Beide Rechtspositionen sind prinzipiell gleichrangig. Weder dem Erziehungsauftrag des Staates noch dem Elternrecht steht ein Vorrang zu (BVerfGE 47, 46 [72] = BayVBl. 1978, 303). Die grundsätzlich freie Entscheidung der Eltern darüber, wie sie ihrer Verantwortung gerecht werden wollen, ist grundrechtlich geschützt, *soweit* solche Eingriffe nicht durch das Wächteramt der staatlichen Gemeinschaft im Sinne des Art. 6 Abs. 2 Satz 2 GG gedeckt sind (BVerfGE 31, 194 [204 f.]). Die Abgrenzung ist für die Ausübung der Grundrechte vielfach von maßgebender Bedeutung. Sie ist daher Aufgabe des Gesetzgebers. Der bayerische Gesetzgeber ist den Anforderungen des Bundesverfassungsgerichts in der sog. „Wesentlichkeitstheorie" (BVerfGE 47, 46 ff. [79 f.]) jedenfalls durch die Schaffung des Art. 47 Abs. 1 BayEUG gerecht geworden. Die Einrichtung des Ethikunterrichts verstößt auch nicht gegen Art. 7 Abs. 2 GG (BVerwG, NJW 1973, 1815[3]; BVerfGE 52, 223 ff.[4] = BayVBl. 1980, 336 ff. zum Schulgebet).

Auch Art. 3 Abs. 1 GG, Art. 118 Abs. 1 Satz 1 BV sind durch die getroffene Regelung nicht verletzt. Auch gleich zu behandelnde Sachverhalte können ungleich behandelt werden, wenn ein sachlicher Grund für die Differenzierung gegeben ist. Die Schuld hat hinreichend dargelegt, aus welchen Gründen sie sich dafür entschieden hat, lediglich 19 Schüler und nicht 340 Schüler am Nachmittag erscheinen zu lassen. Sie hat ferner plausibel dargelegt, daß die Organisierung der Kollegstufe grundsätzlich Vorrang vor den unteren Klassenstufen hat. Die Auswirkung, daß der Ethikunterricht nachmittags stattfinden muß, stellt sich somit als ein bloßer Reflex anderer grundlegender und nicht zu beanstandender Entscheidungen der Schulleitung dar. Dies hat auch das Verwaltungsgericht Augsburg zu Lasten der Betroffenen in 1. In-

---

[2] KirchE 10, 181.   [3] KirchE 13, 307.   [4] KirchE 17, 325.

stanz *(Anm. d. Herausgeber: inzwischen rechtskräftig)* entschieden (Beschluß v. 19. 4. 1995 – AU 2 E 95.364[5] –). Nach dieser Entscheidung steht der Schule ein Recht zu, den Unterricht nach eigenen Bedürfnissen zu organisieren.

Der Betroffenen steht auch aus anderen Überlegungen, insbesondere aus einer Analogie zum Notstandsrecht, kein Recht zu, eine Teilnahme ihrer Kinder am Ethikunterricht zu verhindern.

Eine notstandsähnliche Situation liegt nicht vor. Soweit die Betroffene ausführt, es sei ihrem Sohn nicht zumutbar, bei Dunkelheit heimzukehren, ist darauf hinzuweisen, daß der Schulbus bereits um 17.04 Uhr am Heimatort ankommt. Zu dieser Zeit ist es während 11/12 des Jahres noch hell. Im übrigen erscheint die Haltung der Betroffenen inkonsequent, da über einen sehr viel längeren Zeitraum die Schüler während der Dunkelheit gezwungen sind, am frühen Morgen während der Dunkelheit zur Schule zu fahren. Gegen einen zu frühen Unterrichtsbeginn wendet sich die Betroffene aber gerade nicht.

Das Argument der Betroffenen, sie habe Angst vor sittlicher Gefährdung ihrer Kinder, da sie bereits einmal ein „Kind verloren" habe, scheint nicht nachvollziehbar. Kinder sind nicht nur auf dem Schulweg gefährdet. Gefahren lassen sich auch anderweitig nicht ausschließen. Es sei denn, daß eine Mutter ihre Kinder ständig einsperrt.

Ein Recht, sich an die Stelle des Gesetzgebers zu setzen und ihre Kinder vom Ethikunterricht fernzuhalten, steht der Betroffenen auch nicht deswegen zu, weil ihr Sohn in den Freistunden beim Diebstahl erwischt worden ist. Diese Tatsache zeigt vielmehr überdeutlich die Notwendigkeit einer grundlegenden Wertevermittlung durch die Schule, in Zeiten, in denen die Eltern bzw. die Erziehungsberechtigten offensichtlich nicht mehr in der Lage dazu sind.

Das Gericht ist von einer fortgesetzten Handlung ausgegangen. Dabei ist sich das Gericht der neueren Rechtsprechung des Bundesgerichtshofs zur fortgesetzten Handlung durchaus bewußt (BGH, NJW 1994, 1663 ff.). Dem Unrechtsgehalt der hier vorliegenden Tat würde aber eine Zergliederung in Einzeltaten auch nach der Verkehrsanschauung nicht gerecht werden. Die Betroffene hat sich nicht jeden Montag von Neuem entschieden, ihren Sohn nicht in den Ethikunterricht zu schicken, sondern hat von vorneherein beschlossen, ihren Sohn während des ganzen Schuljahres 1994/95 jeweils am Montag nachmittags daheim zu behalten. Dies wird insbesondere aus ihrem Schreiben vom 21. 9. 1994 deutlich. Daraus ergibt sich, daß der gesamten Tat nur ein Tatentschluß zugrunde lag, nicht aber eine Vielzahl von Einzelentschlüssen.

---

[5] Vgl. BayVGH, Beschluß v. 6. 7. 1995 – 7 CE 95.1686 – KirchE 33, 241.

V. Bei der Festsetzung der Geldbuße ist das Gericht von einem Bußgeldrahmen von 5,– DM bis 1000,– DM gemäß § 17 OWiG ausgegangen, da Art. 119 Abs. 1 BayEUG keinen eigenen Bußgeldrahmen bestimmt. Zugunsten der Betroffenen mußte das Gericht werten, daß es sich insoweit um den ersten Verstoß gehandelt hat und daß die Betroffene ein volles Geständnis abgelegt hat. Zu ihren Lasten mußte gewertet werden, daß die Betroffene völlig uneinsichtig hinsichtlich des begangenen Unrechtes ist und daß es sich um einen länger andauernden Verstoß gehandelt hat. Zu ihren Lasten mußte ferner gewertet werden, daß die Betroffene bei ihrer Entscheidung, den Sohn nicht zum Ethikunterricht zuzulassen, das Kindeswohl völlig außer acht gelassen und damit den Pflichten einer Erziehungsberechtigten aufs gröblichste zuwidergehandelt hat. Sie hat insbesondere das unverhältnismäßige Risiko der Nichtversetzung ihres Sohnes in Kauf genommen. Eine dermaßen beharrliche Weigerung unter Gefährdung des Kindeswohls kann auch den Entzug des Aufenthaltsbestimmungsrechts zur Folge haben (BayObLG v. 15. 9. 1983, SPE II A III/21).

Auch hat die Betroffene völlig hintangestellt, daß der Sohn massivem sozialen Druck durch Klassenkameraden ausgesetzt ist. Dies nur, um selbsterfundenen Prinzipien auf Kosten anderer zum Durchbruch zu verhelfen. Ferner mußte bei der Bemessung der Geldbuße berücksichtigt werden, daß ein fortgesetzter Verstoß vorlag, üblicherweise werden bereits bei einzelnen Verstößen durch Schüler 100,– DM als Geldbuße verhängt.

Unter Abwägung all der genannten Umstände, insbesondere auch unter Berücksichtigung der Tatsache, daß die Betroffene vorsätzlich gehandelt hat, erscheint ein Bußgeld von 300,– DM als das Allerunterste des noch Vertretbaren.

28

1. Die Anbringung eines Kreuzes oder Kruzifixes in den Unterrichtsräumen einer staatlichen Pflichtschule, die keine Bekenntnisschule ist, verstößt gegen Art. 4 Abs. 1 GG.
2. § 13 Abs. 1 Satz 3 der Schulordnung für die Volksschulen in Bayern ist mit Art. 4 Abs. 1 GG unvereinbar und nichtig.

BVerfG, Beschluß vom 16. Mai 1995 – 1 BvR 1087/91[1] –

Die Verfassungsbeschwerde betrifft die Anbringung von Kreuzen oder Kruzifixen in Schulräumen.

---
[1] Amtl. Leitsatz. BVerfGE 93, 1; NJW 1995, 2477; JZ 1995, 942; DVBl. 1995, 1069;

Nach § 13 Abs. 1 Satz 3 der Schulordnung für die Volksschulen in Bayern (Volksschulordnung – VSO) vom 21. 6. 1983 (GVBl. S. 597) ist in den öffentlichen Volksschulen in jedem Klassenzimmer ein Kreuz anzubringen. Die Volksschulordnung ist eine vom Bayerischen Staatsministerium für Unterricht und Kultus erlassene Rechtsverordnung, die auf einer Ermächtigung im Bayerischen Gesetz über das Erziehungs- und Unterrichtswesen (BayEUG) und im (inzwischen aufgehobenen) Volksschulgesetz (VoSchG) beruht. § 13 Abs. 1 VSO lautet:

Die Schule unterstützt die Erziehungsberechtigten bei der religiösen Erziehung der Kinder. Schulgebet, Schulgottesdienst und Schulandacht sind Möglichkeiten dieser Unterstützung. In jedem Klassenzimmer ist ein Kreuz anzubringen. Lehrer und Schüler sind verpflichtet, die religiösen Empfindungen aller zu achten.

Die Beschwerdeführer zu 3) bis 5) sind die minderjährigen schulpflichtigen Kinder der Beschwerdeführer zu 1) und 2). Letztere sind Anhänger der anthroposophischen Weltanschauung nach der Lehre Rudolf Steiners und erziehen ihre Kinder in diesem Sinne. Seit der Einschulung der ältesten Tochter, der Beschwerdeführerin zu 3), wenden sie sich dagegen, daß in den von ihren Kindern besuchten Schulräumen zunächst Kruzifixe und später teilweise Kreuze ohne Korpus angebracht worden sind. Sie machen geltend, daß durch diese Symbole, insbesondere durch die Darstellung eines „sterbenden männlichen Körpers", im Sinne des Christentums auf ihre Kinder eingewirkt werde; dies laufe ihren Erziehungsvorstellungen, insbesondere ihrer Weltanschauung, zuwider.

Im Februar 1991 erhoben die Beschwerdeführer zu 1) und 2) im eigenen Namen und im Namen ihrer Kinder vor dem Verwaltungsgericht Klage gegen den Freistaat Bayern mit dem Ziel, daß aus sämtlichen von ihren Kindern im Rahmen ihres Schulbesuchs aufgesuchten und noch aufzusuchenden Räumen in öffentlichen Schulen die Kreuze entfernt würden. Zugleich beantragten sie den Erlaß einer einstweiligen Anordnung bis zum Abschluß des Klageverfahrens auf Entfernung von Kruzifixen.

Das Verwaltungsgericht lehnte den Eilantrag ab.

Die hiergegen gerichtete Beschwerde wies der Verwaltungsgerichtshof mit Beschluß vom 3. 6. 1991 – KirchE 29, 156 – zurück.

Das Hauptsacheverfahren ist, nachdem das Verwaltungsgericht die Klage abgewiesen hat, in der Berufungsinstanz anhängig.

EuGRZ 1995, 359; BayVBl. 1995, 720; VR 1995, 424; JuS 1996, 258; ZevKR 40 (1995), 477; AkKR 164 (1995), 187. Nur LS: VBl. BW 1995, 470.
Vgl. zu diesem Fragenkreis auch BVerfG NVwZ 1998, 156 u. BayVBl. 1998, 79; BayVerfGH NJW 1997, 3157; BayVGH NVwZ 1998, 92.

Die Verfassungsbeschwerde richtet sich unmittelbar gegen die im Eilverfahren ergangenen Beschlüsse, mittelbar gegen § 13 Abs. 1 Satz 3 VSO. Die Beschwerdeführer rügen eine Verletzung ihrer Grundrechte aus Art. 4 Abs. 1, Art. 6 Abs. 2, Art. 2 Abs. 1 und Art. 19 Abs. 4 GG.

Die Verfassungsbeschwerden hatten Erfolg. Die Entscheidungen des Verwaltungsgerichts Regensburg vom 1. 3. 1991 und des Bay. Verwaltungsgerichtshofs vom 3. 6. 1991 wurden aufgehoben und die Sache an den Verwaltungsgerichtshof zurückverwiesen.

Aus den Gründen:

B. Die Verfassungsbeschwerde ist zulässig.

Die Beschwerdeführer haben den Rechtsweg erschöpft (§ 90 Abs. 2 Satz 1 BVerfGG). Mit dem Beschluß des Verwaltungsgerichtshofs liegt eine das Verfahren des vorläufigen Rechtsschutzes abschließende letztinstanzliche Entscheidung vor. Allerdings kann der Grundsatz der Subsidiarität in solchen Fällen der Zulässigkeit der Verfassungsbeschwerde entgegenstehen, wenn Verfassungsverstöße gerügt werden, die sich nicht speziell auf das Eilverfahren beziehen, sondern Fragen aufwerfen, die sich genau so auch im Hauptsacheverfahren stellen, so daß letzteres geeignet ist, der behaupteten verfassungsrechtlichen Beschwer abzuhelfen (vgl. BVerfGE 77, 381 [401]; 80, 40 [45]). Andererseits darf der Beschwerdeführer aber nicht auf das Hauptsacheverfahren verwiesen werden, wenn die Verletzung von Grundrechten durch die Eilentscheidung selbst geltend gemacht wird oder wenn die Entscheidung von keiner weiteren tatsächlichen oder einfachrechtlichen Aufklärung abhängt und die Voraussetzungen gegeben sind, unter denen gemäß § 90 Abs. 2 Satz 2 BVerfGG vom Erfordernis der Rechtswegerschöpfung abgesehen werden kann (vgl. BVerfGE 79, 275 [279]).

Diese Voraussetzungen liegen hier vor. Soweit die Beschwerdeführer eine Verletzung von Art. 19 Abs. 4 GG durch die Verweigerung vorläufigen Rechtsschutzes geltend machen, erheben sie eine speziell das Eilverfahren betreffende Grundrechtsrüge. Hinsichtlich der anderen (materiellrechtlichen) Grundrechtsrügen bedarf es keiner weiteren tatsächlichen oder einfachrechtlichen Klärung. Insbesondere haben sich die Fachgerichte in den angegriffenen Entscheidungen umfassend mit den maßgeblichen Rechtsfragen auseinandergesetzt. Vom Hauptsacheverfahren ist kein zusätzlicher Ertrag zu erwarten. Auch ist es den Beschwerdeführern angesichts der fortschreitenden Zeit und des Fortgangs der Schulausbildung nicht zumutbar, auf den Abschluß des Hauptsacheverfahrens verwiesen zu werden.

Für die Zulässigkeit der Verfassungsbeschwerde kommt es nicht darauf an, ob die beschwerdeführenden Kinder noch die Volksschule besuchen (vgl. BVerfGE 41, 29 [43][2]).

C. Die Verfassungsbeschwerde ist begründet. Soweit der Verwaltungsgerichtshof einen Anordnungsgrund verneint hat, verstößt seine Entscheidung gegen Art. 19 Abs. 4 GG (I.). Die Verneinung eines Anordnungsanspruchs ist mit Art. 4 Abs. 1 und Art. 6 Abs. 2 Satz 1 GG unvereinbar (II.).

I. 1. Art. 19 Abs. 4 GG eröffnet den Rechtsweg gegen jede behauptete Verletzung subjektiver Rechte durch ein Verhalten der öffentlichen Gewalt. Gewährleistet wird nicht nur das formelle Recht, die Gerichte anzurufen, sondern auch die Effektivität des Rechtsschutzes (vgl. BVerfGE 35, 263 [274]; 35, 382 [401 f.] m. w. N.). Wirksamer Rechtsschutz bedeutet auch Rechtsschutz innerhalb angemessener Zeit. Daraus folgt, daß gerichtlicher Rechtsschutz namentlich in Eilverfahren so weit wie möglich der Schaffung solcher vollendeter Tatsachen zuvorzukommen hat, die dann, wenn sich eine Maßnahme bei (endgültiger) richterlicher Prüfung als rechtswidrig erweist, nicht mehr rückgängig gemacht werden können (vgl. BVerfGE 37, 150 [153]; 65, 1 [70]). Hieraus ergeben sich für die Gerichte Anforderungen an die Auslegung und Anwendung der jeweiligen Gesetzesbestimmungen über den Eilrechtsschutz (vgl. BVerfGE 49, 220 [226]; 77, 275 [284]). So sind die Fachgerichte etwa bei der Auslegung und Anwendung des § 123 VwGO gehalten, vorläufigen Rechtsschutz zu gewähren, wenn sonst dem Antragsteller eine erhebliche, über Randbereiche hinausgehende Verletzung in seinen Rechten droht, die durch die Entscheidung in der Hauptsache nicht mehr beseitigt werden kann, es sei denn, daß ausnahmsweise überwiegende, besonders gewichtige Gründe entgegenstehen (vgl. BVerfGE 79, 69 [74 f.]).

2. Diesen Anforderungen genügt der Beschluß des Verwaltungsgerichtshofs nicht. Dieser verneint den für den Erlaß der begehrten einstweiligen Anordnung erforderlichen Anordnungsgrund, also die Eilbedürftigkeit der Sache, weil die Beschwerdeführer über Jahre hinweg mit der Anrufung der Gerichte gezögert und während dieser Zeit jedenfalls das Anbringen von Kreuzen statt der zunächst vorhandenen Kruzifixe hingenommen hätten. Es sei ihre Sache gewesen, mit der Schulverwaltung weiterhin nach einer für sie zumutbaren Übergangslösung in diesem Sinne zu suchen.

Mit dieser Begründung wird der Verwaltungsgerichtshof weder dem tatsächlichen Geschehensablauf noch der Bedeutung des Anliegens der Beschwerdeführer gerecht. Tatsächlich hatten die Beschwerdeführer seit der Einschulung ihres ältesten Kindes auf allen Ebenen der Schulverwaltung – von

---

[2] KirchE 15, 128.

der örtlichen bis zur ministeriellen – ihr Begehren angebracht. Daß sie ursprünglich auf eine außergerichtliche Einigung hofften und dadurch Zeit verstrich, darf ihnen nicht zum Nachteil gereichen; ein solches zunächst auf Streitvermeidung ausgerichtetes Verhalten entspricht vielmehr dem einer vernünftigen Partei. Es kommt hinzu, daß die Beschwerdeführer einem Kompromiß zugestimmt hatten, der jedoch von der Schulverwaltung wiederholt bei Klassenzimmer- oder Schulwechseln der Kinder in Frage gestellt wurde. Ein endgültiges Zugeständnis in diesem Sinne hat ihnen die Schulverwaltung nicht gemacht.

Aus diesem Grunde wird auch die Auffassung des Verwaltungsgerichtshofs, die Beschwerdeführer hätten sich weiterhin um einen Kompromiß bemühen müssen, der Pflicht zur Gewährung effektiven Rechtsschutzes nicht gerecht. Es wäre vielmehr Sache des Gerichts gewesen auszuloten, ob die Schulverwaltung bereit war, durch eine Zusage auf der Linie der Kompromißlösung eine einstweilige Anordnung entbehrlich zu machen.

Bei der Beantwortung der Frage, ob ein Anordnungsgrund vorlag, hat der Verwaltungsgerichtshof ferner nicht hinreichend berücksichtigt, daß es um eine vorläufige Regelung im Rahmen eines aktuellen Schulverhältnisses, also um einen Lebenssachverhalt ging, in dem schon wegen seines zeitlichen Fortschreitens auf einen Schulabschluß hin (die Beschwerdeführerin zu 3) ist inzwischen 16 Jahre alt) gerichtlicher Rechtsschutz besonders eilbedürftig ist. Gerade Rechtsstreitigkeiten in Schulsachen werden oft nur im Rahmen des vorläufigen Rechtsschutzes ausgetragen, weil der Anspruch wegen des Zeitablaufs häufig im Hauptsacheverfahren nicht mehr durchgesetzt werden kann. Dem Bedürfnis nach wirksamem Rechtsschutz dürfen sich die Fachgerichte nicht dadurch entziehen, daß sie überspannte Anforderungen an das Vorliegen eines Anordnungsgrundes stellen.

II. Die angegriffenen Entscheidungen verletzen ferner die Beschwerdeführer zu 1) und 2) in ihren Grundrechten aus Art. 4 Abs. 1 in Verbindung mit Art. 6 Abs. 2 Satz 1 GG und die Beschwerdeführer zu 3) bis 5) in ihren Grundrechten aus Art. 4 Abs. 1 GG. Sie beruhen auf § 13 Abs. 1 Satz 3 VSO, der seinerseits mit dem Grundgesetz unvereinbar und nichtig ist.

1. Art. 4 Abs. 1 GG schützt die Glaubensfreiheit. Die Entscheidung für oder gegen einen Glauben ist danach Sache des Einzelnen, nicht des Staates. Der Staat darf ihm einen Glauben oder eine Religion weder vorschreiben noch verbieten. Zur Glaubensfreiheit gehört aber nicht nur die Freiheit, einen Glauben zu haben, sondern auch die Freiheit, nach den eigenen Glaubensüberzeugungen zu leben und zu handeln (vgl. BVerfGE 32, 98 [106][3]). Insbe-

---

[3] KirchE 12, 294.

sondere gewährleistet die Glaubensfreiheit die Teilnahme an den kultischen Handlungen, die ein Glaube vorschreibt oder in denen er Ausdruck findet. Dem entspricht umgekehrt die Freiheit, kultischen Handlungen eines nicht geteilten Glaubens fernzubleiben. Diese Freiheit bezieht sich ebenfalls auf die Symbole, in denen ein Glaube oder eine Religion sich darstellt. Art. 4 Abs. 1 GG überläßt es dem Einzelnen zu entscheiden, welche religiösen Symbole er anerkennt und verehrt und welche er ablehnt. Zwar hat er in einer Gesellschaft, die unterschiedlichen Glaubensüberzeugungen Raum gibt, kein Recht darauf, von fremden Glaubensbekundungen, kultischen Handlungen und religiösen Symbolen verschont zu bleiben. Davon zu unterscheiden ist aber eine vom Staat geschaffene Lage, in der der Einzelne ohne Ausweichmöglichkeiten dem Einfluß eines bestimmten Glaubens, den Handlungen, in denen dieser sich manifestiert, und den Symbolen, in denen er sich darstellt, ausgesetzt ist. Insofern entfaltet Art. 4 Abs. 1 GG seine freiheitssichernde Wirkung gerade in Lebensbereichen, die nicht der gesellschaftlichen Selbstorganisation überlassen, sondern vom Staat in Vorsorge genommen worden sind (vgl. BVerfGE 41, 29 [49]). Dem trägt auch Art. 140 GG i. V. m. Art. 136 Abs. 4 WRV dadurch Rechnung, daß er ausdrücklich verbietet, jemanden zur Teilnahme an religiösen Übungen zu zwingen.

Art. 4 Abs. 1 GG beschränkt sich allerdings nicht darauf, dem Staat eine Einmischung in die Glaubensüberzeugungen, -handlungen und -darstellungen Einzelner oder religiöser Gemeinschaften zu verwehren. Er erlegt ihm vielmehr auch die Pflicht auf, ihnen einen Betätigungsraum zu sichern, in dem sich die Persönlichkeit auf weltanschaulich-religiösem Gebiet entfalten kann (vgl. BVerfGE 41, 29 [49]), und sie vor Angriffen oder Behinderungen von Anhängern anderer Glaubensrichtungen oder konkurrierender Religionsgruppen zu schützen. Art. 4 Abs. 1 GG verleiht dem Einzelnen und den religiösen Gemeinschaften aber grundsätzlich keinen Anspruch darauf, ihrer Glaubensüberzeugung mit staatlicher Unterstützung Ausdruck zu verleihen. Aus der Glaubensfreiheit des Art. 4 Abs. 1 GG folgt im Gegenteil der Grundsatz staatlicher Neutralität gegenüber den unterschiedlichen Religionen und Bekenntnissen. Der Staat, in dem Anhänger unterschiedlicher oder gar gegensätzlicher religiöser und weltanschaulicher Überzeugungen zusammenleben, kann die friedliche Koexistenz nur gewährleisten, wenn er selber in Glaubensfragen Neutralität bewahrt. Er darf daher den religiösen Frieden in einer Gesellschaft nicht von sich aus gefährden. Dieses Gebot findet seine Grundlage nicht nur in Art. 4 Abs. 1 GG, sondern auch in Art. 3 Abs. 3, Art. 33 Abs. 1 sowie Art. 140 GG i. V. m. Art. 136 Abs. 1 und 4 und Art. 137 Abs. 1 WRV. Sie verwehren die Einführung staatskirchlicher Rechtsformen und untersagen die Privilegierung bestimmter Bekenntnisse ebenso wie die Ausgrenzung Andersgläubiger (vgl. BVerfGE 19, 206 [216][4]; 24, 236 [246][5]; 33, 23 [28][6]; std.Rspr.). Auf die zahlenmäßige Stärke oder die soziale Relevanz kommt es dabei nicht an (vgl. BVerfGE 32, 98 [106]). Der Staat hat vielmehr auf eine am Gleichheitssatz orientierte Behandlung der verschiedenen Religions- und Weltanschauungsgemeinschaften zu achten (vgl. BVerfGE 19, 1 [8][7]; 19, 206 [216]; 24, 236 [246]). Auch dort, wo er mit ihnen zusammenarbeitet oder sie fördert, darf dies nicht zu einer Identifikation mit bestimmten Religionsgemeinschaften führen (vgl. BVerfGE 30, 415 [422][8]).

Im Verein mit Art. 6 Abs. 2 Satz 1 GG, der den Eltern die Pflege und Erziehung ihrer Kinder als natürliches Recht garantiert, umfaßt Art. 4 Abs. 1 GG auch das Recht zur Kindererziehung in religiöser und weltanschaulicher Hinsicht. Es ist Sache der Eltern, ihren Kindern diejenigen Überzeugungen in Glaubens- und Weltanschauungsfragen zu vermitteln, die sie für richtig halten (vgl. BVerfGE 41, 29 [44, 47 f.]). Dem entspricht das Recht, die Kinder von Glaubensüberzeugungen fernzuhalten, die den Eltern falsch oder schädlich erscheinen.

2. In dieses Grundrecht greifen § 13 Abs. 1 Satz 3 VSO sowie die angegriffenen Entscheidungen, die sich auf diese Vorschrift stützen, ein.

a) § 13 Abs. 1 Satz 3 VSO schreibt die Anbringung von Kreuzen in sämtlichen Klassenzimmern der bayerischen Volksschulen vor. Der Begriff des Kreuzes umfaßt nach der Auslegung durch die Gerichte des Ausgangsverfahrens Kreuze mit und ohne Korpus. In die Nachprüfung der Norm sind daher beide Bedeutungen einzubeziehen. Die Beschwerdeführer haben zwar in ihrem Antrag auf vorläufigen Rechtsschutz dem Wortlaut nach nur die Entfernung von Kruzifixen begehrt. Der Verwaltungsgerichtshof hat jedoch ausdrücklich unterstellt, daß damit auch Kreuze ohne Korpus gemeint sein könnten, und den Antrag auch in dieser weitergehenden Bedeutung abgelehnt.

Zusammen mit der allgemeinen Schulpflicht führen Kreuze in Unterrichtsräumen dazu, daß die Schüler während des Unterrichts von Staats wegen und ohne Ausweichmöglichkeit mit diesem Symbol konfrontiert sind und gezwungen werden, „unter dem Kreuz" zu lernen. Dadurch unterscheidet sich die Anbringung von Kreuzen in Klassenzimmern von der im Alltagsleben häufig auftretenden Konfrontation mit religiösen Symbolen der verschiedensten Glaubensrichtungen. Zum einen geht diese nicht vom Staat aus, sondern ist eine Folge der Verbreitung unterschiedlicher Glaubensüberzeugungen und Religionsgemeinschaften in der Gesellschaft. Zum anderen besitzt sie nicht denselben Grad von Unausweichlichkeit. Zwar hat es der Einzelne nicht in der

---

[4] KirchE 7, 338.
[5] KirchE 10, 181.
[6] KirchE 12, 410.
[7] KirchE 7, 183.
[8] KirchE 12, 101.

Hand, ob er im Straßenbild, in öffentlichen Verkehrsmitteln oder beim Betreten von Gebäuden religiösen Symbolen oder Manifestationen begegnet. Es handelt sich in der Regel jedoch um ein flüchtiges Zusammentreffen, und selbst bei längerer Konfrontation beruht diese nicht auf einem notfalls mit Sanktionen durchsetzbaren Zwang.

Nach Dauer und Intensität ist die Wirkung von Kreuzen in Unterrichtsräumen noch größer als diejenige von Kreuzen in Gerichtssälen. Schon in dem Zwang, entgegen den eigenen religiösen oder weltanschaulichen Überzeugungen einen Rechtsstreit unter dem Kreuz zu führen, hat das Bundesverfassungsgericht aber einen Eingriff in die Glaubensfreiheit eines jüdischen Prozeßbeteiligten gesehen, der darin eine Identifikation des Staates mit dem christlichen Glauben erblickte (vgl. BVerfGE 35, 366 [375][9]).

Die Unvermeidbarkeit der Begegnung mit dem Kreuz in Schulräumen wird auch nicht durch die in Art. 7 Abs. 4 GG zugelassene Errichtung privater Schulen beseitigt. Zum einen ist gerade die Errichtung privater Volksschulen in Art. 7 Abs. 5 GG an besonders strenge Voraussetzungen geknüpft. Zum anderen wird, da diese Schulen sich in aller Regel über Schulgeld finanzieren, das von den Eltern aufzubringen ist, einem großen Teil der Bevölkerung die Möglichkeit fehlen, auf solche Schulen auszuweichen. So verhält es sich auch im Fall der Beschwerdeführer.

b) Das Kreuz ist Symbol einer bestimmten religiösen Überzeugung und nicht etwa nur Ausdruck der vom Christentum mitgeprägten abendländischen Kultur.

Zwar sind über die Jahrhunderte zahlreiche christliche Traditionen in die allgemeinen kulturellen Grundlagen der Gesellschaft eingegangen, denen sich auch Gegner des Christentums und Kritiker seines historischen Erbes nicht entziehen können. Von diesen müssen aber die spezifischen Glaubensinhalte der christlichen Religion oder gar einer bestimmten christlichen Konfession einschließlich ihrer rituellen Vergegenwärtigung und symbolischen Darstellung unterschieden werden. Ein staatliches Bekenntnis zu diesen Glaubensinhalten, dem auch Dritte bei Kontakten mit dem Staat ausgesetzt werden, berührt die Religionsfreiheit. Davon ist das Bundesverfassungsgericht schon in der Entscheidung über die Verfassungsmäßigkeit der Simultanschulen mit christlichem Charakter im überlieferten badischen Sinne ausgegangen, als es feststellte, daß die zulässige Bejahung des Christentums sich in erster Linie auf die Anerkennung des prägenden Kultur- und Bildungsfaktors bezieht, wie er sich in der abendländischen Geschichte herausgebildet hat, nicht dagegen auf die Glaubenswahrheiten der christlichen Religion. Nur bei einer solchen Be-

---

[9] KirchE 13, 315.

grenzung ist diese Bejahung auch gegenüber dem Nichtchristen durch das Fortwirken geschichtlicher Gegebenheiten legitimiert (vgl. BVerfGE 41, 29 [52]).

Das Kreuz gehört nach wie vor zu den spezifischen Glaubenssymbolen des Christentums. Es ist geradezu sein Glaubenssymbol schlechthin. Es versinnbildlicht die im Opfertod Christi vollzogene Erlösung des Menschen von der Erbschuld, zugleich aber auch den Sieg Christi über Satan und Tod und seine Herrschaft über die Welt, Leiden und Triumph in einem (vgl. das Stichwort „Kreuz" in: Höfer/Rahner [Hrsg.], Lexikon für Theologie und Kirche, 2. Aufl. 1961, Bd. 6, Sp. 605 ff.; Fahlbusch u. a. [Hrsg.], Evangelisches Kirchenlexikon, 3. Aufl. 1989, Bd. 2, Sp. 1462 ff.). Für den gläubigen Christen ist es deswegen in vielfacher Weise Gegenstand der Verehrung und der Frömmigkeitsübung. Die Ausstattung eines Gebäudes oder eines Raums mit einem Kreuz wird bis heute als gesteigertes Bekenntnis des Besitzers zum christlichen Glauben verstanden. Für den Nichtchristen oder den Atheisten wird das Kreuz gerade wegen der Bedeutung, die ihm das Christentum beilegt und die es in der Geschichte gehabt hat, zum sinnbildlichen Ausdruck bestimmter Glaubensüberzeugungen und zum Symbol ihrer missionarischen Ausbreitung. Es wäre eine dem Selbstverständnis des Christentums und der christlichen Kirchen zuwiderlaufende Profanisierung des Kreuzes, wenn man es, wie in den angegriffenen Entscheidungen, als bloßen Ausdruck abendländischer Tradition oder als kultisches Zeichen ohne spezifischen Glaubensbezug ansehen wollte. Der religiöse Bezug des Kreuzes wird auch aus dem Zusammenhang des § 13 Abs. 1 VSO deutlich.

c) Dem Kreuz kann auch die Einwirkung auf die Schüler nicht abgesprochen werden, wie das die angegriffenen Entscheidungen tun.

Zwar ist es richtig, daß mit der Anbringung des Kreuzes in Klassenzimmern kein Zwang zur Identifikation oder zu bestimmten Ehrbezeugungen und Verhaltensweisen einhergeht. Ebensowenig folgt daraus, daß der Sachunterricht in den profanen Fächern von dem Kreuz geprägt oder an den von ihm symbolisierten Glaubenswahrheiten und Verhaltensanforderungen ausgerichtet wird. Darin erschöpfen sich die Einwirkungsmöglichkeiten des Kreuzes aber nicht. Die schulische Erziehung dient nicht nur der Erlernung der grundlegenden Kulturtechniken und der Entwicklung kognitiver Fähigkeiten. Sie soll auch die emotionalen und affektiven Anlagen der Schüler zur Entfaltung bringen. Das Schulgeschehen ist darauf angelegt, ihre Persönlichkeitsentwicklung umfassend zu fördern und insbesondere auch das Sozialverhalten zu beeinflussen. In diesem Zusammenhang gewinnt das Kreuz im Klassenzimmer seine Bedeutung. Es hat appellativen Charakter und weist die von ihm symbolisierten Glaubensinhalte als vorbildhaft und befolgungswürdig aus. Das geschieht überdies gegenüber Personen, die aufgrund ihrer Jugend in ihren

Anschauungen noch nicht gefestigt sind, Kritikvermögen und Ausbildung eigener Standpunkte erst erlernen sollen und daher einer mentalen Beeinflussung besonders leicht zugänglich sind (vgl. BVerfGE 52, 223 [249][10]).

Auch die angegriffenen Entscheidungen stellen den appellativen Charakter des Kreuzes nicht völlig in Abrede. Zwar sprechen sie ihm gegenüber den andersdenkenden Schülern eine spezifisch christliche Bedeutung ab. Für die christlichen Schüler sehen sie in ihm aber einen wesentlichen Ausdruck von deren religiöser Überzeugung. Ähnlich meint der Bayerische Ministerpräsident, das Kreuz habe im allgemeinen Unterricht nur einen unspezifischen Symbolwert, während es sich beim Schulgebet und im Religionsunterricht in ein spezifisches Glaubenssymbol verwandele.

3. Das Grundrecht der Glaubensfreiheit ist vorbehaltlos gewährleistet. Das bedeutet aber nicht, daß es keinerlei Einschränkungen zugänglich wäre. Diese müssen sich jedoch aus der Verfassung selbst ergeben. Eine Errichtung von Schranken, die nicht bereits in der Verfassung angelegt sind, steht dem Gesetzgeber nicht zu. Verfassungsrechtliche Gründe, die den Eingriff zu rechtfertigen vermöchten, sind hier aber nicht vorhanden.

a) Aus Art. 7 Abs. 1 GG ergibt sich eine solche Rechtfertigung nicht.

Allerdings erteilt Art. 7 Abs. 1 GG dem Staat einen Erziehungsauftrag (vgl. BVerfGE 34, 165 [181]). Er hat nicht nur das Schulwesen zu organisieren und selbst Schulen zu errichten, sondern darf auch die Erziehungsziele und Ausbildungsgänge festlegen. Dabei ist er von den Eltern unabhängig (vgl. BVerfGE 34, 165 [182]; 47, 46 [71 f.]). Deswegen können nicht nur schulische und familiäre Erziehung in Konflikt geraten. Es ist vielmehr auch unvermeidbar, daß in der Schule die unterschiedlichen religiösen und weltanschaulichen Überzeugungen der Schüler und ihrer Eltern besonders intensiv aufeinander treffen.

Dieser Konflikt zwischen verschiedenen Trägern eines vorbehaltlos gewährleisteten Grundrechts sowie zwischen diesem Grundrecht und anderen verfassungsrechtlich geschützten Gütern ist nach dem Grundsatz praktischer Konkordanz zu lösen, der fordert, daß nicht eine der widerstreitenden Rechtspositionen bevorzugt und maximal behauptet wird, sondern alle einen möglichst schonenden Ausgleich erfahren (vgl. BVerfGE 28, 243 [260 f.]; 41, 29 [50]; 52, 223 [247, 251]).

Ein solcher Ausgleich verlangt vom Staat nicht, daß er bei der Erfüllung des von Art. 7 Abs. 1 GG erteilten Erziehungsauftrags auf religiös-weltanschauliche Bezüge völlig verzichtet. Auch ein Staat, der die Glaubensfreiheit umfassend gewährleistet und sich damit selber zu religiös-weltanschaulicher Neutralität verpflichtet, kann die kulturell vermittelten und historisch verwur-

---

[10] KirchE 17, 325.

zelten Wertüberzeugungen und Einstellungen nicht abstreifen, auf denen der gesellschaftliche Zusammenhalt beruht und von denen auch die Erfüllung seiner eigenen Aufgaben abhängt. Der christliche Glaube und die christlichen Kirchen sind dabei, wie immer man ihr Erbe heute beurteilen mag, von überragender Prägekraft gewesen. Die darauf zurückgehenden Denktraditionen, Sinnerfahrungen und Verhaltensmuster können dem Staat nicht gleichgültig sein. Das gilt in besonderem Maß für die Schule, in der die kulturellen Grundlagen der Gesellschaft vornehmlich tradiert und erneuert werden. Überdies darf der Staat, der die Eltern verpflichtet, ihre Kinder in die staatliche Schule zu schicken, auf die Religionsfreiheit derjenigen Eltern Rücksicht nehmen, die eine religiös geprägte Erziehung wünschen. Das Grundgesetz hat das anerkannt, indem es in Art. 7 Abs. 5 GG staatliche Weltanschauungs- oder Bekenntnisschulen gestattet, Religionsunterricht als ordentliches Lehrfach vorsieht (Art. 7 Abs. 3 GG) und darüber hinaus Raum für aktive Betätigung der Glaubensüberzeugung läßt (vgl. BVerfGE 41, 29 [49]; 52, 223 [240 f.]).

Allerdings ist es in einer pluralistischen Gesellschaft unmöglich, bei der Gestaltung der öffentlichen Pflichtschule allen Erziehungsvorstellungen voll Rechnung zu tragen. Insbesondere lassen sich die negative und die positive Seite der Religionsfreiheit nicht problemlos in ein und derselben staatlichen Institution verwirklichen. Daraus folgt, daß sich der Einzelne im Rahmen der Schule nicht uneingeschränkt auf Art. 4 Abs. 1 GG berufen kann.

Das unvermeidliche Spannungsverhältnis zwischen negativer und positiver Religionsfreiheit unter Berücksichtigung des Toleranzgebotes zu lösen, obliegt dem Landesgesetzgeber, der im öffentlichen Willensbildungsprozeß einen für alle zumutbaren Kompromiß zu suchen hat. Er kann sich bei seiner Regelung daran orientieren, daß einerseits Art. 7 GG im Bereich des Schulwesens religiös-weltanschauliche Einflüsse zuläßt, andererseits Art. 4 GG gebietet, bei der Entscheidung für eine bestimmte Schulform religiös-weltanschauliche Zwänge so weit wie irgend möglich auszuschalten. Beide Vorschriften sind zusammen zu sehen und in der Interpretation aufeinander abzustimmen, weil erst die Konkordanz der in den beiden Artikeln geschützten Rechtsgüter der Entscheidung des Grundgesetzes gerecht wird (vgl. BVerfGE 41, 29 [50 f.]).

Das Bundesverfassungsgericht hat daraus den Schluß gezogen, daß dem Landesgesetzgeber die Einführung christlicher Bezüge bei der Gestaltung der öffentlichen Volksschulen nicht schlechthin verboten ist, mögen auch Erziehungsberechtigte, die bei der Erziehung ihrer Kinder dieser Schule nicht ausweichen können, keine religiöse Erziehung wünschen. Voraussetzung ist jedoch, daß damit nur das unerläßliche Minimum an Zwangselementen verbunden ist. Das bedeutet insbesondere, daß die Schule ihre Aufgabe im religiös-weltanschaulichen Bereich nicht missionarisch auffassen und keine Verbindlichkeit für christliche Glaubensinhalte beanspruchen darf. Die Bejahung des

Christentums bezieht sich insofern auf die Anerkennung des prägenden Kultur- und Bildungsfaktors, nicht auf bestimmte Glaubenswahrheiten. Zum Christentum als Kulturfaktor gehört gerade auch der Gedanke der Toleranz für Andersdenkende. Deren Konfrontation mit einem christlich geprägten Weltbild führt jedenfalls so lange nicht zu einer diskriminierenden Abwertung nichtchristlicher Weltanschauungen, als es nicht um Glaubensvermittlung, sondern um das Bestreben nach Verwirklichung der autonomen Persönlichkeit im religiös-weltanschaulichen Bereich gemäß der Grundentscheidung des Art. 4 GG geht (vgl. BVerfGE 41, 29 [51 f.]; 41, 65 [85 f.][11]). Das Bundesverfassungsgericht hat deshalb die Regelung über die christliche Gemeinschaftsschule in Art. 135 Satz 2 der Bayerischen Verfassung nur aufgrund einer verfassungskonformen Auslegung für mit dem Grundgesetz vereinbar erklärt (vgl. BVerfGE 41, 65 [66 und 79 ff.]) und in bezug auf die Simultanschule mit christlichem Charakter im überlieferten badischen Sinne betont, daß es sich nicht um eine bikonfessionelle Schule handele (vgl. BVerfGE 41, 29 [62]).

Die Anbringung von Kreuzen in Klassenzimmern überschreitet die danach gezogene Grenze religiös-weltanschaulicher Ausrichtung der Schule. Wie bereits festgestellt, kann das Kreuz nicht seines spezifischen Bezugs auf die Glaubensinhalte des Christentums entkleidet und auf ein allgemeines Zeichen abendländischer Kulturtradition reduziert werden. Es symbolisiert den wesentlichen Kern der christlichen Glaubensüberzeugung, die zwar insbesondere die westliche Welt in vielfacher Weise geformt hat, aber keineswegs von allen Gesellschaftsgliedern geteilt, sondern von vielen in Ausübung ihres Grundrechts aus Art. 4 Abs. 1 GG abgelehnt wird. Seine Anbringung in der staatlichen Pflichtschule ist daher mit Art. 4 Abs. 1 GG unvereinbar, soweit es sich nicht um christliche Bekenntnisschulen handelt.

b) Die Anbringung des Kreuzes rechtfertigt sich auch nicht aus der positiven Glaubensfreiheit der Eltern und Schüler christlichen Glaubens. Die positive Glaubensfreiheit kommt allen Eltern und Schülern gleichermaßen zu, nicht nur den christlichen. Der daraus entstehende Konflikt läßt sich nicht nach dem Mehrheitsprinzip lösen, denn gerade das Grundrecht der Glaubensfreiheit bezweckt in besonderem Maße den Schutz von Minderheiten. Überdies verleiht Art. 4 Abs. 1 GG den Grundrechtsträgern nicht uneingeschränkt einen Anspruch darauf, ihre Glaubensüberzeugung im Rahmen staatlicher Institutionen zu betätigen. Soweit die Schule im Einklang mit der Verfassung dafür Raum läßt wie beim Religionsunterricht, beim Schulgebet und anderen religiösen Veranstaltungen, müssen diese vom Prinzip der Freiwilligkeit geprägt sein und Andersdenkenden zumutbare, nicht diskriminierende Ausweichmöglichkeiten lassen. Das ist bei der Anbringung von Kreuzen in Klas-

---

[11] KirchE 15, 158.

senzimmern, deren Präsenz und Anforderung sich der Andersdenkende nicht entziehen kann, nicht der Fall. Schließlich wäre es mit dem Gebot praktischer Konkordanz nicht vereinbar, die Empfindungen Andersdenkender völlig zurückzudrängen, damit die Schüler christlichen Glaubens über den Religionsunterricht und freiwillige Andachten hinaus auch in den profanen Fächern unter dem Symbol ihres Glaubens lernen können.

D. Danach ist die dem Streitfall zugrunde liegende Vorschrift des § 13 Abs. 1 Satz 3 VSO mit den genannten Grundrechten unvereinbar und für nichtig zu erklären.

Abweichende Meinung der Richter Seidl und Söllner und der Richterin Haas zum Beschluß des Ersten Senats vom 16. 5. 1995 – 1 BvR 1087/91 –

Die Auffassung der Senatsmehrheit, § 13 Abs. 1 Satz 3 der Schulordnung für die Volksschulen in Bayern, wonach in jedem Klassenzimmer ein Kreuz anzubringen ist, verstoße gegen das Grundgesetz, wird von uns nicht geteilt. Die mit der Verfassungsbeschwerde angegriffenen Gerichtsentscheidungen verletzen die Beschwerdeführer nicht in ihren Grundrechten aus Art. 4 Abs. 1 und Art. 4 Abs. 1 i. V. m. Art. 6 Abs. 2 Satz 1 GG.

I. 1. Nach Art. 7 Abs. 1 GG steht das gesamte Schulwesen unter der Aufsicht des Staates. Die Errichtung und das Betreiben von Volksschulen ist, wie sich aus Art. 7 Abs. 5 GG ergibt, der die Zulassung privater Volksschulen an besonders strenge Voraussetzungen knüpft, grundsätzlich Sache des Staates selbst. Der Staat hat insoweit einen eigenen Erziehungsauftrag und damit auch die Befugnis, Erziehungsziele festzulegen (vgl. BVerfGE 52, 223 [236]).

Das Grundgesetz weist jedoch das Schulrecht *ausschließlich* dem Hoheitsbereich der *Länder* zu. Das Schulrecht ist in den Zuständigkeitskatalogen der Art. 73 ff. GG nicht aufgeführt. Der Bund hat also für diesen Gegenstand – im Gegensatz zur Verfassungsordnung der Weimarer Republik, die auf dem Gebiete des Schulwesens gemäß Art. 10 Nr. 2 WRV dem Reich das Recht zur Grundsatzgesetzgebung zuerkannte – keine Gesetzgebungsbefugnis (Art. 70 ff. GG) und keine Verwaltungshoheit (Art. 30 GG). Die Entstehungsgeschichte des Art. 7 GG zeigt, daß eine weitgehende Selbständigkeit der Länder in bezug auf die weltanschaulich-religiöse Ausprägung der öffentlichen Schulen beabsichtigt war. Hier setzte sich das föderalistische Prinzip durch. Anträge, die ein weitergehendes Elternrecht („konfessionelles Elternrecht") und eine grundgesetzliche Sicherstellung der Bekenntnisschulen erstrebten, wurden bereits in den Vorberatungen zu Art. 7 GG abgelehnt. Wiederholt wurde betont, die Länder dürften in ihrer Zuständigkeit, die schulpolitischen Fragen zu regeln, nicht geschmälert werden (vgl. hierzu ausführlich BVerfGE 6, 309 [356][12] m. w. N.; ferner BVerfGE 41, 29 [45]).

---
[12] KirchE 4, 46.

2. Die verfassungsrechtliche Beurteilung der mit der Verfassungsbeschwerde aufgeworfenen Fragen muß danach von den Gegebenheiten des Freistaates Bayern ausgehen und darf nicht die Verhältnisse, die in anderen Ländern der Bundesrepublik gegeben sein mögen, zum Ausgangspunkt nehmen.

Die Verfassung des Freistaates Bayern vom 2. 12. 1946 (BV) enthält in ihrem Abschnitt über Bildung und Schule folgende Bestimmung über die in allen Schulen zu verfolgenden Bildungsziele:

Art. 131
(1) ...
(2) Oberste Bildungsziele sind Ehrfurcht vor Gott, Achtung vor religiöser Überzeugung und vor der Würde des Menschen, Selbstbeherrschung, Verantwortungsgefühl und Verantwortungsfreudigkeit, Hilfsbereitschaft, Aufgeschlossenheit für alles Wahre, Gute und Schöne und Verantwortungsbewußtsein für Natur und Umwelt.
(3 – 4) ...

Während das Bildungsziel „Verantwortungsbewußtsein für Natur und Umwelt" erst durch das Fünfte Gesetz zur Änderung der Verfassung des Freistaates Bayern vom 20. 6. 1984 (GVBl. S. 223) hinzugefügt worden ist, bestehen die anderen Bildungsziele unverändert seit dem Inkrafttreten der Bayerischen Landesverfassung.

Für das Volksschulwesen sah Art. 135 BV ursprünglich Bekenntnis- oder Gemeinschaftsschulen mit einem Vorrang der Bekenntnisschule vor. Aufgrund der schulpolitischen Entwicklung (vgl. hierzu BVerfGE 41, 65 [79 ff.]) wurde diese Verfassungsbestimmung im Wege des Volksentscheids durch das Gesetz zur Änderung des Art. 135 der Verfassung des Freistaates Bayern vom 22. 7. 1968 (GVBl. S. 235) geändert. Sie lautet seitdem wie folgt:

Art. 135
Die öffentlichen Volksschulen sind gemeinsame Schulen für alle volksschulpflichtigen Kinder. In ihnen werden die Schüler nach den Grundsätzen der christlichen Bekenntnisse unterrichtet und erzogen. Das Nähere bestimmt das Volksschulgesetz.

In Art. 135 Satz 2 BV n. F. muß das Christentum nicht in einem konfessionellen Sinne verstanden werden. Die Grundsätze der christlichen Bekenntnisse im Sinne dieser Vorschrift umfassen vielmehr die Werte, die den christlichen Bekenntnissen gemeinsam sind, und die ethischen Normen, die daraus abgeleitet werden (vgl. BVerfGE 41, 65 [84]). Es handelt sich um Werte und Normen, die, vom Christentum maßgeblich geprägt, weitgehend zum Gemeingut des abendländischen Kulturkreises geworden sind. In Anwendung dieser Prinzipien sollen die Schüler zu den in Art. 131 Abs. 2 BV beschriebenen Bildungszielen hingeführt werden. Ein durch spezifisch christliche Glaubensinhalte geprägtes Erziehungsziel ist hingegen in der Bayerischen Verfassung nicht niedergelegt (vgl. BVerfG, aaO, S. 84 f.). Die Bejahung des Christentums bezieht sich nicht auf die Glaubensinhalte, sondern auf die Anerkennung des prägenden Kultur- und Bildungsfaktors und ist damit auch gegenüber Nichtchristen durch die Geschichte des abendländischen Kulturkreises gerechtfertigt (vgl. BVerfGE 41, 29 [64]).

Nach Maßgabe dieser Erwägungen bestehen gegen den auf Art. 135 Satz 2 BV beruhenden Schultyp der christlichen Gemeinschaftsschule keine verfassungsrechtlichen Bedenken (vgl. BVerfGE 41, 65 [79 ff.]).

3. Den Bundesländern als den Trägern des Volksschulwesens obliegt es gemäß Art. 7 Abs. 1 und 5 GG, die erforderlichen Bestimmungen über die Organisation der Volksschulen zu erlassen. Dem jeweiligen Landesgesetzgeber steht dabei ein weiter Gestaltungsspielraum zu. Die Regelung des § 13 Abs. 1 Satz 3 VSO, wonach in jedem Klassenzimmer ein Kreuz anzubringen ist, überschreitet die Grenzen dieses Spielraums nicht. Da der Landesgesetzgeber in verfassungsrechtlich unbedenklicher Weise den Schultyp der christlichen Gemeinschaftsschule einführen darf, kann es ihm nicht verwehrt sein, die Wertvorstellungen, die diesen Schultyp prägen, in den Unterrichtsräumen durch das Kreuz zu symbolisieren.

a) Die Vorschrift des § 13 Abs. 1 Satz 3 VSO ist Teil der organisatorischen Ausgestaltung der christlichen Gemeinschaftsschule. Durch das Kreuz im Klassenzimmer werden die in dieser Schulform zu vermittelnden überkonfessionellen christlich-abendländischen Werte und ethischen Normen den Lehrern und Schülern sinnbildlich vor Augen geführt. Bei dem Erlaß dieser Vorschrift durfte der Landesgesetzgeber der Tatsache Rechnung tragen, daß die Mehrzahl der in seinem Gebiet lebenden Staatsbürger einer christlichen Kirche angehört (vgl. BVerfGE 41, 29 [50 f., 60]). Er konnte ferner davon ausgehen, daß die Anbringung eines Kreuzes im Klassenzimmer wegen dessen Symbolcharakters für die überkonfessionellen christlich-abendländischen Werte und ethischen Normen auch von einem Großteil der einer Kirche fernstehenden Personen begrüßt oder wenigstens respektiert würde. Dafür spricht nicht zuletzt, daß die Bestimmungen der Bayerischen Verfassung über die christliche Gemeinschaftsschule die Zustimmung der Bevölkerungsmehrheit (vgl. BVerfGE 41, 65 [67]) gefunden haben.

b) Der Staat, der mit der Schulpflicht tief in die Erziehung der Kinder durch das Elternhaus eingreift, ist weitgehend auf die Akzeptanz des von ihm organisierten Schulwesens durch die Eltern angewiesen. Es ist ihm daher nicht verwehrt, die Übereinstimmung von Schule und Elternhaus in grundlegenden Wertanschauungen soweit als möglich aufrechtzuerhalten (vgl. BVerfGE 41, 29 [60]; 41, 65 [87]). Dazu kann auch die Anbringung von Kreuzen in Unterrichtsräumen beitragen, die in Bayern im übrigen einer langen Tradition entspricht, die nur in der Zeit des Nationalsozialismus auf Widerstand gestoßen ist.

4. Durch das Anbringen von Kreuzen in Unterrichtsräumen wird die Pflicht des Staates zu weltanschaulich-religiöser Neutralität nicht verletzt. Unter der Geltung des Grundgesetzes darf das Gebot der weltanschaulich-religiösen Neutralität nicht als eine Verpflichtung des Staates zur Indifferenz oder zum Laizismus verstanden werden. Durch die Verweisung auf die Kirchenartikel der Weimarer Reichsverfassung in Art. 140 GG ist das Neutralitätsgebot im Sinne einer Zusammenarbeit des Staates mit den Kirchen und Religionsgesellschaften, die auch deren Förderung durch den Staat einschließt, ausgestaltet worden.

In den Entscheidungen über die verfassungsrechtliche Zulässigkeit christlicher Gemeinschaftsschulen hat das Bundesverfassungsgericht im Zusammenhang mit dem Neutralitätsgebot ausgesprochen, daß die Schule, soweit sie auf die Glaubens- und Gewissensentscheidungen der Kinder Einfluß nehmen kann, nur das Minimum an Zwangselementen enthalten darf. Ferner darf sie keine missionarische Schule sein und keine Verbindlichkeit christlicher Glaubensinhalte beanspruchen; sie muß auch für andere weltanschauliche und religiöse Inhalte und Werte offen sein (vgl. BVerfGE 41, 29 [51]; 41, 65 [78]).

Die von der Senatsmehrheit für verfassungswidrig gehaltene Regelung des § 13 Abs. 1 Satz 3 VSO genügt allen diesen Erfordernissen: Das bloße Vorhandensein eines Kreuzes im Klassenzimmer zwingt die Schüler nicht zu besonderen Verhaltensweisen und macht die Schule nicht zu einer missionarischen Veranstaltung. Das Kreuz verändert auch den Charakter der christlichen Gemeinschaftsschule nicht, sondern ist als ein den christlichen Konfessionen gemeinsames Symbol in besonderer Weise geeignet, als Sinnbild für die verfassungsrechtlich zulässigen Bildungsinhalte dieser Schulform zu dienen. Das Anbringen eines Kreuzes im Klassenzimmer schließt die Berücksichtigung anderer weltanschaulich-religiöser Inhalte und Werte im Unterricht nicht aus. Die Gestaltung des Unterrichts unterliegt zudem dem Gebot des Art. 136 Abs. 1 BV, wonach an allen Schulen die religiösen Empfindungen aller zu achten sind.

II. Entgegen der Auffassung der Senatsmehrheit werden die Beschwerdeführer durch das Vorhandensein von Kreuzen in den Unterrichtsräumen nicht in ihrer Religionsfreiheit (Art. 4 Abs. 1 GG und Art. 4 Abs. 1 i. V. m. Art. 6 Abs. 2 Satz 1 GG) verletzt.

1. Mit der Schulpflicht und der Übernahme des Volksschulwesens in seine eigene Verantwortung hat der Staat einen für die Erziehung der Jugend maßgeblichen Lebensbereich voll in seine Obhut genommen. Das hat zur Folge, daß er hier Raum geben muß für die Entfaltung der Freiheitsrechte. Diese können zwar im Hinblick auf den legitimen Zweck der Einrichtung – hier der Schule – eingeschränkt, aber nicht aufgehoben werden. Die öffentliche Schule, die der Staat seiner organisatorischen und weitgehend auch inhalt-

lichen Gestaltung unterstellt hat, ist ein Lebensbereich, in dem sich staatliches Handeln und bürgerliche Freiheit begegnen. In einem solchen Bereich darf der Staat auch durch das Bereithalten sinnfälliger Wertsymbole, die in dem betreffenden Bundesland verbreiteter Übung entsprechen, einen organisatorischen Rahmen schaffen, in dem sich zugleich die bei einem großen Teil der Schüler und ihrer Eltern vorhandenen religiösen Überzeugungen entfalten können (vgl. OVG Nordrhein-Westfalen, NVwZ 1994, S. 597[13]). Dagegen fällt die Ausstattung von Gerichtssälen mit Kreuzen, die das Grundrecht eines Prozeßbeteiligten aus Art. 4 Abs. 1 GG verletzen kann (vgl. BVerfGE 35, 366), in den Bereich ursprünglicher staatlicher Hoheitsfunktionen und unterliegt daher anderen verfassungsrechtlichen Bindungen als die Anbringung von Kreuzen in den Klassenräumen staatlicher Schulen (vgl. im einzelnen Böckenförde, ZevKR 20 [1975], S. 119 [127 f., 134]).

Die Bekenntnisfreiheit des Art. 4 Abs. 1 GG wird, was von der Senatsmehrheit überhaupt nicht in den Blick genommen wird, durch die Gewährleistung der ungestörten Religionsausübung in Art. 4 Abs. 2 GG noch verstärkt und hervorgehoben (vgl. BVerfGE 24, 236 [245 f.][14]). Art. 4 Abs. 1 und 2 GG sichern gemeinsam dem Einzelnen einen Raum für die aktive Betätigung seiner Glaubensüberzeugung. Ist danach ein freiwilliges, überkonfessionelles Schulgebet grundsätzlich verfassungsrechtlich unbedenklich (vgl. BVerfGE 52, 223), so gilt das in gleicher Weise für das Kreuz im Klassenzimmer. Der Staat gibt damit der positiven Bekenntnisfreiheit Raum in einem Bereich, den er ganz in seine Vorsorge genommen hat und in welchem religiöse und weltanschauliche Einstellungen von jeher relevant waren (vgl. BVerfGE 41, 29 [49]; 52, 223 [241]).

2. In die Religionsfreiheit der Beschwerdeführer wird damit nicht eingegriffen.

a) Die Beschwerdeführer berufen sich nicht auf die Religionsausübungsfreiheit nach Art. 4 Abs. 2 GG. Sie machen auch keine Verletzung ihrer aus Art. 4 Abs. 1 GG folgenden positiven Bekenntnisfreiheit geltend, sondern rügen allein eine Verletzung ihrer − ebenfalls durch Art. 4 Abs. 1 GG geschützten − negativen Religionsfreiheit. Denn sie verlangen nicht die Anbringung eines Symbols ihrer eigenen Weltanschauung im Klassenzimmer neben dem Kreuz oder an dessen Stelle, sondern allein die Entfernung von Kruzifixen, die sie als Symbole einer von ihnen nicht geteilten religiösen Überzeugung betrachten und nicht dulden wollen. In dem Beschluß vom 5. 11. 1991[15] (BVerfGE 85, 94), mit dem der Antrag der Beschwerdeführer auf Erlaß einer einstweiligen Anordnung zurückgewiesen worden war, hatte der Senat die verfassungsrechtliche Frage − treffender als jetzt in der Hauptsacheentscheidung − wie folgt

---

[13] KirchE 31, 368.   [14] KirchE 10, 181.   [15] KirchE 29, 367.

formuliert: „ob und unter welchen Umständen die Verwendung religiöser Symbole in einer Schule die negative Religionsfreiheit berührt und inwieweit sie von der Minderheit hinzunehmen ist, weil sie der positiven Religionsfreiheit der Mehrheit Rechnung tragen soll" (BVerfG, aaO, S. 96).

Freilich handelt es sich nicht um ein Problem des Verhältnisses von Mehrheit und Minderheit, sondern darum, wie im Bereich der staatlichen Pflichtschule positive und negative Religionsfreiheit der Schüler und ihrer Eltern allgemein in Übereinstimmung gebracht werden können. Dieses im Bereich des Schulwesens unvermeidliche Spannungsverhältnis zwischen negativer und positiver Religionsfreiheit zu lösen, obliegt dem demokratischen Landesgesetzgeber, der im öffentlichen Willensbildungsprozeß unter Berücksichtigung der verschiedenen Auffassungen einen für alle zumutbaren Kompromiß zu suchen hat (vgl. BVerfGE 41, 29 [50]; 52, 223 [247]). Dabei ist die negative Religionsfreiheit kein Obergrundrecht, das die positiven Äußerungen der Religionsfreiheit im Falle des Zusammentreffens verdrängt. Das Recht der Religionsfreiheit ist kein Recht zur Verhinderung von Religion. Der notwendige Ausgleich zwischen beiden Erscheinungsformen der Religionsfreiheit muß im Wege der Toleranz bewerkstelligt werden (vgl. Schlaich, in: Kirche und Staat in der neueren Entwicklung, 1980, S. 427 [439]; Starck, in: v. Mangoldt/Klein, GG, Art. 4 Abs. 1, 2 Rdnr. 17 m. w. N.).

b) Diesen Grundsätzen ist der bayerische Landesgesetzgeber mit dem Erlaß des § 13 Abs. 1 Satz 3 VSO gerecht geworden. Die gebotene Abwägung mit den Belangen von Nicht- und Andersgläubigen läßt einen Verfassungsverstoß nicht erkennen.

aa) Bei der Einschätzung und Bewertung dieser Belange kann man nicht, wie es die Senatsmehrheit tut, generell die christlich-theologische Auffassung von Bedeutung und Sinngehalt des Kreuzessymbols zugrunde legen. Entscheidend ist vielmehr, welche Wirkung der Anblick des Kreuzes bei den einzelnen Schülern entfaltet, insbesondere welche Empfindungen der Anblick des Kreuzes bei Andersdenkenden auslösen kann (vgl. dazu auch BVerfGE 35, 366 [375 f.]). Es mag sein, daß in einem Schüler christlichen Glaubens beim Anblick des Kreuzes im Klassenzimmer teilweise diejenigen Vorstellungen erweckt werden, die von der Senatsmehrheit als Sinngehalt des Kreuzes (unter C II 2 b der Gründe) geschildert werden. Für den nichtgläubigen Schüler hingegen kann das nicht angenommen werden. Aus seiner Sicht kann das Kreuz im Klassenzimmer nicht die Bedeutung eines Symbols für christliche Glaubensinhalte haben, sondern nur die eines Sinnbilds für die Zielsetzung der christlichen Gemeinschaftsschule, nämlich für die Vermittlung der Werte der christlich geprägten abendländischen Kultur, und daneben noch die eines Symbols einer von ihm nicht geteilten, abgelehnten und vielleicht bekämpften religiösen Überzeugung.

bb) Angesichts dieses Sinngehalts, den das Kreuz im Klassenzimmer für nichtchristliche Schüler hat, haben sie und ihre Eltern das Vorhandensein der Kreuze hinzunehmen. Dazu verpflichtet sie das Toleranzgebot. Unzumutbare Belastungen entstehen ihnen dadurch nicht.

Die psychische Beeinträchtigung und mentale Belastung, die nichtchristliche Schüler durch die zwangsläufige Wahrnehmung des Kreuzes im Unterricht zu erdulden haben, hat nur ein verhältnismäßig geringes Gewicht. Das Minimum an Zwangselementen, das in dieser Beziehung von den Schülern und ihren Eltern zu akzeptieren ist (vgl. BVerfGE 41, 29 [51]), wird nicht überschritten. Die Schüler sind nicht zu besonderen Verhaltensweisen oder religiösen Übungen vor dem Kreuz verpflichtet. Sie sind daher − anders als beim Schulgebet (vgl. BVerfGE 52, 223 [245 ff.]) − nicht gezwungen, durch Nichtteilnahme ihre abweichende weltanschaulich-religiöse Überzeugung kundzutun. Die Gefahr ihrer Diskriminierung besteht daher von vornherein nicht.

Die Schüler werden durch das Kreuz im Klassenzimmer auch nicht in verfassungsrechtlich unzulässiger Weise (vgl. BVerfGE 41, 29 [51]) missionarisch beeinflußt. Ein unmittelbarer Einfluß auf Lehrinhalte und Erziehungsziele im Sinne einer Propagierung christlicher Glaubensinhalte geht von dem Kreuz im Klassenzimmer nicht aus. Im übrigen ist auch insoweit von den besonderen Verhältnissen in Bayern auszugehen. Der Schüler wird dort − auch außerhalb des engeren kirchlichen Bereichs − in vielen anderen Lebensbereichen tagtäglich mit dem Anblick von Kreuzen konfrontiert. Beispielhaft seien nur erwähnt die in Bayern häufig anzutreffenden Wegekreuze, die vielen Kreuze in Profanbauten (wie in Krankenhäusern und Altersheimen, aber auch in Hotels und Gaststätten) und schließlich auch die in Privatwohnungen vorhandenen Kreuze. Unter solchen Verhältnissen bleibt auch das Kreuz im Klassenzimmer im Rahmen des Üblichen; ein missionarischer Charakter kommt ihm nicht zu.

III. Hiernach hat der bayerische Landesgesetzgeber mit dem Anbringen von Kreuzen in den Klassenzimmern von Volksschulen in zulässiger Weise von der ihm zustehenden Gestaltungsbefugnis bei der Organisation des Volksschulwesens Gebrauch gemacht, ohne die Grenzen seines Geltungsspielraums zu überschreiten. Die angegriffenen verwaltungsgerichtlichen Entscheidungen begegnen in dieser Hinsicht keinen verfassungsrechtlichen Bedenken.

Abweichende Meinung der Richterin Haas zum Beschluß des Ersten Senats vom 16. 5. 1995 − 1 BvR 1087/91 −

Ich teile darüber hinaus auch weder die Begründung der Senatsmehrheit zur Zulässigkeit der Verfassungsbeschwerde noch ihre Ausführungen zum Anordnungsgrund.

1. Soweit Zweifel an der Zulässigkeit der Verfassungsbeschwerde etwa deshalb bestehen könnten, weil möglicherweise zwischenzeitlich die Beschwer der Beschwerdeführer weggefallen ist, etwa durch einen Schulwechsel der Beschwerdeführer zu 3) bis 5) oder durch Abhängen der noch verbliebenen Kruzifixe in den Unterrichtsräumen – nur darauf bezog sich der Antrag der Beschwerdeführer im einstweiligen Rechtsschutzverfahren –, mag das dahingestellt bleiben. Die Zulässigkeit der Verfassungsbeschwerde kann hier jedoch nicht aus denselben Gründen wie beim Wegfall der Beschwer im Hauptsacheverfahren (vgl. BVerfGE 41, 29 [43]) bejaht werden. Denn die Annahme eines fortdauernden Feststellungsinteresses berücksichtigt nicht hinreichend die Besonderheiten des einstweiligen Rechtsschutzverfahrens, dessen Bedeutung sich in der Regelung eines nur vorläufigen Zustands erschöpft. Indessen braucht diese Frage im Hinblick auf die hier vertretene Rechtsauffassung, wonach die Verfassungsbeschwerde unbegründet ist, nicht weiter vertieft zu werden.

2. Die angefochtene Entscheidung des Bayerischen Verwaltungsgerichtshofs ist auch insoweit verfassungsrechtlich nicht zu beanstanden, als das Vorliegen eines Anordnungsgrundes verneint wird; insbesondere ist Art. 19 Abs. 4 GG nicht verletzt. Die Verwaltungsgerichte gewähren vorläufigen Rechtsschutz u. a. nach § 123 VwGO. Art. 19 Abs. 4 GG fordert auch bei Verfahren, die die Vornahme einer Handlung betreffen, jedenfalls dann die Gewährung vorläufigen Rechtsschutzes, wenn im anderen Falle schwere und unzumutbare, anders nicht abwendbare Nachteile entstünden, zu deren nachträglicher Beseitigung die Entscheidung in der Hauptsache nicht mehr in der Lage wäre (vgl. BVerfGE 46, 166 [179]; 51, 268 [284]).

Davon ist auch der Bayerische Verwaltungsgerichtshof ausgegangen. Bei der Prüfung des Vorliegens der Voraussetzungen eines Anordnungsgrundes hebt der Gerichtshof unter Berücksichtigung des verfassungsrechtlichen Gebots der Gewährung effektiven Rechtsschutzes zutreffend darauf ab, ob den Beschwerdeführern bei Nichterlaß einer einstweiligen Anordnung ein unzumutbarer und irreparabler Nachteil entstünde.

Im Rahmen *dieser Nachteils*prüfung hat er – verfassungsrechtlich unbedenklich – die Dringlichkeit und die Bedeutung des Anspruchs geprüft. Deshalb erscheint es mehr als zweifelhaft, ob die in einem einzigen Satz zusammengefaßten Erwägungen des Gerichtshofs zum Zeitablauf isoliert betrachtet und dahin gewürdigt werden können, daß das Gericht die Eilbedürftigkeit des Anliegens der Beschwerdeführer verneint hat. Vielmehr müssen die Ausführungen zur Dauer des beanstandeten Zustands in ihrem Gesamtkontext gesehen und verstanden werden. Als Teil der Nachteilsprüfung des Gerichtshofs aber kommt der Dauer des Zustands namentlich die Bedeutung eines Indizes für die Schwere des Nachteils zu. Die Erwägung des Gerichtshofs, daß die

Hinnahme eines bestimmten Zustands für die Dauer von etwa fünf Jahren Einfluß auf die Einschätzung eines Nachteils als zumutbar haben kann, ist verfassungsrechtlich nicht zu beanstanden. Es liegt jedenfalls nicht fern, die Frage der Zumutbarkeit eines Nachteils für die Betroffenen danach zu beurteilen, wie sich die Lage in der Vergangenheit für diese gestaltet hat und wie sie damit umgegangen sind. Daß der den Beschwerdeführern durch den Anblick eines Kruzifixes entstehende Nachteil allein in Folge Zeitablaufs unzumutbar geworden wäre, läßt sich den Feststellungen des Verwaltungsgerichtshofs, die von den Beschwerdeführern nicht angegriffen worden sind, nicht entnehmen. Die Beschwerdeführer haben auch nichts dafür vorgetragen, daß diesbezügliches Vorbringen vom Verwaltungsgerichtshof außer Betracht gelassen worden ist. Überdies hat der Gerichtshof im Rahmen der Nachteilsprüfung noch weitere Aspekte rechtlich gewürdigt. Insoweit hat er berücksichtigt, daß die Beschwerdeführer zu 1) und 2) bei Nichterlaß der begehrten vorläufigen Regelung noch genügend Freiraum für eine der elterlichen Verantwortung gerecht werdende Erziehung behalten und daß der Anblick eines Kruzifixes in den Unterrichtsräumen die Beschwerdeführer zu 3) bis 5) nur vergleichsweise gering belastet, weil sie diesem Anblick auch anderwärts ausgesetzt sind. Wenn der Bayerische Verwaltungsgerichtshof danach zu der Überzeugung gelangt ist, daß den Beschwerdeführern ein unzumutbarer und irreparabler Nachteil nicht entsteht, wenn eine vorläufige Regelung nicht getroffen wird, so begegnet dies keinen verfassungsrechtlichen Bedenken. Diese Einschätzung des Bayerischen Verwaltungsgerichtshofs hat im übrigen auch der erkennende Senat ersichtlich geteilt, als er seinerseits den Erlaß einer von den Beschwerdeführern beantragten einstweiligen Anordnung abgelehnt hat, weil sich bei der Folgenabwägung nicht feststellen lasse, daß die den Beschwerdeführern erwachsenden Nachteile überwögen (vgl. BVerfGE 85, 94 [96 f.]). Dabei hatte der erkennende Senat zu berücksichtigen, daß der von den Verfassungsbeschwerdeführern beanstandete Zustand angesichts der vieljährigen Dauer von Verfassungsbeschwerde-Verfahren von diesen noch mehrere Jahre hinzunehmen sein würde.

Angesichts seiner Beurteilung des Nachteils als minderschwer brauchte der Verwaltungsgerichtshof auch nicht weiter zu prüfen, ob der Erlaß einer einstweiligen Anordnung etwa deshalb notwendig war, weil die Beschwerdeführer vor den sie treffenden unzumutbaren und irreparablen Nachteilen anders nicht hätten bewahrt werden können (vgl. BVerfGE 46, 166 [179 f.]). Die Annahme des Gerichts, daß vor dem Hintergrund der Kompromißbereitschaft der Verwaltung auch in Zukunft außergerichtliche Kompromißlösungen wie die gegenwärtig bestehende erreichbar seien, ist verfassungsrechtlich nicht zu beanstanden.

Der Grundsatz der Gewährung effektiven Rechtsschutzes gebot es dem Gerichtshof auch nicht, Möglichkeiten einer vergleichsweisen Zwischenlösung „auszuloten", um eine einstweilige Anordnung „entbehrlich" zu machen. Es ist schon zweifelhaft, ob dem Wesen des Grundsatzes der Gewährung effektiven Rechtsschutzes eine Verhandlungsführung entspricht, die darauf abzielt, eine Entscheidung des Gerichts entbehrlich zu machen. Indessen bedarf es schon einfachrechtlich der Führung von Vergleichsverhandlungen im einstweiligen Rechtsschutzverfahren deshalb nicht, weil es im Ermessen des Gerichts steht, welche Regelung im einzelnen es im Rahmen des Rechtsschutzbegehrens trifft (h. Rspr. und Lit., vgl. Nachweise bei Kopp, VwGO, 1994, § 123 Rdnr. 17), falls die Voraussetzungen für einen Erlaß einer einstweiligen Anordnung vorliegen. Liegen jedoch – wie hier – die Voraussetzungen für den Erlaß einer einstweiligen Anordnung nach Auffassung des Gerichts nicht vor, ist also die Sache entscheidungsreif und der Antrag zurückzuweisen, so kann es jedenfalls unter dem Blickwinkel der Gewährung effektiven Rechtsschutzes nicht geboten sein, im Wege gerichtlicher Vergleichsverhandlungen eine Einigung der Beteiligten mit einem Ergebnis anzustreben, das auf dem eingeschlagenen Rechtsweg nicht erreichbar gewesen wäre.

29

Behält ein ins Ausland versetzter Arbeitnehmer eine Wohnung im Inland bei, deren Benutzung ihm jederzeit möglich ist und die so ausgestattet ist, daß diese ihm jederzeit als Bleibe dienen kann, so ist – widerlegbar – zu vermuten, daß er einen Wohnsitz im Inland hat.

§§ 10 Abs. 1 NW.KiStG; 8 AO 1977
BFH, Urteil vom 17. Mai 1995 – I R 8/94[1] –

Die Klägerin und Revisionsbeklagte, eine juristische Person des öffentlichen Rechts, behielt vom Gehalt ihrer ins Ausland versetzten Bediensteten nach Ablauf des Monats, in dem die Bediensteten ihre Tätigkeit am Auslandsdienstort aufnahmen, keine röm.-kath. Kirchenlohnsteuer mehr ein. Während diese Handhabung bei unverheirateten Bediensteten als rechtmäßig anerkannt wurde, wurde vom Finanzamt und vom Beklagten und Revisionskläger bei verheirateten Bediensteten eine Aufgabe des inländischen Wohnsitzes erst ab dem Zeitpunkt angenommen, in dem die Familie dem Bediensteten ins Ausland nachfolgte. Insoweit wurde die Klägerin für röm.-kath. Kirchensteuer in Haftung genommen.

---

[1] Amtl. Leitsatz.

Nach erfolglosem Einspruchsverfahren gab das Finanzgericht der Klage statt.

Die Revision des Beklagten hatte Erfolg und führte zur Zurückverweisung der Sache an das Finanzgericht.

Aus den Gründen:

Die Revision des Beklagten ist begründet. Das Urteil des Finanzgerichts ist aufzuheben. Die Sache ist an das Finanzgericht zurückzuverweisen (§ 126 Abs. 3 Nr. 2 FGO).

Gemäß § 10 Abs. 1 NW.KiStG sind die Arbeitgeber, deren Betriebsstätten im Land Nordrhein-Westfalen liegen, verpflichtet, die Kirchensteuer von allen röm.-kath. und ev. Arbeitnehmern mit Wohnsitz oder gewöhnlichem Aufenthalt i. S. der §§ 8, 9 AO 1977 im Land Nordrhein-Westfalen einzubehalten und an das für den Arbeitgeber zuständige Finanzamt abzuführen. Die Einbehaltungs- und Abführungspflicht setzt grundsätzlich, wie die Kirchensteuerpflicht selbst (vgl. § 3 Abs. 1 NW.KiStG), voraus, daß der Arbeitnehmer Angehöriger der (hier: röm.-kath.) Kirche ist und seinen Wohnsitz oder gewöhnlichen Aufenthalt in Nordrhein-Westfalen hat. Was unter Wohnsitz oder gewöhnlichem Aufenthalt zu verstehen ist, bestimmt sich kraft ausdrücklicher gesetzlicher Regelung nach den steuerlichen Vorschriften. Melderechtliche Normen sowie bürgerlich-rechtliche Vorschriften zur Begründung, Beibehaltung und Aufgabe eines Wohnsitzes sind unmaßgeblich (vgl. z. B. Urteile des BFH v. 14. 11. 1969 – III R 95/68 – BFHE 97, 425, BStBl. II 1970, 153; v. 26. 2. 1986 – II R 200/82 – BFH/NV 1987, 301; v. 23. 11. 1988 – II R 139/87 – BFHE 155, 29, BStBl. II 1989, 182).

1. Nach § 8 AO 1977 hat jemand dort einen Wohnsitz, wo er eine Wohnung unter Umständen innehat, die darauf schließen lassen, daß er die Wohnung beibehalten und benutzen wird. Benutzt wird eine Wohnung von demjenigen, der sich in ihr ständig oder doch mit einer gewissen Regelmäßigkeit und Gewohnheit tatsächlich aufhält (vgl. BFH-Urteile v. 26. 7. 1972 – I R 138/70 – BFHE 106, 537, BStBl. II 1972, 949 m. w. N.; in: BFHE 97, 425, BStBl. II 1970, 153). Die Frage, ob die Umstände für eine solche Benutzung sprechen, ist eine Tatfrage, die das Finanzgericht unter Würdigung der Gesamtumstände des Einzelfalles zu beantworten hat (§ 96 Abs. 1 FGO; vgl. z. B. auch BFH-Urteil v. 30. 8. 1989 – I R 215/85 – BFHE 158, 118, BStBl. II 1989, 956). Dabei kann nach ständiger Rechtsprechung *in der Regel* davon ausgegangen werden, daß ein Ehepartner die Wohnung, in seiner Familie wohnt, auch benutzen und daher dort einen Wohnsitz haben wird (vgl. BFH-Urteile v. 6. 2. 1985 – I R 23/82 – BFHE 143, 217, BStBl. II 1985, 331 m. w. N.; v. 28. 8. 1968 – I 254/65 – BFHE 93, 428, BStBl. II 1968, 818; v. 3. 12. 1964

– I 364/61 – HFR 1965, 268). Die gleiche Vermutung gilt, wenn der vom Inland ins Ausland versetzte Bedienstete eine Wohnung im Inland beibehält, deren Benutzung ihm jederzeit möglich ist und die dergestalt ausgestattet ist, daß sie jederzeit als Bleibe dienen kann. Solange daher ein Bediensteter eine entsprechende Wohnung im Inland beibehält, kann der Arbeitgeber von einem Wohnsitz im Inland bzw. in einem entsprechenden Bundesland ausgehen.

Sachverhaltsvermutungen sind allerdings widerlegbar. Es ist Sache der Klägerin, im Einzelfall nachzuweisen, daß trotz der Beibehaltung der Wohnung keine Absicht mehr besteht, diese ständig oder mit einer gewissen Regelmäßigkeit oder Gewohnheit zu nutzen. Als Umstand, der z. B. gegen eine künftige regelmäßige Benutzung durch den Bediensteten spricht, ist die (Unter-)Vermietung der Wohnung anzusehen. Gleichermaßen denkbar ist, daß der ins Ausland versetzte Bedienstete seinen Wohnsitz im Inland mit der Versetzung aufgibt, weil seine Familie kurzfristig nachzieht und er am neuen Tätigkeitsort einer uneingeschränkten Residenzpflicht (vgl. Urteil des RFH v. 22. 7. 1937 – IV A 122/37 – RStBl. 1937, 1024) unterliegt. Ist in diesem Sinne der Nachweis des Gegenteils erbracht, so kann das Verbleiben der Wohnung im Inland einen Wohnsitz des versetzten Bediensteten nicht begründen.

Die von der Tatbestandsmäßigkeit von Besteuerung und Haftung gebotene Einzelfallprüfung kann nicht mit dem Hinweis abgelehnt werden, daß das Lohnsteuerabzugsverfahren nur ein vorläufiges sei. Hierfür besteht keine gesetzliche Grundlage. Im übrigen haben das Finanzamt und letztlich auch der Beklagte die röm.-kath. Kirchenlohnsteuer nur global geschätzt, so daß nicht anzunehmen ist, daß ein Verfahren über den Lohnsteuerjahresausgleich oder das Veranlagungsverfahren noch zu einer sachgerechten Korrektur führen könnte. Zur Feststellung des Wohnsitzes kann auch nicht auf die Anschrift auf einer Lohnsteuerkarte, die bei einer Versetzung vor dem in § 39 Abs. 2 EStG genannten Stichtag ohnehin nicht mehr ausgestellt wird (vgl. § 39 c Abs. 3 EStG), zurückgegriffen werden. Die Bindung an die auf der Lohnsteuerkarte eingetragenen Merkmale beschränkt sich auf die in § 39 Abs. 3, 3 a EStG genannten (vgl. § 39 Abs. 3 b Satz 4 EStG).

2. Die Sache ist zur weiteren Sachaufklärung an das Finanzgericht zurückzuverweisen (§ 126 Abs. 3 Satz 2 FGO). *(wird ausgeführt)*

30

Ein Seminarvertrag kann wegen arglistiger Täuschung angefochten werden, wenn dem Interessenten auf Nachfrage wahrheitswidrig erklärt worden ist, die Seminarveranstaltung habe nichts mit der Scientology Church zu tun.

§ 123 Abs. 1 BGB
AG Schwetzingen, Urteil vom 9. Juni 1995 — 4 C 359/94[1] —

Der Kläger hat mit der Beklagten einen Seminarvertrag abgeschlossen und für die Teilnahme an den Veranstaltungen 1390 DM bezahlt. Nach dem ersten Seminartag hat der Kläger den Vertrag angefochten und fristlos gekündigt. Mit der Klage verlangt er die Rückzahlung der Seminargebühr. Er trägt vor, trotz Nachfrage sei ihm verschwiegen worden, daß das Thema der Seminarveranstaltungen die Lehre des Gründers der Scientology Church gewesen sei. Der Klage wurde stattgegeben.

Aus den Gründen:

Dem Kläger steht gegen die Beklagte ein Zahlungsanspruch in Höhe von 1390 DM gem. § 812 Abs. 1 Satz 1 Alt. 1 BGB zu. Die Beklagte hat etwas — nämlich Besitz und Eigentum an 1390 DM — durch eine Leistung des Klägers erlangt. Es besteht jedoch kein Rechtsgrund für die Leistung, da der Kläger den Seminarvertrag wirksam gem. § 123 Abs. 1 BGB durch Schreiben vom 18. 7. 1994 an die Beklagte (§ 143 Abs. 1 BGB) wegen arglistiger Täuschung angefochten hat mit der Folge, daß der Seminarvertrag als von Anfang an nichtig anzusehen ist (§ 142 Abs. 1 BGB).

Die Anfechtungsfrist des § 124 Abs. 1 BGB wurde eingehalten. Auf der Grundlage der durchgeführten Beweisaufnahme ist das Gericht zu der Überzeugung gelangt, daß der Kläger von G., einem Mitarbeiter der Beklagten, durch die bewußt unrichtige Vorspiegelung der Tatsache, Grundlage der von der Beklagten durchgeführten Seminare sei nicht das Gedankengut der von Hubbard gegründeten Scientology Church, zum Abschluß des Seminarvertrages veranlaßt wurde. *(wird ausgeführt)*

Dagegen ist zwischen den Parteien unstreitig, daß das Seminar auf den Lehren des Gründers der Scientology Church Hubbard beruhte. Es ergibt sich für das Gericht somit ein unzweifelhafter Zusammenhang zwischen den in den Seminaren der Beklagten verwendeten Lehren und der Scientology Church. Somit steht für das Gericht fest, daß die Auskunft des Mitarbeiters G. objektiv wahrheitswidrig war. Mit seiner deutlichen Aussage „Um Gottes Willen" hat er beim Kläger den Eindruck erweckt, daß die Beklagte keinesfalls auf die Lehren der Scientology Church zurückgreift. Der Kläger wurde somit getäuscht.

Wenn nicht vorsätzlich, so hat der Mitarbeiter der Beklagten zumindest ins Blaue hinein die unrichtige Behauptung aufgestellt, daß das Seminar nichts mit Scientology zu tun habe. Eine arglistige Täuschung ist somit gegeben (Palandt/Heinrichs, BGB, 51 Aufl., § 123 Rdnr. 11). Die arglistige Täuschung

---

[1] NJW-RR 1996, 558; Nur LS: KuR 1996, 131. Das Urteil ist rechtskräftig.

ist auch ursächlich für den Abschluß des Vertrages gewesen, da aufgrund der konkreten Nachfrage des Klägers davon ausgegangen werden muß, daß dieser bei wahrheitsgemäßer Auskunft den Vertrag nicht abgeschlossen hätte.

Eine Teilvergütung für den ersten in Anspruch genommenen Seminartag steht der Beklagten nicht zu, da keine Saldierung der gegenseitigen Ansprüche (Rückzahlung des Seminarbetrages einerseits und Rückgabe der Seminarleistung bzw. Wertersatz andererseits) vorgenommen werden kann. Eine Anwendung der hierbei in Betracht kommenden Saldotheorie ist ausgeschlossen, da sie von ihrem Schutzzweck her dann ausscheidet, wenn sie zum Schutz schutzunwürdiger Personen führen würde. Da zur Überzeugung des Gerichts eine arglistige Täuschung vorliegt, entfällt diesbezüglich eine Anrechnung der Teilleistung. Die Beklagte ist somit verpflichtet, das Erlangte gem. §§ 812, 818 Abs. 2 BGB an den Kläger herauszugeben. Sie ist zur Zahlung von 1390 DM verpflichtet. Die Zulässigkeit bzw. Wirksamkeit der fristlosen Kündigung kann dahinstehen.

31

1. Die Auflösung des Treueverhältnisses eines Pastors ist ein Akt kirchlicher Selbstverwaltung, der staatlichen Eingriffen – auch in Form von Gerichtsentscheidungen – nicht zugänglich ist (Anschluß an BVerwGE 66, 241 = KirchE 20, 208).
2. Weder Art. 19 Abs. 4 noch Art. 92 GG gebieten die Gewährung subsidiären staatlichen Rechtsschutzes gegen Personalmaßnahmen, die eine Religionsgemeinschaft in bezug auf Geistliche trifft.
3. Das Grundgesetz stellt keine Anforderungen an die innere Verfassung von Religionsgesellschaften, es gebietet insbesondere keinen dem Gewaltenteilungsprinzip Rechnung tragenden Rechtsschutz durch innerkirchliche Gerichte.

Art. 140 GG, 137 WRV
Hess.VGH, Urteil vom 13. Juni 1995 – 11 UE 438/94[1] –

Der Kläger begehrt die Feststellung, daß er bei dem Beklagten, dem Bund ev.-freikirchl. Gemeinden, unwiderruflich auf Lebenszeit als Pastor bestellt ist, sowie die Verurteilung des Beklagten zur Gehaltszahlung ab dem 1. 7. 1991. Darüber hinaus hat er mehrere Hilfsanträge gestellt, die sich auf das Dienstverhältnis beziehen.

Der Kläger war in verschiedenen Pfarrgemeinden des Bundes ev.-freikirchl. Gemeinden tätig. In seiner letzten Pfarrstelle in H. kam es zu Spannungen

---

[1] Amtl. Leitsätze. NZA 1995, 1201. Das Urteil ist rechtskräftig.

mit der Gemeindeleitung, woraufhin die Pfarrgemeinde das Dienstverhältnis gekündigt hat. Ein vom Kläger angestrengter Arbeitsrechtsstreit endete mit einem Vergleich, nach dem das Dienstverhältnis des Klägers zur Pfarrgemeinde H. zum 30. 6. 1991 beendet wurde.

Ein von der Bundesleitung des Beklagten eingeleitetes Verfahren zur Feststellung des Verlustes der Verwendungsmöglichkeit des Klägers im Pastorendienst führte zur Auflösung des Treueverhältnisses zwischen den Beteiligten. Der Einspruch des Klägers gegen diese Entscheidung blieb erfolglos. Dies hatte zur Folge, daß eine Beschäftigung des Klägers im Pastorendienst nicht mehr möglich ist und daß seine evtl. „Ansprüche an die Ruhegeld-Ordnung des Bundes nach deren Satzung geregelt" werden.

Das Verwaltungsgericht hat die Klage des Klägers als unzulässig abgewiesen. Seine Berufung hatte keinen Erfolg.

Aus den Gründen:

Die Berufung ist zulässig (...). Sie ist jedoch nicht begründet, denn das Verwaltungsgericht hat die Klage zu Recht abgewiesen. In bezug auf die Statusklage und die den Status berührenden Hilfsanträge des Klägers hat der Senat bereits mit seinem Beschluß vom 6. 12. 1994, ..., die Rechtsauffassung des Verwaltungsgerichts wie folgt bestätigt:

Das Verwaltungsgericht hat seine die angegriffene Entscheidung tragende Rechtsansicht, daß für die vorliegende Streitigkeit staatliche Gerichtsbarkeit gemäß Art. 19 Abs. 4 GG i. V. m. § 40 VwGO nicht gegeben sei, auf eine über Jahrzehnte hinweg konstant gebliebene und den Senat im Rahmen summarischer Prüfung nach § 114 ZPO überzeugende Rechtsprechung des Bundesverwaltungsgerichts gestützt, die durch Entscheidungen des Bundesverfassungsgerichts und des Bundesgerichtshofs in der Tendenz bestätigt wird. Die Überzeugungskraft dieser im einzelnen noch darzustellenden Rechtsprechung wird durch die Gegenstimmen in der Literatur (vgl. zusammenfassend Ehlers, JuS 1989, 364) nicht eingeschränkt.

Was Statusklagen (hier Klageantrag zu 1. und Hilfsanträge) anlangt, hat das Bundesverwaltungsgericht in seiner letzten ausführlich begründeten Entscheidung zur hier anstehenden Problematik im Urteil vom 25. 11. 1982[2] – 2 C 21.78 – (BVerwGE 66, 241 [242 ff.]) folgendes ausgeführt:

„Nach Art. 140 GG i. V. m. Art. 137 Abs. 3 WRV ordnet und verwaltet jede Religionsgemeinschaft ihre Angelegenheiten selbständig innerhalb der Schranken des für alle geltenden Gesetzes. Sie verleiht ihre Ämter ohne Mitwirkung des Staates oder der bürgerlichen Gemeinde. Durch diese verfassungsrechtliche Vorschrift wird den Kirchen das Selbstbestimmungsrecht zur eigenständigen

---

[2] KirchE 20, 208.

Ordnung ihrer inneren Angelegenheiten gewährleistet. Infolge der öffentlichen Rechtsstellung und der öffentlichen Wirksamkeit der Kirchen, die sie aus ihrem besonderen Auftrag herleiten und durch die sie sich von anderen gesellschaftlichen Gebilden grundsätzlich unterscheiden, ist kirchliche Gewalt zwar öffentliche, aber nicht staatliche Gewalt (BVerfGE 18, 385 [387])[3]. Ist die Kirche nur im Bereich ihrer innerkirchlichen Angelegenheiten tätig geworden, dann liegt kein Akt der öffentlichen Gewalt vor, gegen den die Klage vor den staatlichen Gerichten eröffnet ist. Nur soweit die Kirchen vom Staat verliehene Befugnisse ausüben oder soweit ihre Maßnahmen den kirchlichen Bereich überschreiten oder in den staatlichen Bereich hineinreichen, betätigen sie unmittelbar auch staatliche Gewalt mit der sich daraus ergebenden Einschränkung ihrer Selbstbestimmung. Innerkirchliche Regelungen oder Maßnahmen, die im staatlichen Zuständigkeitsbereich keine unmittelbaren Wirkungen entfalten, dürfen staatliche Gerichte nicht auf ihre Rechtmäßigkeit prüfen, da sonst die von der Verfassung gewährleistete Eigenständigkeit und Unabhängigkeit der kirchlichen Gewalt geschmälert würde (BVerfGE 18, 385 [386 f.]; 42, 312 [334 f.])[4]; 57, 220 [243][5]; BVerwGE 25, 226 [229])[6]. Dieses verfassungsrechtlich garantierte Selbstverwaltungs- und Selbstbestimmungsrecht umfaßt alle Maßnahmen, die in Verfolgung der vom kirchlichen Grundauftrag her bestimmten Aufgaben zu treffen sind, z. B. die Vorgaben struktureller Art, die Personalauswahl und die mit all diesen Entscheidungen untrennbar verbundene Vorsorge zur Sicherstellung der ‚religiösen Dimension' des Wirkens im Sinne kirchlichen Selbstverständnisses (vgl. BVerfGE 24, 236 [249][7]; 53, 366 [399])[8]; 57, 220 [243]; für die Entfernung eines Pfarrers aus dem Dienst einer Evangelisch-Lutherischen Landeskirche vgl. Beschluß des Bundesverfassungsgerichts gemäß § 93 a BVerfGG vom 28. 11. 1978[9] – 2 BvR 316/78 – NJW 1980, 1041). Die Grundsätze des Selbstbestimmungsrechts und der Ämterautonomie, die in Art. 140 GG i. V. m. Art. 137 Abs. 3 WRV ausdrücklich anerkannt werden, beinhalten nicht nur, daß die kirchlichen Ämter ohne staatliche Mitwirkung verliehen und entzogen werden dürfen (BVerwGE 25, 226 [230]), sondern auch, daß die Kirchen- und Religionsgemeinschaften frei bestimmen dürfen, welche Anforderungen an die Amtsinhaber zu stellen sind und welche Rechte und Pflichten diese im einzelnen haben ...

Das Selbstbestimmungsrecht enthält im Bereich des kirchlichen Dienstrechts sowohl eine allgemeine Regelungskompetenz als auch die Freiheit zum Organisationsakt und zur Personalentscheidung im Einzelfall.

In Übereinstimmung damit haben in der bisherigen Rechtsprechung sowohl der Bundesgerichtshof (BGHZ 22, 383 [391 f.])[10]; 34, 372 [374])[11] als auch das Bundesverwaltungsgericht das kirchliche Amtsrecht einschließlich zumindest des Dienstrechts der Geistlichen zum Selbstbestimmungsbereich, zum Sachbereich, d. h. zu den ‚eigenen Angelegenheiten', der Kirche gerechnet (BVerwGE 25, 226 [230]; 28, 345 [349])[12]; 30, 326 [330])[13]. Der erkennende Senat hat in diesem Zusammenhang ausgeführt, daraus folge, ‚daß für das hier in Rede stehende, den Fortbestand des Gesamtstatus des Klägers als Geistlicher betreffende Klagebegehren der Rechtsweg zu den staatlichen Gerichten durch Art. 19 Abs. 4 GG grundsätzlich nicht eröffnet ist' (BVerwGE 25, 226 [230 f.])."

Soweit demgegenüber im Schrifttum teilweise die Ansicht vertreten wird, aus der Justizgewährungspflicht (Art. 19 Abs. 4 GG), aufgrund des in Art. 92 GG verankerten staatlichen Rechtsprechungsmonopols oder durch den Ge-

---

[3] KirchE 7, 172.
[4] KirchE 15, 320.
[5] KirchE 18, 392.
[6] KirchE 8, 213.
[7] KirchE 10, 181.
[8] KirchE 18, 69.
[9] KirchE 17, 120.
[10] KirchE 3, 430.
[11] Kirch 5, 291.
[12] KirchE 9, 306.
[13] KirchE 10, 194.

setzesvorbehalt in Art. 140 GG i. V. m. Art. 137 Abs. 3 Satz 1 WRV seien Kirchen auch in Personalangelegenheiten der innerstaatlichen Jurisdiktion unterstellt (vgl. im einzelnen den vom Kläger vorgelegten Beitrag von Hesse zu Kästner, Justizhoheit und religiöse Freiheit, Tübingen 1991, in: ZevKR 38 [1993], 113; Band 1, S. 192 ff.; Heckel, Die staatliche Gerichtsbarkeit in Sachen der Religionsgesellschaft, in: Festschrift für Peter Lerche zum 65. Geburtstag, Band II, S. 197 ff.; ferner Ehlers, aaO, m. w. N.), überzeugt dies schon deshalb nicht, weil der Kernbereich der Angelegenheiten von Religionsgesellschaften staatlicher Eingriffsmöglichkeit generell entzogen ist, also auch durch die Judikative nicht berührt werden darf. Zu diesem Bereich gehören insbesondere die Berufung und die Abberufung von Geistlichen, durch deren Wirken die jeweilige Religionsgesellschaft nach außen hin Gestalt gewinnt. Das Bundesverwaltungsgericht hat hierzu in seiner bereits zitierten Entscheidung vom 25. 11. 1982 folgendes ausgeführt (BVerwGE 66, 244 f.):

„Auch aus der Bindung der Kirche an das für alle geltende Gesetz (Art. 137 Abs. 3 Satz 1 WRV) läßt sich der Rechtsweg zu den staatlichen Gerichten nicht herleiten. Nach ständiger Rechtsprechung des Bundesverfassungsgerichts sind die Kirchen innerhalb des dargelegten Rahmens der eigenen Angelegenheiten nicht an das für alle geltende staatliche Gesetz gebunden (BVerfGE 18, 385 [386 ff.]; 42, 312 [334]; 53, 366 [399]; 57, 220 [243]; vgl. auch Beschlüsse gemäß § 93 a BVerfGG vom 28. 11. 1978 – 2 BvR 316/78 – und vom 6. 4. 1979 – 2 BvR 356/79 – [beide NJW 1980, 1041]) ...

Danach gibt es elementare Teile der kirchlichen Ordnung, für die der Staat keine Schranken in Form von allgemeinen Gesetzen aufrichten darf. Eine Maßnahme, die keine unmittelbaren Rechtswirkungen in den staatlichen Zuständigkeitsbereich hat, bleibt eine ‚innere kirchliche Angelegenheit', auch dann, wenn sie dorthin mittelbare Auswirkungen hat (BVerfGE 42, 312 [334])."

Zu diesem Kernbereich kirchlichen Handelns zählt die hier mit dem Hauptantrag zu 1. und den Hilfsanträgen angegriffene Statusentscheidung, die dem Kläger die Verwendbarkeit als Geistlicher im Dienste des Beklagten und der ihm angehörenden Gemeinden genommen hat. Daß für derartige innerkirchliche Maßnahmen weder die in Art. 19 Abs. 4 GG enthaltene Rechtsweggarantie noch das in Art. 92 GG normierte staatliche Rechtsprechungsmonopol Geltung beanspruchen, ergibt sich entsprechend der bereits zitierten Rechtsprechung und entgegen der vom Kläger unter Berufung auf deren Kritiker vertretenen Auffassung auch und vor allem aus der Regelungssystematik des Art. 140 GG i. V. m. den dort zitierten Bestimmungen der Weimarer Reichsverfassung. Indem der Verfassungsgeber die Art. 136 ff. WRV nicht nur inhaltlich in das Grundgesetz übernommen, sondern als solche ausdrücklich zum Bestandteil des Grundgesetzes erklärt hat, ist nicht nur ihr Inhalt mit Verfassungsrang fortgeschrieben worden. Vielmehr hat der Verfassungsgeber auch den vorgefundenen Regelungszusammenhang erhalten und damit zum Ausdruck bringen wollen, daß das in der Weimarer Reichsverfassung erreichte Maß der Trennung von Staat und Kirchen unverändert fortbestehen sollte.

Daraus resultiert auch die vom Bundesverfassungsgericht wiederholt hervorgehobene beschränkte Bindung der Kirchen an Schranken des für alle geltenden Gesetzes i. S. des Art. 137 Abs. 3 Satz 1 WRV. Aufgrund dieser Systematik wird auch ersichtlich, daß insbesondere Art. 19 Abs. 4 und Art. 92 GG für Maßnahmen im Kernbereich kirchlicher Selbstbestimmung keine Geltung beanspruchen.

Da dieser Kernbereich kirchlicher Angelegenheiten staatlicher Jurisdiktion generell entzogen ist, staatliche Gerichte also auch nicht subsidiär zuständig sind, bedarf es in diesem Zusammenhang keiner Erörterung, ob die beiden mit der Maßnahme befaßten kirchlichen Gremien als kirchliche Gerichte bezeichnet werden können, was allerdings zweifelhaft ist. Der nach Maßgabe der §§ 22 ff. der Pastorenordnung des Beklagten gebildete Ausschuß, der die „erstinstanzliche" Entscheidung über die Auflösung des Treueverhältnisses des Klägers getroffen hat, dürfte schon deshalb kein Gericht sein, weil er gemäß § 24 Abs. 1 Pastorenordnung fallbezogen von der Bundesleitung des Beklagten bestellt wird und damit der für ein Gericht kennzeichnenden Unabhängigkeit entbehrt. Die in „zweiter Instanz" tätig gewordene Bundesleitung ist nach ihrer Aufgabenstellung ein Exekutivorgan und schon daher nicht als Gericht einzustufen. Dieser (...) Aspekt ist allerdings hier nicht entscheidungserheblich. Denn das Grundgesetz stellt an die innere Struktur und die Entscheidungsprozesse einer Kirche oder Religionsgemeinschaft keine besonderen Anforderungen und verlangt insbesondere nicht, daß sich diese Körperschaften eine republikanischen Grundsätzen genügende Verfassung geben oder sich bei der Austragung interner Konflikte am Prinzip der Gewaltenteilung orientieren. Deshalb braucht hier nicht entschieden zu werden, ob die Bundesleitung des Beklagten in Verfahren nach §§ 22 ff. der hier anzuwendenden Pastorenordnung zugleich Kläger und Richter war, wie der Kläger vorgetragen hat.

Eine den § 135 Satz 2 BRRG ausfüllende Bestimmung hat der Beklagte weder ausdrücklich noch stillschweigend getroffen, auch nicht in bezug auf die mit dem Klageantrag zu 2. verfolgten vermögensrechtlichen Ansprüche. Zwar fehlt es für Streitigkeiten über Gehaltsansprüche und dergleichen an einer ausdrücklichen Bestimmung des Beklagten, wie sie in den §§ 22 ff. der Pastorenordnung für die Feststellung eines Verlustes der Verwendungsmöglichkeiten als Pastor vorgesehen ist. Die umfangreichen Bestimmungen des Beklagten über die Rechtsverhältnisse seiner Pastoren enthalten keinen Hinweis darauf, daß den staatlichen Gerichten im Sinne des § 135 Satz 2 BRRG die abschließende Entscheidung über vermögensrechtliche Ansprüche übertragen werden sollte. In der Ordnung der Pastorenbruderschaft ist vielmehr unter Ziff. 2 geregelt, daß die aus den in der Liste der Pastoren des Bundes geführten Pastoren gebildete Pastorenbruderschaft in ihrer Gesamtheit „die

Verantwortung ... für Lehre und Leben der Pastoren" übernimmt, daß sie sie beruflich fördern und sich der in Not geratenen Brüder annehmen will. Gemäß Ziff. 5 der Ordnung der Pastorenbruderschaft wacht der Vertrauensrat mit der Bundesleitung über die Durchführung der „Ordnung für Pastoren". Dies spricht dafür, daß nach dem autonomen Recht des Beklagten eine interne Kontrolle von Arbeit und Lebensverhältnissen der Pastoren stattfinden soll, die für ein Tätigwerden staatlicher Gerichte keinen Raum läßt.

Im übrigen kann dahinstehen, ob eine staatliches Recht für anwendbar erklärende innerkirchliche Regelung – sei es über § 126 BRRG oder über die allgemeinen Vorschriften des Prozeßrechts – auch den Rechtsweg zu den staatlichen Gerichten für Besoldungsangelegenheiten öffnen würde. Denn jedenfalls ist der Beklagte für die Geltendmachung von Gehaltsansprüchen nach den maßgebenden innerkirchlichen Bestimmungen nicht passiv legitimiert. Das durch die Eintragung in die Pastorenliste begründete und hier widerrufene Treueverhältnis zum Beklagten im Sinne der §§ 3 i. V. m. § 5 der Pastorenordnung des Beklagten begründet keinen Gehaltsanspruch, sondern erst die in § 12 Pastorenordnung vorgesehene Berufung in einen Dienstbereich (vgl. § 14 Pastorenordnung). Zum Pastor berufen war der Kläger zuletzt bei der Evangelisch-Freikirchlichen Gemeinde H., gegen die er beim Arbeitsgericht geklagt und mit der er im Laufe des Rechtsstreits den am 14. 1. 1991 protokollierten Vergleich geschlossen hat.

Soweit der Kläger geltend gemacht hat, er stehe trotz der erfolgten Entpflichtung nach wie vor in einem Reserve-Dienstverhältnis zum Beklagten, kann dem nicht gefolgt werden. Nach der Systematik der §§ 12 ff. der Pastorenordnung setzt die Begründung eines Dienstverhältnisses (§ 14) eine Berufung voraus, die je nach Dienstbereich durch die Bundesgemeinden, die Vereinigung, die Bundesleitung oder die unter der fördernden Obhut des Bundes stehenden Werke zu erfolgen hat (§§ 12, 13). Zwar kann gemäß § 17 Abs. 1 der Dienstbereich gewechselt werden, was jedoch eine Einigung zwischen dem Pastor und den beteiligten Dienstgebern voraussetzt. Der Kläger hatte, als die hier angefochtene Auflösung seines Treueverhältnisses wirksam wurde, keinen Dienstgeber i. S. der genannten Vorschriften mehr. Denn das zuvor bestehende Dienstverhältnis zur Evangelisch-Freikirchlichen Gemeinde H. war durch (den) vor dem Arbeitsgericht protokollierten Vergleich einvernehmlich mit Ablauf des 30. 6. 1991 beendet worden. Nach der Beendigung dieses Dienstverhältnisses hatte der Beklagte auch im Rahmen seiner Pflichten aus § 3 Abs. 3 der Pastorenordnung keine Veranlassung, den Kläger in einen anderen Dienstbereich zu vermitteln, weil die Bundesleitung an der weiteren Verwendungsmöglichkeit des Klägers als Pastor Zweifel hatte und deshalb das Verfahren nach §§ 22 ff. der Pastorenordnung mit dem Ziel der Auflösung des Treueverhältnisses eingeleitet hatte.

Der Kläger verkennt im übrigen, was die Wirkungen der Entscheidung nach § 31 c der Pastorenordnung angeht, daß diese den Dienst in allen Dienstbereichen des § 12 der Pastorenordnung ausschließt, also auch den Dienst in den Werken und Einrichtungen des Bundes und in den unter seiner fördernden Obhut stehenden Werken (§ 12 lit. c und d).

32

Eine Ausnahme von dem Verbot, warmblütige Tiere ohne Betäubung zu schlachten, kann nach § 4 a Abs. 2 Nr. 2 TierSchG zum Zwecke der Nahrungsmittelversorgung nur zugelassen werden, wenn objektiv festgestellt wird, daß zwingende Vorschriften einer Religionsgemeinschaft den Genuß von Fleisch nicht geschächteter Tiere verbietet; eine individuelle Glaubensüberzeugung vom Bestehen eines solchen Verbots reicht nicht aus.

Art. 4 Abs. 1 und 2 GG
BVerwG, Beschluß vom 15. Juni 1995 – 3 C 31.93[1] –

Die Klägerin begehrt von der Beklagten eine Ausnahmegenehmigung für Tierschlachtungen ohne vorherige Betäubung des Tieres. Die Einzelheiten des Sachverhalts und der Prozeßgeschichte ergeben sich aus den Urteilen des VG Hamburg KirchE 27, 246 und des OVG Hamburg KirchE 30, 348.

Die Revision hatte keinen Erfolg.

Aus den Gründen:

Die Revision ist unbegründet. Die Entscheidung des Berufungsgerichts, daß der Klägerin der geltend gemachte Anspruch auf Erteilung einer Ausnahmegenehmigung zum betäubungslosen Schlachten (Schächten) warmblütiger Tiere nach § 4 a Abs. 2 Nr. 2 TierSchG nicht zusteht, verletzt kein Bundesrecht.

§ 4 a Abs. 2 Nr. 2 TierSchG läßt die Erteilung einer Ausnahmegenehmigung von dem in § 4 a Abs. 1 TierSchG ausgesprochenen Verbot des betäubungslosen Schlachtens nur insoweit zu, als es erforderlich ist, den Bedürfnissen von Angehörigen bestimmter Religionsgemeinschaften im Geltungsbereich des Tierschutzgesetzes zu entsprechen, denen zwingende Vorschriften

---

[1] Amtlicher Leitsatz. BVerwGE 99, 1; NVwZ 1996, 61; DVBl. 1996, 434; Buchholz 417.9, Nr. 8; JuS 1996, 645; ZevKR 41 (1996), 101. Nur LS: NJW 1996, 672; KuR 1996, 129; VR 1996, 177.

ihrer Religionsgemeinschaft das Schächten vorschreiben oder den Genuß von Fleisch nicht geschächteter Tiere untersagen. Von den beiden im letzten Halbsatz dieser Vorschrift alternativ aufgeführten Fällen kommt hier, wie das Berufungsgericht zutreffend erkannt hat, nur der zweite als Grundlage für das Begehren der Klägerin in Betracht. Nach den mit Verfahrensrügen nicht angegriffenen Feststellungen des Berufungsgerichts hat die Klägerin die Ausnahmegenehmigung beantragt, weil die von ihr mit Fleisch- und Wurstwaren versorgten und belieferten Moslems eine Betäubung der Tiere vor dem Schlachten nach dem Koran für verboten hielten. Daran hat sie auch in den Vorinstanzen festgehalten. Das damit verfolgte Ziel ist mithin die Versorgung ihrer Kunden mit Nahrungsmitteln tierischen Ursprungs, bei deren Erzeugung das nach ihrer Ansicht im Islam geltende und als verbindlich angesehene Verbot der Betäubung vor dem Schlachten eingehalten worden ist. Es geht um die Bedürfnisse von Personen, denen nach dem Vortrag der Klägerin aus religiösen Gründen der Genuß von Fleisch nicht geschächteter Tiere untersagt ist.

Im Revisionsverfahren hat die Klägerin ihr Begehren auch darauf gestützt, durch das Schächtverbot würden ihre Kunden gehindert, das Opferfest, für das der Islam eine rituelle Schlachtung ohne vorhergehende Betäubung wie auch bei anderen Gelegenheiten vorschreibe, entsprechend den Bestimmungen ihrer Religion zu begehen. Das beinhaltet den Vortrag, die Ausnahmegenehmigung sei notwendig, weil den Kunden der Klägerin das Schächten aus religiösen Gründen zwingend vorgeschrieben sei, und zielt auf die Anwendung der ersten Alternative des § 4a Abs. 2 Nr. 2 TierSchG. Dieses Vorbringen kann jedoch im vorliegenden Rechtsstreit keine Berücksichtigung finden. Es beruht auf − von der Klägerin behaupteten − Tatsachen, die vom Berufungsgericht nicht festgestellt worden sind und die der Senat daher nach § 137 Abs. 2 VwGO nicht verwerten darf. Mit ihrem neuen Vorbringen ändert die Klägerin zudem den Klagegrund, denn sie legt ihrem Begehren einen anderen als den ursprünglichen Sachverhalt zugrunde. Das wird schon daran deutlich, daß der Antrag der Klägerin auf eine generelle Ausnahmegenehmigung für ihren Geschäftsbetrieb gerichtet ist, während die Berufung auf rituelle Vorschriften für bestimmte Feste allenfalls − wenn überhaupt − eine Ausnahmegenehmigung für diese Gelegenheiten in Betracht kommen ließe. Der Sache nach handelt es sich dabei um eine Klageänderung (§ 142 Abs. 1 VwGO).

Da die Klägerin jedoch auch an ihrem früheren Vorbringen festgehalten hat, bleibt das ursprüngliche Begehren Gegenstand der Entscheidung.

Die Voraussetzungen für die Erteilung einer Ausnahmegenehmigung nach § 4a Abs. 2 Nr. 2 2. Alt. TierSchG sind nicht erfüllt. Die Vorschrift läßt Ausnahmen vom Schächtverbot nur zu, soweit zwingende Vorschriften einer Religionsgemeinschaft deren Mitgliedern den Genuß von Fleisch nicht geschächteter Tiere untersagen. Das trifft auf die Kunden der Klägerin, auf deren Bedürfnisse sich die Klägerin beruft, nicht zu.

Die Kunden der Klägerin gehören keiner Religionsgemeinschaft an, die ihren Mitgliedern durch zwingende Vorschriften den Genuß von Fleisch nicht geschächteter Tiere untersagt.

Unter einer Religionsgemeinschaft wird im Staatskirchenrecht ein Verband verstanden, der die Angehörigen ein und desselben Glaubensbekenntnisses – oder mehrerer verwandter Glaubensbekenntnisse – zu allseitiger Erfüllung der durch das gemeinsame Bekenntnis gestellten Aufgaben zusammenfaßt (Obermayer, BK-GG, 1971, Art. 140 Rdnrn. 39–41; von Mangoldt/Klein/von Campenhausen, GG, 3. Aufl., Art. 140 Rdnr. 17; Muckel, DÖV 1995, S. 311, 312). Es bedarf hier keiner Erörterung, ob an dieser Begriffsbestimmung im Rahmen des § 4a Abs. 2 TierSchG in jeder Hinsicht festzuhalten ist. Der Begriff der Religionsgemeinschaft unterliegt jedenfalls der staatlichen Beurteilung nach aktueller Lebenswirklichkeit, Kulturtradition und allgemeinem wie auch religionswissenschaftlichem Verständnis (vgl. BVerfG, Beschluß v. 5. 2. 1991[2] – 2 BvR 263/86 – BVerfGE 83, 341 [353] – „Bahai" –). Bei dieser letztlich den Gerichten zugewiesenen Prüfung ergibt sich aus § 4a Abs. 2 TierSchG, daß es sich bei der dort genannten Religionsgemeinschaft um eine Gemeinschaft handeln muß, die sich nach außen eindeutig abgrenzt und nach innen in der Lage ist, ihre Mitglieder zwingenden Vorschriften zu unterwerfen.

Als Religionsgemeinschaft in diesem Sinne sieht die Klägerin selbst den sunnitischen Zweig des Islam an. Eine andere Religionsgemeinschaft, der die Kunden der Klägerin angehören könnten und deren zwingende Vorschriften im Rahmen des § 4a Abs. 2 Nr. 2 TierSchG Bedeutung gewinnen könnten, ist weder von der Klägerin benannt noch sonst ersichtlich. Insbesondere bilden die Kunden der Klägerin – wie sie selbst in der mündlichen Verhandlung vor dem erkennenden Senat ausdrücklich bestätigt hat – keine gegenüber den Sunniten eigenständige Religionsgemeinschaft; ihnen fehlt sowohl die klare Abgrenzung nach außen als auch die notwendige innere Kohärenz.

§ 4a Abs. 2 Nr. 2 TierSchG verlangt die objektive Feststellung zwingender Vorschriften einer Religionsgemeinschaft über das Betäubungsverbot beim Schlachten. Erforderlich ist das eindeutige Vorliegen von Normen der betreffenden Religionsgemeinschaft, die nach dem staatlicher Beurteilung unterliegenden Selbstverständnis der Gemeinschaft als zwingend zu gelten haben.

In der Literatur wird vereinzelt eine einengende Auslegung des § 4a Abs. 2 Nr. 2 TierSchG vertreten mit der Begründung, sie dürfe nicht dazu führen,

---

[2] KirchE 29, 9.

daß Andersgläubige den Angehörigen einer Religionsgemeinschaft deren Vorschriften im Rahmen des Verfahrens über die Ausnahmegenehmigung interpretierten (vgl. Lorz, TierSchG, 4. Aufl. 1992, § 4 a Rdnr. 23; Kuhl/Unruh, DÖV 1991, S. 94, 98). In ähnliche Richtung geht die Argumentation der Klägerin, die Erteilung der Ausnahmegenehmigung dürfe überhaupt nicht von der Ansicht irgendwelcher Autoritäten über den Inhalt der islamischen Glaubensvorschriften abhängen; entscheidend sei allein, daß ihre Kunden von einem zwingend im Koran angeordneten Betäubungsverbot ausgingen.

Eine solche individuelle Sicht, die allein auf die jeweilige subjektive – wenn auch als zwingend empfundene – religiöse Überzeugung der Mitglieder einer Religionsgemeinschaft abstellt, ist mit dem Regelungsgehalt des Gesetzes nicht vereinbar. Das belegt schon der Wortlaut des § 4 a Abs. 2 Nr. 2 TierSchG. Die Vorschrift des § 4 a Abs. 2 Nr. 2 TierSchG lautet eben nicht, daß eine Ausnahmegenehmigung zu erteilen sei, wenn Angehörige einer Religionsgemeinschaft aus religiösen Gründen den Genuß von Fleisch nicht geschächteter Tiere für unerlaubt halten. Vielmehr ist dort von zwingenden Vorschriften bestimmter Religionsgemeinschaften die Rede, die deren Angehörigen ein Verhalten gebieten oder untersagen. Dem liegt erkennbar die Vorstellung zugrunde, daß die Religionsgemeinschaft als solche bestimmte Anordnungen mit dem Anspruch unbedingter Verbindlichkeit getroffen hat oder von einer ihr übergeordneten – transzendenten – Instanz als getroffen ansieht. Für eine Relativierung im Sinne der Maßgeblichkeit individueller religiöser Überzeugungen läßt dieser Wortlaut keinen Raum.

Für die hier vertretene Auslegung spricht entscheidend auch der Sinn und Zweck des Gesetzes, wie er in § 1 TierSchG ausdrücklich niedergelegt ist. Danach zielt das Gesetz darauf ab, aus der Verantwortung des Menschen für das Tier als Mitgeschöpf dessen Leben und Wohlbefinden zu schützen und zu verhindern, daß einem Tier ohne vernünftigen Grund Schmerzen, Leiden oder Schäden zugefügt werden. Dieser Zielsetzung dient ersichtlich auch das grundsätzliche Verbot des betäubungslosen Schlachtens in § 4 a Abs. 1 TierSchG. Der Gesetzgeber geht – in Übereinstimmung mit dem Europäischen Übereinkommen über den Schutz von Schlachttieren vom 10. 5. 1979 (BGBl. II 1983, S. 771) – davon aus, daß die Betäubung die Leiden der Tiere bei der Schlachtung gegenüber dem betäubungslosen Schlachten verringert. Für eine Fehlerhaftigkeit dieser Einschätzung ist nichts ersichtlich (vgl. Kunkel, Eine Analyse des Schächtproblems ..., Diss. Hannover 1962, S. 112). Das tierschützerische Anliegen des grundsätzlichen Schächtverbots würde in weitem Umfange verfehlt, wenn seine Einhaltung durch eine extensive Auslegung der Ausnahmeregelung des § 4 a Abs. 2 Nr. 2 TierSchG letztlich dem Belieben einzelner überlassen würde. Das aber wäre der Fall, wenn schon die einer zuverlässigen Überprüfung kaum zugängliche individuelle Glaubensüberzeugung im Rahmen der zweiten Alternative des § 4a Abs. 2 Nr. 2 TierSchG ausreichen würde, eine Freistellung vom allgemeinen Schächtverbot herbeizuführen.

Die Auslegung wird bestätigt durch die Entstehungsgeschichte. Die Vorschrift ist durch das Änderungsgesetz vom 12. 8. 1986 (BGBl. I, S. 1309) in das Tierschutzgesetz eingefügt worden. Bei den Gesetzesberatungen hatte der Rechtsausschuß des Deutschen Bundestages gefordert, eine Ausnahmegenehmigung für das betäubungslose Schlachten nur dann zuzulassen, wenn für Mitglieder einer Religionsgemeinschaft des Schächten zwingend vorgeschrieben sei. Der federführende Ausschuß für Ernährung, Landwirtschaft und Forsten lehnte in seinem Bericht die Forderung ab mit der Begründung, die mit dem Wort „zwingend" verbundene Notwendigkeit, die Vorschriften der betroffenen Religionsgemeinschaft von staatlichen Stellen interpretieren zu lassen, sei in einem religiös neutralen demokratischen Rechtsstaat nicht akzeptabel (vgl. BT-Drucks. 10/5259, S. 33, 38). Gegen den entsprechenden Gesetzesbeschluß des Bundestages rief der Bundesrat den Vermittlungsausschuß an mit dem Ziel, Ausnahmen vom Schächtungsverbot nur zuzulassen für „Schlachtungsarten, die Angehörigen bestimmter Religionsgemeinschaften zwingend vorgeschrieben sind". Dazu führte er aus, das Schächten sollte nur in den durch Art. 4 GG zwingend gebotenen Fällen ermöglicht werden. Es sei zu bedenken, daß das Schächten in manchen Ländern als die Schlachtmethode schlechthin angesehen werde. Nur in einigen Fällen sei das Schächten zum echten Bestandteil des religiösen Bekenntnisses und damit zu einer Handlung geworden, die als solche weltanschaulichen Charakter besitze. Im Gegensatz dazu würden Handlungen, die zwar Ausdruck einer religiösen Grundhaltung seien, selbst aber keine religiöse Betätigung beinhalteten, nicht vom Grundrechtsschutz des Art. 4 GG erfaßt (vgl. BT-Drucks. 10/5523, S. 1).

Mit diesem Anliegen konnte sich der Bundesrat zwar nicht in vollem Umfang durchsetzen. Neben den Fällen der religiös gebotenen Schächtung blieb es bei der Privilegierung derjenigen, denen ihre Religion den Genuß von Fleisch vor der Schlachtung betäubter Tiere untersagt. Es wurde aber das Erfordernis eingefügt, daß es sich um „zwingende" Vorschriften der Religionsgemeinschaft handeln müsse. Angesichts der zuvor vom federführenden Bundestagsausschuß gegen diesen Begriff erhobenen Bedenken konnte kein Zweifel bestehen, daß diese Ergänzung auf eine Objektivierung der Ausnahmevoraussetzungen einschließlich der sich daraus ergebenden Überprüfungsmöglichkeiten abzielte.

In dieser Auslegung steht die genannte Vorschrift nicht im Widerspruch zur Verfassung. Sie verletzt insbesondere nicht das in Art. 4 Abs. 1 und 2 GG garantierte Grundrecht der Religionsfreiheit.

Diese Freiheit umfaßt zwar nicht nur die (innere) Freiheit zu glauben oder nicht zu glauben, sondern auch die äußere Freiheit, seine religiöse Überzeugung zu manifestieren, zu bekennen und zu verbreiten. Dazu gehört auch das Recht des einzelnen, sein gesamtes Verhalten an den Lehren seiner Religion auszurichten und seiner inneren religiösen Überzeugung gemäß zu handeln (vgl. BVerfGE 32, 98 [106 f.][3]). In dieses Recht wird jedoch durch die Versagung einer Ausnahme vom Schächtungsverbot nicht eingegriffen, wenn die religiöse Überzeugung dem Betroffenen lediglich den Genuß von Fleisch nicht geschächteter Tiere verbietet. Die in der zweiten Alternative des § 4a Abs. 2 Nr. 2 TierSchG getroffene Ausnahmeregelung ist, wie der Rechtsausschuß des Bundestages und der Bundesrat im Gesetzgebungsverfahren zu Recht geltend gemacht haben, kein notwendiger Ausfluß der grundgesetzlich gewährleisteten Religionsfreiheit. Daher berührt auch die Beschränkung dieser Ausnahmemöglichkeit auf Fälle, in denen zwingende Vorschriften einer Religionsgemeinschaft den Genuß von Fleisch nicht geschächteter Tiere verbieten, nicht den Schutzbereich des Grundrechts (ebenso OVG Münster, Urteil v. 21. 10. 1993[4] – 20 A 3887/92 –; Zippelius in BK-GG, 1989, Art. 4 Rdnr. 105; Brandhuber, NVwZ 1994, S. 561, 563; a. A. Kuhl/Unruh, DÖV 1994, S. 644 [645]).

Gegenüber dem aus der religiösen Überzeugung abgeleiteten Verbot, das Fleisch nicht geschächteter Tiere zu verzehren, enthält das Schächtungsverbot keinen Eingriff in die Möglichkeit der aktiven Verwirklichung religiöser Gebote. Der Genuß von Fleisch nicht geschächteter Tiere stellt in diesen Fällen keinen Akt religiöser Betätigung dar. Der Verzicht auf diesen Genuß bedeutet daher keine Verletzung irgendwelcher religiös bedingter Pflichten.

Verbietet die Religion lediglich den Genuß von Fleisch nicht geschächteter Tiere, so hindert das Verbot betäubungslosen Schlachtens die Anhänger dieser Religion nicht an einer ihrer Religion entsprechenden Lebensgestaltung. Sie sind weder rechtlich noch tatsächlich gezwungen, entgegen ihrer religiösen Überzeugung Fleisch nicht geschächteter Tiere zu verzehren. Mit dem Schächtungsverbot wird nicht der Verzehr des Fleisches geschächteter Tiere verboten. Sie können sowohl auf Nahrungsmittel pflanzlichen Ursprungs und auf Fisch ausweichen als auch auf Fleischimporte zurückgreifen, die aus Ländern ohne Schächtungsverbot stammen. Zwar mag Fleisch heute ein in unserer Gesellschaft allgemein übliches Nahrungsmittel sein. Der Verzicht auf dieses Nahrungsmittel stellt jedoch keine unzumutbare Beschränkung der persönlichen Entfaltungsmöglichkeiten dar. Diese an Art. 2 Abs. 1 GG zu messende Erschwernis in der Gestaltung des Speiseplans ist aus Gründen des Tierschutzes zumutbar.

---

[3] KirchE 12, 294.   [4] KirchE 31, 465.

Auch zu anderen Bestimmungen des Grundgesetzes steht die in § 4 a Abs. 2 Nr. 2 2. Alt. TierSchG getroffene Regelung nicht in Widerspruch. Der Erörterung bedarf dies nur noch im Hinblick auf Art. 3 Abs. 3 GG, wonach niemand wegen seines Glaubens oder seiner religiösen Anschauungen bevorzugt oder benachteiligt werden darf. Die Vorschrift verbietet mithin eine Ungleichbehandlung wegen des Glaubens oder der religiösen Anschauungen. Eine solche Ungleichhandlung enthält die fragliche Regelung nicht.

Auszugehen ist insoweit zunächst von der Feststellung, daß das Verbot betäubungslosen Schlachtens in § 4 a Abs. 1 TierSchG grundsätzlich für jedermann gilt. Soweit in Absatz 2 dieser Vorschrift keine Ausnahme zugelassen ist, liegt mithin keinne Abweichung vom Regelfall und somit diesem gegenüber keine Ungleichbehandlung vor. Auch innerhalb der Regelung des § 4 a Abs. 2 Nr. 2 TierSchG liegt keine unzulässige Differenzierung aus Gründen der religiösen Anschauung vor. Zwar gewährt die – hier allein interessierende – zweite Alternative dieser Vorschrift eine Ausnahme vom Schächtungsverbot nur bei Vorliegen zwingender Vorschriften einer Religionsgemeinschaft, während sie ohne solche Vorschriften die Ausnahmemöglichkeit versagt. Dies stellt jedoch keine unzulässige Diskriminierung dar, da die Regelung nicht auf den jeweiligen Inhalt der religiösen Überzeugung abstellt und das Kriterium der objektiv feststellbaren zwingenden Vorschriften – wie oben dargelegt – notwendig ist, um eine dem Gesetzeszweck gerecht werdende Abgrenzung zu ermöglichen. Die zweite Alternative knüpft nicht an die Religionsausübung und ihre Bewertung an, sondern an die aus religiösen Überzeugungen fließenden Bedürfnisse einer besonderen Art in der Gestaltung der allgemeinen Lebensverhältnisse. Die Bedürfnisse darf der Staat auf Intensität, Beständigkeit, Verbreitung und Evidenz bewerten, unter anderem auch, um dem Tierschutz Rechnung zu tragen.

Nach den mit Verfahrensrügen nicht angegriffenen tatsächlichen Feststellungen des Berufungsgerichts gibt es für die Sunniten ebenso wie für die Moslems insgesamt keine zwingenden Glaubensvorschriften, die ihnen den Genuß des Fleisches von Tieren verbieten, die vor dem Schlachten betäubt worden sind. Die Feststellungen des Berufungsgerichts sind auch aus Rechtsgründen nicht zu beanstanden. Insbesondere hat das Berufungsgericht nicht verkannt, daß für das Vorhandensein zwingender Vorschriften der Religionsgemeinschaft deren Selbstverständnis von entscheidender Bedeutung ist.

Das Berufungsgericht hat nicht nur festgestellt, daß der Koran, auf den die Klägerin sich beruft, seinem Wortlaut nach kein generelles Betäubungsverbot enthält. Es hat darüber hinaus zahlreiche sachverständige Äußerungen islamischer und speziell auch sunnitischer Stellen herangezogen, die sämtlich in der Verneinung eines zwingenden Betäubungsverbots übereinstimmen. Schließlich hat es berücksichtigt, daß selbst das eigene Vorbringen der Klägerin und ihr tatsächliches Verhalten im Widerspruch zu dem behaupteten zwingenden Verbot stehen. Ihre Einlassung, daß den Moslems in der Diaspora der Genuß von Fleisch nicht geschächteter Tiere erlaubt sei, widerspricht der Annahme eines absoluten Betäubungsverbotes.

33
Zur Frage der Anwendung des kirchensteuerrechtlichen Halbteilungsgrundsatzes im Falle der Steuervorauszahlung.

Art. 11, 13 Abs. 3 BayKiStG
FG München, Urteil vom 19. Juni 1995 – 13 K 934/95[1] –

Der Kläger, Rechtsanwalt und Steuerberater, ist bei der Beigeladenen zu 3. als Arbeitnehmer beschäftigt.

Er ist Mitglied der röm.-kath. Kirche und seine Ehefrau Mitglied der ev.-luth. Kirche. Der Beigeladene zu 3. hat für die Monate Januar bis Juni 1994 entsprechend dem Halbteilungsgrundsatz bei konfessionsverschiedener Ehe Kirchenlohnsteuer für die röm.-kath. und ev.-luth. Kirche einbehalten und an den Beklagten (Finanzamt) abgeführt.

Mit Schreiben vom 24. 7. 1994 beantragte der Kläger die Änderung der Kirchenlohnsteueranmeldungen für die Zeiträume Januar–Mai 1994. Gegen die Kirchenlohnsteueranmeldung Juni 1994 sowie gegen die Ablehnung der Änderung der Kirchenlohnsteueranmeldungen Januar–Mai 1994 legte der Kläger Einsprüche ein, die erfolglos blieben.

Mit seiner Klage trägt der Kläger im wesentlichen vor: Nach Auffassung des Bundesfinanzhofs (HFR 1991, 666; DStR 1994, 1533[2]) folge aus der dem Staat durch das Grundgesetz (GG) auferlegten religiösen und konfessionellen Neutralität das Verbot, einer Religionsgemeinschaft Hoheitsbefugnisse gegenüber Nichtmitgliedern zu verleihen. Unter Berücksichtigung dieser Vorgabe seien die einschlägigen Bestimmungen des Bayerischen Kirchensteuergesetzes (KiStG) in seiner bis zum 31. 12. 1994 geltenden Fassung verfassungskonform dahingehend auszulegen, daß bei konfessionsverschiedenen Ehen jede Kirche nur den ihr angehörenden Ehegatten zur Kirchensteuer heranziehen dürfe (BFH, HFR 1991, 666[3]). Eine Ausdehnung der Kirchensteuerpflicht auf den konfessionsverschiedenen Ehegatten sehe das Kirchensteuergesetz danach auch in seiner alten Fassung nicht vor. – Er, der Kläger, habe somit

---
[1] Über die Revision des Klägers war bei Redaktionsschluß (1. 1. 1998) noch nicht entschieden.
[2] KirchE 32, 232.   [3] KirchE 29, 123.

als Mitglied der röm.-kath. Kirche nicht auf Zahlung ev.-luth. Kirchensteuer in Anspruch genommen werden dürfen. Dies gelte konsequenterweise auch für das Vorauszahlungsverfahren. Die entscheidende Frage der Schuldnerschaft könne schlechterdings nicht unterschiedlich beurteilt werden, je nachdem, ob die Steuererhebung im Veranlagungsverfahren oder im Vorauszahlungsverfahren erfolge. – Für die Erhebung im Wege des Abzugs vom Arbeitslohn gelte nichts anderes. Bei der Lohnsteuer handele es sich um keine besondere Steuerart, sondern ebenfalls um einen Vorauszahlung auf die mit Ablauf des Kalenderjahres entstehende Steuerschuld mit der Besonderheit, daß mit dem Arbeitgeber ein Dritter in das Besteuerungsverfahren eingeschaltet sei. An der Notwendigkeit der klägerischen Schuldnerschaft ändere dies jedoch nichts. Daß die Frage der Schuldnerschaft nur einheitlich beurteilt werden könne, ergebe sich aus dem jüngst veröffentlichten BFH-Urteil zur Erhebung der Kirchenlohnsteuer als Zuschlag zur pauschalierten Lohnsteuer (DStR 1995, 528[4]). Da er, der Kläger, nicht Mitglied der ev.-luth. Kirche sei, könne er auch generell nicht Schuldner der ev.-luth. Kirchensteuer sein. Seine Inanspruchnahme sei insoweit gänzlich ausgeschlossen. Eine Bejahung der Schuldnerschaft im Steuerabzugsverfahren (Vorauszahlungsverfahren), wie sie das Finanzamt offenbar annehme, und eine anschließende Verneinung im Veranlagungsverfahren sei nicht möglich.

Der Kläger beantragt, das Finanzamt zu verpflichten, die Kirchenlohnsteueranmeldungen Januar – Mai 1994 zu ändern und die Kirchenlohnsteuer entsprechend seinem Vorbringen zu ermäßigen sowie die Kirchenlohnsteueranmeldung Juni 1994 dahingehend zu ändern, daß die Kirchenlohnsteuer ebenfalls entsprechend seinem Vorbringen herabgesetzt wird.

Der Einzelrichter des Senats weist den Kläger mit der Klage ab.

Aus den Gründen:

Die Klage ist unbegründet.

Der Einzelrichter sieht von einer Darstellung der Entscheidungsgründe ab und nimmt u. a. auf die Gründe der Einspruchsentscheidung Bezug.

Zu bemerken ist noch folgendes: Daß das Grundsatzurteil des BFH in BFHE 164, 573[5] = HFR 1991, 666 den Halbteilungsgrundsatz mit den sich daraus ergebenden Folgen der Anrechnung einbehaltener Kirchenlohnsteuer (s. Art. 13 Abs. 3 Satz 1 KiStG i. V. m. Art. 11 KiStG) unangetastet ließ, ergibt sich auch aus dem Aufsatz von Christoph Link in ZevKR 37 (1992), S. 163. Ob der dort geäußerten eingehenden Kritik am o. g. BFH-Urteil zu folgen ist,

---

[4] KirchE 32, 446.　　　[5] KirchE 29, 123.

kann der Einzelrichter offenlassen. Denn die Frage einer Veranlagung von konfessionsverschiedenen Eheleuten nach dem Halbteilungsgrundsatz mit der damit in Einklang stehenden Einbehaltung römisch-katholischer und evangelischer Kirchenlohnsteuer (zu je 4%) sowie deren spätere Anrechnung bei jedem Ehegatten läßt sich von der Frage der Gesamtschuldnerschaft beider Ehegatten bzw. dem Besteuerungsrecht der Kirche gegenüber dem konfessionsverschiedenen Ehegatten (dem Nichtmitglied) sehr wohl trennen. Auch das BFH-Urteil vom 7. 12. 1994[6] – I R 24/93 – (DB 1995, 805 = DStR 1995, 528) ist in der vorliegenden Streitsache nicht einschlägig, denn es betrifft die vom BFH verneinte Frage, ob pauschalierte Kirchenlohnsteuer von einem Arbeitgeber erhoben werden kann, der Arbeitnehmer beschäftigt, welche nachweislich *überhaupt* keiner steuerberechtigten Religionsgemeinschaft angehören.

Die Revision wird nicht zugelassen, da die Voraussetzungen des § 115 Abs. 2 FGO nicht vorliegen. Es handelt sich um auslaufendes Recht. Ab 1. 1. 1995 gilt Art. 13 Abs. 3 Satz 1 KiStG in der Fassung der Bekanntmachung vom 21. 11. 1994 (BayGVBl. Nr. 28/1994 S. 1026 ff.). Hiernach wird die Kirchenlohnsteuer i. H. v. 8% der Lohnsteuer des Klägers erhoben, also in derselben Höhe wie in den Vorjahren, aber nur für die röm.-kath. Kirche und nicht für beide Kirchen je zur Hälfte (4%).

34

Die Lehre der Zeugen Jehovas bildet als solche kein Indiz für die Unfähigkeit eines Mitglieds dieser Religionsgemeinschaft zur Wahrnehmung der elterlichen Personensorge.

§ 1671 BGB
OLG Hamburg, Beschluß vom 21. Juni 1995 – 15 UF 215/94[1] –

Im Ehescheidungsverfahren hat das Familiengericht die elterliche Sorge für die gemeinsamen Kinder der Mutter übertragen. Gegen diese Zuteilung der elterlichen Sorge hat der Vater Beschwerde eingelegt. Er sieht das Kindeswohl dadurch gefährdet, daß seine geschiedene Ehefrau, die Antragstellerin, der Glaubensgemeinschaft der Zeugen Jehovas angehört.

Die Beschwerde hatte keinen Erfolg.

---

[6] Vgl. KirchE 32, 446 (447 Anm. 1).

[1] Nur LS: FamRZ 1996, 684; KuR 1996, 193.

Aus den Gründen:

Die gemäß § 621 e ZPO zulässige Beschwerde muß erfolglos bleiben. Der Senat folgt den Gründen des angefochtenen Urteils. Das Familiengericht hat zu Recht deutsches Recht angewandt, denn die Kinder der Parteien haben ihren gewöhnlichen Aufenthalt in Deutschland. Die Entscheidung ist daher gemäß § 1671 BGB zu treffen. Die Entscheidung des Familiengerichts entspricht dem Kindeswohl. Weder aus dem beiderseitigen Vortrag der Parteien noch aus der Stellungnahme des beteiligten Jugendamtes ergeben sich Anhaltspunkte dafür, daß im konkreten Fall für die Kinder die Gefahr besteht, sie würden von ihrer Mutter in einer dem Kindeswohl abträglichen Weise erzogen. K. hat sich überdies anläßlich ihrer Anhörung für den Verbleib bei der Mutter ausgesprochen. Irgendwelche erzieherischen Defizite, die ihren Grund in der Zugehörigkeit der Mutter zu den Zeugen Jehovas haben könnten, sind nicht festzustellen. Die mit der Beschwerde hervorgehobene Ansicht, allein die Zugehörigkeit zu der Glaubensgemeinschaft der Zeugen Jehovas würde bereits indizieren, daß einem solchen Elternteil die Erziehungsfähigkeit fehle, widerspricht dem in Art. 4 GG statuierten Grundsatz der Glaubensfreiheit. Selbst wenn die Glaubensgemeinschaft sektiererischen Charakter haben sollte, würde dies für die Entscheidung gemäß § 1671 BGB nur dann von Bedeutung sein, wenn im konkreten Fall Einzelheiten dafür vorgetragen werden, daß die Kinder zur Lebensuntüchtigkeit erzogen oder ihrer Umwelt entfremdet würden. Derartiges Vorbringen ist der Beschwerde nicht zu entnehmen. Das mit ihr beantragte Sachverständigengutachten über die Eigenart der Glaubensgemeinschaft der Zeugen Jehovas ist daher nicht einzuholen.

Das Familiengericht hat daher mit Recht darauf abgestellt, welcher von den Elternteilen bei gleicher Erziehungseignung eher in der Lage ist, der Erziehung der Kinder gerecht zu werden. Das ist im vorliegenden Fall die Mutter, die nicht durch eine auch nur teilweise Berufstätigkeit an der Erziehung der Kinder gehindert ist. Es hat ferner mit Recht darauf abgehoben, in welcher Weise sich insbesondere das ältere der beiden Kinder im Verfahren geäußert hat.

35

Ist die Programmgestaltung und Durchführung einer Studienreise von Religionslehrern nach Israel ausschließlich beruflich ausgerichtet und tritt demgegenüber die allgemeine touristische Bedeutung einzelner, von der Gruppe besuchter Orte völlig in den Hintergrund, können die für die Reise getätigten Aufwendungen als Werbungskosten abzugsfähig sein.

§§ 9 Abs. 1 Satz 1, 12 Nr. 1 Satz 2 EStG 1990
Nieders. Finanzgericht, Urteil vom 21. Juni 1995 – X 401/92[1] –

Beide Kläger arbeiten als Religionslehrer an Schulen. Auf Einladung der Bezirksregierung A. nahmen sie 1990 an einer zweiwöchigen, als Lehrerfortbildung deklarierten Gruppenreise nach Israel teil. Die Reise wurde veranstaltet vom Niedersächsischen Landesinstitut für Lehrerfort- und -weiterbildung und Unterrichtsforschung. Sie wurde als Dienstreise gem. § 23 Abs. 2 BRKG genehmigt und fand je zur Hälfte in der Schul- und Ferienzeit statt. Für den in die Schulzeit fallenden Teil wurde den Klägern Dienstbefreiung unter Fortzahlung der Bezüge gewährt, ebenso für die dreitägige Vor- und eintägige Nachbereitung. Teilnehmer an der Reise waren ausschließlich Religionspädagogen. Reiseleiter war der Leiter des Amtes für Religionspädagogik B. Das Reiseprogramm sah die Besichtigung historischer Orte, Vorträge und Diskussionen vor. Der Besuch biblischer Stätten wurde von fachkundigen Erläuterungen begleitet. Abends fanden Vorträge und Gespräche mit Vertretern der Religionen, Gemeinden und Synagogen, christliche Gottesdienste, der Besuch einer Sabbatfeier und eigens gestaltete Andachten der Lehrergruppe statt. Die Kläger hielten – wie auch die übrigen Teilnehmer – Kurzreferate an den besichtigten Orten ab. Die Kläger stellten ferner Material für Diavorträge zur Verwendung im Unterricht zusammen und werteten dieses nebst den weiteren im Reiseverlauf von ihnen gewonnenen Erkenntnissen im Unterricht aus. In der Einkommensteuererklärung für das Streitjahr beantragten die Kläger, die Aufwendungen für die Studienreise nach Israel in Höhe von 2 400 DM Eigenbeteiligung zuzüglich Verpflegungsmehraufwendungen in Höhe von 799 DM pro Person als Werbungskosten bei den Einkünften aus nichtselbständiger Arbeit steuermindernd zu berücksichtigen. Das Finanzamt lehnte dies unter Hinweis auf § 12 EStG ab.

Die Klage hatte Erfolg.

Aus den Gründen:

Die Klage ist begründet.

Die Aufwendungen der Kläger für die Reise nach Israel sind Werbungskosten gem. § 9 Abs. 1 Satz 1 EStG und mindern damit ihre Einkünfte aus nichtselbständiger Arbeit.

(...)

In Anwendung dieser Grundsätze kommt der Senat insbesondere nach der Anhörung des Klägers in der mündlichen Verhandlung zu dem Ergebnis, daß

---

[1] EFG 1995, 1049. Das Urteil ist rechtskräftig.

die Aufwendungen für die Reise nach Israel nahezu ausschließlich beruflich veranlaßt waren und damit abziehbar sind.

Zwar ist die Reiseroute der Kläger und der anderen Reiseteilnehmer durch einen häufigen Ortswechsel sowie das Aufsuchen auch von allgemein von Reiseveranstaltern angebotenen Orten gekennzeichnet. Diese Indizien werden hier aber von der ausschließlich beruflich ausgerichteten Programmgestaltung und Durchführung der Reise überlagert und treten ihr gegenüber ganz in den Hintergrund.

Bei der Reisegruppe, der die Kläger angehörten, handelte es sich um eine homogene Gruppe, die sich ausschließlich aus Religionspädagogen zusammensetzte und vom Leiter des Amtes für Religionspädagogik B. unter Zuhilfenahme einer israelischen Reiseführerin kompetent geleitet wurde.

Das streng an den Zielen einer religionspädagogischen Fortbildung ausgerichtete Programm war straff organisiert und wurde konsequent durchgeführt. Davon konnte sich der Senat in der mündlichen Verhandlung nach dem unwidersprochenen Vortrag des Klägers sowie der Vorlage umfangreicher Protokolle und Referate überzeugen. Das Reiseprogramm sah mit Ausnahme eines Nachmittags und Abends sowie eines Vormittags zur freien Verfügung ein jeweils ganztägiges, umfangreiches Besichtigungsprogramm von aus theologisch und pädagogischer Sicht besonders wichtigen Stätten Israels vor. Über die Besichtigungen hinaus war es ganz wesentlich geprägt durch täglich veranstaltete Referate, Vorträge und Fachgespräche mit israelischen Theologen und Pädagogen. Die Reiseteilnehmer kommentierten die fachspezifischen Besonderheiten jedes aufgesuchten Reiseziels aktiv durch rd. einstündige Referate, woran sich weitere Diskussionen anschlossen. Bei dem Besuch der historischen biblischen Stätten lasen die Teilnehmer entsprechende Bibelstellen. Bei dem Besuch von Synagogen, Kirchen, Museen und anderen historischen Orten fanden regelmäßig Gespräche und Diskussionen mit ortsansässigen Theologen und Pädagogen statt. Vorträge und fachliche Diskussionen wurden regelmäßig auch noch nach dem Abendessen abgehalten und beschäftigten sich thematisch u. a. mit der Geschichte und politischen Situation Israels, den Festen des jüdischen Jahres, dem Ablauf eines hebräischen Gottesdienstes, Erziehungsfragen in Israel oder der dialogischen Philosophie Bubers. Erholungspausen, freie Abende und Zeiten zur freien Verfügung ließ das Reiseprogramm nur in äußerst geringem Umfang zu, während auch die Wochenenden mit Ausnahme eines Vormittags und des Rückflugs mit Programm ausgefüllt waren.

Ein über das allgemeine berufliche Informationsbedürfnis hinausgehender besonderer beruflicher Anlaß für die Reise bestand für die Kläger darin, zur Verwendung im Unterricht Material für die Zusammenstellung und Gestaltung von Diavorträgen zu sammeln und dieses Material — wie unstreitig geschehen — später in die von ihnen konzipierten Unterrichtseinheiten einfließen zu lassen.

Der hohe fachspezifische Stellenwert der Reise wird auch daran deutlich, daß der Arbeitgeber der Kläger, die Bezirksregierung A., besonderes betriebliches Interesse an der Reise hatte. Die Reise wurde als Dienstreise qualifiziert.

Die Bezirksregierung lud zur Reise ein und gewährte für den in die Dienstzeit fallenden Teil der Reisezeit Dienstbefreiung unter Fortzahlung der Bezüge, die auch für die viertägige Vor- und Nachbereitung gewährt wurde.

Danach ist insgesamt die Verfolgung privater Interessen durch die Kläger als nahezu ausgeschlossen anzusehen (...).

36

Auch aufgrund der in jüngster Zeit bekannt gewordenen Bestrafungen von Zeugen Jehovas in der Türkei wegen Befehlsverweigerung ist eine politische Verfolgung hierbei hinreichend sicher auszuschließen.

Art. 16a Abs. 1 GG; § 51 Abs. 1 AuslG
OVG Rheinland-Pfalz, Urteil vom 30. Juni 1995 — 10 A 12923/94 OVG[1] —

Der im Jahre 1975 geborene Kläger, der türkischer Staatsangehöriger ist, begehrt als Zeuge Jehovas und als vormaliger arabisch-orthodoxer Christ nach rechtskräftigem und für ihn nachteiligem Abschluß seines Erstverfahrens von neuem die Gewährung politischen Asyls.

Nach seinen Angaben ist er im September 1990 aus der Türkei aus- und in die Bundesrepublik Deutschland eingereist. Seinen alsbald gestellten ersten Asylantrag hat er im wesentlichen wie folgt begründet: Er stamme aus einer christlichen Familie aus dem Dorf N. im Bezirk Altinözü in der Provinz Hatay. Seine Mutter habe sich im Laufe der Jahre den Zeugen Jehovas angeschlossen und sei auch als Zeugin Jehovas getauft. Auch er habe an deren Versammlungen teilgenommen, sei aber noch nicht getauft worden. Auf seiner Arbeitsstelle bei einer Installationsfirma sei er von einem muslimischen Kollegen unterdrückt und geschlagen worden. Deswegen habe er den Arbeitsplatz gekündigt und habe bei einem Bekannten gearbeitet. Dort habe es keine Probleme gegeben.

Dieses Asylbegehren ist seinerzeit letztlich erfolglos geblieben. Auch nachdem der Kläger im März 1992 als Zeuge Jehovas getauft worden war, hat das OVG Rheinland-Pfalz mit rechtskräftigem Urteil vom 2. 2. 1993 —

---

[1] Das Urteil ist rechtskräftig.

13 A 11577/91. OVG – Asyl mit der Begründung versagt, der Kläger habe als Zeuge Jehovas bei einer Rückkehr in die Türkei weder im sozialen Alltag noch bei der Ableistung des Pflichtgrundwehrdienstes mit politischer Verfolgung zu rechnen. Insbesondere könne eine solche bei der Ableistung des Wehrdienstes und dabei vor allem mit Blick auf eine Wehrdienstverweigerung bzw. Befehlsverweigerung hinreichend sicher ausgeschlossen werden. Dabei müsse man zunächst berücksichtigen, daß sich die Zeugen Jehovas in der Türkei nicht generell dem Wehrdienst verweigerten, sondern vielmehr den Einberufungsbescheiden Folge leisteten und bei der jeweiligen Einheit ihren Dienst anträten. Dort verweigerten sie lediglich die Ausbildung an Waffen und das Tragen von Waffen. In dieser Situation komme es für die weitere Behandlung der Zeugen Jehovas auf das Verhalten des militärischen Vorgesetzten an. Diese könne nicht in jedem Fall vorausgesehen werden. Aber immerhin falle auf, daß nach übereinstimmenden Angaben von Sachkennern inzwischen eine Praxis herrsche, Zeugen Jehovas in Diensten zu beschäftigen, in denen auf das Waffentragen verzichtet werden könne. Danach sei schon eine Bestrafung wegen Befehlsverweigerung hinreichend sicher auszuschließen, so daß sich die Frage nach deren Folgen und dem Charakter solcher Konsequenzen an sich gar nicht stelle. Aber selbst wenn man nicht von einer derartigen generellen Praxis ausgehe, ergebe sich keine dem Kläger günstigere Betrachtungsweise. Denn eine derartige in Betracht zu ziehende Bestrafung wegen Befehlsverweigerung stelle keine politische Verfolgung dar. Eine Bestrafung knüpfe nämlilch nicht an asylerhebliche Merkmale, hier an das Zeuge-Jehova-Sein des jeweiligen Rekruten, an. Keine andere Beurteilung ergebe sich selbst dann, wenn man nach der früheren Rechtsprechung des Bundesverwaltungsgerichts die Härte einer drohenden Strafe als Indiz für eine hinter der Strafnorm stehende Verfolgung mit in den Blick nehme. Denn die Todesstrafe – die für das Bundesverwaltungsgericht schon ein Indiz gewesen sei – drohe wegen Befehlsverweigerung keineswegs. Selbst der lediglich auf Gefängnisstrafe lautende Strafrahmen hierfür werde nicht ausgeschöpft, die jeweilig zuerkannte Strafe bewege sich zwischen der Mindeststrafe von drei Monaten und sechs Monaten. Zudem bestehe kaum die Gefahr einer erneuten Bestrafung, da die Zeugen Jehovas die Verurteilung mit Rechtsmitteln angriffen, zur Truppe zurückkehrten und spätestens dann im allgemeinen zu waffenlosem Dienst herangezogen würden. Danach liege aber selbst in einer Bestrafung wegen Befehlsverweigerung keine politische Verfolgung.

Nach Rechtskraft dieser Entscheidung und als der Kläger abgeschoben werden sollte, stellte er unter dem Datum des 14. 12. 1993 einen Folgeantrag. Ihn begründete er mit einem Artikel aus der Zeitung „Gündem" vom 29. 9. 1993. In ihm wird über den Fall eines Zeugen Jehovas berichtet, der dreimal hintereinander die Annahme der ihm ausgehändigten Waffe verweigert hat. Er wurde in der ersten Instanz wegen dreimaliger Befehlsverweigerung bestraft. Das von der Oberstaatsanwaltschaft hiergegen zugunsten des Zeugen Jehovas eingelegte Rechtsmittel blieb ohne Erfolg. Der Militärische Kassationshof entschied abschließend, daß in Fällen dieser Art keine fortlaufende, auf einem Gesamtvorsatz beruhende strafbare Handlung vorliege, sondern vielmehr drei selbständige Handlungen, mit denen jeweils für sich der Straftatbestand verwirklicht worden sei.

Den neuerlichen Asylantrag lehnte das Bundesamt für die Anerkennung ausländischer Flüchtlinge mit Bescheid vom 21. 12. 1993 mit der Begründung ab, der Kläger wiederhole nur sein früheres Asylvorbringen, ohne daß Wiederaufnahmegründe vorlägen.

Daraufhin hat der Kläger fristgerecht Klage erhoben, mit der er sein bisheriges Vorbringen wiederholt und vertieft hat.

Mit dem angefochtenen Urteil hat das Verwaltungsgericht der Klage teilweise stattgegeben und die Beklagte verpflichtet festzustellen, daß für den Kläger Abschiebungshindernisse im Sinne des § 51 Abs. 1 AuslG hinsichtlich der Türkei bestünden. Zur Begründung ist ausgeführt, der Kläger habe einen Anspruch auf Wiederaufgreifen des abgeschlossenen Verfahrens, da sich seit dem Urteil des erkennenden Senats die Sachlage geändert habe. Denn aufgrund des vorgelegten Zeitungsartikels stehe nunmehr fest, daß die Zeugen Jehovas bei mehrmaliger Befehlsverweigerung immer erneut bestraft werden könnten. Diese neue Rechtsprechung sei als ein durchschlagendes Indiz zu werten, daß die Bestrafung wegen Befehlsverweigerung an asylerhebliche Merkmale anknüpfe.

Hiergegen hat der Bundesbeauftragte für Asylangelegenheiten den Antrag auf Zulassung der Berufung gestellt, dem der Senat stattgegeben hat.

Die Berufung des Bundesbeauftragten für Asylangelegenheiten hatte nach ihrer Zulassung durch den Senat auch Erfolg und führte zur Klageabweisung.

Aus den Gründen:

Die Berufung des Beteiligten ist zulässig und begründet.

Das Verwaltungsgericht hätte die Klage insgesamt abweisen müssen. Dabei bedarf keiner näheren Erörterung die Frage, ob das Verwaltungsgericht überhaupt eine Sachentscheidung treffen drufte, nachdem es das Bundesamt für die Anerkennung ausländischer Flüchtlinge in seinem Bescheid vom 21. 12. 1993 gerade abgelehnt hatte, überhaupt in eine Sachprüfung des Folgeantrags einzutreten (vgl. zu diesem Problemkreis: BVerfG, Beschluß vom 11. 5. 1993, u. a. DVBl. 1994, S. 38 m. abl. Anm. Rennert; Bell, NVwZ 1995, S. 24 [25 f.]; Scherer, VBlBW. 1995, S. 175 [177 f.]). (...) Denn unabhängig von diesen verfahrensrechtlichen Fragen, ob überhaupt der Weg für eine erneute Sachentscheidung über das Asylbegehren des Klägers frei ist, ist die getroffene Sachentscheidung unzutreffend. Der Kläger hat nämlich von allem abgesehen keinen Anspruch auf Feststellung der Voraussetzungen des § 51 Abs. 1 AuslG. Anspruch auf diese Feststellung hat gemäß § 51 Abs. 2 Satz 2 AuslG i. V. m. § 31 Abs. 2 Satz 1 AsylVfG der Ausländer, der sich – wie der Kläger – auf politische Verfolgung beruft, damit einen Asylantrag im Sinne von § 13 Abs. 1 AsylVfG stellt und dessen Leben oder Freiheit wegen seiner Rasse, Religion, Staatsangehörigkeit, seiner Zugehörigkeit zu einer bestimmten sozialen Gruppe oder wegen seiner politischen Überzeugung bedroht ist. Diese Voraussetzungen sind mit denen des Art. 16 Abs. 2 Satz 2 GG a. F. bzw. Art. 16 a Abs. 1 GG n. F. deckungsgleich, soweit es die Verfolgungshandlung, das geschützte Rechtsgut und den politischen Charakter der Verfolgung betrifft. Unterschiede bestehen (lediglich) insoweit, als die Anerkennung als Asylberechtigter darüber hinaus einen Kausalzusammenhang zwischen Verfolgung und Flucht sowie das Fehlen anderweitigen Verfolgungsschutzes verlangt, während das Abschiebungsverbot des § 51 Abs. 1 AuslG auch dann besteht, wenn – wie hier – politische Verfolgung wegen eines für die Asylanerkennung unbeachtlichen Nachfluchtgrundes droht (vgl. dazu: BVerwG, Urteil vom 18. 2. 1992, Buchholz 402.25 § 7 AsylVfG Nr. 1).

Nach der ständigen Rechtsprechung (vgl. zuletzt grundlegend: BVerfGE 80, 315) ist politisch Verfolgter im Sinne des früheren Art. 16 Abs. 2 Satz 2 GG bzw. des heutigen Art. 16 a Abs. 1 GG und damit auch im Sinne des § 51 Abs. 1 AuslG derjenige, der bei einer Rückkehr in seine Heimat aus politischen Gründen Verfolgungsmaßnahmen mit Gefahr für Leib und Leben oder Beeinträchtigungen seiner persönlichen Freiheit zu erwarten hat oder dem Eingriffe in andere Grundfreiheiten drohen, die nach ihrer Intensität und Schwere die Menschenwürde verletzen. Diese Verfolgung ist als politisch anzusehen, wenn sie in Anknüpfung an die asylerheblichen Merkmale der Rasse, Religion, Nationalität, Zugehörigkeit zu einer bestimmten sozialen Gruppe oder der politischen Überzeugung des Betroffenen erfolgt, weil sie alsdann den Einzelnen aus der übergreifenden Friedensordnung des Staates ausgrenzt.

Die Gefahr einer derartigen Verfolgung ist gegeben, wenn diese Maßnahmen dem Betroffenen unter Zugrundelegung einer auf einen absehbaren Zeitraum ausgerichteten Zukunftsprognose bei der hier in Rede stehenden religiösen Überzeugung mit beachtlicher Wahrscheinlichkeit drohen. Daß diese Voraussetzungen auch für den Fall einer Befehlsverweigerung des Klägers bei Ableistung des Wehrdienstes nicht vorliegen, hat der Senat in seinem Urteil im Erstverfahren eingehend dargelegt. An dieser Würdigung ändert sich letztlich auch nichts angesichts der neuesten Spruchpraxis der türkischen Strafgerichte.

In tatsächlicher und rechtlicher Hinsicht hat sich seit Ergehen des Urteils des Senats vom 2. 2. 1993 (13 A 11577/91 OVG) lediglich die Situation ergeben, daß zumindest in zwei bis drei Fällen Zeugen Jehovas mehrmals den Befehl zur Annahme der Waffe verweigerten und daraufhin auch wegen mehrerer Straftaten rechtskräftig verurteilt wurden. So berichtet die Zeitung Gündem vom 29. 9. 1993, die der Kläger zur Begründung seines Asylfolgeantrages vorgelegt hat, von einem Fall dreimaliger Befehlsverweigerung an verschiedenen Tagen. Dies führte dann zu einer Verurteilung durch ein erstinstanzliches Strafgericht wegen dreier Straftaten – und nicht wegen eines einheitlichen, auf einem „Gesamtvorsatz" beruhenden Vergehens. Gegen diese Entscheidung hatte zwar die Staatsanwaltschaft zugunsten des Zeugen Jehovas ein Rechtsmittel eingelegt mit dem Ziel, eine Bestrafung lediglich wegen einer einzigen, einheitlich begangenen Befehlsverweigerung zu erreichen, das ist ihr aber nicht gelungen. Vielmehr bestätigte der Militärische Kassationsgerichtshof die Rechtsauffassung und die Verurteilung der Vorinstanz. Zudem ist bekannt geworden, daß die Zeugen Jehovas Ercan E. und Mustafa Tuncer E. ebenfalls mehrfach verurteilt worden sind. Sie waren nach ihren Befehlsverweigerungen in Untersuchungshaft genommen und verurteilt worden. Nach ihrer Entlassung aus der Untersuchungshaft waren sie erneut zum Dienstantritt befohlen worden. Auch dabei verweigerten sie die Annahme der Waffe. Sie kamen erneut in Untersuchungshaft und wurden ein weiteres Mal wegen Befehlsverweigerung verurteilt. Mustafa Tuncer E. ist danach zweifach wegen Befehlsverweigerung bestraft, Ercan E. sogar dreimal (vgl. zum Ganzen: Oberdiek, Ergänzendes Gutachten vom 29. 10. 1994 an den von VGH Baden-Württemberg).

Aber auch diese Mehrfachbestrafungen, die der Senat in seinem im Erstverfahren ergangenen Urteil vom 2. 2. 1993 nicht ausgeschlossen, sondern mit Blick auf die Praxis der militärischen Vorgesetzten von Wehrpflichtigen als unwahrscheinlich angesehen hat (...), rechtfertigt nicht die Annahme einer politischen Verfolgung.

Zweifel ergeben sich dabei schon nach wie vor angesichts der Dichte solcher Mehrfachbestrafungen wegen Befehlsverweigerungen. Bislang sind lediglich die erwähnten zwei bis drei Fälle von Befehlsverweigerungen bekannt geworden. Ob dies für die Annahme einer beachtlichen Wahrscheinlichkeit für solche Bestrafungen, wie sie die Vorinstanz angenommen hat, ausreicht, ist sehr zweifelhaft. Im übrigen muß man berücksichtigen, daß lediglich der Sachverständige Oberdiek eine Tendenz zur Mehrfachbestrafung festgestellt hat (Schriftliches Gutachten vom 25. 8. 1994 und ergänzendes Gutachten vom 29. 10. 1994 jeweils an den VGH Baden-Württemberg), während alle anderen sachverständigen Stellen keine wesentlichen Änderungen seit deren Gutachtenerstellung für den Senat im Jahre 1992 verzeichnen konnten (so ausdrücklich: Auswärtiges Amt, Auskunft vom 23. 11. 1994 an den VGH Baden-Württemberg; Wachtturm Bibel- und Traktat-Gesellschaft – Deutscher Zweig – vom 10. 10. 1994 an den VGH Baden-Württemberg; Rumpf, Schriftliches Gutachten vom 10. 2. 1995 an das VG Wiesbaden und vom 3. 4. 1995 an den VGH Baden-Württemberg).

Die Frage der Dichte bedarf indessen keiner Vertiefung. Denn nach wie vor fehlt es selbst bei mehrfacher Bestrafung wegen Befehlsverweigerung an einer zielgerichteten asylbeachtlichen Verfolgung, also einer Repression gerade auch wegen der Zugehörigkeit zur Glaubensgemeinschaft der Zeugen Jehovas (so bereits das Urteil des erkennenden Senats im Erstverfahren, ...). Auch weiterhin besteht bei sämtlichen angehörten Stellen und Personen Übereinstimmung, daß die Zeugen Jehovas nicht anders behandelt werden als andere Personen, die ebenfalls den Militärdienst verweigern. Das hat der Sachverständige Dr. Rumpf in seiner schriftlichen Stellungnahme vom 10. 2. 1995 noch einmal ganz deutlich hervorgehoben: „Die mir vorliegende Rechtsprechung bietet keinen Anhaltspunkt dafür, daß die Zugehörigkeit zur Glaubensgemeinschaft der Zeugen Jehovas Auslöser für eine differierende Spruchpraxis ist."

Unter diesen Umständen ist an sich gar kein Raum für eine weitere Prüfung, ob nicht aus anderen Aspekten heraus doch noch auf den politischen Charakter der Strafverfolgung geschlossen werden kann. In seinem das Erstverfahren rechtskräftig abschließenden Urteil vom 2. 2. 1993 hatte der Senat lediglich mit Blick auf die frühere Rechtsprechung des Bundesverwaltungsgerichts erwogen, die Härte einer drohenden Strafe als Indiz in die Würdigung mit einzustellen (...). Diese gerade für die verhängte und exekutierte Todesstrafe entwickelte Rechtsprechung ergibt hier aber ebenfalls keine andere Beurteilung. Denn auch weiterhin bewegen sich die Verurteilungen des Zeugen Jehovas wegen Befehlsverweigerung im unteren Bereich des Strafrahmens. Das gilt selbst bei Mehrfachbestrafungen. Selbst der von dem Sachverständigen Oberdiek genannte, als am schärfsten wegen (mehrfacher) Befehlsverweigerung bestrafte Zeuge Jehovas, Ercan E., ist (aus diesem Blickwinkel heraus lediglich) zu Strafen in Höhe von „mehr als einem Jahr verurteilt" worden und hat „mehr als vier Monate in Untersuchungshaft verbracht". Eine außergewöhnliche Härte im Sinne der Rechtsprechung des Bundesverwaltungsgerichts (vgl. etwa Urteil vom 25. 6. 1991, NVwZ 1992, S. 274 [275]) kann darin nicht gesehen werden.

Im übrigen muß bei den Verurteilungen der Zeugen Jehovas berücksichtigt werden, daß diese nicht von einem totalitären Staat ohne geordnetes und berechenbares Gerichtsverfahren ergehen und die Strafen willkürlich verhängt werden (vgl. zu diesen Voraussetzungen nach der genannten Rechtsprechung nochmals: BVerwG, Urteil vom 25. 6. 1991, aaO), sondern auf einem anderen Strafrechtsverständnis beruhen. Zu den wiederholten Bestrafungen wegen Befehlsverweigerung kommt es, weil jedenfalls manche türkische Strafgerichte dieses abweichende Verhalten der Zeugen Jehovas nicht als Konsequenz einer ein für allemal getroffenen und fortwirkenden Gewissensentscheidung würdigen. Vielmehr sehen sie in den neuerlichen Verstößen gegen Strafvorschriften eine neue Tat im Sinne des Straf- und Strafprozeßrechts. Eine solche Strafpraxis ist aber durchaus geordnet, berechenbar und nicht willkürlilch im Sinne der Rechtsprechung des Bundesverwaltungsgerichts. Sie entsprach im übrigen ein Jahrzehnt lang der Rechtsprechung deutscher Strafgerichte gegenüber den Zeugen Jehovas. Sie hatte seinerzeit zu zahlreichen und mehrmaligen Verurteilungen der Zeugen Jehovas wegen wiederholter Nichtbefolgung einer Einberufung zum zivilen Ersatzdienst geführt. Diese Rechtsprechung fand ihr Ende erst, nachdem das Bundesverfassungsgericht mit Beschluß vom 7. 3. 1968 (BVerfGE 23, 191) feststellte, daß in solchen Fällen „dieselbe Tat" i. S. d. Art. 103 Abs. 3 GG vorliege und Mehrfachbestrafungen für unzulässig erklärte. In dieser langjährigen, vom Bundesverfassungsgericht letztlich verworfenen Rechtsprechung der deutschen Strafgerichte kann man sicherlich keine politische Verfolgung der Zeugen Jehovas durch den deutschen Staat sehen. Eine andere Würdigung verbietet sich dann aber auch für die Spruchpraxis der türkischen Strafgerichte zur Befehlsverweigerung von Zeugen Jehovas.

Da auch sonst keine Abschiebungshindernisse ersichtlich sind, hat die Berufung des Beteiligten in vollem Umfang Erfolg.

37

Eltern und Schüler haben grundsätzlich keinen verfassungsrechtlich begründeten Anspruch auf Verlegung der Unterrichtzeiten des Ethikunterrichts.

Ein Anspruch, den Unterricht auf den Vormittag zu verlegen oder davon befreit zu werden, käme allenfalls dann in Betracht, wenn sich aus der konkret angegriffenen schulorganisatorischen Maßnahme eine unzumutbare, nicht mehr hinnehmbare Beeinträchtigung für Schüler und Eltern ergäbe, da auch Maßnahmen der Schulorganisation unter dem verfassungsrechtlichen Vorbehalt der Verhältnismäßigkeit stehen.

Art. 3 Abs. 1, 4 Abs. 1, 6 Abs. 2, 7 Abs. 1 GG, 107 Abs. 1, 118 Abs. 1, 126 Abs. 1, 130 Abs. 1, 137 Abs. 2 BV
BayVGH, Beschluß vom 6. Juli 1995 – 7 CE 95.1686[1] –

---

[1] BayVBl. 1996, 405. Nur LS: KuR 2 (1996), 193.

Der Antragsteller, der die 5. Klasse des W.-Gymnasiums in F. besucht, möchte die Befreiung vom Ethikunterricht erreichen, der einmal in der Woche am Montag-Nachmittag zweistündig abgehalten wird. Auf das Schreiben seiner Mutter, ihr Sohn werde den Ethikunterricht nur besuchen, wenn er entweder vormittags stattfinde oder wenn nachmittags auch der gesamte Religionsunterricht abgehalten werde, hat die Schule mit ausführlich begründetem Schreiben vom 4. 10. 1994 ausgeführt, daß der Antragsteller zum Besuch des Ethikunterrichts verpflichtet sei und daß dieser Unterricht aus Gründen der Stundenplanorganisation und der Verfügbarkeit von Lehrkräften nicht zu einer anderen Zeit abgehalten werden könne.

Mit dem Antrag auf Erlaß einer einstweiligen Anordnung beantragte der Antragsteller durch seine Mutter, ihn vom Besuch des Ethikunterrichts freizustellen.

Das Verwaltungsgericht lehnte den Antrag ab. Mit der Beschwerde verfolgt der Antragsteller durch seine Mutter den geltend gemachten Anordnungsanspruch auf Freistellung vom Ethikunterricht weiter.

Es wird im wesentlichen vorgetragen: Die Pflicht zur Teilnahme am Ethikunterricht sei verfassungswidrig, sie bedeute eine gravierende Benachteiligung und verstoße gegen das verfassungsrechtliche Diskriminierungsverbot. Der Besuch des Ethikunterrichts sei unter den gegebenen Umständen für den Antragsteller unzumutbar. Er müsse unzumutbare Wartezeiten nach Ende des Ethikunterrichts bis zur Heimfahrt mit dem Bus auf sich nehmen. Im Winter müsse er bei Dunkelheit allein vom Bus nach Hause gehen; dabei sei er erheblichen Gefahren ausgesetzt. Trotz grundsätzlicher Bedenken gegen die Einrichtung des Ethikunterrichts überhaupt werde lediglich die Befreiung davon verlangt, solange dieser nachmittags stattfinde.

Die Beschwerde blieb erfolglos.

Aus den Gründen:

Die Beschwerde ist unbegründet. Das Verwaltungsgericht hat den Anordnungsantrag auf Freistellung vom Ethikunterricht zu Recht abgelehnt.

1. Der erkennende Senat hat bereits in der Entscheidung vom 21. 12. 1989[2] – Nr. 7 CE 89.3102 – (BayVBl. 1990, 244; zustimmend hierzu Schockenhoff BayVBl. 1993, 737; krit.: Renck BayVBl. 1992, 519) ausgeführt, daß die Verpflichtung, anstelle des Religionsunterrichts den Ethikunterricht zu besuchen (Art. 137 Abs. 2 BV, Art. 47 Abs. 1 des Bayer. Gesetzes über das Erziehungs- und Unterrichtswesen – BayEUG – i. d. F. d. Bek. v. 7. 7. 1994, GVBl. 689)

---

[2] KirchE 27, 359.

verfassungsrechtlich unbedenklich ist. Hieran wird festgehalten. Der staatliche Erziehungsauftrag (Art. 7 Abs. 1 GG, Art. 130 Abs. 1 BV) ist nicht nur auf eine Wissensvermittlung beschränkt, sondern erstreckt sich auf die Gesamterziehung, die Erziehung zum Sozialverhalten und die Persönlichkeitsentwicklung und hat zur Eingliederung in die Gesellschaft beizutragen (vgl. BVerfGE 34, 135 [182]; 47, 46 [72]; BVerwG, Buchholz 421 Nr. 74). Die Erziehung zu werteinsichtigem Urteilen und Handeln, das an sittlichen Grundsätzen orientiert ist (vgl. Art. 47 Abs. 2 BayEUG), ist Teil des in Art. 131 BV umschriebenen verfassungsrechtlichen Erziehungsauftrags des Staates. Auch unter dem Blickwinkel des Grundrechts der Glaubens- und Gewissensfreiheit (Art. 4 Abs. 1 GG, Art. 107 Abs. 1 BV) bestehen gegen die Verpflichtung zum Besuch des Ethikunterrichts keine Bedenken, da dieser der Pluralität der Bekenntnisse und Weltanschauungen Rechnung zu tragen hat (Art. 47 Abs. 2 Satz 3 BayEUG).

Die Verpflichtung zum Besuch des Ethikunterrichts verstößt entgegen dem Antragstellervorbringen auch nicht gegen den allgemeinen Gleichheitssatz (Art. 3 Abs. 1 GG, Art. 118 Abs. 1 BV) oder gegen das Verbot (Art. 3 Abs. 3 GG), daß niemand wegen seines Glaubens oder seiner Weltanschauung benachteiligt werden darf (vgl. Schockenhoff aaO, S. 743). Auszugehen ist davon, daß der Staat – wie dargelegt – kraft seines schulischen Erziehungsauftrags befugt ist, die Schüler im Rahmen des Pflichtunterrichts auch in ethischsittlicher Beziehung zu bilden. Er räumt dabei ein Wahlrecht zwischen Religions- und Ethikunterricht ein. Jedem Schüler steht es frei, sich für den einen oder anderen Unterricht zu entscheiden (zur Teilnahmeberechtigung bekenntnisfremder Schüler am Religionsunterricht vgl. BVerfG, NJW 1987, 1873[3]; BayVGH, BayVBl. 1981, 147[4]). Durch die Wahl zwischen Religions- und Ethikunterricht wird jedem Schüler in gleicher Weise zugemutet, insoweit seine weltanschauliche Haltung offenzulegen. Hierin liegt keine Benachteiligung aus religiös-weltanschaulichen Gründen, auch wenn sich für den Ethikunterricht weniger Schüler entscheiden.

2. Der erkennende Senat hat weiterhin in ständiger Rechtsprechung entschieden (vgl. BayVBl. 1982, 211; NVwZ-RR 1993, 355), daß das Elternrecht (Art. 6 Abs. 2 GG, Art. 126 Abs. 1 BV) grundsätzlich keinen Anspruch auf eine bestimmte Stundenplangestaltung gibt. Die Kinder am Pflichtunterricht nach Belieben teilnehmen zu lassen oder nicht, ist nicht Inhalt des Elternrechts. Zu der dem Staat nach Art. 7 Abs. 1 GG, Art. 130 Abs. 1 BV obliegenden Schulaufsicht gehören nicht nur die inhaltliche Festlegung der Ausbildungsgänge und Unterrichtsziele sowie die Bestimmung des Unterrichtsstoffs,

---

[3] KirchE 25, 39.   [4] KirchE 18, 191.

sondern auch die organisatorische Gliederung der Schule mit allen dazugehörigen Einzelheiten wie etwa der Stundenplangestaltung, der Festlegung der Unterrichtszeiten und der sonstigen äußeren Bedingungen des Unterrichts, wie der Einteilung der Schüler in Klassen oder der Zuweisung zu bestimmten Schulräumen. Dieser staatliche Gestaltungsbereich ist der elterlichen Bestimmung grundsätzlich entzogen, auch die Grundrechte der Schüler stehen unter diesem Vorbehalt (vgl. BVerfGE 34, 165 [182]; 41, 165; 45, 400 [415, 417]; BayVerfGHE 39, 87 [95]; BVerwG, Buchholz 421 Nr. 71; BayVGH, BayVBl. 1982, 211 [212]; VGH Bad.-Württ., DÖV 1984, 389). Eltern und Schüler haben deshalb grundsätzlich keinen Anspruch darauf, daß der Staat in organisatorischer Hinsicht eine in jeder Beziehung ihren Vorstellungen entsprechende Schule zur Verfügung stellt, etwa die Stundenpläne oder Unterrichtszeiten nach ihren Wünschen gestaltet. Der staatlichen Schulorganisation muß hier, schon im Hinblick auf die auch in solchen Bereichen vielfach divergierenden Vorstellungen der Eltern, ein verhältnismäßig weiter Gestaltungsspielraum eingeräumt werden (vgl. BVerwG, Buchholz 421 Nr. 76).

3. Ein Anspruch, den Ethikunterricht auf den Vormittag zu legen oder davon befreit zu werden (vgl. hierzu § 37 Abs. 1 Gymnasialschulordnung – GSO – vom 16. 6. 1983, GVBl. 681, zuletzt geändert durch VO vom 11. 7. 1994, GVBl. 665), käme allenfalls dann in Betracht, wenn sich aus der konkret angegriffenen schulorganisatorischen Maßnahme eine unzumutbare, nicht mehr hinnehmbare Beeinträchtigung für Eltern oder Schüler ergäbe, da auch Maßnahmen der Schulorganisation unter dem verfassungsrechtlichen Vorbehalt der Verhältnismäßigkeit stehen (vgl. BVerwG, Buchholz 421 Nrn. 41, 76; BayVGH, BayVBl. 1982, 211 [213]; 1990, 244). Eine solche nicht mehr hinzunehmende Beeinträchtigung könnte insbesondere unter der Voraussetzung anzunehmen sein, daß die schulorganisatorische Maßnahme nicht durch sachlich vertretbare Gründe gerechtfertigt und damit ermessensfehlerhaft oder sogar willkürlich wäre. Das ist hier nicht der Fall.

4. Der Ethikunterricht findet im vorliegenden Fall einmal in der Woche am Nachmittag und zwar am Montagnachmittag von 14.00 Uhr bis 15.30 Uhr statt. Das ist, wie bereits das Verwaltungsgericht ausgeführt hat, als solches nicht unzumutbar, da Schüler nicht selten auch am Nachmittag Unterricht haben. Weil die Schüler, die den Ethikunterricht besuchen, wegen ihrer geringen Zahl aus mehreren Klassen zusammengefaßt werden müssen, wäre die parallele Abhaltung von Religions- und Ethikunterricht am Vormittag nur möglich, wenn eine entsprechende Anzahl von Lehrern zur Verfügung stünde. Das ist, wie nicht weiter begründet werden braucht, nicht der Fall. Den Religionsunterricht ebenfalls auf den Nachmittag zu verlegen, würde kaum lösbare Organisationsprobleme mit sich bringen, wie die Schule in ihrem Schreiben vom 4. 10. 1994 an die Mutter des Antragstellers ausführlich dargelegt hat.

Da somit eine parallele Abhaltung von Religions- und Ethikunterricht aus Gründen der Organisation des Stundenplans praktisch als ausgeschlossen angesehen werden muß, käme als denkbare Möglichkeit, den Ethikunterricht ebenfalls am Vormittag abzuhalten, nur die Zusammenfassung der evangelischen und der Ethik-Schüler in eigenen Klassen in Betracht, wie die Schule in ihrer Stellungnahme vom 29. 5. 1995 ausführt. Das würde jedoch eine gänzliche Umverteilung der bestehenden Klasseneinteilung bedingen und hätte erhebliche Nachteile, die aufgrund der Darlegungen der Schule ohne weiteres einsichtig sind. Der Elternbeirat hat sich nach Mitteilung der Schule nachdrücklich dagegen ausgesprochen.

Die Nachteile des Ethikunterrichts am Nachmittag für den Antragsteller sind demgegenüber nicht so schwerwiegend, daß sie die organisatorischen Gründe der Schule überwögen und die Stundenplangestaltung als ermessensfehlerhaft und für den Antragsteller als unzumutbar erschiene. Die Schule hat in ihrer Stellungnahme vom 29. 5. 1995 unwidersprochen dargelegt, daß der Antragsteller am Montagnachmittag wenig Hausaufgaben zu erledigen hat und daß er die Mittagspause sinnvoll nutzen könne. Nach dem Ende des Ethikunterrichts (15.30 Uhr) muß er allerdings bis zur Abfahrt des Schulbusses eine Wartezeit in Kauf nehmen, wobei es nicht entscheidend ins Gewicht fällt, ob der Bus, wie die Schule mitteilt, bereits um 16.21 Uhr oder, wie die Mutter des Antragstellers behauptet, um 16.38 Uhr abfährt. Wartezeiten in dieser Größenordnung sind bei Fahrschülern, die nicht am Ort der Schule wohnen, nicht außergewöhnlich. Eine Gefährdung des Antragstellers scheint nicht naheliegend, da er sich bis zur Abfahrt des Busses in der Schule aufhalten kann und nach der unwidersprochenen Mitteilung der Schule von der Bushaltestelle zur Wohnung nur ca. 150 m bis 200 m zurückzulegen hat und er allenfalls in den Wintermonaten in die beginnende Dämmerung gerät.

38

Der Name „Frieden Mit Gott Allein Durch Jesus Christus" kann nicht in das Personenstandsbuch eingetragen werden.

Art. 6 EGBGB

LG Bremen, Beschluß vom 6. Juli 1995 − 2 T 359/95[1] −

---

[1] StAZ 1996, 46. Die weitere Beschwerde des Beteiligten von 3) hatte Erfolg. Sie führte zur Wiederherstellung des Beschlusses 1. Instanz (Anweisung an den Standesbeamten, den im Leitsatz bezeichneten Namen in Spalte 9 des Familienbuches einzutragen); OLG Bremen, Beschluß vom 10. 1. 1996 − 1 W 49/95 − StAZ 1996, 86.

Die Beteiligten zu 1) und 2) haben 1977 vor dem Standesamt in Hamburg die Ehe geschlossen. Der Beteiligte zu 1) ist (auch) deutscher Staatsangehöriger, die Beteiligte zu 2) (auch) Staatsangehörige der Republik Südafrika. Der Beteiligte zu 3) wurde 1980 in Südafrika geboren. Nach der Geburtsurkunde vom 23. 3. 1989 trägt er den Vornamen „Frieden Mit Gott Allein Durch Jesus Christus". Im Jahre 1989 übersiedelten die Beteiligten zu 1)–3) nach Bremen. Der Standesbeamte, der gemäß § 15 PStG das Familienbuch durch Eintragung der gemeinsamen Kinder der Beteiligten zu 1) und 2) fortzuführen hat, hat Zweifel an der Eintragungsfähigkeit des Vornamens „Frieden Mit Gott Allein Durch Jesus Christus" für den Beteiligten zu 3). Er will deshalb über den Beteiligten zu 4) [Standesamtsaufsicht] gemäß § 45 Abs. 2 PStG eine gerichtliche Entscheidung herbeiführen.

Das Amtsgericht hat den Standesbeamten angehalten, als Vornamen des Beteiligten zu 3) „Frieden Mit Gott Allein Durch Jesus Christus" in das Familienbuch einzutragen. Gegen diesen Beschluß hat die Beteiligte zu 4) die sofortige Beschwerde eingelegt.

Das Rechtsmittel hatte Erfolg.

Aus den Gründen:

Die gemäß § 49 Abs. 1 Satz 1, Abs. 2 PStG zulässige sofortige Beschwerde ist begründet.

Der Standesbeamte ist gemäß § 45 Abs. 2 PStG anzuhalten, als Vornamen des Beteiligten zu 3) nicht einzutragen „Frieden Mit Gott Allein Durch Jesus Christus". Ein Vorname dieser Art ist nach deutschem Recht nicht eintragungsfähig.

Nach dem gemäß Art. 220 EGBGB vorliegend geltenden früheren deutschen internationalen Privatrecht war richtigerweise maßgebend für den Erwerb des Namens das Recht des Staates, dem der Namensträger angehört (Palandt/Heldrich, BGB, 45. Aufl., Art. 19 EGBGB Rdnr. 4b unter Bezugnahme auf OLG Hamm, OLGZ 1983, 42). Der Beteiligte zu 3) ist gemäß § 4 Nr. 1 RuStAG deutscher Staatsangehöriger, da sein Vater, der Beteiligte zu 1) (auch) Deutscher ist. Der Beteiligte zu 3) ist aber als in Südafrika Geborener auch Staatsangehöriger der Republik Südafrika (Gesetz über das südafrikanische Bürgerrecht Teil II Nr. 3). Damit ist der Beteiligte zu 3) Doppelstaater. Bei Doppelstaatern gab das frühere Recht der Staatsangehörigkeit den Vorrang, zu der die Person die engste Beziehung hat, sog. effektive Staatsangehörigkeit (LG Bremen, StAZ 1986, 9 = IPRspr. 1985 Nr. 7a mit weit. Nachw.). Der Beteiligte zu 3) ist nicht nur in Südafrika geboren, er hatte auch bis 1989 seinen gewöhnlichen Aufenthalt dort. Die Kammer geht deshalb davon aus, daß sich der Erwerb des Vornamens nach südafrikanischem Recht richtet und daß nach dieser Rechtsordnung der Erwerb des Vornamens „Frieden Mit Gott Allein Durch Jesus Christus" unproblematisch ist. Anderenfalls wäre dieser Vorname wohl nicht in die Geburtsurkunde eingetragen worden.

Dennoch folgt daraus noch nicht, daß auch der deutsche Standesbeamte in das Familienbuch diesen Vornamen eintragen müßte. Eine Rechtsnorm eines anderen Staates ist nämlich dann nicht anzuwenden, wenn ihre Anwendung zu einem Ergebnis führt, das mit wesentlichen Grundsätzen des deutschen Rechts offensichtlich unvereinbar ist (Art. 6 EGBGB n. F.) bzw. gegen die guten Sitten bzw. gegen den Zweck eines deutschen Gesetzes verstoßen würde (Art. 30 EGBGB a. F.).

Nach Auffassung der Kammer gehört es zu den tragenden Prinzipien der deutschen Rechtsordnung, daß die Eltern nicht nur ein Namensbestimmungs-, sondern auch ein Namenserfindungsrecht haben (vgl. OLG Düsseldorf, StAZ 1989, 280). Dieses Recht muß sich aber innerhalb der Grenzen von allgemeiner Sitte und Ordnung halten und darf nicht gegen das Kindeswohl verstoßen. Danach darf ein gewählter Name nicht anstößig, grotesk oder lächerlich wirken und dadurch zu einer Diskriminierung des Kindes führen (OLG Düsseldorf aaO; Dörner, IPRax 1983, 287 ff.).

Die Kammer sieht diese Gefahr für den Beteiligten zu 3), wenn der von seinen Eltern gewählte Name „Frieden Mit Gott Allein Durch Jesus Christus" anerkannt würde. Die Gesellschaft der Bundesrepublik Deutschland wird wesentlich nicht von religiösen Empfindungen bestimmt. Der Beteiligte zu 3) bewegt sich in dieser Gesellschaft, er wird seinen Umgang nicht auf religiös gleich Empfindende beschränken können. Daß aber der Gebrauch eines Namens, der mehr einem Glaubensbekenntnis entspricht als der Bezeichnung einer Person dient, zumindest zu Mißverständnissen, Mißdeutungen bei anderen führen kann, ist nicht auszuschließen. Dies zu fördern kann und darf nicht Aufgabe der Rechtsordnung sein. Daß der Beteiligte zu 3) sich, wie er dem Amtsgericht schriftlich mitgeteilt hat, zu seinem Namen bekennt und ihn behalten will, ändert nichts. Der Beteiligte zu 3) ist erst 15 Jahre alt und in der Entwicklung seiner Persönlichkeit noch nicht abgeschlossen. Er kann seine Meinung noch ändern, auch der Umstand, daß der Beteiligte zu 3) den Namen „Frieden Mit Gott Allein Durch Jesus Christus" bereits seit 15 Jahren trägt und sich deshalb an ihn gewöhnt haben dürfte, spricht nicht dafür, ihn anzuerkennen. Dem berechtigten Bedürfnis des Beteiligten zu 3) nach Kontinuität seines Namens könnte gegebenenfalls dadurch Rechnung getragen werden, daß der von seinen Eltern, den Beteiligten zu 1) und 2), benutzte Rufname „Frieden" in das Familienbuch eingetragen würde.

39

Beanspruchen die Verteiler von Flugblättern (hier: für Scientology) den Straßenraum einer Fußgängerzone für kommunikative Zwecke nicht mehr als andere Benutzer, so liegt keine erlaubnispflichtige Sondernutzung vor.

§ 54 Abs. 1 Nr. 1 BW.StrG
OLG Stuttgart, Beschluß vom 7. Juli 1995 – 1 Ss 218/95[1] –

Am 3. 7. 1994, um 19.50 Uhr, verteilte der Betroffene auf der Königstraße, Bereich Abgang Klett-Passage, in Stuttgart-Mitte Flugblätter für Scientology, ohne im Besitz einer Sondererlaubnis zu sein. Auf den Flugblättern wurde für den bei Scientology üblichen Persönlichkeitstest geworben.

Das Amtsgericht hat ihn dieserhalb zu einer Geldbuße verurteilt.

Seine Rechtsbeschwerde führte zur Aufhebung des angefochtenen Urteils und Freisprechung.

Aus den Gründen:

Die antragsgemäß zur Sicherung einer einheitlichen Rechtsprechung (§ 80 Abs. 1 Nr. 1 OWiG) zugelassene Rechtsbeschwerde des Betroffenen hat mit der Sachrüge Erfolg.

1. Nach § 54 Abs. 1 Nr. 1 BW.StrG handelt ordnungswidrig, wer vorsätzlich oder fahrlässig entgegen § 16 Abs. 1 BW.StrG ohne Erlaubnis eine Straße benutzt; nach dieser Bestimmung bedarf die Benutzung einer Straße über den Gemeingebrauch hinaus (Sondernutzung) einer Erlaubnis. Gemeingebrauch (§ 13 BW.StrG) ist der Gebrauch der öffentlichen Straße durch jedermann im Rahmen der Widmung und der Straßenverkehrsvorschriften innerhalb der verkehrsüblichen Grenzen; ein Gemeingebrauch liegt nicht vor, wenn durch die Benutzung einer öffentlichen Straße der Gemeingebrauch anderer unzumutbar beeinträchtigt wird.

2. Das Amtsgericht hat allein aus der Tatsache der Flugblattverteilung in einer Fußgängerzone den Schluß auf eine erlaubnispflichtige Sondernutzung gezogen; das Verteilen von Flugblättern gehe über die in Fußgängerzonen übliche Kommunikation zwischen Fußgängern hinaus, wenn für Veranstaltungen irgendwelcher Art geworben werde.

Das ist rechtsfehlerhaft. Nach heutiger Anschauung dienen Fußgängerzonen nicht nur der Fortbewegung von Menschen; sie sind auch Ruhezonen, die Passanten das Verweilen erlauben und ihnen die Möglichkeit zum Aus-

---

[1] Vgl. zu diesem Fragenkreis auch BayObLG NVwZ 1998, 104.

tausch von Informationen und Meinungen eröffnen sollen. Es entspricht dieser kommunikativen Form der Straßennutzung, wenn sich Gruppen von Passanten bilden und während des Meinungsaustauschs eine geraume Zeit dort verweilen; die Benutzung der Fußgängerzone in diesem Rahmen ist durch den Widmungszweck gedeckt (vgl. OLG Köln GewArch 1991, 451; OLG Hamm NJW 1980, 1702; OLG Stuttgart NJW 1976, 201). Demgemäß ist in der Rechtsprechung anerkannt, daß der Handverkauf von Zeitungen (vgl. OLG Frankfurt NJW 1976, 203; OLG Bremen NJW 1976, 1359; OLG Karlsruhe NJW 1976, 1360; Kodal/Krämer, Straßenrecht, 4. Aufl. Kap. 24 Rdnr. 100) und die Verteilung von Flugblättern, Handzetteln oder sonstigen Schriften in der Regel eine Benutzung der Straße im Rahmen des erlaubnisfreien Gemeingebrauchs darstellen (vgl. OLG Köln aaO; OLG Stuttgart aaO). Typische Fälle der Sondernutzung sind dagegen Verkaufsstände, zu gewerblichen Zwecken aufgestellte Tische und Stühle sowie Warenautomaten und Werbeanlagen; auch beim Straßenhandel von einem Verkaufswagen aus liegt eine Sondernutzung vor (vgl. OLG Stuttgart NVwZ 1984, 468). Entscheidend ist dabei, ob die nicht ortsgebundenen Zeitungsverkäufer oder Flugblattverteiler den Straßenraum wie andere Benutzer der Fußgängerzone beanspruchen oder ob ihre Art der Nutzung darüber hinausgeht. Solange sie sich nicht ungebührlich lange an einer Stelle aufhalten und dadurch den Gemeingebrauch anderer für eine ungewöhnlich lange, das verkehrsübliche Maß übersteigende Zeitspanne verhindern, liegt noch Gemeingebrauch vor. Auf den Zweck der Tätigkeit kommt es dabei nicht an; durch Gemeingebrauch erlaubt sind sowohl gewerbliche als auch ideelle (religiöse oder politische) Zwecke; es kommt lediglich auf das äußere Erscheinungsbild des kommunikativen Verkehrs an (vgl. OLG Köln aaO).

Nach den – allerdings dürftigen – Feststellungen des Amtsgerichts hat sich der Betroffene noch im Bereich des Gemeingebrauchs bewegt und bedurfte daher keiner Sondernutzungserlaubnis. Zwar wird weder die Menge der verteilten Flugblätter noch die genaue Dauer der Flugblattverteilung an der genannten Stelle der Fußgängerzone mitgeteilt; das Amtsgericht stellt zunächst nur fest, der Betroffene habe „um 19.50 Uhr" gehandelt. Lediglich bei der Bemessung der Geldbuße erwähnt es, daß der Betroffene „schon geraume Zeit" Flugblätter verteilt hatte, ehe die Polizei eingetroffen sei, und daß davon auszugehen sei, daß er auch noch danach Flugblätter verteilt habe. Damit ist jedoch eine ungewöhnlich lange, das verkehrsübliche Maß überschreitende Zeitspanne des Aufenthalts an einer bestimmten Stelle der Fußgängerzone (vgl. OLG Köln aaO; OLG Stuttgart NJW 1976, 201) noch nicht festgestellt. Daß der Gemeingebrauch anderer Benutzer der Fußgängerzone in unzumutbarer Weise, beispielsweise durch Bildung einer größeren Personenansammlung, beeinträchtigt worden wäre, kann nach den Gesamtumständen (breite

Fußgängerzone) ausgeschlossen werden. Auch war die Sicherheit und Leichtigkeit des Fußgängerverkehrs in der Fußgängerzone offensichtlich nicht beeinträchtigt. Damit hat sich der Betroffene noch im Rahmen des kommunikativen Gemeingebrauchs bewegt.

Auf die – vom Amtsgericht verneinte – Frage, ob es sich bei Scientology um eine Kirche oder dieser gleichgestellte religiöse Gemeinschaft handelt, die dem Schutz der Art. 4 Abs. 1 u. 2, 140 GG, 137 WRV unterfällt, so daß bei Flugblattwerbung für deren Zweck zumindest eine Duldungspflicht bestünde (vgl. BVerfG, Beschluß vom 18. 10. 1991 – 1 BvR 1377/91 –), kommt es daher nicht an.

40

Zur Frage der ordentlichen Kündigung eines freigestellten Betriebsratsmitglieds wegen Werbung für Scientology während der Arbeitszeit.

§ 626 BGB
LAG Rheinland-Pfalz, Urteil vom 12. Juli 1995 – 9 Sa 890/93[1] –

Der Kläger ist seit 1958 bei der Beklagten als Angestellter beschäftigt und gehört seit 1978 – mit Freistellung seit 1981 – dem Betriebsrat an.

Nach Anhörung des Betriebsrates, welcher mit Schreiben vom 17. 12. 1992 seine Zustimmung zur fristlosen Kündigung erklärte, hat die Beklagte unter dem 17. 12. 1992 die außerordentliche Kündigung erklärt. Sie stützt die Kündigung im wesentlichen darauf, daß der Kläger seine Position bei der Beklagten unter Mißbrauch von Sachmitteln und Personal für unerlaubte Werbezwecke genutzt habe. Er habe ständig Werbematerial über Scientology über die Betriebspost laufen lassen, stundenlange Gespräche mit Mitarbeitern über die Werksleitung verbotenermaßen über Fragen, die allein mit Scientology zusammenhingen, geführt. Der Kläger habe einen regen Buchverkauf des Dianetik-Buches während der Arbeitszeit betrieben, Mitarbeiter, die Probleme gehabt hätten, anstatt zu der betrieblichen Einrichtungen zu schicken, der Scientology Kirche zugeführt. Neben diesen finanziellen Verpflichtungen, die diese Mitarbeiter hätten eingehen müssen, habe der Kläger einen Mitarbeiter auch dadurch konkret geschädigt, daß er diesen zu einer von der Scientology

---

[1] Die Nichtzulassungsbeschwerde des Klägers wurde zurückgewiesen; BAG, Beschluß vom 31. 3. 1996 – 2 AZN 992/95 – unv.
Vgl. zu diesem Fragenkreis auch LAG Berlin NZA-RR 1997, 422; LG Bonn NJW 1997, 2958.

Kirche betriebenen Immobilienfirma gebracht habe, die dem betreffenden Mitarbeiter eine überteuerte Immobilie vermittelt habe.

Der Kläger hat seine Kündigungsschutz- und Zahlungsklage im wesentlichen damit begründet, daß aus der Zugehörigkeit zur sog. Scientology Kirche keine Verletzung von arbeitsvertraglichen Pflichten abgeleitet werden könne, da er, der Kläger, sein Amt als Betriebsrat nicht mißbraucht habe, um für die Scientology Kirche Werbung zu betreiben, sondern lediglich Gespräche mit Kollegen über religiöse Fragen geführt und seine eigene Überzeugung sachlich vertreten habe. Die von der Beklagten angeführten Fälle hätten sich in der Form nicht abgespielt, seien zum Teil dem privaten Umgangsbereich mit Arbeitskollegen und nicht dem dienstlichen zuzurechnen. Adressen habe er ohne Zustimmung der Betroffenen nicht an Dritte weitergegeben; er habe den Kollegen, die sich an ihn wendeten, Hilfe und Rat erteilt, soweit es in seiner Macht gestanden habe und habe dies nicht davon abhängig gemacht, daß ein Kontakt zur Scientology Kirche hergestellt würde. Darüber hinaus seien die Gründe schon lange in der Vergangenheit anzusiedeln und könnten, da eine irgendwie geartete Abmahnung seitens der Beklagten nicht erfolgt sei, die Kündigung aus verhaltensbedingten Gründen nicht rechtfertigen.

Das Arbeitsgericht hat die Klage abgewiesen.

Die Berufung des Klägers blieb im wesentlichen ohne Erfolg, jedoch deutete die Kammer die wegen Nichtbeachtung der Ausschlußfrist gemäß § 626 Abs. 2 BGB unwirksame außerordentliche Kündigung in eine ordentliche Kündigung um.

Aus den Gründen:

Das Rechtsmittel der Berufung ist nach § 64 Abs. 1 und 2 ArbGG statthaft und vom Kläger auch in zulässiger Form eingelegt worden (...)

In der Sache hat die Berufung des Klägers jedoch nur teilweise Erfolg, wie sich aus der nachstehenden Begründung entnehmen läßt.

Nach der ständigen Rechtsprechung des BAG (vgl. nur Beschluß v. 16. 10. 1986 − 2 ABR 71/85 mit weiteren Quellenangaben unter B I 4) ist bei der beabsichtigten Kündigung eines Betriebsratsmitgliedes zunächst danach zu unterscheiden, ob der Vorwurf in der reinen Verletzung einer arbeitsvertraglichen Pflicht besteht oder ob die Arbeitspflichtverletzung im Zusammenhang mit seiner Tätigkeit als Betriebsratsmitglied zu suchen ist. Eine außerordentliche Kündigung kommt immer nur dann in Betracht, wenn eine schwere Verletzung der Pflichten aus dem Arbeitsverhältnis vorliegt, da dann, wenn dem Betriebsratsmitglied lediglich die Verletzung einer Amtspflicht aus eben diesem Betriebsratsmandat zum Vorwurf gemacht wird, ein Ausschlußverfahren nach § 23 BetrVG möglich und deshalb eine Kündigung nicht zulässig ist. Die Kammer geht nach durchgeführter Beweisaufnahme davon aus, daß die von der Beklagten reklamierten Kündigungsgründe sich auf die Arbeitspflicht des Klägers und nicht auf seine Wahrnehmung betriebsverfassungsrechtlicher Pflichten als Betriebsratsmitglied/Vertrauensmann beziehen, so daß eine Kündigung als zulässige Maßnahme auf die Vorwürfe, die in Richtung Kläger gemacht werden, anzusehen ist.

Die Kündigung wird seitens der Beklagten auf verhaltensbedingte Gründe gestützt, bei denen seit der Entscheidung des BAG vom 19. 6. 1967 (EzA § 124 GewO Nr. 1) als Wirksamkeitsvoraussetzung regelmäßig eine vorherige Abmahnung des Arbeitnehmers durch den Arbeitgeber gefordert wird (KR-3. Aufl., § 626 BGB Rz. 96 m. w. N.).

Im vorliegenden Falle ist von einer derartigen Abmahnung auszugehen ... *(wird ausgeführt).*

Nach durchgeführter Beweisaufnahme steht zur Überzeugung der Kammer weiterhin fest, daß der Kläger in unzulässiger Weise betriebliche Störungen herbeigeführt hat, die auf Verletzungen vertraglicher Verpflichtungen des Klägers beruhen. *(Es folgt die Darstellung und Würdigung von Zeugenaussagen)*

Aus dem Vorgenannten entnimmt die Kammer, daß der Kläger trotz der Abmahnung weiterhin jede Gelegenheit nutzte, Personen anzusprechen und sie für Scientology zu interessieren. Der Kläger kann sich hierbei nicht auf seine Religionsfreiheit berufen, da das Werben für jegliche Organisation dann zu unterbleiben hat, wenn der Arbeitgeber dies ausdrücklich, wie im vorliegenden Falle erfolgt, verbietet. Insoweit spielt es auch für die Kammer keine Rolle, ob die Werbeaktionen für politische Parteien, religiöse Gruppierungen oder Vereine, gleich welcher Zweckrichtung, erfolgt. Die Kammer entnimmt dem Rahmenkatalog, der Anlage zur BV 3 nicht, daß dort alle Möglichkeiten der Verstöße der Arbeitnehmer gegen die betriebliche Ordnung abschließend aufgezählt sind, so daß das Verhalten des Klägers sanktionslos zu bleiben hätte.

Derartiges Verhalten des Klägers, permanentes Nachfassen, um Interesse für Scientology zu wecken, was in Verquickung mit seiner dienstlichen Tätigkeit aber nicht als deren Inhalt bemerkt wurde, stellt einen Verstoß gegen die arbeitsvertraglichen Pflichten des Klägers dar, wobei die Beklagte zu Recht darauf abhebt, daß auch das freigestellte Betriebsratsmitglied lediglich von der vertraglich geschuldeten Arbeitsleistung, nicht aber von den übrigen Vertragspflichten eines Arbeitnehmers freigestellt ist. Gegen die Verpflichtung, andere Arbeitnehmer nicht in langanhaltende Diskussionen zu verwickeln, die sich mit außerdienstlichen Themen befassen, hat der Kläger auch noch Werkseinrichtungen, wie Werkstelefon und Werkspost, Mitarbeiterinnen des Betriebsratsbüros für sachfremde Zwecke unbefugt benutzt. Dies alles hat, da der Kläger auch nicht zu erkennen gab, daß er künftig sein Verhalten im Sinne des von der Beklagten gewünschten Rahmens einzurichten gedenkt, dazu geführt, daß (*er*) der Beklagten eigentlich (*einen*) Grund für eine fristlose Kündigung i. S. d. §§ 626 Abs. 1 BGB, 15 Abs. 1 KSchG zugestanden hat. Allein die Betriebszugehörigkeit des Klägers rechtfertigt ein derart hartnäckiges Festhalten an betriebsstörenden Handlungen, wobei die Kammer die Betriebsstörung bereits in der Aktivität des Klägers sieht, der unbefugt und in erheblichem Umfange für seine Organisation, die – zu Recht oder zu Unrecht kann hier absolut dahinstehen – überwiegend mit Skepsis betrachtet wird, Werbeaktionen und Geschäfte startet, bzw. abwickelt, nicht. Der Kläger hat hier den berechtigten Belangen seines Arbeitgebers ausreichend Rechnung zu tragen und sich nicht erwünschten Aktivitäten während der Arbeitszeit zu enthalten, da es für ihn und sein Verhalten keinen rechtfertigenden Grund gibt. Auch bei einem derartig langen Bestand des Vertragsverhältnisses überwiegt das Interesse des Arbeitgebers an einer weitgehendst ideologie- und politischneutralen betrieblichen Atmosphäre, womit sich das nachhaltige und permanente Werben für eine Organisation wie Scientology gerade nicht in Einklang bringen läßt.

Es kommt noch hinzu, daß der Kläger, so der Zeuge O., von Seiten seiner Betriebsratskollegen sehr eindringlich daraufhingewiesen worden ist, die Tätigkeiten für Scientology zu unterlassen, und ihm angedroht wurde, für den Fall, daß er dem Ansinnen nicht nachkommen wolle, die Freistellung rückgängig zu machen. Auch der Umstand, daß der Kläger die gleichen Befugnisse, was die Versendung von Informationsschreiben (*betrifft*) für sich reklamierte, wie sie dem Betriebsratsvorsitzenden in dessen Funktion zustehen, zeigt, daß das Verhalten des Klägers zu innerbetrieblichen Störungen bereits auch in diesem Bereich geführt hatte, wenn der Betriebsratsvorsitzende seine Betriebsratsmitglieder über die Werkspost mit Information über Scientology versorgt. Diese Aktion ist vom Kläger ausgelöst worden und stellt einen Beweis dafür dar, daß durch die Aktivitäten des Klägers betriebsnachteilige Aktionen bzw. Reaktionen ausgelöst worden sind.

Jedoch hat die Beklagte die Frist des § 626 Abs. 2 BGB nicht beachtet. *(wird ausgeführt)*

Die unwirksame Kündigung der Beklagten, weil die Ausschlußfrist des § 626 Abs. 2 BGB nicht beachtet worden ist, hat die Kammer jedoch in Anlehnung an die Entscheidung des BAG vom 3. 11. 1982 (Az.: 7 AZR 5/81) die unwirksame außerordentliche Kündigung umgedeutet in eine ordentliche Kündigung unter Beachtung der ansonsten einzuhaltenden tarifvertraglichen Frist. Das BAG hat dort die Möglichkeit der Umdeutung einer als ordentlich erklärten Kündigung in eine außerordentliche Kündigung erwogen, dies aber deshalb nicht für zulässig erachtet, weil das „Ersatzgeschäft" niemals weiterreichende Wirkungen haben dürfe als das ursprünglich beabsichtigte. Diese Gefahr besteht in vorliegendem Falle aber nicht.

Nach § 15 Abs. 1 Satz 1 KSchG ist die Kündigung des Arbeitsverhältnisses eines Betriebsratsmitgliedes grundsätzlich unzulässig und auf Ausnahmefälle beschränkt, so daß eine ordentliche Kündigung nur bei Vorliegen der Voraussetzung des § 15 Abs. 4 und 5 KSchG in Betracht kommt. Die Möglichkeit zur Kündigung aus wichtigem Grund ohne Einhaltung der Kündigungsfrist ist jedoch aufrechterhalten worden, so daß im Einzelfall geprüft werden muß, ob der Arbeitgeber ohne den besonderen Kündigungsschutz des Betriebsratsmitgliedes zu einer außerordentlichen Kündigung i. S. d. § 626 Abs. 1 BGB oder lediglich zu einer ordentlichen Kündigung berechtigt wäre. Wenn lediglich Gründe vorliegen, die eine ordentliche Kündigung rechtfertigen könnten, verbietet der besondere Kündigungsschutz des § 15 Abs. 1 Satz 1 KSchG, abgesehen von den Ausnahmeregeln in § 15 Abs. 4 und 5 KSchG eine solche Kündigung.

Der Arbeitgeber bleibt jedoch, sofern ein wichtiger Grund i. S. d. § 626 Abs. 1 BGB vorliegt, zur außerordentlichen Kündigung berechtigt, so daß auch die Regeln anzuwenden sind, die üblicherweise beim Vorliegen einer unwirksamen Kündigungserklärung bei nicht besonders geschützten Personen gelten, da der besondere Schutz lediglich der besonderen Fall- und Aufgabengestaltung des Betriebsratsmitgliedes im Betrieb und der damit verbundenen möglichen Konfrontationsstellung mit dem Arbeitgeber gerecht werden soll, jedoch keine Besserstellung bei verhaltensbedingten Kündigungen bewirken kann.

Da auch die Zustimmung des Betriebsrates nach § 103 BetrVG ordnungsgemäß herbeigeführt wurde, stehen der Umdeutung auch von dieser Seite her keine Bedenken entgegen. Der Einwand des Klägers, Fehler bei der Willensbildung oder beim Abstimmungsverfahren des Betriebsrates gingen zu Lasten des Arbeitgebers, teilt die Kammer nicht, sondern schließt sich der Auffassung des BAG (Beschl. v. 23. 8. 1984 = AP Nr. 17 zu § 103 BetrVG 1972) an, wonach hier die gleichen Maßstäbe anzulegen sind, wie bei § 102 BetrVG, daß also eine fehlende Zustimmung i. S. d. § 103 BetrVG zu Lasten des Arbeitgebers anzunehmen ist, wenn dieser die Fehlerquellen kannte oder hätte kennen müssen. Hiervon ist im vorliegenden Falle nicht auszugehen, da der Betriebsratsvorsitzende nach ausführlicher schriftlicher Unterrichtung mitteilte, daß der Betriebsrat der Kündigung zugestimmt hat.

41

Die Bestimmungen des rheinland-pfälzischen Kirchensteuerrechts (hier: für den Gebietsteil der Diözese Trier) über die Erhebung von Kirchgeld in glaubensverschiedener Ehe sind mit höherrangigem Recht vereinbar.

Kirchgeld

Art. 4, 6 Abs. 1, 14, 140 GG, 137 WRV; §§ 1 Abs. 1, 5 Abs. 1 Nr. 5 Rhld.Pf.KiStG
VG Koblenz, Urteil vom 13. Juli 1995 – 2 K 3197/94. KO[1] –

Die Kläger wenden sich gegen die Festsetzung eines besonderen Kirchgeldes für die Jahre 1988, 1989 und 1991. Die Kläger sind miteinander verheiratet; die Klägerin zu 1) gehört der röm.-kath. Kirche an, der Kläger zu 2) ist konfessionslos. Für das Jahr 1988 beantragten die Kläger die gemeinsame Veranlagung zur Einkommenssteuer. Im Einkommenssteuerbescheid des Finanzamtes N. vom 18. 9. 1992 setzte der Beklagte gegenüber der Klägerin zu 1) ein besonderes Kirchgeld in Höhe von 2.520,– DM fest. Gegen diesen Steuerbescheid legten die Kläger Widerspruch ein und begründeten diesen hinsichtlich der Kirchgeldfestsetzung damit, daß angesichts eines eigenen Einkommens der Klägerin zu 1) in Höhe von 22.424,– DM eine Kirchgelderhebung in Höhe von 2.520,– DM übersetzt sei.

Nachdem aus anderen Gründen durch den Beklagten das für das Jahr 1988 zu versteuernde Einkommen geringer festgesetzt wurde, dies aber ohne Auswirkungen auf die Kirchensteuerfestsetzung blieb, wies der Beklagte die Widersprüche zurück. Hinsichtlich der Klägerin zu 1) begründete er seine Entscheidung damit, daß die Kirchensteuerfestsetzung auf § 5 Abs. 1 Nr. 5 KiStG beruhe. Danach sei es möglich, Kirchensteuer bzw. ein besonderes Kirchgeld bei dem nur geringere Einkünfte erzielenden kirchenangehörigen Ehegatten in glaubensverschiedener Ehe zu erheben, wenn der nichtkirchensteuerpflichtige Ehepartner über hohe Einkünfte verfüge. Der Anknüpfungspunkt für die Besteuerung liege im sogenannten „Lebensführungsaufwand" des kirchenangehörigen Ehegatten. Dies sei auch durch die Rechtsprechung des Bundesverfassungsgerichtes gedeckt. Grobe Typisierungen seien insoweit zulässig. Die nach den Kirchensteuerbeschlüssen der einzelnen Steuerjahre geltende Tabelle für das besondere Kirchgeld beruhe auf der Erfahrung, daß der Lebensführungsaufwand des geringer verdienenden Ehepartners in der Regel durch das höhere Einkommen des anderen Ehepartners bestimmt werde. Ein unzulässiger Zugriff auf die durch den nichtkonfessionsangehörigen Ehepartner erzielten Einkünfte sei darin nicht zu sehen. Die staatliche Kontrolle der Kirchensteuerbeschlüsse gewährleiste deren Entsprechung zu den vom Bundesverfassungsgericht aufgestellten Grundsätzen. Im übrigen liege das besondere Kirchgeld im wesentlichen unter einem Prozent der Bemessungsgrundlage des gemeinsamen Einkommens. Demgegenüber bestehe etwa ein Taschengeldanspruch eines nichtverdienenden Ehepartners gegenüber dem verdienen-

---
[1] Das Urteil ist rechtskräftig.

den Teil bei etwa fünf bis sieben Prozent des Verdienstes. Die Erhebung eines besonderen Kirchgeldes habe ihren Grund im Selbstverwaltungsrecht der Religionsgesellschaft. Schließlich decke sich auch die konkrete Erhebung des besonderen Kirchgeldes bei gemeinsamer Steuerveranlagung mit dem betreffenden Kirchensteuerbeschluß der Diözese T.

Hinsichtlich des Klägers zu 2) begründete der Beklagte seine Entscheidung damit, daß der Widerspruch unzulässig sei, da dem Kläger zu 2) mangels einer Beschwer im Hinblick auf die Kirchensteuerfestsetzung eine Widerspruchsbefugnis fehle. Die Kirchensteuerfestsetzung richte sich nur an die Klägerin zu 1), nicht aber an den Kläger zu 2). Dies sei auch im Bescheid klargestellt. Es handele sich nämlich bei dem Bescheid des Beklagten um einen zusammengesetzten Einkommensteuer- und Kirchensteuerbescheid, für dessen jeweiligen Teile verschiedene Rechtsbehelfe gegeben seien.

In gleicher Weise beantragten die Kläger für die Jahre 1989 und 1991 die gemeinsame Veranlagung zur Einkommensteuer. Im Bescheid des Beklagten vom 7. 5. 1991 wurden für das Jahr 1989 1.500,– DM Kirchensteuer bzw. besonderes Kirchgeld festgesetzt. Gegen die Festsetzung der Kirchensteuer erhoben die Kläger Widerspruch, den sie damit begründeten, daß die Kirchensteuer angesichts des Einkommens der Klägerin zu 1) übersetzt sei und für den Kläger zu 2) einen Zwang darstelle, von seiner Ehefrau den Kirchenaustritt zu verlangen. Ferner fehle eine gesetzliche Grundlage für die Besteuerung des konfessionslosen Ehepartners, der praktisch mit seiner Arbeitskraft für das Kirchgeld aufkommen müsse. Die Bemessungsgrundlage für das Kirchgeld sei demokratisch nicht legitimiert. Der Sprung zwischen den Stufen 4 und 5 erscheine willkürlich. Mit Bescheid vom 14. 7. 1993 setzte die Beklagte u. a. eine Kirchensteuer bzw. ein besonderes Kirchgeld in Höhe von 660,– DM für die Klägerin zu 1) fest. Auch insoweit blieb der Widerspruch der Kläger erfolglos.

Die Kläger begründen ihre Anfechtungs- und Untätigkeitsklage damit, daß der Widerspruch gegen den Steuerbescheid für 1988 so frühzeitig erhoben worden sei, daß sich etwa aus der Rechtsprechung des Bundesverfassungsgerichts ergebende Korrekturen im Steuerrecht noch hätten auswirken können. Die Widerspruchsbescheide setzten sich inhaltlich nicht mit den Argumenten der Kläger auseinander. Ihre bisher vorgetragenen Argumente seien auch weiterhin maßgebend. Die Kirchensteuer könne nicht an § 2 Abs. 5 EStG und damit an das zu versteuernde Einkommen anknüpfen. Diese Bemessungsgrundlage sei fehlerhaft, da die Einkommensteuergesetzgebung des Staates in weiten Bereichen verfassungswidrig sei. Die beim Kirchgeld gegebene Typisierung erhöhe noch den Grad der Ungerechtigkeit. Außerdem entscheide mit dem Kirchgeld eine „fremde" Kirche über die Abgabenpflicht des außerhalb

Kirchgeld 257

der Kirche stehenden Ehepartners. Weder die Kirche selbst noch die staatliche Entscheidung über die Kirchensteuerbeschlüsse seien demokratisch legitimiert. Durch die Einwirkung mit staatlichen Zwangsmitteln auf den konfessionslosen Ehepartner werde dieser in seinen Grundrechten aus den Art. 1, 2, 4 und 6 GG beeinträchtigt. Die Widerspruchsbescheide hinsichtlich des Klägers zu 2) übersähen, daß er deswegen beschwert sei, weil er praktisch die Kirchensteuer für die Klägerin zu 1) zahlen müsse. Der Kläger zu 2) hafte gesamtschuldnerisch für die Steuerschulden, ebenfalls richteten sich auch die Vorausleistungsbescheide, die auch die Kirchensteuer umfaßten, an beide Ehepartner. Die Vereinbarung des Staates mit den Religionsgemeinschaften zum Steuereinzug sei eine fragwürdige Vereinbarung zu Lasten Dritter.

Die Kammer weist die Klage ab.

Aus den Gründen:

Die Klage hinsichtlich der Klägerin zu 1) ist zulässig, hinsichtlich des Klägers zu 2) ist sie unzulässig.

Dem Kläger zu 2) fehlt die für eine Anfechtungsklage nach § 42 Abs. 2 VwGO erforderliche Klagebefugnis. Wie bereits der Beklagte in seinen den Kläger zu 2) betreffenden Widerspruchsbescheiden (...) ausgeführt hat, richtet sich die Festsetzung des besonderen Kirchgeldes in den angefochtenen und mit „Bescheid für (Jahr) über Einkommenssteuer und Kirchensteuer" überschriebenen Bescheiden nicht an den Kläger zu 2), sondern nur an die Klägerin zu 1), so daß der Kläger zu 2) schon gar nicht Adressat der jeweiligen Kirchgeldfestsetzungen war. Auf diese Sachlage wird auch selbst nochmal in den Bescheiden unter der Rubrik „Erläuterungen" ausdrücklich hingewiesen. Zwar gewähren Grundrechte ausnahmsweise auch bei mittelbaren faktischen Auswirkungen im Hinblick auf eine Klagebefugnis nach § 42 Abs. 2 VwGO einen besonderen Schutz, wenn es sich bei der die Klage auslösenden Sachlage um eine besonders schwerwiegende Auswirkung handelt. Soweit sich der Kläger zu 2) darauf beruft, daß sein Recht aus Art. 14 des Grundgesetzes (Schutz des Eigentumes) durch die Zahlung des besonderen Kirchgeldes beeinträchtigt sei, überzeugt dies nicht. Durch die Zahlung des Kirchgeldes, die letztlich von der Ehefrau, der Klägerin zu 1), verlangt wird, wird kein Zugriff auf ein vermögenswertes Recht des Klägers zu 2) genommen, sondern die Regelung knüpft an den aus dem Einkommen des Klägers zu 2) resultierenden „Lebensführungsaufwand" der Klägerin zu 1) an. Unter dem Lebensführungsaufwand der Klägerin zu 1) ist aber ein solcher Geldbetrag zu sehen, der (schätzungsweise) der konfessionsangehörigen Klägerin zu 1) zur Bestreitung ihrer Angelegenheiten zur Verfügung steht. Die aber für die Lebensführung der Klägerin zu 1) aufgewendeten Beträge können aber letztlich nicht mehr dem Vermögen des Klägers zu 2) zugerechnet werden, so daß deswegen eine Beeinträchtigung seiner vermögenswerten Rechte durch die Festsetzung eines besonderen Kirchgeldes für die Klägerin zu 1) ausscheidet.

Aufgrund der Tatsache, daß die Festsetzung des besonderen Kirchgeldes an den Lebensführungsaufwand des konfessionsangehörigen Ehepartners anknüpft, und somit, wie oben dargestellt, das Vermögen des konfessionslosen Ehepartners nicht betrifft, ist nicht ersichtlich, weswegen der Kläger zu 2) in seinem Grundrecht aus Art. 4 GG, das auch die negative Bekenntnisfreiheit umfaßt, beeinträchtigt sein soll.

Aus den gleichen Gründen scheidet auch eine Verletzung des Grundrechts des Klägers zu 2) aus Art. 6 GG (Schutz von Ehe und Familie) aus. Art. 6 Abs. 1 GG wird nämlich nicht dadurch verletzt, daß ein einkommensloser bzw. geringverdienender Ehegatte in einer glaubensverschiedenen Ehe aufgrund der Regelungen des besonderen Kirchgeldes höher besteuert wird als ein einkommensloser bzw. geringverdienender Lediger, der keiner Kirchensteuer unterliegt. Das besondere Kirchgeld soll nämlich die durch die Ehe gesteigerte wirtschaftliche Leistungsfähigkeit des Ehegatten erfassen, der zwar über keine bzw. geringe eigenen Einkünfte verfügt, aber an dem Einkommen seines Ehepartners teilhat; gerade an dieser wirtschaftlichen Leistungskraft fehlt es aber etwa bei einem einkommenslosen bzw. geringverdienenden Ledigen (BVerwG, Urteil vom 18. 2. 1977[2], Az.: VII C 48/73, NJW 1977, S. 1304 [1305]). Zwar war die Verletzung einer Rechtsposition des nicht kirchensteuerpflichtigen Ehepartners aus Art. 6 GG bei einer auf dem „Halbteilungsgrundsatz" beruhenden Kirchensteuererhebung nicht ohne weiteres ausgeschlossen; diese Form der Steuererhebung ist jedoch hier in Anwendung der vom Bundesverfassungsgericht aufgestellten Prinzipien nicht mehr gegeben, so daß auch eine Verletzung von Art. 6 GG ausscheidet (BVerfG, Urteil vom 14. 12. 1965[3] – I BvR 606/60 –, BVerfGE 19, 268 ff.; BVerfG, Beschluß vom 23. 10. 1986[4] – 2 BvL 7, 8/84 –, BVerfGE 73, 388 ff.).

Weitere Rechte, deren faktische Beeinträchtigung dem Kläger zu 2) eine Klagebefugnis i. S. v. § 42 Abs. 2 VwGO vermittelt hätten, sind hier nicht ersichtlich; die Klage des Klägers zu 2) ist daher unzulässig.

Die Klage der Klägerin zu 1) ist unbegründet. Die Heranziehung der Klägerin zu 1) zur Kirchensteuer in Form des besonderen Kirchgeldes (...) ist rechtmäßig und verletzt die Klägerin zu 1) nicht in ihren Rechten.

Die Heranziehung der Klägerin zur Kirchensteuer in Form des besonderen Kirchgeldes findet ihre Rechtsgrundlage in den §§ 1 Abs. 1, 5 Abs. 1 Nr. 5 des Landesgesetzes über die Steuern der Kirchen, Religionsgemeinschaften

---

[2] KirchE 16, 76.   [3] KirchE 7, 352.   [4] KirchE 24, 267.

und Weltanschauungsgesellschaften (Kirchensteuergesetz – KiStG –) vom 24. 2. 1971 (GVBl. S. 59) i. V. m. der Kirchensteuerordnung für die Diözese Trier (rheinland-pfälzischer Gebietsteil) vom 20. 11. 1971 (Staatsanzeiger 1971, S. 742) und dem für die Veranlagungsjahre 1988 und 1989 maßgeblichen Kirchensteuerbeschluß für den rheinland-pfälzischen Gebietsteil der Diözese Trier vom 27. 9. 1976 (Staatsanzeiger 1976, S. 911) sowie dem für das Veranlagungsjahr 1991 maßgeblichen Kirchensteuerbeschluß für den rheinland-pfälzischen Gebietsteil der Diözese Trier vom 5. 12. 1989 (Staatsanzeiger 1990, S. 114).

Gemäß § 1 Abs. 1 KiStG sind u. a. die Diözesen der katholischen Kirche berechtigt, im Lande Rheinland-Pfalz Kirchensteuern aufgrund von Kirchensteuerordnungen zu erheben. Die Kirchensteuerordnungen können die Erhebung von Kirchensteuern in Form eines besonderen Kirchgeldes von Kirchensteuerpflichtigen vorsehen, deren Ehepartner nicht kirchensteuerpflichtig ist (§ 5 Abs. 1 Nr. 5 KiStG). Von dieser Ermächtigung hat die Beigeladene Gebrauch gemacht und in § 2 Nr. 2 ihrer Kirchensteuerordnung bestimmt, daß die Kirchensteuer als besonderes Kirchgeld von Kirchensteuerpflichtigen erhoben wird, deren Ehegatte – wie hier – nicht kirchensteuerpflichtig ist. Die Einzelheiten regelt eine Tabelle, die einen Bestandteil der Kirchensteuerordnung bildet (§ 2 Nr. 4 Kirchensteuerordnung). *(wird zur Ermittlung des konkreten Kirchgeldbetrages weiter ausgeführt)*

Die von der Klägerin zu 1) gegen die Rechtmäßigkeit des Kirchensteuerbescheides vorgetragenen Argumente führen nicht zum Erfolg.

Zunächst einmal bestehen keine verfassungsrechtlichen Bedenken gegen die Gültigkeit der genannten Regelungen. Vielmehr hat das Bundesverfassungsgericht die Einführung einer derartigen Praxis im Grundsatz bereits im Urteil vom 14. 12. 1965 – I BvR 606/60 –, BVerfGE 19, 268 ff. [282] – für verfassungsmäßig erachtet und dazu ausgeführt:

„Es könnte unbillig erscheinen, wenn ein einer steuerberechtigten Kirche angehörender Ehegatte, dessen wirtschaftliche Leistungsfähigkeit sich durch die Ehe erhöht hat, weil sein – der Kirche nicht angehörender – Ehegatte ein hohes Einkommen bezieht, mangels eigenen Einkommens im Sinne des Einkommensteuergesetzes kirchensteuerfrei bliebe. Wenn diesen Bedenken Rechnung getragen werden soll, müßten, da die Kirche nur den ihr angehörigen Ehegatten besteuern darf, Besteuerungsmerkmale gewählt werden, die in dessen Person gegeben sein sind. Gegenstand der Besteuerung dürfte dann nicht das Einkommen (im Sinne des Einkommensteuerrechts) des anderen Ehegatten, sondern könnte etwa der „Lebensführungsaufwand" des kirchenangehörigen Ehegatten sein. Die Kirchensteuer müßte dann aber ihrer Höhe nach in angemessenem Verhältnis zu dem tatsächlichen Lebenszuschnitt des steuerpflichtigen Ehegatten stehen; sie dürfte nicht schematisch jeder Veränderung des Einkommens des anderen Ehegatten unbegrenzt folgen, weil jeder normale Lebensaufwand bestimmte Grenzen nicht überschreitet."

In der Folgezeit haben sowohl das Bundesverfassungsgericht (Beschluß vom 23. 10. 1986 – 2 BvL 7,8/84 –, BVerfGE 73, 388 ff.) als auch das Bundesverwaltungsgericht (aaO) Bestimmungen als verfassungsgemäß beurteilt, in denen die steuerberechtigten Kirchen zur Einführung eines besonderen Kirchgeldes von Kirchenangehörigen ermächtigt wurden, deren Ehegatte keiner steuerberechtigten Religionsgemeinschaft angehört, und in denen die Höhe des besonderen Kirchgeldes sich – wie hier – aus einer Anlage zur Kirchensteuerordnung ergab, in der als Bemessungsgrundlage an das in Einkommensstufen unterteilte gemeinsame Einkommen der Eheleute nach § 32 Einkommensteuergesetz angeknüpft wurde. Durch das Abstellen auf den „Lebensführungsaufwand" oder die „wirtschaftliche Leistungsfähigkeit" des kirchensteuerpflichtigen Ehegatten wird in zulässiger Weise dem Umstand Rechnung getragen, daß dieser gegenüber dem nicht kirchensteuerpflichtigen Ehegatten, der das Einkommen überwiegend oder alleine erzielt, einen Unterhaltsanspruch hat, an seinem Einkommen letztlich partizipiert und seinen eigenen Lebensaufwand danach ausrichtet. Mit diesem Maßstab wird somit ein Merkmal, das in der Person des zum besonderen Kirchgeld Veranlagten gegeben ist, besteuert und im Gegensatz zu der von den Klägern vertretenen Ansicht gerade an die individuelle Leistungskraft des Steuerpflichtigen angeknüpft. Das gemeinsame Einkommen ist demgegenüber nur als Hilfsmaßstab für den als solchen nicht nur mit erheblichen Schwierigkeiten meßbaren Lebensführungsaufwand anzusehen. Diese Hilfsgröße ist auch geeignet, den Lebensführungsaufwand des einkommenslosen oder geringverdienenden Ehegatten zu ermitteln. Denn es läßt sich typischerweise nicht bestreiten, daß ein hohes Einkommen einen größeren Aufwand gestattet und ein niedrigeres den Aufwand mindert.

Die Klägerin zu 1) kann sich nicht mit Erfolg darauf berufen, eine Heranziehung zum besonderen Kirchgeld sei derzeit wegen der möglicherweise bestehenden Verfassungswidrigkeit der Besteuerungsgrundlagen der Einkommensteuer nicht möglich. In den angefochtenen Steuerbescheiden ist ausdrücklich wegen der diesbezüglich beim Bundesverfassungsgericht anhängigen Verfahren ein Vorbehalt gemäß § 165 Abs. 1 AO vorgesehen. Wäre der Einwand der Kläger insoweit zutreffend, wäre nämlich keine Besteuerung im allgemeinen mehr möglich.

Außerdem sieht § 12 Abs. 1 KiStG vor, daß dann, wenn der einem Kirchensteuerbescheide zugrunde liegende Einkommensteuerbescheid aufgehoben oder geändert wird, auch der Kirchensteuerbescheid, soweit die Höhe der festgesetzten Kirchensteuer berührt wird, aufgehoben oder geändert wird. Es besteht daher kein Rechtsschutzinteresse zur Geltendmachung derartiger angeblicher Verfassungsverstöße im vorliegenden Verfahren.

Soweit die Klägerin zu 1) rügt, die entsprechenden Bestimmungen, insbesondere die Kirchensteuerbeschlüsse und die Kirchensteuerordnung entbehrten jeder demokratischen Legitimation, kann dies keinen Erfolg haben. Zum einen entspricht es dem aus Art. 140 GG i. V. m. Art. 137 WRV resultierenden Selbstbestimmungsrecht der Religionsgesellschaften, ihre Angelegenheiten – damit auch ihre Steuererhebung – selbständig und innerhalb der Schranken der für alle geltenden Gesetze zu regeln. Die Kirchen und Religionsgemeinschaften als solche sind damit nicht wie sonstige Körperschaften des öffentlichen Rechtes dem Demokratiegebot aus Art. 20 GG unterworfen. Sie können insoweit ihre Angelegenheiten nach den ihr eigenen Bestimmungen regeln. Zum anderen, und dies ergibt sich aus § 3 Abs. 1 KiStG bedarf eine Kirchensteuerordnung und ein Kirchensteuerbeschluß sowie entsprechende Änderungen der staatlichen Anerkennung. Eine entsprechende staatliche Anerkennung ist für jede der hier maßgeblichen Regelungen erfolgt. Da aber die staatliche Verwaltung demokratisch legitimiert ist, erübrigt sich an dieser Stelle jede weitere Ausführung hinsichtlich einer mangelnden verfassungsrechtlichen Grundlage.

42

Zur Aussetzung fachgerichtlicher Entscheidungen (hier: Untersagung von Äußerungen eines Bürgermeisters über die Religionsgemeinschaft „Universelles Leben") bis zur Entscheidung über die Verfassungsbeschwerde.

Art. 11 Abs. 2, 110 Abs. 1 BV, 26 BayVerfGHG
BayVerfGH, Entscheidung vom 19. Juli 1995 – Vf-144-VI-94[1] –

Gegenstand der Verfassungsbeschwerde und des Antrags auf einstweilige Anordnung sind der Beschluß des VG Würzburg vom 11. 8. 1993 und der diese Entscheidung bestätigende Beschluß des VGH München vom 13. 10. 1994 (KirchE 32, 393), durch die der Beschwerdeführerin (einer Gemeinde) im Wege der einstweiligen Anordnung untersagt wurde, bestimmte Äußerungen über die als Religionsgemeinschaft eingestufte Vereinigung „Universelles Leben" (Antragsteller des Ausgangsverfahrens) und deren Angehörige abzugeben.

Der Antrag auf Erlaß einer einstweiligen Anordnung wurde abgewiesen.

Aus den Gründen:

III. Der Antrag auf Erlaß einer einstweiligen Anordnung ist abzuweisen.

1. Der BayVerfGH kann auch im Verfassungsbeschwerdeverfahren eine einstweilige Anordnung erlassen, wenn dies zur Abwehr schwerer Nachteile,

---

[1] BayVGHE 48, 83; NVwZ 1996, 785. Nur LS: NJW 1996, 2723; KuR 2 (1996), 253.

zur Verhinderung drohender Gewalt oder aus einem anderen wichtigen Grund dringend geboten ist (Art. 26 Abs. 1 BayVerfGHG). Dabei haben die Gründe, die mit der Verfassungsbeschwerde vorgetragen werden, im Regelfall außer Betracht zu bleiben. Nur wenn bereits offensichtlich wäre, daß die Verfassungsbeschwerde aus prozessualen oder sachlichen Gründen keine Aussicht auf Erfolg hat, kommt eine einstweilige Anordnung von vornherein nicht in Betracht. Umgekehrt kann der Erlaß einer einstweiligen Anordnung dann geboten sein, wenn die Begründetheit der Verfassungsbeschwerde offensichtlich wäre. Ist eine Verfassungsbeschwerde nicht offensichtlich erfolgversprechend oder offensichtlich unzulässig oder unbegründet, so hat der BayVerfGH allein die Folgen abzuwägen, die einträten, wenn eine einstweilige Anordnung nicht erginge, die Verfassungsbeschwerde aber in der Hauptsache Erfolg hätte, gegenüber den Nachteilen, die entstünden, wenn die einstweilige Anordnung erlassen würde, die Verfassungsbeschwerde aber im Hauptsacheverfahren abzuweisen wäre. Die meist weittragenden Folgen einer einstweiligen Anordnung in einem verfassungsgerichtlichen Verfahren machen es notwendig, für ihren Erlaß einen strengen Maßstab anzulegen (st. Rspr.; vgl. BayVerfGHE 45, 49 [52] m. w. Nachw.).

2. Bei der jetzt nur möglichen summarischen Überprüfung der Erfolgsaussichten in der Hauptsache läßt sich nicht feststellen, die Verfassungsbeschwerde sei offensichtlich begründet oder offensichtlich unzulässig oder offensichtlich unbegründet.

In materieller Hinsicht bedürfen die durch die Verfassungsbeschwerde aufgeworfenen Probleme noch näherer Prüfung, besonders die Frage der Grenzen der verfassungsgerichtlichen Überprüfung der hier angegriffenen gerichtlichen Entscheidungen (vgl. hierzu BayVerfGHE 46, 160 [164] und BayVerfGHE 46, 229 [232]) sowie die Frage, inwieweit die von der Beschwerdeführerin geltend gemachten Rechte der Meinungsfreiheit (Art. 100 Abs. 1 BayVerf.) und der gemeindlichen Selbstverwaltung (Art. 11 Abs. 2 Satz 2 BayVerf.) im vorliegenden Fall von Bedeutung sind. Zu berücksichtigen ist auch die Entscheidung des BVerfG (BVerfG [1. Kammer des Ersten Senats], NVwZ 1995, 471[2]), wonach es sich auch Religionsgemeinschaften gefallen lassen müssen, Gegenstand des öffentlichen Meinungsstreits zu sein und daß es ihnen zuzumuten sei, auch scharfe, plakative und sogar überspitzte Formulierungen hinzunehmen. Es leuchtet überdies bei vorläufiger Überprüfung nicht ohne weiteres ein, daß die hier in Rede stehenden Äußerungen diese Grenzen des Zulässigen überschritten hätten, so z. B. soweit lediglich der für kleinere Religionsgemeinschaften übliche Ausdruck „Sekte" gebraucht wird.

3. Bei der Abwägung der Vor- und Nachteile des Erlasses oder der Ablehnung einer einstweiligen Anordnung ist folgendes zu berücksichtigen:

---

[2] KirchE 32, 193.

a) Würde die einstweilige Anordnung nicht erlassen, dann wäre die Beschwerdeführerin für die Dauer des verfassungsgerichtlichen Verfahrens gehindert, die streitgegenständlichen Äußerungen zu wiederholen. Dann müßte sie vorläufig Beschränkungen in der verbalen Auseinandersetzung mit dem Universellen Leben und seinen Anhängern auf sich nehmen. Ihr wäre insoweit allerdings nicht jegliche beabsichtigte Kritik verwehrt; sie müßte sich freilich bei deren Formulierung einstweilen an den von ihr als zu eng empfundenen rechtlichen Maßstäben des Verwaltungsgerichts und des Verwaltungsgerichtshofs orientieren. Erwiese sich die Verfassungsbeschwerde als begründet, dann könnten anschließend die behaupteten verfassungsrechtlichen Rechtspositionen auf Vornahme der streitgegenständlichen Äußerungen noch realisiert werden, wenngleich mit einer zeitlichen Verzögerung.

b) Setzte der BayVerfGH demgegenüber den Vollzug der angegriffenen Entscheidungen durch eine einstweilige Anordnung aus, so bräuchte die Beschwerdeführerin diese Äußerungen nicht zu unterlassen. Käme der BayVerfGH später zum Ergebnis, daß der Verfassungsbeschwerde der Erfolg zu versagen ist, würde zwar die verwaltungsgerichtliche einstweilige Anordnung samt der damit verbundenen Ordnungsgeldandrohung wieder Rechtsgeltung erlangen (vgl. Art. 26 Abs. 4 BayVerfGHG); zwischenzeitlich eingetretene Beeinträchtigungen von Rechtsgütern der Antragsteller des Ausgangsverfahrens könnten aber nachträglich nicht ohne weiteres beseitigt werden (vgl. BayVerfGHE 45, 80 [83]).

c) Bei der gebotenen Abwägung müßten die für eine vorläufige Regelung sprechenden Gründe so gewichtig sein, daß sie eine einstweilige Anordnung zur Abwehr schwerer Nachteile unabweisbar machen (BayVerfGHE 47, 150 [152]). Die mögliche Verletzung verfassungsmäßiger Rechte der Beschwerdeführerin wiegt jedoch nicht schwerer als die mögliche Beeinträchtigung der Antragsteller des Ausgangsverfahrens. Jedenfalls ist bei der vorliegenden Fallgestaltung der Erlaß einer einstweiligen Anordnung im Hinblick auf den insoweit geltenden strengen Maßstab nicht unerläßlich.

43

Arbeitet ein Arbeitnehmer auf dem Grenzbereich sozialarbeiterischer Tätigkeit, so richtet sich die Vergütungsgruppe nach der Tätigkeit, die der Gesamttätigkeit das Gepräge gibt.

§ 12 AVR Caritasverband
BAG, Urteil vom 26. Juli 1995 — 4 AZR 318/94[1] —

---

[1] Amtl. Leitsätze. AP § 12 Caritasverband, Nr. 8. Zur Eingruppierung kirchl. Mitarbeiter sind im Veröffentlichungszeitraum (1995) noch folgende Entscheidungen bekannt gewor-

Die Parteien streiten über die zutreffende Eingruppierung des Klägers. Der beklagte, dem kirchlichen Bereich zuzurechnende Verein ist u. a. Träger eines Hauses für Jugendsozialförderung in E., in dem lern-, geistig- und psychisch Behinderte betreut werden. Bei den – derzeit ca. 180 – betreuten Heimbewohnern handelt es sich ganz überwiegend um (junge) Erwachsene und zum geringen Teil um Jugendliche. Die Heimbewohner weisen – oft kumulativ – Intelligenzdefizite, Verhaltensstörungen und psychische Störungen auf.

Die Einrichtung gliedert sich in einen Heimerziehungsdienst, der aus Wohnbereich, Freizeitbereich, psychologischem Dienst, Heimschule und Krankenstation besteht, und in einen Berufserziehungsdienst, zu dem verschiedene Werkstätten gehören wie Buchdruckerei/Buchbinderei, Gärtnerei (Außen- sowie Innengruppe), Malerwerkstatt, Maurergruppe (bis 1992), Schlosserei, Schreinerei, Elektrowerkstatt, Klempnerwerkstatt, Textilwerkstatt/Wäscherei, Produktionswerkstatt. Daneben hilft ein (inzwischen durch eine Sonderförderungsgruppe ersetzter) arbeits- und beschäftigungstherapeutischer Bereich des Berufserziehungsdienstes solchen Behinderten, die noch nicht in eine Werkstattgruppe integriert werden können, bei der Überwindung ihrer spezifischen Defizite.

Dem Leiter des Berufserziehungsdienstes unterstehen die Werkstattleiter. Sie sind für ihre jeweiligen Werkbereiche, denen meist ein oder zwei Werkstattmitarbeiter zugeordnet sind, verantwortlich. Der geringere Teil ihrer Arbeitszeit entfällt auf organisatorisch-koordinierende Tätigkeiten, zum weitaus überwiegenden Teil leisten sie – wie die Werkstattmitarbeiter – berufserzieherische Arbeit.

Die Berufserziehung geschieht in Gruppenarbeit, wobei eine Gruppe regelmäßig sechs Behinderte umfaßt. Die einzelnen Werkstattgruppen führen neben Aufträgen in Lohnarbeit auch Reparatur- und Instandhaltungsmaßnahmen an den Gebäuden und auf dem Gelände des Beklagten aus.

Die Ziele, Aufgaben und Zuständigkeiten der Erzieher im Berufserziehungsdienst des Beklagten sind in einer „Dienstanweisung für die Erzieher des Berufserziehungsdienstes" sowie in einer „Dienstanweisung für die Werkstattleiter des Berufserziehungsdienstes" vom 6. 8. 1982 niedergelegt. In der Dienstanweisung für die Erzieher ist u. a. ausgeführt:

„Dem Berufserziehungsdienst obliegt mit dem gleichwertigen Heimerziehungsdienst die berufspädagogische Förderung der uns von den Sozialhilfeträgern zugewiesenen Jugendl. mit dem Ziel, diese zur Übernahme in der gewerbl. Wirtschaft zu befähigen ...

---

den: BAG RiA 1996, 56; LAG Bremen EkA, Eingruppierung Kinderkrankenpfleger/ -schwester (2); LAG Niedersachsen EkA, Eingruppierung, sozialpäd. (5).

Neben der fachl. Anleitung der den Werkstätten zugeteilten Jugendl. sind einzelpädagogische Maßnahmen, aber auch Grundsätze der Gruppenpädagogik und Gruppendynamik bewußt als Mittel der Erziehung und Förderung einzusetzen. Auch die handwerkl./berufl. Förderung der von Werkstätten zugeteilten Jugendl. hat die Individualität eines jeden einzelnen zu berücksichtigen und diese zu entwickeln; darüber hinaus ist das Bewußtsein für Zusammengehörigkeit und Zusammenarbeit bewußt zu fördern. Diese Grundsätze bestimmen Inhalt und Arbeitsweise des Berufserziehungsdienstes wie folgt:
1. Im Hinblick auf den Auftrag des Hauses für Jugendsozialförderung haben dessen Werkstätten vornehml. eine arbeitstherapeutische Orientierung ...
2. Grundlage der werkpraktischen Unterweisung sind die für jede Werkstatt nach deren fachl. Erfordernissen entwickelten Ausbildungspläne ...
3. Die Berufserzieher sollen ständig darum bemüht sein, durch nahen Praxisbezug auf die Übernahme von Arbeitsplätzen in der gewerbl. Wirtschaft hinzuarbeiten.
4. Eine bedeutungsvolle Aufgabe der Berufserzieher ist das Stabilisieren des Selbstvertrauens eines jeden Jugendl. durch die Vermittlung von Erfolgserlebnissen ..."

Der Kläger ist Diplom-Designer und seit Dezember 1986 staatlich anerkannter Erzieher. Seit 1. 4. 1982 wird er von dem Beklagten als Werkstattmitarbeiter in der Produktionswerkstatt beschäftigt. Nach § 2 des Dienstvertrages vom 25. 3. 1982 gelten für das Dienstverhältnis die „Richtlinien für Arbeitsverträge in die Einrichtungen des Deutschen Caritasverbandes (AVR)" in ihrer jeweils gültigen Fassung (§ 2 Abs. 1 und 3). Der Kläger erhält zur Zeit Vergütung nach der VergGr. 5 b.

Der Kläger hat die Auffassung vertreten, er übe die Tätigkeit eines Sozialarbeiters/Sozialpädagogen aus, denn er habe die ihm anvertrauten lern- und geistig behinderten, verhaltensauffälligen und psychisch gestörten Heimbewohner sozialpädagogisch zu betreuen, insbesondere nach von ihm zu erstellenden Behandlungsplänen mit den Mitteln der beschäftigungstherapeutischen Arbeitsweise so zu fördern, daß das Ziel der Eingliederung erreicht werde. Seine Tätigkeit umfasse besonders schwierige Aufgaben, nämlich „die begleitende und die nachgehende Fürsorge für Heiminsassen" i. S. der Anmerkung 32 Buchst. c.

Wie sich aus der Dienstanweisung ergebe, sehe der Beklagte selbst den Berufserziehungs- und den Heimerziehungsdienst als gleichwertig an und habe in der Vergangenheit die Berufserzieher eingruppierungs- und vergütungsmäßig den Heimerziehern gleichgestellt. Grund für die jahrelange Gleichbehandlung sei gewesen, daß es für die Eingruppierung der Berufserzieher keine passende Fallgr. gegeben habe. Aus diesem Grunde habe er ab Juli 1990 Anspruch auf Vergütung aus der VergGr. 4 b, Fallgr. 44 i. V. mit der Anmerkung 105 zu den Tätigkeitsmerkmalen.

Der Kläger hat zuletzt beantragt festzustellen, daß der Beklagte verpflichtet ist, ihm ab Dezember 1990 Vergütung nach der VergGr. 4 b der Anlage 2 zur AVR zu zahlen.

Der Beklagte hat beantragt, die Klage abzuweisen. Er hat die Auffassung vertreten, der Kl. übe keine Sozialarbeitertätigkeit aus. Der Schwerpunkt seiner Tätigkeit liege vielmehr im Heranführen der ihm zugewiesenen Behindertengruppe an einen Arbeitsprozeß.

Das Arbeitsgericht hat der Klageforderung entsprochen. Auf die Berufung des Beklagten hat das Landesarbeitsgericht die Klage abgewiesen. Die zugelassene Revision des Klägers, mit der er im wesentlichen die Wiederherstellung des Urteils des Arbeitsgerichts begehrt, blieb erfolglos.

Aus den Gründen:

I. Die Klage ist zulässig. Es handelt sich um eine Eingruppierungsfeststellungsklage, die auch außerhalb des öffentlichen Dienstes allgemein üblich ist und nach ständiger Senatsrechtsprechung keinen prozeßrechtlichen Bedenken begegnet (vgl. Senatsurteile vom 26. 5. 1993 − 4 AZR 358/92, 382/92, 383/92 − AP Nr. 2, 3, 4 zu § 12 AVR Caritasverband [B I bzw. I der Gründe], jeweils m. w. N.).

II. Die Klage ist jedoch nicht begründet.

Der Kläger hat keinen Anspruch auf Vergütung nach VergGr. 4 b AVR Caritasverband.

1. Auf das Arbeitsverhältnis sind, wovon die Parteien auch übereinstimmend ausgehen, die AVR Caritasverband in ihrer jeweils geltenden Fassung anzuwenden.

a) Zwar können die AVR Caritasverband nach der ständigen Rechtsprechung des BAG keine normative Wirkung entfalten, sondern nur kraft einzelvertraglicher Bezugnahme auf ein Arbeitsverhältnis Anwendung finden (vgl. Urteile des Senats vom 26. 5. 1993[2], AP Nr. 2, 3, 4 zu § 12 AVR Caritasverband; BAG, Urteil vom 6. 12. 1990[3] − 6 AZR 159/89 − BAGE 66, 314 [320] = AP Nr. 12 zu § 2 BeschFG 1985 [II 2 b der Gründe], m. w. N.). Eine solche Vereinbarung liegt aber vor.

b) Für die Entscheidung über den geltend gemachten Anspruch kommt es daher auf folgende Bestimmungen der AVR Caritasverband Anlage 2 in der bis zum 31. 12. 1990 geltenden Fassung an:

VergGr. 5 c
...
17 Erzieher(innen) ...
...
e) in Gruppen von körperl., seelisch oder geistig Behinderten oder von gefährdeten oder schwer erziehbaren Kindern oder Jugendl.

---

[2] KirchE 31, 170.   [3] KirchE 28, 365.

Eingruppierung eines kirchl. Mitarbeiters 267

entweder nach fünfjähriger Berufsausübung als Erzieher(in) … oder nach einjähriger Berufsausübung in einer der in den Buchst. a) bis e) genannten Tätigkeiten jeweils nach erlangter staatl. Anerkennung

…

20 a Erzieher am Arbeitsplatz mit staatl. Anerkennung und entspr. Tätigkeit nach einjähriger Bewährung in VergGr. 6 b Ziffer 24

…

24 Handwerksmeister, Industriemeister oder Gärtnermeister im handwerkl. Erziehungsdienst,

…

28 a Heilpädagogen, Erzieher mit heilpädagogischer Zusatzausbildung und entspr. Tätigkeit

…

49 a Mitarbeiter mit Meisterprüfung/Techniker und sonderpädagogischer Zusatzqualifikation oder Erzieher am Arbeitsplatz als Leiter einer Behindertengruppe in einer Werkstatt für Behinderte

49 c Mitarbeiter mit abgeschlossener Berufsausbildung als Handwerker oder Facharbeiter oder entspr. abgeschlossener Berufsausbildung und mit sonderpädagogischer Zusatzqualifikation als Leiter einer Behindertengruppe in einer Werkstatt für Behinderte nach vierjähriger Bewährung in VergGr. 6 b Ziffer 58 a

…

58 Mitarbeiter, deren Aufgabenbereich und Verantwortung mit den Tätigkeitsmerkmalen dieser VergGr. vergleichbar sind
VergGr. 5 b

14 Erzieher(innen) …, denen die verantwortl. Führung einer oder mehrerer Gruppe(n) von körperl., seelisch oder geistig Behinderten … ausdrückl. übertragen ist, wenn ihnen mindestens zwei Mitarbeiter im Erziehungsdienst durch ausdrückl. Anordnung ständig unterstellt sind, nach einjähriger Bewährung in VergGr. 5 c Ziffer 18

…

15 a Erzieher am Arbeitsplatz mit staatl. Anerkennung als verantwortl. Leiter eines Arbeitsbereichs, wenn ihnen mindestens zwei Mitarbeiter durch ausdrückl. Anordnung ständig unterstellt sind, nach vierjähriger Bewährung in VergGr. 5 c Ziffer 20 b

…

20 a Heilpädagogen, Erzieher mit heilpädagogischer Zusatzausbildung und entspr. Tätigkeit nach vierjähriger Bewährung in VergGr. 5 c Ziffer 28
20 b Heilpädagogen, Erzieher mit heilpädagogischer Zusatzausbildung

c) als Leiter einer Gruppe von körperl., seelisch oder geistig Behinderten …

…

58 d Mitarbeiter mit Meisterprüfung/Techniker und sonderpädagogischer Zusatzqualifikation oder Erzieher am Arbeitsplatz als Leiter einer Behindertengruppe in einer Werkstatt für Behinderte nach vierjähriger Bewährung in VergGr. 5 c Ziffer 49 a

…

67 Sozialarbeiter oder Sozialpädagogen mit staatl. Anerkennung

…

k) in geschlossenen (gesicherten) Gruppen oder in Aufnahme-(Beobachtungs-)Gruppen oder in heilpädagogischen Gruppen 105
68 Sozialarbeiter oder Sozialpädagogen mit staatl. Anerkennung und entspr. Tätigkeit 105

…

71 Mitarbeiter, deren Aufgabenbereich und Verantwortung mit den Tätigkeitsmerkmalen dieser VergGr. vergleichbar ist

VergGr. 4 b
...
44 Sozialarbeiter oder Sozialpädagogen mit staatl. Anerkennung und entspr. Tätigkeit, denen besonders schwierige Aufgaben übertragen sind 24 32
...
49 Sozialarbeiter oder Sozialpädagogen mit entspr. Tätigkeit nach vierjähriger entspr. Berufstätigkeit nach erlangter Anerkennung 24 106
50 Sozialarbeiter oder Sozialpädagogen mit staatl. Anerkennung nach vierjähriger Tätigkeit in der VergGr. 5 b Ziffer 67 24 25 26 27 35 36 37 105
...
52 Mitarbeiter, deren Aufgabengebiet und Verantwortung mit den Tätigkeitsmerkmalen dieser VergGr. vergleichbar ist 9
Anmerkungen zu den Tätigkeitsmerkmalen der VergGr. 1—12
Die nachstehenden Anmerkungen sind bei der Einstufung der Mitarbeiter in das Vergütungsgruppenverzeichnis zu beachten.
...
105 Erzieher(innen) ... mit staatl. Anerkennung als Erzieher ... ... sowie Mitarbeiter in der Tätigkeit von Erziehern (Erzieherinnen) ... mit abgeschlossener mindestens gleichwertiger Fachausbildung werden nach diesem Tätigkeitsmerkmal eingruppiert, wenn sie am 1. 4. 1970 die in dem Tätigkeitsmerkmal geforderte Tätigkeit ausüben oder ihnen bis zum 31. 12. 1990 diese Tätigkeit übertragen wird.

Für die Zeit ab 1. 1. 1991 kommt es auf die folgenden Bestimmungen an:

Anlage 2 d
VergGr. für Mitarbeiter/-innen im Sozial- und Erziehungsdienst gültig ab 1. 1. 1991
VergGr. 6 b
...
3 Erzieher/-innen am Arbeitsplatz mit staatl. Anerkennung und entspr. Tätigkeit
...
VergGr. 5 c
...
4 Erzieher/-innen am Arbeitsplatz mit staatl. Anerkennung und entspr. Tätigkeit nach einjähriger Bewährung in VergGr. 6 b Ziffer 3
...
VergGr. 5 b
...
18 Diplom-Sozialarbeiter/-innen/Diplom-Sozialpädagogen/-innen/Diplom-Heilpädagogen/-innen mit staatl. Anerkennung und entspr. Tätigkeit
VergGr. 4 b
22 Diplom-Sozialarbeiter/-innen/Diplom-Sozialpädagogen/-innen/Diplom-Heilpädagogen/-innen mit staatl. Anerkennung und entspr. Tätigkeit
nach zweijähriger Bewährung in VergGr. 5 b Ziff. 18
Anmerkungen zu den Tätigkeitsmerkmalen der VergGr. 1 a bis 9
Die nachstehenden Anmerkungen sind bei der Eingruppierung der Mitarbeiter/-innen zu beachten.
...
II. Die Dienstbezüge (Abschn. II der Anlage 1 zu den AVR) der Mitarbeiter/-innen, die am 31. 12. 1990 in einem Dienstverh. stehen, das am 1. 1. 1991 zu demselben Dienstgeber fortbesteht, und die am 31. 12. 1990 die Dienstbezüge aus einer höheren VergGr. erhalten als aus der

VergGr., in der sie nach dem Wirksamwerden der Beschlüsse der arbeitsrechtl. Kommission vom 13. 6. 1991 zur Anlage 2 d zu den AVR eingruppiert sind, wird durch die Neuregelung nicht berührt.
Bei den Mitarbeitern/-innen, die am 31. 12. 1990 in einem Dienstverh. stehen, das am 1. 1. 1991 zu demselben Dienstgeber fortbesteht, und deren Eingruppierung von der Zeit einer Bewährung in einer bestimmten VergGr. bzw. Ziff. abhängt, wird die vor dem 1. 1. 1991 zurückgelegte Zeit so berücksichtigt, wie sie zu berücksichtigen wäre, wenn die Neuregelung bereits seit Beginn des Dienstverh. bestanden hätte.
Für Mitarbeiter/-innen, die am 31. 12. 1990 in einem Dienstverh. stehen, das am 1. 1. 1991 zu demselben Dienstgeber fortbesteht und die durch die Neuregelung eine längere Bewährungszeit zurücklegen müssen und die am 31. 12. 1990 bereits die Hälfte der Bewährungszeit der bis zu diesem Zeitpunkt geltenden Regelung zurückgelegt haben, gelten die Bewährungszeiten der bisherigen Regelung fort.

c) Die Auslegung der im Arbeitsvertrag enthaltenen Verweisung auf die AVR Caritasverband in der jeweils geltenden Fassung ergibt, daß für die Eingruppierung des Klägers unabhängig von der bei Vertragsabschluß festgelegten Vergütungsgruppe jeweils die einschlägigen Bestimmungen der AVR maßgeblich sein sollen. Es ist nämlich, wie der Senat in seinem Urteil vom 12. 12. 1990[4] (4 AZR 306/90 – AP Nr. 1 zu § 12 AVR Diakonisches Werk) ausführlich begründet hat, davon auszugehen, daß eine Verweisung auf die AVR in ihrer jeweils geltenden Fassung nur widerspiegeln soll, was nach den AVR rechtens ist. Mangels anderweitiger Anhaltspunkte muß bei Vorliegen einer solchen Verweisung angenommen werden, daß die Arbeitsvertragsparteien zum Ausdruck bringen wollten, daß sich die Vergütung jeweils nach der Vergütungsgruppe richten soll, deren Voraussetzungen der Arbeitnehmer mit seiner Tätigkeit erfüllt.

2. Das LAG hat zutreffend einen Anspruch des Kläger auf Vergütung aus VergGr. 4 b AVR Caritasverband in der ab 1. 1. 1991 geltenden Fassung verneint.

a) Die vom Kläger für sich in Anspruch genommenen Tätigkeitsmerkmale der VergGr. 4 b Ziff. 22 der Anlage 2 d zu den AVR Caritasverband bauen auf der VergGr. 5 b Ziff. 18 auf. Zunächst müssen die Voraussetzungen der Ausgangsziffer erfüllt sein. Anschließend sind die weiteren Merkmale der darauf aufbauenden höheren Vergütungsgruppe zu prüfen (std. Rspr. des Senats, zuletzt Urteil vom 1. 3. 1995 – 4 AZR 8/94 – AP Nr. 12 zu §§ 22, 23 BAT Sozialarbeiter, m. w. N.).

b) Der Kläger ist weder Diplom-Sozialarbeiter noch Diplom-Sozialpädagoge noch Diplom-Heilpädagoge mit staatlicher Anerkennung. Damit nimmt er auch nicht am Bewährungsaufstieg aus VergGr. 5 b Ziff. 18 in die VergGr. 4 b Ziff. 22 teil.

---
[4] KirchE 28, 419.

Eine Gleichstellung der Arbeitserzieher/Erzieher wie in Anmerkung 105 der Anlage 2 ist in der Anlage 2 d nicht mehr vorgesehen. Arbeitserzieher sind in VergGr. 6 b Ziff. 3 und nach einjähriger Bewährung in VergGr. 5 c Ziff. 4 Anlage 2 d AVR Caritasverband eingruppiert. Der Kläger ist daher kein Sozialpädagoge mit entsprechender Tätigkeit i. S. der VergGr. 5 b Ziff. 18 AVR Caritasverband, so daß der Bewährungsaufstieg in VergGr. 4 b Ziff. 22 und damit auch der Anspruch auf entsprechende Vergütung ausscheidet.

3. Der Kläger hat auch keinen Anspruch auf Vergütung aus der VergGr. 4 b aufgrund Besitzstandes. Er hat deren Voraussetzungen in der bis zum 31. 12. 1990 geltenden Fassung nicht erfüllt.

Das LAG hat zutreffend ausgeführt, daß die Tätigkeit eines Sozialarbeiters/Sozialpädagogen nicht ausdrücklich übertragen zu werden braucht (BAG, Urteil vom 4. 4. 1990 – 4 AZR 20/90 – ZTR 1990, 380, m. w. N.). Dem Kläger ist die von ihm auszuübende Tätigkeit unstreitig vor dem 31. 12. 1990 übertragen worden. Die ihm übertragene Tätigkeit entspricht aber nicht der eines Sozialarbeiters/Sozialpädagogen.

4. Die Wertung des LAG, der Kläger erfülle nicht die Voraussetzungen für die von ihm begehrte Höhergruppierung, weil er keine Tätigkeit i. S. der VergGr. 5 b Fallgr. 68 ausübe, ist im Ergebnis zutreffend. Der Kläger ist weder Sozialarbeiter oder Sozialpädagoge mit staatlicher Anerkennung noch gehört er zu dem Kreis der Erzieher oder Mitarbeiter in der Tätigkeit von Erziehern, die nach der Anmerkung 105 zu dieser Fallgruppe Sozialarbeitern und Sozialpädagogen gleichzustellen sind.

a) Nach den Feststellungen des LAG und dem unstreitigen Sachvortrag der Parteien ist die Tätigkeit der Werkstattmitarbeiter in den Gruppen weit überwiegend dadurch geprägt, daß sie die Behinderten an die Arbeit heranführen, das Arbeitsumfeld den Bedürfnissen der Behinderten anpassen und diese bei der Arbeitsleistung betreuen. Dabei haben sie die grundsätzliche wirtschaftliche Ausrichtung der Werkstatt zu berücksichtigen.

Zwar kann zugunsten des Klägers unterstellt werden, daß er bei seiner Arbeit auch Maßnahmen ergreift, die auf die Gesamtpersönlichkeit des einzelnen Behinderten gerichtet sind und damit heilpädagogischen Charakter haben. Solche Maßnahmen können nach dem vom LAG festgestellten Sachverhalt aber nur einen geringen Teil der in der Gruppe des Klägers geleisteten Betreuungsarbeit ausmachen und ihr daher nicht das Gepräge geben. Selbst wenn man dem Vortrag des Klägers folgt und die von ihm betreute Werkstattgruppe als Arbeitstrainingsgruppe ansehen wollte, würde sich hieran nichts ändern. Wie der Senat bereits in seiner Entscheidung vom 26. 5. 1993 (4 AZR 383/92 – AP Nr. 4 zu § 12 AVR Caritasverband) dargelegt hat, mag zwar in der Trainingsgruppe das pädagogische Element eine größere Bedeutung haben als in der üblichen Werkstattgruppe, in der das Ziel einer wirtschaftlich verwertbaren Arbeit der Behinderten deutlich spürbar sein wird. Dies reicht aber nicht aus, um die Arbeit in einer Trainingsgruppe zu einer Sozialarbeitertätigkeit i. S. der AVR Caritasverband zu machen. Auch in ihr ist nämlich die Betreuungstätigkeit der Arbeitserzieher in erster Linie darauf gerichtet, die Behinderten auf die Arbeitsleistung in der Wirtschaft oder in einer Werkstatt für Behinderte vorzubereiten und ihnen die hierfür erforderliche Förderung angedeihen zu lassen. Dagegen wird auch in der Trainingsgruppe keine Betreuungsarbeit geleistet, die über die angestrebte Befähigung zur Arbeitsleistung hinausgehen würde und auf eine umfassende Förderung der gesamten Persönlichkeit des Behinderten auf der Grundlage seiner individuellen Bedürfnisse gerichtet wäre.

b) Zutreffend hat das LAG auch ausgeführt, daß für die Subsumtion unter die im vorliegenden Fall streitigen Tätigkeitsmerkmale zunächst von dem Berufsbild der Sozialarbeiter/Sozialpädagogen einerseits und dem der Erzieher andererseits jeweils in der Ausprägung auszugehen ist, wie sie den einschlägigen Ausbildungsgängen zugrunde liegen. Dies ergibt sich schon daraus, daß diese Berufe in den Tätigkeitsmerkmalen mit dem Zusatz „mit staatl. Anerkennung" bezeichnet sind.

c) aa) Die Berufsbilder des Erziehers und des Sozialarbeiters/Sozialpädagogen weisen weitreichende Gemeinsamkeiten auf und überschneiden sich in breiten Tätigkeitsfeldern. So besteht die Aufgabe des Sozialarbeiters/Sozialpädagogen in der Hilfe zur besseren Lebensbewältigung, was sich je nach der Problemsituation und auslösender Lebenslage als Entwicklungs-, Erziehungs-, Reifungs- oder Bildungshilfe verstehen läßt. Durch psychosoziale Mittel und Methoden sollen die als Bedürftigkeit, Abhängigkeit und Not bezeichneten Lebensumstände geändert werden (vgl. Blätter zur Berufskunde, 5. Aufl. 1986, 2-IV A 30, S. 2). Auch die Arbeit von Erziehern ist sozialpädagogischer Art und unterscheidet sich in vielen Aufgabenstellungen nicht wesentlich von derjenigen anderer sozialpädagogischer Berufe. Sie umfaßt die Förderung und Bildung sowohl von gesunden als auch von in ihrer Entwicklung gestörten Kindern und Jugendlichen sowie die Tätigkeit in heilpädagogischen Einrichtungen für Erwachsene (vgl. Blätter zur Berufskunde, 7. Aufl. 1994, 2-IV A 20, S. 3 f.).

bb) Diese Übereinstimmungen führen aber nicht dazu, daß zwischen den Tätigkeiten eines Erziehers und eines Sozialarbeiters/Sozialpädagogen keine für die Eingruppierung maßgeblichen Unterschiede mehr festgestellt werden könnten (BAG, Urteil vom 20. 2. 1991 – 4 AZR 377/90 – ZTR 1991, 296 f.).

So ist die Tätigkeit der Sozialarbeiter/Sozialpädagogen stärker konzeptionell geprägt und hat ihren Schwerpunkt darin, durch die Veränderung des Menschen, seiner Lebenslage und Lebensqualität sowie der sie bedingenden gesellschaftlichen Strukturen Fehlentwicklungen zu bekämpfen (Blätter zur

Berufskunde, aaO, 2-IV A 30, S. 8). Dagegen liegt bei der Tätigkeit des Erziehers stärkeres Gewicht auf ausführende Aufgaben fürsorgerischer und bewahrender Natur (vgl. Blätter zur Berufskunde, aaO, 2-IV A 20, S. 3).

Die zwischen den beiden Berufen bestehenden Unterschiede schlagen sich auch in den Ausbildungserfordernissen nieder, die für Sozialarbeiter/Sozialpädagogen anspruchsvoller sind. So setzt deren Ausbildung im Regelfall die Hochschulreife voraus und besteht aus einem sechssemestrigen Fachhochschulstudium sowie einem sich daran anschließenden praktischen Jahr (vgl. im einzelnen Blätter zur Berufskunde, aaO, 2-IV A 30, S. 25 ff.). Dagegen erfordert die Erzieherausbildung lediglich einen Realschulabschluß und besteht aus einer zweijährigen Fachschulausbildung und einem sich daran anschließenden praktischen Jahr (vgl. Blätter zur Berufskunde, aaO, 2-IV A 20, S. 25, 30).

Dem entspricht auch das hierarchische Verhältnis der beiden Berufe zueinander. Der Erzieher steht in sozialpädagogischen Einrichtungen zwischen dem Sozialarbeiter/Sozialpädagogen, der ihm übergeordnet ist, und sozialpädagogisch weniger qualifiziert ausgebildeten Hilfskräften, wie z. B. Kinderpflegern (Blätter zur Berufskunde, aaO, 2-IV A 20, S. 10 ff.). In Übereinstimmung hiermit steht die Bewertung im BAT und den diesem nachgebildeten AVR Caritasverband, nach denen für Erzieher mit staatlicher Anerkennung VergGr. 6 b, für Sozialarbeiter/Sozialpädagogen mit staatlicher Anerkennung dagegen VergGr. 5 b die Grundvergütungsgruppe darstellt.

d) Die Revision will ihre Ansicht darauf stützen, gerade wegen der weitgehenden Überschneidung der Aufgaben von Erziehern und von Sozialarbeitern/Sozialpädagogen führe der sozialpädagogische Anteil an der Erziehertätigkeit dazu, diese als Tätigkeit eines Sozialarbeiters/Sozialpädagogen zu qualifizieren. Die von einem Erzieher ausgeübte Betreuung erreiche die Qualität der Tätigkeit eines Sozialarbeiters/Sozialpädagogen, wenn aufgrund der Art der Betreuung Anforderungen an den Betreuer gestellt würden, die ein Erzieher nach seinem typischen Ausbildungsstand regelmäßig nicht erfüllen könne.

Diese Ansicht läuft für Tätigkeiten im Überschneidungsbereich der beiden Berufsbilder darauf hinaus, daß diese bei der tariflichen bzw. AVR-gerechten Eingruppierung ausschließlich als solche von Sozialarbeitern/Sozialpädagogen zu werten sind. Aus der teilweisen Übereinstimmung der Berufsbilder kann aber solche Folgerung nicht gezogen werden (BAG, Urteil vom 20. 2. 1991 – 4 AZR 377/90 – ZTR 1991, 296). Der Umstand allein, daß eine Tätigkeit sowohl dem Beruf eines Erziehers als auch demjenigen eines Sozialarbeiters/Sozialpädagogen zugerechnet werden kann, läßt keinen Schluß darauf zu, welchem der beiden Berufe sie für die Eingruppierung zuzurechnen ist. Vielmehr bleibt zunächst die Möglichkeit, diese Tätigkeit sowohl als diejenige eines Erziehers als auch diejenige eines Sozialarbeiters/Sozialpädagogen anzusehen. Damit ist für die Entscheidung über die Eingruppierung nichts gewonnen.

Der Revision kann nicht gefolgt werden, daß in allen Fällen der Mischtätigkeit für die Eingruppierung nur auf die sozialarbeiterische Tätigkeit abzustellen ist. Dies führte zu einer Überbewertung. Der Erzieher wird nicht dadurch zum Sozialarbeiter/Sozialpädagogen, daß er eine Tätigkeit im Überschneidungsbereich der beiden Berufe ausübt. Bei Tätigkeiten im Überschneidungsbereich ist vielmehr davon auszugehen, daß sich die Eingruppierung nach der Tätigkeit richtet, durch welche sie maßgeblich geprägt wird.

Dieses aus dem allgemeinen Verständnis der beiden hier streitigen Berufsbilder abgeleitete Ergebnis ist auch für die tariflich/AVR-gerechte Eingruppierung maßgeblich. Die einschlägigen Bestimmungen des BAT bzw. der AVR enthalten keine Anhaltspunkte dafür, daß die TVParteien/AVR-Geber hiervon hätten abweichen und beispielsweise alle im Überschneidungsbereich ausgeübten Tätigkeiten als solche von Sozialarbeitern/Sozialpädagogen hätten bewerten wollen.

e) aa) Muß demnach bei der tariflich/AVR-gerechten Eingruppierung zwischen den Tätigkeiten von Sozialarbeitern/Sozialpädagogen einerseits und von Erziehern andererseits auch in dem Bereich unterschieden werden, in dem sich die Berufsbilder überschneiden, so kann dies nur anhand der typischen Inhalte dieser Berufe geschehen. Insoweit kommt es darauf an, was regelmäßig zur Tätigkeit eines Sozialarbeiters/Sozialpädagogen gehört und was zu derjenigen eines Erziehers. Bei dieser Feststellung spielt die Art und die Intensität der jeweiligen Ausbildung eine gewichtige Rolle. Anhand der Schwerpunkte der beiden Berufsbilder läßt sich ermitteln, welche Tätigkeiten im Überschneidungsbereich vorrangig dem einen und erst in zweiter Linie dem anderen Beruf zuzuordnen sind. Von diesem Regel-/Ausnahmeverhältnis ist mangels anderer Kriterien auch bei der hier vorzunehmenden tariflichen Eingruppierung auszugehen (vgl. BAG, Beschluß vom 20. 4. 1994 – 1 ABR 49/93 – [unv.]).

bb) Das LAG hat die danach erforderlichen Feststellungen getroffen. Sie werden von der Revision nicht angegriffen.

Wie das LAG zutreffend hervorgehoben hat, verrichtet der Kläger die typischen Tätigkeiten eines Arbeitserziehers. Dieser hat im allgemeinen vornehmlich die Aufgabe für Behinderte, Kranke und verhaltensauffällige Menschen aus dem vielfältigen Angebot von Arbeitsmöglichkeiten und Arbeitstechniken die jeweils richtigen herauszufinden. Dabei muß er zum einen die Bedürfnisse und Erwartungen kennen, die der zu betreuende Personenkreis an seine Arbeit und die Arbeitswelt stellt, zum anderen um die Gesundheitszustände, Begabungen, Fähig- und Fertigkeiten der einzelnen Personen wissen, die er betreut. Seine Tätigkeit „ist je nach dem zu betreuenden Personenkreis unterschiedlich, beinhaltet jedoch immer sowohl den berufsbezogenen fachlichen Bereich wie auch den personenbezogenen psychologisch-pädagogischen Bereich" (Blätter zur Berufskunde, 1. Aufl. 1985, 2-IV A 21, Erzieher(in) am Arbeitsplatz, Arbeitserzieher[in], S. 2).

Dem entspricht die tatsächlich vom Kläger ausgeübte Tätigkeit wie sie sich nach seinem eigenen Vortrag und nach der Dienstanweisung für die Erzieher des Beklagten darstellt (vgl. zum Ganzen auch BAG, Urteil vom 26. 5. 1993 – 4 AZR 383/92 – AP Nr. 4 zu § 12 AVR Caritasverband; vom 20. 2. 1991 – 4 AZR 377/90 – ZTR 1991, 296 und vom 14. 9. 1994 – 4 AZR 785/93 – [unv.] sowie zuletzt vom 14. 6. 1995 – 4 AZR 250/94 – AP Nr. 7 zu § 12 AVR Caritasverband).

5. Schließlich kann der Kläger den von ihm geltend gemachten Anspruch nicht mit der betrieblichen Übung begründen, weil der Beklagte in der Vergangenheit Arbeitserzieher und Heimerzieher sowie Sozialarbeiter/Sozialpädagogen in gleicher Weise vergütet habe. Unter einer betrieblichen Übung versteht man die regelmäßige Wiederholung bestimmter Verhaltensweisen des Arbeitgebers, aus denen die Arbeitnehmer schließen können, daß ihnen eine Leistung oder eine Vergünstigung auf Dauer gewährt werden soll. Aufgrund einer Willenserklärung, die von den Arbeitnehmern stillschweigend angenommen wird (§ 151 BGB), erwachsen dann vertragliche Ansprüche auf die üblich gewordenen Vergünstigungen (std. Rspr.; BAG, Urteil vom 13. 11. 1986 – 6 AZR 567/83 – AP Nr. 27 zu § 242 BGB Betriebl. Übung). Für die Bindungswirkung der betrieblichen Übung kommt es entscheidend darauf an, wie der Erklärungsempfänger (Arbeitnehmer) die Erklärungen oder das Verhalten des Arbeitgebers unter Berücksichtigung aller Begleitumstände verstehen durfte (§§ 133, 157 BGB). Gemessen an diesen Grundsätzen ist kein schutzwürdiges Vertrauen der Werkstattmitarbeiter und -leiter auf vergütungsmäßige Gleichstellung mit den anderen Erziehern entstanden.

Nachdem der Kläger im Arbeitsvertrag die Geltung der AVR in ihrer jeweiligen Fassung ausdrücklich als Grundlage seines Arbeitsverhältnisses mit dem Beklagten vereinbart hat, konnte er nicht darauf vertrauen, eine höhere als die von diesen vorgegebene Vergütung zu erhalten. Hinzu kommt, daß der Beklagte in der Vergangenheit den Werkstattmitarbeitern eine der den Erziehern im Heimerziehungsdienst gleiche Vergütung nur deshalb zahlte, weil die frühere Fassung der Anlage 2 zu den AVR die Tätigkeit des Berufserziehungsdienstes jedenfalls nicht ausreichend erfaßte.

44

Zur Frage, von welchen Wirksamkeitsvoraussetzungen die Einstufung eines kirchlichen Arbeitnehmers als Mitarbeiter in leitender Stellung (Exemtion vom Status eines Mitarbeiters im Sinne der MAVO) abhängt.

§§ 3, 27, 28 MAVO.Bt Trier 1978/1989
BAG, Urteil vom 26. Juli 1995 − 2 AZR 578/94[1] −

Die Parteien streiten um die Rechtswirksamkeit einer Kündigung, welche die Beklagte mit Anwaltsschreiben vom 8. 4. 1993, dem Kläger zugegangen am 13. 4. 1993, fristlos und vorsorglich fristgerecht zum 31. 12. 1993 erklärt hat. Die Beklagte ist bürgerlichrechtliche Rechtsträgerin des Ordens der W'Franziskanerinnen. In dem von ihr betriebenen St. Josef-Krankenhaus in H. war der Kläger seit 1. 4. 1973 aufgrund eines Vertrages vom 15. 11. 1972 zu einer monatlichen Bruttovergütung von zuletzt ca. 25 000 DM als Chefarzt der chirurgischen Abteilung tätig. Nach § 10 Abs. 2 des Anstellungsvertrages ist die Beendigung des Arbeitsverhältnisses nur noch aus wichtigem Grund mit einer Frist von sechs Monaten zum Ende eines Kalendervierteljahres zulässig. Weiter ist in § 10 Abs. 3 des Vertrages bestimmt, daß das Recht des Vertragsschließenden zur fristlosen Kündigung nach § 626 BGB unberührt bleibt. Die streitbefangenen Kündigungen erfolgten ohne vorherige Beteiligung der bestehenden Mitarbeitervertretung gem. §§ 27, 28 der Ordnung für Mitarbeitervertretungen im Bistum Trier (MAVO) i. d. F. vom 21. 7. 1989 (KABl. Trier 1989, S. 95). Zum persönlichen Geltungsbereich bestimmt § 3 MAVO folgendes:

§ 3. Als Mitarbeiter gelten nicht: ...
4. Sonstige Mitarbeiter in leitender Stellung.
Die Entscheidung zu den Nummern 3 und 4 trifft der Dienstgeber, nachdem die Mitarbeitervertretung Gelegenheit zur Stellungnahme hatte. Auf Verlangen der Mitarbeitervertretung findet eine mündliche Erörterung statt. Wenn der Rechtsträger der kirchlichen Aufsicht unterliegt, bedarf diese Entscheidung der Genehmigung. Die Entscheidung ist der Mitarbeitervertretung schriftlich mitzuteilen.

In der alten Fassung aus dem Jahre 1978 (KABl. Trier 1978, S. 135) lautet § 3 Abs. 2 MAVO wie folgt:

§ 3. (2) Als Mitarbeiter i. S. dieser Ordnung gelten nicht die Mitglieder des für den Dienstgeber handelnden Organs, die bestellte Leitung (§ 2 Abs. 2 Satz 1), Mitarbeiter in leitender Stellung und alle Geistlichen einschl. Or-

---

[1] NZA 1995, 1197. Nur LS: ZTR 1995, 570.

densgeistlichen im Bereich des § 1 Abs. 1 Nr. 2. Wer Mitarbeiter in leitender Stellung ist, regelt der Dienstgeber, nachdem die Mitarbeitervertretung Gelegenheit zur Stellungnahme hatte. Die Regelung bedarf der kirchenaufsichtlichen Genehmigung.

Gem. Schreiben des Generalrats des M., des Mutterhauses der Franziskanerinnen W., an das Generalvikariat des Bistums Trier vom 3. 6. 1983 beschlossen die Gesellschafter der Beklagten gemeinsam mit den Geschäftsführern, alle tätigen leitenden Ärzte aller Fachabteilungen (Chefärzte) als Mitarbeiter in leitender Stellung i. S. des § 3 Abs. 2 MAVO einzuordnen. Gleichzeitig wurde um die kirchenaufsichtliche Genehmigung gebeten. Mit Schreiben vom 7. 6. 1983 teilte der bischöfliche Generalvikar in Trier mit, daß diese Regelung anerkannt und die Genehmigung erteilt werde. Die förmliche Beteiligung der Mitarbeitervertretung vor Einholung der Genehmigung hatte nicht stattgefunden. Mit Schreiben der Geschäftsführung der Beklagten vom 19. 3. 1990 an die Direktorien der Krankenhäuser wurde darauf hingewiesen, daß die vorbezeichneten leitenden Mitarbeiter nicht zum Kreis der von der Mitarbeitervertretung zu erfassenden Mitarbeiter gehörten. Es wurde gebeten, die Mitarbeitervertretungen der einzelnen Häuser entsprechend zu informieren, was im St. Josef-Krankenhaus in H. am 21. 3. 1990 durch Weitergabe des Schreibens an die Mitarbeitervertretung geschah. In den Aufstellungen zur aktiven und passiven Wahlberechtigung zu den Mitarbeitervertretungen in den Jahren 1987, 1990 und 1993 war der Kläger jeweils nicht aufgenommen. Eine förmliche Mitteilung über seine Position als sonstiger leitender Mitarbeiter bzw. als leitender Mitarbeiter erhielt der Kläger unstreitig nicht. Inzwischen hat die Beklagte dem Kläger nach Beteiligung der Mitarbeitervertretung erneut mit Schreiben vom 27. 9. 1993 zum 31. 3. 1994 gekündigt. Der hierüber zwischen den Parteien geführte Rechtsstreit ist ausgesetzt. Die vorliegend streitbefangenen Kündigungen hat die Beklagte mit schwerwiegenden fachlichen Fehlern des Klägers und seinem wiederholten Fehlverhalten gegenüber anderen Mitarbeitern trotz vorheriger Abmahnungen begründet.

Das Arbeitsgericht hat der Klage, allerdings ohne Feststellung des weiteren Fortbestehens des Arbeitsverhältnisses, stattgegeben und den Auflösungsantrag der Beklagten abgewiesen. Auf die Berufung der Beklagten hat das Landesarbeitsgericht die Klage hinsichtlich des Weiterbeschäftigungsantrags unter Hinweis auf die erneute Kündigung vom 27. 9. 1993 zum 31. 3. 1994 abgewiesen. Im übrigen hat es die Berufung der Beklagten zurückgewiesen. Die Revision der Beklagten führte zur Aufhebung und Zurückverweisung.

Aus den Gründen:

I. Das Landesarbeitsgericht hat angenommen, der Kläger sei nicht wirksam zum Mitarbeiter in leitender Stellung bestellt worden.

Es könne dahinstehen, ob die Exemtion der kirchenaufsichtlichen Genehmigung bedurft habe und ob die Beteiligung der Mitarbeitervertretung vor einer solchen Entscheidung Wirksamkeitsvoraussetzung sei. Unwirksam sei die Exemtion des Klägers jedenfalls deshalb, weil er hierüber von der Beklagten nicht informiert worden sei. Zwar könne der Wortlaut der Ordnung für Mitarbeitervertretungen im Bistum Trier („Regelung" bzw. „Treffen einer Entscheidung") es nahelegen, den internen Entscheidungsvorgang als ausreichend anzusehen. Die Exemtion berühre aber die Rechtsstellung des Mitarbeiters, insb. sein Wahlrecht bei der Wahl zur Mitarbeitervertretung. Nach den für rechtsgestaltende Akte geltenden Grundsätzen sei ein solcher Akt erst mit dem Zugang der privatrechtlichen Willenserklärung bzw. der Bekanntgabe des Verwaltungsakts wirksam. Wenn die Ordnung für Mitarbeitervertretungen im Bistum Trier hierzu keine Regelung enthalte, so sei es für den Verordnungsgeber der Ordnung für Mitarbeitervertretungen im Bistum Trier offenbar doch eine Selbstverständlichkeit gewesen, daß die Entscheidung dem betroffenen Mitarbeiter bekannt gegeben werde. Es sei schon aus Gründen der Rechtssicherheit und Rechtsklarheit zu fordern, den Zeitpunkt der Exemtion genau festzustellen, was nur mit der Bekanntgabe der Entscheidung geschehen könne. Die vom BAG zu § 21 Abs. 3 Satz 2 SchwbG aufgestellten Rechtsgrundsätze würden keine andere Sichtweise gebieten, weil die Regelungsgegenstände nicht vergleichbar seien. Auch der Umstand, daß der Kläger bei den jeweiligen Wahlen zur Mitarbeitervertretung nicht in die Wählerverzeichnisse aufgenommen worden sei, könne verschiedene Ursachen haben und ersetze nicht die notwendige Mitteilung der Exemtion durch die Beklagte an den Kläger. Vor Ausspruch der Kündigung habe es somit einer Beteiligung der Mitarbeitervertretung bedurft. Ihr Fehlen mache die Kündigung unwirksam.

II. Dem folgt der Senat nicht. Die Revision macht mit Recht geltend, die Wirksamkeit der Kündigungen scheitere entgegen der Ansicht des Landesarbeitsgerichts nicht schon an der fehlenden Beteiligung der Mitarbeitervertretung.

1. Wie das Landesarbeitsgericht allerdings unter Berufung auf die Rechtsprechung des BAG richtig ausgeführt hat, liegt die Überprüfung der Kündigung des Arbeitsverhältnisses eines kirchlichen Mitarbeiters in der Kompetenz der staatlichen Arbeitsgerichte und diese haben auch zu überprüfen, ob die Kündigung wegen unterlassener Beteiligung der kirchlichen Mitarbeitervertretung unwirksam ist, wenn der Arbeitnehmer dies geltend macht (vgl. BAG, NZA 1993, 593[2] = AP Nr. 41 zu Art. 140 GG m. w. N.; BAG, NZA 1994, 443[3] = NJW 1994, 3032 = AP Nr. 114 zu § 626 BGB). Das Landesarbeitsge-

---

[2] KirchE 30, 412.   [3] KirchE 31, 438.

richts hat ferner zutreffend dargelegt, daß das von der Beklagten betriebene St. Josef-Krankenhaus in H., an dem der Kläger beschäftigt war, dem sachlichen und räumlichen Anwendungsbereich der Ordnung für Mitarbeitervertretungen im Bistum Trier unterfällt. Die grundsätzliche Anwendbarkeit der Ordnung für Mitarbeitervertretungen im Bistum Trier ist zwischen den Parteien auch nicht streitig. Gem. §§ 27, 28 MAVO bedürfen sowohl außerordentliche Kündigungen als auch ordentliche Kündigungen von kirchlichen Mitarbeitern im persönlichen Geltungsbereich der Ordnung für Mitarbeitervertretungen im Bistum Trier nach Ablauf der Probezeit der vorherigen Beteiligung der Mitarbeitervertretung; anderenfalls sind die Kündigungen unwirksam (§§ 27 Abs. 5, 28 Abs. 3 MAVO). Die Unwirksamkeit der Kündigungen kann nicht durch nachträgliche Zustimmung der Mitarbeitervertretung geheilt werden (zu der gleichen Problematik bei der Anhörung des Betriebsrats gem. § 102 BetrVG vgl. BAGE 26, 27 = NJW 1974, 1526 L = AP Nr. 2 zu § 102 BetrVG 1972). Die streitbefangenen Kündigungen könnten demnach nur dann zur Auflösung des Arbeitsverhältnisses des Klägers geführt haben, wenn es sich bei dem Kläger um einen vom Anwendungsbereich der Ordnung für Mitarbeitervertretungen im Bistum Trier ausgenommenen Mitarbeiter handelte. Da der Kläger unstreitig weder zur gesetzlichen Vertretung der Beklagten berufenes Organmitglied noch Leiter der Einrichtung oder Geistlicher war, ferner auch nicht zur selbständigen Entscheidung über Einstellungen, Anstellungen oder Kündigungen befugt, kommt vorliegend eine Exemtion des Klägers aus dem Anwendungsbereich der Ordnung für Mitarbeitervertretungen im Bistum Trier nur als (sonstiger) Mitarbeiter in leitender Stellung aufgrund einer entsprechenden Regelung bzw. Entscheidung des Dienstgebers in Betracht (§ 3 MAVO). Hiervon ist in Übereinstimmung mit den Parteien auch das Landesarbeitsgericht ausgegangen.

Dem Landesarbeitsgericht kann jedoch nicht gefolgt werden, wenn es für eine wirksame Exemtion deren Mitteilung an den Kläger vermißt. Eine solche Mitteilung ist nach der Ordnung für Mitarbeitervertretungen im Bistum Trier nicht erforderlich. Zwar wird auch in der Literatur die Auffassung vertreten, die Exemtion setze deren Bekanntgabe bzw. Mitteilung an den Mitarbeiter voraus (vgl. Bleistein/Thiel, MAVO, 2. Aufl., § 3 Rdnrn. 51, 59, 60). Wie aber das Landesarbeitsgericht nicht verkannt hat, spricht der Wortlaut von § 3 MAVO eher gegen das Erfordernis einer Bekanntgabe an den Mitarbeiter als Wirksamkeitsvoraussetzung. Nach dem allgemeinen und auch nach juristischem Sprachgebrauch zielt der Begriff des „Treffens" einer Entscheidung mehr auf den internen Entscheidungsvorgang als auf dessen Verlautbarung (vgl. zu der entsprechenden Wortwahl in § 21 Abs. 3 SchwbG BAG, NZA 1994, 1030 = AP Nr. 3 zu § 21 SchwbG 1986 [zu II 3 c und d]). Auch der systematische Zusammenhang und der Sinn und Zweck der Norm lassen eher

Exemtion eines leitenden Mitarbeiters 279

darauf schließen, daß eine ausdrückliche Mitteilung an den Mitarbeiter nicht zu fordern ist. So verlangt zwar § 3 Abs. 2 Satz 2 MAVO, daß vor der Entscheidung der Mitarbeitervertretung Gelegenheit zur Stellungnahme gegeben wird, nicht aber dem Mitarbeiter, dessen Status sich ändern soll. § 3 Abs. 2 Satz 5 MAVO schreibt ausdrücklich die schriftliche Mitteilung der Entscheidung an die Mitarbeitervertretung vor, der Mitarbeiter selbst findet aber wiederum keine Erwähnung. Die Ordnung für Mitarbeitervertretungen im Bistum Trier versteht offenbar die Exemtion vornehmlich als eine Entscheidung des Dienstgebers im Verhältnis zur Mitarbeitervertretung, nicht als eine solche im Verhältnis zu dem betroffenen Mitarbeiter. Möglichkeiten zur Anfechtung der Entscheidung sieht die Ordnung für Mitarbeitervertretungen im Bistum Trier weder für den Mitarbeiter noch für die Mitarbeitervertretung vor, was unter Berücksichtigung des verfassungsrechtlich verbürgten Selbstbestimmungsrechts der Kirchen (Art. 140 GG, Art. 137 WRV; vgl. auch BVerfGE 70, 138[4] = NZA 1986, 28 = AP Nr. 24 zu Art. 140 GG) nicht zu beanstanden ist. Allerdings kann der betroffene Mitarbeiter bei den Wahlen zur Mitarbeitervertretung gegen seine Nichtaufnahme in das Wählerverzeichnis gem. § 9 Abs. 4 Satz 4 MAVO Einspruch einlegen, ferner kann er gem. § 12 Abs. 1 MAVO die Wahl anfechten und gem. § 12 Abs. 3 MAVO notfalls die Schlichtungsstelle anrufen. Das spricht dafür, daß die Ordnung für Mitarbeitervertretungen im Bistum Trier es als ausreichend ansieht, wenn der von einer Exemtion betroffene Mitarbeiter seinen Status bei der Wahl der Mitarbeitervertretung erfährt bzw. in Erfahrung bringen kann. Dies gilt um so mehr, als gem. § 9 Abs. 1 Satz 3 MAVO i. d. F. von 1978 der Dienstgeber selbst die Liste der wahlberechtigten Mitarbeiter anzufertigen hatte. Nach § 9 Abs. 4 Satz 2 MAVO in der zur Zeit gültigen Fassung obliegt dies zwar nunmehr dem Wahlausschuß, jedoch aufgrund einer gem. § 9 Abs. 4 Satz 1 MAVO vom Dienstgeber zu erstellenden Liste aller Mitarbeiter mit den erforderlichen Angaben. Dies hat das Landesarbeitsgericht nicht ausreichend berücksichtigt, wenn es darauf abstellt, die Nichtaufnahme in die Wählerverzeichnisse könne verschiedene Ursachen haben und sei zudem keine Mitteilung der Beklagten.

Ob aus Gründen der Rechtssicherheit und Rechtsklarheit zu verlangen wäre, daß die interne Exemtionsentscheidung des Dienstgebers jedenfalls manifest geworden sein muß – der Senat hat in dem genannten Urteil vom 9. 2. 1994 zu § 21 SchwbG die Aufgabe zur Post verlangt –, kann vorliegend offenbleiben. Eine solche Manifestation ist hier in dem Schreiben vom 3. 6. 1983 an das Generalvikariat in Trier, in jedem Fall aber mit der Weiterleitung des Schreibens vom 19. 3. 1990 an die Mitarbeitervertretung erfolgt.

---

[4] KirchE 23, 105.

Denkbar erscheint es allerdings, daß sich ein Mitarbeiter in Unkenntnis der Exemtionsentscheidung dazu entschließt, gegen eine vor der nächsten Wahl der Mitarbeitervertretung ausgesprochene Kündigung wegen Nichtbeteiligung der Mitarbeitervertretung Klage zu erheben, die er bei Kenntnis der Exemtion als aussichtslos unterlassen hätte. Zum einen könnte der Mitarbeiter aber vorher in der Regel durch einfache Nachfrage leicht in Erfahrung bringen, weshalb die vorherige Beteiligung der Mitarbeitervertretung nicht erfolgt ist; zum anderen könnte hinsichtlich der entstandenen Prozeßkosten ein Schadensersatzanspruch des Mitarbeiters gegen den Dienstgeber in Betracht kommen, wenn man die Mitteilung der Exemtion an den Mitarbeiter zwar nicht als Wirksamkeitsvoraussetzung ansieht, jedoch als eine aus der Fürsorgepflicht abzuleitende vertragliche Nebenpflicht des Dienstgebers (§ 242 BGB). Die mit der Herausnahmeentscheidung verbundene Statusänderung rechtfertigt daher nicht die Annahme, die Ordnung für Mitarbeitervertretungen im Bistum Trier setze es als selbstverständlich voraus, daß die Entscheidung des Dienstgebers erst mit ihrer Bekanntgabe an den betroffenen Mitarbeiter wirksam werde.

Im übrigen könnte sich der Kläger vorliegend auf die Unterlassung der Bekanntgabe der Exemtion an ihn nicht berufen. Die Beklagte hat aus dem Umstand, daß der Kläger an den Wahlen zur Mitarbeitervertretung 1987, 1990 und 1993 weder aktiv noch passiv teilgenommen hat und auch jeweils ebenso wie alle anderen Chefärzte in die ausgelegten Wählerverzeichnisse nicht aufgenommen war, den Schluß gezogen, der Kläger habe durchaus Kenntnis davon gehabt, daß ihn die Beklagte in Übereinstimmung mit der Mitarbeitervertretung als vom Geltungsbereich der Ordnung für Mitarbeitervertretungen im Bistum Trier ausgenommenen Mitarbeiter in leitender Stellung ansehe. Könnte man bei einer einmaligen Wahl diesbezüglich noch ein Versehen für möglich halten, erscheint eine solche Annahme bei drei Wahlen lebensfremd. Dem somit berechtigten Schluß auf eine entsprechende Kenntnis des Klägers ist dieser mit konkretem Sachvortrag auch nicht entgegengetreten. Daß Chefärzte eine leitende Stellung innehaben, die ihre Herausnahme aus dem persönlichen Geltungsbereich der Ordnung für Mitarbeitervertretungen im Bistum Trier durch den Dienstgeber zuläßt, steht außer Streit (vgl. auch Bietmann, MAVO, 2. Aufl., § 3 Anm. 2.3). Wenn der Kläger sich selbst im Einklang mit der von der Beklagten getroffenen Entscheidung als einen aufgrund seiner Chefarztfunktion von der Geltung der Ordnung für Mitarbeitervertretungen im Bistum Trier ausgenommenen Mitarbeiter in leitender Stellung ansah oder jedenfalls in Kenntnis der gegenteiligen Auffassung der Beklagten nichts gegen eine solche Zuordnung unternahm, so verstößt es gegen Treu und Glauben (§ 242 BGB), wenn er nun die fehlende ausdrückliche Mitteilung der Herausnahmeentscheidung moniert. Der Kläger setzt sich damit in Widerspruch zu seinem eigenen Verhalten, insb. dem bei den Wahlen zur Mitarbeitervertretung.

2. Das angegriffene Urteil erweist sich auch nicht deshalb als im Ergebnis zutreffend, weil die Beklagte vor der Exemtion des Klägers der Mitarbeitervertretung keine Gelegenheit zur Stellungnahme gegeben hatte oder weil es an einer wirksamen kirchenaufsichtlichen Genehmigung fehlen würde.

a) Die Beklagte hat mit Recht darauf hingewiesen, daß die Ordnung für Mitarbeitervertretungen im Bistum Trier Verstöße gegen Beteiligungsrechte der Mitarbeitervertretung – hier ein bloßes Anhörungsrecht, nach der derzeit geltenden Fassung der Ordnung für Mitarbeitervertretungen im Bistum Trier verstärkt durch einen Erörterungsanspruch – keineswegs stets mit der Anordnung der Unwirksamkeit der getroffenen Maßnahme sanktioniert. Eine solche Rechtsfolge ist nur in speziellen Regelungen, etwa zur Beteiligung der Mitarbeitervertretung vor Kündigungen nach der Probezeit, vorgesehen. Überwiegend, nämlich in den in § 38 MAVO enumerativ aufgezählten Fällen, ist ein Schlichtungsverfahren, notfalls mit verbindlicher Entscheidung der Schlichtungsstelle, vorgesehen. Der Beteiligung gem. § 3 Abs. 2 MAVO vergleichbar sind dabei insb. die Fälle des § 26 MAVO. Für diese sieht § 38 MAVO das Schlichtungsverfahren lediglich bei wiederholten Verstößen des Dienstgebers vor. Für einen Verstoß gegen die Beteiligungspflicht nach § 3 II MAVO sieht die Ordnung für Mitarbeitervertretungen im Bistum Trier keine Unwirksamkeit der Exemtion vor. Ein solcher Verstoß könnte allenfalls unter § 26 Abs. 1 Nr. 1 MAVO subsumiert werden (vgl. Bietmann, MAVO, 2. Aufl., § 3 Anm. 2.2 zur vergleichbaren Regelung in § 20 Abs. 1 Nr. 1 der Rahmenordnung für eine Ordnung für Mitarbeitervertretungen im Bistum Trier i. d. F. vom 24. 1. 1977). Entgegen der vom Arbeitsgericht und zum Teil auch in der Literatur (Bleistein, in: Festschr. zum 70. Geburtstag von Stahlhacke, S. 69 [77]) vertretenen Auffassung ist deshalb aus dem systematischen Zusammenhang zu schließen, daß die Unterlassung der Beteiligung der Mitarbeitervertretung vor der Exemtion eines Mitarbeiters gem. § 3 Abs. 2 MAVO nicht zu deren Unwirksamkeit führt (ebenso Bleistein/Thiel, MAVO, 2. Aufl., Rdnr. 54 a. E.). Damit steht die von Frey/Schmitz/Elsen/Coutelle (MAVO, 3. Aufl., § 3 Rdnr. 19) vertretene Ansicht im Einklang, die Mitarbeitervertretung könne der Exemtion auch nachträglich zustimmen und über den Mitarbeiterstatus entscheide spätestens der Wahlausschuß bei der Erstellung des Wählerverzeichnisses.

Vorliegend wurde der Kläger unstreitig in die Wählerverzeichnisse nicht aufgenommen, die Mitarbeitervertretung hat die Exemtion der Chefärzte spätestens nach der Mitteilung vom 21. 3. 1990 stillschweigend gebilligt. Mangels ausdrücklicher Vorschrift, aus der sich die Unwirksamkeitsfolge ergibt, kann somit ein Verstoß gegen die Pflicht zur vorherigen Beteiligung der Mitarbeitervertretung gem. § 3 Abs. 2 MAVO die Herausnahme eines Mitarbeiters in leitender Stellung durch den Dienstgeber aus dem persönlichen Anwendungsbereich der Ordnung für Mitarbeitervertretungen im Bistum Trier mit der Folge unwirksam machen, daß aufgrund der Unterlassung der Beteiligung der Mitarbeitervertretung vor Ausspruch einer Kündigung dieser die Wirksamkeit abzusprechen wäre (vgl. zur pflichtwidrigen Unterlassung der Errichtung einer beteiligungsfähigen Personalvertretung BAG, NZA 1995, 577 = AP Nr. 35 zu Einigungsvertrag Anl. I Kap. XIX [zu II 9] m. w. Nachw.).

b) Die Beklagte hat ferner vorgetragen, als bürgerlichrechtlicher Rechtsträger eines Ordens päpstlichen Rechts habe sie einer kirchenaufsichtlichen Genehmigung der Exemtion der Chefärzte aus dem Anwendungsbereich der Ordnung für Mitarbeitervertretungen im Bistum Trier nicht bedurft. Daß es sich bei den W' Franziskanerinnen um einen Orden päpstlichen Rechts handelt, hat der Kläger nicht in Zweifel gezogen. – Nach der von der Beklagten mit dem Schreiben des bischöflichen Generalvikariats Trier vom 4. 12. 1990 an den Provinzialrat der Franziskanerinnen belegten authentischen Auslegung der §§ 1 Abs. 2, 3 Abs. 2 MAVO, die schon wegen des verfassungsrechtlich garantierten Selbstbestimmungsrechts der Kirchen nicht zu beanstanden ist (vgl. auch Frey/Schmitz/Elsen/Coutelle, MAVO, 3. Aufl., § 3 Rdnr. 20, § 1 Rdnr. 9; Bietmann, MAVO, 2. Aufl., § 3 Anm. 2.4, § 1 Anm. 4; a. A. Bleistein/Thiel, MAVO, 2. Aufl., § 2 Rdnr. 10 und § 3 Rdnr. 56), war in der Tat eine kirchenaufsichtliche Genehmigung der Exemtion der Chefärzte bzw. des Klägers aus dem Anwendungsbereich der Ordnung für Mitarbeitervertretungen im Bistum Trier nicht erforderlich. Selbst wenn aber für die Exemtionsentscheidung der Beklagten vom Juni 1983 eine solche Genehmigung erforderlich gewesen wäre, ließe sich deren Wirksamkeit entgegen der Auffassung des Arbeitsgerichts nicht mit der Begründung in Zweifel ziehen, die Prüfung der vorherigen Beteiligung der Mitarbeitervertretung bzw. die Veranlassung dieser Beteiligung sei unterblieben. Eine Rechtsvorschrift, die die Wirksamkeit der Genehmigung bzw. des Genehmigungsantrags hiervon abhängig machen würde, ist nicht ersichtlich.

Auch aus der vom Kläger insoweit angeführten Literatur (Bleistein/Thiel, MAVO, 2. Aufl., § 3 Rdnr. 58) läßt sich nicht entnehmen, der Genehmigungsantrag bzw. die Genehmigung als solche sei mangels Darlegung bzw. Prüfung der Beteiligung der Mitarbeitervertretung unwirksam. Nach dem von der Beklagten vorgelegten Schreiben des bischöflichen Generalvikars vom 7. 6. 1983 wurde die Genehmigung ohne Vorbehalte erteilt. Daß es sich dabei um die Genehmigung des Generalvikars handelte, hat das Berufungsgericht für den Senat gem. § 561 ZPO bindend festgestellt; Rügen hat der Kläger dagegen nicht erhoben. Falls also eine kirchenaufsichtliche Genehmigung erforderlich gewesen wäre, wäre diese mit dem Schreiben vom 7. 6. 1983 wirksam erteilt. Im übrigen kommt es auf die Wirksamkeit der Exemtionsentscheidung der

Beklagten vom Juni 1983, für die der Kläger schon eine ordnungsgemäße Beschlußfassung mit Nichtwissen bestritten hat, gar nicht an, weil der Beklagte unter der Geltung der neuen Ordnung für Mitarbeitervertretungen im Bistum Trier von 1989 die Exemtion mit dem Schreiben vom 19. 3. 1990 wiederholt hat. Einer kirchenaufsichtlichen Genehmigung bedurfte es hierfür nicht, jedenfalls nahm der Bischof, wie sich dem Schreiben des Generalvikariats vom 4. 12. 1990 entnehmen läßt, ein etwaiges Aufsichtsrecht hinsichtlich der Exemtion in solchen Fällen generell nicht in Anspruch. Entgegen dem bischöflichen Willen die Wirksamkeit der Exemtion von einer Genehmigung abhängig zu machen, wäre ein unzulässiger Eingriff in das verfassungsrechtlich verbürgte kirchliche Selbstbestimmungsrecht.

3. Da der vom Landesarbeitsgericht festgestellte Sachverhalt somit nicht die Annahme rechtfertigt, die streitbefangenen Kündigungen seien bereits mangels vorheriger Beteiligung der Mitarbeitervertretung formell unwirksam, ist das angegriffene Urteil – abgesehen von der zutreffenden Abweisung des Weiterbeschäftigungsantrags des Klägers – aufzuheben und die Sache ist zur anderweiten Verhandlung und Entscheidung an das Berufungsgericht zurückzuverweisen (§ 565 Abs. 1 Satz 1 ZPO). Der Senat kann nicht gem. § 565 Abs. 3 ZPO in der Sache selbst entscheiden:

a) Das Landesarbeitsgericht wird die bestrittene Reichweite und Wirksamkeit der mit dem anwaltlichen Kündigungsschreiben übersandten Vollmacht der Beklagten, sowie die Bedeutung der Vollmachtsrüge im Telefax der Anwälte des Klägers an die Anwälte der Beklagten vom 15. 4. 1993 aufzuklären haben.

b) Sollte sich danach die streitbefangene fristlose Kündigung als formell unwirksam erweisen, wird das Landesarbeitsgericht weiter unter Berücksichtigung der Ausschlußfrist des § 626 Abs. 2 BGB zu prüfen haben, ob die von der Beklagten gegen den Kläger erhobenen streitigen Vorwürfe zutreffen und ob sie ggf. unter Berücksichtigung aller Umstände des Einzelfalles und unter Abwägung der Interessen beider Vertragsteile der Beklagten die Fortsetzung des Arbeitsverhältnisses bis zum Ablauf der Kündigungsfrist nach § 10 Abs. 2 des Arbeitsvertrages unzumutbar machten (§ 626 Abs. 1 BGB). Anderenfalls käme es auf die Wirksamkeit der vorsorglichen fristgerechten Kündigung zum 31. 12. 1993 an.

45

1. Verfolgt ein eingetragener Verein nach seinem Selbstverständnis religiöse Zwecke, so kann ihm auch bei überwiegender wirtschaftlicher Tätigkeit die Rechtsfähigkeit nach § 43 Abs. 2 BGB nur entzogen werden, wenn er keine Religions- oder Weltanschauungsgemeinschaft ist

oder wenn die religiösen oder weltanschaulichen Lehren nur als Vorwand zur Verfolgung wirtschaftlicher Zwecke dienen (im Anschluß an BVerwG, Urteil v. 27. 3. 1992 – 7 C 21.90 –, KirchE 30, 151).

2. Es ist Aufgabe der Behörde festzustellen, ob der eingetragene Verein entgegen seinem Selbstverständnis keine Religionsgemeinschaft ist oder die religiösen oder weltanschaulichen Lehren nur als Vorwand zur Verfolgung wirtschaftlicher Zwecke dienen. Fehlt es an diesen Feststellungen, so ist es nicht Aufgabe des Gerichts, anstelle der Verwaltungsbehörde die Religionseigenschaft abschließend zu klären (hier entschieden für „Verein Neue Brücke" einer Untergliederung der „Scientology-Kirche").

Art. 4, 9 GG; §§ 21, 22, 43 Abs. 2 BGB, 114 VwGO
VGH Baden-Württemberg, Urteil vom 2. August 1995 – 1 S 438/94[1] –

Der Kläger ist eine Untergliederung der international verbreiteten Scientology-Kirche in der Rechtsform eines eingetragenen Vereins mit Sitz in N. Er wendet sich gegen den Entzug seiner Rechtsfähigkeit durch das zuständige Regierungspräsidium.

Der Kläger wurde am 24. 4. 1975 als Scientology-Kirche N. gegründet und in das Vereinsregister des Amtsgerichts N. eingetragen. Auf Grund der Mitgliederversammlung vom 6. 5. 1983 gelangte am 6. 9. 1984 der derzeitige Vereinsname „Scientology Neue Brücke, Mission der Scientology-Kirche e. V." zur Eintragung. Die Satzung des klagenden Vereins wurde mehrfach geändert, letztmals durch Beschluß der Mitgliederversammlung vom 25. 11. 1990. Die Satzung des Klägers hat auszugsweise folgenden Inhalt:

„§ 2 Zweck der Mission
1. ... Der Zweck der Kirche ist die Pflege und Verbreitung der Scientology Religion und ihrer Lehre. Die Scientology Kirche sieht es als ihre Mission und Aufgabe an, den Menschen Befreiung und Erlösung im geistig-seelischen Sinn zu vermitteln, wodurch eine Verbesserung möglichst vieler und zahlreicher Mitglieder in sittlicher, ethischer und spiritueller Hinsicht bewirken will, ...
2. Die Mitglieder sollen durch Beispiel und Vorbild in der Gemeinschaft aller und in sittlicher und moralischer Hinsicht auf das gedeihliche Zusammenleben in der menschlichen Gemeinschaft wirken.
3. Die Scientology Kirche soll die Scientology Religion vorstellen, bekanntmachen, verbreiten, ausüben, sowie ihre Reinheit und Unversehrtheit erhalten und bewahren mit dem Ziel, daß jede Person, die die Mitgliedschaft oder Teilnahme in ihr wünscht, den von L. Ron Hubbard aufgezeigten Weg der Erlösung gehen kann, so wie er es in seinen Schriften und anderen aufgezeichneten Werken bezüglich der Scientology Religion oder Scientology Organisationen – allgemein als „die Schriften" bezeichnet – beschrieben hat. ...

---

[1] Amtl. Leitsätze. ESVGH 46, 17; NJW 1996, 3358; MDR 1996, 107; GewArch. 1996, 200. Nur LS: NVwZ 1997, 198; KuR 1996, 129. Die Revision des beklagten Landes führte zur Aufhebung des Berufungsurteils und Zurückverweisung der Sache an den Verwaltungsgerichtshof; BVerwG, Urteil vom 6. 11. 1997 – 1 C 18.95 – GewArch. 1998, 110.

§ 5 Verwirklichung der Zwecke der Mission
Der in § 2 dieser Satzung festgelegte Zweck wird verwirklicht insbesondere durch:
1. Gründung, Aufbau und Unterhalt einer Gemeinde und seiner Kirchenverwaltung für die Unterrichtung und für die Ausübung der Scientology Religion sowie für die Verbreitung der religiösen Lehre der Scientology Kirche durch Wort, Schrift, Bild und Beispiel.
2. Missionierung durch Werbung und Gewinnung neuer Mitglieder; die Missionierung durch Verkauf von Schriften nach außen gegenüber Nichtmitgliedern bleibt den einzelnen Mitgliedern überlassen, soweit sie dies wünschen; der Verein selbst verbreitet Schriften (s. folgende Ziff. 3 und 4) nur an Mitglieder. ...
3. Verbreitung von einschlägigen Schriften über die Scientology Religion. ...
...

§ 7 Gemeinnützigkeit
1. Die Mission verfolgt ausschließlich und unmittelbar gemeinnützige Zwecke im Sinne des Abschnitts „Steuerbegünstigte Zwecke" der Abgabenordnung 1977.
2. Die Mission ist selbstlos tätig und verfolgt nicht in erster Linie eigenwirtschaftliche Zwecke.
3. Mittel der Mission dürfen nur für die satzungsmäßigen Zwecke verwendet werden. ...

§ 8 Verhältnis zu anderen Scientology-Gemeinschaften
Diese Scientology Mission ist eine von zahlreichen international verbreiteten Scientology Kirchen. Sie soll dies auch für die Zukunft sein. Sie ist wie alle Kirchen Bestandteil einer international verbreiteten und hierarchisch aufgebauten Kirchengemeinschaft, die international von der Mutterkirche geleitet und vertreten wird. ...
Alle Kirchen sind Bestandteil einer international verbreiteten und hierarchisch gegliederten Kirche und stimmen freiwillig und selbstbestimmt in dem folgenden überein:
a) Die Ziele, Glaubensinhalte, Doktrinen, Kodizes, das Glaubensbekenntnis, die Richtlinien und religiösen Betätigungen, wie sie vom Begründer der Scientology Religion L. Ron Hubbard in seinen Schriften und Werken niedergelegt und in den Artikeln 2 bis 5 dieser Satzung kurz zusammengefaßt wurden, zu beachten; ...
c) Die Weisungen der Kirchenhierarchie in den kirchlichen Angelegenheiten im Gegensatz zu den weltlichen rechtlichen Angelegenheiten anzuerkennen und zu beachten ...
...

§ 11 Rechte und Pflichten der Mitglieder
1. Alle Mitglieder, ordentliche wie außerordentliche, haben das Recht und die Pflicht an der Verwirklichung der Aufgaben und Ziele der Mission im Rahmen der von ihnen übernommenen Aufgabenbereiche tatkräftig mitzuwirken. Die Verpflichtung der Mitglieder zur aktiven Mitarbeit, zur Förderung durch Spendenbeiträge oder in sonstiger Weise ergibt sich direkt aus der vorliegenden Satzung. ...

§ 17 Auflösung der Mission
...
2. Bei Fehlen, Wegfall oder Entzug der Rechtsfähigkeit wird die Mission als nichtrechtsfähiger Verein unter weitestgehendem Ausschluß der Haftung von Mitgliedern und Vorstand geführt bzw. weitergeführt. Der Vorstand ist auch für diesen Fall ausdrücklich bevollmächtigt, die satzungsgemäßen Aufgaben im Namen aller Mitglieder zu führen und in deren Namen nach außen aufzutreten und zu handeln. ...

§ 18 Sonstige Bestimmungen
...
2. Existiert die Mission als nichtrechtsfähiger Verein, so ist § 54 BGB abbedungen. Gleichwohl gelten in diesem Falle für die Mission die Bestimmungen der vorstehenden Satzung."

Das Regierungspräsidium N. entzog dem Kläger mit dem angefochtenen Bescheid auf der Grundlage der damals gültigen Satzung des Klägers die Rechtsfähigkeit. Zur Begründung wurde angeführt, daß der Kläger entgegen seiner Satzung nicht überwiegend ideelle Ziele verfolge, sondern einen wirtschaftlichen Geschäftsbetrieb führe. Im Rahmen der Ermessensentscheidung sei zu berücksichtigen, daß der Zweck des Vereins von Anfang an entgegen der Satzung auf einen wirtschaftlichen Geschäftsbetrieb gerichtet gewesen sei.

Hiergegen legte der Kläger Widerspruch ein, den er wie folgt begründete: Die Scientology-Kirche erfülle sämtliche Kriterien einer Religionsgemeinschaft. Die Werbung, die innere Organisation und vor allem auch das Beitragssystem seien durch das Grundgesetz vor staatlicher Kontrolle und Eingriffen geschützt. Er führe auch keinen wirtschaftlichen Geschäftsbetrieb. Vielmehr diene der Vertrieb religiöser Schriften der Verbreitung der Glaubenslehre. Das Abhalten von Kursen, insbesondere das sog. Auditing, gehöre zum unantastbaren innersten Bereich der kirchlichen Selbstverwaltung. Mit Hilfe der gezahlten Spenden, Beiträge und Gebühren finanziere die Scientology-Kirche ihre gesamte Organisation. Auch im übrigen lägen die Voraussetzungen für einen wirtschaftlichen Geschäftsbetrieb nicht vor. Der Verein werde nicht auf einem „äußeren Markt" tätig. Es gebe keinen „Markt" der Religionen. Soweit er sich überhaupt wirtschaftlich betätige, komme ihm das sogenannten Nebenzweckprivileg für Idealvereine zugute. Die Behörde habe ihr Ermessen rechtsfehlerhaft ausgeübt; insbesondere werde gegen den Gleichheitsgrundsatz verstoßen.

Die nach erfolglosem Widerspruch gegen diesen Bescheid erhobene Anfechtungsklage hat das Verwaltungsgericht[2] abgewiesen.

Die Berufung des Klägers hatte Erfolg.

Aus den Gründen:

Die Berufung des Klägers ist zulässig und begründet. Zu Unrecht hat das Verwaltungsgericht Stuttgart die zulässige Anfechtungsklage als unbegründet abgewiesen. Der Bescheid des Regierungspräsidiums N. (...) und dessen Widerspruchsbescheid (...) sind rechtswidrig und verletzen den Kläger in seinen Rechten.

Der Entzug der Rechtsfähigkeit eines eingetragenen Vereins kann seine Rechtsgrundlage allein in § 43 Abs. 2 BGB finden. Danach kann einem Verein, dessen Zweck nach der Satzung nicht auf einen wirtschaftlichen Geschäftsbetrieb gerichtet ist, die Rechtsfähigkeit entzogen werden, wenn er einen solchen Zweck verfolgt. Die Entziehungsverfügung in ihrer maßgeblichen

---

[2] VG Stuttgart KirchE 31, 396.

Gestalt des Widerspruchsbescheids — hält daher einer rechtlichen Überprüfung nur stand, wenn zum einen die Tatbestandsvoraussetzung vorliegt, daß der Verein entgegen seiner Satzung einen wirtschaftlichen Geschäftsbetrieb verfolgt, und zum anderen das Regierungspräsidium als zuständige Behörde (§ 44 Abs. 1 BGB i. V. m. § 2 Abs. 2 AGBGB.BW) von dem ihm dann eingeräumten Ermessen fehlerfreien Gebrauch gemacht hat (§ 114 VwGO).

Aufgrund der tatsächlichen Feststellungen und Annahmen des Regierungspräsidiums liegen bereits die Tatbestandsvoraussetzungen des § 43 Abs. 2 BGB nicht vor; eine eigene — weitere — Sachaufklärung des Senats verbietet sich, da eine Ermessensentscheidung der Behörde zur Überprüfung steht, die nur dann den an sie zu stellenden Anforderungen genügt, wenn sie auf zutreffenden tatsächlichen Feststellungen beruht.

Beim Kläger handelt es sich nach dessen Satzung um einen nichtwirtschaftlichen Verein im Sinne des § 21 BGB.

Ausweislich seiner Satzung ist der klagende Verein eine Religionsgemeinschaft. Sein Zweck wird als die „Pflege und Verbreitung der Scientology Religion und ihrer Lehre" beschrieben. Die Scientology-Kirche sieht es „als ihre Mission und ihre Aufgabe an, den Menschen Befreiung und Erlösung im geistig-seelischen Sinn zu vermitteln, wobei sie eine Verbesserung möglichst vieler und zahlreicher Mitglieder in sittlicher, ethischer und spiritueller Hinsicht bewirken will. ..." (§ 2 Ziff. 1 der Satzung). „Die Mitglieder sollen durch Beispiel und Vorbild in der Gemeinschaft aller und in sittlicher und moralischer Hinsicht auf das gedeihliche Zusammenleben in der menschlichen Gemeinschaft wirken" (§ 2 Ziff. 2). „Die Mission verfolgt ausschließlich und unmittelbar gemeinnützige Zwecke im Sinne des Abschnitts ‚steuerbegünstigte Zwecke der Abgabenordnung 1977'" (§ 7 Ziff. 1). „Die Mission ist selbstlos tätig und verfolgt nicht in erster Linie eigenwirtschaftliche Zwecke" (§ 7 Ziff. 2). „Mittel der Mission dürfen nur für die satzungsgemäßen Zwecke verwendet werden ..." (§ 7 Ziff. 3).

Nach dem Wortlaut dieser Satzungsbestimmungen hat der klagende Verein keine wirtschaftliche, sondern eine ideelle Zielsetzung im Sinne von § 21 BGB, die „nicht in erster Linie" mit Hilfe eines wirtschaftlichen Geschäftsbetriebs verwirklicht werden soll.

Dennoch verfolgte der Kläger auch nach Auffassung des Senats nach dem Gesamtbild der tatsächlichen Verhältnisse einen überwiegend wirtschaftlichen Geschäftsbetrieb im Sinne der §§ 43 Abs. 2, 22 BGB. Der Kläger erfüllt unter Berücksichtigung seiner Organisation und nach dem Gesamtbild der praktischen, vom Verbandswillen getragenen (Haupt-)Tätigkeit die Merkmale eines wirtschaftlichen Geschäftsbetriebs, ohne daß zu seinen Gunsten das sogenannte Nebenzweckprivileg greift (vgl. zur Abgrenzung des sog. wirtschaftlichen Vereins vom nichtwirtschaftlichen Verein K. Schmidt, Rpfl. 1972, 286 ff.,

343 ff.; Reichert/Dannecker, Handbuch des Vereinsrechts, 5. Aufl., Rdnr. 105, Münchener Kommentar zum BGB, Band 1, 2. Aufl., §§ 21, 22 Rdnr. 14; BGHZ 45, 395).

Ausweislich der Behördenakten und nach dem insoweit übereinstimmenden Vorbringen der Beteiligten besteht innerhalb der Gesamtorganisation der Scientology-Kirche eine streng hierarchische Ordnung, wobei die einzelnen Organisationen nach Rang gegliedert sind. An der Spitze der gesamten Hierarchie steht die sog. „Flag-Organisation" in Florida/USA. Der Rang eines Vereins innerhalb der Gesamtorganisation hängt (auch) von dessen „Expansion" ab, wobei diese sich regelmäßig am Umsatz orientiert. Über diese haben die hauptamtlichen Mitglieder Statistiken zu führen. Sämtliche Richtlinien einschließlich der Preise für Bücher und Kurse werden grundsätzlich von der Führungsspitze der Gesamt-Organisation festgelegt und sind für sämtliche Scientology-Einrichtungen verbindlich. Da sämtliche Teil- und Unterorganisationen der Scientology-Bewegung ihre Tätigkeiten nach den im wesentlichen selben Richtlinien ausrichten, können Beispiele der Absatzförderung anderer Untergliederungen herangezogen werden (vgl. OLG Düsseldorf, Beschluß vom 12. 8. 1983, NJW 1983, 2574 ff.).

Der Kläger betätigt(e) sich nach dem Gesamtbild der praktischen, vom Verbandswillen getragenen Tätigkeit überwiegend wirtschaftlich. Dies ergibt sich aus folgendem:

Der Kläger bot Schriften an und läßt sie anbieten, wobei darunter schriftliche, auf Tonband oder andere Kommunikationsträger aufgezeichnete Werke zu verstehen sind (vgl. § 5 Ziff. 3 der Satzung). Der Scientology-Gründer L. Ron Hubbard hat eine große Anzahl von Büchern geschrieben, die vom Kläger gegenüber seinen Mitgliedern und, soweit es sich um in die Dianetik einführende Bücher handelt, auch Nichtmitgliedern angeboten wurden. Insbesondere erfolgte der Verkauf des Buches „Dianetik" auch an Nichtmitglieder. Für dieses Buch wurde mit Werbeprospekten Reklame betrieben. Das Anwerben von Mitgliedern geschah durch Ansprechen von Passanten auf den Straßen, mit denen zunächst bei entsprechender Bereitschaft in den Räumlichkeiten des Klägers ein unentgeltlicher „Persönlichkeitstest" durchgeführt wurde. Entsprechend dem Ergebnis des Persönlichkeitstestes wurde den Testpersonen in den Geschäftsräumen Buchmaterial zum Kauf angeboten sowie die Belegung von (Kommunikations-)Kursen mit dazugehörendem Kursmaterial gegen Entgelt offeriert. Diese Kommunikations-Kurse sowie darüber hinausgehende Kurse mit dem dazugehörenden Kursmaterial wurden auch den Mitgliedern des Klägers angeboten. Vom Angebot umfaßt waren außerdem praktische Verfahren, sogenannte Technologien, darunter unter anderem die Durchführung eines Überlebens-Rundowns und eines Reinigungs-Rundowns. Mit Hilfe der Technik des Reinigungs-Rundowns sollen Drogen und giftige

Substanzen, die sich im Körper eines Menschen angesammelt haben, entfernt werden können. Der Kläger bot außerdem das sogenannte Auditing an. Mit Hilfe dieses Verfahrens und unter Inanspruchnahme eines sogenannten „Elektrometers" sollen Schädigungen, die einem Menschen in diesem oder in einem früheren Leben zugefügt worden sind und die als sogenannte „Engramme" gespeichert sind, beseitigt werden. Ferner sollen alle bewußten und unbewußten Ängste überwunden werden. Insgesamt sollen die Angebote dem Einzelnen die Möglichkeit bieten, seine geistigen Fähigkeiten zu verbessern (vgl. die Broschüre „Die Scientology stellt sich vor", Seite 2), um ihn von dem entdeckten alleinigen Ursprung der „Aberration" und der psychosomatischen Krankheiten zu befreien (Broschüre, aaO, Seite 4). Die Aktivitäten des Klägers bestehen demnach überwiegend in dem Angebot von Sach- und Dienstleistungen zur Steigerung der geistigen Leistungsfähigkeit und zur Lebens(Führungs-)Hilfe im weitesten Sinne. Diese Sach- und Dienstleistungsangebote entsprechen im wesentlichen den Aktivitäten sämtlicher vergleichbarer Untergliederungen der Scientology-Kirche im ganzen Bundesgebiet (vgl. hierzu die Broschüre „Die Scientology-Kirche stellt sich vor"; vgl. ferner § 3 der Satzung des Klägers, § 1 Kirchenrecht, das Bestandteil der Satzung ist).

Der Kläger hat sich auch zum maßgeblichen Zeitpunkt des Erlasses des Widerspruchsbescheides des Regierungspräsidiums N. vom 6. 2. 1992 (vgl. zum maßgeblichen Zeitpunkt bei Ermessensentscheidungen Kopp, VwGO, 10. Aufl., § 113, Rdnrn. 23 ff.) in dieser Weise überwiegend wirtschaftlich betätigt. Der Verkauf von Bücher nan Nichtmitglieder war zwar zum Zeitpunkt des Erlasses des Widerspruchsbescheides nach erfolgter Satzungsänderung nunmehr jedem Mitglied freigestellt. Da jedoch nach der gültigen Satzung (vgl. §§ 2 Ziff. 3, 5 Ziff. 2 und 11 Ziff. 1) die Pflicht des Mitglieds zur Werbung und Gewinnung neuer Mitglieder verbleibt und diese nach den Bekundungen des 1. Vorsitzenden des Klägers in der mündlichen Verhandlung vor dem Verwaltungsgericht Bücher und sonstige Materialien von dem weiteren N'er Verein „Dianetik e. V." beziehen können, werden die freigestellten Tätigkeiten der einzelnen Mitglieder vom Verbandswillen des Vereins getragen. Sie bedeuten die praktische Umsetzung der in der Satzung enthaltenen Missionierungspflicht und sind daher dem Kläger zuzurechnen.

Auch soweit der Kläger geltend macht, daß die Zahl der Mitglieder, die ursprünglich zwischen 30 und 140 lag, zwischenzeitlich auf 11 Mitglieder reduziert worden sei, rechtfertigt dies keine andere rechtliche Beurteilung. Der geringe Mitgliederbestand als solcher und die damit einhergehende Reduzierung von Einnahmen aus dem wirtschaftlichen Tätigkeitsbereich ist für die Einstufung als wirtschaftlicher Geschäftsbetrieb rechtlich unerheblich. Es ist nicht erforderlich, daß der Verein aus der wirtschaftlichen Tätigkeit tatsächlich Gewinne erzielt; auch eine Gewinnerzielungsabsicht wird nicht vorausgesetzt (vgl. Reichert/Dannecker, aaO, Rdnr. 115 m. w. N.). Es reicht aus, wenn der Verein die Schaffung vermögenswerter Vorteile für sich oder seine Mitglieder beabsichtigt und sich in unternehmerischer Form entsprechend betätigt. Dies beurteilt sich regelmäßig unabhängig von der Mitgliederzahl. Die vom Vertreter des öffentlichen Interesses in diesem Zusammenhang in der mündlichen Verhandlung gestellten Beweisanträge, die darauf abzielen, daß der Kläger im Verbund mit der weiteren N'er Unterorganisation „Dianetik" erhebliche Gewinne erzielt und diese in die USA transferiert hat, konnten daher als wahr unterstellt werden, weil sie insoweit rechtlich unerheblich sind. Das gleiche gilt für die im Schriftsatz vom 27. 10. 1994 zum gleichen Beweisthema angekündigten Beweisanträge des Vertreters des öffentlichen Interesses, die er in der mündlichen Verhandlung vor dem Senat als Beweisanregungen in das Ermessen des Gerichts gestellt hat.

Auch der vom Kläger dargelegte Umstand, daß er zum Zeitpunkt der Widerspruchsentscheidung seine Mitglieder nur noch seelsorgerisch betreut habe, rechtfertigt nicht den Schluß, daß er sich jedenfalls zu diesem Zeitpunkt nicht mehr wirtschaftlich betätigt hat. Zwar hat nach Angaben des ersten Vorsitzenden des Klägers in der mündlichen Verhandlung vor dem Verwaltungsgericht, die von den Beteiligten nicht bestritten werden, der Kläger seit März 1991 kein Auditing und keine Kurse mehr durchgeführt und sich auf die rein seelsorgerische Betreuung seiner Mitglieder beschränkt. Doch werden die eingestellten Tätigkeiten – seinen Angaben zufolge – vom N'er Verein „Dianetik e. V. (H'straße)" wahrgenommen, zu dem die Mehrzahl der früheren Mitglieder des Klägers übergewechselt sind. Der erste Vorsitzende hat auch dargelegt, daß dieser Verein in seinen Zielen und Aufgaben mit dem klagenden Verein (vor seiner Tätigkeitseinschränkung) übereinstimme. Jedoch ist eine – rechtlich erhebliche – Auslagerung oder Aufgabe des wirtschaftlichen Tätigkeitsbereichs hierdurch nicht erfolgt.

Die Verlagerung des wirtschaftlichen Tätigkeitsbereichs in eine weitere in N. befindliche Untergliederung der Scientology-Kirche in der Rechtsform eines eingetragenen Vereins ist angesichts des hierarchischen Aufbaus der Scientology-Kirche keine rechtswirksame Auslagerung (vgl. auch Sauter/Schweyer, Der eingetragene Verein, Rdnr. 46 m. w. N.). Die Ankündigung des Klägers, den Buchverkauf auf eine noch zu gründende GmbH zu übertragen, war bis zum Zeitpunkt der Widerspruchsentscheidung – und ist auch heute noch – nicht in die Tat umgesetzt.

Von einer Aufgabe des wirtschaftlichen Tätigkeitsbereichs kann unter den gegebenen Umständen keine Rede sein. Zu berücksichtigen ist in diesem Zusammenhang auch, daß der Kläger jederzeit, wie der Vorsitzende des Klägers in der mündlichen Verhandlung vor dem Verwaltungsgericht selbst dargelegt hat, durch einen entsprechenden Vorstandsbeschluß die „eingestellten" Tätigkeiten wieder aufnehmen könnte. Es waren zum Zeitpunkt des Erlasses des Widerspruchsbescheids auch angesichts der einschlägigen Satzungsbestimmungen über die Verwirklichung des in der Satzung festgelegten Zwecks (§§ 2, 5) keine Anhaltspunkte dafür erkennbar, daß der Kläger entgegen der dort zur Verwirklichung des Satzungszwecks vorgesehenen – den Kläger und seine Mitglieder verpflichtenden – Betätigungsformen daran denkt, seine Mitglieder in Zukunft nur „rein seelsorgerisch" zu betreuen. Dies wird vom Kläger auch nicht geltend gemacht.

Bei dieser Sachlage ist dem Kläger der wirtschaftliche Geschäftsbetrieb des Vereins Dianetik e. V. jedenfalls insoweit zuzurechnen, als dieser sich auf seine eigenen Mitglieder erstreckt. Ob über den dargelegten Umfang hinaus der Kläger mit dem weiteren N'er Verein „Dianetik e. V." in enger organisatorischer Verflechtung zusammenarbeitet, ist für die vorliegende Entscheidung rechtlich unerheblich. Der entsprechende Beweisantrag des Vertreters des öffentlichen Interesses konnte daher abgelehnt werden und darauf abzielende Beweisanregungen unberücksichtigt bleiben.

Die im wirtschaftlichen Sinne werbende Betätigung des Klägers ergibt sich daraus, daß die Scientology-Kirche sich sämtlicher in der Werbung üblicher Mittel, wie beispielsweise Anzeigen in Zeitungen, Werbung über Radio und Fernsehen, insbesondere bei Privatsendern, Postwurfsendungen usw. und Vortragsveranstaltungen bedient. Auch der Kläger räumt ein, daß „von Programmen für entgeltliche Kurse an kirchlichen Akademien oder Bildungswerken bis zu Persönlichkeitstests und ähnlichem" ... „extensiv Anzeigenwerbung in allen denkbaren Medien betrieben" wird und daß „mit allen Formen des modernen Marketing" ... „Mitglieder geworben" werden. Da der Kläger eine Unterorganisation der Scientology-Kirche ist, muß er diese Werbung jedenfalls insoweit gegen sich gelten lassen, als hierdurch nicht für Sach- und Dienstleistungen einer ganz bestimmten örtlichen Untergliederung der Scientology-Kirche geworben wird. So richten sich beispielsweise die vom Dianetik-Zentrum, Hirschstraße, unter der Überschrift „Vervollständigen Sie Ihre Bibliothek" herausgegebenen Bestellformulare für gebundene Bücher von L. Ron Hubbard, und für Kassetten, Alben und Videos von L. Ron Hubbard an jedermann und beziehen sich nicht auf einen bestimmten Verein. Dies ergibt sich aus der Überschrift: „Kaufen Sie Bücher von L. Ron Hubbard auf bequeme Weise. Bestellen Sie per Post von Ihrer nächsten Organisation". Aus dieser Werbung geht der religiöse Bezug, den diese Bücher nach dem Selbstverständnis des Klägers haben, nicht hervor. Vielmehr wird in einer Art und Weise geworben, die sich in nichts von einer kommerziellen Buchwerbung unterscheidet. Dies gilt insbesondere auch für das Buch „Dianetik". Auch der Kläger räumt ein, daß in der an Nichtmitglieder gerichteten Werbung das religiöse Element nicht herausgestellt wird und die Werbung „den materialistisch ausgerichteten, aber sinnsuchenden Menschen ansprechen" soll.

Der Kläger bot und bietet diese Leistungen auch planmäßig und dauerhaft an. Planmäßigkeit bedeutet, daß ein Handeln in Wiederholungsabsicht erforderlich ist (Reichert/Dannecker, aaO, Rdnr. 114). Davon muß angesichts der auf Effizienz ausgerichteten Arbeitsweise, wie sie durch die Satzung vorgegeben wird (§ 5), ausgegangen werden.

Ferner wurden und werden diese Leistungen gegen Entgelt angeboten. Dies ist bei dem Verkauf des Buches „Dianetik" sowie anderer Werke des Gründers der Scientology-Kirche an Nichtmitglieder ohne weiteres der Fall. Aber auch soweit der Kläger ausschließlich Leistungen an seine Mitglieder erbringt, sind diese Gegenstand eines entgeltlichen Leistungsaustausches. Dabei ist rechtlich unerheblich, wie dieses Entgelt bezeichnet wird; wesentlich ist, daß faktisch ein Austauschverhältnis zwischen der vom Kläger angebotenen Leistung und den Zahlungen der Leistungsempfänger besteht. Daß die Erbringung der vom Kläger angebotenen Leistungen an die Mitgliedschaft beim Kläger geknüpft ist, macht die Zahlungen ebenfalls nicht zu Spenden. Bei dem Kläger, dessen Mitgliederzahl nach der Satzung nicht begrenzt und dessen Vereinigung offen angelegt ist, kann satzungsmäßig „jede unbescholtene Person" (§ 10 Ziff. 1) Mitglied werden. Auf die Gestaltung der Höhe der als Spenden bezeichneten Zahlungen haben die Mitglieder keinen Einfluß. Die Höhe dieser Zahlungen wird einseitig festgesetzt. Auch das für die Annahme einer Spende charakteristische Merkmal der Freiwilligkeit fehlt. Die vom Kläger angebotenen Leistungen können nur in Anspruch genommen werden, wenn die dafür festgesetzten Zahlungen erbracht werden. Dementsprechend wird von denjenigen, die Leistungen in Anspruch nehmen wollen, im Sinne einer Verpflichtung erwartet, daß sie zuvor Spenden in bestimmter Höhe erbringen. Von wenigen Ausnahmen abgesehen sind die angebotenen Sach- und Dienstleistungen grundsätzlich nur gegen Bezahlung eines festgesetzten Betrags zu erhalten bzw. zu absolvieren. Dem steht nicht entgegen, daß zusätzlich die Möglichkeit einer ideellen Gegenleistung eröffnet wird, die in Arbeitsleistungen bestehen kann. Ein Dispens von Vereins- oder „Spenden"-Beiträgen im Falle der Mittellosigkeit ist nicht vorgesehen. Auf eine Gewinnerzielung oder eine Gewinnerzielungsabsicht des Vereins oder seiner Mitglieder kommt es in diesem Zusammenhang, wie bereits ausgeführt, nicht an (vgl. Reichert/Dannecker, aaO, Rdnr. 115 m. w. N.). Daß die vom Kläger im Berufungsverfahren vorgelegten Einnahmen- und Ausgabenrechnungen — mit einer Ausnahme — keine Überschüsse ausweisen, ist daher rechtlich ohne Bedeutung. Einer weiteren Prüfung der vorgelegten Unterlagen bedurfte es daher nicht. Aus denselben Gründen mußte in diesem Zusammenhang auch nicht, wie vom Kläger angeregt, der von ihm benannte Steuerberater und Wirtschaftsprüfer als sachverständiger Zeuge vernommen werden.

Es fand und findet schließlich auch eine Teilnahme am Markt in Form der Teilnahme am Anbieterwettbewerb statt. Die vom Kläger angebotenen Leistungen richten sich dabei an eine aus Nichtmitgliedern und Mitgliedern bestehende Marktseite. Dies läßt sich nicht mit dem Einwand in Frage stellen, daß es keinen Markt der Religionen und Weltanschauungen gäbe. Angesichts der zahlreichen (neueren) Kultbewegungen und Gemeinschaften, die um Anhänger werbend in der Öffentlichkeit in Erscheinung treten und bei denen das einzelne Individuum Nachfrager nach Sach- und Dienstleistungen auf einem weltanschaulichen Markt ist, kann ein solcher nicht ernsthaft in Abrede gestellt werden (vgl. hierzu auch OLG Düsseldorf, Beschluß v. 12. 8. 1983, NJW 1983, 2574 f.).

Im übrigen muß sich der Kläger bei der Beurteilung der Frage, ob es einen Markt für die von ihm angebotenen Sach- und Dienstleistungen gibt, daran messen lassen, wie er am Markt in Erscheinung tritt. Das tatsächliche Erscheinungsbild des Handelns des Klägers ist ausschlaggebend dadurch bestimmt, daß er sein Gedankengut in den Formen des geschäftlichen Verkehrs verbreitet. Ergebnis der vielfältigen – auch dem Kläger zurechenbaren – Werbung soll es gerade sein, daß die von ihm angebotenen entgeltlichen Leistungen nachgefragt werden. Das Angebot richtet sich dabei an Nachfrager von Angeboten im Bereich der Lebens-(Führungs-)Hilfe; das Angebot des Klägers spricht die Bedürfnisse zahlreicher Menschen an, die größere geistige Leistungsfähigkeit, Persönlichkeitsfortentwicklung, Lebensbewältigungshilfe und Befreiung von seelischen Nöten und Ängsten suchen. Mit diesem Angebot, für das nach außen ohne erkennbaren religiösen Bezug geworben wird, nimmt der Kläger am unternehmerischen Wettbewerb teil. Denn es gibt hierfür konkurrierende Einzelpersonen und Organisationen, die auf den genannten Gebieten ebenfalls Sach- und Dienstleistungen gegen Entgelt anbieten (vgl. auch OVG Hamburg, Urteil v. 6. 7. 1993[3], DÖV 1994, 441, bestätigt durch BVerwG, Beschluß v. 16. 2. 1995[4], NVwZ 1995, 473 ff.). Es werden auch Wirtschaftsgüter angeboten, die einen kommerziellen Wert haben. Ob die Angebote dabei in die Sphäre des Materiellen oder Ideellen fallen, ist ohne Belang (vgl. Reichert/Dannecker, aaO, Rdnr. 116, m. w. N. und Sauter/Schweyer, aaO, Rdnr. 43).

Aber auch soweit er seine entgeltlichen Leistungen nur gegenüber seinen Mitgliedern anbietet, liegt eine Teilnahme am Markt („offener Binnenmarkt") vor. Es ist hier zwar davon auszugehen, daß das in den Sach- und Dienstlei-

---

[3] KirchE 31, 235.   [4] KirchE 33, 43.

stungen zum Ausdruck kommende Gedankengut der Scientology-Kirche (insbesondere das sog. Auditing) nur von ihrer kirchlichen Organisation und ihren Untergliederungen angeboten wird, und daß von den Mitgliedern der religiöse Bezug von ihrem Vorverständnis auch erkannt wird. Die Ausübung der Religion wird insoweit Gegenstand des entgeltlichen Angebots. Es darf dabei aber nicht unberücksichtigt bleiben, daß die Vereinigung bei der Anwerbung zahlungsfähiger und zahlungsbereiter Mitglieder auf dem allgemeinen „Markt" mit anderen Religionen und Weltanschauungen konkurriert und dabei eine „eigenunternehmerische Tätigkeit über den vereinsinternen Bereich hinaus" entfalten muß und auch entfaltet (vgl. OLG Düsseldorf, Beschluß vom 12. 8. 1983, NJW 1983, 2574 ff.). Der wirtschaftliche Zweck des Vereins wird durch die Größenordnung der von den Mitgliedern erwarteten Geldbeträge bzw. Arbeitsleistungen belegt sowie daraus, daß in der Preisgestaltung für die einzelnen Sach- und Dienstleistungen Vorauszahlungsrabatte, Mengenrabatte und Familienrabatte vorgesehen sind, die das Mitglied zur Inanspruchnahme von Leistungen motivieren soll. Die Mitgliedschaft ohne Inanspruchnahme der Sach- und Dienstleistungen ist nach den Vorgaben der Satzung und dem Selbstverständnis der Scientology-Kirche ohne Sinn. Denn das angestrebte Ziel, „höhere Stufen des Daseins für das Individuum und die Gesellschaft zu erlangen" (vgl. Broschüre „Die Scientology-Kirche stellt sich vor", S. 5), kann nur durch Teilnahme an allen Kursen und Seminaren erreicht werden. Das Mitglied tritt dem Kläger nach alledem insoweit als Kunde und damit in rechtlicher Hinsicht als Marktgegenseite gegenüber. Dies erfüllt das Merkmal der Binnenmarkttätigkeit, auch wenn die marktmäßigen Austauschbeziehungen insoweit in mitgliedschaftsrechtliche Formen gekleidet sind (vgl. Reichert/ Dannecker, aaO, Rdnr. 120). Darauf, ob sich die Mitglieder subjektiv als „anonyme Kunden" fühlen, kommt es bei dieser Sachlage nach Auffassung des Senats nicht an; das dahingehende Beweisangebot des Klägers konnte daher unberücksichtigt bleiben.

Dem Kläger kommt schließlich auch nicht das sog. Nebenzweckprivileg für Idealvereine (vgl. hierzu K. Schmidt, Rpfl. 1972, 343 [350]) zugute. Die unternehmerische Betätigung des Klägers spielt im Vergleich zu seiner ideellen Betätigung keine eindeutig untergeordnete Rolle, sondern das Gegenteil ist der Fall. Zwar gibt es beitragsfreie Dienstleistungen: Kultushandlungen, wie z. B. Sonntagsandachten, Eheschließungen, Namensgebungen, Beratung und Hilfe bei Problemen. Der Schwerpunkt der Tätigkeit liegt jedoch bei der Durchführung entgeltlicher Dienstleistungen. Die Kultushandlungen und sonstigen Möglichkeiten unentgeltlicher Teilnahme tragen nach dem Selbstverständnis des Klägers allenfalls unwesentlich dazu bei, das erstrebte Ziel — den Zustand des „Clear" — zu erreichen. Auch sind die zur Erreichung seiner ideellen Ziele entfalteten unternehmerischen Tätigkeiten nicht lediglich Hilfsmittel zur Erreichung eines nichtwirtschaftlichen Zwecks.

Schließlich verliert die wirtschaftliche Betätigung des Klägers diese Eigenschaft nicht dadurch, daß er nach seinem Selbstverständnis damit eine religiöse Zielsetzung verfolgt. Aus der Rechtsprechung des Bundesverwaltungsgerichts (Beschluß, v. 16. 2. 1995 − 1 B 205.93 −, NVwZ 1995, 473) folgt, daß eine Handlung wirtschaftliche Tätigkeit sein kann, auch wenn damit eine religiöse oder weltanschauliche Zielsetzung verfolgt wird. Dies beinhaltet, daß auch „religiöse Handlungen" als gewerbliche oder wirtschaftliche Tätigkeit zu qualifizieren sind, wenn sie sich − wie hier − losgelöst von der verfolgten Zielsetzung nach allgemeinen Kriterien als wirtschaftliche Handlungen darstellen.

Die Rechtswidrigkeit der angefochtenen Bescheide folgt jedoch daraus, daß das Regierungspräsidium es unterlassen hat, festzustellen, ob es sich bei dem Kläger um eine Religions- oder Weltanschauungsgemeinschaft handelt oder nicht und demzufolge die Bedeutung des Art. 4 GG für die Auslegung des § 43 Abs. 2 BGB verkannt hat.

Die Grundrechte binden nicht nur Gesetzgebung, vollziehende Gewalt und Rechtsprechung als unmittelbar geltendes Recht (Art. 1 Abs. 3 GG), sie fordern darüber hinaus die Auslegung des einfachen Rechts, die sie zur optimalen Geltung bringen. Deshalb ist die Vorschrift des § 43 Abs. 2 BGB im Lichte der Bedeutung des Grundrechts aus Art. 4 GG auszulegen und anzuwenden. Dem Gebot der verfassungskonformen Auslegung der hier in Rede stehenden vereinsrechtlichen Vorschriften entspricht es, daß Leistungen, die als wirtschaftliche Tätigkeit angesehen werden müssen, die aber zugleich im Rahmen der Religionsausübung erbracht werden, den Charakter der sie erbringenden Religionsgemeinschaft als Idealverein nicht in Frage stellen. Das Bundesverwaltungsgericht hat entschieden (Urteil v. 27. 3. 1992[5] − 7 C 21.90 −, NJW 1992, 2496), daß der Schutz des Grundrechts aus Art. 4 GG für eine Religions- und Weltanschauungsgemeinschaft nicht schon dann entfällt, wenn sie sich überwiegend wirtschaftlich betätigt. Erst dann wird eine solche Gemeinschaft nicht durch das Grundrecht der Religions- und Weltanschauungsfreiheit geschützt, wenn ihre religiösen oder weltanschaulichen Lehren nur als Vorwand für die Verfolgung wirtschaftlicher Ziele dienen. Aus dieser Rechtsprechung des Bundesverwaltungsgerichts folgt nach Ansicht des Senats, daß im Gegensatz zu einem „sonstigen Idealverein", dem die Rechtsfähigkeit entzogen werden kann, wenn er sich überwiegend wirtschaftlich betätigt, dies bei einer Religionsgemeinschaft, die sich auf den Schutz des Art. 4 GG berufen

---

[5] KirchE 30, 164.

kann, nur dann zulässig ist, wenn die religiösen oder weltanschaulichen Lehren nur als Vorwand für die Verfolgung wirtschaftlicher Ziele dienen. Das Regierungspräsidium hat in dem maßgeblichen Widerspruchsbescheid nicht festgestellt, daß es sich bei dem Kläger nicht um eine Religionsgemeinschaft handelt; es hat auch nicht dargelegt, daß die religiösen oder weltanschaulichen Lehren des Klägers nur als Vorwand für die Verfolgung wirtschaftlicher Ziele dienen. Das Regierungspräsidium führt vielmehr im Widerspruchsbescheid aus:

„Der Hinweis der Widersprecherin, sie sei eine Religionsgemeinschaft und stehe daher unter dem Schutz der Art. 4 und 140 GG i. V. m. Art. 137 WRV, gebietet ebenfalls keine andere rechtliche Einordnung. Es kann nach Auffassung der Widerspruchsbehörde dahinstehen, ob die Widersprecherin – wie behauptet – eine Religionsgemeinschaft oder eine Weltanschauungsgemeinschaft im Sinne des Art. 140 GG i. V. m. Art. 137 WRV ist. Selbst wenn die Widersprecherin als Religionsgemeinschaft oder Weltanschauungsgemeinschaft zu qualifizieren wäre, schützt das Grundrecht die Widersprecherin nicht in dem von ihr behaupteten Umfang."

Damit unterstellt das Regierungspräsidium, daß der Kläger sich nicht mit Erfolg auf Art. 4 GG berufen kann, selbst wenn er als Religionsgemeinschaft oder als Weltanschauungsgemeinschaft anzusehen wäre. Die Ausstrahlungswirkung des Art. 4 GG hat das Regierungspräsidium dabei verkannt. Denn einer Religions- oder Weltanschauungsgemeinschaft, die als Verein ins Vereinsregister eingetragen worden ist, kann die Rechtsfähigkeit nur entzogen werden, wenn die Eigenschaft als Religions- oder Weltanschauungsgemeinschaft entfallen ist oder wenn die religiösen oder weltanschaulichen Lehren nur als Vorwand zur Verfolgung wirtschaftlicher Zwecke dienen. Diese Auffassung des Senats steht nicht in Widerspruch zum Beschluß des Bundesverwaltungsgerichts vom 16. 2. 1995 (– 1 B 205.93 –, NVwZ 1995, 473). Das Bundesverwaltungsgericht hat entschieden, daß keine grundsätzlichen Bedenken dagegen bestehen, die wirtschaftliche Betätigung einer Religions- oder Weltanschauungsgemeinschaft jedenfalls bezüglich der Verpflichtung zur – wertneutralen und die religiöse Betätigung nicht oder doch nicht nennenswert beeinträchtigenden – Gewerbeanmeldung nach § 14 GewO in den gewerberechtlichen Ordnungsrahmen einzubinden. Bei der Entziehung der Rechtsfähigkeit eines eingetragenen Vereins handelt es sich jedoch nicht um eine „wertneutrale und die religiöse Betätigung nicht oder doch nicht nennenswert beeinträchtigende" staatliche Maßnahme.

Zunächst ist festzustellen, daß – bei Unterstellung der Religionseigenschaft des Klägers – sämtliche hier in Rede stehenden Tätigkeiten des Klägers, auch wenn sie überwiegend wirtschaftliche Betätigung darstellen, wegen der damit nach dem Selbstverständnis des Klägers zusammenhängenden Religionsausübung dem Schutzbereich des Art. 4 GG, Art. 140 GG i. V. m. Art. 137 WRV zuzuordnen sind.

Das Bundesverfassungsgericht interpretiert Art. 4 GG als ein einheitliches Grundrecht aus Art. 4 Abs. 1 und 2 GG. Geschützt wird durch die Glaubensfreiheit die Religions- und die Weltanschauungsfreiheit (BVerfGE 12, 1 [3 ff.][6]; 32, 98 [106][7]) sowie die Freiheit, Glauben und Gewissen, Religion und Weltanschauung zu bilden, zu haben, zu äußern und demgemäß zu handeln (BVerfGE 24, 236 [245][8]). Dabei legt das Bundesverfassungsgericht Art. 4 GG in einem umfassenden Sinne aus. Von der Gewährleistung der Freiheit des Glaubens ist nicht nur der innere Bereich menschlichen Glaubens, das forum internum, sondern auch die nach außen wirkende Betätigung dieser Glaubensüberzeugung umfaßt (vgl. BVerfGE 12, 1 [3 ff.]; 24, 236 [245]). Geschützt sind nicht allein die kultischen Handlungen (hierzu gehören z. B. der Gottesdienst, die Sammlung kirchlicher Kollekten, Gebete, Opfer, der Empfang der Sakramente, Prozessionen, das Zeigen von Kirchenfahnen und das Glockengeläut), sondern auch andere Äußerungsformen des religiösen und weltanschaulichen Lebens. Die Glaubensfreiheit erstreckt sich auch auf die Werbung für den eigenen Glauben sowie auf die Abwerbung von einem fremden Glauben (BVerfGE 12, 3 ff.). Rein wirtschaftliche Tätigkeiten werden aus dem Schutzbereich des Art. 4 GG ausgeklammert. Dies gilt auch dann, wenn die wirtschaftliche Tätigkeit ganz oder teilweise, unmittelbar oder mittelbar dem Wirken der Religionsgemeinschaft zugute kommt. Insofern können etwa der Verkauf von Speisen und Getränken sowie die Vermietung von Unterkünften durch die Gemeinschaft oder das Betreiben eines kirchlichen Weingutes nicht selbst Gegenstand der nach Art. 4 Abs. 2 GG geschützten Religionsausübung sein. Dagegen entfällt der Schutz dieses Grundrechts nicht schon für jene wirtschaftlichen Aktivitäten, die weder als Kultushandlungen noch als rein wirtschaftliche Tätigkeit qualifiziert werden können und als gemischte Tätigkeiten bezeichnet werden (vgl. hierzu Starosta, Religionsgemeinschaften und wirtschaftliche Betätigung, Diss., 1986, S. 70 ff.).

Für die im Einzelfall schwierige Einordnung dieser gemischten Tätigkeiten ist nach der Rechtsprechung des Bundesverfassungsgerichts wegen der Verpflichtung des Staates zur Neutralität (vgl. dazu BVerfGE 19, 1 [8][9]; 24, 236 [246]; 33, 23 [29][10]) das aus dem Selbstbestimmungsrecht der Kirchen und Religionsgemeinschaften fließende kirchliche Selbstverständnis der betreffenden Religionsgemeinschaft zu berücksichtigen (BVerfGE 24, 236 [246]). Zwar reicht allein die Behauptung und das Selbstverständnis, eine Gemeinschaft bekenne sich zu einer Religion und sei eine Religionsgemeinschaft, nicht aus, für diese und ihre Mitglieder die Berufung auf die Freiheitsgewährleistungen

---

[6] KirchE 5, 256.
[7] KirchE 12, 294.
[8] KirchE 10, 181.
[9] KirchE 7, 183.
[10] KirchE 12, 410.

des Art. 4 GG zu rechtfertigen. Vielmehr muß es sich auch tatsächlich nach geistigem Gehalt und äußerem Erscheinungsbild um eine Religionsgemeinschaft handeln. Unterstellt man aber — wie der Senat in Übereinstimmung mit der Vorinstanz und der zuständigen Behörde —, daß es sich bei dem klagenden Verein um eine Religionsgemeinschaft handelt, so verbleibt es grundsätzlich dabei, daß dem Eigenverständnis der Religionsgesellschaft ein besonderes Gewicht beizumessen ist bei der Entscheidung, was als Religionsausübung anzusehen ist.

In Anwendung dieser Grundsätze und ausgehend von der unterstellten Religionseigenschaft des Klägers wären unter Berücksichtigung des Selbstverständnisses des Klägers der Verkauf von Schriften an Nichtmitglieder als missionarische Werbung und die vom Kläger angebotenen entgeltlichen Sach- und Dienstleistungen an die Mitglieder sowie das sogenannte Auditing als Religionsausübung im Sinne des Art. 4 Abs. 2 GG zu qualifizieren. Es handelt sich hierbei nicht um kultische Tätigkeiten, die dem Schutz der Religionsausübungsfreiheit unterfallen. Diese Betätigungen stehen mit der dem Selbstverständnis der Gemeinschaft entsprechenden Ausübung der Religion in engerem Zusammenhang und unterstehen daher als gemischte Tätigkeiten dem Schutz des Art. 4 GG.

Die Aktivitäten des Klägers würden auch von den verfassungsrechtlichen Vorgaben aus Art. 140 GG in Verb. mit Art. 137 Abs. 3 WRV erfaßt. Danach haben die Religionsgemeinschaften das Recht, ihre Angelegenheiten innerhalb der für alle geltenden Gesetze selbständig zu ordnen und zu verwalten. Diese aus der Weimarer Reichsverfassung inkorporierten Kirchenrechtsartikel sind vollgültiges Verfassungsrecht (BVerfGE 19, 219[11]). Mit ihnen erkennt der Staat die Kirchen als Institutionen mit dem Recht der Selbstbestimmung an, die ihrem Wesen nach unabhängig vom Staat sind und ihre Gewalt nicht von ihm herleiten, so daß der Staat in ihre inneren Verhältnisse nicht eingreifen darf (vgl. BVerfGE 18, 385 [386][12]). Dem innerkirchlichen Bereich zuzurechnen ist das Recht der Religionsgemeinschaften, ihre Finanzierung selbst zu regeln (BVerwGE 90, 112 [116]; BVerfGE 19, 206 [217 ff.]). Es obliegt der Religionsgemeinschaft, selbst darüber zu entscheiden, wie ihre Finanzierung ausgestaltet sein soll. Dieses verfassungsrechtlich geschützte Selbstbestimmungsrecht der Religionsgemeinschaften ist jedoch nicht lediglich in Art. 140 GG i. V. m. Art. 137 Abs. 3 WRV, sondern primär und grundsätzlich auch in Art. 4 GG enthalten.

Art. 9 GG, auf den sich der Kläger zusätzlich beruft, kommt hier nicht zum Zuge. Handelt es sich um eine Religionsgemeinschaft im Sinne von

---

[11] KirchE 7, 338.   [12] KirchE 7, 172.

Art. 137 Abs. 1 WRV, so ist die einschlägige Regelung vielmehr Art. 137 WRV i. V. m. Art. 140 GG (vgl. I. v. Münch, BK, Art. 9, Rdnr. 22). Zwar werden die genannten, von der Religionsausübungsfreiheit (Art. 4 GG) und vom Selbstverwaltungsrecht (Art. 140 GG i. V. m. Art. 137 WRV) erfaßten gemischten Tätigkeiten durch die Einbindung in die allgemeinen Vorschriften über die Vereinsklassifizierung und die mögliche Rechtsfolge der Entziehung der Rechtsfähigkeit nicht unterbunden. Der missionarische Verkauf von Büchern an Nichtmitglieder und Mitglieder sowie die entgeltlichen Dienstleistungen an die Mitglieder könnten in gleicher Weise unabhängig von dem Status eines Idealvereins ausgeübt werden. Tangiert würde jedoch durch den Verweis auf handelsrechtliche Formen das äußere Erscheinungsbild, die Identität der Gemeinschaft und damit mittelbar auch die Religionsausübungsfreiheit. Denn die vom Kläger angebotenen Sach- und Dienstleistungen lassen sich in der Rechtsform des Idealvereins besser offerieren und es lassen sich mehr Anhänger bzw. Nachfrager gewinnen als in einer handelsrechtlichen Form. Nach geltendem Verfassungsrecht ist davon auszugehen, daß das Grundgesetz mit der Anerkennung des Rechts der Glaubens- und Bekenntnisfreiheit (Art. 4 GG) und des Rechts der Religionsgemeinschaften auf Selbstverwaltung (Art. 140 GG, Art. 137 Abs. 3 WRV) den Religions- und Weltanschauungsgemeinschaften auch von Verfassungs wegen das Recht auf Wahl einer ihrem Selbstverständnis entsprechenden Rechtsform gewährleistet. Die Möglichkeit der Bildung einer Religionsgemeinschaft soll den Weg eröffnen, sich als Vereinigung von Menschen zur Verwirklichung des religiösen Zwecks zu organisieren, eine rechtliche Gestalt zu geben und am allgemeinen Rechtsverkehr teilzunehmen. Fehlt einer Gemeinschaft die von ihr erstrebte Rechtsfähigkeit, so fehlt ihr auch die nötige rechtliche Verfestigung, die die Anerkennung eines Zusammenschlusses als Religions- oder Weltanschauungsgemeinschaft voraussetzt (vgl. Müller-Volbehr, Neue Minderheitenreligionen – aktuelle verfassungsrechtliche Probleme, JZ 1981, 41 f.). Das bedeutet nicht, daß der Gesetzgeber besondere Rechtsformen für Religionsgemeinschaften zur Verfügung stellen müßte oder aber sie auf die in Art. 140 GG, Art. 137 Abs. 5 WRV vorgesehene Möglichkeit, die Rechtsfähigkeit durch Anerkennung als Körperschaften des öffentlichen Rechts zu erwerben, verweisen könnte.

Auch läßt sich nicht aus Art. 137 Abs. 4 WRV herleiten, daß einer Religions- oder Weltanschauungsgemeinschaft ein über die Regeln des bürgerlichen Rechts hinausgehendes Recht auf Erlangung der Rechtsfähigkeit garantiert wird. Denn Sinn und Zweck der Einführung von Art. 137 Abs. 4 WRV war, bislang bestehende gesetzliche Beschränkungen, durch die die Religionsgesellschaften sich diskriminiert sahen, zu beseitigen. Nicht jedoch war es Ziel des Verfassungsgebers, eine derartige Garantie zu schaffen (vgl. hierzu K. Schmidt, Eintragung religiöser Wirtschaftsvereine, NJW 1988, 2574 [2575];

v. Campenhausen, Religiöse Wirtschaftsbetriebe als Idealvereine?, NJW 1990, 887 f.).

Die verfassungsrechtlich gewährleistete Freiheit der Rechtsformwahl bedeutet aber, daß der Gesetzgeber Rechtsformen zur Verfügung stellen muß, die dem Wesen einer Religionsgemeinschaft angemessen sind und ihre Betätigung als solche nicht unnötig erschwren (vgl. Kopp, Religionsgemeinschaften als wirtschaftliche Vereine im Sinne von § 22 BGB?, NJW 1989, 2497 ff. [2499]). Der Verweis auf handelsrechtliche Formen ist eine solche Erschwerung, weil es mit den Vorstellungen vom Wesen einer Religionsgemeinschaft nicht vereinbar ist, sich als GmbH oder AG konstituieren zu müssen, um die Rechtsfähigkeit zu erlangen. Dem kann auch nicht mit Erfolg entgegengehalten werden, daß es der Gemeinschaft frei steht, ihre Tätigkeit in der Form des nichtrechtsfähigen Vereins fortzusetzen, um die durch einen Verweis auf die handelsrechtlichen Vorschriften befürchteten Auswirkungen auf das äußere Erscheinungsbild zu vermeiden. Es gibt zwar religiöse Gruppierungen, die als nichtrechtsfähige Vereine organisiert sind (vgl. „Universelles Leben", BVerfG, Beschluß v. 9. 6. 1994[13], NVwZ 1995, 471, zu den Problemen auch VGH München, Beschluß v. 4. 4. 1995[14] — 7 CE 95.462 —, NVwZ 1995, 793 ff.). Der Senat verkennt auch nicht, daß die Rechtsform des nicht rechtsfähigen Vereins den Kläger nicht diskriminiert. Dafür wären aber mit dieser Rechtsform andere Erschwernisse verbunden. Eine Gemeinschaft ist regelmäßig deshalb am Erhalt der Rechtsfähigkeit interessiert, weil dieser Status es ihr ermöglicht, einen eigenen Vermögensbereich zu schaffen, der sowohl dem Zugriff der einzelnen Mitglieder als auch dem Zugriff deren Gläubiger entzogen ist. Die Bedeutung der Rechtsfähigkeit besteht vor allem auch darin, daß die Gemeinschaft hierdurch die Partei-, Erb- und Grundbuchfähigkeit erlangt. Die Rechtsfähigkeit ist ferner regelmäßig auch die Grundlage zur angestrebten Anerkennung der Gemeinnützigkeit (§§ 51 ff. AO), mit der zahlreiche Steuervergünstigungen verbunden sind. Daß auch der Kläger dies anstrebt, ergibt sich aus seiner Satzung (§ 7 Ziff. 1). Aber auch ohne die Anerkennung der Gemeinnützigkeit erlangt der eingetragene Idealverein steuerliche Erleichterungen (vgl. hierzu Sauter/Schweyer, aaO, S. 301 ff.).

Bei dem Entzug der Rechtsfähigkeit handelt es sich daher nicht um eine wertneutrale, die Religionsgemeinschaft nicht nennenswert beeinträchtigende Maßnahme. Demgemäß hätte das Regierungspräsidium die Ausstrahlungswirkung des Art. 4 GG bei seiner Entscheidung über die Entziehung berücksichtigen müssen. Nur dann, wenn das Regierungspräsidium festgestellt hätte, daß es sich bei dem Kläger nicht um eine Religionsgemeinschaft handelte oder

---

[13] KirchE 32, 193.   [14] KirchE 33, 144.

die von ihm vorgetragenen religiösen Lehren hier nur ein Vorwand für die Verfolgung wirtschaftlicher Ziele darstellten, würde der Schutz des Art. 4 GG entfallen. Für den Senat verbietet sich eine eigenständige Prüfung dieser Fragen: Denn selbst wenn festgestellt würde, daß es sich im Zeitpunkt des Widerspruchsbescheids des Regierungspräsidiums bei dem Kläger bzw. der Scientology-Kirche nicht um eine Religionsgemeinschaft handelte (so BAG; Beschluß v. 22. 3. 1995[15] – 5 AZB 21/94 –) oder daß die religiöse Lehre nur Vorwand der wirtschaftlichen Tätigkeit war, wäre die Entscheidung des Regierungspräsidiums als Ermessensentscheidung fehlerhaft, weil die Widerspruchsbehörde von diesem Sachverhalt nicht ausgegangen ist. Eine behördliche Ermessensentscheidung ist aber grundsätzlich nur dann fehlerfrei, wenn sie aufgrund eines – soweit für die Entscheidung maßgeblich – vollständigen und zutreffenden Sachverhalts ergeht.

46

1. **Spenden an ein Kloster des Heiligen Berges Athos sind nicht nach § 10 b Abs. 1 EStG i. V. m. § 48 EStDV abziehbar.**
2. **Die Nichtabziehbarkeit verstößt nicht gegen Europäisches Gemeinschaftsrecht, insbesondere nicht gegen das Diskriminierungsverbot.**

Art. 6, 48 Abs. 2 EGV, 7 Abs. 2 VO (EWG) Nr. 1612/68
FG Berlin, Urteil vom 4. August 1995 – III 318/94[1] –

Die Kläger sind zur Einkommensteuer zusammenveranlagte Eheleute. Sie stammen aus Griechenland und haben die deutsche Staatsangehörigkeit. Sie gehören der griechisch-orthodoxen Kirche an. In ihrer Einkommensteuer-Erklärung für 1992 machten sie eine Spende von 3 000 DM für das Kloster X. in Griechenland als Sonderausgabe steuermindernd geltend. Hierfür legten sie eine Bescheinigung eines Mönches der Heiligen Bruderschaft von X – Heiliger Berg Athos – vom November 1992 vor, wonach der Kläger „im vergangenen Jahr 1992 unserem Heiligen Kloster den Betrag von 3 000 DM gespendet hat, die zum Unterhalt unseres Klosters benötigt werden". Ferner reichten sie eine Bescheinigung des Innenministeriums der Griechischen Republik – Verwaltung vom Heiligen Berg – vom Juni 1994 ein, wonach „die zwanzig Heiligen Klöster auf dem Heiligen Berg Personen des Öffentlichen

---

[15] KirchE 33, 92.

[1] Amtl. Leitsätze. EFG 1995, 1066. Das Urteil ist rechtskräftig.

Rechts sind". Der Beklagte lehnte die Berücksichtigung der Zuwendung als abzugsfähige Spende unter Hinweis auf das BFH-Urteil vom 11. 11. 1966[2] – VI R 45/66 – (BFHE 87, 304, BStBl. III 1967, 116) ab. Dagegen richtete sich die Klage, mit der die Kläger geltend machten, die Nichtabzugsfähigkeit der Spende an das Kloster in Griechenland bedeute eine Diskriminierung, die mit den Grundwerten der Europäischen Union nicht vereinbar sei. Sie regten an, die von ihnen aufgeworfene Frage Europäischen Gemeinschaftsrechts gem. Art. 177 EGV dem EuGH vorzulegen.

Die Klage hatte keinen Erfolg.

Aus den Gründen:

Die Klage ist unbegründet.

Zwischen den Beteiligten ist nicht umstritten, daß die von den Klägern geltend gemachte Zuwendung an das Kloster X in Griechenland die gesetzlichen Voraussetzungen für eine steuerliche Abzugsfähigkeit von Spenden nach § 10b Abs. 1 EStG i. V. m. § 48 EStDV nicht erfüllt. Insbesondere handelt es sich bei dem Spendenempfänger nicht um eine „juristische Person des öffentlichen Rechts" i. S. des § 48 Abs. 3 Nr. 1 EStDV. Nach gefestigter Rechtsprechung (BFH-Urteil BFHE 87, 304, BStBl. III 1967, 116), Literaturmeinung (Schmidt/Heinicke, EStG, 14. Aufl., § 10b Rdnr. 28; Blümich/Falk, EStG, 13. Aufl., § 10b Rdnr. 28; Littmann/Bitz/Hellwig, Das ESt-Recht, 15. Aufl., § 10b Rdnr. 21; Herrmann/Heuer/Raupach, ESt und KSt, 19. Aufl., § 10b EStG Rdnr. 57) und Verwaltungsauffassung (Abschn. 111 Abs. 3 EStR) muß es sich um eine inländische juristische Person des öffentlichen Rechts handeln, woran es im Fall des Klosters X. mit Sitz in Griechenland unstreitig fehlt.

Entgegen der Auffassung der Kläger kommt ein Verstoß gegen die „Grundwerte der Europäischen Union", insbesondere gegen das Diskriminierungsverbot, offenkundig nicht in Betracht, so daß schon aus diesem Grunde eine Vorlage an den EuGH nach Art. 177 EGV entfällt. Dabei kann die – umstrittene – Frage dahinstehen, inwieweit ein erstinstanzliches Gericht wie das Finanzgericht nicht nur nach Art. 177 Abs. 2 EGV vorlageberechtigt, sondern nach Art. 177 Abs. 3 EGV sogar vorlageverpflichtet ist (vgl. hierzu Lenz, IWB Fach 11 Gruppe 1 S. 41 ff.).

Soweit sich die Kläger auf das allgemeine Diskriminierungsverbot des Art. 6 EGV berufen, übersehen sie, daß darin lediglich jede Diskriminierung

---

[2] KirchE 8, 235.

„aus Gründen der Staatsangehörigkeit" verboten wird. Darum geht es im vorliegenden Streitfall nicht.

Insbesondere knüpft die Nichtabzugsfähigkeit von Spenden an ausländische Körperschaften des öffentlichen Rechts nicht an die Staatsangehörigkeit des Spendenden an. Die Beschränkung abzugsfähiger Spenden auf inländische Körperschaften des öffentlichen Rechts trifft Spendende deutscher und anderer Staatsangehörigkeit gleichermaßen. Für die aus Griechenland stammenden Kläger hat sich durch den Erwerb der deutschen Staatsangehörigkeit daher insoweit nichts geändert.

Auch in bezug auf den Spendenempfänger wird nicht auf dessen Staatsangehörigkeit abgestellt. Dies ist bei juristischen Personen des öffentlichen Rechts schon begrifflich ausgeschlossen.

Davon abgesehen, liegt auch keine „Diskriminierung" des ausländischen Spendenempfängers i. S. einer willkürlichen Ungleichbehandlung vor. Für die Abzugsfähigkeit der Spende ist entscheidend, ob die juristische Person ihre öffentlich-rechtliche Eigenschaft aus dem deutschen oder dem ausländischen öffentlichen Recht herleitet (Blümich/Falk, aaO, § 10 b Rdnr. 28). Für eine solche Differenzierung gibt es vernünftige und sachgerechte Gründe. Wenn schon der inländische Fiskus im Hinblick auf freiwillige Zuwendungen für einen begünstigten Zweck auf einen an sich bestehenden Steueranspruch verzichtet, dann muß er auch in rechtlicher und tatsächlicher Hinsicht in der Lage sein, die zweckgerechte Verwendung der Zuwendungen wirksam zu überprüfen. Eine solche Überprüfungsmöglichkeit besteht zwar in bezug auf inländische Körperschaften, fehlt aber bei einer ausländischen Körperschaft wie der Heiligen Bruderschaft von X., die ihren öffentlich-rechtlichen Status aus der griechischen Rechtsordnung herleitet und zur Gemeinschaft der zwanzig Heiligen Klöster auf dem Heiligen Berg Athos gehört, die selbst innerhalb des griechischen Staates weitgehende Autonomie genießen. Inwieweit die Kläger ihre dem Kloster X. zugedachte Spende in Form einer sog. Durchlaufspende (hierzu Schmidt/Heinicke, aaO, § 10 b Rdnr. 32) zum Beispiel der griechisch-orthodoxen Metropolie von Deutschland mit Sitz in Deutschland steuerwirksam zuwenden konnten, hatte das Gericht im vorliegenden Streitfall nicht zu überprüfen, da die Kläger von dieser Möglichkeit keinen Gebrauch gemacht hatten.

Scheidet nach alledem ein Verstoß gegen das allgemeine Diskriminierungsverbot des Art. 6 EGV aus, so kommt auch ein Verstoß gegen die speziellen Diskriminierungsverbote für Arbeitnehmer in Art. 48 Abs. 2 EGV und Art. 7 Abs. 2 der VO (EWG) Nr. 1612/68 über die Freizügigkeit der Arbeitnehmer innerhalb der Gemeinschaft vom 15. 10. 1968 (ABlEG Nr. I. 257/2, ber. Nr. I 295/12) nicht in Betracht.

47

Die Grundsätze über Anscheins- und Duldungsvollmacht sind im öffentlichen Interesse auf Rechtsgeschäfte eines als Körperschaft des öffentlichen Rechts organisierten Stifts, dessen Vermögen zum Allgemeinen Hannoverschen Klosterfonds gehört und von der Klosterkammer Hannover verwaltet wird, nur eingeschränkt anzuwenden.

§§ 167, 181 ff. BGB
LG Osnabrück, Urteil vom 11. August 1995 − 30 145/95[1] −

Der Beklagte war als Rechtsnachfolger seines Vaters Pächter mehrerer als Milcherzeugungsflächen genutzter landwirtschaftlicher Grundstücke der Klägerin, des Stifts B. Die Klägerin ist eine Körperschaft des öffentlichen Rechts. Ihr Vermögen ist Teil des Allgemeinen Hannoverschen Klosterfonds (AHK), der von der Klosterkammer Hannover verwaltet wird. Auf Wunsch des Beklagten wurden die Pachtverträge mit Ablauf des 31. 8. 1994 aufgelöst. Der Beklagte machte dabei geltend, es stünde ihm Pächterschutz zu mit der Folge, daß er die auf den Grundstücken ruhende Milchreferenzmenge weiter nutzen dürfe. Zu diesem Zweck kam es am 1. 9. 1994 zwischen den Parteien zum Abschluß eines Vertrages zur Übertragung einer Milchreferenzmenge ohne Übergang der entsprechenden Fläche gem. § 7 Abs. 2a Satz 2 Nr. 1 Alt. 2 MGV. Die Klägerin wurde dabei vertreten durch ihren Stiftsamtmann, Herrn H., der auch die vorausgegangenen Verhandlungen mit dem Beklagten geführt hatte.

Die Parteien streiten um die Wirksamkeit des Übertragungsvertrages und in diesem Zusammenhang um die Zuständigkeit des angerufenen Landgerichts. Das Landgericht hat sich zunächst durch Beschluß für zuständig erklärt und der auf Feststellung der Nichtigkeit des Übertragungsvertrages gerichteten Klage schließlich durch Urteil stattgegeben.

Aus den Gründen:

Die Klage ist auch begründet. Der Vertrag der Parteien über die unentgeltliche Übertragung von Milchreferenzmengen vom 1. 9. 1994 ist gem. § 177 Abs. 1 BGB endgültig unwirksam. Die vertraglichen Vereinbarungen hätten nämlich zu ihrer Wirksamkeit der Zustimmung des Kapitels des Stifts B. und des Präsidenten der Klosterkammer H. bedurft, die aber nicht vorliegt bzw. verweigert ist.

---

[1] Nds.RPfl. 1996, 38. Das Urteil ist rechtskräftig.

I. Der auf seiten der Klägerin am Vertragsschluß ausschließlich beteiligte Stiftsamtmann besaß keine Vertretungsmacht zum Abschluß des Vertrages. *(wird ausgeführt)*

II. Dieser Mangel der Vertretungsmacht des Vertreters des Stiftes B. beim Abschluß des Übertragungsvertrages ist auch nicht etwa geheilt oder aus anderen Gründen unbeachtlich.

1. Der Beklagte kann sich für die Wirksamkeit des Vertrages nicht auf die Rechtsfiguren der Anscheins- oder Duldungsvollmacht berufen. Die Grundsätze der Haftung aus Duldungs- oder Anscheinsvollmacht finden nämlich auf Körperschaften des öffentlichen Rechts – wie auch das Stift B. – zwar grundsätzlich Anwendung, unterliegen dabei aber im einzelnen Einschränkungen.

a) So darf die Anwendung der Rechtsscheingrundsätze nicht dazu führen, daß im öffentlichen Interesse bestehende gesetzliche oder satzungsrechtliche Zuständigkeitsregelungen, Genehmigungserfordernisse oder Formvorschriften ihrer Wirksamkeit entkleidet würden (BGHZ 5, 205 [213 f.]; BGH NJW 1972, 940 [941]; 1984, 606 [607]; RGZ 146, 42 [49]). So liegt es auch hier. Schon aus der Zweckbestimmung des Stiftes B. gem. § 2 Abs. 1 Satzung ergibt sich, daß die in der Satzung normierten Zuständigkeitsregelungen im öffentlichen Interesse bestehen. Zudem ist das Vermögen des Stiftes Teil des Klosterfonds AHK, in dem das Vermögen der im vormaligen Königreich Hannover säkularisierten Klostergüter zusammengefaßt ist. Der Fonds wird von der Klosterkammer Hannover vertreten, einer der Dienstaufsicht des Nds. Kultusministers unterstehenden Sonderbehörde der unmittelbaren Landesverwaltung des Landes Niedersachsen, der grundsätzlich auch die Verwaltung des AHK obliegt. Der AHK verkörpert dadurch, daß in ihm der in dem ehemaligen Land Hannover säkularisierte Klosterbesitz als geschlossene Vermögensmasse zusammengefaßt und seit mehr als 150 Jahren unverändert ganz bestimmten Zwecken nutzbar gemacht worden ist, eine für das Land Niedersachsen typisch gewordene Form der Erfüllung kultureller und sozialer Fürsorge (StGH OVGE 28, 483 [492][2] = StGHE 1, 120 [136]). Am öffentlichen Auftrag und Gepräge des AHK ändert sich auch nichts dadurch, daß sein Vermögenssubstrat eindeutig und ausschließlich geistlicher Herkunft ist und entsprechend dem Schutzgedanken des Art. 72 Abs. 2 Nds.Verf. der ursprüngliche Verwendungszweck weiterhin erhalten werden muß, weswegen das vom AHK verwaltete Vermögen auch als Kirchengut unter staatlicher Aufsicht bezeichnet wird (Korte/Rebe/Sperling, Verfassung und Verwaltung Nds., 2. Aufl. 1986, S. 727 f.). Diese Charakteristik des AHK ist vielmehr gerade der Grund für seine Leistungen für das kulturelle Leben des jetzigen Landes Niedersachsen wie für dessen historischen Vorgänger, z. B. für die

---

[2] KirchE 13, 2.

Erhaltung der Kunstdenkmäler, die im wesentlichen darauf beruhen, daß es der Klosterkammer auch in wirtschaftlich mühevollen und politisch bewegten Zeiten gelungen ist, die Vermögenssubstanz und das geschichtliche Erbe zu erhalten (Korte, Verfassung und Verwaltung Nds., 1. Aufl. 1962, S. 76 ff.; vgl. auch von Campenhausen, Staatskirchenrecht, 2. Aufl. 1983, S. 187).

Zur Sicherstellung dieser öffentlichen Interessen sind für die Vermögensverwaltung auch des Stiftes B. die o. a. Genehmigungserfordernisse bestimmt worden. Deren Nichtbeachtung müßte hingenommen werden, wenn die Regeln über die Rechtsscheinvollmachten von Rechts wegen anzuwenden wären.

Zur Vermeidung dieses Effekts ist mit der Rechtsprechung eine Einschränkung des Anwendungsbereichs geboten. Das Gericht verkennt nicht, daß dadurch der Geschäftsverkehr mit Körperschaften öffentlichen Rechts im Einzelfall erschwert werden kann; dies um so mehr, wenn die einschlägigen Regelungen aus nachgeordneten Vorschriften innerhalb der Normenhierarchie zu entnehmen sind, wie etwa bloßen Satzungen. Zu berücksichtigen ist aber, daß auch diese im Interesse des Rechtsverkehrs veröffentlicht werden. So sind die für den Rechtsverkehr wichtigen Satzungsbestimmungen der Klägerin im Nds. MBl. veröffentlicht. Auch weiß jedermann, daß bei Körperschaften des öffentlichen Rechts Zuständigkeitsregeln bestehen. Demgemäß hat schon das RG bei öffentlichen Sparkassen die Regeln über die Anscheinsvollmacht nicht angewandt (RGZ 146, 42 [49]). Im übrigen besteht kein prinzipieller Unterschied zum Geschäftsverkehr mit Handelsgesellschaften oder anderen juristischen Personen privaten Rechts, über deren Verhältnisse im Hinblick auf Vertretungsmacht und Zuständigkeiten im Zweifel ebenfalls nur durch Einsicht in öffentliche Register verläßlich Klarheit zu gewinnen ist. Stehen dabei besonders bedeutsame Geschäfte in Rede, sind an die Bemühungen des Vertragspartners um Gewißheit hinsichtlich der Vertretungsverhältnisse auch um so höhere Anforderungen zu stellen, ohne daß dies an sich schon unzumutbar wäre (BGH NJW 1972, 940 [942] m. w. N.).

b) Zum Teil wird in der Rechtsprechung auch danach differenziert, ob der Rechtsscheinbevollmächtigte selbst ein Organ der Körperschaft ist, das lediglich für den betreffenden Einzelfall unzuständig ist, oder ob die Bevollmächtigung einen Dritten betrifft. Nur im letzteren Fall soll die Berufung auf die Anscheins- oder Duldungsvollmacht möglich sein (BGHZ 40, 197 [203]). Für den hier zur Entscheidung stehenden Fall kann sich dann aber eine Haftung der Klägerin ebenfalls nicht ergeben, denn der Stiftsamtmann, in dessen Person die Rechtsscheinvollmacht bestanden haben soll, ist gerade kein „Dritter", sondern selbst Organ des Stiftes B.

c) Die Rechtsprechung zur eingeschränkten Anwendbarkeit von Duldungs- und Anscheinsvollmacht hat in der Literatur neben Zustimmung (Palandt/ Heinrichs, 54. Aufl. 1995, § 173, Rdnr. 20; MünchKomm/Schramm, BGB,

3. Aufl. 1993, § 167, Rdnr. 42 m. w. N.; Boujong, WiVerw 1979, 48 [53]; i. Erg. auch Bienert, Diss. iur. 1975, S. 37) auch Kritik erfahren. Soweit im Schrifttum dabei für die Beachtlichkeit einer Rechtsscheinvollmacht einer Körperschaft öffentlichen Rechts danach unterschieden wird, ob Verletzungen bloßer Formvorschriften wie Schriftform, Angabe der Dienstbezeichnung, Beifügung eines Amtssiegels etc. − nur solche sollen die Anwendbarkeit begründen − oder Verletzungen der materiellen Zuständigkeitsordnung geheilt werden sollen (Staudinger/Dilcher, 12. Aufl. 1980, § 167, Rdnr. 49; Reinicke, Rechtsfolgen formnichtig abgeschlossener Verträge, 1969, S. 150), ergibt sich daraus nichts anderes für diesen Fall, da es auf seiten der Klägerin nicht um Formvorschriften geht. Auch handelt es sich nicht um interne Bindungen ohne Außenwirkung, wie etwa z. T. im Falle von Zeichnungsbefugnissen von Mitarbeitern öffentlichrechtlicher Sparkassen.

Im übrigen ist zu beachten, daß ein etwaiger Rechtsschein nicht weiter reichen kann, als die tatsächlichen Verhältnisse reichen würden, lägen sie denn vor. Voraussetzung muß dann aber bleiben, daß die Zurechnungstatbestände in der Person aller auf seiten des Vertretenen maßgeblichen Beteiligten vorliegen (Canaris, Vertrauenshaftung im deutschen Zivilrecht, 1971, S. 461 f.; Reinicke, aaO). Dies ist hier aber nicht der Fall, denn wie oben ausgeführt hätte die streitige Vereinbarung nicht nur der Zustimmung der Äbtissin des Stifts B., sondern auch der Zustimmung der Klosterkammer H. bedurft. Daß aber eine Anscheins- oder Duldungsvollmacht auch durch das Verhalten der Klosterkammer begründet sein könnte, ist nicht ersichtlich und auch nicht vorgetragen. Den Vorbehalten gegenüber einer eingeschränkten Anwendbarkeit der Grundsätze über die Rechtsscheinvollmachten im älteren Schrifttum (Nachweise bei MünchKomm/Schramm, BGB, § 167, Fn. 68; kritisch auch Bader, Diss. jur. 1978, S. 83, der aber Genehmigungserfordernisse ausdrücklich ausnimmt) ist entgegenzuhalten, daß sie zum großen Teil noch unter dem Eindruck einer totalitären Diktatur entstanden und die heutigen Rechtswirklichkeiten, insbesondere auch im Bereich der Judikative, nur unzureichend berücksichtigen (Canaris, aaO, Fn. 38, spricht in diesem Zusammenhang von „stark ‚ideologischen' Akzenten").

Die in der Literatur geäußerten Bedenken am Standpunkt der Rechtsprechung vermögen demnach für den vorliegenden Fall nicht zu einer von den o. a. Grundsätzen abweichenden Beurteilung zu zwingen.

48

1. Die in Art. 20 Abs. 1 VvB verbürgte Freiheit der Religionsausübung gewährt dem Einzelnen einen von staatlichen Eingriffen freien Rechtsraum, in dem er sich in religiöser Hinsicht die Lebensform zu geben vermag, die seiner Überzeugung entspricht.

2. **Art. 20 Abs. 1 VvB gebietet es dem Gesetzgeber nicht, generell kirchliche Feiertage als allgemeine Feiertage anzuerkennen oder zu erhalten.**
3. **Art. 22 Abs. 1 VvB gewährleistet keinen festen Bestand an gesetzlichen Feiertagen.**

Art. 4 Abs. 2 GG, 20 Abs. 1 VvB; § 2 Abs. 1 u. 3 Berl.FTG
VerfGH Berlin, Beschluß vom 16. August 1995 – VerfGH 1/95[1] –

Der Beschwerdeführer wendet sich mit seiner Verfassungsbeschwerde gegen das 1. Gesetz zur Änderung des Gesetzes über die Sonn- und Feiertage vom 2. 12. 1994 (GVBl. S. 491). Durch dieses Gesetz sind Nr. 8 des Gesetzes über die Sonn- und Feiertage – FTG – vom 9. 11. 1954 (GVBl. S. 615), der den Buß- und Bettag zum allgemeinen Feiertag bestimmt hatte, und § 2 Abs. 3, der für Lehrer und Schüler aller Schularten Unterrichtsfreiheit an den kirchlichen Feiertagen ihrer Religionsgesellschaft gewährte, gestrichen worden.

Der Beschwerdeführer sieht sich durch die Abschaffung des Buß- und Bettages in seinem durch Art. 20 Abs. 1 VvB gewährleisteten Recht auf ungtestörte Religionsausübung verletzt. Der Beschwerdeführer rügt außerdem die Verletzung der Präambel des Grundgesetzes, die auf die Verantwortung des Menschen vor Gott Bezug nehme.

Die Beschwerde blieb erfolglos.

Aus den Gründen:

Die Verfassungsbeschwerde hat keinen Erfolg.

1. Die Verfassungsbeschwerde ist nach §§ 49 Abs. 1, 50, 51 Abs. 2 VerfGHG zulässig, soweit der Beschwrdeführer eine Verletzung seines in Art. 20 Abs. 1 VvB enthaltenen Grundrechts auf ungestörte Religionsausübung durch das 1. Gesetz zur Änderung des Gesetzes über die Sonn- und Feiertage rügt. Wie sich aus § 51 Abs. 2 VerfGHG ergibt, kann die Verfassungsbeschwerde auch unmittelbar gegen ein Gesetz gerichtet werden, sofern der Beschwerdeführer geltend machen kann, durch das Gesetz selbst, gegenwärtig und unmittelbar in seinen sich aus der Verfassung von Berlin ergebenen Rechten verletzt zu sein (Beschluß vom 17. 9. 1992 – VerfGH 16/92 –).

---

[1] Amtl. Leitsätze. NJW 1995, 3379; VR 1996, 176; ZevKR 41 (1996), 99. Nur LS: NVwZ 1996, 160; DÖV 1996, 659; JuS 1996, 1127.
Im Veröffentlichungszeitraum sind noch folgende Entscheidungen zum Sonn- u. Feiertagsschutz bekannt geworden: BVerwG NVwZ 1995, 516; OVG.RhldPf. DÖV 1996, 256; VG Hannover GewArch. 1996, 25.
Vgl. zu diesem Fragenkreis auch BayVerfGH DÖV 1996, 558.

Diese Voraussetzung ist erfüllt, da die Folgen, in denen der Beschwerdeführer eine Verletzung seines Grundrechts auf ungestörte Religionsausübung sieht, unmittelbar durch das Gesetz selbst, nämlich durch die Streichung des Buß- und Bettages als gesetzlicher Feiertag, beim Beschwerdeführer eintreten.

Die Verfassungsbeschwerde ist hingegen unzulässig, soweit der Beschwerdeführer eine Verletzung der Präambel des Grundgesetzes geltend macht. Nach § 49 Abs. 1 VerfGHG kann die Verfassungsbeschwerde zum Verfassungsgerichtshof des Landes Berlin nur auf die Verletzung von in der Verfassung von Berlin enthaltenen Rechten, nicht hingegen auf eine Verletzung des Grundgesetzes gestützt werden.

2. Soweit die Verfassungsbeschwerde zulässig ist, ist sie unbegründet. Das Grundrecht des Beschwerdeführers auf ungestörte Religionsausübung wird nicht verletzt. Die Freiheit der Religionsausübung, die Art. 20 Abs. 1 VvB in nahezu wörtlicher Übereinstimmung mit Art. 4 Abs. 2 GG gewährleistet, ist eine besondere Ausprägung der in Art. 4 Abs. 1 GG garantierten, in Art. 20 VvB hingegen nicht erwähnten, aber vorausgesetzten Freiheit des Glaubens und des religiösen Bekenntnisses. Sie gewährt dem einzelnen einen von staatlichen Eingriffen freien Rechtsraum, in dem er sich in religiöser Hinsicht die Lebensform zu geben vermag, die seiner Überzeugung entspricht. Dazu gehört auch die Freiheit, den Glauben zu manifestieren, zu bekennen und zu verbreiten, sowie das Recht des einzelnen, sein gesamtes Verhalten an den Lehren seines Glaubens auszurichten und seiner inneren Überzeugung gemäß zu handeln (so zu Art. 4 GG: BVerfGE 24, 236 [245][2]; 32, 98 [106][3]; 41, 29 [49][4]; 52, 223 [240 f.][5]). In diese Freiheit greift das Gesetz vom 2. 12. 1994 nicht ein, und zwar selbst dann nicht, wenn man annimmt, daß sie auch das Recht umfaßt, an einem dazu bestimmten kirchlichen Feiertag die Gräber der Verstorbenen aufzusuchen. Der Buß- und Bettag ist, auch wenn er nicht mehr zu den allgemeinen Feiertagen des § 1 des Sonn- und Feiertagsgesetzes rechnet, nach wie vor ein kirchlicher Feiertag (§ 2 Abs. 1 FTG). Er gleicht damit zahlreichen anderen kirchlichen Feiertagen, die ebenfalls nicht zu den gesetzlich anerkannten Feiertagen gehören. Der Gesetzgeber hindert niemanden, diesen Tag gleichwohl entsprechend seinem religiösen Bekenntnis zu begehen. Er erleichtert ihm dies dadurch, daß § 2 Abs. 1 FTG vorschreibt, daß dem in einem Ausbildungs- oder Beschäftigungsverhältnis stehenden Angehörigen einer Religionsgesellschaft Gelegenheit zum Besuch der kirchlichen Veranstaltungen zu geben ist. Es mag dahinstehen, ob diese gesetzliche Förderung kirchlicher Feiertage von Art. 20 Abs. 1 VvB zwingend geboten ist; keinesfalls

---

[2] KirchE 10, 181.   [4] KirchE 15, 158.
[3] KirchE 12, 294.   [5] KirchE 17, 325.

gebietet Art. 20 Abs. 1 VvB dem Gesetzgeber, generell kirchliche Feiertage als allgemeine Feiertage anzukennen oder zu erhalten. Deshalb ist es auch verfassungsrechtlich unbedenklich, wenn der Anspruch auf Unterrichtsfreiheit, den bisher § 2 Abs. 3 FTG für alle kirchlichen Feiertage gewährte, nunmehr generell entfallen ist. Dies mag, ebenso wie die Herabstufung des Buß- und Bettages zu einem nur noch kirchlichen Feiertag, mit Erschwernissen für die Angehörigen des betroffenen religiösen Bekenntnisses verbunden sein, wie der Beschwerdeführer darlegt. Diese Erschwernisse stellen jedoch keinen staatlichen Eingriff in die Freiheit der Religionsausübung dar, sondern haben ihren Grund allenfalls darin, daß der kirchliche Feiertag nicht zu den gesetzlichen Feiertagen zählt. Vor solchen Beeinträchtigungen, die die Folge des sozialen Zusammenlebens der Menschen sind, schützt Art. 20 Abs. 1 VvB nicht.

3. Der Streichung des Buß- und Bettages als staatlicher Feiertag durch das Erste Änderungsgesetz vom 2. 12. 1994 steht auch Art. 22 Abs. 1 VvB nicht entgegen, der bestimmt, daß u. a. die gesetzlichen Feiertage als Tage der Arbeitsruhe geschützt sind. Abgesehen davon, daß diese Vorschrift dem einzelnen kein mit der Verfassungsbeschwerde rügefähiges Grundrecht gewährt (vgl. zu Art. 147 BV: BayVerfGH, VerfGHE 35, 10 [15]), zielt Art. 22 Abs. 1 VvB nicht auf den Schutz gerade kirchlicher Feiertage oder religiöser Betätigung (anders beispielsweise die ebenfalls Sonn- und Feiertage betreffenden Art. 3 BW.LV: „Wahrung der christlichen Überlieferung"; Art. 147 BV: „Seelische Erhebung"; Art. 41 Saar.LV: „Religiöse Erbauung"; Art. 25 NW.LV: „Tag der Gottesverehrung, der seelischen Erhebung"), sondern bestimmt die gesetzlichen Feiertage lediglich zu Tagen der Arbeitsruhe. Ein fester Bestand an gesetzlichen Feiertagen wird mit dieser institutionellen Garantie (Hollerbach, Handbuch des Staatsrechts, Bd. VI, § 140 Rdnr. 62) nicht gewährleistet. Daher schließt Art. 22 Abs. 1 VvB die Streichung eines einzelnen Feiertages, mag er kirchlicher oder weltlicher Art sein, nicht aus.

49

Zu den Voraussetzungen eines Antrags, dem Bundesministerium für Familie, Senioren, Frauen und Jugend im Wege der einstweiligen Anordnung nach § 123 VwGO zu untersagen, die Bewegung „Transzendentale Meditation" (TM) in einer Informationsbroschüre mit dem Titel „Sogenannte Jugendsekten und Psychogruppen in der Bundesrepublik Deutschland" zu erwähnen (unter Bezugnahme auf das BVerwG, Urteil vom 23. 5. 1989 – 7 C 2.87 – BVerwGE 82, 76 = KirchE 27, 145).

OVG Nordrhein-Westfalen, Beschluß vom 22. August 1995
– 5 B 3304/93[1] –

Die Antragsgegnerin plant die Herausgabe einer Broschüre mit dem Titel „Sogenannte Jugendsekten und Psychogruppen in der Bundesrepublik Deutschland". Im Entwurf der Broschüre ist die Bewegung der Antragsteller „Transzendentale Meditation" erwähnt. Der Antrag auf Erlaß einer einstweiligen Anordnung mit dem Ziel, der Antragsgegnerin zu untersagen, die Bewegung der Antragsteller in der Broschüre zu erwähnen, hatte in beiden Instanzen keinen Erfolg.

Aus den Gründen:

Die Antragsteller haben einen Anordnungsanspruch nicht glaubhaft gemacht.

Das Untersagungsbegehren der Antragsteller zielt auf Ausführungen der Antragsgegnerin zu der Bewegung „Transzendentale Meditation" (TM) im Entwurf einer Informationsbroschüre. Das Verwaltungsgericht hat zutreffend dargelegt, daß es sich bei diesen Ausführungen im wesentlichen um dieselben Punkte handelt, die bereits Gegenstand des durch Urteil des BVerwG vom 23. 5. 1989[2] – BVerwG 7 C 2.87 – BVerwGE 82, 76 rechtskräftig abgeschlossenen TM-Verfahrens gewesen sind. Insbesondere wenden sich die Antragsteller erneut gegen die „Etikettierung als Jugendsekte / Jugendreligion / Psychogruppe / Psychosekte", die „Erwähnung in dem Sektenreport 93 an sich", und die damit verbundene „Warnung" vor der TM. Die streitbefangenen Ausführungen zur TM sind der Antragsgegnerin indes bei der im vorliegenden Verfahren gebotenen summarischen Prüfung der Sach- und Rechtslage nicht verwehrt.

Nach dem Urteil des BVerwG vom 23. 5. 1989 (aaO) ist davon auszugehen,

- *daß die Bezeichnung der TM-Bewegung als „Jugendreligion" bzw. „Jugendsekte" ebenso wenig zu beanstanden ist wie die Bezeichnung als „Psychosekte" bzw. „Psychogruppe" (BVerwGE 82, 84ff., [87]);*
- *daß die TM-Lehrer weder psychiatrisch noch psychologisch ausgebildet sind und die Bundesregierung deshalb zu einem entsprechenden, die bestehende Gefahrenlage zutreffend kennzeichnenden Hinweis an die Öffentlichkeit berechtigt ist (BVerwGE 82, 88f.);*
- *daß die Bundesregierung zu der Äußerung berechtigt ist, TM könne zu psychischen Schäden oder zu einer Persönlichkeitszerstörung führen (BVerwGE 82, 89, [91]);*
- *daß das Berufungsgericht der Klage auch nicht insoweit hätte stattgeben dürfen, als es der Bundesregierung die Äußerung untersagt hat, das Finanzgebaren der TM-Bewegung sei unseriös (BVerwGE 82, 93f.);*

---

[1] Amtl. Leitsatz. NJW 1996, 2115; NWVBl. 1996, 190. Nur LS: KuR 1996, 191.
[2] KirchE 27, 145.

– *daß das Risiko unberechtigter Assoziationen mit der der Bundesregierung erlaubten zusammenfassenden Darstellung des Wirkens zahlreicher unterschiedlicher Bewegungen unvermeidlich verbunden ist und daher mitsamt seinen Folgen in Kauf genommen werden muß (BVerwGE 82, 97).*

Die gegen diese Entscheidung gerichtete Verfassungsbeschwerde hat das BVerfG durch Beschluß vom 15. 8. 1989[3] – 1 BvR 881/89 – (NJW 1989, 3269) nicht zur Entscheidung angenommen und zur Begründung ausgeführt, das angegriffene Revisionsurteil lasse weder eine Verletzung des durch Art. 2 Abs. 1 i. V. m. Art. 1 Abs. 1 GG gewährleisteten sozialen Geltungsanspruchs, noch eine Verletzung des in Art. 4 Abs. 1 GG gewährleisteten Grundrechts der Glaubens- und Weltanschauungsfreiheit erkennen (NJW 1989, 3269 ff.); auch eine Beeinträchtigung der Berufsausübungsfreiheit (Art. 12 Abs. 1 GG) sei auszuschließen (NJW 1989, 3271).

Die Antragsteller halten die genannten höchstrichterlichen Entscheidungen für „Fehlentscheidungen"; sie machen insbesondere geltend, die dem Urteil des BVerwG vom 23. 5. 1987 (aaO) zugrunde liegenden tatsächlichen Feststellungen seien fehlerhaft. Zur Glaubhaftmachung verweisen sie auf zahlreiche eidesstattliche Versicherungen, Zeugen, Sachverständige, Gutachten, Stellungnahmen, Aufsätze, Bücher und sonstige Dokumente. All dem läßt sich indes bei summarischer Prüfung ein Untersagungsanspruch der Antragsteller nicht entnehmen.

Dem Begehren der Antragsteller steht zwar – aus den vom Verwaltungsgericht genannten Gründen – nicht schon der Einwand der „res judicata" entgegen. Das Vorbringen der Antragsteller rechtfertigt jedoch im Rahmen des vorliegenden, auf die Gewährung vorläufigen Rechtsschutzes gerichteten Verfahrens keine von den genannten höchstrichterlichen Entscheidungen abweichende Beurteilung der Sach- und Rechtslage. Dem steht das Gebot der Gewährung effektiven Rechtsschutzes nicht entgegen. Art. 19 Abs. 4 GG fordert zwar bei einem auf die Vorwegnahme der Hauptsacheentscheidung gerichteten Antrag – wie dem vorliegenden – die Gewährung vorläufigen Rechtsschutzes, wenn andernfalls schwere und unzumutbare, anders nicht abwendbare Nachteile entstünden, zu deren nachträglicher Beseitigung die Entscheidung in der Hauptsache nicht mehr in der Lage wäre (vgl. BVerfGE 46, 166 [179]; 51, 268 [284]). Einem auf die Vorwegnahme der Hauptsacheentscheidung gerichteten Antrag nach § 123 VwGO ist jedoch nur dann stattzugeben, wenn – neben der Unzumutbarkeit eines Abwartens – davon ausgegangen werden kann, daß das Begehren in der Hauptsache schon aufgrund der im Verfahren des vorläufigen Rechtsschutzes anzustellenden, bloß summarischen Prüfung des Sachverhalts erkennbar Erfolg haben wird (vgl. etwa BVerwG,

---

[3] KirchE 27, 211.

Beschluß v. 14. 12. 1989 – BVerwG 2 ER 301.89 – Buchholz 310 § 123 VwGO Nr. 15).

Daran fehlt es hier. Die Eigenbekundungen der Antragsteller zur TM bieten – ebenso wie die von ihnen vorgelegten eidesstattlichen Versicherungen von TM-Mitgliedern und TM-Lehrern – bei summarischer Prüfung keine Grundlage, um die Erkenntnisse des BVerwG in seinem Urteil vom 23. 5. 1989 (aaO) als fehlerhaft zu qualifizieren. Dies gilt auch und erst recht mit Blick auf angebliche – außerdienstliche – Äußerungen von am früheren TM-Verfahren beteiligten Richtern. Eine sachkundige Prüfung und Würdigung der von den Antragstellern darüber hinaus vorgelegten Erkenntnisquellen wäre mit einer umfangreichen, den Rahmen eines vorläufigen Verfahrens sprengenden Beweisaufnahme verbunden. Auch diesen Quellen läßt sich jedenfalls – bei summarischer Prüfung – nicht entnehmen, daß einem Verfahren der Antragsteller zur Hauptsache erkennbar Erfolg beschieden wäre. Angesichts dessen muß es bis zur Durchführung eines (neuen) Verfahrens zur Hauptsache bei den rechtlichen Bewertungen und tatsächlichen Feststellungen verbleiben, die das BVerwG – nach einer vorausgegangenen umfangreichen Beweisaufnahme des beschließenden Gerichts (5 A 1125/84) – seinem Urteil vom 23. 5. 1989 (aaO) zugrunde gelegt hat.

50

Zu dem Antrag der Glaubensgemeinschaft „Universelles Leben", dem Bundesministerium für Familie, Senioren, Frauen und Jugend im Wege der einstweiligen Anordnung nach § 123 VwGO zu untersagen, die Glaubensgemeinschaft in die geplante Veröffentlichung „Sogenannte Jugendsekten und Psychogruppen in der Bundesrepublik Deutschland" aufzunehmen.

OVG Nordrhein-Westfalen, Beschluß vom 25. August 1995 – 5 B 167/94[1] –

Die Antragsgegnerin plant die Herausgabe einer Broschüre mit dem Titel „Sogenannte Jugendsekten und Psychogruppen in der Bundesrepublik Deutschland". Im Entwurf der Broschüre ist die Gemeinschaft „Universelles Leben", deren Namen der Antragsteller trägt, erwähnt. Der Antrag auf Erlaß einer einstweiligen Anordnung mit dem Ziel, der Antragsgegnerin zu untersa-

---

[1] Amtl. Leitsatz. NJW 1996, 2114; NWVBl. 1996, 188. Nur LS: NVwZ 1996, 1027; KuR 1996, 191.

gen, die Gemeinschaft des Antragstellers in die Broschüre oder – wie im Beschwerdeverfahren zusätzlich begehrt – in eine andere Veröffentlichung aufzunehmen, hatte im Beschwerdeverfahren keinen Erfolg.

Aus den Gründen:

Der Antragsteller hat keinen Anspruch auf die von ihm begehrte einstweilige Anordnung.

Bei der im Rahmen des vorliegenden Verfahrens gebotenen summarischen Prüfung der Sach- und Rechtslage kann dahingestellt bleiben, ob ihm ein solcher Anspruch schon deshalb nicht zusteht, weil es ihm an der erforderlichen Aktivlegitimation mangelt. Diesbezügliche Zweifel sind angebracht, weil der Antragsteller als Träger des Namens der – rechtlich nicht verfaßten – Glaubensgemeinschaft „Universelles Leben" juristisch mit dieser nicht gleichzusetzen ist, so daß es an der Legitimation zur Wahrnehmung von Rechten dieser Gemeinschaft oder jedenfalls von höchstpersönlichen Rechten ihrer Angehörigen fehlen könnte (so OLG Frankfurt a. M., Urteil v. 3. 3. 1994[2] – 16 U 245/93 –, NJW 1995, 876).

Bejaht man das Recht des Antragstellers, Rechte der Glaubensgemeinschaft „Universelles Leben" prozessual geltend zu machen (so etwa BayVGH, Beschluß v. 4. 4. 1995 – 7 CE 95.462 –, NVwZ 1995, 793), so scheitert sein Begehren jedenfalls am Fehlen eines glaubhaft gemachten Anordnungsanspruchs.

Die erstmals im Beschwerdeverfahren begehrte – erweiterte – Untersagungsanordnung kann der Antragsteller schon deshalb nicht verlangen, weil die Antragsgegnerin über die von ihr geplante Broschüre „Sogenannte Jugendsekten und Psychogruppen in der Bundesrepublik Deutschland" hinaus weitere – die Gemeinschaft „Universelles Leben" einbeziehende – Veröffentlichungen zu diesem Themenkreis nicht beabsichtigt.

Ein Anspruch auf die von ihm erstinstanzlich begehrte, im vorliegenden Beschwerdeverfahren weiterverfolgte Untersagungsanordnung steht dem Antragsteller nicht zu, weil es an den Voraussetzungen fehlt, unter denen eine – mit dieser Untersagungsanordnung begehrte – Vorwegnahme der Entscheidung zur Hauptsache in Betracht kommt.

Art. 19 Abs. 4 GG fordert bei einem auf die Vorwegnahme der Hauptsacheentscheidung gerichteten Antrag die Gewährung vorläufigen Rechtsschutzes, wenn andernfalls schwere und unzumutbare, anders nicht abwendbare Nachteile entstünden, zu deren nachträglicher Beseitigung die Entschei-

---

[2] KirchE 32, 73.

dung in der Hauptsache nicht mehr in der Lage wäre (vgl. BVerfGE 46, 166 [179]; 51, 268 [284]).

Einem auf die Vorwegnahme der Hauptsacheentscheidung gerichteten Antrag nach § 123 VwGO ist jedoch nur dann stattzugeben, wenn — neben der Unzumutbarkeit eines Abwartens — davon ausgegangen werden kann, daß das Begehren in der Hauptsache schon aufgrund der im Verfahren des vorläufigen Rechtsschutzes anzustellenden, bloß summarischen Prüfung des Sachverhalts erkennbar Erfolg haben wird (vgl. etwa BVerwG, Beschluß v. 14. 12. 1989 — 2 ER 301.89 — Buchholz 310 § 123 VwGO Nr. 15).

Daran fehlt es hier. Es ist bei summarischer Prüfung nicht erkennbar, daß die geplante Veröffentlichung rechtswidrig ist, dem Untersagungsbegehren des Antragstellers in einem Verfahren zur Hauptsache mithin Erfolg beschieden sein wird. Es sprechen im Gegenteil gewichtige Anhaltspunkte dafür, daß die Antragsgegnerin zu der geplanten Veröffentlichung berechtigt ist.

Nach der Rechtsprechung des BVerwG und des BVerfG ist der mit einer Warnung durch die Bundesregierung verbundene Eingriff in die Grundrechte Betroffener durch die Aufgabenstellung der Bundesregierung (Art. 65 GG) in Verbindung mit der Wahrnehmung von Schutzpflichten — insbesondere aus Art. 2 Abs. 2 Satz 1, Art. 6 Abs. 1 GG — legitimiert, wenn ein hinreichend gewichtiger, dem Inhalt und der Bedeutung des berührten Grundrechts entsprechender Anlaß besteht, daß die mitgeteilten Tatsachen zutreffen und negative Werturteile nicht unsachlich sind, sondern auf einem im wesentlichen zutreffenden oder zumindest sachgerecht und vertretbar gewürdigten Tatsachenkern beruhen (vgl. BVerfG, Beschluß v. 15. 8. 1989[3] — 1 BvR 881/89 —, NJW 1989, 3269; BVerwG, Beschluß v. 4. 5. 1993[4] — 7 B 149.92 —, NVwZ 1994, 162 [163]; Beschluß v. 13. 3. 1991[5] — 7 B 99.90 — NJW 1991, 1770 [1771]; Urteil v. 23. 5. 1989[6] — 7 C 2.87 — BVerwGE 82, 76 [83]; OVG NW, Urteil v. 22. 5. 1990[7] — 5 A 1223/86 —, NVwZ 1991, 174). Ein hinreichender Anhaltspunkt für eine Warnung besteht, wenn eine Gefahr für verfassungsrechtlich geschützte Rechtsgüter oder zumindest der begründete Verdacht einer Gefahr vorliegt. Entsprechend dem Verhältnismäßigkeitsgrundsatz bestimmt sich das von der Bundesregierung einzuhaltende Maß der Sachaufklärung nach dem Gewicht der Gefahr sowie nach dem Inhalt und der Funktion der Warnung (vgl. BVerwG, Beschluß v. 13. 3. 1991 — 7 B 99.90 —, NJW 1991, 1770 [1771]).

Gemessen an diesen Grundsätzen sind hier schon mit Blick auf die von der Antragsgegnerin im Beschwerdeverfahren vorgelegten und detailliert in

---

[3] KirchE 27, 211.
[4] KirchE 31, 145.
[5] KirchE 29, 59.
[6] KirchE 27, 145.
[7] KirchE 28, 106.

Bezug genommenen Selbstzeugnisse der Glaubensgemeinschaft „Universelles Leben" hinreichende Anhaltspunkte für die mit der geplanten Veröffentlichung verbundene Warnung gegeben.

Die Antragsgegnerin hat unter Hinweis auf die Schriften „Heilung durch die Kraft der Gedanken" und „Der Christusstaat 10/87" substantiiert dargelegt, daß nach den Vorstellungen der Glaubensgemeinschaft „Universelles Leben" „wir krank sind ... nur aufgrund unserer falsch gearteten und falsch gelenkten Gedanken", daß das „Universelle Leben" den Einsatz von Antibiotika und Impfungen als Ausdruck mangelnden Vertrauens „zur Führung durch Gott" bewertet und dementsprechend empfiehlt, von einem solchen „Sicherheitsdenken" abzusehen und sich stattdessen einer „geistigen Heilkunde" anzuvertrauen, „um die Körperabwehr auf einen Stand zu bringen, daß Impfungen und Antibiotika unnötig sind". Die Antragsgegnerin hat zutreffend dargelegt, daß diese Ausführungen insofern „gefährlich" sind, als sie Angehörige der Glaubensgemeinschaft „Universelles Leben" dazu veranlassen können, von einer im Einzelfall notwendigen ärztlichen bzw. medikamentösen Behandlung abzusehen und sich damit unter Umständen erheblichen Gefahren für Leib und Leben, also Gefahren für die in Art. 2 Abs. 2 Satz 1 GG geschützten Rechtsgüter, auszusetzen. Daran vermag der vom Antragsteller bekundete Umstand nichts zu ändern, daß nach der „Gemeindeordnung" des „Universellen Lebens" dem Heilsuchenden die freie Entscheidung zur Konsultation eines Arztes obliegt, der „Glaubensheiler" ihn nicht von der Inanspruchnahme eines Arztes abhalten darf und ausweislich der Schrift „Erkenne und heile Dich selbst durch die Kraft des Geistes" die Einnahme von Medikamenten nicht ausgeschlossen wird. Denn es bleibt auch angesichts dieser Ausführungen das den Angehörigen der Glaubengemeinschaft anempfohlene Ziel des „Universellen Lebens", unter Abkehr von schulmedizinischen Vorstellungen sich selbst „durch die Kraft des Geistes" zu heilen. Angesichts dessen hält sich der von der Antragsgegnerin beabsichtigte Hinweis, am „Universellen Leben" und seinen Organisationen werde Kritik geübt wegen der „geoffenbarten Heilmethoden, die unterschiedslos an die Stelle der Schulmedizin gerückt werden", bei summarischer Prüfung im Rahmen eines willkürfreien, sachlichen Werturteils, das auf einem vertretbar gewürdigten Tatsachenkern beruht.

Entsprechendes gilt für den geplanten Hinweis der Antragstellerin auf die am „Universellen Leben" und seinen Organisationen geübte Kritik „wegen deren übersteigerter Selbsteinschätzung und aggressiver Werbemethoden". Die für die Gemeinschaft „Universelles Leben" maßgebliche „Prophetin" nimmt für sich in ihrer Schrift „Das Werk der Erlösung" absolute Wahrheiten in Anspruch. Dementsprechend ist in den zehn Thesen „des Heimholungswerkes Jesu Christi" von der „wahren Christuskirche der inneren Religion" sowie von dem „Priester aller Priester" und einer „unabänderliche(n) Wahrheit" die Rede. Mit Blick auf die tradierten christlichen Kirchen heißt es in der Schrift „Gott ist aus der Kirche ausgetreten": „Christus hat eine solche Kirche längst verlassen! Folgen Sie ihm nach!". Dieser Aufforderung folgt die konkrete Handlungsanleitung „Wie vollziehe ich meinen Kirchenaustritt?".

Angesichts dieser Selbstzeugnisse der Glaubensgemeinschaft „Universelles Leben" bleibt bei summarischer Prüfung auch die Bewertung „übersteigerte Selbsteinschätzung" und „aggressive Werbemethoden" im Rahmen eines willkürfreien, sachlichen Werturteils, das auf einem vertretbar gewürdigten Tatsachenkern beruht. Daran vermögen Hinweise des Antragstellers auf ähnliche oder vergleichbare Selbsteinschätzungen und Praktiken anderer Glaubensgemeinschaften nichts zu ändern.

Bei summarischer Prüfung der Sach- und Rechtslage ist schließlich nicht zu beanstanden, daß die von der Antragsgegnerin geplante Veröffentlichung auf eine Entscheidung des BayVGH verweist, derzufolge bestimmte Behauptungen über die Glaubensgemeinschaft „Universelles Leben" zulässig sind. Zwar handelt es sich bei diesen Behauptungen („die Glaubensgemeinschaft versuche, Jugendliche in ihre Netze zu treiben" bzw. das „Universelle Leben" sei eine „Organisation, die mit ihren Offenbarungen ein gnadenloses System der Selbsterlösung aufgebaut habe, das hilfesuchende Menschen in die Abhängigkeit führe") um solche der Ev.-Luth. Kirche in Bayern bzw. ihres Sektenbeauftragten im Rahmen einer Glaubensauseinandersetzung. Dieser Umstand steht indes einer Wiedergabe durch die Antragsgegnerin nicht entgegen. Denn sie hat die genannten Behauptungen – entgegen der Auffassung des Verwaltungsgerichts – nicht kommentarlos als richtig unterstellt, sondern durch eigene Tatsachenfeststellungen und Bewertungen für sich als zutreffend untermauert. Dabei hat sie sich unter anderem auf Presseberichte und Zeugenaussagen gestützt. Ob und inwieweit diese Erkenntnisquellen mit Blick auf die in Rede stehenden Behauptungen einer Prüfung standhalten, muß der Klärung in einem Verfahren zur Hauptsache vorbehalten bleiben. Im Rahmen des vorliegenden Verfahrens lassen sich die streitbefangenen Behauptungen jedenfalls nicht als unzutreffend, unverhältnismäßig oder gar willkürlich qualifizieren. Der BayVGH hat im Gegenteil in seinem von der Antragsgegnerin in Bezug genommenen Beschluß vom 27. 5. 1993[8] – 7 CE 93.1650 (7 CE 93.1697) – ausdrücklich festgestellt, daß die Äußerung der Ev.-Luth. Kirche in Bayern bzw. ihres Sektenbeauftragten „nicht jedes sachlichen Hintergrundes" entbehrt, daß sich vielmehr der „Gemeindeordnung" sowie weiteren Schriften des „Universellen Lebens" die Ausrichtung auf einen „straffen Zu-

---

[8] KirchE 31, 188.

sammenhalt seiner Mitglieder" entnehmen lasse; die Behauptung, das „Universelle Leben" versuche, Jugendliche in seine Netze zu treiben, enthalte im übrigen lediglich die bildhaft überspitzte Feststellung der „gerichtsbekannten Tatsache", daß das „Universelle Leben" Mitglieder und vor allem auch junge Mitglieder werbe. Nach dem von der Antragsgegnerin ferner in Bezug genommenen Beschluß des VG München vom 19. 7. 1993 – M 7 E 93.1976 – kann davon ausgegangen werden, daß die Behauptung, „... versuche mit einem Absolutheitsanspruch ihre Mitglieder abhängig zu machen", jedenfalls keine Behauptung bewußt unwahrer Tatsachen beinhaltet. Unabhängig von diesen gerichtlichen Feststellungen und Bewertungen finden die streitbefangenen Behauptungen bei summarischer Prüfung eine vorläufige Bestätigung auch durch die bereits oben wiedergegebenen Selbstzeugnisse der Glaubensgemeinschaft „Universelles Leben", insbesondere durch die geschilderten Werbemethoden und Absolutheitsansprüche dieser Glaubensgemeinschaft. Vor diesem Hintergrund erweisen sich die in Rede stehenden Behauptungen bei summarischer Prüfung (noch) als sachliche Werturteile, die auf einem vertretbar gewürdigten Tatsachenkern beruhen, mithin von der Antragsgegnerin im Rahmen ihrer – das Recht zu öffentlichen Warnungen einschließenden – Öffentlichkeitsarbeit in die geplante Informationsbroschüre aufgenommen werden dürfen.

51

Eine innerstaatliche Fluchtalternative für syrisch-orthodoxe Christen im Westen der Türkei (außerhalb Istanbuls) kann nicht mit der pauschalen Feststellung verneint werden, dort gebe es für sie keine kirchliche Betreuung.

Art. 16 a Abs. 1 GG
BVerwG, Urteil vom 29. August 1995 – 9 C 1.95[1] –

Die 1923 geborene Klägerin ist türkische Staatsangehörige aramäischer Volkszugehörigkeit und syrisch-orthodoxen Glaubens. Sie stammt aus dem ursprünglichen Herkunftsgebiet der syrisch-orthodoxen Christen, dem Tur Abdin in Ostanatolien. Sie verließ ihr Heimatland – zusammen mit der Familie ihres Sohnes und ihres Enkels Ende Februar 1988 und beantragte nach ihrer Ankunft in der Bundesrepublik Deutschland Asyl. Hierzu machte sie geltend, sie sei als Angehörige der syrisch-orthodoxen Religionsgemeinschaft in der Türkei verfolgt worden.

---

[1] Amtl. Leitsatz. DVBl. 1996, 202. Nur LS: KuR 1996, 131.

Asylrecht 319

Das Bundesamt für die Anerkennung ausländischer Flüchtlinge lehnte den Asylantrag ab. Auf die dagegen erhobene Klage verpflichtete das Verwaltungsgericht die beklagte Bundesrepublik, die Klägerin als Asylberechtigte anzuerkennen und das Vorliegen der Voraussetzungen des § 51 Abs. 1 AuslG festzustellen.

Das Oberverwaltungsgericht hat die von ihm zugelassene Berufung des beteiligten Bundesbeauftragten für Asylangelegenheiten durch das angefochtene Urteil zurückgewiesen. Es hat hierzu ausgeführt, der Senat könne offenlassen, ob die Klägerin die Türkei vorverfolgt verlassen habe. Ihr drohe nämlich bei einer Rückkehr mit beachtlicher Wahrscheinlichkeit politische Verfolgung, weil die syrisch-orthodoxen Christen heute im Gebiet des Tur Abdin einer mittelbaren staatlichen Gruppenverfolgung wegen ihrer Religion ausgesetzt seien, der sie auch nicht durch Umzug in einen anderen Landesteil ausweichen könnten.

Zur Gruppenverfolgung hat das Berufungsgericht dargelegt, die 80 000 bis 100 000 Christen in der Türkei seien bei einer Gesamtbevölkerung von rd. 55 Millionen heute eine kleine Minderheit. Die Mitglieder der „Syrisch-Orthoxen Kirche von Antiochien", wie der offizielle Name der Glaubensgemeinschaft laute, zählten in der Türkei aktuell nur noch zwischen 12 000 und 15 000 Personen, davon ca. 10 000 bis 12 000 in Istanbul und ca. 1 500 bis 3 000 im Tur Abdin. Priesternachwuchs gebe es kaum noch; Klöster und Kirchen verfielen. Aufgrund der jetzigen Bevölkerungsstruktur werde der christlichen Kultur im Tur Abdin keine Überlebenschance mehr eingeräumt. Nach den neuesten Erkenntnisquellen drohe den syrisch-orthodoxen Christen dort zwar keine unmittelbare, aber eine mittelbare Gruppenverfolgung. Seit der Aufkündigung des von der PKK ausgerufenen Waffenstillstandes im Frühjahr 1993 habe sich die Situation für die syrisch-orthodoxe Bevölkerung im Tur Abdin erheblich verschärft. Die dort seitdem höchst unsichere Lage werde von moslemischen Gruppierungen dazu ausgenutzt, gleichsam im Windschatten der zunehmenden militärischen Auseinandersetzungen zwischen der PKK und der türkischen Armee gegen Christen vorzugeben mit dem Ziel, sie zu vertreiben und um ihren wirtschaftlichen Besitz zu bringen. Begünstigt werde dieses Verhalten durch die verstärkte Reislamisierung, welcher der türkische Staat nicht entschieden genug entgegentrete. Die Christen seien den Übergriffen weitgehend schutzlos ausgesetzt. Schon in der Vergangenheit sei es zu Überfällen, Mißhandlungen, Folterungen, Tötungen, Viehdiebstählen, Vernichtungen der Ernte, Verwüstungen von Feldern und zum Verbrennen von Häusern gekommen. Diese Übergriffe hätten sich verschärft. Im Lagebericht des Auswärtigen Amtes vom 16. 11. 1993 werde von einer „Verfolgungssituation" durch immer häufigere Übergriffe und Drangsalierungen verschiedenster islamischer Bevölkerungsgruppen bis hin zu Landnahmen und Morden auch durch staatliche besoldete Dorfschützer berichtet. Die Übergriffe hätten asylrelevantes Gewicht, weil sie auf die Vernichtung der Existenzgrundlage und Vertreibung der Christen aus dem Gebiet zielten. Sie erfolgten dabei erkennbar wegen der Zugehörigkeit der Opfer zur Glaubensgemeinschaft der Christen. Die Verfolgungsmaßnahmen seien dem türkischen Staat auch zuzurechnen mit Ausnahme derjenigen, die von Anhängern der PKK verübt würden. Der Staat sei nämlich zumindest im Tur Abdin nicht bereit oder − obwohl dazu imstande − nicht willens, die verfügbaren Mittel einzusetzen, um die Christen vor Übergriffen zu schützen. Er nehme deren Verfolgung im Südosten der Türkei vielmehr im großen und ganzen tatenlos hin und versage den erforderlichen Schutz. Die Verfolgung weise auch die erforderliche Intensität auf. Zwar gebe es keine progromartigen flächendeckenden Massenausschreitungen. Jedoch würden die Christen seit dem Frühjahr 1993 von ihren moslemischen Landsleuten − insbesondere Dorfschützern und Mitgliedern der Hizbollah − mit solcher Härte, Ausdauer und Unnachgiebigkeit verfolgt, daß jeder Angehörige der Minderheit ständig der Gefährdung an Leben, Leib oder Freiheit ausgesetzt sei. Bei den Übergriffen handele es sich nicht um Einzelfälle. Gemessen an der geringen Zahl der im Tur Abdin noch lebenden Christen fielen die asylerheblichen Verfolgungsschläge nach Intensität und Häufigkeit so dicht und eng gestreut, daß bei objektiver Betrachtung für jedes Gruppenmitglied die Furcht begründet sei, jederzeit selbst ein Opfer solcher Verfolgungsmaßnahmen zu werden.

Es gebe auch keine inländische Fluchtalternative. Hierfür komme nur Istanbul in Betracht; in allen anderen Regionen und Orten in der Türkei (mit Ausnahme des ursprünglichen Siedlungsgebietes Tur Abdin) gebe es für syrisch-orthodoxe Christen keine kirchliche Betreuung, so daß das religiöse Existenzminimum insoweit nicht gewahrt sei. Aber auch Istanbul stelle letztlich keine zumutbare Fluchtalternative dar. Zwar bestehe dort eine syrisch-orthodoxe Gemeinde, auch seien die Christen vor politischer Verfolgung hinreichend sicher; es drohe ihnen jedoch mit beachtlicher Wahrscheinlichkeit ein Leben unterhalb des Existenzminimums. Soweit neu nach Istanbul zuziehende syrisch-orthodoxe Christen über zureichende finanzielle Mittel verfügten, hätten sie auch heute regelmäßig keine Probleme, sich eine Lebensgrundlage zu schaffen. Ebenso könnten sich Personen, die die türkische Sprache ausreichend beherrschen und über eine für die Großstadt Istanbul sinnvolle Ausbildung verfügten oder auf ein Geflecht verwandtschaftlicher Beziehungen zurückgreifen könnten, zumindest grundsätzlich in Istanbul eine Existenz aufbauen. Anders sei jedoch die Lage der übrigen Zuwanderer, zu denen die Klägerin gehöre, zu beurteilen. Für diese habe sich die wirtschaftliche Situation erheblich verschlechter.t Sie hätten kaum eine Chance, einen Arbeitsplatz zu erhalten, zumal aus den bei der Einstellung vorzulegenden Nüfen die Religionszugehörigkeit ersichtlich sei. Auch reiche ein etwaiger Lohn für eine Hilfskraft zum Überleben nicht aus. Der Bereich des Straßenhandels sei den Christen fast gänzlich versperrt, da er mafiaähnlich von Straßenbanden organisiert und überwiegend in Händen von Kurden sei. Die frühere Möglichkeit, bei christlichen Geschäftsleuten und Handwerkern zu arbeiten, bestehe mangels freier Stellen heute praktisch nicht mehr. Auch die syrisch-orthodoxe Kirchengemeinde könne keine ausreichende finanzielle Unterstützung mehr leisten. Die Klägerin sei der türkischen Sprache nicht mächtig, stamme aus der Landwirtschaft und verfüge über keine sonstige Berufsausbildung. Zudem sei sie bereits 70 Jahre alt. Es sei deshalb höchst unwahrscheinlich, daß sie in Istanbul Arbeit finden könne. Von der Familie ihres Sohnes könne sie finanziell nicht unterstützt werden, da diese selbst in Istanbul keine Existenz aufbauen könne. Sie habe auch keine weiteren Verwandten mehr in der Türkei. Mit regelmäßiger finanzieller Unterstützung durch Verwandte im westlichen Ausland könne sie nicht rechnen. Überdies sei zweifelhaft, ob derartige Leistungen überhaupt berücksichtigungsfähig wären.

Gegen dieses Urteil hat der Beteiligte die vom Bundesverwaltungsgericht zugelassene Revision eingelegt. Er hält sowohl die Annahme einer regionalen Gruppenverfolgung aller Christen im Tur Abdin als auch die Verneinung einer inländischen Fluchtalternative für rechtsfehlerhaft. Das religiöse Existenzminimum von Christen könne nicht mit der Erwägung verneint werden, es gebe keine organisatorische und priesterliche Betreuung der Gläubigen. Zudem fehle eine Auseinandersetzung mit der Frage, ob diese Mängel staatlich veranlaßt oder zu verantworten seien; nur dann seien sie asylrechtlich von Bedeutung. Unzulässig sei es ferner, in bezug auf den Aufbau einer Existenz in Istanbul nach Bevölkerungsgruppen – hier: der ungebildeten und unausgebildeten Landbevölkerung aus dem Tur Abdin – zu differenzieren.

Die Revision der Bundesbeauftragten für Asylangelegenheiten führte zur Aufhebung des angefochtenen Urteils und Zurückverweisung der Sache an das Oberverwaltungsgericht.

Aus den Gründen:

Die Revision ist begründet. Das angefochtene Urteil steht mit Bundesrecht nicht in Einklang, soweit das Berufungsgericht eine inländische Fluchtalternative für die Klägerin außerhalb Istanbuls verneint hat. Dies führt zu seiner Aufhebung und zur Zurückverweisung der Sache an das Berufungsgericht (§ 144 Abs. 3 Satz 1 Nr. 2 VwGO).

Das Berufungsgericht hat der Klägerin Asyl nach Art. 16 a GG und Abschiebungsschutz gemäß § 51 Abs. 1 AuslG zugesprochen mit der Erwägung, ihr drohe heute bei einer Rückkehr in ihre Heimatregion eine mittelbare, d. h.

vom türkischen Staat zu verantwortende Gruppenverfolgung wegen der Zugehörigkeit zur syrisch-orthodoxen Glaubensgemeinschaft, ohne daß eine zumutbare inländische Fluchtalternative bestehe. In Istanbul werde sie keine wirtschaftliche Existenzgrundlage finden; in allen anderen Regionen und Orten der Türkei − mit Ausnahme des ursprünglichen Siedlungsgebietes Tur Abdin − gebe es für syrisch-orthodoxe Christen keine kirchliche Betreuung, so daß das religiöse Existenzminimum insoweit nicht gewahrt wäre. Mit der Begründung mangelnder kirchlicher Betreuung kann indessen eine inländische Fluchtalternative rechtsfehlerfrei nicht verneint werden.

Wird jemand − wie die Klägerin nach der Auffassung des Berufungsgerichts − von regionaler politischer Verfolgung betroffen, ist er erst dann politisch Verfolgter im Sinne von Art. 16 a GG und abschiebungsschutzberechtigt nach § 51 Abs. 1 AuslG, wenn er dadurch landesweit in eine ausweglose Lage gerät, weil er auch in anderen Teilen seines Heimatlandes eine zumutbare Zuflucht nicht finden kann. Eine solche inländische Fluchtalternative setzt nach der Rechtsprechung voraus, daß der Verfolgte an einem sonstigen Ort in seinem Heimatland vor erneuter politischer Verfolgung hinreichend sicher ist und daß ihm dort auch keine anderen Nachteile und Gefahren drohen, die nach ihrer Intensität und Schwere einer asylerheblichen Rechtsgutsbeeinträchtigung gleichkommen, sofern diese existenzielle Gefährdung am Herkunftsort so nicht bestünde (vgl. grundlegend BVerfG, Beschluß vom 10. 7. 1989 − 2 BvR 502/86 u. a. − BVerfGE 80, 315 [342 ff.]); BVerwG, Urteil vom 15. Mai 1990 − BVerwG 9 C 17.89 − BVerwGE 85, 139 [145 f.]; st. Rspr.). Wer vor politischer Verfolgung flieht, muß sich daher nur auf einen solchen innerstaatlichen Zufluchtsort verweisen lassen, an dem − auch − sein sog. religiöses Existenzminimum tatsächlich gewährleistet ist (vgl. BVerfG, Beschluß vom 10. 11. 1989 − 2 BvR 403, 1501/84 − BVerfGE 81, 58 [66]; Kammerbeschluß vom 30. 12. 1991 − 2 BvR 406/91 u. a. − InfAuslR 1992, 219 m. w. N.). Das religiöse Existenzminimum bezeichnet dabei den unverzichtbaren und unentziehbaren Kern der Privatsphäre des glaubenden Menschen; es umfaßt die Religionsausübung im privaten Bereich abseits der Öffentlichkeit und in persönlicher Gemeinschaft mit anderen Gläubigen dort, wo man sich nach Treu und Glauben unter sich wissen darf (vgl. BVerwG, Urteil vom 18. 2. 1986[2] − BVerwG 9 C 16.85 − BVerwGE 74, 31 [38]; BVerfG, Beschluß vom 1. 7. 1987[3] − 2 BvR 478, 962/86 − BVerfGE 76, 143 [158 f.] und seither st. Rspr.). Für die archaische und von mündlicher Überlieferung geprägte Religion der Jeziden hat das Bundesverfassungsgericht ferner gefordert (BVerfGE 81, 58 [66]), die nach der allgemein geübten reli-

---

[2] KirchE 24, 40.   [3] KirchE 25, 217.

giösen Praxis für das religiöse Leben dieser Glaubensgemeinschaft schlechthin unverzichtbaren besonderen Voraussetzungen der Religionsausübung in den Blick zu nehmen. Dem entspricht die vom Bundesverwaltungsgericht verlangte Berücksichtigung des überlieferten Brauchtums einer Religion (BVerwGE 74, 31 [38]).

Diesen Grundsätzen wird das angefochtene Urteil nicht in vollem Umfang gerecht. Es geht zwar zutreffend davon aus, daß eine innerstaatliche Fluchtalternative die Sicherung auch des religiösen Existenzminimums voraussetzt. Diese kann jedoch rechtsfehlerfrei nicht für alle denkbaren Zufluchtsregionen außerhalb von Istanbul mit der pauschalen Feststellung verneint werden, dort gebe es für die syrisch-orthodoxen Christen „keine kirchliche Betreuung". Dem liegt offenbar die Vorstellung zugrunde, die Betreuung des einzelnen Gläubigen durch seine Kirche sei zur Wahrung des religiösen Existenzminimums unerläßlich. Das aber geht bereits im Ansatz über das hinaus, was die Rechtsprechung zum asylrechtlich geschützten Kernbereich der Glaubensbetätigung zählt. Das Berufungsgericht hat weder ausgeführt, was es unter notwendiger kirchlicher Betreuung versteht, noch hat es festgestellt, daß für die syrisch-orthodoxen Christen Besonderheiten gelten, die es ausnahmsweise gebieten könnten, zur Bestimmung einer zumutbaren Fluchtalternative weitere Voraussetzungen – beispielsweise besondere Formen kirchlicher Betreuung – zu fordern, welche für eine Religionsausübung im Kernbereich unter Berücksichtigung etwa eines archaischen Charakters ihrer Religion oder des überlieferten Brauchtums unabdingbar sind. Im übrigen erscheint es auch eher unwahrscheinlich, daß für eine christliche Religion derartige Besonderheiten gelten sollten. Das Berufungsgericht selbst hat das religiöse Existenzminimum der syrisch-orthodoxen Christen in ihrem herkömmlichen Siedlungsgebiet im Tur Abdin ausdrücklich als noch gewahrt angesehen, obwohl es zuvor festgestellt hat, daß es auch dort kaum noch Priesternachwuchs gibt, daß Klöster und Kirchen verfallen und daß die wenigen verbliebenen Gemeindemitglieder verstreut in einer unwegsamen Region leben. Unter solchen Umständen dürfte dort weder eine organisierte kirchliche Betreuung jedes einzelnen syrisch-orthodoxen Christen noch ein mehr als allenfalls gelegentlicher seelsorgerlicher Kontakt mit einem Priester möglich sein. Auch unter diesem Gesichtspunkt erscheint es nicht einleuchtend, weshalb die syrisch-orthodoxe Kirche nicht in der Lage sein sollte, ihre Gläubigen im Westen der Türkei mindestens ebenso gut von Istanbul aus zu betreuen, zumal Anhaltspunkte für deren staatliche Behinderung nicht ersichtlich sind. Eine inländische Fluchtalternative für syrisch-orthodoxe Christen im Westen der Türkei – außerhalb von Istanbul – kann danach auf der Grundlage der Feststellungen des Berufungsgerichts nicht verneint werden; dem Berufungsurteil läßt sich nämlich auch nicht entnehmen, daß die syrisch-orthodoxen Christen dort keine wirtschaftliche Existenzgrundlage finden könnten.

Ist das Berufungsurteil schon deswegen aufzuheben, so bedarf es keiner weitergehenden Prüfung und Entscheidung, ob es im übrigen mit Bundesrecht vereinbar ist. Die von der Revision erhobenen weiteren Rügen hat der Senat allerdings zum Teil bereits als unbegründet angesehen (vgl. Beschluß des Senats vom 24. 3. 1995 – BVerwG 9 B 747.94 – AuAs 1995, 159 = NWVBl. 1995, 381).

Bei der erneuten Entscheidung wird das Berufungsgericht ggf. auch die bisher offengelassene Frage einer – hier vom Verwaltungsgericht bejahten – Vorverfolgung der Klägerin zu prüfen und die Rechtsprechung der anderen Oberverwaltungsgerichte zur Frage einer Gruppenverfolgung der syrisch-orthodoxen Christen in der Türkei sowie einer zumutbaren inländischen Fluchtalternative zu berücksichtigen haben.

52

Ein Anspruch auf Aufnahme in einen kirchlichen Kindergarten ist im Zivilrechtsweg zu verfolgen.

§§ 75 KJHG, 40 VwGO
VG Düsseldorf, Beschluß vom 29. August 1995 – 24 L 2734/95[1] –

Der Antragsteller begehrt im Wege einstweiliger Anordnung mit seinem Hauptantrag, die Antragsgegnerin zu 1), eine ev. Kirchengemeinde, zu verpflichten, ihn in den von ihr betriebenen Kindergarten aufzunehmen. Die Kammer hält den Verwaltungsrechtsweg für nicht gegeben und verweist den Rechtsstreit an das Amtsgericht.

Aus den Gründen:

Der (...) Antrag, im Wege einstweiliger Anordnung die Antragsgegnerin zu 1) zu verpflichten, den Antragsteller für das Kindergartenjahr 1995/96 in den Kindergarten der Evangelischen Kirchengemeinde aufzunehmen, hilfsweise, den Antragsgegner zu 2) zu verpflichten, den Antragsteller für das Kindergartenjahr 1995/96 in den Kindergarten der Evangelischen Kirchengemeinde aufzunehmen, kann nicht auf dem Verwaltungsrechtsweg verfolgt werden.

---

[1] NWVBl. 1996, 33. Die Beschwerde blieb erfolglos; OVG Nordrhein-Westfalen, Beschluß vom 15. 11. 1995, KirchE 33, 518.

Hinsichtlich des Hauptantrages liegt keine öffentlich-rechtliche Streitigkeit i. S. v. § 40 Abs. 1 Satz 1 VwGO vor.

Die Rechtsnatur des – antragstellerseits behaupteten – Hauptanspruchs auf Aufnahme in den Kindergarten der Antragsgegnerin zu 1) ist hier nicht öffentlich-rechtlicher, sondern privatrechtlicher Art, weil die Antragsgegnerin zu 1) mit den Eltern aufzunehmender Kinder in zulässiger Rechtsformenwahl privatrechtliche Betreuungsverträge abschließt und der Antragsgegnerin zu 1) öffentlich-rechtliche Handlungsbefugnisse bei der Begründung dieser Betreuungsverhältnisse weder eingeräumt sind noch sie sich ihrer sonst erkennbar bedient.

Öffentlich-rechtliche Handlungs- oder Entscheidungsbefugnisse (vgl. zur Maßgeblichkeit dieses Kriteriums zur Rechtswegfrage, wenn sich der Staat bei der Gewährung von Sachleistungen Dritter bedient: BVerwG, Beschluß v. 6. 3. 1990 – 7 C 120.98 –, JZ 1990, 446) sind den anerkannten Trägern der freien Jugendhilfe nach § 75 KJHG im Rahmen der Begründung von Rechtsverhältnissen mit Eltern von in Tageseinrichtungen für Kinder in der Form von Kindergärten, § 1 Ziff. 1 des GTK aufzunehmenden Kindern nicht durch Gesetz oder aufgrund eines Gesetzes verliehen. Sie entscheiden über die Aufnahme weder aufgrund Gesetzes noch typischerweise durch Verwaltungsakt und erbringen ihre Leistungen auf dem Gebiet der Kinderbetreuung gerade nicht aufgrund gesetzlicher Verpflichtung, sondern freiwillig.

Aus den Vorschriften des GTK über den pädagogischen Auftrag und die Zielsetzung des Kindergartens (§ 2 GTK) ergibt sich nicht die Einräumung hoheitlicher Befugnisse im Sinne vorstehender Erwägungen. Diese Vorschriften stellen lediglich eine öffentlich-rechtliche Inhaltsbestimmung des seiner Natur nach privatrechtlichen Benutzungsverhältnisses dar. Aus der Subventionierung folgt in dieser Richtung ebenfalls nichts (vgl. BVerwG, Beschluß v. 27. 3. 1974 – VII C 3.73 –, BVerwGE 45, 117 [betr. eine genehmigte Ersatzschule]).

Die Antragsgegnerin berühmt sich auch ersichtlich nicht hoheitlicher Befugnisse bei der Begründung dieser Rechtsverhältnisse, ungeachtet deren Rechtsgrundlage.

Etwas anderes gilt nicht deshalb, weil die Antragsgegnerin nach Art. 140 GG i. V. m. Art. 137 Abs. 5 WRV auch Körperschaft des öffentlichen Rechts ist. Der Charakter der Kirchen als Körperschaften des öffentlichen Rechts bedeutet angesichts der religiösen und konfessionellen Neutralität des Staates keine Gleichstellung der Kirchen mit anderen öffentlich-rechtlichen Körperschaften, die in den Staat organisch eingegliederte Verbände sind, sondern nur die Zuerkennung eines öffentlichen Status, der sie zwar über die Religionsgemeinschaften erhebt, aber keiner besonderen Kirchenhoheit des Staates oder gesteigerten Staatsaufsicht unterwirft (vgl. BVerfGE 18, 385 [386 f.][2]).

---

[2] KirchE 7, 172.

Infolge der festgestellten privatrechtlichen Ausgestaltung des Benutzungsverhältnisses greift nicht die vom Bundesverwaltungsgericht (mit Urteil v. 7. 10. 1983[3] – 7 C 44.81 –, DVBl. 1984, 227 [„Glockenläuten", eingeschränkt durch Beschluß v. 28. 1. 1994 – 7 B 198/93 – NJW 1994, 956 auf das nichtsakrale Glockenläuten]) angenommene Vermutung, daß eine öffentlich-rechtliche Streitigkeit vorliegt. Denn wie das Bundesverwaltungsgericht an anderer Stelle (mit Beschluß v. 10. 7. 1986 – 7 B 27.86 –, DVBl. 1986, 1202 für den danach nicht eröffneten Verwaltungsrechtsweg gegen den Ausspruch eines Hausverbotes für einen Kindergarten durch die Trägerin, eine Pfarrkirchenstiftung) ausgeführt hat, folgt aus der Entscheidung vom 7. 10. 1983 nicht, daß jede Handlung der Kirche oder ihrer Gliederungen allein schon kraft ihrer Rechtsform als Körperschaft ... des öffentlichen Rechts als öffentlich-rechtlich einzuordnen ist. Entscheidend ist vielmehr, ob bei Würdigung aller Umstände des Einzelfalls auf eine privatrechtliche Rechtsbeziehung geschlossen werden kann. Das ist hier der Fall. Denn die Antragsgegnerin zu 1) schließt mit den Eltern aufzunehmender Kinder privatrechtliche Betreuungsverträge ab.

Hieraus folgt, daß Kirchen, die Körperschaften des öffentlichen Rechts sind und Leistungen im Bereich der Gewährung von Kindergartenplätzen auf vertraglicher Grundlage erbringen, hinsichtlich der Rechtswegfrage sonstigen, regelmäßig privatrechtlich organisierten freien Trägern der Jugendhilfe gleichstehen.

Gesetzliche Bestimmungen, die ungeachtet des privatrechtlichen Vertragsverhältnisses die Zulassung zum Kindergarten der Antragsgegnerin zu 1) dem öffentlichen Recht unterwerfen, existieren nicht.

Zwar mag sich aus der Gemeindeordnung (innerhalb der Kapazitätsgrenzen) ein öffentlich-rechtlicher Anspruch auf Benutzung kommunaler Einrichtungen ergeben und wird am 1. 1. 1996 voraussichtlich ein bundesgesetzlicher Anspruch auf Gewährung eines Kindergartenplatzes in Kraft treten. Adressaten dieser Ansprüche sind jedoch ausschließlich die Gemeinden bzw. die öffentlichen Träger der Jugendhilfe, nicht die anerkannten Träger der freien Jugendhilfe.

Hinsichtlich des Anspruchs auf Benutzung kommunaler Einrichtungen ergibt sich dies aus dem Umstand, daß der von einem anerkannten Träger der freien Jugendhilfe geführte Kindergarten keine „öffentliche" Einrichtung im Sinne der Gemeindeordnung ist.

Hinsichtlich des zukünftigen Anspruchs auf Zuteilung eines Kindergartenplatzes nach den Vorschriften des KJHG folgt dies aus der ausdrücklichen Regelung in § 3 Abs. 2 Satz 2 KJHG.

---

[3] KirchE 21, 251.

Das Verfahren war daher gemäß dem auch im Verfahren des vorläufigen Rechtsschutzes anwendbaren § 17 a Abs. 2 GVG (OVG.NW, DVBl. 1994, 215) einschließlich des vom Hauptantrag aus der Natur der Sache nicht abtrennbaren (vgl. Kopp, VwGO, Kommentar, 10. Aufl. 1994, § 93 Rdnr. 3) Hilfsantrages, der zudem, weil gegen einen anderen Antragsgegner gerichtet, unzulässig sein dürfte (vgl. Kopp, VwGO, Kommentar, 10. Aufl. 1994, § 44 Rdnr. 4), nach Anhörung der Beteiligten an das gem. §§ 13, 23 Ziff. 1 GVG zuständige Amtsgericht zu verweisen.

53

Einwendungen gegen die Annahme der Kirchensteuerpflicht sind, soweit sie Auslegung und Verfassungsmäßigkeit von § 3 Abs. 2 NW. KiStG betreffen, Rechtsgründe, die im Steuerfestsetzungsverfahren geltend gemacht werden müssen. Der Billigkeitserlaß ist insoweit gegenüber dem Steuerfestsetzungsverfahren subsidiär. Für einen Erlaß aus Billigkeitsgründen ist jedoch kein Raum, wenn der Steuerpflichtige nur Rechtsgründe geltend macht, über die schon im Steuerfestsetzungsverfahren entschieden wurde und die – wären sie anders entschieden worden – die Unbilligkeit der Steuereinziehung behoben hätten. Erst recht ist ein Billigkeitserlaß nicht für die Behebung schuldhafter Folgen einer Fristversäumnis vorgesehen.

§§ 227 AO 1977, 8 Abs. 1 NW.KiStG
BFH, Urteil vom 30. August 1995 – I R 147/94[1] –

Die Kläger und Revisionskläger sind Eheleute, die für die Streitjahre 1990 bis 1992 zusammen zur Einkommensteuer veranlagt wurden. Beide Kläger sind Mitglieder der röm.-kath. Kirche. Der Kläger lebt in zweiter Ehe. Mit seiner ersten Ehefrau wurde er katholisch getraut. Die Ehe wurde 1966 geschieden. Die Kläger heirateten anschließend. Sie wurden für die Veranlagungszeiträume ab 1967 auch zur röm.-kath. Kirchensteuer veranlagt. Alle Bescheide für die Veranlagungszeiträume bis 1990 einschließlich sind bestandskräftig.

Mit Schreiben vom 1. 2. 1993 beantragten die Kläger den Erlaß ihrer ab 1967 gezahlten röm.-kath. Kirchensteuer mit der Begründung, sie seien von der röm.-kath. Kirche exkommuniziert worden und deshalb sei die Erhebung von röm.-kath. Kirchensteuer unberechtigt. Der Beklagte und Revisionsbe-

---
[1] BFH/NV 1996, 436.

klagte (Finanzamt) wies die Kläger in verschiedenen Schreiben auf seine ablehnende Rechtsauffassung hin. Die Kläger erhoben gegen jedes der Schreiben Gegenvorstellungen, die zum Erlaß einer „Einspruchs"-Entscheidung am 18. 10. 1993 führten.

Die Kläger haben Klage erhoben, die sie später auf den Erlaß der röm.-kath. Kirchensteuer 1990 bis 1992 reduzierten. Nach den Feststellungen des Finanzgerichts wurde die röm.-kath. Kirchensteuer 1990 durch Bescheid vom 14. 6. 1993 und die röm.-kath. Kirchensteuer 1991 durch Bescheid vom 21. 4. 1994 festgesetzt. Die röm.-kath. Kirchensteuer 1992 war im Zeitpunkt der letzten mündlichen Verhandlung vor dem Finanzgericht noch nicht festgesetzt. Die Kläger schätzten die Höhe der Kirchensteuer 1992 auf X DM.

Das Finanzgericht wies die Klage ab. Mit ihrer vom Finanzgericht zugelassenen Revision rügen die Kläger sinngemäß die Verletzung des § 227 AO 1977.

Das Rechtsmittel blieb erfolglos.

Aus den Gründen:

Die Revision ist unbegründet. Sie war deshalb zurückzuweisen (§ 126 Abs. 2 FGO).

1. Nach § 8 Abs. 1 finden die Vorschriften der AO 1977 auf den Erlaß von röm.-kath. Kirchensteuern entsprechende Anwendung. Einschlägig ist § 227 AO 1977. Zuständig für einen Erlaß sind allerdings die Kirchen. Gegen die Ablehnung eines Erlasses ist gemäß § 8 Abs. 1 i. V. m. § 349 AO 1977 in der 1993 geltenden Fassung die Beschwerde und nicht der Einspruch gegeben.

2. Ein Erlaß von röm.-kath. Kirchensteuern setzt nach § 227 AO 1977 voraus, daß die Einziehung nach Lage des einzelnen Falles unbillig wäre bzw. war. Die Kläger haben keine sachlichen oder persönlichen Billigkeitsgründe geltend gemacht, die einen Erlaß i. S. des § 227 AO 1977 rechtfertigen könnten. Sie wenden sich gegen die Annahme ihrer röm.-kath. Kirchensteuerpflicht. Diese Einwendung richtet sich in erster Linie gegen die Auslegung und die Verfassungsmäßigkeit des § 3 Abs. 2. Dies sind Rechtsgründe, die im Steuerfestsetzungsverfahren geltend gemacht werden müssen und über die nur dort zu entscheiden ist (vgl. Urteil des Bundesfinanzhofs – BFH – vom 10. Juni 1975 – VIII R 50/72 –, BFHE 116, 103, BStBl. II 1975, 789). Der Billigkeitserlaß ist insoweit gegenüber dem Steuerfestsetzungsverfahren subsidiär. Die Kläger befinden sich zumindest insoweit im falschen Verfahren, als sie den Erlaß der noch nicht bestandskräftig festgesetzten röm.-kath. Kirchensteuern 1991 und 1992 im Erlaßverfahren nach § 227 AO 1977 begehren.

3. Zwar schließt die Unanfechtbarkeit der Festsetzung röm.-kath. Kirchensteuer 1990 noch nicht grundsätzlich einen Billigkeitserlaß aus. Für einen sol-

chen Erlaß ist jedoch kein Raum, wenn − wie im Streitfall − die Kläger nur Rechtsgründe geltend machen, über die schon im Steuerfestsetzungsverfahren entschieden wurde und die − wären sie anders entschieden worden − die Unbilligkeit der Steuereinziehung behoben hätten. Die Kläger müssen sich insoweit daran festhalten lassen, daß sie Einwendungen gegen die Festsetzung der röm.-kath. Kirchensteuer 1990 nicht geltend machten. Der Billigkeitserlaß ist grundsätzlich nicht dafür vorgesehen, um die Folgen der schuldhaften Versäumnis eines Rechtsbehelfs auszugleichen (vgl. BFH-Urteil vom 11. August 1987 − VII R 121/84 −, BFHE 150, 502, BStBl. II 1988, 512).

4. Bei dieser Rechtslage ist die Vorentscheidung im Ergebnis nicht zu beanstanden. Dies genügt, um die Revision als unbegründet zurückzuweisen.

54

Zur Frage, ob das kommunalrechtliche Vertretungsverbot der Teilnahme eines Gemeinderates in seiner Eigenschaft als Kirchengemeinderat an einem gemeinsamen Ausschuß der Kirchengemeinde und der politischen Gemeinde entgegensteht.

§ 17 Abs. 3 BW.GO
VGH Baden-Württemberg, Beschluß vom 1. September 1995
− 1 S 967/95[1] −

Der Antragsteller, ein Gemeinderat der Antragsgegnerin (Gemeinde S.), ist zugleich Kirchengemeinderat der ev. Kirche in S. Er wendet sich gegen den Sofortvollzug eines kommunalrechtlichen Vertretungsverbots. Am 23. 6. 1994 schlossen die ev. und kath. Kirchengemeinden S. mit der Gemeinde S. einen Vertrag über den Betrieb der kirchlichen Kindergärten in S. An den Vertragsverhandlungen war der Antragsteller auf Seiten der ev. Kirchengemeinde S. beteiligt. Am 29. 6. 1994 stellte der Gemeinderat der Antragsgegnerin ein Vertretungsverbot des Antragstellers in allen Kindergartenangelegenheiten fest, die die ev. Kirchengemeinde betreffen. In Vollzug dieses Beschlusses verfügte der Bürgermeister der Antragsgegnerin ein Vertretungsverbot für den Antragsteller in den Fällen, in denen er in seiner Eigenschaft als ev. Kirchengemeinderat die Interessen der ev. Kirchengemeinde in allen Kindergartenangelegenheiten gegenüber der Gemeinde S. vertritt, und ordnete den Sofortvollzug der Verfügung an. Über den Widerspruch des Antragstellers ist noch nicht entschieden.

---

[1] Amtl. Leitsatz.

Dem Antrag des Antragstellers auf Wiederherstellung der aufschiebenden Wirkung des Widerspruchs gegen den Bescheid der Antragsgegnerin hat das Verwaltungsgericht entsprochen. Die hiergegen von der Antragsgegnerin erhobene Beschwerde hatte keinen Erfolg.

Aus den Gründen:

Die zulässige Beschwerde ist nicht begründet.

Ebenso wie das Verwaltungsgericht ist der Senat der Ansicht, daß das private Interesse des Antragstellers an der Wiederherstellung der aufschiebenden Wirkung seines Widerspruchs das öffentliche Interesse an der sofortigen Vollziehbarkeit des Vertretungsverbots überwiegt. Dies beruht auf folgenden Erwägungen:

Das öffentliche Interesse an der sofortigen Vollziehung des Vertretungsverbots ergibt sich nicht aus den von der Antragsgegnerin in der Verfügung ... genannten Gründen. *(wird ausgeführt)*

Allerdings sind die Grundsätze, die für die Anordnung der sofortigen Vollziehung durch die Verwaltung gelten, nicht mit denen identisch, die für die Verwaltungsgerichte im nachfolgenden Aussetzungsverfahren nach § 80 Abs. 5 VwGO maßgeblich sind. Die Verwaltungsgerichte haben in diesem Aussetzungsverfahren eigenständig und losgelöst von der behördlichen Vollzugsanordnung die Frage zu beurteilen, ob die aufschiebende Wirkung von Widerspruch oder Anfechtungsklage wiederherzustellen ist. Dabei hat sich die gerichtliche Entscheidung an den verfassungsrechtlichen Vorgaben des Art. 19 Abs. 4 GG und am Zweck des Aussetzungsverfahrens auszurichten. *(wird ausgeführt)*

Im vorliegenden Fall ist aufgrund der im vorläufigen Rechtsschutzverfahren allein möglichen und gebotenen summarischen Prüfung der Rechts- und Sachlage davon auszugehen, daß der Ausgang des Hauptsacheverfahrens zumindest offen ist. (...)

Ob das kommunalrechtliche Vertretungsverbot (§ 17 Abs. 3 GO) der Teilnahme des Antragstellers im Kindergartenausschuß entgegensteht, ist zumindest offen. Nach der gesetzlichen Regelung darf der ehrenamtlich tätige Bürger – der Antragsteller als Gemeinderat – Ansprüche und Interessen eines anderen – der ev. Kirchengemeinde – gegen die Gemeinde nicht geltend machen, soweit er nicht als gesetzlicher Vertreter handelt (§ 17 Abs. 3 Satz 1 GO). Diesem Vertretungsverbot liegt nach der ständigen Rechtsprechung des Senats (vgl. Urteil v. 10. 11. 1987 – 1 S 2885/86 –, ESVGH 38, 51) erstens der Gedanke zugrunde, die Gemeindeverwaltung von allen Einflüssen freizuhalten, die eine objektive, unparteiische und einwandfreie Führung der Gemeindegeschäfte gefährden könnten; verhindert werden soll, daß Gemeindeeinwohner die Funktion ehrenamtlich tätiger Bürger für ihre persönlichen Interessen ausnutzen und rechtsgeschäftlich bestellte Vertreter, die zugleich ehrenamtlich tätige Bürger sind, durch ihre Doppelfunktion in einen Interessenwiderstreit geraten. Es dient zweitens dem Vertrauen der Bürger auf Objektivität, Sachlichkeit und Lauterkeit der Verwaltung; schon dem „bösen Schein", daß gewählte ehrenamtlich tätige Mandatsträger ihre politische Macht mit der privaten Berufsausübung verquicken und Ansprüche oder Interessen gegenüber der Gemeinde zu Lasten des Gemeinwohls vertreten könnten, soll entgegengewirkt werden. Es spricht vieles dafür, daß die Teilnahme des Antragstellers als Kirchengemeinderat im Kindergartenausschuß keine Wahrnehmung der Interessen eines anderen gegen die Gemeinde darstellt.

Der Kindergartenausschuß ist nach § 10 des Vertrages über den Betrieb der kirchlichen Kindergärten – im folgenden Vertrag – ein gemeinsamer Ausschuß, der aus Mitgliedern der beiden Kirchengemeinden und der bürgerlichen Gemeinde zusammengesetzt ist. Der Ausschuß besitzt außer der Entscheidung über Aufnahmesperren keine Entscheidungskompetenz, sondern lediglich die Befugnis der Beratung, der Koordinierung und der Aufstellung von Grundsätzen. Weiterhin kann er Empfehlungen aussprechen und verfügt über ein Recht auf Information. Rechtsträger der vom Vertrag betroffener Kindergärten sind die Kirchengemeinden (§ 2 des Vertrages). Der Kirchenmeinderat vertritt die Kindergärten nach außen. Ihm obliegen die wesentlichen Entscheidungsbefugnisse (§ 8 des Vertrages). Die bürgerliche Gemeinde, und damit wohl der Gemeinderat, wirkt lediglich im Sinne des Einvernehmens mit (§ 9 des Vertrages). Da somit der Antragsgegnerin keine (ausschließliche) Entscheidungskompetenz hinsichtlich der vom Vertrag erfaßten Kindergärten zusteht, dem Kindergartenausschuß zudem nur im wesentlichen beratende und empfehlende, aber keine beschließende Funktion zukommt, dürfte der zuerst genannte Zweck des kommunalen Vertretungsverbotes, die Gemeindeverwaltung von allen Einflüssen freizuhalten, die eine objektive, unparteiische und einwandfreie Führung der Gemeindegeschäfte gefährden könnten, durch die Teilnahme des Antragstellers am Ausschuß nicht gefährdet sein. Ob die Verhinderung des „bösen Scheins" der Verquickung der politischen Macht der Gemeinderäte mit der Wahrnehmung der Interessen anderer hier den Ausschluß des Antragstellers von der Wahrnehmung seines Amtes als Kirchengemeinderatsmitglied im Kindergartenausschuß rechtfertigt, ist zweifelhaft. Auch hier gilt, daß letztlich nicht die Antragsgegnerin, sondern die Kirchengemeinde Entscheidungsträger hinsichtlich der betroffenen Kindergärten ist, so daß der „böse Schein", der Verquickung von politischer Macht und der Wahrnehmung der Interessen anderer, bei der Teilnahme des Antragstellers an den Sitzungen des Kindergartenausschusses in seiner Funktion als Kirchengemeinderat kaum entstehen dürfte.

Daß außerhalb der Wahrnehmung der Teilnahme am gemeinsamen Kindergartenausschuß das verhängte Vertretungsverbot bestimmte konkrete, dem Antragsteller untersagte Handlungsweisen betreffen soll, ist nicht ersichtlich, und von den Beteiligten, insbesondere der Antragsgegnerin, nicht vorgetragen. Darauf, ob bei den Vertragsverhandlungen selbst ein Vertretungsverbot hätte festgestellt werden können − wofür vieles spricht − kommt es nicht an, da die Verhandlungen abgeschlossen sind.

Ist somit das Ergebnis des Hauptsacheverfahrens zumindest als offen zu bezeichnen, so ist zwischen dem Interesse des Antragstellers an der Wiederherstellung der aufschiebenden Wirkung seines Widerspruchs und dem Interesse der Antragsgegnerin am Sofortvollzug des Vertretungsverbots abzuwägen. Hier vermag der Senat nicht zu erkennen, daß die Interessen eines Beteiligten diejenigen des anderen überwiegen. Der Antragsteller hat ein Interesse an der Teilnahme am Kindergartenausschuß, um die Belange der ev. Kirchengemeinde geltend zu machen, deren gewähltes Ratsmitglied er ist, während die Antragsgegnerin vermeiden möchte, daß sie bzw. ihr Gemeinderat in Interessenkollisionen verstrickt wird. Überwiegt aber − bei offenem Verfahrensausgang in der Hauptsache − kein Interesse der Beteiligten, so hat, entsprechend der gesetzlichen Regelung (§ 80 Abs. 1 Satz 1 VwGO) die aufschiebende Wirkung von Widerspruch und Anfechtungsklage Vorrang.

55

Bei einem mit einer Kirche bebauten Grundstück kann eine bereits in der Verteilungsphase zu berücksichtigende objektive Nutzungseinschränkung bestehen, die einen gebietsbezogenen Artzuschlag ausschließt.

§§ 5 Abs. 3, 17 Abs. 1 RhPf.KAG
OVG Rheinland-Pfalz, Urteil vom 12. September 1995 − 6 A 11051/95[1] −

Die Klägerin (Protestantische Stiftskirchengemeinde N.) wendet sich gegen zwei Bescheide der Beklagten (Stadt N.), mit denen sie zu einem Ausbaubeitrag herangezogen worden ist. Sie ist in der Stadt N. Eigentümerin des 3089 qm großen Grundstücks mit der Parzellennummer 819/1. Dieses Grundstück ist zu 2/5 seiner Fläche mit der unter Denkmalschutz stehenden ev. Stiftskirche und zu 1/5 mit weiteren Gebäuden bebaut, in denen die protestantische Kirchenverwaltung sowie weitere kirchliche Einrichtungen unterge-

---

[1] Nur LS: KuR 1996, 193. Das Urteil ist rechtskräftig.

bracht sind. Zwischen Kirchengebäude und Verwaltungstrakt liegt eine 2/5 des Grundstücks umfassende Freifläche, die unter anderem als Durchgangsweg zwischen Mü'straße und St'platz genutzt wird. Das Grundstück der Klägerin grenzt an insgesamt vier Verkehrsanlagen, nämlich die Mü'straße, die St'straße, die Ma'straße und den St'platz, an. Gegenstand der Beitragserhebung ist der verkehrsberuhigte Ausbau der zwischen Ma'straße und R'straße gelegenen Mü'straße und der St'straße zwischen Mü'straße und St'platz.

Für den Ausbau der Mü'straße entstand der Beklagten ein Aufwand in Höhe von 248.446,58 DM. Nach Abzug eines Gemeindeanteils von 30% wurden hiervon 173.912,61 DM auf die Eigentümer der an die Mü'straße angrenzenden Grundstücks umgelegt. Dabei ermittelte die Beklagte nach dem Maßstab der Grundstücksfläche mit Zuschlägen für Vollgeschosse eine gesamte beitragspflichtige Fläche von 5427 qm. Das Grundstück der Klägerin wurde dabei ausgehend von seiner Grundstücksfläche von 3089 qm, einem Vollgeschoßzuschlag von 20% sowie einem Kerngebietszuschlag in Höhe von ebenfalls 20% mit einer beitragspflichtigen Fläche von 4448 qm in Ansatz gebracht. Wegen der Mehrfacherschließung durch weitere drei Verkehrsanlagen reduzierte sich diese beitragspflichtige Fläche auf 1/4, d. h. 1112 qm. Anhand der vorgenannten Maßstabsdaten ermittelte die Beklagte einen Beitragssatz in Höhe von 32,04581 DM pro qm beitragspflichtiger Fläche, der in einer am Ort erscheinenden Tageszeitung öffentlich bekannt gemacht wurde.

Für den verkehrsberuhigten Ausbau de St'straße zwischen Mü'straße und St'platz entstand der Beklagten ein Gesamtaufwand von 144.040,56 DM. Nach Abzug des Gemeindeanteils von ebenfalls 30% wurden hiervon 100.828,39 DM auf insgesamt 2922 qm beitragspflichtige Fläche umgelegt. Auch hier wurde das Grundstück der Klägerin mit einer Fläche von 1112 qm in die Verteilung eingestellt. Der ermittelte Beitragssatz in Höhe von 34,506637 DM pro erschlossenem qm beitragspflichtiger Fläche wurde ebenfalls in einer am Ort erscheinenden Tageszeitung öffentlich bekannt gemacht.

Mit den angefochtenen Bescheiden setzte die Beklagte für das Grundstück der Klägerin für den Ausbau der Mü'straße einen Ausbaubeitrag in Höhe von 35.634,94 DM und für den Ausbau der St'straße einen Beitrag in Höhe von 38.371,38 DM fest.

Die Klägerin hat nach erfolglosem Vorverfahren Klage erhoben und geltend gemacht: Die Beklagte habe bei der Beitragsfestsetzung wesentliche Gesichtspunkte außer Acht gelassen. Bei der Stiftskirche handele es sich um ein Kirchengebäude, das als bedeutendstes gotisches Kirchenbauvorhaben der Pfalz unter Denkmalschutz stehe. Die Freifläche zwischen Kirchengebäude und Verwaltungsgebäude werde seit langer Zeit von der Öffentlichkeit als Durchgangsweg zu dem unmittelbar benachbarten, im Eigentum der Beklagten stehenden St'platz genutzt. Diese Freifläche habe sie in den letzten Jahren mit einem Kostenaufwand von rund 600.000,00 DM auf eigene Rechnung instand gesetzt. In dem Verwaltungstrakt der Stiftskirchengemeinde seien weitere kirchliche Einrichtungen untergebracht, die mit der sakralen Nutzung des gesamten Kirchengrundstücks in engem Zusammenhang stünden. Aus all diesen Umständen ergebe sich, daß die Parzelle 819/1 mit keinem Straßenbaubeitrag hätte belastet werden dürfen. Bei einem kirchlichen Grundstück der vorliegenden Art, das der Allgemeinheit diene, könne nämlich nicht von einem wirtschaftlichen Vorteil des Grundstückseigentümers ausgegangen werden. Insbesondere komme die Herstellung einer Fußgängerzone einem Kirchengrundstück nicht in vergleichbarer Weise wie den übrigen an einer solchen Verkehrsfläche gelegenen Grundstücken zugute, da ein der potentiellen Umsatzsteigerung vergleichbarer Faktor bei sakralen Bauten naturgemäß nicht feststellbar sei. Schließlich ergäben sich durchgreifende Bedenken gegen die Rechtmäßigkeit der angefochtenen Beitragsbescheide auch daraus, daß die Beklagte einen Kerngebietszuschlag von 20% in Ansatz gebracht habe; denn ein solcher Artzuschlag sei bei einem Kirchengrundstück unzulässig, da dessen Nutzung einer gewerblichen Nutzung weder vergleichbar noch ähnlich sei.

Die Beklagte hat insbesondere darauf verwiesen, daß das rh.-pf. Kommunalabgabengesetz den Vorteilsbegriff als reinen Vorhaltevorteil, den bei Verkehrsanlagen jedes zugängliche Grundstück ohne Rücksicht auf seine Nutzung beziehe, definiere. Auf den wirtschaftlichen Vorteil komme es daher nicht an.

Das Verwaltungsgericht hat die angefochtenen Bescheide in der Höhe herabgesetzt, da der Kerngebietszuschlag von 20% nicht hätte in Ansatz gebracht werden dürfen. Die Voraussetzungen für diesen Zuschlag lägen trotz der Kerngebietslage des Grundstücks ausnahmsweise nicht vor, weil ein Kirchengrundstück anders als die nahezu ausschließlich gewerblich genutzten bzw. nutzbaren Grundstücke im übrigen Abrechnungsgebiet keinen besonderen Vorhaltebedarf an die das Grundstück erschließende öffentliche Verkehrsanlage stelle. Einer solchen atypischen Fallgestaltung hätte die Beklagte gemäß § 163 AO, der gemäß § 39 Abs. 1 Nr. 4 KAG zur Anwendung gelange, im Veranlagungs- und Festsetzungsverfahren Rechnung tragen müssen, was zu einer Reduzierung der für das Grundstück der Klägerin jeweils zu berücksichtigenden beitragspflichtigen Fläche geführt hätte.

Mit ihrer gegen dieses Urteil gerichteten Berufung macht die Beklagte geltend: Zunächst sei das Verwaltungsgericht zu Unrecht davon ausgegangen, daß über § 163 AO atypischen Fällen schon bei der Aufwandsverteilung Rechnung zu tragen sei. Im übrigen lasse sich im Falle der Klägerin auch keine unbillige Härte feststellen. Zum einen unterlägen Kirchengrundstücke, zumindest solche in Stadtzentren, ohnehin einem Nutzungsartzuschlag, und zum

anderen befinde sich auf dem Grundstück der Klägerin eine Kirchenbehörde, die auch außerhalb eines Kerngebietes für sich allein den selben Artzuschlag ausgelöst hätte.
Die Berufung hatte teilweise Erfolg.

Aus den Gründen:
Die Berufung ist teilweise begründet; das Verwaltungsgericht hätte die angefochtenen Beitragsbescheide nur in geringerem Umfang aufheben dürfen.

Wie das erstinstanzliche Gericht zutreffend entschieden hat, unterliegt das Grundstück der Klägerin für die in Rede stehenden Ausbaumaßnahmen nach der Satzung der Beklagten über die Erhebung einmaliger Beiträge für öffentliche Verkehrsanlagen vom 23. 11. 1987 i. d. F. der Änderungen vom 22. 8. 1988 und 19. 4. 1990 (BS) i. V. m. §§ 42 Abs. 11, 14 Abs. 5 Satz 1 Nr. 1 KAG der Beitragspflicht.

Auch sind die Bescheide entgegen der Ansicht der Klägerin der Höhe nach insoweit nicht zu beanstanden, als für die gesamte Fläche der Parzelle 819/1 einschließlich der dem allgemeinen Fußgängerverkehr dienenden Freifläche der in § 2 Abs. 3 Nr. 2 BS bestimmte Vollgeschoßzuschlag von 20 v. H. berücksichtigt worden ist, obwohl nach den Angaben der Klägerin die Bebauung dieses Grundstücksteils in einem schuldrechtlichen Vertrag zwischen den Beteiligten ausgeschlossen worden ist; denn eine derartige schuldrechtliche Vereinbarung kann nicht zu Lasten der übrigen Beitragspflichtigen die Aufwandsverteilung beeinflussen.

Indessen können die angefochtenen Beitragsbescheide deshalb nicht in voller Höhe Bestand haben, weil die gesetzeskonforme Auslegung des § 2 Abs. 5 Satz 1 und Satz 2 Nr. 1 BS zu dem Ergebnis führt, daß der Kerngebietszuschlag nicht für das ganze Grundstück der Klägerin in Ansatz gebracht werden darf.

Nach dieser Bestimmung erfolgt im Kern-, Gewerbe-, Industrie- und sonstigem Sondergebiet auf die Grundstücksfläche und die Geschoßzuschlagsfläche ein Nutzungsartzuschlag von 20 v. H. Diese Bestimmung steht – jedenfalls soweit sie Kern-, Gewerbe- und Industriegebiete betrifft – mit §§ 5 Abs. 3, 17 Abs. 1 KAG in Einklang, weil sie dem Umstand Rechnung trägt, daß in den genannten Gebieten auf jedem Grundstück Nutzungen, die einen verstärkten Ziel- und Quellverkehr auslösen, möglich sind und deswegen hinsichtlich der Verkehrsanlagen für jedes Grundstück ein, gemessen an dem Vorhaltebedarf für wohnlich genutzte Flächen, gesteigerter Umfang der Vorhaltung erforderlich ist. Allerdings würde es insbesondere dem Gebot des § 17 Abs. 1 KAG, Beiträge nach dem Umfang der Vorhaltung und deshalb auch nach insoweit relevanten Unterschieden in der Art der Nutzungsbarkeit der jeweiligen Grundstücke und Betriebe zu bemessen, widersprechen, wenn auch solche Grundstücke mit dem gebietsbezogenen Artzuschlag belegt würden, die aus objektiven, auf Dauer vorhandenen Gründen in Wirklichkeit überhaupt nicht in einer den gebietstypischen erhöhten Ziel- und Quellverkehr auslösenden Weise genutzt werden können. Insofern muß das gleiche gelten wie im Falle einer Ausnutzungsbehinderung, die die Ausschöpfung des für ein Grundstück nach dem Bebauungsplan vorgesehenen Maßes der zulässigen Nutzung unmöglich macht, so daß dieses Maß nur gleichsam auf dem „Papier" steht (vgl. Driehaus, Erschließungs- und Ausbaubeiträge, 4. Aufl., § 17 Rdnr. 43). Ebenso wie in solchen Fällen der das Maß der Nutzung betreffenden Nutzungseinschränkung bereits bei der Aufwandsverteilung Rechnung zu tragen ist, muß auch eine Nutzungseinschränkung bezüglich der Art der Nutzung, die dazu führt, daß eine an sich zulässige Art der Nutzung lediglich auf dem „Papier" steht, bereits – zu Lasten der übrigen Beitragsschuldner – in der Verteilungsphase Berücksichtigung finden. Dabei kommt es allerdings – darauf sei zur Vermeidung von Mißverständnissen hingewiesen – nicht etwa darauf an, ob eine einen gesteigerten Ziel- und Quellverkehr auslösende Nutzung nach den Plänen des Grundstückseigentümers oder unter wirtschaftlichen Gesichtspunkten betrachtet unwahrscheinlich ist, sondern allein darauf, ob sie aus objektiven Gründen von vornherein ausgeschlossen ist. So kann z. B. ein reines Wohnhaus objektiv betrachtet jederzeit zu Büro- oder Praxiszwecken genutzt werden; und auch das von der Beklagten in der mündlichen Verhandlung beispielhaft erwähnte Gefängnis kann entweder durch einen Umbau im Innern einer anderweitigen Nutzung zugeführt oder zum Zwecke der anderweitigen Bebauung des Grundstücks abgerissen werden.

Anders verhält es sich indessen mit dem Grundstück der Klägerin, soweit darauf das Kirchengebäude steht. Diese Kirche wurde in der zweiten Hälfte des 13. und im 14. Jahrhundert errichtet. Das Langhaus gilt als das einzige bedeutende Denkmal der Pfalz aus der klassischen Zeit des gotischen Stils und ist zugleich die älteste und für das 14. Jahrhundert einzige Hallenkirche zwischen Mainz und Straßburg (vgl. Dehio, Handbuch der deutschen Kunstdenkmäler, Rheinland-Pfalz und Saarland, Stichwort: N.). Bei einem derartigen Gebäude ist es sowohl ausgeschlossen, daß es abgerissen wird, um das Grundstück anderweitig zu nutzen, als auch, daß es einer anderweitigen Nutzung als der einer überwiegend sakralen Zwecken dienenden Kirche zugeführt wird. Diese Nutzung als Kirche ist jedoch keine Nutzungsart, die im Vergleich zur Wohnnutzung eine deutlich intensivere Inanspruchnahme der Verkehrsanlagen bewirkt.

Vergleicht man den durch eine Kirche ausgelösten mit dem durch wohnlich genutzte Grundstücke verursachten Ziel- und Quellverkehr, so ist zunächst hinsichtlich der Art des Verkehrs festzustellen, daß er demjenigen von wohnlich genutzten Grundstücken entspricht bzw. diesen der Qualität nach eher noch unterschreitet, weil eine Kirche nicht zum dauernden Aufenthalt von Menschen bestimmt und daher in geringerem Maße als wohnlich genutzte Gebäude auf Versorgungsfahrzeuge angewiesen ist. Ist die Kirche nicht gerade eine der Öffentlichkeit täglich zugänglich gemachte, viel besuchte Sehenswürdigkeit, wofür im vorliegenden Fall nichts ersichtlich ist, so löst sie im Regelfall lediglich zu Gottesdienstzeiten, d. h. an Sonn- und Feiertagen und evtl. an Samstagen, an denen auch üblicherweise Trauungen stattfinden, einen jeweils zweimaligen, stoßweisen, verstärkten Verkehr von insgesamt einigen hundert Personen aus. An den anderen Tagen und zu den anderen Zeiten ist der Verkehr deutlich geringer als bei Wohngrundstücken, so daß über einen längeren Zeitraum gesehen eine Kirche keinen stärkeren Verkehr verursachen dürfte als ein mit den entsprechenden Maßstabsdaten zu berücksichtigendes Wohngebäude (ebenso: Driehaus, aaO, § 18 Rdnr. 58 unter Hinweis auf OVG Lüneburg, Beschluß vom 16. 4. 1992[2] − 9 M 1742/92 −).

Dies führt im vorliegenden Fall dazu, daß der mit der Kirche bebaute Teil des Grundstücks der Klägerin so zu behandeln ist, als liege er nicht im Kerngebiet, während für den restlichen Teil des Grundstücks (unabhängig von dessen derzeitiger Nutzung) der gebietsbezogene Artzuschlag gerechtfertigt ist, weil das unstreitig im Kerngebiet befindliche Grundstück insoweit keiner objektiven Nutzungseinschränkung unterliegt. Ordnet man bei der hiernach ausnahmsweise vorzunehmenden rechnerischen Grundstücksteilung die Freiflächen den bebauten Flächen in deren Verhältnis zu, so folgt aus alledem, daß der Kerngebietzuschlag lediglich für 1/3 der Fläche in Ansatz zu bringen ist, mit der Konsequenz, daß die beitragspflichtige Fläche des Grundstücks der Klägerin nur 988,48 qm statt der den Beitragsbescheiden zugrundegelegten 1112 qm beträgt, was gleichzeitig zu einer Reduzierung der jeweiligen für die Aufwandsverteilung maßgebenden Gesamtfläche um 123,52 qm führt.

(Es folgen Ausführungen zur Berechnung des Beitragssatzes).

56

Die Verfassungsbeschwerde gegen die Streichung des Buß- und Bettages als staatlich anerkannter Feiertag in Niedersachsen wird nicht zur Entscheidung angenommen.

---

[2] KirchE 30, 209.

Art. 3 Abs. 3, 4 Abs. 1 u. 2, 140 GG, 139 WRV, § 58 SGB XI, § 7 Abs. 1 Nds.FTG
BVerfG, Beschluß vom 18. September 1995 – 1 BvR 1456/95[1] –

Die Verfassungsbeschwerde richtet sich gegen die Streichung des Buß- und Bettages als staatlich anerkannter Feiertag im Land Niedersachsen. Im Anschluß an die Regelung des § 58 SGB XI hat das Land Niedersachsen durch das 6. Gesetz zur Änderung des Niedersächsischen Gesetzes über die Feiertage – FTG – vom 17. 12. 1994 (Nds. GVBl. S. 519) den Buß- und Bettag als staatlich anerkannten Feiertag gestrichen. Gleichzeitig wurde der Buß- und Bettag in die Reihe derjenigen kirchlichen Feiertage aufgenommen (§ 7 Abs. 1 FTG), denen ein (nur) eingeschränkter Feiertagsschutz zukommt; dieser besteht darin, daß in der Zeit von 7 bis 11 Uhr morgens bestimmte Veranstaltungen und Handlungen verboten sind (§ 5 FTG) und den in einem Beschäftigungs- oder Ausbildungsverhältnis stehenden Angehörigen einer Religionsgemeinschaft Gelegenheit zu geben ist, am Gottesdienst teilzunehmen, soweit betriebliche Notwendigkeiten nicht entgegenstehen (§ 10 FTG).

Mit seiner Verfassungsbeschwerde gegen dieses Änderungsgesetz rügt der Beschwerdeführer eine Verletzung von Art. 4 Abs. 1 und 2 sowie Art. 3 Abs. 3 GG. Er sieht sich in seiner Religionsfreiheit verletzt und eine mit Art. 3 Abs. 3 GG nicht zu vereinbarende Benachteiligung gegenüber Nicht- und Andersgläubigen. Nach seiner Ansicht müsse ein nichtchristlicher Feiertag, etwa der 1. Mai oder 3. Oktober, als arbeitsfreier Tag abgeschafft werden, weil nur so alle Arbeitnehmer gleichmäßig betroffen würden.

Aus den Gründen:

Die Verfassungsbeschwerde ist nicht zur Entscheidung anzunehmen. Die Annahmevoraussetzungen des § 93 a Abs. 2 BVerfGG sind nicht erfüllt.

Der Verfassungsbeschwerde kommt keine grundsätzliche verfassungsrechtliche Bedeutung zu (§ 93 a Abs. 2 Buchstabe a BVerfGG), weil sich die von ihr aufgeworfenen Fragen ohne weiteres aus dem Grundgesetz beantworten lassen, mithin über ihre Beantwortung keine ernsthaften Zweifel bestehen können (vgl. BVerfGE 90, 22 [24]). Ihre Annahme ist auch nicht zur Durchsetzung der als verletzt bezeichneten verfassungsmäßigen Rechte des Beschwerdeführers angezeigt (§ 93 a Abs. 2 Buchstabe b BVerfGG). Denn eine Verletzung solcher Rechte ist nicht ersichtlich.

---

[1] NJW 1995, 3378; BayVBl. 1996, 80; VR 1996, 175; ZevKR 41 (1996), 349. Nur LS: NVwZ 1996, 160; JuS 1996, 1127.

1. Nach Art. 140 GG i. V. m. Art. 139 WRV bleiben der Sonntag und die staatlich anerkannten Feiertage als Tage der Arbeitsruhe und der seelischen Erhebung gesetzlich geschützt. Aus dieser Norm kann der Beschwerdeführer keine Rechte für sich ableiten. Denn Art. 139 WRV enthält lediglich eine objektivrechtliche Institutsgarantie ohne subjektive Berechtigung (vgl. BVerwGE 79, 118 [122][2]; 79, 236 [238][3]; BayVerfGH, VerfGHE 35, 10 [19 ff.]; Maunz/Dürig, GG-Kommentar, 7. Aufl., Stand: 31. Erg.Lfg. März 1994, Art. 139 WRV Rdnr. 4; Jarass/Pieroth, GG-Kommentar, 3. Aufl., 1995, Art. 139 WRV). Der Norm kann auch keine Gewährleistung für das Fortbestehen bestimmter Feiertage, also eine Bestandsgarantie für einen konkreten Feiertag oder eine bestimmte Anzahl derselben entnommen werden. Die Bestimmung besagt nur, daß solche Tage, soweit sie festgesetzt sind, staatlichen Schutz genießen und daß der Gesetzgeber nicht schlechthin alle Feiertage und damit das Institut selbst beseitigen darf (vgl. BayVerfGH, Maunz/Dürig, jeweils aaO). Art. 139 WRV bindet allerdings auch den Gesetzgeber (vgl. BVerfGE 87, 363 [393]) und verpflichtet ihn, eine angemessene Zahl kirchlicher Feiertage staatlich anzuerkennen und durch gesetzliche Regelung zu gewährleisten, daß sie als Tage der Arbeitsruhe und der seelischen Erhebung dienen können (vgl. Hollerbach, in: Isensee/Kirchhof [Hrsg.], HdbStR, Bd. VI, 1989, § 140 Rdnr. 62; Hemmrich, in: v. Münch [Hrsg.], GG-Kommentar, Bd. 3, 2. Aufl., 1983, Rdnr. 41 f.; Mattner, Sonn- und Feiertagsrecht, 2. Aufl., 1991, § 3 S. 31 ff.; Kästner, NVwZ 1993, 148 [149], jeweils m. w. N.). Dem ist aber im Land Niedersachsen auch nach der angegriffenen Gesetzesänderung Genüge getan.

2. Die Verbürgungen des Art. 4 Abs. 1 und 2 GG sind nicht verletzt. Die Religionsfreiheit gewährt dem Einzelnen einen vor staatlichen Eingriffen geschützten Freiraum, in dem er sich in religiös-weltanschaulicher Hinsicht die Lebensform zu geben vermag, die seiner Überzeugung entspricht. Dazu gehört auch die Freiheit der Teilnahme an kultischen Handlungen und religiösen oder weltanschaulichen Feiern und Gebräuchen (vgl. BVerfGE 24, 236 [245][4]; 32, 98 [106][5]; 41, 29 [49][6]; 52, 223 [240 f.][7]). In diese Freiheit greift das hier angegriffene Änderungsgesetz nicht ein. Der Buß- und Bettag bleibt – ebenso wie verschiedene andere Tage – ein kirchlicher Feiertag. Der Beschwerdeführer ist von Gesetzes wegen nicht gehindert, diesen Tag entsprechend seinem religiösen Bekenntnis zu begehen. Der Gesetzgeber unterstützt ihn hierin durch die Vorschrift über die Ermöglichung des Kirchgangs (§ 10 FTG). Was bleibt, sind die vom Beschwerdeführer angeführten Nachteile und

---

[2] KirchE 26, 39.
[3] KirchE 26, 63.
[4] KirchE 10, 181.
[5] KirchE 12, 294.
[6] KirchE 15, 128.
[7] KirchE 17, 325.

Erschwernisse durch die Herabstufung des Feiertagsschutzes am Buß- und Bettag; diese stellen jedoch keinen staatlichen Eingriff in die Religionsfreiheit dar, sondern sind Folgen der — bei Wahrung der Institutsgarantie — verfassungsrechtlich unbedenklichen Befugnis des Gesetzgebers zu regeln, ob und in welchem Umfang einzelne kirchliche Feiertage staatlich geschützt werden sollen. Aus Art. 4 Abs. 1 und 2 GG folgt kein Anspruch des Einzelnen gegen den Staat, bestimmte kirchliche Feiertage ganztägig als Tage der Arbeitsruhe auszuweisen und Arbeitnehmer von einer in einem Arbeitsvertrag eingegangenen Arbeitsverpflichtung freizustellen (vgl. Strätz, HdbStKirchR, Bd. 2, 1975, § 42, S. 818).

3. Die Streichung des Buß- und Bettages als staatlich anerkannter Feiertag stellt auch keine nach Art. 3 Abs. 3 GG unzulässige Benachteiligung des Beschwerdeführers wegen seines Glaubens dar. Die durch die Kirchgangklausel in § 10 FTG auf ein Minimum reduzierte Auswirkung auf die Religionsausübung ist vielmehr eine zwangsläufige, reflexartige Folge der Abschaffung eines religiösen Feiertages. Der Gesetzgeber war auch nicht gehalten, diese Folge durch die Abschaffung eines weltlichen Feiertages zu vermeiden. Wenn er sich dafür entschieden hat, den 1. Mai mit Blick auf dessen traditionelle Bedeutung für die Arbeiterbewegung oder den 3. Oktober mit Blick auf die erst vor kurzem erlangte Wiedervereinigung beizubehalten und statt dessen einen kirchlichen Feiertag aufzuheben, ist dies verfassungsrechtlich nicht zu beanstanden.

57

Ein insbesondere verfassungsrechtlich begründeter Anspruch auf Zulassung zum Studium an der Kath. Hochschule für Soziale Arbeit in Saarbrücken (Fachhochschule) besteht nicht.

Art. 12 Abs. 2, 20 Abs. 1, 140 GG, 137 Abs. 2 WRV
OVG des Saarlandes, Beschluß vom 18. September 1995 — 1 W 6/95[1] —

Die Antragstellerin hat die Absicht, im Wintersemester 1994 das Studium der Sozialarbeit an der Kath. Hochschule für Soziale Arbeit (Fachhochschule) in Saarbrücken (Antragsgegnerin) aufzunehmen. Da die Antragsgegnerin ihren Zulassungsantrag abgelehnt hat, möchte die Antragstellerin ihre Zulassung im Wege einer einstweiligen Anordnung erreichen.

Das Verwaltungsgericht hat den Antrag zurückgewiesen. Die Beschwerde blieb erfolglos.

---

[1] NVwZ 1996, 1237.

Aus den Gründen:

Die zulässige Beschwerde gegen den Beschluß des Verwaltungsgerichts ist nicht begründet. Zu Recht hat das Verwaltungsgericht das mit dem Rechtsmittel weiter verfolgte Begehren zurückgewiesen, der Antragsgegnerin im Wege der einstweiligen Anordnung nach § 123 Abs. 1 VwGO aufzugeben, die Antragstellerin nach den Verhältnissen des Wintersemesters 1994/95 vorläufig als Studienanfängerin zum Studium der Sozialarbeit zuzulassen.

Da das Verwaltungsgericht das Vorliegen einer öffentlich-rechtlichen Streitigkeit (§ 40 Abs. 1 VwGO) bejaht und eine Sachentscheidung getroffen hat, hat der Senat gemäß § 17 a Abs. 5 VwGO von der Eröffnung des beschrittenen Verwaltungsrechtswegs auszugehen. Der ... Anordnungsantrag bleibt jedoch erfolglos, weil nicht glaubhaft (§§ 123 Abs. 3 VwGO, 920 Abs. 2, 294 ZPO) dargetan ist, daß der behauptete Zulassungsanspruch besteht. Nach dem Ergebnis einer im Verfahren des vorläufigen Rechtsschutzes nur möglichen überschlägigen Prüfung findet das Verlangen der Antragstellerin weder im Verfassungsrecht noch in einfachgesetzlichen Vorschriften eine tragfähige Stütze.

Überwiegende Gründe sprechen dagegen, daß die Antragstellerin gegenüber der Antragsgegnerin einen grundrechtlichen Anspruch auf Zuteilung eines Studienplatzes hat. Die Antragstellerin beruft sich insoweit auf Art. 12 Abs. 1 GG, den das Bundesverfassungsgericht in Verbindung mit dem Sozialstaatsprinzip (Art. 20 Abs. 1 GG) und dem Gleichheitsgrundsatz (Art. 3 Abs. 1 GG) als Grundlage eines Rechts auf Teilhabe an den vorhandenen Ausbildungsmöglichkeiten staatlicher Hochschulen anerkannt hat (BVerfGE 33, 303; 59, 1; 85, 36).

Bei der Antragsgegnerin handelt es sich indessen um eine vom Land genehmigte Fachhochschule in freier Trägerschaft des Bistums Trier. Sie bestand bereits vor dem Inkrafttreten des Gesetzes über die Hochschule für Technik und Wirtschaft des Saarlandes (Fachhochschulgesetz – FhG) vom 15. 5. 1991 und ist daher nach § 68 Abs. 5 FhG eine staatlich anerkannte Fachhochschule im Sinne dieses Gesetzes. Als nichtstaatliche Einrichtung unterliegt die Antragsgegnerin im Grundsatz keiner Bindung an die Grundrechte. Art. 1 Abs. 3 GG nennt als Grundrechtsadressaten nur Gesetzgebung, vollziehende Gewalt und Rechtsprechung. Gemeint sind damit ausschließlich staatliche Gewalten und damit weder private Rechtssubjekte, noch kirchliche Körperschaften des öffentlichen Rechts. Die Kirchen genießen einen autonomen Status (vgl. Dürig in Maunz/Dürig/Herzog, GG, Art. 1 Rdnr. 114), der sich insbesondere aus Art. 140 GG i. V. m. Art. 137 Abs. 3 WRV ergibt. Darin wird den Kirchen die Freiheit garantiert, ihre eigenen Angelegenheiten selbständig im Rahmen der allgemeinen Gesetze zu regeln, wozu auch die Ausgestaltung der von ihnen getragenen Hochschulen gehört (vgl. VGH.BW, Beschluß v. 25. 7. 1980, DÖV 1981, 65; BayVGH, Beschluß v. 7. 4. 1992, NVwZ 1992, 1225; Thieme, Deutsches Hochschulrecht, 1986, Rdnr. 180).

Eine außerhalb des Staatsaufbaus stehende Rechtsperson unterliegt ausnahmsweise insoweit einer Bindung an die Grundrechte, als sie ihr vom Staat verliehene öffentliche Funktionen ausübt. Von einem solchen Sachverhalt kann bei einem Teil der Tätigkeiten der Antragsgegnerin ausgegangen werden. So ist sie unter den Voraussetzungen des § 69 Abs. 1 u. 3 FhG berechtigt, Hochschulprüfungen abzunehmen und Hochschulgrade zu verleihen. Öffentliche Verwaltungsaufgaben nimmt sie nach der Rechtsprechung des Senats auch bei der Durchführung der Studienordnung wahr (Beschluß v. 15. 9. 1978[2], DÖV 1979, 104). Ihre vom Senat in dem genannten Beschluß betonte Einordnung in das öffentliche Fachhochschulwesen macht nunmehr § 71 Abs. 1 FhG sinnfällig, indem er zum Ausdruck bringt, daß sie die Hochschule für Technik und Wirtschaft entlastet und deswegen mit Landesmitteln unterstützt werden kann. In Anlehnung an die Funktion der privaten Ersatzschulen (Art. 7 Abs. 4 GG) in ihrem Verhältnis zu den öffentlichen Schulen liegt es daher nahe, die Antragsgegnerin als „Ersatzhochschule" zu bezeichnen (siehe zu diesem Begriff Thieme, aaO, Rdnr. 185). Weder die Übertragung einzelner Hoheitsbefugnisse, noch die Gleichstellung ihres Ausbildungsangebotes mit dem der staatlichen Fachhochschule genügen aber, die Tätigkeit der Antragsgegnerin insgesamt als die einer beliehenen Unternehmerin zu betrachten. Insbesondere ist sie keine vom Staat eingesetzte bloße Verwalterin der dem Lehrbetrieb dienenden personellen und sächlichen Mittel. Vielmehr handelt es sich originär um ihre eigene Hochschuleinrichtung. Hier von Ausbildungskapazitäten zu sprechen, die im Sinne der vorgenannten Entscheidung des Bundesverfassungsgerichts „mit öffentlichen Mitteln geschaffen" worden seien und deswegen nach Maßgabe staatlichen Rechts vollständig angeboten werden müßten, vermag im Ansatz kaum zu überzeugen (generell gegen ein Teilhaberecht gegenüber privaten Ausbildungseinrichtungen auch Scholz in Maunz/Dürig/Herzog, GG, Art. 12 Rdnr. 67).

Das gilt auch für eine Hochschule in freier Trägerschaft, die wie die Antragsgegnerin laufende staatliche Zuschüsse erhält. Denn diese bleiben in der Hand des Empfängers keine von ihm nur zu verwaltenden öffentlichen Mittel, sondern werden Teil seiner eigenen Finanzausstattung. Daß ihr Zufluß den Empfänger grundrechtlichen Ansprüchen Dritter auf Nutznießung aussetzen soll, läßt sich deswegen schwerlich begründen.

Dürfte also eine „Ersatzhochschule" ebenso wie eine Ersatzschule nicht bereits wegen der Subventionierung einem Zulassungszwang unterliegen

---

[2] KirchE 17, 70.

(ebenso BayVGH, aaO), so kommt es im vorliegenden Verfahren allein auf die Folgerungen an, die staatlicherseits an die Bezuschussung konkret geknüpft werden. § 70 Abs. 4 Satz 3 HRG sieht indessen nur vor, daß staatlich anerkannte Hochschulen auf deren Antrag in die zentrale Vergabe von Studienplätzen einzubeziehen sind. (...)

Soweit ersichtlich, gelten für die Antragsgegnerin auch keine sonstigen unterverfassungsrechtlichen Vorschriften, die eine bestimmte Erfassung und Zuteilung von Ausbildungsmöglichkeiten von ihr fordern würden. Unstreitig sind für die Studienplatzvergabe durch Hochschulen in freier Trägerschaft weder der Staatsvertrag über die Vergabe von Studienplätzen, noch die Vergabeverordnung für das Saarland einschlägig. Aber auch der von der Antragstellerin in der Beschwerdebegründung herangezogene § 68 Abs. 1 Satz 1 Nr. 6 FhG erweist sich als unergiebig. Danach muß für die staatliche Anerkennung einer Fachhochschule gewährleistet sein, daß die Angehörigen der Einrichtung unbeschadet des Entscheidungsrechts des Trägers an der Gestaltung des Studiums in sinngemäßer Anwendung der Grundsätze des FhG mitwirken. Die Annahme der Antragstellerin, im Sinne dieser Vorschrift gehöre zur Gestaltung des Studiums auch die erschöpfende Kapazitätsausnutzung gemäß § 29 HRG, erscheint fernliegend. Abgesehen davon, daß § 29 HRG außerhalb des FhG steht, spricht die zitierte Norm von der Mitwirkung derer, die bereits Angehörige der Einrichtung sind, und wird auch im Zusammenhang mit der entsprechenden Rahmenvorschrift des § 70 Abs. 1 Nr. 5 HRG nicht die Bestimmung von Zulassungsquoten, sondern die Durchführung von Lehre und Studium als Gegenstand der Mitgestaltung angeführt (vgl. Denninger, HRG, 1984, § 70 Rdnr. 9; Dallinger/Bode/Dellian, HRG, 1978, § 70 Rdnr. 14).

58

Erlaß einer einstweiligen Anordnung betr. die Entfernung von Wandkreuzen und Wandkruzifixen aus Schulräumen.

Art. 4 Abs. 1 GG, 36 BayEUG
BayVGH, Beschluß vom 19. September 1995 – 7 AE 95.2683[1] –

Die Antragsteller, ein Ehepaar und ihre drei Kinder, begehren vom Freistaat Bayern als Antragsgegner, daß aus den von den Kindern im Rahmen

---

[1] BayVBl. 1996, 26; NJW 1996, 1554. Nur LS: NVwZ 1996, 718.
Vgl. zu diesem Fragenkreis auch BVerfG NVwZ 1998, 156 u. BayVBl. 1998, 79; BayVerfGH NJW 1997, 3157; BayVGH NVwZ 1998, 92.

ihres Schulbesuchs aufgesuchten und noch aufzusuchenden Räumen in öffentlichen Schulen die dort angebrachten Kreuze entfernt werden.

Die Antragsteller erhoben Klage zum Verwaltungsgericht und beantragten dort weiter, im Wege einer einstweiligen Anordnung dem Antragsgegner aufzugeben, bis zum Abschluß des Klageverfahrens aus sämtlichen von den Antragstellern zu 3) bis 5) im Rahmen ihres Schulbesuchs aufgesuchten und noch aufzusuchenden Räumen in öffentlichen Schulen die dort aufgehängten Kruzifixe zu entfernen. Das Verwaltungsgericht wies den Antrag auf Erlaß einer einstweiligen Anordnung und die Klage ab.

Die Antragsteller legten gegen das klageabweisende Urteil Berufung beim Verwaltungsgerichtshof ein (7 B 91.3124). Das Ziel ihres Antrags auf Erlaß einer einstweiligen Anordnung verfolgten sie mit der Beschwerde weiter. Der Verwaltungsgerichtshof wies die Beschwerde mit Beschluß vom 3. 6. 1991 (7 CE 91.1014 = BayVBl. 1991, 751 = KirchE 29, 156) zurück. Die Antragsteller wandten sich gegen die Ablehnung ihres Antrages auf Erlaß einer einstweiligen Anordnung an das Bundesverfassungsgericht. Dieses lehnte mit Beschluß vom 5. 11. 1991 (KirchE 29, 367) den Erlaß einer einstweiligen Anordnung nach § 32 Abs. 1 BVerfGG ab.

Auf die im Februar 1991 erhobene Verfassungsbeschwerde der Antragsteller gegen den Beschluß des Verwaltungsgerichtshofs vom 3. 6. 1991 erließ das Bundesverfassungsgericht am 16. 5. 1995 – 1 BvR 1087/91 – KirchE 33, 191, folgenden Beschluß:

1. § 13 Abs. 1 Satz 3 der Schulordnung für die Volksschulen in Bayern (Volksschulordnung – VSO) vom 21. 6. 1983 (GVBl. S. 597) ist mit Art. 4 Abs. 1 des Grundgesetzes unvereinbar und nichtig.
2. Der Beschluß des Bayerischen Verwaltungsgerichtshofs vom 3. 6. 1991 – 7 CE 91.1014 – und der Beschluß des Bayerischen Verwaltungsgerichts Regensburg vom 1. 3. 1991 – RO 1 E 91.167 – verletzen die Beschwerdeführer zu 1) und 2) in ihren Grundrechten aus Art. 4 Abs. 1 i. V. m. Art. 6 Abs. 2 Satz 1 und die Beschwerdeführer zu 3) bis 5) in ihren Grundrechten aus Art. 4 Abs. 1 GG. Der Beschluß des Verwaltungsgerichtshofs verletzt die Beschwerdeführer außerdem in ihren Grundrechten aus Art. 19 Abs. 4 GG. Die Entscheidungen werden aufgehoben. Die Sache wird an den Verwaltungsgerichtshof zurückverwiesen.

Die Antragsteller begehren – ungeachtet von deren Gestaltung und Plazierung – weiterhin die Entfernung jedweder Kreuze aus den von den Kindern im Rahmen ihres Schulbesuchs aufgesuchten und noch aufzusuchenden Räumen in öffentlichen Schulen.

Die Anträge hatten im wesentlichen Erfolg.

Aus den Gründen:

Die Anträge sind zulässig und im wesentlichen auch begründet. Der Antragsgegner ist gehalten, bis zum rechtskräftigen Abschluß des Verfahrens in der Hauptsache (Klageverfahren) aus den Unterrichtsräumen staatlicher Schulen, in denen die Antragsteller zu 3) bis 5) regelmäßig unterrichtet werden, die dort angebrachten Kreuze zu entfernen.

Die Antragsteller können im Sinne von § 123 Abs. 3 VwGO in Verbindung mit § 920 Abs. 2 ZPO sowohl glaubhaft machen, hierauf einen Anspruch zu haben (Anordnungsanspruch), als auch, daß mit der Realisierung dieses Anspruches nicht bis zum Abschluß eines Hauptsacheverfahrens zugewartet werden kann (Anordnungsgrund). Ungeachtet des Wortlautes des ursprünglich beim Verwaltungsgericht gestellten Antrages (Kruzifixe) ist davon auszugehen, daß der Antrag sämtliche Kreuze (auch ohne Korpus) umfaßt. Das haben die Antragsteller nunmehr auch ausdrücklich klargestellt.

1. Der Senat, der in seinem Beschluß vom 3. 6. 1991 sowohl das Bestehen eines Anordnungsgrundes als auch eines Anordnungsanspruches verneint hat, ist an die Entscheidung des Bundesverfassungsgerichts gebunden (§ 31 Abs. 1 BVerfGG). Soweit das Bundesverfassungsgericht eine Gesetzesbestimmung (in einem förmlichen Gesetz oder einer Rechtsverordnung) für nichtig erklärt, hat seine Entscheidung nach § 31 Abs. 2 BVerfGG Gesetzeskraft. Darüber hinaus entfalten die Entscheidungen des Bundesverfassungsgerichts gemäß § 31 Abs. 1 BVerfGG eine über den Einzelfall hinausgehende Bindungswirkung dergestalt, als die sich aus dem Tenor und den tragenden Gründen der Entscheidung ergebenden Grundsätze für die Auslegung der Verfassung von den Gerichten in künftigen Fällen beachtet werden müssen (vgl. BVerfGE 40, 88 [93]; siehe auch BVerfGE 42, 258 [260]; 72, 119 [121]).

Diese Bindungswirkung besteht ohne weiteres hinsichtlich des Antragstellers zu 5), der seit Beginn der gerichtlichen Auseinandersetzung und auch derzeit die Volksschule besucht. Sie besteht aber auch, ungeachtet dessen, daß die Antragsteller zu 3) und 4) nunmehr die Realschule besuchen, bezüglich dieser Antragsteller. Alle drei Kinder der Antragsteller zu 1) und 2) unterliegen gemäß Art. 35 Abs. 1 und Abs. 2 BayEUG i. d. F. d. Bek. vom 7. 7. 1994 (GVBl. S. 689) der Schulpflicht. Diese wird gemäß Art. 36 Abs. 1 Satz 1 BayEUG erfüllt sowohl durch den Besuch einer Pflichtschule (Volksschule, Berufsschule) als auch einer weiterführenden Schule. Diese Unterscheidung zwischen Pflichtschulen und anderen Schulen ist aber für den vorliegend zu entscheidenden Einzelfall ohne Bedeutung, da die verfassungsrechtliche Konfliktsituation die gleiche ist. Für Realschulen, wie sie die Antragsteller zu 3) und 4) nunmehr besuchen, sah und sieht zwar die Schulordnung für die Realschulen in Bayern (RSO) vom 16. 6. 1983 (GVBl. S. 557), zuletzt geändert durch Verordnung vom 19. 6. 1995 (GVBl. S. 419), eine Verpflichtung, Klassenzimmer mit Kreuzen auszustatten, nicht vor. Seit der Entscheidung des Bundesverfassungsgerichts vom 16. 5. 1995 (aaO) ist aber auch § 13 Abs. 1 Satz 2 VSO nicht mehr geltendes Recht, so daß sowohl in Volksschulen als auch in Realschulen eine identische Rechtslage in bezug auf die Anbringung von Kreuzen in Unterrichtsräumen besteht. Die Gründe des Bundesverfassungsgerichts gelten für beide Schularten in gleicher Weise. In beiden hier in Betracht kommenden Schulen sind ferner die von den Antragstellern zu 3) bis 5) regelmäßig aufzusuchenden Unterrichtsräume mit Kreuzen ausgestattet. Das Anbringen bzw. Belassen dieser Kreuze beruht auf Entscheidungen der jeweiligen Schulleitungen, die, da es sich um staatliche Schulen handelt, dem Antragsgegner zuzurechnen sind.

Die Frage, ob es zumutbar wäre, an andere (private) Schulen des gleichen Bildungsweges auszuweichen, in denen keine Kreuze in Schulräumen angebracht sind, stellt sich für die drei Antragsteller ebenfalls in gleicher Weise. Das Bundesverfassungsgericht führt hierzu aus, private Schulen finanzierten sich in aller Regel über Schulgeld, das von den Eltern aufzubringen sei. Deshalb fehle einem großen Teil der Bevölkerung die Möglichkeit, auf solche Schulen auszuweichen. So verhalte es sich auch im Falle der Antragsteller. Diese Aussage des Bundesverfassungsgerichts gilt in gleicher Weise für den Besuch einer privaten Hauptschule wie für den einer privaten Realschule. Es ist somit davon auszugehen, daß ein Ausweichen an eine private Schule keinem der Antragsteller zumutbar ist.

2. Zur Frage der Eilbedürftigkeit einer Entscheidung, also des Anordnungsgrundes, führt das Bundesverfassungsgericht aus, es gehe hier um eine vorläufige Regelung im Rahmen eines aktuellen Schulverhältnisses, also um einen Lebenssachverhalt, in dem schon wegen seines zeitlichen Fortschreitens auf einen Schulabschluß hin gerichtlicher Rechtsschutz besonders eilbedürftig sei.

3. Auch der Anordnungsanspruch ist im wesentlichen glaubhaft gemacht.

a) Das Verfahren auf Erlaß einer einstweiligen Anordnung nach § 123 VwGO ist ein Verfahren des individuellen Rechtsschutzes. Gegenstand der Entscheidung des Senats ist demnach nicht die Frage, ob das Anbringen von Kreuzen in den Unterrichtsräumen bayerischer Schulen generell zulässig oder unzulässig oder nur unter bestimmten Bedingungen möglich ist. Zu entscheiden ist vielmehr allein – unter Berücksichtigung der Bindung durch die Entscheidung des Bundesverfassungsgerichts – ob es angesichts der konkreten Umstände des Falles die Antragsteller zu 3) bis 5) – und damit auch die Antragsteller zu 1) und 2) als deren Erziehungsberechtigte – hinzunehmen haben, daß der Unterricht in Räumen stattfindet, die mit Kreuzen ausgestattet sind. Dies ist zu verneinen.

b) Nach der Entscheidung des Bundesverfassungsgerichts führen Kreuze in Unterrichtsräumen zusammen mit der allgemeinen Schulpflicht dazu, daß die Schüler während des Unterrichts von Staats wegen und ohne Ausweichmöglichkeit mit diesem Symbol konfrontiert sind. Dadurch kann nach der Auffassung des Bundesverfassungsgerichts in die in Art. 4 Abs. 1 GG garantierte Glaubensfreiheit von Eltern und Schülern eingegriffen werden. Der

Konflikt, der daraus entstehe, daß Eltern und Schüler christlichen Glaubens in Ausübung ihrer Glaubensfreiheit das Anbringen von Kreuzen in Unterrichtsräumen wünschten, lasse sich nicht nach dem Mehrheitsprinzip lösen, denn gerade das Grundrecht der Glaubensfreiheit bezwecke in besonderem Maße den Schutz von Minderheiten. Die im konkreten Falle der Antragsteller gegebene Konfliktsituation ist somit nach der Entscheidung des Bundesverfassungsgerichts, das von einer Verletzung der Antragsteller in ihren Grundrechten ausgeht, nur dadurch lösbar, daß die Kreuze in den Unterrichtsräumen, die die Antragsteller zu 3) bis 5) regelmäßig aufzusuchen haben, entfernt werden.

4. Zu weitgehend und insoweit abzulehnen ist das Verlangen der Antragsteller, die Kreuze aus sämtlichen von ihnen im Rahmen des Schulbesuchs aufgesuchten und noch aufzusuchenden Räumen zu entfernen. Ein Anspruch auf eine Schule ohne jegliche Kreuze steht den Antragstellern nicht zu. Das Bundesverfassungsgericht stellt ausdrücklich auf die Einwirkung des Kreuzes auf die Schüler im Rahmen des Unterrichts ab. Die kurzzeitige Konfrontation mit Kreuzen in der von ihnen besuchten Schule außerhalb der Räume, in denen sie regelmäßig unterrichtet werden, ist den Antragstellern zu 3) bis 5) und damit auch ihren Eltern deshalb zuzumuten, weil dadurch ihre Grundrechte nicht in unzulässiger Weise beeinträchtigt werden.

59

Zur Auslegung einer kirchlichen Friedhofsordnung, die als Seitenbegrenzung von Grabstätten nur ein bestimmtes Material in bestimmter Abmessung zuläßt.

OVG Nordrhein-Westfalen, Beschluß vom 26. September 1995
– 19 A 2145/94[1] –

Der Klägerin steht das Nutzungsrecht an einer Familiengrabstätte auf dem kath. Friedhof der Beklagten (Kirchengemeinde) an der A'straße in B. zu. Mit dem angefochtenen Bescheid gab die Beklagte der Klägerin auf, die massiv gegründete, mit rotem Naturstein verblendete Seitenbegrenzung der Grabstätte zu beseitigen und durch hintereinanderliegende Platten (20 × 50 cm) aus Waschbeton oder dem Material der Einfassung an der Vorderkante der Grabstätte zu ersetzen. Sie stütze dieses Verlangen auf Ziff. 5.6. der Friedhofsordnung (FO) vom 20. 3. 1991 („Als Seitenbegrenzung auf Familiengräbern

---

[1] Das Urteil ist rechtskräftig.

sind nur zwei hintereinanderliegende Waschbetonplatten mit den Maßen 20 × 50 cm zulässig. Wahlweise darf auch, dem Vorderstück entsprechend, das gleiche Material mit den oben genannten Maßen als Seitenbegrenzung genommen werden"). Schon vorher hatte die Beklagte der Klägerin eine Frist zur Beseitigung der erwähnten Einfassung gesetzt. Nach Fristablauf werde nach Ziff. 5.32 FO („Ohne Genehmigung aufgestellte Grabmale, Einfassungen usw. können auf Kosten des Verpflichteten von der Friedhofsverwaltung beseitigt werden") verfahren. Auf die nach erfolglosem Widerspruch erhobene Klage hat das Verwaltungsgericht[2] den angefochtenen Bescheid aufgehoben.

Die Berufung der Beklagten blieb im Ergebnis erfolglos.

Aus den Gründen:

Die Berufung der Beklagten ist zulässig, aber nicht begründet. Das Verwaltungsgericht hat die Verfügung der Beklagten vom 9. 7. 1993 zu Recht aufgehoben. Sie ist nämlich rechtswidrig und verletzt die Klägerin in ihren Rechten (§ 113 Abs. 1 Satz 1 VwGO).

Für die von der Beklagten ausgesprochene Verpflichtung der Klägerin, die Seitenbegrenzungen der Grabstätte Feld F, Hauptgang, Nr. 69 auf dem Friedhof der Beklagten durch zwei hintereinanderliegende Platten aus Waschbeton oder dem Material des Vorderstücks mit den Maßen 20 × 50 cm zu ersetzen, fehlt es an der erforderlichen Rechtsgrundlage. Die Friedhofsordnung der Beklagten vom 20. 3. 1991 (FO), deren Gültigkeit in allen Bestimmungen der Senat zugunsten der Beklagten unterstellt, sieht ein Verfahren zur Beseitigung von Grabeinfassungen nur in Tz. 5.32 vor. Danach können ohne Genehmigung aufgestellte Grabmale, Einfassungen usw. auf Kosten des Verpflichteten von der Friedhofsverwaltung entfernt werden. Es kann dahingestellt bleiben, ob damit auch eine Rechtsgrundlage für eine durch Verwaltungsakt aufzuerlegende Verpflichtung des Nutzungsberechtigten, selbst tätig zu werden und Einfassungen bzw. Seitenbegrenzungen zu beseitigen bzw. beseitigen zu lassen, wie die Beklagte sie in ihrer Verfügung vom 9. 7. 1993 ausgesprochen hat, gegeben ist. Denn jedenfalls besteht keine Rechtsgrundlage für die in dieser Verfügung enthaltene Verpflichtung der Klägerin, Seitenbegrenzungen aus Platten bestimmter Größe und Beschaffenheit anzubringen. Vielmehr wird in Tz. 5.47 in Verbindung mit Tz. 5.6 FO lediglich bestimmt, welche Einfassungen bzw. Seitenbegrenzungen zulässig bzw. nicht gestattet sind. Daß jede Familiengrabstätte Seitenbegrenzungen bestimmter Beschaffenheit haben *muß*, ist der Satzung nicht zu entnehmen.

---

[2] VG Gelsenkirchen KirchE 32, 78.

Ob die Verfügung vom 9. 7. 1993 – soweit sie die Beseitigung der Seitenbegrenzungen betrifft – gemäß § 47 VwVfG in eine Feststellung der Verpflichtung der Klägerin zur Beseitigung der Seitenbegrenzungen als Grundverwaltungsakt für die nachfolgende, in Tz. 5.32 FO vorgesehene Entfernung durch die Friedhofsverwaltung umgedeutet werden kann, bedarf hier keiner Entscheidung. Auch ein solcher feststellender oder eine Verpflichtung begründender Verwaltungsakt wäre nämlich, wenn Tz. 5.32 FO ihn zuließe, hier rechtswidrig.

Bei Tz. 5.32 FO handelt es sich um eine sog. Kann-Bestimmung, d. h. das Betreiben der Entfernung ungenehmigter Einfassungen steht im Ermessen der Friedhofsverwaltung. *(Es wird ausgeführt, daß die Beklagte bei der Widerspruchsentscheidung von einem unzutreffenden Sachverhalt ausgegangen ist).*

60

Werden durch besondere friedhofsrechtliche Gestaltungsvorschriften Grabeinfassungen mit festem Material generell verboten, so muß dem Inhaber oder Erwerber von Nutzungsrechten an Grabstätten, der die Anlage einer solchen Grabeinfassung wünscht, eine rechtlich und tatsächlich gesicherte Ausweichmöglichkeit im Zuständigkeitsbereich des Friedhofsträgers gewährleistet bleiben.

Art. 2 Abs. 1 GG
Nieders.OVG, Urteil vom 27. September 1995 – 8 L 1219/93[1] –

Die beklagte Kirchengemeinde ist Trägerin und Betreiberin eines Friedhofes in M., welcher aus den Flurstücken 144/60 und 60/3 der Flur 6 (Gemarkung H.) besteht. Am 8. 3. 1982 erließ sie eine Friedhofsordnung sowie – gem. § 17 Abs. 1 Satz 2 dieser Friedhofsordnung – besondere „Richtlinien über die Gestaltung der Grabstätten und Grabmale". Der Kläger ist der Sohn des am 27. 3. 1990 gestorbenen Herrn L. Seine Familie erwarb nach dem Ableben des Herrn L. auf dem vorbezeichneten Friedhof der Beklagten das Nutzungsrecht für eine Grabstätte auf dem Flurstück 60/3, dem sog. „neuen" Friedhof. Für dieses Flurstück sind in Ziffer III. der „Richtlinien über die Gestaltung der Grabstätten und Grabmale" besondere Gestaltungsanforderungen vorgesehen. Am 25. 6. 1990 beantragte der Kläger bei der Beklagten die Genehmigung zur Errichtung eines Grabmals aus Granit auf der Grab-

---

[1] NVwZ 1996, 810. Nur LS: DVBl. 1996, 392; KuR 2 (1996), 255. Das Urteil ist rechtskräftig.

stätte; er stellte in der seinem Antrag beigefügten Zeichnung lediglich den Grabstein dar. Der Kirchenvorstand der Beklagten erteilte die Genehmigung für das im Antrag beschriebene Grabmal. Daraufhin errichtete der Kläger auf der Grabstätte das Grabmal und zusätzlich eine umlaufende Grabeinfassung aus flachliegenden hellen Granitsteinen. Durch Schreiben vom 19. 4. 1991 teilte das Kirchenkreisamt W. dem Kläger mit, daß es derzeit wie auch schon im Zeitpunkt des Todes seines Vaters auf dem Friedhof der Beklagten eine Wahlmöglichkeit zwischen Grabstätten auf dem sog. „alten" Friedhof ohne besondere Gestaltungsvorschriften und Grabstätten auf dem „neuen" Friedhof mit besonderen Gestaltungsvorschriften gegeben habe. Die Grabeinfassung aus Granit widerspreche den besonderen Gestaltungsrichtlinien. Der Kläger wurde unter Fristsetzung zur Beseitigung aufgefordert. Das Verwaltungsgericht hat der Klage stattgegeben und die Beklagte antragsgemäß verpflichtet, unter Aufhebung der angefochtenen Bescheide die vom Kläger für Herrn L. gestaltete Grabstätte mit Natursteineinfassung zu genehmigen.

Die Berufung der Beklagten führte zu der Verpflichtung der Beklagten, den Kläger neu zu bescheiden.

Aus den Gründen:

Die Berufung der Beklagten ist zulässig, jedoch nur im Hinblick auf eine erforderliche Neubescheidung des Klägers begründet.

Das Verwaltungsgericht hat mit zutreffenden Erwägungen die angefochtenen Bescheide des Kirchenkreisamtes W. aufgehoben. Die Beseitigungsanordnung hinsichtlich der streitbefangenen granitenen Grabeinfassung ist rechtswidrig und verletzt den Kläger in seinen Rechten, denn sie findet in Nr. III. der Gestaltungsrichtlinien der Beklagten i. V. mit §§ 17 Abs. 1, 19 Abs. 2 u. 3 der Friedhofsordnung keine wirksame Rechtsgrundlage. Der Rechtsstreit ist indessen bezüglich der möglichen modifizierten Genehmigung der Grabeinfassung oder ihrer lediglich teilweisen Beseitigung mangels abschließender Ermittlungen der Beklagten noch nicht spruchreif; die Beklagte muß auch ein eigenes Auswahlermessen betätigen. Die Beklagte ist deshalb zu verpflichten, den Antrag des Klägers auf Genehmigung der Grabeinfassung unter Beachtung der Rechtsauffassung des Senats neu zu bescheiden. Im übrigen ist die Klage abzuweisen.

Die Friedhofsordnung der Beklagten vom 8. 3. 1992 (FO) mit den beigefügten Gestaltungsrichtlinien ist formell ordnungsgemäß zustande gekommen. Sie ist durch Veröffentlichung im Amtsblatt für den Landkreis S. formgerecht bekanntgemacht worden. Sie beruht auf einer hinreichenden Ermächtigungsgrundlage in § 4 der Friedhofsrechtsverordnung vom 13. 11. 1973 (KABl. 1974, 1).

Rechtsgrundlage der angefochtenen Beseitigungsanordnung ist § 19 Abs. 2 u. 3 FO. Danach kann der Kirchenvorstand der Beklagten die Abänderung oder Beseitigung eines Grabmals oder einer Grabeinfassung als sonstiger baulicher Anlage veranlassen, wenn die Ausführung dieser Anlage nicht der genehmigten Zeichnung entspricht und nicht genehmigungsfähig ist.

Die vom Kläger errichtete granitene Grabeinfassung ist nach § 19 Abs. 1 u. 3 FO genehmigungsbedürftig. Ihre Darstellung als sonstige bauliche Anlage war in der vom Kläger vorgelegten Zeichnung entgegen § 19 Abs. 1 Satz 2 FO nicht enthalten. Deshalb erstreckte sich die am 28. 6. 1990 von der Beklagten für das Grabmal erteilte Genehmigung auch nicht auf die steinerne Einfassung der Grabstätte. Die mit dem Genehmigungsantrag verbundene Nachschrift des Klägers bezüglich der „üblichen Umrandung" erfüllt nicht die Voraussetzung, die von ihm geplante steinerne Einfassung auch ausdrücklich – in ihrer beabsichtigten Lage und Beschaffenheit – in der Zeichnung abzubilden und der Genehmigungsentscheidung der Beklagten zu unterstellen.

Die Grabeinfassung ist damit formell illegal.

Entgegen der Auffassung der Beklagten läßt sich die materielle Illegalität der Grabeinfassung nicht aus Nr. III. der Gestaltungsrichtlinien i. V. mit § 17 Abs. 1 Satz 2 FO herleiten. Nr. III.1 der Gestaltungsrichtlinien verbietet im Bereich des „neuen" Friedhofes (Flurstück 60/3), in welchem die Grabstätte des Vaters des Klägers liegt, ohne Ausnahme die Anlegung von Steineinfassungen. Diese Verbotsnorm ist mit höherrangigem Recht nicht vereinbar.

Das Recht eines Verstorbenen und seiner Angehörigen, über Bestattungsart, Gestaltung und Pflege der Grabstätte zu entscheiden, stellt eine Ausprägung der allgemeinen Handlungsfreiheit i. S. des Art. 2 Abs. 1 GG dar (BVerwGE 17, 119 [121] = NJW 1964, 831; VGH Kassel, NVwZ-RR 1989, 505; VGH Mannheim, NVwZ-RR 1990, 308). Die Angehörigen, denen die Ehrung des Toten obliegt, sind grundsätzlich darin frei, die Grabstätte nach ihren Anschauungen von Pietät, Ästhetik und Zweckmäßigkeit zu gestalten. Begrenzt ist dieses Recht durch den Vorbehalt der verfassungsmäßigen Ordnung, d. h. durch jede Rechtsnorm, die formell und materiell mit der Verfassung im Einklang steht. Hierzu gehören Gestaltungsvorschriften durch Gesetz oder aufgrund eines Gesetzes, die erforderlich sind, um eine der Würde des Ortes entsprechende Gestaltung der Grabstätten sicherzustellen und den Friedhofsbenutzern die ungestörte Totenandacht zu ermöglichen. Regelungen dieser Art, die in sämtlichen Teilen eines oder mehrerer Friedhöfe zu beachten sind und deshalb üblicherweise als *allgemeine* Gestaltungsvorschriften bezeichnet werden, muß der Verfügungsberechtigte eines Reihengrabes ebenso wie der Nutzungsberechtigte eines Wahlgrabes hinnehmen, weil sie durch den Friedhofszweck geboten sind (VGH Mannheim, NVwZ-RR 1990, 308; OVG

Lüneburg, Urteil v. 24. 3. 1995[2] – 8 L 316/93; Gaedke, Hdb. d. Friedhofs- und BestattungsR, 6. Aufl., S. 201).

Darüber hinaus ist der Friedhofsträger befugt, im Rahmen des ihm zustehenden normativen Ermessens strengere Gestaltungsvorschriften zu erlassen, um bestimmte ästhetische Vorstellungen zu verwirklichen und um eine mehr oder weniger einheitliche Gesamtanlage, z. B. einen Waldfriedhof oder einen Parkfriedhof, zu schaffen oder – wie im vorliegenden Fall – die zunehmende „Versteinerung" im Bereich einer Friedhofserweiterungsfläche zu unterbinden. Derartige *besondere* Gestaltungsvorschriften darf der Friedhofsträger, weil anderenfalls die allgemeine Handlungsfreiheit der Inhaber oder Erwerber von Nutzungsrechten an Grabstätten unverhältnismäßig beschränkt wäre, nur erlassen, wenn rechtlich und tatsächlich gewährleistet ist, daß auf anderen Friedhöfen oder auf anderen Friedhofsteilen in seinem Zuständigkeitsbereich Grabfelder zur Verfügung stehen, für die allein die allgemeinen Gestaltungsvorschriften gelten (BVerwGE 17, 119 = NJW 1964, 831; VGH Kassel, NVwZ-RR 1989, 505; VGH Mannheim, NVwZ-RR 1990, 308; OVG Lüneburg, Urteil v. 24. 3. 1995 – 8 L 316/93).

Diese Voraussetzung ist hier schon in rechtlicher Hinsicht nicht erfüllt. Denn die Beklagte hat neben dem absoluten Verbot steinerner Grabeinfassungen im Geltungsbereich der besonderen Gestaltungsrichtlinien (Nr. III.1) in der Nr. I.5 der allgemeinen Gestaltungsrichtlinien eine Gestaltungsvorschrift hinsichtlich der Einfassung von Grabstellen mit festem Material getroffen, die für den ganzen Friedhof gilt und auch im Bereich des sog. „alten" Friedhofs auf ein Verbot der Einfassung von Grabstellen mit festem Material hinausläuft. In dieser Vorschrift ist bestimmt, daß Grabstätten oder Grabstellen nur dann „mit festem Material eingefaßt werden sollen, wenn dies wegen der Beschaffenheit des Bodens notwendig ist". Aus diesem Satzungswortlaut folgt, wie der Senat bereits in seinem Urteil vom 27. 7. 1990 – 8 A 57/88 – (Urteilsabdr. S. 8) angedeutet hat, ein Rechtscharakter der Sollvorschriften als Verbot mit Erlaubnisvorbehalt. Die Formulierung „sollen *nur* dann" in Verbindung mit einer Bedingung eröffnet im Geltungsbereich allgemeiner Gestaltungsvorschriften rechtlich keine freie Wahlmöglichkeit hinsichtlich der Einfassung, sondern begründet ein Regelverbot mit Erlaubnisvorbehalt. Der Erlaubnisvorbehalt knüpft wiederum an eine Eigenschaft, nämlich die Bodenbeschaffenheit an, die nach dem Vorbringen beider Beteiligten auf dem alten und auf dem neuen Friedhofsteil keine Unterschiede aufweist. Vor diesem Hintergrund hat es die Beklagte in der Hand, schon über die allgemeine Gestaltungsvorschrift in Nr. I.5 der Gestaltungsrichtlinien Einfassungen von

---

[2] KirchE 33, 122.

Grabstätten mit festem Material auf beiden Friedhofsteilen zu unterbinden. Für den Senat ist überdies nicht ersichtlich, daß die Regelung in Nr. I. 5 aus Gründen des Friedhofszweckes oder der friedhofsinternen Sicherheit und Ordnung erforderlich ist. Dabei verkennt er nicht das Anliegen der Beklagten, aufdringliche und farblich oder gestalterisch unästhetische Grabeinfassungen auf dem Friedhof einzuschränken oder zu unterbinden. Dem trägt aber schon das allgemeine Verunstaltungsverbot in Nr. II. 1 der Gestaltungsrichtlinien Rechnung, welches gem. §§ 19 Abs. 3 Satz 2, 20 Abs. 1 FO für Grabmale und für sonstige bauliche Anlagen gilt. Außerdem bestehen nach den vorgelegten Fotoaufnahmen und dem Vorbringen der Beklagten keine Anhaltspunkte dafür, daß aus Gründen der allgemeinen Bodenbeschaffenheit oder besonderer Gefällelagen auf dem Friedhof der Beklagten steinerne oder feste Grabeinfassungen zur Gefährdung von Friedhofsbenutzern führen könnten und deshalb einem Regelverbot mit Erlaubnisvorbehalt unterliegen müßten.

Aber auch in tatsächlicher Hinsicht bestand für den Kläger im Sommer 1990 keine Ausweichmöglichkeit auf den alten Friedhofsteil. Denn der Kläger hat unwidersprochen im Verwaltungsverfahren vorgetragen, daß er seinerzeit keine örtliche Auswahlmöglichkeit gehabt habe, sondern daß auf dem M'er Friedhof „der Reihe nach" beigesetzt werde. Deshalb habe er für seinen Vater mit einem Eckgrab im neuen Friedhofsteil vorlieb nehmen müssen. Unerheblich ist insoweit, ob gegenwärtig einzelne Grabstätten im alten Friedhofsteil der Beklagten verfügbar sind. Die Beklagte läßt im übrigen – unabhängig von dem vorliegenden Verfahren – außer acht, daß der alte Friedhofsteil, der keinen besonderen Gestaltungsvorschriften unterliegt, wegen seiner weitgehenden Belegung als „freie" Fläche nicht uneingeschränkt zur Verfügung steht. Auch vor diesem Hintergrund ist die Annahme einer tatsächlichen Ausweichmöglichkeit auf dem M'er Friedhof problematisch. Über andere Friedhöfe mit Ausweichflächen verfügt die Beklagte nicht. Die Tatsache, daß die Beseitigungsanordnung der Beklagten in den besonderen Gestaltungsvorschriften keine rechtswirksame Rechtsgrundlage findet, führt indessen nicht zum automatischen Anspruch des Klägers auf uneingeschränkte Genehmigung der von ihm gewählten Grabeinfassung. Diese Grabeinfassung unterliegt nunmehr dem Genehmigungserfordernis unter Berücksichtigung der allgemeinen Gestaltungsvorschriften in Nrn. I und II der Gestaltungsrichtlinien. Insoweit hat das Verwaltungsgericht verkannt, daß der Beklagte nach § 19 Abs. 2 FO ein Ermessen eingeräumt ist, ob und inwieweit eine modifizierte Genehmigung oder eine Abänderung der Einfassungsanlage in Betracht kommt. Auch bedarf es vor der Entscheidung der Beklagten über den erweiterten Genehmigungsantrag noch spezifischer Feststellungen zur optischen bzw. ästhetischen Vereinbarkeit der Grabeinfassung mit dem Gesamtcharakter des „neuen" Teils des Friedhofes sowie mit den benachbarten Grabfeldern. Dabei wird die Beklagte zu würdigen haben, daß ausweislich der vorgelegten Fotos in der näheren Umgebung der streitbefangenen Grabstätte mehrere Gräber mit senkrecht gesetzten steinernen Einfassungen versehen sind, für die offenbar Genehmigungen erteilt wurden, flachliegende Einfassungen hingegen dort nicht anzutreffen sind. Insoweit ist die Beklagte gem. § 113 Abs. 5 Satz 2 VwGO zur Neubescheidung des Klägers über eine Genehmigung der Grabeinfassung nach den allgemeinen Gestaltungsvorschriften zu § 17 Abs. 1 FO zu verpflichten. Die über die Neubescheidung hinausgehende Verpflichtungsklage des Klägers ist abzuweisen.

61

Wurde ein an einem kirchlichen Krankenhaus tätiger Arzt in den Vorstand des Trägervereins berufen und unter Bezugnahme hierauf ein vollständig neuer Dienstvertrag geschlossen, so sind für die Beurteilung der Rechtmäßigkeit einer Aufhebung dieses einheitlichen Rechtsverhältnisses nicht die Arbeitsgerichte, sondern die ordentlichen Gerichte zuständig.

§§ 2 Abs. 1, 5 ArbGG; 26, 611 BGB
BAG, Beschluß vom 28. September 1995 − 5 AZB 4/95[1] −

Der Kläger begehrt in der Hauptsache Kündigungsschutz und Weiterbeschäftigung. Im Verfahren der weiteren sofortigen Beschwerde streiten die Parteien um die Zulässigkeit des Rechtswegs zu den Arbeitsgerichten. Der beklagte Verein ist Träger der N-Heime der Inneren Mission. Der Kläger war aufgrund Arbeitsvertrags vom 18. 7. 1988 seit dem 1. 8. 1988 als Arzt für Neurologie und Psychiatrie bei dem Beklagten tätig. Er erhielt Vergütung nach VergGr. I a BAT. Durch Beschluß des Verwaltungsrats des Beklagten vom 25. 4. 1990 wurde der Kläger mit Wirkung ab 1. 1. 1991 zum Vorstandsmitglied berufen. Im Juli 1990 schlossen der Kläger und die Beklagte, vertreten durch den Vorsitzenden des Verwaltungsrates, einen „Dienstvertrag", in dem es u. a. heißt:

§ 1. Herr Dr. B wird vom 1. 1. 1991 an als leitender Arzt der N-Heime der Inneren Mission eingestellt. Er ist durch Beschluß des Verwaltungsrats vom 25. 4. ab 1. 1. 1991 zum Mitglied des Vorstands des Vereins „N. N." berufen worden. Die Zeit vom 1. 1. bis 30. 6. 1991 gilt als

---

[1] NJW 1996, 614.

Probezeit für diese Berufung. Der Vertrag kann jederzeit mit einer Frist von 6 Monaten zum Schluß eines Kalenderjahres gekündigt werden. Die Kündigung bedarf der Schriftform. Die Kündigung durch das Vorstandsmitglied ist gegenüber dem Vorsitzenden des Verwaltungsrates zu erklären. Die Bestellung zum Mitglied des Vorstands kann unbeschadet von Schadensersatzansprüchen durch Beschluß des Verwaltungsrats jederzeit widerrufen werden. Der Widerruf gilt als Kündigung des Dienstvertrags zum nächst zulässigen Termin ...
§ 2. (1) Der Verein überträgt Herrn Dr. B die Leitung des gesamten ärztlichen Dienstes und die Verantwortung für die Sicherstellung ausreichender medizinischer Versorgung der Heimbewohner. Ihm obliegt die notfallmäßige Versorgung auch der externen Beschäftigten der Gemeinschaftsbetriebe (WfB). Herr Dr. B wird hierzu insbesondere den Bereitschaftsdienst unter den angestellten Ärzten organisieren und sich selbst in gleicher Weise turnusmäßig am ärztlichen Bereitschaftsdienst beteiligen ...
(2) Als Mitglied des Vorstandes leitet Herr Dr. B gemeinsam mit den anderen Mitgliedern des Vorstandes die N-Heime und führt die Geschäfte nach Maßgabe der Gesetze, der Satzung sowie der Geschäftsordnung für den Vorstand und den durch den Verwaltungsrat festgelegten Richtlinien und erlassenen Weisungen.
§ 3. Herr Dr. B wird seine Arbeitskraft ausschließlich für den Verein einsetzen.

Nach § 4 Abs. 1 des Dienstvertrags erhielt der Kläger nunmehr ein monatliches Gehalt nach VergGr. I BAT. Weiter heißt es dort:

§ 4. (1) Die Normalarbeitszeit ist auf Montag—Freitag von 7.30—17.00 Uhr und an Samstagen von 8.00—12.00 Uhr festgesetzt. Während dieser Zeit muß der Dienst der Ärzte so abgestimmt sein, daß immer mindestens ein Arzt dienstbereit ist.
(2) Außerhalb der Normalarbeitszeit muß ein Arzt Bereitschaftsdienst in N-Heimen absolvieren.
§ 6. Die zeitliche Festsetzung des Erholungsurlaubs ist unter angemessener Berücksichtigung der dienstlichen Belange unter den Vorstandsmitgliedern abzustimmen und dem Vorsitzenden des Verwaltungsrates mitzuteilen.

In der Satzung des beklagten Vereins heißt es u. a.:

§ 10. Aufgaben des Verwaltungsrats. Dem Verwaltungsrat obliegen folgende Aufgaben: a) Berufung und Abberufung der Vorstandsmitglieder sowie Abschluß ihrer Dienstverträge; Wahl des Vorsitzenden des Vorstandes und seines Stellvertreters ...
§ 13. Zusammensetzung des Vorstands. (1) Den Vorstand bilden:
a) der leitende Pfarrer,
b) der leitende Arzt,
c) der pädagogische Leiter,
d) der kaufmännische Leiter.
(2) Die Mitglieder des Vorstandes werden vom Verwaltungsrat berufen und abberufen. Dieser wählt auch den Vorsitzenden des Vorstandes und seinen Stellvertreter.
§ 14. Aufgaben des Vorstandes. (1) Der Vorstand leitet die Einrichtung und führt die laufenden Geschäfte. Er ist für die Erledigung aller Aufgaben zuständig, soweit sie nicht der Mitgliederversammlung oder dem Verwaltungsrat vorbehalten sind.
(2) Im Rahmen der vom Verwaltungsrat festgelegten Richtlinien und ergangenen Weisungen ist der Vorstand selbständig und in eigener Verantwortung tätig.
(3) Der Vorstand hat die Aufgaben des Vereinsvorstandes i. S. des Bürgerlichen Rechts (§ 26 BGB). Er vertritt den Verein gerichtlich und außergerichtlich. Zur rechtswirksamen Vertretung bedarf es der Unterschriften von zwei Mitgliedern, von denen einer der Vorsitzende oder sein Stellvertreter sein muß. Im übrigen vertreten sich die Mitglieder gegenseitig nach Maßgabe der Geschäftsordnung ...

Mit Schreiben vom 25. 5. 1994 unterrichtete der Verwaltungsrat des beklagten Vereins den Kläger über den am Vortage gefaßten Beschluß, wonach der Kläger als Vorstandsmitglied mit sofortiger Wirkung abberufen wird. Damit sei der Dienstvertrag gekündigt, das Dienstverhältnis ende mit Ablauf des 31. 12. 1994. Gegen diese Kündigung wendet sich der Kläger mit seiner beim Arbeitsgericht erhobenen Klage. Er verlangt ferner Weiterbeschäftigung als leitender Arzt über den 31. 12. 1994 hinaus. Der Beklagte hat die Zuständigkeit der Gerichte für Arbeitssachen gerügt und dabei auf die Stellung des Klägers als Vorstandsmitglied verwiesen.

Das Arbeitsgericht hat seine Zuständigkeit bejaht. Auf die sofortige Beschwerde des Beklagten hat das Landesarbeitsgericht den Rechtsweg zu den Gerichten für Arbeitssachen für unzulässig erklärt und den Rechtsstreit an das Landgericht D. verwiesen. Mit seiner weiteren sofortigen Beschwerde begehrt der Kläger die Wiederherstellung des erstinstanzlichen Beschlusses.

Das Rechtsmittel blieb in der Sache ohne Erfolg.

Aus den Gründen:

II. Der Rechtsweg zu den Gerichten für Arbeitssachen ist unzulässig. Der Kläger war seit dem 1. 1. 1991 nicht mehr Arbeitnehmer des beklagten Vereins. Dem LAG ist im Ergebnis und in allen Punkten der Begründung zu folgen.

1. Nach § 2 Abs. 1 Nr. 3 lit. a ArbGG sind die Gerichte für Arbeitssachen ausschließlich zuständig für „bürgerliche Rechtsstreitigkeiten zwischen Arbeitnehmern und Arbeitgebern" aus dem Arbeitsverhältnis und über das Bestehen oder Nichtbestehen eines Arbeitsverhältnisses. Wer Arbeitnehmer ist, ergibt sich aus § 5 ArbGG. Nach § 5 Abs. 1 Satz 3 ArbGG zählen zu den Arbeitnehmern nicht diejenigen Personen, die in einem Betrieb einer juristischen Person kraft Gesetzes zur Vertretung der juristischen Person berufen sind. § 5 Abs. 1 Satz 3 ArbGG beruht auf dem Umstand, daß juristische Personen nur durch ihre Organe handeln und nur durch diese ihre Arbeitgeberfunktion ausüben können. Aus diesem Grunde ist es nicht gerechtfertigt, diese Person als Arbeitnehmer anzusehen (BAG, NJW 1981, 302 = AP Nr. 1 zu § 5 ArbGG 1979; BAG, NZA 1994, 905 = AP Nr. 17 zu § 5 ArbGG 1979 = EzA § 2 ArbGG 1979 Nr. 28).

2. Der Kläger gehörte zu diesem Personenkreis. Er war Vorstandsmitglied des Beklagten und damit Mitglied eines Vertretungsorgans einer juristischen Person. Der Beklagte ist ein 1899 gegründeter Verein, der durch landesherrlichen Erlaß die Rechte einer juristischen Person besitzt. Die vor dem Inkrafttreten des BGB entstandene Rechtsfähigkeit besteht weiter. Nach Art. 163 EGBGB unterliegt sie den §§ 25–53 und 85–89 des BGB. Nach § 26 Abs. 2

BGB wird ein Verein gerichtlich und außergerichtlich durch den Vorstand vertreten; dieser hat die Stellung eines gesetzlichen Vertreters. § 14 Abs. 3 der Satzung stellt ausdrücklich klar, daß es sich um den Vorstand nach § 26 Abs. 2 BGB handelt. Dessen Mitglied ist der Kläger durch Beschluß des nach § 13 Abs. 2 der Satzung dafür zuständigen Verwaltungsrats geworden.

a) Hinsichtlich der Rechtsstellung eines Vorstandsmitgliedes eines Vereins ist zu unterscheiden zwischen dem Organisationsakt der Bestellung und dem schuldrechtlichen Vertragsverhältnis zwischen Vorstandsmitglied und Verein. Im Falle des Klägers ist es ein freies Dienstverhältnis (§ 611 BGB). Endet die Organstellung durch Zeitablauf, Widerruf oder Amtsniederlegung, so besteht das Anstellungsverhältnis bis zu seinem Ablauf oder seiner Kündigung fort. Der Verlust der Organstellung führt grundsätzlich nicht zum Übergang des zunächst begründeten freien Dienstverhältnisses in ein Arbeitsverhältnis. Die Gerichte für Arbeitssachen sind also für die Beurteilung der Rechtmäßigkeit einer Kündigung des der Organstellung zugrunde liegenden Rechtsverhältnisses nicht zuständig (BAG in st. Rspr., zuletzt BAG, NZA 1994, 905 = AP Nr. 17 zu § 5 ArbGG 1979 = EzA § 2 ArbGG 1979 Nr. 28).

b) Entgegen der Auffassung des Klägers bestand neben dem freien Dienstverhältnis kein Arbeitsvertrag. Der Vertrag vom Juli 1990 kann nicht in einen Arbeitsvertrag als leitender Arzt und einen freien Dienstvertrag als Grundlage für die Vorstandstätigkeit aufgespalten werden. Zwar ist eine solche Doppelstellung als Arbeitnehmer und freier Dienstnehmer derselben juristischen Person nicht von vornherein denknotwendig ausgeschlossen. Zumindest bei Abschluß nur eines Vertrages ist aber im Zweifel ein einheitliches Rechtsverhältnis anzunehmen. So verhält es sich hier. Anhaltspunkte dafür, daß es sich gleichwohl um unterschiedliche Rechtsverhältnisse handelt, sind nicht ersichtlich. Vielmehr ergibt sich aus § 13 Abs. 1 lit. b der Satzung, daß die Funktionen als leitender Arzt und Vorstandsmitglied untrennbar miteinander verbunden waren. Der Kläger kann auch nicht damit gehört werden, die Sitzungen des Vorstands hätten zeitlich nur untergeordnete Bedeutung gehabt. Es trifft zu, daß die Rechtsstellung des Klägers in zahlreichen Punkten der von Arbeitnehmern glich. Das ändert jedoch nichts daran, daß der Kläger seine Vorstandsfunktionen wahrgenommen hat. Er hatte die Arbeit der Ärzte zu organisieren. Er unterschrieb Arbeitsverträge und genehmigte Urlaubsanträge. Seine Auffassung, er habe als leitender Arzt in der Einrichtung nur eine „absolut untergeordnete Funktion" gehabt, ist dadurch widerlegt.

Es hat auch nicht das ursprüngliche Arbeitsverhältnis des Klägers aufgrund Vertrags vom 18. 7. 1988 fortbestanden. Der 2. Senat hat mehrfach entschieden, bei Fehlen einer ausdrücklichen oder konkludenten Vereinbarung hinsichtlich des ursprünglichen Anstellungsvertrags sei im Zweifel anzunehmen, daß der Geschäftsführer einer GmbH mit seiner Bestellung nicht endgültig den bisher erworbenen Bestandsschutz eines Arbeitsverhältnisses aufgeben wolle, ohne dafür einen finanziellen Ausgleich durch eine höhere Vergütung zu erhalten (BAGE 49, 81 = NZA 1986, 792 = AP Nr. 3 zu § 5 ArbGG 1979 und BAGE 55, 137 [146 f.] = NZA 1987, 845 = AP Nr. 6 zu § 5 ArbGG 1979 [zu II 2 a]). In seinem Urteil vom 7. 10. 1993 (NZA 1994, 212 = AP Nr. 16 zu § 5 ArbGG 1979 = EzA § 5 ArbGG 1979 Nr. 9) hat der 2. Zivilsenat dahingestellt sein lassen, ob er diese Auffassung weiter vertritt. Er hat angedeutet, daß eher eine Vermutung dafür spreche, daß Parteien, die einen neuen Dienstvertrag abschließen, damit im Zweifel den alten Arbeitsvertrag aufheben wollen. Das bedarf aber auch hier keiner Entscheidung. Denn die weitere sofortige Beschwerde bleibt auch dann erfolglos, wenn man zugunsten des Klägers von dieser nunmehr in Frage gestellten Rechtsprechung des 2. Senats ausgeht. Das LAG hat zu Recht angenommen, daß die Parteien den Arbeitsvertrag vom 18. 7. 1988 aufgehoben haben. Der Vertrag vom Juli 1990 ist keine Ergänzung des ursprünglichen Arbeitsvertrags, sondern ein vollständig neuer Vertrag mit eigenständigen Regelungen. Es gibt keinerlei Anhaltspunkte dafür, daß der ursprüngliche Arbeitsvertrag ruhend fortbestehen sollte. Im übrigen erhielt der Kläger eine zumindest um 930 DM höhere Vergütung als bisher.

62

1. Für die Klage eines ausgeschiedenen Ordensmitglieds gegen seinen früheren Orden auf Nachversicherung bei der „Selbsthilfe", Zusatzrentenkasse der Deutschen Caritas, ist der Rechtsweg zu den staatlichen Gerichten eröffnet.
2. Über die gesetzliche Regelung der Nachversicherung ausgeschiedener Ordensangehöriger hinaus besteht auch unter verfassungsrechtlichen Gesichtspunkten aufgrund staatlichen Rechts kein weitergehender Anspruch der Ordensangehörigen auf Entschädigung für die im Orden geleisteten Dienste, insbesondere nicht in Form einer weiteren Nachversicherung bei einer Zusatzversorgungskasse. Die gesetzlichen Vorschriften über die Nachversicherung ausgeschiedener Ordensangehöriger verstoßen nicht gegen Verfassungsrecht.

Art. 1 Abs. 1, 3 Abs. 1, 19 Abs. 4, 20 Abs. 1 GG
BayVGH, Urteil vom 4. Oktober 1995 − 7 B 94.593[1] −

---

[1] Amtl. Leitsätze. BayVGHE 48, 115; NVwZ-RR 1996, 447.
Nur LS: DVBl. 1996, 525; KuR 1996, 131. Das Urteil ist rechtskräftig.

Die Klägerin will mit der Klage die Verpflichtung des beklagten katholischen Frauenordens zur Nachversicherung bei der „Selbsthilfe" – Zusatzrentenkasse der Deutschen Caritas – erreichen. Die Klägerin trat 1955 in die Ordensgemeinschaft ein und wurde dort zur Kinderkrankenschwester und Unterrichtsschwester ausgebildet. 1975 bis 1977 studierte sie für das Lehramt an Volksschulen und war bis 1980 als Lehramtsanwärterin im staatlichen Schuldienst tätig. Anschließend arbeitete sie als Unterrichtsschwester in einer Kinderklinik der Ordensgemeinschaft.

Da sie ohne Zustimmung des Ordens eine Stelle als Volksschullehrerin an einer öffentlichen Schule angenommen hatte, wurde sie 1990 aus der Ordensgemeinschaft entlassen.

Ihre Klage auf Nachversicherung wurde vom VG München (KirchE 31, 531) abgewiesen. Auch die Berufung hatte keinen Erfolg.

Aus den Gründen:

I. Die Klage ist zulässig, insbesondere ist hierfür der Rechtsweg zu den staatlichen Gerichten gegeben.

1. Nach Art. 140 GG i. V. mit Art. 137 Abs. 3 Satz 1 WRV ordnet und verwaltet jede Religionsgemeinschaft ihre Angelegenheiten selbständig innerhalb der Schranken der für alle geltenden Gesetze. Diese Freiheit umfaßt nicht nur den Bereich des Glaubens und des Gottesdienstes, sondern auch das caritative Wirken und hier insbesondere die kirchlich getragene Krankenpflege, ein Bereich, in dem die Klägerin als Ordensschwester tätig war (vgl. BVerfGE 53, 366 [393][2]). Zudem gehören zu den Angelegenheiten, deren selbständige Regelung den Kirchen garantiert ist, die Beziehungen zwischen einer kirchlichen Ordensgemeinschaft und ihren Mitgliedern, auch soweit hiervon Unterhaltsansprüche eines Ordensmitgliedes gegen die Ordensgemeinschaft umfaßt sind. Es würde insbesondere gegen das kirchliche Selbstverwaltungsrecht verstoßen, den Unterhaltsanspruch eines Ordensmitgliedes nach außerkirchlichen Maßstäben zu bestimmen und ihm einen Umfang zu geben, den er nach kirchlichem Recht nicht hat (vgl. BVerwG NJW 1987, 206[3]).

2. Ob eine Maßnahme dem innerkirchlichen Bereich zuzuordnen ist oder den staatlichen Bereich berührt, entscheidet sich danach, was materiell, der Natur der Sache oder Zweckbindung nach als eigene Angelegenheit der Kirche anzusehen ist (BVerfG NJW 1980, 1041[4]; 1983, 2569[5]). Soweit sich die

---

[2] KirchE 18, 69.
[3] KirchE 24, 132.
[4] KirchE 17, 120; 17, 209.
[5] KirchE 21, 132; 21, 171.

Kirchen zur Regelung ihrer Rechtsbeziehungen der allgemeinen zivilrechtlichen Rechtsformen, etwa in Gestalt von Dienstverträgen, bedienen, unterstellen sie diese Rechtsbeziehungen von sich aus der staatlichen Rechtsprechung. Außer Frage steht die Gewährleistung staatlichen Rechtsschutzes ferner dann, wenn die Kirchen staatlich verliehene Befugnisse ausüben und sich insoweit der vom Staat vorgegebenen Handlungsformen bedienen. Darüber hinaus betätigten die Kirchen öffentliche Gewalt im Sinne von Art. 19 Abs. 4 GG mit der sich daraus ergebenden Einschränkung ihres Selbstverwaltungsrechts (vgl. BVerwGE 66, 241), wenn kirchliche Maßnahmen in sonstigen Fällen den innerkirchlichen Bereich überschreiten.

Auch wenn die innere Ordnung von kirchlichen Orden zum Kernbereich des kirchlichen Selbstverwaltungsrechts gehört und die vermögensrechtlichen Beziehungen zwischen Ordensangehörigen und der Ordensgemeinschaft der staatlichen und damit auch gerichtlichen Regelungs- und Entscheidungsbefugnis grundsätzlich entzogen sind (vgl. auch BAG NJW 1990, 2082[6]), so ist bei Versorgungsansprüchen eines ausgeschiedenen Ordensmitglieds die Bedeutung der Justizgewährleistungspflicht des Staates (Art. 19 Abs. 4 GG) zu beachten, die in dem Maße steigt, wie die gerichtlich geltend zu machenden Ansprüche für die allgemeine staatsbürgerliche Existenz der Betroffenen von Belang sind (OVG.NW NJW 1994, 3368[7]). Entzieht die Kirche einem ehemaligen Bediensteten die bislang gewährte Basis seines Lebensunterhalts, ohne ihm eine angemessene Altersversorgung zu gewähren, dann sind säkular-staatliche Bereiche berührt (vgl. OVG Rh.-Pf. KirchE 23, 84). Gegenstand des staatlichen Rechtsschutzes ist somit jedenfalls die persönliche und soziale Existenz des ehemaligen Mitglieds der kirchlichen Gemeinschaft im Sinne eines sozialen Mindeststatus oder Mindeststandards (vgl. Preimersdorfer, in: Heimerl/Pree, Handbuch des Vermögensrechts der katholischen Kirche – 1993 – 6/650; Schulin, in: Festschrift für Wannagat – 1981 – S. 521 [534], Weber in Listl/Pirson, Handbuch des Staatskirchenrechts der Bundesrepublik Deutschland, 2. Aufl. – 1994 – S. 585). Der Bereich der Altersversorgung ausgeschiedener Ordensmitglieder ist daher der Rechtsprechung durch die staatlichen Gerichte nicht grundsätzlich entzogen. Dabei dürfen diese in der Sache die verfassungsrechtlich geschützte Eigenart des kirchlichen Dienstes, das spezifisch Kirchliche, bei ihren Entscheidungen nicht in Frage stellen; die Rechtskontrolle durch staatliche Gerichte hebt die Zugehörigkeit zu den „eigenen Angelegenheiten" der Kirche nicht auf (BVerfGE 70, 138 [165][8]).

...

---

[6] KirchE 28, 14.   [7] KirchE 32, 97.   [8] KirchE 23, 105.

II. Die Klage ist nicht begründet.

1. Die Klage scheitert allerdings nicht schon daran, daß die von der Klägerin begehrte Nachversicherung bei der „Selbsthilfe" rechtlich nicht möglich wäre. Die Beklagte hat unter Berufung auf eine Auskunft der „Selbsthilfe" die Nachversicherungsmöglichkeit ausdrücklich bejaht. Die Satzung der „Selbsthilfe" unterscheidet in § 3 Nr. 1 zwischen Pflichtmitgliedern und freiwilligen Mitgliedern, worunter auch alle im Deutschen Caritasverband einschließlich der angeschlossenen Gemeinschaften tätig Gewesenen zu verstehen sind. Die „Selbsthilfe" hat auch durch Erstellung einer „Renten-Vorabberechnung" für die Klägerin zu erkennen gegeben, daß sie zur Nachversicherung bereit wäre.

2. Die Klägerin kann ihren Anspruch nicht auf sozialversicherungsrechtliche Normen stützen. Die insoweit gegebenen Verpflichtungen wurden von der Beklagten erfüllt. Nach § 5 Abs. 1 Satz 1 Nr. 3 SGB VI vom 18. 10. 1989 (BGBl. I S. 2261), zuletzt geändert durch Gesetz vom 26. 7. 1994 (BGBl. I S. 1797), sind satzungsmäßige Mitglieder geistlicher Genossenschaften in der gesetzlichen Rentenversicherung versicherungsfrei, wenn ihnen nach den Regeln der Gemeinschaft eine Anwartschaft auf die in der Gemeinschaft übliche Versorgung bei verminderter Erwerbsfähigkeit und im Alter gewährleistet und die Erfüllung der Gewährleistung gesichert ist. Scheiden diese Personen ohne Anspruch oder Anwartschaft auf Versorgung aus der Gemeinschaft aus, so sind sie gemäß § 8 Abs. 2 Satz 1 Nr. 3 SGB VI nachzuversichern. Personen, die, wie die Klägerin, vor dem 1. 1. 1992 aus einer Beschäftigung ausgeschieden sind, in der sie nach dem jeweils geltenden, u. a. § 5 Abs. 1 SGB VI entsprechenden Recht nicht versicherungspflichtig, versicherungsfrei oder von der Versicherungspflicht befreit waren, werden jedoch gemäß § 233 Abs. 1 Satz 1 SGB VI nach den bisherigen Vorschriften nachversichert. Nach § 2 Abs. 1 Nr. 7 AVG in der im BGBl. III, Gliederungsnummer 821-1, veröffentlichten bereinigten Fassung, zuletzt geändert durch Gesetz vom 6. 10. 1989 (BGBl. I S. 1822) waren in der Rentenversicherung der Angestellten (nur) solche satzungsmäßigen Mitglieder geistlicher Genossenschaften versicherungspflichtig, die neben dem freien Unterhalt Barbezüge von mehr als einem Achtel der für Monatsbezüge geltenden Beitragsbemessungsgrenze monatlich erhielten. Dies war bei der Klägerin nicht der Fall, da sie an dem Krankenhaus der Beklagten nicht im Rahmen eines nach Zivilrecht zu beurteilenden Dienstverhältnisses, sondern in Erfüllung ihrer Verpflichtungen als Mitglied der Ordensgemeinschaft tätig war. Sie bezog kein Gehalt und erhielt lediglich entsprechend Nr. 28 der Lebensregeln der Beklagten ein monatliches Taschengeld. Somit war die Klägerin gemäß § 9 Abs. 1 AVG nach ihrem Ausscheiden aus der Beklagten in der gesetzlichen Rentenversicherung nachzuversichern. Diese Nachversicherung hatte nach § 124 Abs. 2 Satz 4 AVG in Höhe eines Fünftels der in den Zeiten nach dem 1. 12. 1956 jeweils für Monatsbeiträge

geltenden Beitragsbemessungsgrenze zu erfolgen. In diesem Umfange ist die Nachversicherung auch erfolgt.

3. Die Klägerin kann ihren Anspruch auf ergänzende bzw. erweiterte Versicherung bei der „Selbsthilfe" für den Fall der Erwerbsunfähigkeit oder des Erreichens der Altersgrenze nicht auf innerkirchliches Recht stützen. Dabei braucht vorliegend die Frage weder entschieden noch weiter vertieft zu werden, ob und in welchem Umfange seitens der staatlichen Gerichtsbarkeit innerkirchliches Recht angewandt oder überprüft werden kann. Selbst wenn davon auszugehen wäre, daß die kirchlichen Rechtsvorschriften bei der Frage der Versorgung ehemaliger Ordensangehöriger den der staatlichen Ingerenz unzugänglichen Innenbereich verlassen hätten und der Staat hier auch judizierend eingreifen dürfte (vgl. hierzu Weber in Listl/Pirson, aaO, S. 576), geben die in Frage kommenden innerkirchlichen Rechtsvorschriften für den geltend gemachten Anspruch auf Nachversicherung offensichtlich nichts her, ohne daß es darauf ankommt, welche Folgen daraus zu ziehen wären, daß es sich insoweit um eine „eigene Angelegenheit" der Kirche handelt, bei der das staatliche Gericht das kirchliche Selbstverständnis zu beachten hat (vgl. BVerfGE 70, 138/165).

a) Nach § 56 Satz 3 der Lebensregeln der Beklagten erhält eine ausscheidende oder entlassene Schwester ihr Versorgungsrecht aus der Kranken- oder Altersversorgung, in die seit der Aufnahme für die Schwester von der Gemeinschaft die Beiträge bezahlt wurden. Die Klägerin behauptet aber selbst nicht, daß für sie während ihrer Ordensmitgliedschaft ein – allenfalls freiwilliges – Versicherungsverhältnis bei der „Selbsthilfe" bestand und für sie Beiträge entrichtet wurden. Die Klägerin kam auch nicht als Pflichtmitglied der „Selbsthilfe", mit der Folge, daß die Beklagte für sie hätte Beiträge entrichten müssen, in Betracht. Nach § 3 Nr. 1 a der Satzung der „Selbsthilfe" sind Pflichtmitglieder Mitarbeiterinnen und Mitarbeiter, die nach der Versorgungsordnung der AVR-Caritas anzumelden sind. Das Beschäftigungsverhältnis der Klägerin im Krankenhaus der Beklagten bestimmte sich aber nicht nach den AVR-Caritas, sondern nach den Lebensregeln der Ordensgemeinschaft. Die Beklagte hat zwar als Trägerin des Krankenhauses in die von den Krankenversicherungen oder Patienten zu entrichtenden Pflegesätze für alle im Krankenhaus Tätigen die der Eingruppierung der Tätigkeit entsprechende tarifliche Vergütung, einschließlich der Beiträge zur betrieblichen Altersversorgung bei der „Selbsthilfe" und später der Bayerischen Versicherungskammer, einberechnet. Ein freiwilliges oder obligatorisches Versicherungsverhältnis zugunsten der Klägerin wurde dadurch aber nicht begründet.

b) Nach c. 702 § 1 CJC können die rechtmäßig aus einer Religiosengemeinschaft Ausgetretenen oder rechtmäßig Entlassenen von der Gemeinschaft für jegliche in ihr geleistete Dienste nichts verlangen. Gemäß c. 702 § 2 soll das

Institut jedoch Billigkeit und evangelische Liebe gegenüber einem Mitglied walten lassen, das sich von ihm getrennt hat. In den Lebensregeln der Beklagten ist unter Nr. 56 Satz 4 bestimmt, daß es ein Gebot der Liebe ist, der ausscheidenden oder entlassenen Schwester eine Übergangsbeihilfe für ihr weiteres Leben zu gewähren. Nach Henseler, in: Lüdicke, Münsterischer Kommentar zum CJC, c. 702/3 stellen diese Bestimmungen lediglich eine adhortative (ermahnende) Aufforderung an die Ordensgemeinschaft dar. Einklagbar sei eine Unterstützung nach dem Ausscheiden keineswegs. Auch letzteres kann in dieser Absolutheit dahingestellt bleiben. Denn jedenfalls sind nach innerkirchlichem Recht der Zeitraum der Unterstützung, deren Form und Inhalt völlig offen. Unter keinem Gesichtspunkt ist der Entscheidungsrahmen der Beklagten so verengt, daß die Klägerin gerade die Nachversicherung bei der „Selbsthilfe" im begehrten Umfange verlangen könnte. Da es sich bei den vorstehend angesprochenen Vorschriften der Lebensregeln der Beklagten und des CJC um spezifisch innerkirchliche Regelungen handelt, ist es jedenfalls dem staatlichen Gericht eindeutig verwehrt, diesen in „eigenen Angelegenheiten" der Kirche ergangenen Regelungen eine Auslegung zu geben, die – abgesehen von ihrem schon vom Wortlaut her gegen den klägerischen Anspruch sprechenden Inhalt – in Widerspruch zum kirchlichen Selbstverständnis stände, das hierin eine freiwillige, im Einzelfall aus christlicher Nächstenliebe, nicht aber aus einem Rechtsanspruch entspringende Leistung sieht. Im übrigen bedarf die Klägerin, die ein Einkommen als angestellte Lehrerin im Volksschuldienst bezieht, derzeit keiner Unterstützung durch die Beklagte.

4. Die Klägerin kann ihren Anspruch auf Nachversicherung bei der „Selbsthilfe" auch nicht aus verfassungsrechtlichen Grundsätzen herleiten.

a) Wie bereits ausgeführt, treten die Rechtsbeziehungen zwischen einer Ordensgemeinschaft und einem ehemaligen Mitglied dieser Gemeinschaft insofern aus dem innerkirchlichen Bereich heraus und berühren säkular-staatliche Belange in Gestalt der staatsbürgerlichen Existenz der Betroffenen, als deren sozialer Mindeststatus in Frage steht. Insofern sind der Schutz der Menschenwürde durch den Staat gemäß Art. 1 Abs. 1 Satz 2 GG, das Sozialstaatsprinzip in Art. 20 Abs. 1 GG und ergänzend die staatliche Rechtsschutzgarantie in Art. 19 Abs. 4 GG berührt. Das Sozialstaatsprinzip enthält jedoch infolge seiner Weite und Unbestimmtheit regelmäßig keine unmittelbaren Handlungsanweisungen, die durch die Gerichte ohne gesetzliche Grundlage in einfaches Recht umgesetzt werden könnten. Insoweit ist es richterlicher Inhaltsbestimmung weniger zugänglich; es zu verwirklichen ist in erster Linie Aufgabe des Gesetzgebers (vgl. BVerfGE 65, 182 [193]). Der Gesetzgeber ist in §§ 2, 9 und 124 AVG bzw. §§ 5, 8 und 181 SGB VI dieser Aufgabe nachgekommen und hat die Nachversicherung ausgeschiedener Ordensmitglieder gesetzlich geregelt. Diese Regelung ist ersichtlich abschließend und einer Erweiterung im Wege richterlicher Rechtsfortbildung nicht zugänglich. Die gesetzlich vorgesehene Nachversicherung auf einheitlichem Niveau ist geeignet, den sozialen Mindeststatus, also das Existenzminimum der Klägerin sicherzustellen, wobei zu berücksichtigen ist, daß die Klägerin nach dem Ausscheiden aus der Ordensgemeinschaft mindestens 10 Jahre lang die Möglichkeit hatte und noch hat, im Rahmen ihrer Tätigkeit als Volksschullehrerin zusätzliche Rentenanwartschaften zu erwerben. Ebenso wie das Gebot aus dem Sozialstaatsprinzip reicht insoweit auch der Anspruch auf Schutz der Menschenwürde nicht über die Sicherung des Existenzminimums hinaus (vgl. Dürig in Maunz/Dürig/Herzog/Scholz, Grundgesetz, Rdnr. 44 zu Art. 1) und vermag deshalb ebensowenig den Anspruch der Klägerin zu tragen.

Keinen durchgreifenden Bedenken begegnet in diesem Zusammenhang die Stichtagsregelung in § 233 Abs. 1 Satz 1 SGB VI, wonach Personen, die vor dem 1. 1. 1992 aus einer versicherungsfreien Beschäftigung ausgeschieden sind, nach den bisher geltenden Vorschriften nachversichert werden. Die Mindestbeitragsbemessungsgrenze für nach dem 1. 1. 1992 Ausgeschiedene beträgt gemäß § 181 Abs. 3 Satz 1 SGB VI 40 v. H. und nicht 20 v. H., wie nach dem früheren Recht, und ist deshalb deutlich höher. Härten, die jeder Stichtagsregelung innewohnen, müssen aber hingenommen werden, wenn sich die Wahl eines Stichtages überhaupt und die Wahl des Zeitpunktes am gegebenen Sachverhalt orientiert und somit sachlich vertretbar ist. Dies gilt auch für das Recht der Nachversicherung (vgl. BVerfG in SozR 2200 § 1232 RVO Nr. 11), bei der in besonderem Maße auf die rückwirkende Belastung der Ordensgemeinschaften Rücksicht zu nehmen ist (vgl. BSG, Urteil v. 22. 4. 1970[9]). Sachgerecht wurde vorliegend als Stichtag der des Inkrafttretens des Gesetzes zur Reform der gesetzlichen Rentenversicherung vom 18. 12. 1989 (BGBl. I S. 2261), einer umfassenden Neukodifikation, gewählt.

b) Die Klägerin empfindet die Höhe der so erreichten Altersversorgung als unangemessen, weil sie unter dem Niveau liege, das sie bei einer vergleichbaren Tätigkeit in einem Angestelltenverhältnis bei der Beklagten erreicht hätte und auch nicht dem Standard der Altersversorgung entspreche, den die Beklagte ihren nicht ausgeschiedenen Schwestern gewähre. Damit macht die Klägerin im Grunde geltend, die gesetzliche Regelung über die Nachversicherung ausgeschiedener Ordensmitglieder verstoße gegen den Gleichheitssatz in Art. 3 Abs. 1 GG. Sie meint, es müsse ihr eine den beiden genannten Fallgruppen entsprechende, gleichwertige Altersversorgung gewährt werden. Dies ist jedoch nicht der Fall.

---

[9] KirchE 11, 192.

Der Gleichheitssatz gebietet, gleichgelagerte Sachverhalte gleich, ungleiche Sachverhalte ungleich zu behandeln. Die Klägerin kann nicht verlangen, versorgungsrechtlich so gestellt zu werden, als sei sie während ihrer Tätigkeit bei der Beklagten wie eine vergleichbare Angestellte gemäß den AVR-Caritas in der betrieblichen Zusatzversorgung versichert gewesen. Denn ihr Status als Ordensschwester unterschied sich grundlegend von dem einer Angestellten, auch wenn sie dieselben Tätigkeiten ausübte.

Schon mit der Einführung der Nachversicherungspflicht für ehemalige Ordensmitglieder, die aus der Ordensgemeinschaft ausgeschieden sind, hat der Staat empfindlich in den Bereich des Kirchenrechts eingegriffen (vgl. Schulin, aaO, S. 522), da damit innerkirchliche Bereiche betroffen wurden, die dem Kern des durch Art. 140 GG i. V. m. Art. 137 Abs. 3 Satz 1 WRV garantierten Selbstverwaltungsrechts der Kirchen zuzurechnen sind (vgl. BVerwG NJW 1987, 206). Gerade das Ordenswesen ist im besonderen Maße vom religiösen Eigenverständnis der katholischen Kirche bestimmt. Danach erfolgt die Tätigkeit eines Ordensmitgliedes für den Orden nicht im Rahmen eines tarifvertraglich geregelten Systems abgestufter Tätigkeitsmerkmale und hierzu jeweils zugeordneter Gehälter. Nach Nr. 37 Satz 2 der Lebensregeln der Beklagten ist jede Arbeit, die im Dienste Gottes und der Menschen getan wird, wahrhaft groß und apostolisch. Gemäß Nr. 38 sollen die Oberen beim Einsatz der Schwestern deren Fähigkeiten, Begabungen und Neigungen im Rahmen des Möglichen berücksichtigen. Die Schwestern sind nach Nr. 25 Satz 1 der Lebensregeln berufen, ein Zeugnis evangelischer Armut abzulegen. Alles, was sie durch ihre Tätigkeit erwerben, gehört der Schwesternschaft (Nr. 27 der Lebensregeln). Nach dem Eigenverständnis der Beklagten ist die Tätigkeit im Orden somit geprägt von der Selbstlosigkeit und Gleichwertigkeit jeder Arbeit. Dem Ordenswesen ist der Gedanke einer Vergütung entsprechend dem ökonomischen Ergebnis der jeweiligen Tätigkeit völlig fremd. Dieses Eigenverständnis wirkt auch auf die Zeit nach dem Ausscheiden eines Ordensmitgliedes und damit auf den Umfang der Nachversicherungspflicht nach. Es wäre mit den Grundvoraussetzungen des Lebens in der Ordensgemeinschaft nicht vereinbar, müßten nach dem Ausscheiden eines Mitgliedes die von diesem ausgeübten Tätigkeiten bestimmten tarifvertraglichen Tätigkeitsmerkmalen und Besoldungsgruppen zugeordnet und danach der Umfang der Nachversicherungspflicht bestimmt werden. Dies hätte unter anderem nicht unerhebliche Rückwirkungen auf die Bewertung der Tätigkeit der Ordensangehörigen, für die entsprechend differenzierte Rückstellungen oder freiwillige Versicherungsverhältnisse gebildet werden müßten. Eine solche Folge stünde mit dem spezifisch innerkirchlichen Verständnis des Wesens der Ordensmitgliedschaft in Widerspruch. Dem kann die Klägerin auch nicht entgegenhalten, die Ordensgemeinschaft habe über die Pflegesätze von Dritten dasselbe Entgelt eingenommen, wie wenn ihre Tätigkeit von einer Angestellten wahrgenommen worden wäre. Denn der Grundsatz, daß alles, was die Ordensangehörigen durch ihre Tätigkeit erwerben, dem Orden gehört (vgl. Nr. 27 der Lebensregeln der Beklagten), betrifft den unantastbaren Kern des Ordenswesens. Die Beklagte hat im übrigen unwidersprochen vorgetragen, daß diese Einnahmen zur Altersversorgung der im Orden verbliebenen Schwestern verwendet werden.

Kann demnach die Klägerin nicht verlangen, von der Beklagten so gestellt zu werden, als wäre sie im Angestelltenverhältnis beschäftigt gewesen, so liegt es auf der Hand, daß auch der Vergleich mit der Altersversorgung der im Orden verbliebenen Schwestern nicht zur Begründung des Klageanspruchs herangezogen werden kann. Denn die Versorgung und Betreuung alter und arbeitsunfähiger Schwestern in der Ordensgemeinschaft erfolgt unter völlig anderen Umständen und nach völlig anderen Grundsätzen als die Alterssicherung der übrigen Bevölkerung, der die Klägerin zuzurechnen ist.

63

Die Lehrinhalte von Scientology berühren u. a. wegen ihrer religiösphilosophischen Bezüge die Lebensführung und fallen mangels objektiver, leichter Trennbarkeit unter das Aufteilungsverbot nach § 12 Nr. 1 Satz 2 EStG, auch wenn es sich bei dieser Vereinigung nicht um eine Religions- oder Weltanschauungsgemeinschaft im Sinne von Art. 140 GG, 137 WRV handelt.

FG Hamburg, Urteil vom 4. Oktober 1995 – V 186/93[1] –

Streitig sind im vorliegenden finanzgerichtlichen Verfahren die vom Kläger für ein „Individualtraining zur Verbesserung innerer Organisationsabläufe" im Jahre 1990 getätigten Aufwendungen, die er als Werbungskosten bei seinen Einkünften aus nichtselbständiger Arbeit – (nunmehr) für das Streitjahr 1990 – geltend macht.

Der Kläger war im Jahre 1990 geschäftsführender Gesellschafter einer GmbH. Deren Gegenstand war die Herstellung von Druckerzeugnissen aller Art. Daneben betätigte er sich in unbedeutendem Umfang als selbständiger Unternehmensberater. Seinen Anteil an der GmbH verkaufte er mit Veräußerungsgewinn im Jahre 1991.

---

[1] NVwZ 1998, 107. Das Urteil ist rechtskräftig.

Über das gesamte Jahr 1990 hinweg besuchte der Kläger einen Managementkurs bei der (sich selbst so bezeichnenden) „Scientology-Kirche", wofür er eine Kursgebühr und Literaturkosten aufzuwenden hatte. Inhalt des Kurses war eine auf den Lehren des Gründers der „Scientology-Kirche", L. Ron Hubbard, basierende Verwaltungstechnologie. Der Kurs umfaßte neben allgemein formulierten Themen wie z. B. „Qualität und Verwaltung in zentralen Organisationen" speziell die Organisationslehre und -struktur der „Scientology-Kirche" − „die Theorie der Scientology-Organisationen". Dem Kläger wurde abschließend ein Zertifikat erteilt, das ihn als „Fully Hatted Executive Direktor (ED-Fullhat)" auswies. − Ebenfalls im Jahre 1990 unterzog sich der Kläger einem „Individualtraining zur Verbesserung innerer Organisationsabläufe" und entrichtete hierfür einen Betrag von X. DM. Diese Schulung wurde von einer „Akademie für Effizienztraining" durchgeführt. Der Briefkopf ist untertitelt mit „Ihr persönlicher Weg zum Erfolg − Management − Praxisanalyse − Seminare". Die Schulung fand in den Geschäftsräumen der GmbH statt und erstreckte sich ab dem 16. 2. 1990 über drei Monate. Der Kläger bezahlte den in Rechnung gestellten Betrag persönlich, weil die GmbH seinerzeit nur über begrenzte Mittel verfügte. Der Inhalt der Schulung wird unterschiedlich angegeben. In einer Auftragsbestätigung der Akademie für Effizienztraining ist aufgeführt:

„ein mindestens 5-stündiges Individualtraining pro Woche. Auswertung und Analyse der Statistiken als Schulungsmaßnahme unter Anwendung der verschiedenen ‚Zustandsformeln' in der Praxis sowie eine verkaufsorientierte Unterweisung nach Bedarf".

Der Kläger bezeichnete die Inhalte selbst in dem Schreiben an den Prozeßbevollmächtigten zur Vorlage an den Beklagten u. a. (Finanzamt) als

„− *Kommunikationstraining unter dem Aspekt der Realitätsstufung von Personen.*
− *Zeitmanagement, d. h. eine Kontrolle meiner Arbeitsweise, um die persönliche Produktivität zu steigern.*
− *Beratung im Managementbereich was das Marketingverhalten des Betriebes betrifft. Da Marketing zu meinen wichtigsten Aufgaben gehört, ist hier eine ständige Weiterbildung erforderlich."*

In der Einspruchsbegründung beschrieb der Kläger das „Individualtraining" wie folgt:

„... Es beinhaltete neben dem Bereich des Marketings auch den Erfüllungsfaktor Mensch, ohne den ein Betrieb heute überhaupt nicht lebensfähig wäre".

In der Stellungnahme an das Gericht vom 15. 3. 1995 führte der Kläger aus:

„... Bei genauem Lesen der einzelnen Punkte ist zu erkennen, daß dieses Effizienztraining eine Ergänzung zu dem ED-Fullhat darstellt".

Der Kläger bezog sich dabei auf eine der Stellungnahme beigefügte Leistungsbeschreibung der Schulung durch die „Akademie für Effizienztraining", die nunmehr unter „T." firmiert, vom 25. 1. 1995:

„– *Kurze Betriebsanalyse in der Druckerei mit einer Begehung und Untersuchung aller Verwaltungs- und Produktionsbereiche.*
– *Schulung der Geschäftsleitung – wobei die Schulung und Unterweisung des Geschäftsführers vorrangig war.*
– *Eingliederung und exakte Festlegung der Punkte unter einem Organigramm.*
– *Kommunikationsschulung, um Mitarbeiter besser verstehen zu können.*
– *Lernen und Verstehen der Grundlagen des Marketings.*
– *Schulung in der betrieblichen Organisation."*

Im Erörterungstermin vor dem Berichterstatter führte der Klägervertreter aus, daß viele Kunden der Firma T. nicht wüßten, daß es einen Zusammenhang mit der „Scientology-Kirche" gäbe, worauf der Kläger persönlich erklärte, es gäbe keinen Zusammenhang zwischen den Aktionen der Firma T. und der Scientology-Philosophie.

Der Kläger will durch die Schulung ein neues Werbekonzept erhalten und aufgrund dessen eine Umsatzsteigerung der GmbH erzielt haben.

Das beklagte Finanzamt hat die Aufwendungen des Klägers für beide Kurse in dem Einkommensteuerbescheid 1990 nicht als Werbungskosten anerkannt. Den Einspruch des Klägers hat das Finanzamt mit der Begründung zurückgewiesen, es handele sich um sog. gemischte Aufwendungen. Die Kurse hätten in nicht zu vernachlässigendem Umfang der Persönlichkeitsentfaltung des Klägers gedient.

Auch die Klage blieb erfolglos.

Aus den Gründen:

B. Darüber hinaus ist die Klage – ihre Zulässigkeit unterstellt – auch unbegründet.

I. Der Senat braucht nicht zu prüfen, ob die im Streitjahr 1990 getätigten Aufwendungen für das „Individualtraining" verdeckte Einlagen in den Betrieb der GmbH durch den Kläger darstellen und demgemäß bei der Berechnung seines Gewinns aus der Veräußerung seiner Anteile (§ 17 EStG) als für diese nachträglich aufgewandte Anschaffungskosten abgezogen werden könnten. Der Verkauf der Anteile fand erst 1991 statt; die Einkommensteuer 1991 ist nicht (mehr) Gegenstand der Klage.

II. Als Werbungskosten (§ 9 EStG) bei den Einkünften des Klägers aus nichtselbständiger Arbeit (§ 19 EStG) im Streitjahr 1990 können die Aufwendungen für das „Individualtraining" in Höhe von X DM nicht anerkannt werden; es fehlt an dem Nachweis, daß diese Aufwendungen nicht (oder nur in einem zu vernachlässigenden Maße) der privaten Lebensführung des Klägers dienten (§ 12 EStG).

1. Nach § 9 Abs. 1 S. 1 EStG sind Werbungskosten Aufwendungen zur Erwerbung, Sicherung und Erhaltung von Einnahmen. Die Aufwendungen müssen objektiv beruflich veranlaßt sein und vom Steuerpflichtigen subjektiv zur Förderung seines Berufs getätigt werden (BFH, Beschluß des Großen Senats vom 27. 11. 1978 – GrS 8/77 – BFHE 126, 533, BStBl. II 1979, 213; Urteil vom 17. 7. 1992 – VI R 12/91 – BFHE 168, 567, BStBl. II 1992, 1036). U. a. kommen Fortbildungskosten als Werbungskosten in Betracht (vgl. BFH-Urteile vom 26. 11. 1993 – VI R 67/91 – BFHE 172, 574, BStBl. II 1994, 248; vom 7. 5. 1993 – VI R 113/92 – BFHE 171, 279, BStBl. II 1993, 676).

Nach § 12 Nr. 1 S. 2 EStG dürfen jedoch keine Aufwendungen abgezogen werden, die der persönlichen Lebensführung dienen, auch wenn sie gleichzeitig zur Förderung des Berufs oder der Tätigkeit des Steuerpflichtigen bestimmt sind, es sei denn, die berufliche Verursachung überwiegt bei weitem die privaten Gesichtspunkte, so daß die Verfolgung privater Interessen völlig untergeordnet oder nahezu ausgeschlossen ist (vgl. BFH-Urteile vom 22. 7. 1993 – VI R 103/92 – BFHE 171, 552, BStBl. II 1993, 787; vom 19. 10. 1989 – VI R 155/88 – BFHE 158, 532, BStBl. II 1990, 134).

2. In Anbetracht des wechselnden Klägervortrags und seiner unzureichenden Substantiierung durch Unterlagen ist es bereits nicht möglich, die Inhalte des „Individualtrainings" in eindeutiger Weise nachzuvollziehen.

Gemessen an dem Aufwand von X DM und an den angeblichen Schulungs- und Beratungsthemen – z. B. aus den Bereichen der Unternehmensführung, des Managements und des Marketings, einschließlich einer Betriebsanalyse – hätte ein breites Spektrum an schriftlichen Unterlagen hierüber existieren müssen. Allein die innerhalb der gerichtlichen Ausschlußfrist nachgereichten zwei Blatt Werbezettel und die nachträglich gefertigte Bestätigung des als Veranstalter auftretenden Unternehmens vermögen den Senat nicht von einer weit überwiegenden beruflichen Veranlassung des „Individualtrainings" zu überzeugen und die Widersprüche aus dem Wechsel des Klägervortrags auszuräumen.

Das vom Kläger eingereichte Buch „Basic Staff Hat" Band „O" (…) und der von ihm vorgelegte Plastikordner „Hubbard College of Administration of International HCl" / „Management nach Statistiken" („WISE"-Kurs „Wie man die Produktivität durch Personalmanagement nach Statistiken steigert"), … können im einzelnen nicht berücksichtigt werden. Es bleibt unsicher, inwieweit sich die Unterlagen auf den zuerst besuchten Scientology-Kurs einerseits und auf das jetzt allein noch geltend gemachte „Individualtraining" andererseits beziehen. Der Kläger hat diese Unterlagen zurückgefordert und sich geweigert, sie dem Senat für seine Entscheidung zur Verfügung zu stellen (...).

3. Im Hinblick auf die durch das wechselnde Klägervorbringen geweckten Zweifel kann insbesondere nicht ausgeschlossen werden, daß in dem „Individualtraining" Lehrinhalte der sogenannten „Scientology-Kirche" vermittelt wurden.

a) Die aus den eingeführten anderen Verfahren teilweise gerichtsbekannten Lehrinhalte der „Scientology-Kirche" berühren u. a. wegen ihrer religiös-philosophischen Bezüge die Lebensführung und fallen mangels objektiver, leichter Trennbarkeit unter das Aufteilungsverbot des § 12 Nr. 1 Satz 2 EStG (FG Nürnberg, Urteil vom 6. 7. 1988[2] – III 288/87 – EFG 1989, 12 [rechtskräftig], auch wenn es sich bei der „Scientology-Kirche" nicht um eine Religions- oder Weltanschauungsgemeinschaft i. S. d. Art. 4 und 140 GG, Art. 137 WRV, sondern um einen Gewerbebetrieb handelt, in dem die religiösen oder weltanschaulichen Lehren als Vorwand für die Verfolgung wirtschaftlicher Ziele dienen und unternehmerisch vermarktet werden (vgl. Beschluß des BAG vom 22. 3. 1995[3] – 5 AZB 21/94 – DB 1995, 1714; Urteile des FG Münster vom 25. 5. 1994[4] – 15 K 5247/87 U – EFG 1994, 810 [Revision XI R 50/94]; FG Hamburg vom 13. 12. 1984 – II 125/80 – EFG 1985, 397 [Klagerücknahme im 2. Rechtsgang nach verfahrensrechtlichem BFH-Urteil vom 6. 2. 1992 – V R 38/85 – BFH/NV 1993, 102]).

b) Der Kläger hat ursprünglich vorgetragen, das „Individualtraining" stelle eine Ergänzung zu seinem Kurs bei der „Scientology-Kirche" dar. Davon abgesehen deuten auf einen solchen Zusammenhang die in der Beschreibung verwendeten Begriffe hin, die den Lehren des Gründers der „Scientology-Church" L. Ron Hubbard entnommen sind (z. B. „Realitätsstufung von Personen"). Nachdem der Kläger sich – wie erwähnt – geweigert hat, dem Senat seine Unterlagen zur Verfügung zu stellen, erübrigte sich mangels konkreter Beweisbehauptung die Zeugenvernehmung des Geschäftsführers des veranstaltenden Unternehmens zur Frage des Zusammenhangs mit den Scientology-Lehrinhalten.

4. Für Kosten der Lebensführung bzw. nicht aufteilbare Kosten i. S. d. § 12 Nr. 1 Satz 2 EStG sprechen weiter die persönlichkeitsbezogenen Inhalte des „Individualtrainings zur Verbesserung innerer Organisationsabläufe" bzw. Effizienztrainings (einschließlich „Kommunikationstraining", „Zeitmanagement" für die „persönliche Produktivität", „Erfüllungsfaktor Mensch"). Insofern gilt für die Versagung des Werbungskostenabzugs sinngemäß die Rechtsprechung über Seminare zur Persönlichkeitsentwicklung (vgl. zuletzt z. B.

---

[2] KirchE 26, 175.   [3] KirchE 33, 92.   [4] KirchE 32, 177.

Kirchenaustritt in der DDR 371

„Bewußtseinstraining", BFH-Urteil vom 6. 3. 1995 – VI R 76/94 – BFHE 177, 119, BStBl. II 1995, 393, „Living-Learning" und „themenzentrierte Interaktion", rechtskräftige Urteile des FG Rheinland-Pfalz vom 21. 9. 1994 – 1 K 2710/93 – EFG 1995, 164; des FG Baden-Württemberg vom 23. 5. 1990 – XII K 1015/85 – EFG 1991, 76, „biodynamische Psychologie" und „kreativer Umgang"; FG Baden-Württemberg, Urteil vom 11. 3. 1992 – 14 K 53/91 – EFG 1992, 445 [rechtskräftig]).

5. Die Feststellungslast bei unzureichendem Nachweis einer weit überwiegenden beruflichen – und nahezu ausgeschlossenen privaten – Veranlassung von Fortbildungskosten und ähnlichen Aufwendungen trägt der Steuerpflichtige – der Kläger – (vgl. Urteile des FG Köln vom 27. 5. 1993 – 10 K 5147/88 – EFG 1994, 25; des BFH vom 9. 6. 1988 – VI R 132/87 – BFH/NV 1988, 708; vom 23. 6. 1978 – VI R 127/77 – BFHE 125, 265, BStBl. II 1978, 543).

64

Die für den Kirchenaustritt nach DDR-Recht geltenden gesetzlichen Bestimmungen sind nicht durch Gewohnheitsrecht derogiert worden.

Art. 47 DDR-Verf. 1949; VO über den Austritt aus Religionsgemeinschaften d. öff. Rechts vom 13. 7. 1950

FG München, Urteil vom 16. Oktober 1995 – 13 K 2055/95[1] –

Die Kläger flohen im August 1989 aus der ehemaligen DDR in die Bundesrepublik Deutschland und sind seit Oktober 1990 verheiratet.

Sie wurden unstreitig in der ehemaligen DDR evangelisch getauft, wie aus ihren schriftlichen Erklärungen gegenüber dem ev. Kirchensteueramt hervorgeht.

Der in 1942 in R. geborene Kläger zahlte 1961 zum letzten Mal Kirchensteuer. Er wurde dann in den 60er Jahren – wahrscheinlich durch einen „Kirchendiener" – dreimal zur Zahlung von Kirchensteuern aufgefordert. Da er eine Zahlung jedesmal verweigerte, wurde er zu einer Kirchensteuerzahlung nicht mehr herangezogen.

Die in 1944 in S. geborene Klägerin stand für das Jahr 1959 zur ev. Konfirmation an. Der zuständige Pfarrer verweigerte die Konfirmation, da die Klägerin aus schulischen Gründen bereits an der Jugendweihe teilgenommen hatte. Aus diesem Grunde habe ihre Mutter – so die Klägerin – für sich

---

[1] EFG 1996, 491. Das Urteil ist rechtskräftig.

und ihre Kinder noch 1958 den Kirchenaustritt erklärt. Eine Bescheinigung über diesen angeblichen Austritt wurde nicht vorgelegt.

Mit Schreiben vom März 1995 bestätigte die Kirchengemeinde B., in deren Bezirk die Kläger vor ihrer Flucht ihren letzten Wohnsitz hatten, daß in den kirchlichen Unterlagen keine Informationen über die Kirchenmitgliedschaft der Kläger zu finden seien.

Beide Kläger waren nach Verlassen der ehemaligen DDR zunächst in der Regierungsaufnahmestelle H. wohnhaft. Die Aufnahmescheine weisen unter der Rubrik „Religion" keine Eintragungen aus. Die Gemeinde H. stellte die Lohnsteuerkarten 1990 jeweils mit dem Religionsvermerk „ev" aus. Dieser Konfessionseintrag wurde seitens der Stadt G. (neuer Wohnort der Kläger) im April bzw. im August 1990 auf jeweils „ – – " abgeändert. Die Religionsangaben in den beim zuständigen Finanzamt eingereichten Einkommensteuer-Erklärungen lauten wie folgt: Für 1990: Kläger ev. bis September 1990; Klägerin ev. bis März 1990; für 1991 – 1993: jeweils vd/vd.

Die Kläger wurden bestandskräftig zur Kirchensteuer 1990 veranlagt. Gegen die Kirchensteuerbescheide 1991 – 1993 legten sie erfolglos Einspruch ein.

Auch die Klage wurde abgewiesen.

Aus den Gründen:

Die Klage ist unbegründet. (...)

Die Kläger besaßen, als sie aus der ehemaligen DDR in die Bundesrepublik Deutschland übersiedelten, entgegen ihrer Rechtsansicht sehr wohl eine Religionszugehörigkeit, nämlich die evangelische. Diese wurde unstreitig durch die Taufe im ev. Bekenntnis begründet.

Weder der Kläger noch die Klägerin sind bisher rechtswirksam aus der Ev. Kirche ihres jeweiligen Wohnsitzes ausgetreten. Auch in der ehemaligen DDR konnte die Loslösung von der Kirche (= die Beendigung der Kirchenmitgliedschaft) nicht durch mündliche oder schriftliche Erklärungen gegenüber dem Gemeindepfarrer oder durch bloße Nichterfüllung der kirchlichen Pflichten (insbes. derjenigen zur Beitragszahlung) rechtsgültig vollzogen werden, sondern nur durch förmlichen Austritt gem. Art. 47 der Verfassung der DDR vom 7. 10. 1949 (GBl. 1949, 5) i. V. m. § 1 VO über den Austritt aus Religionsgemeinschaften des öffentlichen Rechts vom 13. 7. 1950 (GBl. 1950, 660). Und zwar war der Austritt entweder mündlich gegenüber dem zuständigen Gericht zu erklären oder als Einzelerklärung in öffentlich beglaubigter Form einzureichen. Seit 1952 waren für die Entgegennahme und Behandlung der Austrittserklärungen die Staatlichen Notariate zuständig (§ 3 Abs. 1 Nr. 13 VO über die Übertragung der Angelegenheiten der Freiwilligen Gerichtsbarkeit vom 15. 10. 1952, GBl. 1952, 1057).

Eine derartige Austrittserklärung ist bisher offensichtlich nicht erfolgt.

Die Klägerin hat nicht einmal nachweisen können, wann, in welcher Form und gegenüber welcher kirchlichen Stelle oder sonstigen Institution die angebliche Austrittserklärung durch ihre Mutter im Jahre 1958 abgegeben wurde.

Die Nichtzulassung der Klägerin zur Konfirmation war eine Maßnahme der Kirchenzucht und ließ ihre Mitgliedschaft als solche unberührt (zur bloßen innerkirchlichen Wirkung von Zuchtmaßnahmen BFH-Urteil vom 11. 12. 1985[2] – I R 207/84 – BFHE 146, 315, BStBl. II 1986, 569; Grethlein/Böttcher/Hofmann/Hübner, Ev. Kirchenrecht in Bayern, S. 183.

Rein innerkirchliche Wirkung hatte auch die dreimalige Weigerung des Klägers, seine Kirchensteuer zu entrichten. Sie berechtigte die zuständige Landeskirche zu Kirchenzuchtmaßnahmen, berechtigte aber nicht den Kläger anzunehmen, er sei nunmehr aus der Kirche ausgeschlossen bzw. seine Mitgliedschaft sei erloschen. Nicht einmal das bürgerliche Vereinsrecht kennt einen derartigen Rechtssatz, wonach bei dreimaliger Zahlungsverweigerung der automatische Austritt zu unterstellen ist (zu den Voraussetzungen und zur Durchführung von Vereinsstrafen Palandt, BGB, 53. Aufl., § 25 Anm. 4, Tz. 12–27).

Abwegig ist auch die Behauptung des Klägervertreters, die Austrittsregelungen seien „faktisch" nicht eingehalten worden. Für eine derartig allgemeine Behauptung fehlt es an jeglichen Anhaltspunkten. Vielmehr wurden in der DDR sehr wohl Austrittsbescheinigungen erstellt, die Kläger haben eine solche Bescheinigung aber naturgemäß deshalb nie erhalten, weil sie nicht formgerecht ausgetreten sind.

Es ist ferner unerheblich, ob der Kläger angenommen hat, durch fortgesetzte Zahlungsverweigerung sei seine Kirchenmitgliedschaft erloschen. Entscheidend ist vielmehr, ob er eine solche Rechtsansicht angesichts der klaren gesetzlichen Bestimmungen in der ehemaligen DDR hegen durfte. Dies ist zu verneinen, denn er hätte sich über die zutreffende Gesetzeslage ohne weiteres informieren können und müssen. Erkundigungen auch bei staatlichen Stellen brachten bei der bekanntermaßen kirchenkritischen Einstellung in der damaligen DDR keinerlei Nachteile oder Risiken mit sich.

Der Hinweis des Klägervertreters auf faktische Gewohnheiten der Kirchenmitglieder in der ehemaligen DDR und auf eine nicht gesetzeskonforme Praxis wäre nur dann beachtlich und seiner Anregung, hierüber ein Sachverständigengutachten einzuholen, wäre nur dann nachzugehen, wenn die hier

---

[2] KirchE 23, 283.

zur Debatte stehenden Gepflogenheiten die Qualität von Gewohnheitsrecht hätten erlangen können, noch dazu eines Gewohnheitsrechts, das die Fähigkeit gehabt hätte, ausdrückliche Bestimmungen einer Verfassung und hierzu ergangene Ausführungsregelungen außer Kraft zu setzen (zum Gewohnheitsrecht und zu den Bedingungen seiner Entstehung Krüger, Allgemeine Staatslehre, 2. Aufl., S. 286, 288, 295, 484 f., 499). Dies ist eindeutig nicht der Fall: Der Nichtbeachtung staatlicher Formvorschriften und kirchlicher Verpflichtungen (zur Kirchensteuerzahlung) kann keine gewohnheitsrechtliche Wirkung dahingehend beigemessen werden, daß bestimmte Erklärungen gegenüber nicht zuständigen Stellen und bestimmte von der Kirche notgedrungen geduldete Verhaltensweisen (Kirchensteuerforderungen waren in der DDR nicht vollstreckbar) einer formgerechten Austrittserklärung gleichzusetzen seien. Damit wäre eine totale Rechtswillkür an die Stelle einer klaren und einfach vollziehbaren gesetzlichen Regelung getreten. Im übrigen war der Zeitraum zwischen dem Inkrafttreten der Verfassung der DDR und den hier strittigen „Austrittshandlungen" viel zu kurz bemessen (im Falle der Klägerin 9 Jahre und des Klägers 12–15 Jahre), als daß sich ein die Verfassung und die zu ihr ergangenen Ausführungsbestimmungen derogierendes Gewohnheitsrecht hätte bilden können.

Ohne jede Bedeutung für das Fortbestehen der Kirchenmitgliedschaft ist schließlich der Umstand, daß die Kläger bei verschiedenen Kirchengemeinden nicht registriert waren (FG München, Urteil vom 10. 4. 1989[3] – XIII 314/87 KI – EFG 1989, 593 über die Zugehörigkeit zur jüdischen Religionsgemeinschaft).

Durch Wohnsitzbegründung in H. und sodann in G. wurden die Kläger gem. § 2 Nr. 2 bzw. Nr. 3 des Gliedschaftsgesetzes vom 10. 11. 1965 und gem. § 8 Abs. 2 des EKD-Kirchenmitgliedschaftsgesetzes vom 10. 11. 1976 Mitglieder der Ev.-Luth. Kirche in Bayern und sind es bis heute geblieben.

65

Anordnung einer medizinisch notwendigen Blutübertragung bei einem volljährigen geistig behinderten Kind eines Angehörigen der Zeugen Jehovas.

Art. 2, 4 Abs. 1 GG; §§ 1846, 1908 i BGB
AG Nettetal, Beschluß vom 19. Oktober 1995 – 9 X 119/95[1] –

---

[3] KirchE 27, 83.

[1] FamRZ 1996, 1104. Der Beschluß ist rechtskräftig.

Streitig ist die Zulässigkeit einer medizinisch notwendigen Blutübertragung bei einem geistig behinderten volljährigen Kind eines Angehörigen der Zeugen Jehovas. Der Vater hat aus Glaubensgründen die Zustimmung zur Blutübertragung verweigert.

Das Vormundschaftsgericht ersetzt die Zustimmung im Wege einer einstweiligen Maßregel.

Aus den Gründen:

Die angeordnete Maßnahme ist gemäß §§ 1846, 1908 i BGB als einstweilige Maßregel im Interesse des Betroffenen erforderlich, um ihn aus einer lebensbedrohlichen Situation zu retten. Der Betroffene kann aufgrund seines psychischen Zustands nicht selbst in die dringend notwendigen Blutübertragungen einwilligen, so daß das Vormundschaftsgericht die erforderlichen Maßregeln zu treffen hat.

Dies gilt auch für den Fall, daß der Vater des Betroffenen dessen Betreuer ist, was bisher nicht überprüft werden konnte. Da der Vater als Zeuge Jehovas die Zustimmung zur medizinisch notwendigen Blutübertragung verweigert, ist er aus religiösen Gründen an der Erfüllung seiner Pflichten gegenüber dem Betroffenen i. S. von § 1846 BGB verhindert.

Inhalt und Umfang dieser Pflichten bestimmen sich nach objektiven und allgemeingültigen Beurteilungskriterien.

Unter Berücksichtigung dieser Umstände sowie der sich aus Art. 2 GG ergebenden Wertmaßstäbe hat die Erhaltung des Lebens und der Gesundheit des Betroffenen Vorrang vor der Freiheit des Glaubens, des Gewissens und der sich aus dem religiösen Bekenntnis ergebenden Verhaltensmaßstäbe des Vaters.

66

Die Durchführung eines sog. Großen Zapfenstreiches verletzt nicht das Grundrecht des Art. 4 Abs. 1 GG.

VG Köln, Beschluß vom 25. Oktober 1995 – 19 L 2128/95[1] –

Der Antragsteller begehrt, der Bundeswehr die Durchführung eines sog. Großen Zapfenstreichs am 26. 10. 1995 im Wege einer einstweiligen Anordnung zu untersagen, hilfsweise den Gebrauch christlich religiöser Elemente

---

[1] Der Beschluß ist rechtskräftig.

bei dieser Veranstaltung zu verbieten. Er begründet seinen Antrag mit der Verletzung seines Grundrechts aus Art. 4 Abs. 1 GG. Der Antrag hatte keinen Erfolg.

Aus den Gründen:

Der Hauptantrag des Antragstellers ist unbegründet, da der Antragsteller einen Anordnungsanspruch nicht glaubhaft gemacht hat (§ 123 Abs. 1 VwGO).

Der Antragsteller hat keinen Anspruch gegen die Antragsgegnerin auf Unterlassung des beabsichtigten Zapfenstreiches, da hierdurch keine Rechte des Antragstellers verletzt werden.

Der Zapfenstreich in der vom Antragsteller behaupteten Form verletzt insbesondere nicht sein Grundrecht gemäß Art. 4 Abs. 1 GG. Das dort verfassungsrechtlich gewährleistete Recht ist ein Abwehrrecht des Einzelnen bzw. von Gruppen gegen die öffentliche Gewalt, die Glauben, Gewissen und Religionsausübung unangetastet lassen soll. Dieses Recht des Antragstellers wird durch den Zapfenstreich nicht tangiert. Es bleibt dem Antragsteller unbenommen, seine religiöse Einstellung zu verbreiten und ihr gemäß zu leben. Allein durch die Tatsache, daß der Antragsteller Kenntnis von dem Zapfenstreich hat, ist er nicht in seinen Rechten verletzt. Der Antragsteller ist nicht Angehöriger der Bundeswehr; er nimmt infolgedessen auch nicht an dem Zapfenstreich teil und ist nicht verpflichtet, die Rituale in der von ihm behaupteten Form mitzutragen. Insoweit wird der Antragsteller auch nicht durch die Verpflichtung des Staates, weltanschauliche Neutralität zu wahren, tangiert.

Aus diesen Ausführungen ergibt sich, daß auch der Hilfsantrag nicht zum Erfolg führt, da die beim Zapfenstreich verwendeten christlichen Symbole den Antragsteller nicht in seinen Rechten verletzen.

67

1. Für die Klage des Freistaats Bayern gegen die „Griechische Kirchengemeinde München und Bayern e. V." auf Herausgabe der St. Salvatorkirche in München ist der Verwaltungsrechtsweg gegeben.

2. Dieser Klage steht die Rechtskraft des Urteils des Bayerischen Obersten Landesgerichts vom 12. Dezember 1980 (BayVBl. 1981, 438) nicht entgegen. Der Rechtskraftvorbehalt in diesem Urteil („solange jedenfalls die Widmung fortbesteht") läßt die verwaltungsgerichtliche Feststellung zu, eine Widmung der St. Salvatorkirche als „öffentliche Sache" habe nie bestanden oder sei jedenfalls untergegangen.

3. Rechtsgrundlage des Herausgabeanspruchs ist ein durch König Ludwig I. 1829/30 gegenüber der griechischen Privatkirchengesellschaft begründetes hoheitliches Gebrauchsüberlassungsverhältnis, das als öffentlich-rechtliches Subventionsverhältnis zu qualifizieren ist.

4. Insbesondere im Hinblick auf das durch König Ludwig I. vorbehaltene Staatseigentum und die rechtlich ungesicherte Position der Privatkirchengesellschaft ist ein Widerruf der Gebrauchsüberlassung grundsätzlich möglich.

5. Passivlegitimiert für den Herausgabeanspruch ist der Funktionsnachfolger der griechischen Privatkirchengesellschaft.

6. Einer gesonderten Klage auf Entwidmung der Kirche bedarf es schon deshalb nicht, weil diese keine „öffentliche Sache" ist und deshalb nicht entwidmet werden kann. Die mangelnde „Execrierbarkeit" nach orthodoxem Kirchenrecht kann einem nach staatlichem Recht begründeten Herausgabeanspruch nicht entgegengehalten werden.

7. Die Begründetheit der Klage ergibt sich aus einer Abwägung der Kirchengutsgarantie des Beklagten nach Art. 140 GG, Art. 138 Abs. 2 WRV mit dem „für alle geltenden Gesetz" nach Art. 140 GG, Art. 137 Abs. 3 GG. Das als „für alle geltendes Gesetz" in die Abwägung einzustellende Staatseigentum wird maßgeblich durch den staatlichen Förderzweck geprägt, dieser wiederum durch den „Stifterwillen" König Ludwigs I.

8.a) Diese Abwägung fällt zum einen unter den Kriterien des Grades der öffentlichen Wirksamkeit, des Status, der kultur- und sozialpolitischen Bedeutung, vor allem aber der äußeren Größe und Verbreitung eindeutig zugunsten der griechischen Metropolie in Deutschland und damit des klagenden Freistaats Bayern aus, der die Kirche der Beigeladenen überlassen will. Maßgeblich dafür sind insbesondere der Status der Metropolie als Körperschaft des öffentlichen Rechts, ihre Anerkennung durch die griechische Regierung, vor allem aber ihre weitaus größere Anerkennung im kirchlichen Bereich und die weit überlegene Zahl ihrer Gottesdienstbesucher, Taufen, Trauungen und sonstigen kirchlichen Aktivitäten.

b) Darüber hinaus begründet insbesondere der Verstoß gegen orthodoxes Kirchenrecht, der − unter den in der Bundesrepublik Deutschland 1976/77 gegebenen Verhältnissen − im Jurisdiktionswechsel einer einzelnen Kirchengemeinde liegt, einen Verstoß gegen den „Stifterwillen" und eine Zweckentfremdung des Subventionsguts.

9. Zur Frage eines geeigneten Ersatzraums für eine angemessene Übergangsfrist.

Art. 140 GG, 137 Abs. 3, 138 Abs. 2 WRV; §§ 985, 986 BGB, 322 ZPO
BayVGH, Urteil vom 25. Oktober 1995 — 7 B 90.3798[1] —

Gegenstand des Rechtsstreits ist die Nutzung der im Jahre 1494 erbauten St. Salvatorkirche in München durch die beklagte Griechische Kirchengemeinde München und Bayern e. V. Der Kläger (Freistaat Bayern) begehrt die Herausgabe der Kirche, um sie der beigeladenen Griechisch-Orthodoxen Metropolie von Deutschland zu überlassen.

Seit der Säkularisation im Jahre 1803 ist der bayerische Staat Eigentümer der Kirche. In einer Bekanntmachung der „Königl. Regierung des Isarkreises" aus dem Jahre 1828 heißt es: „Se. Majestät der König haben vermöge allerhöchsten Beschlusses vom 22. und 30. Sept. d. J. die gebrauchsweise Überlassung der hiesigen St. Salvatorkirche für den griechischen Cultus unter Vorbehaltung des Staatseigentums und zugleich die bauliche Wiederherstellung dieser Kirche auf Kosten des Landbau-Etats ... allergnädigst zu genehmigen geruht ...". Am 18. 12. 1829 wurde die Kirche für den griechischen Gottesdienst durch einen in München anwesenden griechischen Geistlichen feierlich eingeweiht und eröffnet. Mit Signat vom 13. 3. 1830 traf König Ludwig I. folgende Verfügung: „Die griechische Kirche soll die Rechte einer Privatkirchengesellschaft nach dem Inhalte der § 32—43 der Beyl. II zur Verfassungsurkunde auszuüben befugt seyn, wozu ich hiemit meine ausdrückliche Genehmigung ertheile".

Ein Dokument vom 2. 7. 1830, das im zivilgerichtlichen Verfahren und im bisherigen Verfahren vor den Verwaltungsgerichten als Original-Entschließung König Ludwigs I. angesehen wurde, hat folgenden Wortlaut:

„Wir haben Uns über die Bestimmung der kirchlichen Verhältnisse der Glaubensgenossen der nicht unirten griechischen Kirche in Unserer Haupt- und Residenzstadt München durch Unser Staatsministerium des Innern Vortrag erstatten lassen, und hierauf beschlossen, wie folgt:

I.

Den Glaubensgenossen der nicht unirten griechischen Kirche wird in Bezug auf die Ausübung der Religion und kirchlichen Rechts die Aufnahme in der Eigenschaft einer Privat-Kirchen-Gesellschaft nach den Bestimmungen der zweiten Beilage zur Verfassungs-Urkunde Unseres Königreichs § 32 bis 43 bewilligt.

---

[1] Amtl. Leitsätze. BayVGHE 49, 44; NVwZ 1996, 1120. Nur LS: ZevKR 41 (1996), 459. Die Nichtzulassungsbeschwerde wurde verworfen; BVerwG, Beschluß vom 29. 5. 1996 — 7 B 43.96 — NJW 1997, 799. Der BayVerfGH hat die Verfassungsbeschwerde zurückgewiesen; Entscheidung vom 29. 8. 1996 — Vf. 77 — VI/96 — NVwZ 1997, 379. Über die Verfassungsbeschwerde zum BVerfG (2 BvR 1275/96) war bei Redaktionsschluß (1. 1. 98) noch nicht entschieden, jedoch wurde die Vollstreckung des vorliegenden Urteils durch Kammerbeschluß vom 13. 2. 1997 (NVwz 1997, 782) für die Dauer des Verfassungsbeschwerde-Verfahrens untersagt.

Herausgabe eines Kirchengebäudes 379

II.
Für den Zweck der Ausübung des Gottesdienstes in Unserer Haupt- und Residenz-Stadt München ist den gedachten Glaubensgenossen die St. Salvatorkirche daselbst, unter ausdrücklichem Vorbehalte der Eigenthums-Rechte des Staatsärars zum Gebrauche überlassen, auf solange Wir nicht anders verfügen."

Die Echtheit dieser Urkunde wird vom Beklagten nunmehr bestritten. Am 8. 9. 1918 wurde ein Verein „Griechische Gemeinde in München" gegründet, der am 22. 10. 1923 wieder aufgelöst wurde. Am selben Tag wurde der Beklagte unter dem Namen „Griechische Kirchengemeinde in München e. V." gegründet und am 31. 1. 1924 ins Vereinsregister eingetragen; sein derzeitiger Name lautet „Griechische Kirchengemeinde München und Bayern e. V.". Der Beklagte hält die Salvatorkirche in Besitz.

Mit Schreiben vom 25. 11. 1976 wies der damalige Metropolit der Beigeladenen aufgrund von Meinungsverschiedenheiten mit dem Beklagten den damaligen Gemeindepfarrer von St. Salvator an, vorübergehend keine Gottesdienste in der Salvatorkirche abzuhalten und dort auch keine Amtshandlungen mehr vorzunehmen. Der Beklagte bemühte sich daraufhin mit Erfolg um die Entsendung von Geistlichen altkalendarischer Religionsgemeinschaften an die Salvatorkirche.

Mit Schreiben vom 26. 7. 1977 teilte das Bayer. Staatsministerium für Unterricht und Kultus dem Beklagten mit, er könne nicht mehr als der repräsentative Zusammenschluß der Angehörigen des griechisch-orthodoxen Bekenntnisses in München angesehen werden. Die unentgeltliche Überlassung der Kirche an den Beklagten werde deshalb zum 31. 8. 1977 beendet.

Da der Beklagte die Kirche nicht räumte, erhob der Kläger unter Berufung auf sein Eigentum im ordentlichen Rechtsweg Klage auf Herausgabe der Kirche, die durch Urteile des OLG München vom 12. 4. 1979 (KirchE 17, 217) und des Bayerischen Obersten Landesgerichts vom 12. 12. 1980 (KirchE 18, 358; BayVBl. 1981, 438) abgewiesen wurde. Das Gericht führte aus, der Kläger sei zwar Eigentümer der Kirche, diese sei aber im vergangenen Jahrhundert von der griechischen Kirchengemeinde mit Zustimmung König Ludwigs I. rechtswirksam zur „res sacra" und damit zur öffentlichen Sache gewidmet worden.

Die fortbestehende Eigenschaft der Salvatorkirche als „res sacra" gebe dem Beklagten gegenüber dem Herausgabeanspruch des Klägers eine Einwendung im Sinn von § 986 BGB. Ob der Kläger vom Beklagten die Entwidmung der Kirche verlangen könne und welcher (Rechts-)Weg hierfür zu beschreiten wäre, bedürfe im zivilgerichtlichen Verfahren keiner Entscheidung. Solange jedenfalls die Widmung fortbestehe und der Beklagte die „res sacra" dem Widmungszweck entsprechend verwende, könne er nicht zur Herausgabe der Kirche auf Grund des Eigentums des Klägers verurteilt werden. Die in den

Entscheidungsgründen des vorliegenden Urteils des Bay. Verwaltungsgerichtshofs mehrfach zitierten „Akten des Zivilrechtsstreits" betreffen dieses Verfahren (LG München I Nr. 9 O 16826/77 – 3 Bde. –).

Nachdem das Bayer. Staatsministerium für Unterricht und Kultus mit Schreiben vom 1. März 1983 „vorsorglich" die Gebrauchsüberlassung der Kirche mit Wirkung zum 30. 6. 1983 für beendet erklärt und den Beklagten erfolglos zur Aufhebung der Widmung aufgefordert hatte, erhob der Freistaat Bayern Klage mit dem Antrag, den Beklagten zu verpflichten, die Widmung der St. Salvatorkirche für die gottesdienstlichen Zwecke der „Glaubensgenossen der nicht unierten Griechischen Kirche" in der Rechtsform „Griechischen Kirchengemeinde München und Bayern e. V." zu beenden.

Das Verwaltungsgericht München wies die Klage mit Urteil vom 12. 12. 1984 (BayVBl. 1985, 281 mit Anm. Renck und Goerlich) ab. Auf die Berufung des Klägers verpflichtete der Bayerischen Verwaltungsgerichtshof mit Urteil vom 6. 5. 1987 den Beklagten zu der Erklärung, daß die zu seinen Gunsten bestehende Widmung der St. Salvatorkirche beendet sei (KirchE 25, 145; BayVBl. 1987, 720 mit Anmerkung Goerlich, BayVBl. 1988, 182 und Renck BayVBl. 1988, 601).

Auf die Revision des Beklagten hob das Bundesverwaltungsgericht mit Urteil vom 15. 11. 1990 das Berufungsurteil auf und verwies den Rechtsstreit an den Verwaltungsgerichtshof zurück (BVerwGE 87, 115; KirchE 28, 294; BayVBl. 1991, 214 mit Anmerkungen von Renck BayVBl. 1991, 200, Bachof JZ 1991, 621/623 und Mainusch ZevKR, 36 [1991], 68).

Unter Abänderung des Urteils des Verwaltungsgerichts München vom 12. 12. 1984 verpflichtet der Verwaltungsgerichtshof den Beklagten nunmehr zur Herausgabe des St. Salvatorkirche an den Kläger.

Aus den Gründen:

I. Die Klage ist zulässig.

1. Der Kläger, der vom Beklagten im bisherigen verwaltungsgerichtlichen Verfahren einschließlich des Revisionsverfahrens die Aufhebung der Widmung der St. Salvatorkirche für den griechisch-orthodoxen Gottesdienst verlangt hatte, beantragt nunmehr, den Beklagten zur Herausgabe der Kirche zu verpflichten. Die darin liegende Klageänderung ist zulässig (§ 91 Abs. 1 VwGO). Der Beklagtenvertreter hat in der mündlichen Verhandlung vom 10. 5. 1995 seine ursprünglichen Einwendungen wieder zurückgenommen (Niederschrift, Bd. XIII der VGH-Akten, Bl. 2354 f. [Zitate nach „Bd." und „Bl." beziehen sich im folgenden auf die Akten des Verwaltungsgerichtshofs seit der Zurückverweisung durch das Bundesverwaltungsgericht]) und sich auf die geänderte Klage eingelassen (§ 91 Abs. 2 VwGO).

2. Für das Begehren des Klägers ist – auch in der geänderten Form eines Herausgabeanspruchs – der Verwaltungsrechtsweg gegeben.

a) Die Prüfung des Rechtsweges durch das Berufungsgericht ist nicht nach § 17a Abs. 5 GVG ausgeschlossen, da im vorliegenden Fall § 17a GVG n. F. bei Abschluß der 1. Instanz noch nicht in Kraft getreten war (vgl. BGH NJW 1991, 1686; Baumbach/Lauterbach/Albers/Hartmann, ZPO, 52. Aufl. 1994, Vorbem. A, Rdnr. 1 zu § 17a GVG m. w. N.).

b) In seinem Urteil vom 6. 5. 1987 (BayVBl. 1987, 720) hat der Verwaltungsgerichtshof die Entschließung König Ludwigs I. vom 2. 7. 1830 einem eine staatliche Förderung gewährenden Verwaltungsakt gleichgestellt, der die Grundlagen des Subventionsverhältnisses rechtsgestaltend regle, und hieraus die Zulässigkeit des Verwaltungsrechtswegs abgeleitet. Aufgrund eines in der Zwischenzeit vom Beklagten vorgelegten Gutachtens muß – wie noch näher darzulegen sein wird – davon ausgegangen werden, daß es sich bei der Urkunde vom 2. 7. 1830 um kein Originalsignat des Königs, sondern vermutlich um einen Entwurf handelt. Dadurch wird die den öffentlich-rechtlichen Charakter der Streitigkeit begründende Feststellung, die St. Salvatorkirche sei den Angehörigen des griechisch-orthodoxen Bekenntnisses durch einen „staatlichen Hoheitsakt" des Königs zum Gebrauch überlassen worden, jedoch nicht in Frage gestellt. Sie wird vielmehr zum einen bestätigt durch die Bekanntmachung der „Kgl. Regierung des Isarkreises" vom 5. 12. 1828, wonach „S. Majestät der König ... vermöge allerhöchsten Beschlusses vom 22ᵗ(en) Sept(em)b(er) d(es) J(ahres) die gebrauchsweise Überlassung der hiesigen St. Salvatorkirche für den griechischen Cultus unter Vorbehalt des Staats-Eigentums ... allergnädigst zu genehmigen geruht" habe (vgl. Bd. II, Bl. 218; s. Anl. 1 zum Gutaychten Proc = Anl. zu Bl. 125 ff. der Akten des Zivilrechtsstreits).

Sie wird ferner belegt durch eine entsprechende, im Wortlaut nahezu identische Mitteilung des Königlichen Staats-Ministeriums des Innern an das Staats-Ministerium der Finanzen vom 6. 1. 1829 (Allgemeine Berufungserwiderung des Beklagten vom 21. 2. 1994 – ABE – (Bd. VIIIa) Anl. E 3/2) sowie durch ein Schreiben der Regierungsfinanzkammer an die Regierung von Oberbayern, Kammer des Innern, vom 4. Mai 1911, in dem von der „griechischen Kirchengemeinde" die Rede ist, „der die Kirche mit Fin.Min. Entschließung vom 17. Januar 1829 zur Nutznießung überlassen wurde" (Bd. II, Bl. 221; Anlage VI zum Schriftsatz des Beklagten-Bevollmächtigten vom 14. 1. 1988, Anlagenband zu den Akten des Revisionsverfahrens). Aus einem (ministeriellen) Zusatz zu einem Brief an Zar Nikolaus vom 3. 12. 1829 (ABE, Anl. A 1.7.2./1) ergibt sich schließlich der konkrete hoheitliche Weihebefehl, den der griechische Geistliche Kalagannis am 18. 12. 1829 vollzog.

c) Der hoheitliche und damit öffentlich-rechtliche Charakter des zwischen dem König und der griechischen Privatkirchengesellschaft begründeten

Rechtsverhältnisses wird nicht durch den Umstand ausgeschlossen, daß das Landbauamt München in einem Vermerk vom 4. 5. 1911 (ABE Anl. E 3.1/b) die Regeln des BGB über den Nießbrauch anwendet. Diese unzutreffende rechtliche Beurteilung ist auf fehlende Information der Behörde zurückzuführen („da unsere Akten über die Bedingungen, zu denen die Salvatorkirche dem griechischen Cultus überlassen wurde, nichts ersehen lassen"). Der Begründung eines öffentlich-rechtlichen Rechtsverhältnisses steht auch nicht entgegen, daß in der Literatur zum Staatsrecht und Staatskirchenrecht des Königsreichs Bayern beim Auseinanderfallen von Eigentum und Besitz an einer „res sacra" z. T. zivilrechtliche Konstruktionen wie die einer sacralen Dienstbarkeit (vgl. Meurer, Begriff und Eigentümer der hl. Sachen, II. Bd., Düsseldorf 1885, S. 59 f., ABE Anl. A 1.11.4.1/1) oder eines „geistlichen Nießbrauchs" (vgl. Brinz, Lehrbuch der Pandekten, Bd. III, 2. Aufl. Erlangen 1888, S. 540 Anm.), verwendet wurden. Danach soll jedes Verfügungsrecht des Privateigentümers zu verneinen sein, das dem bestimmten kirchlichen Zweck, zu dem er eine „res sacra" gewidmet habe, widerspreche. Diese Lehre war zum einen nicht speziell auf staatliches Kircheneigentum bezogen. Im übrigen steht ihrer Anwendung auf den vorliegenden Fall entgegen, daß sie auf einer erst Ende des 19. Jahrhunderts entwickelten zivilrechtlichen Sicht des Verhältnisses von Kircheneigentümer und Nutzungsberechtigtem beruht. Schließlich ist auch im Grundbuch kein Nießbrauch oder eine ähnliche zivilrechtliche Eigentumsbelastung eingetragen (vgl. ABE Anl. C 1.1/1). Auch der Beklagte selbst hat zuletzt anerkannt, daß der vom Kläger mit Schreiben vom 1. März 1983 widerrufene Akt „ein Akt hoheitlicher Gewährung im Über-/Unterordnungsverhältnis" war (Schreiben vom 4. 7. 1995, Bd. XIV Bl. 2672).

Das Rechtsverhältnis, aus dem der Kläger seinen Anspruch herleitet, ist somit auch in Ansehung des nunmehr auf Herausgabe gerichteten Klageanspruchs öffentlich-rechtlicher Art, weil das zugrundeliegende Rechtsverhältnis dem öffentlichen Recht angehört (vgl. BVerwGE 87, 115 [119 f.] = BayVBl. 1991, 215 I).

3. Der Zulässigkeit der nunmehr erhobenen Herausgabeklage steht die Rechtskraft des Urteils des Bayerischen Obersten Landesgerichts vom 12. Dezember 1980 (BayVBl. 1981, 438) nicht entgegen.

a) Nach den Feststellungen des Revisionsurteils (BVerwGE 87, 115 [118] = BayVBl. 1991, 215 I) ist durch das Urteil des Bayerischen Obersten Landesgerichts abschließend geklärt, daß dem Beklagten für die Dauer der derzeitigen Zweckbestimmung (Widmung) der St. Salvatorkirche für den griechisch-orthodoxen Gottesdienst ein den Herausgabeanspruch des Klägers ausschließendes Recht zum Besitz im Sinne von § 986 BGB zusteht. Damit ist aber weder ausgeschlossen, daß der Kläger eine erneute Herausgabeklage erheben kann, noch daß hierüber die Verwaltungsgerichte zu entscheiden haben.

Herausgabe eines Kirchengebäudes 383

Die Rechtskraft eines Urteils umfaßt zwar grundsätzlich alle materiellrechtlichen Anspruchsgrundlagen, unter denen die Klage aufgrund des vorgebrachten Sachverhalts zu prüfen war (Thomas-Putzo ZPO, 18. Aufl. 1993, § 322 Anm. 31). Ein klageabweisendes Urteil stellt im Fall einer Leistungsklage grundsätzlich fest, daß die streitige Rechtsfolge unter keinem denkbaren rechtlichen Gesichtspunkt aus dem zugrundeliegenden Lebenssachverhalt hergeleitet werden kann (Vollkommer, in: Zöller ZPO, 18. Aufl., Rdnr. 41 vor § 322). Das betrifft auch vom Gericht des Erstprozesses nicht geprüfte Anspruchsgrundlagen (Zöller/Vollkommer, aaO, unter Bezugnahme auf BGH NJW 1990, 1796; BGH NJW 1991, 1686).

Es ist jedoch in der prozeßrechtlichen Judikatur und im Schrifttum anerkannt, daß die Rechtskraft eines Urteils durch einen Vorbehalt eingeschränkt werden kann, wenn das Gericht eindeutig zum Ausdruck bringt, daß es keine umfassende Prüfung des Streitgegenstands vorgenommen hat (vgl. Zöller/Vollkommer, aaO, Rdnr. 43 vor § 322 m. w. N.). So liegt der Fall hier.

Das Bayerische Oberste Landesgericht hat in der Begründung seines Urteils dessen Rechtskraft durch die Formulierung eingeschränkt, der Beklagte habe ein Recht zum Besitz nach § 986 BGB, „solange jedenfalls die Widmung fortbesteht" (aaO, S. 441 II).

Das Bayerische Oberste Landesgericht geht nämlich davon aus, daß die Salvatorkirche eine „res sacra" im Sinn einer öffentlichen Sache sei (aaO, S. 439 II), daß jedoch die Verwaltungsgerichte die Verpflichtung zur Entwidmung aussprechen könnten mit der Folge, daß nach Entwidmung eine Herausgabeklage nach § 985 (wieder) in Frage komme. Es hat damit die Möglichkeit einer erneuten Herausgabeklage nach einer Beseitigung der Widmung offengehalten. Dabei geht es weniger um die Widmung als innerkirchlichen Akt (vgl. dazu BayObLG aaO, S. 440 I), sondern primär um die Widmung als öffentliche Sache; denn gerade durch diese Eigenschaft sieht das Bayerische Oberste Landesgericht die öffentlich-rechtliche Bindung begründet, die die Kirche als „res sacra" privater Rechtsmacht weitgehend entzieht und die dem Beklagten gegenüber dem Herausgabeanspruch des Klägers ein Gegenrecht nach § 986 BGB verleiht (aaO, S. 439 II, 440 II).

b) Die St. Salvatorkirche war aber nie eine öffentliche Sache. Sie ist es jedenfalls seit 1918 nicht mehr.

Privatkirchengesellschaften wurden nach § 32 der II. Beilage zur Verfassungsurkunde des Königreichs Baiern von 1818 (Religionsedikt), wenn ihnen nicht bei ihrer Aufnahme die Rechte öffentlicher Kirchengesellschaften verliehen wurden, „nicht als öffentliche Corporationen, sondern als Privatgesellschaften geachtet" (vgl. v. Seydel, Bayer. Staatsrecht, 2. Aufl., Freiburg u. Leipzig 1896, 3. Bd., S. 530). Als solche hatten sie nach den §§ 34 und 38 des Religionsedikts das Recht, u. a. ihre inneren Angelegenheiten selbständig zu ordnen, Mitglieder aufzunehmen und gottesdienstliche Versammlungen abzuhalten. Für letzteres waren sie im Gegensatz zu den öffentlichen Korporationen auf das ihnen eigens hierfür bestimmte Gotteshaus beschränkt. Somit unterschied sich ihre Rechtsstellung von den zu „öffentlicher" Religionsausübung befugten öffentlichen Korporationen wie von den auf individuelle Gewissensfreiheit beschränkten nicht genehmigten sondern nur tolerierten Religionsgesellschaften (vgl. Heckel, Kirchengut und Staatsgewalt, in: Festschrift für Rudolf Smend zum 70. Geburtstag, Göttingen 1952, S. 103 [119]; Reinhard, Die Kirchenhoheitsrechte des Königs von Bayern, München 1884, S. 133 ff., ABE, Anl. A 1.11.1/4; Pözl, Bayerisches Verfassungsrecht, 5. Aufl., München 1877, § 86, S. 232 ff.). Nach § 37 des Religionsedikts waren die über das Recht zur freien Ausübung des Privat-Gottesdienstes (gemäß § 33 des Religionsedikts) hinausgehenden Rechte einer Privatkirchengesellschaft in der Aufnahmeurkunde festzulegen. Eine solche ist für die griechische Privatkirchengesellschaft nicht erhalten (vgl. Scharnagl, Bayer. Staatskirchenrecht, Mönchengladbach, 1915, S. 67, „nie förmlich aufgenommen"). Von deren „Aufnahme" ist einzig in der – nicht authentischen – Urkunde vom 2. 7. 1830 die Rede. Das Signat vom 13. 3. 1830, durch das die Privatkirchengesellschaft als Destinatär der königlichen Zuwendung bestimmt wurde (s. dazu unter II.2.a), belegt nur deren „Genehmigung", nicht aber ihre „Aufnahme".

Durch verfassungsänderndes Gesetz vom 1. 7. 1834 (Text bei Brater, Die Verfassungsurkunde des Königreichs Bayern, Nördlingen 1852, S. 51 Fußn. 2) wurde zwar den „nicht-unierten Bekennern" die bürgerlich-rechtliche und politische Gleichstellung mit den Bekennern der drei anderen zugelassenen Konfessionen garantiert (vgl. ABE, S. 278). Entgegen der Auffassung von Listl (Gutachten vom 31. 7. 1979, Anlage zu Bl. 328 der Akten des Zivilrechtsstreits, S. 13) war jedoch die Erlangung der Rechtsform einer öffentlichen Körperschaft damit nicht verbunden (vgl. Brater aaO; Pözl, aaO, S. 234 Fußn. 8; v. Seydel, Bayer. Staatsrecht Bd. III, S. 492 Anm. 32; v. Seydel/Graßmann, Staatsrecht des Königreichs Bayern, Tübingen u. Leipzig 1903, S. 343 Anm. 2; a. A. Leuckart/v. Weißdorf, Verfassungsurkunde d. Kgr. Bayern 1905, S. 98, zit. im Urteil des Oberlandesgerichts München vom 21. 12. 1978 Nr. 1 U 4948/77 S. 16). Die Bemerkungen v. Seydels in Bayer. Staatsrecht, 2. Aufl. 1896, Bd. III, S. 530, wonach einerseits alle Glaubensgesellschaften „Verbände öffentlichen Rechts" seien, andererseits es aber keine Privatglaubensgesellschaften gebe, „denen juristische Persönlichkeit zukommt" (ebenso Piloty/v. Sutner, Die Verfassungsurkunde des Königreichs Bayern, München 1907, II. Beilage § 45 Anm.; z. T. abweichend Reinhard aaO: juristische Personen, aber keine Corporationen) zeigen, daß damalige „Verbände öffentlichen Rechts" mit „öffentlichen Korporationen" und heutigen Körperschaften des öffentlichen Rechts nicht gleichgesetzt werden können. Jedenfalls wäre eine Rechtsstellung der Privatkirchengesellschaft als öffentliche Korporation mit der Verfassung des Königreichs Bayern untergegangen (vgl. Voll/Störle, Handbuch des Bayerischen Staatskirchenrechts, 1985, S. 230; Renck, BayVBl. 1985, 283; Bachof JZ 1991, 621 [623]).

Nur die mit öffentlichen Korporationsrechten versehenen Religionsgemeinschaften konnten aber „res sacrae" im Sinn von öffentlichen Sachen haben (so für das heutige Staatskirchenrecht BVerwGE 68, 62 = BayVBl. 1984, 186[2]; Reichert, Die Behandlung der Heiligen Sachen im deutschen Verwaltungsrecht der Gegenwart, Diss., München 1954 S. 23). Damit kommt auch eine Entwidmung der Salvatorkirche zur Beseitigung der rechtlichen Eigenschaft als öffentliche Sache nicht in Frage (vgl. Schlink NVwZ 1987, 633 [638]). Die insoweit fehlerhafte rechtliche Qualifikation durch das Bayerische Oberste Landesgericht ist entgegen der Auffassung des Verwaltungsgerichtshofs im Urteil vom 6. 5. 1987 (BayVBl. 1987, 721) auch nicht von der Rechtskraft des Urteils des Bayerischen Obersten Landesgerichts umfaßt (BVerwGE 87, 115 [118] = BayVBl. 1991, 215 I).

c) Der Rechtskraftvorbehalt im Urteil des Bayerischen Obersten Landesgerichts kann damit nicht mehr in der Weise wirksam werden, daß ein Verwaltungsgericht den Beklagten verpflichten könnte, die Salvatorkirche (als öffentliche Sache) zu entwidmen. Dieser Rechtskraftvorbehalt ist aber damit nicht obsolet. Der Vorbehalt bedeutet, daß die Verwaltungsgerichte zu prüfen haben, ob das Nutzungsverhältnis nach öffentlichem Recht beendet werden kann. Stellt somit der Verwaltungsgerichtshof fest, es liege keine „entwidmungsfähige" öffentliche Sache vor, so kommt der Rechtskraftvorbehalt im Urteil des Bayerischen Obersten Landesgerichts auf diese Weise zum Tragen. Die Rechtskrafteinschränkung ist auch für eine Herausgabeklage im Verwaltungsrechtsweg wirksam. Es kann insoweit nicht ausschlaggebend sein, ob der Kläger zunächst auf Entwidmung klagt oder ob er unmittelbar die allein sachdienliche Klage auf Herausgabe im dafür gegebenen Verwaltungsrechtsweg verfolgt. Auch wenn man die Auffassung verträte, der Kläger habe zunächst vor den Verwaltungsgerichten entsprechend der vorstehend dargestellten materiellen Rechtslage die Feststellung des Nichtbestehens einer Widmung als öffentliche Sache zu beantragen, wären die Zivilgerichte für die sodann zu erhebende Herausgabeklage nicht zuständig. Die Rechtskraftbindung der Entscheidung des Bayerischen Obersten Landesgerichts erstreckt sich nicht in dem Sinne auf die Frage des Rechtswegs, daß eine Herausgabeklage stets vor den ordentlichen Gerichten erfolgen müsse (vgl. auch BVerwGE 87, 115

---

[2] KirchE 21, 251.

[118 f.] = BayVBl. 1991, 215 I). Das Bayerische Oberste Landesgericht beschränkte seine Prüfung ausdrücklich auf einen Anspruch aus § 985 BGB, für den es den ordentlichen Rechtsweg bejaht hat (BayVBl. 1981, 438 [439 II oben]).

4. Das Rechtsschutzbedürfnis für die gerichtliche Geltendmachung des geänderten, auf Herausgabe gerichteten Klageantrags setzt voraus, daß der Kläger den Beklagten zuvor zur Beendigung der Nutzung aufgefordert hat. Dies ist durch das zuständige Staatsministerium für Unterricht und Kultus (vgl. VGH BayVBl. 1987, 723), spätestens mit dem Schreiben vom 1. 3. 1983 (VGAkt. Bd. I, Bl. 11) geschehen, mit dem das Ministerium „vorsorglich" die Gebrauchsüberlassung der Kirche mit Wirkung vom 30. 6. 1983 für beendet erklärte und den Beklagten zur Aufhebung der Widmung aufforderte.

5. Der Kläger ist durch das Staatsministerium für Unterricht, Kultus, Wissenschaft und Kunst wirksam vertreten. Das nach § 2 Abs. 1, Abs. 2 Nr. 1 der Vertretungsverordnung (VertrV) in der Fassung der Bekanntmachung vom 8. Februar 1977 (BayRS 600-1-F), zuletzt geändert durch Verordnung vom 12. Mai 1992 (GVBl. S. 137) grundsätzlich zuständige Staatsministerium der Finanzen hat seine Zuständigkeit gemäß § 15 Abs. 2 i. V. m. Abs. 1 VertrV durch Schreiben vom 8. 9. 1982 (Aktengeheft des Staatsministeriums, „Beiakt VIII", Bl. 1) auf jenes übertragen.

II. Die Klage ist auch begründet.

1. Rechtsgrundlage für den vom Kläger nunmehr geltend gemachten Herausgabeanspruch ist das hoheitliche Gebrauchsüberlassungsverhältnis an der St. Salvatorkirche. Dieses Rechtsverhältnis hat der VGH im Urteil vom 6. 5. 1987 (BayVBl. 1987, 720 [723 I]) als ein öffentlich-rechtliches Subventionsverhältnis qualifiziert. Das hat das Bundesverwaltungsgericht (BVerwGE 87, 115 [118 ff.] = BayVBl. 1991, 215 II) nicht beanstandet. Hieran wird festgehalten. Dieses Subventionsverhältnis ist – unter Einschränkungen (vgl. BVerwGE 87, 115 [121 ff.] = BayVBl. 1991, 216 f.), die nachfolgend zu behandeln sind – widerruflich.

a) Als Grundlage dieses Subventionsverhältnisses sah der Verwaltungsgerichtshof die Entschließung vom 2. 7. 1830 an, die einem eine staatliche Förderung gewährenden Verwaltungsakt entspreche. Wie unter I. 2. dargelegt, muß aufgrund eines zwischenzeitlich vom Beklagten vorgelegten Gutachtens davon ausgegangen werden, daß es sich bei der Urkunde vom 2. 7. 1830 um kein Original-Signat König Ludwigs I. sondern vermutlich um einen Entwurf handelt. In dieser Eigenschaft kann ihr allerdings gleichwohl ein gewisser, wenn auch sehr eingeschränkter Beweiswert als Indiz für ein beabsichtigtes Handeln des Königs bzw. des Staatsministeriums zukommen.

Den Argumenten, die gegen die Beurteilung der Urkunde vom 2. 7. 1830 als königliches Original-Signat sprechen und die im Gutachten Mrsich vom

14. April 1991 (Allgemeine Historische Ausarbeitung – AHA) unter § 58 zusammengefaßt sind (Bd. II, Bl. 243 ff.), kann sich der Senat nicht verschließen. Danach sind zum einen die Unterschriften des Königs sowie des Ministers Schenk und des Kabinetts-Sekretärs v. Kobell nicht echt; dies ergibt sich durch einen Vergleich mit einer Originalurkunde des Königs vom 17. 2. 1830 (Anlagen KG I a und KG I b zum Schriftsatz des Beklagten-Bevollmächtigten vom 14. 1. 1988, Anlagenband zu den Akten des Revisionsverfahrens). Zum anderen fehlen Merkmale der Autorisierung wie z.B. die Protokollnummer des Originals. Schließlich und vor allem spricht gegen den Charakter eines Originalsignats die Tatsache, daß die „Entschließung" vom 2. 7. 1830 in der von Max Spindler und Andreas Kraus im Auftrag der Kommission für Bayer. Landesgeschichte herausgebenden Sammlung der Signate König Ludwigs I. aus den Jahren 1825–1831 (Band I, München 1987) nicht enthalten ist.

Der Verwaltungsgerichtshof ist an dieser geänderten Beurteilung der Urkunde vom 2. 7. 1830 nicht durch die gegenteilige – seinerzeit noch auf anderen tatsächlichen Grundlagen basierende – Einschätzung in seinem Urteil vom 6. 5. 1987 (BayVBl. 1987, aaO) gehindert. Das Berufungsgericht ist im Fall der Zurückverweisung weder durch § 144 Abs. 6 VwGO noch durch sonstiges Bundes- oder Landesrecht an früher getroffene Tatsachenfeststellungen oder an die in dem aufgehobenen Urteil geäußerte Rechtsansicht gebunden (BVerwG Buchholz 310, § 144 VwGO Nr. 42; BGH NJW 1995, 1673; Walchshöfer, in: Münchener Kommentar ZPO § 565 Rdnrn. 6, 10, 13; Zöller, ZPO, § 565 Rdnrn. 2, 3).

Die neuen Erkenntnisse in bezug auf die Urkunde vom 2. 7. 1830 stellen die Tatsachen der Gebrauchsüberlassung der St. Salvatorkirche „für den griechischen Cultus" durch König Ludwig I. und seiner Zustimmung zur Einweihung derselben am 18. 12. 1829 nicht in Frage. Beides wird durch die Bekanntmachung der Kgl. Regierung des Isarkreises vom 5. 12. 1828, das Schreiben des Kgl. Staats-Ministeriums des Innern vom 6. 1. 1829 und das Schreiben der Regierungsfinanzkammer Oberbayern vom 4. 5. 1911 hinreichend dokumentiert (s. o. I. 2.).

b) Der Senat sieht keinen Anlaß, von der Qualifikation des so begründeten Rechtsverhältnisses als eines öffentlich-rechtlichen Subventionsverhältnisses abzurücken.

Zwar ist die Bereitstellung von Gebäuden zu gottesdienstlichen Zwecken in der Regel nicht als Subvention, sondern als Staatsleistung zu beurteilen, weil dabei (regelmäßig) nicht staatliche Verwaltungsziele, sondern kirchliche Unterhaltsbedürfnisse im Vordergrund stehen (vgl. Isensee, HdbStKirchR, 1. Bd., 2. Aufl., Berlin 1994 S. 1025). Gerade dieser gedankliche Ansatz weist aber die Qualifizierung der Gebrauchsüberlassung als Subvention im vorliegenden Fall als sachgerecht aus. Anders als im Regelfall verfolgte nämlich

König Ludwig I. mit der Überlassung der Salvatorkirche an die griechische Privatkirchengesellschaft durchaus nicht Zwecke „außerhalb seines Interessen- und Pflichtenkreises" (vgl. Isensee aaO, S. 1021).

Dem König ging es dabei nicht nur darum, aus Begeisterung für Griechenland und das Griechentum der damaligen (kleinen) Griechengemeinde in München, die überwiegend aus Studierenden – großenteils Söhne gefallener Freiheitskämpfer – bestand, ein würdiges Gotteshaus ihrer Konfession zur Verfügung zu stellen (vgl. Sakellaropoulos, Die Griechische (Salvator-)Kirche in München, München 1899 S. 36; Kotsowilis, Die griechischen Studenten Münchens unter König Ludwig I. von 1826 bis 1844, in: Südost-Forschungen, Bd. 52 (1993) S. 119 ff. [123]). Daß der König den Zaren als Stifter der Ausstattung für die Kirche gewann, belegt ebenso wie deren Einweihung in Gegenwart königlicher Prinzen und des russischen Botschafters (vgl. Sakellaropoulos aaO, S. 37), daß Ludwig I. mit der Überlassung der Salvatorkirche an die Griechen Münchens auch nachhaltig eigene politische Ziele verfolgte, die er mit der Besteigung des griechischen Throns durch seinen Sohn Otto im Jahr 1832 auch erreichte. Diesem eigenen Interesse des Königs an der Erfüllung des Zuwendungszwecks wird die mit dem Rechtsinstitut der Subvention typischerweise verbundene Möglichkeit, die zweckgerechte Verwendung der Leistungen zu erzwingen (Isensee, aaO), besonders gerecht.

c) Die Authentizität der Urkunde vom 2. 7. 1830 spielt für die Frage der Rechtsgrundlage des geltend gemachten Herausgabeanspruchs keine entscheidende Rolle. Abgesehen davon, daß nach den insoweit überzeugenden Darlegungen vom Mrsich (vgl. Kautelarjuristische Normen bei König Ludwig I. von Bayern in: Die Bedeutung der Wörter, Festschrift für Gagnér zum 70. Geburtstag, S. 288 f.; AHA §§ 9, 43, Bd. II Bl. 210 f., 234) die kronrechtliche Änderungsklausel „Auf solange Wir nicht anders verfügen" ohnehin nicht im Sinn freier Widerruflichkeit ausgelegt werden kann, ist das Vorliegen eines (ausdrücklichen) Widerrufsvorbehalts im Hinblick auf die Begründung des Revisionsurteils, an die der Verwaltungsgerichtshof nach § 144 Abs. 6 VwGO gebunden ist, nicht entscheidend. Das Bundesverwaltungsgericht geht zwar (BVerwGE 87, 115 [126] = BayVBl. 1991, 217 I) davon aus, Grundlage der Klage sei „der die Gebrauchsüberlassung einschränkende Widerrufsvorbehalt", führt dann aber aus, dieser sei „letztlich Ausfluß des im Jahr 1830 vorbehaltenen und bis heute fortbestehenden Staatseigentums" und beruhe insofern auf einem „für alle geltenden Gesetz" im Sinn von Art. 140 GG, Art. 137 Abs. 3 WRV. Daraus folgert das Bundesverwaltungsgericht dann weiter (BVerwGE 87, 115 [129] = BayVBl. 1991, 218 I), als ein vom Staat als Eigentümer abgeleitetes sei es „damit auch" ein „prinzipiell wieder aufhebbares Nutzungsrecht". Der vorhergehende Widerruf ist dabei lediglich formelle Voraussetzung für den Nutzungsentzug. Anspruchsgrundlage ist damit allein

Art. 140 GG, Art. 137 Abs. 3 WRV i. V. m. dem vorbehaltenen Staatseigentum (in diesem Sinn auch Renck BayVBl. 1985, 283).

d) Die Einwendungen des Beklagten, die darauf abzielen, die Widerruflichkeit der Gebrauchsüberlassung in Frage zu stellen und ihre Unwiderruflichkeit – schon nach historischem Recht – darzutun, greifen nicht durch.

Die „Vorbehaltung des Staats-Eigentums", unter der König Ludwig I. die Gebrauchsüberlassung der Salvatorkirche „für den griechischen Cultus" ausweislich der Bekanntmachung der Regierung des Isarkreises vom 5. 12. 1828 genehmigte, beruhte auf Titel III § 3 der Verfassungsurkunde von 1818. Danach war Staatsgut „auf ewig unveräußerlich". Nach § 4 galt als Veräußerung auch die „Beschwerung mit einer ewigen Last".

Gerade wenn die Klausel „Auf solange Wir nicht anders verfügen" eine Änderung der betreffenden Zuwendung dem König als Kronrecht vorbehält und so den Begünstigten vor einem erneuten Zugriff des Staatsministeriums auf das durch Säkularisation entstandene Staatseigentum schützt (so Mrsich, Gagnér-Festschrift, aaO, S. 278, 285, 290 ff.; AHA § 78 Bd. II, Bl. 258), liegt es nahe, mangels eines solchen kronrechtlichen Vorbehalts – die Urkunde vom 2. 7. 1830 kann, wie dargelegt, nicht mehr zugrundegelegt werden – davon auszugehen, daß ein solcher Zugriff des Staatsministeriums bzw. heute des Freistaats grundsätzlich möglich ist.

Gegen die Annahme, die Gebrauchsüberlassung der Salvatorkirche sei nach den Grundsätzen des Staatskirchenrechts der Monarchie auch aus wichtigen Gründen des Gemeinwohls nicht einschränkbar gewesen, sprechen auch die Konsequenzen, die sich aus der Kirchenhoheit des Monarchen und (als deren Bestandteil) aus seinem Kirchenaufsichtsrecht ergeben. Insoweit ist für den Status der griechischen Privatkirchengesellschaft zunächst von Bedeutung, daß für das Entstehen einer neuen Religionsgesellschaft in Bayern die ausdrückliche Aufnahme von Seiten des Königs erforderlich war, die er nach freiem Ermessen erteilen oder versagen konnte (vgl. Pözl, Verfassungsrecht, aaO, S. 435). Wenn auch im Hinblick auf die Signate vom 14. Dezember 1829 und vom 13. März 1830 von der Tatsache der „Genehmigung" der griechischen Privatkirchengesellschaft auszugehen ist, so ist deren genauer rechtlicher Status doch nicht nachweisbar (vgl. insbesondere v. Seydel, Bayer. Staatsrecht, 1896, 3. Bd., S. 492, Fußn. 32; s. o. I. 3. b).

Desweiteren wird der Status der Privatkirchengesellschaft von 1830 durch das königliche Kirchenaufsichtsrecht geprägt. Es betrifft die Rechte des Monarchen gegenüber *bestehenden* Religionsgesellschaften (vgl. Pözl, Verfassungsrecht aaO, S. 436). Aus der Tatsache, daß dem König das Recht, „eine als *Corporation* bestehende Gesellschaft in ihren Rechten zu beschränken oder ihr die Aufnahme wieder zu entziehen", *nicht* zusteht (Pözl, aaO), ist zu schließen, daß der Status der Privatkirchengesellschaften hoheitlichen Eingriffen gegenüber nicht in gleicher Weise abgesichert war.

Schließlich deuten auch die Vorgänge um die auf dem Hintergrund der Absetzung König Ottos von Griechenland 1862 und im Hinblick auf Mängel der Selbstverwaltung der griechischen Kirche (ABE, S. 79) im Jahre 1864 zunächst von der Regierung von Oberbayern verfügte und dann auf die vom russischen Botschafter Ozerov vermittelte Intervention Zar Alexanders II. und König Ludwigs I. hin vom Ministerrat wieder rückgängig gemachte Überlassung der Salvator-Kirche an die Münchner anglikanische Gemeinde (vgl. ABE S. 485) darauf hin, daß man seinerzeit von einer grundsätzlichen Widerruflichkeit der Gebrauchsüberlassung für den griechischen Cultus ausging. Zwar ist es vom Wortlaut her nicht ausgeschlossen, den Beschluß des Ministerrats vom 4. 5. 1864, daß „solange der Gottesdienst in der Kirche von der griechischen Kirchengemeinde gehalten würde, diese Kirche zu einer anderweitigen Verwendung nicht als verfügbar erachtet werden könne" (vgl. Kotsowilis, Kirchenführer St. Salvator S. 35) im Sinn einer Rechts- und nicht einer Willensentscheidung auslegen. Doch spricht mehr für die entgegengesetzte Auslegung (vgl. VGH BayVBl. 1987, 722 II).

Die Versuche des Beklagten, vom Grundsatz der Unveräußerlichkeit von Staatsgut für den vorliegenden Fall eine Ausnahme aus Titel III § 6 der Verfassung herzuleiten (ABE S. 461; Gutachten Mrsich II, Bd. IV Bl. 602 ff.), überzeugen nicht. Ziffer I dieser Ausnahmebestimmung (Text Bd. IV Bl. 602 d. A.) betrifft „Staatshandlungen des Monarchen im Rahmen des ihm zustehenden Regierungsrechts mit Auswärtigen oder Untertanen im Lande über Stamm- und Staatsgüter". Diese Bestimmung ist nach v. Seydel (Bayer. Staatsrecht, 2. Bd., 1896 S. 381 ff.) und Piloty/v. Sutner (Die Verfassungsurkunde des Königreichs Bayern, aaO, Titel III, § 6, Anm.) dahin auszulegen, daß danach der König – ohne Zustimmung des Landtags – nur zu Veräußerungen befugt ist, „die zur Verwirklichung gesetzlicher Bestimmungen notwendig werden". Eine solche gesetzliche Bestimmung liegt hier nicht vor. Die Beispiele in Ziffern 2 bis 4 von Titel III § 6 betreffen nach v. Seydel (aaO) „Fälle, die sich sämtlich auf Handlungen der laufenden Finanzverwaltung beziehen". Auch um solche geht es hier nicht.

Eine unangreifbare Stellung der griechischen Privatkirchengesellschaft als Funktionsvorgängerin des Beklagten im Sinne einer Unwiderruflichkeit der Gebrauchsüberlassung kann auch nicht aus den vom Beklagten zitierten Lehren Meurers von der „sacralen Dienstbarkeit" (Der Begriff und Eigentümer der der heiligen Sachen, II. Bd., Düsseldorf 1885, S. 59 f., ABE Anl. A 1.11.4/1; Gutachten Mrsich Bd. XIII, Bl. 2523 f.) und Brinz' vom „geistlichen Nießbrauch" (vgl. Lehrbuch der Pandekten, Bd. III, 2. Aufl. Erlangen 1988, S. 540, vgl. ABE S. 14 f.; AHA Bd. II Bl. 233; Mrsich, Bd. XIII,

Bl. 2523) hergeleitet werden. Deren rein zivilrechtliche Betrachtungsweise wird den Besonderheiten des vorliegenden Falles, insbesondere den Bindungen staatlichen Eigentums durch Titel III § 3 der Verfassungsurkunde nicht gerecht (s. o. Nr. I. 2. d).

Letztlich verbietet sich auch nach den Maßstäben des Staatsrechts der Monarchie die Annahme, Staatseigentum sei ohne jede Widerrufsmöglichkeit veräußert oder zum Gebrauch überlassen worden, jedenfalls dann, wenn darin ein Verstoß gegen den Eid des Königs auf die Verfassung zu sehen wäre (vgl. Mrsich, AHA § 8, Bd. II Bl. 210; Bd. XIII Bl. 2520). Diese Feststellung rechtfertigt sich jedenfalls im Hinblick auf die Bestimmungen in Titel III §§ 3 und 4 dadurch, daß der König diese Bindungen immer strikt beachtete. Dies ist aus zahlreichen Signaten zu ersehen (vgl. Mrsich, Gagnér-Festschrift, S. 265 ff.). Ein Verstoß gegen diese Bestimmungen läge aber – wie dargelegt – vor, wenn man von einer schlechthin unwiderruflichen Nutzungsüberlassung der Salvatorkirche ausgehen wollte.

Die Behauptung des Beklagten, ein stillschweigender Widerrufsvorbehalt sei dem Staatsrecht der Monarchie in Bayern fremd gewesen (Schreiben vom 4. 7. 1995 S. 10 Bd. XIV Bl. 2679) trifft nach den vorstehenden Darlegungen nicht zu. Die Erhebung des vom Beklagten insoweit angeregten Sachverständigenbeweises war nicht veranlaßt. Es handelt sich insoweit um eine Rechtsfrage, die das Gericht zu entscheiden hat (vgl. Kopp, VwGO, 10. Aufl. 1994, Rdnr. 14 zu § 98).

2. Der Beklagte ist für den vom Kläger erhobenen Anspruch passivlegitimiert. Als Inhaber der tatsächlichen Gewalt über die Salvatorkirche ist die „Griechische Kirchengemeinde München und Bayern e. V." richtiger Beklagter für eine Herausgabeklage, insoweit unabhängig von der dafür in Frage kommenden Rechtsgrundlage. Der Beklagte ist darüber hinaus Funktionsnachfolger der griechischen Privatkirchengesellschaft, mit der König Ludwig I. 1829/30 das Gebrauchsüberlassungsverhältnis an der St. Salvatorkirche begründet hat. Von ihm kann der Kläger deshalb auf der Grundlage dieses Gebrauchsüberlassungsverhältnisses die begehrte Leistung verlangen.

a) Der Destinatär der königlichen Zuwendung blieb zunächst unbestimmt. In der Bekanntmachung der Regierung des Isarkreises vom 5. 12. 1828 ist unter Bezugnahme auf allerhöchsten Beschluß vom 22. und 30. 9. 1828 von einer gebrauchsweisen Überlassung „für den griechischen Cultus" die Rede. Im Signat Nr. 1829.12.12 vom 14. 12. 1829 heißt es dann: „Es soll bis auf weiteres der griechische Gottesdienst dahier nur als PrivatAndacht bestehen". Mit Signat vom 13. 3. 1830 wird schließlich im inhaltlichen Zusammenhang mit der Einsetzung eines Vorstands der griechischen Kirche in München der Destinatär der Zuwendung auch rechtlich konkretisiert: „Die griechische Kirche soll die Rechte einer Privatkirchengesellschaft nach dem Inhalte der

§ 32–43 der Beyl. II zur Verfassungs-Urkunde auszuüben befugt seyn, wozu Ich hiemit Meine ausdrückliche Genehmigung ertheile" (vgl. Spindler/Kraus, Signate König Ludwigs I., aaO, Nr. 1830.03.11 S. 389).

Destinatär der Zuwendung des Nutzungsrechts war entgegen der Behauptung des Beklagten nicht eine (rechtlich selbständige) Stiftung, etwa in Form einer Ortskirchenstiftung. Einen entsprechenden Nachweis kann der Beklagte nicht führen. Der Beklagte kann deshalb nicht etwa aus dem Bestehen einer Stiftung Folgen für eine Unwiderruflichkeit oder für einen gesteigerten Vertrauensschutz ziehen.

Der Beklagte hat zwar vorgetragen und durch eine Reihe von Zitaten aus der staatskirchenrechtlichen Literatur zur Zeit des Königreichs belegt (vgl. Mrsich, AHA Bd. II, Bl. 228 ff., 241 ff.; Bd. IVV, Bl. 619; ABE, S. 38 ff., S. 46, S. 338 ff.; Mrsich Bd. XIII, Bl. 2520 ff. jeweils m. w. N.), daß das Rechtssubjekt, dem in der 1. Hälfte des 19. Jahrhunderts in Bayern Eigentum oder Besitz einer Kirche zugeordnet war, im katholischen und protestantischen Bereich (vgl. Bd. XIII Bl. 2521) in der Regel eine Ortskirchenstiftung war, da eine Pfarrgemeinde zu dieser Zeit noch keine Rechtspersönlichkeit besaß. Der vorliegende Fall unterscheidet sich jedoch von diesem Regelfall. Die Privatkirchengesellschaft von 1829/1830 wurde vom König zu dem Zweck konstituiert, Besitzer der betreffenden Kirche zu sein. Ihr kam zwar weder bei ihrer Gründung noch durch das „Gleichstellungsgesetz" von 1834 der Status einer „Corporation" und damit einer juristischen Person zu. Gleichwohl ging das Staatsrecht der Monarchie davon aus (vgl. v. Seydel, Bayer. Staatsrecht, aaO, S. 530; Reinhard, Die Kirchenhoheitsrechte des Königs von Bayern, München 1884, S. 133, ABE Anl. A 1.11 1/4), daß die Verfassung auch Privatglaubensgesellschaften das Recht gewährleistete, als solche Vermögen zu besitzen. Damit war eine Ortskirchenstiftung zum einen nicht zwingend notwendig, um einen Rechtsträger für die zum Gebrauch überlassene Salvatorkirche zu haben (vgl. Gutachten Müller-Volbehr vom 28. 2. 1978 [S. 26 m. w. N.; Akten des Zivilrechtsstreits, nach Bl. 62/63]).

Die Begründung einer Ortskirchenstiftung durch den König ist zum anderen weder durch eine Stiftungsurkunde noch durch königliche Entschließungen verbürgt (vgl. das Schreiben des Stiftungsbuchhalters Uhland vom 16. 2. 1865, ABE Anl. B 2.5.4/2 unter II 1: „Über die Fundierung der griechischen Kirche ist folgendes anzuführen: Wie schon im Abschnitt I bemerkt, ist über die erste Periode der Kirchenverwaltung vom Jahre 1829 bis 1838 nichts bekannt"; vgl. auch Schreiben der Regierung von Oberbayern v. 27. 9. 1951 und der Landeshauptstadt München vom 14. 10. 1995, Bd. XIII, Bl. 2528, 2530; gegen die Annahme einer Stiftung im Rechtssinn auch BayObLG BayVBl. 1981, 438 [440 II]). Die Verbuchung der Kirche als „Stiftungshochgebäude" im Grundstücksverzeichnis des Landbauamts München

II (1830–1832 ABE Anl. K 3/1) muß als rechtsterminologisch nicht exakt angesehen werden.

Gegenstand der „sogenannten Stiftung ‚Griechische Kirche'", deren Verwaltung durch Schreiben der Regierung von Oberbayern vom 28. 2. 1956 (ABE Anl. E 3.1) auf die griechische Kirchenverwaltung übertragen wurde, war keineswegs der Besitz an der Salvatorkirche, sondern eine Schenkung der Kaiserin von Rußland von 1838 in Höhe von 200 Louisdors. Das ergibt sich aus dem Schreiben der Regierung von Oberbayern vom 20. 1. 1956 (Bd. XIII, Bl. 2388) und aus den Kgl. Verordnungen vom 6. 8. 1938 und vom 23. 2. 1844 (Bd. XIII, Bl. 2383), die die Verwaltung dieses Schenkungsvermögens bzw. die vorläufige Übertragung dieser Verwaltung auf den „Stadtmagistrat zu München" betreffen (vgl. das Schreiben des Stiftungsbuchhalters Uhland vom 16. 2. 1865 (aaO); vgl. auch Schreiben des Stadtrats der Landeshauptstadt München vom 17. 9. 1951, Bd. XIII, Bl. 2389).

Ein Schreiben vom 20. 12. 1938 (Bd. XIII, Bl. 2543 = ABE Anl. B 2.5.4/ 1) enthält lediglich eine Anfrage, ob die griechische Kirchenstiftung ein liegendes Gut besitze. Die späteren Vermögensaufstellungen der Griechischen Kirche (Bd. XIII, Bd. 2547 ff.) weisen als Stiftungsvermögen immer nur Kapitalbeträge aus.

b) Partner des im Jahr 1829 begründeten Gebrauchsüberlassungsverhältnisses und als solche aktiv- und passivlegitimiert sind heute der Freistaat Bayern als Rechtsnachfolger des Königreichs Bayern und der Beklagte.

aa) Der Beklagte ist als Funktionsnachfolger der Privatkirchenstiftung von 1829/30 anzusehen.

*Rechts*nachfolger kann der Beklagte nicht sein, weil die Privatkirchengesellschaft mit dem Ende des Königreichs 1918 untergegangen ist (vgl. Renck, BayVBl. 1988, 601). Das entspricht auch dem Selbstverständnis des Beklagten im Zeitpunkt seines Entstehens. Im Gründungsprotokoll ist von der Gründung einer griechischen Kirchengemeinde die Rede (Bd. IX, Bl. 1486).

Für die Eigenschaft des Beklagten als Funktionsnachfolger der Privatkirchengesellschaft kommt es entgegen der Auffassung von Reis (ZevKR Bd. 30 [1985] S. 186/195; ihm folgend: Bachof JZ 1991, 621 [624]) nicht auf die Zugehörigkeit zu einem bestimmten (neu- oder altkalendarischen) Jurisdiktionsbereich an. Das Argument von Reis, mit den „nicht-unierten griechischen Glaubensgenossen" (Urkunde vom 2. 7. 1830) seien nur die Angehörigen der griechischen Staatskirche gemeint gewesen, kann schon deshalb nicht überzeugen, weil eine solche erst unter König Otto im Jahr 1833 konstituiert wurde (vgl. zur Situation 1828: v. Maurer, Das griechische Volk, Heidelberg 1835, § 185, [Bd. VI, Bl. 1136/1141]).

Der Senat geht vielmehr mit dem Urteil des Oberlandesgerichts München vom 12. 4. 1979 (Nr. 1 U 4948/77, S. 16) davon aus, daß mit diesen „Glaubensgenossen" (im Rahmen des begrenzten Beweiswerts der Urkunde vom 2. 7. 1830) bzw. mit der „Griechischen Kirche" im Sinn des Signats vom 13. 3. 1830 die in München ansässigen Angehörigen der griechischen Kirche gemeint waren, die der mit diesem Signat genehmigten Privatkirchengesellschaft angehörten.

Es ist weiter davon auszugehen, daß die „griechischen Bekenner" (Gesetz vom 1. 7. 1934, vgl. Brater, aaO, S. 51 Fußn. 2) als griechische „Pfarrei", als die sie im späten 19. Jahrhundert apostrophiert und behandelt werden (vgl. Kihn, Die rechtliche Stellung der Griechischen Kirche in Bayern, Diss. Würzburg, Aschaffenburg 1911, S. 32; Magistratsbrief vom 16. 1. 1891, zit. in AHA § 53 Bd. II, Bl. 238), auch nach dem Untergang der Privatkirchengesellschaft 1918 funktional weiterbestanden haben und daß die Salvatorkirche somit funktional der griechischen Pfarrei zugeordnet blieb und dem „griechischen" Cultus auch in der Zeit von 1918 bis 1923 diente, in der diese Pfarrei rechtlich nicht bestand. Die Konstituierung der St. Salvator-Kirchengemeinde als juristische Person des Privatrechts ist mit Gründung des im Vereinsregister unter dem Namen „Griechische Kirchengemeinde in München e. V." eingetragenen Vereins anzusetzen, dessen Satzung am 22. 10. 1923 errichtet wurde (vgl. Bd. IV, Bl. 632). Auch wenn dessen Zweck zunächst nur auf „die moralische und materielle Unterstützung der griechischen Kirche in München beschränkt war und erst durch eine Satzungsänderung unter dem 5. 4. 1925 auf die „Wahrnehmung der Interessen derselben" erweitert wurde (vgl. Gutachten Proc, Anl. zu Bl. 125 ff. der Akten des Zivilrechtsstreits, S. 6) erfüllt der Beklagte seit seiner Gründung jedenfalls tatsächlich die Aufgaben einer Pfarrgemeinde für in München und Umgebung wohnende griechisch-orthodoxen Christen (vgl. BayObLG aaO, S. 441 II).

Für eine Kontinuität im Sinne einer Funktionsnachfolge zwischen der Privatkirchengesellschaft und dem Beklagten spricht die Tatsache, daß der Beklagte über die Tauf- und Trauungsregister und das Verzeichnis der an der Salvatorkirche tätigen Geistlichen und Kirchenvorstände – jeweils seit 1829 verfügt (vgl. VGH-Akt 1985/87 II, Bl. 441 f.; ABE, S. 262 ff.; Anl. C 1.2/4).

Der Beklagte ist darüber hinaus vor 1977 sowohl vom Kläger wie von der beigeladenen Metropolie mit der griechischen Kirchengemeinde St. Salvator identifiziert worden, vom Kläger z. B. durch Übertragung des bis dahin als Sondervermögen verwalteten Vermögens der „Stiftung ‚Griechische Kirche'" durch die Integrationsverfügung der Regierung von Oberbayern vom 28. 2. 1956 (ABE Anl. E 3/1 = Bd. XIII Bl. 2554), durch das im Urteil des Oberlandesgerichts München vom 12. 4. 1979 (aaO, S. 18 f.) erwähnte Ministerialschreiben vom 26. 7. 1977 und durch das Schreiben der Regierung von Oberbayern vom 7. 2. 1973 (Bd. XIV, Bl. 2767). Von der Beigeladenen ist er insbesondere durch die am 4. 4. 1973 mit ihm abgeschlossene Vereinbarung, in der die Beigeladene ihren Wunsch nach Erhaltung der „Griechischen Kirchengemeinde München" ausdrückte und diese als Besitzerin der Salvatorkirche anerkannte (ABE Anl. C 2.8/1), aber z. B. auch durch ein an den „Herrn Ersten Vorstand der Griechischen Kirchengemeinde Konstantin K." gerichtetes Einladungsschreiben vom 27. 3. 1973 (vgl. ABE, Anl. C 2.8/1, folgende Dokumente) als Repräsentant der Salvator-Kirchengemeinde anerkannt worden.

Unter diesen Umständen kann der Ansicht des Klägers und der Beigeladenen, der Beklagte sei lediglich ein *Förderverein* und mit der Kirchengemeinde St. Salvator nicht identisch (vgl. auch Gutachten Proc, aaO, S. 7 f.; Müller-Volbehr, Gutachten vom 15. 5. 1984, Anl. 16 zum Schreiben des Klägers vom 19. 5. 1992; Gutachten Listl vom 31. 7. 1979, Anl. zu Bl. 328 der Akten des Zivilrechtsstreits, S. 22), nicht gefolgt werden.

Nicht zu folgen ist schließlich auch der Auffassung des Klägers und der Beigeladenen, der Beklagte habe durch den 1977 vollzogenen Jurisdiktionswechsel zu einer altkalendarischen Religionsgemeinschaft seine Besitzrechte an der Salvatorkirche und somit auch seine Stellung als Repräsentant der griechisch-orthodoxen Mehrheit in München und als Partner des Klägers aus dem hoheitlichen Gebrauchsüberlassungsverhältnis – ipso iure – verloren, die – mit dem Beklagten nicht identischen – Kirchengemeinde St. Salvator in München unterstehe (nach wie vor) der Jurisdiktion der beigeladenen Metropolie (Müller-Volbehr, aaO, S. 8 f. unter Berufung auf Link, ZevKR 23 [1978] S. 89 [115]).

Wenn der beklagte als juristische Person seit seiner Gründung als Partner des hoheitlichen Gebrauchsüberlassungsverhältnisses mit dem Freistaat anzusehen war, dann wurde diese Funktion auch durch einen Jurisdiktionswechsel nicht – gleichsam automatisch – hinfällig. Eine die Jurisdiktion wechselnde Kirchengemeinde behält ihre Identität sowohl nach staatlichen wie – im vorliegenden Zusammenhang nicht maßgeblich – nach kirchlichem Recht (vgl. Potz, Der Wechsel der Jurisdiktion einer orthodoxen Kirchengemeinde in Österreich, in: ÖAKR 1976, S. 22 [29]).

Somit ist im Ergebnis der Beklagte als Funktionsnachfolger der Privatkirchengesellschaft von 1830 als der Adressatin der königlichen Zuwendung anzusehen (vgl. auch Link, Die Rechtsgrundlage der Bundesrepublik Deutschland, in: „Kanon", 1. Teil, Bd. IV, Wien 1980, S. 34 [43]).

Darin unterscheidet sich der hier vorliegende Sachverhalt von dem, der dem Beschluß des Bundesverfassungsgerichts vom 28. 2. 1992[3] (DVBl. 1992, 1020) zugrunde lag; darin hatte das Bundesverfassungsgericht entschieden,

---

[3] KirchE 30, 104.

der bloße Besitz und Gebrauch einer Kirche zu gottesdienstlichen Zwecken gebe weder ein Recht zum Besitz gemäß § 986 BGB noch unterfalle er dem verfassungsrechtlichen Kirchengutsschutz (ebenso BVerfG NJW 1989, 1351[4]; NJW 1984, 968[5]). Der Beklagte ist nicht (bloßer) unbefugter Besitzer der Salvatorkirche, sondern Partner des hoheitlichen Gebrauchsüberlassungs-(Subventions-)Verhältnisses, aus dem der Kläger seinen Herausgabeanspruch ableitet.

bb) Der Verwaltungsgerichtshof als ein Gericht des zu religiöser Neutralität verpflichteten Staates ist auch nicht gehindert festzustellen, der Beklagte sei Funktionsnachfolger der Privatkirchengesellschaft von 1829/30. Der Gegenmeinung (Gutachten Listl, aaO, S. 26; ebenso Mainusch, ZevKR 36 [1991], Urteilsanmerkung S. 68 [74]; vgl. auch v. Campenhausen, Schreiben vom 7. 6. 1978 [Bd. IX, Bl. 1550 ff.] und Link, ZevKR 23 [1978] S. 89 [123 f.]) liegt die These zugrunde, daß diese Feststellung der Identität nur auf der Grundlage des theologischen Selbstverständnisses der griechisch-orthodoxen Kirche zu treffen sei, da bei der Entscheidung über Fragen der Nutzung von Kirchengut bei hierarchisch strukturierten Religionsgemeinschaften die jeweilige innerkirchliche Rechtsordnung der „Mutterkirche" verbindlich sei (so Listl, aaO, S. 32). Diese „Mutterkirchen"-Theorie ist Ausdruck des Grundsatzes, daß die Regelung ihrer inneren Angelegenheiten Sache jeder Religionsgemeinschaft ist und daß der Staat in diese Angelegenheit – jedenfalls soweit sie keine Außenwirkung haben – regulierend (und judizierend) nicht eingreifen darf (BVerfGE 72, 278 [289][6]; 18, 385; BVerfG NVwZ 1989, 452[7]; BayVGH Beschluß v. 18. 10. 1985 Nr. 7 CE 85 A.2869; Weber, NJW 1989, 2217 [2220 f.]; Mainusch, aaO).

Um eine solche innere Angelegenheit einer Religionsgemeinschaft handelt es sich im vorliegenden Fall bei der Klärung der Frage der Funktionsnachfolge aber nicht. Vielmehr verläßt eine Religionsgemeinschaft den rein innerkirchlichen Bereich und begibt sich in den Bereich der weltlichen Rechtsbeziehungen hinein, wenn sie für ihre Zwecke fremdes Eigentum in Anspruch nimmt (so BVerwGE 87, 115 [125] = BayVBl. 1991, 217 I[8]). Wäre der Verwaltungsgerichtshof gehindert, die Eigenschaft des Beklagten als Funktionsnachfolger der Privatkirchengesellschaft zu beurteilen, so würde damit im übrigen dem Kläger, für dessen Anspruch diese Frage von Bedeutung ist, letztlich der Rechtsschutz verweigert (vgl. Link, „Rechtsgrundlage", aaO).

3. Die Klage ist nicht deshalb unbegründet, weil der Beklagte etwa Eigentümer der St. Salvatorkirche wäre.

---

[4] KirchE 26, 346.
[5] KirchE 21, 304.
[6] KirchE 24, 119.
[7] KirchE 22, 208.
[8] KirchE 28, 294.

Das Königreich Bayern als Rechtsvorgänger des Klägers ist 1829/30 Eigentümer der Salvatorkirche geblieben. Das Subventionsverhältnis, aus dem der Herausgabeanspruch hergeleitet wird, ist lediglich auf Gebrauchsüberlassung, nicht aber auf Übertragung des Eigentums an der St. Salvatorkirche gerichtet. Es wäre Sache des Beklagten gewesen, sein Vorbringen, die Privatkirchengesellschaft bzw. eine von König Ludwig gegründete Ortskirchenstiftung habe unter König Ludwig I. Eigentum an der Kirche oder zumindest eine entsprechende Anwartschaft erlangt, zu belegen. Das ist ihm jedoch nicht gelungen.

Der Annahme einer Eigentumsübertragung steht in erster Linie der eindeutige Wortlaut der Bekanntmachung vom 5. 12. 1828 wie auch (im Rahmen ihres begrenzten Beweiswerts) der Urkunde vom 2. 7. 1830 entgegen. Zur Erwähnung einer Schenkung in der Biographie Ludwigs I. von Johann Nepomuk Sepp von 1869 (vgl. ABE, S. 473; Bd. X, Bl. 1743 ff.; 1774 ff.) vermutet der Beklagte selbst, dessen Äußerung beziehe sich auf einen auf die Zukunft gerichteten, nicht erhaltenen Alternativtext zu den Verfügungen vom September 1828 (ABE, S. 473, 475 f.), eine Schenkung durch den König sei seinerzeit also zwar beabsichtigt, aber nicht vollzogen worden. Die Eintragung der Salvatorkirche unter der Rubrik „Stiftungshochgebäude" im Grundstücksverzeichnis der Bauinspektion München II für die Jahre 1830–1832 (ABE, Anl. K 3/1) besagt nichts über die Eigentumsverhältnisse an dem angeblichen (s. o. II. 2. a) „Stiftungs"-Gebäude. Auch die Erwähnung einer königlichen Schenkung durch Prof. Ziebarth in einem Bericht über die 100-Jahr-Feier der Überlassung durch König Ludwig I. im Hellas-Jahrbuch 1937 (vgl. Bd. X, Bl. 1743 ff.) ist nicht beweiskräftig. Ziebarth bezieht sich dabei auf einen entsprechenden Bericht im Hellas-Jahrbuch 1930. Gerade in diesem wird aber der bayerische Kultusminister Goldenberger mit der – von der anwesenden griechischen Delegation offenbar unwidersprochenen – Äußerung zitiert, die Kirche werde unter dem Schutz der bayerischen Regierung „auch in Zukunft im Besitz der Griechen wie bisher" bleiben (Bd. VI, Bl. 1182 f.).

Ferner gehen sowohl die Satzung des Beklagten von 1973 (Anl. 26 zum Gutachten Proc, aaO) in ihrer Schlußbemerkung 1) als auch der Vorsitzende des Kirchenvorstandes des Beklagten in seiner Magisterarbeit (Südost-Forschungen, Bd. 52, München 1993, S. 131) von einer bloßen Gebrauchsüberlassung aus. Auch der Beklagte selbst hat mit Schriftsatz vom 24. 5. 1982 an den Kläger (Bd. IX Bl. 1504 f.) Das Eigentum des Freistaats anerkannt. Schließlich ist der Beklagte im Schriftsatz vom 20. 3. 1995 (Bd. XI a, Bl. 2049) von der These einer „ursprünglichen" Schenkung in den Jahren 1828–1830 abgerückt.

Jedoch leitet der Beklagte aus völkerrechtlichen Verpflichtungen des bayerischen Königs gegenüber dem russischen Zaren (vgl. ABE, S. 470) und aus dem sog. „Ozerov-Kompromiß" von 1864 (vgl. hierzu oben unter II. 1. d) jedenfalls eine ursprünglich aufschiebend bedingte Eigentumsanwartschaft her. Die ursprüngliche Schenkungsabsicht des Königs sei durch den Ozerov-Kompromiß blockiert worden; diesen Kompromiß habe der Freistaat aber durch den Widerruf der königlichen Nutzungsüberlassung gekündigt (ABE, S. 494). Damit sei die ursprünglich aufschiebende Bedingung nunmehr eingetreten. Der Beklagte erklärt die Annahme eines von ihm behaupteten Übereignungsangebots von 1828/29. Er macht insoweit unter Hinweis auf die um 1870 durchgeführte Umschreibung des Eigentums an den von König Ludwig I. der katholischen Kirche zurückgegebenen, säkularisierten Kirchen und Klöstern auch einen entsprechenden Anspruch auf Grundbuchberichtigung geltend (ABE, S. 344). Der Beklagte kann aber, wie er selbst zugibt, für ein Übereignungsangebot durch König Ludwig I. keine Beweise vorlegen. Im Gegenteil geht er selbst davon aus (ABE, S. 477), daß die von ihm vermutete ursprüngliche Schenkungsabsicht ab 1840 durch verschiedene Umstände blockiert worden sei. Ihm ist ferner entgegenzuhalten, daß nach seinem eigenen Vorbringen die Rechtsverhältnisse an der Salvatorkirche durch den „Ozerov-Kompromiß" eine rechtlich maßgebliche, inhaltlich aber eben abweichende Regelung erfahren haben. Dieser Kompromiß hatte im wesentlichen die Aufrechterhaltung des status quo von 1828/29 zum Gegenstand (ABE, S. 486, 493), nicht aber die Übertragung des Eigentums an der Kirche.

4. Das (Staats-)Eigentum des Klägers rechtfertigt nicht nur einen Widerruf der Gebrauchsüberlassung oder eine Verpflichtung zur Entwidmung, sondern unmittelbar die Verpflichtung zur Rückabwicklung des Subventionsverhältnisses durch Herausgabe des überlassenen Gutes.

a) Inhaltlich ist der Herausgabeanspruch des Klägers durch das Subventionsverhältnis, in dem er seine Grundlage findet, geprägt und begrenzt. Dem Kläger geht es nicht darum, die Salvatorkirche zu freier Verfügbarkeit im Sinn der umfassenden Eigentümererstellung gemäß § 903 BGB zurückzuerhalten, sie soll vielmehr — wie auch das Bundesverwaltungsgericht festgestellt hat — auch künftig zur Abhaltung des griechisch-orthodoxen Gottesdienstes zur Verfügung stehen (BVerwGE 87, 115 [128] = BayVBl. 1991, 217 II). Der Kläger macht mit seinem Herausgabeantrag nur *die* Eigentümerposition geltend, wie sie sich aus den mit der Gebrauchsüberlassung an die „griechischen Kirche" verbundenen Einschränkungen ergibt. Nicht die Gebrauchsüberlassung „für den griechischen Cultus" als solche soll beendet werden, sondern nur die Nutzung durch den Beklagten. Die Nutznießung soll der Beigeladenen als der — nach Auffassung des Klägers — dem „Stifterwillen" König Ludwigs I. (besser) entsprechenden Begünstigten zukommen, weil das Subventionsgut nach Auffassung des Klägers in den Händen des Beklagten den mit der Gebrauchsüberlassung verfolgten Zweck nicht mehr erfüllt.

Ein gesonderter Antrag auf Verpflichtung zur Entwidmung, etwa neben einem solchen auf Verpflichtung zur Herausgabe, ist zur Durchsetzung des materiellen Klageziels des Klägers staatskirchenrechtlich schon deshalb nicht geboten, weil die Salvatorkirche keine als solche entwidmungsfähige öffentliche Sache ist (s. o. I. 3. b). Im übrigen folgt aus dem Revisionsurteil, daß der Kläger die Herausgabe der Kirche und nicht nur ihre Entwidmung oder die Feststellung des Nichtbestehens einer Widmung verlangen kann, wenn die Abwägung mit den Eigentümerinteressen ergibt, daß die Kirchengutsgarantie hinter diese zurückzutreten hat. Anders wäre die Darlegung der Voraussetzungen eines Nutzungsentzugs (BVerwGE 87, 115 [126 ff.] = BayVBl. 1991, 217 I f.) nicht verständlich.

b) Ob aus innerkirchlicher Sicht gegebenenfalls eine „Execration" erforderlich und auch ob eine solche danach zulässig ist, ist für das staatliche Recht nicht von Bedeutung (in diesem Sinn auch Schlink, aaO, S. 639; ähnlich Pirson, Gutachten vom 18. 5. 1984, VG-Akt Bd. I Bl. 52/67; vgl. auch die Zweifel am Sinn des ursprünglichen Entwidmungsantrags bei Renck, BayVBl. 1991, 200 [201] und Mainusch ZevKR 36 (1991), S. 68 [72]).

Im übrigen spricht viel dafür, daß eine Entwidmung auch aus der Sicht des orthodoxen Kirchenrechts entbehrlich ist. Dabei wird nicht verkannt, daß es grundsätzlich Sache jeder Religionsgemeinschaft ist, eine Sache für *ihre* Zwecke zu weihen und so zu *ihrer* „res sacra" zu machen (vgl. BayObLG BayVBl. 1981, 441 I; Reichert, aaO, S. 46). Der Beklagte versteht sich nach § 5 seiner Satzung von 1984 als selbständige Religionsgemeinschaft und zugleich als Ortsverband des Exarchats einer Gruppe der „Wahren Orthodoxen Christen Griechenlands", die die Feste des Kirchenjahres nach dem nichtreformierten Julianischen Kalender (vgl. dazu Schreiben des Klägers vom 19. 5. 1992, Bd. V, Bl. 859/866; Plank, in: Handbuch der Ostkirchenkunde, Bd. II, Düsseldorf 1971 S. 182 ff.) feiern und deshalb als „Altkalendarier" bezeichnet werden. Dabei sieht sich der Beklagte in einem Gegensatz zum Ökumenischen Patriarchat und allen – insbesondere neukalendarischen – autokephalen Kirchen, die dessen Ehrenprimat anerkennen (vgl. Schreiben der Beigeladenen vom 19. 6. 1995, Bd. XIII Bl. 2407 ff.), darunter insbesondere den griechischen Neukalendariern, die die Kirchenfeste nach einem reformierten, dem gregorianischen angenäherten Kalender feiern. Auch der Senat betrachtet – wie das Bundesverwaltungsgericht (BVerwGE 87, 115 [123] = BayVBl. 1991, 216 II) – den Beklagten nach wie vor als örtliche Gliederung einer altkalendarischen Religionsgemeinschaft und damit als Träger der Kirchengutsgarantie nach Art. 140 GG i. V. m. Art. 138 Abs. 2 WRV (s. dazu unten 6 c bb).

Daraus folgt jedoch nicht die Notwendigkeit einer Entwidmung und Neuwidmung (im kirchenrechtlichen Sinn) bei einem Nutzungswechsel zwischen alt- und neukalendarischer Richtung der griechisch-orthodoxen Kirche. Zwar ist die Zuordnung der Kirchengemeinde St. Salvator zur alt- oder neukalendarischen Richtung für bestimmte Zeiträume unter den Beteiligten umstritten (vgl. ABE, S. 268, 291 ff., 298; Beigeladene, Schreiben vom 15. 7. 1994, S. 5, Bd. IX, Bl. 1564). Zu keiner Zeit aber sah eine der beiden Richtungen die Notwendigkeit, wegen veränderter Jurisdiktionszugehörigkeit die Kirche neu zu konsekrieren bzw. sie von der Glaubensrichtung, die vorher an St. Salvator tätig war, entwidmen zu lassen. Insbesondere ist aus dem Vorbringen des Beklagten nicht ersichtlich, daß er solches nach dem Jurisdiktionswechsel von 1977 als notwendig erachtet habe. Er trägt lediglich vor (Schreiben vom 20. 7. 1995, S. 6, Bd. XIV Bl. 2721 f.), die Gottesdienstbesucher seien mehrfach durch eine „Homologia pisteos" (wörtlich: Glaubensbekenntnis, vom Beklagten als kollektive Konversion der beim betreffenden Gottesdienst Anwesenden interpretiert) auf die nunmehr altkalendarische Ausrichtung der Kirchengemeinde verpflichtet worden.

5. Der somit auf Herausgabe der Kirche zu richtende Klageanspruch ist unter Beachtung der im zurückverweisenden Revisionsurteil vorgegebenen Maßstäbe begründet.

a) Ob der Anspruch des Klägers auf Nutzungsbeendigung und Herausgabe der Salvatorkirche durch den Beklagten durchgreift, ist nach dem bindenden Revisionsurteil (§ 144 Abs. 6 VwGO) durch eine Abwägung zu entscheiden, die zwischen der den Beklagten schützenden Kirchengutsgarantie nach Art. 140 GG, Art. 138 Abs. 2 WRV und dem diese Verfassungsgarantie beschränkenden „für alle geltenden Gesetz" nach Art. 140 GG, Art. 137 Abs. 3 WRV vorzunehmen ist; zu den für alle geltenden Gesetzen im Sinn von Art. 137 Abs. 3 WRV gehört auch das Eigentum des Klägers an der Salvatorkirche (BVerwGE 87, 115 [120 ff.] = BayVBl. 1991, 217 II). Der Kirchengutsschutz ist dabei von der Qualifizierung des Schutzguts als „öffentliche Sache" unabhängig. Das Bundesverwaltungsgericht bejaht zwar die Eigenschaft der Salvatorkirche als „res sacra", läßt aber ihre Eigenschaft als „öffentliche Sache" offen (BVerwGE 87, 115 [131] = BayVBl. 1991, 218 II), d. h. es definiert den Begriff des „res sacra" ausschließlich im Sinn des „unmittelbar dem religiösen Kultus dienenden" Gegenstandes (BVerwG 87, 115 [127] = BayVBl. 1991, 217 II) und als Objekt der Kirchengutsgarantie nach Art. 140 GG, Art. 138 Abs. 2 WRV und löst ihn damit von dem der „öffentlichen Sache" (in diesem Sinn auch Schlink NVwZ 1987, 634 [638]).

Nur bei einem erheblichen Widerspruch zwischen den Nutzungsinteressen des Beklagten und dem staatlichen Förderungszweck gebührt nach dem Revisionsurteil dem Entschluß des Klägers zur Durchsetzung dieses Zwecks der Vorrang. Der Förderzweck der seelsorgerischen Betreuung der griechisch-orthodoxen Gläubigen in München müsse infolge der vorgesehenen Nutzungsänderung aller Voraussicht nach weitaus besser erreicht werden als bisher. Diese Verbesserungen müßten eindeutig vorhersehbar, wesentlich und dauerhaft sein. Als zulässige Differenzierungskriterien bei der Gewährung staatlicher Vergünstigungen nennt das Bundesverwaltungsgericht „die äußere Größe und Verbreitung einer Religionsgesellschaft", den „Grad ihrer öffentlichen Wirksamkeit, ihre kultur- und sozialpolitische Stellung in der Gesellschaft" und auch ihren „Status als Körperschaft des öffentlichen Rechts". Was die optimale Nutzung der Salvator-Kirche im Interesse einer weitestgehenden Verwirklichung des zugrundeliegenden öffentlichen Förderungszwecks anlange, komme es sowohl darauf an, wie intensiv die Salvator-Kirche derzeit genutzt werde und welche – aus der Sicht des Klägers – positiven Änderungen im Fall der Überlassung der Kirche an die Beigeladene zu erwarten wären. Für die Intensität der Nutzung eines Kirchengebäudes sei nicht nur die Anzahl der jeweiligen Gemeindeangehörigen, sondern auch die Häufigkeit des Gottesdienstbesuchs und der Veranstaltungen in der Kirche von Bedeutung (BVerwGE 87, 127 ff. = BayVBl. 1991, 217 II).

Die Bindung des Verwaltungsgerichtshofs an diese Vorgaben des Bundesverwaltungsgerichts (§ 144 Abs. 6 VwGO) wird nicht dadurch ausgeschlossen, daß nicht mehr über einen Entwidmungs-, sondern über einen Herausgabeanspruch zu entscheiden ist, und daß als Gegenstand dieses Anspruchs nur das durch die hoheitliche Gebrauchsüberlassung zugunsten des „griechischen Cultus" belastete Eigentum des Klägers in Frage kommt. Aus der Begründung des Revisionsurteils (vgl. insb. BVerwGE 87, 115 [129] = BayVBl. 1991, 218 I) ergibt sich, daß das Bundesverwaltungsgericht über die Voraussetzungen für die Aufhebung des Nutzungsrechts des Beklagten im Interesse der Durchsetzung des staatlichen Förderzwecks entschieden hat.

b) Maßgebliche Bedeutung für die Berechtigung des Herausgabeanspruchs kommt im Zusammenhang mit den vorstehend wiedergegebenen Kriterien nach der Entscheidung des Bundesverwaltungsgerichts dem Förderzweck der subventionsweisen Nutzungsüberlassung zu, der wesentlich bestimmt ist durch den Willen des „Stifters".

Das Bundesverwaltungsgericht überträgt die in Art. 140 GG, Art. 137 Abs. 3 WRV angeordnete Bindung an das „für alle geltende Gesetz" im vorliegenden Fall deshalb auf den Anwendungsbereich der Art. 140 GG, Art. 138 Abs. 2 WRV, weil Art. 138 Abs. 2 WRV ausdrücklich zwischen dem „Eigentum" und „anderen Rechten" der Religionsgesellschaften unterscheide und die Kirchengutsgarantie ein bloßes Nutzungsrecht an der Kirche nicht zum Eigentum aufwerte (BVerwGE 87, 115 [125]; in diesem Sinn auch BVerfG DVBl. 1992, 1020, wonach sich der Gewährleistungsinhalt der Religionsausübungsfreiheit nach Art. 4 Abs. 2 GG nur auf Güter beziehe, die dem Grundrechtsträger nach Maßgabe der Zuweisungsakte der bürgerlichen Rechtsordnung zustehen).

Ist somit der Begriff des „für alle geltenden Gesetzes" hier maßgeblich durch das Eigentum des Klägers geprägt, so müssen im Rahmen der Abwägung die im konkreten Fall mit diesem Eigentum für ihn verbundenen Belastungen berücksichtigt werden, etwa die Verpflichtung zu Erhaltungsaufwendungen. Insbesondere aber spielt bei der Abwägung die vom Kläger mit dem Eigentum an der Kirche verfolgte Zielsetzung eine maßgebliche Rolle. Dieser „Förderzweck" (vgl. BVerwGE 87, 115 [129] = BayVBl. 1991, 218 I) wird seinerseits maßgeblich durch den „Stifterwillen" König Ludwigs I. geprägt. Er stellt einen wesentlichen Maßstab für die Beurteilung einer eventuellen Verfehlung des hoheitlichen Förderzwecks bei weiterer Nutzung der Kirche durch den Beklagten dar. Davon geht auch das Bundesverwaltungsgericht aus, wenn es herausstellt, daß der Kläger, indem er dem Beklagten die Nutzung der Kirche entzieht, „den von König Ludwig I. ... verfolgten Förderzweck wahren" möchte (BVerwGE 87, 115 [128] = BayVBl. 1991, 218 I). Wegen der insoweit gleichliegenden Sach- und Interessenlage sind daher auch die für Stiftungen im Rechtssinn entwickelten Grundsätze des Bundesverfassungsgerichts (BVerfGE 46, 73/85) auf den vorliegenden Fall entsprechend anzuwenden. Danach bleibt der Stifterwille für die Stiftung dauernd konstitutiv, wobei die Erklärungen des Stifters aus ihrer Zeit heraus auszulegen sind (vgl. auch Gutachten Listl, aaO, S. 14). Die Bewertung der bei den einzelnen abwägungsrelevanten Kriterien ermittelten Tatsachen hat also immer auch zu berücksichtigen, daß es darum geht, den erkennbaren oder mutmaßlichen „Stifterwillen" König Ludwigs I. so weit wie möglich zu verwirklichen.

Dieser „Stifterwille" war darauf gerichtet, den in München ansässigen Griechen ein würdiges Gotteshaus ihrer Konfession zur Verfügung zu stellen (s. o. Nr. II. 1. b) und auf diese Weise ihre seelsorgerische Betreuung zu gewährleisten. Aus der hoheitlichen Bestimmung der Gebrauchsüberlassung „für den griechischen Cultus" (vgl. Bekanntmachung vom 5. 12. 1828, aaO) und aus der Benennung des Adressaten als „griechische Kirche" in der Urkunde vom 13. 3. 1830 läßt sich ableiten, daß es Ludwig I. darauf ankam, die Münchner griechische Kirchengemeinde als Auslandsgemeinde der Kirche von Hellas (in ihrer damaligen Verfaßtheit) zu privilegieren. Daraus, daß König Ludwig die Salvatorkirche „für den griechischen Cultus" zur Verfügung gestellt hat, kann ferner entnommen werden, daß die Einhaltung allgemeingültiger Grundsätze des orthodoxen Kirchenrechts von seinem „Stifterwillen" umfaßt war, weil die Kirche der griechischen Orthodoxie dienen sollte.

c) Ein über die vorstehend dargelegten Abwägungsgrundsätze hinausgehender Vertrauensschutz steht dem Beklagten nicht zu. Die Möglichkeit, der Beklagte könnte im Falle eines Abwägungsergebnisses zugunsten des Klägers gleichwohl – etwa aufgrund einer aus den Grundsätzen der Verfassungsurkunde von 1818 herzuleitenden irrevisiblen Nutzungsüberlassung – ein Ver-

Herausgabe eines Kirchengebäudes 403

trauen auf die Fortsetzung seiner Nutzung haben (in diesem Sinn ABE, S. 357), schließt das Bundesverwaltungsgericht aus (BVerwGE 87, 115 [133] = BayVBl. 1991, 219 I): „Ob der Beklagte aus Gründen der ungestörten Religionsausübung gegen den Entzug der Nutzung der St. Salvatorkirche geschützt ist, beurteilt sich allein nach Art. 140 GG, Art. 138 Abs. 2 WRV. Diese Bestimmungen schließen zugleich einen dem Beklagten etwa zustehenden Vertrauensschutz ein."

Schließlich kann der Beklagte einen gegenüber den dargelegten Grundsätzen gesteigerten Vertrauensschutz auch nicht aus einem Schreiben der Regierung von Oberbayern vom 7. 2. 1973 (Bd. XIV, Bl. 2767) herleiten, in dem es u. a. heißt: „Der Freistaat Bayern beabsichtigt nicht, Rechte und Interessen der griechischen Kirchengemeinde zu verletzen" und „Der Freistaat Bayern wird in die innerkirchlichen Beziehungen zwischen der Griechisch-Orthodoxen Kirchengemeinde München e. V. nicht eingreifen". Im Herausgabeverlangen des Klägers kann keine „Verletzung" der Rechte des Beklagten gesehen werden. Im übrigen unterschieden sich die rechtlichen und tatsächlichen Umstände zur Zeit dieses Schreibens wesentlich von den heutigen. Das Schreiben der Regierung von Oberbayern vom 7. 2. 1973 steht unter dem Vorbehalt einer Änderung der Verhältnisse, die sich seit diesem Zeitpunkt grundlegend geändert haben. Die Regierung von Oberbayern geht dort davon aus, daß die Griechische Kirchengemeinde München e. V. der Metropolie und dem Ökumenischen Patriarchen unterstehe. Insofern bringen die zitierten Sätze nur den Willen der Regierung zum Ausdruck, sich nicht in rein innerkirchliche Angelegenheiten zu mischen.

d) Auch Art. 140 GG, Art. 138 Abs. 1 WRV führt zu keinem anderen Ergebnis. Diese Vorschrift gewährt den Religionsgemeinschaften hinsichtlich der bei Inkrafttreten der Weimarer Reichsverfassung bezogenen Staatsleistungen solange Bestandsschutz, als diese nicht in der in Art. 138 Abs. 1 WRV vorgesehenen Weise durch Gesetz abgelöst werden (BVerwGE 87, 115 [132] = BayVBl. 1991, 219 I; Isensee, in: HdbStKirchR, 1. Bd., 2. Aufl. S. 1015 ff.). Die Begründung für die Verneinung einer Staatsleistung im Sinn von Art. 138 Abs. 1 WRV durch das Bundesverwaltungsgericht ist zwar insoweit gegenstandslos geworden, als sie sich auf den Widerrufsvorbehalt in der Urkunde vom 2. 7. 1830 bezieht. Dadurch ändert sich aber nichts an der rechtlichen Beurteilung unter dem Gesichtspunkt des Art. 138 Abs. 1 WRV. Die Gebrauchsüberlassung an der St. Salvatorkirche ist nicht als Staatsleistung nach Art. 138 Abs. 1 WRV zu qualifizieren. Zum einen handelt es sich nicht um eine – für Art. 138 Abs. 1 WRV typische – „Dotation" zum Ausgleich von Säkularisationsopfern. Zum anderen entspricht das von König Ludwig I. begründete Rechtsverhältnis dem Rechtsinstitut der Subvention (s. o. II. 1. a), das von der Staatsleistung zu unterscheiden ist (vgl. Isensee, S. 1010/1012/1020 f.;

v. Campenhausen, in: v. Mangoldt/Klein, GG, Anm. 2 ff. zu Art. 138 WRV). Selbst wenn man Art. 138 Abs. 1 WRV auf dieses Rechtsverhältnis für anwendbar hielte, wäre der Grundsatz zu beachten, daß die alten Leistungsrechte durch Art. 140 GG, Art. 138 Abs. 1 WRV inhaltlich nicht erweitert worden sind (BVerwG, aaO). Wie dargestellt (s. o. Nr. II. 1. d), war die Überlassung der Salvatorkirche an die griechische Privatkirchengesellschaft auch ohne den kronrechtlichen Vorbehalt in der Urkunde vom 2. 7. 1830 nach dem Staatsrecht der bayerischen Monarchie keineswegs unwiderruflich. Ihre Rechtsposition war danach insbesondere nicht stärker als diejenige, die der Beklagte unter Berücksichtigung der Anforderungen des Bundesverwaltungsgerichts in der Abwägung zwischen der ihm zukommenden Kirchengutsgarantie und den Eigentümerinteressen des Klägers innehat. Aus jener Rechtsposition läßt sich somit auch unter Berufung auf Art. 138 Abs. 1 WRV kein gegenüber dem Schutz aus Art. 140 GG, Art. 138 Abs. 2 WRV verstärkter Vertrauensschutz ableiten.

6. Nach den vorstehend dargelegten Kriterien liegen die Voraussetzungen eines Herausgabeanspruchs vor. Insbesondere fällt ein Vergleich des Beklagten mit der beigeladenen Metropolie unter den Gesichtspunkten ihres rechtlichen Status, des Grades ihrer öffentlichen Wirksamkeit, ihrer kultur- und sozialpolitischen Bedeutung, vor allem aber ihrer Größe und Verbreitung in München und Umgebung und der hier feststellbaren religiösen Wirksamkeit und Bedeutung bei einer Gesamtbetrachtung eindeutig zugunsten letzterer aus. Ein Verstoß gegen den „Stifterwillen" und damit gegen den Förderzweck ist ferner darin zu sehen, daß der Beklagte als rechtlich verfaßter (e. V.) Repräsentant einer einzelnen orthodoxen Kirchengemeinde unter Verstoß gegen allgemeine Grundsätze des orthodoxen Kirchenrechts einen Jurisdiktionswechsel vollzogen hat. Insgesamt ist festzustellen, daß der Beklagte infolge dieser Umstände nicht mehr als der repräsentative Zusammenschluß der griechisch-orthodoxen Gläubigen in München anzusehen ist und daß die beigeladene Metropolie deshalb weitaus besser zur Betreuung der griechisch-orthodoxen Gläubigen in München beitragen kann als der Beklagte. Dieser ist als eine im Sinne des Förderzwecks nicht mehr berücksichtigungswürdige Minderheit anzusehen, weil er die griechisch-orthodoxen Gläubigen nur noch in unerheblichem Umfang repräsentiert. Im einzelnen ist hierzu auszuführen:

a) Nach dem Maßstab des Grades der öffentlichen Wirksamkeit kommt der Anerkennung der beiden konkurrierenden Gruppen auf staatlicher und kirchlicher Ebene Bedeutung zu. Unter diesen Gesichtspunkten ist dabei ein ganz eindeutiges Übergewicht zugunsten der Beigeladenen festzustellen.

aa) Von Bedeutung ist zunächst die Anerkennung im staatlichen Raum. Auf internationaler, diplomatischer Ebene kann die Beigeladene (vgl. Schreiben vom 12. 1. 1994, Bd. IX, Bl. 1456, vom 9. 3. 1995 [S. 26] Bd. XI a, Bl. 1929 und vom 19. 6. 1995, Bd. XIII, Bl. 2409, 2414, 2428 f.) auf zahlreiche Akte der Anerkennung des Ökumenischen Patriarchen – dessen Jurisdiktion sie untersteht –, auf Ereignisse wie dessen Rede vor der Vollversammlung des Europaparlaments am 19. 4. 1994 und auf die Einrichtung eines „Büros der Orthodoxen Kirche bei der Europäischen Union" durch das Ökumenische Patriarchat verweisen. Der Beklagte hält dem zwar entgegen, auch der Patriarch von Jerusalem, dem er sich zugehörig fühlt, habe bereits vorher vor dem europäischen Parlament (tatsächlich vor dem Europarat) gesprochen (vgl. Bd. X, Bl. 1737). Da der Patriarch von Jerusalem den Beklagten aber seinerseits nicht anerkennt (s. u. bb), kann dieser daraus nichts herleiten.

In der Bundesrepublik Deutschland genießt die Beigeladene durch die Verleihung der Rechte einer Körperschaft des öffentlichen Rechts einen herausgehobenen Status. Eine Differenzierung staatlicher Vergünstigungen nach dem Kriterium des Körperschaftsstatus wird in der Rechtsprechung des Bundesverfassungsgerichts anerkannt (vgl. BVerfGE 19, 129[9]; vgl. auch v. Campenhausen, Staatskirchenrecht, 2. Aufl., S. 141 f.). Entsprechend der besonderen Bedeutung einer Religionsgemeinschaft für das öffentliche Leben und damit auch für die staatliche Rechtsordnung, deren Ausdruck der Körperschaftsstatus regelmäßig ist (vgl. Kirchhof, HdbStKirchR, Bd. 1, 2. Aufl., S. 667) kann auch die Anknüpfung bestimmter staatlicher Förderleistungen an diesen Status gerechtfertigt sein (vgl. BVerwGE 87, 115 [128] = BayVBl. 1991, 217 II; Heckel, HdbStKirchR Bd. 1, 2. Aufl. S. 645).

Die Verleihung des Körperschaftsstatus enthält die Bestätigung der staatskirchenrechtlich erforderlichen Selbständigkeit als Religionsgemeinschaft. Sie enthält darüber hinaus gemäß Art. 140 GG, Art. 137 Abs. 5 Satz 2 WRV die Anerkennung, daß die Beigeladene durch die Zahl ihrer Mitglieder die Gewähr der Dauer biete (vgl. die (Erst-)Verleihungsurkunde des Landes Nordrhein-Westfalen, abgedruckt in „Dienst am Volk Gottes", Leben und Wirken der Griechisch-Orthodoxen Metropolie von Deutschland, Exarchat von Zentraleuropa, Herausgehen von Anastasios Kallis, Herten, 1992, Anl. 4 A). Die Gewähr der Dauer wird bei der Erstverleihung der Körperschaftsrechte aufgrund kultusministerieller Übereinkunft bei einer Mindestmitgliederzahl von einem Tausendstel der Bevölkerung des jeweiligen Bundeslandes bejaht (vgl. Kirchhof HdbStKirchR, 1. Bd., 2. Aufl. S. 684). Bei einer „Anschlußverleihung" werden aufgrund dieser Übereinkunft weniger strenge Anforderungen gestellt (Klägerschreiben vom 9. 3. 1995 S. 3 Bd. XI a Bl. 1885). Die Voraussetzungen einer Erstverleihung sind für Bayern ohne Einschränkung zu bejahen. Nach Auskunft des Bundesverwaltungsamts lebten 1975, also im Zeitpunkt der (An-

---

[9] KirchE 7, 242.

schluß-)Verleihung des Körperschaftsstatus, in Bayern 67.570 griechische Staatsbürger (Bd. XI a, Bl. 1891). Auch wenn von diesen – bei vorsichtiger Schätzung – nur zwei Drittel als griechisch-orthodoxe Christen berücksichtigt würden, würden die Verleihungsvoraussetzungen bei weitem übertroffen.

Demgegenüber ist der Beklagte privatrechtlich als eingetragener Verein organisiert.

Bezüglich der Rechtsbeziehungen zum griechischen Staat ist zu unterscheiden zwischen dem staats- und verfassungsrechtlichen Status der Alt- und Neukalendarier in Griechenland und der Anerkennung der Beigeladenen bzw. des Beklagten durch die Repräsentanten des griechischen Staates in der Bundesrepublik Deutschland und im Freistaat Bayern. Diese erklären sich eindeutig zugunsten der Beigeladenen.

In den Beziehungen zum griechischen Staat genießen die Neukalendarier, denen die beigeladene Metropolie durch die gleiche Ordnung des Kirchenjahres und durch wechselseitige Anerkennung verbunden ist, zwar keine staatskirchenrechtliche Privilegierung, aber doch eine faktische Dominanz. Die Neukalendarier können allerdings nicht in Anspruch nehmen, gegenüber dem griechischen Staat die alleinigen Repräsentanten einer griechischen Staatskirche zu sein. Seit Inkrafttreten der Verfassung von 1975 gibt es in Griechenland keine Staatskirche mehr (EvStL, Sp. 2359; Konidaris, ZevKR 23 [1978] S. 189 [195 f.]). Art. 3 Abs. 1 der Verfassung bezeichnet die „Orthodoxe Ostkirche Christi" als „vorherrschende" Religion in Griechenland (vgl. Übersetzung Bd. XI a, Bl. 1898, 2013/2015), ohne einen Unterschied zwischen Alt- und Neukalendariern zu machen. Immerhin betont Art. 3 Abs. 1 der Verfassung die dogmatische Verbundenheit der Orthodoxen Kirche Griechenlands mit der „Großen Kirche in Konstantinopel". Dieser Aspekt kann sich nur auf die Neukalendarier beziehen, da die Altkalendarier den Ehrenprimat des Partriarchen von Konstantinopel nicht anerkennen. Auch genießen die Neukalendarier offensichtlich faktisch den Status der „offiziellen Kirche" (Wittig, Die Bewegung der Altkalendarier in Griechenland, Ostkirchliche Studien, Bd. 32 [1983] S. 309/311 f.).

Die Altkalendarier werden dessen ungeachtet von den staatlichen Stellen in Griechenland als Mitglieder der einen „Orthodoxen Ostkirche Christi", d. h. der Autokephalen Kirche von Griechenland, behandelt. Das ergibt sich aus einer Reihe von Dokumenten (Urteil des LG Athen vom 28. 3. 1955, Anlage 20 zum Gutachten Müller-Volbehr vom 15. 3. 1980, Anlagenband zu Band II [VI] Bl. 327 des Zivilrechtsstreits; Schreiben der Generalstaatsanwaltschaft beim Aeropag an das Griech. Justizministerium aus dem Jahre 1989 [„Kleine Berufungserwiderung" vom 10. 3. 1995 – KBE – Bd. XI b, Add. 16 – Anlagenband 1 –]; Schreiben des Griech. Kultusministeriums an das Griech. Innenministerium vom 19. 12. 1977 [Anl. 14 zum Schreiben der Beigeladenen

Herausgabe eines Kirchengebäudes 407

vom 9. 3. 1995 Bd. XI a, Bl. 2021]). Auch ist davon auszugehen, daß von altkalendarischen Priestern in Griechenland vollzogene Taufen und Trauungen vom griechischen Staat jedenfalls unter bestimmten Voraussetzungen anerkannt werden (vgl. Griechisches Justizamtsblatt vom 1. 2.–15. 3. 1947, Bd. III Bl. 539; Wittig, Die Bewegung der Altkalendarier in Griechenland, aaO, S. 316; vgl. Gutachten Tsirikos, VGH-Akt 1985/87 II Bl. 261 ff. m. w. N.).

Die staatliche Anerkennung von Trauungen und Taufen, die durch altkalendarische Priester in der Salvatorkirche vollzogen wurden, ist zwar in der Vergangenheit immer wieder auf Schwierigkeiten gestoßen (vgl. Bd. XIV Bl. 2627 ff.); ihre Anerkennungsfähigkeit ist aber zu bejahen. Ihre Anerkennung unmittelbar durch das Griechische Generalkonsulat in München – wie bei neukalendarischen Trauungen und Taufen – scheitert zwar daran, daß die betreffenden Priester in einer insoweit maßgeblichen Verbalnote der Griechischen Botschaft an das deutsche Auswärtige Amt nicht aufgeführt sind. Ihre Anerkennungsfähigkeit aufgrund Registrierung beim zuständigen Sammelstandesamt in Athen ist aber dadurch gewährleistet, daß nach den Schreiben des griechischen Innenministeriums vom 17. 8. 1989 (Bd. XIV Bl. 2738) und des griechischen Außenministeriums vom 25. 5. 1989 (Bd. XIV Bl. 2781) für die erforderliche Bestätigung der kanonischen Weihe des jeweiligen Priesters der diesem übergeordnete altkalendarische Bischof in Griechenland zuständig ist (vgl. auch Vermerk Bd. XIV Bl. 2684 a). Daß die in der Salvatorkirche von altkalendarischen Geistlichen vollzogenen Trauungen und Taufen von den griechischen Behörden trotz gelegentlicher Schwierigkeiten letztlich doch anerkannt werden, belegen das Schreiben von Frau P. vom 20. 7. 1995 (Bd. XIV Bl. 2766) sowie der Vermerk der Staatsanwaltschaft beim Landgericht Athen vom 4. 9. 1980 (Anl. 38 b im Beiakt zu Bd. III der Akten des Zivilrechtsstreits).

Soweit sich die öffentliche Wirksamkeit der Beigeladenen und des Beklagten in ihren Beziehungen zur diplomatischen Vertretung des griechischen Staates in Deutschland bzw. zu dessen konsularischer Vertretung in Bayern niederschlägt, ergibt sich eine erheblich größere Bedeutung der Beigeladenen. Die griechische Botschaft in Bonn hat mit Schreiben vom 6. 10. 1993 an den Bayerischen Staatsminister für Unterricht, Kultus, Wissenschaft und Kunst (Bd. VII, Bl. 1301) erklärt, die Griechisch-Orthodoxe Metropolie Deutschlands sei „die einzige institutionelle Verwaltungsbehörde der orthodoxen Kirche für die in Deutschland lebenden Griechen, welche von dieser Botschaft anerkannt wird". Unter dem 26. 1. 1995 und 13. 4. 1995 hat das Griechische Generalkonsulat München dem Botschaftsschreiben inhaltlich entsprechende Erklärungen abgegeben (Bd. XI a, Bl. 1893, 2097). Die Beigeladene verweist darüber hinaus auf zahlreiche Kontakte zu staatlichen griechischen Institutionen (Schreiben vom 9. 3. 1995, S. 28 f., Bd. XI a, Bl. 1931), insbesondere zum

Präsidenten und zum Vizepräsidenten des griechischen Parlaments, zu Mitgliedern von dessen Orthodoxie-Ausschuß, zum Staatssekretär des griechischen Außenministeriums für Fragen der Auslandsgriechen, zum griechischen Minister für öffentliche Ordnung und zu Vertretern der Münchner Ortsverbände der im griechischen Parlament vertretenen Parteien. Die Beigeladene verweist ferner auf eine Erklärung des interparteilichen Ausschusses des griechischen Parlaments für Fragen der Orthodoxie, in der – wie im Schreiben des Generalkonsulats vom 13. 4. 1995 – die Jurisdiktion des Ökumenischen Patriarchats bzw. der Metropolie über die Salvatorkirche bejaht und das Streben nach deren Rückgabe unterstützt wird (Anl. 15 zum Schreiben vom 9. 3. 1995 Bd. XI a, Bl. 2026). Demgegenüber haben die Schreiben des Griechischen Generalkonsulats an den Kirchenvorstandsvorsitzenden des Beklagten keinen Bezug zu religiösen Fragen (Addenda 135 a, b, c; Bd. XII, Bl. 2149 ff.) und belegen in keiner Weise eine Anerkennung des Beklagten durch griechische staatliche Stellen.

Die ausschließliche Anerkennung der Beigeladenen durch die Vertretungen des griechischen Staates ist auch im Hinblick auf den „Stifterwillen" Ludwigs I. von Bedeutung. Es wäre nicht im Sinn des Königs gewesen, die Salvatorkirche in der Hand einer Religionsgemeinschaft zu sehen, die die Regierung eines unabhängigen griechischen Staates nicht als repräsentativ für die griechisch-orthodoxen Gläubigen Münchens angesehen hätte. Dem Förderzweck der Nutzungsüberlassung entspricht es allein, sie der Gliederung der Griechisch-Orthodoxen Kirche zu gewähren, die vom griechischen Staat als die deutlich die Mehrheit repräsentierende Orthodoxie angesehen wird.

bb) Das Maß der Anerkennung der beiden konkurrierenden Religionsgemeinschaften im kirchlichen Bereich spricht unter dem Kriterium des Grades der öffentlichen Wirksamkeit und auch der kulturpolitischen Stellung eindeutig zugunsten der Beigeladenen.

Das Ökumenische Patriarchat von Konstantinopel, dessen Jurisdiktion die Beigeladene untersteht, arbeitet im Rahmen der Panorthodoxen Synode mit 13 anderen autokephalen bzw. autonomen orthodoxen Kirchen, darunter der Autokephalen Kirche von Hellas zusammen (vgl. „Botschaft der Vorsteher der Heiligen Orthodoxen Kirche" vom 15. 3. 1992, Anl. 17 zum Schreiben der Beigeladenen vom 18. 4. 1995 Bd. XI a, Bl. 2093 f.; vgl. auch Staatslexikon der Görresgesellschaft, Herderverlag, Freiburg/Basel/Wien 1985, Sp. 245 ff.; Schreiben der Beigeladenen vom 15. 7. 1994, S. 23 Bd. IX, Bl. 1582).

Darüber hinaus besteht auch eine Zusammenarbeit mit der altkalendarischen Gemeinschaft des Hl. Berges Athos (vgl. deren Schreiben vom 7./20. 2. 1995, Bd. XI a, Bl. 1990, in dem diese die geistliche Aufsicht des Ökumenischen Patriarchen anerkennt) und mit den altkalendarischen Patriarchaten von Jerusalem, Moskau und Serbien (vgl. Schreiben der Beigeladenen vom 9. 3. 1995,

S. 38, Bd. XI a, Bl. 1941). Nach insoweit nicht bestrittenem Vortrag der Beigeladenen (aaO, Bd. X, Bl. 1583) nahmen an der 7. Generalversammlung des Weltkirchenrates 1991 alle orthodoxen Patriarchate und autokephalen Kirchen teil, nicht dagegen die Altkalendarier der „Kirche der Wahren Orthodoxen Christen Griechenlands", denen sich der Beklagte zurechnet. Wie Heiler (Die Ostkirchen, München/Basel 1971, S. 49) betont, hat das Ökumenische Patriarchat durch die überragende Persönlichkeit des Patriarchen Athenagoras ohne alle äußeren Stützen einen wirklichen kirchlichen Führungsanspruch erhalten.

Demgegenüber haben die griechischen Altkalendarier von keiner autokephalen Kirche Anerkennung gefunden (Wittig, aaO, S. 313). Sie werden als orthodoxe Religionsgemeinschaft weder vom Staatslexikon der Görresgesellschaft (aaO, Sp. 247) noch im „Handbuch der Ostkirchenkunde" (Ivánka/Tyciak/Wiertz, Düsseldorf 1971, S. 29 ff.) noch in dem Werk von Döpmann „Die orthodoxen Kirchen" (1991, S. 98 ff.) angesprochen. Entgegen der Auffassung des Beklagten (ABE S. 236; KBE S. 39; ebenso Gutachten Troianos; VGH-Akt 1985/87 II Bl. 301, und Gutachten Tsirikos, VGH-Akt 1985/87 II Bl. 261) kann die Existenz einer gesonderten altkalendarischen Autokephalen Kirche von Hellas nicht anerkannt werden. Als autokephal wird im orthodoxen Kirchenrecht eine von der Jurisdiktion eines Patriarchats (nicht aber vom Ehrenprimat des Ökumenischen Patriarchen) freigewordene bzw. vom Metropolitanstuhl als solche anerkannte orthodoxe Nationalkirche bezeichnet (vgl. LThK, Herder-Verlag, 1. Band, S. 1130; s. Bd. XIII Bl. 2410, 2430). Als Repräsentant der (einen) Autokephalen Kirche von Hellas, die ihren autokephalen Status 1850 durch Anerkennung seitens des Ökumenischen Patriarchen errungen hat (vgl. Heiler, Die Ostkirchen, S. 84), wird in der Weltorthodoxie allein die neukalendarische Führung unter Erzbischof Seraphim angesehen (vgl. Schulz-Wiertz, Die orthodoxe Kirche, in: Handbuch der Ostkirchenkunde S. 10/30; Döpmann, Die orthodoxen Kirchen, S. 100). Demgegenüber kann die „Kirche der Wahren Orthodoxen Christen Griechenlands" ihren angeblichen autokephalen Status weder aus einer Verleihung durch den Ökumenischen Patriarchen noch aus einer solchen durch ein anderes Patriarchat herleiten (vgl. zu diesen Alternativen der Begründung einer Autokephalie: EvStL, Stuttgart 1987, Sp. 2353). Gegen einen solchen Status spricht auch das Gutachten Papastathis (Anl. XXX zum Schreiben der Beklagten vom 16. 4. 1987, Anlagenband [X] zum VGH-Akt 1985/87, S. 3); danach sind die Altkalendarier Teil der autokephalen Orthodoxen Kirche Griechenlands.

Diese im Ausland durch ihre neukalendarische Führung repräsentierte Kirche von Hellas betrachtet die griechischen Altkalendarier zwar – wegen der weitgehenden dogmatischen Übereinstimmung – wohl nicht als Häretiker (vgl. Wittig, aaO, S. 315; Troianos, VGH-Akt 1985/87 II, Bl. 301; Vavouskos,

VGH-Akt 1985/87 II Bl. 326; KBE S. 55, 175, Add. Nr. 106; Schreiben der Beigeladenen vom 19. 6. 1995 [Bd. XIII, Bl. 2423, 2481]), hat sie aber mit einem Bann belegt, da sie die Gemeinschaft mit der Autokephalen Kirche von Griechenland und den übrigen orthodoxen Patriarchaten und autokephalen Kirchen abgebrochen hätten. Darüber hinaus wird die kanonische Gültigkeit ihrer Priesterweihen und Sakramente in Zweifel gezogen (vgl. Schreiben der Heiligen Synode der Kirche Griechenlands vom 1. 2. 1995 Bd. XI a Bl. 1987; vgl. auch Wittig, aaO, S. 318; vgl. auch die von dem ehemals altkalendarischen und nunmehr neukalendarischen Priester Plutarchos K. in der mündlichen Verhandlung vom 27. 7. 1995 [Niederschrift] Bd. XIV Bl. 2807) bezeugte Notwendigkeit einer erneuten Priesterweihe bei seiner Konversion; unter diesen Umständen kann der im Gutachten Papastathis (aaO) vertretenen Auffassung, die „Wahren Orthodoxen Christen" Griechenlands seien Teil der einen autokephalen Orthodoxen Kirche Griechenlands, wohl unter staatskirchenrechtlichen Gesichtspunkten, nicht aber als Beschreibung der innerkirchlichen Situation der Kirche von Hellas zugestimmt werden. Der Senat hat bei seiner Urteilsfindung die vom Beklagten im ursprünglichen Berufungsverfahren vorgelegten und vorstehend wiederholt zitierten Gutachten Troianos, Vavouskos, Mantzouneas, Papastathis und Müller-Volbehr in ihrer ursprünglichen Fassung berücksichtigt, das Beweisangebot des Beklagten, daß die Gutachter von diesen Fassungen nachträglich nicht abgerückt seien, (Schreiben vom 20. 7. 1995 S. 7 Bd. XIV Bl. 2722) ist somit gegenstandslos.

Die geringe Bedeutung der altkalendarischen Gruppe unter Erzbischof Chrysostomos II., den der Beklagte in geistlichen Dingen als Oberhaupt anerkennt, im Bereich der Gesamtorthodoxie bezeichnet auch der Umstand, daß die altkalendarische „Kirche der Wahren Orthodoxen Christen Griechenlands" in zwei Hauptgruppen und – je nach Zählung – 7 bis 10 Untergruppen zerfällt (vgl. Wittig, aaO, S. 321 Fußn. 28 unter Berufung auf Paraskevaidis; Zeitschrift Irenikon, ABE, Anl. B 3.2/4 a).

Im übrigen ist – unabhängig von Anhängerschaft und Bedeutung der Altkalendarier in Griechenland – jedenfalls der Beklagte selbst in der Orthodoxie völlig isoliert. Die in der Orthodoxie durch ihre neukalendarische Führung unter Erzbischof Seraphim repräsentierte Autokephale Kirche von Hellas unterhält in München nach eigenen Angaben kanonische Beziehungen nur zur Beigeladenen (vgl. Schreiben vom 1. 2. 1995, Bd. XI a, Bl. 1987). Der Beklagte selbst bezeichnet sich als „alleinige Repräsentation der Autokephalen Kirche Griechenlands in Europa außerhalb von Hellas" (ABE, S. 115), wobei er (zu Unrecht) von der Existenz einer eigenen altkalendarischen Autokephalen Kirche von Hellas ausgeht. Ihm wird die kanonische Gemeinschaft auch vom Patriarchat von Jerusalem verweigert, dem er sich selbst besonders verbunden fühlt (vgl. das Schreiben von dessen Generalvikar vom 6. 9. 1994, Bd. XI a,

Bl. 1993). Das Bestehen einer kirchlichen Gemeinschaft mit diesem Patriarchat wird im übrigen auch von Erzbischof Chrysostomos verneint (Schreiben der Beigeladenen vom 19. 6. 1995, S. 18 Bd. XIII Bl. 2424, bestätigt durch Anlage 18 Bl. 2470).

Den Weihnachts- und Osterbotschaften eines Abtes des Berges Athos an den Metropoliten (Exarchen) des Beklagten, Bischof Kallinikos (Bd. XII, Bl. 2311 ff.) kann gegenüber der klaren Stellungnahme der Gemeinschaft des Hl. Berges Athos zugunsten des Ökumenischen Patriarchen vom 7./ 20. 2. 1995 nur geringe Bedeutung beigemessen werden; diese Botschaften sind im übrigen an Kallinikos in seiner Eigenschaft als Bischof von Achaia und Peloponnes, also nicht als geistliche Autorität des Beklagten, gerichtet. Auch ein vom Beklagten initiierter Schriftverkehr mit dem Patriarchen von Alexandrien sowie Festgrüße des Patriarchen von Jerusalem (an altkalendarische Bischöfe in Griechenland) und des serbischen Patriarchen (vgl. ABE S. 244 f.; Anl. B 4.2.1./2, 3) können den Eindruck einer weitgehenden Isolierung des Beklagten und der altkalendarischen Gruppierung, der er sich in geistlichen Dingen zugehörig fühlt, innerhalb der Orthodoxie kaum mildern. Das Gleiche gilt für das Anerkennungsschreiben, das der Beklagte unter dem 24. 6. 1995 von dem italienischen Exarchen der Ukrainisch-Orthodoxen Kirche, Eulogius, aus Mailand erhalten hat.

Den Charakter des Beklagten als einer religiösen Splittergruppe unterstreicht auch der Umstand, daß er die Gruppe unter den griechischen Altkalendariern, der er sich in geistlicher Hinsicht unterstellt hat, zweimal gewechselt hat. Das ergibt sich hinreichend deutlich aus den unterschiedlichen Adressen im Briefkopf der verschiedenen bischöflichen Schreiben an den Beklagten aus Athen. Diese stimmen mit den Angaben der Beigeladenen über die Zeiträume der jeweiligen Zugehörigkeit überein. In den Zeiten von 1977 bis 1980 und wieder ab 1985 unterstellte sich der Beklagte der „Kirche der Wahren Orthodoxen Christen Griechenlands" unter den Bischöfen Avxentios bzw. (ab 1986) Chrysostomos mit Sitz in Athen, Kaningos 32 (vgl. die Schreiben vom 27. 8. 1977, Bd. XIII, Bl. 2458, vom 16. 8. 1978, Bd. XIII, Bl. 2464 und vom 6./19. 11. 1985 Bd. XII, Bl. 2301). Demgegenüber erhielt der Beklagte in der Zeit seiner Verstoßung durch Erzbischof Avxentios (vgl. dazu Schreiben der Beigeladenen vom 12. 1. 1994, Anl. 16, Bd. IX, Bl. 1466, 1530), von 1980 bis 1985, aus Athen Schreiben der Metropoliten Kallistos und Kallinikos von einer „Griechischen Kirche der Wahren Orthodoxen Christen" mit Sitz in Athen, Koumoundourou 25 (vgl. Schreiben der Beigeladenen vom 19. 6. 1995 S. 16, Bd. XIII, Bl. 2422; dazu Anlagen 8, 15 und 16 Bd. XIII Bl. 2440, 2466, 2468, Bd. XIV Bl. 2611).

Die Aussage des ehemaligen Pfarrers an der Salvatorkirche, Plutarchos K. in der mündlichen Verhandlung vom 27. 7. 1995 (Niederschrift Bd. XIV

Bl. 2807), als (deutscher) Metropolit sei für die Salvatorkirche von 1977 bis heute immer Kallinikos Sarantopoulos zuständig gewesen, widerspricht nicht einer wechselnden Zugehörigkeit zu unterschiedlichen Gruppen in Athen. Sie deutet, wie auch das an den Zeugen K. gerichtete Schreiben des Metropoliten Kallinikos vom 19. 11. 1993 (Bd. XIV Bl. 2611) lediglich darauf hin, daß der Metropolit Kallinikos als örtlich zuständiger Bischof den Wechsel des Beklagten mitvollzogen hat.

b) Der Maßstab der „kultur- und sozialpolitischen Bedeutung" ergibt eine eindeutige Aussage zugunsten der Beigeladenen und damit des Klägers.

Maßgeblich fällt insoweit die ausdrückliche Unterstützung der Beigeladenen durch die Vertreter von 23 griechischen Vereinen Münchens ins Gewicht (vgl. Anl. 9 zum Schreiben des Klägers vom 19. 5. 1992, Anlagenband zu Band V; beglaubigte Übersetzung Bd. XI a Bl. 2098 ff.). Darunter befindet sich neben regionalen griechischen Gruppierungen eine ganze Reihe von Vereinigungen, die als Repräsentanten des sozialen Lebens der in München ansässigen Griechen gelten können, insbesondere das Institut für orthodoxe Theologie der Universität München, die Griechisch-Bayerische Kulturgesellschaft, der Club Griechischer Akademiker, der Sozialdienst für Griechen (Caritasverband), das Griechische Zentrum (Innere Mission), das Griechische Filmforum, der Verein Griechischer Eltern und Erziehungsberechtigter aus München und Umgebung und der Verein Griechischer Berufskraftfahrer in München und Umgebung. In einer Gruß- und Ergebenheitsadresse vom 13. 11. 1993 an den Ökumenischen Patriarchen anläßlich seines Besuchs in München sind noch einige weitere Vereine wie derjenige der Lehrer und Kindergärtner/innen und derjenige der Gymnasiallehrer sowie die bayerischen Landesverbände von drei griechischen Parteien aufgeführt (Bd. XI a, Bl. 2107 ff./2111).

Selbst wenn man davon ausgeht, daß es entgegen den Angaben der griechischen Botschaft in München nicht 24, sondern – gemäß dem Vorbringen des Beklagten (Schreiben vom 30. 10. 1994, Bd. X, Bl. 1741 f.) – 40 griechische Vereine gibt, stellen diese Schreiben einen deutlichen Hinweis auf den gesellschaftlichen Rückhalt der Beigeladenen unter den Griechen Münchens dar. Die Hinweise des Beklagten, die Gesamtmitgliederzahl dieser Vereine mache kaum ein Zehntel der Griechen Münchens aus, es handle sich oft nur um reine „Stempelvereine", können diese Bewertung nicht substantiiert entkräften.

Was seine eigene kultur- und sozialpolitische Bedeutung anlangt, verweist der Beklagte im wesentlichen nur auf den Erfolg seines Kirchenvorstandsvorsitzenden bei der Wahl zum Ausländerbeirat der Landeshauptstadt München, der mit der Bedeutung des Beklagten nichts zu tun hat, und auf den vom Beklagten betriebenen Kindergarten (ABE, S. 400 f.). Die von der Zeugin D. in der mündlichen Verhandlung vom 5. 7. 1995 erwähnte „Caritative Schwesternschaft" (vgl. Niederschrift Bd. XIV Bl. 2692) ist nach den eigenen Angaben der Zeugin schon lange nicht mehr aktiv.

c) Auch das Entscheidungskriterium der Größe und Verbreitung der konkurrierenden Religionsgemeinschaften ergibt insgesamt ein deutliches Übergewicht zugunsten der Beigeladenen und damit des Klägers. Entscheidungserheblich sind insoweit zum einen die Anteile der Alt- bzw. Neukalendarier an der Bevölkerung Griechenlands, vor allem aber die zahlenmäßigen Unterschiede zwischen den dem Beklagten und den der beigeladenen Metropolie zugehörigen griechisch-orthodoxen Christen in München.

Die Ermittlung genauer Zahlen über die Anhänger der beiden Religionsgemeinschaften in Griechenland wie in München wurde dadurch erschwert, daß Alt- und Neukalendarier weder von den griechischen noch von den deutschen Behörden getrennt erfaßt werden (vgl. Schreiben des Einwohnermeldeamts beim Kreisverwaltungsreferat der Landeshauptstadt München vom 17. 2. 1995, Bd. XI a, Bl. 1881; vgl. auch Meldeformulare Bd. XIII Bl. 2391 f.).

aa) Die Angaben über die Zahl der Altkalendarier in Griechenland sind widersprüchlich. In einem vom Beklagten vorgelegten Zeitungsinterview mit einem altkalendarischen Bischof von 1935 (angeblich Dr. Dimitriou, 1924 Pfarrer von St. Salvator) ist von 2 1/2 Millionen Widerständlern gegen den neuen Kalender die Rede (vgl. KBE, S. 35, Add. 68). Einem vom Beklagten vorgelegten Protokoll der Verfassungsänderungskommission ist zu entnehmen, daß 1947 die Anzahl der Altkalendarier mit 1,2 Millionen (bei ca. 6 Millionen Einwohnern) veranschlagt wurde (Bd. VI, Bl. 1243). Eine regierungsamtliche Statistik aus dem Jahr 1969 kommt demgegenüber auf knapp 60.000, eine solche der (neukalendarischen) „offiziellen Kirche" auf gut 30.000 Altkalendarier (Wittig, Die Bewegung der Altkalendarier in Griechenland, aaO, S. 309/310 ff.; die Zeitschrift „Irenikon", Bd. 44 (1971), S. 550, ABE, Anl. B 3.4.1/1 gibt die regierungsamtliche Zahl mit ca. 55.000 an). Auf diese Zahlen stützt sich offenbar auch Müller-Volbehr in seinem Gutachten vom 15. 5. 1984 (Anlage 16 zum Schreiben des Klägers vom 19. 5. 1992, Anlagenband zu Band V, S. 7), in dem er seine früheren Annahmen korrigiert und von einer Relation von 95 % Neukalendariern zu 5 % Altkalendariern ausgeht.

In einem Bericht der Athener Tageszeitung „Akropolis" vom 18. 2. 1973 ist allerdings wieder – offenbar aufgrund intensiver Recherchen zu religiösen Minderheitsgruppen in Griechenland – von 1,2 Millionen Gläubigen der Gruppe unter Erzbischof Matthaios die Rede (ABE, Add. Nr. 27). Die daraus resultierende Gesamtzahl von 1,5 Millionen gibt auch der dem neukalendarischen Lager zuzurechnende Historiker Paraskevaidis an (ABE, Add. 31). Aus der Gesamtzahl der Altkalendarier in Griechenland sind unter diesen Umständen keine entscheidenden Argumente für oder gegen die Begründetheit der Klage herzuleiten.

bb) Größere Bedeutung als der Verbreitung der altkalendarischen Richtung in Griechenland kommt für die Frage, ob bei einer weiteren Nutzung der Salvatorkirche durch den Beklagten der Subventionszweck verfehlt wird, den Zahlenverhältnissen zwischen der Gemeinde des Beklagten und den der Beigeladenen zuzurechnenden griechisch-orthodoxen Gläubigen in München selbst zu. Dabei muß neben den vom Bundesverwaltungsgericht als Indikatoren für die Intensität der Nutzung der Salvatorkirche ausdrücklich genannten Kriterien (Zahl der Gemeindeangehörigen, „Häufigkeit des Gottesdienstbesuchs", Veranstaltungen in der Kirche, vgl. BVerwGE 87, 115 [130] = BayVBl. 1991, 218 I) auch die Zahl der Besucher sonstiger Veranstaltungen der jeweiligen Religionsgemeinschaft in die Beurteilung einbezogen werden. Auch diese Besucherzahlen sind ein Indiz für die Lebendigkeit der jeweiligen Gemeinde und damit für den Nutzen, den die Salvatorkirche in der Hand der jeweiligen Religionsgemeinschaft für die seelsorgerische Betreuung der Griechisch-Orthodoxen Münchens erbringen kann.

aaa) Auf die Mitglieder- und Besucherzahlen käme es allerdings nicht entscheidend an, wenn – gemäß dem Vortrag des Klägers (z. B. Schreiben vom 4. 8. 1992 S. 4 Bd. V Bl. 979) und der Beigeladenen (Schreiben vom 19. 6. 1995 S. 4 Bd. XIII Bl. 2480), die St. Salvator-Kirchengemeinde bestehe ganz überwiegend aus Neukalendariern – der Beklagte überhaupt nicht als Repräsentant einer unter altkalendarischer Hierarchie und Jurisdiktion stehenden Kirchengemeinde und damit nicht als Schutzadressat der Kirchengutsgarantie nach Art. 140 GG, Art. 138 Abs. 2 WRV zu betrachten wäre. Dem kann jedoch letztlich nicht – zumindest nicht mit der dargestellten Konsequenz – gefolgt werden.

Allerdings lassen die Aussagen der Zeugin D. und des Zeugen C. in der mündlichen Verhandlung vom 5. 7. 1995 (Bd. XIV Bl. 2691 f., 2695) sowie der – auch die Frage der Jurisdiktionszugehörigkeit einschließende – außergerichtliche Vergleichsvorschlag des Kirchensekretärs des Beklagten, P., (ohne Datum, Bd. XIII Bl. 2576) den Schluß zu, daß die altkalendarische Ausrichtung des Beklagten für das religiöse Bekenntnis vieler Mitglieder der von ihm repräsentierten Kirchengemeinde St. Salvator wenig prägend ist. Dafür sprechen auch mehrere vom Kläger und von der Beigeladenen vorgelegte Aussagen, so das Schreiben des ehemaligen Kirchenvorstandsmitglieds des Beklagten, T., vom 27. 4. 1990 (Bd. VII, Bl. 1272; s. dazu Beigeladene Bl. 1270), ein Schreiben des Gemeindemitglieds L. (Bd. VII, Bl. 1300; dazu Beigeladene Bd. VII, Bl. 1298), die Aussage im Gutachten Müller-Volbehr vom 15. 5. 1984 (Anl. 16 zum Schreiben des Klägers vom 19. 5. 1992, S. 8, Anlagenband zu Bd. V), die Aussage des ehemaligen (1965–1970) Kirchenvorstandsvorsitzenden K. (vgl. Beigeladene Bd. IX, Bl. 1568; Anl. 15 zum Schreiben der Beigeladenen vom 12. 1. 1994, Bd. IX, Bl. 1528) sowie der Vermerk Ph. (Bd. XIII,

Herausgabe eines Kirchengebäudes 415

Bl. 2445 bzw. Bd. XIV Bl. 2612), die allesamt darauf hinauslaufen, daß es in der Salvatorgemeinde nur verschwindend wenige Altkalendarier gebe.

Von entscheidender Bedeutung für die Qualifizierung des Beklagten als Gliederung einer altkalendarischen Religionsgemeinschaft ist jedoch nach Auffassung des Senats, daß offensichtlich die ganz überwiegende Mehrheit der Gemeindeangehörigen ihre „Pfarrgeistlichen" und den Metropoliten K. – letzteren seit 1982 – als ihre geistlichen Häupter anerkennt. Das belegt insbesondere die Tatsache, daß die ganz überwiegende Mehrheit der Gottesdienstbesucher am Schluß des Gottesdienstes dem Bischof die Hand küßt (vgl. Bilder vom 30. 10. 1994 Bd. XII, Bl. 2230). Das ergeben auch die Feststellungen des Berichterstatters am 30. 10. 1994 (dazu, daß dem Bischof der Handkuß durch die Laien zukommt, vgl. Schwarzlose, aaO, S. 280). Das zeigen ferner die vom Beklagten vorgelegten Bilder über den Kommunionempfang.

Deshalb kommt es im vorliegenden Zusammenhang auf die Frage, welche Bedeutung der nach dem Vorbringen des Beklagten (Schreiben vom 20. 7. 1995 S. 6 Bd. XIV Bl. 2721 f.) nach dessen Jurisdiktionswechsel durchgeführten „Homologia pisteos" (s. dazu oben II.4.b) zukommt, nicht entscheidend an. Die Vernehmung der vom Beklagten zur Durchführung der „Homologia pisteos" angebotenen Zeugen (aaO, Bl. 2722) bedurfte es deshalb nicht. Das im wesentlichen auf die Anerkennung der konkreten in der Salvatorkirche Dienst tuenden Geistlichen beschränkte altkalendarische Selbstverständnis von – offenbar durchaus zahlreichen – Kirchenmitgliedern mindert allerdings die Schutzwürdigkeit der Salvatorkirche als altkalendarisches Kirchengut.

bbb) Die Zahl seiner wahlberechtigten Kirchengemeindemitglieder wird vom Beklagten für 1992 mit 1.692 angegeben (ABE S. 401 b), im Protokoll der Gemeindeversammlung vom Mai 1994 mit 1.504 (Bd. XII, Bl. 2320). Dabei ist zu berücksichtigen, daß nur Familienoberhäupter wahlberechtigt sind. Nach Schätzung des Senats entsprechen diese Angaben einer Gesamtzahl von Mitgliedern des Beklagten von 3000–4000. In einem Bericht der „Süddeutschen Zeitung" vom 10./11./12. April 1993 wird der Vikar der Beigeladenen mit der Äußerung zitiert, der Beklagte umfasse bayernweit rund 2.000 Familien (Bd. XIV Bl. 2813). Da der Beklagte außerhalb Münchens offensichtlich nur wenige Mitglieder hat, (vgl. den eigenen Vortrag in ABE, S. 115), deckt sich das in etwa mit den Angaben des Beklagten. Nach dessen Angaben besaßen 1994 592 Gemeindeoberhäupter einen „freiwilligen Gemeindemitgliedsausweis" (vgl. Bd. XII, Bl. 2320). Bei den letzten Kirchenvorstandswahlen vom 13. bis 15. 5. 1994 sind 217 Stimmzettel abgegeben worden (s. Anlagenband zu Band XII).

In München waren am 10. 2. 1995 24.685 Griechen gemeldet; davon waren 18.057 griechisch-orthodoxer Religionszugehörigkeit (Schreiben des Einwohnermeldeamts beim Kreisverwaltungsreferat der Landeshauptstadt München vom 17. 2. 1995, Bd. XI a, Bl. 1881). Legt man diese Zahlen zugrunde, ist von ca. 14.000 – 15.000 Griechisch-Orthodoxen in München außerhalb des beklagten e. V. auszugehen, die der beigeladenen Metropolie zuzurechnen sind.

Eine weitere Aufklärung über die Mitgliederzahlen war nicht zu erzielen. Zur Vorlage einer – mit Beweisbeschluß vom 17. 1. 1995 angeforderten (vgl. Bd. XI a, Bl. 1847) – Mitgliederliste sieht sich der Beklagte aufgrund bischöflicher bzw. synodaler Anweisung und aus Gründen des Datenschutzes nicht in der Lage (Schreiben vom 31. 3. 1995 [S. 3] Bd. XII, Bl. 2120).

Die Anordnung an den Beklagten, eine Mitgliederliste vorzulegen, war nach Art. 2, 15 Abs. 1 Nr. 1, 16 Abs. 1, Abs. 2 Satz 1 des Bayerischen Datenschutzgesetzes (Bay DSG vom 23. 7. 1993 [GVBl. S. 4987, BayRS 204-1-I]) zulässig. Gleichwohl zieht der Senat aus der Nichtvorlage keine für den Beklagten negativen Schlüsse (vgl. BVerwG NVwZ 1995, 473), nachdem auch die Beigeladene keine Mitgliederlisten oder sonstige urkundliche Nachweise über die Zahl ihrer Mitglieder vorlegen kann. Die vom Beklagten angebotene Beweiserhebung vor dem beauftragten Richter (vgl. Schreiben vom 20. 7. 1995 Bd. XIV Bl. 2716) ist zum einen nur auf die Feststellung der jährlichen Neuaufnahmen seit 1984 gerichtet; zum anderen würde der vom Beklagten geforderte (aaO, Bl. 2718) Ausschluß der Beigeladenen von der Beweisaufnahme gegen das Gebot der Parteiöffentlichkeit der Beweisaufnahme (§ 97 VwGO) verstoßen (vgl. Baumbach/Lauterbach/Albers/Hartmann, ZPO, 52. Aufl. 1994, Anm. 1 A zu der entsprechenden Vorschrift des § 357 Abs. 1 ZPO). Die vom Beklagten vorgetragenen Gründe vermögen jedenfalls einen Ausschluß des Prozeßbevollmächtigten der Beigeladenen nicht zu rechtfertigen. Der Vernehmung der vom Beklagten zum Nachweis von Repressalien durch den Vikar der Beigeladenen angebotenen Zeugen (Bd. XIV Bl. 2717) bedurfte es dafür nicht. Der Erhebung des vom Beklagten an anderer Stelle (ABE, S. 401 b) angebotenen Zeugenbeweises durch Mitglieder bedurfte es deshalb nicht, weil die genannten Angaben des Kirchenvorstands als wahr unterstellt werden.

Der Senat hält es deshalb im Rahmen einer nur schätzungsweise möglichen Ermittlung der Mitgliederzahlen für gerechtfertigt, einerseits die Angaben des Beklagten zur Zahl der ihm angehörenden Familienoberhäupter als wahr zu unterstellen, andererseits aber davon auszugehen, daß die übrigen 14.000 – 15.000 griechisch-orthodoxen Gläubigen in München den Vikar des Bonner Metropoliten als den für sie zuständigen ranghöchsten Geistlichen betrachten und daher der Beigeladenen zuzurechnen sind.

cc) Aussagekräftiger als ein Vergleich der nicht zuverlässig feststellbaren Mitgliederzahlen ist ein Vergleich der Zahl der Gottesdienstbesucher

(BVerwGE 87, 115 [130] = BayVBl. 1991, 218 I: Häufigkeit des Gottesdienstbesuchs), der Teilnehmer an sonstigen sakralen Veranstaltungen und der Zahl der beiderseits vollzogenen Taufen und Trauungen (BVerwG, aaO: Häufigkeit der Veranstaltungen in der Kirche). Sie sprechen eindeutig zugunsten der Beigeladenen.

Gottesdienste werden nach Angaben der Beigeladenen in den Pfarreien Allerheiligen, St. Georg und St. Dimitrios an allen Sonntagen und hohen Feiertagen abgehalten, in der Pfarrei St. Andreas jeden 2. und 4. Sonntag im Monat. Außerdem ist – wiederum nach dem unbestrittenen Vortrag der beigeladenen Metropolie – samstags Vesper in der Allerheiligen-Pfarrei und Sakramentsempfang in St. Georg, unter der Woche Hl. Liturgie in der St. Andreaskapelle.

Auch der Beklagte gibt unbestritten an, Gottesdienste würden jeden Sonntag und an Feiertagen gehalten (Bd. XII, Bl. 2119) und dokumentiert dies durch die Sonntags-Einnahme-Belege des Jahres 1994 (Add. 137 Bd. XII, Bl. 2157 ff.). Zusätzlich werden nach Angaben des Beklagten samstags häufiger Abendgottesdienste abgehalten.

Die Schätzung der Zahl der Gottesdienstbesucher kann nicht auf die polizeiliche Zählung aufgrund Beweisbeschlusses vom 18. 5. 1995 (Bd. XIII Bl. 2371) gestützt werden (vgl. Bd. XIII Bl. 2514). Aufgrund eines Mißverständnisses durch die Polizei war der Beobachtungszeitraum zu kurz und im übrigen so gewählt, daß in mehreren Fällen nur der Zeitraum der Vorbereitungshandlungen, nicht aber der des eigentlichen Gottesdienstes von der Beobachtung umfaßt war. Auch die Aussage des Zeugen E. in der mündlichen Verhandlung vom 27. 7. 1995 (Niederschrift Bd. XIV Bl. 2801 ff.), er sei wiederholt in der Salvatorkirche gewesen und habe dort nie mehr als 20–25 Leute gesehen, bezieht sich offensichtlich (vgl. aaO, Bl. 2803) auf den Zeitraum der Vorbereitungshandlungen.

Die Gesamtzahl der Gottesdienstbesucher in der Salvatorkirche beträgt nach der Einschätzung des Senats an hohen kirchlichen oder nationalen Feiertagen etwa 120 bis 130 (bei ca. 120 Sitzplätzen); an sonstigen Sonntagen schwankt sie sehr stark, von unter 20 bis an die 100 Besucher. Der Senat stützt diese Einschätzung auf die Aussagen der Zeugen D., B. und C. sowie die Äußerungen der Parteivertreter Dü. und Bu. in der mündlichen Verhandlung vom 5. 7. 1995 (Niederschrift Bd. XIV Bl. 2689 ff.), den persönlichen Eindruck des Berichterstatters des Senats am 30. 10. 1994 (griech. Nationalfeiertag; vgl. Vermerk Bd. X Bl. 1731), aber auch auf die vom Beklagten übergebenen Bildbände, die für das Jahr 1994 systematisch ausgewertet wurden (Bände 26 bis 37). Dieses Bildmaterial läßt – bei aller gebotenen Vorsicht darauf basierender Schätzungen – die Angaben der Zeugen D. und C. für „normale" Sonntage (80–100 bzw. 50–100 Besucher) als zu hoch gegriffen erscheinen. Insbesondere aber lassen die Bilder bei einer nicht nur geringfügigen Anzahl von Gottesdiensten, insbesondere in den Sommermonaten, auf Besucherzahlen von um oder sogar unter 30 schließen. Daß Besucherzahlen in dieser Größenordnung vorkommen, wird auch durch die Aussagen des Zeugen D. und des Zeugen C. (aaO) bestätigt.

Für die drei großen Pfarrkirchen der Beigeladenen geht der Senat aufgrund der glaubwürdigen und im wesentlichen übereinstimmenden Aussagen der Zeugen V., M., E., Sch., Di. und G. von folgenden Gottesdienstbesucherzahlen aus:

Allerheiligen (Ungererstr.): ca. 750
(St. Jakob [Am Anger; Ausweichquartier der Allerheiligen-Gemeinde während Kirchenneubau]): (ca. 600)
St. Dimitrios (Gollierstr.): ca. 500
St. Georg (Preysingstr.): ca. 450

Das ergibt für „normale" Sonntage insgesamt etwa 1.700 Besucher. Hiergegen hat der Beklagte keine substantiierten Einwendungen erhoben; vielmehr hat sein Prozeßbevollmächtigter erklärt, ein sonntäglicher Besuch von ca. 1.600 in allen drei Kirchen zusammen werde nicht bestritten.

Aus den Zeugenaussagen ergibt sich darüber hinaus, daß für hohe Feiertage von einer Überfüllung der Kirchen bei Besucherzahlen von jeweils über 1.000 auszugehen ist. Für die Osterfeierlichkeiten 1994 in den drei großen Pfarrgemeinden der Beigeladenen belegt das Schreiben des Polizeipräsidiums München vom 30. 1. 1995 (Bd. XI a, Bl. 1879) Teilnehmerzahlen von 7.000 – 8.000/ca. 2.500/ca. 2.000. Andererseits zeigt die Aussage des Zeugen V., daß auch in Kirchen der Beigeladenen in den Sommermonaten, wenn viele Griechen nach Hause fahren, die durchschnittliche Besucherzahl mit 150 bis 250 Gottesdienstbesuchern deutlich unterschritten wird.

Zusammenfassend ist festzustellen, daß die drei großen Pfarrkirchen der Beigeladenen durchschnittlich jeweils etwa zehnmal so viele Gottesdienstbesucher aufweisen wie der Beklagte in der St. Salvatorkirche. Zwar verbietet das begrenzte Fassungsvermögen der Salvatorkirche die Annahme, nach einer künftigen Überlassung an die Beigeladene seien dort ähnlich hohe Besucherzahlen zu erwarten wie in den anderen Kirchen. Die dargestellten Zahlen führen aber zu dem Schluß, daß die Salvatorkirche dann – im Gegensatz zum jetzigen Zustand – auch an „normalen" Sonntagen regelmäßig voll gefüllt sein und damit der seelensorgerischen Betreuung der in München lebenden Griechen wesentlich besser dienen wird als derzeit.

dd) Auch bei anderen sakralen Veranstaltungen besteht ein deutliches Übergewicht zugunsten der Beigeladenen. Bei den Karfreitagsprozessionen des Beklagten in den Jahren 1990 bis 1995 wurden nach Angaben der Polizeiinspektion 11 in München vom 8. 5. 1995 zwischen 100 und 500 Teilnehmer geschätzt, bei den Karsamstagprozessionen dieser Jahre zwischen 200 und 500 (Bd. XIII Bl. 2380). Dem stehen allein ca. 10.000 Teilnehmer an der Karfreitagsprozession 1994 der (neukalendarischen) Allerheiligen-Gemeinde gegenüber (vgl. Schreiben des Polizeipräsidiums München vom 31. 1. 1995, Bd. XI a, Bl. 1879). Außerdem wurden von der Polizei ca. 2.500 bzw. 1.000 Teilnehmer an den Karfreitagsprozessionen von zwei anderen Pfarrgemeinden der Metropolie gezählt. Bei einem Gottesdienst des Ökumenischen Patriarchen B. im Liebfrauendom ermittelte die Polizei ca. 6.000 Teilnehmer. Zwar ist nicht ohne weiteres davon auszugehen, daß es sich bei den Teilnehmern an den Veranstaltungen der Beigeladenen ausschließlich um ihr zuzurechnende Gläubige gehandelt hat. Das ist aber − umgekehrt − auch bei den Teilnehmern der Prozession des Beklagten nicht anzunehmen (vgl. die Aussage des ehem. Kirchenvorstandsvorsitzenden Ka., Anl. 15 zum Schreiben der Beigeladenen vom 12. 1. 1994, Bd. IX, Bl. 1466, 1526, wonach von den 200 Teilnehmern einer Karfreitagsprozession des Beklagten die meisten deshalb gekommen seien, weil sie wegen Straßensperren und Parkproblemen die Kirche St. Georg (der Beigeladenen) nicht hätten besuchen können).

Deutliche Defizite zuungunsten des Beklagten ergeben sich auch bezüglich der Anzahl der Trauungen und Taufen sowie sonstiger kirchlicher Veranstaltungen. Der von ihm anerkannte Erzbischof macht geltend, aufgrund von Repressalien neukalendarischer Priester sei 1985 angeordnet worden, keine Angaben über sakrale Handlungen zu machen (Bd. XII, Bl. 2149, 2296 f., s. auch Bd. IX, Bl. 2717). Der Beklagte hat deshalb trotz einer entsprechenden Aufforderung im Beweisbeschluß vom 17. 1. 1995 (Bd. XI a, Bl. 1847) keine Tauf-, Trauungs- und Beerdigungsregister für das Jahr 1994 vorgelegt. Auch einem entsprechenden Beschluß des Gerichts vom 5. 7. 1995 ist der Beklagte unter Hinweis auf die diesbezügliche Zuständigkeit des Metropoliten, dessen Zeugnisverweigerungsrecht und das entsprechende erzbischöfliche Verbot vom 29. 3. 1995 (Bd. XII, Bl. 2149; Schreiben vom 20. 7. 1995, Bd. XIV Bl. 2716 f.) nicht nachgekommen. Der Senat hielt deshalb den Versuch einer weiteren Beweiserhebung für aussichtslos.

In den Belegen des Beklagten über die Kircheneinnahmen des Jahres 1994 finden sich zwar in den Spalten für Trauungs- und Taufgebühren wiederholt Eintragungen. Allerdings deuten manche von ihnen darauf hin, daß in diesen Rubriken auch sonstige Einnahmen (z. B. Spenden, Gebühren für Totenmessen) eingetragen werden (vgl. Bd. XII, Bl. 2157 ff.), daß sich diese Gebühreneintragungen also nicht in jedem Fall auf Trauungen und Taufen beziehen. In den vom Beklagten vorgelegten Fotoalben für das Jahr 1994 (Bände 26 bis 37) finden sich Bilder von insgesamt 8 Taufen; die Abhaltung einer Trauung ist nicht ersichtlich. Aus den übrigen Unterlagen und Bildern des Beklagten über die vorhergehenden Jahre sind außerordentlich wenige Trauungen (vgl.

Bd. V Bl. 803; KBE Anlagenband 1, Add. 1; Anl. 38 im Beiakt zu Bd. III der Akten des Zivilrechtsstreits) und Taufen (vgl. Bd. IV, Bl. 681) zweifelsfrei ersichtlich. Für das Jahr 1995 ist nur eine Trauung belegt (Bd. XIII Bl. 2346; wohl identisch mit Fotos Band 41). Verstärkt wird der Eindruck einer sehr geringen Anzahl von Trauungen und Taufen in der Salvatorkirche durch den Vermerk Ph. von 1981 (Bd. XIII, Bl. 2445; Bd. XIV Bl. 2612), wonach gemäß den Angaben von Kirchenvorstandsmitgliedern des Beklagten die in der Salvatorkirche „vorgenommenen Sakramente an einer Hand abgezählt werden können".

Demgegenüber gibt der Kläger die Zahl der Trauungen in den Pfarreien der Metropolie für die Jahre 1988 bis 1990 mit 39/63/49, die Zahl der Taufen mit 97/120/97 an (Bd. III, Bl. 583). Für 1994 sind 33 Trauungen und 131 Taufen der Metropolie dokumentiert (Bd. XI a, Bl. 1951 ff., 1975 ff.). Die Beigeladene führt unwidersprochen außerdem die Abhaltung einer größeren Anzahl von Beerdigungen auf sowie eine Reihe von sonstigen pastoralen Aktivitäten (z. B. Neujahrsandachten, Vespergottesdienste, Morgengebete, Beichte, Wasserweihen), insbesondere auch zahlreiche ökumenische Gottesdienste (z. B. anläßlich der Verabschiedung von Landesbischof Dr. Hanselmann, der Feier „500 Jahre Dom in München", der Amtseinführung eines neuen evangelisch-lutherischen Landesbischofs und eines neuen Präsidenten des Diakonischen Werks oder der 500-Jahrfeier des kath. Priesterseminars „Georgianum"), sowie Arbeitstreffen mit orthodoxen, katholischen und evangelischen Würdenträgern im Rahmen ökumenischer Arbeitskreise (Bd. XI a, Bl. 1913 ff., 1923 ff.).

Die Beigeladene verweist – ebenfalls unwidersprochen – ferner auf eine große Zahl von sozialen und kulturellen Aktivitäten, insbesondere auf einen Sozialdienst und die Erteilung von Religionsunterricht in den Schulen, aber auch auf Krankenbesuche, Studentenseelsorge, Priestertagungen, Vorträge, Lehrerfortbildungsseminare, Rundfunkpredigten und die Pflege der Kontakte zu griechischen Vereinen (Bd. XI a, Bl. 1915, 1919 ff., 1926 ff.). Sie vertritt in allen diesen Bereichen die griechische Orthodoxie als deren alleinige Repräsentantin. Der Beklagte kann demgegenüber bezüglich derartiger pastoraler Aktivitäten im weiteren Sinn nur auf seinen Kindergarten (ABE S. 400 f.) und die Berechtigung seines Bischofs zur Durchführung der Gefängnisseelsorge (vgl. Add. 147 a Bd. XII, Bl. 2308 f.) verweisen, – beides Aktivitäten, die auch die Beigeladene vorzuweisen hat (vgl. Bd. XI a Bl. 1919 ff.).

d) Die einzelnen Kriterien des rechtlichen Status, der öffentlichen Wirksamkeit im Sinne staatlicher und kirchlicher Anerkennung, der kultur- und sozialpolitischen Bedeutung, der Größe und Verbreitung der beiden konkurrierenden Religionsgemeinschaften und ihrer religiösen Wirksamkeit und Bedeutung für die in München lebenden Griechen sind nach der Entscheidung

Herausgabe eines Kirchengebäudes 421

des Bundesverwaltungsgerichts (BVerwGE 87, 115 [128] = BayVBl. 1991, 217 I) unter dem übergeordneten Gesichtspunkt der Verfehlung des Förderzwecks zu sehen; sie ergeben sich daraus als maßgebliche Abwägungsgesichtspunkte, ihre Aufzählung in der Revisionsentscheidung ist nicht abschließend. Über die vorstehend behandelten Einzelumstände hinaus ergeben sich noch weitere Gesichtspunkte, die es als einen Verstoß gegen den „Stifterwillen" König Ludwigs I. und damit als eine Verfehlung des staatlichen Förderzwecks erscheinen ließen, die Nutzung der Salvatorkirche weiterhin dem Beigeladenen zu überlassen.

aa) Das betrifft zunächst die Absicht des Königs, die Münchener Kirchengemeinde als Auslandsgemeinde der Kirche von Hellas (in ihrer damaligen Verfaßtheit) zu privilegieren. Die Auffassung des Beklagten, er entspreche als Nutznießer der Salvatorkirche unter kirchenorganisatorischen Gesichtspunkten dem „Stifterwillen" des Königs besser als die Beigeladene, bei der die Kirche unter die Jurisdiktion des Ökumenischen Patriarchats in Konstantinopel komme, trifft nicht zu.

In einem Aktenstück aus dem geheimen Staatsarchiv des Hauptstaatsarchivs heißt es zwar (gemäß Zitat bei Reis, ZevKR 30 [1985], S. 189/195) „die griechische Kirche solle, wiewohl auch die Möglichkeit erörtert worden war, sie dem russischen Zaren oder dem Ökumenischen Patriarchat von Konstantinopel zuzuordnen, dem Heiligen Synod in Athen unterstellt sein." König Ludwig konnte in der historischen Situation des Jahres 1829 nicht an einer Zuordnung der Salvatorkirche zum Ökumenischen Patriarchat gelegen sein. Dafür spricht insbesondere der Umstand, daß der Ökumenische Patriarch 1821 – vom Sultan gezwungen – die aufständischen Griechen mit einem Bannfluch belegte (vgl. ABE, S. 133; Schreiben der Beigeladenen vom 19. 10. 1993, Bd. VII, Bl. 1305 ff.).

Für die Beendigung des Subventionsverhältnisses mit dem Beklagten ist jedoch maßgeblich, welche Folgerungen aus den Zielsetzungen des Königs für die heutige Situation zu ziehen sind. Zum einen unterhält die neukalendarische Führung der Autokephalen Kirche von Hellas, die in der Weltorthodoxie als deren Repräsentation angesehen wird, nach eigenen Angaben kanonische Beziehungen in Deutschland nur zur Beigeladenen. Eine gesonderte altkalendarische Autokephale Kirche von Hellas, deren Anstandsorganisation für Mitteleuropa der Beklagte nach seinem Selbstverständnis repräsentiert, wird weder vom griechischen Staat (vgl. Art. 3 Abs. 1 der Verfassung) noch von der Weltorthodoxie anerkannt. Zum anderen erkennt diese Führung der Autokephalen Kirche von Hellas aufgrund eines Beschlusses der Versammlung aller Bischöfe dieser Kirche vom Mai 1924 dem Ökumenischen Patriarchen die Jurisdiktion über alle griechisch-orthodoxen Diasporagemeinden im Ausland zu (vgl. Schreiben der Beigeladenen vom 9. 3. 1995 Bd. XI a Bl. 1904 Anl. 11,

12 Bl. 1999, 2008). Unter diesen Umständen wird eine Überlassung der Kirche an die der Jurisdiktion des Ökumenischen Patriarchats unterstehende Beigeladene unter kirchenorganisatorischen Gesichtspunkten dem auf die heutige Situation projizierten Willen König Ludwigs I. deutlich besser gerecht.

bb) Bei einer weiteren Belassung der Salvatorkirche in der Hand des Beklagten würde der durch den „Stifterwillen" König Ludwigs I. maßgeblich geprägte staatliche Förderzweck auch deshalb verfehlt, weil der Beklagte, indem er als einzelne Kirchengemeinde einen Jurisdiktionswechsel vollzogen hat, gegen Grundsätze des orthodoxen Kirchenrechts verstoßen hat. Daß König Ludwig diese Grundsätze im Sinne geordneter kirchlicher Verhältnisse gewahrt wissen wollte, ist aus dem dargelegten Förderzweck, insbesondere aus seiner Überlassung der Kirche für den „griechischen Cultus" zu folgern.

aaa) Allerdings kann nicht, etwa im Sinn der „Mutterkirchentheorie" unter Zugrundelegung der Beurteilung durch die Beigeladene davon ausgegangen werden, der Beklagte sei dadurch, daß er sich der Hierarchie und Jurisdiktion einer Gruppe der altkalendarischen „Kirche der Wahren Orthodoxen Christen Griechenlands" unterstellt habe, zu einer „schismatischen" Gruppe geworden. Dieser Annahme steht der Umstand entgegen, daß der Beklagte als seine „Mutterkirche" (in geistlichen Angelegenheiten) die altkalendarische „Griechisch-Orthodoxe Landeskirche in Bayern, Exarchat von Deutschland und Zentraleuropa" (vgl. Bd. VI, Bl. 1219 ff.) anerkennt. Diese stellt die Auslandsorganisation einer altkalendarischen griechischen Religionsgemeinschaft dar. Die Beigeladene und der Beklagte vertreten zum Status von Diasporagemeinden unterschiedliche Auffassungen. Das betrifft insbesondere die Frage, wer für die Entsendung bzw. Bestellung des Gemeindepfarrers zuständig ist und – damit zusammenhängend – die Frage, ob eine einzelne Gemeinde einen Jurisdiktionswechsel vollziehen kann. Während die beigeladene Metropolie der Auffassung ist, dem Ökumenischen Patriarchen stehe die Jurisdiktion über alle griechisch-orthodoxen Diasporagemeinden im Ausland zu, die Hl. Synode von Athen der Autokephalen Kirche von Hellas habe ihm diese 1924 übertragen (vgl. Anl. 11, 12 zum Schreiben der Beigeladenen vom 9. 3. 1995, Bd. XI a Bl. 1999, 2008, s. o. Buchst. a]), erkennt der Beklagte diese nach der griechisch-orthodoxen Kirchenspaltung (1923, vgl. ABE S. 183) von der neukalendarischen Hl. Synode von Athen abgeschlossene Vereinbarung gerade nicht an (vgl. ABE, S. 201 f., 226, 237, 278). Er verweist statt dessen auf einen Synodal-Tomos (Beschluß, Erlaß) von 1908 und ein Schreiben des Ökumenischen Patriarchen vom 20. 8. 1921, wonach in der Diaspora die einzelne Gemeinde frei sei, sich ihre Pfarrer zu holen, woher sie wolle (vgl. ABE Add. 46; Bd. XX a, Bl. 1997). Diese Auffassung kann umso weniger als schismatisch eingestuft werden, als die Meinung der beigeladenen Metropolie, jede Gemeinde außerhalb der Grenzen eines autokephalen Kirchengebiets unterstehe ipso iure dem Ökumenischen Patriarchen, keinneswegs unbestritten ist (vgl. Heiler, Die Ostkirchen, aaO, S. 93; Schwarzlose, Grundzüge des deutsch-evangelischen Kirchenrechts und des orthodox-morgenländischen Kirchenrechts, Bonn 1924, S. 278; Skurat, The Constantinople Patriarchate and the Problem of Diaspora in: The Journal of the Moscow Patriarchate, 1989, Nr. 9 S. 50/52 [KBE Add. Nr. 104 a]; Potz, Der Wechsel der Jurisdiktion einer orthodoxen Kirchengemeinde in Österreich, aaO [ÖAKR 1976] S. 23 ff.).

bbb) Der Jurisdiktionswechsel des Beklagten stellt aber deshalb einen gravierenden Verstoß gegen allgemeine Grundsätze des orthodoxen Kirchenrechts und damit auch gegen den „Stifterwillen" und den staatlichen Förderzweck dar, weil die Salvatorkirche im Zeitpunkt dieses Jurisdiktionswechsels gefestigt der Jurisdiktion der Beigeladenen unterworfen war. Diese Jurisdiktion hat hinreichend lange bestanden. Der Beklagte konnte den Jurisdiktionswechsel auch nicht aufgrund gegenläufiger Grundsätze, etwa aufgrund einer Autonomie der einzelnen Kirchengemeinden, kirchenrechtlich zulässig vollziehen.

Maßstab der Überprüfung sind Grundsätze, die für das orthodoxe Kirchenrecht insgesamt Geltung beanspruchen. Die Existenz derartiger allgemeiner Grundsätze zeigen die Darstellungen bei Schwarzlose (aaO) und Heiler (aaO), die Gültigkeit für das orthodoxe Kirchenrecht beanspruchen können und die Aussage im Gutachten Vavouskos (VGH-Akt 1985/87 II Bl. 327), das auf die Organisationsstruktur der „Griechischen Kirche der Wahren Orthodoxen Christen" anzuwendende Kirchenrecht sei das der Orthodoxen Ostkirche überhaupt.

ccc) Ein Verstoß gegen dieses allgemein geltende orthodoxe Kirchenrecht liegt allerdings nicht bereits darin, daß sich die „Griechische Kirchengemeinde München und Oberbayern e. V." mit Duldung der kanonischen Autoritäten die Rechtsform eines eingetragenen Vereins gegeben hat. Diese Tatsache als solche kann jedenfalls der Kläger, der den Beklagten in seiner Organisationsform bis 1977 als Repräsentanten der Kirchengemeinde St. Salvator anerkannt hat, diesem heute nicht mehr entgegenhalten.

ddd) Der Beklagte hat jedoch als Repräsentant einer orthodoxen Kirchengemeinde eigenmächtig unter Verstoß gegen bischöfliche Kompetenzen einen Jurisdiktionswechsel vollzogen und sich dabei mit seiner Organisationsform als eingetragener Verein gegenüber dem staatlichen Recht die weitere Nutzung der Salvatorkirche gesichert. Er ist zwar Partner des Subventionsverhältnisses geblieben, hat aber dabei gravierend gegen innerkirchliches orthodoxes Recht und so gegen den aus dem „Stifterwillen" zu bestimmenden Förderzweck verstoßen.

Angesichts der starken Stellung der Hierarchie im orthodoxen Kirchenrecht ist ein Jurisdiktionswechsel einer einzelnen Kirchengemeinde grundsätzlich ausgeschlossen (Müller-Volbehr, Gutachten vom 15. 5. 1984, Anl. 16 zum

Klägerschreiben vom 19. 5. 1992 S. 9, Anlagenband zu Bd. V). Nach allgemeinen Grundsätzen des orthodoxen Kirchenrechts fällt eine derartige Entscheidung unter die Diözesangewalt des Bischofs, der das geistliche Oberhaupt der jeweiligen Ortskirche ist (vgl. Plank, Orthodoxe Aussagen zur Autokephalie in westlichen Veröffentlichungen seit 1961, in: Ostkirchliche Studien Bd. 30 [1981] S. 289/298 „Die Basis ist die Ortsgemeinde, der Bischof mit dem um ihn gescharten Klerus und dem versammelten Volk"; Milasch, Das Kirchenrecht der morgenländischen Kirche, 2. Aufl. Mostar 1905, S. 416: „Gemäß der Fülle der geistlichen Gewalt, welchem dem Bischof in allen Zweigen in seiner Eparchie über den ganzen Klerus und das Volk im Sinne des göttlichen Rechts zusteht, ist derselbe der Pfarrer in seiner Eparchie. Mit Rücksicht darauf ist die Jurisdiktion eines Pfarrers in der betreffenden Pfarre keine selbständige, sondern diese wird von ihm als dem Vertreter seines Bischofs in einem bestimmten Ort und bei einer bestimmten Kirche ausgeübt"; Schwarzlose, aaO, S. 270: „Die orientalische Kirche kennt in der Hierarchia ordinis keinen höheren Rang als das Episkopat ... Im Bistum liegt die ganze Fülle der geistlichen Gewalt"; vgl. auch Gutachten Proc, aaO, S. 7; Gutachten Konidaris Bd. XI a, Bl. 1981).

Als zuständiger Bischof war im Zeitpunkt des Jurisdiktionswechsels (1976/ 1977) der Bischof der Metropolie anzusehen. Jedenfalls seit 1965 unterstanden die Pfarrer an der Salvatorkirche in geistlichen Dingen der Metropolie. Das ergibt sich aus den übereinstimmenden Aussagen der Zeugen Di., G. und K. in der mündlichen Verhandlung vom 27. 7. 1995 (vgl. Bd. XIV, Bl. 2805 ff.), die anzuzweifeln der Senat keinen Anlaß hat. Daß der Pfarrer Z., ein Neffe des Patriarchen A. von Konstantinopel, vom Beklagten besoldet wurde (KBE S. 82 a; Add. Nr. 52; Zeuge K., aaO) ist kein Nachweis für eine Autonomie der St. Salvator-Kirchengemeinde im jurisdiktionellen Sinn. Maßgeblich ist vielmehr, daß diese damals den Bischof der Metropolie als zuständigen Bischof anerkannte. Daß die beigeladene Metropolie vor 1977 über die Priester der Salvatorkirche in geistlichen Dingen die Jurisdiktion hatte, wurde vom Prozeßbevollmächtigten des Beklagten selbst in der mündlichen Verhandlung vom 27. 7. 1995 vorgetragen (Bd. XIV, Bl. 2809; vgl. auch KBE S. 84 f.). Für den Vorgänger von Pfarrer Z. bezeugte ebenfalls der Beklagte selbst die Zugehörigkeit zur „Istanbuler Jurisdiktion" (KBE S. 85 b). Mit Schreiben vom 5. 1. 1974 stellte die Beigeladene den Geistlichen P. als „vorübergehenden kanonischen Gemeindepfarrer" an der Salvatorkirche an (Bd. VI, Bl. 1255 a/ b). Ausweislich des Schreibens der Regierung von Oberbayern vom 7. 2. 1973 wurden damals die Visitationen an der Salvatorkirche im Auftrag des Ökumenischen Patriarchen durchgeführt. Der Kirchenvorstandsvorsitzende des Beklagten erkannte noch 1976 den Vikar des Metropoliten als höchsten orthodoxen Geistlichen in Bayern an (vgl. Bd. IX, Bl. 1491).

All dies beweist, daß in dem Zeitpunkt, in dem sich der Beklagte einer Gruppe der „Kirche der Wahren Orthodoxen Christen Griechenlands" anschloß, eine gesicherte Jurisdiktion der Beigeladenen über die an der Salvatorkirche tätigen Pfarrer bestand. Das kann auch nicht durch den Vortrag des Beklagten erschüttert werden (Schreiben vom 20. 7. 1995, S. 8, Bd. XIV, Bl. 2723), ab 1922 seien Geistliche aus allen möglichen Jurisdiktionen an der Salvatorkirche tätig gewesen. Auf die Jurisdiktionszugehörigkeit der vor 1922 an der Salvatorkirche tätigen Pfarrer kommt es für die Frage, ob 1977 eine gesicherte Jurisdiktion der Beigeladenen bestand, ohnehin nicht an.

Die St. Salvator-Kirchengemeinde unterstand auch schon längere Zeit vor Gründung der Metropolie im Jahre 1963 dem seinerzeit für Westeuropa zuständigen (neukalendarischen) Metropoliten von Thyateira (London) und somit (vgl. Schreiben der Beigeladenen vom 9. 3. 1995 S. 35, Bd. XI a, Bl. 1938) einer vom ökomenischen Patriarchat abgeleiteten Diözesangewalt. Das Erzbistum Thyateira war vom Ökumenischen Patriarchat 1922, also noch vor der griechischen Kirchenspaltung in Alt- und Neukalendarier, gegründet worden (vgl. Schreiben der Beigeladenen vom 9. 3. 1995, aaO). Für seine Jurisdiktionshoheit über die Salvatorgemeinde spricht die Tatsache, daß Methodios F., von 1951 bis 1954 Pfarrer von St. Salvator, in den 80er Jahren zum Bischof von Thyateira aufstieg (vgl. ABE S. 230; Schreiben des Klägers vom 19. 5. 1992, Bd. V, Bl. 864; Schreiben der Beigeladenen vom 12. 1. 1994 S. 8, Bd. IX, Bl. 1461). Darüber hinaus liegt es nahe, den Besuch des Metropoliten von Thyateira anläßlich des 100jährigen Jubiläums der Einweihung der Salvatorkirche im Jahre 1929, entgegen der Auffassung des Beklagten (vgl. ABE S. 227 ff.) dahin zu deuten, daß diese bereits damals dessen Jurisdiktion unterstand. Ob er dabei Privilegien der Salvatorgemeinde, Feste nach dem alten Kalender zu feiern, anerkannt hat (ABE, aaO), kann dahinstehen. Das würde jedenfalls an der Jurisdiktionszugehörigkeit zum Erzbistum Thyateira nichts ändern. Die Anerkennung eines Privilegs der Münchner „Autonomen Kirchengemeinde", „... jederzeit, wie sie möchte, aus jeder orthodoxen Jurisdiktion ... Priester zu engagieren", durch Thyateira wird vom Beklagten zwar behauptet (KBE S. 68), aber nicht belegt.

Man wird allerdings davon auszugehen haben, daß die dargelegte Grundregel des orthodoxen Kirchenrechts, wonach ein wirksamer Jurisdiktionswechsel einer einzelnen Kirchengemeinde gegen den Willen des zuständigen Bischofs ausgeschlossen ist, nur unter den Bedingungen des Territorialprinzips bzw. des Nationalitätsprinzips uneingeschränkte Geltung beanspruchen kann, daß diese Prinzipien aber in der orthodoxen Diaspora von heute vielfach durchbrochen sind. Abweichend vom Territorialprinzip, nach dem der orthodoxen Kirche auf einem bestimmten Territorium alle orthodoxen Christen der verschiedenen nationalen Abstammungen angehören und vom Nationalitätsprinzip, das die Kirchenzugehörigkeit an das Volkstum knüpft (vgl. Seide, Geschichte der Russisch-Orthodoxen Kirche im Ausland von der Gründung bis in die Gegenwart, Wiesbaden 1983 S. 38 [KBE Add. Nr. 77]), wird die orthodoxe Diaspora heute faktisch weitgehend vom „Bekenntnisprinzip" geprägt (vgl. „Dienst am Wort Gottes", aaO, S. 35). Danach können sich alle orthodoxen Gläubiger ohne Unterschied der Staatsbürgerschaft einer bestimmten Gemeinde anschließen, wenn sie deren geistliche Jurisdiktion anerkennen (vgl. Potz, Der Wechsel der Jurisdiktion, aaO, S. 25; ders.: Autokephalie und Autonomie als Verfassungsstrukturen der orthodoxen Kirchen in: Kanon V [1981] S. 143/150; Link, Die Russisch-Orthodoxen Exilkirchen in Deutschland, ZevKR 23 [1978] S. 80/114 f.). Doch auch wenn man anerkennt, daß durch das – an sich unkanonische (vgl. Potz, Der Wechsel der Jurisdiktion, aaO, S. 26) – Bekenntnisprinzip auch der Jurisdiktionswechsel einer einzelnen Kirchengemeinde möglich wird, ohne daß diese sich damit aus der orthodoxen Gemeinschaft ausschließt (vgl. Potz, aaO, S. 26 f.), ist das im Fall des Beklagten anders zu beurteilen. Das ergibt sich aus folgenden Überlegungen:

Zum einen waren im Zeitpunkt des Jurisdiktionswechsels nahezu alle griechisch-orthodoxen Gemeinden in der Bundesrepublik Deutschland in die beigeladene Metropolie integriert. Damit war die Situation der griechisch-orthodoxen Kirche in der Bundesrepublik maßgeblich durch das Nationalitäts- und nicht durch das Bekenntnisprinzip geprägt. Das belegt auch die Absteckung von Sprengeln der einzelnen griechisch-orthodoxen Pfarreien in München durch die Beigeladene im Jahr 1975 (vgl. KBE S. 12). Angesichts dieser in der Bundesrepublik Deutschland und speziell in München im Jahr 1977 bestehenden Organisationsstruktur der griechisch-orthodoxen Kirche kann der Tomos von 1908, wonach in der Diaspora die einzelne Gemeinde frei ist, sich ihren Pfarrer zu holen, woher sie will (vgl. ABE, Add. 46; Bd. XI a, Bl. 1997), nicht als Beleg dafür anerkannt werden, daß auch noch im Jahr 1977 das Prinzip der Gemeindeautonomie das verbindliche Organisationsprinzip der griechisch-orthodoxen Kirche in der deutschen Diaspora gewesen sei (ablehnend gegenüber der Vorstellung autonomer Kirchengemeinden in der orthodoxen Kirche auch v. Campenhausen, aaO, Bd. IX, Bl. 1552). Nichts anderes ergibt sich auch aus der Zeugenaussage des früheren Kirchenvorstandsvorsitzenden K. des Beklagten in der mündlichen Verhandlung vom 27. 7. 1995 (Bd. XIV, Bl. 2810 ff.). Danach bezog sich die „Autonomie" des Beklagten als Repräsentant der Kirchengemeinde St. Salvator ausschließlich auf weltlich-organisatorische Fragen wie die Organisationsform als eingetragener Verein und die eigenverantwortliche Verwendung der finanziellen Mittel. Nur in diesem Sinn ist auch die Äußerung des Zeugen vom 26. 11. 1970 zu verstehen, die Metropolie habe 1969 durch schriftliche Vereinbarung die Unversehrtheit der (Salvator-)Kirchengemeinde garantiert und ihren uneingeschränkten Bestand versprochen (Bd. XIV Bl. 2602 f.). Für den geistlichen Bereich bestand dagegen nach der Bekundung des Zeugen eine eindeutige Unterordnung unter den Archimandriten in München und den Metropoliten in Bonn. In dessen Kompetenz fiel – ungeachtet der faktischen Möglichkeit eines Protests seitens des Beklagten – die Entsendung des Pfarrers für die Salvatorkirche.

Der Beklagte macht geltend, eine orthodoxe Religionsgemeinschaft könne einen legitimen kanonischen Status auch außerhalb einer Patriarchats- oder autokephalen Kirche als patriarchatsfreie Gruppierung innehaben (KBE S. 144, 148 ff., 152 ff., 162 ff.). Soweit der Beklagte daraus etwas für seine eigene kanonische Legitimität herleiten will, steht diese Argumentation in Widerspruch zu seinem Vorbringen, mit dem er die Zugehörigkeit der Salvatorgemeinde zu einer altkalendarischen autokephalen Kirche von Hellas (vgl. KBE S. 176, 193 f.) behauptet. Außerdem gewinnen solche patriarchatsfreien, nicht autokephalen Kirchen nach den eigenen Darstellungen des Beklagten (KBE S. 148 ff.) Anschluß an die kanonische Gemeinschaft der Orthodoxie, indem sie von Patriarchats- oder autokephalen Kirchen anerkannt werden und mit diesen gottesdienstliche Gemeinschaft pflegen (vgl. auch Link, aaO, § 115; Potz, Der Wechsel der Jurisdiktion, aaO, S. 27). Wie dargestellt, ist der Beklagte jedoch in der Weltorthodoxie völlig isoliert (s. o. II. 6. a] bb). Auch insoweit ist also nicht erkennbar, daß der vom Beklagten vorgenommene Jurisdiktionswechsel in eine neue kanonische Legitimität hineingeführt hätte. Im übrigen wäre der Beklagte als eigene – patriarchatsfreie – Religionsgemeinschaft als Nutznießer der Salvatorkirche vom „Stifterwillen" König Ludwigs I. nicht umfaßt, da dieser die „griechische Kirche" und damit nicht eine sich zu orthodoxen Grundsätzen in Widerspruch setzende orthodoxe Splittergruppe bedenken wollte.

Zusammenfassend ist festzustellen: Indem der Beklagte als Repräsentant der Kirchengemeinde St. Salvator eigenmächtig Priester einer anderen Jurisdiktion berief und die Salvatorkirche – dank seiner Organisationsform als eingetragener Verein nach staatlichem Recht wirksam – zum Kirchengut einer altkalendarischen Religionsgemeinschaft machte, verstieß er gegen orthodoxes Kirchenrecht. Damit hat er auch seine Bindungen aus dem hoheitlichen Gebrauchsüberlassungsverhältnis an der Salvatorkirche verletzt und das Subventionsgut zweckentfremdet.

7. Im Ergebnis erweist sich der Herausgabeanspruch des Klägers, mit dem dieser das Ziel verfolgt, die Nutzung der St. Salvatorkirche der Beigeladenen zu überlassen, als begründet. Zusammenfassend läßt sich feststellen:

a) Ein Vergleich des Beklagten mit den der beigeladenen Metropolie zugehörigen griechisch-orthodoxen Gemeinden in München nach den vom Bundesverwaltungsgericht vorgegebenen Maßstäben des Grades der öffentlichen Wirksamkeit, der kultur- und sozialpolitischen Bedeutung und der äußeren

Größe und Verbreitung ergibt ein eindeutiges Übergewicht zugunsten der Beigeladenen, insbesondere unter den Gesichtspunkten des Körperschaftsstatus, der Anerkennung durch die griechische Regierung, vor allem aber im Hinblick auf die Anerkennung der Metropolie im kirchlichen Bereich, auf ihre sozial- und kulturpolitische Bedeutung und auf die weit überlegene Zahl ihrer Gottesdienstbesucher, Taufen, Trauungen und sonstigen kirchlichen Aktivitäten. Damit ist festzustellen, daß der Förderzweck mit der Nutzungsüberlassung an die Metropolie weitaus besser erreicht wird, als bisher (BVerwGE 87, 115 [129] = BayVBl. 1991, 218 I).

b) Des weiteren kann auch festgestellt werden, daß sich aufgrund der Nutzungsänderung eindeutig vorhersehbare, wesentliche und dauerhafte Verbesserungen bei der seelsorgerischen Betreuung aller griechisch-orthodoxen Gläubigen im Raum München ergeben werden (vgl. BVerwGE 87, 115 [130] = BayVBl. 1991, 218 I). Zu dieser Voraussage berechtigt zum einen die wesentlich höhere Zahl der Gottesdienstbesucher auf Seiten der Metropolie. Sie gewährleistet, daß die Salvatorkirche in ihren Händen – im Gegensatz zum jetzigen Zustand – jeden Sonn- und Feiertag vollständig gefüllt sein wird.

Daneben muß unter dem Gesichtspunkt einer Verbesserung der seelsorgerischen Betreuung auch berücksichtigt werden, daß die Bedeutung der Salvatorkirche angesichts ihres Alters sowie der Person des „Stifters" und der Umstände der seinerzeitigen Nutzungsüberlassung ganz wesentlich in ihrer Funktion als Münchener „Kathedralkirche" der Griechisch-Orthodoxen liegt (so ausdrücklich Schreiben der Beigeladenen vom 12. 1. 1994, Bd. IX, Bl. 1471 f.; vom 9. 3. 1995, Bd. XI a, Bl. 1946; Schreiben des Klägers vom 27. 10. 1994, Bd. X, Bl. 1726/1728). Nach dem vom Kläger beabsichtigten Wechsel des Nutzungsberechtigten wird diese „Kathedralkirche" wieder der ganz überwiegenden Mehrheit der Griechisch-Orthodoxen Münchens zur Verfügung stehen. Diese Funktion der Salvatorkirche wird auch durch die Einweihung der neuen Allerheiligen-Kirche der Metropolie im Oktober 1995 und die damit verbundene Verbesserung der seelsorgerischen Betreuung der griechisch-orthodoxen Gläubigen Münchens nicht in Frage gestellt.

c) Darüber hinaus begründet insbesondere der Verstoß gegen orthodoxes Kirchenrecht, der – unter den in der Bundesrepublik Deutschland in den Jahren 1976/77 gegebenen Verhältnissen – im Jurisdiktionswechsel einer einzelnen Kirchengemeinde liegt, einen Verstoß gegen den „Stifterwillen" und eine Zweckentfremdung des Subventionsguts.

d) Schließlich tragen auch die erheblichen, aus dem Eigentum an der Kirche resultierenden Kosten für den Kläger (vgl. dazu Schreiben des Klägers vom 9. 8. 1991, S. 18, Bd. III, Bl. 582; v. 9. 3. 1995 Bd. XI a, Bl. 1886 und Landbauamt München v. 9. 2. 1995 Bd. XI a, Bl. 1894 ff.: über 2 Mio DM von 1980 bis 1994; Aufwand der Generalsanierung 1994: 2,25 Mio. DM) dazu bei, das

Herausgabeverlangen des Klägers als gerechtfertigt zu betrachten. Es entspricht nicht dem Förderzweck, die hohen staatlichen Aufwendungen einer kleinen Minderheit zugute kommen zu lassen.

8. Das Herausgabeverlangen des Klägers scheitert schließlich nicht an der Notwendigkeit, dem Beklagten für eine angemessene Übergangszeit einen geeigneten Ersatzraum für die Salvatorkirche zu verschaffen.

Auch bei grundsätzlicher Berechtigung des Nutzungsentzugs kann nach dem Revisionsurteil (BVerwGE 87, 115 [130] = BayVBl. 1991, 218 II) „Die Kirchengutsgarantie doch immerhin noch so lange die Fortsetzung der bisherigen Nutzung gebieten, als dem Beklagten die Räumung des Gebäudes mangels sinnvoller Ausweichmöglichkeiten nicht zuzumuten ist". Eine „sinnvolle Ausweichmöglichkeit" ist dem Beklagten jedenfalls dadurch geboten, daß aufgrund Vermittlung des Klägers und der Beigeladenen das Kloster St. Ottilien bereit ist, dem Beklagten eine Kapelle mit einem Fassungsvermögen von mindestens 100 Sitzplätzen in räumlicher Nähe zur Salvatorkirche unter dreijährigem Verzicht auf ordentliche Kündigung für den Sonn- und Feiertagsgottesdienst sowie die Samstagsvesper zur Verfügung zu stellen (vgl. Schreiben des Klägers vom 21. 4. 1995 Bd. XI a Bl. 2112 a; Schreiben der Klosterverwaltung St. Ottilien vom 13. 4. 1995 Bd. XI a Bl. 2112 c und vom 2. 5. 1995 Bd. XIII Bl. 2337).

Die (Mit-)Benutzung dieses Raumes ist für den Beklagten auch zumutbar. Er macht zwar geltend, dieser Raum habe aus orthodoxer Sicht als profan zu gelten und müßte deshalb vor jeder sonntäglichen Ingebrauchnahme samt aller sakraler Gegenstände jeweils neu geweiht werden (Schreiben vom 20. 7. 1995 S. 11 Bd. XIV Bl. 2726). Nach Auffassung des Senats sprechen jedoch eindeutig überwiegende Gründe dafür, daß orthodoxes Kirchenrecht einer solchen Mitbenutzung nicht zwingend entgegensteht. Zwar darf nach dem 7. Kanon des siebenten allgemeinen Konzils eine Kirche nur an einem Ort geweiht werden, an dem Reliquien von der orthodoxen Kirche anerkannter Heiliger niedergelegt sind (Milasch, Das Kirchenrecht der morgenländischen Kirche, S. 568; Gutachten Troianos, VGH-Akt 1985/87 II Bl. 303 ff.; Gutachten Mantzouneas, VGH-Akt 1985/87 II Bl. 360). Daß diese Voraussetzungen aber jedenfalls unter den Voraussetzungen der heutigen orthodoxen Diaspora nicht mehr als zwingend angesehen werden, sieht der Senat angesichts der (Mit-)Benutzung der Kirchen St. Dimitrios (evangel. Auferstehungskirche, München, Gollierstr. 55), St. Georg (Kath. Kirchenzentrum, Preysingstr. 83), St. Jakob (Am Anger) und St. Andreas (Heßstr.) durch die Beigeladene als bewiesen an. Im übrigen muß es dem Beklagten vorbehalten bleiben, wie er im Einvernehmen mit dem Eigentümer die notwendigen kirchenrechtlichen Voraussetzungen für die Nutzung eines nach Größe und Nutzungsbedingungen zumutbaren Ersatzraums schafft. So wie das Argument mangelnder kirchenrechtlicher „Execrierbarkeit" der Kirche einem nach staatskirchenrechtlichen Grundsätzen begründeten Herausgabeanspruch nicht entgegengehalten werden kann (s. o. II. 4. b), können einem nach staatskirchenrechtlichen Grundsätzen zumutbaren Ersatzraumangebot keine rein innerkirchlichen Nutzungshindernisse entgegengehalten werden. Im übrigen wäre sonst das Erfordernis eines zumutbaren Ersatzraums für eine Übergangsfrist auch praktisch kaum zu erfüllen. Soweit der Beklagte auf die Notwendigkeit von Büro- und Archivräumen verweist, kann ihm zumutbarerweise angesonnen werden, solche anzumieten.

9. Die Klage scheitert auch nicht etwa daran, daß der — wie dargestellt — materiell gerechtfertigte Widerruf des Subventionsverhältnisses durch den Kläger ermessensfehlerhaft wäre. Der Kläger hat sein Herausgabeverlangen im Schreiben vom 1. 3. 1983 (VG-Akt Bd. I, Bl. 11) zum Ausdruck gebracht. Er ist dabei — wie nach ihm die Verwaltungsgerichte aller drei Instanzen — nach dem damaligen Erkenntnisstand davon ausgegangen, daß die Urkunde vom 2. 7. 1830 ein Originalsignat von König Ludwig I. sei und dem Freistaat als Rechtsnachfolger des Königreichs Bayern ein (freies) Widerrufsrecht einräume. Darauf kommt es jedoch nicht an; entscheidend ist vielmehr, daß der Kläger den Widerruf gleichwohl mit ausführlichen Ermessenserwägungen begründet hat. Aus dieser Begründung ergibt sich auch das nach dem Revisionsurteil entscheidende Kriterium, nämlich inwieweit „sich das Leben der griechisch-orthodoxen Gläubigen im Raum München ... aus der Salvatorkirche herausgelöst hat". Im übrigen hat der Kläger mit der Berufungsbegründung (Bd. III, Bl. 566) und seinen nachfolgenden Schriftsätzen zu erkennen gegeben, daß er den Widerruf auch unter Beachtung der Maßstäbe des Bundesverwaltungsgerichts für gerechtfertigt hält. Da im Hinblick auf die bereits im Schreiben vom 10. 3. 1983 angestellten Ermessenserwägungen der Charakter der Widerrufsentscheidung nicht verändert wurde, handelt es sich insoweit um ein zulässiges Nachschieben von Gründen. Ein Fehler im Abwägungsvorgang liegt entgegen der Auffassung des Beklagten somit nicht vor.

Auch das Abwägungsergebnis verstößt nicht etwa deshalb gegen das Verhältnismäßigkeitsprinzip, weil der Kläger verpflichtet gewesen wäre, sich auf weniger einschneidende Maßnahmen, z. B. bestimmte Auflagen gegenüber dem Beklagten, zu beschränken. Die Öffnung der Kirchenräume für Nichtmitglieder und die Bindung der Entscheidung über die Jurisdiktionszugehörigkeit an den Beschluß einer Mitgliederversammlung (so vorgeschlagen im Schreiben des Beklagten vom 4. 7. 1995 S. 8 Bd. XIV Bl. 2677) können insbesondere eine Verfehlung des Subventionszwecks nicht beseitigen, die darin begründet liegt, daß der Beklagte die Salvatorkirche unter Verstoß gegen orthodoxes Kirchenrecht der Jurisdiktion einer altkalendarischen und den Ehrenprimat des Ökumenischen Patriarchen ablehnenden Religionsgemeinschaft zugeführt hat.

68

Gegen die Verfassungsmäßigkeit des Art. 47 Abs. 1 BayEUG bestehen keine Bedenken.

Art. 3 Abs. 3, 4 Abs. 1, 7 Abs. 2 GG, 47 Abs. 1 BayEUG
BayObLG, Beschluß vom 26. Oktober 1995 — 3 ObOWi 98/95[1] —

Die Beschwerdeführerin schickte ihren die 5. Klasse besuchenden Sohn nicht zum nachmittags stattfindenden Ethikunterricht. Die Nichtteilnahme begründete sie damit, daß der Besuch des Ethikunterrichts am Nachmittag eine Diskriminierung von „Nichtgläubigen" darstelle. Das Amtsgericht[2] belegte sie wegen einer fortgesetzen, vorsätzlichen Ordnungswidrigkeit der Verletzung der Schulpflicht als Erziehungsberechtigte mit einer Geldbuße.

Die von der Betroffenen gegen dieses Urteil eingelegte Rechtsbeschwerde wurde als unbegründet zurückgewiesen.

Aus den Gründen:

Die Rechtsbeschwerde ist zwar zulässig (...), jedoch offensichtlich unbegründet.

Insbesondere bestehen gegen die Verfassungsmäßigkeit des Art. 47 Abs. 1 BayEUG in der seit 1. 8. 1994 geltenden F. d. Bek. vom 7. 7. 1994 (GVBl., S. 689) keine Bedenken. Nach Art. 7 Abs. 3 GG, Art. 136 Abs. 2 BV ist der Religionsunterricht in den öffentlichen Schulen ordentliches Lehrfach. Gem. Art. 7 Abs. 2 GG, Art. 137 Abs. 1 BV bleibt die Teilnahme am Religionsunterricht der freien Willensentscheidung der Erziehungsberechtigten und — ab einem bestimmten Alter — der Schüler überlassen. Gem. Art. 137 Abs. 2 BV, Art. 47 Abs. 1 BayEUG ist der Ethikunterricht für diejenigen Schüler Pflichtfach, die nicht am Religionsunterricht teilnehmen. Diese wahlweise Verpflichtung zum Besuch des Ethikunterrichts als ordentliches (und damit auch benotetes) Pflichtfach ist verfassungsrechtlich unbedenklich; denn der staatliche Erziehungsauftrag (Art. 7 Abs. 1 GG, Art. 130 Abs. 1 BV) ist nicht nur auf eine Wissensvermittlung beschränkt, sondern erstreckt sich auf die Gesamterziehung, die Erziehung zum Sozialverhalten und die Persönlichkeitsentwicklung und hat zur Eingliederung in die Gesellschaft beizutragen. Die Erziehung zu werteinsichtigem Urteilen und Handeln, das an sittlichen Grundsätzen orientiert ist (vgl. Art. 47 Abs. 2 BayEUG), ist Teil des verfassungsrechtlichen Erziehungsauftrags des Staates. Auch unter dem Blickwinkel des Grundrechts

---

[1] NJW 1996, 2317.
[2] AG Aichach, KirchE 33, 188.

der Glaubens- und Gewissensfreiheit (Art. 4 Abs. 1 GG, Art. 107 Abs. 1 BV) bestehen gegen die Verpflichtung zum Besuch des Ethikunterrichts keine Bedenken, da dieser gem. Art. 47 Abs. 2 Satz 3 BayEUG die Pluralität der Bekenntnisse und Weltanschauungen zu berücksichtigen hat (vgl. BayVerfGH; BayVBl. 1990, 244 [245] m. Rspr. Nachw.). Auch das Gleichheitsrecht nach Art. 3 Abs. 3 GG wird durch Art. 47 Abs. 1 BayEUG nicht verletzt, da die Bestimmung nur eine wahlweise Verpflichtung begründet, eine Benachteiligung durch die Pflichtteilnahme am Ethikunterricht daher nicht entsteht, weil ja die Teilnahme am Religionsunterricht durch Abwahl entfallen ist. Ein etwaiger Nachteil durch die Verpflichtung, am Ethikunterricht nachmittags teilzunehmen, beruht hingegen nicht auf Art. 47 Abs. 1 BayEUG, sondern auf einer schulorganisatorischen Maßnahme. Ob eine eindeutig rechtswidrige, nicht durch sachlich vertretbare Gründe gerechtfertigte und damit ermessensfehlerhafte oder sogar willkürliche Verlegung des Ethikunterrichts auf die Nachmittagsstunden die Pflicht zur Unterrichtsteilnahme und damit die Verpflichtung des Erziehungsberechtigten, für diese Teilnahme zu sorgen (Art. 76 Satz 1 BayEUG), entfallen lassen könnte, kann dahinstehen; denn angesichts der vom Amtsgericht festgestellten Abwägung der Schulbehörde, lediglich 19 Schüler (Ethikunterricht) und nicht 340 Schüler (Religionsunterricht) am Nachmittag erscheinen zu lassen, kann auch nicht aus dieser Maßnahme eine konkrete Verletzung des Grundrechts aus Art. 3 Abs. 3 GG abgeleitet werden, da sie auf sachlichen Erwägungen für eine differenzierte Behandlung beruht, die dem Spannungsverhältnis zwischen den eigenständig nebeneinander stehenden Grundrechten der Eltern und Schüler einerseits und dem in Art. 7 Abs. 1 GG, Art. 130 Abs. 1 BV verankerten staatlichen Erziehungsauftrag andererseits (vgl. auch Art. 131 Abs. 1–3 BV, Art. 1 Abs. 1 BayEUG) Rechnung trägt (vgl. auch BVerwG, DÖV 1974, 285[3]).

69

1. Die materielle Rechtswidrigkeit der Vorentscheidung ist kein Grund für eine Revisionszulassung.
2. Wegen einer in der Beschwerdeschrift nicht angesprochenen Frage kann die Revision nicht zugelassen werden.
3. Es ist geklärt, daß eine Person nicht einseitig und ohne Rücksicht auf ihren Willen der Kirchengewalt unterworfen werden darf.

---

[3] KirchE 13, 279.

Kirchenmitgliedschaft (Kirchensteuer) 433

BFH, Beschluß vom 26. Oktober 1995 — 1 B 49/95[1] —

Die Klägerin wendet sich aus mitgliedschaftsrechtlichen Gründen gegen ihre Heranziehung zur Kirchensteuer. Ihre Nichtzulassungsbeschwerde wurde als unzulässig verworfen.

Aus den Gründen:
Die Beschwerde ist als unzulässig zu verwerfen. Nach § 115 Abs. 3 Satz 3 FGO muß in der Nichtzulassungsbeschwerde, sofern sich diese — wie im Streitfall — auf § 115 Abs. 2 Nr. 1 FGO stützt, die grundsätzliche Bedeutung der Sache dargelegt werden. Das Darlegen erfordert substantiierte und konkrete Angaben darüber, daß im Revisionsverfahren über eine klärungsbedürftige und klärungsfähige Rechtsfrage zu entscheiden wäre und daß diese Entscheidung von allgemeiner Bedeutung für die Rechtsordnung ist oder wegen ihrer tatsächlichen Auswirkung die Interessen der Allgemeinheit oder eines größeren Teils der Allgemeinheit berührt (ständige Rechtsprechung: vgl. z. B. Beschlüsse des BFH vom 26. 8. 1992 — II B 100/92 — BFH/NV 1993, 662; vom 29. 10. 1992 — I B 81/92 — BFH/NV 1993, 315; Gräber/Ruban, Finanzgerichtsordnung, 3. Aufl., § 115 Rdnr. 61, m. w. N.). Diesen Anforderungen genügt die Beschwerdeschrift nicht.

Die Klägerin und die Beschwerdeführerin beanstandet im wesentlichen, daß das Finanzgericht Begründung und Bestehen der Kirchensteuerpflicht nicht unter verfassungsrechtlichen Gesichtspunkten geprüft und die Areligiösität und die unverschuldete Unkenntnis der Klägerin und ihres Mannes vom Bestehen der Kultussteuerpflicht und der Notwendigkeit eines Kirchenaustritts unberücksichtigt gelassen habe. Damit rügt sie die Unrichtigkeit des vorinstanzlichen Urteils, die jedoch, selbst wenn sie vorläge, nicht zur Revisionszulassung führen kann (vgl. abschließende Aufzählung der Zulassungsgründe in § 115 Abs. 2 FGO). Die Klägerin hat keine konkrete Rechtsfrage dargetan, die im allgemeinen Interesse der Klärung bedarf. Nach ihrer eigenen Auffassung handelt es sich bei den Grundrechten um persönlichkeitsbezogene Grundrechte, deren Wahrung bzw. Verletzung nur dann festgestellt werden könnten, wenn für den Einzelfall eine personenbezogene Beurteilung vorgenommen werde. Diese Ausführungen schließen die Annahme aus, die Klägerin wolle eine Rechtsfrage im Interesse der Allgemeinheit verfassungsrechtlich geklärt wissen.

Auch bleibt unklar, welche abstrakte Rechtsfrage nach Auffassung der Klägerin klärungsbedürftig sein soll. Selbst wenn der Senat ihre Ausführungen

---

[1] Amtl. Leitsätze. BFH/NV 1996, 436.

zur Rechtswidrigkeit der Vorentscheidung dahin versteht, daß die Klägerin geprüft wissen will, ob es verfassungsrechtlich zulässig sei, eine Person gegen ihren Willen als Mitglied einer Religionsgemeinschaft zu behandeln, könnte die Nichtzulassungsbeschwerde keinen Erfolg haben.

Diese Frage wäre nämlich nicht klärungsbedürftig. Nach der Rechtsprechung des BVerfG (vgl. Beschluß vom 31. 3. 1971[2] – 1 BvR 744/67 – BVerfGE 30, 415 [423]) verbietet Art. 4 Abs. 1 GG, eine Person einseitig und ohne Rücksicht auf ihren Willen der Kirchengewalt zu unterwerfen. Er verlangt aber nicht, daß der Beitritt durch eine ausdrückliche Beitrittserklärung bestätigt wird, sofern der Wille des Betroffenen in geeigneter Form Berücksichtigung finden kann (vgl. auch BFH-Urteil vom 6. 10. 1993[3] – I R 28/93 – BFHE 172, 570, BStBl. II 1994, 253). Wenn die Klägerin trotz dieser Entscheidungen weiteren Klärungsbedarf sieht, so hätte sie diesen in der Nichtzulassungsbeschwerde im einzelnen darlegen müssen (vgl. std.Rspr.: z. B. Gräber/Ruban, aaO, § 115 Rdnr. 62, m. w. N.).

70

Zur Frage, nach welchen Kriterien die Verletzung des Persönlichkeitsrechts und deren Folgen zu beurteilen sind, wenn gegen eine kath. Priester in einer Presseveröffentlichung wahrheitswidrig der Vorwurf sexuellen Mißbrauchs Minderjähriger erhoben worden ist.

Art. 1 Abs. 1, 2 Abs. 1 GG; §§ 823 Abs. 1, 831 BGB
LG Trier, Urteil vom 26. Oktober 1995 – 6 O 57/95[1] –

Der Kläger ist katholischer Pfarrer. Er war in den Jahren 1980/81 Diakon in der Pfarrei P. in T. und anschließend Kaplan in W. Ab 1985 war er als Pfarrer in verschiedenen Gemeinden im Dekanat D. und ab 1992 als Dechant dieses Dekanats tätig. Im Juni 1993 wurde er nach S. versetzt und ist seither dort als Pfarrer tätig.

Am 30. 10. 94 veröffentlichte die von der Beklagten zu 2) verlegte Zeitschrift „B." einen zweiseitigen Artikel „Das Schweigen der Hirten", in welchem über Fälle sexuellen Mißbrauchs Minderjähriger durch Priester berichtet wurde. Diesen Bericht hatte der Beklagte zu 1) mitrecherchiert und mitverfaßt. Der Artikel wird eingeleitet durch ein etwa ¾ der Doppelseite bedeckendes

---

[2] KirchE 12, 101.   [3] KirchE 31, 420.

[1] Die Berufung der Beklagten hatte nur hinsichtlich der Höhe der zuerkannten Geldentschädigung Erfolg; OLG Koblenz, Urteil v. 20. 11. 1996; NJW 1997, 1375.

Bild der Pfarrkirche der Gemeinde D. In dieses Bild hineingesetzt sind drei kleinere Bilder (in den Größen 4,5 × 6, 6 × 7,5 und 7 × 12 cm) von Priestern, denen sexuelle Verfehlungen gegenüber Minderjährigern zur Last gelegt werden. Am linken Bildrand ist ein etwa 10 × 23 cm großes Bild des Klägers einmontiert, welches diesen im liturgischen Gewand bei der Vornahme einer sakralen Handlung zeigt. Das Bild des Klägers ist wie folgt unterschrieben: „In Therapie Pfarrer Stephan M. von der D. Nikolauskirche (gr. Foto) unterzieht sich derzeit in Bad Reichenhall einer Therapie. Nachdem die Mutter eines mißbrauchten Mädchens den Pfarrer angezeigt hatte, räumte der Geistliche sechs weitere Vergehen ein."

Dieses Foto des Klägers stammt aus der „D'er Zeitung" vom 28. 1. 1992 und zeigt ursprünglich den Kläger zusammen mit dem in der Unterschrift bezeichneten Pfarrer Stefan M. In der Sphäre der Beklagten kam es zu einer Personenverwechslung, so daß statt des in der Unterschrift beschuldigten Stefan M. der Kläger in der „B." abgebildet wurde, obwohl er mit den dort genannten Vorgängen nichts zu tun hat.

Nach der Veröffentlichung des Fotos wandte sich der Kläger über seinen Prozeßbevollmächtigten an die Beklagte zu 2) und forderte die Veröffentlichung einer richtigstellenden Erklärung. Dieser Forderung kam die Beklagte zu 2) in der Ausgabe ihrer Zeitschrift vom 13. 11. 1994 nach, indem sie einen mit dem Kläger abgestimmten Text unter der Überschrift „Foto verwechselt" veröffentlichte. Diese Richtigstellung in einer Größe von 6 × 5 cm ist zwischen dem Artikel „Mehr Herzinfarkte bei Angsthasen" und der Rubrik „Die kuriosesten Meldungen der Woche" auf einer Seite plaziert, die zu ¾ von gewerblichen Anzeigen eingenommen wird.

Zur Begründung seiner auf Zahlung eines angemessenen Schmerzensgeldes gerichteten Klage trägt der Kläger vor: Durch die Veröffentlichung seines Fotos in Zusammenhang mit dem Vorwurf des sexuellen Mißbrauchs Minderjähriger sei er in seinem Selbstverständnis als katholischer Geistlicher schwer getroffen. Hinzukomme, daß in dem Artikel behauptet werde, daß die angeprangerten Vorfälle „unter den Teppich gekehrt" würden und daher seine Versetzung von D. nach S. mit den angesprochenen Verfehlungen in Zusammenhang gebracht werden könnten. Der Fall des Pfarrers Stefan M. sei in besonderen Umfang journalistisch begleitet worden und werde dies bis in die jüngste Zeit. Jeder, der den Artikel gelesen habe und ihn, den Kläger, nicht genau kenne, sei in der Lage, ihn aufgrund der Veröffentlichung seines Bildes als den vermeintlichen Täter zu identifizieren. Er habe deshalb seinerzeit oft nicht die Kraft zu Unternehmungen in der Öffentlichkeit gehabt und sei zeitweise außerstande gewesen, Kindern weiterhin Religionsunterricht zu erteilen. Die Persönlichkeitsbeeinträchtigung sei nicht durch die Veröffentlichung des Artikels „Foto verwechselt" in irgendeiner Weise gemindert, da durch die geringe Größe des Artikels und seine gewählte Plazierung bei weitem nicht der Effekt der ersten Veröffentlichung erzielt worden sei. Der Beklagte zu 1) hafte als Autor des Artikels, da ihm entweder die Verwechslung selbst unterlaufen sei, oder er die durch die Fotoredaktion nicht von vornherein verhindert bzw. nachträglich festgestellt und berichtigt habe. Die Haftung der Beklagten zu 2) ergebe sich daraus, daß sie ihren Betrieb nicht in einer derartigen Weise organisiert habe, daß eine solche Verwechselung unterbleibe oder zumindest infolge späterer Kontrolle bemerkt und berichtigt werde. Das durch beide Beklagte angerichtete Unheil sei durch ein Schmerzensgeld auszugleichen, das sich nicht unterhalb eines Betrages von 35 000,00 DM bewegen dürfe.

Die Beklagten erwidern: Die Veröffentlichung des Fotos des Klägers habe nicht zu einer schweren Persönlichkeitsverletzung geführt, da der Begleittext des Fotos von vornherein klargestellt habe, daß es sich bei dem des Mißbrauchs Beschuldigten nicht um den Kläger, sondern um Stefan M. handele. Insoweit sei jedem, dem der Kläger bekannt sei, sofort klargewesen, daß es sich bei der Person des Beschuldigten nicht um den Kläger handele, vielmehr eine Fotoverwechslung vorliegen müsse. In Bereichen wo der Kläger nicht bekannt sei, käme wegen der fehlenden Namensnennung des Klägers niemand auf die Idee, daß sich der Kläger des Mißbrauchs Minderjähriger strafbar gemacht habe. Insofern sei der Kläger unter der falschen Bezeichnung überhaupt nicht als solcher zu erkennen gewesen.

Auch entbehre die Schmerzensgeldforderung des Klägers jeder sachbezogenen Realität, zumal die am 13. 11. 1994 veröffentlichte Richtigstellung textlich mit dem Kläger abgesprochen gewesen sei.

Das Landgericht gibt der Klage im wesentlichen statt.

Aus den Gründen:

Die Klage ist weitgehend begründet.

Der Kläger hat gegen die Beklagten als Gesamtschuldner einen Anspruch auf Zahlung einer Geldentschädigung (§§ 847, 823 Abs. 1, 831, 840, 421 ff. BGB, Art. 1 Abs. 1, 2 Abs. 1 GG), welche die Kammer in Höhe von 30 000 DM für angemessen erachtet.

I. Nach ständiger Rechtsprechung steht bei einem Eingriff in das Persönlichkeitsrecht dem Verletzten eine Geldentschädigung zu, wenn die Schwere der Beeinträchtigung eine solche Genugtuung erfordert und die erlittene Beeinträchtigung auf andere Weise nicht befriedigend ausgeglichen werden kann (BGHZ 26, 349; 35, 367; 95, 212; BGH NJW 1971, 698; NJW 1995, 861 ff. [864]). Dabei hängt die Schwere der Persönlichkeitsrechtsverletzung von der Bedeutung und Tragweite des Eingriffs, der Nachhaltigkeit und Fortdauer der

Interessen- und Rufschädigung des Verletzten, ferner von Anlaß und Beweggrund des Handelnden, sowie von dem Grad seines Verschuldens ab (BGH NJW 1985, 1617 [1619] und NJW 1995, aaO). Insoweit ist im vorliegenden Fall von folgendem auszugehen:

1. Die Abbildung des Klägers in Zusammenhang mit dem Vorwurf des sexuellen Mißbrauchs Minderjähriger stellt eine schwere Persönlichkeitsverletzung dar. Durch das Bild des Klägers und den Begleittext, der den Vorwurf des sexuellen Mißbrauchs Minderjähriger enthielt, wurde bei dem unbefangenen Durchschnittsleser, auf dessen Verständnis es ankommt (BGHZ 95, 212 [215]), der Eindruck erweckt, daß der Kläger sich solcher Vergehen schuldig gemacht habe.

a. Dies stellt objektiv eine Verletzung der Ehre des Klägers dar, welche seinen Ruf und sein Ansehen erheblich beeinträchtigt, wie auch sein persönlicher Ehranspruch eine tiefe Kränkung erfährt. Der Vorwurf des sexuellen Mißbrauchs Minderjähriger betrifft ein Delikt, dessen Begehung als auf sittlich niedrigster Stufe stehend angesehen wird, da der Täter seinem Trieb ungehemmt freien Lauf läßt, und es sich bei den Opfern um häufig wehrlose Kinder handelt, die unter diesem Mißbrauch vielfach lebenslang leiden.

Ein solcher Vorwurf wiegt umso schwerer, als es sich bei dem Kläger um einen katholischen Geistlichen handelt. Gerade bei Geistlichen legt die Gesellschaft erhöhten Wert auf die moralische und sittliche Unangreifbarkeit, da dieser sittliche Werte vermitteln soll. Der Vorwurf eines solchen, sittlich höchst anstößigen Verhaltens gegenüber einem Geistlichen hat deshalb gravierendere Auswirkungen auf dessen gesellschaftliche Stellung, als dies bei anderen Berufsgruppen der Fall wäre (vgl. BGH AfP 1988, 35). Hinzukommt, daß derartige Vorwürfe einen Geistlichen im Kern seines Selbstverständnisses treffen, denn sie berühren die Ansprüche die er an sich selbst stellt, und die Teil seiner Berufung sind, insbesondere auch deswegen, weil die Arbeit mit Kindern einen großen und wichtigen Teil der Arbeit eines Geistlichen ausmacht. Dies zeigt sich deutlich im Verhalten des Klägers, der seine Unbefangenheit gegenüber Kindern verloren hatte, so daß er erst nach Gesprächen mit der Schulleitung und einer entsprechenden Aufklärung der Eltern wieder in der Lage war, Religionsunterricht zu erteilen.

Vertieft wird die Persönlichkeitsrechtsverletzung auch durch die Art und Weise der Darstellung des Klägers. Dieser ist im liturgischen Gewand bei der Vornahme einer sakralen Handlung abgebildet. Dadurch wird der Vorwurf des sexuellen Fehlverhaltens noch insofern verstärkt, als suggeriert wird, der Kläger gehe in besonders scheinheiliger Weise, ungeachtet seiner Vergehen, seinem seelsorgerischen Beruf nach, in welchem er Werte und Moral zu vermitteln versuche, an die er selbst sich am wenigsten gebunden halte.

Erschwerend kommt in objektiver Hinsicht noch hinzu, daß der Kläger durch die Veröffentlichung in Verbindung mit dem publikumswirksamen Strafverfahren gegen den Pfarrer Stefan M. gebracht wurde. Dadurch werden bis zum Abschluß dieses Verfahrens infolge der Berichterstattung über diesen Fall die Vorwürfe gegenüber dem Kläger immer wieder in Erinnerung gerufen, da das Bild des Klägers nach der Darstellung in der „B." für viele Menschen mit diesem Verfahren verbunden ist. Dies sorgt dann für eine fortdauernde Beeinträchtigung des Ansehens des Klägers, wie er auch persönlich dann immer wieder an diese Veröffentlichung erinnert wird.

Zusätzlich verstärkt wird die Beeinträchtigung noch durch die weite Verbreitung der „B." (vgl. BGH AfP 1988, 35). Denn dadurch werden die Vorwürfe einem Millionenpublikum bekannt gemacht, so daß der Kläger überall damit rechnen muß, mit diesen Vorwürfen konfrontiert zu werden.

Erschwert wird die Verletzung auch dadurch, daß die Beklagten den Kläger deshalb in der genannten Größe und Art und Weise darstellten, um die Auflage zu steigern und damit den Ertrag zu erhöhen. Zwar besteht ein öffentliches Interesse der Allgemeinheit daran, daß sie über die Gefahren sexuellen Mißbrauchs Minderjähriger durch Priester aufgeklärt und daß dieses Thema enttabuisiert wird, doch ist eine solche Darstellung des Klägers im liturgischen Gewand und in der gewählten Größe nicht zur Befriedigung des Informationsinteresses erforderlich gewesen (vgl. OLG Oldenburg AfP 1989, 557). Vielmehr diente diese Darstellung des Klägers dazu, Emotionen zu wecken und das Interesse am Artikel zu steigern, um dadurch mehr Leser zu gewinnen.

b. Der Schwere der Verletzung des Persönlichkeitsrechts des Klägers steht nicht entgegen, daß der Begleittext unter dem Foto des Klägers auf den eigentlichen Täter Stefan M. hinweist. Denn nur die wenigsten Leser konnten deswegen den Schluß ziehen, daß eine Verwechslung vorlag und der Kläger demzufolge zu Unrecht mit den Vorwürfen in Verbindung gebracht wurde. Ein solcher Schluß ist nur solchen Leuten möglich, die entweder den Kläger oder den genannten Stefan M. vom Aussehen und vom Namen her kennen und die auch von dem Verfahren gegen Stefan M. wissen. Viele Menschen in den Pfarreien D. und S. jedoch werden den Kläger nur vom Sehen her kennen, so daß sie annehmen konnten, daß der Abgebildete gleichzeitig auch der im Begleittext Benannte sei. Auch die Menschen, die den Kläger vom Aussehen und Namen her kennen, mußten nicht zwangsläufig erkennen, daß die Vorwürfe nicht gegen diesen gerichtet waren, da sie auch ohne weiteres hätten annehmen können, daß der Kläger der wahre Beschuldigte sei und daß diesem der Name Stefan M. fälschlicherweise zugeordnet worden sei, zumal der Kläger erst kürzlich von D. nach S. versetzt worden war und dies mit der in dem Artikel angesprochenen Praxis, die angeprangerten Vorfälle „unter den

Teppich zu kehren" in Verbindung gebracht werden konnte. Schließlich konnten auch diejenigen Leser, die die Verwechslung erkannten, sich fragen, ob nicht auch der Kläger sich in ähnlicher Weise vergangen haben könnte wie Stefan M. Dafür, daß die Diskrepanz zwischen dem Bild des Klägers und dem Begleittext nur wenig Relevanz hat, spricht auch, daß bei der Gestaltung der Veröffentlichung eindeutig die bildliche Darstellung im Vordergrund steht, so daß der Durchschnittsleser seine Vorstellung von dem in dem Artikel angesprochenen Täterkreis primär aus dem Bild des Klägers herleiten wird (vgl. BGH NJW 1962, 1005; Wenzel, Das Recht der Wort- und Bildberichterstattung, 4. Aufl. 1994, Rdnr. 9.14). Das abträgliche Bildnis des Klägers überwiegt schon alleine von seiner Größe und der Art seiner Herausstellung aus dem geschriebenen Artikel, so daß der den eigentlichen Täter nennende Begleittext demgegenüber in den Hintergrund tritt.

Entgegen der Auffassung der Beklagten sind bei der Bewertung der Schwere der Persönlichkeitsverletzung auch die Leser von Bedeutung, die den Kläger überhaupt nicht kennen. Sein Persönlichkeitsrecht umfaßt auch den Anspruch, nicht vor einem ihn nicht kennenden Millionenpublikum als Beispiel eines Kinderschänders dargestellt zu werden. Auch wenn die meisten dieser Leser das ihnen unbekannte Gesicht des Klägers nicht in Erinnerung behalten haben sollten, so besteht immerhin die Möglichkeit, daß einzelne sich dessen Gesichtszüge dennoch eingeprägt haben und dem Vorwurf sexuellen Mißbrauchs Minderjähriger zuordnen. Dies muß der Kläger nicht hinnehmen.

c. Diese schwere Verletzung des Allgemeinen Persönlichkeitsrechts des Klägers ist nicht durch die Veröffentlichung des Artikels „Foto verwechselt" kompensiert worden. Diese Richtigstellung vermochte weder das Ansehen des Klägers, noch dessen verletztes Ehrgefühl in hinreichender Weise wiederherzustellen.

Während der streitgegenständliche Artikel durch seine über zwei Seiten reichende Aufmachung als Blickfang herausgestellt war und dadurch das Leserinteresse auf sich zog, war die Richtigstellung mit ihrer wesentlich geringeren Größe und unscheinbarem Schriftbild auf einer überwiegend von Anzeigen belegten Seite und zudem zwischen zwei Artikeln plaziert, die keinerlei Zusammenhang mit der fehlerhaften Veröffentlichung hatten. Hierdurch wurde nicht der gleiche Leserkreis erreicht, wie durch die den Kläger belastende Veröffentlichung. Unerheblich ist daher auch, daß der Kläger dem Text des Artikels „Foto verwechselt" zugestimmt hatte.

2. Ob die Gewährung einer Geldentschädigung neben der hiernach vorliegenden schwerwiegenden Persönlichkeitsverletzung noch *kumulativ* ein schweres Verschulden voraussetzt (so BVerfGE 34, 286), oder ob *alternativ* das Vorliegen einer schweren Tat oder schwerer Schuld ausreicht (BGHZ 35, 369; BGH NJW 1982, 635; Wenzel, aaO, Rdnr. 14.100), kann dahinstehen. Denn

sowohl dem Beklagten zu 1) als auch der Beklagten zu 2) ist ein schweres Verschulden vorzuwerfen.

Wie sich aus den Ausführungen des stellvertretenden Chefredakteurs P. in der mündlichen Verhandlung ergibt, haben zunächst der Beklagte zu 1) als Redakteur und anschließend der stellvertretende Chefredakteur den zur Prüfung vorgelegten Seitenabzug passieren lassen, ohne die Fotoverwechslung festzustellen. Dieses Vorbringen des für beide Beklagte erschienenen Vertreters geht dem entgegenstehenden schriftsätzlichen Vortrag vor (vgl. Zöller-Greger ZPO, 19. Aufl. § 288 Rdnr. 5 m. w. N.). Durch diese Nachlässigkeit haben der Beklagte zu 1) und der stellvertretende Chefredakteur die gebotene journalistische Sorgfalt schwer verletzt. Gerade im Hinblick auf Ausmaß und Tragweite des gegenüber den Abgebildeten erhobenen Vorwurfs, hätten sie darauf achten müssen, daß den Textunterschriften die zugehörigen Fotos zugeordnet wurden. Dies gilt für die in den Vordergrund gestellte Person im liturgischen Gewand umsomehr, als auf dem Ursprungsfoto neben dem an sich ausgewählten Abbild des Stefan M. ein Unbeteiligter, nämlich der Kläger, abgebildet war. Die pressemäßige Sorgfalt verlangt ein hohes Maß an Genauigkeit und Korrektheit bei der Verbreitung von Tatsachenbehauptungen und eine dementsprechende Prüfung jeder Behauptung vor ihrer Veröffentlichung. Dies ergibt sich aus dem hohen Ansehen der Presse in Deutschland, infolgedessen den Tatsachenbehauptungen der Presse fast bedingungslos vertraut wird. Dieses Vertrauen erfordert größtmögliche Verläßlichkeit (Wenzel, aaO, Rdnr. 6.109). An die Sorgfaltspflichten von Journalisten sind deshalb wegen des Persönlichkeitsschutzes von Personen, die durch die Berichterstattung betroffen sind, hohe Anforderungen zu stellen. Diese sind umso höher, wenn es um Vorwürfe unsittlicher und verwerflicher Handlungsweisen geht, woraus persönliche und gesellschaftliche Nachteile entstehen können (BGH NJW 1977, 1288 [1289]).

3. Die erlittene Einbuße des Klägers ist auf andere Art und Weise nicht auszugleichen und ist auch durch den schon veröffentlichten Artikel „Foto verwechselt" nicht ausgeglichen. Bei einem derartigen schweren Angriff, der sich gegen Grundlagen der Persönlichkeit richtet, kann ein möglicher Widerruf oder eine Gegendarstellung durch die Beklagten die erlittene Beeinträchtigung des Klägers nicht ausgleichen (BGH AfP 1988, 35; NJW 1995, 861 ff. [864]). Ruf und Ansehen des Klägers können durch einen etwaigen Widerruf nicht wiederhergestellt werden, da ein solcher Widerruf nicht allen bekannt wird, die von dem Vorwurf erfahren haben und auch dort, wo er bekannt wird, Zweifel verbleiben. Dies gilt auch für einen etwaigen Anspruch auf Gegendarstellung, der die angestrebte Genugtuungsfunktion im allgemeinen sowieso nicht zu erbringen vermag (BGH NJW 1979, 1041 u. 1995, aaO; Löffler/Rickert, Handbuch des Presserechts, 2. Aufl., Rdnr. 48).

II. Bei der Bemessung des zum Ausgleich dieser Persönlichkeitsverletzung anzusetzenden Geldbetrages ist zu berücksichtigen, daß es sich bei einer Entschädigung wegen Verletzung des allgemeinen Persönlichkeitsrechts im eigentlichen Sinne nicht um ein Schmerzensgeld nach § 847 BGB, sondern um einen Rechtsbehelf handelt, der auf den Schutzauftrag aus Art. 1 und 2 Abs. 1 GG zurückgeht (BVerfGE 34, 269 ff. [282/292] und BGH NJW 1995, 861 ff. [864]). Die Zubilligung einer Geldentschädigung beruht auf dem Gedanken, daß ohne einen solchen Anspruch Verletzungen der Würde und Ehre des Menschen häufig ohne Sanktion blieben mit der Folge, daß der Rechtsschutz der Persönlichkeit verkümmern würde. Anders als beim Schmerzensgeldanspruch steht bei dem Anspruch auf eine Geldentschädigung wegen einer Verletzung des allgemeinen Persönlichkeitsrechts der Gesichtspunkt der Genugtuung des Opfers im Vordergrund. Außerdem soll der Rechtsbehelf der Prävention dienen (BGH, aaO, 865 m. w. N.).

Hiernach sind für die Bemessung der Geldentschädigung im vorliegenden Fall folgende Erwägungen maßgebend:

Hinsichtlich der Genugtuung steht die oben näher dargelegte Schwere der dem Kläger zugefügten Ehrverletzung, als katholischer, mit der Unterrichtung von Kindern betrauter Geistlicher in der Öffentlichkeit des sexuellen Mißbrauchs von Kindern angeprangert worden zu sein, im Vordergrund. Zwar ist der Kläger nach seiner Erklärung im Verhandlungstermin persönlich nur von wenigen Personen hierauf angesprochen worden, denen zudem die Verwechslung sofort aufgefallen war. Jedoch ist nach der Lebenserfahrung davon auszugehen, daß diejenigen, die zwar den Kläger, nicht aber die Verwechslung erkannten, ihn gerade nicht hierauf angesprochen haben. Hinzukommt, daß der Kläger sich zu der ihm sicher nicht leicht gefallenen Richtigstellung in der heiligen Messe veranlaßt sah, die weitere Äußerungen von Gemeindemitgliedern ihm gegenüber erübrigte. Desweiteren ist von Bedeutung die nachvollziehbare subjektive Ungewißheit des Klägers, ob Personen, denen er begegnete, den Bericht in der „B." gelesen hatten und ihn deshalb des sexuellen Mißbrauchs von Minderjährigen verdächtigten, zumal ihm Gerüchte zugetragen worden waren, daß verschiedentlich in Frage gestellt worden sei, ob an der Darstellung seiner Person in dem Artikel nicht doch „etwas daran sein könnte". Die hiermit für den Kläger verbundenen Belastungen nahmen sicherlich mit der Zeit ab. Jedoch ist zu berücksichtigen, daß das Strafverfahren gegen Stefan M. bis in die jüngste Zeit wiederholt Gegenstand von Presseberichten war und hierdurch die Veröffentlichung vom 30. 10. 1994 mit ihren subjektiven Folgen für den Kläger diesem immer wieder ins Bewußtsein gerufen wurde.

Auf Seiten der Beklagten fällt ins Gewicht, daß sie das Persönlichkeitsrecht des Klägers, wie oben bereits näher ausgeführt, mit grober Leichtfertigkeit verletzt haben. Erschwerend kommt hinzu, daß die Beklagten eine Verantwortung des Beklagten zu 1) wie auch des ursprünglich in die Klage miteinbezogenen stellvertretenden Chefredakteurs P. im Prozeß zunächst fälschlich in Abrede gestellt haben. Demgegenüber kommt dem mehrfach ausgedrückten Bedauern nur geringe Bedeutung zu. Gleiches gilt für die unauffällig plazierte Richtigstellung in der Ausgabe der „B." vom 13. 11. 1994.

Hinsichtlich der Prävention ist zu berücksichtigen, daß der Bericht über die sexuellen Verfehlungen Geistlicher in der Ausgabe der „B." vom 30. 10. 1994 kommerziellen Interessen diente. Zwar handelte es sich nicht um eine Titelgeschichte, die ein originäres Kaufinteresse zu erwecken vermag. Jedoch war „Das Schweigen der Hirten" ein Leitthema dieser Aufgabe, und das Foto des Klägers wurde als visueller Blickfang in den Vordergrund gestellt. Hierdurch wollten die Beklagten nicht zuletzt das Skandal- und Sensationsinteresse eines Teiles ihrer Leserschaft befriedigen. Damit haben sie das Persönlichkeitsrecht des Klägers leichtfertig zu kommerziellen Zwecken mißbraucht. Dem muß durch eine fühlbare Geldentschädigung begegnet werden, damit von der Höhe der Entschädigung ein echter Hemmungseffekt für eine solche Vermarktung der Persönlichkeit ausgeht (BGH, aaO).

Unter Berücksichtigung aller aufgeführten Faktoren hält die Kammer eine Entschädigung in Höhe von 30 000,00 DM zum Ausgleich der dem Kläger zugefügten Ehrverletzung und aus Präventionsgründen für ausreichend und erforderlich.

71

Die Gewährung von sog. Kirchenasyl ist geeignet, die Abschiebung eines Ausländers wesentlich zu erschweren. Deshalb kann die Verhängung von Sicherungshaft geboten sein.

§ 57 Abs. 2 AuslG

AG Wolfratshausen, Beschluß vom 30. Oktober 1995 – B XIV 17/95[1] –

Das Landratsamt T. beabsichtigt, den Betroffenen, einen algerischen Staatsangehörigen, nach Ablauf des 2. 11. 1995 abzuschieben und hat beantragt den Betroffenen für die Dauer von drei Monaten in Sicherungshaft zu nehmen. Der Pfarrer der Petruskirche in G. hat dem Betroffenen angeboten, ihm sog. Kirchenasyl zu gewähren.

Der Amtsrichter verhängt antragsgemäß Sicherungshaft.

---

[1] NJW 1996, 942. Nur LS: NVwZ 1996, 624; KuR 1996, 131. Der Beschluß ist rechtskräftig. Vgl. zu diesem Fragenkreis auch BayObLG NJW 1997, 1713.

Aus den Gründen:

Der Antrag ist von der zuständigen Verwaltungsbehörde in zulässigerweise gestellt (§ 3 FEG). Das Amtsgericht Wolfratshausen ist für die Entscheidung örtlich zuständig (§ 4 FEG).
Gem. § 57 Abs. 2 Ziffer 5 AuslG ist der Betroffene in Sicherungshaft zu nehmen, weil der begründete Verdacht besteht, daß er sich der Abschiebung entziehen will. Diese Absicht läßt sich auch dadurch verwirklichen, daß er von dem Angebot des Pfarrers der Petruskirche in G. Gebrauch macht, Kirchenasyl zu erhalten. Es besteht kein Zweifel, daß ihm dieses auf Grund der Presseveröffentlichung gewährt wird. Die Ausländerbehörde hätte bei der Gewährung von Kirchenasyl die beabsichtigte Abschiebung nicht mehr durchführen können. Zumindest wäre diese wesentlich erschwert worden.

72

Für die Entscheidung über einen Anspruch auf Erstattung von Reisekosten, die einem kirchlichen Arbeitnehmer wegen Teilnahme an einer Sitzung der Kommission zur Ordnung des diözesanen Arbeitsrechts (Bistums-KODA) oder anläßlich der Sitzungsvorbereitung entstanden sind, ist der Rechtsweg zu den staatlichen Arbeitsgerichten gegeben. Zum Begriff Kommissionssitzung, Sitzungsvorbereitung und Notwendigkeit der Teilnahme.

Art. 101 Abs. 1, 140 GG, 137 Abs. 3 WRV; §§ 8, 9, 11, 17, 18
Bistums-KODA-Ordnung Trier
ArbG Trier, Urteil vom 7. November 1995 – 2 Ca 777/94[1] –

Der Kläger ist bei dem beklagten Bistum als Diplom-Psychologe beschäftigt. Darüber hinaus ist der Kläger ordentliches Mitglied der „Kommission zur Ordnung des diözesanen Arbeitsvertragsrechts" (Bistums-KODA). Die Tätigkeit als Mitglied der Bistums-KODA ist im Erlaß des Bischofs Nr. 194 zur „Ordnung zur Mitwirkung bei der Gestaltung des Arbeitsvertragsrechtes durch eine Kommission für das Bistum T." (Bistums-KODA-Ordnung) geregelt.
Am 25. 1. 1994 nahm der Kläger an der Tagung „Die Grundordnung des kirchlichen Dienstes von 1993 – Anspruch und Wirklichkeit des kirchlichen Arbeitsrechts" in L. teil, die von der Bundesarbeitsgemeinschaft der Mitarbeitervertretungen veranstaltet wurde. Wegen der ihm hierfür entstandenen Rei-

---

[1] Das Urteil ist rechtskräftig.

sekosten macht er mit der vorliegenden Klage einen Anspruch nach § 18 Bistums-KODA-Ordnung geltend. Danach trägt das Bistum für die Sitzungen der Kommission und deren Vorbereitung die notwendigen Kosten einschließlich der Reisekosten (Abs. 1). Darüber hinaus trägt das Bistum auch die notwendigen Kosten für die Teilnahme an Schulungsveranstaltungen i. S. d. § 9 Bistums-KODA-Ordnung (Abs. 2). Nach § 9 Bistums-KODA-Ordnung werden die Mitglieder der Kommission für den Besuch von Schulungsveranstaltungen freigestellt, die die für die Arbeit in der Kommission erforderlichen Kenntnisse vermitteln. Über die Erforderlichkeit entscheidet das Bistum.

Über das Thema der Tagung fand auf Bistumsebene am 2. 3. 1994 eine zu Jahresbeginn bereits geplante Veranstaltung mit demselben Referenten wie in L. statt, die dem Kläger zugänglich war.

Nachdem die Schlichtungsstelle der Mitarbeitervertretungs-Ordnung (MAVO) ursprünglich für Streitigkeiten aus dem Bereich der Bistums-KODA-Ordnung nicht zuständig war, wurde mit Wirkung zum 1. 7. 1995 die Bistums-KODA-ORDNUNG um einen § 17 a ergänzt, wonach in Rechtsstreitigkeiten über Angelegenheiten der Bistums-KODA-Ordnung die Schlichtungsstelle gemäß § 37 der MAVO angerufen werden kann.

Der Kläger ist der Auffassung, das staatliche Gericht sei für die Entscheidung des Rechtsstreits zuständig. Im Bistum T. bestünden keine unabhängigen kirchlichen Gerichte. Eine Zuständigkeit der MAVO-Schlichtungsstelle verstoße gegen Art. 101 Abs. 1 Satz 2 GG. Daran ändere auch die Einführung des § 17 a Bistums-KODA-Ordnung nichts.

Er habe nicht an einer Schulungsveranstaltung, sondern an einer Vorbereitungsveranstaltung für Kommissionssitzungen teilgenommen. Bei der Veranstaltung habe es sich um eine arbeitsrechtliche Fachtagung und nicht um eine Schulungsveranstaltung gehandelt, da die Veranstaltung nicht als Schulungsveranstaltung vom Bistum T. anerkannt und auch kein entsprechender Antrag gestellt worden sei. Zum 1. 1. 1994 sei die Grundordnung des kirchlichen Dienstes im Rahmen kirchlicher Arbeitsverhältnisse neu geregelt worden. Die Tagung habe durch die dort vermittelten Kenntnisse einer sachgerechten Kommissionsarbeit und damit der Vorbereitung einer jeden Kommissionssitzung gedient. § 18 Abs. 1 Bistums-KODA-Ordnung verlange nicht die Vorbereitung einer bestimmten Sitzung. Die Teilnahme an der Tagung stelle eine unmittelbare Geschäftstätigkeit der Kommission dar, für die das beklagte Bistum ohne Überprüfung der Erforderlichkeit Kostenersatz zu leisten habe.

Das beklagte Bistum rügt die Zuständigkeit des Arbeitsgerichts. Nach seiner Auffassung ist die vorliegende Streitigkeit der innerkirchlichen Rechtsmaterie der Bistums-KODA-Ordnung zuzuordnen. Aus dem verfassungsrechtlich gesicherten Recht der Kirche, die Arbeitsverhältnisse im kirchlichen Dienst als ihre Angelegenheit selbständig zu ordnen, folge die von staatlichem

Einfluß freie Befugnis der Kirche, die hierzu erforderlichen Institutionen zu schaffen und entsprechende Ämter zu vergeben. Ansprüche des Klägers ließen sich ausschließlich daraus ableiten, daß er als gewähltes Mitglied der Bistums-KODA Aufwendungen gehabt habe. Sie hätten nichts damit zu tun, daß der Kläger als Diplom-Psychologe beschäftigt sei. Es handele sich damit nicht um Ansprüche aus dem Arbeitsverhältnis, für die eine Zuständigkeit des Arbeitsgerichts gegeben wäre.

Um eine unmittelbare Geschäftstätigkeit der Kommission habe es sich bei der Veranstaltung in L. schon deshalb nicht gehandelt, weil weitere Kommissionsmitglieder die Veranstaltung unstreitig nicht besucht hätten. Unter Vorbereitung einer Kommissionssitzung sei der Aufwand zu verstehen, der hinsichtlich konkreter Besprechungs- und Beschlußgegenstände notwendig erscheine. Demgegenüber habe die Tagung Grundlagenwissen zum Gegenstand gehabt. Der Kläger habe allenfalls an einer Schulungsveranstaltung teilgenommen, die nach ihrer Entscheidung nicht erforderlich war und auch nicht zuvor genehmigt worden sei. Auch eine arbeitsrechtliche Fachtagung könne eine Schulungsveranstaltung sein. Die Fahrt nach L. sei insbesondere im Hinblick auf die inhaltlich gleiche Veranstaltung auf Bistumsebene nicht notwendig gewesen.

Das Arbeitsgericht weist die Klage ab.

Aus den Gründen:

Die Klage ist zulässig, aber unbegründet.

A.I. Für den vorliegenden Rechtsstreit ist der Rechtsweg zum Arbeitsgericht eröffnet.

Den Religionsgemeinschaften ist nach Art. 140 GG i.V. m. Art. 137 Abs. 3 WRV die Freiheit garantiert, ihre Angelegenheiten selbständig innerhalb der Schranken der für alle geltenden Gesetze zu ordnen und zu verwalten. Aufgrund dieses Selbstbestimmungsrechts kann die Kirche eine eigene kirchliche Gerichtsbarkeit schaffen, die sich jedoch nur auf Angelegenheiten der kirchlichen Selbstbestimmung erstreckt. Die Zuständigkeit staatlicher Gerichte ist in diesem Bereich nicht begründet, da mit der Unterwerfung unter staatliche Gerichtsbarkeit zugleich die Unterwerfung unter die Staatshoheit verbunden wäre. Eine Überprüfung der kirchlichen Akte vor den staatlichen Gerichten erfolgt in diesem innerkirchlichen Selbstverwaltungsbereich selbst dann nicht, wenn die Kirche keine eigenen Gerichte gebildet hat (Germelmann/Matthes/ Prütting, ArbGG, 2. Aufl. 1995, Einl., Rdnr. 84; Kissel, GVG, 2. Aufl. 1994, § 13, Rdnr. 181 f.).

Wählt die Kirche für die Begründung der Arbeitsverhältnisse die Form des Privatrechts, so werden Streitigkeiten aus diesen Arbeitsverhältnissen grundsätzlich vor den staatlichen Gerichten ausgetragen, soweit nicht ausnahmsweise der Kernbereich kirchlicher Selbstbestimmung betroffen ist (BAG AP Nr. 25 zu Art. 140 GG[2]; Germelmann/Matthes/Prütting, aaO, Rdnr. 86; Schaub, Arbeitsrechts-Handbuch, 7. Aufl. 1992, § 82 I 9 b; Kissel, aaO, Rdnr. 186). Letzteres wird insbesondere für Streitigkeiten aus dem Bereich der Mitbestimmung und Mitarbeitervertretung bejaht.

Der Kläger ist Bediensteter der katholischen Kirche in einem privatrechtlichen Arbeitsverhältnis. Die von ihm geltend gemachten Reisekosten sind jedoch nicht im Rahmen seiner Tätigkeit als Diplom-Psychologe, sondern als Mitglied der Bistums-KODA entstanden. Der Anspruch entstammt also nicht unmittelbar dem privatrechtlichen Arbeitsverhältnis. Damit stellt sich die Frage, ob Ansprüche aus der Bistums-KODA-Ordnung, vergleichbar den Angelegenheiten der MAVO, den staatlichen Gerichten entzogen sind oder ob sie vor den staatlichen Gerichten geltend gemacht werden können. Die Frage ist nach Auffassung der Kammer im letztgenannten Sinne zu entscheiden.

Aufgabe der Bistums-KODA ist die Gestaltung eines kirchlichen Arbeitsvertragsrechts. Das Endziel ihrer Tätigkeit dürfte damit dem innerkirchlichen Bereich zuzuordnen sein. Dies schließt es jedoch nach Auffassung der Kammer nicht aus, daß einzelne aus der Bistums-KODA-Ordnung folgende Ansprüche vor den staatlichen Gerichten geltend gemacht werden können, soweit sie nicht dem Kernbereich kirchlicher Selbstbestimmung zuzurechnen sind. Ist das einzelne Mitglied der Bistums-KODA durch seine Tätigkeit persönlich vermögensmäßig betroffen, weil ihm Kosten durch Auslage entstanden sind (z. B. Reisekosten), kann es seine Ansprüche vor den staatlichen Gerichten verfolgen, soweit sie nach staatlichem Recht entstanden sind oder zumindest in den staatlichen Rechtskreis hineinragen. Insoweit kann nichts anderes gelten als für die Kostenerstattungsansprüche von Mitgliedern der Mitarbeitervertretung (vgl. hierzu Bleistein/Thiel, MAVO, 2. Aufl. 1992, § 17, Rdnr. 28).

Ein etwaiger Anspruch des Klägers nach § 18 Bistums-KODA-Ordnung ist danach dem staatlichen Recht zuzuordnen. Nach § 8 Abs. 1 Bistums-KODA-Ordnung steht für die Mitglieder der Kommission, die im kirchlichen Dienst stehen, die Tätigkeit anläßlich der Wahrnehmung von Aufgaben als Mitglied der Kommission dem Dienst gleich. Damit folgt ein Anspruch auf Reisekostenerstattung aus § 18 Bistums-KODA-Ordnung in Verbindung mit dem Arbeitsvertrag; die Kostenerstattungsbestimmung erweitert für jedes Mitglied der Bistums-KODA seine Rechtsansprüche aus seinem Grundverhältnis als Arbeitnehmer. Da zur Entscheidung von Streitigkeiten aus diesem Grundverhältnis das Arbeitsgericht berufen ist, ist dieses auch für Ansprüche aus § 18 Bistums-KODA-Ordnung gemäß § 2 Abs. 1 Ziff. 3 lit. a ArbGG zuständig.

---

[2] KirchE 24, 72.

Die Reisekostenerstattung berührt unter keinem rechtlichen Gesichtspunkt den Kernbereich kirchlicher Selbstbestimmung. Die Frage der Reisekostenerstattung betrifft weder den geistig-seelsorgerischen Bereich noch den der Kirchenverfassung und -organisation. Durch die Gleichstellung der Tätigkeit als Mitglied der Bistums-KODA mit der allgemeinen, privatrechtlich geregelten Diensttätigkeit in § 8 Abs. 1 Bistums-KODA-Ordnung hat die Kirche auch den Bereich der Bistums-KODA-Ordnung dem allgemeinen staatlichen Privatrecht unterstellt.

Die Einführung des § 17 a Bistums-KODA-Ordnung ändert an der Zuständigkeit der staatlichen Gerichte nichts. Die Kirche hat keine Befugnis, durch die Einführung einer innerkirchlichen Schlichtungsstelle eine Angelegenheit, die dem staatlichen Rechtskreis zuzuordnen ist und damit der Zuständigkeit der staatlichen Gerichte unterfällt, der staatlichen Gerichtsbarkeit zu entziehen. Hinzu kommt im vorliegenden Fall, daß § 17 a Bistums-KODA-Ordnung erst nach Rechtshängigkeit der vorliegenden Klage in Kraft trat. Die nachträgliche Einführung der Zuständigkeit der kirchlichen Schlichtungsstelle aber kann die einmal eingetretene Zuständigkeit der staatlichen Gerichtsbarkeit nicht nachträglich entziehen. Der allgemeine rechtsstaatliche Grundsatz, daß eine einmal begründete Zuständigkeit regelmäßig durch eine Veränderung der tatsächlichen Umstände oder Rechtsvorschriften unberührt bleibt (sog. perpetuatio fori), gilt auch hier. Insoweit ist der Rechtsgedanke der §§ 261 Abs. 3 Ziff. 2 ZPO, 17 Abs. 1 Satz 1 GVG heranzuziehen.

II. Der Kläger hat keinen Anspruch auf Ersatz seiner Reisekosten.

1. Der Kläger leitet seinen Anspruch aus § 18 Abs. 1 Bistums-KODA-Ordnung ab. Bei der Tagung in L. handelte es sich jedoch weder um eine Sitzung der Kommission noch um deren Vorbereitung.

Eine Sitzung der Kommission i. S. d. Bistums-KODA-Ordnung liegt gemäß § 11 Abs. 3 nur vor, wenn von jeder Seite mindestens die Hälfte der Mitglieder und der Vorsitzende oder sein Stellvertreter persönlich anwesend sind. An der Tagung in L. haben demgegenüber außer dem Kläger unstreitig keine anderen Kommissionsmitglieder teilgenommen.

Auch die Vorbereitung einer Kommissionssitzung kann in der Tagungsveranstaltung nicht gesehen werden. Von der Vorbereitung einer Kommissionssitzung kann nur gesprochen werden, wenn eine konkret bevorstehende Sitzung im Hinblick auf konkrete Besprechungs- und Beschlußgegenstände vorbereitet wird. Die Tagungsveranstaltung mag dem Kläger Kenntnisse vermittelt haben, die ihm für seine Arbeit in der Kommission nützlich sind. Würde man jedoch auch derartige Veranstaltungen als Vorbereitung einer Kommissionssitzung qualifizieren, bliebe für § 18 Abs. 2 Bistums-KODA-Ordnung kein Anwendungsbereich mehr, da auch Schulungsveranstaltungen regelmäßig derartige grundlegende Kenntnisse vermitteln und damit letztlich der Vorbereitung von Kommissionssitzungen dienen. Der Umstand, daß nach § 9 Bistums-KODA-Ordnung Arbeitnehmer für die Teilnahme an Schulungsveranstaltungen freigestellt werden, die die für die Arbeit in der Kommission erforderlichen Kenntnisse vermitteln, zeigt, daß derartige allgemeine Veranstaltungen, die der generellen Kenntnisvermittlung und Unterrichtung dienen, nicht als Vorbereitung von Kommissionssitzungen anzusehen sind. § 18 Abs. 1 Bistums-KODA-Ordnung scheidet damit als Anspruchsgrundlage aus.

2. Auch aus § 18 Abs. 2 Bistums-KODA-Ordnung kann der Kläger keinen Anspruch herleiten. Unabhängig davon, ob es sich bei der Tagung in L. um eine Schulungsveranstaltung im Sinne dieser Vorschrift handelte, war die Teilnahme daran für den Kläger jedenfalls nicht notwendig i. S. d. § 9 Bistums-KODA-Ordnung. Hierfür reicht es zwar nicht aus, daß das beklagte Bistum die Veranstaltung nicht für erforderlich hielt; denn die Entscheidung über die Erforderlichkeit ist gerichtlich überprüfbar. Der Kläger hat dem Gericht jedoch keine Anhaltspunkte für eine derartige Überprüfung geliefert. Allein anhand des mitgeteilten Titels der Veranstaltung kann nicht beurteilt werden, ob sie Kenntnisse vermittelte, die für die Arbeit in der Kommission erforderlich sind. Hierfür hätte der Kläger vielmehr im einzelnen darlegen müssen, daß die auf der Tagung besprochenen Inhalte Fragen betrafen, die in der Arbeit der Kommission konkret anfielen. Nachdem unstreitig über das Thema der Tagung auf Bistumsebene wenige Wochen später eine zu Jahresbeginn bereits geplante Veranstaltung mit demselben Referenten wie in L. stattfand, die dem Kläger zugänglich war, ist vielmehr davon auszugehen, daß die Teilnahme an der Veranstaltung in L. nicht erforderlich war.

73

Der „Deutsche Freidenker-Verband, Berliner Landesverband im DFV, Sitz Dortmund, e. V." ist eine für die Zulassung zum Lebenskundeunterricht an Berliner Schulen geeignete Weltanschauungsgemeinschaft. Ob eine programmatisch ähnliche oder vergleichbare Gemeinschaft bereits einen solchen Unterricht erteilt, ist für die Zulassungsentscheidung unerheblich.

Art. 3 Abs. 1, 4 Abs. 1 u. 2 GG; § 23 Abs. 1 Berl.SchulG
OVG Berlin, Urteil vom 8. November 1995 – 7 B 34.93[1] –

Der Freidenkerverband N., zu dem sich die Mitglieder des Klägers zunächst im April 1991 zusammengeschlossen hatten, beantragte im Oktober 1991 bei der Senatsverwaltung für Schule, Berufsbildung und Sport die Zulassung zur Erteilung von Lebenskundeunterricht an Berliner Schulen im Bezirk N.

---

[1] Die Nichtzulassungsbeschwerde des beklagten Landes wurde zurückgewiesen; BVerwG, Beschluß vom 7. 8. 1996 – 6 B 19.96 – NVwZ 1997, 1796.

Mit dem angefochtenen, an diesen Verein gerichteten Bescheid lehnte der Beklagte die Zulassung zur Erteilung von Lebenskundeunterricht ab. Zur Begründung führte er aus: Lebenskundeunterricht könne gemäß § 23 Berl.SchulG nur dann erteilt werden, wenn es sich um Weltanschauungsunterricht handele. Der Verein sei keine Weltanschauungsgemeinschaft im Sinne von Art. 140 GG, 137 WRV. Dies setze voraus, daß die betreffende Gemeinschaft durch ihre Lehre eine wertende Stellungnahme zum Ganzen der Welt biete und damit eine Antwort auf Fragen nach Ursprung, Sinn und Ziel der Welt und des Lebens der Menschen geben könne. Der Verein, der aus dem Freidenker-Verband der DDR hervorgegangen sei, bekenne sich zu dessen Geschichte. Der frühere Freidenker-Verband der DDR wiederum sei eine Vereinigung zur Unterstützung und Durchsetzung der Ziele der SED gewesen. Auch wenn die SED nicht mehr existiere, werde aus dem Bekenntnis zur Vergangenheit deutlich, daß sich die Grundeinstellung des Verbandes nicht geändert habe. – Während des Verwaltungsverfahrens haben sich die Mitglieder des genannten Vereins neu zu dem als Kläger auftretenden Verein mit dem Namen „Deutscher Freidenker-Verband, Berliner Landesverband im DFV, Sitz Dortmund, e. V." zusammengeschlossen. Die Beteiligten gehen übereinstimmend davon aus, daß der angefochtene Bescheid nunmehr den Kläger betreffen soll.

Mit der Klage hat der Kläger geltend gemacht, der Bescheid verletze ihn in seinem aus dem Grundgesetz und dem Berliner Schulgesetz abzuleitenden Recht, als Weltanschauungsgemeinschaft Weltanschauungsunterricht durchzuführen. Der Deutsche Freidenker-Verband sei eine in Deutschland wie auch international seit Jahrzehnten anerkannte Weltanschauungsgemeinschaft. Auch er, der Kläger als Landesverband, sei eine Weltanschauungsgemeinschaft, wie sich aus den mit dem Gesamtverband übereinstimmenden inhaltlichen Aussagen seiner Satzung ergebe.

Das Verwaltungsgericht hat der Klage mit dem Antrag des Klägers, ihn unter Aufhebung des angefochtenen Bescheides nach der Rechtsauffassung des Gerichts erneut zu bescheiden, stattgegeben. Zur Begründung hat es ausgeführt: Der Kläger habe einen Anspruch auf Neubescheidung seines Antrags, weil er eine zur Erteilung von Lebenskundeunterricht befugte Weltanschauungsgemeinschaft sei. Nach § 23 Abs. 1 Berl.SchulG sei Religionsunterricht Sache der Kirchen, Religions- und Weltanschauungsgemeinschaften. Die kollektive Religionsfreiheit des Art. 4 Abs. 2 GG umfasse die gemeinschaftliche Pflege und Betätigung und damit auch die Unterrichtung religiöser Überzeugungen. Da die Weltanschauungsgemeinschaften gemäß Art. 140 GG i. V. m. Art. 137 WRV den Religionsgesellschaften gleichgestellt seien und der Staat bei grundsätzlicher Parität der Kirchen und Bekenntnisse zu religiöser und konfessioneller Neutralität verpflichtet sei, gelte dieses Grundrecht auch für die Weltanschauungsgemeinschaft mit der Folge, daß solchen Gemeinschaften grundsätzlich die Erteilung von Weltanschauungsunterricht jedenfalls auf der Basis freiwilliger Teilnahme der Schüler zu gestatten sei. Ein Beurteilungs- oder Ermessensspielraum bestehe nicht, so daß insbesondere auch Gesichtspunkte der Bedarfslenkung unzulässig seien. Da der Beklagte die Bearbeitung des Zulassungsantrags bereits auf der Stufe der Prüfung einer Weltanschauungsgemeinschaft abgebrochen und den Lehrplan des Klägers nicht mehr im einzelnen überprüft habe, sei der Beklagte zu einer Neubescheidung verpflichtet.

Mit der Berufung hält der Beklagte weiterhin an seiner Auffassung fest, der Kläger sei keine Weltanschauungsgemeinschaft. Es bestehe auch kein Bedarf für die Erteilung von Weltanschauungsunterricht durch den Kläger, weil eine andere vergleichbare Weltanschauungsgemeinschaft, nämlich der Berliner Landesverband des Humanistischen Verbandes Deutschland (HVD) unter seinem früheren Namen Deutscher Freidenker-Verband, Landesverband Berlin e. V., zur Erteilung von Lebenskundeunterricht zugelassen sei. Er, der Beklagte, stütze sich für seine Auffassung auf ein Auftragsgutachten von Prof. Dr. A. vom 21. 3. 1994, das er nicht vorlege, weil er sich die dort vertretene Auffassung, der Kläger sei eine Weltanschauungsgemeinschaft, nicht zu eigen mache, das aber im übrigen zu dem Ergebnis komme, daß der Kläger und der HVD untereinander „materielle Identität" aufwiesen und der an öffentlichen Schulen zur Verfügung stehende Platz für derartigen Unterricht bereits durch den HVD besetzt sei.

Der Kläger tritt der Rechtsauffassung des Beklagten entgegen. Der Hinweis des Beklagten darauf, daß der Bedarf an Lebenskundeunterricht durch den HVD gedeckt sei, verletze die Rechte seiner Mitglieder sowie das Gebot der Neutralität des Staates. Eine derartige Monopolstellung des HVD laufe Art. 4 GG zuwider und zwinge Mitglieder und Sympathisanten des Deutschen Freidenker-Verbandes dazu, am Lebenskundeunterricht des anderen Verbandes teilzunehmen.

Die Berufung wurde zurückgewiesen.

Aus den Gründen:

Die Berufung ist unbegründet.

Das Verwaltungsgericht hat der Klage zu Recht stattgegeben. Die Ablehnung des beantragten Verwaltungsakts ist rechtswidrig und verletzt den Kläger in seinen Rechten. Er hat einen Anspruch auf Neubescheidung seines Antrags auf Zulassung zur Erteilung von Lebenskundeunterricht.

Nach § 23 Abs. 1 Sätze 1 bis 3 des Schulgesetzes für Berlin in der Fassung vom 20. August 1980 (GVBl. S. 2103) − SchulG − ist der Religionsunterricht

Sache der Kirchen, Religions- und Weltanschauungsgemeinschaften. Er wird von Personen erteilt, die von diesen beauftragt werden. Die Kirchen, Religions- und Weltanschauungsgemeinschaften übernehmen die Verantwortung, daß der Religionsunterricht (bzw. der Weltanschauungs- oder Lebenskundeunterricht) gemäß den für den allgemeinen Unterricht geltenden Bestimmungen durchgeführt wird. Art. 7 Abs. 3 Satz 1 GG, der den Religionsunterricht in den öffentlichen Schulen zum ordentlichen Lehrfach bestimmt, findet wegen des Vorbehalts in Art. 141 GG in Berlin keine Anwendung, weil hier bereits vor dem 1. 1. 1949 eine andere landesrechtliche Regelung galt, nämlich die Erteilung des Religionsunterrichts außerhalb der ordentlichen Schulfächer (§ 13 des Schulgesetzes für Groß-Berlin vom 26. 6. 1948, VOBl. S. 358).

§ 23 Abs. 1 SchulG begründet einen Anspruch auf Zulassung zur Erteilung von Lebenskundeunterricht, sofern es sich bei dem Antragsteller um eine Weltanschauungsgemeinschaft handelt und der durchzuführende Unterricht sich im Rahmen der geltenden Rechtsordnung, insbesondere im Rahmen des die Aufgabe der Schule allgemein regelnden § 1 SchulG hält. Ungeachtet dessen, daß allein schon die am Wortlaut orientierte Auslegung des § 23 Abs. 1 SchulG zu der Annahme eines Anspruchs auf Zulassung führt, ergibt sich dies auch im Lichte des Art. 4 Abs. 1 und 2 GG. Dieses Grundrecht gewährleistet auch die kollektive Religionsfreiheit; dabei sind gemäß Art. 140 GG in Verbindung mit dem weitergeltenden Art. 137 Abs. 1 WRV den Religionsgesellschaften diejenigen Vereinigungen gleichgestellt, die sich die gemeinschaftliche Pflege einer Weltanschauung zur Aufgabe machen. Dies hat zur Folge, daß eine Privilegierung der Religionsgesellschaften unzulässig ist und deshalb auch nichtreligiösen Gemeinschaften das Recht zur Erteilung von Weltanschauungsunterricht zusteht. Letzteres hat das VG zutreffend im einzelnen dargelegt. (...)

Der Kläger ist eine Weltanschauungsgemeinschaft im Sinne des § 23 Abs. 1 SchulG. Der Begriff der Weltanschauungsgemeinschaft im Sinne des § 23 Abs. 1 SchulG ist wegen des gleichen Regelungszusammenhanges wie in Art. 140 GG, Artikel 137 Abs. 7 WRV zu verstehen. Danach ist eine Weltanschauungsgemeinschaft ein Zusammenschluß von Personen mit gemeinsamer Auffassung von Sinn und Bewältigung des menschlichen Lebens, der diesen Konsens in umfassender Weise bezeugt und sich zu einer nicht religiösen Weltanschauung bekennt. Nach der Rechtsprechung des Bundesverwaltungsgerichts (BVerwGE 89, 368 [371][2]), der der Senat folgt und auf die sich auch der Beklagte stützt, werden als Weltanschauung solche Gedankensysteme bezeichnet, die sich mit der Gesamtsicht der Welt oder doch mit einer Gesamthaltung

---

[2] KirchE 30, 52.

zur Welt bzw. zur Stellung des Menschen in der Welt befassen; ein Gedankensystem, das Weltanschauung ist, befaßt sich mit Fragen nach dem Sinnganzen der Welt und insbesondere des Lebens der Menschen in dieser Welt und führt zu sinnentsprechenden Werturteilen; an das notwendig von Subjektivität geprägte Gedankensystem dürfen zwar in bezug auf den gegenständlichen Umfang einer solchen ganzheitlichen Sicht wie auch hinsichtlich seiner inneren Konsistenz keine besonders hohen Anforderungen gestellt werden, aber bei allen gebotenen Abstrichen an deren Vollkommenheit ist für Gedankensysteme als Weltanschauung wenigstens eine hinreichende Konsistenz, eine ähnliche Geschlossenheit und Breite vorauszusetzen, wie sie den im abendländischen Kulturkreis bekannten Religionen zu eigen ist. Auch das staats- und verfassungsrechtliche Schrifttum sieht nach der geschichtlichen Entstehung und dem heutigen Verständnis des Begriffes als Weltanschauungsvereinigungen solche Vereinigungen an, die durch ihre Lehren eine wertende Stellungnahme zum Ganzen der Welt bieten und damit eine Antwort auf Fragen nach Ursprung, Sinn und Ziel der Welt und des Lebens geben wollen (Maunz/Dürig/Herzog/Scholz, Grundgesetz Bd. IV, Stand Mai 1994, Art. 140, Rdnr. 20; Jarass/Pieroth, Grundgesetz, 3. Aufl. 1995, Art. 4, Rdnr. 6; von Münch, Grundgesetz Kommentar, Bd. 3, 2. Aufl. 1983, Art. 140, Rdnr. 36; Bonner Kommentar zum Grundgesetz, Stand Oktober 1994, Art. 4, Rdnr. 94; Handbuch des Staatsrechts, hg. von Isensee/Kirchhoff, Bd. VI, 1989, § 138). Allerdings kann bei einer nichtreligiösen, rational und wissenschaftsorientierten Weltsicht gerade durch die bewußte Abkehr von religiösen Glaubenssätzen kein dogmatisch durchgängiges Bekenntnis bestehen, wie dies sonst bei Religionen der Fall ist.

Diese Eigenschaften einer Weltanschauungsgemeinschaft liegen entgegen der Auffassung des Klägers vor, wie das VG aufgrund der Bestimmungen der aktuellen Satzung zutreffend dargelegt hat. Nach § 2 der Satzung des Klägers treten seine konfessionell nicht gebundenen Mitglieder für weltanschauliche Selbstbestimmung, Toleranz, Humanismus und Weltoffenheit der Menschen ein; sie fördern und verbreiten eine nicht religiöse, rational begründete Weltsicht, die sich auf ein Denken frei von Vorurteilen, Dogmen und Tabus stützt. Sie treten laut Satzung ein für einen tätigen Humanismus, wobei die Achtung vor der Würde des Menschen und vor der Natur ihr Handeln bestimmt. Der Verein betreibt als freier Träger der Sozialhilfe verschiedene Sozialstationen wie Jugendarbeit, Jugendbildung und Jugendförderung und fördert eine weltliche Feier-, Fest- und Trauerkultur konfessionsfreier Menschen und ihrer Familien; er gestaltet unter anderem Namengebungs-, Eheschließungs- und weltliche Trauerfeiern. Als Träger des Lebenskundeunterrichts geben seine Mitglieder oder seine Beauftragten Orientierungshilfen bei weltanschaulichen oder lebensgestaltenden Fragen. Auf der Grundlage der freien

Entscheidung und Selbstbestimmung der jungen Menschen werden auch Jugendweihen und Jugendfeiern durchgeführt.

Damit begreift sich der Kläger, wie sich auch aus der Schilderung seines „Weltbildes" und dem eingereichten Rahmenplan für den Lebenskundeunterricht an den Berliner Schulen (Klassenstufen 5 bis 13) ergibt, als eine Gemeinschaft konfessionsfreier Menschen, die für ein Denken frei von Vorurteilen und religiösen Dogmen und auf der Basis von wissenschaftlichen Erkenntnissen für eine rational begründete Weltsicht eintritt. Diese Weltanschauung wird auch „bezeugt" im Sinne der Rechtsprechung, nämlich durch die soziale Tätigkeit des Klägers sowie seine eigene Fest- und Trauerkultur. Sie entspricht somit den traditionellen Kriterien des Freidenkertums als Weltanschauungsgemeinschaft (vgl. Evangelisches Staatslexikon, 3. Aufl. 1987, Sp. 3963–3966).

Es bestehen auch keine Anhaltspunkte dafür, daß es sich beim Kläger eher um eine politische als um eine Weltanschauungsgemeinschaft handelt, wie der Beklagte im Hinblick auf die Entstehungsgeschichte der Freidenker-Bewegung in der früheren DDR befürchtet. Allerdings ist davon auszugehen, daß der 1989 in der DDR gegründete „Verband der Freidenker der Deutschen Demokratischen Republik" ausweislich seiner Satzung als spezifisches Mittel zur Gestaltung der sozialistischen Gesellschaft der DDR galt und ausweislich der beiden vom Beklagten angeführten DDR-Dokumente (MfS-Rundschreiben Nr. 82/88 vom 30. 12. 1988 sowie Notiz des Parteisekretariats vom 16. 1. 1989) als Gegengewicht zu den Kirchen und Agitations- und Propagandainstrument dienen sollte. Diese Funktionen haben sich jedoch mit dem Ende der DDR-Gesellschaft erledigt. Außerdem ist der Kläger nach der Wende zunächst als „Freidenker-Verband N." und dann als Berliner Landesverband des bereits seit 1951 bestehenden bundesdeutschen Freidenker-Verbandes mit Sitz in Dortmund mit neuem Namen und neuer Satzung neu entstanden; die Satzung ist im wesentlichen inhaltsgleich mit derjenigen des bundesdeutschen Freidenker-Verbandes in Dortmund. Die Eigenschaft jenes Freidenker-Verbandes als Weltanschauungsgemeinschaft wird allgemein nicht bezweifelt. Daß ein zahlenmäßig nicht bestimmbarer Teil der Mitglieder des Klägers zu DDR-Zeiten im Freidenker-Verband der DDR war, ändert nichts an der Qualifikation des Klägers, wie das VG bereits zutreffend dargelegt hat. Für die Annahme, daß sich der Kläger entgegen seinen satzungsmäßigen Zielen zu einer irgendwie gearteten Nachfolge in die Zwecke des Freidenker-Verbandes der DDR als Lenkungsinstrument der SED bekannt hat, wie der Beklagte meint, fehlt es an tragfähigen Anhaltspunkten; aus der Äußerung des Klägers, er bekenne sich zu „unserer Geschichte und Gegenwart" kann dies nicht entnommen werden, wie das VG ebenfalls zutreffend ausgeführt hat.

Schließlich können auch die Darlegungen des Beklagten, es bestehe kein Bedürfnis für die Erteilung von Lebenskundeunterricht, weil ein anderer, der

Humanistische Verband Deutschlands, Landesverband Berlin e. V., Lebenskundeunterricht erteile, der Berufung nicht zum Erfolg verhelfen. Eine Bedürfnisprüfung ist in § 23 Abs. 1 SchulG schon nach seinem Wortlaut für die Zulassung zum Religions- und Weltanschauungsunterricht nicht vorgesehen. Sie würde auch gegen das Recht auf Ausübung des gemeinschaftlich zu pflegenden weltanschaulichen Bekenntnisses in Verbindung mit dem Gleichheitsgrundsatz verstoßen (Art. 4 Abs. 1 und 2 GG i. V. m. Art. 3 Abs. 1 GG). Die vom Beklagten in der Berufungsbegründung vorgetragenen, aus dem Gutachten von Prof. Dr. A. übernommenen Argumente überzeugen nicht. Es ist schlechthin nicht verständlich; wieso der Gesichtspunkt der Neutralität den Staat berechtigen soll, eine Weltanschauungsgemeinschaft nicht zum Lebenskundeunterricht zuzulassen, weil bereits eine programmatisch ähnliche oder vergleichbare Gemeinschaft solchen Unterricht erteilt. Dem Gebot staatlicher Neutralität gegenüber sämtlichen Religions- und Weltanschauungsgemeinschaften (dazu BVerfGE 24, 236, [246][3]; 32, 98, [106][4]) entspricht es vielmehr, jede Gemeinschaft zuzulassen. Eltern und Schüler haben dann die freie Wahl, für welchen angebotenen Unterricht sie sich entscheiden. Ob ein Bedarf für den vom Kläger beabsichtigten Lebenskundeunterricht besteht, wird sich erweisen. Daß der zur Erteilung von humanistischem Weltanschauungsunterricht in Berlin zur Verfügung stehende „Platz" besetzt sein soll, wie der Beklagte unter Hinweis auf das von ihm eingeholte Gutachten meint, ist nicht nachvollziehbar. Es geht nicht um einen zur Verfügung stehenden Platz, sondern um die Gleichbehandlung des Angebots des Klägers als Weltanschauungsgemeinschaft mit dem Angebot einer konkurrierenden Vereinigung. Abgesehen davon geht auch der Einwand in dem Gutachten, auf das sich der Beklagte stützt, fehl, der zu deckende Bedarf sei nicht nachgewiesen, weil die Anzahl der als Adressaten von humanistischem Weltanschauungsunterricht in erster Linie in Betracht kommenden Mitglieder relativ gering sei; denn es käme nicht auf die Zahl der Mitglieder, sondern auf die Interessenten im Kreise der Schüler an.

74

Für die Entscheidung, ob einem eingetragenen Verein die Rechtsfähigkeit zu entziehen ist, steht der Verwaltungsbehörde ein Ermessensspielraum zur Verfügung.
Zur Frage rechtsfehlerfreier Ermessenskriterien im Falle eines Vereins, der für sich in Anspruch nimmt, eine Religions- oder Weltanschauungsgemeinschaft zu sein (hier: Scientology).

---

[3] KirchE 10, 14.   [4] KirchE 12, 294.

VG Hamburg, Urteil vom 8. November 1995 – 12 VG 3068/93[1]

Der Kläger wendet sich gegen die Entziehung der Rechtsfähigkeit als eingetragener Verein.

Der Kläger ist ein seit dem 25. 2. 1974 im Vereinsregister des Amtsgerichts Hamburg eingetragener Verein. Sein Vereinsname lautete zunächst: „College für angewandte Philosophie, Hamburg e. V.". Am 23. 3. 1985 änderte der Kläger seinen Namen in den seither geführten Vereinsnamen „Scientology Kirche Hamburg e. V.". In der zuletzt am 18. 11. 1991 geänderten Satzung heißt es u. a.:

„*§ 2 Zweck der Kirche*":
„*1. Der Verein ist eine Religionsgemeinschaft (Kirche). Der Zweck der Kirche ist die Pflege und Verbreitung der Scientology-Religion und ihrer Lehre. Die Scientology Kirche sieht es als ihre Mission und Aufgabe an, den Menschen Befreiung und Erlösung im geistig-seelischen Sinn zu vermitteln, wodurch sie eine Verbesserung möglichst vieler und zahlreicher Mitglieder in sittlicher, ethischer und spiritueller Hinsicht bewirken will, so daß wieder gegenseitiges Verstehen und Vertrauen unter den Menschen herrscht und eine Gesellschaft ohne Krieg, ohne Wahnsinn und ohne Kriminalität geschaffen wird; eine Gesellschaft, in der sich der Mensch gemäß seinen Fähigkeiten und seiner Rechtschaffenheit entwickeln kann, eine Gesellschaft, in der der Mensch die Möglichkeit hat, sich zu höheren Ebenen des Seins zu entwickeln.
...*"

Weiter heißt es in „§ 3 Wesen der Scientology-Religion":

„*1. Die Scientology-Religion versteht, sich in der Tradition der ostasiatischen Religionen, insbesondere des Buddhismus, Taoismus, Hinduismus, der Veden. Ihre historischen Bindungen sieht sie vor allem im Frühbuddhismus (Hinayana). Sie ist eine direkte Fortsetzung des Werkes von Gautama Siddharta Buddha.
2. In dieser Tradition versteht sich die Scientology-Lehre als Erlösungsreligion. Sie will dem Menschen den Zustand vollständiger geistiger Freiheit von dem endlosen Kreislauf von Geburt und Tod vermitteln und ihn von seinen Banden im physischen Universum befreien.
3. Die Scientology-Religion will dem Menschen Weisheit vermitteln, im Sinne von Wahrheit, die Erlösung bringt. Denn diese Weisheit benötigt er, um nicht erneut seelisch unfrei zu werden. In diesem Sinne versteht sie sich auch als Weisheitslehre.
...
6. Der Erlösungsweg ist ein schrittweiser Weg des einzelnen zurück zu einem Zustand totaler Göttlichkeit, vom endlichen Universum weg in Richtung auf das unendliche Universum, die Ewigkeit. Der einzelne findet die Erlösung seiner selbst durch eigene Anstrengung und Finden der in ihm selbst wohnenden Wahrheiten ohne Intervention eines anderen.
7. Jeder Mensch ist als Geistseele zum Verständnis des Kosmos und seines Schöpfers, zur Erlösung von seinen Beschränkungen, zur Unsterblichkeit und zur Göttlichkeit berufen. Der Weg zu diesem Verständnis liegt in ihm selbst.
...*"

In „§ 4 Glaubensbekenntnis und Kernaussagen" finden sich u. a. folgende Ausführungen:

---

[1] NJW 1996, 3363. Nur LS: NVwZ 1997, 2205. Das Urteil ist rechtskräftig.

„Der Glaube der Scientology-Kirche beinhaltet zusammengefaßt folgende zentrale Aussagen:
- Jedes menschliche Wesen ist eine unsterbliche Geistseele – Thetan –, die den Körper bewohnt.
- Diese Geistseele lebt ewig und kann sich nach jedem körperlichen Tode wiederverkörpern.
- Von einem Zustand absoluter Vollkommenheit und Wahrheit ist die Seele des Menschen im Laufe ihrer langen Existenz im Universum aufgrund mangelnder Weisheit und mangelnder Ethik degradiert (versklavt) zu einem Punkt, wo sie sich für Materie selbst hält und sich ihrer geistigen Existenz kaum noch bewußt ist.
- In jedem menschlichen Wesen schlummern göttliche Qualitäten, die zu wecken es bestimmt ist. Das Göttliche wird als Verwirklichungsmöglichkeit und -aufgabe des Menschen angesehen, das er hier und jetzt erstreben kann. Die Geistseele ist von Grund auf gut und erst durch Verwirrungen wird sie unvernünftig.
...
- Die Geistseele kann durch Erkenntnis der eigenen Ursächlichkeit aller ihrer Verstrickungen erlöst und gerettet werden.
...
Aus diesen grundlegenden Überzeugungen resultiert das Glaubensbekenntnis der Scientology-Kirche:
...".

In „§ 5 Verwirklichung der Zweck der Kirche" heißt es:

„Der in § 2 dieser Satzung festgelegte Zweck wird verwirklicht insbesondere durch:
1. Gründung, Aufbau und Unterhalt einer Gemeinde und seiner Kirchenverwaltung für die Unterrichtung und für die Ausübung der Scientology-Religion sowie für die Verbreitung der religiösen Lehre der Scientology-Kirche durch Wort, Schrift, Bild und Beispiel.
2. Missionierung durch Werbung und Gewinnung von Mitgliedern, Werbung für die religiösen Dienste der Kirche und ihrer religiösen Schriften in der Gesellschaft.
3. Verbreitung von einschlägigen Schriften der Scientology-Religion. Unter Schriften sind die schriftlich, auf Tonband oder anderen Kommunikationsträgern aufgezeichneten Werke des Religionsgründers L. Ron Hubbard in bezug auf die Scientology-Lehre und Scientology-Kirchen gemeint.
4. Abgabe und Überlassung von Schriften und religionsspezifischen Materialien, wie Bücher, Seminarmaterialien, Insignien und auf Tonband und anderen Kommunikationsträgern aufgezeichneten Werke, zur Durchführung des Studiums der Religion und für die Anwendung der Religion in der Seelsorge.
5. Praktische Seelsorge; damit ist gemeint die geistliche Beratung (Auditing) durch die Anwendung der religiösen Übungen der Scientology-Religion sowie die Beratung und Unterstützung auf ethischem Gebiet. Das Auditing wird durchgeführt von Geistlichen, ehrenamtlichen Geistlichen und Studenten der Scientology-Religion während ihres Studiums und durch den Kaplan oder andere dafür qualifizierte und eingesetzte Personen. Für die Beratung auf ethischem Gebiet ist insbesondere der Beauftragte für Ethikangelegenheiten zuständig.
6. Abhaltung von einführenden und grundlegenden Seminaren und Kursen zur Förderung und Unterstützung des Mitglieds in seinem Bestreben, die religiösen Ziele zu erreichen.
...".

Weiter heißt es in der Satzung in „§ 17 Auflösung der Kirche":

„...
2. Bei Fehlen, Wegfall oder Entzug der Rechtsfähigkeit wird die Kirche als nichtrechtsfähiger Verein unter weitestgehendem Ausschluß der Haftung von Mitgliedern und Vorstand geführt bzw. weitergeführt. Der Vorstand ist auch für diesen Fall ausdrücklich bevollmächtigt, die

*satzungsmäßigen Aufgaben im Namen aller Mitglieder zu führen und in deren Namen nach außen aufzutreten und zu handeln.
3. Bei Auflösung, falls Abs. 2 nicht zur Anwendung kommt, oder Aufhebung der Kirche oder bei Wegfall des bisherigen Zwecks fällt nach dem Abschluß der Liquidation das verbleibende Vermögen an eine steuerbegünstigte Körperschaft oder Körperschaft des öffentlichen Rechts, mit der Maßgabe, daß es ausschließlich und unmittelbar gemeinnützigen Zwecken zuzuführen ist, und zwar der Förderung der Religion."*

Die Satzung endet mit „§ 18 Sonstige Bestimmungen":

*"...
2. Existiert die Kirche als nicht rechtsfähiger Verein, so ist § 54 BGB abbedungen. Gleichwohl gelten in diesem Fall für die Kirche die Bestimmungen der vorstehenden Satzung."*

Beim Vereinsregister des Amtsgerichts Hamburg sind mit annähernd identischen Satzungen zwei weitere Scientology-Vereine eingetragen, nämlich der „Celebrity Center Scientology-Kirche Hamburg e. V." und die Scientology-Mission Eppendorf e. V.".

Zu dem Begriff „Scientology" heißt es in einer von dem Kläger im Jahre 1990 herausgegebenen Informationsschrift „Was ist Scientology"?

"Scientology ist der Name einer im Jahre 1954 gegründeten Religionsgemeinschaft. Sie basiert auf den Lehren des amerikanischen Wissenschaftlers und Schriftstellers L. Ron Hubbard. Der Begriff „Scientology" setzt sich zusammen aus den Wörtern „scire" (lateinisch: „wissen") und „logos" (griechisch: „die Lehre"). Damit bedeutet „Scientology" also „Die Lehre vom Wissen" oder „Wissen, wie man weiß". ... Scientology bietet einen Weg, auf dem der einzelne durch Studium und seelsorgerische Beratung für sich selbst zu Gott finden kann."

Zu dem Begriff „Dianetik" heißt es in der genannten Informationsschrift weiter:

„Die Dianetik (von „dia", griechisch: „durch" und „nous", griechisch: „die Seele") versteht sich als die Lehre vom geistigen Wesen in seiner Beziehung zum Körper. Sie erklärt, wie sowohl körperlich als auch seelisch schmerzhafte Erlebnisse noch nach Jahren Energie, Fähigkeiten, Vernunft und Lebensfreude eines Menschen einschränken können. Und sie beinhaltet eine Methode, mit deren Hilfe das ursprüngliche geistige Potential wiederhergestellt werden kann. Dianetik ist ein Weg, die Seele in größerer Harmonie zu sich selbst und zu ihrem Körper zu bringen."

Der in § 3 Nr. 6 der Satzung des Klägers genannte „Erlösungsausweg ... des einzelnen zurück zu einem Zustand totaler Göttlichkeit" soll sich nach der Scientology-Lehre über das Erreichen immer neuer „Erkenntnisstufen" vollziehen. Zunächst soll die betreffende Person vom „Preclear" zum „Clear" werden, d. h., die Stufe eines Wesens erreichen, „das seinen eigenen reaktiven Mind nicht mehr hat". In diesem Zustand sind nach Auffassung des Klägers die in sog. „Engrammen" gespeicherten unbewußten schmerzhaften Erfahrungen und schädlichen Handlungen der Vergangenheit erkannt und verlieren so ihre Kraft über die Person. Wer diesen Stand erreicht hat, soll sich über weitere Zwischenstufen schließlich bis zum sog. „Operierenden Thetan"

("OT" = „Person, die über schrittweise Erlösungsstufen den Zustand völliger geistiger Freiheit erreicht hat") fortentwickeln.

Das Erreichen immer höherer Erkenntnisstufen soll nach der Scientology-Lehre über ständiges „Auditing" erfolgen, das der Kläger in seiner Schrift „Was ist Scientology" wie folgt beschreibt:

„Auditing ist die Bezeichnung für die Seelsorge in der Scientology Kirche. Es wird von einem Auditor praktiziert. Der Begriff geht auf das lateinische Wort audire zurück, was „zuhören" bedeutet. Der Auditor hilft dem einzelnen dabei, mehr über sich selbst und seine Beziehung zum Universum zu erfahren, indem er eine Reihe genauer Fragen stellt und den Antworten sorgfältig zuhört. Er sagt der befragten Person nicht, was er als falsch betrachtet oder was er als den Grund ihrer Schwierigkeit annimmt. Er rät nicht, wie ein Problem oder eine Situation gelöst werden soll, und er versucht nicht, der Person etwas beizubringen. Unter genauer Anwendung der Methoden, in denen er ausgebildet ist, hilft er Personen, sich selbst, andere und das Leben besser zu verstehen und Selbstlösungen von Problemen zu finden. ... Auditing vollzieht sich in aufeinanderfolgenden Erkenntnisstufen, die L. Ron Hubbard als „Die Brücke" bezeichnet hat. Sie symbolisiert das Ziel des Auditings – das Erreichen völliger Freiheit."

Im Rahmen dieses „Auditings" setzen die „Auditoren" ein als Hubbard-Elektrometer oder „E-Meter" bezeichnetes Gerät zur Messung des Körperwiderstandes ein, das in der Informationsschrift „Was ist Scientology" wie folgt erläutert wird:

„Die Nadel der Skala zeigt alle Veränderungen des Körperwiderstandes an. Diese wiederum werden durch geistige Einwirkungen auf den Körper verursacht. So eignet sich das E-Meter als Hilfsmittel im Auffinden von Bereichen seelischer Belastung. Es hilft festzustellen, ob die Person von einer geistigen Ladung befreit wurde oder nicht. Aus sich allein heraus bewirkt es nichts. Es ist nicht zur Diagnose, Behandlung, Vorbeugung oder Heilung von Krankheiten bestimmt. Es erleichtert die Seelsorge, macht sie gezielter und wirkungsvoller."

Der Kläger bietet zahlreiche Bücher und Broschüren des Scientology-Gründers Hubbard zum Verkauf an, die zum Teil auch für Nichtmitglieder erhältlich sind. Ebenfalls zum Verkauf angeboten werden die bereits erwähnten, im Rahmen des „Auditings" eingesetzten „E-Meter". Des weiteren bietet der Kläger gegen Entgelt die Teilnahme an verschiedenen Kursen und Seminaren an. Das Angebot reicht insoweit von bestimmten, auch Nichtmitgliedern zugänglichen Einführungskursen wie einem „Kommunikationskurs" oder einem „Dianetik-Seminar" wie einem „Kommunkationskurs" oder einem „Dianetik-Seminar" bis hin zu weiteren Kursen, deren Teilnahme den Mitgliedern vorbehalten ist und die diese zur Erreichung höherer „Erkenntnisstufen" befähigen sollen; solche Kurse finden zum Teil (dann von anderen Scientology-Vereinen organisiert) im Ausland statt.

Seit den 80er Jahren kam es wiederholt zu Konflikten zwischen dem Kläger und hamburgischen Behörden. So wurde ihm beispielsweise die Straßenwerbung auf den öffentlichen Wegeflächen im Bezirk Hamburg-Mitte untersagt. Des weiteren wurde der Kläger durch einen Bescheid des Bezirksamts Ham-

Vereinsrecht 459

burg-Mitte dazu aufgefordert, die Ausübung seiner Tätigkeiten als den Beginn eines selbständigen Gewerbes im Sinne des § 14 Abs. 1 GewO anzuzeigen. Die dagegen von dem Kläger erhobene Klage wurde durch Urteil des VG Hamburg vom 11. 12. 1990 – 17 VG 978/88 – KirchE 28, 388 abgewiesen; die dagegen gerichtete Berufung wies das Hamburgische OVG mit Urteil vom 6. 7. 1993 – OVG Bf VI 12/91 – KirchE 31, 235 zurück.

Bereits in den 80er Jahren waren bei der Beklagten, aber auch beim Amtsgericht Hamburg Zweifel aufgetreten, ob Vereine der Scientology-Gruppe tatsächlich nichtwirtschaftliche Vereine im Sinne des § 21 BGB seien. So forderte das Amtsgericht Hamburg im Rahmen des Eintragungsverfahrens für den schon erwähnten „Celebrity Center Scientology Kirche Hamburg e. V." durch eine Zwischenverfügung verschiedene Aufstellungen an, darunter solche über Einnahmen und Ausgaben vom 1. 1. 1984 bis zum 30. 9. 1985 und Angaben über die Verwendung eventueller Gewinne. Auf eine Beschwerde jenes Vereins hob das LG Hamburg jedoch mit Beschluß vom 17. 2. 1988 (NJW 1988, 2617 f. = KirchE 26, 23) diese Zwischenverfügung wieder auf.

Mit einem Schreiben vom 12. 7. 1989 kündigte die Beklagte dem Kläger die Entziehung der Rechtsfähigkeit als eingetragener Verein an. Zur Begründung führte sie aus, der Senatskanzlei seien einige Aktivitäten bekanntgeworden, die nach außen hin das Bild eines wirtschaftlichen Vereins erkennen ließen, wie etwa die Versendung der Werbebroschüre „Test", die keine religiösen Bezüge aufweise, an viele Hamburger Haushalte, und Erlöse durch hohe Kursgebühren. Mit Schreiben vom 16. und 20. 10. 1989 äußerte sich der Kläger zu dem Vorhaben der Beklagten und wies dabei deren Auffassung, daß er einen wirtschaftlichen Geschäftsbetrieb verfolge, zurück. So führte er in dem Schreiben vom 16. 10. 1989 u. a. aus, er habe bislang keine Gewinne erzielt, insbesondere weder aus der Durchführung religiöser Kurse und Seminare noch durch die Abhaltung des Auditings. Die Mitglieder seien in zahlreichen Fällen von Spendenbeiträgen befreit. Darüber hinaus gebe es für Mitglieder eine Vielzahl unentgeltlicher Leistungen, wie etwa die jederzeitige seelsorgerische Beratung durch einen Ethikbeauftragten der Kirche, die Durchführung von Kulthandlungen wie Eheschließungen, Namensgebungen oder Begräbnissen, regelmäßige Andachten und Vorträge über die Lehrinhalte von Scientology, Filmvorträge und den monatlichen Bezug des Kirchenmagazins und einer Zeitung über „externe Geschehnisse".

Mit Schreiben vom 21. 3. 1991 wies die Beklagte den Kläger auf das zwischenzeitlich ergangene Urteil des VG Hamburg vom 11. 12. 1990 – 17 VG 978/88 – KirchE 28, 388 hin, wo ausgeführt worden sei, daß der Kläger auch gegenüber seinen Mitgliedern gewerbsmäßig handele. Weiter hieß es in dem Schreiben, für eine wirtschaftliche Betätigung des Klägers hätten sich weitere Anhaltspunkte aufgrund der „in den letzten Monaten an zahlreichen

Stellen veröffentlichten Umstände" ergeben. Man stelle anheim, hierzu Stellung zu nehmen. Der Kläger reagierte darauf mit einem weiteren Schreiben vom 14. 5. 1991, mit dem er die Auffassung der Beklagten erneut zurückwies. Mit dem angefochtenen Bescheid entzog die Beklagte dem Kläger die Rechtsfähigkeit als eingetragener Verein. Zur Begründung führte sie aus:

„In der lokalen und überregionalen Presse seien zahlreiche Artikel erschienen, in denen dem Kläger u. a. vorgehalten werde, die Bezeichnung „Kirche" lediglich als Tarnung für kommerzielle Zwecke zu verwenden und in Wirklichkeit Teil eines multinationalen Wirtschaftsunternehmens zu sein, das einerseits durch Einflußnahme auf Führungskräfte wirtschaftlichen Einfluß in der Bundesrepublik zu gewinnen versuche und fragwürdige Immobiliengeschäfte vornehme, und andererseits die Mitglieder unter Ausnutzung von Unreife, Unerfahrenheit und Labilität dazu verleite, hohe Beiträge zu zahlen und sich dafür zu verschulden. Insoweit werde beispielhaft verwiesen auf Berichte in „Der Spiegel" Heft 14/1991, S. 30 ff.; „Wirtschaftswoche" Nr. 13 vom 22. 3. 1991, S. 42 ff.; „Lübecker Nachrichten" vom 10. 5. 1990, S. 24: „Hamburger Abendblatt" vom 23. 3. 1991, „Hamburger Abendblatt Journal" vom 23./24. 3. 1991; „Die Zeit" vom 5. 4. 1991, S. 9 ff.; „Weser Kurier" vom 28. 2. 1991, S. 8 und die Broschüre von Detlef Bendrath, Information und Material zu Scientology/Dianetik, Lübeck 1990. Auf die in der Presse veröffentlichten Tatsachen sei der Kläger in seiner Stellungnahme vom 14. 5. 1991 im einzelnen nicht eingegangen. Die in § 43 Abs. 2 BGB genannten Voraussetzungen für eine Entziehung der Rechtsfähigkeit lägen bei dem Kläger vor. Dem Wortlaut seiner Satzung nach habe er keine wirtschaftliche Zielsetzung, während er tatsächlich doch einen wirtschaftlichen Zweck verfolge. Wie bereits das VG Hamburg mit dem Urteil vom 11. 12. 1990 festgestellt habe, betreibe der Kläger mit dem Buchverkauf ein Gewerbe und handele dementsprechend mit Gewinnerzielungsabsicht. Der Kläger biete an einem Markt planmäßig und dauerhaft Leistungen gegen Entgelt an. Die „anbietende" Tätigkeit sei u. a. durch einen Bericht der Zeitschrift „Die Zeit" vom 5. 4. 1991, S. 9/10 belegt, wo von einer aufwendigen „Dianetik-Buch-Kampagne" des Klägers im März 1990 die Rede gewesen sei. Die Angebote des Klägers seien auch entgeltlich, wie das VG bereits festgestellt habe. Schließlich finde die Tätigkeit des Klägers am Markt statt: Es gebe einen umfangreichen Markt für Lebenshilfe von bloßen Freizeitaktivitäten über Selbsthilfegruppen bis hin zu psychiatrischer Krisenintervention, auf dem der Kläger seine Waren in Form von Büchern, Kursen und „einer Art Therapiesitzung" anbiete. Demgegenüber könne sich der Kläger nicht darauf berufen, eine „Kirche" zu sein. Wie bereits das OLG Düsseldorf (NJW 1988, 2574 = KirchE 21, 217) festgestellt habe, könnten auch ideelle Güter durch Vermarktung zu Wirtschaftsgütern werden; dies sei bei dem Kläger der Fall, was sich auch darin zeige, daß dieser bei der Verbreitung seiner Ideen wie ein Wirtschaftsunternehmen auftrete.

All diese Umstände seien so bedeutsam, daß hinreichender Anlaß für die Entziehung der Rechtsfähigkeit des Klägers als eingetragener Verein bestehe. Dessen wirtschaftliche Tätigkeit sei sowohl bezüglich der Zahl der Beteiligten als auch der Umsatzhöhe nach erheblich. Der Verein solle nach eigenen Angaben allein in Hamburg 4000 Mitglieder haben; unwidersprochen würden ihm zweistellige Millionenumsätze nachgesagt. § 43 Abs. 2 BGB diene der Durchsetzung der Vereinsklassenabgrenzung gemäß §§ 21, 22 BGB. Diesen Vorschriften liege der Gedanke zugrunde, Vereine mit wirtschaftlicher Zielsetzung aus Gründen der Sicherheit des Rechtsverkehrs und des Gläubigerschutzes auf die handelsrechtlichen Organisationsformen zu verweisen. Durch Art und Umfang der wirtschaftlichen und werbenden Tätigkeit des Klägers werde die Sicherheit des Rechtsverkehrs beeinflußt. Der Kläger werbe gegenüber einem breiten Publikum, ohne seine wirtschaftliche Zielsetzung offenzulegen. Seine Versuche, mittelbar oder unmittelbar auf Wirtschaftsunternehmen Einfluß zu erhalten, führe zur Unsicherheit bei Gläubigern und in Verkehrskreisen. Es werde öffentlich nachhaltig in Zweifel gezogen, ob seine Gewinne rechtmäßig erwirtschaftet seien; daher müsse er

Vereinsrecht 461

sich den für wirtschaftliche Vereine vorgesehenen gesetzlichen Überprüfungen stellen. Schließlich sei die Entziehung der Rechtsfähigkeit als eingetragener Verein auch aus Gründen des Verbraucherschutzes erforderlich, da die Leistungen des Klägers außerordentlich hohe materielle Aufwendungen der Mitglieder erforderten und eine Mitgliedschaft ohne Inanspruchnahme dieser Leistungen nutzlos sei. Demgegenüber lägen für den Kläger keine schutzwürdigen Interessen für eine Aufrechterhaltung der objektiv unrichtigen Registereintragung vor. Insbesondere stehe dem nicht entgegen, daß der Kläger nach eigenen Angaben eine ideelle bzw. weltanschauliche Zielsetzung verfolge: Dies könne er auch als Kapitalgesellschaft tun. Es sei kein Grund ersichtlich, daß die nach seinen Angaben von seinen Ideen überzeugten Mitglieder ihre freiwilligen Beiträge nicht auch an eine Kapitalgesellschaft entrichten würden. Auch eine Publizität seiner finanziellen Situation kann ihm nicht schaden: Auch die großen Kirchen würden ihre Haushalte publizieren und zur Diskussion stellen, ohne dies als Behinderung ihrer Religionsausübung zu empfinden."

Der Kläger ließ seinen hiergegen eingelegten Widerspruch u. a. wie folgt begründen: Der Bescheid sei rechtswidrig, weil die Voraussetzungen des § 43 Abs. 2 BGB nicht vorlägen. Der Kläger sei eine Kirche im Sinne des Art. 140 GG und habe deshalb Anspruch auf den Status eines eingetragenen Vereins gemäß Art. 137 Abs. 3 WRV, wie auch bereits das LG Hamburg in seinem Beschluß vom 17. 2. 1988 (NJW 1988, 2617 = KirchE 26, 23) festgestellt habe. Auch der Bayerische VGH habe in einem Beschluß vom 25. 6. 1985 – 5 Cs 84 A.2191 – entschieden, daß jedenfalls hinsichtlich des „Auditings" die tatbestandlichen Voraussetzungen eines wirtschaftlichen Geschäftsbetriebes schon begrifflich nicht vorliegen könnten, weil es sich dabei um Religionsausübung handele. Im übrigen gebe es auch keinen „Markt" für religiöse Tätigkeiten; es sei auch grundsätzlich ausgeschlossen, daß dieselbe Tätigkeit gleichzeitig Religionsausübung und wirtschaftliche Betätigung sein könne. Im übrigen erscheine die Vorgehensweise der Beklagten willkürlich: Würde die Beklagte ihre offenbar zugrundeliegenden Kriterien konsequent anwenden, müßten jedenfalls auch der TÜV und der ADAC gezwungen werden, sich als Kapitalgesellschaft zu organisieren.

Die Beklagte wies den Widerspruch zurück und führte hier u. a. aus: Der Ausgangsbescheid sei im Sinne des § 39 HmbVwVfG sachgerecht begründet und nachvollziehbar: Dort sei detailliert dargelegt worden, aus welchen Gründen man die Voraussetzungen des § 43 Abs. 2 BGB als erfüllt ansehe. Dementsprechend sei der Bescheid formell rechtmäßig. Der Bescheid sei aber auch materiell rechtmäßig. Die Voraussetzungen des § 43 Abs. 2 BGB seien erfüllt. Der Kläger verfolge den Zweck eines wirtschaftlichen Geschäftsbetriebes, da er planmäßig und dauerhaft Leistungen gegen Entgelt auf einem Markt anbiete: Er verkaufe Bücher und veranstalte Kurse ohne religiösen Bezug, wie etwa den Kommunikationskurs, wobei der Vertrieb am Markt nach einem professionellen Vertriebssystem entsprechend einer Führungsanweisung des Scientology-Gründers Hubbard vom 4. 5. 1982 erfolge. Der Kläger erziele hohe Erträge durch den Verkauf von Büchern und E-Metern und die Veranstaltung von Kursen, für deren Vermittlung er auch Provisionen bezahle. Der

Kläger handele auch in Gewinnerzielungsabsicht, wie sich nicht zuletzt aus einem Richtlinienbrief von Hubbard ergebe, in dem es u. a. heiße: „Mach Geld. Mach mehr Geld. Mach, daß andere Leute Geld machen." Der Gewinnerzielungsabsicht des Klägers stehe es auch nicht entgegen, falls dieser, wie behauptet, die Überschüsse für ideelle Zwecke verwende; dies habe bereits das Hamburgische OVG in seinem Urteil vom 6. 7. 1993 festgestellt. Der Kläger könne sich auch nicht auf das Nebenzweckprivileg berufen: Denke man die in § 5 der Satzung aufgezählten Aktivitäten hinweg, bleibe nicht vielmehr als die gemeinsame Pflege von Überzeugungen übrig. Nach alldem sei man der Überzeugung, daß der Kläger entgegen der satzungsmäßigen Bestimmungen einen wirtschaftlichen Zweck verfolge, so daß die Rechtsfähigkeit gemäß § 43 Abs. 2 BGB zu entziehen sei. Bei dieser Rechtslage spiele es auch keine Rolle, ob es sich bei dem Kläger um eine Religionsgemeinschaft oder um eine Weltanschauungsgemeinschaft handele; wie bereits das BVerfG in einem Beschluß vom 5. 2. 1991 (NJW 1991, 2623 = KirchE 29, 9) festgestellt habe, verschaffe Art. 4 GG keinen Anspruch auf eine bestimmte Rechtsform, sondern gewährleiste nur die Möglichkeit einer irgendwie gearteten rechtlichen Existenz einschließlich der Teilnahme am allgemeinen Rechtsverkehr.

Nach der Zustellung des Widerspruchsbescheides hat der Kläger die vorliegende Klage erhoben, mit der er die Aufhebung der angefochtenen Bescheide erstrebt.

Zur Begründung führt er u. a. aus: Die Bescheide seien rechtswidrig. Er, der Kläger, sei eine Religionsgemeinschaft, mit dem Hauptzweck der Seelsorge in Form des „Auditings". Es könne entgegen den Ausführungen in den angefochtenen Bescheiden keineswegs offenbleiben, ob der Kläger als Religionsgemeinschaft anzusehen sei, da die Entziehung der Rechtsfähigkeit einer Liquidation gleichkomme und damit der Bestand einer Religionsgemeinschaft in Frage gestellt sei. Außerdem komme eine Entziehung der Rechtsfähigkeit nur in Frage, wenn der wirtschaftliche Geschäftsbetrieb der Hauptzweck eines Vereines sei; derartiges folge hinsichtlich seiner Tätigkeiten aber gerade nicht aus dem Urteil des Hamburgischen OVG vom 6. 7. 1993, da dort das „Auditing" ausdrücklich nicht Verfahrensgegenstand gewesen sei. Im übrigen setze das Vorliegen eines wirtschaftlichen Geschäftsbetriebes stets das Anbieten von Wirtschaftsgütern mit einem kommerziellen Wert voraus; daran fehle es aber jedenfalls bei dem Auditing. Hinsichtlich des Auditings und weiterführender Kurse und Seminare gebe es aber auch keinen sog. „Binnenmarkt": Derartiges könne nur in Frage kommen, wenn die Mitglieder nach eigener Einschätzung dem betreffenden Verein als anonyme Kunden gegenüberständen. So verstünden sich die Mitglieder des Klägers diesem gegenüber aber gerade nicht.

Jedenfalls seien die Bescheide aber auch deshalb rechtswidrig, weil sie ermessensfehlerhaft ergangen seien. § 43 Abs. 2 BGB eröffne der Behörde einen Ermessensspielraum, wobei sich die Ermessensausübung am Zweck der Vorschrift zu orientieren habe. Zweck von § 43 Abs. 2 BGB sei der Gläubigerschutz: Da die Vereinsklassenabgrenzung der §§ 21, 22 BGB wertneutral sei, setze eine Entziehung der Rechtsfähigkeit stets eine konkrete Gläubigergefährdung voraus, wie bereits der Bayerische VGH in seinem bereits in der Widerspruchsbegründung angeführten) Beschluß vom 25. 6. 1985 entschieden habe. Eine derartige Gefährdung von Gläubigerinteressen habe es aber durch den Kläger noch nie gegeben, da dieser berechtigte Forderungen bisher noch stets erfüllt habe. Im übrigen sei mit der Entziehung der Rechtsfähigkeit auch niemandem gedient; insbesondere sei ein Gläubiger eines eingetragenen Vereins besser geschützt als der eines nicht rechtsfähigen Vereines.

Die Beklagte trägt ergänzend vor:

Seit der Rechtskraft des Urteils des Hamburgischen OVG vom 6. 7. 1993 stehe fest, daß der Kläger ein auf Gewinnerzielung gerichtetes Gewerbe betreibe. Bei dem Kläger stünden gewerbliche Interessen im Vordergrund, die Bezeichnung „Religion" diene nur der Verschleierung; dies habe auch bereits das Bundesarbeitsgericht in einem Beschluß vom 22. 3. 1995 – 5 AZB 21/94 – KirchE 33, 92 festgestellt. Auch das „Auditing" sei eine kommerzielle Dienstleistung und nicht etwa eine seelsorgerische Tätigkeit. In diesem Zusammenhang nimmt sie Bezug auf von ihr vorgelegte Preislisten des Klägers, die auch das für das Auditing benutzte E-Meter als bestellbare Ware führen. Außerdem sei es bemerkenswert, daß Scientology den Schutz bestimmter Symbole als Warenzeichen betrieben habe.

Die Entziehung der Rechtsfähigkeit sei auch geeignet und erforderlich, um wirtschaftliche Gefahren für einzelne Bürger abzuwenden. So bestehe zum einen die Gefahr, daß Mitglieder des Klägers sich hoch verschuldeten, um seine Leistungen bezahlen zu können. Zum anderen bestehe die Gefahr der Kriminalisierung einzelner Bürger durch Zuwendungen an den Kläger, wie ein Urteil des LG Rostock vom 29. 8. 1994 beweise: In jenem Fall seien die beiden dortigen Angeklagten wegen Steuerhinterziehung verurteilt worden, nachdem sie zunächst unter Entnahme von Firmengeldern 7 Mio. DM an Scientology gespendet und nach den dann dadurch bedingten Liquiditätsschwierigkeiten rund 1,5 Mio. DM an Umsatzsteuern hinterzogen hätten, um sich erneut Liquidität zu verschaffen.

Die Klage hatte Erfolg.

Aus den Gründen:

Die Klage ist zulässig und hat auch in der Sache Erfolg. Der Bescheid der Beklagten vom 27./31. 5. 1991 in der Gestalt des Widerspruchsbescheides vom 2. 8. 1994 ist rechtswidrig und verletzt den Kläger in seinen Rechten, § 113 Abs. 1 Satz 1 VwGO.

Allein in Betracht kommende Ermächtigungsgrundlage für die Entziehung der Rechtsfähigkeit eines eingetragenen Vereins ist § 43 Abs. 2 BGB. Danach kann einem Verein, dessen Zweck nach der Satzung nicht auf einen wirtschaftlichen Geschäftsbetrieb gerichtet ist, die Rechtsfähigkeit entzogen werden, wenn er dennoch einen solchen Zweck verfolgt. Eine Entziehungsverfügung in ihrer maßgeblichen Gestalt des Widerspruchsbescheids hält daher einer rechtlichen Überprüfung nur stand, wenn zum einen die Tatbestandsvoraussetzung vorliegt, daß der Verein entgegen seiner Satzung einen wirtschaftlichen Geschäftsbetrieb verfolgt, und wenn zum anderen die zuständige Behörde von dem ihr dann eingeräumten Ermessen fehlerfrei Gebrauch gemacht hat (§ 114 VwGO).

Es braucht hier nicht entschieden zu werden, ob der Tatbestand des § 43 Abs. 2 BGB erfüllt, ob also der Zweck des Klägers auf einen wirtschaftlichen Geschäftsbetrieb gerichtet ist, wie dies allerdings verschiedene Gerichte in den

letzten Jahren für Scientology-Vereine angenommen haben (vgl. z. B. OLG Düsseldorf, NJW 1983, 2574[2]; VG München, GewArch. 1984, 329[3]; VG Stuttgart, NVwZ 1994, 612[4], und zuletzt in einem obiter dictum VGH Baden-Württemberg, Urteil v. 2. 8. 1995[5] — 1 S 438/94 —).
Denn der Bescheid der Beklagten vom 27. 5. 1991 in der Gestalt des Widerspruchsbescheides vom 2. 8. 1994 ist jedenfalls deshalb rechtswidrig, weil er in ermessensfehlerhafter Weise ergangen ist: § 43 Abs. 2 BGB eröffnet der Behörde hinsichtlich der Entziehung der Rechtsfähigkeit einen Ermessensspielraum (I.), den die Beklagte im vorliegenden Fall nicht in der gebotenen rechtsfehlerfreien Form ausgeschöpft hat (II.).

I. Auch wenn der Tatbestand des § 43 Abs. 2 BGB erfüllt ist, ist die zuständige Landesbehörde nicht verpflichtet, dem betreffenden Verein die Rechtsfähigkeit zu entziehen. Vielmehr eröffnet die Bestimmung des § 43 Abs. 2 BGB der Behörde insoweit einen Ermessensspielraum (VGH Baden-Württemberg, aaO; BayVGH NJW-RR 1987, 830; LG Düsseldorf VersR 1978, 236 [238]; Soergel-Hadding, § 43 BGB, Rdnrn. 6 f.). Sie dient der Vereinsklassenabgrenzung gemäß §§ 21, 22 BGB, welchen wiederum der Gedanke zugrunde liegt, die Rechtsform des eingetragenen Vereins den Personenvereinigungen mit ideeller Zielsetzung vorzubehalten und aus Gründen der Sicherheit des Rechtsverkehrs, insbesondere des Gläubigerschutzes, Personenvereinigungen mit wirtschaftlicher Zielsetzung auf die dafür zur Verfügung stehenden handelsrechtlichen Formen zu verweisen. Dies trägt der Tatsache Rechnung, daß bei einer nach außen gerichteten wirtschaftlichen Betätigung Gläubigerinteressen im besonderen Maße berührt werden, und daß diese Interessen in den für juristische Personen des Handelsrechts und andere Kaufleute geltenden Vorschriften eine weit stärkere Berücksichtigung gefunden haben als in den Bestimmungen des Vereinsrechts. Denn während sich bei einem Idealverein Gläubigerschutzbestimmungen auf die Vorschriften über die Konkursantragspflicht des Vorstandes und die Liquidation des Vereins beschränken (vgl. § 42 Abs. 2, §§ 51—53 BGB), unterliegt eine juristische Person des Handelsrechts zwingenden Vorschriften über die Mindestkapitalausstattung, über Bilanzierungs-, Publizitäts- und Prüfungspflichten sowie über die — unbeschränkbare — Vertretungsmacht ihrer organschaftlichen und bevollmächtigten Vertreter (BGH NJW 1983, 569 [570]; BayVGH NJW-RR 1987, 830 [831]). Die Tatsache allein, daß sich ein Idealverein wirtschaftlich betätigt, läßt jedoch noch keinen Rückschluß auf den Umfang des jeweils angebrachten Gläubigerrisikos im Einzelfall zu. Das Risiko hängt vielmehr davon ab, in

---

[2] KirchE 21, 217.
[3] KirchE 22, 166.
[4] KirchE 31, 396.
[5] KirchE 33, 92.

welcher Weise sich der Verein betätigt, wer als Kundenkreis angesprochen ist und welche Forderungen aus den daraus resultierenden Geschäftsbeziehungen entstehen können. Von Bedeutung kann auch sein, ob sich der Verein auf einem Außenmarkt oder auch bzw. lediglich auf einem inneren Markt betätigt. Im Hinblick auf die unterschiedlichen Fallgestaltungen entspricht es der gesetzlichen Zielsetzung, der Behörde ein Ermessen dahingehend einzuräumen, ob im Einzelfall der Entzug der Rechtsfähigkeit mit der sich daran grundsätzlich anschließenden Folge der Liquidation des Vereins (§§ 45 Abs. 1, 47 BGB) angebracht ist. Es ist daher davon auszugehen, daß der Behörde im Falle des Vorliegens der Tatbestandsvoraussetzungen des § 43 Abs. 2 BGB hinsichtlich der Entziehung der Rechtsfähigkeit ein Ermessensspielraum eingeräumt wird, sie also zu einer solchen Maßnahme nicht verpflichtet ist.

II. Die Beklagte hat von dem ihr eingeräumten Ermessen nicht fehlerfrei Gebrauch gemacht. Sie hat nämlich in dem rechtlich maßgeblichen Widerspruchsbescheid überhaupt kein Ermessen ausgeübt (1.). Im übrigen sind auch die in dem Ausgangsbescheid dargelegten Ermessenserwägungen für sich genommen nicht fehlerfrei (2.). Auch das Vorbringen der Beklagten in der Klagerwiderung führt zu keiner anderen rechtlichen Bewertung (3.).

1. Die angefochtenen Bescheide sind schon deshalb rechtswidrig, weil die Beklagte in dem nach § 79 Abs. 1 Nr. 1 VwGO maßgeblichen (vgl. auch BVerwGE 19, 327 [328]; 62, 17; 78, 3; VGH Baden-Württemberg, NVwZ 1990, 1085 ff.) Widerspruchsbescheid keine Ermessensentscheidung getroffen, sondern offenbar geglaubt hat, eine gebundene Entscheidung treffen zu müssen. Ein solchermaßen zustande gekommener Bescheid ist ermessensfehlerhaft und damit rechtswidrig (Ermessensausfall, vgl. BVerwGE 3, 297 [302]; 48, 81 [84]; Kopp, VwGO, 10. Aufl., § 114 Rdnr. 14). In dem Widerspruchsbescheid der Beklagten finden sich keinerlei Ausführungen, die als Darlegung von Ermessenserwägungen verstanden werden könnten. Die Ausführungen von S. 7 bis 15 Mitte beziehen sich ausschließlich auf die Frage der formellen Rechtmäßigkeit des Ausgangsbescheides und auf das Vorliegen der Tatbestandsvoraussetzungen von § 43 Abs. 2 BGB. Sodann heißt es im dritten Abs. auf S. 15 des Widerspruchsbescheides: „Nach alledem ist die Widerspruchsgegnerin der Überzeugung, daß die Widerspruchsführerin entgegen der satzungsmäßigen Bestimmung einen wirtschaftlichen Zweck verfolgt, so daß die Rechtsfähigkeit gemäß § 43 Abs. 2 BGB zu entziehen ist."

Dies läßt nur den Schluß zu, daß sich die Beklagte – in Verkennung der rechtlichen Ausgangslage – ihres Ermessensspielraums überhaupt nicht bewußt gewesen, sondern davon ausgegangen ist, dem Kläger sei die Rechtsfähigkeit als eingetragener Verein zwingend zu entziehen. Auch die den Widerspruchsbescheid abschließenden Ausführungen, wonach es „keine Rolle spielen" soll, ob es sich bei dem Kläger um eine Religions- oder Weltanschauungsgemeinschaft handelt, können nicht als Ermessenserwägungen verstanden werden. Abgesehen davon, daß das Wort „Ermessen" auch dort nicht auftaucht, ergibt sich aus den genannten Ausführungen auch nicht sinngemäß, daß die Interessen der Beteiligten abgewogen und ein Entscheidungsspielraum ausgeschöpft werden soll. Dem entspricht es, daß diese Passage wörtlich einem − mittlerweile durch die o. g. Entscheidung des VGH Baden-Württemberg (vom 2. 8. 1995) aufgehobenen − Urteil des VG Stuttgart (NVwZ 1994, 612 [615]) entnommen ist, wo mit jenen Ausführungen aber ebenfalls nicht etwa Ermessenserwägungen der dortigen Beklagten geprüft, sondern vielmehr festgestellt werden sollte, daß die grundsätzliche Anwendbarkeit des § 43 Abs. 2 BGB auf Religionsgemeinschaften nicht durch Art. 4 GG ausgeschlossen wird. Ebenfalls bezeichnend ist in diesem Zusammenhang, daß die Beklagte den Ausgangsbescheid vom 27. 5. 1991 in ihrem Widerspruchsbescheid auf S. 5, 2. Abs. insofern falsch wiedergibt, als es dort heißt: „Da der Verein einen wirtschaftlichen Zweck verfolge, sei ihm die Rechtsfähigkeit gemäß § 43 Abs. 2 BGB zu entziehen."

Diese Darstellung ist insofern unzutreffend, als in dem Bescheid vom 27. 5. 1991 unter „III." (S. 17 ff.) immerhin über fast drei Seiten − wenn auch dort ohne die Verwendung des Wortes „Ermessen" − insofern sinngemäß Ermessen ausgeübt worden ist, als dort dargelegt wurde, weshalb man § 43 Abs. 2 BGB gegenüber dem Kläger zur Anwendung bringen *wolle*. Auf diese Ausführungen des Ausgangsbescheides hat die Beklagte in ihrem Widerspruchsbescheid allerdings in keinerlei Weise Bezug genommen, was durch die o. g., inhaltlich falsche Wiedergabe des Ausgangsbescheides noch bestätigt wird. Somit sind die angefochtenen Bescheide bereits wegen fehlender Ermessensausübung im Rahmen des maßgeblichen (§ 79 Abs. 1 Nr. 1 VwGO) Widerspruchsbescheides rechtswidrig und deshalb aufzuheben.

2. Selbst wenn jedoch die Beklagte in dem Widerspruchsbescheid in der Form einer Bezugnahme auf die Ausführungen unter „III." des Bescheids vom 27. 5. 1991 Ermessen ausgeübt hätte, könnte dies für die hier zu treffende Gerichtsentscheidung zu keinem anderen Ergebnis führen. Denn auch jene Ausführungen in dem Ausgangsbescheid hätten den Anforderungen an eine rechtsfehlerfreie Ermessensausübung nicht genügt. Es kann in diesem Zusammenhang offenbleiben, ob, wie der Kläger in Anlehnung an einen Beschluß des BayVGH (v. 25. 6. 1985 − 5 Cs 84.2191) meint, die Entziehung der Rechtsfähigkeit bei einem satzungswidrig auf einen wirtschaftlichen Geschäftsbetrieb ausgerichteten Verein stets nur dann möglich ist, wenn die Gefährdung konkreter Gläubigerinteressen bereits feststeht. Jedenfalls sind die Ausführungen in dem Bescheid vom 27. 5. 1991 unter „III." (für sich genommen) schon deshalb ermessensfehlerhaft, weil dort die Bedeutung des Art. 4

GG für die Auslegung des § 43 Abs. 2 BGB verkannt worden ist. So heißt es in jenem Bescheid auf S. 19/20:

> *"Soweit der Verein für sich ins Feld führt, eine ideelle bzw. weltanschauliche Zielsetzung zu verfolgen, wird er durch die Entziehung der Rechtsfähigkeit weder darin gehindert noch darin beeinträchtigt. Denn es steht dem Verein frei, seine Tätigkeiten in einer der vom Gesetzgeber dafür vorgesehenen Rechtsform fortzusetzen. Wenn es zutrifft, was der Verein behauptet, daß seine Mitglieder von seinen Ideen überzeugt seien, ist kein Grund ersichtlich, daß die nach Bekunden des Vereins freiwilligen Beiträge nicht auch an eine Kapitalgesellschaft entrichtet werden. Ebensowenig kann der Verein für sich ins Feld führen, daß ihm eine Publizität seiner finanziellen Situation schade und an der behaupteten Religionsausübung hindere. Dieser Annahme steht der Umstand entgegen, daß die großen Kirchen und Religionsgemeinschaften durchweg ihre Haushalte publizieren und öffentlich zur Diskussion stellen, ohne dies als Behinderung ihres religiösen Lebens oder ihrer seelsorgerischen Tätigkeit zu empfinden. ... Schutzwürdige Interessen des Vereins an der Aufrechterhaltung der somit objektiv unrichtigen Registereintragung liegen nicht vor, so daß die Anwendung der gesetzlichen Vorschrift des § 43 Abs. 2 BGB gerechtfertigt ist."*

Damit wird offenbar für möglich, aber unerheblich gehalten, daß der Kläger als Religions- oder als Weltanschauungsgemeinschaft anzusehen ist, und es wird im gleichen Zuge für unproblematisch erachtet, derartige Gemeinschaften darauf zu verweisen, sich als Kapitalgesellschaft zu organisieren. Diese Sichtweise ist – ohne daß die Kammer sich hier zu der Frage, ob es sich bei dem Kläger um eine Religions- oder Weltanschauungsgemeinschaft handelt (vgl. dazu zuletzt einerseits Hmb.OVG, Beschluß v. 24. 8. 1994[6] – OVG Bs III 326/93 –: nach vorläufiger Einschätzung dafür, und andererseits BAG, Beschluß v. 22. 3. 1995[7] – 5 AZB 21/94 –: dagegen), zu äußern veranlaßt sieht – mit Art. 4 GG nicht vereinbar und dementsprechend ermessensfehlerhaft. Denn auch wenn laut der (ebenfalls auf S. 16 des Widerspruchsbescheids angesprochenen) Rechtsprechung des BVerfG (vgl. den Beschluß v. 5. 2. 1991[8], NJW 1991, 2623) Religions- bzw. Weltanschauungsgemeinschaften keinen Anspruch auf eine bestimmte Rechtsform, etwa die eines eingetragenen Vereines, haben, ändert dies nichts daran, daß durch den staatlichen Verweis einer Religions- oder Weltanschauungsgemeinschaft auf die handelsrechtlichen Organisationsformen deren äußeres Erscheinungsbild und Identität sowie mittelbar auch die Religionsausübungsfreiheit betroffen werden; dabei wird es mit den Vorstellungen vom Wesen einer Religionsgemeinschaft nach deren jeweiligem Selbstverständnis regelmäßig kaum vereinbar sein, sich als GmbH oder AG konstituieren zu müssen. Das BVerfG hat in der genannten Entscheidung u. a. ausgeführt:

> *"Die religiöse Vereinigungsfreiheit gebietet allerdings, das Eigenverständnis der Religionsgesellschaft, soweit es in dem Bereich der durch Art. 4 Abs. 1 GG als unverletzlich gewährleisteten Glaubens- und Bekenntnisfreiheit wurzelt und sich in der durch Art. 4 Abs. 2 GG geschützten*

---

[6] KirchE 32, 307.   [7] KirchE 33, 92.   [8] KirchE 29, 9.

Religionsausübung verwirklicht, bei der Auslegung und Handhabung des einschlägigen Rechts, hier des Vereinsrechts des BGB, besonders zu berücksichtigen. ... Das bedeutet nicht nur, daß die Religionsgesellschaft Gestaltungsspielräume, die das dispositive Recht eröffnet, voll ausschöpfen darf. Auch bei der Handhabung zwingender Vorschriften sind Auslegungsspielräume, soweit erforderlich, zugunsten der Religionsgesellschaft zu nutzen; dies darf allerdings nicht dazu führen, unabweisbare Rücksichten auf die Sicherheit des Rechtsverkehrs und auf die Rechte anderer zu vernachlässigen. Unvereinbar mit der religiösen Vereinigungsfreiheit wäre ein Ergebnis, das eine Religionsgesellschaft im Blick auf ihre innere Organisation von der Teilnahm am allgemeinen Rechtsverkehr gänzlich ausschlösse oder diese nur unter Erschwerungen ermöglichte, die unzumutbar sind."

Angesichts dessen wäre es erforderlich gewesen, zunächst die von dem Kläger immer wieder für sich in Anspruch genommene Eigenschaft als Religionsgemeinschaft (vgl. etwa die Schreiben vom 16. und 20. 10. 1989) zu überprüfen und insoweit zu einer abschließenden Einschätzung zu gelangen (so auch VGH Baden-Württemberg, Urteil v. 2. 8. 1995, 1 S 438/94, unter Aufhebung von VG Stuttgart, NVwZ 1994, 612, das zuvor die Entziehung der Rechtsfähigkeit gegenüber einem Scientology-Verein bestätigt hatte; vgl. außerdem bereits VG Sigmaringen, Urteil v. 5. 6. 1988[9] – 4 K 732/85 –). Für den Fall, daß die Beklagte zu einer Einstufung des Klägers als Religions- oder Weltanschauungsgemeinschaft gelangt wäre, hätte sie dann abwägen und darlegen müssen, ob die Verweisung des Klägers auf die Rechtsform einer Kapitalgesellschaft nach dessen Selbstverständnis noch zumutbar oder bereits unzumutbar wäre, bzw. ob und ggfs. inwiefern ohne eine Entziehung der Rechtsfähigkeit „unabweisbare Rücksichten auf die Sicherheit des Rechtsverkehrs und auf die Rechte anderer" vernachlässigt (vgl. BVerfG, aaO) würden. In diesem Zusammenhang wiederum wäre dann der Gesichtspunkt der Gefährdung von Gläubigerinteressen besonders zu würdigen gewesen.

Die Frage, welche Bedeutung der durch Art. 4 GG geschützten Religionsfreiheit im Rahmen der Anwendung von § 43 Abs. 2 BGB zukommt, hätte sich dagegen nicht gestellt, wenn die Beklagte zu dem Ergebnis gelangt wäre, daß der Kläger weder als Religions- noch als Weltanschauungsgemeinschaft einzustufen sei. Dies hätte allerdings, da der Kläger für sich nachdrücklich unter vielfältigen Beweisangeboten die Eigenschaft als Religionsgemeinschaft in Anspruch nimmt, entsprechend der Rechtsprechung des BVerwG den Nachweis erfordert, daß die „religiösen oder weltanschaulichen Lehren" des Klägers „nur als Vorwand für die Verfolgung wirtschaftlicher Ziele dienen" (vgl. das Urteil vom 27. 3. 1992[10], BVerwGE 90, 112 [116 ff.]). Diesen Nachweis hat die Baklagte, offenbar weil sie Art. 4 GG im Zusammenhang mit § 43 Abs. 2 BGB (zu Unrecht) generell keinerlei Bedeutung beigemessen hat, im Rahmen des behördlichen Entziehungsverfahrens nicht erbracht und auch

---

[9] KirchE 24, 136.   [10] KirchE 30, 151.

nicht zu erbringen versucht. Daß sie ausweislich ihrer Klagerwiderung (...) jetzt offenbar eine andere Auffassung vertritt, ist für den vorliegenden Rechtsstreit unerheblich, da es für die Rechtmäßigkeit der angefochtenen Bescheide auf die Sach- und Rechtslage zur Zeit des Erlasses des Widerspruchsbescheides ankommt und eine behördliche Ermessensentscheidung nur dann fehlerfrei ist, wenn sie aufgrund eines – soweit für die Entscheidung maßgeblich – vollständig und zutreffend ermittelten Sachverhalts ergeht.

Ein anderer rechtlicher Ansatz ergibt sich auch nicht aus dem Urteil des Hamburgischen OVG vom 6. 7. 1993[11] – OVG Bf VI 12/91 – (NVwZ 1994, 192 f.) und dem – die Beschwerde gegen die Nichtzulassung der Revision gegen das letztgenannte Urteil zurückweisenden – Beschluß des BVerwG vom 16. 2. 1995[12] – 1 B 205.93 – (NVwZ 1995, 473 ff.). Danach bestehen keine grundsätzlichen Bedenken, die wirtschaftliche Betätigung einer Religions- oder Weltanschauungsgemeinschaft jedenfalls bezüglich der Verpflichtung zur – wertneutralen und die religiöse Betätigung nicht oder doch nicht nennenswert beeinträchtigenden – Gewerbemeldung nach § 14 GewO in den gewerberechtlichen Ordnungsrahmen einzubinden. Gegenüber einer Gewerbeanmeldung hat jedoch die Entziehung der Rechtsfähigkeit eines eingetragenen Vereins, der für sich die Eigenschaft als Religions- oder Weltanschauungsgemeinschaft in Anspruch nimmt, eine ganz andere Eingriffsqualität: Es handelt sich dabei nicht mehr um eine bloße „wertneutrale und die religiöse Betätigung nicht oder doch nicht nennenswert beeinträchtigende" staatliche Maßnahme (vgl. BVerwG, NVwZ 1995, 473 [475]).

3. Soweit die Beklagte nunmehr in ihrer Klageerwiderung (...) ausgeführt hat, die Entziehung der Rechtsfähigkeit sei gegenüber dem Kläger „ein geeignetes und erforderliches Mittel, um wirtschaftliche Gefahren für den einzelnen Bürger abzuwehren", vermag dies an der oben dargestellten Rechtslage nichts mehr zu ändern. Dies gilt schon deshalb, weil es sich dabei allenfalls um „nachgeschobene" Ermessenserwägungen handeln kann, die einen wegen Ermessensausfalls rechtswidrigen Widerspruchsbescheid nicht „heilen" können (vgl. etwa BVerwGE 48, 81 [84]; Redeker/v. Oertzen, VwGO, 11. Aufl., § 108 Rdnr. 31). Im übrigen vermögen diese Ausführungen auch in der Sache nicht ohne weiteres zu überzeugen: So müßte sich zum einen die Gefahr, daß Mitglieder des Klägers sich hoch verschulden, um dessen teure Leistungsangebote bezahlen zu können, nicht zwangsläufig wesentlich anders darstellen, wenn sich der Kläger als GmbH oder AG organisieren würde: Dies hat die Beklagte sinngemäß selbst in ihrem Ausgangsbescheid vom 27. 5. 1991 auf S. 20 mit der Sequenz ausgedrückt, es sei, sofern die Mitglieder des Vereins tatsächlich

---

[11] KirchE 31, 235. [12] KirchE 33, 43.

von dessen Ideen überzeugt seien, „kein Grund ersichtlich, daß die nach Bekunden des Vereins freiwilligen Beiträge nicht auch an eine Kapitalgesellschaft entrichtet werden". Dementsprechend scheint es die Beklagte für möglich zu halten, daß der „Kapitalzufluß" von Mitgliedern an Scientology-Vereine durch eine Entziehung der Rechtsfähigkeit als eingetragener Verein nur mittelbar dadurch beeinflußt würde, daß sich − auch potentielle − Mitglieder gerade wegen der Entziehung der Rechtsfähigkeit innerlich von Scientology abwenden. Dies wäre indessen kein zulässiger Ermessensgesichtspunkt im Sinne des weltanschaulich wertneutralen und im wesentlichen an Gläubigerschutzgesichtspunkten orientierten § 43 Abs. 2 BGB. Zum anderen dürfte − aus den gleichen Gründen − auch die weitere von der Beklagten im Zusammenhang mit dem von ihr vorgelegten Urteil des LG Rostock vom 29. 8. 1994 genannte „Gefahr der Kriminalisierung einzelner Bürger durch finanzielle Zuwendungen" nicht speziell mit der Rechtsform von Scientology-Vereinen zusammenhängen.

75

Bei einem mit einer Kirche bebauten Grundstück kann eine bereits in der Verteilungsphase zu berücksichtigende objektive Nutzungseinschränkung bestehen, die einen grundstücksbezogenen Artzuschlag ausschließt.

§§ 5 Abs. 3, 17 Abs. 1 RhPf. KAG
VG Koblenz, Urteil vom 8. November 1995 − 8 K 3250/93 KO[1] −

Die Klägerin (kath. Kirchengemeinde) wendet sich gegen die Heranziehung eines Kirchengrundstücks zu Vorausleistungen auf einen Ausbaubeitrag, und zwar insoweit, als ein Artzuschlag verlangt wird. Sie ist u. a. Eigentümerin des in der Gemarkung H. gelegenen Grundstückes Flur 41, Nr. 136. Dieses an den Kirchweg angrenzende und 2045 qm große Flurstück Nr. 136 ist mit der katholischen Kirche bebaut.

Der Gemeinderat der Beklagten beschloß unter anderem den Ausbau des Kirchweges. In seiner Sitzung am 6. 7. 1992 legte er einen Gemeindeanteil von 35 v. H. fest und beschloß, Vorausleistungen in Höhe von 75 v. H. der Angebotssumme zu erheben. Für den Kirchweg wurde ein Beitragssatz von 9,86 DM/qm errechnet. Mit dem angefochtenen Bescheid zog die Beklagte

---

[1] Das Urteil ist rechtskräftig.
Vgl. zu diesem Fragenkreis auch OVG.NW NVwZ 1998, 95.

die Klägerin zu Vorausleistungen auf den Ausbaubeitrag heran. Bezüglich des Kirchengrundstückes (Nr. 136) ging die Beklagte von der mit der GFZ von 0,8 multiplizierten Grundstücksfläche aus und versah diese mit einem 20%igen Artzuschlag. Auf diese Weise und unter Zugrundelegung des Beitragssatzes 9,86 DM/qm errechnete sie eine Vorausleistung in Höhe von 19 355,18 DM.

Mit ihrem Widerspruch wandte sich die Klägerin u. a. gegen diesen Ausbaubeitrags-Vorausleistungsbescheid, soweit die Veranlagung des Grundstücks einen Artzuschlag beinhaltete. Zur Begründung war angegeben, daß die von dem Kirchengrundstück ausgehende Spitzenbelastung lediglich ein- bis zweimal pro Woche auftrete, während die gewerbliche oder industrielle Nutzung eines Grundstückes eine permanente starke Frequentierung der Straße zeige. Der wirtschaftliche Vorteil eines gewerblich genutzten Grundstückes sei also wesentlich höher anzusetzen, als für Kirchengebäude oder Gemeindehäuser mit spezifischer Nutzung.

Mit der nach erfolglosem Widerspruch erhobenen Klage verfolgt die Klägerin ihr Freistellungsbegehren weiter. Sie begehrt Aufhebung des Bescheids, soweit in dem angeforderten Betrag ein Artzuschlag enthalten ist. Es liege – so führt sie ergänzend aus – auch im öffentlichen Interesse, wenn die Kirche Gottesdiensthäuser nicht nur erhalte, sondern auch den Besuchern in verschiedenen Formen das Evangelium und damit die Grundlage unserer westlichen Kultur nahezubringen versuche. Für den Bereich des Baugesetzbuches habe das BVerwG sogar einen Beitragserlaß für geboten erachtet.

Die Kammer gibt der Klage statt. Der Vorleistungsbescheid wird aufgehoben, soweit bei der Festsetzung der Höhe nach einen Artzuschlag zugrundelegt.

Aus den Gründen:

Durch Erledigungserklärung bzw. Klagerücknahme hat der Rechtsstreit zu einem wesentlichen Teil seine Erledigung gefunden. Einer Entscheidung bedarf es nur noch insoweit, als die Erhebung eines Artzuschlages für das Kirchengrundstück in Frage steht. Die insoweit zulässige Klage ist auch begründet. Der angefochtene Ausbaubeitragsbescheid (...) in Gestalt des Widerspruchsbescheids (...) ist insoweit rechtswidrig und verletzt die Klägerin in ihren Rechten (vgl. § 113 Abs. 1 VwGO).

Rechtsgrundlage für die Erhebung einmaliger Beiträge für öffentliche Verkehrsanlagen ist die Satzung der Beklagten über die Erhebung einmaliger Beiträge für öffentliche Verkehrsanlagen vom 4. 3. 1990 in der Form der Änderungssatzung vom 16. 7. 1990 (ABS). Nach § 1 ABS erhebt die Beklagte, abweichend von §§ 13 und 14 KAG, Beiträge für einzelne oder für einzelne Abschnitte von öffentlichen Verkehrsanlagen. Maßstab ist nach § 2 a) ABS die

Geschoßfläche. Die Maßstabsdaten erhöhen sich allerdings nach § 2 b) ABS um 20% in Kern-, Gewerbe- und Industriegebieten sowie ausschließlich gewerblich, industriell oder in ähnlicher Weise genutzten Grundstücken in sonstigen Baugebieten. Gegen diese Regelung eines sog. Artzuschlags bestehen keine Bedenken (vgl. auch OVG Rheinland-Pfalz, Urteil vom 20. 10. 1989 – 6 A 50/89 –). Diese Bestimmung trägt dem Umstand Rechnung, daß für Grundstücke, auf denen Nutzungen ausgeübt werden, die einen verstärkten Ziel- und Quellverkehr auslösen und daher bezüglich der Verkehrsanlagen, gemessen an dem Vorhaltebedarf für wohnbaulich genutzte Flächen, ein gesteigerter Umfang der Vorhaltung erforderlich ist. Diese Bestimmung steht daher mit den Vorschriften der §§ 5 Abs. 3, 17 Abs. 1 KAG in Einklang.

Die Erhebung eines solchen Artzuschlages ist jedoch für das im Streit stehende Kirchengrundstück nicht angebracht. Dieses wird weder gewerblich noch industriell oder in ähnlicher Weise genutzt. Das OVG Rheinland-Pfalz hat in seinem Urteil vom 12. 9. 1995[2] (6 A 11051/95.OVG) entschieden, daß bei einem mit einer Kirche bebauten Grundstück eine bereits in der Verteilungsphase zu berücksichtigende objektive Nutzungseinschränkung bestehen kann, die einen gebietsbezogenen Artzuschlag ausschließt. Hierzu hat das OVG Rheinland-Pfalz ausgeführt:

„Vergleicht man den durch eine Kirche ausgelösten mit dem durch wohnlich genutzte Grundstücke verursachten Ziel- und Quellverkehr, so ist zunächst hinsichtlich der Art des Verkehrs festzustellen, daß er demjenigen von wohnlich genutzten Grundstücken entspricht bzw. diesen der Qualität nach eher noch unterschreitet, weil eine Kirche nicht zum dauernden Aufenthalt von Menschen bestimmt und daher in geringerem Maße als wohnlich genutzte Gebäude auf Versorgungsfahrzeuge angewiesen ist. Ist die Kirche nicht gerade eine der Öffentlichkeit täglich zugänglich gemachte, vielbesuchte Sehenswürdigkeit, wofür im vorliegenden Fall nichts ersichtlich ist, so löst sie im Regelfall lediglich zu Gottesdienstzeiten, d. h. an Sonn- und Feiertagen und eventuell an Samstagen, an denen auch üblicherweise Trauungen stattfinden, einen jeweils zweimaligen, stoßweisen, verstärkten Verkehr von insgesamt einigen hundert Personen aus. An den anderen Tagen und zu den anderen Zeiten ist der Verkehr deutlich geringer als bei Wohngrundstücken. so daß über einen längeren Zeitraum gesehen eine Kirche keinen stärkeren Verkehr verursachen dürfte als ein mit den entsprechenden Maßstabsdaten zu berücksichtigendes Wohnhaus (ebenso: Driehaus, aaO, § 18 Rdnr. 58 unter Hinweis auf OVG Lüneburg, Beschluß vom 16. 4. 1992 – 9 M 1742/92)."

Diesen Ausführungen ist nach Ansicht der Kammer nichts mehr hinzuzufügen, denn auch bei dem Kirchengebäude der Klägerin handelt es sich um eine normale Kirche, die lediglich zu den Gottesdienstzeiten oder zu anderen sakralen Veranstaltungen geöffnet, zu den übrigen Zeiten aber verschlossen ist. Es sind mithin keinerlei Besonderheiten erkennbar, die eine abweichende Beurteilung rechtfertigen könnten.

---

[2] KirchE 33, 332.

In diesem Zusammenhang ist noch darauf hinzuweisen, daß in dem Falle, in dem das OVG zu entscheiden hatte, ein gebietsbezogener Artzuschlag in Frage stand, d. h. die Kirche in einem Gebiet gelegen war, wo grundsätzlich für jedes Grundstück, und zwar unabhängig von der tatsächlichen Nutzung, ein Artzuschlag zu fordern war. Wird in einem solchen Fall bereits die Erhebung eines Artzuschlages für nicht gerechtfertigt gehalten, so gilt dies um so mehr für die Fälle, in den lediglich ein grundstücksbezogener Artzuschlag in Frage steht.

Darüber hinaus ist auch zu berücksichtigen, daß es nahezu ausgeschlossen werden kann, daß dieses Kirchengrundstück einer anderweitigen Nutzung zugeführt werden kann. Der maßgebliche Bebauungsplan weist diese Kirche der Klägerin nämlich nachrichtlich als denkmalgeschütztes Gebäude aus. Es kann daher nicht von der Annahme ausgegangen werden, daß ein solches Gebäude abgerissen oder einer anderen als einer überwiegend sakralen Nutzung zugeführt wird. Eine sakrale Nutzung indessen zeichnet sich jedoch, wie vorstehend ausgeführt, nicht durch eine deutlich intensivere Inanspruchnahme der Verkehrsanlagen, im Vergleich zu einer Wohnnutzung, aus. Der streitgegenständliche Bescheid war daher, soweit er noch im Streit stand, aufzuheben.

76

Zur Anknüpfung der Kirchensteuerpflicht an die kirchliche Mitgliedschaft und zu den Voraussetzungen eines wirksamen Kirchenaustritts nach dem Recht der ehemaligen DDR.

Art. 140 GG, 137 Abs. 6 WRV; §§ 2 Nr. 1 u. 2, 4, 5 Abs. 2, 6 Abs. 3, 8 M.-V.KiStG, 10 Abs. 3, 18 Abs. 4 M.-V.KiStErhG

FG Mecklenburg-Vorpommern, Urteil vom 8. November 1995

– 1 K 61/95[1] –

Die Beteiligten streiten um die Kirchensteuerpflicht der Klägerin im Veranlagungszeitraum 1991. Die Klägerin und ihr Ehemann erzielten 1991 ein zu versteuerndes Einkommen.

Auf der Lohnsteuerkarte 1991 der Klägerin fand sich in der Spalte Kirchensteuerabzug die Eintragung „ev.". In der Einkommensteuererklärung für 1991 war auf dem Mantelbogen in der Zeile 73 in der Spalte Religion „keine" für die Klägerin eingetragen.

Mit dem Kirchensteuerbescheid behandelte der Beklagte die Klägerin als kirchensteuerpflichtig und setzte eine evangelische Kirchensteuer fest. Hierge-

---

[1] EFG 1996, 289. Das Urteil ist rechtskräftig.

gen richtete sich der Widerspruch der Klägerin. Zur Begründung trug sie vor, sie sei kein Kirchenmitglied gewesen. Deshalb habe sie auch nicht aus der Kirche austreten können. Aus Versehen oder aus Unkenntnis habe auf ihrer Steuerkarte für 1991 die Konfession „ev." gestanden. Als sie den Kirchensteuerabzug bemerkt habe, habe sie nichts unternommen, da dieser Abzug ja nur vorläufig gewesen sei und sie bedingt durch den Verdienst ihres Mannes sowieso zu Einkommensteuer veranlagt worden sei.

Der Beklagte hat den Oberkirchenrat der Ev.-Luth. Landeskirche Mecklenburgs unter Schilderung der strittigen Mitgliedschaftsfrage um eine Stellungnahme gebeten. Diese ergab, daß es bei der Kirchensteuerfestsetzung für 1991 in voller Höhe zu bleiben habe. Darauf wies die Beklagte den Einspruch zurück.

Mit ihrer gemeinsamen Klage wenden sich die Klägerin und ihr Ehemann gegen die in einem Bescheid zusammengefaßten Einkommen- und Kirchensteuerfestsetzungen in Gestalt der Einspruchsentscheidung. Das Gericht hat das Verfahren wegen Kirchensteuer 1991 vom Verfahren wegen Einkommensteuer 1991 zur getrennten Verhandlung und Entscheidung abgetrennt.

Die Klage hatte keinen Erfolg.

Aus den Gründen:

1. Das Gericht hat die ursprünglich von der Klägerin und ihrem Ehemann gemeinsam erhobene Klage gegen den Einkommen- und Kirchensteuerbescheid für 1991 nach der Abtrennung des Kirchensteuerverfahrens durch den Beschluß vom 31. 3. 1995 dahingehend ausgelegt, daß die Ehefrau im Kirchensteuerverfahren allein als Klägerin anzusehen ist (...). Die Voraussetzungen für die Auslegung liegen vor, da die Verfahrensklärung, wer Kläger ist, hier auslegungsbedürftig ist. Der Beklagte hat durch den mit dem Einkommensteuerbescheid vom 10. 7. 1992 verbundenen Kirchensteuerbescheid (§ 155 Abs. 3 Satz 2 AO) nur gegen die Klägerin Kirchensteuer festgesetzt. Der von beiden Eheleuten gemeinsam erhobene Einspruch richtete sich nur gegen die Festsetzung „meiner Einkommensteuer". Gegen die Kirchensteuerfestsetzung wandte sich nur die Klägerin mit dem von ihr unterzeichneten Widerspruch. Da der Beklagte beide Rechtsbehelfe in der Einspruchsentscheidung zusammenfaßte, lag es für die steuerlich nicht beratenen Kläger nahe, gegen diese Einspruchsentscheidung gemeinsam Klage zu erheben. Es entspricht aber dem von den Klägern im außergerichtlichen Rechtsbehelfsverfahren zum Ausdruck gebrachten Willen und ihrer Zielsetzung, daß die allein mit Kirchensteuer belastete Ehefrau im Kirchensteuerverfahren als alleinige Beteiligte auftreten wollte. Mit dem Trennungsbeschluß wurde das Verfahren wegen Kirchensteuer 1991 abgetrennt, bei dem bei verständiger Würdigung

der Willensbekundungen der Beteiligten nur die Ehefrau als Klägerin in Betracht kommt.
2. ...
3. Die Klage ist zulässig.
Die Sachurteilsvoraussetzung des § 44 Abs. 1 FGO (Durchführung eines Vorverfahrens) ist gegeben. Es mag zweifelhaft sein, ob hier das richtige Vorverfahren durchgeführt worden ist. Selbst wenn aber die Durchführung eines Widerspruchsverfahrens und eine Entscheidung der gesetzlich bestimmten höheren Behörde geboten gewesen wäre, schadet unter den besonderen Umständen des Streitfalles ihr Fehlen nicht.
3.1. Nach Art. 140 GG i. V. m. Art. 137 Abs. 6 WRV ist den Religionsgesellschaften, welche Körperschaften des öffentlichen Rechts sind, mit Verfassungskraft das Recht gewährleistet, aufgrund der bürgerlichen Steuerlisten nach Maßgabe der landesrechtlichen Bestimmungen Steuern zu erheben. Die Verpflichtung zur landesrechtlichen Regelung der Kirchensteuererhebung ist in Mecklenburg-Vorpommern durch das Gesetz zur Regelung des Kirchensteuerwesens – KiStG – vom 31. 8. 1990 (BGBl. II 1990, 1194; GBl. der DDR 1990, 1934) erfüllt worden. Dieses von der ehemaligen DDR im Rahmen des Einigungsvertrages erlassene Gesetz (Anl. II Kap. IV Abschn. I Einigungsvertrag) gilt nach Art. 9 Abs. 5 Einigungsvertrag als Landesrecht fort. Durch § 2 Nr. 1 Buchstabe e) KiStG ist die Beigeladene als Körperschaft des öffentlichen Rechts anerkannt worden. Nach § 4 dieses Gesetzes sind die Angehörigen der im § 2 Nr. 1 und 2 KiStG genannten Kirchen verpflichtet, öffentlich-rechtliche Abgaben (Kirchensteuern) nach Maßgabe der von den Kirchen erlassenen eigenen Steuerordnungen zu entrichten. Die Beigeladene hat die in § 4 eingeräumte Ermächtigung durch Erlaß des Kirchensteuererhebungsgesetzes – KiStErhG – vom 4. 11. 1990 (GVOBl.M–V 1991, 259; BStBl. I 1991, 619 ff.) wahrgenommen.

Dieses originäre Kirchengesetz ist nach § 6 Abs. 3 KiStG von der Finanzministerin des Landes Mecklenburg-Vorpommern staatlich anerkannt und in der dafür vorgesehenen Form im Gesetz- und Verordnungsblatt des Landes Mecklenburg-Vorpommern sowie im Bundessteuerblatt bekannt gemacht worden. Damit beruht dieses Kirchengesetz auf einer landesgesetzlichen Grundlage und ist von staatlichen Stellen anzuwenden (vgl. Urteil des BVerfG v. 14. 12. 1965[2], BVerfGE 19, 248).

Nach § 12 Abs. 1 Satz 2 KiStG sind, soweit die Kirchensteuer durch die Finanzämter verwaltet wird, die Vorschriften der Abgabenordnung anzuwenden, aber mit Ausnahme der Vorschriften über das außergerichtliche Rechts-

---

[2] KirchE 7, 323.

behelfsverfahren. Der vorgeschriebene Rechtsbehelf gegen die Heranziehung zur Kirchensteuer ist der Widerspruch (§ 18 KiStErhG v. 4. 11. 1990). Diese Regelung wurde erst mit Wirkung vom 1. 11. 1993 durch das Kirchengesetz vom 31. 10. 1993 (ABl. der Ev.-Luth. Landeskirche Mecklenburgs 1994, S. 11) geändert, so daß sie zum Zeitpunkt der Einspruchsentscheidung in der alten Fassung anzuwenden war.

Da die AO hinsichtlich des außergerichtlichen Rechtsbehelfsverfahrens weder anwendbar ist noch den Rechtsbehelf des Widerspruchs kennt, sind für das außergerichtliche Vorverfahren die entsprechenden Vorschriften der §§ 68 ff. VwGO heranzuziehen. Demnach beginnt das Vorverfahren nach § 69 VwGO mit einem Widerspruch, der nach § 70 Abs. 1 VwGO bei der Behörde zu erheben ist, die den Verwaltungsakt erlassen hat. Da dies der Beklagte ist und er dem Widerspruch nicht abgeholfen hat, so hätte nach § 73 Abs. 1 Nr. 1 VwGO ein Widerspruchsbescheid durch die nächsthöhere Behörde ergehen müssen. In entsprechender Anwendung von § 73 Abs. 1 Nr. 1 VwGO ist als Widerspruchsbehörde der Oberkirchenrat der Ev.-Luth. Landeskirche Mecklenburgs anzusehen. Über den Widerspruch entscheidet nämlich die zuständige Stelle im Oberkirchenrat, soweit die Entscheidung nicht auf eine andere Stelle übertragen wurde (§ 18 Abs. 4 Satz 1 KiStErhG). Soweit die Verwaltung der Kirchenumlagen den Finanzämtern obliegt, bleibt die Entscheidung dem Oberkirchenrat vorbehalten, wenn über die Umlageberechtigung oder über Fragen des Kirchenmitgliedschaftsrechts zu entscheiden ist (§ 18 Abs. 4 Satz 2 KiStErhG). Das richtige Vorverfahren hätte demnach zu einer Entscheidung des Oberkirchenrates führen müssen, da die Klägerin ihre Mitgliedschaft in der Kirche bestreitet.

Die Frage, ob im konkreten Fall das „richtige" außergerichtliche Vorverfahren durchgeführt wurde, wird in der Rechtsprechung des Bundesfinanzhofs unterschiedlich beurteilt. Es gilt zwar regelmäßig als unschädlich, wenn ein Einspruch (§ 348 AO) irrtümlich als Beschwerde (§ 349 AO) angesehen wird und über ihn demgemäß nicht das Finanzamt, sondern die Oberfinanzdirektion entscheidet. Denn das Finanzamt hat in einem solchen Fall bei der Prüfung, ob es der Beschwerde abhelfen will, die Einwendungen des Steuerpflichtigen überprüft und für unbegründet erachtet, so daß auch ein Einspruch erfolglos geblieben wäre. Dem Zweck des § 44 Abs. 1 FGO ist danach Genüge getan. Dagegen sind nach Auffassung des Bundesfinanzhofs die Voraussetzungen des § 44 Abs. 1 FGO regelmäßig nicht erfüllt, wenn umgekehrt statt einer Beschwerde eine Einspruchsentscheidung ergeht und damit die für die Beschwerdeentscheidung zuständige Oberfinanzdirektion übergangen wird (vgl. Urteil des BFH v. 19. 10. 1990 – III R 28/88, BFH/NV 1991, 717 m. w. N.). In den angegebenen Entscheidungen des BFH handelte es sich jeweils um Ermessensentscheidungen (Billigkeitsentscheidung nach § 237

Abs. 4 i. V. m. § 234 Abs. 2 AO – Urteil des BFH v. 20. 11. 1987 – VI R 140/84 – BStBl. II 1988, 402 und Urteil des BFH v. 19. 10. 1990 – III R 28/88 – BFH/NV 1991, 717; Erlaß eines Duldungsbescheides nach § 330 Abs. 1 i. V. m. § 120 Abs. 1 AO – Urteil des BFH v. 14. 7. 1981 – VII R 49/ 80 – BStBl. II 1981, 751), wohingegen im Streitfall die Frage der Mitgliedschaft eine nach den kirchenrechtlichen Normen gebundene Entscheidung ohne Ermessensausübung ist.

Da der Oberkirchenrat vom Beklagten vor dem Ergehen der Einspruchsentscheidung um eine Prüfung und Stellungnahme zur Sache gebeten wurde und der Oberkirchenrat unmißverständlich in seinem teilweise wörtlich vom Beklagten in der Einspruchsentscheidung übernommenen Schreiben formulierte: „Der gegen den Steuerbescheid 1991 fristgerecht eingelegte Rechtsbehelf ist zurückzuweisen.", sind die Anforderungen des § 44 Abs. 1 FGO hinsichtlich des Tatbestandsmerkmals „erfolgloses Vorverfahren" erfüllt. Eine Entscheidung des Oberkirchenrates über den Widerspruch im richtigen Vorverfahren, das heißt als Widerspruchsbehörde, hätte zu keinem anderen Ergebnis geführt. Da die das Vorverfahren regelnden Vorschriften nicht Selbstzweck sind, sondern Zweckmäßigkeitsnormen, gerichtet auf eine sachliche Entscheidung des Rechtsstreites im Wege eines zweckmäßigen Verfahrens (vgl. Urteil des BFH v. 8. 2. 1974 – III R 140/70 – BStBl. II 1974, 417, 418), ist durch die rechtzeitige Einbindung des Oberkirchenrates und Entscheidungsabstimmung mit ihm dem Zweck des außergerichtlichen Vorverfahrens im Hinblick auf den Rechtsschutz für den Steuerpflichtigen, eine Selbstkontrolle der Verwaltung und die damit einhergehende Entlastung der Gerichte ausreichend entsprochen werden (vgl. Tipke/Kruse, AO, 14. Aufl., vor § 347 Tz. 2 bis 4 sowie ders., FGO, 14. Aufl., § 44 Tz. 4). Ob diese Grundsätze auch für den Fall gelten, in dem die letzte Entscheidung der Finanzbehörde nach dem 1. 11. 1993 als dem Datum für das Inkrafttreten des Kirchengesetzes vom 31. 10. 1993 zur Änderung des Kirchensteuererhebungsgesetzes vom 4. 11. 1990 liegt, brauchte der Senat nicht zu entscheiden. Im Hinblick auf die bisher fehlende Anerkennung und Bekanntgabe dieses Änderungsgesetzes nach § 6 Abs. 3 KiStG und die dann möglicherweise gegebene Zuständigkeit der Oberfinanzdirektion (§ 2 Abs. 1 i. V. m. § 8 Abs. 6 des Gesetzes über die Finanzverwaltung – FVG – i. d. F. des Finanzanpassungsgesetzes vom 30. 8. 1971 – BGBl. I, 1426 –, zuletzt geändert durch das Gesetz zur Änderung des UStG und anderer Gesetze vom 9. 8. 1994 – BGBl. I S. 2058) bestehen erhebliche Zweifel, ob dem Zweck des außergerichtlichen Rechtsbehelfsverfahrens bei ansonsten unverändertem Sachverhalt dann noch entsprochen wird.

3.2. Die Klage ist nicht begründet. Der Beklagte hat die Klägerin zu Recht als kirchensteuerpflichtig angesehen und in zutreffender Höhe Kirchensteuer festgesetzt.

Das KiStG regelt in § 4 Abs. 1, daß alle Kirchenmitglieder der Ev.-Luth. Landeskirche Mecklenburgs nach Maßgabe dieses Gesetzes kirchensteuerpflichtig sind. Die Regelung des Mitgliedschaftsrechts ist Angelegenheit der Religionsgesellschaften, die sie selbst ordnen. Vor allem die Regelungen des Mitgliedschaftserwerbs überläßt der Staat herkömmlich und verfassungsrechtlich verpflichtet dem kirchlichen Recht. Die Religionsgesellschaften sind hierbei aber an die Schranken des für alle geltenden Gesetzes gebunden (Art. 140 GG i. V. m. Art. 137 Abs. 3 WRV). Das bedeutet vor allem, daß die Religionsgesellschaften nicht mit Wirkung für den staatlichen Bereich in die Religionsfreiheit, insbesondere die negative religiöse Vereinigungsfreiheit von Personen eingreifen können, die ihrer innerkirchlichen Rechtsordnung nicht bereits unterworfen sind (vgl. Engelhardt, Die Kirchensteuern in den neuen Bundesländern, Köln 1991, S. 29). Die Kirchenmitgliedschaft der Beigeladenen gründet sich auf die Kriterien Taufe, Bekenntnis und Wohnsitz (vgl. Urteil des FG Düsseldorf v. 14. 4. 1994 – 1 K 292/90, Ki – EFG 1994, 1071).

Der Kläger hat im Erörterungstermin vom 21. 10. 1994 erklärt, daß die Klägerin getauft sei. Der Oberkirchenrat der Beigeladenen hat im Termin zur mündlichen Verhandlung einen diese Angabe bestätigenden Auszug aus dem Taufregister vorgelegt. (...) Die Klägerin hat ihren Wohnsitz 1991 im Gebiet der Beigeladenen gehabt, und sie hat die auf der Lohnsteuerkarte für 1991 eingetragene Konfessionszugehörigkeit „evangelisch" durch ihre eigene Erklärung bei der damals zuständigen Polizeidienststelle herbeigeführt. Damit hat die Klägerin ihre Kirchenmitgliedschaft zu der Beigeladenen ohne Einschränkung bekräftigt und sich ausdrücklich dazu bekannt. Ein Wissen über eine mit der Mitgliedschaft verbundene Kirchensteuerpflicht brauchte mit diesem Bekenntnis gegenüber einer staatlichen Stelle nicht verbunden zu sein.

Die Klägerin ist bis zum Ende des Veranlagungszeitraumes 1991 nicht wirksam aus der Kirche ausgetreten. Die Mitgliedschaft endet durch Tod, Wegzug oder Kirchenaustritt (vgl. § 5 Abs. 2 KiStG). Das Austrittsrecht ist in Ermangelung kirchenrechtlicher Vorschriften durch staatliche Regelungen geprägt. Die Klägerin hat einen wirksamen Austritt aus der Kirche zu Zeiten der ehemaligen DDR weder behauptet noch nachgewiesen. Nach Art. 47 der Verfassung der DDR (GBl. der DDR 1949, 4, 9) hatte, wer aus einer Religionsgesellschaft öffentlichen Rechts mit bürgerlicher Wirkung austreten wollte, den Austritt bei Gericht zu erklären oder als Einzelerklärung in öffentlich beglaubigter Form einzureichen. Mit der Verordnung über den Austritt aus Religionsgemeinschaften öffentlichen Rechts vom 13. 7. 1950 (GBl. DDR 1950, 660) wurden die Amtsgerichte statt der Standesämter für zuständig erklärt und die Standesbeamten ermächtigt, Einzelerklärungen über den Austritt öffentlich zu beglaubigen. Mit der Verordnung über die Übertragung der Angelegenheiten der Freiwilligen Gerichtsbarkeit vom 15. 10. 1952 (GBl. DDR

1952, 1057) wurden die Staatlichen Notariate für die Entgegennahme und Behandlung von Erklärungen über den Austritt aus einer Religionsgemeinschaft gemäß der Verordnung vom 13. 7. 1950 zuständig. Die Klägerin hat nicht vorgetragen, eine Austrittserklärung gegenüber einer der vorgenannten Stellen in der dafür vorgeschriebenen Form abgegeben zu haben.

Auch nach Inkrafttreten des KiStG hat die Klägerin bis zum Veranlagungszeitraum 1991 keine wirksame Austrittserklärung nachgewiesen. Nach § 5 Abs. 2 KiStG ist der Kirchenaustritt durch eine Bescheinigung der für die Entgegennahme der Kirchenaustrittserklärung gesetzlich zuständigen Stelle nachzuweisen. Nach der Kirchenaustrittszuständigkeitsverordnung – KiAustrZustVO – vom 9. 7. 1991 (EVOBl.M–V 1991, 226) sind die Standesämter als zuständige Stellen bestimmt worden. Die Klägerin hat durch eine Austrittsbescheinigung des Standesamtes vom Dezember 1992 einen Austritt nachgewiesen, so daß ihre Kirchensteuerpflicht erst am 31. 1. 1993 endete (vgl. § 5 Abs. 2 Nr. 3 KiStG).

3.3. Der Beklagte hat die Kirchensteuer in der Form eines besonderen Kirchgeldes in glaubensverschiedener Ehe zutreffend festgesetzt (vgl. § 8 KiStG i. V. m. § 10 KiStErhG und dem Kirchengesetz der Ev.-Luth. Landeskirche Mecklenburgs über Art und Höhe der Kirchensteuern – Kirchensteuerbeschluß – vom 4. 11. 1990, GVOBl.M–V 1991, 264).

Gehört nur ein Ehegatte einer steuerberechtigten Kirche an (glaubensverschiedene Ehe), so erhebt die steuerberechtigte Kirche die Kirchensteuer von ihm nach der in seiner Person gegebenen Steuerbemessungsgrundlage (§ 8 Abs. 1 KiStG). Jedoch bleiben die Bestimmungen über das Kirchgeld in glaubensverschiedener Ehe nach § 8 Abs. 3 KiStG von dieser Regelung unberührt. Nach § 10 Abs. 2 Satz 2 KiStErhG ist die Bemessungsgrundlage für das Kirchgeld in glaubensverschiedener Ehe das zu versteuernde Einkommen beider nicht dauernd getrennt lebender Ehegatten. Das Kirchgeld in glaubensverschiedener Ehe wird nach gestaffelten Sätzen erhoben (§ 10 Abs. 3 KiStErhG). *(wird weiter mit dem Ergebnis zutreffender Festsetzung des Kirchgelds ausgeführt)*

77

Zwar steht die aktive Mitgliedschaft eines Elternteils bei den Zeugen Jehovas der Eignung zur Ausübung der elterlichen Sorge nicht grundsätzlich entgegen, jedoch kann es im Rahmen einer einstweiligen Sorgerechtsregelung geboten sein, das Recht der medizinischen Betreuung des Kindes beiden Elternteilen gemeinsam zu belassen.

§§ 1671, 1672 BGB
Saarl.OLG, Beschluß vom 10. November 1995 — 6 WF 72/95[1] —

Aus der 1978 geschlossenen Ehe der seit Juni 1994 räumlich getrennten Parteien sind die 1981 geborene Tochter T. und der 1990 geborene Sohn S. hervorgegangen. Beide Kinder halten sich bei der Antragsgegnerin auf. Im Rahmen des zwischen den Parteien rechtshängigen Scheidungsverfahrens hat das Familiengericht im Wege einstweiliger Anordnung nach vorausgegangener mündlicher Verhandlung die elterliche Sorge für die beiden Kinder für die Zeit des Getrenntlebens auf die Antragsgegnerin übertragen (Ziff. I des Beschlusses). In Ziff. II hat es angeordnet, daß das Recht der medizinischen Betreuung der Kinder den Parteien gemeinsam verbleibt.

Beide Parteien greifen die Entscheidung an. Der Antragsteller begehrt mit der Beschwerde die Übertragung der elterl. Sorge für beide Kinder auf sich. Die Antragsgegnerin begehrt mit ihrer Anschlußbeschwerde die Aufhebung der in Ziff. II angeordneten Einschränkung hinsichtlich der medizinischen Betreuung.

Die Rechtsmittel blieben erfolglos.

Aus den Gründen:

Die sofortige Beschwerde des Antragstellers und die unselbständige Anschlußbeschwerde der Antragsgegnerin sind zulässig (§§ 620 c Satz 1, 577 ZPO).

In der Sache haben die Rechtsmittel der Parteien jedoch keinen Erfolg. Die Entscheidung des Familiengerichts hält den Angriffen beider Rechtsmittel stand.

Die sich aus dem beiderseitigen Vorbringen der Parteien ergebenden und auch vom Familiengericht festgestellten erheblichen Auseinandersetzungen zwischen den zerstrittenen Eltern machen eine schnelle vorläufige Sorgerechtsregelung unumgänglich.

Bei der in dem vorliegenden Eilverfahren anzustellenden lediglich summarischen Betrachtung begegnet die einstweilige Übertragung des Sorgerechts hinsichtlich beider Kinder auf die Antragstellerin (*richtig Antragsgegnerin*) nach dem derzeitigen Sach- und Streitstand keinen Bedenken. Gestützt auf die Feststellungen des Sachverständigen A., welche es sich zu eigen macht, hat das Familiengericht zur Begründung der Übertragung des Sorgerechts für T. auf die Antragsgegnerin ausgeführt, T. verfüge noch über Bindungen zu dem Antragsteller. Der durch die starken Streitigkeiten zwischen den Parteien aus-

---

[1] FamRZ 1996, 561. Nur LS: KuR 2 (1996), 130.

gelöste Ambivalenzkonflikt habe bei ihr jedoch zu einer überstarken Identifikation mit der Mutter geführt mit der Folge, daß sie jegliche Kontakte zum Vater ablehne. Als entscheidungserheblich hat es das Familiengericht angesehen, daß im Rahmen der Anhörung des bald 14jährigen Mädchens eine massive Abwehrhaltung gegenüber dem Antragsteller zutage getreten ist.

Unter Mitberücksichtigung der engen und auch in der Anhörung deutlich gewordenen Bindung des Mädchens zu seiner Mutter begegnet die Sorgerechtsübertragung für T. keinen Bedenken.

Den Angriffen der Beschwerde des Antragstellers hält auch die den jüngeren S. betreffende Sorgerechtsübertragung auf die Antragsgegnerin stand. Soweit das Rechtsmittel des Antragstellers darauf abhebt, das Familiengericht habe dem in der Anhörung des Kindes zutage getretenen Willen nicht Rechnung getragen, vermag dies nicht die aufgrund einer rechtsfehlerfreien Abwägung der hier maßgeblichen Sorgerechtskriterien getroffene Entscheidung des Familiengerichts in Frage zu stellen.

Namentlich begegnet es keinen durchgreifenden Bedenken, daß das Familiengericht dem in eine Frage gekleideten Wunsch S.'s, ob er nun bei seinem Vater bleiben könne, letztlich keine ausschlaggebende Bedeutung beigemessen hat. *(wird ausgeführt)*

Entgegen den Angriffen der Beschwerde sieht der Senat — jedenfalls aufgrund des derzeitigen Erkenntnisstandes — im Einklang mit dem Familiengericht keine Veranlassung, die von dem Antragsteller in Zweifel gezogene Erziehungseignung der Antragsgegnerin zu verneinen.

Der Umstand, daß die Antragsgegnerin als aktives Mitglied der Religionsgemeinschaft der Zeugen Jehovas angehört, steht der hier getroffenen Sorgerechtsregelung nicht entgegen. Es würde dem Grundrecht der Glaubens- und Bekenntnisfreiheit des Art. 4 Abs. 1 GG widersprechen, wenn die Eignung zur Ausübung der elterlichen Sorge allein wegen der Zugehörigkeit zu dieser Glaubensgemeinschaft in Frage gestellt würde (so auch OLG Stuttgart, FamRZ 1995, 1290[2]).

Nachdem auch das Kreisjugendamt in Kenntnis des umfangreichen auf die Religionszugehörigkeit der Antragsgegnerin abhebenden Vorbringens des Antragstellers keine Veranlassung gesehen hat, auf eine Abänderung der vom Familiengericht im Rahmen des summarischen Anordnungsverfahrens getroffenen Sorgerechtsentscheidung anzutragen, war die gegen die Sorgerechtsentscheidung (Ziff. I) gerichtete Beschwerde des Antragstellers zurückzuweisen.

Die Entscheidung des Familiengerichts hält auch der Anschlußbeschwerde der Antragsgegnerin stand. Anerkannt ist, daß im Wege einer einstweiligen

---

[2] KirchE 32, 138.

Anordnung auch einzelne Angelegenheiten aus dem Bereich der elterlichen Sorge geregelt werden dürfen (vgl. hierzu Gießler, Vorläufiger Rechtsschutz in Ehe-, Familien- und Kindschaftssachen, 2. Aufl., Rz. 999, m. w. N.; Rahn/Stollenwerk, Handbuch des Familiengerichtsverfahrens, 4. Aufl., VI Rz. 49). Die von dem Familiengericht angestellte Erwägung, mit der gemeinsamen elterlichen Sorge im Bereich der medizinischen Versorgung solle eventuellen Gefahren, die sich in diesem Zusammenhang aufgrund der Religionszugehörigkeit der Antragsgegnerin zu den Zeugen Jehovas ergeben könnten, vorgebeugt werden, ist jedenfalls nicht rechtsfehlerhaft und rechtfertigt nicht die mit der Anschlußbeschwerde begehrte Abänderung der in Ziff. II der einstweiligen Anordnung getroffenen Regelung.

78

1. **In Streitigkeiten aus einem Kirchenbeamtenverhältnis ist der Rechtsweg zu den staatlichen Gerichten grundsätzlich nicht gegeben. Die staatlichen Verwaltungsgerichte sind nur dann zur Entscheidung befugt, wenn der Rechtsweg zu ihnen durch kirchenrechtliche Bestimmung eröffnet ist (§ 135 Satz 2 BRRG).**
2. **Eine derartige Rechtswegeröffnung bedarf keiner Regelung durch förmliches Kirchengesetz. Ein Verweis auf die für Landesbeamte anwendbaren Bestimmungen in der Begleitverfügung zur Ernennung des Kirchenbeamten ist ausreichend.**
3. **Zu den auf Grund eines derartigen Anwendungsbefehls in materieller Hinsicht zu beachtenden Bestimmungen des hessischen Bedienstetenrechts gehört auch der landesverfassungsrechtlich in Art. 134 HV und einfachgesetzlich in § 8 HBG gewährleistete und von der Rechtsprechung ausgeformte Bewerbungsverfahrensanspruch.**
4. **Zu Umfang und Inhalt des Bewerbungsverfahrensanspruchs.**

VG Wiesbaden, Beschluß vom 10. November 1995 – 8/V G 853/95[1] –

Die Antragstellerin ist Studiendirektorin im Kirchendienst. Sie wendet sich gegen die Besetzung der Stelle N. beim K., einer Gemeinschaftseinrichtung der kath. Bischöfe in Hessen, mit dem Beigeladenen.

Die Antragstellerin ist als Referentin am K., das seinen Sitz in X. hat, beschäftigt. Unter Berufung in das Beamtenverhältnis auf Lebenszeit wurde

---

[1] Der Beschluß ist rechtskräftig.

Kirchenbeamtenverhältnis 483

sie zur Oberstudienrätin im Kirchendienst, später zur Studiendirektorin im Kirchendienst ernannt.

In einem Begleitschreiben zur Ernennung wies der Antragsgegner (Bistum L.) darauf hin, daß auf das Beamtenverhältnis die Bestimmungen des Landes Hessen in der jeweils geltenden Fassung mit der Maßgabe Anwendung fänden, daß es dem Dienstherrn vorbehalten bleibe, abweichende Regelungen im Einzelfall zu treffen, soweit sich dies aus den Besonderheiten des kirchlichen Dienstes ergebe. Hiermit erklärte sich die Klägerin einverstanden.

1993 beschlossen die Bischöfe der hessischen Diözesen, das durch Pensionierung des bisherigen Stelleninhabers frei gewordene Referat und das von der Klägerin verwaltete Referat als Referat N. zusammenzufassen und diese Stelle auszuschreiben. Da die Antragstellerin nach Auffassung des Antragsgegners hierfür nicht in Betracht kam, wurde sie vom K. in X. an das Pädagogische Zentrum der Bistümer in X. versetzt.

Die Ausschreibung der nach A14/A15 ausgewiesenen Stelle im Juni 1994 erbrachte 31 Bewerbungen; sechs Bewerber, darunter die Antragstellerin, erhielten am 10. 10. 1994 Gelegenheit zu einem Vorstellungsgespräch vor einer Findungskommission. Hierüber liegt ein Vermerk des Geschäftsführers des K. vom 9. 9. 1995 vor. Am 17. 11. 1994 stellte der Verwaltungsrat für das K. fest, daß keiner der Bewerber zum Zuge kommen könne.

Auf die zweite Ausschreibung im Februar 1995 hin wurden wiederum sechs Bewerber zu einem Vorstellungsgespräch eingeladen, darunter auch eine Bewerberin, die sich bereits am 10. 10. 1994 vorgestellt hatte. Die Findungskommission setzte den Beigeladenen, der in ungekündigtem Arbeitsverhältnis Mitglied der Geschäftsführung des Bundesverbandes A. ist, an die erste Stelle. Ein entsprechender Vermerk des Geschäftsführers datiert vom 30. 5. 1995.

Am 13. 6. 1995 verglichen sich die Antragstellerin und der Antragsgegner in dem gegen die Versetzungsverfügung anhängig gemachten Rechtsstreit vor der erkennenden Kammer dahingehend, daß sich der Antragsgegner verpflichtete, die Bewerbung der Antragstellerin ernsthaft zu prüfen und die Stelle vor Abschluß eines eventuellen Eilverfahrens nicht zu besetzen und die Antragstellerin bis dahin auf ihrem bisherigen Dienstposten zu belassen. Im Gegenzug sagte die Antragstellerin zu, nach einem für sie negativen, endgültigen Abschluß des Auswahlverfahrens einschließlich eines gerichtlichen Eilverfahrens der Versetzungsverfügung Folge zu leisten.

Am 19. 6. 1995 machte sich der Verwaltungsrat die Bewertung der Auswahlkommission zu eigen und beschloß, die Stelle mit dem Beigeladenen zu besetzen. Am 21. 6. 1995 fertigte der Leiter des K. einen Auswahlvermerk.

Mit Bescheid vom 27. 6. 1995 beschied das Bischöfliche Ordinariat die Bewerbung der Antragstellerin abschlägig. Ihren hiergegen eingelegten Widerspruch wies das K. zurück.

Hiergegen hat die Antragstellerin Klage erhoben und zugleich Antrag auf vorläufigen Rechtsschutz gestellt.

Sie sieht ihren Bewerbungsverfahrensanspruch verletzt. Die Zustimmung der Mitarbeitervertretung für die Einstellung liege nicht vor. Auch sei keine aktuelle Beurteilung für sie erstellt worden. Für den Beigeladenen liege ebenfalls kein Zeugnis vor. Das Vorstellungsgespräch sei bei ihr nicht gewürdigt worden. Zudem sei die Findungskommission bei den Gesprächen nicht identisch besetzt gewesen. Offensichtlich solle sie „abgeschoben" werden. Sie verfüge über ein erhebliches Maß an Berufserfahrung und nehme die Funktionen der ausgeschriebenen Stelle zudem seit 1993 wahr. Im Gegensatz zu dem Beigeladenen verfüge sie über die in der Ausschreibung geforderte mehrjährige Schulerfahrung. Juristische Kenntnisse seien in der Ausschreibung nicht gefordert gewesen. Ein Vergleich ihrer Qualifikation und ihres beruflichen Werdegangs müsse zu ihren Gunsten ausfallen. Die Antragstellerin beantragt, dem Antragsgegner im Wege der einstweiligen Anordnung vorläufig zu untersagen, die Stelle N. beim K. bis zum Abschluß des konkreten Klageverfahrens, hilfsweise bis zum Abschluß eines erneut durchzuführenden Auswahlverfahrens mit dem Beigeladenen zu besetzen.

Die Antragsgegnerin ist der Auffassung, der Antrag sei im Hinblick auf den gerichtlichen Vergleich unzulässig. Nur wegen des Vergleichs sei auch bislang die Beteiligung der Mitarbeitervertretung unterblieben. Ein Zeugnis habe die Antragstellerin nicht verlangt. Es sei ein vollständiger und aktueller Leistungsvergleich zwischen der Antragstellerin und dem Beigeladenen vorgenommen worden.

Aus den Gründen:

Der Rechtsweg zur staatlichen Verwaltungsgerichtsbarkeit ist gegeben. Zwar ist bei Streitigkeiten in innerkirchlichen Angelegenheiten, zu denen auch die Dienstverhältnisse der Kirchenbeamten rechnen, infolge des den Kirchen von Verfassungs wegen gewährleisteten Selbstbestimmungsrechts (Art. 140 GG i. V. m. Art. 137 Abs. 3 Satz 2 WRV) der Rechtsweg zu den staatlichen Gerichten grundsätzlich nicht gegeben. Dies gilt jedoch dann nicht, wenn kraft kirchengesetzlicher Regelung der Rechtsweg zu den staatlichen Gerichten ausdrücklich eröffnet ist (§§ 135 Satz 2, 126 BRRG; vgl. BVerwGE 66, 241 [247][2] = BVerwG, Buchholz 230 § 135 BRRG Nr. 4). Eine derartige Rechtswegzuweisung liegt hier vor. Der Antragsgegner hat in der Begleitverfügung zur Ernennung der Antragstellerin zur Oberstudienrätin im Kirchen-

---

[2] KirchE 20, 208.

dienst bestimmt, daß auf das Beamtenverhältnis der Antragstellerin die Bestimmungen des Landes Hessen in der jeweils geltenden Fassung mit der Maßgabe Anwendung finden, daß es dem Dienstherrn vorbehalten bleibe, abweichende Regelungen im Einzelfall zu treffen, soweit sich dies aus den Besonderheiten des kirchlichen Dienstes ergebe.

Zu den Bestimmungen des Landes Hessen im Sinne dieser Verfügung zählen nach Auffassung der Kammer, mit der sich die Praxis des Antragsgegners im Einklang befindet, nicht nur die Bestimmungen des hessischen Landesrechts, sondern auch die unmittelbar für Landesbeamte geltenden Rechtsvorschriften des Bundesrechts über den Rechtsweg zu den Verwaltungsgerichten in § 126 BRRG. Folgt man dem nicht, führt die dann anwendbare Parallelvorschrift des § 182 HBG, dem im staatlichen Bereich wegen § 126 BRRG keine eigenständige Bedeutung mehr zukommt, zum gleichen Ergebnis.

Der Umstand, daß der Anwendungsbefehl für die staatlichen Beamtenregelungen nicht in Gesetzesform erfolgt ist, ändert an der Rechtswegeröffnung nichts. § 135 Satz 2 BRRG schreibt keine bestimmte Form der Regelung vor. Zwar ist die Regelung durch Kirchengesetz (in Anlehnung an das staatliche Recht) bei den ev. Landeskirchen die Regel, die röm.-kath. Kirche hat demgegenüber jedoch ein eigenes Beamtenrecht nicht entwickelt, sondern wendet im Einzelfall die Bestimmungen des staatlichen Beamtenrechts auf dem Hintergrund des kanonischen Rechts entsprechend an (vgl. Frank, in: HdbStKirchR I, 1974, S. 669 [722]). Dies ist nach Auffassung der Kammer ausreichend. In der zivilrechtlichen Judikatur ist anerkannt, daß sogar eine stillschweigende Übertragung der Rechtsprechungskompetenz an die staatlichen Gerichte genügen kann (vgl. BVerwGE 66, 241 [248 m. w. N.]). Dann muß erst recht ein kraft Usus stets nur im Einzelfall ausgesprochener Anwendungsbefehl ausreichend sein.

Das Begehren ist als Antrag auf Erlaß einer einstweiligen Anordnung statthaft und auch im übrigen zulässig. Die Kammer legt das Rechtsschutzziel der Antragstellerin dahin aus (§ 88 VwGO entsprechend), daß es ihr allein um die Sicherung ihres Bewerbungsverfahrensanspruchs geht. Diesem Petitum ist regelmäßig mit einem Antrag im Sinne des Hilfsantrags genüge getan. Die Antragstellerin hat auch erkennbar nichts anderes gewollt, zumal sie sich in Ziffer 2 des Vergleichs vom 13. 6. 1995 verpflichtet hat, nach einem für sie negativen, rechtskräftigen Abschluß des Eilverfahrens der Versetzungsverfügung vom 30. 6. 1994 Folge zu leisten. Zudem bestimmt das Gericht nach freiem Ermessen, welche Anordnungen zur Erreichung des Zwecks der einstweiligen Anordnung erforderlich sind (§§ 123 Abs. 3, 938 Abs. 1 ZPO), so daß im Rahmen des gestellten Antrags ohnehin keine strenge Bindung des Gerichts besteht.

Der Antrag ist auch nicht deshalb unzulässig, weil über ihn bereits in Ziffer 2 des Vergleichs entschieden worden sei, wie der Antragsgegner meint. Ziel des Vergleichs war es, zwischen Antragstellerin und Antragsgegner verfahrensrechtliche Klarheit über das weitere Prozedere zu schaffen und die Auseinandersetzung auf den zentralen Punkt des Rechtsstreits zurückzuführen. Daß dadurch ein einstweiliges Rechtsschutzverfahren bei einem für die Antragstellerin negativen Ausgang des Auswahlverfahrens nicht vermieden werden würde, war dem Gericht und allen Beteiligten des Vergleichs klar und ergibt sich im übrigen auch eindeutig aus dem Vergleichstext. In Ziffer 1 hat der Antragsgegner nämlich ausdrücklich seine von Verfassungs wegen ohnehin bestehende Pflicht bestätigt, mit der Stellenbesetzung bis zum rechtskräftigen Abschluß eines etwaigen Eilverfahrens zuzuwarten.

Der sonach zulässige Antrag ist auch begründet. Die Antragstellerin hat einen Anordnungsanspruch und einen Anordnungsgrund glaubhaft gemacht (§§ 123 Abs. 3 VwGO, 920 Abs. 2 ZPO).

Die Antragstellerin ist durch die Art und Weise des von der Findungskommission des K. durchgeführten Auswahlverfahrens und die hierauf beruhende Auswahlentscheidung des Verwaltungsrats des Kommissariats in ihrem von Art. 134 HV gewährleisteten grundrechtsgleichen Recht auf (chancen-)gleichen Zugang zu jedem öffentlichen Amt nach Maßgabe von Eignung, Befähigung und fachlicher Leistung verletzt worden.

Auf Grund des kirchlichen Anwendungsbefehls (...) sind — wie ausgeführt — die Bestimmungen des hessischen Bedienstetenrechts auf das Beamtenverhältnis der Antragstellerin anwendbar. Hierzu gehört auch der landesverfassungsrechtlich in Art. 134 HV und einfachgesetzlich in § 8 HBG gewährleistete und von der Rechtsprechung ausgeformte Bewerbungsverfahrensanspruch, da abweichende Regelungen wegen der Besonderheiten des kirchlichen Dienstes von dem Antragsgegner nicht geltend gemacht werden.

Der Bewerbungsverfahrensanspruch ist bei der vorliegenden Stellenbesetzung zu beachten, obwohl die Maßnahme nicht der Vorbereitung einer Beförderung dient und es sich für die Antragstellerin auch nicht um einen höherwertigen Dienstposten handelt. Der Bewerbungsverfahrensanspruch, der eine faire, chancengleiche Behandlung mit rechtsfehlerfreier Wahrnehmung der Beurteilungsermächtigung und die Einhaltung des gesetzlich vorgeschriebenen Verfahrens einschließlich etwaiger Anhörungs- und Beteiligungsrechte umfaßt (vgl. Hess.VGH, Beschluß vom 26. 10. 1993, DVBl. 1994, 593 m.w.N.), muß vom Dienstherrn immer dann beachtet werden, wenn dieser durch Ausschreibung oder sonstige Bekanntgabe eines freien Dienstpostens mit der Aufforderung, sich zu bewerben, einen objektiven und abgrenzbaren Anhaltspunkt dafür setzt, daß er ein Auswahlverfahren mit dem Ziel der Bestenauslese einleiten will (Hess.VGH, Beschluß vom 6. 7. 1989, ZBR 1990, 24; einschränkend anscheinend Beschluß vom 15. 8. 1995 — TG 2416/95 —; vgl. für das Amtsrecht der evangelischen Kirche Kirchl. Verf.- u. Verwaltungsgericht der Ev. Kirche in Hessen u. Nassau, Urteil vom 18. 6. 1993, Rechtsprechungsbeilage ABl.EKD 1994, 9 ff.).

Dieser Verpflichtung ist der Antragsgegner nicht gerecht geworden. Der Antragsgegner hat das Auswahlverfahren fehlerhaft durchgeführt, da er seine Auswahlentscheidung maßgeblich auf ein nicht ordnungsgemäß dokumentiertes Vorstellungsgespräch gestützt hat, keine aktuelle Beurteilung der Antragstellerin erstellt und in seine Überlegungen einbezogen hat, dem Verwaltungsrat bei seiner Entscheidung keine hinreichenden Auswahlunterlagen vorgelegen haben und die Begründung für die Auswahlentscheidung inhaltlich nicht den Bedingungen rationaler Abwägung genügt. Da diese Mängel im Laufe des Verfahrens nicht geheilt worden sind und vom Gericht nicht ausgeschlossen werden kann, daß bei ordnungsgemäß durchgeführtem Auswahlverfahren die Auswahlentscheidung zugunsten der Antragstellerin ausgefallen wäre, ist der Erlaß der einstweiligen Anordnung zur Sicherung der Rechte der Antragstellerin geboten.

Die Auswahlentscheidung der Antragsgegnerin ist nach Auffassung der Kammer bereits deshalb fehlerhaft, weil das ihr maßgeblich zugrunde gelegte Auswahlgespräch nicht ordnungsgemäß dokumentiert worden und deshalb nicht nachvollziehbar ist.

Die Antragsgegnerin war allerdings befugt, Auswahlgespräche durchzuführen und deren Ergebnis (maßgeblich) zum Entscheidungskriterium zu machen, da dies im Hinblick auf die Problematik der Vergleichbarkeit der dienstlichen Beurteilung eines Beamten mit Zeugnissen privater Arbeitgeber die Möglichkeit bietet, den gebotenen aktuellen Leistungsvergleich selbst durchzuführen. Allerdings muß dann, wenn entscheidend auf den persönlichen Eindruck abgestellt wird — wie dies nach dem Verfahrensgang hier der Fall ist —, eine zeitnahe schriftliche Fixierung des Auswahlgesprächs erfolgen. Das Ergebnis des Personalgesprächs muß in rational nachvollziehbarer, gerichtlich verwertbarer Weise schriftlich begründet werden (Hess.VGH, Beschluß vom 27. 1. 1994, NVwZ-RR 1994, 525 [527 m. w. N.]).

Daran fehlt es hier. Das mit der Antragstellerin am 10. 10. 1994 geführte Gespräch ist erst am 9. 11. 1995 schriftlich niedergelegt worden. Das ist bereits in zeitlicher Hinsicht zu beanstanden. Auch wenn man auf den Vermerk des Leiters des K. vom 21. 6. 1995 abhebt, in dem zumindest das Fazit des Gesprächs mit der Antragstellerin festgehalten wird, ist damit eine zeitnahe Fixierung nicht mehr gegeben. Da entscheidend auf den persönlichen Eindruck abgestellt wird, genügt ein über acht Monate später nachgeschobenes

Gedächtnisprotokoll nicht (vgl. Hess.VGH, Beschluß vom 26. 10. 1993, DVBl. 1994, 593 [595]), da über einen derart langen Zeitraum persönliche Eindrücke nicht zuverlässig präsent gehalten werden können. Dies gilt insbesondere dann, wenn – wie hier – die Vorstellungsgespräche der Mitbewerber der überwiegenden Mehrheit des Entscheidungsgremiums noch unmittelbar gegenwärtig sind. Überdies ist nichts dafür ersichtlich, daß der unter dem 21. 6. 1995 unterschriebene Vermerk in der vorliegenden oder einer ähnlichen Form Gegenstand der Beratung oder Beschlußfassung des Verwaltungsrats am 19. 6. 1995 gewesen wäre.

Die Niederschrift läßt zudem nicht erkennen, ob die Anforderungen an die Durchführung derartiger Vorstellungsgespräche eingehalten sind. Die Chancengleichheit der Bewerber ist nur dann gewahrt, wenn allen ein gleicher und ausreichend großer Zeitraum eingeräumt worden ist und ihnen die gleichen Fachthemen zur Beantwortung oder Diskusssion vorgelegt worden sind, um einen Vergleich zu ermöglichen. Außerdem müssen die gestellten Themen sowie die Antworten ebenso wie der persönliche Eindruck von den Bewerbern in den Grundzügen aus Gründen der Nachprüfbarkeit schriftlich festgehalten werden (Hess.VGH, aaO). Nicht nachvollziehbar ist nach den schriftlichen Unterlagen im übrigen, weshalb der Antragstellerin die Möglichkeit einer erneuten Vorstellung verwehrt worden ist, nicht aber einer anderen Bewerberin, die ebenfalls an dem ersten Gespräch am 10. 10. 1994 teilgenommen hatte.

Die Auswahlentscheidung der Antragsgegnerin ist nach Auffassung der Kammer auch deshalb fehlerhaft, weil sie nicht auf einem aktuellen Leistungsvergleich beruht, soweit es die Antragstellerin betrifft. Auch wenn der Dienstherr wegen der möglicherweise unterschiedlichen Validität von dienstlichen Beurteilungen und Zeugnissen privater Arbeitgeber den Leistungsvergleich selbst maßgeblich über ein Auswahlverfahren steuert, ist es nach Auffassung der Kammer unverzichtbar, daß er bei Bewerbern aus dem öffentlichen oder hier kirchlichen Dienst deren aktuelles Leistungsbild in ihrer bisherigen Tätigkeit und die sich hieraus für den angestrebten Dienstposten ergebende Prognose in seine Auswahlüberlegungen einstellt. Daran fehlt es hier. Weder hat im Zeitpunkt der Auswahlentscheidung eine aktuelle dienstliche Beurteilung vorgelegen noch ist das Leistungsbild der Antragstellerin sonst in nachvollziehbarer Weise festgehalten worden.

Im Protokoll der Sitzung des Verwaltungsrats wird insoweit nur mitgeteilt, daß die Antragstellerin für die zu besetzende Stelle weniger geeignet sei. Eine bewertende, nachvollziehbare Auseinandersetzung mit ihrer bisherigen Tätigkeit ist nicht erfolgt. Der Vermerk vom 21. 6. 1995 zeichnet zwar den beruflichen Werdegang der Antragstellerin und des Beigeladenen nach, enthält sich aber ebenfalls einer Auseinandersetzung mit den bisherigen Leistungen der

Antragstellerin. Der Bescheid vom 27. 6. 1995 weist keine, der Widerspruchsbescheid vom 14. 7. 1995 nur eine punktuelle Aussage zum Leistungsbild der Antragstellerin auf. Auch die Antragserwiderung zeichnet kein umfassendes Bild. Es kann deshalb auch offen bleiben, ob die Entscheidung des Organs einer kirchlichen Gemeinschaftseinrichtung wie des K. wegen der von dem Antragsgegner dargelegten kirchenrechtlichen Zurechnung zum Ortsbistum, auf dessen Territorium sich die gemeinsam getragene Einrichtung befindet, auch von Organen dieses Ortsbistums nachgebessert werden kann oder ob insoweit – wie dies schon der Gemeinschaftscharakter der Einrichtung nahelegt – eine erneute Befassung des kollegialen Beschlußorgans erforderlich wäre.

Das jetzt von der Antragstellerin selbst vorgelegte Dienstzeugnis vom 24. 10. 1995 kann die Kammer nicht berücksichtigen, da es in keinem Stadium des Auswahl- oder Gerichtsverfahrens Gegenstand der Entscheidungsfindung des K. oder des Antragsgegners gewesen ist.

Die Bedeutung einer dienstlichen Beurteilung trat vorliegend auch nicht im Hinblick auf das Anforderungsprofil der zu besetzenden Stelle zurück (vgl. dazu Hess.VGH, Beschluß vom 27. 1. 1994, NVwZ-RR 1994, 525). Die Antragstellerin ist nicht im Wege der Vorauswahl aus dem Bewerberkreis ausgeschieden, sondern vielmehr durch die Einladung zum Vorstellungsgespräch in den engeren Kreis der Kandidaten aufgenommen worden.

Die Auswahlentscheidung ist auch deshalb fehlerhaft, weil der für die Personalentscheidung gemäß § 2 Abs. 1 Nr. 4 Satzung für den Verwaltungsrat zuständige Verwaltungsrat über das Bewerberfeld ausweislich der Akten nicht hinreichend in Kenntnis gesetzt worden ist. Eine rechtmäßige Auswahlentscheidung setzt nämlich voraus, daß das Beschlußgremium durch eine entsprechende Vorlage in die Lage versetzt wird, in materieller Hinsicht eine selbständige Eignungsbeurteilung vorzunehmen. Dazu gehört u. a., daß das Leistungsbild der in die nähere Wahl genommenen Bewerber zusammenfassend dargestellt wird. Es ist nicht ersichtlich, daß dies hier geschehen wäre. Eine derartige Zusammenfassung war auch nicht im Hinblick darauf entbehrlich, daß die Mehrheit der Mitglieder des Verwaltungsrats an beiden Vorstellungsgesprächen teilgenommen hat, da dies jedenfalls nicht bei allen Mitgliedern der Fall war.

Schließlich genügt auch die Begründung der getroffenen Auswahlentscheidung nicht den sich aus dem Bewerbungsverfahrensanspruch ergebenden Anforderungen. Nach der Rechtsprechung des Hess.VGH hat der Dienstherr bei der Auswahlentscheidung die persönliche und fachliche Eignung der Bewerber im Hinblick auf das spezifische Anforderungsprofil des zu besetzenden Dienstpostens einem Vergleich zu unterziehen und nach Feststellung der insoweit bedeutsamen Tatsachen eine wertende Abwägung und Zuordnung vorzunehmen, wobei diese Feststellungen und die wesentlichen Auswahlerwägungen schriftlich niederzulegen sind. Über dieses formelle Begründungserfordernis hinaus muß die Begründung der Auswahlentscheidung inhaltlich den Bedingungen rationaler Abwägung genügen, d. h. vom Gericht nachvollziehbar sein (Hess.VGH, Beschluß vom 26. 10. 1993, DVBl. 1994, 593).

Dem werden die aus dem Protokoll der Verwaltungsratssitzung hervorgehenden Gründe für die Auswahlentscheidung nicht gerecht, da dort hinsichtlich der Antragstellerin lediglich ausgeführt wird, sie sei insgesamt weniger für die Stelle geeignet. Diese Feststellung behauptet lediglich, was nachvollziehbar darzutun wäre.

Da das mit der Antragstellerin durchgeführte Vorstellungsgespräch mangels nachvollziehbarer zeitnaher Niederschrift – wie ausgeführt – nicht verwertbar ist, kann eine Heilung des Abwägungsdefizits auch nicht durch den Vermerk vom 21. 6. 1995, der maßgeblich auch auf das Auswahlgespräch gestützt ist, eintreten. Zudem fehlt es an der Einbeziehung des aktuellen Leistungsbildes der Antragstellerin in ihrem bisherigen Dienst. Dies gilt auch für den Widerspruchsbescheid, der zwar Defizite der Antragstellerin benennt, aber eine umfassende Würdigung ihrer Qualifikation ebenso vermissen läßt wie die übrigen Schriftstücke. Es kann deshalb auch hier offen bleiben, welche Stellen ein grundsätzlich zulässiges Nachschieben von Gründen bei der Entscheidung des Organs einer kirchlichen Gemeinschaftseinrichtung vornehmen können.

Da das Gericht nicht ausschließen kann, daß bei ordnungsgemäß durchgeführtem Auswahlverfahren die Auswahlentscheidung zugunsten der Antragstellerin ausgefallen wäre, ist damit ein Anordnungsanspruch gegeben.

Die Kammer weist zur Klarstellung allerdings darauf hin, daß es im Rahmen eines die Chancengleichheit wahrenden, formell ordnungsgemäß durchgeführten Auswahlverfahrens Sache des Dienstherrn ist, ausgehend von dem Anforderungsprofil der zu besetzenden Stelle die Erfahrungen, Leistungen und Fähigkeiten der einzelnen Bewerber zu würdigen, zu vergleichen und zu gewichten. Er kann dabei auch die Bedeutung spezieller Kenntnisse und Erfahrungen gegenüber allgemeinen Eigenschaften wie etwa Urteilsvermögen, Auftreten, Überzeugungskraft und Darstellungsfähigkeit zurücktreten lassen, wenn diese Merkmale für die Aufgabenerfüllung des zu besetzenden Dienstpostens von grundlegender Bedeutung sind. Der Anordnungsgrund folgt aus dem Umstand, daß der Beigeladene – würde die Auswahlentscheidung vollzogen – den neugeschaffenen Dienstposten einnehmen und damit dauerhaft für die Antragstellerin versperren würde, da der Antragsgegner im Falle eines Obsiegens der Antragstellerin in der Hauptsache dem Beigeladenen im Hinblick auf ihre arbeitsvertraglichen Bindungen den Dienstposten nicht wieder entziehen könnte.

Der Umstand, daß bislang die Mitarbeitervertretung noch nicht beteiligt worden ist, steht der Annahme eines Anordnungsgrundes nicht entgegen. Wenn es sich dabei nämlich – wie der Antragsgegner behauptet – um ein bloßes Anhörungsrecht handelt, muß ohne den Erlaß der einstweiligen Anordnung jederzeit mit einer Stellenbesetzung gerechnet werden.

79

Zur Frage eines Unterlassungs- und Schmerzensgeldanspruchs gegen den Autor und die Inhaber eines Verlages wegen herabsetzender Tatsachenbehauptungen über die Involvierung eines Rechtsanwalts in Aktivitäten von Scientology.

§§ 823 Abs. 2 BGB, 186 StGB, 1004 BGB
LG München I, Urteil vom 13. November 1995 – 9 O 13582/95[1] –

Der Kläger macht gegen die Beklagten einen presserechtlichen Unterlassungsanspruch sowie einen Schmerzensgeldanspruch geltend.

Der Kläger ist Rechtsanwalt in M. Die Beklagte zu 1) ist Autorin des Buches „Scientology – Ich klage an", das in den Verlagen der Beklagten zu 2) und 3) erscheint. Dieses Buch wird auch in Buchhandlungen in M. vertrieben.

Auf den Seiten 254 und 255 des genannten Buches befindet sich eine Grafik mit der Überschrift:
„Die Systematik – Wie sie uns fertigmachen wollten".
An hervorgehobener Stelle dieser Grafik, nämlich links oben, wird der Kläger mit folgender Beschreibung vorgestellt:
„Tritt als Scientology-Anwalt auf (Koordinator?), verbreitet Unwahrheiten in seinen Schriftsätzen, versucht Kritiker und Medien einzuschüchtern, arbeitet mit beim Schlachtplan gegen Kritiker, verteilt Scientology-Propaganda vor Gericht, Anwalt der ‚Initiative Hartwig-Geschädigter'."
Durch mehrere Pfeile wird außerdem die Zusammenarbeit des Klägers mit Scientology-München, Scientology-Stuttgart, Scientology-Hamburg und Scientology-OSA deutlich gemacht.

Unter der so dargestellten Grafik findet sich folgender Text:

„Wir haben in dem oben abgebildeten Plan die nachweislichen Versuche dargestellt, meine Familie, Robin direkt und mich mundtot zu machen. Manchmal war und ist es Scientology direkt, manch-

---

[1] Die Berufung des Klägers u. der Beklagten blieb ohne Erfolg; OLG München, Urteil vom 26. 7. 1996 – 21 U 6350/95 – (unv.). Die gegen dieses Urteil von den Beklagten eingelegte Revision wurde zurückgenommen.
Vgl. zu diesem Fragenkreis auch BVerfG NJW 1997, 2669.

mal waren und sind es noch heute Mittelsmänner. Aus den beweisbaren Verbindungen unter den verschiedenen Personen und Gruppen ergibt sich ein wahres Netzwerk, mit dem Scientology und Scientologen uns in unserer Arbeit behindern, ja sogar uns beseitigen sollten und wollten. Vieles ist hier nicht aufgenommen worden, weil wir nur vermuten können, daß es in dieses Netzwerk hineinpaßt, wir es aber nicht beweisen können, weil uns Zeugen und weitere Informationen fehlen. An Ideen, das zeigt die Systematik jedenfalls deutlich, wie sie ‚uns fertigmachen wollten', hat es Scientology nicht gemangelt. Und an Mittätern und Mitläufern ebenfalls nicht."

Der Kläger ist der Meinung, daß die Beklagten mit dieser Darstellung insbesondere in Verbindung mit übrigen Teilen des Buches, in dem die geplante Ermordung der Beklagten zu 1) und ihres Ehemannes durch Scientology behauptet wurde, die Behauptung feststellten, der Kläger sollte und wollte als Bestandteil des Netzwerks von Scientology und Scientologen die Beklagte zu 1) und ihren Mann beseitigen. Für den unbefangenen Durchschnittsleser ergebe sich aus der streitgegenständlichen Grafik nebst Begleittext eindeutig, daß der Kläger in dem Plan zur Ermordung der Beklagten zu 1) und ihres Ehemannes verstrickt sei. Diese Behauptung der Beklagten sei eine Ungeheuerlichkeit und frei erfunden, weil niemals ein derartiger Plan existiert habe. Die Beklagte zu 1) habe die angegriffene Behauptung als eigene aufgestellt, die Beklagten zu 2) und 3) hätten diese unwahre Behauptung in dem streitgegenständlichen Buch verbreitet. Er, der Kläger, habe deshalb wegen dieser von den Beklagten begonnenen schweren Verletzung seines allgemeinen Persönlichkeitsrechts einen Unterlassungsanspruch gegen alle Beklagte.

Darüber hinaus bestehe aber für ihn, den Kläger, auch ein Anspruch auf Entschädigung in Geld. Seitens der Beklagten liege ein schwerwiegender Eingriff vor, der nicht anderweitig ausreichend ausgeglichen werden könne. Wegen der Schwere der Schuld der Beklagten halte er ein Schmerzensgeld in Höhe von mindestens 50 000,- DM für angemessen.

Der Kläger beantragte deshalb:

„I. Bei Meidung von Ordnungsgeld für jeden Fall der Zuwiderhandlung, ersatzweise Ordnungshaft oder von Ordnungshaft, wobei letztere bei den Geschäftsführern der Beklagten zu 2) und 3) zu vollziehen ist, haben es die Beklagten zu unterlassen, den Kläger in dem Buch der Beklagten zu 1) „Scientology – Ich klage an" in der mit „Die Systematik – Wie sie uns fertigmachen wollten" überschriebenen Grafik wie folgt vorzustellen:
Rechtsanwalt N./M.
tritt als Scientology-Anwalt auf (Koordinator?)
verbreitet Unwahrheiten in seinen Schriftsätzen
versucht Kritiker und Medien einzuschüchtern
arbeitet mit beim Schlachtplan gegen Kritiker
wenn diese Grafik mit dem Text unterlegt ist:
Aus den beweisbaren Verbindungen unter den verschiedenen Personen und Gruppen ergibt sich ein wahres Netzwerk, mit dem Scientology und Scientologen ... ja sogar uns beseitigen sollten und wollten.
II. Die Beklagten werden samtverbindlich verurteilt, an den Kläger ein angemessenes Schmerzensgeld zu bezahlen."

Die Beklagten, die Klageabweisung beantragen, machen im wesentlichen geltend: Das im Verlag der Beklagten zu 2) erschienene Buch sei schon vor Rechtshängigkeit der Klage nicht mehr vertrieben worden und das im Verlag der Beklagten zu 3) erschienene Taschenbuch werde seit dem Urteil der erkennenden Kammer des LG München I vom 5. 7. 1995 nicht mehr mit der Darstellung eines behaupteten Mordkomplotts gegen die Beklagte zu 1) und ihren Ehemann verbreitet. Mit diesem Urteil sei den Beklagten die weitere Verbreitung dieser Textpassagen untersagt worden, was die Beklagten auch respektierten.

Der vom Kläger beanstandete Text zu der nach wie vor verbreiteten streitgegenständlichen Grafik richte sich eindeutig nicht gegen den Kläger, weil dort ausgeführt sei, daß „Scientology und Scientologen" behindern und beseitigen sollten und wollten. Den angegriffenen Äußerungen könne damit nicht entnommen werden, daß der Kläger an irgendwelchen Mordvorbereitungen beteiligt gewesen sei. Die Behauptung, der Kläger sei an einem Mordkomplott gegen die Beklagte zu 1) und deren Ehemann beteiligt gewesen, werde deshalb in dem streitgegenständlichen Buch nicht aufgestellt.

Der geltend gemachte Unterlassungsanspruch sei deshalb nicht gegeben. Aus den genannten Gründen bestehe auch kein Schmerzensgeldanspruch, der darüber hinaus auch deshalb scheitere, weil ein besonders schweres Verschulden der Beklagten nicht ersichtlich sei.

Die Klage hatte weitgehend Erfolg.

Aus den Gründen:

Die zulässige Klage erwies sich zum größten Teil auch als begründet.

1. Unterlassungsanspruch

Dem Kläger steht gegen alle drei Beklagten der geltend gemachte Unterlassungsanspruch gemäß §§ 823 Abs. 2 BGB i. V. m. 186 StGB, 1004 BGB zu.

Zunächst spielt es keine Rolle, daß das streitgegenständliche Buch gemäß der unstreitigen Behauptung der Beklagten zu 2) von ihr nunmehr nicht mehr vertrieben wird und das weiter von der Beklagten zu 3) vertriebene Buch der Beklagten zu 1) die ursprünglich dargestellten Passagen über ein Mordkomplott gegen die Beklagte zu 1) und ihren Ehemann nicht mehr enthält. Zum einen besteht keinerlei Sicherheit dafür, daß die Beklagte zu 2) das streitgegenständliche Buch nicht wieder neu auflegt und zum anderen besteht der geltend gemachte Unterlassungsanspruch auch ohne die früher konkret dargestellte Geschichte eines Mordkomplotts gegen die Beklagte zu 1) und ihren Ehemann alleine schon wegen der unstreitig nach wie vor abgedruckten Grafik samt oben zitiertem Begleittext.

Aus dieser Grafik wird nämlich für den Durchschnittsleser ohne Schwierigkeiten deutlich, daß u. a. der Kläger in das mit Hilfe der Grafik dargestellte Netzwerk gehören soll, das von Scientology errichtet worden sein soll, um Personen wie die Beklagte zu 1) in ihrer Arbeit zu behindern, ja sogar sie zu beseitigen.

Dabei bedeutet für den Durchschnittsleser, wenn er diese Grafik samt Begleittext zur Kenntnis nimmt, die Wahl des Wortes „Beseitigen" nichts anderes als die beabsichtigte Ermordung der Beklagten zu 1).

Wenn die Beklagten hierzu einwenden, diese Behauptung beziehe sich eindeutig lediglich auf Scientology und Scientologen, nicht aber auf den Kläger persönlich, so ist hierzu auszuführen, daß der Kläger gemäß seiner Vorstellung in der Grafik als Scientology-Anwalt, der Unwahrheiten in seinen Schriftsätzen verbreitet, Kritiker und Medien versucht einzuschüchtern, *beim Schlachtplan gegen Kritiker mitarbeitet*, Scientology-Propaganda vor Gericht verteilt und als Anwalt der „Initiative Hartwig-Geschädigter" auftritt, für den Durchschnittsleser unzweifelhaft als zum „*Netzwerk*" von Scientology gehörig anerkannt wird.

Die Beklagten verstärken diesen Eindruck noch damit, daß sie im Begleittext zur streitgegenständlichen Grafik u. a. schreiben, vieles sei hier nicht aufgenommen worden, weil nur vermutet werden könne, daß es in dieses Netzwerk hineinpasse, es aber nicht bewiesen werden könne, weil Zeugen und weitere Informationen fehlten. Aus diesem Begleittext zur Grafik wird dem unbefangenen Durchschnittsleser deutlich gemacht, daß jedenfalls das, was abgedruckt wurde, beweisbar ist. Hierzu paßt auch die Passage des Begleittextes zur Grafik, in der ausgeführt wird, daß „aus den beweisbaren Verbindungen ... sich ein wahres *Netzwerk* ergibt, mit dem Scientology und Scientologen uns in unserer Arbeit behindern, ja sogar uns beseitigen sollten und wollten".

Damit stellen die Beklagten aber die Behauptung auf, der Kläger habe als Teil des Netzwerks von Scientology an der beabsichtigten Beseitigung der Beklagten zu 1) (Ermordung) mitgewirkt.

Diese Behauptung der Beklagten stellt eine Tatsachenbehauptung dar. Tatsachen sind Sachverhalt, Gegebenheiten, Vorgänge, Verhältnisse oder Zustände, die der Vergangenheit oder Gegenwart angehören. Von einer Tatsachenbehauptung ist dann auszugehen, wenn der Gehalt der Äußerung entsprechend dem Verständnis des Durchschnittsempfängers der objektiven Klärung zugänglich ist und als etwas Geschehenes grundsätzlich dem Beweis offen steht. Es kommt darauf an, ob der Durchschnittsleser dem Beitrag, mag er auch wertend eingekleidet sein, einem dem Beweis zugänglichen Sachverhalt entnehmen kann.

Als Meinungsäußerung hingegen ist eine Äußerung einzustufen, wenn sie durch die Elemente der Stellungnahme, des Dafürhaltens und Meinens geprägt ist. Die Meinungsäußerung mißt einen Vorgang oder Zustand an einem vom Kritiker gewählten Maßstab.

Unter Berücksichtigung dieser Grundsätze ist die streitgegenständliche Äußerung als Tatsachenbehauptung einzustufen. Mit der Behauptung, die Beklagte zu 1) sollte von Scientology und ihren Mittelsmännern beseitigt werden und hierbei habe auch der Kläger mitgeholfen, bringen die Beklagten zum Ausdruck, daß der Kläger an der von Scientology geplanten Ermordung der Beklagten zu 1) beteiligt war. Dieser Umstand wäre aber ohne weiteres dem Beweis zugänglich.

Es ist auch von der Unwahrheit dieser Tatsachenbehauptung auszugehen, weil die Beklagten insoweit ihrer aus § 138 Abs. 1 ZPO folgenden prozessualen Erklärungspflicht nicht nachgekommen sind.

Der Vorwurf gegenüber dem Kläger, er sei an einer geplanten Ermordung der Beklagten zu 1) beteiligt gewesen, stellt eine Beleidigung des Klägers und durch Veröffentlichung in dem streitgegenständlichen Buch auch eine üble Nachrede gemäß § 186 StGB dar, für die auch keinerlei Rechtfertigungsgründe erkennbar sind.

Die Wiederholungsgefahr ist gegeben, weil das streitgegenständliche Buch nach wie vor mit der angegriffenen Grafik samt Begleittext veröffentlicht wird, wobei, wie oben dargestellt, keine Sicherheit besteht, daß auch die Beklagte zu 2) dieses Buch wieder neu auflegen wird.

Die Beklagten sind auch anspruchsverpflichtet, weil die Beklagte zu 1) die zu unterlassende Behauptung als eigene aufgestellt hat und die Beklagten zu 2) und 3) diese Behauptung verbreiteten.

Dem Unterlassungsanspruch war deshalb in der beantragten und tenorierten Fassung in vollem Umfang gegen alle drei Beklagte stattzugeben.

2. Schmerzensgeldanspruch

Dem Kläger steht dieser Anspruch auf Zahlung eines Schmerzensgeldes gemäß § 823 Abs. 1 BGB und § 823 Abs. 2 BGB i. V. m. den strafrechtlichen Beleidigungstatbeständen gemäß §§ 185 ff. StGB zu.

Die Voraussetzungen für einen solchen Schmerzensgeldanspruch, nämlich eine schwere Persönlichkeitsverletzung des Klägers, schuldhaftes Handeln der Beklagten, Fehlen der Möglichkeit, die verursachte Beeinträchtigung auf andere Weise befriedigend auszugleichen und die Annahme, daß die Umstände des Einzelfalles für die Zuerkennung eines Schmerzengeldes Veranlassung geben, liegen vor.

Die Darstellung des Klägers als Beteiligter an einer beabsichtigten Ermordung der Beklagten zu 1) stellt, wie oben bereits dargelegt, eine Beleidigung des Klägers und eine üble Nachrede dar. Hierbei handelt es sich auch um eine schwere Persönlichkeitsrechtsverletzung des Klägers, weil eine stärkere

Verunglimpfung als die Beteiligung an einer geplanten Ermordung kaum denkbar ist.

Die Beklagten handelten auch schuldhaft, weil für sie überhaupt keine Veranlassung bestand, über den Kläger in der erfolgten Art und Weise zu berichten. Die Beklagten konnten auch keinerlei Beweis für diese diskriminierende Behauptung antreten oder führen.

Die von den Beklagten verursachte Beeinträchtigung des Klägers ist auch auf andere Weise nicht befriedigend auszugleichen. Insbesondere reicht der vom Kläger gemäß Ziffer I des Urteilstenors durchgesetzte Unterlassungsanspruch nicht aus.

Zusammenfassend ergibt sich deshalb, daß angesichts der Schwere der Persönlichkeitsrechtsverletzung des Klägers und des Verschuldens der Beklagten die Zuerkennung eines Schmerzensgeldes veranlaßt ist und daß deshalb sämtliche oben aufgezeigten Voraussetzungen des Schmerzensgeldanspruches erfüllt sind.

Die Beklagte zu 1) und die Beklagten zu 2) und 3) haften als Autoren, bzw. Verleger des streitgegenständlichen Buches gemäß §§ 830, 840, 421 BGB als Gesamtschuldner.

Unter Abwägung sämtlicher Umstände erschien dem Gericht ein Schmerzensgeld in Höhe von 30.000,- DM für angemessen und ausreichend. Soweit der Kläger ein höheres Schmerzensgeld begehrte, war die Klage als unbegründet abzuweisen.

80

Zur Frage, ob das werbende Ansprechen und das Angebot entgeltlicher Leistungen im öffentlichen Straßenraum durch Mitglieder oder Beauftragte einer Religionsgemeinschaft als Sondernutzung i. S. des § 18 Abs. 1 Nds.StrG zu beurteilen ist.

Art. 4, 5 GG; §§ 14, 18 Nds.StrG
Niders.OVG, Urteil vom 13. November 1995 – 12 L 1856/93[1] –

Die Beteiligten streiten darüber, ob die beklagte Stadt dem Kläger, der sich als Religionsgemeinschaft betrachtet, untersagen durfte, im öffentlichen Straßenraum der Stadt Passanten, unter ihnen auch Kinder und Jugendliche, durch eigene Mitglieder oder sonst von ihr beauftragte Personen werbend

---

[1] NVwZ-RR 1996, 247; Nds.VBl. 1996, 59. Nur LS: KuR 1996, 192. Die Beschwerde des Klägers gegen die Nichtzulassung der Revision wurde zurückgewiesen; BVerwG, Beschluß vom 4. 7. 1996 – 11 B 23.96 – NJW 1997, 406.

straßenrechtl. Sondernutzung 497

ansprechen zu lassen, um sie zu Persönlichkeitstests zu animieren, und darüber hinaus kostenpflichtige Dienstleistungen anzubieten.

Nach Ansicht der Beklagten geht das untersagte Verhalten über eine bloße Information der angesprochenen Passanten hinaus und stellt eine über einen längeren Zeitraum ausgeübte gewerbliche Tätigkeit dar, zu der straßenrechtlich eine Sondernutzungserlaubnis erforderlich ist, die der Kläger nicht besitzt.

Den gegen die Untersagungsverfügung gerichteten Widerspruch wies die Bezirksregierung als unbegründet zurück. Das Verwaltungsgericht hat der Klage stattgegeben. Die Berufung des Klägers führte zur Klageabweisung.

Aus den Gründen:

Die Untersagungsverfügung der Beklagten vom 4. 1. 1990 in Gestalt des Widerspruchsbescheides der Bezirksregierung vom 2. 7. 1990 ist rechtmäßig und verletzt den Kläger in seinen Rechten nicht (§ 113 Abs. 1 S. 1 VwGO). Das ergibt sich bereits aus § 22 Nds.StrG, so daß es auf die Frage, ob im Hinblick auf das Ansprechen von Kindern und Jugendlichen in werbender Absicht zusätzlich § 11 i. V. m. § 2 Nr. 1 a des hier noch anzuwendenden Niedersächsischen Gesetzes über die öffentliche Sicherheit und Ordnung vom 17. 11. 1981 (Nds.GVBl. S. 347) – Nds.SOG – eingreift, nicht mehr ankommt.

Dem Kläger ist mit der angefochtenen Verfügung untersagt worden, im öffentlichen Straßenraum der Beklagten durch eigene Mitglieder oder sonst von ihr beauftragten Personen Passanten, insbesondere Jugendliche und Kinder, in werbender Absicht ansprechen zu lassen, um sie zur Durchführung von Persönlichkeitstests zu animieren oder um ihnen darüber hinausgehende kostenpflichtige Dienstleistungen anzubieten. Ergänzend ergibt sich aus der Begründung der Bescheide, daß die Untersagung des werbenden Ansprechens von Passanten zur Durchführung von Persönlichkeitstests generell deshalb erfolgt ist, weil solche Tests der Vorbereitung von Vertragsabschlüssen über den Verkauf von Büchern und Broschüren sowie über die entgeltliche Durchführung von Kursen und Seminaren dienen. Der letzte Halbsatz der Untersagungsverfügung, „oder um ihnen darüber hinausgehende kostenpflichtige Dienstleistungen anzubieten", ist so zu verstehen, daß zusätzlich das werbende Ansprechen von Passanten zum Verkauf von Büchern oder Broschüren oder zur entgeltlichen Durchführung von Kursen und Seminaren untersagt wird, auch wenn sie nicht zu einem Persönlichkeitstest animiert werden sollen. Nach ihrem objektiven Erläuterungswert erfaßt die Untersagungsverfügung somit das Ansprechen von Passanten in werbender Absicht im öffentlichen Straßenraum der Beklagten zur Durchführung von Persönlichkeitstests mit anschließendem Waren- oder Dienstleistungsangebot sowie das werbende Ansprechen von Passanten im öffentlichen Straßenraum der Beklagten zum Zwecke des unmittelbaren Waren- oder Dienstleistungsangebots.

Nach § 22 Nds.StrG kann die für die Erteilung der Erlaubnis zuständige Behörde die erforderlichen Maßnahmen zur Beendigung der Benutzung anordnen, wenn eine Straße ohne die erforderliche Erlaubnis benutzt wird. Dabei handelt es sich um eine spezielle straßenrechtliche Befugnis zum hoheitlichen Einschreiten gegenüber Passanten, die die Straße ohne die erforderliche Sondernutzungserlaubnis benutzen. Diese Voraussetzung einschließlich der ordnungsgemäßen Ermessensausübung liegt hier gegenüber dem Kläger vor, weil das von dem Kläger durchgeführte und von der Untersagungsverfügung erfaßte Ansprechen von Passanten in werbender Absicht die Benutzung der Straße über den Gemeingebrauch hinaus darstellt und deshalb als erlaubnispflichtige Sondernutzung i. S. des § 18 Abs. 1 Satz 1, 2 Nds.StrG anzusehen ist. § 14 Abs. 1 Satz 1 Nds.StrG definiert den Gemeingebrauch als Gebrauch der Straße zum Verkehr im Rahmen der Widmung und der Verkehrsvorschriften. Kein Gemeingebrauch liegt nach § 14 Abs. 1 Satz 3 Nds.StrG vor, wenn jemand die Straße nicht vorwiegend zum Verkehr, sondern zu anderen Zwecken benutzt.

Dabei trifft die Auffassung des Verwaltungsgerichts zu, daß auch nach niedersächsischem Straßenrecht der Begriff des Verkehrs i. S. von § 14 Abs. 1 Satz 1 Nds.StrG neben dem der Fortbewegung dienenden Verkehr den sog. kommunikativen Verkehr erfaßt (OVG Lüneburg, NJW 1977, 916 und NJW 1986, 863). Die Zweckbestimmung der Gehwege innerörtlicher Straßen beschränkte sich schon von alters her auf das bloße Fortbewegen, sondern beinhaltete stets grundsätzlich auch die Möglichkeit zum Austausch von Informationen und Meinungen. Als Folge moderner städte- und verkehrsplanerischer Auffassungen sind innerörtliche Straßen und insbesondere die in zunehmender Zahl angelegten Fußgängerzonen nicht nur zur Fortbewegung von Menschen und Sachen bestimmt, sondern schließen Ruhezonen ein, die Passanten zum Verweilen einladen und ihnen auch die Möglichkeit zum Austausch von Informationen und Meinungen eröffnen sollen (vgl. Zeitler, BayStrG und WegeG, 4. Aufl., Stand Dezember 1994, Art. 14 Rdnr. 38). Insbesondere Fußgängerzonen sind in Übereinstimmung mit den ihrer Einrichtung zugrundeliegenden Vorstellungen zum Forum der Kontaktaufnahme und der Kommunikation zwischen den Bürgern geworden. Ihre Nutzung in diesem Rahmen wird durch die Widmung gedeckt. Dementsprechend wird u. a. das Verteilen von Flugblättern und Handzetteln (OLG Stuttgart, NJW 1976, 201; OLG Stuttgart, Beschluß v. 7. 7. 1995 – 1 Ss 218/95 – betr. Flugblätter zur Werbung für den Scientology-Persönlichkeitstest), der Handverkauf von Zeitungen (OLG Frankfurt, NJW 1976, 203; OLG Bremen, NJW 1976, 1359) als Benutzung der Straße im Rahmen des Gemeingebrauchs angesehen (so auch Kodal/Krämer, StraßenR, 5. Aufl. [1995], S. 597, 600, 680). Hingegen werden als Fälle der Sondernutzung gewertet das Errichten von Verkaufsständen, das Aufstellen von Tischen und Stühlen sowie das sonstige Verbringen von Gegenständen in den Verkaufsraum (vgl. Zeitler, aaO, Rdnr. 42; OVG Lüneburg, NVwZ-RR 1993, 393).

Es kommt für die Abgrenzung zwischen Gemeingebrauch und Sondernutzung auch nicht auf die Motivation für die Straßenbenutzung an, wenn sich diese nach dem objektiven Verkehrsverhalten nicht von den sonstigen Formen des kommunikativen Verkehrs unterscheidet. Wenn der Gemeingebrauch den kommunikativen Verkehr einschließt, wie das für das niedersächsische Straßenrecht nach der Rechtsprechung des Oberverwaltungsgerichts der Fall ist, muß auf das objektive Verkehrsverhalten abgestellt werden und nicht auf die Motivation. Weshalb jemand am Straßenverkehr teilnimmt, ob dies zum wirtschaftlichen Erwerb, zum Vergnügen, zur Befriedigung der Neugierde oder aus irgendwelchen anderen Gründen geschieht, ist für die Qualifizierung des Gebrauchs als Gemeingebrauch nicht von entscheidender Bedeutung. Deshalb kommt es auch im Hinblick auf eine etwaige gewerbliche Tätigkeit bei der gemeingebräuchlichen Benutzung des Straßenraums durch das Verteilen von Flugblättern auf das objektive Verkehrsverhalten an und nicht auf die Motivation (vgl. OLG Stuttgart, Beschluß v. 7. 7. 1995 − 1 Ss 218/95 −; Kodal/Krämer, S. 601).

Anders als das bloße Verteilen von Werbezetteln oder Faltblättern, das nach dem objektiven Verkehrsverhalten der Straßenbenutzer in der Regel dem Gemeingebrauch zuzuordnen ist, wenn nicht das werbende Verhalten durch Aufdringlichkeit oder Aggressivität das verkehrsübliche Maß übersteigt (vgl. OLG Stuttgart, NJW 1976, 201 [203]), ist im Gegensatz zur Auffassung des Verwaltungsgerichts das Ansprechen von Passanten auf öffentlichen Straßen in werbender Absicht der Sondernutzung zuzuordnen. Die Trennungslinie zwischen Gemeingebrauch und Sondernutzung wird mit dem Ansprechen von Passanten in werbender Absicht überschritten. Das ergibt sich für das niedersächsische Straßenrecht daraus, daß die Straße in solchen Fällen nicht mehr vorwiegend zum Verkehr genutzt wird, auch nicht zum kommunikativen Verkehr, weil der Begriff des kommunikativen Verkehrs das gezielte Ansprechen von bestimmten Passanten in werbender Absicht auf Fußwegen öffentlicher Straßen oder in Fußgängerbereichen nicht mehr erfaßt. Das verkehrsübliche Maß der Straßennutzung wird dadurch überschritten. Die Angesprochenen werden durch diese Art des Ansprechens ohne ihren Willen einer intensiven persönlichen Einwirkung ausgesetzt und in die Zwangslage gebracht, sich unvorbereitet mit einem bestimmten Angebot befassen zu müssen. Sie lassen sich häufig nur deshalb in ein Gespräch ein, weil sie Hemmungen haben, einen unbequemen Werber einfach abzuweisen. Deshalb wird das Ansprechen von bestimmten Passanten in werbender Absicht auf öffentlichen Straßen im Gegensatz zum Verteilen von Werbezetteln auch als wettbewerbswidrig und gegen die guten Sitten verstoßend i. S. von § 1 UWG angesehen (Baumbach/ Hefermehl, WettbewerbsR, 6. Aufl. [1990], § 1 UWG, Rdnrn. 60, 66).

Der Kläger wird mit dem Ansprechen von Passanten auf öffentlichen Straßen in werbender Absicht auch gewerblich tätig. Dieses Ansprechen von Passanten dient insgesamt sowohl der Mitgliederwerbung als auch zugleich seiner gewerblichen Tätigkeit. Dazu hat der Senat in dem weiteren Urteil vom heutigen Tage – 12 L 2141//93[2] – Ausführungen gemacht.

Dies gilt auch im Hinblick auf das Ansprechen von Passanten in werbender Absicht zur Durchführung von Persönlichkeitstests, weil diese der Vorbereitung von Vertragsabschlüssen über den Verkauf von Büchern und Broschüren sowie über die entgeltliche Durchführung von Kursen und Seminaren dienen. Es werden zunächst kostenlose Leistungen angeboten, um später mit kostenpflichtigen Waren und Dienstleistungen Gewinn zu erzielen, wie sich auch aus den Unterlagen in den Beiakten der Beklagten ergibt.

Die Untersagungsverfügung verletzt auch nicht die Grundrechte des Klägers aus Art. 4 und 5 GG. Das Recht des Klägers auf freie Meinungsäußerung nach Art. 5 Abs. 1 GG ist in den Schranken der allgemeinen Gesetze gewährt. Dabei ist auch der Wechselwirkungstheorie des BVerfG (BVerfGE 7, 198 [208] = NJW 1958, 257), das allgemeine Gesetz seinerseits im Lichte der Bedeutung der ungehinderten Meinungsfreiheit auszulegen und in seiner das Grundrecht einschränkenden Wirkung zu begrenzen. Der Eingriff in die freie Meinungsäußerung ist nur dann und insoweit gerechtfertigt, als er zum Schutze mindestens gleichwertiger Rechtsgüter geboten ist (BVerfGE 56, 63 [66] = NJW 1978, 1933). Wenn es sich bei dem Kläger um eine Religions- oder Weltanschauungsgemeinschaft handeln sollte (verneinend BAG, Beschluß v. 22. 3. 1995 – 5 AZB 21/94 –, bejahend OVG Hamburg, NVwZ 1995, 498[3]), was der Senat bei der Entscheidung dieses Rechtsstreits unterstellt (und damit als nicht entscheidungserheblich offenläßt, steht dem Kläger darüber hinaus der Schutz der Art. 4 und Art. 140 GG i. V. m. Art. 137 WRV zu, auch wenn er sich wirtschaftlich betätigt (solange er nicht ausschließlich wirtschaftliche Interessen verfolgt, die mit ideellen Zielen nur verbrämt werden (BVerwGE 90, 112 [116, 118][4] = NJW 1992, 2496 = NVwZ 1992, 1186 L). Der Schutz des Art. 4 GG kann indessen nicht isoliert gesehen werden. Soweit eine Religions- oder Weltanschauungsgemeinschaft nach außen im wirtschaftlichen Sinne in werbender Absicht in Erscheinung tritt, muß vielmehr das Grundrecht des Art. 4 GG mit den u. U. in der Zielsetzung

---

[2] KirchE 33, 502.   [3] KirchE 32, 200.   [4] KirchE 30, 151.

straßenrechtl. Sondernutzung   501

gegenläufigen Rechtsgütern anderer, insbesondere den Grundrechten Dritter, etwa aus Art. 1, 2 und 14 GG, in Einklang gebracht werden. Die Berufung auf Art. 4 GG rechtfertigt keine Beeinträchtigung gleichwertiger Rechtsgüter. Da die Grundrechte aller, also sowohl der Religions- oder Weltanschauungsgemeinschaft als auch der von diesen angesprochenen Personen zu schützen sind, muß ein dem Grundsatz der Verhältnismäßigkeit genügender Ausgleich hergestellt werden. Auch Religions- und Weltanschauungsgemeinschaften sind insoweit an die verfassungsmäßige Ordnung gebunden. Dies schließt es ein, daß die jeweils einschlägigen allgemeinen Gesetze — in einer die Grundrechte des Art. 4 GG möglichst schonenden Weise — anzuwenden sind (BVerwG, NVwZ 1995, 473[5] = GewArch. 1995, 152).

Unter Berücksichtigung dieser Grundsätze überwiegen vorliegend die straßenrechtlichen Gesichtspunkte der Sicherheit und Leichtigkeit des Fußgängerverkehrs sowie der Ausgleichs- und Verteilungsfunktion von Sondernutzungserlaubnissen die Interessen des Klägers, ohne Sondernutzungserlaubnis jederzeit und an jedem Ort Passanten in werbender Absicht anzusprechen. Auch unter Berücksichtigung der Meinungsfreiheit des Art. 5 Abs. 1 GG und der Religions- bzw. Weltanschauungsfreiheit des Art. 4 GG können Religions- oder Weltanschauungsgemeinschaften bei gewerblicher Betätigung in den dafür vorgesehenen Ordnungsrahmen eingebunden werden, zumal dadurch die genannten Freiheitsrechte dieser Gemeinschaften nicht nennenswert beeinträchtigt werden (vgl. BVerwG, NVwZ 1995, 473 = GewArch. 1995, 152 [154]). Die Grundrechte der Art. 4 und 5 GG berechtigen nicht zu wettbewerbswidrigem Verhalten unter dem Schutz der Religions- oder Meinungsfreiheit. Das Erfordernis, eine Sondernutzungserlaubnis einholen zu müssen, steht bei dem Ansprechen von bestimmten Passanten in werbender Absicht (im Gegensatz zu dem Verteilen von Flugblättern als Gemeingebrauch, vgl. dazu BVerfG, NVwZ 1992, 53) auch nicht außer Verhältnis zu dem mit dem Erlaubnisvorbehalt erstrebten Erfolg, den Gemeingebrauch anderer sowie die Grundrechte anderer aus Art. 1, 2 und 14 GG zu schützen und unbelästigt am Straßenverkehr teilzunehmen. Welche straßenrechtlichen Gesichtspunkte bei der Entscheidung über die Erteilung oder Versagung einer Erlaubnis nach niedersächsischem Straßenrecht von Bedeutung sind, ist in dem Parallelurteil 12 L 2141/92 vom heutigen Tage ausgeführt. Darauf wird Bezug genommen.

Hinzuzufügen ist, daß es für die Rechtmäßigkeit der Untersagungsverfügung nicht darauf ankommt, daß der Kläger bisher nur in Fußgängerzonen in der beanstandeten Weise tätig geworden ist; denn es liegt nahe, daß eine Untersagungsverfügung, die nicht den gesamten öffentlichen Straßenraum der

---

[5] KirchE 33, 43.

Beklagten erfaßt, sondern auf Fußgängerzonen beschränkt wird, nicht geeignet wäre, den beabsichtigten Erfolg zu erzielen, weil ein Ausweichen in andere Straßenbereiche die Folge wäre. Da bereits § 22 Nds.StrG die gesamte Untersagungsverfügung trägt (auch soweit darin das Ansprechen von Kindern und Jugendlichen besonders hervorgehoben worden ist), bedarf es nicht des Eingehens auf die Frage, ob die Verfügung ergänzend auf § 11 i. V. m. § 2 Nr. 1 a Nds.SOG gestützt werden durfte, weil das Ansprechen von Kindern und Jugendlichen auf öffentlichen Straßen mit dem Ziel, sie zur Durchführung eines Persönlichkeitstests zu veranlassen, wegen des damit verbundenen Eingriffs in das Elternrecht und wegen der Beeinträchtigung des gedeihlichen Heranwachsens der Betroffenen eine Gefahr für die öffentliche Ordnung darstelle.

81

Bei der Erteilung von straßenrechtlichen Sondernutzungserlaubnissen kann der zuständige Träger der Straßenbaulast zwischen Standplätzen mit gewerblicher Betätigung und solchen ohne gewerbliche Betätigung differenzieren.

Der Senat läßt es offen, ob es sich bei dem eingetragenen Verein Scientology Kirche Hamburg um eine Religions- oder Weltanschauungsgemeinschaft im Sinne von Art. 4 GG handelt.

Auch eine Religions- oder Weltanschauungsgemeinschaft kann in den zu 1) umschriebenen Ordnungsrahmen eingebunden werden, soweit sie gewerblich tätig wird.

Art. 4 Abs. 1 u. 2, 5 Abs. 1 GG; § 18 NStrG
Nieders. OVG, Urteil vom 13. November 1995 – 12 L 2141/93[1] –

Mit Schreiben vom 25. 3. 1988 stellte die Gemeinde N. des Klägers (Scientology Kirche X. e. V.) bei dem Ordnungsamt der Beklagten einen „Antrag auf Genehmigung eines Informationsstandes" einschließlich der Abgabe religiöser Literatur mittels eines Tapeziertisches in der Fußgängerzone nach näheren Angaben der Beklagten für die Zeit vom 1. bis zum 16. 4. 1988 von 9.00 bis 19.00 Uhr – innerhalb dieses Zeitraums auch tageweise nach Angaben der

---

[1] Amtl. Leitsätze. Nds.VBl. 1996, 57. AkKR 165 (1996), 264. Die Nichtzulassungsbeschwerde des Klägers blieb erfolglos; BVerwG, Beschluß vom 4. 7. 1996 – 11 B 24.96 – NJW 1997, 408.
Vgl. zu diesem Fragenkreis auch VGH.BW NVwZ 1998, 91.

straßenrechtl. Sondernutzung 503

Beklagten zum Thema „Dianetik — Die moderne Wissenschaft der geistigen Gesundheit". „Kundgebungsmittel" sollten die Broschüren „Die Scientology Kirche in Deutschland", „Der Weg zum Glücklichsein" sowie Flugblätter sein. Ferner sollte das Dianetik-Taschenbuch zum Preis von 15,93 DM abgegeben werden, der als Selbstkostenpreis bezeichnet wurde.

Mit Schreiben vom 7. 4. 1988 überreichte der Kläger weiteres Informationsmaterial für die Beklagte und wies darauf hin, er könne nicht mit einem Gewerbetreibenden gleichgestellt werden. Nach längerem Schriftwechsel lehnte die Beklagte mit Bescheid vom 29. 8. 1988 die „Anträge auf Erteilung von Sondernutzungserlaubnissen" für Informationsstände ab. Zur Begründung führte sie aus: Informationsstände sollten als Anlaufpunkte für an Informationen interessierte Personen dienen. Im Zusammenhang mit den im Jahre 1984 letztmalig erteilten Erlaubnissen sei es zu Belästigungen von Passanten gekommen, weshalb damals keine Erlaubnis mehr erteilt worden sei. Diese Praxis habe sich nicht geändert. Sie — die Beklagte — sei darüber informiert worden, daß noch Anfang des Jahres im Bereich der L. Passanten in belästigender Weise angesprochen und aufgefordert worden seien, sich einem Persönlichkeitstest zu unterziehen. Die Kontaktaufnahme habe mindestens in einigen Fällen dazu geführt, daß für bestimmte Leistungen erhebliche finanzielle Forderungen gestellt worden seien, die das Tätigwerden des Klägers als gewerblich qualifizierten. Der geplante Verkauf von Büchern und Broschüren unterstreiche den gewerblichen Charakter des Tätigwerdens, zumal Nachweise über die Selbstkosten nicht erbracht worden seien. Für diese gewerbliche Tätigkeit könne eine Sondernutzungserlaubnis nicht erteilt werden. In H. würden Religionsgemeinschaften generell keine Sondernutzungserlaubnisse erteilt, wenn sie sich auf öffentlichen Verkehrsflächen wirtschaftlich betätigen wollten. Auch im übrigen würden Anträge auf Wirtschaftswerbung nur ausnahmsweise genehmigt, wenn es sich um besondere Anlässe wie Geschäftsjubiläen oder Geschäftseröffnungen handele. Außerdem sei berücksichtigt worden, daß der Kläger in jüngster Zeit ohne Sondernutzungserlaubnis Informationsstände im Bereich der L. betrieben habe. Selbst wenn der Kläger eine Religionsgemeinschaft sei, schütze Art. 4 GG nicht die gewerbliche Betätigung, sondern Lehre, Verkündigung und religiöse Gebräuche.

Den hiergegen von den Prozeßbevollmächtigten des Klägers erhobenen Widerspruch wies die Beklagte durch Widerspruchsbescheid vom 16. 5. 1989 als unzulässig mangels hinreichender Vollmacht zurück. Der Widerspruch sei im übrigen auch unbegründet.

Hiergegen hat der Kläger zunächst Klage mit dem Ziel erhoben, die Beklagte zur Erteilung von Sondernutzungserlaubnissen zu verpflichten. Später hat er sein Begehren auf die Feststellung umgestellt, daß die Bescheide der Beklagten rechtswidrig gewesen seien.

Unter dem 10. 5. 1990 beantragte der Kläger beim Ordnungsamt der Beklagten eine Sondernutzungserlaubnis für einen „permanenten Informationsstand" mittels eines Tapeziertisches zweimal die Woche mittwochs und freitags von 9.00 bis 19.00 Uhr an einem bestmöglichen Standort nach Angaben der Beklagten innerhalb der Fußgängerzone zum Thema „Dianetik – Ein Verfahren zur Befreiung des geistigen Wesens". Das Informationsmaterial entsprach etwa demjenigen des Antrages vom 25. 3. 1988. Diesen Antrag lehnte die Beklagte durch Bescheid vom 11. 7. 1990 mit folgender Begründung ab: Wegen der starken Inanspruchnahme ihrer Fußgängerzone durch Sondernutzungserlaubnisbegehren erteile sie generell keine unbefristeten Erlaubnisse, solche würden auch mit straßenverkehrsrechtlichen und straßenrechtlichen Belangen kollidieren, insbesondere bei teilweisen Sperrungen aus Gründen der Verkehrssicherheit oder wegen Bauarbeiten. Den hiergegen erhobenen Widerspruch wies die Beklagte durch Bescheid vom 20. 11. 1990 zurück. Seine dagegen erhobene Verpflichtungsklage hat der Kläger damit begründet, der auf unbestimmte Zeit gestellte Genehmigungsantrag beruhe im wesentlichen darauf, daß bei einem Sondernutzungserlaubnisantrag für einen bestimmten Zeitpunkt bereits während des Verwaltungsverfahrens dieser Zeitpunkt überschritten werde und sich dann die Rechtsfrage ergebe, ob zulässigerweise ein Fortsetzungsfeststellungsantrag gestellt werden könne.

Die weiteren Gesichtspunkte seien in beiden, vom Verwaltungsgericht zur gemeinsamen Verhandlung und Entscheidung verbundenen Verfahren identisch: Die Beklagte sei nicht berechtigt gewesen, die Sondernutzungserlaubnis für die Aufstellung von Informationstischen im Bereich der Fußgängerzone zu versagen. Er sei eine Religionsgemeinschaft im Sinne des Grundgesetzes und genieße daher wie andere Religionsgemeinschaften bei der Erfüllung der satungsmäßigen Aufgaben, auch bei der Mitgliederwerbung, der das Aufstellen des Standes diene, den besonderen Schutz des Art. 4 GG. Der Stand diene hingegen nicht der gewerblichen Betätigung. Außerdem müsse sein Grundrecht auf Meinungsfreiheit gemäß Art. 5 GG bei der Entscheidung über die Erteilung der Sondernutzungserlaubnis berücksichtigt werden. Konkrete straßenrechtliche Einwände, insbesondere solche der Sicherheit und Leichtigkeit des Verkehrs, habe die Beklagte nicht vorgebracht. Dies sei auch nicht möglich, weil es der Beklagten überlassen bleiben sollte, an welchem Platz der Informationsstand eingerichtet werde. Die Beklagte genehmige unzählige Informationsstände der unterschiedlichsten Vereinigungen in ihrer Fußgängerzone, verwehre ihm jedoch eine solche Möglichkeit. Daß bei früheren Veranstaltungen, insbesondere im Jahre 1984, Passanten in geradezu belästigender Weise angesprochen worden sein sollten, treffe nicht zu. Ebensowenig treffe zu, daß auf der L. z. Zt. des Verwaltungsverfahrens Passanten in belästigender

straßenrechtl. Sondernutzung 505

Weise angesprochen worden seien oder er einen Stand ohne Erlaubnis aufgestellt habe.

Der Kläger hat beantragt, 1) festzustellen, daß der Bescheid der Beklagten vom 29. 8. 1988 in der Gestalt des Widerspruchsbescheides vom 16. 5. 1989 rechtswidrig war, 2) den Bescheid der Beklagten vom 11. 7. 1990 in der Gestalt des Widerspruchsbescheides vom 20. 11. 1990 aufzuheben und die Beklagte zu verpflichten, ihm eine Sondernutzungserlaubnis gemäß seinem Antrag vom 10. 5. 1990 zu erteilen, hilfsweise, die Beklagte zu verpflichten, über den Sondernutzungserlaubnisantrag vom 10. 5. 1990 unter Beachtung der Rechtsauffassung des Gerichts neu zu entscheiden.

Die Beklagte hat erwidert: Es sei bereits zweifelhaft, ob es sich bei dem Kläger überhaupt um eine Religions- oder Weltanschauungsgemeinschaft handele. Vielmehr sprächen zahlreiche Gesichtspunkte dafür, daß er ein auf Gewinnerzielung bedachtes Wirtschaftsunternehmen sei. Selbst wenn es sich um eine Religionsgemeinschaft handeln sollte, diene jedenfalls die mit dem Informationsstand verbundene Straßenwerbung lediglich der Anbahnung einträglicher Geschäfte. Die religiöse Betätigungs-, Informations- oder Überzeugungsarbeit stehe nicht im Vordergrund. Solche Werbung sei durch die Religions- bzw. Weltanschauungsfreiheit des Grundgesetzes nicht geschützt. Der Verkaufspreis für das Dianetik-Taschenbuch des Gründers der Scientology-Organisation L. Ron Hubbard halte sich im marktüblichen Rahmen, so daß sich die Veranstaltung insoweit nicht von anderen Bücherverkäufen unterscheide. Einen Nachweis über die Selbstkosten habe der Kläger nicht vorgelegt. Soweit er am allgemeinen Wirtschaftsleben teilnehme, sei er den entsprechenden rechtlichen Bindungen unterworfen. Ein Informationsstand stehe ihm nicht zu. Die besonders ausgewiesenen Flächen für reine Informationsstände seien für die vielfältigen und zahlreichen Informationsbedürfnisse freizuhalten. Es stehe dem Kläger jedoch frei, bei ihrem Marktamt eine Sondernutzungserlaubnis für gewerbliche Tätigkeit im Straßenbereich zu beantragen.

Beide Klagen hat das Verwaltungsgericht abgewiesen. Die zulässigen Klagen seien unbegründet, weil die Beklagte in rechts- und ermessensfehlerfreier Weise über die Sondernutzungserlaubnisanträge entschieden habe. Auch wenn man unterstelle, daß der Kläger eine Religionsgemeinschaft sei, werde der gewinnbringende Verkauf von Taschenbüchern und die Werbung für bestimmte Kurse weder vom Schutzbereich des Art. 4 GG erfaßt noch vom Privileg der freien Meinungsäußerung des Art. 5 GG. Die Klage gegen den Bescheid vom 11. 7. 1990 in der Gestalt des Widerspruchsbescheides vom 20. 11. 1990 könne schon deshalb keinen Erfolg haben, weil die Beklagte nicht zur Erteilung unbefristeter Sondernutzungserlaubnisse verpflichtet sei.

Gegen dieses Urteil richtet sich die Berufung des Klägers, mit der er vorträgt: Von den der Ermessensausübung der Beklagten zugrundeliegenden

Argumenten habe das Verwaltungsgericht nur noch geprüft, ob er sich gewöhnlich habe betätigen wollen. Dies sei fehlerhaft, aber auch im Ergebnis unzutreffend. Von den angegebenen Kundgebungsmitteln habe lediglich das Dianetik-Taschenbuch zum Selbstkostenpreis entgeltlich abgegeben werden sollen. Die Broschüre „Der Weg zum Glücklichsein" habe zur Einsicht ausliegen sollen und die weitere Broschüre „Die Scientology Kirche in Deutschland" habe unentgeltlich an interessierte Passanten verteilt werden sollen. Der Schwerpunkt der beabsichtigten Information habe in dem unentgeltlichen Verteilen von Informationsschriften und Flugblättern bestanden. Behörde und Gericht unterstellten zwar, daß es sich bei ihm um eine Religionsgemeinschaft handele, zögen jedoch nicht die richtigen Schlußfolgerungen für die Ermessensentscheidung. Ausfluß des Grundrechts aus Art. 4 GG sei der Anspruch einer Religionsgemeinschaft auf Erteilung einer Sondernutzungserlaubnis zu Missionierungszwecken. Ein Informationsstand einer Religionsgemeinschaft diene letztlich immer der Missionierung neuer Mitglieder. – Der Antrag vom 10. 5. 1990 sei nur gestellt worden, um überhaupt zu einer Sachentscheidung zu gelangen. Das sei der Beklagten auch bekannt gewesen. Sie hätte diesem Antrag zumindest für zwei Wochen im voraus entsprechen können.

Das Rechtsmittel hatte keinen Erfolg.

Aus den Gründen:

Die Berufung des Klägers (...) bleibt erfolglos.

Die Fortsetzungsfeststellungsklage betreffend den Bescheid der Beklagten vom 29. 8. 1988 und ihren Widerspruchsbescheid vom 16. 5. 1989 ist zulässig. Eine solche Klage kann in rechtsähnlicher Anwendung von § 113 Abs. 1 Satz 4 VwGO auch dann erhoben werden, wenn sich das Verpflichtungsbegehren im Sinne von § 113 Abs. 5 VwGO vor oder nach Klageerhebung durch Zeitablauf erledigt hat (Kopp, VwGO, 10. Aufl., § 113 Rdnr. 107, 109; Redeker/von Oertzen, VwGO, 10. Aufl., § 113 Rdnr. 36, jeweils m. w. N.). *(wird ausgeführt)*

Der Kläger hat auch ein berechtigtes Interesse an der Feststellung der Rechtswidrigkeit der ablehnenden Bescheide gemäß § 113 Abs. 1 Satz 4 VwGO, weil bei einem jederzeit möglichen gleichartigen Antrag eine Wiederholungsgefahr besteht; denn die Beklagte hält weiterhin an ihrer Auffassung fest, daß dem Kläger wegen seiner gewerblichen Betätigung eine Sondernutzungserlaubnis für Informationsstände nicht erteilt werden könne.

(...)

straßenrechtl. Sondernutzung

Das Verwaltungsgericht hat die Klagen aber zu Recht als unbegründet abgewiesen. Die angefochtenen Bescheide sind in ihrer sachlichen Entscheidung rechtmäßig und verletzen den Kläger in seinen Rechten nicht.

Beide Parteien gehen zunächst zu Recht davon aus, daß das Aufstellen eines Tisches auf öffentlichen Verkehrsflächen zur Information oder zur Werbung nach niedersächsischem Straßenrecht eine über den Gemeingebrauch der Straße im Sinne des § 14 Abs. 1 des Nds.Straßengesetzes – NStrG – i. d. F. vom 24. 9. 1980 (Nds.GVBl. S. 395) hinausgehende Sondernutzung nach § 18 Abs. 1 NStrG darstellt, die der Erlaubnis der zuständigen Behörde bedarf und für die Sondernutzungsgebühren nach Maßgabe des § 21 NStrG erhoben werden können (Senat, Urteil v. 23. 4. 1992 – 12 OVG A 166/88 –, NVwZ-RR 1993, 393 m. w. N.). Die Erteilung der Sondernutzungserlaubnis liegt grundsätzlich im behördlichen Ermessen. Die Entscheidung der Beklagten, dem Kläger die beantragte Sondernutzungserlaubnis zu versagen, ist auch rechtmäßig.

Die Beklagte hat bei ihrer Entscheidung von dem ihr eingeräumten Ermessen in einer dem Zweck der gesetzlichen Ermächtigung entsprechenden Weise Gebrauch gemacht (§ 114 VwGO, § 40 VwVfG). Durch das Erlaubnisverfahren gemäß § 18 Abs. 1 NStrG soll sichergestellt werden, daß die für die Ordnung der Benutzung der Straßen zuständigen Behörden nicht zur Kenntnis von Ort, Zeitdauer und Umfang der Veranstaltung erhalten, sondern auch von vornherein erkennbare Störungen verhindern oder in zumutbaren Grenzen halten und bei Kollisionen von Rechtsgütern verschiedener Rechtsträger einen Interessenausgleich schaffen können (BVerwG, Urteil v. 7. 6. 1978 – BVerwG 7 C 5.78 –, BVerwGE 56, 63 [68]). Dabei ist eine Abwägung der gegenseitigen Belange geboten. In diese Abwägung ist einerseits das Interesse des Sondernutzers an der Durchführung seines Vorhabens einzustellen. Demgegenüber sind die Belange von Bedeutung, für die der Träger der Straßenbaulast verantwortlich ist. Ermessensgesichtspunkte sind in erster Linie die Wahrung der Sicherheit und Leichtigkeit des Verkehrs sowie eines einwandfreien Straßenzustandes. Jedoch sind darüber hinaus alle Gründe von Bedeutung, die einen sachlichen Bezug zur Straße, ihrem Umfeld, ihrer Funktion oder ihrem Widmungszweck haben. Schutzzweck der Erlaubnis für die Sondernutzung ist auch das öffentlich-rechtliche Bedürfnis, zeitlich und örtlich gegenläufige Interessen verschiedener Straßenbenutzer auszugleichen (Ausgleichs- und Verteilungsfunktion). Ferner können städteplanerische und baupflegerische Belange in die Ermessenserwägung einbezogen werden (Senat, Urteil v. 14. 3. 1994 – 12 L 2354/92 –, NST-N 1994, 273; bestätigt durch BVerwG, Beschluß v. 5. 9. 1994 – BVerwG 11 B 78.94 –).

Demgegenüber ist abzuwägen das in den Schranken der allgemeinen Gesetze gewährte Recht des Klägers auf freie Meinungsäußerung nach Art. 5

Abs. 1 GG, wobei nach der Wechselwirkungstheorie des Bundesverfassungsgerichts (BVerfG, Urteil v. 15. 1. 1958 – 1 BvR 400/51 –, BVerfGE 7, 198 [208]), das allgemeine Gesetz seinerseits im Lichte der Bedeutung der ungehinderten Meinungsfreiheit auszulegen und in seiner das Grundrecht einschränkenden Wirkung zu begrenzen ist. Der Eingriff in die freie Meinungsverbreitung ist nur dann und insoweit gerechtfertigt, als er zum Schutze mindestens gleichwertiger Rechtsgüter geboten ist (BVerwGE 56, 63 [66]). Wenn es sich bei dem Kläger um eine Religions- oder Weltanschauungsgemeinschaft handeln sollte (verneinend BAG, Beschluß v. 22. 3. 1995[2] – 5 AZB 21/94 –, [NJW 1996, 143] bejahend Hamb.OVG, Beschluß v. 24. 8. 1994[3] – Bs III 326/93 –, NVwZ 1995, 498), was der Senat bei der Entscheidung dieses Rechtsstreits unterstellt (und damit offenläßt), steht dem Kläger darüber hinaus der Schutz des Art. 4 und des Art. 140 GG i. V. m. Art. 137 WRV zu, auch wenn er sich wirtschaftlich betätigt (solange er nicht ausschließlich wirtschaftliche Interessen verfolgt, die mit ideellen Zielen nur verbrämt werden – BVerwG, Urteil v. 27. 3. 1992[4] – BVerwG 7 C 21.90 –, BVerwGE 90, 112 [116, 118]). Der Schutz des Art. 4 GG kann indessen nicht isoliert gesehen werden. Soweit eine Religions- oder Weltanschauungsgemeinschaft nach außen im wirtschaftlichen Sinne in werbender Absicht in Erscheinung tritt, muß vielmehr das Grundrecht des Art. 4 GG mit den u. U. in der Zielsetzung gegenläufigen Rechtsgütern anderer, insbesondere den Grundrechten Dritter, etwa aus Art. 1, 2 und 14 GG, in Einklang gebracht werden. Die Berufung auf Art. 4 GG rechtfertigt keine Beeinträchtigung gleichwertiger Rechtsgüter. Da die Grundrechte aller, also sowohl der Religions- oder Weltanschauungsgemeinschaft als auch der von diesen angesprochenen Personen zu schützen sind, muß ein dem Grundsatz der Verhältnismäßigkeit genügender Ausgleich hergestellt werden. Auch Religions- und Weltanschauungsgemeinschaften sind insoweit an die verfassungsmäßige Ordnung gebunden. Dies schließt es ein, daß die jeweils einschlägigen allgemeinen Gesetze – in einer die Grundrechte des Art. 4 GG möglichst schonenden Weise – anzuwenden sind (BVerwG, Beschluß v. 16. 2. 1995[5] – 1 B 205.93 –, GewArch. 1995, 152, NVwZ 1995, 473).

Mit diesen Grundsätzen stimmen die ablehnenden Bescheide der Beklagten überein, soweit sie die beantragten Informationsstände betreffen. Dabei ist grundlegend zu berücksichtigen, daß die Fußgängerzone der Beklagten von einer Vielzahl unterschiedlicher Antragsteller intensiv zu Veranstaltungen im Sinne des § 24 Abs. 2 StVO genutzt und für Sondernutzungen sowohl ideeller

---

[2] KirchE 33, 92.
[3] KirchE 32, 307.
[4] KirchE 30, 151.
[5] KirchE 33, 43.

als auch gewerblicher Art in Anspruch genommen wird. Bei der Beklagten wird zur Wahrung der Sicherheit und Leichtigkeit des Fußgängerverkehrs und zum Ausgleich gegenläufiger Interessen verschiedener Straßennutzer (Ausgleichs- und Verteilungsfunktion) im Innenstadtbereich, insbesondere in der Fußgängerzone die ständig betätigte Verwaltungspraxis geübt, zwischen Sondernutzungserlaubnisanträgen, mit denen eine gewerbliche Betätigung verbunden ist, und sonstigen Sondernutzungserlaubnisanträgen zur Informationsverbreitung ohne gewerbliche Betätigung (beispielsweise Bürgerinitiativen verschiedener Richtungen, politische Parteien) zu differenzieren. Für beide Bereiche sind von vornherein bestimmte unter Verkehrssicherheits- und Verkehrsordnungsgesichtspunkten vorher ausgewählte Standorte vorgesehen, die grundsätzlich nach der Reihenfolge des Antrags vergeben werden. Für die Erteilung von Sondernutzungserlaubnissen, die mit gewerblicher Betätigung verbunden sind, ist das Marktamt zuständig, für sonstige das Ordnungsamt, das gleichfalls die Koordinationsfunktion wahrnimmt. Diese Praxis ist als Ermessensbindung nicht zu beanstanden, da sie der Wahrung der aus der Ermächtigungsgrundlage sich ergebenden Ermessensgesichtspunkte der Sicherheit und Leichtigkeit des Verkehrs und der Verteilungsfunktion dient.

(...)

(Nach dem Ablauf der Antragstellung) ist davon auszugehen, daß dem Kläger die Entscheidungszuständigkeiten bei der Beklagten für beide Arten von Sondernutzungserlaubnissen bekannt waren, er aber bewußt auf eine Entscheidung über seinen Informationsstand ohne gewerbliche Betätigung durch das Ordnungsamt unter dem Gesichtspunkt Religionsgemeinschaft ohne gewerbliche Betätigung bestand. Das war damals der Gegenstand seines Antrages, nicht hingegen auch eine Sondernutzungserlaubnis für einen Stand mit gewerblicher Betätigung. Dafür sprechen auch die zahlreichen Eingaben, die der Kläger im Laufe des Verwaltungsverfahrens an das Ordnungsamt sandte und in denen auf den Status der Religionsgemeinschaft und die fehlende gewerbliche Betätigung ausdrücklich abgestellt wurde (...).

So ist auch der ablehnende Bescheid vom 29. 8. 1988 in der Gestalt des Widerspruchsbescheides vom 16. 5. 1989 zu verstehen, der den Schwerpunkt des Ablehnungsgrundes für einen Informationsstand (ohne gewerbliche Betätigung) in der gewerblichen Betätigung des Klägers sieht. Deshalb heißt es im materiellen Teil des Widerspruchsbescheides vom 16. 5. 1989, das Tätigwerden des Vereins diene nicht ausschließlich der Mitgliederwerbung, sondern stelle ganz wesentlich eine gewerbliche, d. h. eine auf Gewinnerzielung ausgerichtete Tätigkeit dar, die sich in ihrem äußeren Erscheinungsbild nicht von der gewerblichen Straßenwerbung für die Mitgliedschaft in einer Buchgemeinschaft oder zur entgeltlichen Teilnahme an Kursen unterscheide.

Trifft dieser Gesichtspunkt zu und trägt er die angefochtenen Bescheide, dann kommt es im Gegensatz zur Auffassung des Klägers nicht darauf an, ob den daneben noch angeführten Gesichtspunkten in dem Ausgangsbescheid vom 19. 8. 1988 hinreichende tatsächliche Feststellungen zugrunde liegen. Es ist daher zunächst zu prüfen, ob mit der von dem Kläger beantragten Sondernutzungserlaubnis eine gewerbliche Betätigung verbunden war oder nicht. Dabei ist allerdings nicht allein auf das äußere Erscheinungsbild des beabsichtigten Standes, sondern darauf abzustellen, ob der Stand der gewerblichen Betätigung des Klägers diente. Das ist der Fall:

Daß der Kläger mit dem Verkauf von Büchern, Broschüren, sowie durch die entgeltliche Durchführung von Kursen und Seminaren ein Gewerbe betreibt und deshalb zur Gewerbeanzeige nach § 14 GewO verpflichtet ist, steht nach dem vom Bundesverwaltungsgericht mit Beschluß vom 16. 2. 1995 (aaO) bestätigten Urteil des Hamburgischen Oberverwaltungsgerichts vom 6. 7. 1993[6] – Bf VI 12/91 (DVBl. 1994, 413), das der Senat in den Rechtsstreit eingeführt hat, fest. Es handelt sich um denselben Verein, der auch in N. tätig ist. Dabei nimmt das Hamburgische Oberverwaltungsgericht u. a. auf die im folgenden sinngemäß wiedergegebenen Entscheidungsgründe des Verwaltungsgerichts nach § 130 b VwGO Bezug (…): Das tatsächliche Erscheinungsbild des Handelns des Klägers sei ausschlaggebend dadurch bestimmt, daß er sein Gedankengut in Formen des geschäftlichen Verkehrs verbreite. Er biete Druckerzeugnisse und andere Gegenstände sowie Dienstleistungen „marktwirtschaftlich" unter Verwendung der allgemein üblichen Warenvertriebsformen der gewerblichen Wirtschaft gegen ein festgesetztes Entgelt an, so daß der einzelne, sei er bereits Mitglied bei dem Kläger oder noch Außenstehender, zu dem Kläger als „Kunde" in Beziehung trete. Ohne die Zahlung des Entgelts könnten, von offenbar wenigen Ausnahmen abgesehen, Druckerzeugnisse nicht erworben oder Dienstleistungen nicht in Anspruch genommen werden. Ergebnis der vielfältigen Werbung des Klägers solle es gerade sein, daß die von ihm angebotenen entgeltlichen Leistungen nachgefragt würden, um durch die auf diese Weise erzielten Einnahmen letztlich seine Organisation finanzieren zu können. Der Umstand, daß der Kläger die geleisteten Zahlungen zu Spenden erkläre bzw. seine Mitglieder satzungsgemäß zur Förderung durch die Leistung von Spendenbeiträgen verpflichte, sei ohne Belang. Zwar sei gewerberechtlich erheblich nur ein Gewinn, der durch einen Leistungsaustausch mit anderen erzielt werde. Dies sei aber bei dem Kläger der Fall. Der Kläger, der die Verbreitung seines Ideengutes auch seinen Mitgliedern gegenüber in geschäftsmäßig organisierter Form verfolge, biete Drucker-

---

[6] KirchE 31, 235.

zeugnisse, sonstige Gegenstände und Dienstleistungen in einer Weise an, die sich nicht von dem Angebot eines Gewerbetreibenden unterscheide, der am allgemeinen wirtschaftlichen Verkehr teilnehme. Auch soweit er ausschließlich Leistungen an seine Mitglieder erbringe, seien die von ihm angebotenen Bücher, Kurse und Seminare zur Vermittlung der spezifischen Scientology-Inhalte Gegenstand eines entgeltlichen Leistungsaustausches. Daß die Erbringung solcher Leistungen an die Mitgliedschaft bei dem Kläger geknüpft sei, mache die Zahlungen nicht zu Spenden. Bei dem Kläger, dessen Mitgliederzahl nicht begrenzt und dessen Vereinigung offen angelegt sei, könne satzungsgemäß „jede unbescholtene Person Mitglied werden". Auf die Gestaltung der Höhe der als Spenden bezeichneten Zahlungen hätten die Mitglieder bei dem Kläger keinen Einfluß.

Daraus erhellt, daß in diesem speziellen Fall des Klägers die Mitgliederwerbung zugleich untrennbar mit gewerblichen Interessen verbunden ist. Der beantragte Stand dient somit sowohl der Mitgliederwerbung als auch der gewerblichen Betätigung des Klägers. Die gewerbliche Betätigung richtet sich auch im Hinblick auf die Sondernutzungserlaubnis auf das Verkaufen von Druckwaren und Dienstleistungen sowohl – in geringerem Umfang – an Nichtmitglieder als auch – in größerem Umfang – an zu werbende Mitglieder. Auch an Nichtmitglieder vertreibt der Kläger nach dem Urteil des Hamburgischen Oberverwaltungsgerichts vom 6. 7. 1993 außer dem Buch Dianetik weitere neun Buchtitel zu Preisen zwischen 30,- und 50,- DM (…). Darüber hinaus werden auch die in dem Faltblatt „Verstehen, Informationen über Scientology" erwähnten drei weiteren Bücher „Die Grundlagen des Denkens", „Eine neue Sicht des Lebens" – je 25,- DM –, „Die Probleme der Arbeit" – 20,- DM – auch an Nichtmitglieder verkauft (…). In der nur für Mitglieder des Klägers bestimmten Liste „Vervollständigen Sie Ihre LRH-Bibliothek" werden für gebundene Bücher Preise zwischen 62,50 DM und 312,50 DM, für Taschenbücher und Broschüren Preise zwischen 14,80 und 425,- DM (für sechs Bücher) und für Bände Preise bis zu 6375,- DM (für ein 18-bändiges Werk) genannt, wobei Mitglieder der Internationalen Vereinigung von Scientologen (IAS) eine 20%ige „Ermäßigung auf viele Artikel des Buchladens" erhalten (…). Auch wegen der Teilnahme an Kursen und Seminaren wendet sich der Kläger nicht nur an Mitglieder. So wirbt er in dem Faltblatt „Verstehen, Informationen über Scientology" für die Teilnahme an dem Kurs „Erfolg durch Kommunikation" auch gegenüber Nichtmitgliedern und ohne einen Hinweis darauf, daß man nur als Mitglied des Klägers teilnehmen könne. Entsprechendes gilt für die Werbung für das Dianetik-Seminar und den Dianetik-Heimkurs (…).

Aus dem Urteil des Hamburgischen Oberverwaltungsgerichts ergibt sich somit außerdem, daß für den Kläger mit jedem Mitglied zugleich ein Kunde gewonnen ist. Auf die Werbemittel kommt es dabei nicht entscheidend an. Deshalb ist es auch unerheblich, ob das Dianetik-Taschenbuch an dem Stand, für den hier eine Sondernutzungserlaubnis beantragt war, mit oder ohne Gewinn verkauft werden sollte. Das Buch selbst wird von dem Kläger als Werbemittel zur Heranführung an seine Lehre mit dem Ziel des Verkaufs weiterer Bücher und Kurse eingesetzt. Auch in dem von den Prozeßbevollmächtigten des Klägers überreichten Taschenbuch „Dianetik – Die moderne Wissenschaft der geistigen Gesundheit –", 8. Aufl. 1986, ist (zwischen S. 256 und 257) eine Werbe-Postkarte enthalten, mit der Informationen über weitere Bücher der Dianetik, über Dianetik-Seminare und -Ausbildungskurse, über Dianetik-Kurse, die man auch zu Hause durchführen kann, und über Dianetik-Beratung angefordert werden sollen (vgl. auch U. A. OVG Hamburg S. 75). In der dem Senat überreichten Broschüre „Der Weg zum Glücklichsein" befindet sich gleichfalls eine Werbepostkarte zur Anforderung von Paketen mit je 12 Exemplaren dieser Taschenbuchausgabe für 43,- DM. In den von den Prozeßbevollmächtigten des Klägers überreichten beispielhaften Handzetteln sind teilweise Bestellkarten für Bücher aufgedruckt (Scientology-Handbuch zum Preis von 176,- DM; Dianetik – Der Leitfaden für den menschlichen Verstand – zum Preis von 14,80 DM zuzüglich 6,80 DM Nachnahme), teilweise Dienstleistungen angeboten (Machen Sie das Reinigungs-Programm), teilweise wird mit kostenlosen Filmen (Freiheit, Die dynamischen Kräfte des Lebens, Der Weg zu totaler Freiheit, Das Ehepaar) zum Besuch des Dianetik-Informationszentrums aufgefordert, wo die Angeworbenen als Kunden für Bücher, Broschüren, Kurse und Seminare behandelt werden. Das einzige Informationsblatt, das auf dem Stand gleichfalls verteilt werden sollte und bei dem die gewerbliche Werbung nicht sofort ins Auge fällt, stellt die Broschüre „Die Scientology Kirche in Deutschland" dar. Die gewerbliche Werbung überwiegt aber auch bei den Werbemitteln für den hier beantragten Stand bei weitem.

Die Folge davon ist, daß das Ordnungsamt der Beklagten eine Sondernutzungserlaubnis für einen Informationsstand (ohne gewerbliche Betätigung) ablehnen durfte. Eine Abgabe der Sache an das Marktamt war nicht erforderlich, weil der Kläger auf einer Entscheidung durch das Ordnungsamt beharrte. Die Beklagte hat dabei weder das Grundrecht des Klägers nach Art. 5 Abs. 1 GG noch – unterstellt es handelt sich um eine Religions- oder Weltanschauungsgemeinschaft – noch den Schutzbereich des Art. 4 GG verkannt. Vielmehr überwiegen die straßenrechtlichen Gesichtspunkte der Ausgleichs- und Verteilungsfunktion sowie damit im Zusammenhang stehend der Sicherheit und Leichtigkeit des Fußgängerverkehrs die Interessen des Klägers einen nicht gewerblichen Informationsstand zugewiesen zu erhalten, obwohl dieser gewerblichen Zwecken zu dienen bestimmt war. Auch unter Berücksichtigung der Meinungsfreiheit des Art. 5 Abs. 1 GG und der Religions- bzw. Weltanschauungsfreiheit des Art. 4 GG können Religions- oder Weltanschauungsgemeinschaften bei gewerblicher Betätigung in den dafür vorgesehenen Ordnungsrahmen eingebunden werden, zumal dadurch die genannten Freiheitsrechte der Gemeinschaften nicht nennenswert beeinträchtigt werden (vgl. BVerwG, Beschluß v. 16. 2. 1995 – 1 B 205.93 –, GewArch. 1995, 152 [154]). Der den Grundsatz der Verhältnismäßigkeit beachtende Ausgleich zwischen den straßenrechtlichen Gesichtspunkten und der Schutzvorschrift des Art. 4 GG ist dadurch gewährleistet, daß dem Kläger (von sonstigen Werbemöglichkeiten mit anderen Kommunikationsmitteln abgesehen) im Gebiet der Beklagten straßenrechtlich eine Werbung sowohl ohne Stand im Rahmen des im Parallelurteil vom heutigen Tag – 12 L 1856/93[7] – näher umrissenen Gemeingebrauchs mittels Faltblattverteilung als auch mittels eines gewerblichen Standplatzes als Sondernutzung möglich ist. Eine Diskreditierung der Religions- oder Weltanschauungsgemeinschaften ist damit nicht verbunden. Auch in diesem Ordnungsrahmen kann der Bedeutung der Grundrechte aus Art. 4 und 5 GG hinreichend Geltung verschafft werden. Deshalb wird die Beklagte für ihre künftige Verwaltungspraxis auch zu überprüfen haben, ob nicht ungenutzte Standplätze, die für reine Informationszwecke vorgesehen sind, auch für gewerbliche Zwecke zur Verfügung gestellt werden müssen, soweit Grundrechte wie Meinungsfreiheit und Religionsfreiheit tangiert sind. Der letztgenannte Gesichtspunkt gewinnt bei der vorliegenden Entscheidung deshalb noch keine Bedeutung, weil der Kläger zunächst bei der Beklagten um eine Sondernutzungserlaubnis für einen Standplatz mit gewerblicher Betätigung vorstellig werden müßte.

Die Verpflichtungsklage im Hinblick auf den weiteren Bescheid der Beklagten vom 11. 7. 1990 in Gestalt ihres Widerspruchsbescheides vom 20. 11. 1990 auf Verpflichtung der Beklagten zur Erteilung einer Sondernutzungserlaubnis für einen Informationsstand entsprechend dem Antrag vom 10. 5. 1990 kann darüber hinaus schon deshalb nicht zum Erfolg führen, weil es sich dabei nach dem genannten Antrag ausdrücklich um einen „permanenten Stand" zweimal die Woche mittwochs und freitags von 9.00 bis 19.00 Uhr in der Fußgängerzone handeln soll. Die Beklagte war und ist berechtigt, einen solchen unbefristeten Antrag schon deshalb im Rahmen des Gesichtspunktes der Verteilungsfunktion von Sondernutzungserlaubnissen abzulehnen, weil sie sich bei der intensiven Nutzung der Fußgängerzone Entscheidungsmöglichkeiten für künftige Antragsteller offenhalten und entsprechenden Folgeanträgen für unbefristete Stände vorbeugen darf. Sie kann zwar nach § 18 Abs. 2

---

[7] KirchE 33, 496.

Satz 1 NStrG auch unbefristete, aber widerrufliche Sondernutzungserlaubnisse erteilen, es sind aber keine Gesichtspunkte dafür vorgetragen, daß sie dazu vorliegend verpflichtet wäre. Vielmehr liegt es nach dem Klage- und Berufungsvorbringen zu diesem Verwaltungsverfahren nahe, daß der Antrag in dieser Form nur gestellt worden ist, um etwaige Bedenken im Hinblick auf die Zulässigkeit der Fortsetzungsfeststellungsklage zu überwinden. War die Entscheidung der Beklagten insoweit rechtmäßig und sind auch derzeit keine hinreichenden Gesichtspunkte ersichtlich, die eine Ermessensreduzierung auf Null im Hinblick auf einen „permanenten Stand" zur Folge hätten, so müssen sowohl der Verpflichtungs- als auch der Bescheidungsantrag erfolglos bleiben.

82

Liegenschaften sog. kirchlicher Schullehn in Sachsen stehen nicht der Zivilgemeinde zu.

Art. 14 Abs. 1 GG, 12 Ev. Kirchenvertrag Sachsen
LG Leipzig, Beschluß vom 14. November 1995 — 1 T 7730/95[1] —

Das Schullehn zu Großdalzig gehörte seit dem Ende des 16. Jahrhunderts bis zu der 1995 erfolgten Umschreibung rechtlich unbestritten zum ortskirchlichen Stiftungsgut, war also kirchliches Eigentum an Grund und Boden, das schulischen Zwecken gewidmet war. Als Eigentümer des Flurstücks 85 war seit Errichtung des Grundbuches bis zum 13. 1. 1995 das „Schullehn zu Großdalzig" eingetragen. Seine Ursache hatte dies darin, daß die Errichtung und Unterhaltung von Schulen sowie die Vergütung der Lehrer (Kirchenschullehrer, Küsterlehrer) in Sachsen bis zum Erlaß des Gesetzes, das Elementarvolksschulwesen betr., vom 6. 6. 1835 Pflicht der jeweiligen Kirchengemeinden war. Das kirchliche Grundvermögen war dem Schulzweck zu diesem Zeitpunkt bereits seit Jahrhunderten gewidmet. Erst ab dieser gesetzlichen Neuregelung übernahm der Staat das Schulwesen in seine Verwaltung, wobei er sich der bereits bestehenden Schullehn bediente, ohne deren Zugehörigkeit zum kirchlichen Eigentum in Frage zu stellen. Kirchengemeinde und Schulgemeinde Großdalzig waren sich noch 1885 darüber einig, daß der Schulvorstand nur die Schulgemeinde als kommunale Einrichtung, nicht aber das (kircheneigene) Schullehn zu vertreten berechtigt war. Ein weltliches, also von der Kirche getrenntes Schullehn, hat es in Großdalzig zu keinem Zeitpunkt gegeben. Sog. weltliche Schulgemeinden, die nach 1835 entstanden, errichte-

---

[1] LKV 1996, 303.
Vgl. zu diesem Fragenkreis auch BGH NJW-RR 1997, 398.

ten Schulen auf eigenen Grundstücken, die sie gleichfalls als Schullehn bezeichneten. Da infolgedessen unter dem Begriff „Schullehn" sowohl die kirchlichen wie auch die weltlichen Schullehn verstanden wurden, waren die Grundbuchämter nach § 7 der Verordnung zur Ausführung des Schulbezirksgesetzes vom 9. 12. 1926 verpflichtet, beim Übergang der bisher den Schullehn zustehenden Rechte in jedem Einzelfall zu prüfen, ob das Lehn die Eigenschaft eines weltlichen oder kirchlichen Lehns hatte. Um das Schullehn von Großdalzig ist die von § 4 des Gesetzes über die Trennung des Kirchen- und Schuldienstes der Volksschullehrer vom 10. 6. 1921 bestimmte Auseinandersetzung zwischen Kirche und Schule nicht erfolgt. Zu keinem Zeitpunkt ist sog. Volkseigentum der DDR am Flurstück begründet oder auch nur behauptet worden. Im Mai 1994 bemühte sich das Ev.-Luth. Bezirkskirchenamt Leipzig um einen Vertrag mit der Stadt Zwenkau hinsichtlich der Auseinandersetzung am Vermögen des Schullehns Großdalzig, wie es in Art. 12 des Evangelischen Kirchenvertrages Sachsen vom 24. 3. 1994 festgelegt worden war. Die Stadt Zwenkau hat zum kirchlichen Vertragsentwurf weder Stellung genommen noch Verhandlungen angeboten. Am 6. 10. 1994 erklärte die Bundesrepublik Deutschland, vertreten durch das Bundesvermögensamt Leipzig, u. a. hinsichtlich des Flurstücks 85 der Gemarkung Großdalzig, keinen Anspruch auf das Eigentum geltend machen zu wollen und auf weitere Verfahrensbeteiligung und das Widerrufsrecht nach dem Vermögenszuordnungsgesetz zu verzichten. Am 14. 11. 1994 erteilte das Staatliche Liegenschaftsamt Leipzig – Vermögenszuordnung – eine Berichtigungsbewilligung, wonach u. a. das Flurstück 85 der Gemarkung Großdalzig, Eigentümer laut Grundbuch das „Schullehn zu Großdalzig", auf die Stadt Zwenkau übergehen sollte und stimmte einer entsprechenden Grundbuchberichtigung zu. Daraufhin stellte am 27. 12. 1994 die Stadt Zwenkau Antrag auf Grundbuchberichtigung. Am 13. 1. 1995 hat das AG Leipzig – Grundbuchamt – das Flurstück 85 auf Blatt 707 des Grundbuches von Großdalzig übertragen und als neuen Eigentümer die Stadt Zwenkau eingetragen. Grundlage dieser Eintragung waren die Berichtigungsbewilligung des Staatlichen Liegenschaftsamtes Leipzig sowie die Verzichtserklärung des Bundesvermögensamtes Leipzig. Mit Schriftsatz vom 27. 4. 1995 beantragte der Beschwerdeführer, das Schullehn zu Großdalzig, die Eintragung der Stadt Zwenkau als Rechtsnachfolger des Schullehns zu Großdalzig als rechtlich unbegründet gem. § 53 I GBO zu löschen. Das Amtsgericht wies den Antrag zurück.

Die Beschwerde hatte Erfolg.

Aus den Gründen:

Die gem. § 11 Abs. 2 RPflG als Beschwerde zu behandelnde Durchgriffserinnerung ist gem. §§ 71, 73 GBO zulässig und in der Sache begründet.

Das AG Leipzig – Grundbuchamt – hat der Erinnerung vom 10. 7. 1995 zu Unrecht nicht abgeholfen.

Die Eintragung der Stadt Zwenkau als Eigentümer des Flurstücks 85 der Gemarkung Großdalzig verletzt die Eigentumsgarantie des Art. 14 Abs. 1 Satz 1 GG, das geltende Staatskirchenrecht des Freistaates Sachsen (hier insb. Art. 12 des Evangelischen Kirchenvertrages Sachsens v. 24. 3. 1994) und steht mit nahezu allen einschlägigen Rechtsvorschriften des Bürgerlichen Rechts zur Rechtsnachfolgerschaft in Grundstückseigentum in Widerspruch.

Dem zugunsten der Stadt Zwenkau vollzogenen enteignungsgleichen Eingriff des AG Leipzig – Grundbuchamt – in die Vermögensmasse der Ev.-Luth. Landeskirche Sachsens und der hiermit verbundenen Überführung hergebrachten kirchlichen Eigentums am Schullehn zu Großdalzig in das Kommunalvermögen der Stadt Zwenkau fehlt es an jeder rechtlichen Grundlage.

Sie besteht insbesondere nicht in der Berichtigungsbewilligung des Staatlichen Liegenschaftsamtes Leipzig vom 14. 11. 1994 und/oder in der Verzichtserklärung des Bundesvermögensamtes Leipzig vom 6. 10. 1994.

Es ist nicht nachvollziehbar – und wird vom AG Leipzig auch nicht begründungshalber erhellt –, was das Staatliche Liegenschaftsamt Leipzig hinsichtlich originär kirchlichen Grundeigentums zu bewilligen habe und worauf das Bundesvermögensamt Leipzig (schon dem Namen nach allein für das Bundesvermögen zuständig) in diesem Zusammenhang verzichten könnte.

Ebenso geht der Bezug des AG Leipzig – Grundbuchamt – auf die Hinweise im Schreiben des Sächsischen Staatsministeriums der Finanzen vom 16. 11. 1993 (ohnehin keine Rechtsquelle mit Gesetzeskraft) fehl.

Das LG Leipzig folgt der Rechtsauffassung des Beschwerdeführers, wonach im Staatsministerium offenbar der Begriff des „Schullehns" verkannt worden ist.

Zwar legte das Schulbezirksgesetz vom 17. 7. 1926 fest, daß die bisherigen Schulgemeinden aufgehoben werden und ihr Vermögen auf die Schulbezirke übergeht. Die hier aufgehobenen Schulgemeinden sind jedoch erst durch das Volksschulgesetz vom 26. 4. 1873 gegründet worden, und zwar nicht als Gebietskörperschaft, sondern als Summe der Bewohner des Schulbezirkes.

Mithin ist die in der Mitteilung des Sächsischen Staatsministeriums der Finanzen vom 16. 11. 1993 erwähnte Verordnung über die Auflösung der Schulgemeinden für die Rechtsverhältnisse an kirchlichen Schullehn – wie hier in Großdalzig – ohne Bedeutung.

Da es sich bei den 1926 aufgelösten Schulgemeinden um Verwaltungseinrichtungen handelte, konnte sich der Eigentumsübergang ihres beweglichen und unbeweglichen Vermögens auf die Schulbezirke nur auf deren tatsächlich vorhandenes Vermögen beziehen.

Zu diesem Vermögen der Schulgemeinde gehörte das kirchliche Schullehn zu Großdalzig jedoch nicht.

Im Gegenteil folgt nach dem Beschluß des OLG Dresden vom 7. 12. 1950 – 3/5 IV 231/50 – bereits aus der geschichtlichen Entwicklung der Schullehn in Sachsen eine tatsächliche Vermutung dafür, daß alle Schullehn in Kirchenorten als Kirchschullehen kirchliches Vermögen waren und geblieben sind, soweit nicht durch besondere Rechtsakte ausdrücklich Änderungen in dieser Rechtsstellung eingetreten sind.

Durch die Eintragung der Stadt Zwenkau als Eigentümerin des vormaligen Schullehns zu Großdalzig ist das Grundbuch unrichtig geworden. Eine Eintragung der Stadt Zwenkau als Eigentümerin hätte nur erfolgen dürfen, wenn dieser der Nachweis gelungen wäre, daß es sich beim Schullehn zu Großdalzig um ein weltliches Leben handelt. Dieser Nachweis ist von der Stadt Zwenkau jedoch weder geführt noch zu führen versucht worden.

Für die Annahme eines weltlichen Lehens gibt es auch keine tatsächlichen oder rechtlichen Anhaltspunkte. Auf die diesbezüglichen Feststellungen im Sachverhalt dieser Entscheidung wird verwiesen.

(...)

Nach alldem war der Beschwerde stattzugeben und dem AG Leipzig – Grundbuchamt – die Löschung der Eintragung der Stadt Zwenkau als Eigentümer des Flurstücks 85 und Rechtsnachfolger des Schullehns zur Großdalzig anzuweisen.

83

Durch die Wohnsitznahme in Bayern wird ein Mitglied der griechisch-katholischen Kirche in Ungarn dem örtlich zuständigen römisch-katholischen Bischof unterstellt und damit hier kirchensteuerpflichtig.

FG München, Urteil vom 14. November 1995 – 13 K 2682/94[1] –

Der Kläger, ein gebürtiger Ungar, gehört der griech.-kath. Kirche an. Seine Ehefrau, die Klägerin, ist römisch-katholisch. Beide sind in Bayern wohnhaft. Nach einer Bestätigung der griech.-kath. Kirchengemeinde in K./Ungarn hat der Kläger „die Kirchensteuer hier entrichtet".

Die Kläger wurden vom Beklagten, dem zuständigen Kirchensteueramt, zur Kirchensteuer veranlagt. Im Einspruchsverfahren machte der Kläger geltend, daß er als griech.-kath. Christ nicht auch Mitglied der röm.-kath. Kirche sei und von dieser somit nicht zur Kirchensteuer herangezogen werden könne.

---

[1] Nur LS: EFG 1996, 491. Das Urteil ist rechtskräftig.

Da die Einsprüche erfolglos blieben, haben die Kläger Klage erhoben und die Einholung eines Gutachtens zur Frage der Mitgliedschaft beantragt.
Über die Frage der Kirchensteuerpflicht des Klägers und über die Kirchensteuerpflicht in Ungarn hat das Finanzgericht Beweis durch Einholung eines Rechtsgutachtens[2] erhoben.
Die Klage hatte keinen Erfolg.

Aus den Gründen:

Die Klage ist unbegründet.
Die Kläger sind in den Streitjahren kirchensteuerpflichtig.
Der Gutachter hat überzeugend ausgeführt, daß durch Wohnsitznahme in Bayern – genauer: im Territorium einer bayerischen Diözese – ein Angehöriger der Ungarischen („griech.-kath.") Kirche mangels eines „eigenen" Jurisdiktionsbezirkes dem örtlich zuständigen Bischof unterstellt und in die zuständige Diözese eingegliedert ist; hierdurch wird auch seine Kirchensteuerpflicht gegenüber der zuständigen Diözese begründet (so das Resumée Tz. 2.2.4 des Gutachtens, S. 22). Der Senat schließt sich den Ausführungen des Gutachtens in vollem Umfang an und verweist zur Vermeidung von Wiederholungen hierauf.
Daß der Kläger angeblich freiwillige Kirchensteuerbeträge (hierzu Abschn. II des Gutachtens S. 22) gegenüber der Ungarischen Kirche entrichtet hat (ausreichende Nachweise hierzu wurden trotz Aufforderung nicht vorgelegt), vermag an seiner Kirchensteurpflicht in Bayern und der Rechtmäßigkeit der ergangenen Kirchensteuerbescheide nichts zu ändern.

84

Für die Klage eines Kindes auf Aufnahme in einen kirchlichen Kindergarten ist nicht der Verwaltungsrechtsweg, sondern der Zivilgerichtsweg gegeben, wenn die Kirchengemeinde als kirchlicher Träger des Kindergartens verklagt wird.

§§ 2, 9, 17, 19 NW.GTK, 17 a Abs. 2 GVG, 40 VwGO
OVG Nordrhein-Westfalen, Beschluß vom 15. November 1995
– 16 B 2652/95[1] –

---

[2] Das Rechtsgutachten von Prof. Dr. Carl Gerold Fürst (Universität Freiburg i. Br.) ist nahezu wörtlich veröffentlicht in: ÖAKR 43 (1994), S. 209 ff.

[1] Amtl. Leitsatz. NVwZ 1996, 812; AkKR 164 (1995), 570. Nur LS: NJW 1996, 2809; KuR 1996, 131.
Vgl. zu diesem Fragenkreis auch LG Halle LKV 1998, 40.

kirchl. Kindergarten 519

Der Antragsteller begehrt im Wege einer einstweiligen Anordnung die Verpflichtung der Antragsgegnerin, einer ev. Kirchengemeinde, ihn in einen vor ihr betriebenen Kindergarten aufzunehmen. Das Verwaltungsgericht hat durch den angefochtenen Beschluß den Rechtsweg zu den Verwaltungsgerichten für unzulässig erklärt und das Verfahren an das örtlich zuständige Amtsgericht verwiesen.
Die hiergegen erhobene Beschwerde des Antragstellers blieb ohne Erfolg.

Aus den Gründen:

Das Verwaltungsgericht hat zu Recht den Rechtsweg zu den Verwaltungsgerichten für unzulässig erklärt und das Verfahren an das Amtsgericht verwiesen. Der Senat nimmt auf die zutreffenden Gründe im angefochtenen Beschluß Bezug (§ 122 Abs. 2 Satz 3 VwGO).
Ergänzend wird darauf hingewiesen, daß das OVG Rheinland-Pfalz bereits mit Urteil vom 28. 11. 1977[2] − 7 A 1/77 − (AS RP-SL 15, 51) entschieden hat, daß für Klagen wegen der Entlassung eines Kindes aus einem kirchlichen Kindergarten nicht der Rechtsweg zu den Verwaltungsgerichten eröffnet sei. In der Literatur wird ebenfalls von Schulke (Zur Frage des Rechtswegs bei Nichtzulassung zum Kindergarten, BayVBl. 1981, 585) und Lüddeke (Neues zur Kindergartenaufsicht, BayVBl. 1994, 167) mit umfangreicher Begründung die Meinung vertreten, daß es sich um eine privatrechtliche Streitigkeit handelt, wenn die Aufnahme eines Kindes in den Kindergarten von einem kirchlichen bzw. freigemeinnützigen Träger eines Kindergartens abgelehnt wird.
Das Beschwerdevorbringen des Antragstellers rechtfertigt keine für ihn günstigere Beurteilung der Sach- und Rechtslage. Soweit er sich einer öffentlich-rechtlichen Berechtigung berühmt und sich auf die Entscheidungen des BVerwG vom 26. 11. 1969 − V C 93−98.67 −, BVerwGE 34, 213, und vom 2. 7. 1979 − 1 C 9.75 −, BVerwGE 58, 167, beruft, betrifft dies andere Sachverhalte. In der ersten Entscheidung ist der Verwaltungsrechtsweg bejaht worden für eine Streitigkeit hinsichtlich des öffentlich-rechtlichen Bevorzugungsgebots von Schwerbeschädigten bei der Vergabe von Aufträgen durch die öffentliche Hand und in der zweiten Entscheidung hinsichtlich der Streitigkeit eines Arzneimittelherstellers gegen die Veröffentlichung und Verbreitung von gutachtlichen Stellungnahmen über die therapeutische Wirksamkeit von Arzneimitteln seitens der Kassenärztlichen Bundesvereinigung. Der Antragsteller kann sich gegenüber der Antragsgegnerin weder einer Rechtsposition berühmen, die der öffentlich-rechtlichen Bevorzugung eines Schwerbe-

---

[2] KirchE 16, 242.

schädigten vergleichbar ist, noch macht er einen negatorischen Anspruch gegenüber der Antragsgegnerin geltend, der darauf gerichtet ist, diese überschreite ihre durch öffentlich-rechtliche Vorschriften gezogenen rechtlichen Grenzen ihres Aufgabenbereichs.

Soweit der Antragsteller aus den Bestimmungen über die Öffnungszeit (§ 9 NW.GTK) und die Regelöffnungsdauer (§ 19 NW.GTK) eine öffentlich-rechtliche Streitigkeit herleiten will, verfängt das ebensowenig, wie wenn ein Privatmann unter Hinweis auf die gesetzlich vorgesehenen Ladenschlußzeiten die Modalitäten seiner Geschäftsbeziehungen zu einem privaten Laden- bzw. Geschäftsinhaber vor dem Verwaltungsgericht austragen wollte. Ähnliches gilt für den Hinweis des Antragstellers auf die Ahndung unrichtiger oder unvollständiger Angaben als Ordnungswidrigkeit (§ 27 NW.GTK); denn für eine Streitigkeit anläßlich eines privatrechtlichen Kaufvertrages ist der Verwaltungsrechtsweg auch dann nicht gegeben, wenn eine Vertragspartei sich beim Kaufabschluß betrügerisch i. S. des § 263 StGB verhalten hat.

Auch der Umstand, daß die Personensorgeberechtigten für den Besuch eines Kindes in einem Kindergarten gemäß § 17 NW.GTK öffentlich-rechtliche Beiträge zu den Jahresbetriebskosten zu entrichten haben, macht den vorliegenden Rechtsstreit über die Zulassung zum Kindergarten nicht zu einer öffentlich-rechtlichen Streitigkeit. Die in § 17 NW.GTK gesetzlich normierte Abgabenpflicht der Personensorgeberechtigten schafft öffentlich-rechtliche Beziehungen zwischen den Personensorgeberechtigten und dem örtlichen Träger der öffentlichen Jugendhilfe (§ 17 Abs. 4 NW.GTK), nicht aber zwischen den Personensorgeberechtigten und dem kirchlichen oder freien Träger eines Kindergartens. Wie der Senat in seinem Urteil vom 13. 6. 1994[3] – 16 A 571/94 –, NWVBl. 1994, 381 = NVwZ 1995, 195, entschieden hat, wird durch die Verpflichtung zur Leistung von Elternbeiträgen weder in verfassungsrechtlich geschützte Belange privater und kirchlicher Träger noch in unzulässiger Weise in privatrechtlich gestaltete Benutzungsverhältnisse eingegriffen. Die Einbindung privater und kirchlicher Träger und die Verpflichtung der Eltern zur Leistung von Beiträgen bewegt sich im vorliegenden Zusammenhang ausschließlich in dem Bereich der öffentlichen Finanzierung solcher Tageseinrichtungen.

Für den vorliegenden Rechtsstreit ist folglich der Zivilrechtsweg gegeben.

85

Zur Beachtung des allgemeinen Wohlwollensgebots bei der Strafzumessung wegen Zivildienstverweigerung im Falle eines Angehörigen der Zeugen Jehovas.

---

[3] KirchE 32, 204.

Art. 4 Abs. 1 GG; §§ 53 ZDG, 46 StGB
OLG Düsseldorf, Beschluß vom 22. November 1995
– 5 Ss 315/95 – 96/95 I[1] –

Das Amtsgericht verwarnte den Angeklagten, der den Zeugen Jehovas angehört, wegen Dienstflucht gem. § 53 Abs. 1 ZDG unter Strafvorbehalt. Auf die Berufung der Staatsanwaltschaft verurteilte das Landgericht ihn zu einem Jahr Freiheitsstrafe mit Strafaussetzung zur Bewährung.

Auf die Sachrüge des Angeklagten hat das Oberlandesgericht den Strafausspruch aufgehoben.

Aus den Gründen:

Das Grundrecht der Gewissensfreiheit (Art. 4 Abs. 1 GG) entfaltet als eine zugleich wertentscheidende Grundsatznorm höchsten verfassungsrechtlichen Ranges seine Wertmaßstäbe setzende Kraft insbesondere auch bei der Strafzumessung. Es wirkt sich hier als „allgemeines Wohlwollensgebot" gegenüber Gewissensträgern aus, deren Verhalten auf einer achtbaren, durch ernste innere Auseinandersetzung gewonnenen Entscheidung beruht (vgl. BVerfGE 23, 127, 134 = NJW 1968, 979[2]; BayObLGSt 1980, 15, 16 und BayObLG NJW 1992, 191[3]; OLG Stuttgart NJW 1992, 3251[4]; OLG Köln MDR 1970, 73; OLG Hamm NJW 1980, 2425).

Dieses „Wohlwollensgebot" hat die Strafkammer nicht beachtet. Indem sie davon ausgegangen ist, daß es sich bei dem Verhalten des Angeklagten „um eine raffiniert von langer Hand vorbereitete Tatausführung handelte, weil der Angeklagte, der bereits seit 1989 innerlich gegen den Wehrdienst eingestellt ist, zur Begehung der Tat der Zivildienstflucht stets auf Zeitgewinn gearbeitet hat", und indem sie der Tat des Angeklagten wegen ihrer Dauer vom 1. 6. 1993 bis 31. 5. 1994 besonderes Gewicht beigemessen hat, hat sie im Ergebnis die Endgültigkeit der Verweigerung des Zivildienstes durch den Angeklagten als strafschärfend gewertet. Das ist rechtsfehlerhaft. Daß die auf Gewissensgründen beruhende Zivildienstverweigerung eine endgültige und auf Dauer angelegt ist, liegt schon in ihrer Natur begründet (vgl. BayObLGSt 1976 70, 74 und 1980, 15, 17; OLG Stuttgart aaO). Darüber hinaus ist das Bestreben, sich dem Zivildienst dauernd zu entziehen, Merkmal des gesetzlichen Tatbestandes des § 53 Abs. 1 ZDG und darf schon deshalb bei der Strafzumessung nicht berücksichtigt werden (§ 46 Abs. 3 StGB).

---

[1] MDR 1996, 409.
[2] KirchE 10, 14.
[3] KirchE 29, 83.
[4] KirchE 30, 237.

Soweit die Strafkammer schließlich strafschärfend auf „die Notwendigkeit der Abschreckung von Dritten – sog. Generalprävention – abgestellt hat, begegnet auch dies durchgreifenden rechtlichen Bedenken. Die Strafkammer hat keine besonderen Umstände festgestellt, die außerhalb der von dem Gesetzgeber bei der Bestimmung des Strafrahmens des § 53 Abs. 1 ZDG bereits berücksichtigten allgemeinen Abschreckung lägen (vgl. BGH StV 1983, 14; NStZ 1984, 409; BayObLGSt 1987, 171, 173 und 1988, 62, 66; OLG Stuttgart aaO). Die aus Gründen der Generalprävention vorgenommene Verschärfung der Strafe ist im übrigen mit dem bei Gewissenstätern zu beachtenden allgemeinen Wohlwollensgebot grundsätzlich unvereinbar und verstößt gegen das Gebot schuldangemessenen Strafens.

Für die neu zu findende Strafe sieht der Senat sich zu folgender Bemerkung veranlaßt:

Der Versuch, einen Gewissenstäter durch eine besonders harte Strafe zur Abkehr von seiner Gewissensüberzeugung zu bewegen, wäre geeignet, ihn als Persönlichkeit mit Selbstachtung „zu brechen" und ihn dadurch in eine innerlich ausweglose Lage zu treiben. Dies wäre bei Gewissenstätern, die – wie hier – aus religiöser Überzeugung den Zivildienst verweigern, regelmäßig nicht mit dem Wohlwollensgebot vereinbar (vgl. BVerfGE aaO).

86

Die Rechtsnachfolge an Nutzungsrechten an Wahlgräbern darf der Friedhofsträger in der Friedhofssatzung abweichend von den erbrechtlichen Vorschriften des BGB regeln.

Art. 14 Abs. 1 GG; § 1922 Abs. 1 BGB
Nieders. OVG, Urteil vom 24. November 1995 – 8 L 216/94[1] –

Die Beteiligten stritten um das Nutzungsrecht an einer Wahlgrabstätte auf dem Friedhof in L. Eigentümer des Friedhofs sind die Beklagten zu 2–4, die röm.-kath. St. Bonifatiusgemeinde, die ev.-luth. Kreuzkirchengemeinde und die ev.-ref. Kirchengemeinde L.; die Verwaltung des Friedhofs erfolgt durch die Beklagte zu 1. Die Eltern des Klägers erwarben im Jahre 1923 das Nutzungsrecht an den auf dem alten Friedhof gelegenen und im Gräberverzeichnis A auf Seite 558 in Abteilung IV unter den Nummern 782 und 783 eingetragenen Wahlgräbern. Der Vater des Klägers verstarb im Jahre 1968 und wurde in der Grabstelle Nr. 782 beigesetzt. Nach dem Tode ihres Ehemannes übertrug die Mutter des Klägers mit notariellem Vertrag vom 14. 11. 1969 im

---

[1] NVwZ 1996, 811. Nur LS: NJW 1997, 340; KuR 1996, 255.

Wege der vorweggenommenen Erbfolge das in ihrem Eigentum stehende Wohnhaus auf ihren Sohn, den Bruder des Klägers und Ehemann der Beigeladenen und dessen Ehefrau, die sich in dem notariellen Vertrag verpflichteten, für die Mutter des Klägers zu sorgen. Ihr übriges Vermögen vermachte diese durch das am 4. 12. 1969 errichtete Testament dem Kläger und dessen Schwester. Entsprechend der vertraglichen Abrede nahmen der in L. verbliebene Bruder des Klägers und dessen Ehefrau die Mutter bis zu ihrem Tode in ihrem Haushalt auf. Sie verstarb im Jahre 1976 und wurde neben ihrem Ehemann in dem Wahlgrab (Grab-Nr. 783) beigesetzt. Das Nutzungsrecht an dem Wahlgrab wurde im Grabregister des Friedhofs am 28. 4. 1976 „infg. Erbg." auf den Bruder des Klägers umgeschrieben, der auch die Gebühren für das Nutzungsrecht entrichtete. Im Jahre 1980 erwarb der Bruder des Klägers die angrenzende Grabstelle (Grab-Nr. 784); eine Urkunde über das Nutzungsrecht an der Grabstätte A 558 IV 782–784 stellte die Beklagte zu 4 ihm unter dem 16. 9. 1980 aus. Als der Bruder des Klägers im März 1991 verstarb, wurde er in der Grabstätte (Grab-Nr. 784) neben seinen Eltern beigesetzt. Das Nutzungsrecht an den beiden Wahlgräbern wurde daraufhin am 8. 3. 1991 „infg. Erbg." auf die Beigeladene umgeschrieben, der die Beklagte zu 1 eine Urkunde über das Nutzungsrecht ausstellte. Anläßlich eines Besuches des Grabes seiner Eltern stellte der Kläger fest, daß auf Veranlassung der Beigeladenen das Grabmal seiner Eltern, das er gemeinsam mit seinen Geschwistern beim Tode der Mutter erworben hatte, entfernt worden ist. Die Gesamtgrabstätte ist nunmehr mit einem Grabkreuz versehen, auf den Gräbern der Eltern des Klägers befindet sich ein Grabkissen. Nachdem der Kläger erfahren hatte, daß das Nutzungsrecht an dem Wahlgrab seiner Eltern zunächst auf seinen verstorbenen Bruder und anschließend auf die Beigeladene umgeschrieben worden war, forderte er die Beklagte zu 1 auf, das Grabregister zu berichtigen und den ursprünglichen Zustand der Grabstätte wiederherzustellen. Dies lehnte die Beklagte zu 1 ab.

Mit seiner Klage hat der Kläger sein Begehren weiterverfolgt. Das Verwaltungsgericht hat durch Beschluß vom 11. 9. 1992 den Verwaltungsrechtsweg für zulässig erklärt. Mit Urteil vom 13. 10. 1993 hat es das Verfahren eingestellt, soweit der Kläger seine Klage im Hinblick auf die Wiederherstellung des Wahlgrabes und wegen des gegen die Beklagte zu 1 gerichteten Antrags auf Umschreibung des Wahlgrabs einschließlich der vom Bruder des Klägers erworbenen Grabstelle (Grab-Nr. 784) zurückgenommen hatte, und die Klage im übrigen abgewiesen. Die Berufung des Klägers blieb erfolglos.

Aus den Gründen:

Dem Kläger stehen die von ihm geltend gemachten Rechte an der Wahlgrabstätte weder allein noch gemeinsam mit seiner Schwester zu. Er ist nicht

(Mit-)Inhaber des von seinen Eltern begründeten Nutzungsrechts an der Wahlgrabstätte auf dem Friedhof L. geworden; denn der Friedhofsträger hat die Rechtsnachfolge an solchen Nutzungsrechten zulässigerweise abweichend von den Vorschriften des BGB geregelt.

Der Senat sieht in ständiger Rechtsprechung (vgl. z. B. NVwZ 1990, 94[2]) und in Übereinstimmung mit der Rechtsprechung des BVerwG (BVerwGE 11, 68 [71]; DÖV 1974, 390 [391]) sowie der des BGH (BGHZ 25, 200 [208] = NJW 1958, 59[3]) Nutzungsrechte an Wahlgrabstätten als subjektiv-öffentliche Sondernutzungsrechte an, auf die sich der durch Art. 14 Abs. 1 GG gewährleistete Eigentumsschutz nicht erstreckt. Der Friedhofsträger ist deswegen von Verfassungs wegen nicht gehalten, Wahlgräber nach eigentumsrechtlichen Grundsätzen zur Verfügung zu stellen, sondern es steht ihm im Rahmen seiner Satzungsautonomie grundsätzlich frei, für die Einräumung und Übertragung von Nutzungsrechten an einem Wahlgrab anders ausgestaltete Regelungen zu treffen, die gewährleisten, daß das Nutzungsrecht nicht ohne seine Mitwirkung übertragen werden kann, so daß er an dem Übertragungsvorgang jeweils rechtzeitig zu beteiligen ist und Gelegenheit erhält, die Entstehung unklarer Rechtsverhältnisse zu verhindern. Der Friedhofsträger darf deshalb in seiner Friedhofssatzung die Rechtsnachfolge an einem Nutzungsrecht beim Tode des Nutzungsberechtigten abweichend vom Erbrecht regeln (vgl. BVerwG, Buchholz 316, § 57 VwVfG Nr. 2 = NJW 1992, 2908 = NVwZ 1992, 1186 L).

Eine solche Regelung enthält § 16 Nr. 3 der Friedhofsordnung für die röm.-kath. St. Bonifatiusgemeinde, die ev.-luth. Kreuzkirchengemeinde und die ev.-ref. Kirchengemeinde L. vom 1. 1. 1986 (FO), die bis auf die Dauer der Nutzungszeit wörtlich mit der früheren Regelung in der Friedhofsordnung vom 28. 8. 1961 übereinstimmen, unter deren Geltung die Mutter des Klägers als Nutzungsberechtigte an dem Wahlgrab im Grabregister eingetragen worden ist. § 16 Nr. 3 FO regelt den Erwerb von Nutzungsrechten an Wahlgräbern in der Weise, daß dieser durch Zahlung der festgesetzten Gebühr erfolgt und daß darüber hinaus eine Urkunde ausgestellt wird. Aufgrund dieser Vorschrift, die dem berechtigten Interesse des Friedhofsträgers, durch förmliche Verleihung des Nutzungsrechts klare, schriftlich gesicherte Verhältnisse zu schaffen, Rechnung trägt, ist zunächst die Mutter des Klägers nach dem Tode ihres Ehemannes (alleinige) Inhaberin des Nutzungsrechts geworden, nach deren Tod der (mittlerweile verstorbene) Bruder des Klägers und nach dessen Tod die Beigeladene. Den in dieser Reihenfolge Berechtigten, die

---

[2] KirchE 26, 159.
[3] KirchE 4, 152.

auch die Gebühren für das Wahlgrab entrichtet haben, ist über den Erwerb des Nutzungsrechts jeweils eine Urkunde ausgestellt worden.

Anders als der Kläger meint, regelt § 16 Nr. 3 FO nicht lediglich den erstmaligen Erwerb eines Nutzungsrechts, sondern schließt auch spätere Rechtsübergänge im Wege der Erbfolge aus. Dies ergibt sich aus Satz 3 der Vorschrift, der die Übertragung des Nutzungsrechts an Dritte ohne Zustimmung der Friedhofskommission für unzulässig erklärt. Da das in dieser Vorschrift geregelte Zustimmungserfordernis mit § 1922 BGB unvereinbar ist, folgt daraus im Umkehrschluß, daß der Friedhofsträger die Rechtsnachfolge abweichend vom Erbrecht geregelt hat und sich für den Fall der Übertragung eines noch nicht ausgelaufenen Nutzungsrechts für den (Nach-)Erwerb durch Zahlung der festgesetzten Gebühren entschieden hat, wobei über diesen Erwerb zur Legitimation des Berechtigten eine Urkunde ausgestellt wird. Mit dem Erfordernis der Zustimmung durch die Friedhofskommission wird zugleich der vom Kläger aufgezeigten Gefahr eines Erwerbs durch Personen begegnet, die zu dem früheren Nutzungsberechtigten in keiner Beziehung stehen. Diese Regelung gewährleistet, daß die Übertragung des Nutzungsrechts nicht „am Friedhofsträger vorbei" erfolgen kann, dieser vielmehr auf den Übertragungsvorgang derart Einfluß nehmen kann, daß die Entstehung von Rechtsverhältnissen unterbleibt, welche nicht definitiv die Berechtigung und die Verantwortlichkeit eines Nutzungsberechtigten festlegen. Das aber wäre bei ungeklärter Erbfolge oder bei Streitigkeiten über die Erbberechtigung schwerlich zu erreichen, wenn der Übergang des Nutzungsrechts erbrechtlichen Regeln folgte.

Die vom Kläger unter Hinweis auf Beyer (NJW 1958, 1813) erhobenen Bedenken gegen den Ausschluß der erbrechtlichen Vorschriften teilt der Senat nicht. Sie lassen außer acht, daß der Friedhofsträger aufgrund seiner Satzungsautonomie die Nutzungsrechte an Wahlgrabstätten umfassend regeln kann. Die in § 16 Nr. 3 FO getroffene Regelung hält sich im Rahmen der Zweckbestimmung des Friedhofs und der Ordnungsfunktion des Nutzungsrechts. Es ist ein anerkanntes Interesse des Friedhofsträgers, über Entstehung und Übergang von Nutzungsrechten eindeutige Regelungen zu treffen, die im Bestattungsfalle eine rasche und klare Entscheidung ermöglichen und den Friedhofsträger nicht in schwierige Streitfragen über Rechte an einer Wahlgrabstätte verwickeln (vgl. auch VGH Kassel, NVwZ-RR 1994, 335 = DVBl. 1994, 218).

87

Eine Beratungsstelle, die überwiegend Beratungen nach §§ 16 und 17 SGB VIII („Eheberatung") und daneben Beratung nach § 28 SGB VIII leistet, führt eine gleichartige Maßnahme i. S. des § 74 Abs. 5 SGB VIII wie eine Beratungsstelle durch, die überwiegend als Erziehungsberatungsstelle nach § 28 SGB VIII tätig ist.

§§ 2, 16, 17, 28, 74 SGB VIII
OVG Nordrhein-Westfalen, Urteil vom 5. Dezember 1995
– 16 A 5462/94[1] –

Der Kläger beantragte beim Beklagten (Stadt B.) einen Zuschuß zu den Kosten des in seiner Kath. Ehe-, Familien- und Lebensberatungsstelle tätigen Personals. Der Beklagte lehnte den Antrag des Klägers ab und führte zur Begründung im wesentlichen aus: Die Haushaltssituation habe sich derart zugespitzt, daß auch im Jugendhilfebereich insgesamt eine spürbare Kürzung vorgenommen werden müssen, die auch die Bezuschussung der im Bereich des Beklagten sämtlich konfessionell orientierten Beratungsstellen betreffe. Angesichts der Höhe des Fehlbedarfs hätte eine prozentual gleiche Kürzung für jede Beratungsstelle knapp 20% ausgemacht. Dadurch wären aber alle Beratungsstellen in gleicher Weise in ernste Finanzierungsschwierigkeiten geraten und möglicherweise faktisch handlungsfähig geworden, wäre also das Angebot an Beratungsstellen im Stadtgebiet insgesamt gefährdet worden. Deshalb und zum Zwecke der möglichst geringen Kürzung der Zuschüsse für die anderen Beratungsstellen habe man den Zuschuß für den Kläger ganz gestrichen, wobei als Kriterien das Einzugsgebiet und die Kapazität der jeweiligen Beratungsstelle sowie die Aufrechterhaltung der Pluralität der Jugendhilfe zugrundegelegt worden seien.

Die auf erneute Bescheidung nach der Rechtsauffassung des Gerichts gerichtete Klage hatte in beiden Instanzen Erfolg.

Aus den Gründen:

Das Verwaltungsgericht ist zutreffend davon ausgegangen, daß § 74 Abs. 1 und 3 SGB VIII einem Träger der freien Jugendhilfe, auch wenn er, wie der Kläger, die in Nrn. 1 bis 5 des Halbsatzes 2 der genannten Gesetzesstelle angeführten Voraussetzungen erfüllt, keinen strikten Anspruch auf Förderung

---

[1] Amtl. Leitsatz. NWVBl. 1996, 310. Nur LS: DVBl. 1996, 876. Die Nichtzulassungsbeschwerde des Klägers wurde gem. § 132 Abs. 2 Nr. 1 VwGO zurückgewiesen; BVerwG, Beschluß vom 30. 12. 1996 – 5 B 27/96 – (unv.).

seiner freiwilligen Tätigkeit auf dem Gebiet des Kinder- und Jugendhilferechts einräumt, sondern daß der Träger der öffentlichen Jugendhilfe über die Art und Höhe der Förderung nur im Rahmen der verfügbaren Haushaltsmittel nach pflichtgemäßem Ermessen entscheidet. Das Verwaltungsgericht hat auch rechtsfehlerfrei angenommen, daß das dem Beklagten somit grundsätzlich bei der Gewährung des beantragten Zuschusses eingeräumte pflichtgemäße Ermessen vorliegend durch die Regelung des § 74 Abs. 5 Satz 1 SGB VIII eingeschränkt ist, wonach bei der Förderung gleichartiger Maßnahmen mehrerer Träger unter Berücksichtigung ihrer Eigenleistungen gleiche Grundsätze und Maßstäbe anzulegen sind.

Das Gesetz umschreibt nicht näher, nach welchen Kriterien Maßnahmen freier Träger der Jugendhilfe als „gleichartig" anzusehen sind. Da aber § 74 Abs. 5 SGB VIII eine besondere Ausgestaltung des aus Art. 3 GG folgenden Gleichbehandlungsgrundsatzes darstellt (vgl. Schellhorn/Wienand, KJHG, § 74 Rdnr. 22), ist eine Gleichartigkeit dann anzunehmen, wenn es sich von der Zielrichtung her um eine im wesentlichen vergleichbare Tätigkeit auf dem Gebiet der Jugendhilfe handelt (vgl. in diesem Sinne zur nahezu wortgleichen Vorschrift des § 8 Abs. 2 JWG: Frankfurter Kommentar zum JWG, § 8 Anm. 2: „Gleichartigkeit hat eine quantitative, zeitliche und qualitative Dimension, d. h. es muß sich vom Umfang, vom Zeitpunkt, von der Durchführung und von der sozialwissenschaftlichen, sozialpädagogischen Zielrichtung her um gleichartige Maßnahmen handeln".). Bei der erforderlichen Abgrenzung verschiedener Maßnahmen wird man sich, ohne zu sehr auf Details der Konzepte abzustellen (vgl. Mrozynski, SGB VIII, 2. Aufl., § 74 Anm. 5 a), zunächst am Aufgabenkatalog der Jugendhilfe des § 2 Abs. 2 und 3 SGB VIII orientieren, so daß eine gewisse Vermutung dafür spricht, daß Maßnahmen, die derselben Nummer des Aufgabenkatalogs zugeordnet sind, auch gleichartig sind. Dabei sind allerdings trotz der Zusammenfassung zu demselben Angebot bzw. derselben Aufgabe auch unterschiedliche Zielsetzungen denkbar, so daß sich die Annahme einer Gleichartigkeit verbietet. Umgekehrt ist aber auch nicht auszuschließen, daß eine Gleichartigkeit gegeben ist, obwohl die einzelnen Maßnahmen unter verschiedene Nummern des Aufgabenkatalogs in § 2 Abs. 2 und 3 SGB VIII fallen.

Nach Auffassung des Senats führen die drei in B. ansässigen konfessionellen Beratungsstellen, nämlich die des Klägers, die (Katholische) Beratungsstelle für Eltern, Jugendliche und Erwachsene und die (Evangelische) Beratungsstelle für Kinder, Jugendliche und Erwachsene gleichartige Maßnahmen im Sinne des § 74 Abs. 5 Satz 1 SGB VIII durch, obwohl ihre schwerpunktmäßigen Tätigkeiten unter verschiedene Nummern des Aufgabenkataloges des § 2 SGB VIII fallen. Die Beratung des Klägers erstreckt sich, soweit sie durch das Kinder- und Jugendhilferecht erfaßt ist, neben der Beratung zur Erziehung in der Familie nach § 16 SGB VIII – vgl. insbesondere dessen Abs. 2 Nr. 2 – überwiegend auf Beratungen in Fragen der Partnerschaft, Trennung und Scheidung, also die „Eheberatung" (vgl. § 17 SGB VIII) und zu einem geringeren Teil auch auf die Erziehungsberatung im Sinne des § 28 SGB VIII. Dagegen führen die beiden anderen genannten konfessionellen Beratungsstellen überwiegend Erziehungsberatung im Sinne des § 28 SGB VIII durch. Insofern sind diese beiden Beratungsstellen in den Zuwendungsbescheiden des Landschaftsverbandes zutreffend als „Erziehungsberatungsstelle" bezeichnet, während die Beratungsstelle des Klägers als „Ehe- und Lebensberatungsstelle" geführt wird, und zwar entsprechend dem Umstand, daß der Kläger selbst in seinem Antrag auf Gewährung einer Zuwendung an den Landschaftsverband in der Rubrik „Zweckbestimmung der Einrichtung" sich als „Lebensberatungsstelle mit besonderem Beratungsschwerpunkt Eheberatung" (im Gegensatz zur „Beratungsstelle für Kinder, Jugendliche und Eltern/Erziehungsberatungsstelle") bezeichnet hat.

Zwar sind die Tätigkeiten nach §§ 16 und 17 SGB VIII als „Angebote zur Förderung der Erziehung in der Familie" benannt und damit im Aufgabenkatalog des § 2 SGB VIII dem Abs. 2 Nr. 2 zugeordnet, während die Erziehungsberatung unter „Hilfe zur Erziehung und ergänzende Leistungen" nach § 2 Abs. 2 Nr. 4 SGB VIII fällt. Aber dennoch sieht der Senat die Tätigkeit der drei konfessionellen Stellen als gleichartig im Sinne des § 74 Abs. 5 Satz 1 SGB VIII an. Denn eine exakte Abgrenzung der einzelnen im Achten Buch Sozialgesetzbuch (Kinder- und Jugendhilfegesetz) von §§ 16, 17 und 28 erfaßten Beratungen läßt sich nicht vornehmen. So sind die Beratungen nach § 16 Abs. 2 Nr. 2 und § 28 SGB VIII jeweils Erziehungsberatung, wobei erstere in die Förderung der Erziehung innerhalb der Familie eingebettet ist, während letztere eine Ausprägung des aus § 27 SGB VIII folgenden individuellen Erziehungsanspruchs darstellt. Demgemäß findet sich in der praktischen Arbeit der verschiedenen Beratungsstellen ein fließender Übergang von der allgemeinen Erziehungsberatung nach § 16 Abs. 2 Nr. 2 SGB VIII zu der nach § 28 SGB VIII (vgl. Stähr, in: Hauck/Haines, SGB VIII, § 28 Rdnr. 11). Letztere Beratung wird nicht nur von Erziehungsberatungsstellen im engeren Sinne, sondern auch von andersartigen Beratungsstellen wahrgenommen (vgl. § 28 SGB VIII: „Erziehungsberatungsstellen und andere Beratungsdienste und -einrichtungen"; vgl. dazu Münder u. a., Frankfurter LPK-KJHG, 1993, § 28 Rdnr. 2). Aber auch die Beratung in Fragen der Partnerschaft, Trennung und Scheidung nach § 17 SGB VIII, die erstmals in das neue Kinder- und Jugendhilferecht als eigenes Leistungsangebot aufgenommen worden ist (Gaertner, in: Hauck/Haines, aaO, § 17 Rdnr. 8), hat viele Berührungspunkte und steht oft in unmittelbarem Zusammenhang mit der eigentlichen Erziehungsberatung. Das ergibt sich schon aus der Gesetzesbegründung (in BT-

Drucks. 11/5948 S. 58), wonach die Einbindung dieser Beratungsform in das Kinder- und Jugendhilferecht seinen Grund darin hat, daß in hohem Maße Erziehungsprobleme aus Schwierigkeiten in einer Ehe bzw. sonstigen Partnerschaft oder bei deren Scheitern entstehen können und dem sowohl unterstützend als auch vorbeugend durch Beratung nach § 17 SGB VIII begegnet werden soll. Demgemäß ist die Beratung nach § 17 SGB VIII oftmals zugleich Teil oder Voraussetzung der Hilfe für Kinder oder Jugendliche (vgl. Stähr, in: Hauck/Haines, aaO, § 28 Rdnr. 8), wie sich auch daran zeigt, daß die Trennungs- und Scheidungsberatung neben der zentralen Verankerung in § 17 SGB VIII auch in den Aufgabenkatalog der Erziehungsberatung nach § 28 SGB VIII aufgenommen worden ist, so daß Trennungs- und Scheidungsberatung nicht notwendig ein spezialisiertes Angebot darstellt, sondern im Rahmen der Aufgabenstellung auch der Erziehungsberatungsstellen zu leisten ist (vgl. Münder, aaO, § 28 Rdnr. 5).

Zusammenfassend läßt sich feststellen, daß in der Praxis die verschiedenen in §§ 16, 17 und 28 SGB VIII aufgeführten Beratungsformen (vgl. zur Erwähnung von „Beratung" ferner u. a. §§ 1 Abs. 3, Nr. 2, 8 Abs. 3, 11 Abs. 3 Nr. 6, 18 SGB VIII) in weitem Maße als ganzheitlich zu erbringende Leistungen anzusehen sind (vgl. Stähr, in: Hauck/Haines, aaO, § 28 Rdnr. 8; Krug/Grüner/Dalichau, SGB VIII, § 28, Anm. II.).

Unter diesem Gesichtspunkt der ganzheitlichen Betrachtung der von §§ 16, 17 und 28 SGB VIII erfaßten Beratungen entfällt die Annahme einer Gleichartigkeit im Sinne des § 74 Abs. 5 SGB VIII auch nicht dadurch, daß im hier maßgeblichen Zeitraum die Beratung und damit auch die Förderung freier Träger (vgl. Klinkhardt, SGB VIII, § 17 Rdnr. 18) im Rahmen des § 17 SGB VIII als Kann-Leistung ausgestaltet war (vgl. Art. 10 Abs. 1 Nrn. 1 und 2 KJHG), die Beratungen nach §§ 16 und 28 SGB VIII dagegen als Soll-Leistung.

Als Grundlage für die vom Beklagten erneut zu treffende Ermessensentscheidung weist der Senat darauf hin, daß eine Gleichartigkeit der Tätigkeiten der Beratungsstellen im Sinne des § 74 Abs. 5 Satz 1 SGB VIII nur insoweit gegeben ist, als Beratungen auf dem Gebiete des Kinder- und Jugendhilferechts erfolgen. Das bedeutet z. B., daß der Kläger nicht einen Anspruch auf Gleichbehandlung aus § 74 Abs. 5 (und 3) SGB VIII bei der Förderung seiner Beratungstätigkeit herleiten kann, soweit diese nicht Müttern, Vätern, anderen Erziehungsberechtigten und jungen Menschen im Rahmen der Erziehung und Entwicklung in der Familie (vgl. § 16 SGB VIII), Müttern oder Vätern in den von § 17 SGB VIII beschriebenen Fällen oder Kindern, Jugendlichen, Eltern und anderen Erziehungsberechtigten im Rahmen der Erziehungsberatung nach § 28 SGB VIII dient. Solche Tätigkeiten außerhalb des Kinder- und Jugendhilferechts übt die Beratungsstelle des Klägers zu einem nicht unwesentlichen Anteil aus, da nur 81,9% der beratenen Personen Kinder hatten, und davon 66% im Alter bis zu 27 Jahren.

Ist somit § 74 Abs. 5 Satz 1 SGB VIII vorliegend anzuwenden, muß der Beklagte bei der Bezuschussung der Personalkosten der Beratungsstellen „unter Berücksichtigung von deren Eigenleistung" gleiche Grundsätze und Maßstäbe anlegen. Da nicht vorgetragen oder erkennbar ist, daß der Kläger hinsichtlich seiner Eigenleistungen Unterschiede zu den Trägern der anderen Beratungsstellen aufweist, durfte der Beklagte den Kläger nicht von jeglicher Förderung ausschließen, dagegen bei den anderen (konfessionellen) Beratungsstellen nur eine Kürzung von 7,73% gegenüber dem angemeldeten Bedarf vornehmen (vgl. Preis/Steffan, Anspruchsrechte, Planungspflichten und Förderungsgrundsätze im Kinder- und Jugendhilferecht, FuR 1993, 185, 202 unter VI 2 b, wonach es unzulässig ist, daß die Jugendhilfebehörde aus Einsparungsgründen einzelne freie Träger herausgreift und diesen die Förderung kürzt, anderen Trägern im Sinne des § 74 Abs. 5 Satz 1 SGB VIII aber die Förderung beläßt). Unabhängig davon, daß es ohnehin eine fehlerhafte Ermessensausübung bedeutet, wenn der Beklagte bei seiner Ermessensentscheidung maßgeblich (mit-)berücksichtigt, daß das Generalvikariat die Beratungsstelle mit zusätzlichen Zuschüssen unterstützt, stellt dies gerade ein nach § 74 Abs. 5 Satz 1 SGB VIII unzulässiges Anlegen ungleicher Maßstäbe und Grundsätze dar. Denn es ist nichts dazu vorgetragen oder ersichtlich, warum der Kläger, nicht aber auch die beiden anderen konfessionellen Beratungsstellen auf zusätzliche Zuschußgewährung der hinter ihnen stehenden Kirchen verwiesen werden können, wobei im Falle der anderen katholischen Beratungsstelle in gleicher Weise wie beim Kläger das Generalvikariat einzutreten hätte.

Schließlich verstoßen auch die vom Beklagten angestellten Erwägungen, die Beratungsstelle des Klägers sei, gemessen an der Anzahl der Bediensteten, die kleinste der drei Beratungsstellen und die von ihr wahrgenommenen Aufgaben könnten durch organisatorische Zusammenlegung der beiden katholischen Beratungsstellen erfüllt werden, gegen die aus § 74 Abs. 5 Satz 1 SGB VIII folgende Verpflichtung zur Anwendung gleicher Maßstäbe und Grundsätze. Denn § 74 Abs. 5 SGB VIII verlangt als besondere Ausprägung des Gleichbehandlungsgebotes eine Konkurrenzneutralität bei der Vergabe von Fördermitteln (vgl. Mrozynski, aaO, § 74 Anm. 5 a) und rechtfertigt gerade nicht ein Tätigwerden der Jugendhilfebehörde in der Weise, daß sie durch die ungleiche Vergabe von Zuschüssen praktisch bewirkt oder jedenfalls bewirken will, daß die Maßnahme eines (kleineren) Trägers in der Maßnahme eines anderen Trägers „aufgeht".

88

Durch die Verordnung wegen Bestreitung der kirchlichen Baulasten seitens der evangelischen Gemeinden der Fürstentümer Waldeck und Pyrmont vom 19. April 1864 wurden den evangelischen Gemeindeangehörigen die Kirchenbaulast ohne Rücksicht darauf auferlegt, ob sie zuvor aus der Kommunalkasse aufgrund von Kirchenunterhaltungspflichten der Zivilgemeinden bestritten worden waren. Weiter wurde zugelassen, daß die Gemeinden die Baulasten künftig anstelle der Gemeindeangehörigen aus der Gemeindekasse bestritten.

Eine gewohnheitsrechtliche Kirchenbaulast jener Gemeinden, in denen die Baulast aufgrund dieser Regelung nach 1864 aus der Gemeindekasse gezahlt wurden, konnte erst wieder entstehen, nachdem diese Regelung im Jahre 1908 aufgehoben worden war.

Einzelfall, in dem sich eine gemeindliche Kirchenbaulast nicht nachweisen läßt.

Art. 140 GG, 138 Abs. 2 WRV
Hess.VGH, Urteil vom 7. Dezember 1995 – 6 UE 1322/93[1] –

Die Klägerin (ev. Kirchengemeinde) klagt auf Zahlung von 36 000,- DM als Teil von Aufwendungen für Baumaßnahmen an der Kirche in Freienhagen. Sie meint, daß aufgrund eines Herkommens eine kommunale Baulast der Beklagten Zivilgemeinde für die Kirche bestehe.

Im 18. Jahrhundert sind Bau- und Erhaltungsmaßnahmen an der Kirche in Freienhagen teils aus den geringen Einkünften der Kirchenkasse teils von der Stadt Freienhagen finanziert worden. 1802 und in den folgenden Jahren bis 1836 sollen in den Kirchenabrechnungen keine Bauausgaben mehr nachgewiesen sein. Die Stadtkasse übernahm sogar die Defizite der Kirchenkasse. 1830 wurde durch Konsistorialverordnung vom 26. 3. 1830 und Regierungsverordnung vom 24. 12. 1830 geregelt, daß aus dem Kirchenvermögen nur die für „dessen Verwaltung und Erhaltung" notwendigen Ausgaben zu bestreiten seien, so auch „für die gewöhnliche Unterhaltung des Kirchengebäudes", während die Gemeinden die Kosten für „nicht zu den gewöhnlichen gehörigen Reparaturen" zu übernehmen hätten, soweit das Vermögen der betreffenden Kirche dazu nicht ausreiche. In den Jahren 1857/58 bestellte

---

[1] Amtl. Leitsätze. ESVGH 46, 105; NVwZ 1996, 1227; ZevKR 42 (1997), 415. Nur LS: AkKR 165 (1996), 264. Die Nichtzulassungsbeschwerde der Klägerin wurde mit Begründung zurückgewiesen, daß Gegenstand der Beschwerde die Auslegung und Anwendung nicht revisiblen Rechts sei und der Verwaltungsgerichtshof auch die Frage der Entstehung von Gewohnheitsrecht zugunsten der Klägerin bis in die Gegenwart geprüft und verneint habe; BVerwG, Beschluß vom 25. 3. 1996 – 7 B 89.96 – (unv.).

und finanzierte die Stadt eine neue Orgel für die Kirche. Am 10. 5. 1864 erging eine „Verordnung wegen Bestreitung der kirchlichen Baulasten seitens der evangelischen Gemeinden der Fürstentümer Waldeck und Pyrmont". Darin wurde festgelegt, daß die evangelischen Gemeindeglieder die kirchlichen Baulasten zu tragen hätten (§ 1). Bau- und Unterhaltsverpflichtungen Dritter, ob sie sich „auf ein Patronatsverhältnis oder einen sonstigen Rechtstitel" gründeten, blieben unberührt (§ 4). Die Baulasten sollten durch Aufschläge auf die Steuern aufgebracht werden (§ 15 Abs. 1), konnten aber auch, „wie solches bisher in der Regel geschehen" sei, „nach legalem Beschlusse der Gemeindevertretung aus der Kommunalkasse der bürgerlichen Gemeinde bestritten werden" (§ 16 Abs. 1). Soweit dadurch nicht beitragspflichtige Personen benachteiligt wurden, hatte die bürgerliche Gemeinde auf deren Antrag den Nachteil auszugleichen (§ 16 Abs. 3).

Die Parteien gehen davon aus, daß die Stadt Freienhagen (Rechtsvorgängerin der Beklagten) einen Beschluß zur Übernahme der Kosten gefaßt hat, denn in einem Schreiben des Kreisrats an das Landesdirektorium vom 18. 2. 1865 soll eine Bemerkung enthalten sein, daß die Gemeinde Deringhausen „analog dem Freienhagener Beschlusse ... die Übernahme der oben zitierten Baulasten beschlossen habe". In den folgenden Jahrzehnten sind Bauarbeiten an der Kirche aus der Stadtkasse, aber im Zusammenhang mit einer Kircheninstandsetzung im Jahr 1897 auch von Gemeindemitgliedern finanziert worden.

Durch ein Kirchengesetz betreffend Abänderung und Ergänzung der landeskirchlichen Gemeindeordnung vom 22. 12. 1908 wurde festgelegt, daß dem Kirchenvermögen obliegende Verpflichtungen zunächst aus dem Kirchenvermögen zu bestreiten seien (§ 26). Soweit die Einkünfte nicht ausreichten, erhielten die Kirchengemeinden das Recht, von ihren Angehörigen Gemeindekirchensteuern zu erheben (§ 29). Mit dem Gesetz nicht im Einklang stehende frühere Bestimmungen wurden aufgehoben. Ausdrücklich geschah dies hinsichtlich der Vorschriften in den Verordnungen von 1864, soweit darin geregelt worden war, wie die Baulasten aufzubringen seien (§§ 15 bis 40), und von 1830, soweit darin die subsidiäre Zahlungsverpflichtung der Gemeinden verordnet worden war.

In den Jahren nach 1909 bis 1926 wurden im Rahmen der Bauunterhaltung aus der Kirchenkasse Ausgaben für die Orgel sowie in den Jahren 1910 und 1911 für einen Schreiner getätigt. 1915 soll sich die politische Gemeinde bereit erklärt haben, die Kosten der elektrischen Beleuchtung der Kirche zu übernehmen. 1922 bewilligte der Gemeinderat 6000 Mark zur Anlage der Kirchenheizung, für die schon mit einem Ertrag von 880,- Mark kirchliche Sammlungen veranstaltet worden waren. Da wegen der damaligen Kostensteigerungen das Geld nicht ausreichte, beantragte der Kirchenvorstand mit Schreiben vom

Kirchenbaulast 533

20. 9. 1922 weitere Mittel, die der Gemeinderat bewilligte. 1926 wurde auf Kosten der Stadt Freienhagen die Verschiefung des Turms teilweise erneuert und ein Zaun auf der Mauer des Kirchplatzes angebracht. 1926 wurde die Lichtleitung in der Kirche auf Kosten der Stadt Freienhagen vervollständigt. Aus einer 1930 gefertigten Aufstellung des Gemeindepfarrers ergibt sich, daß in den Jahren 1924 bis 1928 von der politischen Gemeinde für die Kirche insgesamt 3746,52 RM aufgewendet wurden, wovon 3706,02 RM auf Turmarbeiten im Jahre 1926 und der Rest auf Dachdeckerarbeiten und „Haftpflicht" entfielen.

1928 wurde in Freienhagen die Ortskirchensteuer eingeführt. Von 1930 bis 1939 wurden außer in den Jahren 1935 und 1938 Beträge zwischen 4,29 RM (1936) und 415,53 RM (1931) aus der Kirchenkasse für Bauzwecke ausgegeben.

Unter dem 14. 1. 1938 beantragte der Kirchenvorstand die Gewährung einer staatlichen Beihilfe zur Neudeckung des Kirchendaches und schrieb in diesem Zusammenhang, die Unterhaltung des Kirchendaches sei bisher nach altem Herkommen Sache der politischen Gemeinde Freienhagen gewesen. Eine Rückfrage des Regierungspräsidenten, ob und aus welchem Rechtsgrund die politische Gemeinde zur Tragung der Instandsetzungskosten verpflichtet sei, führte zu der Auskunft des Landeskirchenamtes, die Verpflichtung der politischen Gemeinde beruhe auf Herkommen, das sich im Gebiet des gemeinen Rechts, in welchem auch Waldeck gelegen sei, bis in die jüngste Zeit habe entwickeln können und als Rechtstitel anerkannt sei. Der Gemeindevorstand bewilligte am 25. 4. 1938 2400,- RM zu den auf 3900,- RM veranschlagten Kosten der Neudeckung des Kirchendachs. Die Arbeiten wurden aber erst 1945 vergeben.

Unter dem 24. 11. 1948 berichtete der Pfarrer, der Dachstuhl des Kirchenschiffs sei nach dem Plan des Staatlichen Bauamts in Korbach neu errichtet worden und das Dach des Schiffes, des Chores, der Turmhelm und die senkrechte kleinere Ostwand des Turms neu beschiefert worden. Die senkrechte Nordwand des Turms gedächten die Dachdecker noch in diesem Jahr neu zu beschiefern. Die erheblichen Kosten trage die politische Gemeinde. Die unbrauchbar gewordene Orgel sei ausgebaut und bis Ende September 1948 wieder instandgesetzt worden. Die Kosten würden voraussichtlich durch die Kirchenkasse gedeckt werden. – 1950 erbat der Bürgermeister von Freienhagen einen Zuschuß aus Mitteln der Landeskirche für die Kirchenrenovierung mit der Begründung, daß die Gemeinde nicht in der Lage sei, alle Zahlungen zu leisten. Unter dem 21. 6. 1951 schrieb der Landrat des Kreises Waldeck an das Landeskirchenamt, nach Mitteilung des Bürgermeisters in Freienhagen bestünden Zweifel darüber, in welchem Umfange die politische Gemeinde die Baulastenpflicht für die Kirche in Freienhagen zu tragen habe. Deswegen werde um Auskunft gebeten, ob genauere Unterlagen vorhanden seien, und um Übersendung der in Betracht kommenden Vereinbarung. Daraufhin wurde bis 1955 zwischen dem Landrat in Korbach und dem Landeskirchenamt in Kassel die Frage behandelt, ob in Waldeck noch gemeindliche Baulasten bestehen könnten. Im Landratsamt erstellte Gutachten kamen zu dem Ergebnis, daß dies seit 1864 nicht mehr möglich sei. Das Landeskirchenamt stellte sich in einem Schreiben an den Landrat vom 3. 5. 1955 auf den Standpunkt, seit 1908 habe wieder ein die politischen Gemeinden verpflichtendes Herkommen entstehen können. Die politischen Gemeinden hätten bis in die jüngste Vergangenheit die waldeckischen Kirchen und Pfarrhäuser im wesentlichen unterhalten, und zwar in dem Bewußtsein, hierzu rechtlich verpflichtet zu sein. Dies sei auch in Waldeck eine tief eingewurzelte Überzeugung. Diese Überzeugung sei mit der Überlegung einhergegangen, daß die Unterhaltung der örtlichen Gebäude ohne Rücksicht auf etwaige gesetzliche Verpflichtungen der politischen Gemeinde im wesentlichen aus örtlichen Mitteln bestritten werden müßte und es daher auch im Interesse der politischen Gemeinde läge, Kirche und Pfarrhaus nicht verwahrlosen zu lassen.

1952 bezahlte die Stadt Freienhagen Maurerarbeiten an der Kirche. Aus weiteren Unterlagen ergibt sich, daß die Stadt Freienhagen 1954 und 1958 Reparaturen an Kirche und Kirchturm finanziert hat. Nach einem Schreiben des Bürgermeisters vom 3. 1. 1958 waren für das laufende Haushaltsjahr für die Unterhaltung der Kirche 900,- DM angesetzt. Unter dem 29. 3. 1961 übersandte der Bürgermeister der Stadt Freienhagen dem Landeskirchenamt eine Aufstellung der Aufwendungen der Stadt für Kirche, Pfarrhaus und Unterhaltung des Friedhofs. Im Betreff findet sich dazu die Bezeichnung „Freiwillige Leistungen". Für die Unterhaltung der Kirche im Jahre 1960 sind 916,20 DM angegeben. − 1961/62 wurden ein elektrisches Läutewerk und eine Turmuhr für die Kirche angeschafft. Von den Kosten übernahm die Kirchengemeinde 1500,- DM und die politische Gemeinde 2457,- DM. 1967 bat der Bürgermeister der Stadt Freienhagen beim Landeskirchenamt um eine Beihilfe zur Behebung von Sturmschäden am Kirchturm in Freienhagen, die in Höhe von 3500,- DM bewilligt wurde. Die Stadt trug von den Kosten 5602,- DM. 1973 beantragte die Kirchengemeinde bei der Stadt Freienhagen eine Beihilfe für die mit insgesamt 205 000,- DM veranschlagte Kirchen- und Orgelrenovierung. Da die Stadt Freienhagen 1974 in die beklagte Stadt Waldeck eingegliedert werden sollte, konnte sie keine Mittel mehr zusagen. Die Stadt Waldeck leistete keine Zahlungen. Die Kirche wurde in der Zeit von 1979 bis 1988 renoviert. Nachdem verschiedene Bemühungen der Klägerin, die Beklagte zu Beihilfen zu Renovierungsarbeiten zu bewegen, ohne Erfolg geblieben waren, kam es am 7. 9. 1989 zu einem Gespräch im Rathaus der Beklagten. Den Vertretern der Beklagten wurde dabei mitgeteilt, daß 1990 das Kirchendach mit einem Kostenaufwand von 120 000,- DM neu eingedeckt werden solle, wozu ein Baulastbeitrag in Höhe von 36 000,- DM von der Beklagten erwartet werde. Unter dem 20. 2. 1990 erinnerte das Landeskirchenamt an die Stellungnahme der Beklagten, ob die Zahlung geleistet werde. Daraufhin beschloß der Magistrat der Beklagten am 5. 3. 1990, daß keine Zahlung erfolgen solle und eine Baulastverpflichtung nicht anerkannt werde. Dies wurde dem Landeskirchenamt unter dem 7. 3. 1990 mitgeteilt. Auch die Stadtverordnetenversammlung verneinte mit Beschluß vom 3. 4. 1990 eine Verpflichtung der Beklagten.

Die Neueindeckung des Kirchendaches wurde im Jahre 1990 durchgeführt. Es entstanden Kosten in Höhe von 122 595,54 DM für Architekten und Handwerker. Nach einem Vermerk des Landeskirchenamtes vom 15. 11. 1990 waren Kirchendach und Turmverschieferung reparaturbedürftig. Seit 1984 hätten immer wieder kleinere und mittlere Reparaturen durchgeführt werden müssen, weil wegen durchgerosteter Schiefernägel bei Stürmen mehrfach Fehlstellen bis zu 2,5 qm Größe entstanden seien. Außerdem seien die vorhandene Rohfilzpappe weitgehend verrottet und dadurch auch die Dachschalung in Mitleidenschaft gezogen gewesen. Deswegen seien die südliche Dachseite von Kirchenschiff und Chor sowie Teile der schadhaften Turmverschieferung erneuert worden. Die Neudeckung der Nordseite und weitere Reparaturen am Turm hätten mangels Mitteln zurückgestellt werden müssen.

Mit der vorliegenden Klage macht die Klägerin geltend, die Beklagte sei aufgrund einer durch Herkommen begründeten Baulast zur Zahlung verpflichtet. Diese Verpflichtung sei auch durch die in Waldeck erlassenen Rechtsnormen oder andere staatliche Regelungen nicht entfallen. Dies habe die Kirchenverwaltung schon in den Jahren 1938 und 1951 verdeutlicht und in mehreren gutachterlichen Äußerungen insbesondere vom 3. 5. 1955 klargestellt. – Die Beklagte hat eine Verpflichtung bestritten.

Das Verwaltungsgericht hat die Klage abgewiesen und die Ansicht vertreten, die Klägerin habe ihre im Rahmen der Baulast der Beklagten gegenüber bestehenden Obliegenheiten verletzt, weil sie sie nicht ausreichend an der Vorbereitung, Durchführung und Abrechnung der Baumaßnahmen beteiligt und ihre Entschließungen nicht abgewartet habe. Die Baumaßnahme sei zwar im September 1981 angekündigt worden. Auch sei die Beklagte aufgefordert worden, sich zu ihrer Baulastverpflichtung zu erklären. Es seien jedoch weder ein Kostenvoranschlag vorgelegt worden noch Ausschreibungen, noch sei Rechnung gelegt worden, so daß die Beklagte zu keiner Zeit die Möglichkeit gehabt habe, zur Wahrung ihrer Interessen einzugreifen. Unter diesen Umständen komme kein Aufwendungsersatzanspruch in Betracht.

Mit ihrer Berufung verfolgt die Klägerin ihr erstinstanzliches Klagebegehren weiter und beantragt im übrigen hilfsweise festzustellen, daß die Beklagte für das Kirchengebäude in Waldeck-Freienhagen baulastpflichtig ist. Sie bestreitet, baulastpflichtig zu sei und meint, allein daraus, daß die Stadt Freienhagen zuweilen Kosten für Baumaßnahmen getragen habe, lasse sich jedenfalls keine primäre Bauunterhaltungspflicht herleiten. Jedenfalls seit der waldeckischen Verordnung aus dem Jahre 1864 hätten die Mitglieder der Kirchengemeinde die primäre Bauunterhaltungspflicht gehabt. Später sei keine Pflicht zur Unterhaltung der Kirche mehr zu Lasten der Stadt entstanden, weil es sich bei den Zahlungen der Stadt Freienhagen um freiwillige Leistungen gehandelt habe und keine, die aufgrund einer Rechtspflicht erbracht worden seien.

Die Berufung blieb ohne Erfolg.

Aus den Gründen:

Die Berufung hat keinen Erfolg, denn die Klage ist sowohl hinsichtlich des Zahlungsantrages als auch des auf Feststellung einer Baulastverpflichtung der Beklagten gerichteten Hilfsantrages unbegründet, weil nicht erwiesen ist, daß die Rechtsvorgängerin der Beklagten noch bis zu ihrer Eingliederung in die Stadt Waldeck am 1. 1. 1974 zur Bauunterhaltung der Kirche aufgrund Herkommens oder örtlichen Gewohnheitsrechts verpflichtet war. Die Beklagte als Rechtsnachfolgerin hat deswegen keine entsprechende Baulast zu tragen.

Es kann offenbleiben, ob eine in der Zeit vor 1864 entstandene primäre Baulast der Stadt Freienhagen aufgrund Herkommens oder einer Observanz bestand. Unter Herkommen wird im Gegensatz zum örtlichen Gewohnheitsrecht (Observanz) eine Übung verstanden, „die nur ein besonderes dauerndes Rechtsverhältnis zwischen zwei Beteiligten regelt und in dieser beständigen Übung eine vertragsmäßige Abmachung ersetzt" (vgl. Gröpper, Gewohnheitsrecht, Observanz, Herkommen und unvordenkliche Verjährung, DVBl. 1969, 945 [946 mit Nachweisen in Fn. 70]). Eine Observanz setzt dagegen „eine dauernde und ständige, gleichmäßige und allgemeine und von den Beteiligten als verbindliche Rechtsnorm anerkannte Übung voraus (vgl. BVerfG, Beschluß v. 13. 5. 1981 – 1 BvR 610/77 und 451/80 – BVerfGE 57, 121 [135] m. w. N.).

Schon bis zur Mitte des 19. Jahrhunderts läßt sich noch nicht einmal eine dahingehende ständige Übung nachweisen, daß allein die Stadt die Kirche unterhalten hat. Dies ist zwar zeitweise und im übrigen in erheblichem Umfang geschehen. Überdies sind sogar die Defizite der Kirchenkasse, wie sich aus Prüfungsbemerkungen aus den Jahren 1811 und 1813/14 ergibt (vgl. Nrn. I 6 a und b des Nachtragsgutachtens Dr. W. vom 16. 5. 1994), von der Stadtkasse übernommen worden. Daraus läßt sich aber nicht ohne weiteres schließen, daß die Stadt sich zur alleinigen Unterhaltung der Kirche verpflichtet gesehen hat, denn diese Verfahrensweise entsprach der damaligen Rechtslage.

Sie war durch die Regelungen des Konzils von Trient geprägt, welche Bestandteil des gemeinen Rechts waren (vgl. zu beidem Wiesenberger, Kirchenbaulasten politischer Gemeinden und Gewohnheitsrecht, Berlin 1981, S. 22 f.; zu letzterem Lecheler, Der Gegenstand der staatlichen Kirchenbaulast nach dem gemeinen Recht, in FS für Obermayer, München 1986, S. 217 ff. [218]), das auch in Waldeck galt. Danach obliegt die Baulast zunächst dem Kirchenvermögen, sodann einem etwaigen Patronatsherren, weiter jenen, denen von der Pfarrkirche Einkünfte zufließen und schließlich den Pfarrangehörigen (vgl. auch Büff, Kurhessisches Kirchenrecht, Kassel 1861, S. 741 ff.; Friedberg, Lehrbuch des katholischen und evangelischen Kirchenrechts, Leipzig 1909, S. 607 ff.; Liermann, Deutsches evangelisches Kirchenrecht, Stuttgart 1933, S. 381 ff.).

Einem fürstlichen Edikt vom 4. 11. 1726 (vgl. Curtze, Die kirchliche Gesetzgebung des Fürstentums Waldeck, Arolsen 1851, S. 234 Nr. 131), daß unentgeltliche Hand- und Spanndienste für Reparaturarbeiten an Kirchen und Schulbauten betraf, läßt sich auch entnehmen, daß in Waldeck tatsächlich so verfahren wurde, und zwar in der Weise, daß die Gemeinden selbst Reparaturkosten, die nicht aus den Kircheneinkünften gedeckt werden konnten, nachrangig übernahmen. Dort heißt es (ohne die Hervorhebung):

„Wann es dann an deme ist, daß *die Gemeinden, bey Ermanglung derer Kirchen-Intraden ohne dem in subsidium die erforderliche Bau- und Verbesserungs-Kosten hergeben müssen*, und eine gantze Gemeinde mit viel leichter Mühe die nothige Fuhr- und Hand-Dienste praestiren, alß der Gottes Kasten solches mit baarer Bezahlung ins Werck richten kan."

Darauf, daß — ungeachtet der Frage, wem die Kosten zur Last fielen — in Waldeck die Gemeinden sogar die Reparatur von Kirchen-, Pfarr- und Schulgebäuden zu besorgen hatten, weist die in dem von der Klägerin vorgelegten Nachtragsgutachten vom 16. 5. 1994 auf Seite 2 unter Nr. 3 zitierte Verfügung des Konsistoriums aus dem Jahre 1739 hin, wonach „sämtlichen Pastoribus ernstlich hiermit befohlen" wurde, bei dem Stadtmagistrat auf Ausbesserung zu dringen, wenn Reparaturen nötig waren. Hinsichtlich der Kostenpflicht ist von der Klägerin selbst vorgetragen worden, daß vor 1864 auch in Freienhagen aus dem Kirchenkasten, einer Einrichtung, die in Waldeck vermutlich auf die Kastenordnung aus dem Jahre 1542 zurückgeht (vgl. Curtze, aaO, S. 24 Nr. 13), Bauunterhaltungsmaßnahmen finanziert wurden.

Nach den Verhältnissen des Freihagener Kirchenkastens, wie sie von dem Gutachter der Klägerin dargestellt worden sind, waren die Einnahmen des Kirchenkastens, die aus dem Verpachtungsertrag für ein 1200 qm großes Grundstück bestanden (Nachtragsgutachten Dr. W. vom 16. 5. 1994, S. 12), nicht ausreichend, um größere Unterhaltungsmaßnahmen zu finanzieren. Von

1802 bis 1836 sind zwar keine Bauausgaben aus dem Kirchenkasten mehr nachweisbar. Wenn seine Einkünfte nicht ausreichten, entsprach es aber grundsätzlich der Rechtslage, daß die Mitglieder der Gemeinde oder − an deren Stelle zur Vereinfachung − die Stadtkasse die Lasten, die nicht aus dem Kirchenkasten bestritten werden konnten, trugen, ohne daß allein durch eine alleinige bzw. primäre Baulast der Gemeindemitglieder oder der Stadt begründet wurde, wie die Bauausgaben aus dem Kirchenkasten, die wieder ab 1837 erfolgten, erkennen lassen.

Inwieweit die Stadt Freienhagen Baukosten für Kirche, Pfarrhaus und Schule von den Gemeindegliedern eingezogen hat und ob dabei entsprechend der Regelung verfahren wurde, wie sie sich aus der Antwort der fürstlich-waldeckischen Regierung vom 12. 4. 1817 auf eine Anfrage ergibt (vgl. Curtze, aaO, S. 317 Nr. 227), geht aus den von den Beteiligten vorgelegten Unterlagen nicht hervor, ist aber für die Entscheidung letztlich nicht erheblich, denn später erfolgte eine normative Baulastregelung, die die Rechtsgrundlage für die Bauunterhaltung der Kirche durch die Stadtkasse jedenfalls vom Jahre 1864 ab darstellte.

Schon im Jahre 1830 war durch die Konsistorialverordnung vom 26. 3. bzw. die Regierungsverordnung vom 24. 12. 1830 (Curtze aaO, S. 368 ff. Nr. 280, S. 380 ff. Nr. 289) eine neue normative Grundlage für die subsidiäre Unterhaltungspflicht der Kirchengebäude durch die Gemeinden gegeben worden, denn es wurde bestimmt, daß die Kosten der gewöhnlichen Unterhaltung des Kirchengebäudes dem Kirchenvermögen zur Last fielen, die Gemeinden aber die Kosten für „nicht zu den gewöhnlichen gehörigen Reparaturen" zu übernehmen hätten, soweit das Vermögen der betreffenden Kirche dazu nicht ausreiche.

Nachdem die Kirchengemeinden (nach Angabe der Klägerin durch die Kirchliche Gemeindeordnung vom 1. August 1857) von den Zivilgemeinden getrennt worden waren, wurde durch die „Verordnung wegen Bestreitung der kirchlichen Baulasten seitens der evangelischen Gemeinden der Fürstentümer Waldeck und Pyrmont" vom 19. 4. 1864 (Fürstlich Waldeckisches Regierungsblatt vom 10. 5. 1864, S. 97) festgelegt, daß die jeweils zu einer Kirche gehörenden evangelischen Glaubensgenossen (Parochianen) anstelle der Gemeinden die Bau- und Unterhaltungskosten zu tragen hätten, soweit das kirchliche Vermögen dazu nicht ausreiche (§§ 1 und 6 der Verordnung). Rechtliche Verpflichtungen Dritter, „mögen sich dieselben auf ein Patronatsverhältnis oder einen sonstigen Rechtstitel gründen", blieben unberührt (§ 4). Weiter bestimmte § 16 Abs. 1 folgendes:

„Wie solches bisher in der Regel geschehen ist, können auch für die Folge die kirchlichen Baulasten nach legalem Beschlusse der Gemeindevertretung aus der Kommunalklasse der bürgerlichen Gemeinde bestritten werden."

Es wurde weiter verordnet, daß ein derartiger Beschluß auf ortsübliche Weise bekanntgemacht werden müsse und der Genehmigung des Kreisvorstandes bedürfe, die Gemeinde aber auf Antrag die Nachteile auszugleichen habe, die nichtbeitragspflichtigen Personen durch eine solche Regelung entständen.

Aus dem Wortlaut der Regelung in § 16 Abs. 1 der Verordnung ergibt sich eindeutig, daß der Verordnungsgeber in der Bezahlung von Unterhaltungsmaßnahmen für Kirchenbauten durch die Gemeinden keinen Fall sah, in dem eine rechtliche Verpflichtung „Dritter" aufgrund eines „sonstigen Rechtstitels" bestand, gleichgültig ob die Zahlungen aufgrund der hergebrachten Rechtslage im Bewußtsein der subsidiären Zahlungspflicht erfolgten oder zu einem herkömmlichen Recht bzw. einer Observanz mit einer primären Unterhaltungspflicht erstarkt waren. Die Worte, „wie solches bisher in der Regel geschehen ist", lassen eindeutig erkennen, daß der Verordnungsgeber in allen Fällen, in denen die Kirchenbaulasten bisher aus gemeindlichen Mitteln bestritten worden waren, die Neuregelung gelten lassen wollte.

Da die Kirchen- und Zivilgemeinden bis zu ihrer Trennung im Jahre 1857 eine verwaltungsmäßige Einheit dargestellt hatten, war es auch konsequent, die Zahlungen, die für die Unterhaltung kirchlicher Gebäude aus der Gemeindekasse erbracht worden waren, nicht als Zahlungen „Dritter" im Sinne des § 4 der Verordnung anzusehen, sondern davon auszugehen, daß sie den Gemeindeangehörigen zuzurechnen waren. Wenn der Verordnungsgeber es durch § 16 Abs. 1 ermöglichte, die Baulasten anstatt durch Erhebung von Steuerzuschlägen (§ 15) weiterhin durch unmittelbare Zahlungen aus der Gemeindekasse aufzubringen, zugleich allerdings den Gemeinden, die so verfuhren, aufgab, nicht beitragspflichtigen Personen auf ihren Antrag einen Nachteilsausgleich zu gewähren, dann sah er dadurch zu Recht als gewährleistet an, daß die Kirchenbaulasten nur von den evangelischen Gemeindeangehörigen (§ 1) aufgebracht werden mußten.

Die Trennung der Kirchen- von den Zivilgemeinden rechtfertigte es auch, gemeindliche Lasten, die sich auf Kirchenangelegenheiten bezogen, den Kirchengemeinden bzw. ihren Angehörigen zu übertragen. Dies wäre selbst dann möglich gewesen, wenn im Verhältnis von Gemeinde- zum Kirchenvermögen eine durch Herkommen oder Observanz begründete Baulast bestanden hätte. Es wäre dem Verordnungsgeber unbenommen gewesen, örtliches Gewohnheitsrecht durch eine normative Regelung zu ersetzen oder, soweit Zahlungen auf Herkommen beruhten, eine veränderte Regelung zu verordnen, denn entgegenstehendes Verfassungsrecht gab es damals noch nicht.

Seitens der Klägerin ist unter Bezugnahme auf das von ihr vorgelegte Rechtsgutachten vom 20. 8. 1990 (S. 11 unter Nr. 10) vorgetragen worden, daß in einem Schreiben des Kreisrats an das Landesdirektorium vom 18. 2.

1985 davon die Rede ist, „daß analog dem Freienhagener Beschluß auch die Gemeinde Deringhausen die Übernahme der oben zitierten Baulasten beschlossen und daß der Kreisvorstand diesem Beschluß seine Genehmigung gegeben hat." Daraus ist zu schließen, daß in der Stadt Freienhagen ein Beschluß nach § 16 der Verordnung gefaßt worden ist, wovon auch die Prozeßparteien ausgehen.

Beruhten danach Zahlungen der Stadt Freienhagen auf einem gemäß § 16 Abs. 1 der genannten Verordnung gefaßten Beschluß, dann stellte dieser und nicht eine Observanz oder Herkommen die Rechtsgrundlage für die künftige Zeit dar.

Das Bürgerliche Gesetzbuch ließ die landesgesetzlichen Vorschriften über Kirchenbaulasten unberührt (Art. 132 EGBGB).

Im Jahr 1908 wurden durch das „Kirchengesetz betreffend Abänderung und Ergänzung der landeskirchlichen Gemeindeordnung" vom 12. 12. 1908 (Fürstlich Waldeckisches Regierungs-Blatt 1908 S. 131) die Regelungen aus dem Jahre 1830 aufgehoben, die subsidiäre Zahlungspflichten der Gemeinden begründeten, und die Bestimmungen aus dem Jahre 1864, durch die geregelt worden war, wie die Baulasten aufzubringen waren, darunter auch § 16. Unberührt blieb außer § 4 der § 1 der Verordnung vom 10. 5. 1864, worin bestimmt war, daß die Parochianen zur Tragung der kirchlichen Baulasten verpflichtet sind. In dem Kirchengesetz vom 12. Dezember 1908 wurde unter anderem vorgeschrieben, daß die Kirchengemeinden berechtigt seien, von ihren Angehörigen Gemeindekirchensteuern zu erheben, soweit die verfügbaren Einkünfte der Kirchengemeinde zur Befriedigung ihrer Bedürfnisse nicht ausreichten (§ 29). Grundsätzlich waren die Ausgaben aus dem Kirchenvermögen zu bestreiten (§§ 26, 27).

Nach 1908 hätte in Freienhagen wieder eine gewohnheitsrechtliche Kirchenunterhaltungspflicht zu Lasten der Stadt entstehen können. Es ist jedoch nicht vorgetragen und belegt, daß zwischen dem Ergehen des Kirchengesetzes von 1908 und dem Inkrafttreten der Weimarer Reichsverfassung vom 11. 8. 1919 (RGBl. S. 1383), in deren Art. 138 Abs. 2 Rechte der Religionsgesellschaften an ihrem Vermögen, darunter auch Bauunterhaltungsansprüche (vgl. Maunz/Dürig/Herzog, Grundgesetz, Rdnr. 11 zu Art. 138 WRV hinter Art. 140 GG), gewährleistet wurden, ein Rechtsanspruch der evangelischen Kirchengemeinde Freienhagen gegenüber der Stadt Freienhagen entstanden ist, der von dieser Verfassungsbestimmung betroffen sein konnte.

Auch in den nachfolgenden Jahren erfolgte Zahlungen der Stadt zugunsten der Kirchenunterhaltung rechtfertigen nicht den Schluß, daß die Stadt dadurch eine eigene rechtsverbindliche Unterhaltungspflicht auf Dauer übernommen hat. Der Antrag des Kirchenvorstandes an den Gemeinderat vom 12. 4. 1922, der die Anschaffung eines Ofens für die Kirche betraf, deutet eher darauf hin, daß eine freiwillige Beihilfe der Gemeinde gewünscht wurde. Der Wortlaut „Gesuch um Bewilligung der Kosten für einen Kirchenofen" und der Hinweis auf das Ergebnis kirchlicher Sammlungen für diesen Zweck in Höhe von 880,- Mark lassen erkennen, daß auch die Kirchengemeinde nicht davon ausging, daß die Stadt rechtlich verpflichtet sei, die Kosten zu tragen. Andererseits zeugen die Zahlungen der Stadt allerdings von einer wohlwollenden Einstellung gegenüber der Kirchengemeinde. Darüber hinaus läßt der unter Nr. 12 des Nachtragsgutachtens Dr. W. erwähnte Vertrag vom 26. 6. 1916, der dem Senat in Kopie nur auszugsweise vorliegt, erkennen, daß der Stadt auch daran lag, die Erhebung von Gemeindekirchensteuern zu vermeiden. In § 2 dieses Vertrages wurde vereinbart, daß die Stadt, „um die Aufnahme eines Sparkassen-Darlehens und die dadurch notwendig werdende Erhebung von Gemeindekirchensteuern zur Deckung der Zinsen zu vermeiden," die vierteljährlich im voraus aus der Pfarrkasse zu zahlenden Vierteljahresbeiträge an den Bezugsberechtigten der Pfründeneinkünfte vorfinanzierte.

Außerdem scheint die Stadt Freienhagen in den Jahren von 1924 bis 1927 die Fehlbeträge der Kirchenkasse in Höhe von insgesamt 540 RM getragen zu haben (vgl. Anlage 37 Blatt 2 zu Nr. 22 des Gutachtens Dr. W. vom 20. 8. 1990 [S. 17]). Da dies auch nach Ansicht des Gutachters geschah, um die Erhebung der Kirchensteuer zu vermeiden, die dann aber im Jahre 1928 eingeführt wurde, womit auch die Defizitübernahmen endeten, läßt sich daraus nicht der Schluß ziehen, die Stadt habe auf Dauer die Verpflichtung übernehmen wollen, die Kirchenunterhaltungskosten und die Defizite der Kirchenkasse zu tragen. Von einer entsprechenden „dauernden und ständigen, gleichmäßigen und allgemeinen Übung" ließ sich ohnehin noch nicht ausgehen, weil auch die Kirchengemeinde wesentliche Baukosten getragen hatte.

Erhebliche Zahlungen für die Unterhaltung der Kirche sind dann bis zum Ende des 2. Weltkrieges scheinbar nicht mehr erfolgt, so daß es an Vorgängen fehlt, die die Kirchenbaulastpflicht der Stadt hätten begründen können. Aufschlußreich ist allerdings der unter dem 14. 1. 1938 gestellte Antrag auf Gewährung einer staatlichen Beihilfe für die Deckung des Kirchendaches, denn er enthält die Aussage, die Unterhaltung des „Kirchendaches" sei bisher nach altem Herkommen Sache der Stadt Freienhagen gewesen. Die dann folgenden Ausführungen darüber, daß die Kirchengemeinde aus Kirchensteuermitteln einen Renovierungsfonds von 1.500 RM angesammelt habe, lassen allerdings den Schluß zu, daß die Kirchengemeinde selbst davon ausging, daß sie nach Einführung der Gemeindekirchensteuer die Baulast zu tragen oder sich zumindest daran zu beteiligen habe.

Die Instandsetzung des Kirchendaches nach dem Krieg auf Kosten der politischen Gemeinde und der Orgel auf Kosten der Kirchenkasse rechtfertigt nicht die Annahme, daß damit ein Gewohnheitsrecht entstanden sei mit dem

Inhalt, daß die Bauunterhaltung der Kirche durch die Stadt zu erfolgen habe. Zwar mag die Stadt aufgrund der 1938 vom Landeskirchenamt erteilten Auskunft, die politische Gemeinde Freienhagen sei aufgrund Herkommens verpflichtet, die Unterhaltskosten zu tragen, von einer Rechtspflicht ausgegangen sein. Bestand jedoch diese Rechtspflicht nicht, dann konnte sie sich nur durch eine längere tatsächliche Übung bilden, „die eine dauernde und ständige, gleichmäßige und allgemeine sein muß und von den beteiligten Rechtsgenossen als verbindliche Rechtsnorm anerkannt wird" (vgl. Beschlüsse vom 13. 5. 1981 − 1 BvR 610/77 und 451/80 − BVerfGE 47, 121 [134 f.], und vom 28. 6. 1967 − 2 BvR 143/61 − BVerfGE 22, 114 [121 m. w. N.]). Selbst wenn die Reparatur des Kirchendaches durch die Stadt von den Beteiligten als Erfüllung einer Rechtspflicht auf zumindest teilweise Unterhaltung der Kirche angesehen wurde, konnte sie allein ein Gewohnheitsrecht noch nicht begründen. Auch die weiteren Leistungen in den 50iger Jahren rechtfertigen es nicht, dies anzunehmen. Nach dem Schreiben des Landrats des Kreises Waldeck vom 21. 6. 1951 an das Landeskirchenamt bestanden nach Mitteilung des Bürgermeisters in Freienhagen Zweifel darüber, in welchem Umfang die politische Gemeinde für die Kirche baulastpflichtig wäre. Danach läßt sich nicht davon ausgehen, daß die Stadt damals in dem Bewußtsein handelte, daß sie eine uneingeschränkte Kirchenbaulast zu tragen habe. Der Schriftwechsel wegen dieser Fragen zog sich bis zum Jahre 1955 hin, ohne daß erkennbar wäre, zu welchem Ergebnis er bei der Stadt Freienhagen führte.

In dem Schreiben des Bürgermeisters an das Landeskirchenamt in Kassel vom 29. 3. 1961 werden die Aufwendungen der politischen Gemeinde für die Unterhaltung der Kirche, des Pfarrhauses und des Friedhofes im Haushaltsjahr 1960 ausdrücklich als freiwillige Leistungen bezeichnet, so daß sich nicht davon ausgehen läßt, die Stadt habe anerkannt, rechtlich verpflichtet zu sein, Baukosten zu tragen. Auch die weiteren Zahlungen der Gemeinde für Unterhaltungsmaßnahmen an der Kirche in den 60iger Jahren lassen unter diesen Umständen nicht den Schluß zu, daß sich während dieser Zeit ein Gewohnheitsrecht habe bilden können. Vielmehr ist ebenso wie bei freiwilligen Leistungen und Kommunen an andere Religionsgesellschaften, Träger von Sozialeinrichtungen, Vereine und andere mehr nicht davon auszugehen, daß regelmäßige Zahlungen allein eine gewohnheitsrechtliche Zahlungspflicht begründen, wenn die Zahlungen nicht in dem Bewußtsein geleistet werden, dadurch eine rechtliche Verpflichtung eingehen oder erfüllen zu wollen. Dafür sind jedoch keine hinreichenden Anhaltspunkte vorhanden. Die Berufung bleibt daher sowohl hinsichtlich des Haupt- als auch des Hilfsantrages erfolglos.

89

Zur Frage der Zuverlässigkeit von Mitgliedern der Scientology Church als Voraussetzung einer Erlaubnis zur privaten Arbeitsvermittlung.

§ 23 Abs. 3 Satz 1 AFG
LSG Rheinland-Pfalz, Beschluß vom 11. Dezember 1995
– L 6 EA-AR 30/95[1] –

Die Parteien streiten über den Widerruf einer Erlaubnis zur privaten Arbeitsvermittlung.

Die Antragstellerin ist Mitglied der Scientology Church e. V. Frankfurt. Sie beantragte im September 1994 die Erteilung der Erlaubnis zur Arbeitsvermittlung von Au-pairs, die ihr für die Zeit vom 27. 12. 1994 bis zum 26. 12. 1997 erteilt wurde. Nachdem das Landesarbeitsamt erfahren hatte, daß die Antragstellerin Mitglied der Scientology Church ist, hob es die Erlaubnis unter Bezugnahme auf eine fachliche Weisung des Bundesministeriums für Arbeit und Sozialordnung mit der Begründung auf, daß Mitglieder der Scientology Church nicht die erforderliche Zuverlässigkeit gemäß § 23 Abs. 3 AFG besäßen.

Nach erfolglosem Widerspruch hat die Antragstellerin Klage erhoben und zugleich beantragt, die Vollziehung des Bescheides der Antragsgegnerin (Bundesanstalt für Arbeit) auszusetzen. Das Sozialgericht hat den Antrag abgelehnt.

Die gegen den ablehnenden Beschluß eingelegte Beschwerde hatte Erfolg.

Aus den Gründen:

Die zulässige Beschwerde hat in der Sache Erfolg. Die aufschiebende Wirkung der Klage der Antragstellerin gegen die angefochtenen Bescheide ist anzuordnen.

Wie das Sozialgericht zutreffend ausgeführt hat, richet sich der einstweilige Rechtsschutz bei einer Anfechtungsklage nach § 80 Abs. 5 VwGO analog.
(wird ausgeführt)
Eine entsprechende Anordnung ist entsprechend § 80 Abs. 5 S. 2 VwGO schon vor Erhebung der Anfechtungsklage zulässig. (...) Das Gericht hat bei seiner Entscheidung die Interessen des Antragstellers und des Antragsgegners sowie betroffene Interessen Dritter, soweit sie rechtlich geschützt werden, und

---

[1] Das Hauptsacheverfahren (S 7 Ar 168/95 SG Mainz, Urteil vom 10. 11. 97; L 7 Ar 23/98 LSG Rheinland-Pfalz) war bei Redaktionsschluß (1. 1. 1998) noch nicht abgeschlossen.

der Allgemeinheit nach denselben Grundsätzen gegeneinander abzuwägen wie die Ausgangsbehörde und die Widerspruchsbehörde. (...) Das Gericht hat bei seiner Entscheidung außer den betroffenen Interessen und den Nachteilen, die für den Antragsteller, das öffentliche Interesse oder Dritte entstehen würden, wenn die Vollziehung ausgesetzt bleibt, auch die Erfolgsaussichten des Hauptsacheverfahrens, soweit sie bereits überschaubar sind, zu berücksichtigen (Kopp, aaO, § 80 Rdnr. 81 und 82). Bei offensichtlicher Aussichtslosigkeit der Hauptsacheklage überwiegt in der Regel das Vollzugsinteresse, umgekehrt bei offensichtlicher Erfolgsaussicht der Hauptsacheklage das Aussetzungsinteresse des Antragstellers.

Bei Anwendung dieser Grundsätze ist die aufschiebende Wirkung der Klage anzuordnen, da die Klage nach der derzeit überschaubaren Sach- und Rechtslage voraussichtlich erfolgreich sein kann.

Rechtsgrundlage für den von der Antragsgegnerin erlassenen Bescheid vom 8. 5. 1995 ist § 23 a Abs. 2 Nr. 1 AFG (eingefügt durch das 1. Gesetz zur Umsetzung des Spar-, Konsolidierungs- und Wachstumsprogramms – 1. SKWPG – vom 21. 12. 1993 – BGBl. I S. 2353 –). Nach dieser Vorschrift ist die Erlaubnis zur Arbeitsvermittlung aufzuheben, wenn die Voraussetzungen zur Erteilung der Erlaubnis von vornherein nicht vorgelegen haben oder später weggefallen sind. Voraussetzungen für die Erteilung einer Erlaubnis zur Arbeitsvermittlung sind nach § 23 Abs. 3 Satz 1 AFG (i. d. F. des 1. SKWPG und des Beschäftigungsförderungsgesetzes 1994 vom 26. 7. 1994 – BGBl. I S. 1786 –) die erforderliche Eignung und Zuverlässigkeit des Antragstellers. Weiterhin muß er in geordneten Vermögensverhältnissen leben und über angemessene Geschäftsräume verfügen. Nach Auffassung der Antragsgegnerin hat die erforderliche Zuverlässigkeit der Antragstellerin von vornherein nicht vorgelegen. Das Fehlen oder der Wegfall weiterer Voraussetzungen nach § 23 Abs. 3 Satz 1 AFG hat sie weder behauptet noch sind Anhaltspunkte hierfür ersichtlich.

Der Begriff der Zuverlässigkeit ist ein unbestimmter Rechtsbegriff, für den die allgemeinen gewerberechtlichen Begriffsbestimmungen gelten. In der Begründung zum Entwurf des 1. SKWPG ist zu § 23 Abs. 3 AFG ausgeführt (BT-Drucks. 12/5502 S. 26 ff.):

„Aufgrund der bisherigen Rechtskonstruktion (Auftragsvergabe) oblag es der Bundesanstalt, die Voraussetzungen im einzelnen zu bestimmen, unter denen Dritten die Arbeitsvermittlung übertragen werden konnte. Satz 1 lehnt sich an vergleichbare gewerberechtliche Regelungen an. Der Übergang auf das Verfahren der Erlaubniserteilung macht es unabhängig von der weiteren Anwendung von § 97 Abs. 1 des Zehnten Buches des Sozialgesetzbuches (SGB X) erforderlich, die wesentlichen Voraussetzungen der Zulassung im Gesetz zu regeln. Die Erlaubnis kann nur demjenigen erteilt werden, der bei der Durchführung der Arbeitsvermittlung persönliche und sachliche Zuverlässigkeit erwarten läßt. Das Vorhalten von Räumen, die nur geschäftlich genutzt werden, ist auch aus datenschutzrechtlichen Gründen notwendig. Satz 1 schließt nicht aus, daß aufgrund

von § 97 Abs. 1 SGB X im Einzelfall weitere Voraussetzungen erfüllt sein müssen. ... Satz 3 lehnt sich wiederum an vergleichbare Vorschriften im Gewerberecht an. So muß etwa sichergestellt werden, daß betriebsinterne Daten oder Bewerberdaten nicht ohne Zustimmung der Betroffenen und nicht gegen ihre Interessen verwendet werden. Es muß ferner verhindert werden können, daß Listen über ungünstig gekennzeichnete Personen geführt werden, sofern diese Gefahr besteht. ..."

Zur Zuverlässigkeit enthält die aufgrund von § 24 c Abs. 1 AFG erlassene Arbeitsvermitler-Verordnung (AVermV) vom 11. 3. 1994 (BGBl. I S. 568) keine speziellen Regelungen. Zuverlässig ist, wer erwarten läßt, daß er die Arbeitsvermittlung gesetzmäßig ausüben wird. Nach dem Schutzzweck des § 23 Abs. 3 Satz 1 AFG kommt es für die Beurteilung der erforderlichen Zuverlässigkeit entscheidend darauf an, ob eine Gefährdung der Interessen der vermittelten Personen und/oder der arbeitskräftesuchenden Arbeitgeber zu befürchten ist. Wesentliche Elemente der Zuverlässigkeit sind daher die persönliche Unbescholtenheit und bisheriges einwandfreies Geschäftsgebaren. Dies ergibt sich indirekt aus den Anforderungen an die Erklärungen, die gemäß § 2 Abs. 1 Nr. 2 AVermV mit dem Antrag abzugeben sind (Vorstrafen, Strafverfahren, Ermittlungsverfahren, Gewerbeuntersagung oder -entziehungen) sowie aus dem Umfang der gemäß § 2 Abs. 2 Nrn. 1 bis 4 AVermV vorzulegenden Unterlagen (Hennig/Kühl/Heuer/Henke, Kommentar zum AFG, Stand 81. Ergänzungslieferung, § 23 Rdnr. 30; Knigge/Ketelsen/Marschall/Wissing, Kommentar zum AFG, Stand 3. Ergänzungslieferung, § 23 Anm. 28 bis 30; Niesel, Kommentar zum AFG, 1995, § 23 Rdnr. 5; Hamann, NZS 1995, S. 244, 246). Ob Unzuverlässigkeit vorliegt, ist im Wege einer Prognoseentscheidung zu prüfen. Führt die Prognose, für die der Zeitpunkt der letzten mündlichen Verhandlung vor dem Tatsachengericht maßgeblich ist, zu keinem klaren Ergebnis, geht dies zu Lasten der Erlaubnisbehörde (BSG SozR 3-7815 Art. 1 § 3 AÜG Nr. 3 S. 13).

Zuverlässigkeit ist nach der Literatur nicht gegeben, wenn der Betreffende z. B. die die Arbeitsvermittlung regelnden gesetzlichen Vorschriften außer acht läßt bzw. nicht kennt, die Vermittlungsaufträge nicht innerhalb einer angemessenen Zeit bearbeitet oder ihm anvertraute Unterlagen nicht sorgfältig aufbewahrt bzw. Mitteilungen nicht vertraulich behandelt. Der Erlaß mehrerer Haftbefehle zur Erzwingung einer eidesstattlichen Versicherung innerhalb eines kürzeren Zeitraumes kann die Unzuverlässigkeit begründen. Unzuverlässigkeit kann sich auch daraus ergeben, daß die Leitung eines Unternehmens einem unzuverlässigen Dritten übertragen wird. Auch Vermögenslose und zahlreich Vorbestrafte sind unzuverlässig. Unzuverlässigkeit kann darin begründet sein, daß Steuerrückstände vorhanden sind (Niesel, aaO, § 23 Rdnr. 5). Zur Annahme der Unzuverlässigkeit können aber nur solche Vorstrafen oder anhängige Verfahren führen, die im Zusammenhang mit der Ausübung eines Gewerbes stehen oder derartig schwerwiegende Mängel in der

Persönlichkeitsstruktur des Antragsstellers erkennen lassen, daß seine Zuverlässigkeit für die Zukunft verneint werden muß. Vermögensdelikte, z. B. Diebstahl, Unterschlagung, Erpressung, Betrug, Untreue, Hehlerei oder Wucher lassen daher immer auf Unzuverlässigkeit schließen. Gesetzesverstöße außerhalb der gewerblichen oder beruflichen Tätigkeit, wie z. B. beim privaten Führen eines Kraftfahrzeuges, sind dagegen für die Frage der Zuverlässigkeit meist ohne Bedeutung. Der Inhaber einer Vermittlungserlaubnis muß darüber hinaus auch noch die Gewähr dafür bieten, daß er die besonderen Vorschriften über die private Arbeitsvermittlung sowie der dazu ergangenen privaten Arbeitsvermittlungs-Statistik-Verordnung einhält. Hat der Arbeitsvermittler in der Vergangenheit z. B. als Angestellter eines Erlaubnisinhabers bereits gegen diese besonderen Vorschriften für die private Arbeitsvermittlung verstoßen, ist er unzuverlässig (Knigge/Ketelsen/Marschall/Wissing, aaO, § 23 Rdnrn. 28 und 29).

Die Unzuverlässigkeit der Antragstellerin für die private Arbeitsvermittlung ergibt sich nicht bereits aus der fachlichen Weisung des BMA vom September 1994. Diese Weisung lautet nach Angaben der Antragsgegnerin:

> *„Eine Erlaubnis ist an Mitglieder der Scientology Church nicht zu erteilen, da diese nicht die gemäß § 23 Abs. 3 Satz 1 AFG erforderliche Zuverlässigkeit besitzen. Bereits erteilte Erlaubnisse sind wieder zu entziehen."*

Zwar kann, wie aus § 24 c Abs. 2 AFG hervorgeht, das BMA der Antragsgegnerin für die Durchführung der §§ 23 bis 24 c AFG sowie der AVermV Weisungen erteilen. Diese Weisungen sind aber keine Rechtsnormen und binden deshalb die Gerichte nicht (BSG, SozR 4100 § 19 AFG Nr. 8 S. 44; vgl. zur möglichen Rechtswidrigkeit dieser Weisung Hamann, NZS 1995, S. 246).

Die Antragsgegnerin sieht die Antragstellerin aufgrund ihrer Mitgliedschaft in der Scientology Church als unzuverlässig im Sinne von § 23 Abs. 3 Satz 1 AFG an. Dies hält aufgrund der bisher vorliegenden Tatsachen einer rechtlichen Überprüfung nicht stand. Dabei ist vorab klarzustellen, daß es nicht um die Zuverlässigkeit der Scientology Church, sondern die der Antragstellerin geht. Ob es sich bei der Scientology Church um eine Kirche im Sinne von Art. 140 GG i. V. m. Art. 136 bis 141 WRV handelt, kann deshalb ebenso offen bleiben wie die Frage, welche Zwecke und Ziele die Scientology Church verfolgt. Für die Unzuverlässigkeit der Antragstellerin wäre dies allenfalls dann von Bedeutung, wenn es sich bei der Scientology Church um eine kriminelle Vereinigung im Sinne von § 129 StGB oder einen nach § 3 Vereinsgesetz verbotenen Verein handeln würde. Dies ist nicht der Fall.

Eine kriminelle Vereinigung liegt nach § 129 Abs. 1 StGB vor, wenn der Zweck oder die Tätigkeit der Vereinigung darauf gerichtet ist, Straftaten zu begehen. Anhaltspunkte dafür, daß die Scientology Church von den Strafver-

private Arbeitsvermittlung 547

folgungsbehörden als kriminelle Vereinigung angesehen wird, liegen nicht vor. Aus der von der Antragstellerin vorgelegten Einstellungsverfügung der Staatsanwaltschaft Hamburg vom 17. 6. 1994 geht hervor, daß ein entsprechendes Ermittlungsverfahren, das aufgrund einer Strafanzeige von besonders in der Öffentlichkeit hervortretenden Gegnern der Scientology Church eingeleitet worden ist, mangels hinreichender tatsächlicher Anhaltspunkte für das Vorliegen einer kriminellen Vereinigung i. S. des § 129 StGB eingestellt worden ist. Ähnliche Verfahrenseinstellungen sind in den vergangenen Jahren bei anderen Staatsanwaltschaften erfolgt.

Weiterhin ist auch ein Verbot der Scientology Church Frankfurt e. V. gemäß Art. 9 Abs. 2 GG und § 3 Vereinsgesetz nicht erfolgt oder ein entsprechendes Verbotsverfahren nicht anhängig. Aufgrund des von der Antragsgegnerin zitierten Beschlusses der Ständigen Konferenz der Innenminister und „Senatoren der Länder" vom 6. 5. 1994 ist kein Verbot der Scientology Church erlassen worden, ebensowenig aufgrund des Berichtes des Unterausschusses „Strafrecht" an die 64. Justizministerkonferenz vom 17. 5. 1993. Wie der Bundesinnenminister gegenüber der Presse geäußert hat, liegt eine „belastbare Datenbasis", die ein Verbot einschließlich der sofortigen Vollziehung nach dem Vereinsgesetz ermöglichen würde, nicht vor. Tatsächlich fehle nach wie vor ein belastbarer Anfangsverdacht für polizeiliche Maßnahmen (vgl. Die Welt vom 28. 11. 1995, S. 2).

Es besteht auch kein hinreichender prognostischer Verdacht, daß die Antragstellerin aufgrund ihrer Mitgliedschaft in der Scientology Church ihre Stellung als Arbeitsvermittlerin mißbrauchen wird oder bisher schon mißbraucht hat. Soweit die Antragsgegnerin vorträgt, die Mitglieder der Scientology Church würden sich dieser Organisation völlig unterwerfen und verfolgten deren Ziele unter Mißachtung der Rechtsordnung, fehlt jeglicher Anhaltspunkt dafür, daß die Antragstellerin aufgrund ihrer Mitgliedschaft gegen Rechtsvorschriften oder Strafrechtsnormen verstoßen hat. Es kommt nämlich allein auf die Zuverlässigkeit der Antragstellerin und nicht sonstiger Mitglieder der Scientology Church an. Ein Mißbrauch der Daten, die die Antragstellerin im Rahmen der Arbeitsvermittlung bis zum Bescheid der Antragsgegnerin vom 8. 5. 1995 erhoben hat, ist bisher ebensowenig bekannt geworden wie eine Verwendung des von der Scientology Church stammenden Persönlichkeitstests (sogenannter Oxford-Test) durch die Antragstellerin bei der Vermittlung von Au-pairs. Auch fehlen jegliche Beweise dafür, daß andere Scientology-Mitglieder, die als Arbeitsvermittler tätig sind oder waren, immer oder sehr häufig diesen Persönlichkeitstest verwendet oder unerlaubt Daten über Arbeitsuchende an die Scientology Church weitergegeben haben, was gegebenenfalls Rückschlüsse auf die Zuverlässigkeit der Antragstellerin zulassen würde. Außerdem könnte die Antragsgegnerin durch eine Auflage gemäß § 23

Abs. 3 Satz 3 AFG der Antragstellerin die Verwendung des Tests untersagen und bei Verstößen nach § 23 a Abs. 2 Nr. 2 AFG die Erlaubnis entziehen, ebenso bei Verletzung des in § 23 c AFG gewährleisteten Datenschutzes. Der Widerruf der erteilten Erlaubnis aufgrund dieser Vermutungen ist deshalb auch unverhältnismäßig.

Weiterhin kann die Behauptung der Antragsgegnerin, daß die Arbeitsvermittlung durch Scientology-Mitglieder auf die Plazierung von Scientologen in Unternehmen abziele, im Fall der Antragstellerin keine Rolle spielen, da diese ausschließlich Au-pairs in Gastfamilien vermittelt. Abgesehen davon wäre dies allein kein Grund, die Unzuverlässigkeit der Antragstellerin anzunehmen, denn auch bei anderen Interessengruppen der Gesellschaft ist es oft üblich, eigene Mitglieder oder Sympathisanten an hohen oder höchsten Ämtern im Staatsdienst oder Positionen in der Wirtschaft zu plazieren, wobei dies oft der Durchsetzung der Interessen dieser Gruppen dient. Wäre dies ein Gesichtspunkt für die Unzuverlässigkeit der Antragstellerin, müßten auch Arbeitsvermittler, die diesen Interessengruppen angehören oder nahestehen, als unzuverlässig im Sinne von § 23 Abs. 3 Satz 1 AFG gelten.

Schließlich sind bisher keine Anhaltspunkte erkennbar, die für eine versuchte Missionierung von Au-pairs durch die Antragstellerin sprechen. Eine Beweiserhebung hierzu kann, sofern die Antragsgegnerin entsprechende, bisher nicht vorgelegte Anhaltspunkte beibringen sollte, im Hauptsacheverfahren erfolgen. Dabei ist auch zu berücksichtigen, daß die Kontakte zwischen der Antragstellerin und den zu vermittelnden Au-pairs bzw. in Gastfamilien häufig schriftlich stattfinden werden, ohne daß eine persönliche Kontaktaufnahme erfolgt. Soweit das Sozialgericht meint, die Antragstellerin werde allein aufgrund ihrer Zustimmung zur Lehre von Scientology automatisch missionieren, würde dies auch auf viele Mitglieder anderer Religionen, die eine Weltmissionierung anstreben, gelten.

Eine Unzuverlässigkeit der Antragstellerin kann auch nicht daraus hergeleitet werden, daß es sich bei den zu vermittelnden Au-pairs um junge Personen handelt, die besonders schutzbedürftig seien. Sofern sie volljährig sind, sind sie aktiv und passiv wahlberechtigt und besitzen alle sonstigen staatsbürgerlichen Rechte und Pflichten, so daß der Gesetzgeber für diese Personen offensichtlich von der notwendigen Reife ausgeht, alle Lebensumstände in eigener Verantwortung zu meistern. Minderjährige Au-pairs sind durch ihre gesetzlichen Vertreter in ausreichendem Maße geschützt.

Die Antragstellerin ist auch nicht deshalb unzuverlässig, weil sie die Arbeitsvermittlung nur als Strohmann der Scientology Church betreiben würde. Die Zuverlässigkeit muß grundsätzlich in der Person des Antragstellers oder Verantwortlichen vorliegen. Gilt der Antragsteller jedoch als sogenannter Strohmann für einen Hintermann, so ist auf den Hintermann abzustellen.

Ein Strohmann ist immer dann gegeben, wenn seine Tätigkeit von einem Hintermann gelenkt und gesteuert wird und der Strohmann selbst nur seinen Namen zur Verfügung stellt. Ein Strohmann ist dann unzuverlässig, wenn sein Hintermann unzuverlässig ist, denn die Unzuverlässigkeit des Strohmanns ist bereits deswegen gegeben, weil er einem unzuverlässigen Hintermann die gewerbliche Betätigung ermöglicht (Knigge/Ketelsen/Marschall/Wissing, aaO, § 23 Rdnr. 30). Es ist nicht erkennbar, daß die Antragstellerin lediglich als Strohmann der Scientology Church auftritt, so daß auch dieser Gesichtspunkt der Zuverlässigkeit der Antragstellerin nicht entgegensteht.

90

1. **Aufgrund der Regelung in § 2 Nr. 4 KirchStG.DDR konnte eine Religionsgesellschaft die Rechtsstellung einer Körperschaft des öffentlichen Rechts im Land Berlin nicht erwerben.**

2. **Zu den Voraussetzungen für die Verleihung der Rechte einer Körperschaft des öffentlichen Rechts auf Antrag gemäß Art. 140 GG/ Art. 137 Abs. 5 Satz 2 WRV und zu den Grenzen der staatlichen Prüfungsbefugnis.**

Art. 140 GG, 137 WRV, 9 Abs. 5 Einigungsvertrag; §§ 2, 3 KirchStG.DDR
OVG Berlin, Urteil vom 14. Dezember 1995 – OVG 5 B 20.94[1] –

Die Klägerin – in religiöser Hinsicht ein Zweig der Watch Tower Bible and Tract Society of Pennsylvania mit Sitz in Brooklyn N.Y., USA – ist aus der „Religionsgemeinschaft der Zeugen Jehovas in der DDR" hervorgegangen und hat ihren Sitz in Berlin. Sie begehrt in erster Linie die Feststellung, daß sie Körperschaft des öffentlichen Rechts ist, hilfsweise die Verpflichtung des Beklagten, ihr diese Rechtsstellung im Land Berlin zu verleihen.

Die Gemeinschaft der Zeugen Jehovas ist in Deutschland seit 1897 in organisierter Weise tätig, und zwar zunächst unter dem Namen „Bibelforscher". Im Jahre 1927 wurde sie beim Amtsgericht Magdeburg als „Internationale Bibelforscher-Vereinigung, Deutscher Zweig, e. V." eingetragen. Durch Verfügung des Ministers des Innern vom 24. 6. 1933 wurde sie im Land Preu-

---

[1] Amtl. Leitsätze. NVwZ 1996, 478; AkKR 165 (1996), 241; ZevKR 41 (1996), 223. Nur LS: KuR 1996, 253. Die Nichtzulassungsbeschwerde der Klägerin wurde zurückgewiesen; BVerwG, Beschluß vom 3. 6. 1996 – 7 B 117.96 – NVwZ 1996, 998.
Vgl. zu diesem Fragenkreis auch OVG Berlin NVwZ 1997, 396; BVerwG NJW 1997, 2396.

ßen verboten und am 24. 1. 1936 vom Amtsgericht Magdeburg von Amts wegen im Vereinsregister gelöscht. Im September 1945 gründete sie sich neu und wurde am 22. 9. 1945 erneut in das Vereinsregister beim Amtsgericht Magdeburg eingetragen. 1946 benannte sie sich um in „Jehovas Zeugen, Internationale Bibelforscher-Vereinigung, Deutscher Zweig, e. V.".
Mit Verfügung vom 31. 8. 1950 ordnete der Innenminister der DDR an, daß die Gesellschaft „Jehovas Zeugen" und deren in der Gesellschaft bestehende Verwaltung mit Wirkung vom gleichen Tage aus der Liste der erlaubten Religionsgemeinschaften im Bereich der DDR und in Groß-Berlin zu streichen seien. Der Klägerin wurde mitgeteilt, daß jede Tätigkeit der Religionsgemeinschaft damit untersagt und strafbar sei.

Im Januar 1990 beantragten die Zeugen Jehovas in der DDR bei dem Ministerrat der DDR – Amt für Kirchenfragen –, sie wieder als Religionsgemeinschaft anzuerkennen. Der Ministerrat übersandte ihnen daraufhin unter dem 14. 3. 1990 eine Urkunde folgenden Wortlauts:

„Staatliche Anerkennung
Die ‚Religionsgemeinschaft der Zeugen Jehovas in der DDR' mit Sitz in Berlin, Hauptstadt der Deutschen Demokratischen Republik, ist staatlich anerkannt.
Mit der staatlichen Anerkennung ist die Religionsgemeinschaft rechtsfähig und legitimiert, auf der Grundlage des Artikels 39 (2) der Verfassung der DDR ihre Tätigkeit auszuüben."

Nach der Wiedervereinigung änderte die Religionsgemeinschaft der Zeugen Jehovas in der DDR ihren Namen in „Religionsgemeinschaft der Zeugen Jehovas in Deutschland". Die Klägerin ist in den neuen Bundesländern mit z. Zt. 257 Gemeinden vertreten. Sie ist für die organisatorische und religiöse Leitung des Werkes der Zeugen Jehovas in der ehemaligen DDR zuständig. Im Land Berlin bestehen derzeit 76 Gemeinden; an der Abendmahlsfeier am 6. 4. 1993 haben nach ihren Angaben 10 846 Personen teilgenommen.

Mit Schreiben vom 23. 10. 1990 erbat die Klägerin unter Hinweis auf Anlage II zum Einigungsvertrag, Kapitel IV Abschnitt I Ziff. 5 und § 2 des Kirchensteuergesetzes der DDR – KirchStG.DDR – die Bestätigung ihrer Rechtsstellung als Körperschaft des öffentlichen Rechts. Mit Schreiben vom 8. 4. 1991 beantragte sie hilfsweise die Verleihung der Körperschaftsrechte nach Art. 140 GG i. V. m. Art. 137 Abs. 5 Satz 2 WRV.

Mit Bescheid vom 20. 4. 1993 lehnte der Beklagte nach vorheriger Anhörung der Klägerin deren Antrag auf Verleihung der Körperschaftsrechte ab. Zur Begründung führte er im wesentlichen aus: Die Zeugen Jehovas seien unstreitig eine Religionsgemeinschaft, der die grundgesetzlich garantierte Religionsfreiheit zustehe. Der Rechtsstatus einer Körperschaft des öffentlichen Rechts verlange jedoch begriffsnotwendig ein Mindestmaß an unmittelbarer

Bejahung staatlicher Formation und hoheitlicher Gewaltausübung, ohne daß dies bedeute, mit dem Staat in allen seinen Ausformungen und Handlungsweisen konform gehen zu müssen. Das tendenziell negative Staatsverständnis der Zeugen Jehovas bewege sich zwar im Rahmen der Religionsfreiheit, stehe jedoch zu einer mit dem Status der Körperschaft des öffentlichen Rechts und damit zu einem im weitesten Sinne Teil staatlicher Trägerschaft in Widerspruch. Es bestünden Zweifel an der Beachtung der Bedeutung des in Art. 20 GG verankerten Demokratiegebotes im Innenverhältnis wie auch im Verhältnis zum Gemeinwesen. Die generelle und strikte Ablehnung einer Mitwirkung am politischen Willensbildungsprozeß widerspreche den elementaren Prinzipien der demokratischen Grundordnung. Im übrigen bestehe kein Mindestmaß an „positiver Toleranz" gegenüber anderen Glaubensformationen. Auf die „staatliche Anerkennung", die der Ministerrat der DDR am 14. 3. 1990 ausgesprochen habe, lasse sich weder ein − schon eingeräumter − Status einer Körperschaft des öffentlichen Rechts im Sinne von Art. 140 GG/ Art. 137 Abs. 5 WRV herleiten noch ein Anspruch darauf, die Rechte gemäß diesen Verfassungsbestimmungen verliehen zu bekommen; denn der Rechtsstatus einer selbständigen rechtsfähigen Religionskörperschaft sei dem Verfassungsrecht der DDR unbekannt gewesen. Auch aus dem Übergangsrecht des Einigungsvertrages ergebe sich für die Zeugen Jehovas keine Statusverbesserung. Die Gesetzgebungshoheit über das Kirchenrecht falle nach der grundgesetzlichen Kompetenzverteilung den Ländern zu. Für das Kirchensteuerrecht regele Art. 9 Abs. 5 EV ausdrücklich, daß dieses nur in den in Art. 1 Abs. 1 EV genannten (neuen) Bundesländern, nicht aber in Berlin als Landesrecht fortgelte.

Mit ihrer Klage hat die Klägerin ihr Begehren auf Feststellung des Körperschaftsstatus, hilfsweise auf Verleihung der Körperschaftsrechte weiterverfolgt. Sie hat geltend gemacht, daß sie den Körperschaftsstatus noch in der damaligen DDR mit Inkrafttreten des KirchStG.DDR am 29. 9. 1990 erlangt habe. Das ergebe sich daraus, daß sie als eine andere Religionsgemeinschaft im Sinne des § 2 Nr. 4 KirchStG.DDR mit den gleichen Rechten wie die enumerativ genannten Kirchen ausgestattet sei, denen sie aufgrund der förmlichen Anerkennung durch den Ministerrat der DDR gleichgestellt sei. Dieser − noch vor der Wiedervereinigung erlangte − Rechtsstatus gelte in der Bundesrepublik fort. Im übrigen erfülle sie auch die Voraussetzungen für eine Neuerlangung der Rechtsstellung einer Körperschaft des öffentlichen Rechts. Sie sei eine Religionsgemeinschaft im Sinne des Art. 137 Abs. 5 WRV, die, wie ihre missionarische Tätigkeit seit 1897, ihre finanzielle Ausstattung sowie die Anzahl ihrer Mitglieder in Berlin und im gesamten Bundesgebiet belegten, auch die Gewähr der Dauer biete. An weitere Voraussetzungen sei der Anspruch aus Art. 140 GG/Art. 137 Abs. 5 WRV nicht geknüpft. Im übrigen erhebe der Beklagte zu Unrecht den Vorwurf, sie habe ein negatives Staatsverständnis. Sie befürworte lediglich die Trennung von Staat und Kirche und sei – wie die großen christlichen Kirchen auch – der Auffassung, daß Christen ihren Blick auf das „Kommen des Königreiches Gottes" zu richten hätten.

Das Verwaltungsgericht[2] hat die Klage hinsichtlich des Hauptantrages abgewiesen und den Beklagten auf den Hilfsantrag verpflichtet, der Klägerin die Rechtsstellung einer Körperschaft des öffentlichen Rechts im Land Berlin zu verleihen.

Gegen dieses Urteil wenden sich die Beteiligten mit ihren Berufungen.

Die Klägerin trägt zur Begründung ihrer gegen die Abweisung des Feststellungsantrages eingelegten Berufung vor: Im Gegensatz zur Darstellung des Verwaltungsgerichts habe sie nie behauptet, daß sie allein aufgrund der staatlichen Anerkennung vom 14. 3. 1990 den Körperschaftsstatus erlangt habe. Dies sei vielmehr durch das KirchStG.DDR geschehen. Die staatsvertraglich von der Bundesrepublik durch den Einigungsvertrag anerkannte Verleihung von Körperschaftsrechten, die von der DDR nicht lediglich durch einfachen Verwaltungsakt (so Art. 140 GG/Art. 137 Abs. 5 Satz 2 WRV), sondern durch Legislativakt erfolgt sei (§ 2 KirchStG.DDR), sei für die in § 2 Nrn. 1 und 2 enumerativ aufgeführten Gliederungen der evangelischen Kirche und der katholischen Kirche ein Erfordernis gewesen, denn sie hätten im Gegensatz zur Auffassung des Verwaltungsgerichts diesen Status nach dem Beitritt der DDR nicht automatisch aufgrund von Art. 140 GG/Art. 137 Abs. 5 Satz 1 WRV, sondern allenfalls durch Antragstellung gemäß Art. 137 Abs. 5 Satz 2 WRV erlangen können. Nach Abs. 5 Satz 1 dieser Norm blieben Religionsgesellschaften Körperschaften des öffentlichen Rechts nur, soweit sie dies bisher gewesen seien. Die in § 2 Nrn. 1 und 2 KirchStG.DDR genannten Kirchen seien dies weder bisher in der DDR noch wegen anders gearteter Kirchenstrukturen in der DDR bei Inkrafttreten des Grundgesetzes oder der Weimarer Reichsverfassung gewesen. Die Auffassung des Verwaltungsgerichts, unter Religionsgesellschaften im Sinne von § 2 Nr. 4 KirchStG.DDR seien nur solche zu verstehen, denen die Körperschaftsrechte auf Antrag nach § 3 des betreffenden Gesetzes neu verliehen worden seien, sei schon deshalb nicht haltbar, weil Nr. 4 des § 2 dann leerliefe. Es spreche vielmehr alles dafür, daß bei Inkrafttreten des KirchStG.DDR „gleiche Rechte" im Sinne dieser Vorschrift allen nach dem Recht der DDR staatlich anerkannten Religionsgemeinschaften zugekommen seien, daß also mit dieser Bestimmung allen diesen Religionsgemeinschaften die Rechte einer Körperschaft des öffentlichen Rechts verliehen worden seien. Verstehe man § 2 Nr. 4 KirchStG.DDR in

---

[2] VG Berlin, KirchE 31, 475.

diesem Sinne als Verleihung von Körperschaftsrechten an alle in der DDR staatlich anerkannten Religionsgemeinschaften, dann fielen hierunter auch die Zeugen Jehovas. Mit dem Beitritt der DDR zur Bundesrepublik und mit Inkrafttreten des Grundgesetzes sei der durch § 2 KirchStG.DDR verliehene Körperschaftsstatus zu einem vollen – verfassungskräftigen – Körperschaftsstatus erstarkt mit der Folge, daß er nur noch unter den sehr eingeschränkten Voraussetzungen entzogen werden könne, die allgemein für den Körperschaftsstatus gälten. Daran ändere nichts, daß das KirchStG.DDR im Land Berlin nicht fortgelte.

Zur Stützung ihrer Rechtsauffassung beruft sich die Klägerin auf ein „Rechtsgutachten zum Rechtsstatus der Religionsgemeinschaft der Zeugen Jehovas in Deutschland als öffentlich-rechtliche Körperschaft" von Rechtsanwalt Prof. Dr. Hermann Weber, Frankfurt am Main, vom 22. 8. 1995.

Der Beklagte meint, daß die Berufung der Klägerin gegen das Urteil des Verwaltungsgerichts keinen Erfolg haben könne, da sie den Zusammenhang zwischen staatlichen Maßnahmen der DDR kurz vor dem Beitritt und die verfassungsrechtlichen Vorgaben des Staatskirchenrechts der Bundesrepublik Deutschland verkenne. Eine „automatische" Anerkennung nach § 2 Nr. 4 KirchStG.DDR als „andere Religionsgemeinschaft" mit gleichen Rechten scheide aus, da die Klägerin mit den enumerativ aufgezählten Gemeinschaften, die seit langem in den alten Bundesländern als Religionskörperschaften anerkannt seien, nicht vergleichbar sei. Weder die amtlichen Erläuterungen noch andere Anhaltspunkte sprächen dafür, daß sämtliche staatlichen „Anerkennungen" des Ministerrates aus der Übergangszeit für eine Gleichstellung mit den altkorporierten Kirchen hätten ausreichen sollen.

Der Beklagte begründet seine gegen den stattgebenden Teil des verwaltungsgerichtlichen Urteils eingelegte Berufung wie folgt:

Das Urteil beruhe auf einer zu engen Auslegung des Begriffs der Rechtstreue als ungeschriebene Verleihungsvoraussetzung und einer fehlenden Würdigung des repressiven Charakters der Klägerin.

Der Verfassungsanspruch aus Art. 137 Abs. 5 WRV sei mit kollidierenden Grundrechten Dritter und gleichrangigen Verfassungswerten in Ausgleich zu bringen, denn auch schrankenlos garantierte Rechte fänden ihre immanenten Schranken in entgegenstehenden Verfassungsrechten. Die danach gebotene Abwägung habe nach dem Grundsatz der Einheit der Verfassung unter Berücksichtigung des gesamten Wertesystems des Grundgesetzes zu erfolgen, wobei notwendig auch von der Glaubenspraxis der Religionsgemeinschaft insoweit Kenntnis zu nehmen sei, als diese Grundrechte Dritter oder entgegenstehende Rechtswerte von Verfassungsrang beeinträchtige. Mit einer solchen Abwägung werde die verfassungsimmanente Schranke der Freiheit des Glaubens gezogen; über den Inhalt des Glaubens werde damit kein – unzulässiges – Werturteil gesprochen.

Umfang und Bedeutung der durch die Kooperation zur Verfügung gestellten Rechte und Privilegien, bedingten einen dahingehenden verfassungsimmanenten Vorbehalt, daß ein Recht auf Anerkennung für solche Religionsgemeinschaften bestehe, die nicht die maßgebenden Grundlagen der staatlichen Ordnung prinzipiell ablehnten. Hierbei handele es sich um ein selbstverständliches Erfordernis, das keiner ausdrücklichen Erwähnung im Gesetz bedurft habe. Es könne dem Staat nicht zugemutet werden, eine Vereinigung zu subventionieren, die ihm den Kampf angesagt habe.

Nicht zuletzt die Entstehungsgeschichte des Art. 140 GG bestätige die herrschende Meinung, nach der Art. 137 WRV keine *selbständigen* „Kirchengrundrechte" konstituiere. Nach Auffassung der Literatur hätten Ansprüche aus Art. 137 WRV nur grundrechtsähnliches Gewicht, soweit ihre Verletzung zugleich eine Beeinträchtigung der Freiheit des Glaubens und der Glaubensausübung i. S. von Art. 4 Abs. 1 und 2 GG beinhalte. Die Orgamisationsform einer Religionsgesellschaft sei über den Garantiegehalt von Art. 4 Abs. 1 und 2 GG jedoch nur insoweit gewährleistet, als sie in der Möglichkeit einer irgendwie gearteten rechtlichen Existenz einschließlich der Teilnahme am allgemeinen Rechtsverkehr bestehe, nicht aber als Anspruch auf eine bestimmte Rechtsform.

Die Religionsgemeinschaft der Zeugen Jehovas beeinträchtige grundgesetzlich geschützte Individual- und Gemeinschaftswerte. Hierzu führt der Beklagte unter Hinweis auf zahlreiche Unterlagen, darunter auch solche der Klägerin, beispielhaft auf:
- Die Zeugen Jehovas böten das Bild eines „totalitären Zwangssystems"; bei ihnen herrsche ein Gruppenzwang und ein Anpassungsdruck, der nach innen und außen unter allen Umständen aufrechterhalten werde.
- Die Glaubensgemeinschaft der Klägerin diskreditiere das Demokratieprinzip, eines der grundlegenden Strukturprinzipien der Bundesrepublik Deutschland, etwa durch das Verbot des aktiven und passiven Wahlrechts bei Strafe des Gemeinschaftsverlustes oder durch das Verbot der Wahrnehmung von Feiertagen oder Nationalsymbolen.
- Die Glaubensgemeinschaft der Klägerin fördere separatistische Tendenzen innerhalb der Familie, insbesondere bei der Kindererziehung. Nicht nur dadurch würden Art. 2 Abs. 2 und Art. 6 Abs. 1 und 2 GG verletzt, sondern auch durch die strikte Verweigerung von Bluttransfusionen bei Kindern und Neugeborenen.
- Die Zeugen Jehovas lehnten andere Religionsgemeinschaften bis hin zum vollständigen Verbot des Kontaktes mit Andersgläubigen strikt ab und verweigerten jegliche interkonfessionelle Zusammenarbeit oder Abstim-

Körperschaft des öffentlichen Rechts 555

mung; dem Gedanken einer pluralistischen Meinungsbildung stünden sie extrem ablehnend gegenüber.
– Die minutiös geregelten Aufwandsentschädigungen betreffend die Arbeitsleistungen für die Wachtturm-Gesellschaft widersprächen sämtlichen Grundgedanken des Arbeits- und Sozialrechts.

Die Klägerin führt aus: Die Versagung der Verleihung von Körperschaftsrechten an eine Religionsgesellschaft werde allgemein nur dann für zulässig erachtet, wenn diese sich – aktiv – gegen die verfassungsmäßige Ordnung des Grundgesetzes richte (Art. 9 Abs. 2 GG); das treffe auf sie nicht zu. Sie greife in keiner Weise in grundgesetzlich geschützte Interessen Dritter ein. Ihre Glaubensinhalte und deren Anwendung in der Praxis entsprächen der geforderten Rechtstreue. Und schließlich gewährleiste sie die Freiwilligkeit und Eigenverantwortlichkeit ihrer Mitglieder. Darüber hinausgehend dürfe ihre – vom Beklagten im übrigen verfälscht dargestellte – Glaubenspraxis nicht Gegenstand der Prüfung im Anerkennungsverfahren sein. Der Versuch des Beklagten, neue Kriterien und Anforderungen für die Zulassung von Religionsgesellschaften als Körperschaften des öffentlichen Rechts aufzustellen, stelle einen Verstoß gegen Art. 140 GG dar.

Zu den vom Beklagten konkret erhobenen Vorwürfen nimmt die Klägerin unter anderem wie folgt Stellung:
– Das Wahlrecht werde ihren Mitgliedern weder vorenthalten noch entzogen. Falls der einzelne Zeuge Jehovas sich entschließe, entgegen seinem religiösen Verständnis an einer Wahl teilzunehmen, werde niemand ihn daran hindern.
– Da die Prinzipien der Freiwilligkeit und Eigenverantwortlichkeit zu den elementaren Grundsätzen der Heiligen Schrift gehörten, prägten diese auch das Selbstverständnis der Zeugen Jehovas.
– Ehe und Familie seien auch nach ihrer Auffassung die Keimzelle jeder menschlichen Gesellschaft; sie zu schützen und zu unterstützen sei ihr Anliegen. Das gelte auch für gemischt-religiöse Ehen.
– Hinsichtlich der Kindererziehung weist die Klägerin darauf hin, daß es zu den verfassungsmäßigen Rechten der Eltern auch gehöre, Kinder nach ihren Vorstellungen religiös zu erziehen. Die Zeugen Jehovas schrieben den Eltern nicht vor, wie sie ihre Kinder zu erziehen hätten.
– Was die Verweigerung von Bluttransfusionen anbelange, so wendeten die Zeugen Jehovas in Ausübung des Grundrechts auf Glaubens- und Bekenntnisfreiheit den biblischen Grundsatz aus Apostelgeschichte Kap. 15 Verse 19, 20 und 29 an, in denen dazu aufgefordert werde, sich des Blutes zu enthalten. Soweit hiervon nicht selbst entscheidungsfähige Kinder betroffen seien, nähmen es die Eltern in Kauf, daß die staatliche Rechtsord-

nung die von ihnen verweigerte Einwilligung ersetze und damit die medizinisch für notwendig erachtete Maßnahme durchsetze.
- Sie negiere schließlich auch nicht die Grundsätze des Arbeits- und Sozialrechts. Weder sie noch die Wachtturm-Gesellschaft schlössen Arbeitsverträge; dem biblischen Vorbild folgend bediene sie sich ausschließlich freiwilliger Mitarbeit, was ihr als Religionsgemeinschaft nach der Rechtsprechung des Bundesverfassungsgerichts freistehe. Die Anschuldigungen des Beklagten beträgen im übrigen nicht sie selbst, sondern die relativ kleine Gruppe der ordensähnlichen Gemeinschaft der Sondervollzeitdiener, für deren Krankenschutz die Wachtturm-Gesellschaft Sorge trage.

Der Senat weist beide Berufungen zurück.

Aus den Gründen:

Die Berufungen der Beteiligten sind unbegründet. Das Verwaltungsgericht hat zu Recht entschieden, daß die Klägerin nicht Körperschaft des öffentlichen Rechts im Sinne von Art. 140 GG/Art. 137 Abs. 5 WRV ist (I.), aber vom beklagten Land Berlin verlangen kann, daß ihr diese Rechtsstellung verliehen wird (II.).

I. Die Beteiligten gehen zu Recht davon aus, daß die Klägerin die Rechtsstellung einer Körperschaft des öffentlichen Rechts weder nach der genannten Verfassungsbestimmung noch durch die „Staatliche Anerkennung" seitens des Ministerrats der DDR im März 1990 erlangt hat. Sie könnte diese Rechtsstellung mithin allenfalls aufgrund des zusammen mit dem Einigungsvertrag – EV – am 29. 9. 1990 in Kraft getretenen Kirchensteuergesetzes der DDR („Gesetz zur Regelung des Kirchensteuerwesens", Anlage II Kapitel IV Abschnitt I Nr. 5 EV, BGBl. II S. 1194) – KirchStG.DDR – erworben haben. Das ist entgegen der Auffassung der Klägerin indessen nicht der Fall.

§ 1 KirchStG.DDR berechtigt Religionsgesellschaften zur Erhebung von Kirchensteuern, wenn sie Körperschaften des öffentlichen Rechts sind. Nach § 2 des Gesetzes *sind* Körperschaften bestimmte Gliederungen der evangelischen und katholischen Kirche (Nrn. 1 und 2) sowie die jüdischen Kultusgemeinden (Nr. 3); Nr. 4 bezeichnet als Körperschaften des öffentlichen Rechts ferner „andere Religionsgesellschaften, die die gleichen Rechte haben". Nach § 3 KirchStG.DDR schließlich können – entsprechend Art. 137 Abs. 5 Satz 2 WRV – Religionsgesellschaften *auf Antrag* die Rechte einer Körperschaft des öffentlichen Rechts erwerben, wenn sie durch ihre Verfassung und die Zahl ihrer Mitglieder die Gewähr der Dauer bieten.

Die Zeugen Jehovas haben es in der Vergangenheit aus Glaubensgründen stets abgelehnt, „bei einer weltlichen Instanz" um die Verleihung von Körperschaftsrechten nachzusuchen (vgl. hierzu auch BVerfGE 19, 129 [134][3]). Da auch die Klägerin einen entsprechenden Antrag zu keiner Zeit gestellt hat, könnte sie diese Rechtsstellung allenfalls auf der Grundlage des § 2 Nr. 4 KirchStG.DDR kraft Gesetzes erlangt haben. Das setzte voraus, daß der Regelung des § 2 KirchStG.DDR in bezug auf den Körperschaftsstatus rechtsbegründender Charakter zukäme. Für einen dahingehenden gesetzgeberischen Willen bedürfte es allerdings angesichts der Tragweite der Rechtsfolgen eines solchen konstitutiven Legislativaktes deutlicher Anhaltspunkte. Daran fehlt es.

Systematik und Begründung des Gesetzes belegen vielmehr, daß die Regelung des § 2 KirchStG.DDR insgesamt auf solche Bekenntnisgemeinschaften abzielt, die bereits vor der Staatsgründung der DDR bzw. vor der (offiziellen) Aufhebung der aus der Weimarer Zeit stammenden staatskirchenrechtlichen Ordnung durch die Verfassung der DDR von 1968 körperschaftlich verfaßt und anerkannt waren (sog. Altkorporierte) oder die die gleichen Rechte auf Antrag nach § 3 KirchStG.DDR künftig erwerben werden, ihr mithin lediglich deklaratorischer Charakter zukommen sollte. Denn während § 2 Nr. 1 bis 3 KirchStG.DDR diejenigen Religionsgesellschaften, die Körperschaften des öffentlichen Rechts sein sollen, im einzelnen bezeichnet und es sich bei ihnen zudem um solche handelt, die zumindest noch unter Geltung der Reichsverfassung von 1919 Körperschaften waren, trifft die gleiche Vorschrift in Nr. 4 keine nähere Bestimmung darüber, welche „andere(n) Religionsgesellschaften, die die gleichen Rechte haben" mit Körperschaftsrechten ausgestattet werden sollen. In den „Erläuterungen zu den Anlagen des Einigungsvertrages" (BT-Drucks. 11/7817, S. 126) heißt es hierzu lediglich:

„Mit der Wiedereinführung eines Kirchensteuergesetzes wird an die Verfassung der Deutschen Demokratischen Republik von 1949 und an eine gesamtdeutsche Verfassungstradition angeknüpft ...
Für den Bereich der Evangelischen Kirchen und der Katholischen Kirche wird auf der Grundlage der in der Deutschen Demokratischen Republik bestehenden Organisationsstrukturen enumerativ aufgezählt, welche Gliederungen Körperschaften des öffentlichen Rechts sind. Neben den Landeskirchen und Diözesen (Bistümern) zählen dazu jeweils auch die örtlichen Kirchengemeinden und deren überregionale Zusammenschlüsse. Körperschaften des öffentlichen Rechts sind grundsätzlich auch die jüdischen Kultusgemeinden.
Andere Religionsgesellschaften können auf Antrag (§ 3) den Status einer Körperschaft des öffentlichen Rechts erlangen, wenn sie nach ihrer Verfassung und nach der Zahl der Mitglieder eine Gewähr für den dauerhaften Bestand der Körperschaft bieten."

Dafür, daß mit „anderen Religionsgesellschaften", wie die Klägerin reklamiert, diejenigen gemeint gewesen wären, die noch vor der Wiedervereinigung vom Ministerrat der DDR staatlich anerkannt worden waren, gibt es demnach weder im Gesetz selbst noch in dessen Begründung Anhaltspunkte.

---

[3] KirchE 7, 242.

Im übrigen kann schwerlich angenommen werden, daß durch ein Gesetz, das lediglich die Voraussetzungen für die Erhebung von Kirchensteuern schon für das Jahr 1991 in den neuen Bundesländern schaffen sollte, Religionsgesellschaften ein Rechtsstatus hat verliehen werden sollen, der nach dem Recht der noch bestehenden DDR nicht gegeben war, vielmehr erst mit ihrem Untergang hat wirksam werden sollen (vgl. hierzu: Renck, Zum Körperschaftsstatus der Bekenntnisgemeinschaften in den neuen Bundesländern, LKV 1993, 374, und Spliesgart, Die Einführung der Kirchensteuer in den neuen Bundesländern, NVwZ 1992, 155). Das gilt umso mehr, als die Verleihung von Körperschaftsrechten durch Legislativakt – zumal an nicht näher bezeichnete und früher privatrechtlich organisiert tätige Bekenntnisgemeinschaften – dem Grundverständnis des Staatskirchenrechts, insbesondere der verfassungsrechtlichen Gewährleistung des kirchlichen Selbstbestimmungsrechts widerspräche. Denn wie es im Ermessen der betreffenden Religionsgesellschaft steht, die Organisationsform des rechtsfähigen oder nichtrechtsfähigen Vereins zu wählen, so steht es ihr auch frei, ob sie die Rechtsstellung einer Körperschaft des öffentlichen Rechts erwerben will (BVerfGE 19, aaO). Selbst wenn aber die Klägerin auf der Grundlage des § 2 KirchStG.DDR den Status einer Körperschaft des öffentlichen Rechts erworben hätte, so hätte sie diesen Status jedenfalls nicht im Land Berlin. Denn durch Art. 9 Abs. 5 in Verbindung mit Art. 1 Abs. 1 EV ist ausdrücklich bestimmt, daß das von der DDR als gesetzgebender Körperschaft erlassene Kirchensteuerrecht (nur) in den fünf neuen Bundesländern als Landesrecht fortgilt. Infolgedessen können etwaige Verleihungsakte durch oder auf der Grundlage dieses Gesetzes der DDR sich nicht auf das Land Berlin erstrecken.

II. Die Klägerin hat jedoch Anspruch darauf, daß der Beklagte ihr Körperschaftsrechte verleiht; denn sie erfüllt die gemäß Art. 140 GG/137 Abs. 5 Satz 2 WRV dafür erforderlichen Voraussetzungen.

1. Art. 137 Abs. 5 Satz 1 WRV bestimmt, daß Religionsgesellschaften Körperschaften des öffentlichen Rechts bleiben, soweit sie solche bisher waren (das trifft beispielsweise auf die evangelischen Landeskirchen, die Bistümer der katholischen Kirche oder die israelitischen Kultusgemeinden zu). Nach Art. 137 Abs. 5 Satz 2 WRV sind „andere Religionsgesellschaften" auf Antrag die gleichen Rechte zu gewähren, „wenn sie durch ihre Verfassung und die Zahl ihrer Mitglieder die Gewähr der Dauer bieten" (auf dieser verfassungsrechtlichen Grundlage hat das Land Berlin in der Vergangenheit z. B. der Heilsarmee, der Neuapostolischen Kirche, der Gemeinschaft der Siebenten-Tags-Adventisten, Christian Science und der Kirche Jesu Christi der Heiligen der letzten Tage [Mormonen] Körperschaftsrechte verliehen).

Art. 137 WRV ist – neben weiteren Artikeln der Weimarer Reichsverfassung, die das Verhältnis des Staates zu den Religionsgesellschaften zum Gegenstand haben – durch Art. 140 GG zum Bestandteil des Grundgesetzes erklärt worden; die Weimarer Kirchenartikel sind damit Verfassungsrecht geworden und stehen gegenüber anderen Artikeln des Grundgesetzes nicht auf einer Stufe minderen Rechts (vgl. BVerfGE 19, 206 [219] [4]).

Die in Art. 137 Abs. 5 Satz 2 WRV verwendeten Begriffe „ihre Verfassung", „Zahl ihrer Mitglieder" und „Gewähr der Dauer" sind unbestimmte Rechtsbegriffe, deren Anwendung durch die Behörde in vollem Umfang gerichtlich nachprüfbar ist (vgl. OVG Berlin, Urteil vom 17. 4. 1969 – OVG 5 B 6.67 – in OVGE 10, 105 [106 m. w. N.]). Bei ihrer Auslegung muß – wie bei der Interpretation der inkorporierten Artikel der WRV generell – davon ausgegangen werden, daß sie in jener Gestalt übernommen werden sollten, die sie am Ende der Weimarer Zeit legitimerweise gefunden haben (vgl. Maunz/Dürig/Herzog, GG, Rdnr. 8 zu Art. 140; Hollerbach, Die verfassungsrechtlichen Grundlagen des Staatskirchenrechts, in: HdbStKirchR, Bd. 1, S. 215 [229]).

Danach ist unter einer *Religionsgesellschaft* der „Zusammenschluß von Personen mit gemeinsamen Auffassungen von Sinn und Bewältigung des menschlichen Lebens" zu verstehen, der einen gemeinsamen religiösen „Konsens in umfassender Weise bezeugt" (vgl. Obermayer, Bonner Kommentar [Zweitbearbeitung], Art. 140 GG, Rdnr. 43). Durch diese umfassende Zielsetzung unterscheiden sich die Religionsgesellschaften von den religiösen Vereinen und Zusammenschlüssen, die der „gemeinsamen Pflege partieller religiöser Aufgaben" dienen.

Unter dem Begriff „*Verfassung*", den Art. 137 Abs. 5 Satz 2 WRV seinem Wortlaut nach neben der Zahl der Mitglieder zum alleinigen Maßstab für die Prüfung der Gewähr der Dauer macht, ist nicht nur die satzungsmäßige Organisation, sondern der tatsächliche und gesicherte Gesamtzustand der Gemeinschaft zu verstehen (sog. qualitativer Gesamtzustand); denn die Zahl der Mitglieder und ein Organisationsstatut allein lassen keine zureichende Prognose in bezug auf das Moment der Dauer zu (vgl. OVG Berlin, aaO, S. 107; vgl. ferner: Weber, Die Verleihung der Körperschaftsrechte an Religionsgemeinschaften, in: ZevKR 34 (1989), S. 337 ff. [350]; Held, Die kleinen öffentlich-rechtlichen Religionsgemeinschaften im Staatskirchenrecht der Bundesrepublik, 1974, S. 116 ff.; Müller, Die Gewährung der Rechte einer Körperschaft des öffentlichen Rechts an Religionsgesellschaften gemäß Art. 137 Abs. 5 Satz 2 WRV, in: ZevKR 2 [1952/53], S. 138 [159]).

Eine hinreichende rechtliche Organisation ist danach eine zwar notwendige, aber nicht ausreichende Bedingung für die Erwartung eines dauerhaften Be-

---

[4] KirchE 7, 338.

standes. Wenn für die Gewähr der Dauer maßgebend auch auf die Verfassung der um die Korporation nachsuchenden Religionsgesellschaft abgestellt wird, soll damit allerdings dem Staat kein Bestimmungsrecht über deren innere Organisation eingeräumt werden; dies widerspräche Art. 137 Abs. 3 Satz 1 WRV. Der Staat kann deshalb nicht wie etwa von den Ländern, Kreisen und Gemeinden (Art. 28 Abs. 1 GG) oder von den politischen Parteien (Art. 21 Abs. 1 Satz 2 GG) fordern, daß ihre innere Ordnung demokratischen Grundsätzen entspricht. Er kann nur eine Verfassung verlangen, die ein Mindestmaß an innerer Ordnung schafft, also vor allem die Vertretung nach außen regelt, und die durch die Organe Gewähr dafür bietet, daß im gesamten Wirken der Religionsgesellschaft die Schranken der Rechtsordnung eingehalten werden (vgl. Friesenhahn, Die Kirchen als Körperschaften des öffentlichen Rechts, in: HdbStKirchR, Bd. 1, S. 556).

Zur Erwartung eines dauerhaften Bestandes gehören ferner eine ausreichende Finanzausstattung der Religionsgesellschaft, damit sie ihren vielfältigen finanziellen Verpflichtungen nachkommen kann (vgl. hierzu BVerfGE 66, 1 [24][5]), sowie ein gewisser Zeitraum des Bestehens, da eine neu gegründete Religionsgesellschaft in aller Regel nicht sofort die Gewähr der Dauer bietet; gefordert wird im allgemeinen ein Zeitraum von 30 bis 40 Jahren.

Das Bekenntnis als solches kann nur insoweit in die Prüfung der Verleihungsvoraussetzungen einbezogen werden, als aus ihm Rückschlüsse auf den dauerhaften Bestand der Glaubensgemeinschaft gezogen werden können. Im übrigen hat sich der Staat religiös und weltanschaulich neutral zu verhalten und auf eine Bewertung theologischer Grundlagen zu verzichten.

Soweit der Beklagte in diesem Zusammenhang von „Hoheitsfähigkeit oder -würdigkeit" spricht, die für die Verleihung von Körperschaftsrechten an Religionsgesellschaften über den Wortlaut der Verfassung hinaus zu fordern sei, ist ihm entgegenzuhalten, daß die Weimarer Nationalversammlung dieser – seinerzeit verschiedentlich erhobenen – Forderung eine Absage erteilt hat. Zur Verdeutlichung sei auf einen Wortwechsel zwischen dem seinerzeitigen Reichsinnenminister Dr. Preuß, der den ursprünglichen Entwurf des Art. 137 WRV verfaßt hatte, und dem Abgeordneten Naumann (DDP) hingewiesen: Nachdem Naumann mit Rücksicht auf die steuer- und schulrechtlichen Folgen einer Verleihung die Forderung erhoben hatte, daß die in Frage kommenden Religionsgesellschaften aus dem Stadium der beständig vorhandenen „wolkenartigen Religionsgebilde" herausgekommen und „religiöse Verwaltungsgemeinschaft" geworden sein müßten, dem auf der anderen Seite jedoch der Gedanke fernlag, daß der Körperschaftsbegriff ein Ehrenzeugnis für die Kir-

---

[5] KirchE 21, 307.

che sei („da es keine Staatskirche mehr gibt, so sind alle Nebenkirchen gleicher Ehre"), führte er aus:

„Der Staat darf auf diesem Gebiet nicht eng und kleinlich sein, und insbesondere die Gemeinschaften, die schon vorhanden sind, wie die Methodisten, die Baptisten, die Altlutheraner und, mögen sie heißen, wie sie wollen, brauchen keine neue Schikane oder Hinschleppung mehr zu erleben! Die Zeit, wo kleine Religionsgesellschaften amtlich mißachtet wurden, ist jetzt grundsätzlich vorbei. Da es keine Staatskirche mehr gibt, so sind alle Nebenkirchen gleicher Ehre. Sie wollen in der Republik ihr Recht haben, und das soll man ihnen geben.
Ich frage deshalb den Herrn Regierungsvertreter, ob wir von ihm eine Aussage darüber bekommen können, daß das Recht der öff.Ksch. den bestehenden kleineren Kirchen, den Rgen. und Sekten ... ohne weiteres zuteil werden soll? Ob das seine Auffassung dieses Paragraphen ist? Es ist nicht zu bestreiten: diese kleinen Gemeinschaften sind vielleicht allzu ängstlich, aber das erklärt sich leicht, denn sie sind bisher vielfach schlecht behandelt worden. Sie sind von Staat und Kirche gleichzeitig unfreundlich behandelt worden. Das hat aufzuhören."

Reichsminister Dr. Preuß gab zur Antwort seiner „Überzeugung" Ausdruck, daß „nach dem Gang, den die Verhandlungen im Verfassungsausschuß genommen haben, und nach den Erörterungen hier ... Sinn und Bedeutung dieser Bestimmung für Sekten und Freikirchen nur so aufgefaßt werden können, wie es der Herr Abgeordnete Naumann formuliert hat." (Prot. Bd. 328, S. 1654 f.; zitiert nach Müller, aaO, S. 156 f.)

Die Verfassung macht die Gewährleistung der Dauer ihrem Wortlaut nach ferner von der *Zahl der Mitglieder* der Religionsgesellschaft abhängig. Eine feste Größe läßt sich insoweit nicht festlegen, zumal auch der Mitgliederbestand außerhalb des Verleihungslandes nicht außer acht gelassen werden darf (vgl. OVG Berlin, aaO, S. 111; Held, aaO, S. 120).

Die Klägerin erfüllt die genannten und näher definierten Anforderungen, die die Verfassung an die Korporationsfähigkeit von Religionsgesellschaften stellt. Die Zeugen Jehovas sind seit nahezu 100 Jahren in Deutschland auf vereinsrechtlicher Basis tätig. Sowohl nach ihren Statuten, nach ihren Vermögensverhältnissen als auch nach der Zahl ihrer Mitglieder bietet die Klägerin – insoweit im übrigen auch nach Ansicht des Beklagten – die Gewähr der Dauer. Wegen der Einzelheiten wird zur Vermeidung von Wiederholungen auf die diesbezüglich zutreffenden Darlegungen des Verwaltungsgerichts in dem angefochtenen Urteil (...) Bezug genommen.

Von weiteren Voraussetzungen macht die Verfassung ihrem Wortlaut nach die Verleihung von Körperschaftsrechten nicht abhängig.

Als – ungeschriebene, mit Rücksicht auf den Grundsatz der Einheit der Verfassung allerdings als selbstverständlich anzusehende – weitere Verleihungsvoraussetzung ist das Erfordernis der „*Rechtstreue*" bzw. der „uneingeschränkten Achtung der Rechtsordnung" anerkannt. Denn der Staat ist nicht verpflichtet, einer Religionsgesellschaft Körperschaftsrechte zu verleihen, die sich in erheblichem Umfang gegen die bestehende Rechtsordnung auflehnt oder deren Betätigung mit dem geltenden Recht nicht vereinbar ist. Deshalb ist die Verleihung der Rechtsstellung einer Körperschaft des öffentlichen Rechts an solche Religionsgesellschaften, bei denen die (Vereins-)Verbotsvoraussetzungen des Art. 9 Abs. 2 GG vorliegen, nach allgemeiner Auffassung ausgeschlossen. Anhaltspunkte dafür, daß die Klägerin – wie dies ein solches Verbot voraussetzte – bei der Ausübung ihr zuerkannter Körperschaftsrechte nicht die Gewähr für die Rechtmäßigkeit ihrer Handlungen bieten oder dem Staat in kämpferischer Form aktiven Widerstand leisten wird (vgl. hierzu BVerwGE 37, 344 [358, 361][6]), sind nachdem sie sich in den vergangenen Jahrzehnten weder gezielt strafrechtswidrig noch verfassungsfeindlich betätigt hat, nicht erkennbar und werden (so) auch vom Beklagten nicht behauptet. Mehr aber verlangt die Verfassung in dieser Hinsicht nicht.

2. Soweit der Beklagte darüber hinaus fordert, die um die Korporationsrechte nachsuchende Religionsgesellschaft müsse „in bezug auf das Toleranz- und Demokratiegebot des Grundgesetzes ein Mindestmaß an Bejahung des Staates und der in Art. 20 GG verankerten Elemente einer demokratischen Grundordnung erkennen lassen" – was er in bezug auf die Klägerin insbesondere im Hinblick auf den, wie er behauptet, repressiven Charakter der Innenstrukturen der Glaubensgemeinschaft der Zeugen Jehovas, deren strikte Enthaltung jeglicher politischer Willensbetätigung und deren rigide Verweigerung jeder Form des Miteinanders mit anderen Religionsgesellschaften und deren Angehörigen verneint – läßt sich diese Forderung auch nicht aus dem Begriff oder der Bedeutung der öffentlich-rechtlichen Körperschaft an sich herleiten. Im herkömmlichen verwaltungsrechtlichen Sinne sind Körperschaften des öffentlichen Rechts zwar mit Rechtsfähigkeit ausgestattete Personen- oder Gebietsverbände, die unter staatlicher Aufsicht öffentliche Aufgaben wahrnehmen; Kirchen bzw. korporierte Religionsgesellschaften gehören dazu jedoch nicht. Nach dem auch heute noch maßgeblichen Verständnis der Weimarer Reichsverfassung wie auch nach der ständigen Rechtsprechung des Bundesverfassungsgerichts wird eine Kirche bzw. eine Religionsgesellschaft vielmehr „durch die Zuerkennung dieses öffentlich-rechtlichen Status anderen Körperschaften des öffentlichen Rechts nicht gleichgestellt. Dieser Status soll" – im Gegenteil – „die Eigenständigkeit und Unabhängigkeit der Kirche vom Staat sowie ihre originäre Kirchengewalt bekräftigen. Durch ihn wird die Kirche weder in den Staat organisch eingegliedert noch einer besonderen staatlichen Kirchenaufsicht unterworfen" (von Campenhausen, Staatskirchenrecht, 2. Aufl., 1983, S. 96 unter Hinweis auf BVerfGE 30, 415 [428][7] und 28, 385). Sie werden ungeachtet ihrer Anerkennung als Körperschaften des öffentlichen

---

[6] KirchE 12, 64.   [7] KirchE 12, 101.

Rechts „dem Staat in keiner Weise inkorporiert, also auch nicht im weitesten Sinne ‚staatsmittelbare' Organisationen oder Verwaltungseinrichtungen" (so schon BVerfGE 18, 385 [386] [8]; BVerfGE 19, 129 [133 f.]). Deshalb hat außer Betracht zu bleiben, welches Ansehen eine Religionsgemeinschaft bzw. deren Bekenntnis in Staat und Gesellschaft genießt, solange sie sich – jedenfalls soweit ihre innerkirchlichen Regelungen keine *unmittelbaren* Rechtswirkungen in staatliche Zuständigkeitsbereiche haben – an die Rechtsordnung hält. Dabei bleibt eine Regelung „innerkirchliche Angelegenheit" auch dann, wenn sie mittelbare Auswirkungen hat, denn es gibt kaum eine Angelegenheit, die die Kirche oder Religionsgemeinschaft nach ihrem Selbstverständnis eigenständig zu ordnen berufen ist, die nicht auch einen gesellschaftspolitischen Aspekt hätte (vgl. BVerfGE 42, 312 [334 f.]).

Über den beschriebenen – engen – Rahmen hinaus ist dem Staat, auch wenn es um die Verleihung der Körperschaftsrechte in dem gekennzeichneten Sinne geht, jede inhaltliche Bewertung der Substanz einer Religion oder Weltanschauung entzogen. Diese Verpflichtung des Staates zu strikter religiöser und weltanschaulicher Neutralität läßt sich auch nicht durch einen Rückgriff auf das Demokratieprinzip in Frage stellen, denn die demokratische Ordnung des Grundgesetzes ist nicht die einer ideologischen Homogenisierung und Gleichschaltung; sie fordert nicht die „Total-Demokratisierung" aller Lebensbereiche, sondern beruht vielmehr gerade auf der Respektierung von Lebensbereichen in ihrer sachlichen Eigenstruktur unbeschadet der Einfügung in einen das politische Gemeinwesen erfassenden Verantwortungszusammenhang (Hollerbach, Verfassungsrechtliche Grundlagen des Staatskirchenrechts, in: HdbStKirchR, Bd. 1, S. 260). Dieser fährt aaO fort:

„Die Verfassung schreibt deshalb den Kirchen, Religions- und Weltanschauungsgemeinschaften kein Demokratiemodell vor, sondern achtet deren eigene Legitimationsgrundlage und die darauf beruhende Organisationsform ... Der Staat wird unter dem Gesichtspunkt des demokratischen Prinzips (und der rechtsstaatlichen Kontrolle) nur dort legitimerweise Ansprüche an kirchliche Verfassungsgestaltung stellen, wo die Kirchen wie im Kirchensteuerwesen in die Wahrnehmung öffentlicher Gewalt einbezogen sind. Im übrigen aber mögen demokratische Ordnungen und Verfahrensweisen noch so vorbildlich sein: sie sind nicht aus sich für die Kirche verbindlich; die Frage der Rezeption ist der Selbstverantwortung der Kirche anheimgegeben."

Diesem Vorverständnis entsprechend vermögen die vom Beklagten gegen die Religionsgemeinschaft der Zeugen Jehovas erhobenen – von der Klägerin in ihrer Gesamtheit bestrittenen – Vorwürfe die Versagung der Körperschaftsrechte nicht zu rechtfertigen. Sie betreffen – und das gilt namentlich für die Behauptung, die Zeugen Jehovas praktizierten ihren Glauben im Sinne eines totalitären Zwangssystems – im wesentlichen Verhaltensweisen, die

---

[8] KirchE 7, 172.

nach dem dem Selbstverständnis der Klägerin ihrem elementaren geistig-religiösen Auftrag entsprechen, im staatlichen Zuständigkeitsbereich keine *unmittelbaren* Rechtswirkungen entfalten und sich staatlicher Bewertung deshalb von vornherein entziehen. Auch dem Gericht ist es verwehrt, derartige innerkirchlichen Maßnahmen auf ihre Vereinbarkeit mit dem Grundgesetz zu prüfen. Das gilt umso mehr, als dem religionsmündigen Bürger im Verhältnis zur Hoheitsgewalt des Staates kraft des Grundrechts des Art. 4 Abs. 1 GG jederzeit die Möglichkeit bleibt, seine Zugehörigkeit zu einer Religionsgesellschaft mit Wirkung für das staatliche Recht zu beenden.

Lediglich ergänzend sei mit Rücksicht auf die – nicht zuletzt auch in der breiten Öffentlichkeit gegen die Zeugen Jehovas am häufigsten erhobenen – Vorwürfe des Beklagten angemerkt, daß der Aufruf der Zeugen Jehovas zur Wahlenthaltung bzw. deren generelle Ablehnung des aktiven und passiven Wahlrechts zwar gewiß nicht dem Bild einer parlamentarischen Demokratie entspricht. Das Grundgesetz konstituiert aber keine Wahl*pflicht*. Im übrigen beruht der Appell zur umfassenden Wahlenthaltung auf dem religiösen Selbstverständnis der Klägerin und ist nicht von der Zielsetzung getragen, das (staatliche) Demokratieprinzip als solches in Frage zu stellen oder zu beseitigen. Was schließlich die Haltung der Zeugen Jehovas zu Bluttransfusionen anbelangt, so kann hierin allein selbst im Falle grundrechtsrelevanter Eingriffe in Rechte ihrer Angehörigen bzw. deren Kinder kein Grund liegen, ihnen die Korporationsrechte vorzuenthalten, zumal diese glaubensmotivierte generelle Verweigerungshaltung im Einzelfall vom Staat mit den Miteln der Rechtsordnung durchbrochen werden kann und auch wird.

(...)

Soweit das Urteil die Berufung des Beklagten betrifft, ist die Revision an das Bundesverwaltungsgericht zugelassen worden, weil die insoweit für die Entscheidung maßgebliche Rechtsfrage, an welche Voraussetzungen im einzelnen Art. 140 GG/ Art. 137 Abs. 5 Satz 2 WRV die Verleihung von Körperschaftsrechten an „andere Religionsgesellschaften" knüpfen, bislang nicht höchstrichterlich geklärt ist (§ 132 Abs. 2 Nr. 1 VwGO). Im übrigen war die Revision nicht zuzulassen, weil insoweit keiner der in § 132 Abs. 2 VwGO genannten Gründe vorliegt.

91

Eine Wegenutzung im Rahmen des kommunikativen Verhaltens und damit des Gemeingebrauchs ist auch dann gegeben, wenn nach dem äußeren Erscheinungsbild die Werbung für das Gedankengut einer reli-

giösen Bewegung (hier: Hare Krishna) und möglicherweise auch das Sammeln von Spenden, nicht jedoch ein typischer Verkaufsvorgang im Vordergrund steht.

§§ 16, 19 Abs. 1 Hmb.WG
OVG Hamburg, Urteil vom 14. Dezember 1995 — Bf II 1/93[1] —

Die Kläger gehören der International Society for Krishna Consciousness (ISKCON), der sog. Hare-Krishna-Bewegung an. Sie bereisen Städte der Bundesrepublik Deutschland und bieten Bücher zum Kauf an, die kommentierte Übersetzungen klassischer religiöser Texte Indiens bzw. Zusammenfassungen und Darstellungen auf der Grundlage dieser Texte enthalten. Die Bücher werden zu Preisen von durchschnittlich 10 bis 20 DM verkauft. Der Kläger U. bot am 11. 3. 1991 auf dem H., der Kläger P. am 14. 8. 1991 in der Fußgängerzone G. und der Kläger A. am 19. 8. 1991 auf dem J. Bücher zum Verkauf an. Die Kläger trugen zivile Kleidung und verkauften die Bücher aus einer Tasche heraus, sie bedienten sich keiner stationären Hilfsmittel. Mit den angefochtenen Gebührenbescheiden erhob die Beklagte für das Feilbieten bzw. Verteilen von Büchern jeweils eine Gebühr von 38,50 DM. Die Kläger erhoben erfolglos Widerspruch.

Das Verwaltungsgericht hat die Bescheide aufgehoben. Die Berufung der Beklagten wurde zurückgewiesen.

Aus den Gründen:

Die Beklagte hat die beanstandeten Gebühren zu Unrecht erhoben. Nach den allein in Betracht kommenden §§ 1 Abs. 1 und 4, 5 Abs. 4 Gebührenordnung für die Verwaltung und Benutzung der öffentlichen Wege und Grün- und Erholungsanlagen vom 17. 3. 1981 (GVBl. S. 53) in der hier maßgeblichen Fassung vom 6. 12. 1988 (GVBl. S. 251) i. V. m. Nr. 29 der Anl. 2 zu der Gebührenordnung werden Gebühren nur für die Sondernutzung von öffentlichen Wegen erhoben. Bei dem Verkauf von Büchern durch die Kläger handelte es sich jedoch nicht um Sondernutzungen.

Sondernutzung ist nach § 19 Abs. 1 Satz 1 Hamburgisches Wegegesetz i. d. F. vom 22. 1. 1974 (GVBl. S. 41, 83), mit späteren Änderungen — Hmb.WG — jede Benutzung der öffentlichen Wege, die ihren Gebrauch durch andere dauernd ausschließt oder in den Wegekörper eingreift oder über die Teilnahme am allgemeinen öffentlichen Verkehr (Gemeingebrauch) oder den

---

[1] NJW 1996, 2051. Nur LS: NVwZ 1996, 929; KuR 1996, 254. Das Urteil ist rechtskräftig. Vgl. zu diesem Fragenkreis auch VGH.BW NVwZ 1998, 91.

Anliegergebrauch hinausgeht. Diese Voraussetzungen für eine – nach § 19 Abs. 1 Satz 2 Hmb.WG erlaubnisbedürftige – Sondernutzung liegen hier nicht vor. Durch ihren Verkauf von Büchern auf öffentlichen Wegen haben die Kläger nicht andere Wegebenutzer vom Gebrauch der Wege ausgeschlossen; hiervon geht auch die Beklagte nicht aus. Sie haben auch nicht in den Wegekörper eingegriffen. Diese Verkaufstätigkeit ging schließlich nicht über die Teilnahme am allgemeinen öffentlichen Verkehr – um Anliegerverkehr geht es vorliegend nicht – hinaus.

Vom Gemeingebrauch nach § 16 Abs. 1 Satz 1 Hmb.WG sind – von weiteren, hier nicht interessierenden Einschränkungen abgesehen – solche Wegenutzungen „zum Verkehr" erfaßt, die im Rahmen der Widmung und der Vorschriften über den Straßenverkehr erfolgen. Hierzu zählt der Verkauf von Büchern, wie er von den Klägern durchgeführt worden ist.

Der erkennende Senat hat in der Vergangenheit allerdings den Verkehrsbegriff des Hamburgischen Wegegesetzes in einem engen, allein die Ortsveränderung (und dazwischenliegende Unterbrechungen) einschließenden Sinne verstanden (vgl. NJW 1986, 209; Beschluß v. 23. 7. 1991 – Bs II 47/91). Hieran wird nicht festgehalten. Der Verkehrsbegriff der §§ 16 Abs. 1, 19 Abs. 1 Hmb.WG ist vielmehr in einem weiten, auch kommunikative Tätigkeiten umfassenden Sinne zu verstehen.

Die öffentlichen Wege dienen nicht nur der Fortbewegung, sondern sind auch Stätten des Informations- und Meinungsaustausches sowie der Pflege menschlicher Kontakte (vgl. Grote, in: Kodal/Krämer, StraßenR, 5. Aufl., S. 549). Diese Funktionen erfüllten die öffentlichen Wege auch schon im Zeitpunkt des Inkrafttretens des Hamburgischen Wegegesetzes vom 4. 4. 1961 (GVBl. S. 117), das sich hinsichtlich des Verkehrsbegriffs von der heutigen Fassung des Gesetzes nicht unterschied. So war es damals wie auch heute selbstverständlich, daß der öffentliche Wegeraum für Tätigkeiten genutzt wurde, die eindeutig nicht der Ortsveränderung dienen, die aber gleichwohl niemals ernstlich als (erlaubnisbedürftige) Sondernutzung angesehen werden. Zu denken ist z. B. an das Spielen oder Musizieren von Kindern auf der Straße, das Verweilen auf der Straße zur Besichtigung von Schaufensterauslagen oder Sehenswürdigkeiten oder die Verabredung von Geschäftsleuten zur Fortsetzung eines geschäftlichen Gesprächs im Freien. Derartige Wegenutzungen waren schon vor Erlaß des Hamburgischen Wegegesetzes von den zahlreichen Verboten oder Genehmigungsvorbehalten in den §§ 45 bis 59 und 65 bis 79 der – durch das Hamburgische Wegegesetz aufgehobenen – Straßenordnung vom 7. 7. 1902 (GVBl. S. 62) i. d. F. vom 25. 5. 1929 (GVBl. S. 197) nicht erfaßt und dürften daher zulässig gewesen sein. Hätte der Gesetzgeber des Hamburgischen Wegegesetzes 1961 einen Verkehrsbegriff wählen wollen, der sich ausschließlich auf Ortsveränderung bezieht und solche selbstverständlichen Wegenutzungen künftig als Benutzungen zu anderen Zwecken i. S. des § 16 Abs. 2 Satz 1 Hmb.WG und damit als Sondernutzungen qualifiziert, wäre zu erwarten gewesen, daß dies zumindest in den Gesetzesmaterialien zum Ausdruck kommt. Das ist jedoch nicht der Fall.

Es liegen keine Anhaltspunkte dafür vor, daß der Gesetzgeber allgemein übliche, auf öffentlichen Wegen selbstverständlich stattfindende Tätigkeiten aus dem Verkehrsbegriff ausklammern und als Sondernutzung einer Erlaubnispflicht unterwerfen wollte. Zwar ist in dem für das weitere Gesetzgebungsverfahren maßgeblichen Bericht Nr. 13 des Sonderausschusses für das Hamburgische Wegegesetz zum Senatsantrag 138/1958 vom März 1961 betont worden, daß der Gemeingebrauch eng gefaßt werden müsse und daß der schon aufgetretene Trend, ihn auszuweiten, zurückgedrängt werden müsse (vgl. Vorb. zum 5. Teil „Zur Abgrenzung zwischen Gemeingebrauch und Sondernutzung"). In diesem Zusammenhang wie auch in den weiteren Ausführungen sind allerdings als Gegensatz zum Gemeingebrauch nur gewerbliche Tätigkeiten oder das damals höchst umstrittene Abstellen von Fahrzeugen auf öffentlichen Wegen genannt worden, nicht jedoch auch kommunikative Wegenutzungen der obengenannten Art oder auch das damals durchaus bekannte Verteilen von politischen Flugblättern oder ähnlichem. Auch das – vom Senat der Freien und Hansestadt Hamburg nicht befolgte – Ersuchen, das die Bürgerschaft zugleich mit dem Wegegesetz am 29. 3. 1961 beschlossen hatte (vgl. Plenarprot. S. 117), legt nahe, daß seinerzeit kommunikative Wegenutzungen als Gemeingebrauch und nicht als Sondernutzung verstanden wurden. Darin hatte die Bürgerschaft den Senat aufgefordert, in einer Rechtsverordnung zu § 19 Abs. 7 Hmb.WG u. a. festzulegen, daß bestimmte Sondernutzungen ohne Erlaubnis möglich sein sollen; diese Sondernutzungen sollten „erlaubnis- und gebührenfrei sein" …, „um sie – wenn auch nicht rechtlich, so doch tatsächlich – als gebührenfreien Gemeingebrauch zu behandeln" (Bericht des Sonderausschusses, S. 10). Das bürgerschaftliche Ersuchen nennt unter lit. B a ausdrücklich eine Reihe von Wegenutzungen, die gewerblichen Zwecken dienen. Hätte der Gesetzgeber seinerzeit auch nichtgewerbliche, kommunikative Wegenutzungen als Sondernutzung angesehen, hätte es nahegelegen, zumindest diejenigen von ihnen in die Rechtsverordnung einzubeziehen, die allerorts üblich waren und die – wie die genannten gewerblichen – ohne besondere Vorrichtungen erfolgen und nicht zu einer ständigen Beanspruchung eines Wegeteils führen.

Bei dem Bücherverkauf, wie er hier durch die Kläger erfolgt ist, handelt es sich um eine derartige kommunikative Wegenutzung. Ob eine Wegenutzung dem kommunikativen Verkehr und damit dem Gemeingebrauch zuzurechnen ist oder ob sie – was hier als anderer Zweck allein in Betracht kommt – als Gewerbeausübung i. S. des § 16 Abs. 2 Satz 1 Hmb.WG zu den Sondernutzungen zählt, ist maßgeblich anhand des äußeren Erscheinungsbildes der konkreten Wegenutzung zu beurteilen. Auf die äußerlich nicht erkennbaren Absichten und Motive des Wegebenutzers kommt es nicht an.

Im vorliegenden Fall haben sich die Tätigkeiten der Kläger nicht wesentlich von denen solcher Fußgänger, die sich mit anderen Personen auf der Straße unterhalten, dabei stehen bleiben und gelegentlich Gegenstände austauschen, unterschieden. Dies ergibt sich aus den Feststellungen, die die Außendienstmitarbeiter der Beklagten getroffen haben, sowie aus den Angaben des Vorsitzenden der deutschen Sektion der ISKCON vor dem Verwaltungsgericht, an deren Richtigkeit keine Zweifel bestehen. Die Kläger sind hiernach jeweils einzeln aufgetreten, nicht etwa als Gruppe. Sie haben nur wenig Material bei sich gehabt, nämlich nur einige Bücher und Broschüren. Dieses Material ist in Umhängetaschen verstaut gewesen. Von daher haben sich die Kläger äußerlich nicht von anderen Fußgängern unterschieden.

Ein wesentlicher, die Annahme von Gemeingebrauch ausschließender Unterschied liegt auch nicht darin, daß die Kläger Passanten angesprochen und sich mit ihnen – zumeist kurz – unterhalten, ihnen Publikationen gezeigt und diese gelegentlich veräußert haben. Auch dies ist eine auf öffentlichen Wegen übliche und dem kommunikativen Verkehrsbegriff zuzuordnende Verhaltensweise. Nach dem äußeren Erscheinungsbild steht dabei die Werbung für das Gedankengut der Hare-Krishna-Bewegung und möglicherweise auch das Sammeln von Spenden, nicht jedoch ein typischer Verkaufsvorgang im Vordergrund. Daß gelegentlich Bücher verkauft wurden, hat im Rahmen des geschilderten Erscheinungsbildes eine nur untergeordnete Bedeutung. Das ergibt sich zum einen aus der geringen Zahl von Verkäufen. Sie dürfte bei höchstens zehn pro Tag liegen, denn die Einnahmen eines Verkäufers liegen zwischen 30 DM und 100 DM. Die Preise für die bedeutsamste Schrift, die „Bhagavad-Gita", eine Übersetzung wichtiger Teile der Schriften, auf die sich die Glaubenslehren der Hare-Krishna-Bewegung bezieht (vgl. Badura, Der Schutz von Religionen und Weltanschauung durch das GG, S. 63 f.), liegen in der Regel zwischen 10 DM und 20 DM. Die untergeordnete Bedeutung der Verkaufsvorgänge ergibt sich zum anderen daraus, daß auch die Verkaufsvorgänge selbst nach außen nicht in besonderer Weise als solche erkennbar geworden sind. Das Anbieten der Schriften ist eingebettet gewesen in den Versuch der Kläger, Interesse an spirituellen Fragen zu wecken. Auch wenn in diesem Zusammenhang regelmäßig keine weitergehenden, insbesondere missionarischen Gespräche geführt worden sind, ist für den Betrachter doch erkennbar gewesen, daß es sich dabei nicht in erster Linie um die werbende Anpreisung einer Ware handelt, sondern um den Versuch der Kläger, den eigenen Glauben und das eigene Denken anderen Menschen nahezubringen. Dies wird auch dadurch belegt, daß die Preise für die Schriften so gewählt worden sind, daß Menschen, die an den Inhalten interessiert sind, sich die Schriften auch leisten können. So werden für die „Bhagavad-Gita" Preise von regelmäßig 10 DM bis 20 DM verlangt, gelegentlich sogar noch weniger. Diese Art der Kombination aus missionierender Werbung, Abgabe von Schriften und Entgegennahme von Geldern ähnelt insgesamt eher einer Missionstätigkeit verbunden mit der Bitte um eine Spende als einem echten, wirtschaftlich orientierten Verkauf einer Ware, der als Gewerbeausübung anzusehen wäre. Dieser Eindruck wird noch dadurch verstärkt, daß die einzeln auftretenden Kläger keine erkennbaren Verkaufseinrichtungen wie sog. Bauchläden oder gar feste Einrichtungen wie Stände oder Tische benutzt haben. Es liegen auch keine Anhaltspunkte dafür vor, daß ihre Taschen, in denen sie die Bücher verwahrt haben, in besonderer Weise auf Verkaufstätigkeiten hingedeutet haben. Schließlich liegen keine Anhaltspunkte dafür vor, daß sich die Kläger besonders auffallender, etwa auch aggressiver Verkaufsmethoden bedient hätten, was in der Vergangenheit verschiedentlich bei Angehörigen der Hare-Krishna-Bewegung festgestellt wurde (vgl. Starosta, Religionsgemeinschaften und wirtschaftliche Betätigung, S. 27 f., m. w. N.).

92

Die Bestimmungen des hamburgischen Kirchensteuerrechts über das Kirchgeld in glaubensverschiedener Ehe sind verfassungskonform.

Maßgebend für die Leistungspflicht ist das Vorliegen einer gültigen Zivilehe ohne Rücksicht auf deren Beurteilung im kirchlichen Rechtskreis.

Art. 3, 4 GG; § 3 Hamb. KiStG

FG Hamburg, Urteil vom 15. Dezember 1995 – II 15/93[1] –

Die Klägerin wendet sich gegen die römisch-katholische Kirchensteuer in Form des besonderen Kirchgelds, das sie für verfassungswidrig hält.

Die Klägerin ist Mitglied der röm.-kath. Kirche. Ihre Kirchengemeinde befindet sich im Bereich der Freien und Hansestadt Hamburg und gehörte im Streitjahr 1991 zum Bistum Osnabrück. Die Klägerin ist verheiratet. Für ihren Ehemann handelt es sich um die zweite Ehe; von seiner früheren Frau war er zuvor nach staatlichem Recht geschieden worden. Der Ehemann gehört keiner kirchensteuerberechtigten Religionsgemeinschaft an (glaubensverschiedene Ehe).

---

[1] EFG 1996, 498. Das Urteil ist rechtskräftig.

Die Klägerin und ihr Ehemann werden zur Einkommensteuer zusammen veranlagt. Im Streitjahr wurden sämtliche Einkünfte allein vom Ehemann erzielt. Der Beklagte (Finanzamt) ermittelte im Einkommen- und Kirchensteuerbescheid 1991 vom Juni 1992 ein zu versteuerndes Einkommen von X DM. Mangels eigenen Einkommens der Klägerin entfiel die Kirchensteuer vom eigenen Einkommen der Kirchenangehörigen in glaubensverschiedener Ehe. Kirchensteuer wurde nur festgesetzt in Form des besonderen Kirchgelds der Kirchenangehörigen in glaubensverschiedener Ehe.

Die Klägerin legte im Juli 1992 Einspruch ein und begründete diesen sowohl mit der Einstellung der Kirche zur Ehe nach der vorangegangenen Scheidung des Ehemannes als auch mit Zweifeln an der Verfassungsmäßigkeit des besonderen Kirchgelds. Nach Unterrichtung und Anhörung der katholischen Kirche wies das Finanzamt den Einspruch mit Einspruchsentscheidung vom Januar 1993 zurück.

Die Klägerin trägt zur Begründung ihrer Klage im wesentlichen folgendes vor:

Die Besteuerung einkommensloser, zusammenveranlagter Kirchenangehöriger in glaubensverschiedener Ehe mittels des besonderen Kirchgelds nach der Kirchensteuerordnung in Hamburg verstoße gegen den verfassungsrechtlichen Gleichheitssatz und gegen den grundrechtlichen Schutz der Ehe.

Das Bundesverfassungsgericht habe anstelle der Halbteilung in glaubensverschiedener Ehe die Möglichkeit der Besteuerung einkommensloser Kirchenangehöriger nach dem gemeinsamen Lebensführungsaufwand aufgezeigt. Bei dem daraufhin eingeführten besonderen Kirchgeld handele es sich um einen von der einkommensabhängigen Kirchensteuer (Zuschlagsteuer) verschiedenen Regelungsbereich, der für sich verfassungskonform zu regeln und in seiner Ausgestaltung verfassungsrechtlich zu überprüfen sei. Bagatellsteuern seien nicht allein wegen ihrer geringen Belastungswirkung von einer verfassungsrechtlichen Überprüfung ausgeschlossen.

Zusammenveranlagte – bzw. nicht getrennt lebende – Kirchenangehörige in glaubensverschiedener Ehe seien durch das besondere Kirchgeld schlechter gestellt als die hiervon nicht betroffenen Personengruppen der Unverheirateten, der Getrenntlebenden und der Geschiedenen. Diese unterschiedliche Behandlung von Personengruppen sei willkürlich, da zwischen ihnen keine „Unterschiede von solcher Art" und „von solchem Gewicht" bestünden, daß sie die Verschiedenbehandlung rechtfertigen könnten.

Die Ungleichbehandlung sei durch das staatliche Kirchensteuergesetz und dessen Begründung für das besondere Kirchgeld nicht vorgegeben. Nach dem Senatsentwurf ermögliche die Einführung des besonderen Kirchgelds es den steuerberechtigten Körperschaften, weitergehend als zuvor auch denjenigen Mitgliederkreis in angemessenem Umfang zur Kirchensteuer heranzuziehen, bei dem dies durch die Anknüpfung an die staatliche (einkommensabhängige) Kirchensteuer nicht zu erreichen sei. Die mit diesem Regelungsziel verfolgte gerechtere Verteilung der Lasten der Kirche auf ihre Mitglieder werde durch die einseitige Regelung des besonderen Kirchgelds nicht erreicht. Die Kirche habe das besondere Kirchgeld nur deswegen auf die Gruppe der zusammenveranlagten glaubensverschiedenen Kirchenangehörigen beschränkt und bei ihnen den Lebensführungsaufwand aus dem gemeinsam zu versteuernden Einkommen abgeleitet, weil eine Ermittlung des durch einen Lebenspartner bestimmten Lebensführungsaufwands bei den anderen Personengruppen mit Hilfe der staatlichen Steuerverwaltung wenig praktikabel sei. Die leichtere Erfaßbarkeit des gemeinsam zu versteuernden Einkommens reiche jedoch als Grund für die gleichheits- und grundrechtswidrige Schlechterstellung der zusammenveranlagten Kirchenangehörigen nicht aus. Zweckmäßigkeitserwägungen müßten gegenüber der verfassungsrechtlichen Wertentscheidung zugunsten der Ehe zurücktreten; an das Bestehen einer intakten Ehe dürften keine steuerlichen Nachteile geknüpft werden. Fraglich sei die Berufung auf das Argument der Praktikabilität bei einem Steuergläubiger, der eine wenig praktikable Bemessungsgrundlage wie den Gesamt-Lebensführungsaufwand gewählt habe.

Für die Bemessung der Leistungsfähigkeit nach dem Lebensführungsaufwand seien diesbezügliche Ermittlungen anzustellen, ohne größere Gruppen von Kirchenangehörigen von vornherein auszunehmen. Im übrigen wäre zumindest die Besteuerung gesetzlicher Unterhaltsansprüche praktikabel, und zwar mittels Befragung der einkommenslosen Kirchenangehörigen durch die Kirche. Sollte sich eine unmittelbare Kontaktaufnahme für die Kirche nicht lohnen, so müsse sie – ebenso wie in verschiedenen anderen Bundesländern – von der Erhebung der Bagatellsteuer absehen.

Es widerspreche dem Leistungsfähigkeitsprinzip, daß nur bei den zusammenveranlagten Kirchenangehörigen der Unterhaltsanspruch mit dem besonderen Kirchgeld belastet werde. Beispielsweise werde den nicht berufstätigen Geschiedenen durch ihren nachehelichen Unterhaltsanspruch ein annähernd vergleichbarer Lebensführungsaufwand entsprechend den „ehelichen Verhältnissen" ermöglicht. Auf den Wechsel der Rechtsgrundlage für den Unterhaltsanspruch komme es für den Lebensführungsaufwand nicht an. Die Gründe für die Nichtausübung einer Erwerbstätigkeit während der Ehe entfielen i. d. R. mit der Ehescheidung nicht (z. B. Kindererziehung, Alter, Krankheit, fehlende Ausbildung, Arbeitslosigkeit). Überdies sei der Lebensführungsaufwand der – durch die Regelung privilegierten – Geschiedenen vielfach höher als der vom besonderen Kirchgeld erfaßte Lebensführungsaufwand zusammenveranlagter Kirchenangehöriger. Schließlich befremde diese Diskriminierung der Ehe im Hinblick auf deren von der Kirche postulierte Unauflöslichkeit. Die Zahl der unterhaltsberechtigten dauernd getrennt lebenden und geschiedenen Personen sei im Vergleich zu den intakten Ehen nicht vernachlässigbar gering, sondern in den letzten Jahrzehnten erheblich gestiegen.

Der Lebensführungsaufwand zusammenveranlagter Kirchenangehöriger könne nicht an der Wahl der Zusammenveranlagung oder an dem Splittingvorteil festgemacht werden. Das Zusammenveranlagungs-Wahlrecht werde erst nach Ablauf des Kalenderjahres und nicht allein durch den der Kirche angehörenden Ehegatten ausgeübt. Im Vergleich mit der einkommensabhängigen Kirchensteuer wirke sich dort der Familienstand durch das Zusammenveranlagungs-Wahlrecht nur auf die Höhe (i. d. R. zu weniger als 10%), jedoch nicht im Sinne eines „alles oder nichts" aus. Ein Unterschied von nur geringem Gewicht rechtfertige keine grundlegend andere, sondern nur eine dem Gewicht entsprechende abweichende Regelung. Typisierungserfordernisse dürften sich zwar auf die Höhe der Steuer auswirken, nicht aber die Steuerpflicht selbst begründen oder ausschließen.

Ein Vorteil bei der gemeinsamen Haushaltsführung der nicht getrennt lebenden, zusammenveranlagten Kirchenangehörigen beeinflusse die Leistungsfähigkeit nicht im Sinne des „alles oder nichts", sondern allenfalls der Höhe nach. Davon abgesehen sei eine gemeinsame Haushaltsführung gleichfalls bei eheähnlichen Gemeinschaften anzutreffen. Der Lebensführungsaufwand Alleinstehender werde durch deren eigene Haushaltsführung nicht gemindert, sondern nur anders zusammengesetzt. Schließlich bleibe der Vorteil gemeinsamer Haushaltsführung sogar bei der wesentlich belastenderen Einkommensteuer unberücksichtigt. Gemäß deren Maßstab wirkte er sich auch bei der einkommensabhängigen Kirchensteuer nicht aus.

Ungeachtet der vorstehenden Argumente könne die Besteuerung des Lebensführungsaufwands durch das besondere Kirchgeld wesensmäßig als Aufwands- und Verbrauchsbesteuerung angesehen werden, bei der aus dem Verbrauch auf eine entsprechende Zahlungs- und Leistungsfähigkeit zu schließen sei, ohne daß es auf Herkunft der Mittel, auf deren Rechtsgrundlage oder auf den Familienstand des Konsumenten ankomme.

Die Klägerin beantragt sinngemäß, den Bescheid über römisch-katholische Kirchensteuer 1991 vom Juni 1992 in Gestalt der Einspruchsentscheidung vom Januar 1993 bezüglich der Festsetzung des besonderen Kirchgelds aufzuheben.

Der Senat weist die Klage ab.

Aus den Gründen:

Die zulässige Klage ist unbegründet.

Zu Recht hat das Finanzamt gegen die – der röm.-kath. Kirche angehörende – Klägerin röm.-kath. Kirchensteuer in Form des besonderen Kirchgelds in glaubensverschiedener Ehe festgesetzt.

I. Die kirchensteuerberechtigte röm.-kath. Kirche (§ 1 Kirchensteuergesetz der Freien und Hansestadt Hamburg − KiStG −) kann nach ihren kirchlichen und staatlich genehmigten Steuervorschriften (§ 4 KiStG) von den ihr angehörenden Personen (§ 2 KiStG) Kirchensteuern erheben, und zwar als Kirchensteuer vom Einkommen (§ 3 Abs. 1 lit. a, Abs. 2 ff., §§ 5 ff. KiStG) und als Kirchgeld in festen oder gestaffelten Beträgen (§ 3 Abs. 1 lit. b KiStG). Die Kirchensteuer vom Einkommen wird auf das Kirchgeld angerechnet (§ 3 Abs. 6 KiStG).

Die hiernach im Streitfall anwendbaren kirchlichen Vorschriften sind die Kirchensteuerordnung des Verbandes der röm.-kath. Kirchengemeinden in der Freien und Hansestadt Hamburg (Bistum Osnabrück) vom 16. 12. 1985 mit Genehmigung vom 30. 6. 1986 − KiStO − (BStBl. I 1986, 450) und der Kirchensteuerbeschluß des Verbandes der röm.-kath. Kirchengemeinden in der Freien und Hansestadt Hamburg (Bistum Osnabrück) vom 16. 12. 1985 mit Genehmigung vom 30. 6. 1986 bzw. in der letzten Fassung vom 11. 12. 1989 mit Genehmigung vom 15. 1. 1990 − KiStB − (BStBl. I 1986, 452; Amtlicher Anzeiger 1990, 118). In Übereinstimmung mit §§ 2−3 KiStG sind die Kirchensteuerpflicht in § 1 KiStO und die Arten der Kirchensteuer in § 2 Abs. 1 KiStO sowie die Anrechnung der Kirchensteuer vom Einkommen (§ 2 Abs. 2 ff., §§ 3−4 KiStO) auf das besondere Kirchgeld in § 5 Abs. 2 KiStO geregelt.

II. Das besondere, gestaffelte Kirchgeld in glaubensverschiedener Ehe (§ 2 Abs. 1 lit. c KiStO) bestimmt sich nach § 5 Abs. 1 KiStO.

1. Es wird von Kirchenangehörigen erhoben, deren Ehegatte keiner steuerberechtigten Religionsgemeinschaft angehört (§ 5 Abs. 1 Satz 1 KiStO). Eine solche Ehe wird als „glaubensverschiedene" Ehe bezeichnet (§ 5 KiStG, § 4 KiStO), im Unterschied zu der „konfessionsverschiedenen" Ehe, bei der die Ehegatten verschiedenen steuerberechtigten Körperschaften angehören (§§ 5 a KiStG, § 3 KiStO).

Im Streitfall handelt es sich um eine glaubensverschiedene Ehe; der Ehemann der Klägerin gehört keiner steuerberechtigten Religionsgemeinschaft an.

2. Gemäß § 5 Abs. 1 Satz 2 KiStO wird das besondere Kirchgeld nach der wirtschaftlichen Leistungsfähigkeit in Anknüpfung an den Lebensführungsaufwand bemessen. Bemessungsgrundlage ist nach § 5 Abs. 1 Satz 3 KiStO das zu versteuernde Einkommen beider Ehegatten nach den Bestimmungen des Einkommensteuergesetzes. Das danach festgesetzte Kirchgeld ergibt sich laut § 5 Abs. 1 Satz 4 KiStO aus einer im KiStB enthaltenen Tabelle. Nach § 3 Abs. 1 KiStB wird das Kirchgeld in glaubensverschiedener Ehe von den Kirchenangehörigen erhoben, deren Ehegatte keiner steuerberechtigten Religionsgemeinschaft angehört und die nicht nach dem Einkommensteuergesetz getrennt oder besonders veranlagt werden. (...)

3. Dementsprechend hat das Finanzamt hier das Kirchgeld für die mit ihrem Ehemann zusammenveranlagte Klägerin im Streitjahr zutreffend festgesetzt.

4. Die Vorschriften über die Erhebung des besonderen Kirchgelds in glaubensverschiedener Ehe verstoßen auch nicht gegen die Verfassung, insbesondere nicht gegen Art. 3 und Art. 6 GG.

a) Entgegen der Auffassung der Klägerin stellt die Regelung der Bemessung des besonderen Kirchgelds nach dem gemeinsam zu versteuernden Einkommen keine Umgehung der Rechtsprechung des Bundesverfassungsgerichts dar, insbesondere nicht des Urteils vom 14. 12. 1965[2] − 1 BvR 606/60 − (BVerfGE 19, 268, BStBl. I 1966, 196), das zur Unanwendbarkeit des Halbteilungsgrundsatzes in glaubensverschiedener Ehe bei getrennter Veranlagung ergangen ist und zur Beschränkung des Halbteilungsgrundsatzes auf die Zusammenveranlagung in konfessionsverschiedener Ehe führte (§ 5 a KiStG, § 3 lit. b KiStO). *(wird ausgeführt unter wörtlicher Übernahme der Entscheidungsgründe aus dem Senatsurteil vom 15. 12. 1995 − II 116/94 − KirchE 33, 578)*

5. Die Rechtmäßigkeit der Festsetzung des besonderen Kirchgelds in glaubensverschiedener Ehe wird nicht berührt durch die innerkirchliche Würdigung dieser Ehe im Hinblick auf die vorangegangene Scheidung des Ehemannes (Nichtanerkennung der Scheidung und der neuen Ehe zu Lebzeiten der geschiedenen Ehegattin). Soweit in den Vorschriften des Kirchensteuerrechts an die Ehe angeknüpft wird, ist − wie im staatlichen Steuerrecht − die Zivilehe gemeint (vgl. BVerwG-Beschluß vom 8. 11. 1977[3] − VII B 137.77 − NJW 1978, 437). Für die Kirchensteuer kommt es nicht an auf die Einschränkung kirchlicher Rechte (vgl. BFH-Urteil vom 11. 12. 1985[4] − I R 207/84 − BFHE 146, 315, BStBl. II 1986, 569; Giloy/König, aaO, S. 36) oder auf die mangelnde Akzeptanz kirchlicher Entscheidungen (Hess.VGH, Urteil vom 5. 7. 1994[5] − 5 UE 1747/90 − NVwZ 1995, 815).

III. Die Berechnung der gemäß § 3 Abs. 6 KiStG, § 5 Abs. 2 KiStO auf das besondere Kirchgeld anzurechnenden Kirchensteuer vom Einkommen der Klägerin kann dahinstehen. Selbst eine über das besondere Kirchgeld hinausgehende Kirchensteuer vom Einkommen wäre wegen des prozessualen Verböserungsverbots nicht mehr zu berücksichtigen.

---

[2] KirchE 7, 352.
[3] KirchE 16, 230.
[4] KirchE 23, 283.
[5] KirchE 32, 155.

93

Ein zusammengesetzter Einkommensteuer- und Kirchensteuerbescheid gegen einen Kirchensteuerpflichtigen begründet keine Beschwer für den der Kirche nicht angehörenden Ehegatten, und zwar weder im Hinblick auf seine Unterhaltspflicht noch wegen der ihn mitbetreffenden Abrechnungsverfügung.

FG Hamburg, Urteil vom 15. Dezember 1995 – II 81/94[1] –

Aus den Gründen:

Die Klage ist teils unzulässig und teilweise unbegründet.

Die Klage ist unzulässig, soweit sie sich gegen die im Abrechnungsteil der Einkommensteuer- und Kirchensteuerbescheide enthaltene Verrechnung der die Ehefrau des Klägers betreffenden Kirchensteuer mit der gemeinsamen Einkommensteuer richtet.

Im Rahmen der zusammengesetzten Einkommensteuer- und Kirchensteuerbescheide sind einerseits der Festsetzungsteil mit den Steuerfestsetzungen gem. §§ 155 ff. AO und andererseits der damit formularmäßig verbundene Abrechnungsteil zu unterscheiden, der die Steuererhebung nach §§ 218 ff. AO betrifft und die Abrechnungs- (bzw. Anrechnungs-)Verfügung enthält; diese ist wiederum zu unterscheiden von dem gem. § 218 Abs. 2 AO bei Streit über die Verwirklichung (Erhebung) der festgesetzten Steuern ergehenden Abrechnungsbescheid (BFH-Beschluß vom 15. 10. 1993 – I B 89/93 – BFH/NV 1994, 292; BFH-Urteil vom 4. 5. 1993 – VII R 82/92 – BFH/NV 1994, 285).

Die Klage ist nicht als Anfechtungsklage (§§ 40, 100 FGO) gegen die Abrechnungsverfügung zulässig. Die Abrechnungsverfügung stellt – trotz ihres nur deklaratorischen Inhalts – einen Verwaltungsakt i. S. des § 118 AO dar, der z. B. gem. § 130 AO geändert und der nach § 349 Abs. 1 AO mit der Beschwerde (ab 1996: Einspruch, § 347 AO) angefochten werden kann (BFH-Urteile vom 25. 2. 1992 – VII R 41/91 – BFH/NV 1992, 716; vom 20. 10. 1987 – VII R 32/87 – BFH/NV 1988, 349; vom 16. 10. 1986 – VII R 159/83 – BFHE 148, 4, BStBl. II 1987, 405).

Soweit die Klage sich jetzt gegen die Abrechnungsverfügung richtet, handelt es sich um eine ohne das vorgeschriebene außergerichtliche Rechtsbe-

---

[1] EFG 1996, 498. Die Nichtzulassungsbeschwerde wurde zurückgewiesen; BFH, Beschluß vom 27. 9. 1996 – I B 22/96 – BFH/NV 1997, 311 (LS).
Vgl. zu diesem Fragenkreis auch FG Hamburg EFG 1996, 492.

helfsverfahren erhobene und daher mangels Zustimmung des Finanzamts nach §§ 44, 45 FGO unzulässige Sprungklage. Entgegen dem jetzigen Vortrag des Klägers kann seinem Einspruchsvorbringen kein Rechtsbehelf gegen die Abrechnungsverfügung entnommen werden. Dementsprechend hat das Finanzamt mit seiner Einspruchsentscheidung auch nicht über eine solche Beschwerde (ab 1996: Einspruch) entschieden.

Die Sprungklage ist nicht gem. § 45 Abs. 3 FGO als außergerichtlicher Rechtsbehelf in Form der Beschwerde (ab 1996: Einspruch) zu behandeln und nicht als solcher an das Finanzamt abzugeben, weil feststeht, daß auch die Zulässigkeitsvoraussetzungen des außergerichtlichen Rechtsbehelfs nicht erfüllt wären (FG Hamburg, Urteil vom 2. November 1994 – V 259/93 –, EFG 1995, 464).

Als Beschwerde (ab 1996: Einspruch) gegen die Abrechnungsverfügung wäre die Klage verspätet. *(wird ausgeführt)* Selbst wenn dem Klägerschriftsatz sinngemäß eine erstmalige Anfechtung der Abrechnungsverfügung entnommen werden könnte, fehlt es der Klage insoweit – ungeachtet der Frage der Frist – an der Beschwer gem. § 350 AO, nämlich an der Geltendmachung einer konkreten Rechtsverletzung durch diese Verfügung. Vielmehr führt der Kläger die ihn mitbetreffende Verfügung nur an, um seine Rechtsbehelfs- und Klagebefugnis für die Anfechtung der Kirchensteuer-Festsetzung zu begründen, die sich gegen seine Ehefrau richtet ... Der Kläger hat zum Ausdruck gebracht, daß er keine andere Abrechnung beantragt oder beantragen will. Unter diesen Umständen besteht kein Anlaß für die Prüfung einer Rechtsverletzung im Beschwerdeverfahren (ab 1996: Einspruchsverfahren).

Die Klage ist ferner nicht als Verpflichtungsklage (§§ 40, 101 FGO) auf Erlaß eines Abrechnungsbescheids i. S. des § 218 Abs. 2 AO zulässig, die gegenüber einer Anfechtung der Abrechnungsverfügung sogar vorgehen würde. *(wird ausgeführt)*

Die Klage ist zulässig, soweit sie die Festsetzung der Kirchensteuer betrifft und sich insoweit gegen die Verwerfung des Einspruchs als unzulässig richtet. *(wird ausgeführt)*

Soweit die Klage im vorstehenden Umfang zulässig ist, wird sie jedoch als unbegründet abgewiesen.

Diese Entscheidung beschränkt sich auf die Frage der Rechtsbehelfsbefugnis und ergeht ohne weitere Sachprüfung der Rechtmäßigkeit der angefochtenen Bescheide (FG Hamburg, EFG 1994, 842; BFH-Urteil vom 20. 9. 1989 – X R 8/86 – BFHE 158, 205, BStBl. II 1990, 177; v. Groll, in: Gräber, FGO, 3. Aufl., § 44 Rdnr. 16).

Zu Recht hat das Finanzamt die Einsprüche des Klägers mangels dessen Rechtsbehelfs- bzw. Einspruchsbefugnis als unzulässig verworfen. Der nicht der Kirche angehörende Ehegatte einer kirchenangehörigen Person ist durch die gegen diese gerichtete Kirchensteuerfestsetzung nicht beschwert. Für deren Anfechtung fehlt ihm die Rechtsbehelfs- und Klagebefugnis i. S. des § 350 AO, § 40 Abs. 2 FGO (Entscheidungen des FG Hamburg vom 17. 5. 1990 – IV 13/88 H – unv.; des Schleswig-Holsteinischen VG vom 2. 5. 1983[2] – 1 A 13/81 – SchlHA 1983, 183; des BVerfG vom 30. 8. 1982 – 1 BvR 1109/81 – HFR 1984, 73). Dies gilt auch für Streitigkeiten über die Frage, ob bei der Bemessung der Kirchensteuer bzw. des Kirchgelds nur auf das von der kirchenangehörigen Person erzielte Einkommen abgestellt werden darf (BFH-Entscheidungen vom 29. 6. 1994[3] – I R 132/93 – BFHE 175, 189, BStBl. II 1995, 510; vom 29. 6. 1994 – I R 131/93 – BFH/NV 1995, 439; vom 6. 4. 1994[4] – I B 192/93 – unv.). Allenfalls könnte der nicht der Kirche angehörende Ehegatte insoweit beschwert sein, wie er sich gegen den Schein einer gegen ihn gerichteten Festsetzung wendet, wenn der Bescheid unklar ist und nicht erkennen läßt, daß sich die Kirchensteuerfestsetzung nur gegen die kirchenangehörige Person richtet. Entgegen der Auffassung des Klägers ist die Entscheidung über die Beschwer durch die Steuerfestsetzung unabhängig von der Rechtsbehelfsbefugnis in anderen steuerlichen Verfahren zu treffen (z. B. Haftungsverfahren: letztgenannte Entscheidungen; Vollstreckungsverfahren: FG Hamburg, Urteil vom 6. 9. 1990 – IV 9/88 H – unv.; insbesondere Abrechnungsverfahren: Beschluß in BFH/NV 1994, 292).

Ebensowenig kommt es auf die unterhaltsrechtliche Verpflichtung des mehrverdienenden nicht der Kirche angehörenden Ehegatten gegenüber einer kirchenangehörigen Person an, ihr die Mittel zur Erfüllung ihrer Kirchensteuerschuld zur Verfügung zu stellen (Urteil in SchlHA 1983, 183; BFH-Urteil vom 27. 7. 1983[5] – II R 21/83 – BFHE 138, 531, BStBl. II 1983, 645). Diese Verpflichtung folgt aus dem Zivilrecht (§§ 1360, 1360 a BGB). Zu den vom familienrechtlichen Unterhalt umfaßten persönlichen Bedürfnissen des unterhaltsbedürftigen Ehegatten gehören die bei Zusammenveranlagung gezahlten Kirchensteuer ebenso wie z. B. Beiträge zu Verbänden und Organisationen mit religiösen, kulturellen, politischen oder sportlichen Zwecken (Wacke, in: Münchener Komm. zum BGB, 2. Aufl., § 1360 a Rdnr. 6; Lange, in: Soergel, BGB, 12. Aufl., § 1360 a Rdnr. 5; Hübner, in: Staudinger, BGB, 12. Aufl., § 1360 a Rdnr. 12). Nur vollständigkeitshalber sei darauf hingewiesen, daß die Kirchensteuer-Unterhaltspflicht nicht gegen das Verbot der Benachteiligung von Ehe und Familie nach Art. 6 GG verstößt, wenn – wie hier – ein nicht der Kirche angehörender Ehegatte eine kirchenangehörige Person heiratet bzw. geheiratet hat, deren Glaubensfreiheit nach Art. 4 GG auch in der Ehe vorgeht; die unterhaltsrechtliche Folge der Eheschließung

---

[2] KirchE 21, 100.
[3] KirchE 32, 222.
[4] KirchE 32, 136.
[5] KirchE 21, 208.

entspricht der Unterhaltsbedürftigkeit der kirchenangehörigen Person aufgrund des von ihr übernommenen Berufs im Haushalt der Familie oder Ehe, die im übrigen aus verfassungsrechtlicher Sicht per Saldo bei Zusammenveranlagung einkommen- und kirchensteuerlich regelmäßig noch einen Vorteil bringt (Kirchhof, in: Essener Gespräche zum Thema Staat und Kirche, Bd. 21, S. 117, 147, Sonderdruck „Der Schutz von Ehe und Familie" S. 37). Die vorstehenden Grundsätze zur mangelnden steuerrechtlichen Beschwer gelten auch im Streitfall. Der Kläger ist nicht einmal durch den Schein einer Festsetzung gegen ihn beschwert. Im Unterschied zu den wie vorerwähnt entschiedenen Fällen enthalten die hier angefochtenen, zusammengefaßt bekanntgegebenen Einkommensteuer- und Kirchensteuerbescheide jeweils den ausdrücklichen Hinweis, daß die „Kirchensteuer für die Ehefrau festgesetzt" wird. Sinngemäß ist damit unmißverständlich gemeint, daß die Festsetzung „für" die Ehefrau als diesbezügliche Bescheid-Inhaltsadressatin bestimmt ist, auch wenn selbstverständlich die Steuer für die Kirche erhoben wird und sich dementsprechend die Steuerforderung gegen die Ehefrau richtet.

94

Die die katholische Kirche betreffenden Kirchgeldregelungen in Hamburg sind verfassungskonform.

Art. 3, 6 GG; § 3 Abs. 1 b Hamb.KiStG
FG Hamburg, Urteil vom 15. Dezember 1995 – II 116/94[1] –

Aus den Gründen:

Die Klage ist nicht begründet. (...)
Die kirchensteuerberechtigte röm.-kath. Kirche (§ 1 Hamb.KiStG) kann nach ihren kirchlichen und staatlich genehmigten Steuervorschriften (§ 4 Hamb.KiStG) von den ihr angehörenden Personen (§ 2 Hamb.KiStG) Kirchensteuer erheben, und zwar als Kirchensteuer vom Einkommen (§ 3 Abs. 1 lit. a, Abs. 2 ff., §§ 5 ff. Hamb.KiStG) und als Kirchgeld in festen oder gestaffelten Beträgen (§ 3 Abs. 1 lit. b Hamb.KiStG). Die Kirchensteuer vom Einkommen wird auf das Kirchgeld angerechnet (§ 3 Abs. 6 Hamb.KiStG). Die hiernach im Streitfall anwendbaren kirchlichen Vorschriften sind die Kirchen-

---

[1] EFG 1996, 496. Die Nichtzulassungsbeschwerde der Klägerin wurde als unzulässig zurückgewiesen; BFH, Beschluß vom 27. 9. 1996 – I B 23/96 – unv.

Kirchgeld 579

steuerordnung des Verbandes der röm.-kath. Kirchengemeinden in Hamburg (ehem. Bistum Osnabrück) – KiStO – vom 16. 12. 1985 mit Genehmigung vom 30. 6. 1986 (BStBl. I 1986, 450) und der Kirchensteuer-Beschluß des Verbandes der röm.-kath. Kirchengemeinden in Hamburg (Bistum Osnabrück) vom 16. 12. 1985 mit Genehmigung vom 30. 6. 1986 bzw. in der letzten Fassung vom 11. 12. 1989 mit Genehmigung vom 15. 1. 1990 – KiStB – (BStBl. I 1986, 452; Amtl. Anz. 1990, 118). In Übereinstimmung mit §§ 2–3 Hamb.KiStG sind die Kirchensteuerpflicht in § 1 KiStO und die Arten der Kirchensteuer in § 2 Abs. 1 KiStO sowie die Anrechnung der Kirchensteuer vom Einkommen (§ 2 Abs. 2 ff., §§ 3–4 KiStO) auf das besondere Kirchgeld in § 5 Abs. 2 KiStO geregelt.

Das besondere, gestaffelte Kirchgeld in glaubensverschiedener Ehe (§ 2 Abs. 1 lit. c KiStO) bestimmt sich nach § 5 Abs. 1 KiStO. Es wird von Kirchenangehörigen erhoben, deren Ehegatte keiner steuerberechtigten Religionsgemeinschaft angehört (§ 5 Abs. 1 Satz 1 KiStO). Eine solche Ehe wird als „glaubensverschiedene" Ehe bezeichnet (§ 5 Hamb.KiStG, § 4 KiStO), im Unterschied zu der „konfessionsverschiedenen" Ehe, bei der die Ehegatten verschiedenen steuerberechtigten Körperschaften angehören (§ 5 a Hamb. KiStG, § 3 KiStO) (...) Gem. § 5 Abs. 1 Satz 2 KiStO wird das besondere Kirchgeld nach der wirtschaftlichen Leistungsfähigkeit in Anknüpfung an den Lebensführungsaufwand bemessen. Bemessungsgrundlage ist nach § 5 Abs. 1 Satz 3 KiStO das zu versteuernde Einkommen beider Ehegatten nach den Bestimmungen des EStG. Das danach festgesetzte Kirchgeld ergibt sich laut § 5 Abs. 1 Satz 4 KiStO aus einer im KiStB enthaltenen Tabelle. Nach § 3 Abs. 1 KiStB wird das Kirchgeld in glaubensverschiedener Ehe von den Kirchenangehörigen erhoben, deren Ehegatte keiner steuerberechtigten Religionsgemeinschaft angehört und die nicht nach dem EStG getrennt oder besonders veranlagt werden. Gem. § 3 Abs. 2 KiStB (n. F.) beträgt das gestaffelte Kirchgeld in glaubensverschiedener Ehe in der Stufe 1 bei einem gemeinsam zu versteuernden Einkommen (§ 2 Abs. 5 EStG) von 54 001 bis 64 999 DM jährlich 216 DM. Dieser Betrag ist nach § 3 Abs. 3 KiStO i. V. m. § 51 a EStG für jedes gemeinsame Kind um 12 DM zu mindern (...)

Die Vorschriften über die Erhebung des besonderen Kirchgelds in glaubensverschiedener Ehe verstoßen auch nicht gegen die Verfassung, insbesondere nicht gegen Art. 3 und Art. 6 GG.

Entgegen der Auffassung der Klägerin stellt die Regelung der Bemessung des besonderen Kirchgelds nach dem gemeinsam zu versteuernden Einkommen keine Umgehung der Rechtsprechung des BVerfG dar, insbesondere nicht des Urteils vom 14. 12. 1965[2] – 1 BvR 606/60 – (BVerfGE 19, 268,

---

[2] KirchE 7, 352.

BStBl. I 1966, 196), das zur Unanwendbarkeit des Halbteilungsgrundsatzes in glaubensverschiedener Ehe bei getrennter Veranlagung ergangen ist und zur Beschränkung des Halbteilungsgrundsatzes auf die Zusammenveranlagung in konfessionsverschiedener Ehe führte (§ 5 a Hamb.KiStG, § 3 lit. b KiStO). Hierbei kommt es für den Senat nicht darauf an, daß das zitierte Urteil zu einer anderen Regelung ergangen und zwischenzeitlich auch im Ergebnis überholt ist, weil es auf einem die Ehegatten isolierenden Verständnis der Ehe beruht und weil das BVerfG inzwischen diese Rechtsprechung — wenn auch nur bezogen auf das staatliche Einkommensteuerrecht — zugunsten einer Interpretation der Ehe als Leistungsfähigkeitsgemeinschaft aufgegeben hat (BFH-Urteil vom 15. 3. 1995[3] — I R 85/94 — BFHE 177, 303, BStBl. II 1995, 547; Kirchhof, Ehe und Familie im staatlichen Steuerrecht, in: Essener Gespräche zum Thema Staat und Kirche, Heft 21, S. 117, 143, 152, Sonderdruck S. 33, 42; zur Ehe als Leistungsfähigkeitsgemeinschaft z. B. BVerfG-Beschlüsse vom 29. 5. 1990 — 1 BvL 20/84 u. a. — BVerfGE 82, 60, BStBl. II 1990, 653; vom 4. 10. 1988 — 1 BvR 843/88 — HFR 1990, 43; Urteil vom 3. 11. 1982 — 1 BvR 620/78 u. a. — BVerfGE 61, 319, BStBl. II 1982, 717).
Vielmehr ist in allen zwischenzeitlich rechtskräftig und bekanntgewordenen Entscheidungen — auch des BVerfG — die Verfassungsmäßigkeit des besonderen, gestaffelten Kirchgelds für zusammenveranlagte Kirchenangehörige in glaubensverschiedener Ehe ausdrücklich bejaht oder zumindest nicht bezweifelt worden (Entscheidungen des BVerfG vom 23. 4. 1991 — 2 BvR 384/91 — unv.; vom 23. 10. 1986[4] — 2 BvL 7–8/84 — BVerfGE 73, 388, HFR 1987, 143; vom 30. 8. 1982 — 1 BvR 1109/81 — HFR 1984, 73; des BVerwG vom 18. 2. 1991 — 8 B 145/90 — unv.; vom 11. 11. 1988[5] — 8 C 10/87 — NJW 1989, 1747; vom 18. 2. 1977[6] — VII C 48/73 — BVerwGE 52, 104, NJW 1977, 1304; des OVG Berlin vom 23. 11. 1973[7] — II B 16/73 — OVGE BE 12, 238; des Hessischen VGH vom 1. 4. 1981[8] — V OE 95/79 —; vom 28. 6. 1979 — V OE 155/78, KirchE 17, 253; des OVG Lüneburg vom 19. 9. 1990 — 13 L 86/89 — unv.; vom 19. 3. 1986 — 13 A 25/85 — ZevKR 32 (1987), 194; des FG Hamburg vom 2. 6. 1992[9] — IV 66/91 H — EFG 1992, 763; vom 17. 5. 1990 — IV 7/88 H — unv.; vom 7. 6. 1990[10] — IV 11/88 H; Giloy/König, Kirchensteuerrecht in der Praxis, S. 155 ff.). Insbesondere kann danach bei der Anknüpfung an den Lebensführungsaufwand (BVerfGE 19, 268, BStBl. I 1966, 196) auf das — im Rahmen der gewählten Zusammenveranlagung — gemeinsam zu versteuernde Einkommen als Hilfsmaßstab zurückgegriffen werden (BVerwG, BVerwGE 52, 104, NJW 1977, 1304 und

---

[3] KirchE 33, 80.
[4] KirchE 24, 267.
[5] KirchE 26, 359.
[6] KirchE 16, 76.
[7] KirchE 13, 379.
[8] KirchE 18, 463.
[9] KirchE 30, 254.
[10] KirchE 28, 10.

nachfolgende Rechtsprechung, i. ü. zur Untrennbarkeit der günstigen und ungünstigen Rechtsfolgen der Zusammenveranlagung BVerfG-Beschluß vom 20. 4. 1966[11] – 1 BvR 16/66 – BVerfGE 20, 40, NJW 1966, 1161; ferner im Einkommensteuerrecht BVerfG-Beschlüsse vom 28. 6. 1993 – 1 BvR 132/89 – Inf 1993, 524; vom 4. 10. 1988 – 1 BvR 843/88 – HFR 1990, 43).

Ebenso ist die unterschiedliche Behandlung im Vergleich zu den einzeln oder getrennt veranlagten Kirchenangehörigen sachlich gerechtfertigt. Ergänzend bemerkt der Senat dazu folgendes: Die Gruppe der Kirchenangehörigen in glaubensverschiedenen nichtehelichen Lebens(abschnitts)gemeinschaften ist schon wegen der geringeren Bindung nicht vergleichbar, die i. d. R. nicht einmal einen Unterhaltsanspruch eröffnet, auf den die Übernahme der Kirchensteuer durch den nicht der Kirche angehörenden Partner zu stützen wäre (Kirchhof, aaO, S. 147).

Für die hiesige Beurteilung kann dahinstehen, inwieweit dennoch eine Gleichbehandlung denkbar wäre in den Fällen einer Verantwortungs- und Einstehensgemeinschaft i. S. der sozialhilferechtlichen Rechtsprechung (BVerfG-Urteil vom 17. 1. 1995 – 5 C 16/93 – NJW 1995, 2802). Zumindest gebietet die Verfassung im Hinblick auf den unterhaltsrechtlichen Unterschied keine Gleichbehandlung von Ehen und eheähnlichen Gemeinschaften (BVerfG-Urteil vom 17. 11. 1992 – 1 BvL 8/87 – BVerfGE 87, 234, NJW 1993, 643). Soweit anderweitige Einkünfte-Beziehungen der unverheirateten Partner steuerlich anerkannt werden (und zwar i. d. R. leichter als bei Ehegatten), werden die Einkünfte typischerweise im Rahmen der Kirchensteuer vom Einkommen berücksichtigt. Die Gruppe der dauernd getrennt lebenden und regelmäßig getrennt veranlagten Ehegatten unterscheidet sich insofern, als sich Leistungsfähigkeit bzw. Lebensführungsaufwand der Kirchenangehörigen nicht in erster Linie nach dem gemeinsamen Einkommen, sondern nach dem eigenen Einkommen zuzüglich eventueller Unterhaltsansprüche richten. Typisierend ist bei getrennter Veranlagung die Möglichkeit zu berücksichtigen, daß Ehegatten-Unterhaltsansprüche des nicht oder geringer verdienenden Partners im Wege des Realsplittings (§ 22 Nr. 1 a i. V. m. § 10 Abs. 1 Nr. 1 EStG) und damit i. d. R. auch mit der Kirchensteuer vom Einkommen angemessen erfaßt werden können, selbst wenn eine geringere Zahl von Fällen denkbar ist, bei denen die Unterhaltsansprüche über die betragsmäßige Grenze des Realsplittings hinausgehen. Entsprechendes gilt für den Vergleich mit der Gruppe der Geschiedenen.

---

[11] KirchE 8, 67.

95

Zur Frage der Kostenbeteiligung einer Zivilgemeinde am Unterhaltsaufwand für Kirchturm nebst Turmuhr einer evangelischen Kirchengemeinde auf der Grundlage von Art. 47 Württ.KGemG und sog. Ausscheidungsverhandlungen.

VGH Baden-Württemberg, Urteil vom 19. Dezember 1995 – 10 S 191/94[1] –

Die ev. Kirchengemeinde H. (Klägerin) verlangt von der bürgerlichen Gemeinde (Beklagte) die Bezahlung der Hälfte der Kosten, die für die Außenrenovierungen des Turms ihrer Kirche einschließlich der Kirchturmuhr angefallen sind. Der Betrag beläuft sich unter Anrechnung eines Zuschusses des Landesdenkmalamtes auf 69 977,39 DM nebst 4% Zinsen ab dem 27. 5. 1992. Die Kirche steht seit der auf der Grundlage des württembergischen Kirchengemeindegesetzes vom 14. 6. 1887 – KGemG – (RegBl. S. 237) erfolgten rechtlichen Verselbständigung der evangelischen Kirchengemeinde gegenüber der bürgerlichen Gemeinde, die auch eine Trennung zwischen dem Vermögen der Kirchengemeinde und der bürgerlichen Gemeinde (sog. Ausscheidung des kirchlichen Vermögens aus der Stiftungspflege) notwendig gemacht hatte, im Eigentum der Klägerin. Zur Frage der weiteren Benützung und der Unterhaltungslast für Kirchtürme, Kirchenuhren und Kirchenglocken, die bei der Trennung des Vermögens allgemein mit dem Kirchengebäude in das Eigentum der Kirchengemeinden übergegangen waren, hatte Art. 47 KGemG eine spezielle Regelung getroffen, die nach § 76 des württembergischen Kirchengesetzes vom 3. 3. 1924 (RegBl. S. 93) – soweit hier maßgeblich – in folgender Fassung weiter gilt: „An der bisher üblichen Benützung der Kirchtürme, Kirchenuhren und Kirchenglocken ... für Zwecke der bürgerlichen Gemeinde tritt eine Änderung nicht ein. Die bürgerliche Gemeinde ist verpflichtet, einen dem Maße dieser Benützung entsprechenden Anteil an den Kosten der Instandhaltung dieser Gegenstände zu übernehmen".

Zu der Frage, in welchem Umfang die in Art. 47 KGemG genannten Teile der Kirche bislang für die Zwecke der bürgerlichen Gemeinde benutzt worden sind, hatte das Gesetz selbst keine Regelung getroffen. Eine Regelung dieser Frage blieb vielmehr den örtlichen Kollegien (Gemeinderat, Stiftungsrat, Ortsarmenbehörde, Bürgerausschuß und Kirchengemeinderat) im Rahmen der Verhandlungen über die Ausscheidung vorbehalten. Art. 47 Abs. 2 KGemG sah lediglich vor, daß über den Umfang der bisher üblichen Benützung im Streitfall die Kreisregierung und auf Beschwerde endgültig das Mini-

---

[1] NVwZ 1996, 1232; VBl.BW 1996, 259. Nur LS: AkKR 165 (1996), 266. Das Urteil ist rechtskräftig.

sterium des Innern zu entscheiden hatte. Dementsprechend sah das Gesetz auch keine Regelung über die Höhe des Anteils der bürgerlichen Gemeinde an den Instandhaltungskosten vor. Auch diese Regelung blieb den örtlichen Kollegien vorbehalten. Die örtlichen Kollegien in H. hatten zunächst eine spezielle Vereinbarung über die künftige Unterhaltslast für den Kirchturm, die Uhr und die Glocken als entbehrlich angesehen, da für die Instandsetzung der Kirche ein Fonds in Höhe von 4176,03 Mark im Stiftungsvermögen vorhanden war, der im Rahmen der Ausscheidung auf die Kirchengemeinde übergehen sollte und dessen Zinsen für die Instandhaltung auch des Kirchturms, der Uhr und der Glocken bislang ausgereicht hatten (vgl. das Stiftungsratsprot. über die Sitzung vom 5. 5. 1891). Insbesondere das Konsistorium, das als kirchliche Aufsichtsbehörde den Ausscheidungsvereinbarungen zuzustimmen hatte, drängte jedoch darauf, daß die örtlichen Kollegien eine weitergehende Regelung bezüglich des der Kirchengemeinde durch Art. 47 Abs. 2 KGemG eingeräumten Ersatzanspruchs treffen sollten. Daraufhin faßten die Kollegien am 11. 1. 1892 den einstimmigen Beschluß, daß die bürgerliche Gemeinde künftig die Hälfte der Erhaltungskosten des Turms, der Glocken und der Kirchenuhr zu übernehmen habe, jedoch nur in dem Fall, wenn die laufenden Zinsen des auf die Kirchengemeinde übergegangenen Fonds, welcher für die Instandhaltung der Kirche, des Turms, der Glocken und der Kirchenuhr bestimmt ist, nicht zureichen. Eine diesem Beschluß entsprechende Regelung der Beteiligung der bürgerlichen Gemeinde an den Instandhaltungskosten fand allerdings in der Ausscheidungs- und Abfindungsurkunde (im folgenden: nur Ausscheidungsurkunde) vom 12. 5. 1892 mit Änderungen vom 8. 8. 1892, in der die Vereinbarungen zwischen kirchlicher und bürgerlicher Seite festgehalten wurden und die von den Aufsichtsbehörden (Konsistorium und Kreisregierung) am 22. 7. 1892 bzw. am 17. 9. 1892 genehmigt wurde, keinen Niederschlag. Gestützt auf Art. 47 KGemG und den Beschluß der örtlichen Kollegien vom 11. 1. 1892 ersuchte die Klägerin mit Schreiben vom 22. 3. 1988 die Beklagte um Erteilung ihres Einverständnisses mit einer hälftigen Kostenbeteiligung an der von ihr geplanten Außenrenovierung des Kirchturms entsprechend einem beigefügten Kostenvoranschlag. Die Beklagte lehnte eine Kostenbeteiligung mit der Begründung ab, daß eine Verpflichtung der bürgerlichen Gemeinde zur Übernahme von 50% der Aufwendungen für die Renovierung des Kirchturms nicht nachweisbar sei. Maßgeblich für eine Verpflichtung der bürgerlichen Gemeinde zur Kostenbeteiligung sei allein die Ausscheidungsurkunde, die jedoch die Unterhaltungslast für Kirchturm, Uhr und Glocken nicht entsprechend dem Beschluß vom 11. 1. 1892 regele. Vielmehr ergebe sich aus der Änderung des ursprünglichen Entwurfs der Ausscheidungsurkunde, durch die der Kirchengemeinde 2000 Mark mehr als ursprünglich vorgesehen zugewiesen worden seien, daß damit in der Frage der Unterhaltungskosten für Kirchturm, Uhr und Glocken eine vom Beschluß vom 11. 1. 1892 abweichende Regelung getroffen worden sei.

Nachdem die Beklagte nach Abschluß der Renovierungsarbeiten und Rechnungsstellung einer Zahlungsaufforderung nicht nachgekommen war, hat die Klägerin beim Verwaltungsgericht Klage auf Bezahlung des eingangs genannten Betrags erhoben, die abgewiesen wurde.

Auch die Berufung der Klägerin blieb erfolglos.

Aus den Gründen:

Die Berufung ist zulässig, aber unbegründet. Das Verwaltungsgericht hat einen Anspruch der Klägerin gegenüber der Beklagten auf Zahlung der hälftigen Kosten für die Renovierung des Kirchturms und der Kirchenuhr im Ergebnis zu Recht verneint. Das Berufungsvorbringen rechtfertigt keine andere Entscheidung. Im einzelnen ist folgendes auszuführen:

1. Auch nach Auffassung des Senats kann der geltend gemachte Anspruch nicht auf Art. 47 KGemG i. d. F. des § 76 Abs. 2 des Gesetzes vom 3. 3. 1924 (RegBl. S. 93) i. V. mit dem Beschluß der örtlichen Kollegien vom 11. 1. 1892 gestützt werden. Zwar hat der Senat ebensowenig wie das Verwaltungsgericht Zweifel daran, daß die genannte gesetzliche Bestimmung, die den Kirchengemeinden dem Grunde nach einen Anspruch auf Beteiligung der bürgerlichen Gemeinden an den Instandhaltungskosten für Kirchturm, Uhr und Glocken entsprechend dem Maße der Benützung dieser Einrichtungen durch die bürgerlichen Gemeinden gewährt, nach wie vor in Geltung ist. Entgegen der Auffassung der Klägerin haben die örtlichen Kollegien diesen gesetzlichen Anspruch jedoch nicht durch den Beschluß vom 11. 1. 1892 dahingehend konkretisiert, daß die Beklagte verpflichtet ist, die Hälfte dieser Kosten zu bezahlen. Denn dieser Beschluß hat zu keiner rechtsverbindlichen Vereinbarung über den von der Beklagten zu tragenden Anteil an den Instandhaltungskosten geführt.

Der Senat teilt die Auffassung des Verwaltungsgerichts, daß nicht jede im Rahmen der Ausscheidungsverhandlungen erfolgte Beschlußfassung der örtlichen Kollegien rechtsverbindlich geworden ist, sondern daß dies nur für den Beschlußinhalt zutrifft, der – was bezüglich des am 11. 1. 1892 über den Anteil der bürgerlichen Gemeinde an den betreffenden Instandhaltungskosten Beschlossenen nicht der Fall ist – in der Ausscheidungsurkunde aufgenommen worden ist. Zutreffend verweist das Verwaltungsgericht in diesem Zusammenhang auf die §§ 35 ff. der Vollzugsverfügung der Ministerien des Innern und des Kirchen- und Schulwesens vom 25. 3. 1889 zu den Art. 30–49 des Gesetzes von 1887 (abgedr. in: Göz, Die württ. Gesetze und Verfügungen über die Vertretung der ev. Kirchengemeinden und die Verwaltung ihrer Vermögensangelegenheiten, 1890, S. 492 ff.), die den Abschluß der Ausscheidungsverhandlungen regeln. Danach waren alle Beschlüsse der örtlichen Kollegien – und damit auch der Beschluß vom 11. 1. 1892 – zunächst nur Erklärungen über die bei der Ausscheidung zu ordnenden Punkte und als solche nur vorläufige Verhandlungsergebnisse (§ 35), die noch der Prüfung und Billigung durch die kirchliche und weltliche Aufsichtsbehörde (Konsistorium und Kreisregierung) bedurften und die bei Beanstandung durch die Aufsichtsbehörden gegebenenfalls nach weiteren Verhandlungen und erneuter Beschlußfassung durch die örtlichen Kollegien noch geändert werden mußten (§§ 36 – 39). Verbindlich wurden die Verhandlungsergebnisse erst dadurch, daß sie nach Erzielung einer Einigung zwischen den örtlichen Kollegien und den Aufsichtsbehörden in den Entwurf der Ausscheidungsurkunde aufgenommen wurden (§ 40) und diese nach weiterer Prüfung durch die Aufsichtsbehörden von den örtlichen Kollegien unterzeichnet und von den Aufsichtsbehörden genehmigt wurde (§§ 42 – 44). Es entspricht auch allgemeinem rechtsgeschäftlichem Brauch, daß dann, wenn das Ergebnis langwieriger Vertragsverhandlungen letztlich schriftlich festgehalten wird, allein der abschließende Vertragstext die für die Rechtsbeziehungen der Vertragsparteien maßgeblichen rechtsverbindlichen Regelungen enthält. Dies gilt insbesondere, wenn – wie hier – das Verhandlungsergebnis der Billigung übergeordneter Stellen bedarf.

Der Senat vermag der Klägerin auch nicht darin zu folgen, daß abweichend von diesen Grundsätzen speziell das Verhandlungsergebnis zu Art. 47 KGemG keiner Aufnahme in die Ausscheidungsurkunde bedurft hat, um rechtsverbindlich zu werden. Insbesondere rechtfertigt der Umstand, daß dieses den gesetzlichen Anspruch nur konkretisiert, keine geringeren Anforderungen an die Verbindlichmachung. Zum einen dienten letztlich alle in die Ausscheidungsurkunde aufgenommenen Regelungen der Konkretisierung des Gesetzes von 1887. Zum anderen ist, wenn eine gesetzliche Regelung einer – wie hier – unterschiedlichen Konkretisierung durch Vertrag im Einzelfall offensteht, die Konkretisierung nicht nur ein das Gesetz vollziehendes deklaratorisches Element, sondern ein konstitutives vertragliches Element, das nicht weniger als andere vertragliche Elemente der Dokumentation durch Aufnahme in die die Rechtsbeziehungen abschließend regelnde Vertragsurkunde bedarf. Eine Sonderstellung der Vereinbarung zu Art. 47 KGemG kann auch nicht – wie die Klägerin meint – daraus hergeleitet werden, daß in § 41 der Vollzugsverfügung die Vereinbarung zu Art. 47 KGemG nicht als zwingender Bestandteil der Ausscheidungsurkunde aufgeführt wird. Gegen die Auffassung der Klägerin spricht schon, daß der gesetzliche Anspruch auf Beteiligung an den Instandhaltungskosten nach Art. 47 KGemG nicht zwingend in jedem Einzelfall besteht, sondern nur als Gegenleistung dafür, daß die bisher übliche Benützung des Kirchturms, der Uhr und der Glocken zu weltlichen Zwecken aufrechterhalten wird, wozu die bürgerliche Gemeinde durch das Gesetz zwar berechtigt, aber nicht verpflichtet sein sollte. Auch wenn in der Praxis überwiegend oder wohl gar ausschließlich eine bisher übliche Benützung bestanden haben dürfte und auch aufrechterhalten worden ist, nimmt dies der Verpflichtung zur Beteiligung an den Instandhaltungskosten jedenfalls rechtstechnisch nicht den fakultativen Charakter. Außerdem ist eine Konkretisierung des von der bürgerlichen Gemeinde nach Art. 47 KGemG zu tragenden Anteils an den Instandhaltungskosten in einer gesonderten, als selbständiger Regelungspunkt in der Urkunde aufführbaren Vereinbarung durch das Gesetz ersichtlich nicht zwingend vorgegeben. Die Verpflichtung der bürgerlichen Gemeinde konnte vielmehr – worauf noch zurückzukommen ist – auch über die sonstigen Regelungen in der Ausscheidungsurkunde erfüllt und kompensiert werden, etwa dadurch, daß der Kirchengemeinde Grundstücke oder Fonds zugewiesen wurden. Auch dies macht es verständlich, daß die Vereinbarung zu Art. 47 KGemG nicht in § 41 der Vollzugsverfügung aufgeführt wird. Daß eine Regelung zu Art. 47 KGemG jedenfalls nicht außerhalb der Regelungen über die Ausscheidung des kirchlichen Vermögens erfolgen durfte, ergibt sich aus § 35 der Vollzugsverfügung. Diese Bestimmung führt nämlich auch Art. 47 KGemG bei den im Rahmen der Ausscheidungsverhandlungen zu ordnenden Punkten auf.

Diese rechtlichen Anforderungen an die Verbindlichkeit des Verhandlungsergebnisses zu Art. 47 KGemG werden durch die tatsächliche Vorgehensweise in H. unter Berücksichtigung der tatsächlichen Vorgehensweise in anderen Gemeinden bestätigt: Daß der Beschluß vom 11. 1. 1892 nur ein vorläufiges Ergebnis war, wird etwa daran deutlich, daß das Konsistorium in einer Note an die Kreisregierung vom 19. 2. 1892 einen Vorbehalt gegen diesen Beschluß vorgebracht hat, der allerdings ebensowenig wie der Beschluß selbst in der Ausscheidungsurkunde seinen Niederschlag gefunden hat. Daß Vereinbarungen zur Konkretisierung der Kostentragungspflicht aus Art. 47 KGemG auch in damaliger Zeit als in die Ausscheidungsurkunde aufzunehmender Regelungspunkt angesehen worden sind, zeigt sich etwa daran, daß die Gemeinden G. (Oberamt H.) und W. (Oberamt B.) entsprechende Regelungen in ihre Ausscheidungsurkunden aufgenommen haben (vgl. die im Berufungsverfahren von der Klägerin vorgelegten Ausscheidungsurkunden dieser Gemeinden).

2. Die Klägerin hat auch keinen Anspruch auf die geltend gemachten hälftigen Renovierungskosten allein auf der Grundlage des Art. 47 KGemG. Es kann offenbleiben, ob ein solcher unmittelbarer gesetzlicher Anspruch bestehe würde, wenn die örtlichen Kollegien überhaupt keine rechtsverbindliche, den gesetzlichen Anspruch konkretisierende Regelung über die von der bürgerlichen Gemeinde zu tragenden Kosten getroffen hätten, und ob es in die-

sem Fall dem erkennenden Senat oblegen hätte, eine Konkretisierung der gesetzlichen Kostentragungspflicht auf der Grundlage der damaligen oder möglicherweise auch der heutigen Benützung des Kirchturms und der Uhr durch die bürgerliche Gemeinde vorzunehmen. Denn das Verwaltungsgericht hat im Ergebnis auch zutreffend entschieden, daß die Ausscheidungsurkunde eine rechtsverbindliche Regelung der örtlichen Kollegien zu Art. 47 KGemG enthält, die von der mit dem Beschluß vom 11. 1. 1892 angestrebten Regelung abweicht und dazu führt, daß der geltend gemachte Anspruch auf hälftige Kostenbeteiligung nicht besteht.

Keine Bedeutung kommt in diesem Zusammenhang allerdings der Formulierung auf S. 12 der Ausscheidungsurkunde zu, wonach die Zuweisung des Vermögens überall mit Nutzen und Eigentum und mit allen Rechten und Lasten, also insbesondere den Bau- und Unterhaltungslasten, erfolgt. Denn allein die Zuweisung der Bau- oder Unterhaltungslast auch für Kirchturm, Uhr und Glocken an die Kirchengemeinde in der Ausscheidungsurkunde stellt keine endgültige Zuweisung der vollen Instandhaltungskosten an die Kirchengemeinde auf der Grundlage eines Verzichtes auf den durch Art. 47 KGemG dem Grunde nach gewährten Anspruchs dar. Vielmehr läßt die Zuweisung der Bau- und Unterhaltungslast an die Kirchengemeinde in der Ausscheidungsurkunde ebenso noch Raum für eine Regelung zur Konkretisierung des Art. 47 KGemG, wie auf gesetzlicher Ebene neben der Baulastregelung des Art. 44 KGemG noch Raum für Art. 47 KGemG ist, zumal auch erst die Zuweisung der Bau- und Unterhaltungslast an die Kirchengemeinde deren Gläubigerstellung bezüglich des anteiligen Kostenerstattungsanspruchs nach Art. 47 KGemG begründet.

Zutreffend hat das Verwaltungsgericht jedoch angenommen, daß in der Ausscheidungsurkunde eine den Art. 47 KGemG konkretisierende Regelung jedenfalls dahin getroffen worden ist, daß — ersichtlich in Anlehnung an die ursprüngliche Auffassung der örtlichen Kollegien in ihrer Sitzung vom 5. 5. 1891 — der künftige Beitrag der bürgerlichen Gemeinde zur Unterhaltung von Kirchturm, Uhr und Glocken dadurch abgegolten worden ist, daß der im Stiftungsvermögen vorhandene Fonds zur Unterhaltung der Kirche, des Kirchturms, der Uhr und der Glocken im Rahmen der Ausscheidung auf die Kirchengemeinde übergegangen ist und der Unterhaltungsaufwand — wie es bis dahin der Fall gewesen war — durch die Zinsen dieses Fonds gedeckt werden sollte. Daß der Fonds mit einem nach dem Stand vom März 1892 ausgewiesenen Kapital von 4176,03 Mark auf die Kirchengemeinde übertragen worden ist, ergibt sich aus Abschnitt III „Sonstige besondere Fonds" der Ausscheidungsurkunde. Dafür, daß diese Mittel auch als ausreichend für die künftige Unterhaltung der Kirche einschließlich des Kirchturms und seiner Bestandteile angesehen worden sind, spricht, daß im Abschnitt XI „Baukapital" der Ausscheidungsurkunde ausgeführt wird, daß im Hinblick auf diesen Fonds von der Ausmittlung eines Baukapitals für den Neubau oder die Erweiterung der Kirche abgesehen worden ist, weil der Fonds hierfür als ausreichend anerkannt worden ist. Denn wenn nach dem ausdrücklichen Inhalt der Ausscheidungsurkunde örtliche Kollegien und Aufsichtsbehörden angenommen haben, daß der Baufonds selbst für Neubau und Erweiterung der Kirche ausreicht, dann müssen sie — unausgesprochen — erst recht davon ausgegangen sein, daß dieser Fonds einschließlich der Zinsen auch für die Unterhaltung der Kirche einschließlich des Turms, der Uhr und der Glocken ausreicht. Daß bei dieser Regelung schließlich auch Art. 47 KGemG im Blickpunkt gestanden hat, ergibt sich daraus, daß sich unmittelbar anschließend in demselben Abschnitt der Ausscheidungsurkunde die weitere Regelung findet, daß der bürgerlichen Gemeinde das unentgeltliche Mitbenützungsrecht an Uhr und Glocken in der Kirche für bürgerliche Zwecke in der bisher üblichen Weise zusteht. Mit dieser Formulierung wird unzweifelhaft an die Terminologie des Art. 47 KGemG angeknüpft, wobei es unerheblich ist, daß nicht auch der Kirchturm selbst erwähnt wird, da jedenfalls die Benützung der an ihm angebrachten Uhr und der in ihm aufgehängten Glocken damals ersichtlich im Vordergrund gestanden hat. Wenn die örtlichen Kollegien diese Regelungen in die Ausscheidungsurkunde in Kenntnis dessen aufgenommen haben, daß Art. 47 KGemG das bisher übliche Mitbenützungsrecht für bürgerliche Zwecke gerade nicht unentgeltlich, sondern über eine Beteiligung der bürgerlichen Gemeinde an den Instandhaltungskosten nur entgeltlich gewährleisten will, und daß die Frage des Entgelts im Rahmen der Ausscheidungsverhandlungen eine zentrale Rolle gespielt hat, und wenn die Aufsichtsbehörden in Kenntnis all dessen der Urkunde die Genehmigung erteilt haben, dann spricht alles dafür, daß die beteiligten Kollegien und Behörden als einmaliges Entgelt, das die künftige „unentgeltliche" Mibenützung möglich machte, die im selben Abschnitt der Ausscheidungsurkunde schon angesprochene Überlassung des Baufonds angesehen haben.

Der Senat hat auch keine Bedenken, eine einmalige Abfindung in Form der Überlassung des bereits bestehenden Baufonds an die Kirchengemeinde als zulässige Konkretisierung des von Art. 47 KGemG dem Grunde nach gewährten Kostenbeteiligungsanspruchs anzusehen. Zwar könnte der Wortlaut des Art. 47 KGemG, der vom „Anteil an den Kosten der Instandhaltung" spricht, darauf hindeuten, daß — da Instandhaltungskosten immer wieder anfallen — auch der Anteil wiederkehrend zu den jeweils entstehenden Kosten zu erbringen ist. Auch haben die einzelnen Gemeinden in der Praxis wohl überwiegend wiederkehrende Leistungen der bürgerlichen Gemeinde vereinbart, sei es in Form von Prozentsätzen oder Festbeträgen, wobei oft noch bei der Höhe des Anteils zwischen Kirchturm, Uhr und Glocken differenziert worden ist. Teilweise sind jedoch auch einmalige jährlich verzinsliche Abfindungssummen vereinbart worden (vgl. Ehmer, in: Beiträge zur Landeskunde 1 (Februar 1994), Regelmäßige Beil. zum Staatsanzeiger für Baden-Württemberg, S. 9). Vor diesem Hintergrund der recht unterschiedlichen örtlichen Verhältnisse muß angenommen werden, daß der Gesetzgeber, der ersichtlich gerade im Hinblick hierauf sich selbst einer Regelung enthalten hat, den Gemeinden einen weiten Spielraum bei der Ausgestaltung der Kostenbeteiligungspflicht einräumen wollte. Vor allem kann einmaligen Leistungen, gerade auch soweit sie die Überlassung bestehender Kirchenbaufonds betreffen, nicht im Rückblick auf die erst später eingetretenen Geldentwertungen aus damaliger Sicht die Eignung als sachgerechte Lösung abgesprochen werden.

Zweifelhaft ist demgegenüber die These des Verwaltungsgerichts, wonach eine weitere konkretisierende Regelung zu Art. 47 KGemG darin zu sehen ist, daß der Kirchengemeinde nach Änderung des ursprünglichen Entwurfs der Ausscheidungsurkunde auf der Grundlage des Beschlusses der örtlichen Kollegien vom 28. 6. 1892 aus dem allgemeinen Stiftungsvermögen 2000 Mark mehr zugewiesen worden sind, als die gesetzmäßige Ausscheidung vorgeschrieben hatte. Aus den von der Klägerin im Berufungsverfahren ergänzend vorgelegten Schriftstücken (vgl. insb. das Schreiben des Bürgerausschusses an das Oberamt B. vom 28. 3. 1892, das Gemeinderatsprotokoll vom 23. 4. 1892, die Note des Konsistoriums vom 21. 5. 1892 an die Kreisregierung sowie den Beschluß der örtlichen Kollegien vom 28. 6. 1892 mit nachträglicher Erläuterung der Abstimmungsverhältnisse und Beweggründe vom 26. 8. 1892) ergibt sich nämlich, daß diese Zuweisung nicht, jedenfalls nicht primär im Hinblick auf Art. 47 KGemG, sondern deshalb erfolgt ist, um die im Ausscheidungsverfahren ebenfalls problematisierte Aufteilung des allgemeinen Stiftungsvermögens aus Billigkeitsgründen für die Kirchengemeinde günstiger zu gestalten. Dafür, daß mit dieser Zuweisung zusätzlich etwaigen verbliebenen Zweifeln an der Billigkeit der zu Art. 47 KGemG getroffenen Regelung Rechnung getragen werden sollte, enthalten auch die im Berufungsverfahren ergänzend vorgelegten Schriftstücke keine Anhaltspunkte. Ob sich eine solche zusätzliche Funktion der Zuweisung dieser 2000 Mark an die Kirchengemeinde als Ergebnis der vom Verwaltungsgericht vorgenommenen Gesamtwürdigung der Interessen der örtlichen Kollegien entnehmen läßt, kann letztlich dahinstehen, da jedenfalls mit der Überlassung des Baufonds eine konkretisierende Regelung zu Art. 47 KGemG getroffen worden ist.

Abschließend bemerkt der Senat, daß er nicht verkennt, daß es – auch auf der Grundlage der ergänzend vorgelegten Schriftstücke aus dem für die Erstellung der Ausscheidungsurkunde entscheidenden Zeitraum des Frühjahrs 1892 – keine befriedigende Erklärung dafür gibt, weshalb die Bemühungen des Konsistoriums um eine in seinen Augen und auch aus heutiger Sicht für die Kirchengemeinde günstigere Regelung zu Art. 47 KGemG letztlich „im Sande verlaufen" sind. Diesem „Defizit" ist jedoch rechtlich nicht beizukommen. Ebensowenig wie die örtlichen Kollegien damals im Jahre 1892 ist jedoch die Beklagte heute gehindert, der Klägerin aus Billigkeitsgründen, nicht zuletzt im Interesse eines gedeihlichen örtlichen Zusammenlebens, mehr zu gewähren als das, wozu sie gesetzlich oder vertraglich verpflichtet ist.

96

Die landesrechtliche Verpflichtung einer Zivilgemeinde, sich am Unterhaltungsaufwand für Kirchturm nebst Turmuhr einer evangelischen Kirchengemeinde zu beteiligen, ist bislang nicht wegen wesentlicher Veränderungen der Verhältnisse (hier: Funktionszweck der unterhaltenen Einrichtungen) entfallen.

Art. 47 Württ. KGemG, § 60 BW.LVwVfG
VGH Baden-Württemberg, Urteil vom 19. Dezember 1995
– 10 S 1140/94[1] –

Die klagende ev. Kirchengemeinde und die beklagte bürgerliche Gemeinde vereinbarten 1892 bei der nach Art. 47 des Württ. Kirchengemeindegesetzes vom 14. 6. 1887 – KGemG – (Reg.Bl. S. 237) erforderlichen sog. Ausscheidung des kirchlichen Vermögens aus dem der bürgerlichen Gemeinde, daß sich diese zur Hälfte an den Kosten für die Instandhaltung von Kirchturm, Turmuhr und Glocken zu beteiligen habe. Nach § 76 des Württ. Kirchengesetzes vom 3. 3. 1924 gilt Art. 47 KGemG in der Fassung weiter, daß sich an der üblichen Benutzung der Kirchtürme, Kirchenuhren und -glocken durch die bürgerliche Gemeinde nichts ändert und diese einen dem Maß der Benutzung entsprechenden Anteil der Instandhaltungskosten trägt. Ende der 80er Jahre erklärte sich die Beklagte zu einer Übernahme von nur 25% der Kosten für eine notwendig gewordene Instandsetzung bereit, da sich die Verhältnisse geändert hätten; die Beklagte verlangte eine Vertragsanpassung. Die Klägerin machte daraufhin beim Verwaltungsgericht den Unterschiedsbetrag zur Hälfte ihrer Kosten (24 472,11 DM) nebst 4% Zinsen geltend. Das Verwaltungsgericht wies die Klage ab, da die Vereinbarung von 1892 gemäß § 60 LVwVfG an die inzwischen geänderten Verhältnisse anzupassen sei (Bedeutungswandel des Kirchturms).

Auf die Berufung der Klägerin gab der Verwaltungsgerichtshof der Klage im wesentlichen statt.

---

[1] ESVGH 46, 115; NVwZ 1996, 1230; VBl.BW 1996, 257. Nur LS: AkKR 165 (1996), 266. Das Urteil ist rechtskräftig.

Aus den Gründen:

Zutreffend ist das Verwaltungsgericht ... davon ausgegangen, daß Art. 47 KGemG i. d. F. des § 76 Abs. 2 des Kirchengesetzes von 1924 (RegBl. S. 93), auf den die Klägerin ihren Anspruch stützt, nach wie vor in Geltung ist. Ebenfalls zutreffend hat das Verwaltungsgericht angenommen, daß bezüglich dieses gesetzlich nur dem Grunde nach bestehenden Anspruchs von den örtlichen Kollegien in der abhandengekommenen Ausscheidungsurkunde eine rechtsverbindliche (vgl. hierzu das Urteil des erkennenden Senats vom heutigen Tag im Verfahren 10 S 191/94[2]) konkretisierende Regelung dahin getroffen worden ist, daß die Beklagte als Rechtsnachfolgerin der bürgerlichen Gemeinde L. verpflichtet ist, die Hälfte der Kosten für die Instandhaltung von Kirchturm, Uhr und Glocken zu tragen. Dies ist auch zwischen den Beteiligten unstreitig.

Der Senat vermag dem Verwaltungsgericht aber nicht darin zu folgen, daß die damals übernommene Verpflichtung der Beklagten zur hälftigen Kostenbeteiligung nach § 60 LVwVfG dahingehend anzupassen ist, daß keine Verpflichtung der Beklagten (mehr) besteht, die über die bereits geleistete Zahlung in Höhe von ca. 28% der angefallenen Kosten hinausgeht. Hierbei läßt der Senat offen, ob die Auffassung der Klägerin zutrifft, daß eine Anpassung der Verpflichtung der Beklagten nach § 60 LVwVfG schon deshalb ausscheidet, weil diese Bestimmung als öffentlich-rechtliche spezialgesetzliche Normierung der Rechtsgrundsätze über den Wegfall der Geschäftsgrundlage bzw. der clausula rebus sic stantibus (vgl. Kopp, VwVfG, 6. Aufl., § 60 Rdnr. 2) nur auf vertragliche Verpflichtungen Anwendung finden kann, während vorliegend trotz vertraglicher Konkretisierung durch die örtlichen Kollegien ein rein gesetzlicher Anspruch vorliegen soll, dessen Höhe zudem auch heute noch – in statischer Sichtweise – nach dem Maße der in den Jahren 1887/1892 üblichen Benützung zu bestimmen sein soll. Denn auch dann, wenn § 60 LVwVfG wegen der Konkretisierung des gesetzlichen Anspruchs durch die Vereinbarung anwendbar ist und Art. 47 KGemG – in dynamischer Sichtweise – eine Berücksichtigung des heute üblichen Maßes der Benützung des Kirchturms und der Uhr über eine Anpassung der Vereinbarung zuläßt, ist eine solche Anpassung nicht vorzunehmen, da die Tatbestandsvoraussetzungen des § 60 LVwVfG nicht vorliegen. Hierzu ist im einzelnen auszuführen:

Nach § 60 Abs. 1 S. 1 LVwVfG kann, wenn sich die Verhältnisse, die für die Festsetzung des Vertragsinhalts maßgebend gewesen sind, seit Abschluß des Vertrages so wesentlich geändert haben, daß einer Vertragspartei das Festhalten an der ursprünglichen vertraglichen Regelung nicht zuzumuten ist,

---

[2] KirchE 33, 582.

diese Vertragspartei eine Anpassung des Vertragsinhalts an die geänderten Verhältnisse verlangen oder, sofern eine Anpassung nicht möglich oder einer Vertragspartei nicht zuzumuten ist, den Vertrag kündigen. Eine wesentliche Änderung der Verhältnisse in diesem Sinne ist dann anzunehmen, wenn Änderungen eingetreten sind, mit denen die Vertragspartner bei Abschluß des Vertrages nicht gerechnet haben und die bei objektiver Betrachtung so erheblich sind, daß nicht angenommen werden kann, daß der Vertrag bei ihrer Kenntnis mit dem gleichen Inhalt geschlossen worden wäre. Es muß sich um grundlegende Veränderungen handeln, die zu einem mit Recht und Gerechtigkeit nicht zu vereinbarenden und damit der betroffenen Partei nach Treu und Glauben nicht zuzumutenden Ergebnis führen. Voraussetzung ist in jedem Fall, daß das Gleichgewicht zwischen Leistung und Gegenleistung so stark gestört ist, daß das von jedem Vertragspartner normalerweise zu tragende Risiko weit überschritten ist und es dem benachteiligten Partner unmöglich wird, in der betroffenen Regelung seine Interessen auch nur annähernd noch gewahrt zu sehen. Maßgeblich für die Frage der Unzumutbarkeit des Festhaltens am Vertrag ist letztlich das Ergebnis einer Abwägung aller Gesichtspunkte des konkreten Falles (vgl. Kopp, aaO, § 60 Rdnr. 7 ff. unter Bezugnahme etwa auf BVerwG, Urteil v. 25. 11. 1966, DVBl. 1967, 619 und BGH, Urteil v. 31. 5. 1990, NJW 1991, 1478; vgl. auch VGH Bad.-Württ., Urteil v. 25. 10. 1990 − 3 S 1220/90 −). Diese strengen Voraussetzungen sind vorliegend nicht erfüllt.

Der Senat verkennt allerdings nicht, daß in der Benützung des Kirchturms und der an ihm befestigten Uhr, soweit es um die Bedeutung konkreter, für die bürgerliche Gemeinde nützlicher Funktionen geht, seit Abschluß der Vereinbarung von 1892 *Änderungen* eingetreten sind. Dies betrifft sowohl die Zeitansagefunktion, die primär der Kirchenuhr, aber mittelbar auch dem Kirchturm selbst als Träger dieser Uhr obliegt, als auch die Tageseinteilungs- und Alarmierungsfunktion, die primär den Glocken − für die hier keine Kosten geltend gemacht werden −, aber mittelbar wiederum dem Kirchturm als deren Träger zukommt. Technischer Fortschritt, aber auch gesellschaftliche und arbeitsstrukturelle Gründe haben bezüglich dieser Funktion zu einem Bedeutungswandel geführt. Insbesondere die früher in kleineren Gemeinden wie der Beklagten und ihren ehemals selbständigen Teilorten vorherrschende bäuerlich/handwerkliche Prägung, die heute nicht mehr in diesem Ausmaß vorhanden ist, spielt hier eine Rolle, da die genannten Funktionen der Uhr und des Glockengeläuts voraussetzen, daß der Lebensmittelpunkt der Bewohner im Ort selber oder jedenfalls in dessen unmittelbarer Umgebung liegt. Demgegenüber kommt der von den Beteiligten ebenfalls angesprochenen Funktion des Kirchturms, als Trockenplatz für die Feuerwehrschläuche zu dienen, vorliegend keine Bedeutung zu, da die Beklagte in der mündlichen Verhandlung eingeräumt hat, daß zum Zeitpunkt des Abschlusses der Vereinbarung im Jahre 1892 noch keine Feuerwehrschläuche in Verwendung gewesen sind, diese Funktion vielmehr dem Kirchturm erst später für eine begrenzte Zeit zugewachsen ist. Nach Auffassung des Senats kann in dem angeführten Bedeutungswandel aber noch *keine so wesentliche Änderung* der maßgeblichen Verhältnisse gesehen werden, daß der Beklagten bei einer Gesamtwürdigung aller Umstände das Festhalten an der ursprünglich vereinbarten hälftigen Kostenbeteiligung nicht *zuzumuten* ist. Hier ist zunächst zu berücksichtigen, daß den angeführten Funktionen des Kirchturms − vielleicht mit Ausnahme der Alarmierungsfunktion der Glocken, soweit diese bei Stromausfall nicht auch mechanisch zur Alarmierung verwendet werden können − auch heute noch nicht unerhebliche Bedeutung zukommt. Dies gilt insbesondere für die Zeitansagefunktion der Kirchenuhr. Sie hat allenfalls das Monopol für die Zeitansage verloren, sofern ein solches im Jahr 1892 im Hinblick auf andere öffentliche Uhren, wie etwa Rathausuhren, oder damals schon gebräuchliche private Uhren überhaupt bestanden hat. Auch ohne ein solches Monopol haben aber öffentliche Uhren und damit auch Kirchenuhren heutzutage trotz weitestgehender Versorgung der Bevölkerung mit privaten Uhren und Zeitansagen über Funk, Fernsehen und Telefon nach wie vor eine wichtige Funktion. Dies wird schon daran deutlich, daß öffentliche Uhren etwa auf Bahnhöfen, an Straßenbahn- und Bushaltestellen oder auf öffentlichen Plätzen auch heute noch neu aufgestellt werden. Auch dem Tageseinteilungsläuten der Glocken kann mit Blick auf die Einwohner, die ihren Lebensmittelpunkt nach wie vor im Ort haben, eine gewisse − nicht näher quantifizierbare − Bedeutung nicht abgesprochen werden. Wenn auch wegen der zunehmenden Säkularisierung des öffentlichen Lebens die Bedeutung der religiösen Funktion dieses Glockenläutens (Aufforderung zum Gebet), auf die es für den Fortbestand der Verpflichtung der bürgerlichen Gemeinde ohnedies nicht ankommt, gesunken sein mag, so ist dieses Tageseinteilungsläuten doch als eine qualifizierte Form der Zeitansage anzusehen. Außerdem kommt nach den plausiblen Ausführungen der Klägerin in der mündlichen Verhandlung dem Glockenläuten beim Tod eines Einwohners (Totenglocken) auch heute noch ein über den kirchlichen Rahmen hinausgehender Informationswert zu.

Weiter ist in diesem Zusammenhang zu berücksichtigen, daß die technische und gesellschaftliche Entwicklung, die zu einem Bedeutungswandel der Funktionen des Kirchturms und seiner Uhr geführt hat, bereits mit Beginn der Industrialisierung im letzten Jahrhundert eingesetzt hat. Diese war deshalb wohl schon in dessen letzten Jahrzehnt erkennbar, wenn möglicherweise auch örtlich unterschiedlich und nicht in dem heutigen Ausmaß, noch eher aber 1924, als der Gesetzgeber Art. 47 KGemG erneut in seinen Geltungswillen aufgenommen hatte, ohne daß dies zum Anlaß genommen worden wäre, die konkretisierenden Vereinbarungen entsprechend anzupassen. Jedenfalls können der Beurteilung, ob eine wesentliche, eine Anpassung der vertraglichen Verhältnisse rechtfertigende Änderung der Verhältnisse eingetreten ist, nicht Verhältnisse zugrundegelegt werden, wie sie Jahrhunderte vorher geherrscht haben und teilweise für die Rechtsprechung in anderen Bundesländern maßgebend waren (vgl. etwa das Urteil des OVG Rheinland-Pfalz v. 18. 12. 1979, KirchE 17, 390, das eine in unvordenkliche Zeiten zurückreichende, auf Herkommen beruhende Baulastverpflichtung der bürgerlichen Gemeinde betraf). Deshalb muß etwa auch der vom Verwaltungsgericht zur Begründung einer wesentlichen Änderung mit herangezogene Gesichtspunkt, daß der Kirchturm nicht mehr als Wehrturm und Zufluchtstätte bei kriegerischen Auseinandersetzungen genutzt wird, außer Betracht bleiben, da diese Funktion des Kirchturms in Württemberg schon bei Vertragsschluß zu Ende des letzten Jahrhunderts keine Rolle mehr gespielt hat, auch wenn – wie die Beteiligten in der mündlichen Verhandlung ausgeführt haben – die hier in Rede stehende Kirche im 11. Jahrhundert als Wehrkirche erbaut worden ist. Schon dieser Befund läßt nach Auffassung des Senats nicht erkennen, daß das Gleichgewicht zwischen Leistung und Gegenleistung so stark gestört ist, wie es § 60 LVwVfG für eine wesentliche Änderung der Verhältnisse, die ein Festhalten an der ursprünglichen vertraglichen Regelung unzumutbar macht, voraussetzt.

Es kommt aber noch folgender Gesichtspunkt hinzu: Vieles deutet darauf hin, daß über den Begriff des „Maßes der Benützung" nicht nur der seinerzeitige und damit auch der künftige konkrete Nutzen, den die bürgerliche Gemeinde aus dem Vorhandensein des Kirchturms ziehen konnte und kann, in die Vereinbarung über den Anteil an den Instandhaltungskosten eingeflossen ist. Denn wenn allein dieser konkrete Nutzen maßgeblich gewesen wäre, wäre nur schwer verständlich, weshalb der Gesetzgeber die Konkretisierung dieses Nutzens und seine finanzielle Bwertung nicht selbst vorgenommen hat, da der konkrete Nutzen, den die bürgerlichen Gemeinden aus dem Kirchturm ziehen konnten, ersichtlich in allen Gemeinden im wesentlichen derselbe gewesen ist. Auf die mehr oder weniger gute Einsehbarkeit des Kirchturms und der Uhr oder die akustische Reichweite der Glocken kann es allein nicht angekommen sein. Wenn der Gesetzgeber die Bestimmung des Maßes der Benützung gleichwohl den einzelnen örtlichen Kollegien überlassen, im Streitfall in dieser Frage nach Art. 47 Abs. 2 KGemG Rechtsmittel bis zum Ministerium des Innern zugelassen hat und wenn die Gemeinden so unterschiedliche Vereinbarungen getroffen haben, wie dies gerade auch in einzelnen Ortsteilen der Beklagten der Fall ist (G. 0%, K. 10%, L. 50%), dann spricht dies dafür, daß das Maß der Benützung damals als wesentlich komplexer angesehen worden ist. Auch wenn das, was die örtlichen Kollegien damals zu der Festlegung auf eine hälftige Kostenbeteiligung wirklich veranlaßt hat, heute nicht mehr im Einzelnen nachvollziehbar ist, deutet doch alles darauf hin, daß der Kirchturm als sowohl der kirchlichen als auch der weltlichen Seite zugeordnetes Objekt als Ansatzpunkt für eine allgemeine Billigkeitsregelung dienen durfte und auch gedient hat, mit der u. a. Benachteiligungen der einen oder anderen Seite bei der Aufteilung des allgemeinen Stiftungsvermögens, möglicherweise aber auch bei der Aufteilung des Grundvermögens kompensiert werden konnten. Dem kann für die Frage, ob eine wesentliche Änderung der Verhältnisse vorliegt, in zweifacher Hinsicht Bedeutung zukommen: Zum einen kann, wenn derartige Billigkeitserwägungen dazugekommen sind, bei der Beurteilung, ob eine wesentliche Änderung der Verhältnisse vorliegt, als für das Ausmaß der Änderung maßgeblicher Bezugspunkt nicht nur der damalige konkrete Nutzen des Kirchturms für die bürgerliche Gemeinde im Sinne der eingangs genannten Funktionen als Träger von Uhr und Glocken zugrundegelegt werden. Zum anderen erscheint es nicht ausgeschlossen, daß – wenn Billigkeitserwägungen einfließen durften und auch eingeflossen sind – die örtlichen Kollegien den von der bürgerlichen Gemeinde künftig zu erbringenden Anteil an den Instandhaltungskosten gar nicht von einem Fortbestand des konkreten Nutzungswertes abhängig machen wollten. Ob dies so gewesen ist, kann heute ebenfalls nicht mehr nachvollzogen werden. Derartige Unwägbarkeiten müssen aber nach Auffassung des Senats zu Lasten desjenigen Beteiligten gehen, der eine Ausnahme von der für die Bewahrung des Rechtsfriedens zentralen Verpflichtung, einmal geschlossene Verträge einzuhalten, geltend macht. Auch dieser Gesichtspunkt spricht deshalb dagegen, eine wesentliche Änderung der Verhältnisse anzunehmen, die das Festhalten an der ursprünglichen Vereinbarung für die Beklagte unzumutbar macht.

Nach alledem kann offenbleiben, ob, wie die Klägerin meint, eine wesentliche Änderung der Verhältnisse auch deshalb zu verneinen ist, weil die auch von ihr eingeräumte geringer gewordene Bedeutung der zum Zeitpunkt des Abschlusses der Vereinbarung im Vordergrund stehenden Funktionen des Kirchturms durch einen anderweitigen Funktionsgewinn, etwa durch ein verstärktes Interesse an der Erhaltung des vom Kirchturm wesentlich geprägten Ortsbildes, kompensiert worden ist. Jedenfalls sprechen die auch von der Beklagten nicht in Abrede gestellte ideelle Wertschätzung der Bürger für ein von der Kirche mitgeprägtes Ortsbild und die im Grundsatz von ihr ebenfalls nicht in Zweifel gezogene gemeinsame Verantwortung von Kirchengemeinde und bürgerlicher Gemeinde für die Erhaltung des Kirchturms eher für den dargelegten Standpunkt, als daß diese Gesichtspunkte zu einer abweichenden Beurteilung der Zumutbarkeit des Festhaltens an der Vereinbarung nötigen würden.

Schließlich führt auch nicht die mit einer hälftigen Kostenbeteiligung verbundene finanzielle Belastung dazu, daß der Beklagten das Festhalten an der ursprünglichen vertraglichen Regelung nicht zuzumuten ist. Der auf sie entfallende hälftige Anteil an den Renovierungskosten beträgt vorliegend rund 60 000,- DM. Wenn man diesen Aufwand auf die seit der letzten Renovierung verflossenen ca. 15 bis 20 Jahre umlegt, ergibt dies eine jährliche Belastung der Beklagten von 3000 DM bis 4000 DM. Nach den Ausführungen des im Evangelischen Oberkirchenrat für Kirchenbauvorhaben Verantwortlichen in der mündlichen Verhandlung ist auch künftig mit entsprechenden Instandsetzungen des Kirchturms im Turnus von ca. 15 bis 20 Jahren zu rechnen; nach der von der Beklagten in der mündlichen Verhandlung geäußerten Auffassung ist im Regelfall sogar eher ein Zeitraum bis zu 30 Jahren anzunehmen. In heutigen Preisen gerechnet bedeutet dies auch künftig eine jährliche Kostenbelastung der Beklagten zwischen 2000 DM und 4000 DM. Diese Kostenbelastung steht zur Bedeutung, die dem Kirchturm für die Beklagte nach wie vor zukommt, nicht derart außer Verhältnis, daß wegen ihr im Rahmen der Gesamtwürdigung aller Umstände das Festhalten an der getroffenen Vereinbarung als unzumutbar angesehen werden müßte.

Der Senat verkennt nicht, daß es der Beklagten unbillig erscheinen mag, trotz des erörterten Bedeutungswandels des Kirchturms und der von ihm zu gewährleistenden Funktionen an der bisherigen Vereinbarung festgehalten zu werden. Dem ist jedoch rechtlich nicht beizukommen, da § 60 LVwVfG nur unter den dargelegten engen Voraussetzungen eine Ausnahme vom Grundsatz zuläßt, daß geschlossene Verträge einzuhalten sind. Die Beteiligten sind jedoch nicht gehindert, im Interesse des gedeihlichen örtlichen Zusammenlebens aus Billigkeitsgründen für die Zukunft freiwillig eine angemessene Anpassung der Vereinbarung von 1892 vorzunehmen. Daß im Hinblick auf die Billigkeit der Vereinbarung ein Handlungsbedarf nicht ausgeschlossen werden kann, wird auch daran deutlich, daß der Evangelische Oberkirchenrat bereits im Jahre 1970 Vorschläge zur Anpassung derartiger Verpflichtungen der bürgerlichen Gemeinden gegenüber dem damaligen Württembergischen Gemeindetag unterbreitet hat.

Der geltend gemachte Zinsanspruch ist erst seit dem Zeitpunkt der Rechtshängigkeit der Klage (27. 5. 1992) begründet ... *(wird ausgeführt)*

Sachregister

Die Seitenzahlen verweisen jeweils auf die erste Seite der Entscheidung.

A

Ämterhoheit, kirchl., s. Autonomie, Dienstrecht, kirchl.
Äußerungsrecht
– Kritik, kirchl., an anderer Religionsgemeinschaft 138
– Kritik, staatl. u. kommunale, an Religionsgemeinschaft . . . 128, 144, 261, 310, 313
– s. auch Presserecht
Ahmadiyya-Gemeinschaft (Pakistan), rel. Gruppenverfolgung . . . 12
Aktivlegitimation zur Wahrnehmung von Rechten einer Glaubensgemeinschaft 144
Allgemeiner Hannoverscher Klosterfonds, Rechtsscheinvollmacht für Vertretung eines Stifts 304
Altkalendarier, sog., Besitzrecht an der St. Salvatorkirche in München 376
Angelegenheiten, eigene, d. Kirchen u. Religionsgemeinschaften s. Autonomie
Angestellte, kirchl., s. Arbeitsrecht
Anliegerbeitrag, kommunaler, Kirchengrundstück 332, 470
Anscheinsvollmacht, Vertretung eines Stifts 304
Arbeitnehmer, Scientology-Mitglieder als A. 92
Arbeitsrecht, kirchl. Arbeitsverhältnisse
– KODA, Reisekosten 443
– Kündigung, Beteiligung d. Mitarbeitervertretung 8, 275
– Kündigung, Arbeitnehmer u. Vorstandsmitglied 354
– Mitarbeiter in leitender Stellung, Exemtion 275
– Mitarbeitervertretung, Beteiligung bei Kündigung 8

– Rechtsweg, Kündigung eines Vorstandsmitglieds d. Trägervereins 354
– Arzt 354
– Erzieher 263
– Sozialarbeiter 263
– s. auch Dienstrecht, kirchl.
Arbeitsrecht, nichtkirchl. Arbeitsverhältnisse
– Arbeitspflichten, vereinrechtl., bei Scientology 92
– Kündigung wegen Werbung für Scientology 250
Arbeitsvermittlung, priv., Zuverlässigkeit, Scientology 543
Arbeitsvertragsrichtlinien, kirchl.
– Eingruppierung, tarifl. 263
Arzt in kirchl. Krankenhaus, Vorstandsmitglied d. Trägervereins . . . 354
Asylrecht
– Ahmadis aus Pakistan 12
– Christen, syrisch-orth., aus der Türkei 318
– Yeziden aus der Türkei 53
– Zeugen Jehovas aus der Türkei 235
Athos, Spende für Kloster des Hl. Berges A., Abzugsfähigkeit . . . 301
Aufsicht, kirchenbehördl., Genehmigung d. Exemtion eines ltd. Mitarbeiters 275
Ausländerrecht, Abschiebung, Erschwerung durch sog. Kirchenasyl 442
Autonomie d. Kirchen u. Religionsgemeinschaften
– Ämter u. Dienste . . . 216, 358, 482
– Arbeitsrecht, kirchl. 275
– Besoldung u. Versorgung 358
– Finanzverhältnisse 92, 284
– Friedhofs- u. Bestattungswesen 122
– Gerichtsbarkeit 443
– Gewerbetätigkeit 43, 502
– Hochschule, kirchl., Zulassung v. Studierenden 340

Sachregister

- Kirchengut, Nutzung 376
- Kirchensteuermittel, Verwendung 1
- Kirchensteuererlaß aus Billigkeitsgründen 37
- Kirchensteuerordnung 254
- Mitgliedschaftsrecht 84, 87
- Mitwirkungspflicht, proz. 43
- Ordensrecht 358
- Rechtsform 283

B

Baden-Württemberg, Kirchensteuerrecht 140
Baulast / Unterhaltungsaufwand
- ev. Kirchen, ehem. Ftm. Waldeck u. Pyrmont 531
- ev. Kirchen, Württemberg, Kostenbeteiligung der Zivilgemeinde 582, 590

Baurecht, öffentl., Erschließungsbeitrag für Kirchengrundstück
- gebietsbezogener Artzuschlag . . 332
- grundstücksbezogener Artzuschlag 470

Bayern, Kirchensteuerrecht . 37, 87, 229
Beiträge an Kirchen u. Religionsgemeinschaften s. Kirchensteuer, Kirchgeld
Beitrittsgebiet s. DDR, ehem.
Bekenntnis, Anknüpfungstatbestand für kirchl. Mitgliedschaft 5, 84, 87
Bekenntnisfreiheit s. Religionsfreiheit
Beratungsstelle, kirchl., kommunaler Personalkostenzuschuß 526
Berufsfreiheit, verf.-rechtl. Schutz
- Warnung, staatl., vor Sekten etc. 311
- Zulassung zum Studium an kirchl. Hochschule 340

Beschimpfung von relig. Bekenntnissen, Einrichtungen u. Gebräuchen (§ 166 StGB) 54
Besitzrecht am Kirchengebäude . . 376
Besoldung und Versorgung, kirchl., s. Dienstrecht, kirchl.
Bestattung s. Friedhofs- u. Bestattungswesen
Besteuerungsrecht d. Kirchen s. Kirchensteuer, Kirchgeld

Betriebsrat, Mitglied, Kündigung wegen Werbung für Scientology 250
Billigkeit, Erlaß von Kirchensteuer
- bei Einwendungen gegen die Kirchensteuerpflicht 327
- auf Veräußerungsgewinn . . . 37, 140

Bistum s. Diözese
Blutentnahme/Bluttransfusion, Ersetzung der Zustimmung . . . 374
Bundeswehr s. Wehr- u. Zivildienst
Bußgeld, Fernhalten eines Kindes vom Ethikunterricht 188
Buß- u. **Bettag**, Abschaffung als allgem. Feiertag 307, 337

C

Caritas, u. Diakonie, Eingruppierung, tarifl., von Mitarbeitern . . 263
Clausula rebus sic stantibus, Kostenbeteiligung der Zivilgemeinde am Unterhaltungsaufwand für Kirchtum u. Turmuhr 582, 590

D

DDR, ehem.
- Freidenker-Verband 448
- Kirchenaustritt 84, 371, 473
- Kirchensteuerrecht 549
- Körperschaft d. öffentl. Rechts, Zeugen Jehovas 549

Demokratiegebot, verf.-rechtl., kirchl. Steuergesetzgebung 254
Dienstrecht, kirchl.
- Bewerbungsverfahrensanspruch 482
- Dienstverhältnis eines Geistlichen, Rechtsweg 216
- Konkurrentenklage 482
- s. auch Arbeitsrecht, kirchl. Arbeitsverhältnisse

Doctor of Philosophy in Religion (USA), Führungsgenehmigung 25
Domkapitel, Vertretungsorgan für Hohe Domkirche Köln 164
Duldungsvollmacht, Vertretung eines Stifts 304

Sachregister

E

Ehe
- glaubensverschiedene, Beschwer im Kirchensteuerrechtsstreit . . . 575
- glaubensverschiedene, Erhebung von Kirchgeld . . 254, 473, 569, 578
- konfessionsverschiedene, Kirchensteuer, Halbteilungsgrundsatz . . 80
- Eheband, kan.-rechtl., kirchensteuerrechtl. Folge 569

Ehe und Familie, verf.-rechtl. Schutz,
- Erhebung von Kirchgeld 254, 569, 578
- Warnungen, staatl., vor Sekten etc. 313

Ehrverletzung durch Pressebericht, Gegendarstellung, Schmerzensgeld 434

Eigene Angelegenheiten d. Kirchen u. Religionsgemeinschaften s. Autonomie, Schrankenformel

Eigentum, verf.-rechtl. Schutz
- Entfernung der sog. Klagemauer am Kölner Dom 164
- Friedhof, Nutzungsrecht an Wahlgrabstätte 522
- Schullehn, kirchl., in Sachsen . . 514

Eingruppierung, tarifl., kirchl. Arbeitnehmer 262

Einkommensteuer, Werbungskosten 232, 366

Eltern, Personensorgerecht, Einschränkung etc., relig. Gründe . . 32, 231, 374, 479

Elternrecht
- Schulwesen, Ethikunterricht . . . 59, 188, 241
- Schulwesen, Wandkreuz im Klassenraum 191

Erlaß von Kirchensteuer aus Billigkeitsgründen 37, 140, 327

Ersatzdienst s. Wehr- u. Zivildienst

Erschließungsbeitrag f. Kirchengrundstück 332, 470

Erstattung, Kirchensteuer 162

Erziehungsauftrag, staatl., Ethikunterricht 59, 188, 241

Ethikunterricht, Teilnahmepflicht 59, 188, 241, 431

Europarecht, Diskriminierungsverbot, steuerl. Abzugsfähigkeit von Spende für Athoskloster 301

Evangelisch-Freikirchliche Gemeinde, Treueverhältnis eines Pastors 216

Exkommunikation u. Kirchensteuerpflicht 327

F

Fachhochschule s. Hochschulwesen

Feiertagsrecht / Feiertagsschutz, Buß- u. Bettag 307, 337

Finanzzuwendungen, staatl./kommunale 526

Form, Kirchenaustrittserklärung . . 29

Freidenker-Verband, Zulassung zum Lebenskundeunterricht an öff. Schulen 448

Freienhagen / Waldeck, ev. Kirche, Baulast 531

Friedhofs- u. Bestattungswesen
- Entscheidungsbefugnis der Angehörigen betr. Grabmalgestaltung 122, 349
- Friedhofsordnung, Nutzungsrecht an Wahlgrabstätte 522
- Friedhofs-, Grabmal- u. Gestaltungsordnungen, Ermächtigungsgrundlage 122, 347, 349
- Gestaltungsvorschriften, besondere, Zulässigkeit 122, 349
- Gestaltungsvorschriften, Grabeinfassungen 347

Fußgängerzone, Gemeingebrauch 248, 496, 502

G

Gebrauchsüberlassung, hoheitl., Kirchengebäude 376

Geistlicher, freikirchl., Treueverhältnis, Rechtsweg 216

Gemeinde, pol.
- Bürgermeister, Warnung vor sog. neureligiösen Bewegungen 261
- Kirchenbaulast, ehem. Ftm. Waldeck u. Pyrmont 531
- Kommunalabgaben, Artzuschlag f. Kirchengrundstück . . . 332, 470
- Kommunalleistungen s. Staats- u. Kommunalleistungen

- Vertretungsverbot für Kirchengemeinderatsmitglied 329
- Württemberg, Kostenbeteiligung am Unterhaltungsaufwand f. ev. Kirchen 582, 590

Gemeingebrauch an öff. Straße,
- sog. Klagemauer am Kölner Dom 164
- Straßenwerbung f., ... 248, 496, 502, 564

Gemeinschaftsschule s. Schulwesen

Genehmigung, kirchenaufsichtl.,
- Exemtion eines leitenden Mitarbeiters 274

Geschäftsgrundlage, Wegfall, Kostenbeteiligung der Zivilgemeinde am Unterhaltungsaufwand f. Kirchturm u. Turmuhr 582, 590

Gesetz, für alle geltendes (Art. 140 GG, 137 Abs. 3 WRV) s. Schrankenformel

Gewalt, öffentl. (Art. 19 Abs. 4 GG, § 90 Abs. 1 BVerfGG), Begriff, Abgrenzung zur kirchl. Eigenrechtsmacht............ 1

Gewerbe, gewerbliche Betätigung, Religions-/Weltanschauungsgemeinschaft 43, 92, 173, 454, 496, 502, 543, 564

Gewohnheitsrecht
- DDR, Kirchenaustritt 371
- Kommunalbaulast an ev. Kirchen in ehem. Ftm. Waldeck u. Pyrmont 531

Glaubens- u. Bekenntnisfreiheit, verf.-rechtl. Schutz, s. Religionsfreiheit

Gleichheitssatz/Willkürverbot
- Ethikunterricht als Ersatzfach für Religionsunterricht . 59, 188, 241
- Feiertag, kirchl., Streichung als staatl. anerkannter F........ 337
- Kirchensteuer/Kirchgeld, Erhebung 569, 578
- Kirchensteuer, Erlaß aus Billigkeitsgründen 140
- Nachversicherung ausgeschiedener Ordensmitglieder 358
- Schulwesen, Lebenskundeunterricht, Zulassung 448

- Stundenplangestaltung, Ethikunterricht 59, 188, 241, 431
- Zulassung zum Studium an kirchl. Hochschule 340

Griechisch-katholische Kirche in Ungarn, Kirchensteuerpflicht v. Mitgliedern in Deutschland ... 517

Griechisch-orthodoxe Kirche, Besitzrecht an St. Salvatorkirche in München 376

Großer Zapfenstreich, Gebrauch christl. Symbole 375

Grundrechtsfähigkeit d. Kirche als Körperschaft d. öffentl. Rechts 138

Gruppenverfolgung, relig., Asyltatbestand 12

H

Halbteilungsgrundsatz, Kirchensteuer 80, 229, 569, 578

Hamburg, Kirchensteuerrecht 569, 578

Handlungsfreiheit, allgem., verf.-rechtl. Schutz
- Bestattungsart, Grabmalgestaltung............ 122, 349
- lebenserhaltende Maßnahme (Bluttransfusion) 374
- Warnung von Sekten etc. 310, 313

Hannover, Klosterkammer, Vertretung eines Stifts 304

Heimerziehung, tarifvertragl. Eingruppierung kirchl. Arbeitnehmer 263

Herkommen, Kommunalbaulast an ev. Kirchen in ehem. Ftm. Waldeck u. Pyrmont 531

Hessen, Kirchensteuerrecht 1

Hochschulwesen
- kirchl. Hochschulgrad, ausl., Führungsgenehmigung 25
- Zulassung zum Studium an kirchl. Fachhochschule 340

Hoheitliche Tätigkeit der Kirchen s. Autonomie, Gewalt, öffentl.

I/J

Islam, Schächten, staatl. Verbot . . 222

Jeziden (Yeziden) aus der Türkei . . 53

Sachregister

Jugendsekten / Psychogruppen, staatl. u. kommunale Warnung . . 128, 144, 261, 310, 313
Juristische Person, Religionsgemeinschaft . . . 138, 164, 283, 376, 454, 549
Justizgewährungspflicht d. Staates 216, 358

K

Karitative Einrichtungen u. Tätigkeiten s. Caritas
Kindergarten / Kindertagesstätte, kirchl., Aufnahme, Rechtsweg . . 324, 518
Kindeswohl, Personensorgerechtsentscheidung . . . 32, 231, 374, 479
Kirchen, Religions- u. Weltanschauungsgemeinschaften u. deren Einrichtungen als Körperschaften d. öffentl. Rechts 138, 164, 283, 324, 376, 549
Kirchenasyl, sog., ... 442
Kirchenaustritt
– DDR, ehem. 84, 371, 473
– Erklärung, sog. modifizierte . . . 29
– Kirchensteuer . . 84, 140, 371, 473
Kirchengebäude
– Baulast / Unterhaltungsaufwand 531, 582, 590
– Erschließungsbeitrag 332
– Herausgabe 376
– Verkehrssicherungspflicht 185
Kirchengemeinde
– griech., Besitzrecht an St. Salvatorkirche in München 376
– Kindergarten, Aufnahme, Rechtsweg 324, 518
– Kirchengebäude, Verkehrssicherungspflicht 185
– Kirchengemeinderat, kommunales Vertretungsverbot für Mitglied 329
– Kirchturm u. Turmuhr, Unterhaltungslast, Kostenbeteiligung d. Zivilgemeinde 582, 590
Kirchengrundstück, Erschließungsbeitrag 332, 470

Kirchengut, verf.-rechtl. Schutz
– Herausgabe eines Kirchengebäudes 376
– Schullehn, kirchl., in Sachsen . . 514
Kirchensteuer
– Ausland, Versetzung ins A., Einbehalt von Kirchensteuer 212
– Ausland, Zuzug aus dem A., K'pflicht 5, 87, 517
– Ehe, glaubensverschiedene, Beschwer im Kirchensteuerrechtsstreit 575
– Ehe, glaubensverschiedene, Erhebung von Kirchgeld . . . 254, 473, 569, 578
– Ehe, konfessionsverschiedene, Halbteilungsgrundsatz 80, 229
– Eheband, kan.-rechtl., kirchensteuerrechtl. Folge 569
– Erlaß aus pers./sachl. Billigkeitsgründen 37, 140, 327
– Erstattung 162
– Kirchenaustritt . . 84, 140, 371, 473
– K'recht, Revisibilität 1
– Kirchenstrafe 327, 473
– Kirchgeld 254, 473, 569, 578
– Mitgliedschaft, Anknüpfungstatbestand f. K. 5, 84, 87, 517
– Rechtsweg 473
– griech.-kath. Ungarn in Deutschland 517
– Unterhaltspflicht . 254, 569, 575, 578
– Veräußerungsgewinn, Erlaß von K. aus Billigkeitsgründen . . 37, 140
– Verrechnung mit anderen Steuerarten 162
– Vorverfahren 473
Kirchenvermögen s. Kirchengut
Kirchgeld 254, 473, 569, 578
Kirchturm / Kirchturmuhr, Unterhaltungsaufwand, Kostenbeteiligung der Zivilgemeinde . . 582, 590
Klagemauer, sog., am Kölner Dom, Entfernung 164
Kloster s. Orden u. Genossenschaften, geistl.
Klosterkammer s. Allgemeiner Hannoverscher Klosterfonds
KODA (Kommission zur Ordnung des diözesanen Arbeitsvertragsrechts), Reisekosten 443

Köln, Hohe Domkirche, Rechtspersönlichkeit, Vertretung 164
Körperschaft d. öffentl. Rechts (Kirchen, Religions- u. Weltanschauungsgemeinschaften und deren Einrichtungen als K.) 138, 164, 283, 324, 376, 549
Kommune (Zivilgemeinde) s. Gemeinde, pol.
Konfirmationskosten, unterhaltsrechtl. Sonderbedarf 42
Korporation s. Körperschaft
Krankenhaus, kirchl., Arzt als Vorstandsmitglied d. Trägervereins 354
Kreuz / Kruzifix, Entfernung aus öffentl. Schulen 191, 343
Kriegsdienstverweigerung s. Wehru. Zivildienst
Kündigung s. Arbeitsrecht

L

Lebensführungsaufwand als Besteuerungsgrundlage f. Kirchensteuer/Kirchgeld 254, 569, 575, 578
Leichenbestattung s. Friedhofs- u. Bestattungswesen
Lohnsteuer, Werbungskosten . 232, 366

M

Management-Seminar, Scientology, Werbungskosten 366
Mecklenburg-Vorpommern, Kirchensteuerrecht 84, 473
Meinungsfreiheit, verf.-rechtl. Schutz
– für Kirche als Körperschaft des öffentl. Rechts 138
– Klagemauer, sog., am Kölner Dom 164
– Straßenwerbung . . . 173, 496, 502
– Warnungen, staatl./gemeindl., vor neureligiösen Bewegungen etc. 144, 261
Menschenwürde, verf.-rechtl. Schutz
– Behandlung von Mitgliedern bei Scientology 92

– Nachversicherung ausgeschiedener Ordensmitglieder 358
Mitarbeiter, kirchl., s. Arbeitsrecht, Dienstrecht, kirchl.
Mitarbeitervertretung, kirchl., Beteiligung bei Kündigung 275
Mitgliedschaft, kirchl.
– Beitrittserklärung 432
– Kirchenaustritt 29, 84, 140, 371, 473
– Kirchenaustrittserklärung, sog. modifizierte 29
– Kirchenzucht 371
– Nichtzahlung von Kirchensteuer 371
– Taufe als Anknüpfungstatbestand 84
– Wohnsitz als Anknüpfungstatbestand 517
– Zuzug aus dem Ausland . 5, 87, 517
Modifizierte Kirchenaustrittserklärung s. Kirchenaustritt
München, St. Salvatorkirche, Besitzrecht 376

N

Nachversicherung v. Ordensangehörigen 358
Namensrecht, Eintragungsfähigkeit eines Vornamens 243
Neue Länder s. Beitrittsgebiet
Neureligiöse Bewegungen, staatl. u. kommunale Warnungen 128, 144, 261, 310, 313
Neutralitätsgebot, staatl.
– Kirchensteuererhebung 80
– Mitgliedschaftsrecht, kirchl. . . . 87
– Schulwesen, Freidenker-Verband, Zulassung zum Lebenskunde-Unterricht 448
– Schulwesen, Wandkreuz im Klassenraum 191
– Warnungen, behördl., vor Sekten etc. 144
Nordrhein-Westfalen, Kirchensteuerrecht 80, 212
Notstandsrecht, Fernhalten eines Kindes vom Ethikunterricht am Nachmittag 188, 241
Nutzung, Kirchengebäude 376

O

Öffentliche Sachen s. res sacrae
Öffentlichkeitsarbeit, staatl., Informationsschrift über Religionsgemeinschaften 128
Orden u. Genossenschaften, geistl., Nachversicherung ausgeschiedener Mitglieder 358
Orthodoxie s. Griech.-orthodoxe Kirche

P

Pakistan, Ahmadiyya-Gemeinschaft, relig. Gruppenverfolgung 12
Persönlichkeitsrecht, allgem., verf.-rechtl. Schutz, irreführender Pressebericht über Verfehlungen eines Priesters 434
Personalkostenzuschuß 526
Personensorgerecht, Einschränkung etc., relig. Gründe .. 32, 231, 374, 479
Personenstandsregister, Eintrag über Religionszugehörigkeit ... 53
Pfarre s. Kirchengemeinde
Pfarrer/Geistlicher, freikirchl., Treueverhältnis, Rechtsweg ... 216
Presserecht
– irreführende Berichterstattung, Gegendarstellung, Schmerzensgeld 434
– herabsetzende Tatsachenbehauptung, Unterlassung, Schmerzensgeld 491
Prozeßrecht
– Beschwer, Kirchensteuerrechtsstreit 575
– Einstw. Anordnung, Bewerbungsverfahrensanspruch 482
– Einstw. Anordnung, Entfernung von Wandkreuz aus Klassenraum 191, 343
– Einstw. Anordnung, Verbreitung einer behördl. Informationsschrift über relig. Bewegungen 128, 144, 310, 313
– Klagebefugnis, Heranziehung zu Kirchgeld 254

– Klageerzwingungsverfahren ... 54
– Konkurrentenklage 482
– Mitwirkungspflicht, proz., einer Religionsgemeinschaft als Partei 43
– Revisibilität, Kirchensteuerrecht 1
– Verfassungsbeschwerde, Aussetzung fachgerichtlicher Entscheidungen 261
– Verletzter i. S. v. § 172 StPO .. 54
– Zulassung, Revision nach § 115 FGO 432

R

Rechtspersönlichkeit d. Kirchen, Religions- u. Weltanschauungsgemeinschaften u. deren Einrichtungen als Körperschaften d. öffentl. Rechts . 138, 164, 283, 324, 324, 376, 549
Rechtsscheinvollmacht, Vertretung einer Körperschaft des öffentl. Rechts 304
Rechtsschutzgarantie, verf.-rechtl. (Art. 19 IV GG) ... 144, 310, 358
Rechtsstaatsprinzip, Justizgewährungspflicht d. Staates ... 216, 358
Rechtsweg
– Ansprüche aus Treueverhältnis eines Geistlichen 21
– Dienst, kirchl., Bewerbungsverfahrensanspruch 482
– Herausgabe d. St. Salvatorkirche in München 376
– Kindergarten, kirchl., Aufnahme 324, 518
– Kündigung, Vorstandsmitglied u. Arbeitnehmer eines kirchl. Vereins 354
– Nachversicherung ausgeschiedener Ordensmitglieder 358
– Reisekosten, Sitzung der KODA 443
– Statusklage eines Geistlichen .. 216
– Unterlassung kritischer Äußerungen einer Religionsgemeinschaft 138
– Vergütung aus vereinsrechtl. Dienstleistungspflicht für Scientology 92
– Zulassung zum Studium an kirchl. Hochschule 340

Sachregister

Reisekosten wegen Teilnahme an
  Sitzung der KODA 443
Religion, Begriff 92
Religionsfreiheit, verf.-rechtl.
  Schutz
  – positive u. negative R. 191
  – Asylrecht, Zeugen Jehovas aus
    der Türkei 235
  – Asylrecht, Ahmadis aus Pakistan 12
  – Ehe, konfessionsverschiedene,
    Kirchensteuer 575
  – Feiertage, kirchl. 307, 337
  – Gewerbetätigkeit von Scientology 43,
                              92, 496, 502
  – Großer Zapfenstreich, Gebrauch
    christl. Symbole 375
  – Hochschulgrad, ausl., Führungs-
    genehmigung 25
  – Kirchgeld 254
  – Klagemauer, sog., am Kölner
    Dom 164
  – Mitgliedschaft, kirchl. 5, 87, 432, 473
  – Personensorge, elterliche . . 231, 374,
                                       479
  – Schächten, Verbot 222
  – Schulwesen, Ethikunterricht 59, 188,
                                       431
  – Schulwesen, Kreuz / Kruzifix,
    Entfernung aus Schulräumen . . 191,
                                       343
  – Straßenwerbung 496
  – Unterhaltspflicht, Kirchensteuer 254,
                              569, 575, 578
  – Vereinsrecht, wirtschaftl. Ge-
    schäftsbetrieb 284, 454
  – Warnung vor Sekten etc. . . . 128, 144,
                                       310
  – Werbung für Scientology im Be-
    trieb 250
Religionsgemeinschaft, Religions-
  gesellschaft
  – Begriff 43, 53, 173, 222, 284,
                        366, 376, 454, 549
  – Rechtsform . . . 138, 164, 283, 376,
                                  454, 549
  – Verletzte i. S. v. § 172 StPO . . . 54
Religionslehrer, Werbungskosten,
  Israelreise 232
Religionsunterricht, Ethikunter-
  richt als Ersatzfach 59, 188, 241, 431

Res sacrae 164, 376
Revisibilität, Kirchensteuerrecht . . 1
Rheinland-Pfalz, Kirchensteuer-
  recht 254

S

Sachen, öffentl. s. res sacrae
Scientology (Church, Kirche) . . . 43,
  92, 173, 214, 248, 250, 283, 366, 454,
                      491, 496, 502, 543
Sekte / neureligiöse Bewegung,
  staatl./gemeindl. Warnung vor
  S. 128, 144, 261, 310, 313
Selbstbestimmungsrecht d. Kir-
  chen u. Religionsgemeinschaften
  s. Autonomie
Selbstverwaltung, kommunale,
  Warnung vor neureligiöser Bewe-
  gung 261
Seminar, Verwendung von Sciento-
  logy-Schulungsmaterial 214
Sonderbedarf, unterhaltsrechtl.,
  Konfirmationskosten 42
Sondernutzungsrecht, straßen-
  rechtl.,
  – sog. Klagemauer am Kölner
    Dom 164
  – Straßenwerbung 248, 496, 502, 564
Sonntag s. Feiertagsrecht
Sorgerecht s. Personensorgerecht
Sozialstaatsprinzip
  – Nachversicherung ausgeschiede-
    ner Ordensmitglieder 358
  – Zulassung zum Studium an
    kirchl. Hochschule 340
Spende für Athoskloster, Abzugsfä-
  higkeit 301
Subvention, staatl., Bereitstellung
  von Kirchengebäude 376
Syrisch-orthodoxe Christen aus
  der Türkei, Asylbegehren 318

Sch

Schächten, Verbot 222
Schmerzensgeld, Bemessung, Presseberichterstattung 434

Sachregister

Schrankenformel (Art. 140 GG, 137 Abs. 3 WRV) 84, 376
Schullehn, kirchl. in Sachsen 514
Schulwesen, öffentl.
– Bildungs- u. Erziehungsauftrag, staatl. 59, 188, 191, 431
– Ethikunterricht als Ersatzfach für Religionsunterricht ... 59, 188, 241, 431
– Kreuz/Kruzifix, Entfernung aus Schulräumen 191, 343
– Schullehn, kirchl., in Sachsen .. 514
– Weltanschauungsunterricht ... 448
– Zuständigkeit der Länder 191

St

Staats- u. Kommunalleistungen an Kirchen u. Religionsgemeinschaften
– Bereitstellung von Gebäuden .. 376
– Personalkostenzuschuß f. Beratungsstelle 526
Standesregister, Eintrag über Religionszugehörigkeit 53
Stiftung, Ortskirchenstiftung, Begründung 376
Strafrecht
– Beschimpfung von relig. Bekenntnissen, Einrichtungen u. Gebräuchen (§ 166 StGB) 54
– Dienstflucht (§ 53 ZDG) 520
– Vereinigung, kriminelle (§ 129 StGB) 543
– Volksverhetzung (130 StGB) .. 54
Straße
– Erschließungsbeitrag, Kirchengrundstück 332, 470
– Sondernutzung 164, 173, 248, 496, 502, 564
Studienplatzvergabe, kirchl. Hochschule 340

T

Täuschung, Verwendung von Scientology-Schulungsmaterial .. 214

Taufe, Anknüpfungstatbestand f. kirchl. Mitgliedschaft 5, 84, 87
Tierschutz, Verbot des Schächtens 222
Toleranzgebot, öff. Schulwesen .. 59
Transzendentale Meditation (TM) 310
Treueverhältnis eines Geistlichen, Rechtsweg 216
Türkei, Asylbegehren von Angehörigen relig. Gemeinschaften aus der T. 53, 235, 318
Turmuhr, Unterhaltungsaufwand, Kostenbeteiligung der Zivilgemeinde 582, 590

U

Universelles Leben, Religionsgemeinschaft 144, 313
Unterhaltsanspruch, Kirchgeld/ Kirchensteuer 575
Unterhaltsrecht, Sonderbedarf, Kosten für Konfirmationsfeier 42

V

Verein
– Entziehung der Rechtsfähigkeit 283, 454
– Scientology, wirtschaftl. Geschäftsbetrieb 92, 283, 454
– Verbot 543
s- kirchl., Vorstandsmitglied u. Arbeitnehmer, Kündigung 354
Vereinigungsfreiheit, verf.-rechtl. Schutz 283
Verfahrensrecht s. Prozeßrecht
Verfolgung aus relig. Gründen s. Asylrecht
Verkehrssicherungspflicht, Kirchengebäude 185
Versammlungsfreiheit, verf.-rechtl. Schutz, sog. Klagemauer am Kölner Dom 164
Vertretung einer Körperschaft des öffentl. Rechts, Rechtsscheinvollmacht 304
Verwaltungsstreitverfahren s. Prozeßrecht, Rechtsweg

W

Warnung, staatl. u. kommunale, vor
 Sekten etc.   128, 144, 261, 310, 313
Wegerecht s. Straßenrecht
Wehr- und Zivildienst, Zeugen Jehovas 520
Weltanschauung, Begriff 92, 448
Weltanschauungsgemeinschaft . . 173, 366, 448, 454
Weltanschauungsunterricht 448
Werbung für Scientology, arbeitsrechtl. Kündigungsgrund 250
Werbungskosten
– Management-Kurs Scientology   366
– Religionslehrer, Israelreise 232
Widmung
– u. Entwidmung, Kirchengebäude 376
– straßenrechtl. Sondernutzung . . 164
Wohnsitz, Anknüpfungstatbestand f. kirchl. Mitgliedschaft . . . 5, 84, 87

Y

Yeziden
– als Religionsbezeichnung 53
– aus der Türkei, Asylrecht 53

Z

Zeugen Jehovas
– Dienstflucht (§ 53 ZDG), Strafzumessung 520
– Körperschaft d. öffentl. Rechts   549
– aus der Türkei, Asylbegehren . . 235
– Personensorgerecht . . 32, 231, 374, 479
Zivildienst s. Wehr- u. Zivildienst
Zivilgemeinde s. Gemeinde pol.
Zivilprozeß s. Prozeßrecht, Rechtsweg
Zwölftelungsgrundsatz, Kirchensteuer/Kirchenaustritt 140